제2판

대한민국
헌법강의

이효원 지음

박영사

제2판 머리말

'대한민국 헌법강의'를 교재로 출간한 지, 1년이 되었습니다. 책의 기본틀과 헌법적 관점이 달라지지 않았지만, 강의를 통해 제 생각을 보다 명확하게 정리하여 부족한 내용을 보완하였고, 헌법적 쟁점에 대한 새로운 사법적 판단을 반영했습니다. 역시 책은 쓰는 것보다 다시 읽고 듣는 것이 중요하다는 것을 알게 되었습니다.

헌법재판소는 재판관의 임기만료로 공석이 된 경우에는 재판관 7명 이상의 출석으로 사건을 심리하도록 한 조항의 효력을 정지하는 가처분결정을 했고, 기후변화의 위기에 대응하여 환경권을 보호하기 위한 최소한의 입법적 조치를 하지 않으면 위헌이라고 판단했습니다. 대법원은 국립대학교가 법학전문대학원의 입시에서 면접고사의 일정을 토요일 오전으로 지정하고, 종교적 이유로 불참한 응시자를 불합격시킨 것은 평등원칙의 위반이라고 했으며, 법원은 이혼이나 재혼한 자의 미성년 자녀뿐만 아니라 성인이 부(父)의 성에서 모(母)의 성으로 변경하는 것을 허용하기도 했습니다. 이는 변화하는 대한민국의 현실을 투영한 것으로 평가할 수 있습니다.

최근에는 대통령이 비상계엄을 선포하고, 국회에서는 탄핵소추가 의결되었습니다. 정치의 영역에서는 매일같이 헌법적 이슈를 제기하고, 사법의 영역에서도 중요한 헌법적 판단을 내리고 있습니다. 하지만, 헌법이 일상의 세계를 직접 규율하는 것이 좋은 일인지는 모르겠습니다. 헌법국가에서 국가와 개인, 헌법과 법률, 정치와 사법의 역할과 그 구분에 대해서는 좀 더 고민해야 할 것입니다.

이 책의 초판을 꼼꼼하게 읽고 다양한 관점을 제시하고, 표현의 문제점을 지적해주신 서울대학교 법학전문대학원의 이창희 교수님께 감사드립니다. 개정판의 각주 작업을 정리해 준 석사과정의 송찬호 소령에게도 고마운 마음을 전합니다.

2025년 1월
이효원

머 리 말

국가는 상상의 권력체이고, 대한민국도 국가입니다.

국민이 국가의 주인으로 국가를 만들어간다는 것이 옳은 명제인지는, 저는 잘 모르겠습니다. 하지만, 최소한 그렇게 되어야 한다는 것에는 깊이 공감합니다. 헌법은 국가의 미래상에 대한 국민의 공약(公約)입니다. 국민은 대한민국을 통해 헌법적 가치를 실현할 것을 다짐하고, 국가에게 헌법을 생활 속에서 실천할 것을 엄중하게 명령합니다. 헌법은 국가에게 생명력을 불어넣어 구체적 현실에서 실재하게 합니다. 대한민국이 헌법국가가 되어야 하는 이유입니다.

저는 헌법을 공부하면서 대한민국이 어디에서 왔고, 어디로 가고 있는지를, 그리고 잘 가고 있는지를 고민하게 되었습니다. 그 과정에서, 우리나라가 비교적 훌륭한 국가이지만, 헌법에는 한참이나 모자란다고 느꼈습니다. 하지만, 대한민국이 헌법을 통해 고유한 자기를 발견하고 실천할 수 있다고 희망하게 되었습니다. 우리나라는 '나'의 거울이고, 헌법은 대한민국을 재단하는 격자(格子)입니다. 대한민국의 헌법을 제대로 알아야 '나'를 이해할 수 있습니다. 이것이 헌법을 공부하는 이유입니다.

이 책은 헌법을 학문적으로 공부하고자 하는 학생을 위해 준비되었습니다. 그 내용은 대학에서 헌법을 가르치면서 축적한 강의안을 기초로 합니다. 하지만, 제가 강의안을 완성하여 수업한 내용을 정리한 것이 아니라 강의를 통해 학생들로부터 배운 것을 체계적으로 종합한 것입니다. 지금 돌아보니, 제가 학생을 교육한 것이 아니라 학생이 저를 공부하게 하였습니다. 그동안, 수업을 통해 학문적 영감으로 가르쳐주고, 오류를 지적해 준 학생들에게 감사합니다.

이 책은 다음과 같은 특징을 갖습니다.

첫째, '대한민국'의 헌법을 대상으로 합니다. 우리나라는 외국으로부터 계수한 정치사상과 헌법이론을 기초로 건국되었습니다. 하지만, 70년이 넘는 역사적 경험과 30년이 넘는 헌법재판의 노력을 통해 우리만의 고유한 헌법학을 정립했다고 생각합니다. 외국의 헌법이론은 우리 헌법학에 큰 영향을 끼쳤지만, 우리 헌법에 그대로 적용하기 어려운 것이 많습니다. 외국의 헌법이론과 판례는 대한민국의 헌법과의 공통점과 차이점에 유의하면서 우리의 헌법학을 이해하기 위해 필요한 범위에서만 소개하였습니다.

둘째, 대한민국의 '헌법조항'을 체계적으로 해석하여 그 규범적 의미를 추출하였습니다. 대한민국은 성문헌법을 채택하고 있으므로 헌법을 이해하기 위해서는 개별적 헌법조항에 대한 해석이 중요합니다. 국가와 헌법에 대한 일반적 이론이나 원리는 개별적 헌법조항을 통해 구체화되어야 생명력을 가지기 때문입니다. 이를 위해 우리 헌법의 기본원리와 제도를 요약하여 설명하고, 헌법조항이 추상적 이념에 머물지 않고 헌법재판을 견인할 수 있도록 위헌심사기준을 통일적이고 체계적으로 제시하고자 하였습니다.

셋째, 대한민국의 헌법을 '헌법재판'의 맥락에서 해석하고자 하였습니다. 법은 최종적으로 재판을 통해 규범력을 발휘하므로 헌법조항과 헌법재판의 상관관계를 반영하여 헌법을 해석하고자 하였습니다. 헌법학에서 일반적으로 제기되는 학설의 대립에 대해서는 헌법재판의 결과에 실익이 없는 추상적 담론과 공론(空論)을 과감하게 생략하였습니다. 헌법재판소와 대법원의 판례는 그 내용을 나열하여 이론화하지 않고, 헌법해석을 적용한 사례로 제시하였습니다.

제가 헌법을 학문적으로 공부할 수 있도록 이끌어주신 고(故) 김철수 선생님께 존경과 감사의 마음을 드리고, 서울대학교에서 헌법학을 실천적으로 가르쳐주신 성낙인 선생님, 정종섭 선생님께 깊이 감사드립니다. 이 책의 원고를 읽고 소중한 조언과 교정을 해 준 한동훈·진호성 헌법재판연구원 책임연구관, 정구진 박사, 강승우 변호사, 한항 검사, 전령현 박사, 박정훈 박사과정생에게도 고마운 마음을 전합니다.

인류의 역사는 야만이고, 국가는 그 중심에 있다는 말은 틀리지 않다고 생각합니다. 학문이란 진리를 탐구하여 완성하는 상태가 아니라 오류를 발견하고 제거하는 과정입니다. 대한민국은 훌륭한 헌법을 가지고 있기에 미래를 희망할 수 있습니다. 헌법을 학문적으로 공부한다는 것은 국가의 반헌법적 행태를 깨닫고 고쳐나가는 것입니다. 우리 모두가 자유롭고 평등하게 자신의 행복을 가꾸면서 살아갈 수 있는 대한민국을 희망합니다. 다시, Kalos Agatos(아름답고 선한 것)를 꿈꿉니다.

2024년 1월

이효원

차 례

제1편 헌법의 기초

제1장 헌법학

제 2 장 헌법의 제정과 개정

제 3 장 대한민국 헌법의 기본원리

제 2 편 기 본 권

제 1 장 기본권 일반이론

제 2 장 인간의 존엄과 가치, 행복추구권

제 3 장 평 등 권

제4장 자유권

제 5 장　참 정 권

제 6 장 청 구 권

제 7 장 사 회 권

제 3 편 국가작용

제 1 장 국가조직의 원리

제 2 장 국가작용의 기본제도

제 3 장 국   회

제 4 장 정   부

제 5 장 법　　원

제6장 헌법재판소

참고문헌

김하열, 헌법강의, 박영사, 2024.

김하열, 헌법소송법, 박영사, 2023.

성낙인, 헌법학, 법문사, 2024.

장영수, 헌법학, 홍문사, 2024.

정재황, 헌법학, 박영사, 2022.

정재황, 헌법재판론, 박영사, 2021.

정종섭, 헌법학원론, 박영사, 2022.

정종섭, 헌법소송법, 박영사, 2019.

한수웅, 헌법학, 법문사, 2024.

허영, 한국헌법론, 박영사, 2024.

허영, 헌법소송법론, 박영사, 2023.

(이상 각주 인용 시에는 저자명, 책명, 면수만 표시했음)

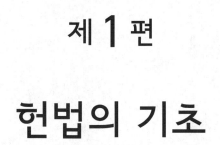

제 1 편

헌법의 기초

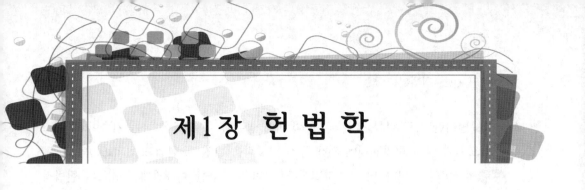

제1장 헌법학

제1절 헌법의 개념

1. 헌법이란

(1) 국가의 최고법

헌법(憲法)은 국가의 최고법이고, 헌법(Constitution, Verfassung)은 '국가를 조직하는 기본법'이다. 국가를 조직한다는 것은 대통령, 국회, 법원, 헌법재판소와 같은 국가기관을 구성하고, 권력을 분배하는 것이다. 국가는 상상의 권력체이므로 국가가 현실적으로 작동되기 위해서는 국가기관을 구성하여 국가권력을 행사하도록 해야 한다. 국가기관은 자신에게 부여된 권한이 무엇인지, 어떠한 방법과 절차로 권한을 행사해야 하는지를 알아야 한다. 헌법은 국가를 조직하는 기본적이고 핵심적인 내용을 규정한 법규범으로 국가기관이 권한을 행사하는 매뉴얼이다.

근대국가의 헌법은 인간의 존엄을 최고의 가치로 제시하고, 모든 개인이 자유롭고 평등하게 살아갈 수 있는 국가를 지향한다. 영국, 미국, 프랑스에서는 시민혁명을 거치면서 근대국가의 기본적인 틀이 새롭게 형성되었는데, 헌법은 국가조직에 관한 사항뿐만 아니라 개인의 자유와 권리도 포함하게 되었다. 프랑스가 1789년 제정한 '인간과 시민의 권리선언' 제16조는 "권리의 보장이 확립되지 아니하고, 권력의 분립이 확정되지 아니한 사회는 헌법을 가지지 아니한다"라고 규정하였다. 헌법은 인간의 존엄을 보장하기 위해 자유와 권력을 조화롭게 보장하고 규율하는 최고법이다.[1]

---

1) 성낙인, 헌법학, 6면.

법이란 서로 다른 생각과 생활방식이 공존할 수 있도록 하는 기술이고, 종교
나 도덕과 달리 국가권력에 의해 공적 강제력을 가진다. 헌법도 법의 일종이고 모
든 법규범의 근거가 되는 최고법이다. 헌법은 다양한 이해관계를 통일된 헌법적
가치로 수렴하여 국가공동체를 형성하고 운영하는 규범적 기준을 제시한다. 국가
는 헌법에 의해 구성되고 헌법에 따라 권력을 행사해야 하며, 이는 개인의 자유와
평등을 실현하기 위한 것이어야 한다. 헌법이 최고법으로 기능하기 위해서는 국
가가 헌법을 위반한 경우에 이를 바로잡을 수 있는 강제적 수단을 마련해야 한다.

(2) 헌법에 대한 관점

(가) 헌법관의 차이

헌법의 본질, 국가의 기능, 기본권의 성격은 헌법에 대한 관점에 따라 다르
게 인식된다. 헌법관은 법실증주의, 결단주의, 통합주의로 구분되는데, 이는 독일
에서 헌법이론을 체계화하는 과정에서 형성되었다. 헌법관은 인간과 국가의 관계
에 대한 세계관에서 비롯되는데, 헌법관에 따라 헌법이론의 전체적인 체계가 달
라질 수 있다. 하지만, 헌법은 특정한 국가의 역사적 현실을 반영하여 탄생한 것
이므로 하나의 헌법관만으로 설명할 수가 없다. 헌법관에 대한 이론은 헌법의 서
로 다른 속성이나 양태를 강조하여 설명한 것으로 이해하는 것이 타당하다.

(나) 법실증주의

법실증주의는 헌법을 현실에서 경험적으로 존재하는 실정법의 최고규범으로
이해한다. 국가는 헌법전을 제정함으로써 자연법의 이상을 구현할 수 있으며, 헌
법을 객관적·중립적으로 해석하고 적용해야 한다고 한다. 법실증주의는 법학적
국가론을 기초로 국가는 헌법에 구속된다고 주장한 게오르그 옐리네크(Jellinek)와
국가를 법질서 자체로 이해한 한스 켈젠(Kelsen)에 의해 이론적으로 체계화되었
다. 법실증주의는 존재와 당위를 엄격하게 구별하여 당위의 영역에 속하는 실정
법만 헌법으로 인정하고, 존재의 영역에 속하는 정의, 이데올로기, 자연법은 헌법
에서 제외된다고 이해하였다.

법실증주의에서는 가치상대주의를 기초로 실정법을 중시하는 순수법학을 수
용하였으며, 실정법의 형식논리에 따라 법을 엄격하게 해석하고 적용함으로써 법

적 안정성을 확보할 수 있었다. 개인의 기본권은 헌법에 규정됨으로써 비로소 국민이 국가에 대해 가지는 법적 지위라고 하였다. 하지만, 법실증주의는 실정법의 형식만 중시하여 "악법도 법이다"라는 인식을 통해 헌법의 규범력을 약화시키고 법치국가를 실현하는 데 실패하였다고 평가된다. 독일에서 법실증주의는 나치에 의해 전체주의를 정당화하는 도구로 이용되었고, 나치의 패망으로 쇠퇴하였다.

(다) 결단주의

결단주의는 헌법을 주권자의 정치적 결단에 따른 결과물로 이해하고, 실정법의 원인이자 배경인 헌법적 결단이 헌법의 원천이라고 한다. 결단주의는 법실증주의에 기초하여 형식적 법치국가를 강조한 바이마르 공화국의 정치적 혼란을 극복하기 위해 제기되었으며, 칼 슈미트(Schmitt)에 의해 체계화되었다. 결단주의는 국가와 사회를 엄격하게 구별하고, 헌법은 국가 영역에서만 작용한다고 이해하였다. 개인의 기본권은 원래 자연법에 의해 전(前)국가적으로 인정된 인권이며, 주권자의 정치적 결단에 의해 헌법에 수용되었다고 한다.

결단주의에서 헌법의 규범력은 주권자의 정치적 결단의 정도에 따라 다르게 나타난다. 헌법제정권력에 의해 제정된 절대적 의미의 헌법(Verfassung)이 가장 우월한 효력을 가지며, 헌법개정권력에 의해 만들어진 상대적 의미의 헌법률(Verfassungsgesetz), 입법권에 의해 형성된 법률(Gesetz)의 순서대로 효력을 갖는다고 한다. 결단주의는 정치현실에 기초를 두었지만, 이를 지나치게 강조하고 정당화함으로써 헌법의 규범력을 약화시키는 결과를 초래하였다. 결단주의도 나치의 정치권력을 주권자의 정치적 결단으로 승인함으로써 전체주의를 정당화하는 도구로 이용되었다고 비판을 받았다.

(라) 통합주의

통합주의는 헌법을 국민들이 국가공동체로 통합하는 과정을 반영하고 촉진하는 가치체계를 이루는 법질서로 이해한다. 헌법은 개인과 국가공동체가 상호작용하면서 통합하는 과정을 규율하는 기본적 법질서이고, 형식논리적인 실정법이나 정치적 결단이 아니라고 한다. 개인의 기본권 역시 객관적 법질서나 제도가 되어야 한다고 한다. 통합주의도 법실증주의를 극복하기 위해 제기되었는데, 루돌

프 스멘트(Smend)에 의해 주창되어 콘라드 헷세(Hesse), 페터 해벌레(Häberle)에 의해 발전적으로 체계화되었다.

통합주의는 국가를 정태적인 현상이 아니라 동태적인 과정으로 파악하고, 헌법을 규범적 측면과 사실적 측면 모두의 관점에서 이해함으로써 법실증주의와 결단주의를 변증적으로 종합한다는 특징이 있다. 국가권력은 헌법을 통해 구체화되지만 이는 주권자의 민주적 의사에 의해 정당화된다고 이해하였다. 하지만, 국가의 통합을 지나치게 강조하여 개인의 고유한 생활질서를 억압할 위험이 있고, 기본권의 객관적 성격만 앞세워 주관적 권리성을 약화시킨다는 비판이 있다.

(3) 헌법의 목적

개인이 고유한 삶을 만들어가는 방식이 철학이라면, 국가공동체가 어떠한 비전과 목표를 가지고 있는지, 그리고 그것을 어떻게 실현할 것인지를 규범으로 체계화한 것이 헌법이다. 헌법은 국가의 비전과 미래상을 제시하고, 구체적으로 이를 실현하는 기본적인 방식과 절차를 규율한다. 헌법이 지향하는 이념과 가치는 국가마다 역사적 현실에 따라 다르게 설정되지만, 대한민국 헌법은 모든 인간이 존엄과 가치를 가지고 자유롭고 평등하게 자신의 행복을 추구할 수 있는 국가를 실현하는 것을 목적으로 한다. 헌법은 그 목적을 달성하기 위해 구체적으로 다음과 같은 기능을 한다.

첫째, 국가기관을 조직하고 권한을 분배한다. 헌법은 정치권력을 국가권력으로 제도화하여 국가기관에 정당성을 부여하는 동시에 국가권력을 규율한다. 현실적으로 정치권력이 헌법을 제정하지만, 일단 헌법이 만들어지면 국가권력은 헌법에 의해 권한을 행사할 수 있고, 헌법에 따라서만 권한을 행사해야 한다. 국가권력이란 입법권, 행정권, 사법권을 비롯하여 국가기관이 행사하는 일체의 국가작용을 하는 권력을 말한다. 헌법이 국가의 최고법으로서 국가기관에 정당성을 부여하고, 국가권력을 규율하는 것은 주권자인 국민이 헌법을 제정하였다는 것에서 비롯된다.

둘째, 개인의 자유와 권리를 보호하고 기본권을 보장한다. 헌법은 인간의 존엄과 가치를 실현하는 것을 최고의 이념으로 하고, 인간의 존엄과 가치는 개인의 자유와 권리를 보호함으로써 실현될 수 있다. 헌법이 국가를 조직하고 권한을 분배하는 것도 개인의 자유와 권리를 보호하기 위한 것이고, 국가권력은 개인의 자유와 권리를 보호하기 위해 행사될 때 비로소 내용적으로 정당화된다. 헌법은 공적 영역에서 직접 국가질서를 형성하지만, 사적 영역에서는 개인의 자율성을 최대한 보장하고, 국가는 예외적으로만 개입하도록 해야 한다.

셋째, 헌법적 가치를 매개로 개인과 국가를 통합하고 가치의 배분을 둘러싼 정치적 갈등을 해소한다. 국가권력은 본질적으로 폭력적 성격을 가지며, 인간이 만든 국가가 인간을 폭력적으로 지배할 위험이 있다. 헌법은 국가가 권력을 자의적으로 행사하지 않도록 통제하고 순화하는 기능을 한다. 국가는 헌법을 제정하고 실현하는 과정에서 구성원인 개인을 헌법적 가치로 통합하고, 다양한 이해관계와 갈등을 합리적이고 안정적으로 해소할 수 있다. 헌법은 정치생활의 가치규범이자 국민생활의 도덕규범으로 국가질서의 지침을 제공한다.[2]

2. 국가와 헌법

(1) 국가의 성립

국가란 일정한 지역에서 정주하는 사람들이 최고의 통치권인 주권을 매개로 구성되어 운영되는 통일적 조직체를 말한다. 국가의 기원에 대해서는 실력설, 정복설, 가족설, 계급설 등이 주장되고, 국가의 본질에 대해서는 사회적 관계나 경제적 지배를 매개로 일원론, 이원론, 다원론이 제기된다. 현대사회에서 국가는 개인의 생활에 막대한 영향력을 행사하면서 현실적으로 기능하는 조직체이고, 국가의 기원과 본질은 국가를 이해하는 관점과 맥락에 따라 다양하게 이해될 수 있다.

근대국가가 형성되는 과정에서 국가는 구성원인 국민의 동의에 의한 사회계약으로 성립되었다는 사회계약설이 일반적으로 수용되었다. 법학적 관점에서 국가는 개인과 구별되는 독립된 법인격을 가진 특수한 공법인이라고 할 수 있다.[3] 국가가 독립적인 법인이라는 것은 왕이 곧 국가인 것을 부인하여 절대왕정을 극복하는 것을 의미하고, 국가가 스스로 법인격을 부여함으로써 왕도 국가기관의 하나에 불과한 것으로 인식하는 논리적 기초를 제공하였다.

2) 1989. 9. 8. 88헌가6.
3) 한수웅, 헌법학, 6면.

(2) 국가의 구성요소

일반적으로 주권, 국민, 영토를 국가의 3요소라고 한다. 현대국가에서는 세계화와 지역화가 동시에 진행되고, 과학기술이 급격하게 발달하여 국가의 3요소는 그 성격이 많이 변하였다. 주권은 국가나 국민에게 배타적이고 독점적으로 귀속되는 것이 아니라 국제법에 의해 제약되는 경우도 있다. 또한, 다문화사회로 국적이 개방되고 통치권이 미치는 인적 범위도 확대되고 있으며, 정보화기술의 발전으로 영토가 국경을 획정하는 기능도 약화되었다. 하지만, 현대국가에서도 주권, 국민, 영토는 여전히 국가의 정체성을 특정하는 핵심적 요소로 기능한다.

주권이란 국가의사를 결정하는 최고의 통치권력을 말하며, 정치권력을 정당화하기 위해 고안되었다. 주권은 대외적으로는 외국으로부터 독립된 권력이고, 대내적으로는 최고의 권력으로 이해된다. 주권은 절대적이고 통일적인 권력으로서 단일하고 항구적이며, 불가분적·불가양적 성격을 갖는다. 주권은 헌법을 매개로 정치적 개념에서 법적 개념으로 전환된다. 주권은 국가의 최고법인 헌법을 제정하는 권력이며, 헌법에 의해 개별적 국가권력으로 구체화된다. 주권자에 의해 제정된 헌법은 국가권력의 행사에 정당성을 부여하는 권원이 되는 동시에 국가권력의 한계를 설정한다.

국민이란 국가의 구성원이며 국가의 통치권이 미치는 인적 범위를 말한다. 이때 국민은 국가를 전제로 하는 법적 개념으로 생물학적 혈통에 따라 구분되는 인종이나 문화와 역사적 조건에 따라 구분되는 민족과 다르다. 국민은 국가권력과의 관계에서는 서로 모순되는 이중적 지위를 갖는다. 즉, 국민은 주권자로서 국가권력의 행사를 정당화하는 근거가 되지만, 현실적으로는 국가권력의 지배를 받는 객체이기도 하다. 하지만, 국민은 주권자로서 헌법을 제정하고, 헌법은 법치를 통해 국가권력의 남용을 방지함으로써 국민의 자유와 권리를 보장한다.

영토란 국가의 지역적 기반으로서 국가의 통치권이 미치는 공간적 범위를 말한다. 이때 영토는 토지로 이루어진 공간만을 의미하는 것이 아니라 영해와 영공을 포함하는 영역이라는 의미로 해석된다.[4] 영해는 영토에 접속한 일정한 범위의 해역으로서 배타적 어업통제권, 해저광물자원채굴권과 같은 국가의 통치권이

---

4) 정종섭, 헌법학원론, 9면.

미친다. 영공은 영토와 영해의 수직 상공으로서 국가의 통치권이 미치며, 그 범위에 대해서는 대기권설, 인력설, 인공위성설, 영공무제한설 등 다양한 견해가 있다. 국가가 실효적으로 지배할 수 있는 영공까지만 영역에 포함된다는 실효적 지배설이 다수설이고, 타당하다.5)

(3) 국가형태

국가형태는 그 기준에 따라 다양하게 분류할 수 있고, 국가는 그 역사적 현실과 환경에 따라 다르게 운영되고 있어 획일적으로 구분하기는 어렵다. 국가는 국가형태에 따라 국가가 조직되고 운영되는 원리를 달리하므로 국가형태는 그 국가의 헌법원리를 이해하는 데 도움이 된다. 아리스토텔레스는 지배자의 숫자와 도덕적 평가를 결합하여 국가형태를 분류하였다. 1인에 의한 지배는 군주제와 폭군제로, 소수에 의한 지배는 귀족제와 과두제로, 다중에 의한 지배는 민주제와 폭민제로 구분하였다.

국가형태는 주권자를 기준으로 군주국과 공화국으로 분류되기도 하는데, 군주국은 세습군주국·선거군주국·전제군주국·제한군주국으로, 공화국은 귀족공화국·민주공화국으로 구분된다. 영국과 같이 왕이라는 군주를 인정하면서도 공화국으로 운영되는 국가도 있어 주권의 소재에 따라 국체를, 국가권력의 행사방법에 따라 정체를 따로 구분하기도 하였다. 국가형태는 국가권력의 행사방법을 기준으로 자유민주주의 모델과 권위주의 모델로 분류하고, 전자는 의원내각제, 대통령제, 이원정부제로, 후자는 전체주의 국가, 사회주의 일당독재국가로 구분하기도 한다.

국가형태는 단일국가와 연방국가로 분류되기도 한다. 단일국가란 국가의 구성이 단일하고 통일적인 국가를 말하며, 국가권력은 원칙적으로 중앙에 집중되어 있다. 연방국가란 국가적 실체를 가진 지방(支邦)들로 구성되는 국가를 말하며, 지방이 주권국가의 실체를 가지면서 연방이라는 전체국가를 구성한다. 연방국가는 국가권력을 연방과 지방에 분산하므로 권력분립을 실현하는 제도로 기능한다. 한편, 국가연합은 독립된 주권국가들이 조약을 체결하여 성립되는 연합체로서 특정한 목적을 위해 한시적으로 조직되고 독립된 주권을 가진 국가가 아니므로 국가형태에는 포함되지 않는다.

---

5) 성낙인, 헌법학, 100면 ; 한수웅, 헌법학, 104~105면.

현대국가는 국민주권을 표방하고 있어 주권의 소재를 기준으로 국가형태를
구별할 실익이 없다. 자유민주주의 모델과 권위주의 모델도 국정현실을 기준으로
평가한 것이다. 단일국가와 연방국가는 국가를 조직하는 헌법원리를 달리하지만,
그 구별이 상대화되고 있다. 단일국가는 지방자치를 통해 국가권력을 분산하고,
연방국가도 결속력을 강화하며, 유럽연합과 같은 조약공동체는 국가연합을 넘어
독립된 국가공동체를 지향하기도 한다. 세계화와 분권화에 따라 단일국가의 연방
화와 연방국가의 단일화가 동시에 진행되어 단일국가, 연방국가, 국가연합을 엄격
하게 구별하는 것이 어렵게 되었다.6)

(4) 헌법국가

현대사회에서 개인은 국가와 불가분의 상관관계를 맺고 살아간다. 인간이 국
가를 구성하기도 하고, 국가가 개인을 형성하기도 한다. 개인과 국가는 서로에게
영향을 주고받으면서 변화한다. 국가는 정치권력이 작동하는 시스템이고, 정치권
력은 헌법을 통해 국가권력으로 제도화된다. 국가가 안정적으로 그 목적을 달성
하기 위해서는 국가권력을 행사하는 실체적 내용과 절차적 형식에 대한 규범적
기준이 마련되어야 한다. 헌법은 국가의 비전과 미래상을 제시함으로써 국가가
유지되고 제대로 운영되도록 하고, 서로 다른 생각과 생활방식을 가진 사람들이
헌법적 가치 아래 공존할 수 있도록 한다.

헌법국가란 헌법에 의해 운영되는 국가이다. 국가는 헌법적 가치를 추구해야
하고, 헌법에 위반된 국가권력은 정당화되지 않는다. 헌법국가에서는 헌법에 의해
수권(授權)되는 국가권력이 헌법에 우월한 것이 아니라 헌법이 국가권력에 우월하
다는 것이 핵심이다. 헌법은 국가질서에 대한 기본방향을 헌법적 가치로 제시하
고, 이는 국가마다 그 역사적 현실에 따라 다르게 규정된다. 헌법적 가치는 구성
원의 다양한 이해관계를 조정하고 수렴하여 하나의 통일된 가치체계로 도출된다.
헌법은 헌법적 가치를 실현하는 방법과 절차를 규정함으로써 국가기관을 구성하
고, 그 권한행사의 방식과 한계를 설정한다.

---

6) 성낙인, 헌법학, 109면.

3. 헌법의 특징

(1) 정치권력의 의지

헌법은 사회를 정치적으로 통합하여 국가를 조직하는 규범적 기준이지만, 현실적으로는 정치권력의 투쟁이나 타협에 의해 제정되고 개정된다. 헌법을 제정하는 정치권력의 의지는 나라마다 시간과 공간에 의해 제한되는 역사적 현실에 의해 확정된다. 하지만, 헌법은 국가의 정치적 현실을 그대로 반영하는 것에 그치는 것이 아니라 정치권력의 의지를 통해 특정한 정치적 이념과 가치를 실현하는 수단이기도 하다. 따라서 헌법은 가치중립적이지 않고 국가의 비전과 미래상을 헌법적 가치로 제시하며, 이는 정치현실을 이끌어가는 역할을 한다.

헌법적 가치는 역사적 현실에 의해 제약을 받는 시대의 산물이므로 영구불변적인 것이 아니라 시간과 공간에 따라 변화하는 정치현실과 끊임없이 상관관계를 맺으면서 발전한다. 사실적 측면에서 헌법에 정치권력의 의지가 반영된다는 것은 헌법이 만들어지는 과정에서 잘 드러난다. 하지만, 일단 헌법이 만들어지면 정치권력은 헌법에 의해 규율되어야 한다는 것에 헌법의 실존적 의미가 있다. 이때 헌법이 정치현실에 뒤떨어지거나 정치현실보다 지나치게 앞서게 되면 정치권력을 규율할 수 없게 된다. 헌법은 정치권력의 의지와 부단히 영향을 주고 받으면서 변증적으로 발전해야 한다.

(2) 최고의 법규범

헌법은 정치현실을 규율한다는 측면에서 규범이며, 국가의 법체계에서 최고의 법규범의 지위를 갖는다. 국가는 헌법이 정한 기준과 절차에 따라서만 그 권한을 행사할 수 있는데, 헌법은 국가권력의 행사에 정당성을 부여하는 동시에 그 권한행사를 실체적으로나 절차적으로 통제하는 역할을 한다. 특히, 헌법은 개인의 자유와 권리를 보장하는 것을 목적으로 하므로 국가권력은 헌법에 규정된 기본권을 보장해야 하고, 이를 침해하는 행위를 해서는 안 된다. 헌법이 국가권력을 규율하는 것은 궁극적으로는 개인의 자유와 권리를 보장하기 위한 것이므로 기본권은 국가권력의 목적이자 한계를 설정한다.

헌법은 법률·명령·규칙과 같은 하위법령의 규범적 근거가 되며, 모든 법령을 제정하고 해석하는 지침이 된다. 국가가 제정하는 모든 법령은 헌법을 구체화하는 것이어야 하고 헌법을 위반해서는 안 된다. 법치란 법에 의한 통치를 말하고, 국가권력은 법이 정한 요건과 절차에 따라 행사되어야 한다는 것이다. 국가권력의 행사의 근거가 되는 법은 헌법을 포함한 모든 법령을 의미하고, 국가권력이 형식적으로 법령에 따른 것에 그치는 것이 아니라 그 법령이 헌법에 부합한다는 것을 전제로 한다. 법령이 헌법에 위반되는 경우에는 국가권력이 그 법령에 따라 행사되더라도 정당성을 갖지 않는다.

헌법은 국가의 조직에 관한 모든 사항을 규정하는 것이 아니라 기본적이고 중요한 사항만 규정한다. 법이 그 규율대상이 되는 모든 사항을 구체적이고 상세하게 규정하는 것은 언어적 한계로 인하여 현실적으로 가능하지 않다. 특히, 헌법은 국가의 최고법으로 다양한 법적 현실을 모두 포괄하고, 정치현실의 변화에 탄력적으로 대응할 수 있어야 하므로 헌법사항을 추상적이고 개방적으로 규정할 필요가 있다. 헌법이 추상적이고 개방적으로 규정한 내용은 국회가 입법형성권을 가지고 법률을 통해 구체화시킬 수 있는데, 이때에도 헌법을 위반해서는 안 된다.

(3) 헌법보장수단의 마련

헌법은 국가기관을 직접 규율하고 국가권력의 침해로부터 보호되어야 하므로 국가기관에게 헌법의 규범력을 확보해 줄 것을 기대하기는 어렵다. 헌법이 정상적으로 기능하기 위해서는 헌법이 침해되는 것을 사전에 예방하고, 헌법이 침해된 경우에는 이를 바로잡을 수 있어야 한다. 헌법은 국가권력의 분립을 통해 견제와 균형을 유지함으로써 국가기관이 헌법을 침해하지 않도록 예방한다. 헌법은 긴급한 위기상황에서 헌법을 수호하기 위해 국가긴급권을 인정하는 한편, 국가권력이 헌법을 침해할 경우에는 헌법재판을 통해 이를 바로잡을 수 있도록 한다.

헌법이 최고법으로 기능하려면 강제력에 의해 규범력이 확보되어야 한다. 헌법재판이란 헌법에 대한 분쟁을 소송절차에 의해 해결함으로써 헌법질서를 유지하는 사법적 국가작용이다. 헌법은 헌법재판을 통해 그 규범력을 유지할 수 있고, 개인의 자유와 권리를 보장할 수 있다. 헌법재판소는 위헌법률심판, 탄핵심판, 정당해산심판, 권한쟁의심판, 헌법소원심판과 같은 헌법재판을 통해 헌법의 규범력

을 확보한다. 하지만, 헌법재판소는 원칙적으로 국가권력 등이 헌법을 침해하였다
는 것을 확인할 수 있을 뿐, 그 위헌상태를 직접적으로 제거하거나 그 결정을 강
제로 집행할 권한이나 수단을 갖지 못한다는 한계가 있다.

제 2 절 헌법의 분류와 헌법해석

1. 헌법의 분류

(1) 성문헌법과 불문헌법

성문헌법은 성문화된 헌법전의 형식으로 존재하는 헌법이고, 불문헌법은 성
문화된 헌법전이 아닌 헌법적 관행, 판례, 법률해석과 같은 형태로 존재하는 헌법
이다. 성문헌법은 헌법의 범위를 명확하게 규정하므로 헌법재판에서 위헌심사기
준을 설정하기 쉽고, 법률보다 우월한 효력을 가진다. 불문헌법은 형식에서 법률
과 명확하게 구분되지 않아 헌법재판에서 위헌심사기준을 확정하기 어렵고, 법률
보다 우월한 효력을 인정하기도 쉽지 않다. 성문헌법은 헌법으로 쉽게 인정되지
만, 불문헌법에 대해서는 헌법에 포함되지 않는다는 관점도 있다.

헌법은 형식적 헌법과 실질적 헌법으로 구분되기도 하는데, 성문헌법과 불문
헌법의 구분과는 그 구별기준이 다르다. 형식적 헌법과 실질적 헌법은 서로 배타
적으로 구분되는 것이 아니다. 형식적 헌법은 헌법의 형식을 요구하므로 성문헌
법을 의미하지만, 실질적 헌법은 그 내용이 실질적으로 국가의 조직에 관한 헌법
사항을 포함하는 것이므로 성문헌법과 불문헌법을 포함한다. 국회법이나 정부조
직법과 같은 법률이나 법률조항도 실질적 헌법에 포함될 수 있고, 실질적으로는
헌법사항이 아닌 것도 성문헌법에 규정되기도 한다.

(2) 경성헌법과 연성헌법

헌법은 개정절차를 기준으로 경성헌법과 연성헌법으로 구분할 수 있다. 경성
헌법은 법률보다 그 개정절차를 어렵게 하는 헌법이고, 연성헌법은 법률과 동일
한 개정절차를 채택하는 헌법이다. 일반적으로 경성헌법은 헌법의 우월한 효력을

보장하기 위해 성문헌법에서 그 개정절차를 특별히 규정하는 방식으로 채택되고, 불문헌법은 독자적인 개정절차를 가지기 어려워 연성헌법을 채택한다. 하지만, 성문헌법이 반드시 경성헌법을 채택하고, 불문헌법이 반드시 연성헌법을 채택하는 것은 아니다. 경성헌법과 연성헌법은 그 효력에서 차이가 없으므로 이를 구분하는 의미가 크지 않다.

(3) 그 밖의 분류

헌법은 역사적 발전과정을 기준으로 고유한 의미의 헌법, 근대 입헌주의헌법, 현대 사회국가헌법으로 구분되기도 한다. 모든 국가는 국가의 조직에 관한 기본법을 가지므로 이를 고유한 의미의 헌법이라고 하고, 근대국가는 입헌주의에 기초하여 개인의 자유와 권리를 보장하기 위해 권력분립에 기초한 헌법을 채택하였다. 한편, 현대국가는 사회복지와 정의를 목표로 사익과 공익을 조화롭게 실현하는 헌법을 채택한다. 그러나 이는 헌법국가의 발전에 따라 변화된 헌법의 특성을 설명하는 것이지 헌법의 분류라고 할 수는 없다.

독일의 뢰벤슈타인(Löwenstein)은 헌법규범과 헌법현실이 일치하는지 여부와 그 정도를 기준으로 규범적 헌법, 명목적 헌법, 장식적 헌법으로 분류하였다. 규범적 헌법은 헌법규범과 헌법현실이 일치하는 헌법이고, 명목적 헌법은 헌법의 존재에도 불구하고 정치환경적 조건이 갖추어지지 못하여 헌법이 제대로 작동하지 않아 헌법규범과 헌법현실이 일치하지 않는 헌법이다. 장식적 헌법은 헌법현실을 전혀 규율하지 못하고 정치권력을 합리화하기 위해 이용되는 헌법으로 독재국가에서 나타난다. 이는 헌법의 규범력에 대한 평가에 관한 구분이지 헌법 자체의 분류는 아니다.

2. 관습헌법

(1) 인정 여부

헌법재판소는 대한민국이 성문헌법을 두고 있지만 서울이 수도라는 것을 관습헌법으로 인정하여 수도를 이전하는 법률을 위헌이라고 결정하였다.[7] 관습헌법

은 불문헌법의 일종으로 헌법사항에 대해 형성된 관행을 헌법규범으로 인정하는
것이다. 관습헌법은 성문헌법의 범위를 벗어나 새로운 헌법규범으로 인정되는 것
이므로 성문헌법의 해석을 통해 불문법적 요소를 도출하는 것과는 다르다.8) 성문
헌법을 채택하는 국가에서 헌법해석의 범위를 벗어나 관습헌법을 인정할 것인지
와 그 효력에 대해서는 다양한 관점이 대립된다.

　　대한민국은 성문헌법을 두고 있으므로 관습헌법을 인정할 수 없다는 관점이
있다. 성문헌법에서 헌법적 관행이란 사실의 문제로서 성문헌법을 해석하는 요소
가 될 뿐이고 그 자체를 헌법으로 인정할 수 없다고 한다. 성문헌법에 위반되는
헌법적 관행은 위헌이므로 헌법변천으로도 인정할 수 없다고 한다. 한편, 성문헌
법을 채택한 국가도 관습헌법을 인정할 수 있다는 관점도 있다. 성문헌법이 모든
헌법사항을 규정할 수 없고, 주권자인 국민은 헌법사항을 불문헌법의 형식으로도
제정할 수 있으므로 관습헌법은 불문헌법으로 인정된다고 한다.9)

　　헌법은 그 자체가 정치적 타협의 산물로서 추상적이고 개방적인 특징을 가
지며, 입법적 보완을 통해 완성되는 것을 예정한다. 성문헌법이 헌법현실의 변화
를 반영하는 헌법사항을 모두 규정할 수 없으므로 성문헌법을 채택하고 있는 국
가에서도 관습헌법의 존재를 인정할 수는 있다. 특히, 헌법해석을 통해 살아 있는
헌법을 창조해야 한다는 관점에서는 성문헌법에 규정되지 않은 관습헌법을 보다
적극적으로 인정할 수 있다. 하지만, 관습헌법의 개념이 불명확하여 그 범위를 확
정하기가 어렵고, 관습헌법을 인정하면 성문헌법의 안정성을 해치게 될 수 있으
므로 관습헌법은 예외적으로만 인정되어야 한다.

(2) 요건

　　헌법재판소는 관습헌법을 인정하고, 그 요건으로 첫째, 기본적 헌법사항에
관하여 관행이나 관례가 존재하고(헌법사항에 관한 관행), 둘째, 관행은 충분한 기간
동안 반복 내지 계속되어야 하며(반복·계속성), 셋째, 관행은 지속성을 가져 중간
에 반대되는 관행이 존재하지 않고(항상성), 넷째, 관행은 여러 가지로 해석되지

---

7) 2004. 10. 21. 2004헌마554.
8) 한수웅, 헌법학, 25면.
9) 성낙인, 헌법학, 20면 ; 정재황, 헌법학, 41면.

않을 정도로 명확해야 하며(명료성), 다섯째, 관행이 국민의 폭넓은 컨센서스를 얻어 강제력을 가진다고 믿고 있어야 한다는 것(국민적 합의)을 제시하였다.[10]

관습헌법을 인정할 경우에는 헌법재판의 심사기준이 되므로 그 요건, 내용, 효력을 명확하게 설정하는 것이 중요하다. 관습헌법이 인정되기 위해서는 헌법사항에 대해 사실적 측면에서 일정한 관행이 존재하고, 이를 헌법규범으로 인정하는 국민적 확신이 있어야 한다. 어떠한 사항이 헌법사항인지, 그에 대한 관행이 존재하는지, 법적 확신이라는 것을 어떻게 확인할 것인지를 판단하는 것은 매우 어렵다. 특히, 사적 자치에 기초한 민법에서 관습법을 법원(法源)으로 인정하는 것과 달리 헌법사항에 대해 헌법적 구속력을 갖는 법적 확신을 인정하는 것은 훨씬 어렵다.[11]

(3) 법적 효력

관습헌법도 헌법으로 인정되는 이상 성문헌법과 동등한 효력을 갖는다는 관점이 있다. 관습헌법은 성문헌법과 별도의 요건에 따라 성립하므로 독자적인 헌법으로 효력을 갖는다고 한다. 헌법재판소는 관습헌법도 성문헌법과 마찬가지로 주권자인 국민의 헌법적 결단의 의사표현이므로 성문헌법과 동등한 효력을 가진다고 판단하였다.[12] 관습헌법은 독자적인 요건에 따라 성립되므로 성문헌법의 규정과 다른 내용을 포함할 수 있고, 이때에는 헌법의 충돌이 발생할 수도 있다. 헌법변천을 인정하는 경우에는 관습헌법이 성문헌법보다 우월한 효력을 갖는다고 설명할 수도 있다.

관습헌법을 인정하는 경우에도 성문헌법이 우월적 효력을 가지며, 관습헌법은 성문헌법의 해석을 통해 해결될 수 없는 범위에서 보충적 효력만 갖는다는 관점이 있다. 관습헌법도 헌법이므로 법률보다 우월한 효력을 갖지만, 성문헌법에는 위반될 수 없으므로 성문헌법에 위반되지 않는 범위에서만 헌법의 효력을 갖는다고 한다. 이에 따르면, 관습헌법의 요건에는 '성문헌법에 위반되지 않을 것'을 추가하는 것이 타당하다. 성문헌법에 위반되는 불문헌법의 효력을 인정하지 않으면

---

10) 2004. 10. 21. 2004헌마554.
11) 김하열, 헌법강의, 10면 ; 한수웅, 헌법학, 26면.
12) 2004. 10. 21. 2004헌마554.

서, 그 존재를 인정하여 법률보다 우월한 효력을 부여하는 것은 모순이기 때문이다.

헌법재판소가 관습헌법으로 인정하는 '기본적 헌법사항', '실질적 헌법사항', '핵심적 헌법사항'이 무엇인지는 확정하기 어렵고, 그 규범적 효력을 인정하기 위해 필요한 국민적 합의를 확인하는 것도 어렵다. 성문헌법에 위반되는 관습헌법은 인정될 수 없고, 이를 헌법변천으로 정당화할 수도 없다. 관습헌법이 인정되는 경우에도 관습헌법은 성문헌법에 대해 보충적 효력만 갖는다. 관습헌법은 성문헌법의 해석을 통해서도 도출될 수 없는 헌법사항에 대해 성문헌법의 실효성을 증대시키는 범위에서만 보충적으로 효력을 갖는다고 해석해야 한다.13)

(4) 개정절차

관습헌법을 개정하려면 성문헌법의 개정절차에 따라야 한다는 관점이 있다. 관습헌법도 헌법이므로 헌법이 규정하는 개정절차에 따라야 한다는 것이다. 관습헌법은 헌법사항에 관한 사실적 관행과 법적 확신을 요건으로 성립하므로 그 요건이 변경되면 관습헌법이 개정된 것으로 해석해야 한다. 성문헌법의 개정절차를 통해 관습헌법을 개정할 수는 있어도 새로운 헌법적 관행과 법적 확신을 형성하는 방식으로 성문헌법을 개정할 수는 없다. 또한, 관습헌법이 헌법적 효력을 가지는 이상 법률을 제정하거나 개정함으로써 직접 관습헌법을 개정할 수는 없다.

헌법재판소는 관습헌법은 성문헌법과 동등한 효력을 가지므로 관습헌법의 성립과 효력에 필요한 국민적 합의가 없어지면 관습헌법의 효력도 상실한다고 하면서 관습헌법을 개정하려면 성문헌법과 마찬가지로 헌법 제130조의 개정절차에 따라야 한다고 하였다.14) 또한, 국회가 수도 이전에 관한 법률을 제정하였지만 서울이 수도라는 헌법사항에 대한 국민적 합의가 상실되지 않았으며, 후속입법을 통해 연기·공주지역에 행정중심복합도시를 건설하는 법률을 제정한 것은 수도의 지위를 부여하거나 수도를 분할하는 것이 아니므로 헌법사항에 포함되지 않는다고 판단하였다.15)

---

13) 성낙인, 헌법학, 22면 ; 정재황, 헌법학, 44면 ; 정종섭, 헌법학원론, 28~29면.
14) 2004. 10. 21. 2004헌마554.
15) 2005. 11. 24. 2005헌마579.

3. 헌법해석

(1) 필요성

헌법해석이란 헌법의 규범적 의미와 내용을 밝히는 것을 말한다. 헌법적 가치를 실현하기 위해서는 정치현실에 헌법을 적용하여 실천해야 하고, 이는 헌법을 해석하여 그 법적 의미와 내용을 명확히 하는 것에서 시작된다. 헌법도 법이므로 법에 대한 해석원칙에 따라야 하지만, 헌법해석에서는 헌법의 특성을 반영해야 한다. 법치국가를 안정적으로 실현하기 위해서는 헌법을 객관적이고 공정하게 해석하는 기준을 마련하는 것이 필요하다. 특히, 헌법은 국가작용의 위헌성을 판단하는 심사기준이므로 헌법재판에서는 헌법해석이 필수적으로 요구된다.

(2) 주체

헌법은 권력분립에 따라 헌법해석권을 국가기관에게 기능적으로 분배하고, 국가기관은 그 권한을 행사할 때 헌법을 해석하여 그에 정합하도록 해야 한다. 국회는 헌법을 위반하지 않는 범위에서 입법권을 행사하고, 정부는 법을 집행할 때 법률뿐만 아니라 헌법도 준수해야 한다. 법원은 헌법과 법률에 따라 재판해야 하므로 헌법을 해석할 수밖에 없다. 모든 국가기관은 소극적으로 헌법을 위반하지 말아야 하고 적극적으로 헌법적 가치를 실현해야 할 책무를 부담한다. 국가기관이 헌법을 서로 다르게 해석하는 경우에 헌법재판소는 헌법재판을 통해 최종적으로 헌법을 유권적으로 해석하여 헌법적 분쟁을 해결한다.

국가기관뿐만 아니라 국민도 헌법을 해석해야 할 때가 있다. 국민은 주권자로서 헌법을 제정하였으며, 헌법이 규정하는 기본권과 의무의 주체이므로 기본권을 제대로 행사하고 의무를 이행하기 위해서는 헌법을 해석해야 한다. 개인이 재판을 받는 과정에서 재판에 적용되는 법률에 대해 법원에 위헌법률심판제청을 신청할 수 있는데, 이때에도 헌법과 법률을 해석할 수 있다. 하지만, 개인은 헌법을 해석할 권한을 법적 권리로 갖는 것이 아니라 국가작용에 대해 헌법위반을 주장하기 위해 그 전제로서 사실적으로만 헌법을 해석한다.

(3) 해석원칙

(가) 법해석의 기본방향

헌법은 역사적 현실에서 탄생하지만 단순히 정치현실을 드러낸 것이 아니라 미래지향적으로 헌법적 가치를 제시함으로써 국가권력을 통제하고 정치현실을 견인한다. 헌법은 정치현실에 대한 가치체계이므로 객관적 사실판단과 주관적 가치판단을 종합하는 방식으로 해석해야 한다. 헌법해석은 객관적 가치판단을 추출하는 것이고, 이는 헌법적 가치에 대해 객관성을 확보해야 하는 작업이다. 헌법에 대해서도 법해석의 기본방향에 관한 논의가 그대로 적용되며, 이는 미국에서 시작된 원의주의와 비원의주의의 논쟁을 통해 이론적으로 발전되었다.

원의주의(原意主義)는 입법자의 주관적 의사를 통해 법의 원래적 의미를 확인하는 것을 법해석으로 이해하는 것으로 주관주의라고도 한다. 원의주의는 해석자의 자의적인 개입을 방지함으로써 권력분립을 실현하고, 법적 안정성을 유지할 수 있다. 법해석의 범위도 입법자의 의사로 제한하고, 입법자의 의사를 넘어서 법을 해석하는 사법적극주의에 반대한다. 하지만, 입법자의 의사가 명확하지 않거나 입법자가 의도하지 못한 현상이 발생한 경우에는 법의 부재로 인한 입법공백의 상태가 발생할 위험이 있다.

비원의주의(非原意主義)는 현재 통용되는 법 자체의 객관적 의미를 찾는 것을 법해석으로 이해하는 것으로 객관주의라고도 한다. 비원의주의는 법을 적용하는 당시의 시대정신을 반영함으로써 입법공백의 상태를 방지하고, 입법자의 자의를 수정할 수 있다. 법해석의 범위를 폭넓게 인정하여 입법자의 의사에 국한시키지 않고, 사회의 발전에 걸맞는 '살아있는 법'을 창조하여 적용할 수 있는 사법적극주의에 찬성한다. 하지만, 해석자의 주관적 자의가 개입되어 입법자의 의사를 왜곡할 수 있고, 법해석의 이름으로 입법권을 침해하여 법적 안정성을 해칠 위험이 있다.

법해석이란 입법자의 주관적 가치와 법 자체의 객관적 가치를 종합하는 것이지만, 양자가 충돌할 경우에는 해석원칙을 통해 조정할 필요가 있다. 법해석에서는 입법자의 민주적 정당성이 법률전문가의 해석보다 우월하므로 원의주의를 원칙으로 하면서 비원의주의를 통해 보완하는 것이 바람직하다. 헌법해석에서도 주권자인 국민의 헌법적 의사를 확인하는 것에서 출발하고, 그 의사가 불명확하거나 시대의 변화에 따라 그대로 적용할 수 없는 경우에는 헌법의 객관적인 의미를 파악하여 보완해야 한다. 이때에도 '非원의'가 '反원의'로 해석되지 않도록 유의해야 한다.

(나) 법해석의 일반원칙

법해석의 기본원칙은 문리해석, 논리해석, 체계적 해석, 역사적 해석, 목적론적 해석을 포괄한다. 헌법도 법규범이므로 일반적인 법해석의 원칙을 기초로 하면서 헌법의 특징을 반영하여 해석해야 한다. 문리해석은 법조문의 의미를 문법적 방법을 통해 확인하는 해석방법이다. 법률은 언어를 통해 법적으로 규범화된 것이므로 사회적 통약으로서의 언어규칙과 상식적 관례를 준수해야 한다. 논리해석은 조리를 기초로 논리적 맥락에 따라 법조문을 해석하는 방법이고, 체계적 해석은 법률 전체의 체계에서 개별적 법조문을 해석하는 방법이다.

역사적 해석은 헌법이 제정되고 발전되어 온 역사적 과정을 반영하여 해석하는 방법이고, 목적론적 해석은 헌법이 추구하는 목적이나 헌법적 가치를 실현하기 위해 해석하는 방법이다. 법해석은 법의 객관적 가치판단을 규명하는 작업이므로 법적 안정성을 확보하기 위해서는 문리해석에서 출발해야 하고, 논리해석과 체계적 해석도 문리해석의 범위에 포함시킬 수도 있다. 법해석의 일반원칙은 우열이 있는 것이 아니라 동시에 채택되면서 서로 보완하여 법해석을 완성하는 것이다. 이는 헌법해석에도 동일하게 적용되어야 하며, 헌법의 특징을 반영하여 헌법해석원칙으로 변용되어야 한다.

(다) 헌법해석원칙

헌법은 추상적이고 개방적으로 규정되어 있어 그 의미가 불분명하고 서로 모순되는 내용을 포함하거나 헌법을 구체화하는 법률과 일체로 이해해야 할 경우도 있다. 헌법은 정치적 타협의 산물로서 역사적 조건에 의해 제약되므로 헌법해석에서는 정치현실의 변화를 반영하지 않을 수 없다. 헌법해석에서는 그 결과가 초래할 정치적 파장도 함께 고려해야 하고, 기존의 해석을 변경해야 할 필요도 있다. 헌법해석원칙으로는 통일적 해석, 규범조화적 해석, 기능배분적 해석이 제시

된다.[16)]

첫째, 통일적 해석은 전체적으로 통일적 가치체계를 이루는 헌법의 틀 안에서 개별적인 헌법조항들이 서로 모순되지 않도록 해석하는 것이다. 헌법은 최고법으로 그 헌법적 가치를 매개로 정치질서를 형성하고 개인의 자유와 권리가 보장될 수 있도록 개별적인 헌법조항을 해석해야 한다. 헌법의 모든 조항들은 서로 긴밀하게 견련되어 있으므로 헌법적 가치를 실현하기 위해 서로 보완하는 방식으로 해석되어야 한다. 헌법은 기본원리, 기본권, 국가작용을 구분하여 규정하지만 이를 분리하지 말고 서로에게 목적과 수단이 될 수 있도록 해석해야 한다.

둘째, 규범조화적 해석은 헌법조항이 그 분야와 대상에 따라 다르게 적용되어 서로 모순되고 충돌하는 것으로 보일지라도 그 조항이 추구하는 목적이 달성될 수 있도록 조화롭게 해석하는 것이다. 헌법은 다양한 헌법적 가치를 지향하므로 어느 하나의 가치를 실현하기 위해 다른 가치를 일방적으로 희생해서는 안 되고, 가급적 모든 가치가 균형적으로 보장될 수 있도록 해석해야 한다. 헌법에는 기본권의 보장과 제한, 영토조항과 평화통일조항 등과 같이 서로 상반되는 대립구조를 가지는 경우도 있지만, 이때에도 모든 헌법적 가치가 실현될 수 있도록 조정해야 한다.

셋째, 기능분배적 해석이란 국가기관은 자신의 헌법적 권한의 범위에서 헌법을 해석해야 하고, 다른 국가의 기능을 침해해서는 안 된다는 것이다. 헌법은 권력분립에 따라 국가기관을 구분하고 서로 다른 권한을 부여하는데, 국가기관이 헌법해석을 통해 그 기능분배를 변경해서는 안 된다. 모든 국가기관은 헌법해석권을 갖지만, 다른 국가기관의 권한을 침해해서는 안 된다. 특히, 헌법재판소와 법원은 위헌법률심판에서 헌법해석권을 분유하고 있으므로 그 권한을 적정하게 행사해야 한다.

(4) 한계

(가) 헌법에 대한 '해석'

헌법해석은 헌법의 내용과 의미를 확정하는 것인데, 이는 헌법을 해석하는

---

16) 김하열, 헌법강의, 28~29면 ; 성낙인, 헌법학, 32면 ; 정재황, 헌법학, 50~51면 ; 정종섭, 헌법학원론, 93~95면 ; 한수웅, 헌법학, 56~59면.

것이므로 헌법의 존재를 전제로 한다. 헌법해석은 법률해석의 일반원칙과 헌법해
석원칙에 따라야 하지만, 헌법해석을 통해 새로운 헌법을 창조하거나 헌법이 규
정하는 문언을 위반해서는 안 된다. 이때 헌법조항은 서로 규범력에 차이가 있다
는 것을 고려해야 하므로 헌법적 가치를 형량하고 조정하는 과정에서 핵심적 가
치를 훼손해서는 안 된다. 헌법재판소는 헌법조항이 가지는 규범력의 차이는 통
일적 해석을 위해 인정될 수 있지만, 특정한 헌법조항이 다른 조항의 효력을 부인
할 수 있는 것은 아니라고 판단하였다.[17]

헌법해석을 할 때에는 국가기관이 헌법의 일차적 수범자라는 것을 유의해야
한다. 헌법은 주권자인 국민이 국가를 상대로 권한행사의 요건과 절차를 명령한
것이지, 국가가 국민에게 법적 의무로 규정한 것이 아니라는 것이다. 국민도 헌법
을 존중해야 하지만, 헌법이 직접 규율하는 것은 국민이 아니라 국가이다. 또한,
헌법은 현재의 사실관계를 서술한 것이 아니라 역사적 현실의 비전을 당위명제로
규정한 것이라는 것도 고려해야 한다. 국가기관이 이를 위반한 경우에는 헌법재
판을 통해 규범력을 회복할 수 있도록 해석해야 한다.

(나) 합헌적 법률해석

합헌적 법률해석이란 법률을 가급적 헌법에 합치되는 방향으로 해석해야 하
며, 위헌으로 해석될 수도 있고 위헌이 아닌 것으로 해석될 수도 있는 경우에는
이를 합헌적으로 해석하는 것을 말한다. 합헌적 법률해석은 헌법과 법률은 통일
적인 법체계를 이루고 있으므로 법률은 최고법인 헌법에 합치해야 한다는 당위적
요구를 기초로 한다. 이는 권력분립에 따라 국민의 대표기관인 국회가 제정한 법
률은 다른 국가기관으로부터 존중되어야 한다는 요청에도 부합한다. 민주적 법치
국가에서 법률은 법적 안정성을 유지하기 위해 위헌이라고 확정될 때까지는 적법
하고 타당한 것으로 추정될 필요가 있다.[18]

헌법해석은 국가기관이 법률을 적용하는 과정에서 그 법률이 헌법에 위반되
는지 여부가 문제될 때 현실적으로 필요하다. 합헌적 법률해석은 헌법의 최고규
범력을 확보하면서 법률의 안정성을 확보하기 위한 것으로 헌법해석과 밀접하게

---

17) 2007. 11. 29. 2007헌바30.
18) 1990. 4. 2. 89헌가113 ; 대법원, 2004. 8. 20. 2004다22377.

관련되지만, 본질적으로 법률해석에 관한 기준이지 헌법해석의 일종은 아니다. 합헌적 법률해석은 법률을 대상으로 하므로 헌법을 법률에 합치적으로 해석하지 않도록 유의해야 한다. 합헌적 법률해석은 법률조항의 의미를 제한적으로 축소하여 해석하는 것이 일반적이지만, 반대로 법률조항의 의미를 확대하여 해석하는 경우도 있다.

합헌적 법률해석은 그 필요성에도 불구하고 현실적으로 이를 수용하는 데에는 한계가 있다. 합헌적 법률해석은 법률조항을 다양하게 해석할 여지가 있고, 최소한 합헌으로 해석될 여지가 있을 때에만 인정된다. 법률조항이 명확하게 규정되어 그 의미가 달리 해석될 여지가 없는 경우에는 다른 의미로 해석할 수 없다. 법률조항의 문구가 간직하고 있는 언어적 의미를 넘어서 새로운 내용으로 해석해서도 안 된다.[19] 합헌적 법률해석의 이름으로 입법자의 목적을 형해화시키는 것은 새로운 입법행위가 되며, 이는 입법권을 침해하는 것이다.[20]

(다) 헌법변천과 관계

헌법변천이란 헌법현실의 변화로 인하여 헌법의 내용과 의미가 실질적으로 변화된 것을 말한다. 헌법은 그대로 있지만 헌법현실의 변화를 헌법규범으로 수용하여 헌법을 달리 해석하는 것이다. 헌법변천은 헌법규범이 헌법현실의 변화를 따라가지 못할 경우에 헌법해석의 방법으로 그 간격을 메울 수 있다. 헌법변천의 사례로는 미국의 위헌법률심사제와 대통령선거제, 일본의 자위대, 영국과 프랑스 제3공화국의 의원내각제가 제시된다. 우리나라에서도 1952년 헌법에서 규정한 참의원을 구성하지 않은 것과 1962년 헌법에서 규정한 지방자치를 실시하지 않은 것을 헌법변천으로 이해하기도 한다.

헌법변천은 헌법해석과 헌법개정을 매개하는 중간적 지위에서 헌법해석의 한계를 설정한다는 관점이 있다. 헌법현실이 변화하는 경우에는 우선적으로 헌법해석을 통해 헌법현실에 대해 규범력을 확보해야 하고, 헌법해석으로 헌법현실을 포섭할 수 없는 경우에는 헌법조항의 규범력을 변화시켜 헌법현실에 맞추는 작업이 헌법변천이라는 것이다. 만약, 헌법변천으로도 헌법의 규범력을 확보할 수 없

---

19) 정재황, 헌법학, 54면 ; 한수웅, 헌법학, 64면.
20) 김하열, 헌법강의, 33~34면 ; 성낙인, 헌법학, 36~37면 ; 2007. 11. 29. 2005헌가10.

을 때에 비로소 헌법개정을 통해 헌법현실을 규율하게 된다고 한다. 즉, 단계적으로 헌법해석이 끝나는 곳에서 헌법변천이 시작되고, 헌법변천이 끝나는 곳에서 헌법개정이 시작된다고 한다.[21)]

　헌법변천은 헌법개정을 하지 않고도 헌법의 규범력을 안정적으로 확보할 수 있다는 장점이 있다. 하지만, 헌법변천은 헌법에 위반되는 사실에 대해 헌법의 규범력을 부여하는 것이다. 사실이 반복되고 그에 대해 법적 확신이 생기더라도 헌법에 직접 위반되는 경우에는 헌법규범으로 인정할 수 없다. 특히, 경성헌법을 채택하는 경우에는 헌법현실이 변화하면 헌법개정을 통해 헌법의 규범력을 확보해야 한다. 헌법변천은 헌법침해를 정당화하는 수단으로 이용될 위험이 있으므로 헌법해석의 범위에서만 허용된다. 결국, 헌법변천을 헌법해석 이외에 별도의 법적 개념으로 인정할 필요가 없다.[22)]

---

21) 성낙인, 헌법학, 62면.
22) 김하열, 헌법강의, 37면 ; 정종섭, 헌법학원론, 82~84면.

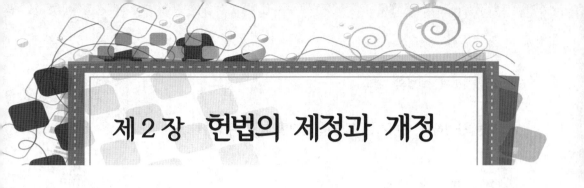

제 2 장 헌법의 제정과 개정

제 1 절 헌법의 제정

1. 개념

(1) 헌법국가의 시작

헌법의 제정이란 헌법을 처음으로 또는 새롭게 만드는 것이다. 헌법제정은 법규범을 통해 국가를 조직하는 것을 시작하는 것이며, 정치권력이 사실의 영역에서 헌법을 만드는 것이다. 헌법은 단순히 정치현실의 결과를 반영하는 것에 그치지 않고, 헌법적 가치에 따라 정치권력을 통제하고 이끌어간다. 헌법은 정치권력의 주도로 만들어지지만, 일단 헌법이 만들어지면 국가권력은 헌법에 의해 지배된다. 헌법제정은 국가의 기본질서와 헌법적 가치에 대한 정치권력의 의지를 법규범의 형식으로 체계화하는 것이다. 헌법제정은 헌법국가의 출발점이다.

(2) 정치권력의 사실행위

헌법국가에서는 국가권력의 행사가 헌법에 의해 정당화되어야 하는데, 헌법제정은 아직 헌법이 없는 상태에서 헌법을 제정하는 것이므로 헌법에 의해 정당화될 여지가 없다. 정치권력은 헌법을 통해 국가권력으로 제도화되는데, 헌법을 제정하는 정치권력은 아직 헌법에 의해 통제되거나 규범적 정당성을 평가받을 수가 없다. 헌법제정은 정치의 영역에서 국가를 조직하는 작업이며, 규범의 영역에서 합법성이 문제되지 않는다. 헌법국가는 헌법제정만으로 완성되지 않고 헌법을 구체화하는 법령의 보충을 통해 실현될 수 있다. 헌법은 국가조직에 대한 기본사항만 규정하고 나머지는 법률로 규정할 것을 예정한다.

2. 주체

(1) 헌법제정권력

헌법제정의 주체를 확정하는 과정에서 헌법제정권력이 도구개념으로 제시되었다. 프랑스의 시에예스(Sieyes)는 프랑스혁명의 과정에서 주권자인 국민이 헌법을 제정할 권력을 보유한다는 의미로 헌법제정권력을 주장하였다. 헌법제정권력이란 헌법을 제정하는 절차와 내용을 최종적으로 결정하는 힘을 말하고, 이는 주권자인 국민에게 속한다고 하였다. 국민은 자연법적 권리로 헌법제정권력을 가지며, 이는 헌법에 의해 형성된 국가권력과 구별된다고 주장하여 프랑스혁명을 이론적으로 정당화하였다. 헌법제정권력은 시에예스에 이어 칼 슈미트에 의해서 체계화되었다.

헌법제정권력은 국가의 최고권력으로 헌법개정권력과 구별되고, 헌법에 의해 형성되는 입법권, 행정권, 사법권과 같은 국가권력과도 구별된다고 한다. 이에 따르면, 헌법제정권력은 헌법을, 헌법개정권력은 헌법률을, 입법권은 법률을 제정한다고 한다.[1] 국민주권에서는 국민이 국가의 의사를 최종적으로 결정하므로 헌법제정권력이나 헌법개정권력은 모두 주권의 속성이며, 국가권력 역시 주권으로부터 도출된다. 헌법제정권력은 헌법제정의 특성을 설명할 수 있지만, 주권과 별도의 법적 개념으로 인정할 실익이 없다.

(2) 주권자인 국민

주권은 규범적으로는 헌법에 의해 인정되지만, 사실적으로는 헌법을 제정하는 권력을 포함한다. 주권은 국가의 정치적 의사를 최종적으로 결정할 수 있는 힘이고, 헌법제정도 국가의 정치적 의사의 표현이기 때문이다. 국민주권에서는 주권자인 국민이 헌법제정의 주체가 된다. 하지만, 주권자인 국민의 정치적 의사를 구체적으로 확인하는 것은 쉬운 일이 아니다. 헌법제정의 주체가 되는 국민은 주권

---

1) 김하열, 헌법강의, 35면 ; 정종섭, 헌법학원론, 45면.

을 가진 구체적 개인이지만, 다양한 의사와 이해관계를 모두 헌법제정에 반영하는 것은 불가능하고, 현실적으로는 특정한 정치권력이 주도하여 헌법을 제정한다.

국가의 정치적 의사는 최종적으로 단일한 의사결정을 통해 확정되므로 개인이 각자 주권자로서 권한을 행사하여 헌법을 제정할 수 있는 것이 아니다. 모든 주권자들이 정치적 의사결정의 과정에 참여함으로써 주권을 행사하고, 그 정치적 의사가 통일적으로 수렴되어 헌법으로 나타나는 것이다. 이때 국민의 정치적 의사를 확인하고 수렴할 수 있도록 민주적 절차가 보장되어야 한다. 주권자인 개인이 추상적인 '전체 국민'의 이름으로 포획되어 구체적인 주권행사가 매몰됨으로써 주권자의 의사가 왜곡되지 않도록 해야 한다.

3. 절차

(1) 절차규범의 부재

헌법제정은 국가를 조직하는 최고법을 처음으로 만드는 것이므로 헌법제정의 절차를 규율하는 실정법은 존재하지 않는다. 이는 기존의 헌법이 존재하는 것을 전제로 그 헌법이 규정하는 절차에 따라야 하는 헌법개정과는 다르다. 헌법이 존재하더라도 기존의 헌법을 폐지하고 새로운 헌법을 제정할 경우에도 기존의 헌법에서 규정하는 개정절차에 기속되지 않는다. 헌법을 제정할 당시의 주권자가 임의로 헌법을 제정할 수 있으며, 그 합법성을 판단하는 규범적 기준은 존재하지 않는다. 다만, 헌법이 제정되기 이전에도 주권은 개념적으로 존재할 수 있고, 헌법제정에는 주권자의 의사가 제대로 반영되어야 한다.

(2) 민주적 정당성의 확보

국민주권에서 헌법의 정당성은 국민의 주권적 의사에 기초한다. 헌법제정에 국민의 정치적 의사를 제대로 반영하기 위해서는 이성적이고 공개적 토론을 거쳐야 하고, 그 과정에서 소수의 의견도 보호되는 절차적 민주주의가 준수되어야 한다. 현대국가는 그 역사적 현실을 고려하여 다양한 방식으로 헌법제정에 국민의 의사를 반영하는 제도적 장치를 마련한다. 즉, 국민의 대표기관으로 제헌국회를 구성하는 방법, 국민이 직접 국민투표를 통해 결정하는 방법, 제헌국회와 국민투표를 결합하는 방법, 연방국가의 경우에는 주(州)의회의 동의를 받도록 하는 방법 등을 통해 민주적 정당성을 확보한다.

헌법제정은 국가를 세우거나 새로운 헌법질서를 형성하는 혁명적인 상황에서만 발생하는 특수하고 예외적인 현상이다. 주권자인 국민은 국가의 역사적 현실을 고려하여 가장 적절한 절차에 따라 헌법을 제정할 수밖에 없다. 헌법이 국민의 정치적 의사에 반하거나 민주적 정당성이 확보되지 않는 절차에 따라 제정되더라도 헌법제정을 규율하는 실정법이 존재하지 않으므로 규범적으로 이를 무효화시킬 방법이 없다. 헌법제정의 절차에 대해서는 주권자인 국민이 주체가 되어 민주적으로 제정되었는지 여부만 평가하는 정당성의 문제가 있을 뿐, 규범적 측면에서 합법성의 문제는 발생하지 않는다.

(3) 대한민국 헌법의 제정

1948년 유엔은 제헌국회를 구성하기 위해 한반도 전체에서 인구비례에 의한 총선거를 실시하기로 결정하였으나, 북한과 소련은 유엔 한국임시위원단의 방북을 거절하여 5월 10일 남한에서만 총선거가 실시되어 국회의원 198명으로 제헌국회가 구성되었다. 제헌국회는 개원하여 30명의 헌법기초위원을 선출하였고, 헌법기초위원회가 헌법안을 마련하여 제헌국회에 제출하였다. 국회는 헌법안을 통과시켰으며, 건국헌법은 7월 17일 국회의장이 공포한 날부터 시행되었다. 대한민국 헌법은 국민의 대표기관인 제헌국회를 통해 제정되었고, 이때 별도의 국민투표를 거치지는 않았다.

건국헌법은 전문, 제10장 제103개 조문으로 구성되었으며, 대한민국은 헌법에 따라 대통령, 부통령, 국무총리, 대법원장 등 헌법기관을 구성하고 8월 15일 대한민국 정부수립을 선언하였다. 대한민국은 헌법을 제정하기 앞서 국회의원선거법을 제정하였고, 이에 따라 국회의원 총선거를 통해 제헌국회를 구성하였다. 건국헌법은 국민의 대표기관인 제헌국회에 의해 제정되고, 국가기관을 헌법에 따라 구성함으로써 민주적 정당성을 확보하였다. 다만, 제헌국회는 헌법을 제정함으로써 그 소임을 다하였으나, 헌법부칙에서 헌법에 의한 국회로서 권한을 행사할 수 있도록 규정하여 계속 존속하였다.

4. 한계

(1) 이념적 한계

헌법은 모든 국민이 인간의 존엄과 가치를 가지고 자유롭고 평등하게 행복을 추구할 수 있는 국가를 실현하는 것을 목적으로 하므로 헌법제정을 통해 그 목적을 달성할 수 있어야 한다. 헌법이 국가를 조직하는 것도 헌법적 가치를 실현하기 위한 것이므로 헌법제정은 헌법적 이념에 의해 제한된다. 우선, 헌법은 절차적 측면에서 주권자인 국민의 정치적 의사에 따라 민주적인 방식과 절차에 따라야 한다. 국민주권에서 헌법제정이란 주권자인 국민이 민주적 절차에 따라 제정하는 것이므로 이는 헌법제정의 한계가 아니라 헌법제정의 개념적 요소라고 이해할 수 있다.

헌법제정의 한계는 주로 헌법의 내용에 관한 문제로 논의되는데, 헌법도 법규범이므로 인간의 존엄과 가치, 정의, 법적 안정성, 국가공동체의 유지와 같은 법의 이념이나 기본원리를 위반해서는 안 된다. 이는 헌법은 자연법적 원리에 의해 제한된다는 사고에 기초한다.[2] 헌법은 특정한 국가의 역사적 현실에서 요청되는 보편적이고 지배적인 가치를 반영하는 것이므로 이를 위반해서는 안 되고, 일정한 사항에 대해서는 국제법을 위반해서는 안 된다는 한계를 가지기도 한다.

(2) 법적 한계는 없음

헌법제정은 헌법을 처음으로 만드는 것이므로 절차적으로나 내용적으로도 이를 규율하는 법규범은 존재하지 않는다. 헌법은 이념적으로 국민주권, 자연법적 원리, 정치현실에 의해 제한된다는 한계를 가지나, 이는 이념적 한계일 뿐 규범적으로는 헌법제정의 한계를 설정할 수 있는 기준이 존재하지 않는다. 국민주권은 헌법제정의 개념적 요소로 이해할 수 있고, 자연법적 원리도 헌법의 이념적 기초가 되지만, 그 실체가 명확하지 않아 규범적 기준으로 기능하기는 어렵다. 헌법제정의 한계를 인정하더라도 그 한계를 위반하였다고 주장할 경우에 그 규범력을 확보할 방법이 없다.

---

2) 정재황, 헌법학, 62면.

헌법제정의 한계는 이념적이나 사실적인 제약일 뿐이지 규범적 제한이 아니므로 헌법제정에서는 절차적으로나 내용적으로 그 한계는 인정되지 않는다.[3] 헌법의 내용을 제한하는 법규범이 없으므로 주권자인 국민이 민주적 절차에 따라 헌법을 제정한다면 어떠한 내용도 포함시킬 수 있다. 헌법제정의 한계가 인정되지 않는다고 해서 마음대로 헌법을 만들 수 있다는 것은 아니다. 헌법제정은 규범적으로 한계가 없다는 것일 뿐 이념적으로는 한계를 가진다.[4] 다만, 헌법제정이 이념적 한계를 넘어선 경우에는 규범적으로 이를 다툴 수는 없고, 사실의 영역에서 역사적으로 평가될 수 있을 뿐이다.

제 2 절 헌법의 개정

1. 개념

(1) 기존 헌법의 변경

헌법개정이란 성문헌법에 규정된 개정절차에 따라 헌법의 기본적 동일성을 유지하면서 헌법의 일부 조항을 수정, 삭제, 추가하는 것을 말한다. 헌법을 개정한다는 것은 기존 헌법의 존재를 전제로 하고, 이를 고친다는 것이다. 헌법개정은 절차적으로는 헌법에 규정된 개정절차에 따라야 하고, 내용적으로는 헌법의 동일성을 유지해야 한다. 불문헌법도 그 고유한 요건에 따라 개정할 수 있지만, 헌법재판을 통해 사후적으로 확인되므로 개정인지 여부나 그 시기를 확정하기는 어렵다.

일반적으로는 헌법'제정(制定)'에 대응하여 헌법'개정(改正)'이라고 표현한다. 이는 법률개정(法律改正)에 조응한 것으로 이해된다. 하지만, 개정(改正)은 헌법을 고쳐서 바르게 한다는 것으로 기존의 헌법이 뭔가 잘못되었다는 것을 전제로 한다. 이러한 평가는 헌법을 개정하는 자의 관점이 반영된 것일 뿐, 개정대상이 된 헌법에 대한 객관적인 평가는 아니다. 헌법개정은 헌법을 '개정(改定)'하는 것이라

---

3) 한수웅, 헌법학, 32면.
4) 성낙인, 헌법학, 44면.

고 해석하여 헌법을 고쳐서 다시 정하는 것이라는 의미로 이해해야 한다.

(2) 필요성

헌법은 역사적 정치현실을 반영한 것이므로 제정될 때부터 정치현실의 변화에 따라 개정될 것임을 스스로 예정한다. 헌법은 추상적이고 개방적이어서 정치현실의 변화에 대해 헌법해석을 통해 규범력을 확보할 수 있다. 하지만, 정치현실의 변화가 커서 헌법해석을 통해서는 헌법규범과 헌법현실의 간극을 메울 수가 없으면 헌법개정을 통해 헌법의 규범력을 확보해야 한다. 헌법은 구심력을 가지고 정치현실이 헌법의 틀 밖으로 벗어나지 않도록 규율해야 하지만, 정치현실의 발전에 따라 헌법이 뒤떨어지는 경우에는 헌법을 개정하는 것이 필요하다.

헌법개정은 국가의 조직과 헌법적 가치를 바꾼다는 것이므로 국가에 미치는 영향이 막대하다. 국가의 최고법을 쉽게 개정하는 것은 전체 법질서의 변화를 초래하여 법적 안정성을 해칠 우려가 있고, 헌법의 규범력을 약화시킬 수도 있다. 정치현실은 변할 수밖에 없고, 정치현실의 변화는 헌법해석을 통해 반영할 수 있으므로 그 이상에 대해서만 헌법개정이 허용되어야 한다. 헌법개정은 헌법해석의 마지막 지점에서 시작된다고 할 수 있다. 현대국가는 대부분 헌법개정의 가능성을 열어두면서도 경성헌법을 채택하여 헌법개정의 절차를 법률개정의 절차보다 까다롭게 하여 헌법적 안정성을 도모하고 있다.

(3) 헌법제정과 구별

헌법개정은 새로운 헌법을 만드는 헌법제정과 달리 기존의 헌법을 전제로, 헌법에 규정된 개정절차에 따라 헌법의 동일성을 유지하면서 그 내용을 변경하는 것이다. 헌법개정은 기존의 헌법을 전제로 하므로 헌법제정과 구별되고, 기존의 헌법에서 규정하는 개정절차에 따라야 하고 내용적으로도 동일성을 유지해야 한다는 제약을 받는다. 따라서 헌법개정권력은 헌법제정권력으로부터 비롯되고 제도화된 제헌권인 헌법개정권력은 시원적 제헌권인 헌법제정권력에 종속된다고 이해할 수 있다.[5]

헌법개정은 헌법제정과 마찬가지로 국가의 조직에 대한 정치권력의 의지를

---

5) 성낙인, 헌법학, 50면.

규범화한 것이므로 그 구별은 상대적이다. 헌법은 그 개정절차를 규정하지 않을 수도 있는데, 이때에도 국민의 주권적 의사에 따라 헌법을 개정할 수 있다. 한편, 헌법의 개정절차에 따르더라도 실질적으로 새로운 헌법을 만들 수 있고, 이는 헌법개정이 아니라 헌법제정으로 평가될 수 있다. 헌법이론적으로 헌법의 개정절차를 위반하거나 동일성을 상실한 개정은 헌법개정에 포함되지 않고 무효이지만, 새로운 헌법을 제정한 것으로 평가될 수는 있다.

헌법개정은 헌법제정과 상대적으로 평가될 수 있고, 헌법의 동일성을 판단할 수 있는 기준도 명확하지 않다. 특히, 헌법제정은 사실의 영역에 속하기 때문에 규범적 측면에서 헌법개정을 헌법제정과 구별하는 것은 큰 의미가 없다. 한편, 헌법개정을 헌법변천, 헌법파괴, 헌법침해, 헌법정지와 구분하기도 하는데, 이는 헌법에 대한 정치현실을 설명하는 것으로 헌법개정과는 다른 층위의 개념이다. 헌법개정은 헌법에 의해 규율되는 규범적 영역에 속하기 때문에 헌법변천과 같은 다른 개념들을 독자적인 법적 개념으로 인정할 실익은 없다.

2. 방식과 절차

(1) 증보형와 수정형

헌법개정은 그 개정하는 방식에 따라 증보형 방식(Amendment)과 수정형 방식(Revision)으로 구분할 수 있다. 증보형은 기존의 헌법조문을 그대로 유지하면서 개정되는 내용을 추가하는 방식으로 헌법개정의 내용이 시간적 순서에 따라 변화된 과정을 쉽게 알 수 있다는 장점이 있다. 미국이 이 방식을 채택한다. 한편, 수정형은 헌법조문을 전면적으로 수정하여 재편성하는 방식으로 헌법개정의 내용이 명료하고 새롭게 체계화된다는 장점이 있다. 대부분의 국가는 수정형 방식을 채택한다. 헌법개정의 방식은 나라마다 역사적 현실에 따라 선택할 수 있으며, 그 법적 효력에서는 차이가 없다.

(2) 연성헌법과 경성헌법

헌법개정은 헌법유형에 따라 그 개정절차가 달라질 수 있다. 연성헌법은 법률개정과 같은 절차로 헌법을 개정하고, 경성헌법은 법률개정보다 까다로운 절차로 헌법을 개정한다. 연성헌법은 정치현실의 변화를 쉽게 헌법에 반영할 수 있는 장점이 있으나, 헌법의 안정성을 확보하기 어렵다는 단점이 있다. 경성헌법은 헌법의 규범력을 안정적으로 확보할 수 있는 장점이 있으나, 정치현실의 변화를 쉽게 헌법에 반영할 수 없는 단점이 있다. 성문헌법을 갖는 대부분 국가는 경성헌법을 채택한다. 경성헌법에서도 헌법개정을 법률개정보다 어렵게 하는 절차의 내용과 정도는 나라마다 다르다.

국민주권의 차원에서 헌법개정은 국민의 대표기관이나 국민투표를 통해 민주적 정당성을 확보하는 절차를 거친다. 독일은 의회의 특별의결절차를 통해 헌법을 개정하고, 벨기에는 헌법을 개정하기 위한 특별의회를 새로 구성하여 헌법을 개정하며, 일본과 스위스는 의회의 의결과 국민투표를 거쳐 헌법을 개정한다. 프랑스에서는 의회가 헌법개정을 발의한 경우에는 의회의 의결을 거쳐 국민투표를 하고, 정부가 헌법개정을 발의한 경우에는 대통령의 선택에 따라 개헌의회를 구성할 수도 있다. 연방국가에서는 주의 동의를 요구하는데, 스위스는 주의 주민투표를, 미국은 주의회의 의결을 거치도록 한다.

(3) 대한민국 헌법의 개정절차

대한민국 헌법은 제10장에서 헌법개정절차를 규정하는데, 발의, 공고, 국회의결, 국민투표, 공포의 절차를 거쳐 헌법을 개정한다. 헌법개정의 발의는 국회와 정부가 할 수 있는데, 국회 재적의원 과반수의 찬성으로 발의하거나 대통령이 국무회의를 거쳐 발의할 수 있다. 주권자인 국민이 직접 선거로 선출하여 민주적 정당성을 가진 헌법기관인 국회와 대통령이 헌법개정을 제안할 수 있도록 한 것이다. 제안된 헌법개정안은 대통령이 20일 이상의 기간 이를 공고하여 헌법개정안을 공론화하여 대화와 타협을 통해 충분히 숙의할 수 있도록 한다.[6]

국회는 헌법개정안이 공고된 날부터 60일 이내에 재적의원 3분의 2이상의 찬성으로 의결한다. 헌법개정에서는 국회의 특별가중정족수를 통한 의결을 요구하고, 헌법개정을 둘러싼 국정의 혼란을 방지하기 위해 의결기간을 60일 이내로 제한하였다. 헌법개정안에 대해서는 국회의원들이 기명으로 투표하며, 헌법개정

---

6) 헌법 제128조, 제129조.

안을 수정하여 의결할 수 없다. 국회가 의결한 헌법개정안에 대해서는 대통령이
재의요구권을 행사할 수도 없다. 헌법개정안은 국회가 의결한 후 30일 이내에 국
민투표에 부쳐 국회의원 선거권자 과반수의 투표와 투표자 과반수의 찬성을 얻으
면 헌법개정으로 확정된다.[7]

대통령은 헌법개정이 확정되면 이를 즉시 공포해야 한다. 헌법 부칙 제1조는
"이 헌법은 1988년 2월 25일부터 시행한다"라고 헌법개정의 발효일을 특정한다.
헌법개정의 발효일을 부칙에 규정하지 않은 경우에는 법률의 효력에 대해 규정하
는 헌법 제53조 7항을 유추하여 헌법이 공포된 날부터 20일을 경과함으로써 효력
이 발생한다는 관점도 있다. 하지만, 헌법의 효력에 관한 사항에 대해 법률의 효
력을 규정하는 헌법조항을 유추적용하는 것은 체계적으로 정합하지 않으므로 헌
법개정을 공포한 날부터 효력이 발생한다고 해석해야 한다.

3. 한계

(1) 절차적 한계

헌법개정은 헌법에서 규정된 개정절차에 따라야 하므로 이를 절차적 한계로
이해할 수 있다. 헌법이 규정하는 개정절차를 위반하면 그 자체로 헌법개정이 아
니며, 개정된 헌법은 무효가 된다. 헌법이 규정한 개정절차를 위반한 경우에는 합
법성과 정당성을 부여할 수가 없다. 하지만, 위헌적 개정절차에 대해서만 간접적
으로 헌법재판과 같은 사법적 구제절차를 통해 심판할 수 있을 뿐, 헌법개정 자체
를 다투거나 개정된 헌법조항을 위헌법률심판의 대상으로 인정하여 무효화할 수
는 없다. 헌법은 위헌법률심판의 규범적 기준이지 위헌법률심판의 대상이 되지
않기 때문이다.[8]

헌법개정안의 발의와 국회의결절차를 위반한 경우에는 권한쟁의심판을 청구
할 수 있고, 대통령과 같은 고위공직자가 헌법개정의 절차에서 헌법과 법률을 위
반한 경우에는 탄핵심판을 청구할 수 있다. 국민투표의 효력에 대한 다툼이 있을
경우에는 국민투표법이 규정하는 바에 따라 국민투표무효확인소송을 청구할 수

---

7) 헌법 제130조, 국회법 제112조 제4항.
8) 2007. 11. 29. 2007헌바30.

있다. 국민투표무효확인소송은 투표인 10만인 이상의 찬성을 얻어 중앙선거관리
위원장을 상대로 대법원에 제소하고, 대법원이 최종적으로 판단한다.[9]

헌법개정절차는 헌법제정권력자가 결정한 사항이므로 경성헌법을 연성헌법
으로, 연성헌법을 경성헌법으로 개정할 수 없다는 견해가 있다.[10] 연성헌법을 경
성헌법으로 개정하는 것은 가능하지만, 경성헌법을 연성헌법으로 개정하는 것은
헌법의 규범력을 약화시키므로 허용되지 않는다는 관점도 있다. 하지만, 헌법개정
도 주권적 의사에 따른 것이므로 헌법개정절차에 따라 헌법개정을 하는 경우에는
경성헌법을 연성헌법으로 개정하는 것도 가능하다. 따라서 헌법개정절차에서 국
회의 특별가중정족수를 완화하거나 국민투표를 거치지 않도록 하는 내용으로 개
정하는 것도 가능하다.

(2) 내용적 한계

헌법개정은 기존헌법과 동일성을 유지해야 하므로 헌법개정에는 내용적으로
도 한계가 있다. 개정된 헌법이 기존의 헌법과 동일성을 갖지 못하면 헌법개정절
차를 준수하였더라도 그 자체로 헌법개정이 아니며, 이는 헌법을 파괴한 것이므
로 개정된 헌법은 무효가 된다. 하지만, 이때에도 현실적으로 위헌적 헌법개정을
직접적으로 무효화할 수 있는 사법적 구체절차는 없다. 헌법개정의 내용적 한계
를 위반한 경우에도 위헌법률심판을 청구할 수 있어야 한다는 견해가 있지만,[11]
헌법조항은 위헌법률심판의 대상이 되지 않는다.[12] 기존 헌법의 입장에서는 헌법
개정은 그 개정절차에 따르더라도 내용적으로 한계를 가진다고 평가할 수 있다.

첫째, 헌법이 직접 개정을 금지하는 규정을 두지 않더라도 내재적인 한계가
있다는 관점이 있다. 이는 헌법개정권력은 헌법제정권력에 의해 형성된 권력이므
로 헌법제정권력이 결단한 사항에 대해서는 이를 개정할 수 없다고 한다. 헌법제
정권력이 채택한 헌법의 핵심적 가치를 변경할 수는 없으므로 헌법의 근본정신,
자연법적 원리, 헌법의 기본제도는 개정할 수 없고 역사적 정치이념이나 국민의
생활감각을 위반할 수도 없다고 한다. 대한민국 헌법도 최고의 가치이자 목적인

---

9) 국민투표법 제92조.
10) 정종섭, 헌법학원론, 109면.
11) 한수웅, 헌법학, 45면.
12) 2013. 3. 21. 2010헌바132.

인간의 존엄성 보장과 자유민주적 기본질서의 핵심적 내용을 폐지하는 헌법개정
은 할 수 없다고 한다.[13]

헌법이 제시하는 헌법적 가치나 기본원리는 절대적이 아니므로 헌법이 개정
되기 이전에는 최고법으로서 존중하고 그 규범력을 인정해야 한다. 하지만, 그 헌
법적 가치를 영구적으로 보장해야 하는 것이 아니므로 주권자인 국민이 헌법제정
이나 헌법개정을 통해 최종적으로 결정할 수 있다. 헌법조항 사이에 그 효력의 우
열을 정하는 것도 쉽지 않아 그 내재적 한계를 확정하기도 어렵다. 헌법개정의 내
재적 한계는 헌법이념적으로 인정할 수 있지만, 규범적으로나 현실적으로는 인정
하기 어려우며, 헌법개정의 내용적 한계도 인정되지 않는다고 해석된다.

둘째, 헌법이 개정을 금지하는 조항을 규정할 경우에 그 내용을 개정할 수
있을지가 문제된다. 헌법이 직접 개정을 금지하는 내용을 규정하고 있는 경우에
그 내용을 개정하면 헌법위반이 되고, 개정된 헌법의 내용은 무효가 된다.[14]
1954년 헌법은 제98조에서 "제1조(민주공화국), 제2조(국민주권주의), 제7조의 2(국
민투표)의 규정을 개폐할 수 없다"라고 규정하였다. 그 이후 제98조 자체를 개정
하면서 제7조의 2도 함께 개정하였는데, 이는 헌법이 개정을 금지하는 조항 자체를
먼저 개정하고, 그에 따라 개정이 금지되었던 내용을 개정한 것이므로 허용된다.

현행헌법 제128조 제2항은 "대통령의 임기연장 또는 중임변경을 위한 헌법
개정은 그 헌법개정 제안 당시의 대통령에 대하여는 효력이 없다"라고 규정한다.
제128조 제2항은 헌법개정의 한계가 되므로 개정할 수 없다는 견해가 있고,[15] 헌
법 제128조 제2항을 개정하고 대통령의 임기와 중임을 규정하는 제70조를 개정
하는 것은 허용되지 않는다는 견해도 있다.[16] 하지만, 제128조 제2항은 헌법개정
자체를 금지한 것이 아니라 그 개정헌법이 적용되는 효력의 범위를 제한한 것이므
로 개정절차에 따라 그 내용을 개정할 수 있다.

---

13) 성낙인, 헌법학, 58~59면 ; 정재황, 헌법학, 74면 ; 정종섭, 헌법학원론, 105면 ; 한수웅, 헌법
   학, 43면.
14) 정종섭, 헌법학원론, 107면.
15) 정재황, 헌법학, 82~83면.
16) 정종섭, 헌법학원론, 109~110면.

제 3 절 대한민국 헌법사

1. 대한민국 헌법의 제정

(1) 제정의 경과

제2차 세계대전 이후 한반도는 남한과 북한으로 분단되었는데, 이는 미국과 소련을 대표로 한 국제적 대립이 국내의 정치세력에 반영된 결과였다. 유엔은 1947년 11월 한반도에서 인구비례에 의한 총선거를 실시하여 제헌국회를 구성하기로 결정하였으나, 북한과 소련의 거부로 남한에서만 총선거를 실시하여 제헌국회를 구성하였다. 1948년 5월 10일 국회의원선거법에 따라 처음으로 만 21세 이상의 남녀가 자유·보통·직접·평등·비밀선거를 통해 국회의원 정원 총 300명 가운데 198명을 선출하였다. 이때 선거가 실시되지 못하였던 북한지역의 국회의원 몫으로 100석을 공석으로 남겨두었다.

헌법초안은 6월 23일 제17차 본회의에 상정되어 7월 12일 통과되어 확정되었으며, 7월 17일 국회의장이 공포한 날부터 시행되었다. 헌법을 제정하는 과정에서 별도로 국민투표의 절차는 거치지 않았다. 이 헌법에 따라 대통령과 부통령, 국무총리와 국무원, 대법원과 같은 헌법기관이 조직되어 8월 15일 대한민국 정부가 수립되었다. 제헌국회는 1948년 7월 17일까지는 헌법제정기관의 지위를 갖고, 그 이후에는 헌법기관으로서 입법부의 지위를 갖는다고 평가할 수 있다.

1948년 제정된 헌법은 전문, 제10장 제103조로 구성되었다. 본문은 총강(제1장), 국민의 권리의무(제2장), 국가기구(제3~5장, 제8장), 경제와 재정(제6~7장), 헌법개정(제9장)으로 구성되고, 부칙은 제10장에서 별도로 규정되었다. 헌법의 기본적인 형식과 체계는 지금까지 유지되고 있다. 헌법제정과 정부수립의 절차는 매우 중요한 의미를 가진다. 왜냐하면 정부가 수립되고 헌법을 제정한 것이 아니라, 헌법을 먼저 제정하고 그 헌법에 따라 정부를 수립하였기 때문이다. 대한민국은 처음부터 정치권력의 자의(恣意)가 아니라 헌법에 근거하여 조직된 헌법국가로 출발하였다.

(2) 주요 내용

1948년 제정된 헌법은 국민주권을 기초로 개인의 자유와 권리를 보장하는 것을 목표로 권력분립에 따라 국가를 조직하였다. 전문은 헌법의 목적을 '우리들과 우리들의 자손의 안전과 자유와 행복을 영원히 확보'하는 것으로 선언하였다. 제1조는 "대한민국은 민주공화국이다"고 규정하여 국호를 대한민국으로, 국가형태를 민주공화국으로 선언하고, 제2조는 "대한민국의 주권은 국민에게 있고, 모든 권력은 국민으로부터 나온다"라고 규정하였다. 제3조는 국민이 되는 요건을 법률로 정하도록 규정하고, 제4조는 "대한민국의 영토는 한반도와 그 부속도서로 한다"라고 규정하였다.

첫째, 국민의 권리의무에 대해서는, 평등권을 시작으로 신체의 자유, 거주·이전의 자유, 통신의 자유, 신앙과 양심의 자유, 재판청구권, 참정권을 기본권으로 규정하였다. 특히, 교육을 받을 권리, 근로의 권리, 근로 3권와 같은 사회권을 기본권에 포함시키고, 사기업의 근로자에게 이익의 분배에 균점할 권리를 인정하였다. 또한, 납세의 의무, 국토방위의 의무, 근로의 의무, 재산권 행사의 공공복리 적합의무를 국민의 의무로 규정하였다. 경제질서에 대해서는 사회정의의 실현과 균형 있는 국민경제의 실현을 우선적으로 보장하고, 경제상의 자유는 이 한계에서만 보장하는 것으로 규정하였다.

둘째, 국가작용에 대해서는, 대의제와 권력분립에 따라 국가기관을 구성하였다. 국민에 의해 선출된 국회는 단원제로 구성되고, 입법권, 예산심의결정권, 국정감사권과 탄핵소추권을 가졌다. 정부형태는 대통령중심제를 채택하면서 의원내각제 요소를 반영하여 행정권의 수반이자 국가원수인 대통령은 국회에서 간접선거를 통해 선출하고, 부통령 이외에 국무총리와 국무위원으로 구성되는 국무원을 중요정책의 의결기관으로 설치하였다. 사법부에 대해서는 법관으로 구성된 법원에 독립적 지위를 부여하되, 위헌법률심판권은 헌법위원회에 부여하고, 탄핵심판을 담당하는 탄핵재판소를 별도로 설치하였다.

셋째, 헌법개정에 대해서는, 대통령 또는 국회의 재적의원 3분의 1 이상의 찬성으로 제안하고, 대통령이 30일 이상 이를 공고하고, 국회의 재적의원 3분의 2 이상의 찬성으로 의결하도록 하여 헌법개정에서 국민투표의 절차를 요구하지 않았다. 제10장 부칙에서는 헌법의 효력발생에 따른 경과규정을 두어 헌법은 국회의장이 공포한 날부터 시행하며, 현행 법령은 이 헌법에 저촉되지 아니하는 한 효력을 가진다고 규정하였다. 특히, 제101조는 일제식민지배에서의 친일파를 처벌할 수 있는 특별법을 제정할 헌법적 근거를 마련하였다.

(3) 특징

대한민국은 국민주권에 기초하여 헌법을 제정하고 국가를 조직하였다. 1948년 헌법은 전문에서 "우리들 대한국민은 … 헌법을 제정한다"라고 규정하여 국민이 헌법을 제정하였다는 것을 선언하였다. 제1조와 제2조는 국민주권을 명확하게 규정하였지만, 국민이 직접 주권을 행사하지 않고 대의제에 따라 국민의 대표기관이 주권을 행사하도록 하였다. 국민은 선거권과 공무담임권을 통해 국회의원을 선출하고, 권력분립에 따라 입법권, 행정권, 사법권을 국회, 정부, 법원에 분배하였다. 1948년 제정된 헌법은 다음과 같은 특징을 갖는다.

첫째, 대한민국의 정부형태는 대통령제를 중심으로 의원내각제의 요소를 혼합한 형태로 출발하였다. 제헌국회의 헌법기초위원회는 의원내각제를 정부형태로 제안하였으나, 정치세력의 타협으로 대통령제를 중심으로 혼합적 정부형태를 채택하였다. 이에 대해서는 정치세력의 갈등과 타협으로 체계적으로 정합하지 않은 정부형태를 만들었다는 부정적 평가가 있다. 즉, 대통령과 부통령을 두면서도 직접선거가 아니라 국회에서 간접선거로 선출하고, 부통령과 별도로 국무총리와 국무원을 설치하는 등 비정상적인 시스템으로 만들어졌다는 것이다.

제도란 현실에 기반을 두어야 하고, 이상적인 정부형태는 역사적 현실을 고려하여 만들어가는 것이다. 대한민국이 혼합적 정부형태를 채택한 것은 근대국가를 운영한 경험이 없는 상태에서 당시의 국내외적 정치상황에서 제시된 다양한 의견들을 수렴하면서 현실적으로 가능한 정부형태를 채택한 것이다. 당시에는 정부를 구성할 수 있는 정치세력과 인물들이 현실정치에서 활용할 수 있는 정부형태를 구상한 측면이 강하였다. 또한, 임시정부에서 5차례에 걸쳐 헌법을 개정하면서 대통령제와 의원내각제를 혼합한 정부형태를 경험한 것도 영향을 미쳤다.

둘째, 경제질서에서는 사유재산제도와 자유시장경제질서를 기본으로 재산권을 인정하면서도 사회주의적 요소를 대폭 수용하였다. 헌법 제84조는 "대한민국의 경제질서는 모든 국민에게 생활의 기본적 수요를 충족할 수 있게 하는 사회정의의 실현과 균형 있는 국민경제의 발전을 기함을 기본으로 삼는다. 각인의 경제상 자유는 이 한계 내에서 보장된다"라고 규정하였다. 재산권의 행사에 공공복리 적합의무를 부과하고 사회권을 기본권으로 보장하며, 광물 기타 중요한 지하자원을 국유로, 중요한 운수통신 등 공기업은 국영 또는 공영으로 하였다. 특히, 근로자의 이익균점권을 기본권으로 보장하였다.

제2차 세계대전 이후 자본주의와 사회주의가 극도로 대립하고 있었고, 남북한이 분단된 상태라는 것을 고려할 때, 사회주의적 요소가 강한 경제질서를 채택한 것은 상당히 이례적인 것이었다. 이는 당시 반제국주의적 독립국가와 함께 반봉건주의적 사회경제체제를 구축해야 한다는 사회경제적 현실을 반영한 것으로 보인다. 헌법이 자본주의적 경제질서를 기본으로 하면서도 경제에 관한 장(章)을 별도로 두면서 개인의 경제적 자유보다 사회정의의 실현과 균형 있는 국민경제의 발전을 기본으로 채택하여 혼합적 경제질서를 채택한 것도 이러한 시대적 상황을 반영한 결과로 이해된다.

셋째, 처음부터 소급입법을 허용하는 헌법적 근거를 마련하였다. 헌법 제100조는 그때까지 남한에 적용되고 있던 미군정법령에 대해 헌법에 저촉되지 아니하는 한 그대로 효력을 인정하였으며, 제103조에 따라 당시 공무원으로 재직하던 사람들도 이 헌법에 의하여 선거 또는 임명된 자가 그 직무를 승계할 때까지는 계속하여 직무를 수행할 수 있었다. 이는 헌법을 제정하고 새로운 국가를 건설함에 따라 발생하게 되는 법규범의 충돌과 공백상태를 안정적으로 관리하기 위한 것이었다.

헌법 제23조는 "모든 국민은 행위시에 법률에 의하여 범죄를 구성하지 아니하는 행위에 대하여 소추를 받지 아니하며"라고 규정하여 죄형법정주의와 소급효에 의한 형사처벌을 금지하였다. 하지만, 부칙 제101조는 국회로 하여금 1945년 8월 15일 이전의 악질적인 반민족행위를 처벌하는 특별법을 제정할 수 있도록 하는 근거를 마련하였다. 국회는 이를 근거로 법률 제3호로 반민족행위처벌법을 제정하였다. 이는 새로운 국가를 건설하는 과정에서 일제의 식민지배에서 발생한 체제불법을 청산하기 위해 제정된 특별법으로서 헌법적 근거를 가지므로 위헌적인 것이 아니라고 평가된다.

넷째, 남북한이 분단되었지만, 헌법은 분단국가의 임시헌법으로 제정한 것이 아니라 통일국가의 완성헌법으로 제정하였다. 헌법 제4조가 "대한민국의 영토는 한반도와 그 부속도서로 한다"라고 북한지역에도 대한민국의 통치권이 미친다는 것을 명확하게 규정하였다. 한편, 북한도 헌법 제103조에서 "조선민주주의인민공화국의 수부(首府)는 서울이다"라고 남한지역에도 북한의 통치권이 미친다고 규정하였다. 이는 제2차 세계대전 이후 분단되었던 서독헌법이 그 명칭을 '헌법(Verfassung)'이 아니라 '기본법(Grundgesetz)'이라고 규정하고, 그 적용지역을 서독으로 한정하였던 것과 비교된다.

2. 헌법개정의 역사

(1) 이승만 대통령 시대

대한민국 헌법은 민주적으로 탄생했지만, 안정적으로 성장하지는 못했다. 초대 대통령인 이승만이 권력을 남용하자, 야당이 중심이 되어 1950년 1월 정부형태를 의원내각제로 하는 헌법개정안을 국회에 발의했으나 부결되었다. 여당은 1951년 11월 정·부통령을 직선제로 선출하는 헌법개정안을 발의하였으나 부결되었고, 1952년 4월 야당이 다시 의원내각제 헌법개정안을 제출하자, 여당은 부결된 헌법개정안을 다시 제출하였다. 1952년 7월 '발췌개헌안'이 국회에서 통과된 제1차 헌법개정은 정·부통령의 직선제, 국회의 양원제, 국회의 국무원불신임제, 국무총리의 국무위원임명제청권 등을 규정하였다.

1954년 9월 여당은 초대 대통령에 한하여 중임제한조항을 적용하지 않는다는 내용의 개헌안을 제출하였다. 11월 민의원에서는 재적 203명 중 135명이 찬성하여 헌법개정에 필요한 국회재적의원 3분의 2 이상의 찬성에 1표가 부족하여 부결이 선포되었다. 하지만 여당은 이틀 후 야당 국회의원이 모두 퇴장한 가운데 소위 '사사오입(四死五入)이론'을 주장하면서 개헌안의 가결을 선포하였다. 제2차 헌법개정은 초대 대통령에 한하여 중임제한조항을 적용하지 않고, 국무총리제도를 폐지하였으며, 군법회의의 헌법적 근거를 마련하였다.

(2) 4.19 민주혁명 이후

1960년 4월 19일 학생들이 3.15 부정선거에 항의하여 총궐기함으로써 이승만 대통령이 하야하였고, 6월 여야 합의로 헌법개정안을 통과시켰다. 제3차 헌법개정은 정부형태를 전형적인 의원내각제로 바꾸고, 국회를 양원제로 하였다. 대법원장과 대법관을 선거로 선출하도록 하고, 법원 이외에 헌법재판소를 설치하도록 하였다. 또한, 부정선거를 방지하고 선거제도의 개혁을 위해 중앙선거관리위원회를 헌법기구로 하고, 경찰의 중립성도 헌법에 규정하였다.

대한민국은 헌법에 따라 윤보선 대통령을 선출하고, 장면 국무총리가 취임하여 새로운 정부를 구성하였다. 하지만, 학생들은 이승만 대통령이 소속된 자유당 정부의 부정선거관련자들을 처벌할 것을 강력하게 요구하였다. 1960년 11월 헌법 부칙에 반민주행위자처벌을 위한 소급입법의 근거를 규정하는 개헌안이 국회에서 통과되었다. 제4차 헌법개정은 부칙만 개정하였으며, 이를 근거로 하여 부정선거관련자처벌법, 반민주행위자공민권제한법, 부정축재자특별처리법, 특별재판소 및 특별검찰부조직법과 같은 특별법을 제정하였다.

(3) 5.16 쿠데타 이후

1961년 5월 16일 군사쿠데타가 발생하여 국회는 해산되고 국가재건비상조치법이 헌법을 대신하였으며, 1962년 12월 국가재건최고회의의 의결을 거친 헌법개정안이 국민투표를 통해 확정되었다. 제5차 헌법개정은 다시 대통령중심제를 채택하여 대통령의 4년 중임제를 채택하면서 국무총리제도와 국무총리·국무위원에 대한 해임건의제도와 같은 의원내각제 요소도 포함하였다. 국회는 단원제로 하며, 헌법재판소를 폐지하고 위헌법률심판권은 대법원에 부여하였다.

1969년 10월에는 국회의 의결과 국민투표를 거쳐 헌법을 개정하였다. 제6차 헌법개정은 대통령의 임기를 3기까지 계속 재임할 수 있도록 하였다. 1972년 10월에는 '10월 유신'이 선포되어 국회가 해산되고 비상국무회의가 국회의 권한을 대신하였고, 국민투표를 통해 헌법을 개정하였다. 제7차 헌법개정은 대통령은 통일주체국민회의에서 간접선거로 선출하고 임기를 6년으로 하였고, 국회의원 3분의 1은 대통령이 추천하여 통일주체국민회의에서 선출하는 유신정우회의원으로 구성하였다. 대통령의 권한을 강화하여 국회의 국정감사권을 폐지하고, 모든 법관을 대통령이 임명하도록 하였다.

1979년 10월 박정희 대통령이 살해된 이후 전두환을 중심으로 한 군인들이 이른바 '12.12 쿠데타'를 통해 국회를 해산하고 국가보위입법회의가 국회의 권한을 대신하도록 하였다. 1980년 10월 국민투표를 통해 헌법을 개정하였는데, 제8차 헌법개정은 7년 단임의 대통령을 대통령선거인단을 통한 간접선거로 선출하고, 대통령에게 비상조치권과 국회해산권을 부여하였다. 1987년 이른바 '6월 항쟁'을 통해 10월 대통령직선제를 내용으로 하는 헌법개정안이 국민투표를 통해 확정되었으며, 현행헌법으로 유지되고 있다.

3. 헌법사에 대한 평가

(1) 1948년 헌법의 명칭

대한민국에서 제정된 헌법은 '제헌헌법', '1948년 헌법', '건국헌법'과 같이 다양하게 불린다. '제헌헌법'은 헌법을 제정하는 헌법이라는 것을 의미하므로 형용모순적이며, '1948년 헌법'이라는 명칭도 가치중립적이고 객관적인 표현이지만, 헌법의 규범적 성격을 나타내지 못한다. '건국헌법'은 대한민국을 건국한 헌법이며, 이 헌법에 의하여 대한민국으로 태어났다는 것을 표현한다. 이는 대한민국이 건국된 시점과 밀접하게 관련되고, '건국헌법'이 언제 제정되었는지를 결정하는 기준이 된다.

대한민국은 1919년 4월 13일 대한민국 임시정부를 대외적으로 선포한 때 건국되었다는 관점이 있다. 1948년 제정된 헌법은 전문에서 "대한국민은 기미 3.1운동으로 대한민국을 건립하여 … 민주독립국가를 재건함에 있어서"라고 규정하였으며, 임시정부가 '대한민국'이라는 연호를 사용하였고, 이를 승계하여 국호로 사용했다는 것을 근거로 든다. 이는 반제·반봉건적 혁명인 3.1운동을 통해 수립된 임시정부를 건국으로 평가하고, 1919년 4월 11일 제정된 대한민국 임시헌장이나 1919년 9월 11일 제정된 대한민국 임시헌법을 '건국헌법'이라고 해야 한다고 한다.

나라는 일시에 정태적으로 만들어지지 않고 일련의 과정을 통해 세워지는 동태적인 것이다. 건국이라는 것은 역사적 현실을 기초로 사후적이고 상대적으로 평가되고 정의될 수밖에 없다. 3.1운동의 혁명적 성격과 임시정부의 수립은 대한민국의 뿌리를 이루는 역사적 사실이지만, 규범적으로는 임시정부의 수립을 건국으로 보기 어렵다. 임시정부는 국내외적으로 국가적 실체를 가지지 못했으며, 임시헌법도 광복되기 전에는 대한민국의 주권이 '광복운동자 전체'에게 있다고 규정하였다. 임시정부도 1941년 삼균주의를 기본이념으로 하는 '대한민국 건국강령'을 선포하여 건국을 과제로서 제시하였다.

현행헌법은 전문의 개정을 통해 임시정부와 대한민국의 건국에 대한 논란을 최종적으로 정리했다. 즉, 전문은 "대한국민은 3.1운동으로 건립된 대한민국 임시정부의 법통 …을 계승하고, 1948년 7월 12일에 제정되고 … 8차에 걸쳐 개정된 헌법을 … 개정한다"라고 규정한다. 대한민국은 3.1운동으로 건립된 임시정부의 법통을 계승하였으며, 구체적으로는 1948년 국회의원 총선거, 제헌국회의 구성, 헌법의 제정, 대통령 등 헌법기관의 구성과 같은 일련의 과정을 거쳐 건국되었다고 평가할 수 있다. 따라서 1948년 제정된 헌법을 '건국헌법'이라고 할 수 있다.17)

(2) 제정인가, 개정인가

현행헌법은 전문에서 "1948년 7월 12일 제정되고 8차에 걸쳐 개정된 헌법을 … 개정한다"라고 규정한다. 헌법은 모두 개정의 형식을 취하고 있으나 일부는 헌법개정이 아니라 헌법제정이라는 주장이 있다.18) 헌법개정은 헌법의 동일성을 유지하면서 개정절차에 따라 개정하는 것인데, 일부 헌법은 헌정이 중단된 상태에서 개정절차의 규정을 무시하고 초헌법적인 방법으로 개정되었으므로 헌법개정이 아니라고 한다. 헌법이 정상적인 절차에 따라 개정된 것은 3차례에 불과하다. 나머지 6차례의 헌법개정은 헌정이 중단되거나 헌법이 규정하는 개정절차나 적법절차를 위반한 상태에서 개정되었다.

헌법이란 정치적이고 이념적 규범으로 정치현실과 밀접하게 관련되며, 헌법

17) 성낙인, 헌법학, 123면.
18) 정재황, 헌법학, 67~68면.

제정과 헌법개정은 그 구별이 상대적이고, 위헌적인 헌법개정이라도 헌법제정으로 정당화될 수도 있다. 헌법개정이 위헌적이라도 권한쟁의심판, 탄핵심판, 헌법소원을 통해 개별적인 절차의 위헌성을 확인할 수 있을 뿐, 헌법개정 자체의 효력을 다툴 수는 없다. 헌법이 모두 9차례 개정되었지만, 헌법적 가치는 근본적으로 달라지지 않았고, 개정절차가 위헌적이라고 해서 모두 헌법제정으로 인정되는 것도 아니다. 결국, 현행헌법이 스스로 밝히고 있듯이 1948년 제정된 건국헌법이 9차례 개정되었다고 해석된다.

(3) 공화국의 순차

헌법의 역사를 조망하면서 헌법의 변화시점을 기준으로 공화국의 순차를 구분해야 한다는 주장이 있다. 공화국의 순차에 대해 다양한 관점이 있는데, 일반적으로 1948년 헌법을 제정하여 제1공화국이 시작되었고, 1960년 개정으로 제2공화국이, 1962년 헌법으로 제3공화국이, 1972년 개정으로 제4공화국이, 1980년 개정으로 제5공화국이, 1987년 개정으로 제6공화국이 시작되었다고 한다. 이외에도 1960년 헌법부터 제2공화국이 시작되었다는 관점, 1980년 헌법부터 제2공화국이 시작되었다는 관점, 1980년 헌법부터 제3공화국이 시작되었다는 관점, 1987년 헌법부터 제2공화국이 시작되었다는 관점도 있다.

1980년 헌법은 전문에서 '제5공화국의 출발에 즈음하여'라고 규정하였고, 헌법재판소와 대법원도 1987년 현행헌법부터 제6공화국으로 표현하였다.[19] 공화국의 순차는 프랑스 헌정사에서 1789년 혁명 이후 1791년 헌법을 제정하면서 왕정을 폐지하고 공화국이 시작된 것에서 비롯되었다. 즉, 프랑스 혁명의 과정에서 나폴레옹이 황제로 등장하여 공화국이 단절된 이후, 새롭게 공화국이 들어서자 이전의 공화국과 구별하기 위해 제2공화국이라고 명명하였던 것이다. 그 이후에도 공화국의 단절을 경험하면서 공화국을 구별하기 위해 제3, 4, 5공화국의 순차를 표현하였다.

공화국의 순차는 헌법을 포함하여 헌정체제 전체에 대한 규범적 평가를 전제로 하므로 헌법사라는 규범적 측면과 헌정사라는 사실적 측면을 모두 고려하여 헌정체제의 변화, 헌정중단 여부, 새로운 민주적 정당성의 부여 여부 등을 종합적

---

19) 1995. 12. 15. 95헌마221 ; 대법원 1991. 9. 10. 91다18989.

으로 반영하여 결정해야 한다.[20] 대한민국은 건국헌법에서부터 지금까지 계속 공화국을 유지하고 있으므로 굳이 공화국의 순차를 매길 필요가 없다. 공화국의 순차는 헌법의 역사를 제대로 이해하고 대한민국의 미래를 조망하는 계기가 된다는 점에서만 의미가 있다.

---

20) 성낙인, 헌법학, 86면.

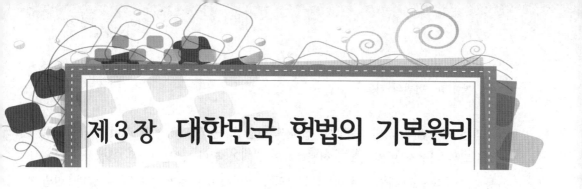

제1절 헌법의 체계

1. 법원(法源)과 구조

(1) 법원

법원(法源)이란 법의 존재형식이나 인식근거를 말한다. 대한민국 헌법의 법원
에는 성문법원과 불문법원이 있다. 성문법원에는 헌법전, 헌법부속법령, 조약과
국제법규가 있고, 불문법원에는 관습헌법, 판례법, 법적 조리(條理)가 있다. 헌법
의 법원은 헌법을 해석하고 적용하는 규범적 근거로서 헌법재판에서 위헌심사기
준을 확정하는 데 중요한 의미가 있다. 하지만, 성문법원과 불문법원이 모두 직접
위헌심사기준이 되는 것은 아니고, 헌법해석을 통해 헌법으로 수용될 때 비로소
위헌심사기준이 된다.

대한민국은 성문헌법을 채택하므로 헌법전이 가장 중요한 법원이 된다. 헌법
전은 국가의 조직과 운영에 대한 기본사항을 규정하고, 구체적인 사항은 국회법,
정부조직법, 법원조직법과 같은 법률과 그 하위법령으로 규정한다. 헌법 제6조 제
1항은 조약과 국제법규에 대해서도 국내법과 같은 효력을 인정하므로 법원에 포
함된다. 헌법은 국가의 최고법이고 하위법령의 규범적 근거가 되므로 모든 법령
은 헌법과 체계적으로 정합하도록 해석해야 한다.

관습헌법은 헌법적 관행에 대해 헌법적 확신이 확인된 경우에 인정되며, 성
문헌법을 보충하는 효력을 가진다. 판례법은 사법부인 법원과 헌법재판소가 헌법
해석에 대한 판결례를 축적한 것인데, 실질적으로 헌법적 구속력을 가진다. 법적

조리는 자연법적 정의, 공정성, 절차적 정당성, 법적 안정성과 같이 법규범으로 요구되는 이성적 법원칙으로 헌법해석의 근거가 된다. 불문헌법은 사법적 판단을 통해 사후적으로 확인되며, 역사적 현실을 반영하여 다르게 판단될 수 있다. 헌법 재판소는 관습헌법에 대해 헌법적 효력을 인정하였고, 이러한 선례를 변경하기 위해서는 헌법재판관 6인 이상의 찬성이 필요하다.

(2) 구조

대한민국 헌법은 전문, 제10장 제130조, 부칙 제6조로 구성된다. 전문에서는 헌법의 연혁과 기본이념을 선언한다. 본문은 크게 3부분으로 구분할 수 있는데, 제1장 총강에서는 국가의 기본원리를, 제2장에서는 국민의 기본적 권리와 의무를, 그리고 제3장에서 제10장까지에서는 국가기관의 조직과 작용, 경제질서, 헌법 개정을 규정한다. 부칙에서는 헌법의 시행에서 발생할 수 있는 규범의 공백상태를 보충하는 경과규정을 둔다.

헌법은 전문, 본문, 부칙으로 구분되고, 본문은 장, 절, 관으로 구조화되어 있지만, 모든 조항이 서로 상관관계를 맺고 유기적으로 영향을 주고 받으므로 통일적이고 체계적으로 해석해야 한다. 헌법이 기본원리, 기본권, 국가작용으로 구분하여 규정하는 것도 모두 헌법적 가치를 실현하기 위한 서로 다른 방식이다. 헌법의 특정조항은 전체로서의 헌법의 일부분으로 이해하면서도 그 조항이 가지는 독자적인 규범적 의미를 실현할 수 있도록 해석해야 한다.

2. 대한민국의 국가형태

(1) 민주공화국

헌법 제1조 제1항은 "대한민국은 민주공화국이다"라고 규정한다. 대한민국은 우리나라의 이름, 즉 국호이다. 한자로는 '大韓民國', 영어로는 'Republic of Korea' 라고 한다. 이는 1919년 3.1운동 이후 설립된 임시정부에서 채택한 임시헌장 제1 조에서 "대한민국은 민주공화제로 함"이라고 규정한 것을 그대로 승계한 것이며, 그 이후 9차례에 걸쳐 헌법이 개정되는 동안 변하지 않고 그대로 유지되었다. 공화국(Republic)이란 라틴어인 'Res Publica'에서 비롯되었는데, 이는 왕이나 특정 집단의 이익이 아니라 구성원 전체의 '공공선'을 의미하였다.

몽테스키외는 정치체제를 군주제와 공화제로 구분하고, 군주제는 전제군주 제와 입헌군주제로, 공화제는 귀족공화제와 민주공화제로 구분하였다. 그는 군주, 귀족, 인민이 균형을 갖추는 혼합정을 바람직한 정치체제로 인식하고, 귀족이 군주와 인민 사이의 균형을 조화적으로 유지하는 역할을 할 수 있다고 보고 권력분립에서 사법권의 독립을 강조하였다. 19세기 동아시아에서 서양의 법사상과 이론을 소개하면서 'Republic'을, 중국인들은 '민국(民國)'으로, 일본인들은 '공화국(共和國)'이라고 번역하였다.

헌법은 제1조 제1항에서 대한민국의 정체성을 '민주공화국'이라고 선언하는데, '민주'란 국민이 주권자라는 것이고, '공화국'이란 '민국'과 같은 의미로서 구성원 전체의 공공선을 추구한다는 것이다. 대한민국이라는 이름에는 민주공화국이라는 우리나라의 성격이 포함되어 있는데, 주권이 국민에게 있으므로 '대한제국'이 아니라는 것과 내용적으로는 공화국이라는 것을 포함한다. 결국, 대한민국이란 "위대한 한(韓)민족인 우리나라는 국민이 주권을 가지고, 국민 전체의 공익을 추구하는 나라"이며, 그러한 국가가 되어야 한다는 것을 선언한 것이다.

(2) 주권

헌법 제1조 제2항에서 "대한민국의 주권은 국민에게 있고, 모든 권력은 국민으로부터 나온다"라고 규정한다. 국민주권은 주권자가 국민이고, 국민이 국가의 정치적 의사를 최종적으로 결정한다는 것이다. 국민주권은 주권자인 국민이 헌법을 제정하였다는 것에서 명확하게 드러난다. 대한민국은 대의제를 채택하여 국민은 대표기관을 선출하는 것에 그치고, 국민의 대표기관이 실제로 주권을 행사하도록 한다. 헌법은 제72조에서 국가의 중요정책에 대해 국민투표를 할 수 있고, 제130조에서 헌법개정을 국민투표를 통해 확정되도록 규정하여 주권자인 국민이 직접 정치적 의사를 결정하도록 한다.

(3) 국민

헌법 제2조 제1항은 "대한민국의 국민이 되는 요건은 법률로 정한다"라고 규정하고 국적법이 자세히 규정한다. 국적법은 국적취득을 선천적 취득과 후천적 취득으로 구분한다. 선천적 취득은 출생에 의한 취득으로 속인주의와 부모양계혈통주의에 따라 원칙적으로 부 또는 모가 대한민국 국민인 경우에는 대한민국의 국적을 취득하고, 예외적으로만 속지주의를 채택한다. 후천적 취득은 인지·귀화·입양·혼인·국적회복에 의한 취득이다. 국적법은 원칙적으로 단일국적주의를 채택하여 국민이 외국국적을 보유하거나 외국인이 대한민국 국적을 보유하는 것을 금지하고, 예외적으로만 복수국적을 허용한다.

(4) 영토

헌법 제3조는 "대한민국의 영토는 한반도와 부속도서로 한다"라고 규정한다. 이때 영토는 영해와 영공을 포함하는 영역이라는 의미로 해석된다. 북한지역도 한반도이므로 대한민국의 영토에 포함된다. 영해는 영토에 접속한 일정한 해역으로 배타적 어업통제권, 해저광물자원채굴권과 같은 국가의 통치권이 미친다. 영해 및 접속수역법은 한반도와 그 부속도서에 접속한 12해리까지를 영해로 하고 대한해협에서는 일본과의 관계를 고려하여 3해리까지로 제한한다. 영공은 영토와 영해의 수직상공으로 국가의 통치권이 실효적으로 미칠 수 있는 영공까지만 영역에 포함된다.

3. 주요 내용

(1) 전문

헌법의 전문(前文)은 헌법의 본문 앞에 위치한 문장으로 헌법전의 일부를 구성하는 서문이다. 전문은 헌법을 제정하고 개정하게 된 역사적 경위를 밝히는데, 대한국민이 헌법을 제정하고 개정하였으며, 우리들과 우리들의 자손의 안전과 자유와 행복을 영원히 확보할 것을 목적으로 한다고 선언한다. 특히, 3·1운동으로 건립된 대한민국 임시정부의 법통과 불의에 항거한 4·19민주이념을 계승한다고 규정하여 대한민국의 법통성이 3·1운동으로 건립된 대한민국임시정부에 있다는 것을 천명한다. 이때 법통성이란 정치적 의미의 정통성을 의미하며, 법적 주체로

서의 지위와 적법성을 의미하는 것은 아니다.1)

전문은 헌법의 일부로서 최고법의 성격을 가지고 법률보다 우월한 효력을 갖는다. 전문의 내용은 헌법의 기본원리를 포함하고 있어 본문의 조항과 마찬가지로 입법의 지침이자 법률해석의 기준이 되며 재판규범으로 기능한다.2) 헌법재판소도 전문은 헌법적 가치를 제시하는 규범적 효력을 가지며, 헌법재판에서는 재판규범으로 헌법이나 법률을 해석하는 기준이 되며, 입법형성권 행사의 한계와 정책결정의 방향을 제시하고, 모든 국가기관과 국민이 존중하고 지켜가야 하는 최고의 가치규범이라고 판단하였다.3)

전문의 효력은 본문과의 관계에 따라 다양하게 결정된다. 전문의 내용은 본문과 체계적이고 조화적으로 해석해야 한다. 전문이 본문의 개별규정으로 구체화되는 경우에는 법령에 대한 해석기준이나 재판규범으로 보충적이고 부수적인 역할을 할 수도 있다.4) 특히, 전문으로부터 개별적인 기본권을 도출할 수는 없지만, 전문은 기본권을 제한하는 법률의 위헌 여부를 판단하는 기준이 될 수 있다. 헌법재판소는 전문에 기재된 3·1운동정신은 헌법의 이념적 기초로서 헌법이나 법률의 해석기준으로 적용할 수 있지만, 그에 기하여 곧바로 개별적 기본권을 도출해낼 수는 없다고 판단하였다.5)

(2) 총강

헌법은 제1장 총강에서 제1조부터 제9조까지 헌법의 핵심사항을 규정한다. 제1조에서 대한민국의 국가형태와 주권을, 제2조에서 국민을, 제3조에서 영역을 규정하여 국가의 3요소를 확인한다. 제4조에서는 평화통일을, 제5조에서는 국제평화주의와 국군을, 제6조에서는 국제법존중을 규정하여 통일·국방·외교에 대한 기본원리를 선언한다. 제7조에서는 공무원제도를, 제8조에서는 정당제도를, 제9조에서는 문화국가를 규정한다. 총강에서 규정하는 내용은 헌법의 기본원리를 선언한 것으로 헌법의 핵심적 가치로서 국가를 조직하고 기본권을 보장하는 규범적

---

1) 성낙인, 헌법학, 119면.
2) 김하열, 헌법강의, 51면 ; 성낙인, 헌법학, 122면 ; 정재황, 헌법학, 37면.
3) 1989. 9. 8. 88헌가6.
4) 한수웅, 헌법학, 111면.
5) 2001. 3. 21. 99헌마139.

기준이 된다.

(3) 국민의 기본적 권리와 의무

헌법은 제2장(제10~39조)에서 국민의 권리와 의무를 규정한다. 제10조부터 제36조까지는 기본권을 나열한다. 즉, 제10조에서는 인간의 존엄과 가치, 행복추구권을 확인하고 국가의 기본권보호의무를 규정한다. 제11조부터 제36조까지 개별적 기본권을 규정한다. 기본권은 그 성격에 따라 일정한 범주로 분류하여 목록화하거나 체계화하지는 않고, 개별적 기본권을 순차적으로 나열하여 규정한다. 개별적 기본권은 제11조의 평등권을 시작으로 자유권, 참정권, 청구권, 사회권의 순서대로 규정된다.

헌법은 제37조 제1항에서 기본권은 헌법에 열거되지 아니한 이유로 경시되지 않는다고 규정하여 기본권보장을 강조하는 한편, 제2항에서는 기본권을 제한할 수 있는 헌법적 근거와 기본권 제한의 한계를 규정한다. 제38조에서는 납세의 의무를, 제39조에서는 국방의 의무를 국민의 헌법적 의무로 규정한다. 이외에도 헌법적 의무는 근로의 의무와 같이 개별적 기본권의 조항에서 관련된 의무로 규정되기도 한다.

(4) 국가기관

헌법은 제3장에서 제8장까지 헌법기관의 조직과 권한에 대한 기본적 내용을 규정한다. 제3장에서는 국회를, 제4장에서는 정부(대통령과 행정부)를, 제5장에서는 법원을, 제6장에서는 헌법재판소를, 제7장에서는 선거관리를, 제8장에서는 지방자치를 규정한다. 헌법은 이를 통해 헌법기관에게 국가권력을 행사할 수 있는 정당성과 적법성을 부여한다. 이와 동시에 권력분립에 따라 국가권력을 행사하는 기준과 절차를 규정함으로써 헌법기관을 통제한다.

(5) 경제

헌법은 제9장(제119~127조)에서 경제질서의 기본원칙과 국가의 책무에 대해 규정한다. 대한민국의 경제질서는 개인과 기업의 경제상의 자유와 창의를 존중함을 기본으로 하고, 균형있는 국민경제의 성장 및 안정과 적정한 소득의 분배를 유지하고, 시장의 지배와 경제력의 남용을 방지하며, 경제주체간의 조화를 통한 경제의 민주화를 위해 국가가 경제에 관한 규제와 조정을 할 수 있도록 허용한다. 헌법은 제120조부터 제127조까지 경제질서를 위한 국가의 책무와 제도를 구체적으로 규정한다.

(6) 헌법개정

헌법은 제10장(제128~130조)에서 헌법개정에 대해 자세하게 규정한다. 헌법은 경성헌법을 채택하여 헌법개정의 절차를 법률개정의 절차보다 까다롭게 한다. 국민의 대표기관인 국회와 대통령이 헌법개정안을 발의하고, 국회의 특별가중정족수를 통해 의결하고, 주권자인 국민이 직접 참여하는 국민투표를 통해 확정하도록 한다. 헌법이 직접 개정절차를 까다롭게 규정한 것은 헌법의 규범력을 강화하고 헌법을 보장하는 수단이기도 하다. 헌법개정절차를 위반하면 위헌이 되고 헌법개정도 무효가 된다.

(7) 부칙

헌법은 부칙으로 제6개조를 규정한다. 여기에서는 새로운 헌법을 시행하면서 발생하는 입법의 공백을 보충하는 한편, 법적 안정성을 확보하기 위해 경과규정을 둔다. 새로운 헌법의 시행일자를 1988년 2월 25일로 특정하고, 대통령과 국회의원의 선거, 대법원장과 감사원장 등 헌법기관과 공무원의 임명, 법령과 조약의 효력에 대해 특례를 규정한다.

4. 기본원리의 규범적 의미

(1) 국가의 이념적 지표

헌법의 기본원리는 헌법의 목적을 실현하기 위한 기본적 근거가 되는 이치이다. 헌법은 모든 국민이 인간으로서 존엄과 가치를 가지고, 자유롭고 평등하게 자신의 행복을 추구할 수 있는 국가를 목적으로 한다. 헌법의 기본원리는 이러한 목적을 실현하기 위해 국가를 조직하고 운영하는 이념적 지표이자 최고의 규범적 기준이다. 헌법은 국민주권, 법치국가, 자유민주주의, 사회복지, 평화와 통일을 기본원리로 채택한다. 국가기관은 물론 국민도 헌법의 기본원리에 따라야 할 헌법적 의무를 진다.

헌법의 기본원리는 국가권력의 행사를 규율하는 법적 원리로서 입법, 행정, 사법에 관한 모든 국가작용의 근거이자 지향점이다. 국회는 입법형성권과 자율권을 가지나 헌법의 기본원리를 위반해서는 안 되고, 모든 법률은 헌법의 기본원리를 실현하는 방향으로 제정되어야 한다. 정부는 헌법과 법령을 집행하는 과정에서 헌법의 기본원리에 부합하도록 권한을 행사해야 하고, 법원도 헌법과 법령을 해석하고 적용함으로써 헌법의 기본원리를 실현할 수 있도록 해야 한다. 특히, 헌법재판소는 헌법재판을 통해 헌법의 기본원리의 구체적인 내용과 의미를 최종적으로 확정하는 권한을 행사한다.

헌법의 기본원리는 국가작용의 방향과 지침을 제시하여 헌법적 정당성을 부여하는 동시에 국가작용의 한계를 설정하는 기준이 된다. 국가작용이 헌법의 기본원리에 위반되면 그 정당성을 상실하게 된다. 헌법의 기본원리는 단순히 정치적 선언에 그치는 것이 아니라 법적 구속력을 갖는 구체적이고 현실적인 규범이다. 모든 국가기관은 헌법의 기본원리를 실현해야 할 헌법적 의무를 부담하며, 국민 역시 헌법의 기본원리를 실현하기 위해 노력해야 한다.

(2) 헌법과 법령의 해석기준

헌법의 기본원리는 헌법조항을 해석하고 규범적 의미를 도출하는 기준이 된다. 헌법은 국가의 조직과 운영에 관한 기본적 사항만 규정하므로 그 내용이 추상적이고 개방적이다. 헌법을 체계적으로 정합하게 해석하고 규범조화적으로 이해하기 위해서는 헌법의 기본원리에 기초해야 한다. 헌법의 기본원리는 헌법조항의 내용과 의미가 명확하지 않거나 다른 조항과 모순되는 경우에 헌법해석의 기준이 된다. 헌법은 국가의 최고법이고 모든 법령은 헌법을 구체화하는 것이므로 헌법의 기본원리는 헌법뿐만 아니라 법령을 제정, 해석, 적용하는 규범적 기준이 된다.

헌법의 기본원리는 헌법의 핵심적 부분을 구성하므로 헌법해석을 통해 추출된다는 것을 유의해야 한다. 헌법의 기본원리는 헌법을 해석하는 기준이지만, 그

자체도 헌법의 내용으로 헌법해석을 통해 확정된다. 헌법의 기본원리는 주권자인
국민의 정치적 의지가 헌법으로 규범화된 것이다. 헌법은 국민주권, 자유민주주
의, 평화와 통일과 같이 기본원리를 직접 규정하기도 하지만, 헌법의 기본원리는
법치국가, 사회복지와 같이 헌법해석을 통해 도출되기도 한다. 헌법의 기본원리는
헌법과 법령에 대한 최고의 해석기준이므로 헌법국가는 헌법의 기본원리를 확정
하는 것에서 시작된다.

(3) 국가권력의 정당성에 대한 심사기준

헌법의 기본원리는 국가기관의 행위규범으로 작용하지만, 헌법재판에서는
국가작용의 통제규범으로 작용한다. 헌법재판에서는 국가작용이 적극적으로 헌
법의 기본원리를 실현하는지를 심사하지 않고, 소극적으로 헌법의 기본원리를
위반하는지를 심사한다. 헌법의 기본원리는 헌법적 가치를 규범화한 것이므로
구체적인 내용은 역사적 조건과 정치현실에 따라 다양하게 나타난다. 헌법재판
소는 헌법의 기본원리를 최종적으로 확정하여 국가작용이 위헌인지 여부를 심
판한다.[6]

헌법의 기본원리가 직접 개인에게 기본권을 부여하는 것은 아니라는 것을
유의해야 한다. 국가는 헌법의 기본원리를 실현해야 할 헌법적 의무를 부담하지
만, 개인은 국가기관에게 헌법의 기본원리를 실현하기 위해 특정한 행위를 할 것
을 요구할 수는 없다. 국가기관이 헌법의 기본원리를 위반하더라도 개인은 당연
히 헌법소원을 청구할 수 있는 것은 아니다.[7] 헌법이 기본권으로 인정하는 경우
에만 기본권의 행사를 통해 국가에게 헌법의 기본원리를 실현할 의무를 요구할
수 있을 뿐이다.

---

6) 2003. 12. 18. 2002헌마593.
7) 2001. 3. 21. 99헌마139.

제 2 절   국민주권

I. 헌법적 의미

(1) 개념

국민주권이란 국가에 관한 최고의 정치적 의사를 결정하는 주권이 국민에게 있다는 것이다. 국민주권은 국민이 헌법을 제정했다는 것에서 가장 명확하게 드러난다. 헌법은 전문에서 국민이 헌법을 제정하고 개정했다는 것을 선언한다. 제1조 제1항은 대한민국의 정체성을 민주공화국으로 천명하고, 제2항에서 모든 권력은 국민으로부터 나온다고 규정한다. 이때 국민으로부터 나온 국가권력은 구체적으로 입법권, 행정권, 사법권의 형태로 국회, 정부, 법원과 헌법재판소로 분배된다. 헌법은 국민주권을 매개로 국가권력의 행사에 대해 민주적 정당성을 부여한다.

국민이 주권자라는 것은 국가적 차원과 개인적 차원에서 서로 다른 의미를 갖는다. 국가적 차원에서는 대외적으로 외국에 대해 정치적으로 자주적 독립국가임을 주장하는 국가주권으로 기능하고, 대내적으로는 국가권력에 정당성을 부여하는 동시에 이를 통제하는 최고의 권원으로 기능한다. 개인적 차원에서 국민주권은 개인의 자유와 권리를 보장하는 이념적 근거가 된다. 국가는 주권자인 국민을 위해 존재하고, 개인의 자유와 권리는 국가권력의 남용으로부터 보호되어야 한다.

(2) 법적 성격

국민주권은 그 법적 성격을 어떻게 이해하는지에 따라 헌법과의 관계, 주권행사의 방식과 효력이 다르게 이해된다. 국민주권은 국가권력의 행사에 대한 이념적 근거이므로 국민의 정치적 의사가 왜곡되지 않고 국가권력에 실질적으로 영향을 미칠 수 있어야 한다. 국민주권이 추상적이고 선언적인 구호에 머물러서는 안 된다. 국가권력의 행사가 국민주권을 위반한 경우에는 헌법재판을 통해 통제할 수 있어야 한다. 국민주권의 법적 성격은 국민주권의 헌법적 효력이 실현될 수 있도록 이해해야 한다.

국민주권은 법적 실체가 아니라 국가의 의사결정을 최종적으로 정당화하는 원리로서 법적 이념이라는 견해가 있다.[8] 대의제에서 국민의 대표기관은 주권자의 정치적 의사를 단순히 확인하여 그대로 국정에 반영하는 것이 아니라 독자적으로 국가의사를 창조하는데, 국민주권은 이를 정당화하는 이념적 근거라는 것이다. 대의제는 물론 직접민주제도 국민주권으로부터 직접 도출되는 것이 아니라 국민주권의 하부원리로서 통치기관의 조직원리라고 이해한다. 국민을 이념적 주권자와 현실적 주권자로 구별하고, 전자에 기초한 국민주권은 법적 이념이지만 후자에 기초한 국민주권은 법적 실체라는 관점도 있다.

국민주권은 국가의 정치적 의사결정은 국민의 정치적 합의에 따라야 한다는 법적 실체를 가진 개념으로 이해해야 한다. 국민주권을 국가권력의 행사를 사후적으로 정당화시키는 원리로만 이해하면 국가권력에 대한 통제장치로 기능하기 어렵다. 국민주권은 추상적이고 관념적이어서 국민의 의사를 구체적으로 확인하기는 어렵다. 또한, 주권행사의 구체적인 지침을 제공하지 않아 소수의 정치세력이나 여론에 의해 왜곡될 위험도 있다. 국민의 정치적 의사는 추정될 수밖에 없으므로 국민이 주권자로 존재하고 행동하기 위해서는 국민의 정치적 의사를 확인하는 제도적 장치를 마련하는 것이 중요하다.

(3) 주권자인 국민

국민주권은 주권을 전제로 상정하고 국민이 바로 주권자라는 것이다. 이때 국민이라는 용어는 시민(citizen), 민족(nation), 인민(people)의 의미로 사용되기도 하는데, 그 구체적인 내용은 그 용어를 사용하는 상황이나 맥락에 따라 다양하게 이해될 수 있다. 원래 주권자는 국가를 구성하는 요소로서 국가에 선재하는 개념인데, 국민(國民)이라는 용어는 국가에 의해 인정되는 것을 전제로 한다. 개인들의 다양한 의사의 집합을 주권적 의사라고 할 수는 없으며, 주권적 의사는 다양한 의사와 이해관계를 사회적 합의를 통해 하나로 수렴하는 작업을 통해 확정된다.

주권자인 국민은 국가의 정치적 의사를 최종적으로 결정하는 주체이므로 국

---

8) 김하열, 헌법강의, 58~59면 ; 한수웅, 헌법학, 118면.

가를 구성하는 사람들 전체를 의미하기도 하고, 구체적인 개인을 말하기도 한다. 국민이 대통령과 국회의원을 선출하는 경우에는 주권적 의사를 직접 행사하는 능동적 시민으로서 선거권자를 의미한다. 국민을 기본권의 주체로 이해할 경우에는 주권적 의사에 의해 보호되는 개인을 의미하고, 여기에는 법인이나 외국인도 포함될 수 있다. 국민을 헌법적 가치로 이해할 경우에는 현실에서 존재하는 구체적 개인뿐만 아니라 세대를 전승하는 추상적이고 이념적인 국민을 포괄하기도 한다.

2. 역사적 발전

(1) 법적 개념

주권(Sovereignty)은 교황의 절대권력을 설명하는 신학적 개념으로 출발하였으나, 15세기 이후 종교개혁을 거쳐 절대왕정을 구축하는 과정에서 국가권력의 정당성과 합법성을 뒷받침하는 도구로 변용되었다. 주권을 법적 개념으로 정립한 사람은 장 보댕(Bodin)이었다. 프랑스 왕은 대내적으로는 봉건 제후에 대한 우위를 가지고, 대외적으로는 신성로마제국과 교황청에 대한 독립성을 가진다는 것을 주장하면서 주권을 법적 개념으로 체계화하였다. 그는 왕권신수설을 기초로 왕이 주권을 가진다는 군주주권론을 제시하였다. 그 이후 주권은 절대적이고 불가분적·불가양적이라는 특징이 강화되었다.

역사적으로 주권은 국가권력을 누가 가질 것이며, 그 근거가 무엇인지에 대한 논쟁을 거치면서 발전하였다. 영국에서는 의회가 왕으로부터 권력을 쟁취하는 과정에서 의회주권론이 제기되었고, 의회가 제정한 법이 최고의 주권적 의사를 표현한 것이라는 법주권론으로 발전했다. 독일에서는 왕, 귀족, 시민단체의 타협으로 만들어진 독립적 법인인 국가가 주권자라는 국가주권론이 제시되었다. 미국의 독립혁명과 프랑스혁명을 거치면서 국민주권론이 체계화되었으며, 대의제와 직접민주제의 결합, 보통선거의 확대, 정당제도의 발전, 정치적 기본권의 확대를 통해 점차 실질화되었다.

(2) 사회계약설

근대국가를 형성하는 과정에서 사회계약설을 체계화한 사람은 토마스 홉스 (Hobbes)였다. 홉스는 '리바이어던'(1651년)에서 국가가 생기기 이전의 자연상태를 '만인의 만인에 대한 투쟁상태'라고 평가하고, 주권자인 인민이 평화유지를 위해 국가에 주권을 양도하는 복종계약을 체결한 결과로 국가가 성립했다고 파악했다. 이 복종계약은 인민의 주권을 국가에게 완전히 양도하는 것이므로 취소할 수 없고, 국가에게 불복종할 수도 없다고 했다. 홉스의 사상은 주권은 왕이나 그 위의 신에게 있는 것이 아니라 사람에게 있다는 근본적인 인식변화를 체계화하였다는 점에서 혁명적이라고 할 수 있다.

존 로크(Locke)는 '시민정부론'(1689년)에서 영국의 명예혁명에 적용하면서 홉스의 군주주권론을 제한군주론으로 변형했다. 로크는 자연법에 의해 규율되는 평화적인 자연상태를 인정하면서도 사회적 갈등을 해결할 중재자로 국가가 필요하다고 했다. 국가는 주권자인 인민이 자신의 생명, 자유, 재산을 지키기 위해 권리를 국가에게 위임해 신탁하는 계약을 체결한 결과로 성립했다. 국가가 권한을 남용해 위임계약을 위반한 경우에는 주권자는 사회계약을 철회하거나 취소할 수 있고, 국가에 불복종할 권리를 가진다. 로크의 사상은 영국의 명예혁명, 미국의 독립혁명, 프랑스혁명에 이르기까지 사회변혁의 사상적 기초가 되었다.

장 자크 루소(Rousseau)는 '사회계약론'(1762년)에서 사회상태를 사유재산제로 인하여 불평등이 고착화된 노예계약으로 파악했다. 인간은 자연법만으로는 자연상태로 돌아갈 수 없으므로 전체 인민의 자유의사에 의한 새로운 사회계약을 통해 평화로운 자연상태로 돌아가야 한다고 했다. 국가는 주권자인 인민의 총의인 일반의사에 따라 권력을 행사해야 하며, 일반의사는 개인의 특수한 이익의 총합인 전체의사와 구별된다고 보았다. 주권자의 일반의사는 법률의 제정을 통해 드러나며, 간접민주정치보다는 직접민주정치를 이상적 통치형태로 인식하였다.

사회계약설은 시민혁명을 통해 절대왕정을 극복하고 국민주권을 확립하는 사상적 기초로 채택되었다. 즉, 절대왕정이 왕권신수설을 기초로 자신의 권력이 신으로부터 비롯되었다고 그 정당성을 주장하자, 이에 대항한 의회는 주권은 국민으로부터 비롯된 것이고, 자신들은 주권자인 국민의 대표기관이라고 주장했던 것이다. 하지만, 현실적으로 국민이 사회계약을 체결한 적이 없으며, 그에 따라 국가를 구성한 것도 아니다. 국민이 주권자이고 사회계약을 통해 국가를 만들었다는 것은 역사적 사실을 그대로 기술한 것이 아니라 정치적 이데올로기로 재구성된 것일 뿐이라는 것을 유의해야 한다.

(3) nation주권론과 peuple주권론

국민주권은 18세기 프랑스 혁명의 과정에서 주권자의 개념과 주권의 구체적인 실현방식을 두고 nation주권론과 peuple주권론이 대립되었다. 몽테스키외와 시에예스는 nation주권의 국민을 주권자의 전체적 통일체로 추상적이고 관념적인 존재로 이해하였고, 루소는 peuple주권의 국민을 현실에서 개별적으로 존재하는 유권적 시민의 총합이라고 이해하였다. 주권자인 국민에 대한 이러한 인식의 차이는 주권행사의 방식과 선거의 성격에 다양하게 반영되었다.

nation주권론은 현실에서 주권을 행사하는 실체가 필요하므로 대의제를 채택하고, 대표기관을 구성하는 선거는 주권자의 책무로 인식되어 제한선거도 허용되었다. 또한, 대의제는 자유위임을 기초로 명령적 위임을 금지하므로 대표기관의 권한남용을 방지하기 위해 권력분립이 필수적으로 요구되었다. 한편, peuple주권론은 현실적으로 존재하는 유권자가 직접 주권을 행사할 수 있으므로 직접민주제를 주장하고, 대표기관을 구성하는 선거는 주권자의 권리로 인식되어 보통선거만 허용되었다. 또한, 대표기관의 위임은 주권자의 현실적인 의사에 기속되는 기속적 위임이므로 권력분립이 반드시 필요한 것은 아니었다.

프랑스 혁명의 과정에서 nation주권론은 온건한 입헌왕정을 주장하는 세력의 이념적 도구로 기능하여 1791년 헌법에 반영되었고, peuple주권론은 급진적인 공화정을 주장하는 세력의 이념적 도구로 기능하여 1793년 헌법에 반영되었다. nation주권론과 peuple주권론은 역사적 발전과정을 통해 국민주권의 본질을 이해할 수 있는 범위에서 의미가 있을 뿐, 현대국가에서 그 이론적 대립은 극복되었다고 평가된다. 즉, 대의제와 권력분립을 강조한 nation주권론과 직접민주제와 보통선거를 강조한 peuple주권론은 국가의 역사적 현실에 따라 다양한 방식으로 융합되었다.[9]

---

9) 성낙인, 헌법학, 129면.

3. 실현방식

(1) 대의제

국민주권이란 모든 국가권력이 주권자인 국민의 의사에 따라 행사되어야 한다는 것일 뿐, 반드시 국민 전체가 직접 국가기관으로서 통치권을 행사해야 한다는 것은 아니다. 우리 헌정사에서 1972년 헌법은 제1조 제2항에서 "대한민국의 주권은 국민에게 있고, 국민은 그 대표자나 국민투표에 의하여 주권을 행사한다"라고 규정하여 주권행사의 방식을 직접 제시한 적이 있었다. 현행헌법은 직접 주권행사의 방식을 규정하지는 않지만, 원칙적으로 대의제를 채택한 것으로 해석된다.

대의제는 주권의 보유자와 주권의 행사기관을 구분하여 국민이 직접 주권을 행사하는 대신 대통령이나 국회의원과 같은 대표기관으로 하여금 주권을 행사하도록 한다. 헌법은 제24조와 제25조에서 선거권과 공무담임권을 기본권으로 인정하고, 제41조와 제67조에서는 국회의원과 대통령의 선거에 대해 규정한다. 대표기관은 국민의 의사를 확인하여 그대로 국정에 반영하는 것이 아니라 독자적으로 국가의사를 결정하고, 이때 대표기관의 의사는 주권자의 의사보다 우선한다.

대표기관은 주권자의 의사에 기속되지 않고 독자적으로 주권을 행사하고, 그에 대해 법적 책임을 지지 않는다. 이를 '자유위임의 법리'라고 하며 주권자의 명령적 위임을 배제한다. 주권자는 대표기관에 대해 정치적 책임만 물을 수 있고, 법적 책임은 물을 수 없다. 헌법 제46조 제2항은 "국회의원은 국가이익을 우선하여 양심에 따라 직무를 행한다"라고 규정하며, 국회의원이 유권자의 의사에 기속되지 않고 국민 전체의 대표자로서 국가이익을 우선하도록 하여 자유위임의 법리를 선언한다.

(2) 직접민주제

직접민주제는 국민이 직접 주권을 행사하여 국가의사를 결정하는 제도이다. 직접민주제는 민주주의의 본질에 충실하며, 국민의 현실적 의사를 전체 이익과 동일시하여 대표기관의 추정적 의사보다 우선한다. 직접민주제에는 국민발안제,

국민투표제, 국민소환제 등이 있지만 일정한 한계가 있다. 국정에 전문적인 지식이 부족한 대중에게 국가의사를 결정하도록 하는 것은 위험하다는 주장이 있다. 인류는 국민이 잘못된 결정을 할 수 있다는 것을 역사적으로 경험하기도 하였다. 현대국가에서 국민이 직접 국가의사를 결정하는 것은 시간적으로나 공간적으로 불가능하고 효율적이지도 않다.

직접민주제를 채택하더라도 현실적으로는 국민의 다양한 의사를 모두 확인하거나 반영할 수는 없고 국가가 주도하여 국민투표의 방식으로 특정 사안에 대한 가부만을 결정할 수 있을 뿐이다. 또한, 국민의 정치적 의사는 특정한 정파적 집단에 의해 쉽게 왜곡될 수 있으며, 소수의 큰 목소리가 다수의 의사로 취급될 위험도 있다. 이러한 이유로 대부분 국가는 대의제를 원칙으로 채택하고 직접민주제는 예외적으로만 채택한다. 대한민국 헌법도 중요한 사안에 대해서만 국민투표를 인정한다.

헌법 제72조는 외교·국방·통일 기타 국가안위에 관한 중요정책에 대해 국민투표를 규정하지만, 아직까지 실시된 적은 없다. 또한, 제130조 제2항은 헌법개정안에 대해 반드시 국민투표를 거치도록 규정한다. 한편, 지방자치에서는 주민발안제, 주민투표제, 주민소환제를 도입해 직접민주제를 채택하는데, 이는 헌법적 차원이 아니라 지방자치법을 통해 법률적 차원에서 허용되는 것으로 국가 전체의 정치적 의사를 확인하는 것이 아니어서 국민주권의 행사는 아니다.

4. 한계

(1) 주권적 의사의 왜곡

주권은 정치현실에서 헌법을 제정하는 권력으로 작동하여 국민의 정치의지를 국가의사로 확정하지만, 일단 헌법이 제정되면 국가권력으로 변용된다. 주권은 헌법제정을 통해 정치적 개념에서 법적 개념으로 전환된다. 헌법이론적으로는 주권이 헌법을 만들지만, 역사적 현실에서는 헌법이 주권을 구체화한다. 따라서 국민이 주권자로서 헌법을 제정했다는 것만으로 국가권력의 행사가 정당화되지는 않는다. 국민의 주권적 의사를 구체적으로 확인하기는 어렵고 추정될 수밖에 없는데, 국민의 주권적 의사를 왜곡되지 않게 국정에 반영할 수 있는 제도적 장치가 마련되어야 한다.

국민의 주권적 의사가 개인의 자유를 말살하고 국가를 붕괴시킬 수도 있다. 인류는 국민주권의 이름으로 개인의 자유를 억압한 제국주의와 인간의 존엄과 가치를 말살한 전체주의를 경험하였다. 이들은 신이나 왕의 이름으로 자행된 억압보다 더욱 잔인한 국가폭력을 국민의 이름으로 자행했고, 국민은 집단적 폭력에 죄의식도 없이 가담하면서 아무런 책임을 지지 않았다. 국민주권이라는 추상적 개념에 포획될 경우 국민은 스스로 주권자라는 착각에 빠져 국가권력에 무의식적으로 복종하게 될 위험도 있다. 국민주권은 선험적으로 당연하고 영구적이지 않을 수 있다는 것을 유념해야 한다.

국민주권에는 국가권력의 정당성에 대한 근거와 국가권력에 대한 통제뿐만 아니라 주권자인 개인의 책임도 포함된다. 모든 개인은 국가가 권력을 남용해 소수를 억압하는 것을 방임하지 않도록 정치적 책임감을 가져야 한다. 국민주권은 헌법의 이념적 기초이지만, 유일한 헌법적 가치가 아니므로 다른 헌법원리와 조화롭게 실현되어야 한다. 국민주권은 법치국가라는 형식, 자유와 권리의 보장이라는 내용, 민주주의라는 절차에 의해 보완될 때 정당화될 수 있다. 헌법재판소가 실질적이고 능동적인 국민용 국민주권과 형식적이고 명목적인 정치용 국민주권을 구별한 것도 국민주권의 실현을 강조한 것이다.[10]

(2) 저항권

국민은 주권자로서 헌법을 제정하고 헌법은 국가긴급권과 헌법재판과 같이 스스로 보호하는 장치를 규정하지만, 최종적으로 헌법을 보장하는 주체는 국민으로 귀결된다. 헌법은 저항권을 직접 규정하지 않지만, 국가권력이 헌법을 침해한 경우에 국민이 직접 헌법을 보호하기 위해 국가권력에게 저항할 수 있는 권리도 국민주권에 포함된다. 헌법은 전문에서 '3.1운동과 4.19민주이념'을 규정하지만, 저항권은 헌법에 직접 규정되지 않아 규범적 영역이 아닌 정치적 영역에서 실력행사로 나타난다. 저항권은 국가의 법질서에 큰 혼란을 초래하게 되므로 엄격한 조건을 갖춘 경우에만 인정되어야 한다.[11]

---

10) 1989. 9. 8. 88헌가6.

저항권은 헌법과 법률이 마련한 제도적 장치로는 헌법을 보호할 수 없을 경우에만 최후의 수단으로 인정된다. 또한, 헌법질서를 회복하고 유지하기 위해서만 행사되어야 하고, 정치적·사회적·경제적 체제를 개혁하기 위한 수단으로 이용될 수는 없다.12) 헌법을 보호하기 위한 경우에는 시민불복종과 같은 소극적 수단은 물론 폭력적 실력행사와 같은 적극적 수단도 동원할 수 있다. 하지만, 저항권의 요건은 실정법으로 규정되지 않아 사법적 심사를 통해 적법성을 판단하기는 어렵고 사후적으로 그 정당성만 판단할 수밖에 없어 그 성공 여부에 따라 다르게 평가될 가능성이 크다.13)

저항권이 남용되면 헌법보호의 이름으로 헌법을 침해하는 결과를 초래할 위험도 있다. 대법원은 저항권은 초실정법인 자연법적 권리로 그 개념 자체가 막연할 뿐만 아니라 실정법을 근거로 국가의 법질서 위반 여부를 판단하는 재판권 행사에는 적용될 수 없다고 판단하였다.14) 헌법재판소는 저항권은 국가권력에 의해 헌법의 기본원리에 대한 중대한 침해가 행해지고 그 침해가 헌법의 존재 자체를 부인하는 것으로 다른 합법적인 구제수단으로는 목적을 달성할 수 없을 때 국민이 자유와 권리를 지키기 위해 실력으로 저항하는 권리라고 판단하여 저항권의 개념을 수용하였다.15)

제 3 절 법치국가

I. 헌법적 의미

(1) 개념

법치(法治)란 '법에 의한 지배'를 말하고, 사람에 의한 지배인 인치(人治)가 아니라는 것이다. 국가권력은 폭력적 속성을 갖는데, 법치는 국가의 권력행사를 정

11) 성낙인, 헌법학, 71~73면 ; 정종섭, 헌법학원론, 74~75면.
12) 한수웅, 헌법학, 78~79면.
13) 김하열, 헌법강의, 47~49면.
14) 대법원 1980. 8. 26. 80도1278.
15) 1997. 9. 25. 97헌가4.

당화하는 조건의 하나이다. 인류는 오랫동안 왕이 지배하고 세습하는 사회에서 살았다. 그런데, 사람이 지배하는 국가는 불안하고, 언제든지 폭력적 지배로 변할 수 있다는 것을 역사적으로 경험하였다. 법치는 인간에 대한 불신을 전제로 인간이 자의적인 폭력으로 지배하는 것을 배제하고 법적 이성에 의해 지배할 것을 요구하는 통치원리이다.[16] 법치는 인간의 존엄과 가치를 보장하고, 모두가 자유롭고 평등하게 행복을 추구하는 것을 목적으로 한다.

아리스토텔레스는 삶의 목적은 행복이고, 사적 영역인 가족의 오이코스(oikos)와 공적 영역인 국가의 폴리스(polis)가 조화로울 때 행복할 수 있다고 하였다. 자유인이 자유인을 지배하는 '정치적 지배'와 자유인이 노예를 지배하는 '전제적 지배'를 구분하고, 정치적 지배는 이성에 기초하므로 법에 의한 통치국가인 폴리테이아(politeia)가 되어야 한다고 하였다. 루소도 국가는 인민의 일반의사에 의해 운영되어야 하며, 그 일반의사는 법을 통해 드러난다고 했다.

(2) 보호와 통제의 양면성

국가는 인간들의 집합체로서 서로 다른 생각과 생활방식이 공존할 수 있도록 다양한 가치와 이해관계를 조정하여 법의 형식으로 도출한다. 법은 개인의 자유를 보장하고 사회적 정의를 실현하는 것을 목적으로 한다. 인간은 자유로울 때에만 자신의 존엄과 가치를 지킬 수 있고, 행복을 추구할 수 있다. 사회적 정의는 가치분배에서 자의적인 불평등이 없는 상태이며, 그 핵심은 공정성이다. 사회적 존재인 인간이 자유로운 존재로 공존할 수 있어야 사회적 정의도 실현될 수 있다. 법치는 법의 목적을 달성하기 위해 개인과 국가와 관계하면서 보호와 통제라는 양면적 가치를 동시에 가진다.

첫째, 개인의 입장에서 법은 자유와 권리를 보호하는 안전장치이다. 개인은 이념적으로는 주권자이지만, 현실적으로는 국가권력이 지배하는 객체이다. 법치는 국가권력의 행사를 통제함으로써 개인의 자유와 권리를 보호한다. 개인이 사적 영역에서 자율적으로 생활하는 경우에도 국가가 관여하여 법적 수단을 통해 개인의 자유와 권리를 보호한다. 한편, 법은 개인의 자유와 권리를 제한하는 통제장치이기도 하다. 법은 타인의 자유를 존중하고 사회적 정의를 실현하기 위해 개

---

16) 성낙인, 헌법학, 261면.

인의 자유와 권리를 제한할 수도 있다. 개인은 법으로부터 보호받는 동시에 통제를 받기도 한다.

둘째, 국가의 입장에서 법은 국가의 권한을 행사하는 수단이다. 법은 국가기관에게 권한을 부여하고 그 행사를 정당화시키고, 국가는 법을 통해 국가권력을 효과적으로 행사할 수 있다. 한편, 국가는 법이 정한 요건과 절차에 따라 법의 목적을 실현하므로 법은 국가권력을 통제한다. 국가의 권한을 행사하는 수단으로서의 법치는 '법에 의한 지배(rule by law)'로서 형식적 법치로 기능하고, 국가권력을 통제하는 법치는 '법의 지배(rule of law)'로서 실질적 법치로 기능한다.

법이 개인의 자유를 보호할 때에는 국가에 대한 통제장치로 기능하고, 국가의 권한행사를 정당화할 때에는 개인을 통제하게 된다. 하지만, 법치는 국가권력을 통제함으로써 개인의 자유와 권리를 보호하는 것이므로 국가권력을 효과적으로 행사하기 위한 수단으로만 기능해서는 안 된다. 형식적 법치는 법의 이름으로 국가폭력을 정당화하는 도구로 전락할 위험이 있으므로 실질적 법치에 따라 국가권력을 행사하는 방법과 절차를 규율해야 하고, 법의 내용도 법적 이념에 부합해야 한다.

2. 정당화 조건

(1) 절차적 측면

현대사회에서 국가는 가장 강력한 권력체로서 본질적으로 폭력적이며, 법에 의해 행사되더라도 그 정당성이 인정될 뿐이지 폭력적인 속성이 사라지는 것은 아니다. 법치국가에서도 법은 폭력적인 속성을 갖는다. 법치가 정당화되는 것은 법에 의해 통치되는 국민이 주권자이고, 주권자가 법을 제정하였기 때문이다. 법치는 주권자인 국민이 법을 제정한다는 것을 전제로 하므로 국민주권을 이념적 기초로 한다. 국가기관은 국민에 의해 제정된 헌법에 따라 조직되고 권한을 부여받는다. 헌법 제40조는 국민의 대표기관인 국회에 입법권을 부여하고, 모든 국가기관은 헌법과 법률에 따라 권한을 행사해야 한다.

법치는 주권자인 국민이 법을 제정한다는 것에서 절차적 정당성을 획득하는

데, 모든 국가권력은 국민이 제정한 헌법에 근거를 두어야 한다. 국민의 대표기관
인 국회는 헌법을 위반하지 않는 범위에서 입법형성권을 갖는다. 법치가 제대로
실현되기 위해서는 우선 법이 잘 만들어져야 한다. 법이 규범력을 가지기 위해서
는 국가의 현실적 조건을 적절하게 반영하면서도 법적 이념을 실현할 수 있도록
적당한 긴장관계를 유지해야 한다. 또한, 법은 제대로 집행되어야 하고 올바르게
해석되고 적용되어야 하며, 법적 분쟁을 해결할 수 있는 사법적 구제절차가 마련
되어야 한다.

(2) 내용적 측면

법치는 개인의 자유와 권리를 보호하는 것을 목적으로 하고 국가가 자의적
으로 권력을 행사하는 것을 금지한다. 헌법은 법치를 직접 규정하지 않지만, 법치
는 헌법해석을 통해 기본원리로 이해된다.[17] 법치는 절차적 요건뿐만 아니라 내
용적 요건까지 갖추었을 때 정당성을 획득하고 실질적 법치가 실현될 수 있다. 법
치국가는 정당한 법의 지배를 의미하고, 법 자체가 정당하지 않으면 국가폭력의
수단으로 전락하게 된다. 정당한 법인지 여부를 판단하는 기준은 헌법이고, 헌법
에 위반되는 법령은 무효화될 수 있다. 결국, 법치란 최종적으로 헌법국가를 의미
하며, 헌법은 법의 정당성을 심판하는 규범적 기준이 된다.[18]

법의 내용이 정당한 것인지는 누가 판단할까. 모든 국가기관은 헌법과 법률
에 따라 권한을 행사하므로 헌법과 법률을 해석할 권한을 가진다. 헌법은 추상적
이고 가치판단의 문제를 포함하고 있어 국가기관 사이에서도 다양한 관점에 따라
달리 해석될 수 있다. 헌법재판소가 최종적인 헌법해석권을 통해 실질적 법치를
실현한다. 법치에서의 '법'은 법률뿐만 아니라 헌법도 포함된다고 하더라도 그 내
용적 정당성이 당연히 보장되지는 않는다. 주권자인 국민이 헌법을 제정했다는
것만으로 헌법의 내용적 정당성이 담보되지는 않기 때문이다.

---

17) 1992. 2. 25. 90헌가69.
18) 한수웅, 헌법학, 247면.

3. 역사적 발전

(1) 영미법

법치는 최선의 정치철학으로 채택된 것이 아니라 인간에 대한 불신을 경험하면서 소극적인 차악의 선택으로 수용되었다. 근대국가에서 법치는 영국에서 의회가 절대왕정을 극복하는 과정에서 형성되었다. 의회가 왕으로부터 재정권과 입법권을 획득하면서 보통법이 왕권에 우월하다는 원칙을 제시하여 '법의 우위'가 확립되었고, 의회가 행정권과 사법권을 가져오면서 왕이 아닌 의회가 실질적 권력을 보유하게 되었다. 의회는 관습적 특권을 자연법적 권리로 주장하고 법 앞에서는 왕을 포함한 모든 사람이 평등하므로 일반법원의 재판을 받아야 한다는 것을 확인하였다.

미국은 성문헌법을 채택하여 의회가 제정한 법률에 대해 헌법에 우월적 효력을 부여하였다. 연방대법원이 위헌법률심판을 통해 법률의 위헌 여부를 심판함으로써 법의 지배를 실질화하였다. 영미법에서 법의 지배는 자연법으로서 적법절차원칙을 의미하였고, 이는 누구도 자신의 사건에 대해 심판자가 될 수 없고, 공정한 제3자에 의해 재판받아야 한다는 것이다. 이때 심판을 받는 당사자는 서로 무기가 평등해야 하고, 불이익한 처분을 받는 경우에는 그 내용을 고지받고 변명할 수 있는 청문의 기회가 보장되어야 한다는 것이 핵심이다.

(2) 대륙법

독일과 프랑스와 같은 대륙법계 국가에서는 실정법적 차원에서 법치가 확립되었다. 대륙법에서는 전통적으로 법률이 국가권력에 우월하므로 국가작용은 법률에 따라야 한다는 '법에 의한 지배'가 강조되었다. 하지만, 제2차 세계대전을 일으킨 나치는 바이마르 헌법에서 허용하는 절차에 따라 권력을 획득하고, 의회에서 제정된 법률에 따라 국가폭력을 행사하였다. 이에 형식적 법치만으로는 법의 목적을 달성할 수 없다는 것을 경험하고 실질적 법치인 '법의 지배'로 발전하였다. 대륙법에서도 위헌법률심판이 도입되고 영미법에서 발전한 적법절차원칙을 수용하여 법치를 실질화하였다.

(3) 현대적 변화

현대국가에서 법치는 국가권력의 법률적합성에서 법률의 헌법적합성으로, 형식적 법치에서 실질적 법치로, 가치중립에서 가치지향으로 변화하였다고 평가된다. 다만, 법적 안정성을 강조하는 형식적 법치와 정당한 법에 의한 지배를 강조하는 실질적 법치는 평면적으로 구별되거나 어느 일방이 우월한 것이 아니라 법치의 두 가지 측면이다. 실질적 법치에 따라 '좋은 법에 의한 지배'를 강조하면 형식적 측면에서 법률에 의한 지배가 가지는 고유한 가치와 기능이 약화될 위험이 있다. 법치국가는 형식적 법치와 실질적 법치를 모두 포함하고, 국가권력의 보호장치인 동시에 국가권력에 대한 통제장치라고 할 수 있다.

최근에는 사회주의국가에서도 헌법에 법치를 규정하여 '사회주의 법치국가'를 헌법원리로 도입하고 있다. 중국과 베트남은 정치적 영역에서는 공산주의를 유지하면서, 경제적 영역에서 시장경제질서를 도입하는 과정에서 해외자본의 투자와 같은 개방정책을 추진하면서 법치가 필수적인 수단이라고 인식하였다. 하지만, 사회주의 법치국가는 자유민주국가와는 국가체제와 헌법이념을 달리하고 있어 '법의 지배(rule of law)'가 아니라 '법에 의한 지배(rule by law)'에 머물고 있다고 평가된다.

4. 기본내용

(1) 법의 우월성

법치는 국가권력이 법에 따라 행사되어야 한다는 것을 요구한다. 법은 국가권력의 권원이고, 국가권력은 법에 의해서만 정당화되므로 국가권력에 대해 법이 우월하다. 이때 법이란 헌법과 헌법을 구체화하는 모든 법령을 포함하고, 국가권력에는 입법권, 행정권, 사법권이 모두 포함된다. 법이 국가권력에 우월하다는 것은 국민주권에 따라 국민이 법을 제정하였다는 것에 근거한다. 법의 우월성은 법률의 우위, 법률의 유보, 법률의 헌법기속으로 구체화된다.

법률의 우위는 국가권력은 법률에 따라 행사되어야 하고, 법률을 위반해서는 안 된다는 것이다. 헌법은 법률의 우위를 보장하기 위해 권력분립에 따라 국회가 법률을 제정하고, 정부와 법원은 그 법률을 따르도록 한다. 법률유보는 국가의 조직과 운영에 관한 사항이나 개인의 권리의무에 관한 사항은 반드시 국민의 대표기관인 국회가 법률로 제정해야 한다는 것이다.[19] 정부와 법원은 법률에 따라야 하므로 입법사항을 행정권이나 재판권을 통해 결정해서는 안 된다. 법률유보는 국회의 권한이자 의무이므로 국회가 행정입법에 위임하는 경우에도 포괄적으로 위임할 수 없고 반드시 구체적인 범위를 정해 위임해야 한다.

법률의 헌법기속은 국회가 제정한 법률이 헌법을 위반해서는 안 된다는 것이다. 이는 법률의 우위를 인정하는 전제조건이고, 법률의 유보에 대한 한계를 설정한다. 국회는 헌법에 의해 입법권을 부여받으므로 입법형성권을 가지지만, 헌법을 위반하는 내용으로 법률을 제정해서는 안 된다. 국가권력에 대해 법률의 우위가 인정되는 것도 그 법률이 헌법에 위반되지 않기 때문에 가능하다. 법률의 헌법기속은 헌법재판소가 위헌법률심판을 할 수 있는 규범적 근거가 되며, 이를 통해 실질적 법치가 실현된다. 법률이 헌법에 기속되므로 그 하위법령도 헌법에 기속된다.

(2) 법의 형식성

법치를 실현하기 위해서는 우선 법 자체가 제대로 만들어져야 한다. 법은 국가권력의 행사를 정당화하는 근거이자 그 권한남용을 방지하는 통제수단이므로 그 권한에 대해 내용, 범위, 절차, 한계를 명확하게 규정해야 한다. 법이 명확하지 않으면 국가기관이 자의로 권력을 행사할 수 있고, 이는 개인의 자유와 권리를 침해하게 된다. 법은 국가와 개인의 생활에 관한 기본사항을 규정하므로 국민은 법률을 통해 발생하는 권리와 의무의 요건과 효과를 제대로 이해할 수 있어야 한다. 법의 명확성은 국가권력의 자의적인 행사를 방지하고, 국민에게 예측가능하고 안정적인 생활을 보장하기 위한 것이다.

법은 형식적 측면에서 명확해야 할 뿐만 아니라 누구든지 법의 적용에서 제외되어서는 안 되며, 모든 경우에 동일하게 적용되어야 한다. 법을 평등하게 적용하더라도 법 자체가 불평등한 내용을 포함하고 있으면 소용이 없다. 법치는 평등

---

19) 2009. 10. 29. 2007헌바63.

한 법을 평등하게 적용해야 하므로 법은 적용은 물론 그 내용도 평등해야 한다. 법의 일반성은 원칙적으로 특정한 사람만을 대상으로 하거나 개별적인 사항만 규율하는 처분적 법률을 허용하지 않는다는 것이다. 처분적 법률을 인정하게 되면, 평등권을 침해하거나 권력분립에 위반될 수 있다.

대한민국에는 헌법 아래 약 1,500개의 법률을 포함해 약 5,000개의 법령이 존재한다. 이들 법령들은 그 목적이나 규율대상이 다양하고 제정된 시기도 달라 서로 모순되거나 충돌할 가능성이 있다. 법의 체계적 정합성은 우선 법률에 대한 해석원칙을 통해 해결할 수 있는데, 상위법 우선, 특별법 우선, 신법 우선이 그것이다. 이러한 법률해석의 원칙 사이에도 모순과 충돌이 발생할 수 있다. 이때에는 상위법 우선, 특별법 우선, 신법 우선의 순서대로 해석기준을 적용해야 한다. 상위법인 이상 일반법이나 구법이라도 우선적으로 적용되며, 구법인 특별법이 신법인 일반법보다 우선적으로 적용된다.

(3) 법의 안정성

법적 안정성은 법을 신뢰하고 안정적으로 생활할 수 있는 상태를 의미하며, 법에 의한 안정이 아니라 법 자체의 안정을 의미한다. 이는 소급입법의 금지로 구체화된다. 소급입법은 이미 완성된 사실이나 법률관계에 적용되는 법률을 제정하는 것이며, 이는 법적 안정성을 해치게 된다. 하지만, 소급입법이라고 해서 언제나 금지되는 것은 아니다. 국회는 헌법적 가치를 실현하기 위해 필요한 경우에는 기본권을 침해하지 않으면 소급입법을 할 수도 있다. 헌법재판소는 소급입법의 유형에 따라 그 위헌심사기준을 달리 적용하여 정한 범위에서는 소급입법을 허용한다.

법적 안정성은 법에 대한 신뢰를 전제로 한다. 신뢰보호원칙은 국가가 법을 통해 개인에게 부여한 신뢰를 보호해야 한다는 것이다. 신뢰보호원칙은 국가의 선행조치가 있고, 이에 대해 개인의 신뢰가 형성된 경우에는 국가가 그 신뢰에 반하는 후행조치를 할 수 없다는 것으로 구체화된다. 개인은 국가의 행위를 기초로 미래를 예측하는데, 국회가 개인의 신뢰에 반하는 법률을 제정하면 법적 안정성을 해치게 된다. 소급입법의 금지가 과거의 행위를 현재의 잣대로 평가하지 못하도록 하는 것이라면, 신뢰보호원칙은 현재의 잣대를 미래에도 보장하겠다는 것이다.

(4) 법의 실효성

법은 사회적 합의를 통해 다양한 가치와 이해관계를 조정해 도출한 가치체
계이므로 법을 집행하는 과정에서 갈등과 분쟁이 발생하기 마련이다. 헌법은 사
전적으로 권력분립을 통해 국가권력의 남용을 예방하고, 사후적으로도 법적 평화
가 깨졌을 경우 이를 회복할 수 있는 제도적 장치를 마련한다. 법의 실효성은 법
적 평화가 깨졌을 때 그 효과가 나타난다. 법은 도덕이나 윤리와 달리 국가권력에
의해 강제되는 규범으로 개인의 자력구제를 금지하고, 국가에게 물리적 강제력을
독점적으로 부여한다. 법치는 사법적 구제절차를 통해 법의 실효성을 확보하고,
이를 통해 최종적으로 실현된다.

헌법은 개인의 법적 권리를 구제하기 위해 재판청구권을 기본권으로 보장하
고, 사법권을 법원과 헌법재판소에 기능적으로 분배한다. 법원과 헌법재판소는 헌
법과 법률에 따라 법적 분쟁을 해결함으로써 개인의 기본권을 보장하고 사회적
정의를 실현한다. 법의 실효성은 사법적 구제절차를 통해 담보될 수 있고, 이를
위해서는 재판의 공정성이 확보되어야 한다. 법원과 헌법재판소에 대해 사법권의
독립을 보장하는 것도 재판의 공정성을 확보하기 위한 것이다.

5. 한계

(1) 민주주의와 조화

대한민국은 민주적 법치국가를 지향하고, 법치와 민주주의는 국가를 지탱하
는 두 개의 축이다. 하지만, 법치와 민주주의는 본질적으로 다른 속성을 갖는다.
법치는 사람에 대한 불신을 전제로 하는 법적 이성에 의한 통치이지만, 민주주의
는 사람에 대한 신뢰를 전제로 하는 주권자인 국민에 의한 통치이며, 최종적으로
는 다수결에 따른다. 법치는 법적 이성을 발견하는 사법부의 기능을 강조하고, 민
주주의는 주권자의 의사를 확인하는 입법부의 역할을 강조한다. 법치는 다수의
지배에서 비롯되는 폭력으로부터 소수를 보호하는 역할을 하고, 민주주의는 소수

의 지배에서 비롯되는 폭력으로부터 다수를 보호하는 역할을 한다.

　법치와 민주주의는 모순되고 충돌하기만 하는 것은 아니다. 법치와 민주주의는 개인이 인간으로서의 존엄과 가치를 가지고, 자유롭고 평등하게 행복을 추구할 수 있는 국가를 지향한다는 점에서 동일하다. 법치와 민주주의는 모두 국가권력의 행사를 정당화하는 근거이자 국가권력을 통제하는 수단으로 동일한 헌법적 이념을 서로 다른 방식으로 실현한다. 법치와 민주주의는 자신의 역할과 기능을 조화롭게 선순환시킴으로써 서로의 한계를 보완하고, 실질적 법치주의와 자유민주주의를 통해 서로 융화되고 조화로운 관계를 형성한다. 법치국가는 국민주권을 이념적 기초로 하고, 민주주의와 결합함으로써 완성된다.

(2) 국가가 일차적 수범자

　법치국가에서 법치의 수범자를 명확하게 인식하는 것이 중요하다. 법치는 국가권력이 법에 의해 권한을 행사해야 한다는 것이지, 국민이 법에 의해 통치되어야 한다는 것이 아니다. 법치의 일차적 수범자는 국가권력이며, 국민은 국가권력이 법을 준수하는 것을 요구하고, 이를 전제로 법을 지켜야 한다. 법치의 수범자를 국민으로 이해하면 국민의 준법이 중요하게 되고 국가권력에 대한 통제규범의 성격이 약화된다. 국민주권도 형해화하여 법치가 국가권력의 폭력을 정당화하는 수단으로 이용될 위험이 있다. 헌법도 주권자인 국민이 국가권력에게 명령하는 것이므로 국가권력이 일차적인 수범자이다.[20]

　국민은 주권자인 동시에 국가권력에 의해 지배되는 객체이기도 하다. 국민은 주권자로서 국가권력의 행사에 정당성을 부여하면서 권한행사의 방법과 절차를 통제하지만, 현실적으로는 국가권력의 대상으로 자유와 권리를 침해받을 수 있는 위험한 상황에 처해 있다. 국민이 주권자라는 지위는 추상적이고 이념적이지만, 국가권력의 객체라는 지위는 현실적이고 구체적이다. 법치국가를 실현하는 과정에서 국민주권을 실질화하고 국가권력을 법치의 수범자로 확인하여 국가권력의 행사를 통제함으로써 개인의 자유와 권리가 침해되지 않도록 해야 한다.

---

20) 김하열, 헌법강의, 116면.

제 4 절 자유민주주의

1. 헌법적 의미

(1) 개념

자유민주주의는 학문분야의 관점에 따라 매우 다의적으로 해석되므로 정의하기가 어렵다. 헌법은 자유민주주의를 기본원리로 채택하지만, 헌법의 관점에서도 서로 다르게 해석될 수 있고, 이를 실현하는 방식도 다양하게 제시된다. 자유민주주의는 자유주의와 민주주의가 결합한 것으로 해석할 수도 있고, 자유에 의해 제한되는 민주주의로 해석할 수도 있다. 자유민주주의의 규범적 의미는 자유와 민주주의에 대한 이해를 통해 도출될 수 있다. 헌법에는 '자유'가 19회, '민주'가 9회, '자유민주'가 2회에 걸쳐 등장하는데, 모두 자유민주주의를 매개로 통일적으로 해석해야 한다.

자유주의는 개인의 자유를 최고의 가치로 여기며, 인간의 존엄과 가치를 전제로 개인의 자율과 창의성을 존중하는 정치이념이다. 헌법이 개인의 기본권을 보장하고, 법치에 따라 국가권력을 분립하고 사법권의 독립을 보장하는 것은 자유주의를 위한 제도적 장치이다. 한편, 민주주의는 주권자인 국민이 국가의 정치적 의사를 최종적으로 결정하는 방식으로 국민주권을 실현하는 방법적 원리이다. 주권자인 국민은 통치자이면서 피치자라는 '동일성의 원리'를 통해 자기지배를 실현한다. 헌법이 선거와 복수정당제를 규정하고, 개인의 정치적 기본권을 보장하는 것은 민주주의를 위한 제도적 장치이다.

자유주의와 민주주의는 서로 다른 층위의 개념으로 충돌할 수도 있지만, 자유민주주의를 통해 통합된다. 자유민주주의는 헌법의 기본원리로서 국가권력의 행사에 대한 정당성을 심사하는 기준이 되므로 다른 헌법의 기본원리와 조화롭게 해석되어야 한다. 자유민주주의는 인간의 존엄과 가치를 이념으로 하고, 개인이 자유롭고 평등하게 정치적 의사를 형성하고 실현하는 정치원리이다. 자유민주주의는 국민주권을 이념적 기초로 하고, 기본권의 보장과 국가작용의 원리를 연결하는 매개가 되며, 법치국가의 형식으로 실현된다.

(2) 자유와 민주의 결합

자유민주주의는 근대국가를 형성하는 과정에서 각자 다른 경로로 발전한 자유주의와 민주주의를 결합한 헌법원리이다. 근대국가는 자율적인 조화공동체인 사회와 타율적인 강제공동체인 국가를 구별하고, 사회가 국가보다 우월하므로 국가는 사회에 종속적이고 보완적인 역할을 담당해야 한다고 인식하였다. 자유주의는 사회의 사적 영역인 경제생활을 규율하는 원리로 국가의 간섭으로부터 자유를 통해 개인의 자율성과 창의성을 보장한다. 민주주의는 국가의 공적 영역에서 정치생활을 규율하는 원리로 국가에 대한 적극적 참여를 통해 절차적 정당성을 확보한다.

자유민주주의는 자유주의와 민주주의를 공통적인 헌법적 가치로 결합한 것이지만, 자유와 민주는 본질적으로 이질적인 가치로서 현실에서는 서로 충돌하거나 적대적인 이데올로기로 작용할 수 있다. 현대국가에서 공적 영역인 정치생활에서는 정치적 자유와 평등을 기초로 민주주의를 통해 자유민주주의가 헌법적 가치로 수용되고 있다. 하지만, 사적 영역인 경제생활에서는 국가의 개입과 역할을 어느 정도 허용할 것인지를 둘러싸고 자유주의와 민주주의를 조화롭게 지양하여 자유민주주의로 발전시키는 것이 중요한 과제가 되고 있다.

헌법재판소는 국가는 공적 자율성에 기초하여 정치적 의사결정을 추구하는 민주주의와 국가나 다수의 정치적 의사로부터 개인의 사적 자율성을 보호할 수 있는 법치국가라는 두 가지 원리에 따라 구성되고 운영된다고 판단하였다.[21] 민주주의는 자율적 시민이 국가 전체의 이익을 위해 공적 의사를 결정하는 공화주의에 기초하고, 법치국가는 개인의 자유와 권리를 강조하는 자유주의를 실현하는 원리라고 해석한 것으로 이해된다. 대한민국은 국민주권을 이념적 기초로 개인의 자유를 보장하는 민주적 법치국가를 지향한다고 할 수 있다.

---

21) 2014. 12. 19. 2013헌다1.

2. 민주주의

(1) 기원

민주주의는 고대 그리스의 폴리스에서 유래한다. 민주주의(democracy)의 어원은 다수를 의미하는 데모스(demos)와 지배를 의미하는 크라티아(kratia)의 합성어인 데모크라티아(demokratia)다. 민주주의는 통치형태를 구분하면서 1인의 왕정, 소수의 과두정에 대비된 다수의 민주정으로 이해되었다. 그리스의 민주정은 폴리스의 구성원 전체가 국정에 참여한 것은 아니었다. 국정에 참여하는 참정권은 시민권을 가진 성인에게만 허용되었고 외국인, 여자, 노예는 제외되어 직접 국정에 참여하는 사람들은 다수가 아니라 극소수에 불과했다. 하지만, 당시의 정치현실에서 왕이나 귀족이 아닌 다수의 민중이 공동체의 정치적 의사를 결정하도록 한 것은 혁명적인 통치형태였다.

근대국가의 형성에는 로마 공화정의 그림자가 드리워져 있다. 로마 공화정은 정치권력이 1인의 왕, 소수의 귀족, 다수의 평민에게 분유된 역사적 현실을 인정하여 혼합적인 통치형태를 만들었다. 즉, 왕정, 귀족정, 민주정을 혼합하여 집정관, 원로원, 민회에게 적절히 권력을 나누었으며, 이를 바탕으로 약 500년 동안 국가를 안정적으로 유지할 수 있었다. 영국의 의원내각제는 로마 공화정을 모델로 하여 왕, 귀족의 상원, 평민의 하원을 구성하여 권력을 분유하였으며, 미국이 대통령, 상원, 하원을 구성한 것도 로마 공화정의 집정관, 원로원, 민회를 참고한 것으로 이해할 수 있다.

(2) 주권자의 자기지배

민주주의는 서로 다른 생각과 생활방식을 가진 사람들이 공존하는 국가에서 공적 사항에 대해 단일한 정치적 의사를 결정하는 방식이다. 민주주의는 주권자인 국민은 통치자이면서 피치자라는 동일성의 원리를 통해 자기지배를 실현한다는 점에서 정당성을 갖는다. 국민이 공적 영역에서 정치적 의사를 결정하면 자신도 그 결정에 복종해야 한다. 이때 주권자의 의사를 확인하는 것이 중요한데, 이는 매우 어려운 작업으로 현실적으로 국민의 정치적 의사는 추정될 수밖에 없다.

민주주의는 국민의 다양한 의사와 이해관계를 단일한 정치적 의사로 도출할 수 있는 제도적 장치를 마련해야 한다.

주권자의 자기지배가 정당성을 갖기 위해서는 정치적 의사결정의 주체인 국민이 자율적인 인간이라는 조건이 충족되어야 한다. 국민이 자율적인 선택과 결정을 할 수 없는 경우에는 그 정치적 의사결정은 정당화될 수 없다. 민주주의가 실현되기 위해서는 국민의 다양한 의사와 이해관계를 자율적이고 평등하게 소통하고 합의해 단일한 의사로 수렴할 수 있는 절차를 제도적 장치로 마련하는 것이 중요하다. 국가의 정치적 의사가 결정되는 과정은 투명하게 공개되어야 하고, 국민이 자유롭게 참여할 수 있어야 다른 생각을 가진 사람도 그 결정에 승복할 수 있고, 이때 주권자의 자기지배가 가능하다.

사회적 존재인 국민은 사적 영역과 공적 영역을 동시에 살아가는데, 민주주의는 공적 영역에서 다양한 의사와 이해관계를 조정하여 단일한 의사를 결정할 때 적용해야 한다는 것을 유의해야 한다. 개인이 사적 영역에서 생활할 경우에는 단일한 정치적 의사를 도출할 필요가 없고, 개인이 각자의 취향이나 가치관에 따라 자율적으로 선택하고 결정한 것을 존중하면 충분하다. 국가가 사적 영역에서 민주주의를 적용하여 단일한 의사를 결정하면 다수의 소수에 대한 폭력적 지배로 귀결되어 개인의 자유를 말살할 위험이 있다.

(3) 내용적 정당성 확보

주권자의 자기지배는 정치적 의사결정과 그에 따른 국가권력의 행사를 절차적으로 정당화할 뿐, 그 정치적 의사결정의 내용이 정당하다는 것을 담보하지는 않는다. 주권자의 정치적 의사를 왜곡하지 않고 정확하게 도출하는 것은 쉬운 일이 아니다. 주권자가 자율적 인간으로서 정치적 의사결정에 참여하여 다수가 찬성했더라도 그 결정이 내용적으로 헌법적 가치를 침해할 수도 있다. 인류는 소크라테스의 처형이나 나치의 만행과 같이 민주주의가 개인과 국가를 파멸로 이끌 수 있다는 것을 경험하였다.

민주주의는 본질적으로 정치적 의사를 결정하는 절차와 방식이지만, 헌법적 가치에 종속되므로 인간의 존엄과 가치를 실현하고 개인의 자유와 권리를 보호하는 수단으로 기능해야 한다. 헌법이 선거권과 공무담임권, 언론·출판의 자유, 집회·결사의 자유와 같은 정치적 기본권을 보장하여 자유롭고 평등하게 정치적 의사결정에 참여할 수 있도록 하는 것도 민주주의에 절차적 정당성을 부여하기 위한 것일 뿐만 아니라 내용적 정당성을 확보하기 위한 것이다.[22]

(4) 다수결과 소수의 보호

(가) 다수결의 근거

민주주의국가에서는 다양한 의사와 이해관계를 가진 사람들이 자유롭고 평등하게 정치과정에 참여해 정치적 의사를 결정한다. 이때 주권자인 국민의 의사는 동일하지 않고 다양한데, 국민주권이 완전히 실현되려면 마지막 한 사람까지 설득해서 만장일치를 이루어야 한다. 하지만, 만장일치는 가능하지 않고 바람직하지도 않으므로 현실적으로 다수결에 따라 단일한 정치적 의사를 도출하게 된다. 다수결은 국민의 의견이 서로 대립될 경우에는 다수의 의견을 채택하고, 이를 국민 전체의 의사로 간주하고 소수가 이에 복종하는 것이다.

민주주의가 다수결을 채택하는 것은 이성을 가진 인간은 대화와 토론을 통해 다수가 합리적인 결정을 할 가능성이 크다는 것을 전제로 한다. 하지만, 다수결이 언제나 인간의 존엄과 가치를 실현하는 자유와 평등을 보다 잘 실현할 수 있는 것은 아니고, 다수결이라도 소수가 존재하는 한 그 선택이 최선인 것은 아니다. 모든 국민이 다수결에 따르기로 합의했더라도 그것만으로 소수가 다수에 복종해야 하는 것을 정당화하기는 어렵다. 소수에게 다수결은 자신의 의사에 반하는 결정에 따르도록 강제하므로 본질적으로 폭력적이다. 다수결은 단일한 정치적 의사를 도출하기 위해 부득이하게 채택된다.

(나) 전제조건

현대국가는 다원적 사회로 구성되고 지향하는 가치도 다양하여 모든 국민이 공약할 수 있는 정치적 의사가 도출되기는 어렵다. 다수의 의사는 소수의 정치세력이나 여론에 의해 왜곡될 위험이 있으므로 국민의 의사로 수용되려면 일정한 조건이 필요하다. 다수결이 민주주의를 실천하는 방식으로 기능할 수 있기 위해서는 최소한 자율적인 구성원들이 집단적 동일성을 갖추고 있어야 한다. 의사결

---

22) 한수웅, 헌법학, 133면.

정에 참여하는 구성원은 자유의사에 따라 다수결에 따르기로 합의한 것으로 평가할 수 있어야 한다. 구성원들이 이질적이고 동등하지 않으면 소통하고 타협할 여지가 없고, 소수는 다수결에도 승복하지 않는다.

다수결이 정치적 의사를 확정하기 위해서는 다양한 선택가능성이 보장되어야 한다. 미리 결론을 내린 상태에서 이를 정당화하거나 상대방을 설득하기 위해 다수결의 형식을 동원해서는 안 된다. 다수결의 과정에서는 이성적인 대화와 토론, 논리적 설득, 타협하고 양보할 수 있는 합리적 절차가 보장되어야 한다. 합리적 의사소통을 위해서는 언어가 통일되고, 진실되어야 하며, 타인의 의견을 수용할 수 있는 여지를 가져야 한다. 특히, 소수가 의사결정의 과정에 공정하게 참여할 수 있도록 보장해야 하며, 다수결이 소수자를 설득할 수 있는 논리도 갖추어야 한다.

(다) 소수의 보호

다수결이 국민 전체의 의사로 수용되기 위해서는 소수의 의사도 보호되어야 한다. 다수결은 다수가 소수를 폭력적으로 지배하는 전체주의가 구조화될 위험이 있다. 소수의 보호는 정치적 의사의 내용에 소수의 의견을 부분적으로 반영해야 한다는 차원이 아니라 다수는 소수가 될 수 있고, 소수도 다수가 될 수 있다는 가능성을 인정한다는 것이다.[23] 일정한 사안에서는 소수지만, 다른 사안에서는 다수가 될 수 있고, 현재는 소수지만 미래에는 다수가 될 수 있어야 한다. 다수는 소수가 될 수 있어 소수의 의견을 존중하고, 소수는 다수가 될 수 있는 희망이 있어야 다수에 승복하게 된다.

다수결은 다양한 가치를 조정하여 선택하는 방식이고, 그 과정에서 소수의 보호를 포함하므로 일정한 사항에 대해서는 적용할 수 없다. 전문적 지식이나 기술이 필요한 사항에 대해서는 다수결을 적용해서는 안 된다. 과학기술이나 의료적 조치와 같이 전문가적 식견에 따라 판단해야 할 경우에는 소수라도 전문가의 관점을 존중해야 한다. 객관적인 진리로 확인된 사실이나 다툼의 여지가 없는 헌법적 가치에 대해서는 다수결을 적용해서는 안 된다. 또한, 사적 영역에서 개인의 고유한 자율성이 보장되는 사항으로 단일한 의사를 도출할 필요가 없는 경우에는

---

23) 한수웅, 헌법학, 130면.

개인의 선택을 존중해야 한다.

3. 자유

(1) 헌법이념

자유(自由)는 스스로 말미암는 것이며, 외부가 아닌 내부로부터 어떠한 변화를 시작하는 능력이다. 자유란 '개인이 하고 싶은 것을 외부의 간섭 없이 선택하고 행동할 수 있는 힘'을 말한다. 인간이 자유를 추구하는 것은 본능적 욕망이고, 헌법이 지향하는 인간도 국가에서 자유로운 인격체로 살아가는 존재이다. 인간은 자유로울 때 자신의 능력을 최고로 발휘할 수 있고, 스스로 신적 존재가 될 수 있다. 인간은 자유로울 때에만 존엄과 가치를 가질 수 있고, 행복을 추구할 수 있으므로 자유는 헌법이념이며, 국가의 조직과 운영을 통해 지향하는 헌법적 가치이다.

자유는 그 자체가 헌법이념일 뿐만 아니라 헌법의 최고이념으로 제시되는 인간의 존엄과 가치, 그리고 행복을 실현하기 위한 수단이기도 하다. 개인이 자유를 추구하는 것은 도덕적 가치를 지닌 보편적 원리가 되며, 자유를 위해 싸우는 것은 숭고하고 가치 있는 행동이 된다. 개인의 자유를 억압하는 것은 비정상적이고 부자연스러우며, 비도덕적이며 무가치한 것으로 평가된다. 헌법은 개인의 자유를 다양한 방식을 통해 기본권으로 보장하고, 국가권력의 행사는 자유를 실현하기 때문에 정당화된다. 개인의 자유가 헌법이념이라도 절대적 가치가 아니므로 다른 헌법적 가치와 조화롭게 실현되어야 한다.

(2) 유형과 발전

근대국가에서 자유가 헌법이념으로 수용되었는데, 이때 자유는 개체적 존재가 아니라 사회적 존재로서 이성적이고 합리적인 인간의 자유를 의미하였다. 근대 시민혁명의 사상적 기초가 된 자유주의는 고전적 자유주의, 19세기 후반에 등장한 신자유주의, 20세기 중반에 등장한 '새로운' 신자유주의로 구분되기도 한다. 고전적 자유주의는 근대적 자유의 원형이고, 신자유주의는 근대적 자유의 한계를 극복하기 위해 적극적 자유를 중심으로 제시되었으며, '새로운' 신자유주의는 신자유주의의 폭력성을 비판하면서 소극적 자유를 강조하는 고전적 자유로 회귀할 것을 주장하였다.

자유는 국가의 역할을 기준으로 다양한 유형으로 구분되면서 발전하였다. 근대적 자유는 소극적 자유에서 출발하였는데, 이는 외부의 간섭을 받지 않고 자기의 뜻대로 행동할 수 있는 상태이며, '~로부터의 자유'라고 표현된다. 하지만, 소극적 자유만으로는 자유의 실현이 보장되지 않는다는 한계가 있어 적극적 자유가 제시되었다. 적극적 자유는 자율적으로 선택하고 결정할 수 있는 실질적인 능력이며, '~할 자유'로 표현된다. 이는 외부의 간섭뿐만 아니라 자유를 저해하는 여건이나 환경을 적극적으로 개선함으로써 자유를 실질적으로 보장하자는 것이다.

적극적 자유는 소극적 자유의 한계를 극복하기 위해 제시된 것이지, 소극적 자유를 부정하지 않는다. 소극적 자유와 적극적 자유는 상대적 개념이므로 소극적 자유를 형식적 자유로, 적극적 자유는 실질적 자유로 구분해서는 안 된다. 양자는 모두 인간의 존엄과 가치를 실현하는 것을 지향하는 자유의 두 가지 속성으로 이해해야 한다. 소극적 자유는 외부의 간섭을 제거해야 하는 것에 주목하고, 적극적 자유는 자유를 실현할 수 있는 능력을 강조한 것이다. 소극적 자유는 자유의 필요조건이고, 적극적 자유는 충분조건이라고 할 수 있다.

자유는 공적 영역에서 보장되는 정치적 자유와 사적 영역에서 중요한 경제적 자유로 구분되기도 한다. 정치적 자유에는 형식적 평등이 중요하지만, 경제적 자유에는 최소한의 기회균등과 실질적 평등이 강조된다. 최근에는 개인의 사적 이익추구에 대한 반성으로 공화주의를 복원하자는 공동체적 자유가 주장되기도 한다. 자유의 핵심은 개인적 자유이며, 공동체적 자유는 개인적 자유를 보완하는 범위에서만 인정되어야 한다. 공동체적 자유는 적극적 자유와 결합하여 타인을 폭력적으로 지배하는 것을 정당화할 위험이 있다.

(3) 전제조건

헌법은 자유를 헌법적 가치로 선언하지만, 그 본질적 요소에 대해서는 아무런 규정을 두지 않는다. 자유는 외부의 간섭이 없다고 해서 당연히 획득되는 것이 아니고, 일정한 조건을 갖추어야 한다. 자유는 주관적 자유의지를 전제로 하고, 자유의지가 없으면 타인의 간섭도 성립할 수 없다. 자유의지는 자율적 인격체만 가질 수 있으며, 구조적으로 노예상태에 있으면 자유의지를 가질 수 없다. 자유의지는 본질적으로 주관적 감성능력이므로 이를 존중해야 하고, 타인이 객관적인 기준으로 판단해서 자유나 부자유에 함부로 개입해서는 안 된다.

자유는 개인이 결정할 수 있는 최소한 두 가지 이상의 선택지가 있어야 한다. 선택지가 있는지 여부는 형식이 아니라 실질을 기준으로 판단해야 한다. 선택지가 있는 것으로 보이더라도 경제적 무능력이나 사회문화적인 억압으로 인하여 실질적으로 선택할 가능성이 없으면 자유는 성립할 수 없다. 또한, 개인이 선택지를 결정하더라도 현실적으로 실행할 수 있는 객관적 상황조건이 보장되어야 한다. 개인이 선택하더라도 이를 실현할 수 있는 제도적 장치나 경제적 자원이 마련되지 않으면 자유는 무의미하다. 적극적 자유는 이러한 객관적 상황조건을 강조한 것이다.

자유는 개인이 선택한 결과에 대해 스스로 책임을 져야 한다는 것을 포함한다. 자기가 선택하고 실행하고도 그 결과에 대해 책임을 지지 않으면 안 된다. 자유에는 책임이 뒤따르고 책임은 자유를 전제로 할 때에만 인정될 수 있다. 자유가 없는 책임은 폭력적 지배이고, 책임이 없는 자유는 방종에 불과하다. 이때 책임은 개인이 선택하고 실행한 결과에 비례하여 부과되어야 한다. 개인이 자유에 대한 대가로 과도한 책임을 부담해야 할 경우에는 자유의지를 상실할 수 있고, 개인이 자유로부터 자유롭고 싶은 욕망을 느낄 수 있기 때문이다.

(4) 한계

인간은 사회적 존재로서 타인과 밀접한 상관관계를 맺고 살아간다. 나 이외의 모든 사람은 나의 타자이고, 나는 그 타자에게 타자로 관계한다. 바로 여기에 자유의 한계가 발생하며, 자유를 최대한 보장하는 것은 자유의 한계를 설정하는 지점과 일치한다. 개인의 자유는 타인에게 폭력일 수 있고, 자유의 이름으로 자유를 말살시킬 수도 있으므로 자유는 타인의 자유와 공존할 수 있어야 한다. 개인들의 자유가 서로 모순되거나 충돌하는 경우에는 자유를 적절하게 제한함으로써 일방의 자유가 침해되지 않도록 조화를 유지해야 한다.

자유는 헌법에 의해 허용되는 범위에서만 보장된다. 헌법은 인간의 존엄과 가치를 최고의 이념으로 제시하는데, 모든 인간이 평등하게 자유로울 때에만 존엄하고 가치로운 존재가 될 수 있다. 자유는 개인의 행복을 실현하는데 기여하는 것에 그치는 것이 아니고, 타인과 공존하면서 국가를 유지하는 범위에서만 정당화된다. 따라서 자유는 모든 인간에게 평등하게 보장되어야 하고, 평등한 자유만이 헌법적 가치로 존중될 수 있다. 국가의 구성원 모두가 평등하게 자유를 실현하기 위해서는 개인의 자유를 제한할 필요도 있다. 이는 기본권 침해가 아닌 기본권에 대한 정당한 제한에 해당한다.

개인의 자유를 최대한 보장하는 것은 사회적 정의를 해칠 수가 있다. 정의는 모든 사물에게 그에 걸맞은 올바른 자리를 배정하는 능력이고, 구체적으로는 재화나 용역과 같은 가치를 공정하게 분배하여 자의적인 불평등이 없는 상태를 말한다. 헌법은 전문에서 '정의, 인도와 동포애로써 민족의 단결을 공고히 하고'라고 규정하지만, 정의의 구체적 내용에 대해서는 아무런 규정을 두지 않고 있다. 사회적 정의는 개인의 자유를 보호하는 것만으로는 실현되기 어려워 개인의 자유를 제한할 필요가 있다. 국가는 개인의 자유와 사회적 정의를 대립적 길항으로 만들지 말고 서로 조응할 수 있도록 구조화해야 한다.

4. 민주적 기본질서

(1) 자유민주적 기본질서와 민주적 기본질서

헌법은 전문에서 '자율과 조화를 바탕으로 자유민주적 기본질서를 더욱 확고히 하고'라고, 제4조에서 '자유민주적 기본질서에 입각한 평화적 통일정책'이라고 규정하고, 제8조 제4항에서는 '민주적 기본질서'를 규정한다. 1948년 헌법을 제정할 때에는 '자유민주적 기본질서'나 '민주적 기본질서'라는 표현이 없었다. 1962년 헌법에서 정당해산제도를 도입하면서 그 사유로 '민주적 기본질서'를 규정하였고, 1972년 헌법의 전문에 '자유민주적 기본질서'를 추가하였으며, 1987년 현행헌법 제4조에 평화통일의 원칙으로 '자유민주적 기본질서'를 규정하였다.

자유민주적 기본질서는 자유에 의해 제한되는 민주주의를 의미하고, 민주적 기본질서는 자유뿐만 아니라 다른 가치도 개방적으로 포괄하는 보다 상위의 개념으로 해석할 수도 있다. 하지만, 자유민주적 기본질서와 민주적 기본질서는 모두 자유민주주의를 기초로 동일한 의미를 갖는다고 이해된다.24) 자유민주주의는 인간의 존엄과 가치를 보장하고, 개인의 자유와 평등, 그리고 사회적 정의를 실현하는 것을 목적으로 한다. 대한민국이 지향하는 통일국가의 미래상과 남북통일을 달성하는 규범적 기준, 그리고 위헌정당에 해당하는지 여부를 판단하는 기준도 모두 이러한 헌법적 가치를 의미한다고 해석해야 한다.

헌법재판소는 국가보안법에 대한 헌법소원에서 '자유민주적 기본질서'를 판단하고, 정당해산심판에서 '민주적 기본질서'를 판단하면서 공통적으로 '폭력적·자의적 지배의 배제, 다수를 존중하는 민주적 의사결정, 자유·평등을 보장하는 법치, 기본권의 존중, 권력분립, 복수정당제'를 구성요소로 제시하여 실질적으로 동일한 개념으로 해석한다.25) 다만, 국가보안법에 대한 헌법소원에서는 '사유재산과 시장경제질서를 골간으로 한 경제질서'를 포함시켰다.26) 자유민주주의는 사회민주주의를 포함하지만, 공산당 독재의 기초가 되는 인민민주주의와 개인의 자유를 허용하지 않는 전체주의는 수용하지 않는다.27)

(2) 방어적 민주주의

헌법은 정당의 목적이나 활동이 민주적 기본질서에 위배될 때에는 헌법재판소의 심판에 의해 해산된다고 규정한다.28) 이는 방어적 민주주의를 채택한 것으로 해석된다. 방어적 민주주의란 민주주의의 이름으로 민주주의 자체를 파괴하려는 적으로부터 스스로를 방어하고 수호하는 민주주의를 말한다. 민주주의를 주장하면서 민주주의를 파괴하는 자에게 민주주의를 적용하여 보장하는 것은 자기모순이라는 것이다. 이는 독일에서 나치의 전체주의가 민주주의의 이름으로 바이마르헌법을 파괴하였다는 반성에서 등장하였다.

---

24) 김하열, 헌법강의, 53면 ; 성낙인, 헌법학, 140~141면.
25) 2001. 9. 27. 2000헌마238 ; 2014. 12. 19. 2013헌다1.
26) 2001. 9. 27. 2000헌마238.
27) 성낙인, 헌법학, 141면.
28) 헌법 제8조 제4항.

방어적 민주주의가 채택하는 '민주적 기본질서'는 자유민주주의를 의미한다. 정당의 자유와 활동을 보장하는 것은 자유민주주의를 실현하기 위해 필수적이지만, 정당이 자유민주주의를 파괴하려는 경우에는 정당의 활동을 보장할 수 없다. 자유민주주의는 인간의 존엄과 가치를 보장하고, 개인의 자유와 평등, 사회적 정의를 실현하는 것을 목적으로 하는 헌법적 가치에 기속된다. 방어적 민주주의는 자유민주주의를 수호하는 것을 목적으로 하지만, 정당해산사유는 자유민주주의를 단순히 위반한 것으로는 부족하고 자유민주주의의 핵심적 내용인 '기본질서'를 위반한 경우에 국한된다.

자유민주주의는 추상적이고 정치적 목적에 따라 다양하게 해석될 수 있어 방어적 민주주의가 정당의 자유를 침해할 위험이 있다. 정당은 사법적 판단에 의해 해산되어서는 안 되고, 주권자인 국민의 선거와 같은 정치적 판단을 통해서만 해산되어야 한다는 관점도 있다. 헌법은 정당해산심판을 수용하므로 그 규범력을 확보하기 위해서는 해산사유에 해당하면 헌법재판을 통해 정당을 해산하는 것이 옳다. 특히, 인종적 증오나 차별, 테러, 폭력적 민족주의와 같이 자유민주주의를 심각하게 침해할 경우에는 방어적 민주주의를 통해 자유민주주의를 보호해야 한다.

헌법재판소는 2014년 통합진보당에 대해 정당해산과 소속 국회의원의 의원직 상실을 선고하였다. 헌법재판소는 '민주적 기본질서의 위배'란 민주적 기본질서에 대한 단순한 위반이나 저촉을 의미하는 것이 아니라, 민주사회의 불가결한 요소인 정당의 존립을 제약해야 할 만큼 그 정당의 목적이나 활동이 우리 사회의 민주적 기본질서에 대하여 실질적인 해악을 끼칠 수 있는 구체적인 위험성을 초래하는 경우라고 판단하였다.[29] 헌법재판소가 정당해산사유를 엄격하게 제한하는 것도 방어적 민주주의가 자유민주주의를 침해하는 수단으로 남용될 위험을 경계한 것으로 해석된다.

---

29) 2014. 12. 19. 2013헌다1.

제 5 절 사회복지

I. 헌법적 의미

(1) 개념

사회복지란 구성원의 기본적 욕구를 충족하여 삶의 조건을 보장하고 이를 통해 궁극적으로 사회통합을 달성하기 위한 사회적 활동의 총체를 말한다. 국민이 사회적·경제적으로 높은 수준의 삶을 누릴 수 있도록 사회복지의 증진을 목표로 하는 국가를 사회복지국가라고 하고, 그 사용하는 맥락에 따라 '사회국가', '복지국가'라고도 한다. 사회복지는 헌법의 기본원리이며, 국가는 사회복지를 실현해야 할 헌법적 의무를 부담하므로 국가작용이 사회복지를 위반한 경우에는 위헌이된다. 다만, 구체적인 위헌심사기준은 사회복지의 성격과 내용에 따라 다양하다.

헌법은 직접 사회복지를 규정하지는 않지만, 다양한 규정을 통해 사회복지를 기본원리로 채택한 것으로 해석된다. 헌법 전문은 "정치·경제·사회·문화의 모든 영역에 있어서 각인의 기회를 균등히 하고, 능력을 최고도로 발휘하게 하며, … 안으로는 국민생활의 균등한 향상을 기하고 … 우리들과 우리들의 자손의 안전과 자유와 행복을 영원히 확보할 것을 다짐하면서"라고 규정한다. 헌법은 사회권을 보장하고, 제9장에서 경제에 관하여 별도로 규정하는데, 이는 모두 사회복지를 천명한 것이다. 사회복지는 단순히 국가의 정책적 과제가 아니라 헌법적 가치로서 법적 효력을 갖는다.[30]

(2) 역사적 발전

사회복지는 현대국가에서 헌법적 가치로 수용되었다. 근대국가는 경제생활을 개인의 사적 영역으로 인식하고 경제적 자유를 폭넓게 보장하였다. 하지만, 자본주의가 발달하면서 경제적 불평등이 심화되어 인간의 존엄과 가치를 해치고 국가공동체가 붕괴될 위험에 처하게 되었다. 현대국가는 경제생활의 영역에서 개인의 자율적인 조정이 어려운 경우가 발생하면 적극적으로 개입하여 국민경제의 균

---

[30] 성낙인, 헌법학, 275면 ; 한수웅, 헌법학, 320면.

형적 성장과 사회적 정의를 실현할 수 있는 사회정책과 제도적 장치를 마련하여 사회복지를 증진시키게 되었다.

사회복지는 자본주의에 기초한 시장경제질서를 기본으로 하면서도 그 부작용을 시정함으로써 사회적 정의를 실현하고자 하는 것이다. 이는 자본주의를 전면적으로 배제하는 사회주의나 공산주의와는 다르다. 다만, 국가가 경제적·사회적 영역에 어느 정도까지 개입하여 개인의 자유를 제한할 것인지에 대해서는 나라마다 역사적 현실과 그 지향점에 따라 다르게 나타난다. 우리 헌법은 1948년 제정될 때부터 사회복지를 강조하여 사회정의의 실현과 균형 있는 국민경제의 발전을 기본으로 하고, 사회권을 기본권으로 인정하였다.

2. 기본내용

(1) 사유재산제도와 재산권

헌법은 자본주의에 기초한 시장경제를 수용하고 그 경제활동의 결과를 사유재산제도로 인정한다. 개인과 기업은 자유와 창의를 바탕으로 경제활동을 영위할 수 있고, 국가는 개인에게 기회를 균등하게 보장하면서 각자의 능력과 노력에 따라 재산을 형성할 수 있도록 직업의 자유와 재산권을 기본권으로 보장한다. 재산권은 사유재산제도를 객관적 제도로 보장하는 것을 전제로 한다. 특히, 헌법 제13조 제2항은 소급입법에 의한 재산권의 박탈을 금지하고, 제23조 제3항은 공용필요에 의한 재산권의 수용·사용·제한에 대해 반드시 법률로써 정당한 보상을 지급하도록 재산권의 기준과 한계를 직접 규정한다.

근대국가에서 재산권은 생명, 자유와 함께 절대적 자연권으로 인정되었으나, 현대국가에서는 사회복지를 위해 제한할 수 있게 되었다. 자본주의가 발전하면서 인간이 사회적 활동을 통해 재산을 형성한다는 특성이 강조되어 재산권은 사회적 관련성을 갖는 상대적 권리라고 인식되었다. 특히, 국가의 자원과 부에 대한 분배는 사회적 정의의 핵심적 과제가 되어 재산권의 내용과 한계가 규범적으로 중요하게 되었다. 헌법 제23조는 재산권을 보장하면서도 그 내용과 한계를 법률로 정할 수 있도록 하고, 재산권의 행사는 공공복리에 적합하도록 하는 헌법적 의무를 규정한다.

(2) 사회권의 보장

헌법은 사회복지를 국가의 헌법적 책무로 규정하는 것에 그치지 않고, 국가에게 사회복지의 실현을 적극적으로 요구하는 것을 개인의 기본권으로 보장한다. 헌법은 능력에 따라 균등하게 교육을 받을 권리, 근로의 권리와 근로3권, 인간다운 생활을 할 권리, 건강하고 쾌적한 환경에서 생활할 권리, 혼인과 가족생활을 할 권리를 사회권으로 보장한다. 또한, 국가에게 사회복지를 실현해야 할 헌법적 의무를 부과하고, 여자, 노인, 신체장애자와 같은 사회적 약자를 특별히 보호할 것을 규정한다.

사회권은 소극적으로 국가의 간섭을 배제할 것을 요구하는 자유권과 달리 적극적으로 국가에게 사회복지를 위해 일정한 급부를 요구하는 기본권이다. 헌법적 차원에서 사회권을 기본권으로 도입한 것은 1919년 제정된 독일의 바이마르헌법이었는데, 1949년 제정된 서독기본법은 사회권을 삭제하고 사회복지를 국가 책무로 규정하였다. 우리 헌법은 1948년 제정할 때부터 현행헌법까지 사회권을 기본권으로 규정하였다. 헌법이 사회권을 규정한 것은 국가가 이를 침해한 경우에 개인은 헌법소원을 청구할 수 있다는 것이므로 중요한 의미가 있다.

(3) 경제질서의 원칙

사회복지는 경제질서의 원칙에 따라 그 지향점과 구체적인 실현방법이 다르게 나타난다. 헌법은 '제9장 경제'에서 국가의 경제질서에 대한 권한과 책무를 자세하게 규정하고, 제119조를 통해 개인적 자유와 사회적 정의를 조화롭게 실현하고자 한다.31) 제119조 제1항은 "대한민국의 경제질서는 개인과 기업의 경제상의 자유와 창의를 존중함을 기본으로 한다"라고 규정한다. 이는 자본주의에 기초한 시장경제질서를 원칙으로 채택하고 있는 것으로 해석되며, 사유재산제도를 인정하고 재산권을 기본권으로 보장하고 있는 것에 의해 뒷받침된다.

헌법 제119조 제2항은 "국가는 균형 있는 국민경제의 성장 및 안정과 적정한 소득의 분배를 유지하고, 시장의 지배와 경제력의 남용을 방지하며, 경제주체

---

31) 한수웅, 헌법학, 324~335면.

간의 조화를 통한 경제의 민주화를 위하여 경제에 관한 규제와 조정을 할 수 있
다"라고 규정한다. 대한민국은 자본주의의 발전과 그 위기를 극복하면서 혼합적
경제질서를 형성하였으며, 시장경제질서의 한계를 극복하기 위해 국가가 개인의
경제생활에 관여하고 조정할 수 있는 헌법적 근거를 마련하였다. 이는 제1항에서
규정하는 시장경제질서를 제대로 작동시켜 개인적 자유와 사회적 정의를 조화롭
게 실현하기 위한 것이다.

헌법은 제119조 제1항에서 개인과 기업의 경제상의 자유와 창의를 존중한다
는 것을 기본으로 하면서, 제2항에서 국가의 경제에 대한 규제와 조정을 허용한
다. 제119조 제1항과 제2항의 관계에 대해 양자는 동등한 규범력을 가지므로 국
가가 선택적으로 경제질서를 구상할 수 있어 개별적 법률이 없더라도 헌법을 근
거로 직접 경제에 개입하여 규제할 수 있다는 관점이 있다. 하지만, 제119조 제1
항과 제2항은 내적 관련성을 가지고 통일적으로 이해해야 하므로 국가가 개인의
경제활동에 개입하여 재산권을 제한하기 위해서는 헌법 이외에 개별적 법률에 근
거를 두어야 한다.

(4) 경제의 민주화

헌법은 제119조 제2항에서 '경제의 민주화'를 규정하는데, 그 의미에 대해 다
양한 관점이 있다. 민주주의는 공적 영역인 정치생활을 규율하는 원리이므로 사
적 영역인 경제생활에는 적용되지 않는다는 관점이 있다. 정치의 민주화와 경제
의 자유화가 자연스러운 것이고, 경제의 민주화는 그 용어 자체가 형용모순이라
고 한다. 하지만, 헌법이 경제의 민주화를 규정하고 있으므로 헌법정책적 이유로
배척해서는 안 되고, 그 규범적 의미를 명확히 하여 이를 구체적으로 실천하는 방
안을 모색하는 것이 필요하다.

경제의 민주화는 사회의 사적 영역인 경제생활에 국가가 개입해 민주주의를
실현해야 한다는 것이다. 헌법이 규정하는 '경제주체 간의 조화'를 통한 경제의
민주화는 절차적으로 모든 경제주체가 참여하여 민주적 절차에 따라 경제질서를
결정해야 한다는 것이다. 자본주의에서는 생산, 가격, 분배가 시장에서 수요와 공
급의 원칙에 따라 결정되므로 국가는 이에 개입할 필요가 없다. 하지만, 경제의
민주화를 위해서는 국가가 적극적으로 개입하여 사용자와 노동자뿐만 아니라 경

제활동과 관련된 모든 국민이 자신의 이해관계를 위해 의사결정에 참여할 수 있
도록 한다.

경제의 민주화는 내용적으로는 사회적 정의를 실현한다는 것이며, 이때 사회
적 정의란 최저임금제나 근로시간의 제한과 같은 제도를 통해 모든 국민에게 최
소한의 생존권을 보장하는 것으로 이해하기도 하고, 누진세와 같은 소득재분배를
통해 경제적 격차와 사회적 불평등을 해소하기 위한 것으로 이해하기도 한다. 헌
법이 규정하는 경제의 민주화는 모든 국민에게 최소한 인간다운 생활을 할 수 있
을 정도의 경제적 수준을 보장할 뿐만 아니라 국민들 사이의 경제적 불평등을 해
소하는 것이라고 할 수 있다.

3. 실현방법

(1) 경제에 관한 사회정책

헌법은 사회복지를 기본원리로 채택하여 제120조부터 제127조까지 다양한
방식으로 국가의 헌법적 책무를 규정한다. 이는 국가에게 헌법적 권한과 의무를
부과한 것으로 개별적 법률을 통해 사회복지를 구체적으로 실현할 수 있다. 국가
가 입법을 통해 사회복지를 실현하는 의무를 이행하지 못하면 위헌이 된다. 하지
만, 이 규정들로부터 직접 기본권이 독자적으로 도출되는 것은 아니므로 개인은
이 규정을 직접적 근거로 하여 국가에게 특정한 조치를 요구할 수는 없다.

첫째, 중요한 국가자원에 대해서는 소유권을 국유화 또는 사회화할 수 있다.
헌법 제120조 제1항은 "광물 기타 중요한 지하자원·수산자원·수력과 경제상 이
용할 수 있는 자연력은 법률이 정하는 바에 의하여 일정한 기간 그 채취·개발 또
는 이용을 특허할 수 있다"라고 규정한다. 제126조는 "국방상 또는 국민경제상
긴절한 필요로 인하여 법률이 정하는 경우를 제외하고는 사영기업을 국유 또는
공유로 이전하거나 그 경영을 통제 또는 관리할 수 없다"라고 규정한다.

둘째, 국토와 자원에 대한 경제계획을 수립하고, 국토의 효율적이고 균형 있
는 이용을 위해 재산권을 제한할 수 있다. 헌법 제120조 제2항은 "국토와 자원은
국가의 보호를 받으며, 국가는 그 균형 있는 개발과 이용을 위하여 필요한 계획을

수립한다"라고 규정하여 특별한 계획을 수립하도록 한다. 제122조는 "국가는 국민 모두의 생산 및 생활의 기반이 되는 국토의 효율적이고 균형 있는 이용·개발과 보전을 위하여 법률이 정하는 바에 의하여 그에 관한 필요한 제한과 의무를 과할 수 있다"라고 규정한다.

셋째, 농지에 대해서는 경자유전의 원칙에 따라 소작제도를 금지하고, 예외적으로 근대적인 법률관계의 형성을 허용한다. 헌법 제121조 제1항은 "국가는 농지에 관하여 경자유전의 원칙이 달성될 수 있도록 노력하여야 하며, 농지의 소작제도는 금지된다"라고 규정하여 봉건시대의 유물인 소작제도를 금지한다. 한편, 제2항은 "농업생산성의 제고와 농지의 합리적인 이용을 위하거나 불가피한 사정으로 발생하는 농지의 임대차와 위탁경영은 법률이 정하는 바에 의하여 인정된다"라고 규정하여 재산권의 보장과 제한을 조화롭게 규율한다.

넷째, 국가는 지역경제를 육성하고, 농어민과 중소기업을 특별히 보호한다. 헌법 제123조 제2항은 "국가는 지역 간의 균형 있는 발전을 위하여 지역경제를 육성할 의무를 진다"라고 규정한다. 제123조 제1항은 "국가는 농업 및 어업을 보호·육성하기 위하여 농·어촌종합개발과 그 지원 등 필요한 계획을 수립·시행하여야 한다"라고, 제3항은 "국가는 중소기업을 보호·육성하여야 한다"라고, 제4항은 "국가는 농수산물의 수급균형과 유통구조의 개선에 노력하여 가격안정을 도모함으로써 농·어민의 이익을 보호한다"라고, 제5항은 "국가는 농·어민과 중소기업의 자조조직을 육성하여야 하며, 그 자율적 활동과 발전을 보장한다"라고 규정한다.

다섯째, 소비자보호운동을 보장한다. 헌법 제124조는 "국가는 건전한 소비행위를 계도하고 생산품의 품질향상을 촉구하기 위한 소비자보호운동을 법률이 정하는 바에 의하여 보장한다"라고 규정한다. 헌법이 소비자권을 기본권으로 직접 규정하지 않지만, 개인이 소비자로서 재화와 용역을 선택하여 소비하는 것은 행복추구권의 내용이 된다. 소비자보호운동도 소비자권의 내용에 포함될 수 있다. 하지만, 헌법 제124조는 국가에게 소비자운동을 보장할 책무를 부여한 것일 뿐, 소비자보호운동권을 기본권으로 보장한 것은 아니다.[32]

여섯째, 대외무역과 과학기술의 육성을 선언한다. 헌법 제125조는 "국가는

32) 성낙인, 헌법학, 295~296면 ; 한수웅, 헌법학, 346면.

대외무역을 육성하며, 이를 규제·조정할 수 있다"고 규정한다. 제127조는 제1항
에서 "국가는 과학기술의 혁신과 정보 및 인력의 개발을 통하여 국민경제의 발전
에 노력하여야 한다"라고, 제2항에서 "국가는 국가표준제도를 확립한다"라고 규
정한다. 이는 국가에게 경제질서를 유지하기 위한 과학적 인프라를 구축할 헌법
적 책무를 부과한 것이다.

(2) 문화국가의 실현

사회복지는 경제활동의 영역에만 국한되는 것이 아니라 사회생활에서 개인
에게 건강하고 쾌적한 문화적 생활을 보장하는 것도 포함한다. 문화란 한 사회의
구성원이 공유하는 물질적이고 정신적인 행동양식의 총체를 말하고, 문화국가란
문화의 창조와 발전을 목적으로 추구하는 국가를 말한다. 헌법 제9조는 "국가는
전통문화의 계승·발전과 민족문화의 창달에 노력하여야 한다"라고 규정하여 문
화국가를 헌법적 가치로 선언한다. 국가는 개인에게 최소한의 물질적인 경제생활
의 조건을 제공해야 할 뿐만 아니라 정신적인 문화생활의 조건도 보장해야 한다.

문화는 다원적 사회에서 개별성, 고유성, 다양성을 통해 발전하므로 국가가
문화에 간섭하거나 정치적 영향을 끼쳐서는 안 된다. 국가는 개인이 자유로운 문
화활동을 할 수 있도록 보장해야 하고, 헌법 제22조 제2항도 "저작자·발명가·과
학기술자와 예술가의 권리를 법률로써 보장한다"라고 규정한다. 헌법재판소는 문
화국가를 실현하기 위해 양심과 사상의 자유, 종교의 자유, 언론·출판의 자유, 학
문과 예술의 자유는 필수적이며, 개인이 자유롭게 문화를 향유할 권리는 헌법 제
10조에서 보장하는 행복추구권의 내용에 포함된다고 하였다.[33]

현대국가에서 문화는 공공재의 성격이 강하며, 문화재는 인류의 공통적 자산
이라고 할 수 있다. 문화활동을 사적 영역에만 맡길 경우에는 문화가 자본권력에
종속되어 상업화될 뿐만 아니라 문화적 불평등이 발생할 위험이 있다. 국가는 문
화국가를 구현하기 위해서는 일정한 범위에서 개인의 자율적 영역에 개입할 필요
가 있다. 이때에도 개인의 문화활동을 축소하지 말고 공정하게 조성하는 역할을
해야 한다. 헌법재판소는 사교육에 해당하는 과외교습을 금지하는 것은 문화국가
에 위반된다고 하였으나,[34] 국산영화를 일정한 기간 이상 상영하도록 하는 스크

---

33) 2004. 5. 27. 2003헌가1.

린쿼터제는 위헌이 아니라고 판단하였다.[35]

헌법 제9조는 국가에게 전통문화의 계승·발전과 민족문화의 창달에 노력할 의무를 부과한다. 전통문화란 우리나라에서 발생하여 전해 내려오는 고유한 문화를 말한다. 이는 단순히 시간적으로 오래된 문화를 말하는 것이 아니라 현재의 윤리적 관점에서도 보편적으로 수용되어야 한다. 민족문화는 배타적이고 폐쇄적인 성격을 가지고 폭력적 이데올로기로 왜곡될 수 있다. 전통문화와 민족문화는 인간의 존엄과 가치, 자유와 평등, 사회정의의 실현이라는 헌법적 가치에 위반해서는 안 된다.[36] 헌법재판소는 동성동본금혼과 호주제는 전통문화에 해당하지 않는다고 판단하고 헌법불합치결정을 하였다.[37]

4. 한계

사회복지는 처음부터 헌법적 가치로 수용된 것이 아니라 자본주의에 기초한 시장경제질서의 문제점을 개선하고 보완하는 과정에서 탄생하였다. 사회복지는 자본주의에 반대하여 시장경제질서와 개인의 재산권을 부인하는 것이 아니라, 시장경제질서가 공정하고 안정적으로 기능할 수 있도록 하기 위한 것이다. 현대국가에서 개인의 경제활동이 완전히 사적 영역에 머물러 있기는 어렵고 공적 영역과 밀접하게 관련되지만, 사회복지를 이유로 자본주의의 기초인 사유재산제도를 포기하거나 사적 자치와 직업의 자유를 전면적으로 배제할 수는 없다.

국가는 시장경제질서가 개인의 자율적인 선택과 운영에 따라 제대로 작동하지 않을 경우에만 개입해야 한다. 사회복지를 실현하기 위해서는 국가의 개입이 필수적으로 요구되지만, 이때에도 보충성의 원칙에 따라 필요한 범위에서만 제한적으로 개입해야 한다.[38] 개인이 자율적으로 경제질서를 유지할 수 없을 경우에 국가가 개입하여 개인의 자유를 제한하고 질서를 유지할 수 있지만, 기본권을 제한하기 위한 헌법적 요건과 한계를 준수해야 한다. 국가가 사회복지의 이름으로

---

34) 2000. 4. 27. 98헌가16.
35) 1995. 7. 21. 94헌마125.
36) 한수웅, 헌법학, 378면.
37) 2005. 2. 3. 2001헌가9.
38) 김하열, 헌법강의, 146~147면.

개인의 자율성을 해치고 획일적으로 통제하는 전체주의로 변질되지 않도록 해야
한다.

사회복지는 새로운 부작용이나 문제점이 발생할 위험이 있다는 것도 유의해
야 한다. 국가가 실업구제, 최저임금의 보장, 사회보장제도 등을 실시하여 개인
의 경제생활에 적극적으로 개입하게 되면, 국민이 국가에 지나치게 의존하게 되
어 노동의욕을 상실하거나 사회적 약자의 지위가 구조화될 수도 있다. 국가가 개
인을 통제하는 기능이 강화되고 관료화가 심화되어 인간의 존엄성이 훼손되고
소외되는 현상이 발생할 수도 있다. 사회복지는 막대한 재정적 지원을 필요로 하
는데, 이는 헌법규범적 문제는 아니지만, 사회복지의 현실적 한계로 작용할 수
있다.

제 6 절 평화와 통일

1. 헌법적 의미

(1) 평화의 개념

인간은 누구나 평화로운 삶을 원하지만 평화가 무엇인지를 확정하기는 어렵
다. 평화란 소극적으로 '폭력이 없는 상태'라고 말하지만, 폭력 역시 평화만큼 확
정하기 어렵다. 평화는 개인의 주관적 감정에 따라 좌우되기도 하고, 타인과 비교
하여 상대적으로 인식되기도 한다. 평화의 개념을 확정하기 위한 전제가 되는 폭
력에는 전쟁이나 살인과 같은 물리적 폭력뿐만 아니라 소수에 대한 차별과 같은
심리적 폭력도 포함된다. 심리적 폭력은 사회에 구조적으로 내재화되어 개인을
영속적으로 지배하기 때문에 물리적 폭력보다 더욱 위험할 수 있다.

평화는 현실적으로 발생한 폭력뿐만 아니라 잠재적 폭력도 없어야 한다. 현
실에서 폭력이 발생하지 않더라도 언제든지 폭력이 발생할 수 있는 불안한 상태
에서는 평화로울 수가 없다. 특히, 심리적 폭력은 사회에 구조적으로 내재되어 있
어 잠재적 가능성으로 존재하는 경우가 대부분이다. 또한, 평화는 폭력의 부재에
그치지 않고 적극적으로 평온하고 화목한 상태를 실현하는 조건과 능력을 갖춘

상태를 포함한다. 최근에는 자연의 평화를 지향하는 생태평화도 중요하게 제기된다. 자연을 유기체로 이해하고 인간도 자연의 일부라는 점에 주목하여 생태평화가 파괴되면 인간도 평화로울 수 없다고 한다.

(2) 평화의 헌법적 근거

법은 인간의 갈등과 분쟁을 전제로 하므로 평화가 실현된 곳에는 법이 불필요하고 법이 필요한 상황에서는 평화가 없다는 것을 의미한다. 현실적으로 인간에게 폭력이 없거나 그 잠재적 가능성이 없는 상태는 존재할 수 없으므로 평화란 불가능한 것이라고 할 수도 있다. 인간은 누구나 권력의 획득, 보존과 확장의 욕망을 가지므로 폭력이나 그 잠재적 가능성이 일시적으로 부재한 것을 평화로 느끼는 착각일 수도 있다. 그럼에도 헌법은 평화를 기본원리로 선언한다.

헌법은 전문에서 "평화적 통일의 사명에 입각하여 … 밖으로는 항구적인 세계평화와 인류공영에 이바지함으로써"라고 규정하고, 제1장 총강의 제4조에서 평화통일을, 제5조에서는 국제평화를, 제6조에서는 국제법의 존중과 외국인의 법적 지위의 보장을 선언한다. 특히, 헌법은 제35조 제1항에서 건강하고 쾌적한 환경에서 생활할 권리를 기본권으로 규정하고, 국가와 국민에게 환경보전을 위해 노력할 의무를 부과하는데, 이는 생태평화를 지향하는 것으로 이해된다.

(3) 평화와 기본권

현대국가에서 인간은 전쟁이나 자연재해로 인하여 삶을 위협받고 있어 평화는 추상적인 목표가 아니라 구체적인 삶의 조건이 되었다. 개인이 평화롭게 살아가는 것을 평화적 생존권으로 보장해야 한다는 주장이 제기되고 있다. 헌법재판소는 평화라는 추상적인 헌법이념으로부터 평화적 생존권이라는 기본권이 도출되지 않는다고 판단하였다.[39] 헌법은 평화적 생존권을 직접 기본권으로 규정하지는 않지만, 개인이 평화롭게 살 권리는 제10조에서 규정하는 행복추구권의 내용에 포함된다고 해석된다.

개인이 평화롭게 살아가는 것은 양심의 자유와도 관련된다. 헌법은 모든 국민에게 국방의 의무를 지우고, 병역법은 정당한 사유 없이 법률이 정하는 병역의

---

39) 2009. 5. 28. 2007헌마369 ; 2023. 3. 21. 2023헌마332.

무를 거부하는 자를 처벌한다. 대법원은 진정한 양심이나 종교적 신념에 따라 병역의무를 거부하는 것은 병역법의 처벌에서 제외하는 '정당한 사유'에 해당한다고 판단하였다.[40] 한편, 헌법재판소는 병역의 종류에 양심적 병역거부자의 대체복무제를 규정하지 않는 것은 위헌이라고 판단하였다.[41] 국회는 대체복무제를 도입하는 내용으로 병역법을 개정하였다.

2. 국제평화를 위한 헌법적 책무

(1) 평화의 국제화

현대국가는 과학기술과 정보화의 발전에 따라 세계화가 촉진됨에 따라 인류에게는 국제적 차원에서 평화와 안전이 중요한 과제가 되고 있다. 한 국가의 내부에서 평화가 유지되더라도 국제사회의 평화가 보장되지 않으면 소용이 없다. 개인의 행복한 삶을 위해서는 국가 내부의 평화뿐만 아니라 국제사회의 평화도 반드시 필요하게 되었다. 평화는 국가의 경계를 넘어 국제화되고 있다. 헌법은 국제사회에 직접 효력을 미치지 못한다는 한계가 있지만, 국제평화를 기본원리로 채택한다.

제2차 세계대전 이후 국제사회는 국제연합을 설립하는 등 국제평화를 위해 노력하였다. 독일기본법은 국제평화를 위해 평화교란행위는 물론 군수물자의 생산, 수송, 유통을 금지하고, 침략전쟁을 거부한다는 것을 직접 규정한다. 또한, 양심적 병역거부를 인정하고 국제법규가 국내법보다 우월한 효력을 가진다는 것도 선언한다. 일본헌법도 교전권의 포기는 물론 군사적 전력을 보유하는 것 자체를 금지한다. 스위스와 오스트리아는 영세중립국임을 선언하고, 많은 국가가 헌법에서 침략전쟁을 부인하고 국제적 분쟁을 평화적으로 해결할 것을 규정한다.

(2) 침략적 전쟁의 부인

헌법 제5조 제1항은 "대한민국은 국제평화의 유지에 노력하고 침략적 전쟁을 부인한다"라고 규정한다. 침략전쟁이란 영토를 확장하거나 국가이익을 위해

---

40) 대법원 2018. 11. 1. 2016도10912.
41) 2018. 6. 28. 2011헌바379.

수행하는 전쟁을 말하고, 국가가 침략전쟁을 개시하면 그 자체로 헌법에 위반된다. 헌법은 침략전쟁을 부인하므로 그에 대응되는 자위전쟁은 허용된다고 해석된다. 자위전쟁이란 외국의 무력공격으로부터 국민과 영토를 수호하기 위해 수행하는 전쟁을 말한다. 자위전쟁을 금지하게 되면, 외국의 부당한 침략으로부터 국가의 독립과 영토를 보전하고 헌법을 수호할 수가 없기 때문에 자위전쟁은 허용된다.

헌법은 대통령의 국군통수권, 국가안전보장회의, 군사법원, 선전포고 등에 대한 국회의 동의 등 군사적 조치와 관련된 사항을 규정하고 있는데, 이는 모두 침략전쟁이 아닌 자위전쟁을 전제로 한다. 모든 국가가 침략전쟁을 개시하지 않으면 자위전쟁도 발생할 여지가 없지만, 국제사회의 현실에서는 침략전쟁과 자위전쟁을 구별하기 어렵다. 어떤 국가가 전쟁을 개시할 경우에 스스로 침략전쟁이라고 선언하는 경우는 없을 것이며, 침략전쟁인지 자위전쟁인지를 누가 결정할 것인지도 문제된다.

침략전쟁인지 여부는 고도의 정치적이고 외교적인 사항에 해당되어 사법적으로 판단하기는 어렵지만, 개별적 사안에서 전쟁의 원인, 경과, 무력사용 정도, 기본권의 침해 여부 등을 종합하여 판단할 수밖에 없다. 헌법재판소는 이라크전쟁에 대한 국군파병결정은 고도의 정치적 결단이 요구되는 통치행위이므로 헌법소원의 대상이 되지 않는다고 하였으나,[42] 한미연합 군사훈련의 전시증원연습에 대한 결정에 대해서는 사법심사를 자제해야 할 통치행위에 해당되지 않는다고 판단하였다.[43] 전쟁의 개시가 통치행위에 해당한다고 하더라도 기본권을 침해하는 경우에는 헌법소원의 대상이 된다고 해석해야 한다.

(3) 국제평화의 유지

헌법은 소극적으로 침략전쟁을 금지하는 것에 그치지 않고, 적극적으로 국가에게 국제평화의 유지에 노력할 헌법적 의무를 부과한다. 국가가 침략전쟁을 개시하면 그 자체가 위헌일 뿐만 아니라 국제평화의 유지를 위해 노력할 의무에도 위반된다. 하지만, 국가가 침략전쟁을 하지 않는 것만으로 국제평화의 유지에 노

---

42) 2004. 4. 29. 2003헌마814.
43) 2009. 5. 28. 2007헌마369.

력할 의무를 이행하였다고 할 수는 없다. 국제평화의 유지의무는 소극적으로 국가의 부작위만으로는 충분하지 않고, 적극적으로 법령과 제도를 만들어 국제평화의 유지에 노력해야 한다는 것을 포함한다.

국제평화의 유지에 노력할 의무에 위반하면 위헌이므로 헌법재판에서 위헌심사기준을 확정하는 것이 중요하다. 국제평화의 유지의무는 고도의 정치적이고 외교적인 문제와 밀접하게 관련되어 그 위헌심사기준을 확정하기 어렵다. 헌법재판소는 국가에게 구체적인 의무가 부과되고, 국가가 그 의무를 위반하여 아무런 조치를 하지 않거나 그 조치가 현저하게 불충분한 경우에만 국제평화의 유지의무를 위반하였다고 인정할 수 있다. 이때에도 헌법재판소는 권력분립의 원칙에 따라 국제평화의 유지의무를 위반하였다는 것을 확인할 수 있을 뿐, 국가에게 구체적으로 특정한 조치를 취할 의무를 부과할 수는 없다.

헌법재판소는 국가의 존립·안전을 위해 북한을 반국가단체로 인정하여 반국가활동을 처벌하는 것은 국제평화에 위반되지 않는다고 하였고,[44] 자위권을 발동하는 것이 아니더라도 국제평화를 위해 군사적 활동을 전개하는 것은 허용된다고 판단하였다.[45] 따라서 국제기구의 결의에 따라 국군을 외국에 파견하는 것이나 의료·구호활동을 전개하는 것은 국제평화의 유지를 위해 노력해야 하는 헌법적 의무에 부합한다. 2010년 제정된 '국제연합 평화유지활동 참여에 관한 법률'은 평화유지활동에 참여하기 위해 국군을 해외에 파견하는 근거를 마련하였다.

3. 국군의 헌법적 의무

(1) 국군의 정치적 중립성

헌법은 제5조 제2항에서 "국군은 국가의 안전보장과 국토방위의 신성한 의무를 수행함을 사명으로 하며, 그 정치적 중립성은 준수된다"라고 규정한다. 국가는 스스로 존립과 안전을 위해 군대를 보유하고, 헌법은 국군에게 국가의 안전을 보장하고 국토를 방위할 것을 헌법적 의무로 부과한다. 국군은 외국의 침략과 같이 국가의 안위에 위협이 발생한 경우에는 국가의 안전보장과 국토방위

---

44) 1997. 1. 16. 92헌바6.
45) 2009. 5. 28. 2007헌마369.

를 위해 행동해야 한다. 국군이 군사력을 행사하는 것은 국가의 안전보장과 국
토방위를 위해서만 정당화되므로 자위전쟁에서만 가능하고 침략전쟁에서는 불
가능하다.

국군의 정치적 중립성은 국가권력이 국군을 정치적으로 이용해서는 안 되고,
국군도 정치에 개입해서는 안 된다는 것을 의미한다. 대통령이 국군통수권을 가
지는 것은 국가의 안전보장과 국토방위를 위한 것이므로 정치적 목적으로 국군을
동원해서는 안 된다. 국군도 정치에 개입하거나 특정한 정파적 이익을 위해 행동
해서는 안 된다. 헌법은 군인은 현역을 면한 후가 아니면 국무총리나 국무위원으
로 임명될 수 없도록 규정하여 국군의 정치적 중립을 보장한다. 이는 헌정사에서
국군이 정치에 개입하여 민주주의를 파괴한 역사적 현실을 반영한 것으로 이해
된다.

(2) 대통령의 국군통수권

헌법은 국제평화를 유지하고 국군의 헌법적 사명을 실현하기 위해 대통령에
게 군사에 관한 권한을 부여한다. 대통령은 국가원수로서 국가의 독립·영토의 보
전·국가의 계속성과 헌법을 수호할 책무를 진다. 헌법은 대통령이 헌법적 책무를
수행할 수 있도록 군사에 관한 권한으로 국군통수권과 계엄권을 부여한다. 대통
령이 국군의 병력을 동원하는 것은 그 권한을 남용하고 기본권을 침해할 위험이
있다. 대통령은 헌법을 수호하기 위해서만 군사에 관한 권한을 행사해야 하고, 반
드시 헌법과 법률이 정한 요건과 절차에 따라야 한다.

헌법 제74조 제1항은 "대통령은 헌법과 법률이 정하는 바에 의하여 국군을
통수한다"라고 규정하여 대통령에게 국군을 통솔하고 지휘·운용하는 최고의 통
수권을 부여한다. 국군통수권은 군대를 조직·편성하고 병력을 취득·관리하는 양
병에 관한 군정권과 군사작전을 통해 현실적으로 군대를 지휘·명령하는 용병에
관한 군령권을 포함한다. 대통령은 국가의 안전보장과 국토방위를 위해서만 국군
통수권을 행사해야 하고, 국군의 정치적 중립성을 보장해야 한다.

4. 국제법의 존중

(1) 국내법과 관계

헌법 제6조 제1항은 "헌법에 의하여 체결·공포된 조약과 일반적으로 승인된 국제법규는 국내법과 같은 효력을 가진다"라고 규정한다. 국내법은 헌법을 정점으로 법률, 명령, 규칙으로 서열화되고, 국제법은 조약과 일반적으로 승인된 국제법규로 구분된다. 국제법은 국제사회에서 국가 사이에 명시적 또는 묵시적으로 합의한 것에 의해 형성된 법률체계다. 국제법은 국가가 주체가 되어 국가 사이의 관계를 규율하였으나, 최근에는 개인이나 국제조직도 국제법의 주체로 인정되고 있다. 국제법의 규범력을 실효적으로 집행할 수 있는 세계국가가 존재하지 않아 법규범의 효력에는 한계가 있다.

국내법과 국제법의 관계에 대해서는, 하나의 법체계로 이해하는 일원론과 서로 다른 법체계로 이해하는 이원론이 있다. 이원론에서는 국제법이 국내법과 무관하게 효력을 가지므로 국내법과 충돌할 여지가 없지만, 일원론에서는 양자가 충돌할 가능성이 있어 그 법적 효력을 조정할 필요가 있다. 헌법 제6조는 일원론과 이원론에 대해 명확하게 규정하지 않지만, 조약과 일반적으로 승인된 국제법규는 '국내법과 같은 효력을 갖는다'라고 규정하므로 일원론으로 해석된다. 헌법재판소는 일원론에 따라 법률적 효력을 갖는 조약은 헌법의 하위의 법규범이므로 위헌법률심판의 대상이 된다고 판단하였다.[46]

(2) 조약

조약이란 국제법의 주체 상호간에 권리와 의무에 대한 법적 효과를 발생시킬 목적으로 문서로 이루어진 합의를 말한다. 헌법은 '헌법에 의해 체결·공포된 조약'은 국내법과 같은 효력을 갖는다고 규정한다. 조약의 체결에 관한 기본법은 없으며, 통상조약에 대해서는 '통상조약의 체결절차 및 그 이행에 관한 법률'이 규율한다. 헌법재판소는 국회의 동의를 받은 조약은 법률적 효력을 가지며, 이는 위헌법률심판의 대상이 된다고 판단하였고,[47] 대법원도 국회의 동의를 거친 조약

---

46) 2001. 4. 26. 99헌가13.
47) 2013. 11. 28. 2012헌마166.

은 국내법과 동일한 효력을 가지므로 지방자치단체의 조례가 그 조약을 위반하면 무효라고 판단하였다.[48]

조약은 헌법보다 하위의 효력을 가지며, 법률이나 명령과 동일한 효력을 가진다. 국회의 동의를 받은 조약은 법률과 같은 효력을, 그렇지 않은 조약은 행정명령과 같은 효력을 갖는다. 조약은 '헌법에 의해 체결·공포된 경우'에만 국내법적 효력을 가지므로 헌법이 조약의 근거가 된다. 헌법 부칙 제5조도 "이 헌법 시행 당시의 법령과 조약은 이 헌법에 위배되지 아니하는 한 그 효력을 지속한다"라고 규정하여 헌법이 조약보다 우월한 효력을 가진다고 선언한다. 헌법 제60조 제1항은 상호원조 또는 안전보장에 관한 조약과 같이 중요한 조약에 대해서는 국회의 동의를 받도록 규정한다.

최근에는 국가를 초월한 국제공동체에 기초한 보편적 인권이 강조됨에 따라 국제법이 헌법이나 법률보다 우월한 효력을 갖는다는 주장이 제기되고 있다. 하지만, 국내법은 헌법과 법률 사이의 독자적인 법률체계를 인정하지 않으며, 이를 인정하더라도 위헌법률심판의 심사기준이나 심판대상이 되지 않아 이에 대해 규범통제를 할 장치도 없다. 결국, 법률과 동일한 효력을 갖는 조약은 위헌법률심판과 헌법소원의 심판대상이 되고, 법원의 명령·규칙심사권이 심사기준이 되며, 행정명령의 효력을 갖는 조약은 명령·규칙심사권의 대상이 된다.

헌법재판소는 국제인권규약에 대해 "우리 헌법은 실질적으로 동일한 내용을 규정하고, … 헌법에 위반되지 않는다고 판단하는 이상 위 규정에 위반될 소지는 없다"라고 판단하였고,[49] 헌법 제6조 제1항의 국제법존중주의를 위헌심사기준으로 제시하기도 하였다.[50] 이는 헌법의 기본원리를 매개로 국제법의 규범적 효력을 수용할 수 있는 여지를 부여한 것으로 보인다. 한편, 세계화가 진행되고 국제법의 구속력이 강화됨에 따라 헌법적 효력을 갖는 조약이나 법률보다 우월한 효력을 갖는 조약을 인정할 수 있고, 나아가 헌법보다 우월한 효력을 갖는 조약도 인정될 것으로 예상된다.[51]

---

48) 대법원 2005. 9. 9. 2004추10.
49) 1998. 7. 16. 97헌바23.
50) 2011. 8. 30. 2007헌가12.
51) 정재황, 헌법학, 346~347면.

(3) 일반적으로 승인된 국제법규

'일반적으로 승인된 국제법규'란 세계 대부분의 국가가 승인하여 보편타당한 법규범으로 인정되는 국제법규를 말한다. 일반적으로 승인된 국제법규는 국제관습법, 국제법의 일반원칙, 국제적 강행규범도 포함되는데, 조약을 통해 구체화되기도 한다. 우리나라가 가입하지 않더라도 국제적으로 대부분 국가에 의해 승인된 조약은 일반적으로 승인된 국제법규에 포함될 수 있다.52) 다만, 대한민국이 체결한 조약은 '헌법에 의하여 체결·공포된 조약'에 포함되므로 일반적으로 승인된 국제법규에는 포함되지 않는다. 헌법은 일반적으로 승인된 국제법규에 대해서는 조약과 달리 국회의 동의를 요구하지 않는다.

헌법재판소는 세계인권선언이나 국제노동기구헌장은 일반적으로 승인된 국제법규가 아니라고 하였으며,53) 양심적 병역거부에 관한 국제관습법이 형성되지 않았다고 판단하였다.54) 대법원은 정치범불인도의 원칙은 국제관습법에 해당하지만, 정치적 피난민에 대한 보호는 일반적으로 승인된 국제법규에 해당하지 않는다고 판단하였다.55) 일반적으로 승인된 국제법규가 무엇인지 판단하는 기준은 명확하지 않으며, 최종적으로는 법원과 헌법재판소가 역사적 현실을 고려하여 재판의 준거로 삼을 것인지를 결정하는 과정에서 확정될 것이다.

일반적으로 승인된 국제법규는 조약과 마찬가지로 헌법보다 하위의 효력을 가지나, 법률과 명령·규칙과의 관계에 대해서는 개별적으로 그 내용과 성격을 고려하여 판단해야 한다.56) 일반적으로 승인된 국제법규가 법률과 동일한 효력을 가질 때에는 위헌법률심판의 심사기준이 되지 않고, 일반재판에서 적용되는 경우에는 위헌법률심판의 대상이 된다. 일반적으로 승인된 국제법규가 행정명령과 동일한 효력을 가질 때에는 법원의 명령·규칙심사의 대상이 될 수 있다. 한편, 일반적으로 승인된 국제법규는 '공권력의 행사 또는 불행사'에 해당하지 않으므로 헌법소원의 대상이 되지는 않는다.

---

52) 한수웅, 헌법학, 367~368면.
53) 2007. 8. 30. 2003헌바51.
54) 2011. 8. 30. 2008헌가22.
55) 대법원 1984. 5. 22. 84도39.
56) 성낙인, 헌법학, 325면.

5. 재외국민과 외국인의 보호

(1) 재외국민의 보호

헌법 제2조 제2항은 "국가는 법률이 정하는 바에 의하여 재외국민을 보호할 의무를 진다"라고 규정한다. 재외국민이란 대한민국의 국적을 가지고 있으면서 외국에서 영주하거나 장기간 체류하는 사람을 말한다. 헌법은 재외국민의 보호를 법률로 정하도록 하고, 국가의 헌법적 의무라고 규정한다. 현대국가에서는 세계화로 인하여 해외에서 체류하는 국민이 증가하므로 국가는 재외국민에게 주권자의 지위를 인정하고, 재외국민이 기본권을 실효적으로 행사할 수 있도록 보장해야 한다. 이는 국내에 체류하는 외국인의 법적 지위와 기본권을 보장하는 규범적 기준으로도 작용할 수 있다.

헌법재판소는 재외국민도 대한민국의 국적을 갖는 이상 국가의 인적 기반을 이루므로 국가는 그 법적 지위를 보장해야 하고,[57] 국가의 재외국민에 대한 보호의무는 국제법과 거류국의 법령을 고려한 외교적 보호와 국내법에 의한 지원을 포함한다고 판단하였다.[58] 또한, 재외국민에 대한 공직선거의 투표권을 제한하는 것은 헌법에 위반된다고 판단하였다.[59] 재외국민도 국민에 포함되지만, 그 구체적인 권리는 개별적 법률을 통해 보장된다. 2019년에는 '재외국민보호를 위한 영사조력법'을 제정하여 재외국민의 생명, 신체 및 재산을 보호하기 위한 국가의 영사조력에 관한 구체적인 내용을 규정하였다.

(2) 외국인의 법적 지위

헌법 제6조 제2항은 "외국인은 국제법과 조약이 정하는 바에 의하여 그 지위가 보장된다"라고 규정한다. 현대국가에서는 세계화와 다문화에 따라 외국인이 국내에 체류하는 사례가 급증하고 있다. 국제평화를 유지하기 위해서는 외국에 있는 자국민을 보호하는 것과 함께 대한민국에 있는 외국인의 법적 지위를 보장하는 것도 필요하다. 외국인의 지위는 '국제법과 조약이 정하는 바에 의하여' 보

57) 2015. 12. 23. 2013헌바11.
58) 1993. 12. 23. 89헌마189.
59) 2007. 6. 28. 2004헌마644.

장되는데, 이는 원칙적으로 상호주의에 따른다는 것을 선언한 것이다. 국가가 외국인의 지위를 보장해야 하는 헌법적 의무는 개별적 법률을 통해 구체화된다.

'재한외국인 처우 기본법'은 대한민국에 합법적으로 체류하는 외국인과 그 자녀의 인권을 보호하고 불합리한 차별을 받지 않도록 관련된 정책을 수립하고 행정적으로 지원하도록 규정한다. '외국인근로자의 고용 등에 관한 법률'은 외국인근로자의 고용과 보호를 통해 외국인근로자의 법적 지위도 강화하고 있다. 헌법재판소는 국내에 거주하여 대한민국의 영토고권에 의해 지배를 받는 외국인도 일정한 범위에서는 근로의 권리나 평등권과 같은 기본권의 주체로 인정된다고 판단하였다.[60]

6. 통일국가

(1) 헌법적 근거

헌법 전문은 '평화적 통일의 사명에 입각하여'라고 규정하여 통일국가를 헌법의 기본원리로 선언한다. 통일이란 제2차 세계대전 이후 남한과 북한으로 분단된 한반도를 하나의 국가로 합치는 것을 말한다. 이는 정치적 통일만 의미하는 것이 아니라 남북한 주민의 사회심리적 통합을 포함하는 것이다. 또한, 한반도에 단일한 국가를 형성하는 것으로 완성되는 상태가 아니라 통일국가의 미래상을 만들어가는 창조적 과정이다. 남북통일은 한반도의 특수한 헌법적 가치로서 국제평화와 같은 다른 헌법원리와 조화롭게 해석되어야 한다.

1948년 제정된 건국헌법은 대한민국이 분단국가가 아니라는 것을 전제로 한반도와 부속도서를 영토로 규정하였으나, 1972년 헌법에서 '통일'이라는 단어를 사용하여 남북분단의 현실을 수용하였다. 현행헌법 제4조는 "대한민국은 통일을 지향하며, 자유민주적 기본질서에 입각한 평화적 통일정책을 수립하고 이를 추진한다"라고 규정하여 통일국가를 헌법적 책무로 선언한다. 또한, 제66조 제3항, 제69조, 제72조, 제92조에서는 대통령에게 평화적 통일을 위한 헌법적 의무를 부과하고, 평화통일정책수립에 관한 자문기구로 민주평화통일자문회의를 둘 수 있다고 규정한다.

---

60) 2016. 3. 31. 2014헌마367.

(2) 남북한의 특수관계

헌법 제3조는 북한지역도 대한민국의 주권이 미치는 영토라고 규정하고 있지만, 제4조는 분단국가의 현실을 인정하고 평화통일을 추구하고 있어 서로 모순되는 내용을 담고 있다. 헌법 제3조와 제4조는 규범조화적으로 해석함으로써 그 규범적 의미를 명확하게 이해해야 한다. 헌법 제3조는 통일국가의 최종적인 영토의 범위를 설정한 목적적 규정이고, 제4조는 현실적으로 통일을 실천하는 수단적 규정이다.[61] 제3조는 북한주민을 대한민국 국민으로 인정하여 그 인권을 보장해야 할 책무를 부여하고, 통일과정에서 북한지역에 주권과 통치권을 행사할 수 있는 근거가 된다.[62]

북한의 법적 지위는 헌법 제3조와 제4조로부터 도출될 수 있다. 남북한은 서로 통일을 달성하기 위한 상대방으로 인정하지만, 정치체제의 차이로 규범적으로는 수용할 수 없다. 북한은 국내법의 관점에서 이중적 지위를 가진다. 북한이 반국가단체로서 활동하는 영역에서는 헌법 제3조와 국가보안법이 적용되고, 북한이 평화통일을 위한 대화와 협력의 동반자로서 활동하는 영역에서는 제4조와 남북교류협력에 관한 법령이 적용된다. 또한, 국제사회에서는 북한도 국제법의 주체로 인정되므로 남북관계에 대해 국제법원칙을 적용하되, 남북관계의 특수성을 고려하여 국제법원칙을 변용하거나 탄력적으로 적용할 수 있다.

(3) 통일국가의 미래상

통일국가가 헌법의 기본원리가 되기 위해서는 통일국가의 미래상이 제대로 설정되어야 한다. 헌법은 통일국가를 헌법적 가치로 규정하지만, 현실적으로 통일국가의 미래상은 물론 통일의 필요성이나 구체적인 통일방안에 대해 사회적 합의가 마련되지 못한 상태이다. 오랫동안 남북통일은 정치적으로 이용되기도 하였으며, 이는 통일국가에 대한 헌법적 규범력을 약화시켜 사회통합에 부정적인 영향을 미치기도 했다. 남북통일은 전쟁의 위험, 이산가족의 고통, 정치경제적 에너지

---

61) 성낙인, 헌법학, 314~316면 ; 정재황, 헌법학, 150~151면 ; 정종섭, 헌법학원론, 264~266면 ; 한수웅, 헌법학, 105~106면.
62) 2007. 6. 28. 2004헌마644 ; 대법원 2008. 4. 17. 2003도758.

의 소모와 같은 분단의 모순을 극복하고 정치적 갈등, 경제적 격차, 북한주민의
인권침해를 해소할 수 있다.

남북통일은 한반도뿐만 아니라 세계평화를 위해서도 필요한 역사적 과제다.
통일은 남한과 북한의 국가적 통합이지만, 통일국가의 미래상은 대한민국의 헌법
적 가치에 기속된다. 즉, 통일국가는 남북한 주민이 인간으로서의 존엄과 가치를
가지고, 자유롭고 평등하게 행복을 추구할 수 있는 국가공동체로 창조되어야 한
다. 통일국가는 대한민국 헌법이 기본원리로 채택하는 국민주권, 법치국가, 자유
민주주의, 사회복지, 평화에 위반되지 않아야 하고, 이를 실현할 수 있어야 한다.
다만, 통일국가의 미래상을 구체적으로 실현하는 방안은 남한주민과 북한주민의
주권적 의사를 통해 확정할 수 있다.

(4) 통일원칙

헌법은 제4조에서 자유민주적 기본질서를 통일원칙으로 제시한다. 통일은 자
유민주적 기본질서에 입각해야 하고, 이에 위배되는 통일은 허용되지 않는다. 자
유민주적 기본질서는 자유민주주의를 기초로 하고, 인간의 존엄과 가치를 보장하
며, 개인의 자유와 평등, 사회적 정의를 실현하는 것을 목적으로 한다. 북한이 지
향하는 공산당 독재의 기초가 되는 인민민주주의와 개인의 자유를 허용하지 않는
전체주의는 수용되지 않는다. 헌법재판소는 통일은 국가적 과제로서 대한민국의
존립과 안전을 전제로 자유민주적 기본질서에 위해를 주는 것이 아니라 그것에
바탕을 둔 통일이라고 판단하였다.[63]

헌법이 규정하는 통일은 북한을 상대방으로 하므로 그 내용과 절차가 개방
적이라고 이해할 수도 있다. 통일국가의 구체적인 내용과 이를 실현하는 방법과
절차는 남북관계와 국제환경과 같은 역사적 조건에 따라 다양하게 결정될 수 있
다. 하지만, 통일은 내용적으로 평화국가를 지향할 뿐만 아니라 통일의 방법과 절
차도 평화적이어야 한다. 남한이나 북한이 일방의 의사를 무시하고 전쟁과 같은
폭력적 방식으로 통일을 시도해서는 안 된다. 평화는 통일의 내용, 방법, 절차를
구속하는 조건이지 임의적으로 선택할 수 있는 수단의 하나가 아니다. 헌법이 규
정하는 통일은 모두 평화통일을 전제로 해석해야 한다.

---

63) 2000. 7. 20. 98헌바63.

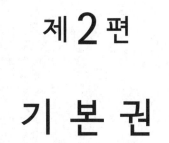

제2편

기 본 권

제1장 기본권 일반이론

제1절 기본권의 개념

1. 기본권과 인권

(1) 기본적 인권

기본권이란 무엇일까. 헌법은 개인의 기본권을 보장하는 것을 목적으로 하지만, 헌법에는 '기본권'이라는 표현이 없다. 헌법은 제10조 후문에서 "국가는 개인이 가지는 불가침의 기본적 인권을 확인하고 이를 보장할 의무를 진다"라고 규정한다. 헌법재판소법 제68조 제1항은 '헌법상 보장된 기본권'을 침해받은 자는 헌법소원을 청구할 수 있다고 규정하지만, 이것만으로는 기본권이 무엇인지를 확정하기 어렵다. 기본권은 헌법이 규정하는 '개인이 가지는 불가침의 기본적 인권'의 해석을 통해 그 의미가 확정된다.

헌법에 따르면, 기본권은 '개인이 가지는' 것으로 국가의 권한이 아니고, 국가나 타인으로부터 '불가침'의 것이며, '기본적 인권'으로 인권 중에서도 기본적인 것이다. 기본권은 모든 인권을 포괄하지 않고, 헌법에 의해 개인이 가지는 불가침의 권리로 보장되는 기본적 인권만 기본권으로 인정된다. 개인이 기본권을 향유하고, 국가가 기본권을 보장하려면 기본권의 개념과 내용을 명확하게 이해해야하고, 이를 위해서는 인권에 대한 이해가 선행되어야 한다.

(2) 인권

(가) 보편적 도덕원리

인권이란 인간으로 태어나면서 당연히 가지는 권리이다. 인권은 계몽주의와 자연법에 기초하여 형성된 근대국가에서 자율적이고 이성적인 인간이 가지는 권리이다. 권리란 '어떤 일을 주체적으로 자유롭게 처리하거나 타인에 대해 주장하고 요구할 수 있는 자격이나 힘'이며, 타인에게는 그 권리에 대응하는 의무를 발생시킨다. 권리는 타인을 지배하거나 복종시키는 힘을 의미하는 '권력'과 구별되고, 타인에 대한 법적 효과를 발생시키는 자격으로서 법적 책임을 수반하는 '권한'과도 구별된다.

인권은 인간으로서 국가와 타인에게 요구할 수 있는 모든 권리가 아니며, 특정한 성격을 갖는 권리만 인권으로 인정된다. 인권은 인간으로 태어나면서 당연히 누리는 자연권으로 개인의 인격적 정체성에 기초한 고유한 권리이며, 국가 이전의 자연상태에서 외부로부터 불가침의 권리이므로 국가의 실정법과 무관하게 인정된다. 또한, 인권은 시간적으로는 일시적으로만 인정되는 것이 아니라 항구적으로 인정되고, 공간적으로도 특정한 지역에 국한되지 않고 보편적으로 인정되는 권리이다.

인권이 권리로 인정되는 것은 모든 인간은 태어나면서 존엄과 가치를 가진다는 보편적 도덕원리에 기초한다. 인간은 존엄하고 가치로운 존재이므로 타인에게 자신의 인권을 주장할 수 있고, 타인은 그에 대응하여 인권을 존중할 의무를 진다. 인간은 태어나면서 동등하기 때문에 타인에게 자신의 인권을 주장할 수 있는 근거가 추가로 요구된다. 하지만, 인간세계에 보편적 도덕원리가 있는지, 인권의 구체적 내용은 무엇인지, 누가 이를 결정할 것인지는 명확하지 않다. 인권은 인간과 세계에 대한 관점에 따라 다르게 이해된다.

(나) 기본권과 인권의 관계

국가인권위원회법 제2조 제1호는 "인권이란 헌법 및 법률에서 보장하거나 대한민국이 가입·비준한 국제인권조약 및 국제관습법에서 인정하는 인간으로서의 존엄과 가치 및 자유와 권리를 말한다"라고 규정한다. 인권의 규범적 근거는 국내법인 '헌법 및 법률'과 국제법인 '국제인권조약 및 국제관습법'이며, 인권의 실체적 내용은 '인간으로서의 존엄과 가치 및 자유와 권리'라고 한다. 이에 따르면, 헌법이 보장하는 기본적 자유와 권리인 기본권은 인권에 포함되지만, 인권이 당연히 헌법적 기본권에 포함되는 것은 아니다.

개인이 가지는 불가침의 기본적 인권은 헌법에 의해 보장되는 기본권이므로 헌법적 차원에서 우선적으로 그 개념이 확정되어야 한다. 국가인권위원회법은 헌법을 구체화한 법률이므로 국가인권위원회법이 규정하는 '인권'이 헌법적 기본권을 제한해서는 안 된다. 국가인권위원회법이 규정하는 '인권'은 국가인권위원회법이 적용되는 '인권'이라고 해석해야 한다. 헌법재판소법이 규정하는 '헌법상 보장된 기본권'과 국가인권위원회법이 규정하는 '인권'은 헌법해석을 통해 확정되는 기본권을 기초로 통일적으로 해석해야 한다.

기본권은 역사적으로 자연적 인권을 헌법규범을 통해 수용하여 인권과 밀접하게 관련되지만 양자는 개념적으로 구별된다. 인권은 보편적 도덕원리에 기초하지만, 기본권은 헌법에 근거하는 권리이다. 기본권은 특정한 국가의 역사적 현실을 반영한 헌법에 의해 인정되므로 인권보다 그 내용이 명확하다. 인권은 국가기관을 포함하여 모든 타인에게 주장할 수 있지만, 기본권은 국가의 법질서에 복종하는 국가기관이나 국민에게만 주장할 수 있다. 인권은 도덕적 권리이지만, 기본권은 법적 권리이므로 국가의 사법절차와 강제력에 의해 강력하게 보장된다. 기본권은 개인이 가지는 불가침의 기본적 인권으로 헌법이 직접 보장하는 권리라고 할 수 있다.

(3) 기본권의 역사

(가) 역사적 발전

인권은 유럽에서 시민혁명을 거쳐 민주주의를 형성하는 과정에서 등장하여 정치적 투쟁을 거치면서 세계적으로 확산되었다. 인권은 17세기 이후 시민국가의 사상적 근거가 된 자연법, 계몽주의, 사회계약론에 기초하여 이론적으로 체계화되었으며, 처음에는 정치적 이념으로 주장되었다가 점차 법적 권리로 강화되었다. 인권은 특정한 국가의 역사적 조건과 환경에 따라 다양하게 발전되었으며, 그 용어도 사용하는 맥락에 따라 자유, 평등, 권리와 혼용되기도 하였다.

대부분 국가는 헌법에서 개인의 자유와 권리를 규정하지만, 그 종류와 내용은 역사적 현실과 조건에 따라 다양하다. 기본권은 근대 시민국가를 형성하는 이념적 기초가 되었지만, 현대국가에서는 그 의미가 변하고 있다. 기본권은 국가에 의해 시혜적으로 부여되는 것이 아니라 국가에 대해 적극적으로 요구할 수 있는 권리로 강화되었고, 이에 대응하여 국가의 기본권보장의무도 확대되었다. 이와 동시에 타인의 권리를 보장하고 국가공동체의 질서를 유지하기 위해 기본권의 제한을 정당화하는 규범적 기준도 구체화되었다.

(나) 영국

영국에서 인권은 왕으로부터 신분적 계급의 특권과 의회의 권한을 보장받기 위해 왕의 권한을 제한하는 과정에서 발생하여 법적 권리로 확대되었다. 영국의 왕은 1215년 대헌장을 통해 성직자와 귀족에게 특권을 인정하면서 어떠한 자유인도 법률과 판결에 의하지 않고는 체포·구금되거나 재산을 박탈당하거나 추방되지 않는다고 규정하였다. 그 이후 권리청원(1628년), 인신보호법(1679년), 권리장전(1689년)을 통해 신체의 자유, 재산권, 청원권, 언론의 자유, 형사사법에서의 절차적 권리가 법적 권리로 보장되었다.

영국에서는 시민혁명을 통해 개인의 권리의식이 강화되었고, 선거권의 확대와 대중민주주의의 발전으로 인권이 확대되었다. 영국은 의회주권의 전통이 강하여 의회의 입법권을 제한하는 성문헌법을 별도로 두지 않았고, 헌법적 기본권을 제도적으로 인정하지 않았다. 하지만, 국가에 선행하는 자연권, 국정에 참여하는 참정권, 국민주권에 기초한 저항권을 인권으로 수용하였다. 영국은 2005년 헌법개혁법률을 제정하고, 2009년 대법원을 상원에서 독립시켜 설치함으로써 인권을 보장하는 사법시스템을 강화하였다.

(다) 미국

미국은 1776년 독립국가를 건설하면서 권력분립에 기초하여 개인의 자유와 권리를 보장하였다. 버지니아 권리선언은 인간의 자유롭고 평등한 불가침의 천부인권을 선언하였으며, 독립선언문은 생명, 자유, 행복추구권을 천부의 자연권으로 규정하였다. 미국은 영국의 식민지배로부터 독립국가를 만들었는데, 처음부터 특정한 계급적 이익을 위해 인권을 보장한 것이 아니라 모든 인간은 존엄하고 가치롭다는 보편적인 도덕원리에 기초하여 인권을 법적 권리로 인정하였다.

미국은 1787년 연방헌법을 제정하였는데, 이때 헌법에서 기본권을 따로 규정하지는 않았다. 1791년 수정헌법에서 10개 조항의 권리장전을 추가하여 기본권을 구체적으로 명시하였으며, 1992년까지 수정헌법 제27조를 규정하여 기본권을 다양하게 확대하였다. 특히, 미국은 1803년부터 연방대법원이 위헌법률심판권을 행사하여 의회가 입법권을 통해 개인의 기본권을 침해한 경우에는 그 법률의 위헌성을 심판할 수 있도록 함으로써 기본권을 제도적으로 보장하였다.

(라) 프랑스

프랑스는 1789년 시민혁명에서 채택된 '인간과 시민의 권리선언'을 통해 자유롭고 평등한 권리를 17개 조항으로 천명하였다. 이 권리선언은 인권을 인간의 권리와 시민의 권리로 구분하고, 실체적 권리와 절차적 권리로 구체화하였다. 프랑스 헌법은 기본권을 목록화하여 규정하지 않고, 평등권, 선거권, 임의적 구금의 금지를 규정한다. 하지만, 전문에서 "1789년의 인간과 시민의 권리선언에서 규정되고, 1946년 헌법 전문에서 확인·보완된 인권과 국민주권의 원리 … 준수할 것을 엄숙히 선언한다"라고 규정하여 '인간과 시민의 권리선언'을 헌법의 일부로 수용하였다.

(마) 독일

독일은 미국이나 프랑스와 같이 시민혁명을 거치지 않았지만, 1849년 독일제국을 설립하려는 과정에서 프랑크푸르트헌법(안)을 통해 인간의 자연적 권리를 구체적으로 규정하였다. 이 헌법은 독일제국의 설립이 실패함으로써 시행되지 못했지만, 1919년 제정된 바이마르헌법은 그 기본권을 대부분 수용하였다. 바이마르헌법은 자유권과 평등권뿐만 아니라 사회권까지 기본권으로 규정하였으나 나치에 의해 헌법이 침해되어 그 규범력이 제대로 실천되지는 못하였다.

1949년 제정된 독일기본법은 제1조 제1항에서 "인간의 존엄은 침해되지 아니한다. 모든 국가권력은 이를 존중하고 보호할 의무를 진다"라고 규정하여 인간의 존엄을 헌법의 최고가치로 선언하였다. 또한, 기본권은 직접적 효력을 가지고 입법권, 행정권, 사법권을 구속한다고 규정하였다. 이는 독일이 나치정권의 불법적 지배를 경험한 반성적 차원에서 개인의 기본권을 강하게 보장하기 위한 의지로 해석된다. 독일기본법은 의회의 입법을 통해 비로소 구체적인 권리로 인정되는 사회권을 기본권에서 삭제하고, 국민의 기본의무도 규정하지 않았다.

(바) 현대적 변화

현대국가에서는 기본권의 종류가 다양해졌다. 근대국가에서는 신체와 정신의 자유, 참정권, 재산권, 표현의 자유가 기본권으로 인정되었다. 현대국가에서는 국가에게 적극적인 급부를 요구하는 사회권이 중요하게 되었고, 우리 헌법은 형사피해자의 재판절차진술권, 형사보상청구권 등을 새로운 기본권으로 수용하였다. 최근에는 정보화사회의 발전과 기후변화에 따라 알권리, 개인정보자기결정권, 환경권, 안전권도 기본권으로 인정되었고, 인공지능(AI), 인체공학, 생체 바이오와 관련된 권리도 기본권으로 대두하고 있다.

첫째, 현대국가에서 기본권은 국제적 차원에서 보장할 것이 요구되어 기본권의 주체도 확대되었다. 이에 따라 재외국민의 법적 지위가 강화되고 유럽인권조약, 아세안인권선언, 아랍인권헌장, 아프리카인권헌장 등에서는 외국인의 기본권을 규정하고 있다. 법인이나 단체도 개인과 구별되는 독자적인 기본권의 주체로 인정되고 있으며, 생태주의 관점에서는 인간뿐만 아니라 동식물과 같은 생명체에게 기본권을 확대해야 한다는 주장도 제기되고 있다.

둘째, 기본권의 내용이 확대되고, 그 효력도 강화되었다. 기본권은 원래 국가기관을 구속하고, 국가에 의한 침해로부터 보장되는 것이 중요하였다. 최근에는 기업이나 언론과 같은 집단권력에 의해 기본권이 침해되는 결과가 발생하여 기본권은 제3자인 사인(私人)에 대해서도 효력을 가질 것이 요구되고 있다. 기본권은 개인의 주관적 공권에 그치는 것이 아니라 국민이 준수해야 할 객관적 법질서의 성격이 강조되고, 국가는 기본권을 보장할 뿐만 아니라 제3자에 의해 침해되는 결과가 발생하지 않도록 기본권을 보호해야 할 의무도 부담한다.

셋째, 헌법재판을 통해 기본권을 보장하는 사법시스템이 강화되었다. 기본권은 헌법적 차원에서 보장되는 권리로서 국회가 제정한 법률을 통해 인정되는 법률적 권리와 구별된다. 기본권이 실효적으로 보장되기 위해서는 기본권이 침해된 경우에 강제로 회복할 수 있는 사법적 구제절차가 마련되어야 한다. 헌법은 법률적 권리를 보장하는 일반적 사법절차와 구별하여 기본권을 헌법적으로 보장하기 위해 헌법재판을 강화하고 있다. 우리 헌법은 공권력의 주체가 기본권을 침해한 경우에는 헌법소원을 통해 직접 기본권을 구제받을 수 있도록 한다.

2. 개념적 요소

(1) 공통적 본질

헌법은 국가의 기본법으로 주권자인 국민에 의해 제정되었다. 대한민국 헌법은 모든 국민이 인간으로서의 존엄과 가치를 가지고, 자유롭고 평등하게 행복을 추구할 수 있는 국가공동체를 지향한다. 헌법이 지향하는 민주적 법치국가는 개인의 자유와 권리를 보장함으로써 실현될 수 있다. 헌법이 국가기관을 조직하고 국정에 대한 권한을 분배한 것도 모두 개인이 가지는 불가침의 기본적 인권을 보장하기 위한 것이다. 기본권은 최고의 헌법적 가치이자 국가의 존재이유라고 할 수 있다.

헌법은 '제2장 국민의 자유와 권리'에서 다양한 종류의 권리를 기본권으로 규정하지만, 그 구체적인 개념과 범위는 명확하지 않다. 기본권은 개인이 가지는 불가침의 기본적 인권으로 보장되는 권리이지만, 모든 기본권이 공통적으로 가지는 개념적 요소를 추출하기는 쉽지 않다. 개인이 기본권을 제대로 향유하고, 국가가 기본권을 보장하기 위해서는 헌법해석을 통해 기본권의 내용과 한계를 이해해야 한다. 기본권은 '헌법적 가치'로서, '헌법이라는 실정법에 의해 보장'되며, '국가에 대한 법적 권리'라는 3가지 요소를 공통적으로 가진다.

(2) 헌법적 가치

기본권은 '불가침의 기본적 인권'이라는 헌법적 가치로서 국가권력의 행사를 정당화시키는 동시에 그 한계를 설정한다. 모든 국가기관은 기본권을 보장할 헌법적 의무를 부담하고, 그 권한행사는 기본권을 보장하기 때문에 정당화된다. 기본권은 헌법적 권리이므로 헌법을 구체화하는 법률에 의해 창설되는 법률적 권리와 구별된다. 헌법에서 보장하는 선거권은 기본권이지만, 지방자치법에서 규정하는 주민투표권, 조례의 제정·개폐청구권, 감사청구권이나 '국민의 형사재판참여에 관한 법률'에서 규정하는 국민참여재판을 받을 권리와 같은 것은 법률적 권리이지 기본권이 아니다.[1]

기본권과 법률적 권리는 사법적 구제절차에서 큰 차이가 발생한다. 기본권을 침해하면 헌법위반이 되어 헌법재판소에 헌법소원을 청구할 수 있지만, 법률적 권리를 침해한 경우에는 법률위반이 되어 법원에 일반재판을 청구할 수 있을 뿐이다. 이때 헌법적 기본권이 법률적 권리의 창설을 제한하는 것은 아니라는 것을 유의해야 한다. 국회는 헌법에 위반되지 않는 범위에서 법률적 권리를 창설할 수 있다. 다만, 법률이 규정하는 권리라도 헌법적 기본권을 단순히 확인하고 구체화하는 것은 법률적 권리가 아니라 기본권으로 이해해야 한다.

(3) 헌법에 의해 보장

기본권은 형식적 지표로서 헌법이라는 실정법에 의해 보장되는 권리이다. 기본권은 국민이 공동체에 존재하는 다양한 가치를 헌법적 가치로 수렴한 것이고, 이는 헌법에 규정됨으로써 비로소 법적 권리가 된다. 헌법은 자연적 인권을 기본권으로 확인하여 규정하기도 하지만, 자연적 인권으로 인정되지 않더라도 헌법에 규정됨으로써 기본권으로 수용되기도 한다. 자연적 인권이라도 헌법의 규정이나 해석에 의해 기본권으로 인정되지 않으면 기본권이 아니다. 기본권은 헌법이라는 실정법에 의해 인정된다는 점에서 자연적 인권과 구별된다.[2]

헌법은 기본권을 직접 규정하기도 하지만, 기본권은 헌법해석을 통해 도출되기도 한다. 헌법이 직접 기본권을 규정하는 경우에도 그 구체적 내용과 범위는 헌법해석을 통해 확정할 수밖에 없다. 헌법은 제10조부터 제37조까지 기본권을 규정하는데, 생명권, 알권리, 개인정보자기결정권과 같은 기본권은 헌법해석을 통해 도출된다. 기본권은 '제2장 국민의 권리와 의무'에서 규정하는 기본권 조항에만 근거하는 것은 아니다. 정당의 자유는 헌법 제8조를, 국민투표권은 제72조와 제

---

1) 2005. 12. 12. 2004헌마530.
2) 장영수, 헌법학, 425면.

130조를, 지방의회의원의 선거권은 제118조 제2항을 헌법적 근거로 한다.

헌법은 제37조 제1항에서 국민의 자유와 권리는 헌법에 열거되지 아니한 이유로 경시되지 않는다고 규정한다. 헌법이 직접 규정하지 않더라도 기본권이 도출될 수 있지만, 기본권이 헌법에 의해 인정되는 실정권이라는 것이 부인되는 것은 아니다. 헌법은 입법기술적으로 헌법적 가치를 모두 기본권으로 규정할 수는 없어 개별적 기본권으로 규정되지 않더라도 일정한 헌법적 가치가 기본권으로 인정될 수 있는 여지를 남겨둔 것이다. 헌법 제37조 제1항은 그러한 기본권을 인정할 수 있는 헌법적 근거가 된다.

(4) 국가에 대한 법적 권리

기본권은 개인이 국가와 관계에서 국가에 대해 요구하는 것이 법적으로 보장되는 권리이다. 기본권은 국가에 대해 주장할 수 있는 권리이고, 국가는 기본권을 보장할 헌법적 의무를 진다. 국가가 기본권을 침해할 경우에는 사법적 구제절차를 통해 이를 회복할 수 있다. 한편, 기본권은 헌법적 가치로서 객관적인 법질서로 기능하기도 한다. 이때에는 국가는 물론 모든 국민도 헌법의 수범자이므로 기본권을 존중해야 한다. 이는 기본권이 헌법에 규정됨으로써 객관적 법규범으로 기능하는 것이지 기본권 자체가 국가와 타인에게 적용되는 객관적 법질서나 제도라는 것은 아니다.

기본권은 국가에 대해 주장할 수 있는 주관적 권리이고, 이에 대응하여 국가는 기본권을 보장할 헌법적 의무를 부담한다. 국가는 개인의 기본권 행사를 침해해서는 안 된다. 이는 국가가 소극적으로 기본권의 행사를 방해하지 말아야 한다는 부작위의무이다. 하지만, 개인이 기본권을 행사할 수 있는 실질적인 여건과 환경이 마련되지 않으면 기본권은 제대로 보장되지 않는다. 국가는 기본권이 제대로 행사될 수 있도록 여건과 환경을 조성해야 한다. 이는 국가가 적극적으로 기본권 행사를 실질화해야 하는 작위의무이다.

헌법 제10조 후문은 국가에게 기본권을 확인하고 보장할 헌법적 의무를 부과한다. 이는 국가가 공적 영역에서 기본권을 침해하지 않고 실질적으로 보장할 것뿐만 아니라 사적 영역에서도 개인이 타인에 의해 기본권 행사가 방해되지 않도록 기본권을 보호해야 하는 의무를 포함한다. 현대사회에서 기본권은 국가가 아닌 사인에 의해서도 침해되는 결과가 발생할 수 있으므로 사적 영역에서도 기본권이 자율적으로 규율되지 않는 경우에는 예외적으로 국가가 개입하여 법률이 정하는 바에 따라 기본권을 보호해야 한다.

3. 규범적 의미

(1) 헌법적 위상

(가) 제2장 국민의 권리와 의무

헌법은 개인이 인간으로서의 존엄과 가치를 가지고 자유롭고 평등하게 행복을 추구할 수 있는 국가공동체를 형성하고 유지하는 것을 목적으로 한다. 헌법은 이러한 헌법적 가치를 서로 다른 형식으로 규정한다. 제1장 '총강'에서 헌법의 기본원리를, 제2장 '국민의 권리와 의무'에서 기본권과 의무를, 제3장 내지 제10장에서 국가조직과 작용을 규정한다. 헌법의 기본원리는 국가정체성과 이념적 지향점을, 기본권은 개인의 자유와 권리를, 국가조직과 작용은 이를 구체적으로 실현하기 위한 제도적 장치를 규정한다.

기본권은 인간의 존엄과 가치를 매개로 헌법의 기본원리, 국가조직과 작용과 밀접하게 관련된다. 인간의 존엄과 가치는 헌법의 최고이념이고, 기본권 역시 인간의 존엄과 가치를 실현하기 위한 것이다. 기본권은 객관적 헌법원리를 주관적 권리로 구체화한 것이며, 국가조직과 작용은 헌법원리와 기본권에 구속된다. 기본권은 국가조직과 작용에 정당성을 부여하는 한편, 그 헌법적 한계를 제시한다. 기본권은 헌법원리는 물론 국가조직과 작용과 체계적으로 정합하고 조화롭게 이해해야 한다.

(나) 헌법원리와 관계

헌법은 국민주권, 법치국가, 자유민주주의, 사회복지, 국제평화와 통일을 기본원리로 채택한다. 헌법원리는 기본권과 상관관계를 맺고 서로에게 영향을 주고 받는다. 기본권과 헌법원리는 서로를 강화하는 상보적 기능을 하지만, 서로를 제약하기도 한다.

첫째, 국민주권은 모든 국가권력의 행사는 주권자인 국민이 제정한 헌법에 의해 정당화된다는 것이다. 국민이 국가에게 기본권을 주장할 수 있는 것도 국민이 주권자이기 때문이다. 국가권력은 국민주권에 의해 형식적으로 민주적 정당성을 부여받지만, 기본권을 보장함으로써 내용적으로도 민주적 정당성을 확보한다. 또한, 국민은 기본권을 행사함으로써 국민주권을 제대로 실현할 수 있다. 특히, 국민은 선거권, 공무담임권, 언론·출판의 자유와 같은 정치적 기능을 수행하는 기본권을 통해 국민주권을 실천한다.

둘째, 법치국가는 법적 이성을 통해 개인의 자유와 권리를 보호하는 것을 목적으로 하고, 헌법은 자유와 권리를 기본권의 형식으로 보장한다. 법치국가는 법의 지배를 의미하고, 이때 법은 기본권을 구체적으로 보장하는 법규범이다. 법치국가가 국가권력의 남용을 예방하기 위해 요구하는 권력분립도 기본권을 보장하는 수단이며, 법치를 완성하는 사법적 구제절차 역시 기본권의 침해를 사후적으로 회복하기 위한 것이다. 개인은 청원권, 재판청구권, 국가배상청구권, 형사보상청구권 등을 통해 기본권의 침해를 구제받는다.

셋째, 자유민주주의는 개인의 자유를 핵심적 내용으로 하는 자유주의와 단일한 정치적 의사를 도출하는 형식인 민주주의를 결합한 것이다. 개인의 자유는 행복추구권, 신체와 정신의 자유, 사생활의 자유, 직업의 자유, 재산권과 같은 기본권을 통해 구체적으로 보장된다. 민주주의는 개인의 자유가 평등하게 보장되는 것을 전제로 하므로 자유를 제한하기도 하며, 평등권, 언론·출판의 자유, 선거권, 공무담임권을 통해 실현될 수 있다. 자유민주주의는 자유로운 평등과 평등한 자유를 조화롭게 보장하는 것을 핵심으로 한다.

넷째, 사회복지는 모든 국민이 인간으로서 존엄과 가치를 실현할 수 있는 사회상태를 지향한다. 이는 국가가 소극적으로 개인의 자유를 침해하지 않는 것만으로는 달성할 수 없고, 적극적으로 자유의 조건과 환경을 형성해야 가능하다. 사회복지는 개인의 적극적 자유를 실현하는 것으로 교육을 받을 권리, 근로의 권리, 인간다운 생활을 할 권리, 환경권과 같은 사회권을 통해 실현된다. 헌법이 보장하는 평등권이 절대적·형식적 평등이 아니라 상대적·실질적 평등을 요구하는 것도 사회복지를 실현하기 위한 것이다.

다섯째, 국제평화는 보편적 평화를 추구하여 개인의 자유를 제한하기도 하지만, 기본권을 보장하는 조건이 된다. 국제평화가 유지되지 않으면 개인의 기본권은 안정적으로 보장될 수 없고, 국제평화 역시 기본권을 보장하는 데 기여해야 한다. 한편, 통일은 한반도의 특수한 미래적 가치로 국가와 국민은 평화통일을 달성해야 할 헌법적 과제를 부담한다. 한반도의 분단상황은 개인의 자유와 평등을 제한하기도 하지만, 개인이 평화적으로 안전하게 생존하기 위해서는 분단의 모순을 극복해야 한다. 헌법은 자유민주주의에 입각한 평화통일을 통해 남북한 주민 전체가 기본권을 향유할 수 있는 통일국가를 지향한다.

(2) 기본권의 기능

(가) 공적 영역

개인이 기본권을 행사하고 국가가 기본권을 보장한다는 의미는 공적 영역과 사적 영역을 구분하여 이해해야 한다. 개인은 사적 영역과 공적 영역을 동시에 살아가지만, 그 영역에 따라 헌법원리가 다르게 적용되기 때문이다. 국가를 전제로 하는 공적 영역에서 개인은 국가와 직접적으로 관계하며, 국가에게 기본권을 주장할 수 있다. 국가는 기본권을 침해하지 말고 개인이 기본권을 실현할 수 있도록 지원하는 헌법적 의무를 부담한다. 공권력이 기본권을 침해한 경우에는 기본권을 정상적으로 회복시키고, 공권력에 대해 책임을 물을 수 있도록 해야 한다.

국가의 기본권보장의무는 기본권의 종류와 성격에 따라 구체적인 내용이 달라진다. 모든 기본권은 인간의 존엄과 가치를 실현하는 것을 지향하지만, 개별적 기본권에 따라 국가에 대해 요구하는 내용과 정도가 다르다. 즉, 자유권에 대해서는 국가가 기본권을 침해하지 않는 것으로 충분하다. 자유권은 국가의 개입으로부터의 자유이며, 국가가 간섭하지 말 것을 요구하는 것이기 때문이다. 하지만, 사회권에 대해서는 소극적으로 기본권을 침해하지 않는 것에 그치지 않고, 국가가 적극적으로 기본권을 실현해야 한다. 사회권은 국가의 개입을 통해 비로소 실현될 수 있기 때문이다.

참정권은 국민이 정치적 의사결정에 참여할 수 있는 절차를 구체적으로 보장하는 것으로 형식적 평등이 강조된다. 청구권은 기본권 침해를 예방하고 구제하기 위한 것으로 절차적 기본권의 성격이 강하다. 한편, 평등권의 관점에서는 기

본권을 보장하는 방법적 기초가 중요하다. 국가가 개별적 기본권을 보장하는 것
보다 기본권을 보장하는 과정에서 동일한 조건에 있는 개인들을 합리적인 이유
없이 차별하지 않고 동등하게 대우하도록 하는 방식과 절차를 보장해야 한다. 특
히, 사회권에서는 실질적 평등이 중요하다.

(나) 사적 영역

기본권은 국가에 대한 법적 권리이므로 사적 영역에서는 기본권이 원칙적으
로 문제되지 않는다. 기본권은 국가에 대한 주관적 공권이고, 사적 영역은 개인들
의 자율적인 생활공간이어서 국가는 이에 간섭하지 않고 개인의 자율성을 존중하
면 충분하기 때문이다. 현대국가에서는 사적 영역에서 사인(私人)에 의해 기본권
이 침해될 위험성이 커지고, 사적 영역과 공적 영역의 경계도 약하게 되었다. 국
가가 사회복지를 위해 행정권한을 확대하여 사적 영역에 개입할 필요성도 증대하
였다. 특히, 사적 영역에서 개인의 자율적 운영이 실패한 경우에는 국가가 공동체
의 유지를 위해 간섭할 것이 요구된다.

사적 영역에서 기본권이 주장될 수 있다는 것은 기본권은 헌법적 가치이므
로 국가뿐만 아니라 국민도 이를 존중해야 할 헌법적 의무가 있다는 것을 기초로
한다. 현대국가에서 개인은 국가에게 사적 영역에서도 기본권을 실효적으로 보장
할 것을 요구하게 되었다. 개인은 국가에게 사적 영역에서도 기본권이 실질적으
로 보장될 수 있는 조건과 환경을 마련해 줄 것과 제3자로부터 기본권이 침해되
지 않도록 보호해 줄 것을 요구하게 되었다. 하지만, 국가가 후견적 입장에서 사
적 영역에 지나치게 개입하여 오히려 개인의 기본권을 침해하는 결과가 발생하지
않도록 유의해야 한다.

기본권을 사적 영역에 적용하더라도 일정한 한계가 있다. 사적 영역에서 개
인의 자율성을 보장하는 것은 헌법적 가치이며, 국가는 이를 존중해야 한다. 기본
권은 본질적으로 국가에 대해 주장할 수 있는 공권이지 사인에 대한 사권이 아니
다. 개인은 사인을 상대로 직접 기본권을 주장할 수는 없고 기본권이 사인에 의해
침해된 경우에는 국가에게 사인으로부터 자신의 기본권이 보호될 수 있도록 조치
할 것을 요구할 수 있을 뿐이다. 이를 '기본권보호의무'라고 하며, 이는 국가가 기
본권에 대응하여 기본권을 보장할 의무인 '기본권보장의무'에 포함된다.

(3) 헌법적 발전

대한민국은 1945년 일본의 식민지배로부터 해방되고 1948년 헌법을 제정할 때 자연적 인권을 헌법적 가치로 수용하여 기본권으로 구체화였다. 1919년 4월 제정된 상해임시정부의 임시헌장에서도 평등권, 자유권, 선거권 등을 기본권으로 선언하였다. 1948년 제정된 건국헌법은 자유권, 평등권, 참정권 등을 폭넓게 규정하였으며, 생활무능력자의 보호와 근로자의 이익분배균점권과 같은 사회권을 기본권으로 인정하였다. 이는 당시 국가건설의 현실에서는 매우 이례적이었지만, 사회정의의 실현과 균형 있는 국민경제의 발전을 개인의 경제적 자유보다 우선하였던 시대적 상황과 밀접하게 관련되었다.

헌법은 1948년 제정된 이후 9차례에 걸쳐 개정되었는데, 기본권에 대해서는 지속적으로 내용을 확대하고 규범력도 점차적으로 강화하였다. 헌법사를 통해 기본권의 변화된 과정을 살피는 것은 현행헌법에서 보장하는 기본권의 개념과 내용을 이해하는 것에 도움이 된다. 1960년 헌법에서는 기본권의 본질적 내용의 침해금지를 규정하고, 언론·출판·집회·결사의 자유에 대한 사전적 허가와 검열을 금지하는 규정을 신설하였다. 1962년 헌법에서는 인간의 존엄과 가치, 인간다운 생활을 할 권리, 고문의 금지 등을 추가로 규정하여 기본권을 강화하였다.

1972년 헌법에서는 구속적부심사제도와 기본권의 본질적 내용의 침해금지를 삭제하고 근로자의 단체행동권을 제한하는 등 기본권이 약화되기도 하였으나, 1980년 헌법에서는 기본권의 본질적 내용의 침해금지를 부활하고, 행복추구권, 사생활의 비밀과 자유, 환경권 등을 신설하여 기본권을 강화하였다. 1987년 현행헌법에서는 형사보상청구권, 형사피해자의 재판절차진술권, 범죄피해자의 국가구조청구권 등 새로운 기본권을 추가하였다. 특히, 헌법재판제도를 신설하여 헌법소원을 통해 기본권의 침해를 직접 구제할 수 있는 제도적 장치를 마련하였다.

제 2 절 기본권의 성격

I. 권리로서의 기본권

(1) 기본권에 대한 관점

기본권은 그 본질을 이해하는 관점에 따라 다르게 인식될 수 있다. 기본권은 역사적으로 법실증주의, 결단주의, 통합주의를 거치면서 그 본질과 법적 성격이 다르게 이해되었다. 기본권을 이해하는 관점은 서로 양립할 수 없는 선택의 문제가 아니라 기본권의 특정한 측면을 강조하여 그에 대한 규범적 성격을 강조한 것이다. 헌법과 기본권에 대한 관점을 대표하는 법실증주의, 결단주의, 통합주의는 역사적 발전에 따라 특정한 관점을 반영하는 것이지 어느 하나의 이론이 옳고, 다른 이론은 틀렸다는 것으로 이해해서는 안 된다.

첫째, 법실증주의는 경험적으로 존재하는 실정법만 법규범으로 인정하고 이를 초월한 자연법을 인정하지 않는다. 기본권이란 헌법에 규정됨으로써 내재적 논리에 의해 규범력을 가지지만, 이는 국가가 권력행사를 자제함으로써 개인에게 발생하는 반사적 이익이다. 자유권은 국가에 대한 소극적 지위에서 비롯되며, 기본권은 개인이 국가에 대해 적극적으로 요구할 수 있는 권리가 아니다. 기본권은 국가의 법질서로부터 유래되므로 법질서에 의해 제한될 수 없는 기본권은 없다.

둘째, 결단주의는 헌법이란 주권자인 국민의 정치적 결단이므로 그 자체로 정당성을 가진다고 이해하였다. 기본권은 국가 이전의 천부적인 자연권을 정치적 결단을 통해 헌법에 수용하였으므로 국가권력에 대한 소극적 방어권이라고 인식하였다. 자유권은 국가에 대해 기본권을 침해하지 말 것을 요구할 수 있는 절대적 권리이지만, 참정권이나 사회권은 상대적 권리이다. 기본권은 국가에 대한 주관적 권리이므로 객관적인 제도보장과는 엄격하게 구별된다.

셋째, 통합주의는 헌법을 정치적 생활공동체인 국가를 통합하는 법질서로 이해하였다. 기본권은 사회통합을 위한 가치체계이므로 국가에 대립되는 자유가 아니라 국가적 통합과정에 적극적으로 참여하는 자유라고 인식하였다. 기본권은 개인의 권리일 뿐만 아니라 객관적 가치질서로서 이중적 성격을 가진다. 기본권과 국가조직은 대립되는 이원적 구조가 아니라 전체로서 일원적 구조를 가지며, 기본권은 국가권력의 행사와 법질서를 정당화시키는 기초가 된다.

(2) 주관적 공권

기본권은 본질적으로 권리이다. 권리는 사권(私權)과 공권(公權)으로 구분될 수 있다. 사권은 사적 영역에서 사적 자치에 따라 개인과 개인 사이의 법률관계를 규율하는 사법적 생활이익을 보호하며, 공권은 공적 영역에서 국가와 개인 사이를 규율하는 공법적 이익을 보호한다. 공권은 다시 국가가 국민에 대해 가지는 국가적 공권과 국민이 국가에 대해 가지는 개인적 공권으로 구분된다. 인간은 누구나 사적 영역과 공적 영역을 동시에 살아간다. 사적 영역에서는 사적 자치에 따라 타인과 관계하면서 권리의무를 형성하고, 공적 영역에서는 국가와 관계하면서 국가에 대해 헌법적 권리를 가진다.

기본권은 본질적으로 사권이 아니라 개인이 국가에 대해 주장할 수 있는 주관적 공권이다.[3] 기본권은 국가에게 헌법적 의무를 발생시키고, 기본권의 행사는 규범적으로 정당한 것으로 인정된다. 기본권이 국가에 의해 침해된 경우에는 이를 구제할 수 있는 절차가 마련되어야 한다. 기본권은 객관적인 제도가 아니라 주관적 권리이므로 개인의 자율적인 판단과 결정에 따라 행사되고 타인에 의해 기본권의 소유, 행사, 처분을 간섭받지 않는다. 하지만, 기본권은 공권이므로 공익적 차원에서 그 행사와 처분이 제한될 수 있다. 개인은 기본권 자체를 포기하거나 타인에게 양도하는 것은 허용되지 않는다.

기본권은 개인의 주관적 공권이므로 다음과 같은 법적 쟁점을 이해해야 한다. 첫째, 기본권의 헌법적 근거는 무엇일까. 이는 기본권의 법적 성격을 규명하는 것으로 이중적 성격이나 제도보장과 관련된다. 둘째, 누가 누구에게 주장할 수 있을까. 이는 기본권의 주체와 상대방을 확정하는 것으로 사인적 효력과 관련된다. 셋째, 기본권의 내용은 무엇일까. 이는 개별적 기본권의 범위와 한계를 설정하는 것으로 기본권의 제한과 한계와 관련된다. 넷째, 상대방에게 어떠한 의무를 부과하고, 기본권이 침해된 경우에 어떻게 회복할까. 이는 사법적 구제절차로 귀

---

3) 성낙인, 헌법학, 1020면.

결되고, 기본권의 경합과 충돌과도 관련된다.

(3) 실정권

기본권은 역사적으로 인간의 천부인권을 전제로 하는 자연법사상에서 시작되었다. 기본권은 국가와 사회가 성립하기 이전에 당연히 인정되며, 국가가 불가침의 인권을 헌법적 가치로 확인하고 보장하므로 자연권이라는 성격이 강조될 수 있다.[4] 하지만, 모든 기본권이 자연권인 것은 아니며, 자연권이라도 헌법해석을 통해 수용되지 않으면 기본권이 아니다. 선거권과 같은 참정권은 국가를 전제로 하고 있어 자연권이라고 할 수 없으며, 헌법이 기본권으로 인정하는 형사피해자의 보상청구권이나 재판절차진술권과 같은 것도 자연권이라고 할 수 없다.

기본권은 헌법이라는 실정법이 특별히 기본권으로 규정함으로써 비로소 기본권으로 인정된다. '기본권은 자연권이다', 혹은 '자연권은 기본권이다'라는 명제는 옳지 않지만, '기본권은 실정권이다'라는 명제는 옳다. 기본권은 국가의 법제도에 의해 보장되는 법적 권리이고, 실정법인 헌법에 의해 보장되는 것이므로 규범적 관점에서는 실정권이라고 이해해야 한다. 다만, 자연권으로 인정되는 기본권이 실정법인 헌법에 규정되었다고 해서 자연권성을 상실하는 것은 아니다.

(4) 기본권의 귀속

기본권의 귀속은 기본권이 인간의 권리인지, 국민의 권리인지에 관한 것으로 기본권의 법적 성격과 직접 관련된다. 기본권을 자연권으로 이해하면 인간의 권리이고, 모든 인간은 기본권의 주체가 된다. 외국인도 인간이므로 기본권의 주체가 되지만, 법인은 법에 의해 법인격이 의제된 것에 불과하므로 기본권을 가질 수 없다. 기본권을 헌법에 의해 인정된 실정권으로 이해하면 국민의 권리이고, 대한민국 국적을 보유한 자만 기본권의 주체가 된다. 외국인은 기본권의 주체가 되지 않지만, 법인이라도 대한민국 법률에 의해 설립된 경우에는 기본권의 주체가 될 수 있다.

헌법은 기본권을 '개인이 가지는' 기본적 인권이라고 하고, "모든 국민은 … 권리를 가진다"라고 규정하여 원칙적으로 국민을 기본권의 주체로 인정한다. 하

4) 정재황, 헌법학, 366~367면.

지만, 개별적인 기본권에서는 헌법해석을 통해 기본권의 귀속을 확정해야 한다. 헌법이 규정하는 대부분의 개별적 기본권은 인간의 권리이자 국민의 권리에 해당하지만, 개별적 기본권의 주체를 확정하는 과정에서 인간의 권리로 이해할 수도 있고 국민의 권리로 이해할 수도 있다. 기본권의 귀속은 기본권의 주체를 확정하는 규범적 기준으로 귀결된다.

2. 이중적 성격

(1) 객관적 법질서의 성격

기본권은 주관적 공권이지만, 헌법의 규정에 의해 인정되는 실정권이다. 헌법은 국가의 기본적인 이념과 가치를 담고 있어 국가, 사회, 그리고 개인이 모두 준수해야 한다. 이때 기본권은 주관적 공권이라고 하더라도 객관적인 법질서로 인정할 수 있는지에 대해 의문이 제기된다. 기본권의 이중적 성격에 관한 논쟁은 기본권이 주관적 공권인지, 객관적 법질서인지의 문제가 아니라 주관적 공권이면서도 동시에 객관적 법질서의 성격을 가지는지의 문제이다. 즉, 기본권이 객관적 법질서의 성격을 갖는지가 핵심이다. 기본권의 이중적 성격을 인정할 것인지 여부는 헌법에 대한 관점과 기본권의 헌법적 효력에 따라 결정된다.

(2) 헌법에 대한 관점

법실증주의에서는 기본권이 주관적 공권이라는 것이 인정되지 않으므로 이중적 성격을 인정할 여지가 없다. 결단주의는 기본권을 국가에 대한 권리로 인정하고, 주관적 공권과 객관적 법질서를 엄격하게 구별한다. 기본권은 주관적 공권이고 객관적 법질서가 아니므로 기본권의 이중적 성격을 인정하지 않는다. 한편, 통합주의는 기본권을 사회적 통합을 위한 가치체계로 이해하므로 기본권도 객관적 법질서로 이해한다. 기본권은 주관적 공권일 뿐만 아니라 객관적 법질서이므로 기본권의 이중적 성격을 적극적으로 인정한다.

기본권의 이중적 성격을 인정할 것인지에 대해서는 긍정설과 부정설이 대립하지만, 현실적으로는 학설을 구별할 실익이 없다. 부정설도 기본권이 헌법에 규정됨으로서 헌법의 일부가 되어 객관적 법질서로 기능하는 것을 부인하지는 않기 때문이다. 부정설은 기본권 자체를 객관적 법질서로 이해하는 것은 기본권의 주관적 공권성을 약화시킬 위험성이 있다는 것을 지적하고 있을 뿐이다. 헌법재판소는 기본권의 주체인 개인의 입장에서 주관적 공권으로서의 성격을 가지지만, 객관적 질서로서의 의미를 아울러 가진다고 판단하여 기본권의 이중적 성격을 인정한다.[5]

(3) 헌법적 효력

기본권은 그 자체로는 주관적 공권이지만, 헌법을 매개로 하여 실질적으로 객관적 법질서로서의 성격을 가진다. 기본권이 주관적 공권이라는 것은 국가에 대해 법적 권리로 주장할 수 있다는 의미이고, 객관적 법질서라는 것은 국가는 물론 국민도 헌법적 가치로서 기본권을 존중하고 준수해야 한다는 의미이다.[6] 기본권은 주관적 권리일 뿐이지만, 기본권의 효과로 객관적 질서가 된다고 이해할 수도 있다.[7] 기본권의 이중적 성격은 기본권의 헌법적 효력을 설명하는 논거로 활용된다.

기본권의 이중적 성격은 국가의 기본권보호의무에 대한 헌법적 근거가 된다. 헌법은 제10조 후문에서 "국가는 개인이 가지는 불가침의 기본적 인권을 확인하고 이를 보장할 의무를 진다"고 규정하며, 이는 국가에 대해 기본권보호의무를 부여하는 것이다. 국민이 타인의 기본권을 침해하는 것은 법질서를 위반한 것이 되고, 국가는 법질서를 수호하기 위해 사적 영역에 개입하여 기본권을 적극적으로 보호해야 한다. 이는 사인도 개인의 기본권을 존중해야 한다는 것을 전제로 한다.

기본권이 이중적 성격을 갖는다고 하더라도 기본권의 사인적 효력을 인정할 수 있는 헌법적 근거가 되는 것은 아니다. 사인이 타인의 기본권을 존중해야 한다고 하여 기본권의 주체가 사인에게 기본권을 권리로 주장할 수 있는 것은 아니다. 기본권이 객관적 법질서라는 것은 기본권의 효력을 강화하는 것이지만, 국가에

5) 2004. 3. 25. 2002헌마710.
6) 성낙인, 헌법학, 1022면.
7) 정재황, 헌법학, 375면.

대해 주장할 수 있는 주관적 공권이라는 성격이 약화되는 것은 아니다. 국가는 기본권의 이중적 성격을 이유로 후견적 입장에서 개인의 자율적 생활관계를 억압해서는 안 된다.

3. 기본권과 제도보장

(1) 제도보장

제도보장이란 객관적 제도를 헌법에 규정함으로써 그 본질적 내용을 보장하는 것이다. 역사적으로 확립된 특정한 제도 그 자체가 입법에 의해 폐지되거나 그 본질적 내용이 훼손되는 것을 방지하기 위해 헌법이 직접 보장하도록 규정한 것이다. 제도보장은 헌법에서 직접 규정된 개념이 아니라 헌법해석을 통해 도출된 개념이다. 역사적으로 제도보장은 독일의 바이마르헌법에서 헌법적으로 보호되어야 할 제도를 입법권의 남용으로부터 보장하기 위해 자연적 인권인 자유권과 구별되는 개념으로 이론화되었다.

헌법은 핵심적 가치를 구체적으로 실현하는 방식을 다양하게 규정하는데, 주관적 권리의 형식으로 규정한 것이 기본권이고, 객관적 제도의 형식으로 규정한 것이 제도보장이다. 일반적으로 제도보장은 복수정당제도, 민주적 선거제도, 직업공무원제도, 지방자치제도, 사유재산제도, 방송·신문제도, 교육제도와 대학의 자치, 혼인과 가족제도를 의미한다. 기본권과 제도보장은 역사적으로 별개의 개념으로 출발하였지만, 실질적으로는 매우 밀접하게 관련된다. 기본권의 법적 성격은 제도보장과 비교함으로써 보다 명확하게 이해할 수 있다.

(2) 제도보장의 특징

제도보장은 객관적 제도를 보장하는 것이다. 기본권은 국가에 대해 주관적 권리로 주장할 수 있지만, 제도보장은 객관적 제도로서 국가에게 일정한 의무를 부과할 뿐, 개인에게 권리를 부여한 것은 아니다. 개인은 제도보장 그 자체를 이유로 국가에 대해 기본권을 주장할 수 없고, 사인에 대해서도 자신의 권리를 주장할 수 없다. 또한, 제도보장은 객관적 제도 그 자체를 보장하는 것이지 그 제도에 의해 현실적으로 구성된 특정한 조직이나 단체의 존속까지 보장하는 것은 아니다.

헌법은 국회에게 입법권을 부여하고, 국회는 헌법에 위반되지 않는 범위에서 입법형성권을 가진다. 국회는 헌법을 침해해서는 안 되므로 기본권이나 제도보장을 침해하는 입법을 해서는 안 된다. 제도보장은 국회의 입법형성권의 한계로 작용한다. 기본권은 모든 국가권력을 직접적으로 구속하지만, 제도보장은 주로 국회의 입법에 의한 침해를 전제로 하므로 제도보장은 국회의 입법형성권의 한계가 된다.

국가가 제도보장을 할 헌법적 의무를 부담하고, 제도보장을 위반하면 위헌이 된다. 이때 국가는 헌법에서 규정하는 제도의 최소한을 보장할 의무를 진다. 헌법재판소는 기본권은 주관적 공권이므로 국가는 '최대한 보장'해야 하지만, 제도보장은 헌법이 요구하는 '최소한 보장'만으로 충분하고 그 이상은 국회의 재량에 맡길 수 있다고 판단하였다.[8] 국가가 기본권을 제한할 경우에는 국가가 그 정당성을 증명해야 하지만, 제도보장은 국회가 입법을 통해 최소한의 보장을 했다는 것을 증명해야 한다.

(3) 양자의 관계

(가) 구별의 실익

헌법은 기본권을 보장하기 위한 수단으로 제도보장을 규정하기도 하고, 제도보장을 규정함으로써 기본권이 보장되는 경우도 있다. 헌법이 규정하는 제도보장이 기본권과 명확하게 구분되지 않는 경우도 있으며, 기본권은 이중적 성격을 가지고 객관적 법질서로 기능하므로 제도보장과 공통점을 갖기도 한다. 헌법국가에서는 헌법적 가치로 규정하는 기본권이나 제도보장은 모든 국가기관을 구속하므로 기본권과 제도보장은 체계적이고 통일적인 헌법해석을 통해 그 규범력을 강화하는 방향으로 조화롭게 이해해야 한다.

기본권과 제도보장은 모두 헌법적 가치이므로 제도보장은 기본권을 위해 존재하는 형식으로 해석하고, 기본권은 제도보장을 실질적으로 강화할 수 있는 내용으로 해석해야 한다. 하지만, 기본권과 제도보장은 헌법재판의 유형에 따라 위

---

8) 1997. 4. 24. 95헌바48.

헌심사기준을 확정할 때 큰 차이가 있으므로 양자를 구별할 실익이 있다. 기본권과 제도보장은 헌법소원에서 큰 차이가 있다. 국가가 기본권을 침해한 경우에는 개인이 헌법소원을 청구할 수 있지만, 제도보장을 침해하였다는 것만으로는 헌법소원을 청구할 수는 없다.9)

(나) 위헌심사기준의 차이

기본권과 제도보장은 위헌법률심판에서 독자적인 위헌심사기준으로 작용한다. 위헌법률심판에서 법률이 기본권을 침해하여 위헌일 수 있고, 제도보장을 침해하여 위헌일 수 있고, 양자를 모두 침해하여 위헌일 수도 있다. 다만, 기본권에 대해서는 과잉제한금지원칙을 적용하고, 제도보장에 대해서는 '최소한 보장'을 적용하여 그 위헌심사기준에는 차이가 있다. 이때 제도보장은 기본권을 통해 그 핵심적 내용이 보장되는 경우가 많으므로 최소보장을 위헌심사기준으로 적용함으로써 기본권의 보장을 약화시키지 않도록 유의해야 한다.10)

(다) 기본권의 직접적 근거는 아님

제도보장은 기본권과 밀접하게 관련되지만 직접 기본권의 헌법적 근거가 되는 것은 아니다. 기본권은 헌법 '제2장 국민의 권리와 의무'에서 규정하는 개별적 기본권의 조항과 그 해석을 통해 구체적인 내용과 범위가 확정된다. 제도보장이 기본권의 내용을 포함하고 있더라도 제도보장만을 근거로 기본권을 도출할 수는 없고, 개별적 기본권을 규정하는 조항을 보충하여 기본권의 헌법적 근거가 될 수 있을 뿐이다. 기본권의 이중적 성격을 인정하더라도 객관적 법질서로부터 기본권이 도출된다는 것은 아니다.

기본권이 제도보장으로부터 직접 도출되지 않는다는 것은 헌법의 전문과 기본원리에 대해서도 확장할 수 있다. 헌법의 전문과 기본원리는 기본권과 통일적으로 이해하고, 기본권을 강화하고 실현하는 방식으로 해석해야 한다. 하지만, 헌법의 전문과 기본원리는 국가에 대해 헌법적 의무를 부과하고 국가작용에 대한 위헌심사기준이 될 수는 있어도 그 자체를 기본권으로 보장하는 것은 아니다. 기본권은 기본권 조항과 그 해석을 통해 도출되어야 하고, 헌법의 전문과 기본원리

---

9) 성낙인, 헌법학, 1025면.
10) 김하열, 헌법강의, 194면.

로부터 독자적 기본권이 도출될 수는 없다.

　헌법의 전문과 기본원리는 직접 기본권을 도출할 수는 없지만, 개별적 기본권을 규정하는 헌법조항과 함께 기본권의 헌법적 근거로 제시될 수는 있다. 정당의 자유는 헌법 제21조 제1항의 결사의 자유와 함께 제8조 제1항을, 국민투표권은 제72조와 제130조를, 지방의회의원의 선거권은 제118조 제2항을 헌법적 근거로 삼을 수 있고,11) 헌법 제41조와 제67조의 선거원칙은 선거권의 내용에 포함되는 것으로 해석된다.

　헌법재판소는 헌법의 전문을 근거로 평화적 생존권을 기본권으로 인정하였다가 선례를 변경하여 독자적인 기본권이라고 할 수 없다고 판단하였다.12) 전문에 기재된 3.1정신이나 헌법의 기본원리로부터 개별적 기본권을 도출할 수 없으며,13) 헌법 제118조의 지방자치제도로부터 주민투표권이 기본권으로 도출되는 것은 아니라고 하였다.14) 또한, 대한민국의 영토에 관한 권리를 영토권으로 구성하는 것이 가능하더라도 제4조의 영토조항만을 근거로 헌법소원을 청구할 수 없다고 판단하였다.15)

제 3 절   기본권의 주체

1. 규범적 의미

(1) 헌법규정

　기본권의 주체란 기본권을 향유하는 자격, 즉 국가에 대해 기본권을 주장할 수 있는 법적 지위를 의미한다. 헌법은 제2장 제목을 '국민의 권리와 의무'로 설정하고, 대부분 '모든 국민'이나 '누구든지'를 기본권의 주체로 규정한다. 한편, 제2조 제1항은 "대한민국의 국민이 되는 요건은 법률로 정한다"라고 규정하여 국적

11) 2004. 12. 16. 2004헌마456.
12) 2006. 2. 23. 2005헌마268 ; 2009. 5. 28. 2007헌마369.
13) 2008. 11. 27. 2008헌마517.
14) 2007. 6. 28. 2004헌마643.
15) 2001. 3. 21. 99헌마139.

법에 따라 대한민국의 국민으로 인정되는 사람은 연령이나 성별 등에 관계 없이 누구나 기본권의 주체가 된다. 하지만, 개별적인 기본권에서는 '형사피의자', '형사피고인', '형사피해자', '여자', '연소자', '국가유공자', '근로자', '장애자' 등을 기본권의 주체로 규정하기도 한다.

(2) 헌법적 의미

기본권의 주체는 기본권을 향유할 수 있는 일반적 자격이다. 민법이 법률행위의 권리능력과 행위능력을 구별하는 것에 대응하여 기본권능력을 기본권보유능력과 기본권행위능력으로 구분할 수도 있다. 기본권보유능력은 추상적인 자격으로 모든 국민이 보유하지만, 기본권행위능력은 구체적으로 기본권을 행사할 수 있는 능력으로 미성년자나 심신상실자는 보유할 수 없다는 견해가 있다.[16] 기본권보유능력을 갖는다는 것은 기본권의 주체가 된다는 것이고, 기본권을 행사하는 능력은 개별적 기본권의 제한으로 귀결되므로 기본권행위능력을 별도의 개념으로 인정할 실익이 없다.

기본권의 주체는 헌법소원에서 청구인능력과 청구인적격을 결정하는 기준이 된다. 헌법소원에서 기본권의 주체는 청구인능력을 갖고, 기본권의 주체가 개별적 사건에서 구체적으로 기본권이 제한될 때에만 청구인적격이 인정된다. 청구인이 기본권의 주체가 아니거나 청구인적격이 없는 경우에는 적법요건을 갖추지 못하여 각하된다. 헌법재판에서 기본권이 침해되었는지 여부를 판단할 때도 기본권의 주체는 중요한 의미가 있다. 개별적 기본권은 그 주체에 따라 보장되는 내용과 제한의 정도가 달라지기 때문이다.

(3) 확정 기준

기본권의 주체는 원칙적으로 '국민'이지만, 개별적 기본권이 구체적으로 적용되는 사안에서 이를 확정하는 것은 쉬운 일이 아니다. 국민은 일반적으로는 대한민국 국적을 가진 자연인을 의미하지만, 개별적 기본권을 실질적으로 보장하기 위해서는 헌법해석을 통해 그 범위를 확대할 필요가 있다. 특히, 법의 세계에서는 자연인 이외에 법인도 법인격을 가지고, 법인격이 없는 단체도 독자적으로 그 기

---

16) 성낙인, 헌법학, 1028면 ; 장영수, 헌법학, 466~467면.

본권을 보장할 필요가 있으므로 기본권의 주체가 될 여지가 있다. 최근에는 세계화에 따라 국경의 배타적 의미가 약화되어 재외국민이나 외국인도 그 법적 지위가 강화되어 기본권의 주체가 될 수 있다.

기본권의 주체는 기본권 전체에 대해 일반적으로 확정될 수는 없고, 개별적 기본권에 따라 다르게 확정된다. 개별적 기본권에서도 기본권이 제한되는 구체적 사정이 다르기 때문에 기본권의 주체를 일률적으로 확정할 수 없다. 개별적 기본권에서는 기본권의 성격과 기능을 반영하여 원칙적으로 기본권의 주체를 일정한 범위로 설정하고, 예외적으로 그 범위를 확장하거나 제한할 수 있다. 기본권의 주체를 확정하는 것은 기본권의 본질과 특성을 이해하는 데 도움이 될 뿐만 아니라 헌법재판의 적법요건과 본안판단에서 중요한 의미가 있으므로 총론적 관점에서 검토할 필요가 있다.

2. 국민

(1) 쟁점

기본권의 주체는 원칙적으로 국민이고, 이는 자연인을 의미한다. 헌법의 위임에 따라 국민의 요건을 정하는 국적법도 자연인을 전제로 그 국적의 취득, 변경, 상실에 대해 규정한다. 기본권은 인간의 자연적 권리에서 출발하여 국가의 헌법적 가치로서 실정권으로 수용된 것이어서 기본권의 주체는 원칙적으로 국민인 자연인이다. 대한민국 국민인 이상 연령, 신체적·정신적 조건, 사회적 지위를 불문하고 미성년자, 장애자, 범죄자도 모두 기본권의 주체가 된다.

기본권의 주체가 자연인이라고 하더라도 구체적 현실에서 존재하는 사람은 다양하므로 개별적 기본권을 규정한 헌법조항과 이를 구체화한 법률의 해석을 통해 특정한 사안에서 기본권의 주체가 되는지 여부를 최종적으로 결정해야 한다. 자연인이 기본권의 주체가 될 수 있는지 여부에 대해서는 시간적 흐름을 기준으로 태아, 미성년자, 성인, 노인, 사자(死者)가, 공간적 범위를 기준으로 재외국민, 북한주민, 외국인이 기본권의 주체로 인정될 수 있는지가 쟁점이 된다. 이외에도 자연인이 공무원과 같이 국가기관의 구성원인 경우에도 기본권의 주체가 되는지가 문제된다.

(2) 태아

기본권의 주체는 사람이고, 태아는 법적으로 아직 사람이 아니다. 태아는 수정, 자궁착상, 체세포분열, 진통과 출생에 이르기까지 다양한 단계를 거쳐 사람이 된다. 태아는 신체적으로나 정신적으로 독자적인 인간으로서 활동할 수가 없어 '국민'에 해당하지 않는다. 하지만, 생명이 생성 중인 태아는 특별한 사정이 없는 한 사람이 되는 것으로 예정되어 있으므로 잠재적인 사람으로 인정하여 그 생명과 건강을 보호할 필요가 있다. 태아도 사람과 마찬가지로 일반적으로 기본권의 주체가 된다거나 예외적으로 생명권에서는 기본권의 주체가 된다는 견해도 있다.[17]

헌법재판소는 수정된 배아가 자궁에 착상하기 전이나 원시선이 나타나기 전까지는 독립된 인격과 개체적 연속성을 확정하기 어려워 인간으로 인식되지 않으므로 기본권의 주체로 인정하기 어렵다고 판단하였다.[18] 다만, 형성 중의 생명인 태아는 모(母)와는 별개의 생명체이고, 인간으로 성장할 가능성이 크기 때문에 생명권의 주체가 되고 국가는 태아의 생명을 보호할 의무가 있다고 판단하였다.[19] 이는 일정한 시간이 경과하면 태아가 독립하여 생존할 능력이나 사고능력과 같은 정신적 능력과 무관하게 생명권에서는 기본권의 주체로 인정된다는 것으로 해석된다.

민법과 형법은 일정한 조건에서 태아에 대해 부분적으로 법적 지위를 인정한다. 민법은 권리능력의 주체를 사람으로 인정하고, 태아에 대해서는 손해배상청구, 상속, 인지 등 예외적인 경우에만 권리능력을 인정한다. 대법원은 민법상 사람의 시기에 대해 완전노출설에 따르고, 태아는 정지조건설에 따라 살아서 출생한 경우에 한하여 소급하여 권리능력을 가진다고 판단하였다.[20] 한편, 형법은 태아를 대상으로 하는 낙태죄와 분만 중이거나 분만 직후의 영아를 대상으로 영아살해죄를 구별한다. 대법원은 형법상 태아와 사람을 구별하는 시기에 대해서는

---

17) 장영수, 헌법학, 472면.
18) 2010. 5. 27. 2005헌마346.
19) 2008. 7. 31. 2004헌바81.
20) 대법원 1976. 9. 14. 76다1365.

진통설을 따른다.21)

헌법은 인간의 존엄과 가치를 최고의 헌법적 가치로 인정하므로 태아의 생명도 보호되어야 한다. 하지만, 기본권의 주체가 된다는 것과 국가가 헌법적 가치로 보호해야 할 대상이 된다는 것은 다른 문제이다. 태아의 생명을 보호해야 하는 헌법적 의무는 헌법 제10조에서 규정하는 인간의 존엄과 가치로부터 도출할 수 있다. 태아는 아직 사람이 아니어서 독자적으로 기본권을 행사할 수 없으므로 기본권의 주체가 될 수 없고, 생명권에서만 예외적으로 기본권의 주체로 인정하는 것도 그 근거가 명확하지 않다. 헌법재판소는 태아를 생명권의 주체로 인정하지만, 태아는 헌법적으로 보호할 대상이 될 수는 있어도 기본권의 주체로 인정할 수는 없다고 해석하는 것이 타당하다.

(3) 미성년자와 노인

유아, 아동, 청소년과 같은 미성년자도 기본권의 주체가 될까. 기본권의 주체가 사람이더라도 현실적으로 기본권을 행사하는 능력에는 차이가 있고, 민법이나 공직선거법과 같은 개별적 법률은 권리행사의 연령을 다양하게 규정한다. 기본권의 주체는 기본권을 보유하고 행사하는 일반적 자격이므로 국민에 해당하면 미성년자도 독자적으로 기본권의 주체가 된다.22) 미성년자는 개별적 기본권을 실현하는 과정에서 법률에 의해 그 기본권이 제한될 수 있고, 일정한 경우에 소송행위가 제한될 수 있을 뿐이다.

미성년자는 인간이지만 현실적으로 성인과 동일하게 취급하기 어려운 경우가 있다. 인간은 유아에서 청소년으로 자라면서 양육과 보호의 대상에서 점차 자율적인 인간의 지위가 강화되는데, 그 과정에서 미성년자의 법적 지위는 부모, 학교, 국가와 밀접하게 관련된다. 헌법은 미성년자를 어른의 폭력에 노출된 약자로 취급하여 특별한 보호를 규정한다. 즉, 교육을 받게 할 의무와 의무교육의 무상, 연소자의 근로에 대한 특별한 보호, 청소년의 복지향상 등을 규정한다. 이는 기본권의 침해 여부를 판단하는 중요한 기준이 되지만 기본권의 주체를 확정하는 것은 아니다.

---

21) 대법원 2007. 6. 29. 2005도3832.
22) 2004. 5. 27. 2003헌가1.

현대의 노령사회에서는 노인에 대한 기본권도 중요한 쟁점이 된다. 노인 역시 나이가 들어감에 따라 사회적 약자가 되고, 헌법은 평생교육의 진흥, 노인의 복지향상, 노령으로 인한 생활구조 등을 통해 노인에 대한 특별한 보호를 규정한다. 노인도 미성년자와 마찬가지로 독자적으로 기본권의 주체가 되며, 법률에 의해 그 기본권이 제한되거나 일정한 경우에 소송행위가 제한될 수 있을 뿐이다.

(4) 사자(死者)

기본권의 주체인 국민은 사람이고, 사람은 생명이 종료함으로써 기본권의 주체라는 지위를 상실한다. 생명은 호흡 또는 맥박이 정지되었을 때 종료된다는 관점도 있고, 뇌사가 되었을 때 종료된다는 관점도 있다. '장기 등 이식에 관한 법률'은 뇌사자란 법률에 따른 뇌사판정의 기준과 절차에 따라 뇌 전체의 기능이 되살아날 수 없는 상태로 정지되었다고 판정된 사람이라고 정의하고, 살아있는 사람에서 제외한다. 이 법률은 장기의 적출과 이식에 대한 요건, 대상, 절차를 규정하며, 사람이 호흡이나 맥박이 정지되었더라도 뇌사판정위원회가 뇌사판정을 하기 전에는 살아 있는 사람으로 인정한다.[23]

인간의 생명이 종료되는 것은 법률관계에서 매우 중요한데, 현재의 의학적 관점에서는 인간의 호흡 또는 맥박이 정지되었다면 뇌의 작용이 계속되더라도 사망한 것으로 판단하는 것이 타당하다. 사자도 태아와 마찬가지로 법적으로 보호할 필요가 있지만, 사람이 아니므로 기본권의 주체로 인정될 수는 없고, 일정한 경우에 보호의 대상이 될 뿐이다. 형법은 공연히 허위의 사실을 적시하여 사자의 명예를 훼손한 행위를 처벌하고, 사자에 대한 사회적 명예와 평가의 훼손은 그들의 후손의 인격권, 즉 유족의 명예 또는 사자에 대한 경애추모의 정신을 침해한 것으로 평가된다.[24]

헌법재판소는 인수자가 없는 시체를 생전의 본인의 의사와 무관하게 해부용 사체로 제공할 수 있도록 한 것은 시체의 처분에 대한 자기결정권을 침해한 것으로 위헌이라고 판단하고,[25] 피해자인 고소인이 고소를 한 후에 사망한 경우에는

---

23) 장기 등 이식에 관한 법률 제4조 제5호, 제22조 내지 제27조.
24) 2010. 10. 28. 2007헌가23.
25) 2015. 11. 26. 2012헌마940.

피보호법익인 재산권의 상속인이 검사의 불기소처분에 대해 헌법소원을 청구할 수 있다고 판단하였다.26) 이는 사자라도 생전의 기본권을 존중하고 그 인격적 가치를 존중해야 한다는 것이지 사자를 직접 기본권의 주체로 인정한 것은 아니다. 헌법재판소도 헌법소원을 청구한 자가 사망한 경우에 청구인능력을 상실하였으므로 심판절차종료를 선언한다.27)

최근에는 환경권과 같은 개별적 기본권에서는 미래세대 역시 기본권의 주체로 인정해야 한다는 주장도 있다. 미래세대는 헌법적으로 보호할 가치가 있어 이를 국가목표로 설정할 수 있으나, 미래세대는 사람이 아니고 추상적인 법적 주체로서 그 내용과 범위가 불명확하기 때문에 기본권의 주체로 인정하기는 어렵다.

(5) 재외국민

재외국민은 대한민국 국적을 가지면서 외국에 영주하거나 장기간 체류하는 사람이다. 헌법은 재외국민을 보호하는 것을 국가의 의무라고 선언한다. 재외국민도 국가의 구성원이므로 국가가 보호해야 하고, 재외국민에 대한 보호의무는 조약, 일반적으로 승인된 국제법규와 외국의 법령을 근거로 외교적 보호는 물론 문화와 교육 등을 지원하는 것을 포함한다.28) '재외국민보호를 위한 영사조력법'은 재외국민의 생명, 신체 및 재산을 보호하기 위한 국가의 영사조력을 규정한다. 재외국민도 기본권의 주체가 되며, 개별적 기본권을 적용하는 과정에서 외국과의 관계에 따라 기본권이 제한될 수 있을 뿐이다.

재외동포는 외국에 있으면서 대한민국과 인적 관련성을 유지하고 있는 사람이며, 재외국민을 포함한다. 재외국민은 대한민국 국적을 가지므로 국민으로서 기본권의 주체가 되지만, 외국의 국적을 가진 재외동포는 원칙적으로 외국인과 동일하게 취급하며, '재외동포의 출입국과 법적 지위에 관한 법률'에 따라 출입국과 부동산거래, 금융거래, 건강보험 등에 대해 특별한 법적 지위를 보장한다. 북한주민은 헌법적으로 대한민국 국민에 해당하므로 기본권의 주체가 된다.29) 하지만, 개별적 기본권을 행사하는 과정에서는 분단상황의 특수성을 고려하여 외국인에

---

26) 1993. 7. 29. 92헌마234.
27) 1992. 11. 12. 90헌마33.
28) 1993. 12. 23. 89헌마189 ; 2006. 3. 30. 2003헌마806.
29) 대법원 1996. 11. 12. 96누1221.

준하여 그 기본권이 제한될 수 있다.

(6) 공무원

(가) 공권력 행사의 주체

공무원은 국가나 지방자치단체, 그리고 국가로부터 사무를 위임받아 국가의 감독 아래 공적 업무를 담당하는 공공단체의 구성원이다. 국가와 지방자치단체는 사람은 아니지만 법에 의해 인격이 부여되는 공법인으로 권리의무의 주체가 된다. 국가와 지방자치단체는 공적 과제를 위해 헌법과 법률에 의해 권한을 행사하는 공권력의 주체이므로 기본권의 주체가 아니다. 공무원은 국가와 같은 공공단체를 대표하여 공적 업무를 실제로 담당하고, 그 행위는 국가의 행위로 의제되어 법적 효과가 발생하므로 공무원 역시 기본권의 주체가 아니라 기본권을 제한할 수 있는 공권력의 행사자이다.

공무원은 국가와 특별권력관계에 있으므로 기본권의 주체에서 배제된다는 관점이 있다. 개인은 국가와 일반권력관계에 있어 기본권의 주체가 되지만, 공무원은 국가의 지배에 일방적으로 복종하는 특별권력관계를 맺는다는 것이다. 따라서 공무원은 기본권의 주체가 될 수 없고 특별권력관계에는 법치가 배제되어 사법심사의 대상에서도 제외된다고 한다. 하지만, 공무원도 사적 영역에서는 개인으로서 국가와 일반권력관계를 맺고 살아가며, 공적 과제를 수행하는 범위에서만 헌법과 법률에 의해 특별히 규율되므로 공무원이 기본권의 주체에서 제외되는 것은 아니다.

(나) 이중적 지위

공무원이 기본권의 주체가 되는지 여부는 일반적으로 그 법적 지위와 생활 영역에 따라 다르게 평가될 수 있다. 공무원은 공적 업무를 수행하는 국가기관의 구성원이지만, 본질적으로는 개인으로서 인간의 존엄과 가치가 존중되어야 하고, 사적 영역에서는 일반인과 마찬가지로 국가와도 일반권력관계를 맺게 된다. 공무원이 공적 업무를 담당하는 공적 영역에서도 개인적 지위가 전면적으로 배제되는 것이 아니라 공적 과제를 수행하기 위해 필요한 범위에서 헌법과 법률에 의해 특별한 취급을 받는다.

첫째, 공무원은 법률이나 계약에 의해 국가기관의 구성원의 지위를 갖는데, 국가로부터 공적 과제를 담당하는 권한을 부여받고, 국가로부터 지휘와 감독을 받으며 국가에 대해 자신의 행위에 대해 책임을 져야 한다. 공무원이 국가기관의 구성원으로 자신의 권한을 행사하는 영역에서는 국가를 대표하여 기본권을 침해할 수 있는 공권력을 행사하는 지위를 갖는다. 이때 공무원은 개인의 기본권을 보장하는 헌법적 의무를 지므로 국가에 대해 기본권을 주장할 수 없다.

둘째, 공무원이 일반 국민으로 생활하는 영역에서는 개인으로서 기본권의 주체가 되고, 공무원의 근무관계에 대해 법치가 적용되어 법적 권리나 이익을 보장하기 위해서는 사법적 구제가 보장되어야 한다. 공무원이 국가와 특별관계를 맺는 경우에도 국가에 고용되어 급여를 받는 근로자의 지위가 배제되는 것은 아니다. 공무원은 개인으로서 직업의 자유를 실현하는 과정에서 공무원이 될 수 있고, 이때에는 국가에 대해 기본권의 주체가 되어 자신의 기본권을 주장할 수 있다.

공무원이 사적 생활을 영위하는 영역과 공적 업무를 수행하는 영역을 구별하는 것은 쉽지 않다. 공무원의 이중적 지위를 그 생활영역에 따라 확정하는 것은 한계가 있으므로 공무원은 개인으로 살아가는 사적 영역에는 물론 공적 업무를 수행하는 영역에서도 기본권의 주체가 된다고 해석된다. 공무원이 공적 과제를 위해 국가와 특별관계를 맺는 경우에도 이는 공무원의 기본권을 제한하는 사유가 될 뿐이지 공무원이 기본권의 주체에서 제외되는 것은 아니다. 공무원에 대해서는 그 공적 업무의 특수성을 고려하여 일반 국민보다 폭넓게 기본권이 제한되는 것으로 이해하는 것이 타당하다.[30]

공무원도 원칙적으로 기본권의 주체가 되므로 헌법소원을 청구할 수 있다. 다만, 공무원이 공권력의 주체로 행위할 때에는 기본권을 주장할 수 없으므로 청구인적격을 갖는지 여부는 기본권의 성격, 국가기관으로서의 직무와 기본권 사이의 관련성, 직무상 행위와 사적 행위의 구별 가능성 등을 종합적으로 고려하여 확정해야 한다. 이는 공무원뿐만 아니라 국공립학교 학생, 수형자와 같이 국가와 특별관계를 맺고 있는 사람에 대해서도 동일하게 적용된다. 헌법재판소는 대통령도 국민의 한 사람으로 정당활동과 정치적 표현의 자유를 행사할 수 있는 기본권의 주체가 된다고 판단하였다.[31]

---

30) 정재황, 헌법학, 411면.

(다) 특별한 취급

헌법은 공무원을 국민 전체의 봉사자로 규정하여 국민에 대해 책임을 지도록 하며, 공무원의 신분과 정치적 중립성을 보장한다. 이는 공무원의 헌법적 지위를 규정한 것으로 공무원의 기본권을 제한하거나 그 한계를 설정하는 규범적 기준이 된다. 헌법은 공무원에 대해 직접 기본권을 제한하기도 한다. 공무원인 근로자는 법률이 정하는 자에 한하여 근로3권을 가지도록 하고, 군인이나 군무원과 같이 법률로 정하는 사람은 공무원의 직무상 불법행위로 손해를 입더라도 법률이 정하는 보상 이외에는 국가배상을 청구할 수 없도록 한다. 이는 공무원도 근로의 권리와 국가배상청구권의 주체가 된다는 것을 인정한 것이다.

공무원이 기본권의 주체가 되더라도 공적 과제를 위해 공무원의 근무관계를 특별하게 규율을 할 필요가 있다. 헌법과 법률은 공무원의 신분과 정치적 중립성을 보장하는 한편, 공무원에게 겸직금지, 직무전념, 비밀엄수와 같은 특별한 의무를 부과한다. 이는 공무원을 기본권의 주체로 인정하는 것을 전제로 개별적 기본권을 제한하는 것으로 해석된다. 특히, 공무원은 공무담임권을 가지므로 부당하게 공무원의 신분을 박탈하거나 직무를 정지해서는 안 된다.[32] 헌법재판소는 공무원의 경우는 직업의 자유가 공무담임권을 통해 보장되므로 공무담임권은 직업의 자유에 대해 특별법적 성격을 가진다고 판단하였다.[33]

3. 외국인

(1) 헌법규정

헌법은 기본권의 주체를 '국민'으로 규정하지만, 제6조 제2항에서는 "외국인은 국제법과 조약이 정하는 바에 의하여 그 지위가 보장된다"라고 규정한다. 개별적 기본권에서는 외국인에 대해 특별히 규정하지 않는다. 기본권은 국가를 전제로 하고, 외국인은 국가의 인적 구성원에 포함되지 않으므로 외국인은 기본권

---

31) 2008. 1. 17. 2007헌마700.
32) 2014. 4. 24. 2011헌마612.
33) 2001. 2. 22. 2000헌마25.

의 주체가 아니라고 해석할 수 있다. 하지만, 기본권은 자연적 인권의 발전과 함께 확대되었고, 외국인도 인간으로서 존엄과 가치를 존중받아야 하므로 외국인을 기본권의 주체에서 완전히 배제할 수는 없다. 외국인이 기본권의 주체인지 여부에 대해서는 다양한 관점이 있다.

기본권은 인간의 권리이므로 외국인도 기본권의 주체가 된다는 관점이 있고, 개별적 기본권의 성격에 따라 자연적 인권에서는 외국인도 기본권의 주체가 된다는 관점도 있다. 외국인이 기본권의 주체가 되는지 여부에 대해서는 전적으로 인정하거나 완전히 배제하는 견해는 없고, 대부분은 원칙과 예외의 문제로 파악한다. 한편, 상호주의에 따라 외국인도 일정한 범위에서 기본권의 주체로 인정할 수 있다는 관점도 있다. 하지만, 상호주의는 국가 사이에 동일한 행동이나 가치를 교환하는 외교원리로서 국가의 정책적 수단이므로 외국인을 기본권의 주체로 인정하는 것과는 다른 차원의 문제이다.

(2) 판례

헌법재판소는 원칙적으로 외국인은 기본권의 주체가 될 수 없지만, 예외적으로 인간의 권리에 해당하는 기본권에서는 기본권의 주체가 될 수 있다고 판단하였다. 즉, 국민과 유사한 지위에 있는 외국인은 기본권의 주체가 될 수 있다고 전제하고, 외국인은 '국민의 권리'가 아닌 '인간의 권리'만 가진다고 판단하였다.[34] 인간의 존엄과 가치, 행복추구권, 평등권, 신체의 자유, 주거의 자유, 변호인의 조력을 받을 권리, 재판청구권에서도 외국인을 기본권의 주체로 인정하였다. 최근에는 사회권에서도 외국인을 기본권의 주체로 인정하는 범위를 확대하고 있다.

헌법재판소는 근로의 권리는 일할 환경에 관한 권리도 포함하며, 이는 인간의 존엄성에 대한 침해를 방어하기 위한 자유권의 성격도 가지므로 외국인 근로자도 그 기본권 주체가 된다고 판단하였다.[35] 한편, 거주·이전의 자유에서 외국인은 입국의 자유나 국적취득의 자유를 갖지 않으며, 외국인은 원칙적으로 직업선택의 자유를 갖지 않는다고 판단하였다.[36] 대법원은 외국인은 근로의 권리의

---

34) 2001. 11. 29. 99헌마494 ; 2012. 8. 23. 2008헌마430.
35) 2016. 3. 31. 2014헌마367.
36) 2014. 6. 26. 2011헌마502 ; 2014. 8. 28. 2013헌마359.

주체가 된다는 것을 전제로 불법체류 외국인도 산업재해보험법상 요양급여를 받을 권리를 가지며, '노동조합법 및 노동관계조정법'에서 규정하는 근로자에 포함된다고 판단하였다.[37]

(3) 원칙과 예외

(가) 원칙적 불인정

외국인을 기본권의 주체로 인정할 것인지 여부는 주권자의 정치적 결단에 따라 선택할 수 있는 헌법정책의 문제에 속한다. 헌법은 이에 대해 아무런 규정을 두지 않아 개별적 기본권을 규정하는 헌법조항에 대한 해석을 통해 판단해야 한다. 국민은 국가의 인적 구성원으로 국가의 정체성을 결정하는 중요한 요소이므로 전면적으로 외국인을 기본권의 주체로 인정하기는 어렵다. 특히, 참정권은 국가를 전제로 주권자인 국민만이 국가의 정치적 의사결정에 참여해야 하고, 이는 자연법적 인권이 아니라 국민의 권리에 해당하므로 재외국민은 주체가 되지만, 외국인은 주체가 될 수 없다고 해석해야 한다.

외국인은 원칙적으로 기본권의 주체가 되지 않지만, 국회가 입법을 통해 외국인에게 법률적 권리를 부여하는 것을 금지하는 것은 아니다. 외국인도 조약이 정하는 법적 지위나 개별적 법률이 규정하는 법률적 권리를 가질 수 있고, 법률을 통해 외국인에 대해 선거권이나 공무원임용의 기회를 부여할 수 있다. 외국인에게 참정권을 인정하는 것은 헌법적 근거가 없어 공직선거법을 통해 권리를 부여할 수 없다는 관점도 있지만, 헌법은 국제법과 조약에 따라 외국인의 지위를 보장하므로 공직선거법과 같은 법률을 통해 외국인의 참정권을 부여하는 것은 가능하다고 해석된다.

(나) 인정되는 경우

외국인에 대해 개별적 기본권을 보호할 필요가 있고, 헌법해석을 통해 기본권의 주체로 인정할 수 있는 경우에는 그 범위 내에서 외국인을 기본권의 주체로 인정할 수 있다. 이때에는 구체적 사안에서 외국인에게 적용되는 개별적 기본권의 성질을 고려해야 한다. 외국인을 기본권의 주체로 인정하는 경우에도 그 구체

---

37) 대법원 2015. 6. 25. 2007두4995.

적인 요건과 범위는 사안에 적용되는 개별적 기본권에 따라 다르게 결정되며, 국가에 미치는 영향 등을 고려하여 국민과 달리 다양한 방법으로 그 기본권이 제한될 수도 있다.

일반적으로 외국인은 인간으로서의 존엄과 가치에 기초하여 행복추구권을 가지며, 자유권과 청구권의 영역에서는 기본권의 주체가 될 수 있다. 하지만, 참정권과 사회권의 영역에서는 기본권의 주체로 인정하기 어렵다. 외국인이 개별적 기본권의 주체로 인정되는 경우에는 그 차별적 취급이 평등권을 침해할 수 있으므로 평등권의 주체가 될 수 있다. 다만, 평등권은 기본권에 대한 차별적 취급뿐만 아니라 법률적 권리에 대한 차별적 취급에 의해서도 침해될 수 있으므로 외국인이 법률적 권리를 가질 경우에는 그 권리에 대한 차별적 취급에서는 평등권의 주체가 될 수 있다.[38]

외국인은 참정권의 영역에서 기본권의 주체가 아니지만, 법률적 차원에서 일정한 권리를 보장한다. 외국인은 원칙적으로 공무원으로 임용될 수 없지만, 법률에 따라 국가안보 및 보안·기밀에 관계되는 분야를 제외하고는 공무원으로 임용될 수 있다.[39] 지방자치에서도 일정한 연령 이상의 외국인으로 출입국관리법에 따른 영주의 체류자격 취득일 후 3년이 경과하고, 지방자치단체의 외국인등록대장에 등재된 자는 지방자치단체의 의회의원 및 장의 선거권, 주민투표권, 주민소환투표권을 갖는다.[40] 외국인이 갖는 지방선거권, 주민투표권, 주민소환투표권은 헌법적 기본권이 아니라 법률적 권리에 해당한다.[41]

(다) 과제

현대국가에서는 과학기술의 발달에 따라 세계화와 정보화가 확대되고, 국경과 국적을 초월한 다문화사회가 촉진됨에 따라 영토와 국적에 대한 규범적 의미가 약화되었다. 국민이 국경을 넘어 외국에 거주하거나 외국인이 국내에 거주하는 사례가 증가하여 국적이 국가와 맺는 실질적 견련성도 완화되었다. 헌법이 보장하는 개별적 기본권에는 자연적 인권으로 인정되는 경우가 많고, 국민의 권리

---

38) 2015. 12. 23. 2011헌바139.
39) 국가공무원법 제26조의3, 지방공무원법 제25조의2.
40) 공직선거법 제15조 제2항, 주민투표법 제5조 제1항, 주민소환에 관한 법률 제3조 제1항.
41) 김하열, 헌법강의, 617면 ; 성낙인, 헌법학, 174면.

와 인간의 권리도 상대화되고 있어 외국인을 기본권의 주체로 인정하는 기준이
명확하지 않다.

헌법은 국제법과 조약이 정하는 바에 의하여 외국인의 법적 지위를 보장하
고, 국제평화를 지향하고 국제법을 존중하고 있어 법률적 차원에서 외국인의 법
적 지위를 강화할 수 있는 제도적 장치를 마련할 수도 있다. 특히, 유럽연합에서
는 유럽연합조약이나 유럽연합 기본권헌장에서 인정하는 자유와 권리에 대해서
는 외국인도 유럽재판소와 유럽인권재판소에 사법적 구제를 청구할 수 있도록
보장한다. 앞으로는 외국인도 기본권의 주체로 인정하고 구체적인 사안에서 법
률을 통해 기본권의 보장과 제한을 조정하는 방향으로 헌법을 해석할 수 있을
것이다.[42]

4. 법인과 단체

(1) 헌법규정

헌법은 법인과 단체가 기본권의 주체가 되는지 여부에 대해서는 아무런 규
정을 두지 않고 있다. 독일기본법이 "기본권이 그 성질상 내국법인에게 적용될
수 있을 때에는 그들에게도 적용된다"라고 규정한 것과 비교된다. 기본권은 인간
의 자연적 권리에서 출발하였으나, 법인과 단체가 국가의 운영과 개인의 생활에
중요한 역할을 하게 됨에 따라 이들도 기본권의 주체로 인정할 필요가 커졌다. 법
인은 법에 의해 독립적인 인격이 부여된 단체로서 법적 권리의무의 주체가 될 수
있고, 법인격이 없는 단체도 법인과 실질적으로 동일한 역할을 하므로 독자적으
로 기본권의 주체로 인정할 것이 요구된다.

기본권의 주체는 헌법해석을 통해 확정되는데, 기본권에 대한 관점에 따라
다르게 해석될 수 있다. 기본권을 자연적 인권으로 이해하면 법인과 단체는 기본
권의 주체가 될 수 없고, 기본권을 법적 권리로 이해하면 독립적인 법인격을 갖는
법인과 단체는 기본권의 주체로 인정할 여지가 있다. 현실적으로 법인과 단체를
자연인과 동일하게 기본권의 주체로 인정하거나 기본권의 주체에서 완전히 배제

42) 정재황, 헌법학, 415면.

하는 견해는 없다. 법인과 단체는 그 유형과 기본권의 성질을 기준으로 원칙적으로 기본권의 주체로 인정하면서 예외적으로 부인하거나, 원칙적으로 기본권의 주체로 인정하지 않으면서 예외적으로 인정한다.

(2) 판례

헌법재판소는 법인과 단체가 기본권의 주체가 될 수 있는지에 대해 일반적 기준을 명확하게 제시하지 않고 법인과 단체의 종류, 목적과 기능, 개별적 기본권의 성질을 기준으로 필요한 범위에서 법인과 단체를 기본권의 주체로 인정한다. 즉, 공법인은 공적 과제를 수행하기 위해 설립되었으므로 공권력의 주체로서 기본권의 주체가 될 수 없지만, 예외적으로만 기본권의 주체가 될 수 있다. 한편, 사법인과 단체는 개인과 마찬가지로 기본권의 주체가 될 수 있지만, 예외적으로 기본권의 성질에 의해 허용되지 않는 경우에는 기본권의 주체가 될 수 없다.

첫째, 공법인은 원칙적으로 기본권의 주체가 될 수 없으므로 국가, 지방자치단체, 지방의회는 물론 국립대학, 박물관, 도서관과 같은 영조물과 한국전력공사, 인천공항공사, 한국은행, 도로공사와 같은 영조물법인은 기본권의 주체가 되지 않는다. 예외적으로 공법인과 사법인의 성격을 함께 갖거나 국가와 관계에서 기본권을 보장할 필요가 있는 경우는 일정한 범위에서 개별적 기본권의 주체가 될 수 있다. 즉, 서울대학교와 세무대학을 학문의 자유의 주체로, 한국방송공사를 방송의 자유의 주체로, 축협중앙회를 결사의 자유의 주체로, 주식회사 문화방송을 직업의 자유의 주체로 인정하였다.[43)]

둘째, 사법인은 개별적 기본권의 성질이 허용하는 경우에는 기본권의 주체가 될 수 있다. 사법인이 사단법인인지 재단법인인지, 영리법인인지 비영리법인인지를 구별하지 않고 개별적 기본권의 주체가 될 수 있다. 상공회의소와 같이 부분적으로 공익적 성격을 가지는 경우에도 기본권의 주체가 될 수 있다.[44)] 법인격이 없는 단체도 그 대표자를 정하고 독립된 사회적 조직체로 활동하는 경우에는 개별적 기본권의 주체가 될 수 있다.[45)] 정당은 물론 등록이 취소된 정당이라도 실

---

43) 1992. 10. 1. 92헌마68 ; 1999. 5. 27. 98헌바70 ; 2000. 6. 1. 99헌마553 ; 2013. 9. 26. 2012헌마271.
44) 1991. 6. 3. 90헌마56.
45) 1995. 7. 21. 92헌마177.

질적으로 정당으로 활동하고 있는 경우에는 재산권, 선거의 기회균등권, 정당의 자유의 주체가 될 수 있다.46)

헌법재판소는 법인과 단체가 자연적 인권으로 인식되는 인격권이나 명예권의 주체가 된다고 판단한 적도 있다. 즉, 언론사나 방송사는 사회적 신용이나 명예의 유지를 포함한 법인격의 자유로운 발현을 위해 자율적으로 의사결정이나 행동을 할 수 있는 인격권의 주체가 된다고 판단하였다.47) 공정거래위원장이 사업자단체로 하여금 법위반사실을 공표할 것을 명령하는 것도 그 사업자단체의 사회적 신용을 유지하기 위해 보호되어야 할 명예권을 침해한다고 판단하였다.48)

(3) 원칙과 예외

(가) 공법인은 원칙적으로 부인

국가나 지방자치단체와 같은 공법인은 공적 목적을 달성하기 위해 헌법과 법률에 의해 설립되고 그 범위에서 공법적 권한을 가지고 활동하며, 국가의 특별한 감독을 받으므로 공권력의 주체가 된다. 공법인은 기본권을 보장해야 할 수범자이므로 원칙적으로 기본권의 주체가 되지 않는다. 하지만, 현실적으로 공법인과 사법인의 목적과 기능을 명확하기 구별하기 어려운 경우가 있고, 사법인이 공적 과제를 수행하거나 공법인이 사적 영역에서 활동하기도 한다.

공법인과 그 구성원은 기본권의 주체가 될 수 없지만, 예외적으로 공법인이 국가로부터 독립적인 고유한 업무를 수행하거나 사경제의 주체로 활동하는 경우에는 기본권의 주체로 인정할 수 있다. 특히, 국가로부터 독립적으로 조직되고 그 고유한 업무가 국가업무와 충돌할 수 있는 경우에는 공법인 자체의 기본권을 보호할 필요성이 있고, 공법인의 구성원의 기본권의 실현에도 기여할 수 있으므로 공법인도 기본권의 주체가 될 수 있다.49)

---

46) 2006. 3. 30. 2004헌마246.
47) 2015. 7. 30. 2013헌가8 ; 2012. 8. 23. 2009헌가27.
48) 2002. 1. 31. 2001헌바43.
49) 성낙인, 헌법학, 1034면.

(나) 사법인과 단체는 원칙적으로 인정

현대국가에서 법인과 단체는 국가와 개인에게 중요한 영향을 미치고, 구성원인 개인의 기본권과도 밀접하게 관련된다. 국가가 공권력으로 강제하지 않는 사법인과 단체는 그 목적과 기능을 달성하기 위해서는 원칙적으로 그 자체를 기본권의 주체로 인정할 수 있다. 하지만, 사법인과 단체는 그 구성원인 개인의 기본권과 별도로 독자적으로 기본권의 주체가 되기 위해서는 일정한 요건을 갖추어야 한다.

첫째, 사법인과 단체는 그 구성원인 개인과 구별되는 독립적이고 통일된 조직을 갖추어야 한다. 사법인과 단체는 개인의 자발적인 의사에 의해 구성되고, 자율적으로 운영됨으로써 구성원인 개인과는 별도로 법인격의 실체를 갖추어야 한다. 사법인이나 단체의 내부 조직이나 기관은 법인 자체와 별도로 기본권을 인정할 필요가 없으므로 기본권의 주체가 되지 않는다. 노동조합이나 정당과 같이 법인격이 없는 단체도 법률에 의해 법인격이 인정되지 않을 뿐, 실질적으로 법인과 동일한 기능을 수행하므로 독립적이고 통일된 조직을 갖춘 경우에는 원칙적으로 기본권의 주체가 된다.

둘째, 사법인과 단체 그 자체에 개인과 별도로 기본권의 주체로 인정할 필요가 있어야 하고, 기본권의 주체로 인정하는 것이 법적으로 가능해야 한다. 사법인과 단체의 목적이나 기능을 고려하여 그 자체의 독자적인 기본권으로 보장할 필요가 인정되어야 한다. 또한, 사법인과 단체의 목적과 기능이 법적으로 개별적 기본권으로 수용될 수 있어야 한다. 다만, 사법인과 단체가 기본권의 주체로 인정되지 않는 경우에도 국회가 법률을 통해 법률적 권리의 주체로 인정할 수는 있다.

(다) 개별적 기본권의 성질을 고려

공법인이 예외적으로 기본권의 주체가 되고, 사법인과 단체가 원칙적으로 기본권의 주체가 인정된다고 하더라도 개별적 기본권의 성질이 법인과 단체를 그 주체로 인정할 수 없는 경우에는 개별적 기본권의 주체가 될 수 없다. 법인과 단체가 기본권의 주체가 되는지는 개별적 기본권의 성질을 고려하여 법인이나 단체를 기본권의 주체로 인정할 수 있어야 한다. 이때에도 법인과 단체가 언제나 개별적 기본권의 주체가 되는 것은 아니라, 구체적 사안에서 개별적 기본권을 법인과 단체에게 적용하기 어려운 경우에는 기본권의 주체가 될 수 없다.

일반적으로 학문의 자유, 예술의 자유, 언론·출판의 자유, 재산권, 재판청구권와 같은 기본권에서는 법인과 단체가 그 주체가 될 수 있다. 법인이 형사처벌을 받을 경우에는 변호인의 조력을 받을 권리, 무죄추정을 받을 권리, 이중처벌을 받지 않을 권리도 가진다. 하지만, 행복추구권, 생명권, 신체의 자유, 양심의 자유, 선거권, 공무담임권, 형사보상청구권, 범죄피해자구조청구권, 인간다운 생활권, 혼인과 가족생활에 관한 권리와 같은 기본권에서는 자연인만 기본권의 주체가 되고, 법인이나 단체는 기본권의 주체가 될 수 없다.[50]

(라) 과제

법인이나 단체를 기본권의 주체로 인정하는 기준을 일반적으로 제시할 수 있지만, 구체적 사안에서 확정하는 것은 쉬운 일이 아니다. 법인은 공법인과 사법인, 사단법인과 재단법인, 영리법인과 공익법인, 외국법인과 내국법인 등으로 구분할 수 있는데, 법인과 단체의 종류와 기능을 기준으로 기본권의 주체를 획일적으로 확정하기는 어렵다. 구체적 사안에서 개별적 기본권을 법인과 단체에 적용할 수 있는지를 판단하는 것도 쉽지 않다. 특히, 외국법인의 경우에는 외국인의 지위와 법인의 지위를 함께 가지므로 그 특성도 고려해야 한다.

법인과 단체가 기본권의 주체가 되는지에 대해서는 이를 기본권 주체의 문제가 아니라 기본권 제한의 문제로 해결해야 한다는 견해가 있다.[51] 이는 기본권 주체의 범위를 확장하여 기본권 보장을 강화하는 장점이 있지만, 기본권의 주체가 되는지 여부는 헌법소원에서 청구인적격을 결정하는 기준이 되므로 헌법재판에서 이를 확정할 실익이 있다. 법인이나 단체가 독자적인 조직을 갖추고 있어 구성원과 별도로 그 자체의 기본권을 독자적으로 보장할 필요가 있고, 구체적인 사안에서 개별적 기본권의 성질이 법인이나 단체에 적용할 수 있는 경우를 개별적으로 판단하여 확정할 수밖에 없다.

법인과 단체를 기본권의 주체로 인정하는 것은 일반적으로 구성원인 개인의

---

50) 2006. 12. 28. 2004헌바67 ; 2010. 7. 29. 2009헌바40.
51) 정재황, 헌법학, 435면.

기본권을 강화하지만, 법인과 단체의 기본권이 구성원의 기본권과 서로 충돌할 수 있다는 것을 유의해야 한다. 특히, 개인이 법인과 단체에 가입해야 하는 것이 법률에 의해 강제되는 경우에는 법인과 단체의 기본권을 보장하는 것이 개인의 기본권을 침해할 수도 있다. 기본권의 충돌은 기본권 제한의 문제로 귀결되므로 헌법 제37조 제2항에 따라 과잉제한금지원칙을 적용하여 해결해야 한다.

제 4 절   기본권의 내용

l. 규범적 의미

(1) 기본권의 보장

기본권은 국가에 대한 주관적 공권이고, 개인은 자신이 원하는 방식으로 기본권을 향유할 수 있다. 기본권은 헌법적 가치로서 개인이 자율적으로 기본권을 행사하는 것은 합법적이고 정당하다. 헌법 제10조 후문은 "국가는 개인이 가지는 불가침의 기본적 인권을 확인하고 이를 보장할 의무를 진다"라고 규정한다. 국가는 개인의 기본권에 대응하여 기본권을 보장해야 할 헌법적 의무를 지고, 이를 '기본권보장의무'라고 한다. 개인은 국가에서 사회적 존재로 살아가므로 서로 이해관계가 충돌할 수 있어 자신의 기본권을 실현하는 과정에서 국가로부터 방해를 받을 위험이 있다.

국가는 공적 영역에서 개인의 기본권을 침해할 위험이 있는데, 개인은 기본권에 근거하여 소극적으로는 국가에게 기본권을 침해하지 말 것을 요구할 수 있을 뿐만 아니라 적극적으로는 국가에게 기본권을 제대로 실현하도록 노력해 줄 것을 요구할 수도 있다. 기본권은 사적 영역에서 국가가 아닌 사인에 의해 방해될 수도 있다. 하지만, 기본권은 국가에 대한 주관적 공권이므로 개인은 사인을 상대로 직접 기본권을 주장할 수는 없고, 국가에 대해 사인이 자신의 기본권을 방해하지 않도록 조치해 줄 것을 요구할 수 있을 뿐이다. 이를 기본권보장의무와 구별하여 '기본권보호의무'라고 한다.

(2) 헌법적 의무

국가의 기본권보장의무는 기본권 방해의 금지의무, 기본권 실현의 노력의무, 기본권보호의무를 그 내용으로 한다. 기본권보장의무는 윤리적 의무에 그치는 것이 아니라 헌법적 의무이며, 국가가 이를 위반하면 위헌이다. 국가가 기본권보장 의무를 위반하면 기본권의 침해에 해당하므로 국가는 법적 책임을 진다. 개인은 국가에 대해 기본권을 회복시켜 줄 것을 청구할 수 있고, 사법절차를 통해 구제받을 수 있다. 기본권의 효력은 기본권이 실현된 경우에는 잘 드러나지 않고 기본권이 침해된 경우에 구체적으로 드러난다.

헌법재판소는 국가의 기본권보장의무는 국가나 사인에 의해 기본권이 침해되지 않도록 하는 일반적이고 추상적인 의무이지 개인이 국가에게 직접 구체적인 행위를 해야 할 작위의무를 부과하는 것이 아니라고 판단하였다.[52] 국가의 기본권보장의무는 개인이 기본권을 실현할 수 있는 가능성을 보장해야 하는 것이지 현실적으로 기본권을 실현하도록 해야 하는 것은 아니다. 국가는 기본권보장의무를 구체화한 법률의 매개를 통해 특정한 작위의무를 법적 의무로 부담하고, 개인은 이를 근거로 하여 국가에게 직접 기본권보장을 청구할 수 있다.[53]

국가의 기본권보장의무는 그 내용에 따라 국가기관을 다르게 구속한다. 국가의 기본권보장의무는 일차적으로 국회의 입법을 통해 구체화되고, 정부가 법률을 집행하거나 법원이 법률을 해석하고 적용할 때에도 적용된다. 기본권 방해의 금지의무는 모든 국가기관에게 직접 부과되지만, 기본권 실현의 노력의무와 기본권보호의무는 국회를 직접 구속하지만, 정부와 법원에게는 국회의 법률을 통해 간접적으로 기본권보장의무를 부과한다. 이러한 차이점은 국가의 기본권보장의무에 대한 위헌심사기준을 결정하는 기준에 영향을 미치게 된다.

---

52) 2021. 9. 30. 2016헌마1034.
53) 정재황, 헌법학, 646~647면.

2. 기본권 방해의 금지의무

(1) 내용

개인은 국가에게 기본권을 방해하지 말 것을 요구할 수 있는 권리가 있고, 국가는 기본권을 방해해서는 안 된다. 국가가 소극적으로 기본권을 침해하지 말아야 한다는 것은 기본권을 보장하기 위한 최소한의 요구이고, 좁은 의미로 기본권 침해란 기본권 방해의 금지의무를 위반한 것을 의미한다. 이는 국가의 기본권 보장의무의 핵심적 내용이다. 하지만, 개인이 기본권을 실현하는 것은 권리를 행사하는 것이고, 이는 개인의 자율적인 결정에 따라야 한다. 개인은 자신의 기본권을 행사할지 여부, 어떻게 행사할지, 어느 정도로 행사할지 등을 자유롭게 선택할 수 있어야 한다. 자신의 기본권을 구체적으로 행사하지 않는 것도 기본권을 실현하는 방법이 될 수도 있다.

국가는 개인이 기본권을 행사하는 것에 적극적으로 간섭해서는 안 되고, 후견적 입장에서 개인이 기본권을 실현하도록 주도적으로 개입해서는 안 된다. 이는 기본권을 보장하는 것이 아니라 오히려 기본권을 침해하는 결과가 되기 쉽다. 국가는 기본권의 행사를 개인의 자율에 맡기고 소극적으로 아무런 행위를 하지 않는 것이 기본권을 침해하지 않기 때문에 기본권보장의무를 이행하는 것이 된다. 이때 기본권보장의무는 작위에 의한 기본권의 침해를 금지하는 것이고, 국가의 부작위만으로 기본권보장의무를 수행하는 것이 된다.

(2) 위헌심사기준

(가) 기본권의 제한 가능성

국가가 기본권을 침해하지 않아야 할 헌법적 의무를 위반하면 위헌이고, 기본권보장의무는 국가작용이 위헌인지 여부를 심판하는 기준이 된다. 국민은 국가의 통치권력이 미치는 인적 범위로서 국가와 서로 밀접하게 상관관계를 맺는다. 국가에서 사회적 존재인 국민은 자신의 기본권을 무제한으로 주장할 수는 없다. 타인의 권리를 존중하고 국가의 질서를 유지하기 위해 개인의 기본권은 일정한 범위에서 제한될 수밖에 없다. 헌법 제37조 제2항은 "국민의 모든 자유와 권리는

… 법률로써 제한할 수 있으며"라고 규정하여 기본권을 제한할 수 있는 가능성을 인정한다.

국가는 기본권을 제한할 수 있지만, 기본권을 침해해서는 안 된다. 기본권의 제한과 기본권의 침해는 구별해야 한다. 기본권의 침해는 기본권이 제한되는 것이 헌법적으로 정당화되지 않는 경우를 말한다. 헌법에서 규정하는 요건을 충족하는 것은 기본권의 정당한 제한이고, 그 요건을 충족하지 않는 것이 기본권의 침해이다. 국가작용이 기본권의 침해가 되지 않기 위해서는 헌법 제37조 제2항이 규정하는 요건을 갖추어야 한다.

(나) 과잉제한금지원칙

국가가 기본권을 제한하는 것이 정당화되기 위해서는 국가안전보장, 질서유지, 공공복리를 위한 것이어야 하고, 국민의 대표기관인 국회가 제정한 '법률로써' 만 제한될 수 있다. 기본권은 '필요한 경우에 한하여' 제한될 수 있고, 이를 과잉제한금지원칙이라고 한다. 이는 기본권을 제한하는 목적과 수단의 관계를 비교형량하여 목적의 정당성, 수단의 적합성, 피해의 최소성, 법익의 균형성을 충족시켜야 한다는 것이다. 기본권의 제한이 정당한지 여부를 판단할 때에는 과잉제한금지원칙을 위헌심사기준으로 적용하는 것이 중요하다.

3. 기본권 실현의 노력의무

(1) 내용

개인은 국가에게 기본권을 실현할 수 있도록 노력할 것을 요구할 수 있고, 국가는 개인이 기본권을 제대로 누릴 수 있도록 최대한 노력해야 한다. 국가가 기본권을 방해하지 않는다는 것만으로는 개인이 기본권을 제대로 실현할 수 없는 경우가 있어 불충분하다. 개인이 기본권을 실현하기 위해서는 국가의 간섭이나 장애가 없어야 할 뿐만 아니라 자신의 의지에 따라 자유롭게 기본권을 행사할 수 있는 실질적인 조건을 뒷받침할 수 있는 제도적 장치가 마련되어야 한다.

국가가 개인이 기본권을 실현할 수 있도록 최대한 노력해야 하고, 적극적으로 다양한 법령과 제도를 정비해야 한다. 기본권 실현의 노력의무는 모든 기본권에서 요구되지만, 사회권과 같이 국가의 적극적 개입이 있어야 제대로 실현할 수 있는 경우에 강하게 요구된다. 이때에는 국가의 부작위가 기본권보장의무를 위반한 것으로 평가될 수 있고, 국가는 기본권을 침해하는 주체가 아니라 기본권의 침해를 예방하고, 기본권을 실현할 수 있도록 보장하는 주체가 된다.

헌법은 국회에게 폭넓은 입법형성권을 부여하고, 국회는 그 범위에서 법률을 통해 기본권을 구체화하여 제대로 실현할 수 있도록 노력해야 한다. 기본권 실현의 노력의무는 원칙적으로 국회에게 부과되고, 국회가 이를 위반하면 그 자체가 기본권의 침해에 해당한다. 정부와 법원은 국회가 제정한 법률을 집행, 해석, 적용함으로써 간접적으로 기본권 실현의 노력의무를 이행하고, 그 법률을 준수한 이상 기본권을 침해하는 것은 아니다. 국가가 기본권을 침해한 경우에는 국가를 상대로 기본권의 구제를 청구할 수 있지만, 개인이 기본권을 근거로 직접 국가에게 특정한 조치를 할 것을 청구할 수는 없다.

(2) 위헌심사기준

(가) 기본권의 종류

국가가 개인이 기본권을 제대로 누릴 수 있도록 노력해야 하는 것이 기본권보장의무에 포함된다고 이해할 경우, 국가가 어느 정도 노력해야 그 의무를 다한 것이 되어 위헌이 아닐까. 국가가 기본권을 침해하지 않아야 하는 의무는 소극적으로 국가의 부작위만으로 충분하지만, 국가가 부담하는 기본권 실현의 노력의무는 적극적으로 법령과 제도를 만들어야 하는 의무를 수반한다. 기본권 실현의 노력의무는 개별적 기본권의 종류에 따라 다양하게 설정된다.

자유권의 경우에는 국가는 소극적 부작위만으로 기본권보장의무를 이행한 것으로 평가될 수 있다. 이때에도 개인이 실질적으로 자유롭게 기본권을 실현할 수 있는 조건을 마련해야 할 의무를 부담하는 경우도 있다. 사회권의 경우에는 국가의 적극적 작위를 통해서만 기본권을 실현할 수 있으므로 국가의 부작위는 기본권의 침해가 될 수 있다. 참정권과 청구권의 경우에도 기본권을 실현하기 위해서는 국회의 입법을 통해 구체적으로 제도적 장치를 마련해야 한다. 국가는 개인의 기본권을 실현할 수 있도록 최소한의 제도적 장치를 마련해야 하고, 그 이상에 대해서는 개인의 자율적 선택에 맡길 수 있다.

(나) 과소보호금지원칙

기본권보장의무는 기본권을 방해하지 않을 의무와 기본권을 실현하기 위해 노력할 의무를 포함하는데, 그 위헌심사기준은 다르다. 전자에 대해서는 기본권을 최대한 보장해야 하므로 '과잉제한금지원칙'이 적용되고, 후자에 대해서는 기본권을 실현하도록 하는 최소한의 제도적 장치를 마련해야 하므로 '과소보호금지원칙'이 적용된다. 과소보호금지원칙은 국가는 기본권을 실현하기 위한 최소한의 기준을 설정하고 과소보호되지 않도록 해야 한다는 것이다.

국가가 개인의 기본권을 어느 정도 보호할 것인지를 결정하는 과정에서 다양한 가치와 이해관계의 갈등이 발생하게 된다. 국회는 이러한 갈등을 조정하고 형량하여 법률을 제정하고, 이를 통해 기본권의 실현을 구체화한다. 과소보호금지원칙은 주로 국회의 입법작용을 규율하는 기준으로 작용한다. 국회는 법률을 제정하는 과정에서 폭넓은 재량권을 가지지만, 기본권에 있어서는 과잉제한금지원칙뿐만 아니라 과소보호금지원칙을 준수하여 최소한의 기준을 충족할 수 있도록 해야 한다.

헌법재판소는 자유권에 대해 과잉제한금지원칙을 적용하지만, 사회권에 대해서는 과소보호금지원칙을 적용하여 기본권보장의무를 판단한다. 즉, 국가가 사회권을 실현하기 위해 필요한 객관적 내용이 최소한의 사회보장에도 이르지 못하였다거나 헌법상 용인될 수 있는 재량의 범위를 명백히 일탈한 경우에는 기본권실현의 노력의무를 위반하여 기본권을 침해한다고 판단하였다.[54] 하지만, 과소보호금지원칙은 그 기준이 매우 추상적이고 불명확하여 헌법재판소가 위헌 여부를 자의적으로 판단할 위험이 있다.

---

54) 2010. 5. 27. 2009헌마338.

4. 기본권보호의무

(1) 내용

(가) 사적 영역에서 적용

기본권은 국가에 의해 침해될 수 있지만, 사인에 의해서도 침해의 결과가 발생할 수 있다. 현대국가에서 타인이 개인의 생활에 큰 영향을 미치고, 개인의 기본권을 제한하기도 한다. 국가의 기본권보장의무는 국가가 사적 영역에서 사인에 의해 개인의 기본권이 방해받지 않도록 노력해야 할 의무를 포함하고, 이를 기본권보호의무라고 한다. 국가가 기본권보호의무를 위반하면 그 자체가 기본권을 침해한 것으로 평가되며 위헌이 된다. 개인은 자신의 기본권이 사인에 의해 침해되는 결과가 발생하면 헌법재판을 통해 이를 구제할 것을 청구할 수 있다.

국가의 기본권보호의무는 사적 영역에서 국가가 개인들 사이의 법률관계에 개입하는 것을 전제로 한다. 국가는 사적 영역에서 개인이 자율적으로 기본권을 행사할 수 있도록 보장하고, 자율적 질서가 파괴되어 개인의 기본권이 침해되는 결과가 발생하지 않도록 해야 한다. 기본권은 국가에 대한 주관적 공권이므로 개인은 사인에 대해 직접 기본권을 주장할 수는 없고, 국가의 기본권보호의무를 통해 기본권을 실현할 수 있다. 이때 국가의 기본권보호의무는 사적 영역에 개입하여 기본권의 주체와 관계하는 사인을 규율하는 것이므로 일정한 요건을 갖춘 경우에만 정당화될 수 있다.

헌법재판소는 기본권은 객관적 가치질서의 성격을 가지므로 적어도 생명·신체의 보호와 같은 중요한 법익의 침해에 대해서는 국가가 아닌 사인에 의해 유발된 것이라고 하더라도 국가가 적극적으로 보호할 의무를 진다고 판단하였다.[55] 또한, 국가는 타인의 범죄로부터 국민을 보호할 의무가 있다고 판단하였다.[56] 이는 국가는 생명·신체의 보호와 같은 중요한 기본권에 대해서만 기본권보호의무를 부담하는 것으로 해석될 여지가 있지만, 국가의 기본권보호의무는 모든 기본권에 해당된다고 이해해야 한다.

---

55) 2008. 12. 26. 2008헌마419 ; 2019. 12. 27. 2018헌마730.
56) 1989. 4. 17. 88헌마3.

국가는 사인에 의해 기본권이 침해되는 것에 대해 기본권보호의무를 질 뿐만 아니라 기후변화와 같은 자연재해에 의해 기본권이 침해되는 결과에 대해서도 기본권보호의무를 부담한다. 헌법재판소는 기후변화로 인하여 생활의 기반이 되는 환경이 훼손되고 생명·신체의 안전 등을 위협할 수 있는 위험에 대해서도 국가는 과학적 사실과 국제기준에 근거하여 그 위험상황에 대응하는 필요한 최소한의 보호조치를 하여 환경권을 보호해야 한다고 판단하였다.[57]

(나) 헌법적 근거

헌법 제10조 후문은 국가의 기본권보장의무를 규정하는데, 국가의 기본권보호의무도 기본권보장의무의 내용에 포함된다. 헌법 제10조 후문은 국가의 기본권보호의무의 헌법적 근거가 되고, 기본권의 이중적 성격도 객관적 가치질서를 매개로 기본권보호의무의 헌법적 근거가 된다. 국가의 기본권보호의무는 국가가 사적 영역에 개입하는 것이고, 이는 사인도 타인의 기본권을 존중하고 침해하지 않아야 한다는 의무를 전제로 한다. 다만, 사인은 국가와 달리 소극적으로 기본권을 침해하지 말아야 할 의무를 부담할 뿐, 적극적으로 기본권을 실현해야 할 의무를 부담하는 것은 아니다.

국가의 기본권보호의무는 기본권의 사인적 효력과도 밀접하게 관련된다. 기본권의 사인적 효력을 인정할 경우에는 개인이 사인을 직접 상대방으로 하여 기본권을 주장할 수 있으므로 국가는 그 사인을 대상으로 기본권을 집행할 수 있어 기본권보호의무가 쉽게 정당화될 수 있다. 하지만, 사인이 기본권을 존중해야 하는 것은 기본권이 헌법에 규정되어 객관적 가치질서로 인정되기 때문이지 개인이 사인에 대해 기본권을 주장할 수 있어서가 아니다. 기본권은 국가에 대한 주관적 공권으로 사인적 효력이 인정되지 않으므로 이로부터 국가의 기본권보호의무를 직접 도출할 수는 없다.

(다) 국가에 대한 기본권보호청구권

개인은 기본권보호의무를 근거로 국가에게 일정한 작위를 이행할 것을 청구할 수 있을까. 국가의 기본권보호의무를 국가에게 헌법적 의무를 부과하는 객관

---

57) 2024. 8. 29. 2020헌마389.

적 법질서로 이해할 경우에는 객관적 법질서로부터 개인의 주관적 공권이 도출될 수 있는지의 문제와도 관련된다. 국가의 기본권보호의무에 대응하여 개인은 기본권보호청구권을 갖는다거나 헌법이 명백하게 국회에게 기본권의 보호를 위해 입법으로 위임한 경우에는 그 법률에 따라 기본권보호청구권이 인정된다는 견해도 있다.58) 하지만, 헌법적 의무나 객관적 법질서로부터 직접 기본권보호청구권이 도출되는 것은 아니다.

국가는 기본권보호의무에 따라 기본권을 실효적으로 보장할 수 있도록 조직, 제도, 절차를 마련해야 할 헌법적 의무를 부담하지만, 이를 근거로 개인이 국가에게 특정한 기본권보호의무를 구체적으로 이행할 것을 청구할 수는 없다. 기본권보호의무의 구체적인 내용은 국회의 입법을 통해 확정되므로 개인이 기본권보호의무를 근거로 직접 특정한 조직, 제도, 절차를 마련할 것을 국가에 대해 직접 청구할 수는 없고 국회가 규정한 법률적 권리를 행사할 수 있을 뿐이다.

국가의 기본권보호의무는 개인에게 직접 구체적인 청구권을 부여하는 것은 아니다. 개인이 헌법을 근거로 기본권보호의무를 구체적으로 이행할 것을 청구하는 것을 인정하면 국회가 기본권보호의무의 내용을 구체화하는 입법권을 침해할 위험이 있다. 헌법재판소는 국가가 사용자의 부당한 해고로부터 근로자의 직업의 자유를 보호해야 할 헌법적 의무를 부담하지만, 사용자가 근로자를 해고한 경우에 근로자가 국가에 대해 직접 직장상실로부터 보호하여 줄 것을 청구할 수는 없다고 판단하였다.59)

(2) 위헌심사기준

(가) 과소보호금지원칙

국가의 기본권보호의무는 그 위헌심사기준을 확정하여 적용함으로써 재판규범으로 작동한다. 국가의 기본권보호의무는 국회의 입법작용을 통해 구체화되는데, 국가가 사적 영역에 개입하는 과정에서 다양한 관점과 이해관계를 조정하여 기본권보호의무의 내용과 범위를 확정한다. 이때 국회는 어떠한 수단을 채택하여 어느 정도까지 기본권을 보호할 것인지에 대해서는 입법형성권을 갖는다. 헌법재

---

58) 정재황, 헌법학, 657면.
59) 2012. 10. 25. 2011헌마307.

판소는 국민의 생명·신체의 안전에 대한 기본권보호의무에 대한 위헌심사기준으로 과소보호금지원칙을 적용한다.

헌법재판소는 기본권보호의무에 대해 '적어도 적절하고 효율적인 최소한의 보호조치를 취했는지 여부'를 과소보호금지원칙의 심사기준으로 제시하였다.[60] 국가가 법익을 보호하기 위해 아무런 보호조치를 취하지 않았든지, 취한 조치가 법익을 보호하기에 전적으로 부적합하거나 매우 불충분한 것이 명백한 경우에 한하여 국가가 기본권보호의무를 위반한 것으로 인정한다.[61] 하지만, 구체적 사안에서 과소보호금지원칙을 준수하였는지 여부를 심사하기는 매우 어렵다.

헌법재판소도 과소보호금지원칙을 일률적으로 확정할 수는 없고, 구체적 사안에서 관련된 법익의 종류, 법익에 대한 침해와 위험의 태양과 정도, 상충하는 법익의 의미 등을 비교·형량하여 확정할 수밖에 없다고 판단하였다.[62] 또한, 국가가 국민의 생명·신체의 안전에 대해 적절하고 효율적인 조치를 통해 그 침해의 위험을 방지해야 할 의무를 지지만, 세월호참사로 많은 국민이 사망하였고 대통령의 대응조치에 미흡하고 부적절한 면이 있었다고 하여 곧바로 대통령이 국민의 생명권보호의무를 위반하였다고 인정하기는 어렵다고 판단하였다.[63]

(나) 사법적 구제절차

국가는 우선적으로 국회의 입법을 통해 기본권보호의무를 이행하고, 정부가 법률을 집행하는 행정작용을 통해 기본권보호의무를 구체적으로 실천한다. 법원은 사적 영역에서 기본권에 대한 분쟁이 발생한 경우에 재판을 통해 기본권을 구체화한 법률을 해석하고 적용함으로써 기본권을 보호한다. 국가의 기본권보호의무는 국회의 입법에 대해서는 헌법적 차원에서 적용되어 입법부작위에 대해 헌법재판을 통해 위헌으로 선언한다. 이때 헌법재판소는 과소보호금지원칙을 적용하여 기본권의 침해와 위헌을 확인할 수 있지만, 직접 최소한의 조치를 취하거나 국가에게 특정한 조치를 취할 의무를 부과할 수는 없다.

국가의 기본권보호의무는 정부와 법원에 대해서는 법률적 차원에서만 적용

---

60) 2008. 7. 31. 2006헌마711.
61) 2015. 4. 30. 2012헌마38.
62) 2019. 12. 27. 2018헌마730.
63) 2017. 3. 10. 2016헌나1.

된다. 국회가 국가의 기본권보호의무를 구체화하는 법률을 제정하지 않는 경우에 정부나 법원은 헌법을 직접 적용할 수는 없고, 사법의 일반조항을 해석하고 적용 하는 방식으로 간접적으로만 기본권을 보호한다. 헌법재판소법은 헌법소원에 대 해 보충성을 적법요건으로 요구하고, 법원의 재판을 원칙적으로 심판대상에서 제 외하여 정부와 법원에 대해서는 기본권보호의무를 헌법적으로 심판할 기회를 갖 지 못하는 한계가 있다.

(다) 과잉제한금지원칙과 관계

헌법재판소가 기본권보호의무에 대한 위헌심사기준으로 제시하는 과소보호 금지원칙은 기본권 침해의 금지의무에 대한 위헌심사기준으로 기본권을 최대한 보장해야 한다는 과잉제한금지의 원칙과 구별된다. 헌법재판소는 기본권보호의무 에 대해 적용되는 과소보호금지원칙을 기본권 실현의 노력의무에 대한 위헌심사 기준과 거의 동일하게 판단한다. 헌법재판소는 국가는 국민의 건강하고 쾌적한 환경에서 생활할 권리를 보호할 헌법적 의무를 부담하는데, 국가가 적어도 적절 하고 효율적인 최소한의 보호조치를 취하였는가에 대해 과소보호금지원칙을 적용 하였다.64)

과소보호금지원칙은 국가에게 적극적 작위를 통해 최소한의 보호 그 이상의 조치를 할 것을 요구하고, 국회가 입법부작위나 불완전한 입법을 통해 기본권의 침해가 명백한 경우에만 위헌이 된다. 하지만, 과소보호금지원칙은 추상적이고 일 반적인 기준만 제시하고 있어 특정한 사안에서 위헌 여부를 심사하는 구체적 기 준으로 작용하기 어렵다. 특히, 과소보호금지원칙은 정부나 법원에 대해서는 직접 적용되지 않고, 국회의 입법권을 존중하면서 그 최소한의 조치가 기본권을 보호 하는 유일한 수단을 의미하는 것도 아니어서 실질적으로 위헌심사기준으로 기능 하기 어렵다.

(라) 통일적 해석의 시도

과소보호금지원칙은 권력분립과 국회의 입법형성권에 기초하지만, 과잉제한 금지원칙과는 구별되는 독자적인 위헌심사기준이 아니라 비례성심사라는 법원칙

---

64) 2019. 12. 27. 2018헌마730.

을 기초로 통일적으로 해석할 필요가 있다. 과소보호금지원칙과 과잉제한금지원칙은 모두 헌법 제37조 제2항에서 규정하는 '필요한 경우에 한하여'를 근거로 하며, 위헌심사의 대상이 되는 기본권의 성질과 국가의 기본권보장의무의 내용의 차이를 반영하여 변용한 것이다. 과소보호금지원칙은 기본권 실현의 노력의무와 기본권보호의무에 과잉제한금지원칙을 적용한 것으로 이해할 수 있다.

과잉제한금지원칙이나 과소보호금지원칙을 적용하는 경우에는 서로 대립하는 개인의 기본권이 충돌하는 상황을 고려해야 한다. 국회가 제정한 법률은 일방에게는 기본권을 보호하지만, 그 상대방에게는 기본권을 제한할 수도 있다. 이때 기본권을 보호하는 관점에서는 과소보호금지원칙을 기준으로, 기본권을 제한하는 관점에서는 과잉제한금지원칙을 기준으로 판단한다. 헌법재판소는 특정한 사안에서 쟁점이 되는 개별적 기본권을 중심으로 서로 상이한 위헌심사기준을 적용하게 되고, 그 과정에서 기본권의 충돌을 반영해야 한다.

과잉제한금지원칙은 기본권의 제한의 필요성과 정도가 과잉한지 여부를 심사기준으로 하는데, 과소보호금지원칙도 개별적 기본권의 성질, 기본권 제한의 유형과 정도, 서로 상충하는 법익을 비교·형량하는 방식으로 적용된다. 과잉제한금지원칙과 과소보호금지원칙은 모두 가치와 법익의 형량과 조정을 통해 심사하는데, 과잉제한금지원칙은 이를 논증하는 구조를 체계적으로 확립하고 있지만 과소보호금지원칙은 그렇지 못하다. 양자를 통일적으로 이해하여 위헌심사기준을 체계적으로 조정할 필요가 있다.

제 5 절 기본권의 효력

1. 규범적 의미

(1) 헌법규정

헌법은 제2장에서 개별적 기본권을 규정하지만, 기본권의 효력에 대해서는 구체적으로 규정하지 않고, 제10조 후문이 "국가는 개인이 가지는 불가침의 기본적 인권을 확인하고 이를 보장할 의무를 진다"라고 규정할 뿐이다. 헌법규정만으로는 기본권의 효력을 명확하게 이해하기 어려우므로 헌법해석을 통해 기본권의 효력을 확정해야 한다. 독일기본법이 "모든 기본권은 직접적 효력을 가지고 입법, 집행, 사법을 구속한다"라고 규정하여 기본권의 국가에 대한 효력을 명확하게 선언하는 것과 비교된다.

기본권은 주관적 공권으로 헌법적 효력을 가지는데, 이는 구체적으로 다음과 같은 의미를 가진다. 첫째, 기본권의 주체가 기본권을 행사하는 것은 헌법적으로 가치롭고 정당하다. 둘째, 기본권은 법적 권리이므로 기본권을 실현하기 위해 일정한 요구를 할 수 있다. 셋째, 기본권의 구속을 받는 상대방은 기본권에 대응하여 일정한 헌법적 의무를 부담한다. 넷째, 기본권이 침해된 경우에는 국가의 강제적 사법절차에 의해 기본권을 회복시킬 수 있다.

(2) 기본권 행사의 상대방

기본권은 헌법적 권리이고 그 상대방에게 일정한 요구를 할 수 있고, 상대방은 그에 대응하여 헌법적 의무를 부담하므로 기본권의 효력을 명확하게 이해하기 위해서는 기본권 행사의 상대방을 확정할 필요가 있다. 헌법은 제10조 후문에서 국가에게 기본권을 보장할 의무를 부담시키고 있어 국가가 상대방이 된다. 하지만, 기본권은 사인(私人)에 의해 침해될 수 있으므로 기본권의 주체는 국가뿐만 아니라 사인에 대해서도 기본권을 행사할 수 있어 사인도 기본권 행사의 상대방이 될 수 있다는 주장이 제기되었다.

기본권의 효력은 기본권의 주체가 상대방에게 어떠한 헌법적 권리를 주장할 수 있으며, 그에 대응하여 상대방은 어떠한 헌법적 의무를 부담하는지에 관한 문제이다. 기본권의 효력은 헌법적 권리의무의 내용과 범위에 대한 것이므로 기본권이 주관적 공권인 동시에 객관적 가치질서의 성격을 갖는다는 것과 다른 차원의 문제이다. 기본권의 이중적 성격은 기본권의 사인에 대한 효력을 인정할 수 있는 법적 근거로 제시될 수 있지만, 기본권의 헌법적 효력과는 구별된다. 기본권의 효력은 국가에 대한 효력과 사인에 대한 효력으로 구분하여 검토할 수 있다.

2. 국가에 대한 효력

(1) '국가'의 의미

기본권은 국가에 대한 주관적 공권이므로 국가를 상대로 주장할 수 있는 권리이다. 기본권의 주체는 국가를 상대로 기본권을 침해하지 말고, 개인이 기본권을 실현하고 사인으로부터 침해되지 않도록 노력할 것을 요구할 수 있다. 국가는 기본권에 대응하여 개인의 요구에 응할 헌법적 의무를 부담하고, 이를 위반하면 기본권을 침해한다. 개인은 헌법재판을 통해 국가에게 기본권을 정상적으로 회복시킬 것을 요구할 수 있다. 이때 기본권을 제대로 행사하기 위해서는 그 상대방인 '국가'의 의미를 명확하게 이해해야 한다.

국가는 특수한 공법인으로 국회, 정부, 법원, 헌법재판소와 같은 국가기관을 통해 국가권력을 행사한다. 국가와 국가기관은 추상적이고 실제로는 국가기관을 구성하는 공무원이 그 권한을 행사하고, 그 법적 효과는 국가기관을 거쳐 국가에게 귀속된다. 국가는 기본권보장의무를 부담하지만, 국가권력을 행사하는 과정에서 기본권을 침해할 위험이 있다. 헌법은 헌법소원을 인정하고, 헌법재판소법 제68조 제1항은 "공권력의 행사 또는 불행사로 인하여 헌법상 보장된 기본권을 침해받은 자는 … 헌법재판소에 헌법소원심판을 청구할 수 있다"라고 규정한다.

기본권의 상대방이 되는 국가는 공권력의 주체로서 공권력을 행사 또는 불행사하는 모든 국가기관을 포함한다. 이때 국가기관은 그 명칭과 상관없이 공권력을 실질적으로 행사할 수 있는 법적 지위를 갖는 모든 공적 기관이다. 국가기관은 물론 지방자치단체나 공공조합, 공기업, 영조물, 영조물법인과 같은 공공단체도 공권력을 행사할 때에는 국가에 해당된다. 국가나 지방자치단체에 소속된 공무원과 공적 업무를 위임받은 사인(私人)도 공권력의 주체가 되는 경우에는 국가에 포함된다. 다만, 정당은 공적 기능을 담당하더라도 공권력의 주체가 아니므로 국가에 포함되지 않는다.

(2) 국가작용

(가) 공권력의 행사 또는 불행사

국가작용은 입법작용, 행정작용, 사법작용으로 구분되는데, 모든 국가작용은 헌법적 가치인 기본권에 기속되므로 기본권보장의무에 기속된다. 국회는 헌법에 의해 입법권을 부여받아 입법형성권을 가지나, 입법작용을 통해 기본권을 침해해서는 안 되고 기본권을 실현할 수 있는 입법을 해야 한다. 정부는 법률을 구체적으로 집행하는 행정작용을 통해 기본권을 보장해야 한다. 법원 역시 헌법과 법률에 따라 재판해야 하므로 사법작용을 통해 기본권을 보장해야 하며, 특히 기본권이 침해된 경우에 사법적 구제절차를 통해 기본권을 회복해야 한다.

국가는 그 목적을 달성하기 위해 다양한 권한을 행사한다. 국가기관이 행하는 국가작용이라도 기본권과 관련이 없는 경우에는 기본권의 효력이 미칠 여지가 없다. 헌법재판소법 제68조 제1항에서 규정하는 '공권력의 행사 또는 불행사'에 해당하는 경우에만 기본권의 효력이 미치는 국가작용이 된다. 하지만, 어떠한 국가작용이 기본권에 기속되는지를 판단하는 것은 쉬운 일이 아니다. 특히, 헌법소원의 대상이 되기 위해서는 보충성의 요구에 따라 다른 법률에 구제절차가 있는 경우에는 미리 그 절차를 거쳐야 하고, 법원의 재판에 대해서는 헌법소원을 청구할 수 없다는 한계가 있다.

(나) 권력작용과 비권력작용

국가작용은 권력작용과 비권력작용으로 구분된다. 권력작용은 국가가 우월한 지위에서 국민에게 일방적으로 명령하거나 의무를 부과하는 작용이고, 비권력작용은 국가가 우월한 지위가 아니라 사인과 대등한 지위에서 사법적 관계를 맺는 작용이다. 비권력작용은 다시 관리작용과 국고작용으로 구분된다. 관리작용은 행정주체가 공물, 공기업 등을 관리하고 경영하는 작용이고, 국고작용은 재산권의 주체로서 개인과 사적인 거래를 통해 물품을 구매하는 것과 같은 작용이다. 국고작용은 전기나 수도의 공급작용과 같은 행정사법과 국가의 영리적 활동이나 물자조달작용과 같은 순수한 사법행위를 포함한다.

일반적으로 권력작용과 관리작용은 공권력의 행사 또는 불행사에 해당하고,

국고작용은 국가가 사인의 자격으로 행하는 것이므로 공권력의 행사 또는 불행사
에 포함되지 않는다. 다만, 권력작용과 관리작용이라도 대외적으로 효력을 갖지
않는 내부적 의사결정은 공권력의 행사에 해당하지 않고, 국고작용 역시 공익적
성격을 갖는 경우에는 공권력의 행사에 해당될 수 있다.[65] 하지만, 국가작용을 획
일적으로 유형화하기는 어려우며, 그 구별기준과 기능은 상대적이어서 획일적으
로 구분할 수 없으므로 기본권의 효력이 미치는 국가작용인지는 구체적 사안에서
그 실질적 효과를 기준으로 판단해야 한다.

(다) 법률행위와 사실행위

전통적으로 기본권에 구속되는 국가작용은 국가기관에 의해, 의도된 명령과
강제로서, 직접적으로 법적 효과를 발생시키는 행위를 의미한다. 하지만, 현대국
가에서 국가작용이 다양해지면서 양적으로 확대되고, 질적으로 복잡하게 됨에 따
라 국가작용의 범위도 변화되었다. 국가기관이 직접 당사자가 아니라도, 의도하지
않은 행위로서 명령과 강제가 아니어도, 그리고 법률행위가 아닌 사실행위에 의
해서도 기본권이 제한될 수 있다. 이러한 국가작용도 공권력의 행사 또는 불행사
에 포함되어 기본권의 효력이 미치는 것으로 해석된다.

국가작용은 그 유형이나 형식이 아니라 그 효과를 기준으로 실질적으로 기
본권을 침해할 가능성이 있는 '공권력의 행사 또는 불행사'에 해당하는지 여부를
판단하고, 그에 따라 기본권의 효력이 미치는 국가작용을 확정해야 한다. 모든 국
가작용은 그것이 법률행위든지 사실행위든지 원칙적으로 기본권의 기속을 받아야
하지만,[66] 대외적으로 효력을 갖지 않는 내부적 의사결정이나 순수한 국고작용에
해당하여 사인의 행위와 구별할 필요가 없는 경우에는 사인의 행위와 동일하게
평가되므로 공권력의 행사 또는 불행사에 포함되지 않는다.

(3) 국가에 대한 직접적 효력

(가) 직접적 효력

기본권은 국가에 대해 직접적 효력을 갖는다. 이는 기본권이 헌법에 의해 규

---

65) 성낙인, 헌법학, 1038면 ; 정재황, 헌법학, 439면.
66) 장영수, 헌법학, 492면.

정됨으로써 기본권의 주체가 직접 국가에 대해 권리로 주장할 수 있고, 국가는 그에 상응하는 헌법적 의무를 부담한다는 것이다. 개인이 기본권을 행사하기 위해서는 헌법을 구체화하는 법률을 제정하거나, 이를 집행하는 행정작용 또는 사법적 판단을 거칠 필요가 없다. 이는 사인이 개인의 기본권을 침해하는 결과를 초래하더라도 기본권의 주체가 직접 사인을 상대방으로 기본권을 주장할 수 없고 개별적 법률이나 사법적 판단을 통해 간접적으로만 그 효력을 미치게 할 수 있을 뿐이라는 것과 비교된다.

헌법은 제2장에서 개별적 기본권을 규정하므로 그 자체로 개인은 국가에게 그 기본권의 내용을 주장할 수 있고, 그 구체적인 내용과 절차를 법률에 위임하는 경우에도 개별적 기본권이 법률적 권리에 그치는 것이 아니다. 헌법 제10조 후문은 국가에게 기본권보장의무를 부과하며, 이는 기본권이 국가에 대해 직접적 효력을 갖는다는 헌법적 근거가 된다.[67) 헌법 제37조 제2항은 기본권을 제한하는 요건과 한계를 규정하는데, 이것 역시 기본권은 국가에 대해 직접 효력을 갖는다는 것을 전제로 하는 것으로 해석된다.

(나) 국가의 헌법적 의무

기본권은 국가에게 기본권보장의무를 이행할 헌법적 의무를 부과한다. 국가의 기본권보장의무는 기본권 방해의 금지의무, 기본권 실현의 노력의무, 기본권보호의무를 포함한다. 기본권 방해의 금지의무는 소극적으로 국가의 부작위만으로 충분하지만, 기본권 실현의 노력의무와 기본권보호의무는 국가에게 적극적으로 법령과 제도를 만들어야 하는 의무를 부과한다. 헌법재판소는 기본권 방해의 금지의무에 대해서는 과잉제한금지원칙을 위헌심사기준으로 적용하지만, 기본권 실현의 노력의무와 기본권보호의무에 대해서는 과소보호금지원칙을 적용한다.

국가의 기본권보장의무는 기본권의 유형에 따라 구체적인 내용을 달리한다. 자유권의 경우에는 소극적 부작위만으로 충분하지만, 사회권의 경우에는 적극적 작위를 통해 기본권을 실현할 수 있으므로 국가의 부작위는 기본권의 침해가 될 수 있다. 사회권 역시 사적 영역에서 타인에 의해 침해될 수 있으므로 국가는 사회권에 대해서도 기본권보호의무를 부담한다.[68) 참정권과 청구권의 경우에도 국

---

67) 성낙인, 헌법학, 1037면.

회의 입법을 통해 구체적으로 제도적 장치를 마련해야 한다. 국가는 개인의 기본권을 실현할 수 있도록 최소한의 제도적 장치를 마련해야 하고, 그 이상에 대해서는 개인의 자율적 선택에 맡길 수 있다.

국가의 기본권보장의무를 기본권의 유형에 따라 구별하는 것은 그 기준이 상대적이고 중층적이라는 것을 유의해야 한다. 개별적 기본권을 자유권과 사회권으로 명확하게 구분하기 어려우며, 자유권도 소극적 자유뿐만 아니라 적극적 자유를 요구하기도 한다. 사회권도 일정한 범위에서 자유권의 성격을 함께 가지며, 참정권이나 청구권적 기본권도 자유권과 사회권의 성격을 함께 가지므로 구체적 사안에서 기본권보장의무의 내용을 개별적으로 확정해야 한다. 특히, 헌법재판에서 기본권을 침해하였는지 여부를 판단하는 경우에는 개별적 기본권의 특징을 고려하여 위헌심사기준을 적용해야 한다.

(다) 사법적 구제절차

국가가 기본권보장의무를 위반하여 기본권을 침해한 경우에는 기본권을 정상적으로 회복하는 사법적 구제절차가 마련되어야 한다. 국회가 기본권을 침해하는 법률을 제정한 경우에는 위헌법률심판이나 헌법소원을 통해 그 법률을 무효화시킨다. 정부가 기본권을 침해하는 공권력을 행사한 경우에는 행정소송과 헌법소원을 통해 기본권을 구제하고, 고위공직자가 그 직무집행에서 헌법과 법률을 위배하여 기본권을 침해한 경우에는 탄핵사유가 된다. 다만, 헌법재판소법은 기본권의 침해에 대해 다른 법률에 구제절차를 모두 거친 후에만 헌법소원을 청구할 수 있도록 규정하여 보충성을 적법요건으로 요구한다.

헌법재판소법은 법원의 재판을 헌법소원의 대상에서 제외한다. 법관이 그 직무집행에서 헌법과 법률을 위배하여 기본권을 침해한 경우에는 탄핵사유가 될 뿐이다. 재판을 헌법소원의 대상에서 제외한 것은 사법권의 독립을 존중하고 법적 분쟁을 최종적으로 해결하기 위한 것이다. 하지만, 법원이 재판을 통해 기본권을 침해할 가능성이 있으므로 헌법소원의 대상에 포함시키는 것이 타당하다. 특히, 공권력 행사의 대부분을 차지하는 행정작용에 대해 보충성을 요구하여 먼저 행정소송을 거치도록 하고 그 재판에 대해 헌법소원을 금지한 것은 헌법소원의 범위

---

68) 2019. 12. 27. 2018헌마730.

를 지나치게 제한하는 결과를 초래한다.

헌법재판소법은 국가가 기본권을 침해한 경우에는 그 실효성을 확보하기 위해 헌법재판에 대해 특별한 효력을 부여한다. 헌법재판소가 헌법소원을 인용하면 모든 국가기관과 지방자치단체는 그 결정에 기속되며, 공권력의 불행사에 대해 헌법소원을 인용하는 결정을 한 때에는 피청구인은 그 결정의 취지에 따라 새로운 처분을 할 의무를 부담한다. 헌법재판소는 직접 기본권 침해의 원인이 된 공권력의 행사를 취소하거나 그 불행사가 위헌임을 확인할 수 있다. 또한, 공권력의 행사 또는 불행사가 위헌인 법률에 기인한 것이라고 인정할 때에는 그 법률을 위헌으로 선고할 수도 있다.

3. 사인(私人)에 대한 효력

(1) 쟁점

기본권은 공적 영역에서 국가에 대해 행사하는 주관적 공권이므로 사적 영역에서는 기본권이 발생할 여지가 없다. 하지만, 사적 영역에도 개인의 자율적 운영이 실패한 경우에는 국가가 간섭할 수 있고, 공법적 규율이 필요한 상황이 발생할 수 있다. 또한, 대기업이나 언론기관과 같은 사인에 의해 기본권이 침해되는 현상이 증가하여 기본권은 국가뿐만 아니라 사인을 직접 상대방으로 하여 효력을 갖는다는 주장이 제기되었다. 기본권이 사인에 대해서도 효력을 갖는다는 것은 기본권의 주체가 직접 사인을 상대로 기본권을 주장할 수 있다는 것이다.

기본권의 사인적 효력은 기본권의 이중적 성격과 기본권보호의무와 밀접하게 관련된다. 기본권은 객관적 법질서의 성격을 가지므로 국민도 기본권을 침해해서는 안 되고, 국가는 사인에 의해 기본권이 침해되지 않도록 기본권을 보호해야 하는 헌법적 의무를 부담하므로 기본권은 사인에게도 효력이 미친다는 것이다. 기본권의 사인적 효력을 인정하는 것은 국가가 사적 영역에 개입하는 것이므로 개인의 자유를 제한하게 된다는 문제점이 있다. 기본권의 사인적 효력은 외국의 이론을 참고하면서 이론적으로 발전되었다.

(2) 독일의 이론

기본권의 사인적 효력은 독일에서 헌법이론을 통해 발전하였고, 우리나라에
도 영향을 미쳤다. 독일기본법이 규정하는 남녀평등권의 조항이 사용자에게 남녀
의 동일노동에 대해 동일임금을 지급해야 할 의무를 부과하는지가 쟁점이 되었
다. 기본권의 사인적 효력을 부인하는 견해는 공법의 영역에서 적용되는 기본권
은 사적 자치가 보장되는 사법의 영역에는 적용될 수 없다는 것을 근거로 하였다.
한편, 사인적 효력을 인정하는 견해는 개인도 기본권을 보장해야 할 헌법적 의무
를 부담하고, 기본권이라는 헌법적 가치는 개인 사이에 체결되는 계약보다 우월
한 효력을 갖는다는 것을 근거로 하였다.

기본권의 사인적 효력을 인정하는 견해는 직접효력설과 간접효력설로 구분
된다. 직접효력설은 헌법이 규정하는 기본권은 공법과 사법에 공통적으로 적용되
므로 기본권을 침해하는 사적 계약은 무효라고 한다. 다만, 기본권의 성질이 직접
적으로 사인에게 적용될 수 있는 기본권에 국한하여 사인적 효력을 인정할 수 있
다는 한정적 직접적용설만 주장되었다. 이에 대해서는 헌법적 가치인 사적 자치
가 침해될 수 있고, 기본권에 대한 가치충돌은 국회가 입법을 통해 조정해야 하는
데, 사법부가 이익형량을 통해 확정함으로써 국회의 입법권을 침해한다는 비판이
있다.

간접효력설은 개인은 사인에 대해 직접 기본권을 주장할 수 없고, 일반재판
에서 공서양속이나 권리남용금지와 같은 사법의 일반조항을 적용하여 간접적으로
만 기본권을 적용할 수 있다고 한다. 이는 공법과 사법의 이원적 체계를 유지하여
사적 자치를 보장하면서도 실질적으로 기본권의 효력이 사인에게도 미치도록 한
다는 것이다. 독일의 다수설과 연방헌법재판소는 원칙적으로 간접효력설을 채택
한다. 독일은 사인의 기본권 침해에 대해 우선적으로 법원의 재판을 통해 구제하
고, 법원의 재판에 대해서는 헌법소원을 인정하여 기본권의 효력을 사인에게 확
대하는 제도적 장치를 마련하였다.

(3) 미국의 판례

연방대법원은 기본권 조항의 적용범위를 둘러싸고 기본권의 사인적 효력을

인정하는 판례를 축적하였다. 미국은 연방대법원의 판례를 통해 사인에 의한 인종차별의 문제를 중심으로 '국가행위(State Action)'로 인정할 수 있는 경우에는 예외적으로 개인이 사인에게 직접 기본권을 주장할 수 있도록 이론화하였다. 국가행위로 인정할 수 있는 사례는 국가재산의 이용행위, 국가원조를 받은 행위, 국가로부터 특권을 부여받은 행위, 사적 계약에 대한 사법적 집행행위, 국가기능을 수행하는 통치행위로 유형화할 수 있다.

미국의 이론은 원칙적으로는 기본권의 사인적 효력을 부인하면서, 예외적으로 사인의 행위라도 그 성질상 연방 또는 주의 행위로 인정되는 일정한 경우, 즉, 공적인 기능을 수행하거나 국가가 실질적으로 관여한 것에 한하여 기본권이 사인에 대해 직접적으로 효력을 갖는다는 것이다. 이는 헌법을 근거로 직접 사인적 효력을 인정하는 것으로 사법의 일반조항을 매개로 하지 않는다는 점에서 독일의 간접효력설과는 차이가 있다. 하지만, 실제에 있어서 사인의 특정한 행위가 사적인 것에 그치는 것인지, 아니면 기본권의 사인적 효력을 직접 인정해야 하는 공적 업무인지를 구별하는 것은 매우 어렵다.

(4) 구체적 내용

(가) 다수설

헌법은 제10조에서 국가에 대해 기본권보장의무를 규정할 뿐, 사인적 효력에 대해서는 아무런 규정을 두지 않는다. 기본권의 사인적 효력은 이를 인정할 필요가 있다고 하더라도 기본권을 규정하는 헌법조항의 해석을 통해 도출되어야 인정될 수 있다. 우리나라에는 기본권의 사인적 효력에 대해 다음과 같이 기본권의 종류와 그 성격을 기준으로 구별하여 차별적으로 인정하면서 간접효력설을 원칙으로 채택하는 견해가 다수설로 수용되었다.[69]

첫째, 헌법이 규정하는 기본권 중에서 국가에 대해서만 주장할 수 있는 권리는 사인적 효력이 인정될 여지가 없다. 구속적부심사청구권과 같이 국가의 사법적 절차의 과정에서 인정되는 기본권, 재판청구권과 같이 국가에 대해 일정한 행위를 요구하는 청구권, 선거권과 공무담임권과 같이 국정에 참여하는 참정권, 국

---

69) 성낙인, 헌법학, 1042∼1043면 ; 장영수, 헌법학, 503∼505면.

가에 대해 시혜적 급부를 요구하는 사회권은 국가에 대해 주장할 수 있을 뿐, 사인에 대해서는 주장할 수 없다. 이러한 기본권은 개념적으로 국가에 대한 효력만을 전제로 한다.

둘째, 헌법이 사인을 상대방으로 예정하는 기본권은 사인적 효력을 갖고 사인에게 직접적으로 적용된다. 헌법은 언론·출판의 자유에 대해 타인의 명예나 권리를 침해해서는 안 되며, 타인의 명예나 권리를 침해한 때에는 피해자는 이에 대한 피해의 배상을 청구할 수 있다고 규정하여 사인적 효력을 인정한다. 근로의 권리와 근로3권도 근로자가 직접 사용자를 상대로 주장하는 기본권이며, 혼인과 가족생활도 개인의 존엄과 양성의 평등을 기초로 성립되고 유지되어야 하므로 사인적 효력이 직접 적용된다고 해석된다.

셋째, 그 밖의 기본권은 민법이 규정하는 신의성실이나 권리남용과 같은 일반조항을 통해 간접적으로만 사인적 효력을 갖는다. 사법이 적용되는 사적 영역에서는 사적 자치에 따라 개인의 자율적 생활이 보장되어야 하지만, 개인의 기본권이 사인에 의해 침해되는 경우에는 국가가 개입할 수 있다. 이때 국가는 법원의 재판에서 사법의 일반규정에 대한 해석의 과정에서 기본권을 반영한 사법적 판단을 통해 간접적으로 사인에게 기본권의 효력을 미치게 할 수 있다. 간접적 효력설은 기본권의 이중적 성격과 기본권보호의무를 그 헌법적 근거로 제시한다.

(나) 판례

헌법재판소는 국가의 기본권보호의무에 대해 국가가 국민의 기본권을 보호해야 할 뿐만 아니라 사인 상호 간의 관계를 규율하는 사법질서를 형성하는 경우에도 기본권이 존중되고 보호되도록 할 의무가 있다고 판단한 적이 있다.[70] 대법원도 기본권 조항은 그 성질상 사법관계에 직접 적용될 수 있는 예외적인 것을 제외하고는 사법상의 일반원칙을 규정한 민법 제2조(신의성실), 제103조(반사회질서의 법률행위), 제750조(불법행위의 내용), 제751조(재산 이외의 손해배상)을 해석하고 적용하는 과정에서 간접적으로 사법관계에 효력을 미치게 된다고 판단하였다.[71]

헌법재판소의 입장은 명확하지 않지만, 이는 사적 영역에서 발생하는 사법관

---

70) 2008. 7. 31. 2004헌바81.
71) 대법원 2010. 4. 22. 2008다38288.

계에 관한 분쟁은 일차적으로 법원의 일반재판을 통해 해결되고, 법원의 재판은 헌법소원의 대상에서 제외되므로 헌법재판소가 사인적 효력을 적용하여 판단할 개연성이 적은 것에서 비롯된 것으로 이해된다. 대법원은 기본적으로 다수설에 따라 간접효력설을 채택한 것으로 해석되며, 사법관계에 대해서는 대부분 법률을 적용하여 재판하고, 헌법적 기본권을 구체적 사건에 직접 적용하여 판단하지는 않고 있다.

(다) 다수설의 문제점

다수설은 원칙적으로 간접효력설을 채택하여 사인에 의해 기본권이 침해될 경우에 기본권을 구제하는 제도적 장치를 강화하는 것으로 해석된다. 다만, 기본권의 성질을 고려하고 헌법이 기본권의 내용을 규정하는 형식을 반영하여 기본권의 종류에 따라 사인적 효력을 전적으로 부인하거나 직접적으로 인정한다. 하지만, 다수설은 다음과 같은 점에서 문제가 있다.

첫째, 국가에 대해서만 주장할 수 있는 기본권이라도 사인에 의해 침해될 수 있어 사인적 효력을 인정할 여지가 있다. 재판청구권이나 사회권과 같이 국가를 상대로 주장할 수 있는 기본권은 모두 일정한 범위에서 자유권의 성격을 가지고 있어 국가는 물론 사인에 의해 기본권의 행사와 실현이 침해될 수 있다. 이러한 기본권은 국가에 대해서만 주장할 수 있을 뿐 사인에 의해서는 침해될 가능성이 없다는 이유로 사인적 효력을 인정할 여지가 없다고 하는 것은 설득력이 떨어진다.

둘째, 헌법이 언론·출판의 자유, 근로의 권리, 근로3권, 혼인과 가족생활에 관한 권리에 대해 사인을 상대방으로 전제하고 있지만, 이를 근거로 직접 사인에 대해 기본권을 주장할 수는 없다. 언론·출판의 자유는 기본권을 행사하는 한계를 설정한 것이며, 근로의 권리, 근로3권, 혼인과 가족생활 역시 기본권 자체는 국가에 대해 적극적으로 기본권을 실현하기 위한 제도적 장치를 마련할 것을 요구할 수 있는 권리이다. 이들 기본권은 국회의 법률을 통해 구체화되어 간접적으로 보장되는 것이지 헌법을 근거로 직접 사인에게 기본권을 주장할 수는 없다.

셋째, 간접효력설은 사법의 일반조항을 통해 간접적으로 기본권을 보장하는 방안을 모색한 것이지만, 기본권의 이중적 성격과 기본권보호의무는 헌법적 근거가 되지 못한다. 기본권의 이중적 성격은 사인에게 객관적 법질서의 성격을 가진 기본권을 존중해야 할 의무를 부과할 뿐, 기본권의 주체가 사인에 대해 기본권을 주장할 수 있는 권리를 부여한 것은 아니다. 국가의 기본권보호의무도 국가에 대한 효력이지 기본권의 주체가 사인에게 기본권을 주장할 수 있는 근거가 되지는 못한다. 사인은 개인의 기본권을 실현하기 위해 적극적으로 노력할 의무를 부담하지도 않는다.

(라) 사인적 효력은 불인정

다수설의 문제점을 지적하면서 사인적 효력을 전면적으로 인정하는 견해가 있다. 사적 자치도 헌법상 기본권에 포함되고 국가는 사인에 의한 기본권침해에 대해서도 기본권보장의무를 부담하며, 기본권을 침해하는 사법(私法)은 위헌법률심판의 대상이 되므로 기본권은 사인에 대해서도 직접 적용된다는 것이다.[72] 하지만, 헌법이 국가에게 기본권보장의무를 부과한다고 해서 개인이 사인을 상대로 직접 기본권의 보장을 요구할 수 있는 것은 아니다. 기본권의 주체가 사인에 대해 직접 기본권을 주장하게 되면, 기본권을 보장한다는 이유로 헌법적 가치인 사적 자치를 침해하게 될 수 있다.

기본권이 사인에 의해 침해되면 법원이 재판에서 사법의 일반조항을 해석하고 적용하여 간접적으로 기본권의 효력을 반영할 수 있다. 하지만, 사법의 일반조항을 기본권보장의무에 부합하도록 해석해야 하는 것은 재판권을 행사하는 법원에 대한 효력이지 사인에 대해 기본권을 주장할 수 있는 것은 아니다. 법원이 재판에서 기본권의 효력을 고려하더라도 기본권이 언제나 사법의 일반조항의 해석을 통해 적용되는 것도 아니다. 기본권의 효력을 간접적으로 인정하는 것은 법원이 기본권의 해석을 매개로 국회의 입법권이나 정부의 행정권을 침해할 수도 있다.

국가가 사적 영역에 과도하게 개입하면 개인의 자유가 침해될 수 있다. 사인의 행위라도 실질적으로 국가업무를 수행하는 경우에는 기본권의 효력을 주장할 수 있는데, 이는 국가적 효력이지 사인적 효력은 아니다. 기본권의 사인적 효력을 인정하지 않는다고 해서 사인이 개인의 기본권을 침해해도 좋다는 것은 아니다.

---

72) 정재황, 헌법학, 455~457면.

모든 법률은 헌법을 구체화한 것이므로 헌법적 가치인 기본권과 무관할 수 없고, 사인도 기본권을 존중해야 한다. 사인이 기본권을 침해한 경우에는 헌법을 구체화한 법률을 적용하여 재판을 통해 권리를 구제해야 하고, 이를 기본권의 간접적 효력으로 해석할 필요는 없다.

사인이 기본권을 침해하더라도 이는 공권력의 행사가 아니므로 그 사인을 상대로 헌법소원을 청구할 수는 없다. 국가의 기본권보호의무는 사인에 의한 기본권의 침해를 방지하고 구제할 수 있는 수단이 될 수는 있다. 하지만, 국가가 기본권보호의무를 위반한 경우에도 국가를 상대로 공권력의 행사 또는 불행사에 대해 헌법소원을 주장할 수 있을 뿐, 사인에 대해 기본권의 효력을 주장할 수 있는 것은 아니다. 사인에 의해 기본권이 침해되는 것은 기본권의 충돌에 해당하므로 국회가 입법을 통해 조정해야 하고, 최종적으로는 기본권의 제한을 통해 해결해야 한다.

제 6 절 기본권의 제한

1. 규범적 의미

(1) 기본권 제한의 필요성

기본권의 제한이란 기본권 주체가 기본권을 온전히 행사하는 것을 불가능하게 하거나 곤란하게 하는 것을 말한다. 기본권은 국가에게 기본권보장의무를 부과하는데, 국가는 기본권을 제한할 수 있을까. 기본권을 절대적 권리로 인정하면 제한할 수 없고, 상대적 권리로 인정하면 제한할 수 있다. 기본권은 헌법이라는 실정법에 의해 보장되는 것이고, 그 헌법적 가치 역시 절대적 가치가 아니므로 일정한 요건을 갖춘 경우에는 제한할 수 있다. 헌법 제37조 제2항은 "국민의 모든 자유와 권리는 … 제한할 수 있으며"라고 규정하여 기본권을 제한할 수 있다고 인정한다.

국가가 기본권을 제한하는 것이 왜 필요할까. 국가는 서로 다른 생각과 행동 방식을 가진 사람들이 중층적으로 조직한 사회관계망으로 구성된다. 국가는 공동

체의 질서를 유지하고, 모든 국민이 공정하게 자신의 기본권을 행사할 수 있는 조
건을 마련해야 한다. 모든 개인이 자신의 기본권을 무제한으로 행사하면 공동체
가 유지될 수 없으므로 타인의 권리를 존중하고 국가의 질서를 유지하기 위해서
는 기본권을 부분적으로 제한할 수밖에 없다. 국가가 기본권을 제한하는 것은 개
인의 자유와 국가공동체의 유지를 균형 있게 보장하고 사익과 공익을 조화롭게
조정하는 작업이다.

　기본권의 제한과 기본권의 침해는 구별해야 한다. 기본권은 헌법에 의해 인
정되는 '불가침'의 기본적 인권이므로 국가는 기본권을 제한할 수 있을 뿐, 침해
해서는 안 된다. 국가가 기본권을 제한할 수 있지만, 이는 헌법적으로 정당화되는
경우에만 허용된다. 기본권의 침해는 기본권이 제한되는 것이 헌법적으로 정당화
되지 않는 경우를 말한다. 헌법이 규정하는 요건을 충족하지 않는 기본권의 제한
이 기본권의 침해가 된다. 개인은 기본권의 제한은 수용해야 하지만, 기본권의 침
해는 헌법재판을 통해 구제받을 수 있다.

(2) 제한의 논리구조

　국가는 개인의 자유와 권리를 보호하고, 공동체를 안정적으로 유지하는 것을
목적으로 한다. 국가는 기본권을 보장해야 하지만, 현실적으로는 기본권을 제한할
수밖에 없으므로 그 제한과 한계를 설정하는 것이 중요하다. 개인이 기본권을 실
현한다는 것은 국가가 어떠한 요건과 형식에 의해, 어느 정도까지 기본권을 제한
하는 것이 허용되는지에 의존하기 때문이다. 기본권은 현실적으로 그 제한의 사
유와 정도에 의해 그 보장의 내용과 범위가 결정되므로 기본권의 제한은 기본권
보장의 다른 이름이다. 국가가 기본권을 침해하였는지 여부는 다음과 같이 단계
적인 논리구조에 의해 심사된다.

　첫째, 국가작용이 구체적 사안에서 어떠한 기본권을 제한하는 것인지를 특정
하고, 그 보호영역을 확정해야 한다. 헌법재판소는 그 사안에서 제한될 수 있는
개별적 기본권의 종류를 특정하고, 그 기본권의 개념을 기초로 그 사안이 기본권
의 보호영역에 포함되는지 여부를 확정한다. 이는 기본권에 따라 그 제한에 대한
위헌심사기준이 달라질 수 있으므로 중요한 의미가 있다. 기본권의 경합이 발생
한 경우에는 당사자의 의사, 국가작용의 목적, 관련 법률의 취지 등을 종합적으로

반영하여 제한되는 기본권과 그 보호영역을 확정해야 한다.

둘째, 국가작용이 개별적 기본권의 보호영역을 현실적으로 제한한 것인지를 판단해야 한다. 국가작용이 특정한 사안에서 개별적 기본권을 제한할 수 있다고 하더라도 국가작용으로 인하여 현실적으로 기본권이 침해될 가능성이 있어야 한다. 개별적 기본권이 현실적으로 제한되어야 그것이 침해인지 여부를 판단할 실익이 있기 때문이다. 헌법소원에서는 기본권 주체의 자기관련성, 직접성, 현재성과 같은 적법요건을 갖추어야 기본권 침해의 가능성이 인정된다. 기본권 침해의 가능성이 없으면 각하된다.

셋째, 기본권의 제한이 헌법적으로 정당화되는지 여부를 검증해야 한다. 국가작용이 기본권을 제한하는 모든 경우가 기본권을 침해하는 것이 아니라 헌법적으로 정당화되지 않는 제한만이 기본권의 침해가 되기 때문이다. 기본권이 침해되었는지 여부는 그 위헌심사기준에 따라 확정되므로 위헌심사기준이 중요하다. 헌법은 기본권 제한을 정당화하는 사유를 직접 규정하기도 하고, 기본적 기준만 제시하고 그 구체적인 요건과 절차를 법률로 규정하도록 위임하기도 한다.

2. 법적 근거

(1) 헌법의 직접적 제한

(가) 헌법유보

헌법은 기본권의 내용을 설정하면서 기본권을 제한할 수 있다. 헌법이 직접 기본권을 제한하는 헌법유보는 모든 기본권에 대해 적용되는 일반적 헌법유보와 개별적 기본권에 적용되는 개별적 헌법유보로 구분된다. 헌법은 모든 기본권에 대해 제한의 기준을 제시하는 일반적 헌법유보를 채택하지 않고, '제2장 국민의 권리와 의무'에서 개별적 기본권을 규정하면서 개별적 헌법유보만 채택한다. 헌법은 개별적 기본권을 규정하면서 기본권을 제한하는 사유, 범위, 절차를 직접 규정하기도 하고, 기본권을 제한하는 규범적 기준만 제시하고 구체적인 내용과 범위를 법률에 위임하기도 한다.

헌법은 언론·출판의 자유, 재산권, 정당의 자유에 대해서는 기본권을 제한하

는 근거와 기준을 직접 제시한다. 제21조 제4항은 "언론·출판은 타인의 명예나
권리 또는 공중도덕이나 사회윤리를 침해하여서는 아니 된다"라고 규정한다. 제
23조 제2항은 "재산권의 행사는 공공복리에 적합하여야 한다"라고, 제23조 제3항
은 "공공필요에 의한 재산권의 수용·사용 또는 제한 및 그에 대한 보상은 법률로
써 하되, 정당한 보상을 지급해야 한다"라고 규정한다. 제8조 제4항은 "정당의 활
동이나 목적이 민주적 기본질서에 위배될 때에서는 … 정당은 … 해산한다"라고
규정한다.

헌법은 개별적 기본권을 제한하는 근거를 제시하면서 구체적인 내용은 법률
로 정하도록 위임하기도 한다. 헌법 제29조 제2항은 "군인·군무원·경찰공무원
기타 법률이 정하는 자가 전투·훈련 등 직무집행과 관련하여 받은 손해에 대하여
는 법률이 정하는 보상 외에 국가 또는 공공단체에 공무원의 직무상 불법행위로
인한 배상을 청구할 수 없다"라고 규정한다. 이는 개별적 헌법유보를 채택하면서
도 '법률이 정하는 보상'을 허용하여 개별적 법률유보를 결합시킨 것이다.

제33조 제2항은 "공무원인 근로자는 법률이 정하는 자에 한하여 단결권·단
체교섭권 및 단체행동권을 가진다"라고, 제33조 제3항은 "법률이 정하는 주요방
위산업체에 종사하는 근로자의 단체행동권은 법률이 정하는 바에 의하여 이를 제
한하거나 인정하지 아니할 수 있다"라고 규정한다. 제77조 제3항은 "비상계엄이
선포된 때에는 법률이 정하는 바에 의하여 … 언론·출판, 집회·결사의 자유에
대하여 … 특별한 조치를 취할 수 있다"라고 규정한다. 이것도 개별적 헌법유보
와 함께 개별적 법률유보를 결합시킨 것이다.

(나) 개별적 헌법유보의 규범적 의미

개별적 헌법유보는 헌법이 기본권의 제한을 정당화하는 근거를 제시하지만,
이를 근거로 직접 기본권을 제한할 수는 없다. 헌법 제37조 제2항은 "국민의 모
든 자유와 권리는 … 법률로써 제한할 수 있으며"라고 규정하여 모든 기본권은
반드시 법률로써 제한하도록 규정하기 때문이다. 헌법은 기본권을 제한하기 위해
서는 반드시 제37조 제2항에 따라 법률에 의하도록 규정하므로 개별적 헌법유보
는 독자적인 의미가 없다고 볼 수도 있다. 하지만, 헌법이 특정한 기본권에 대해
제한의 근거와 기준을 제시하므로 이는 헌법적으로 중요한 의미가 있다.

개별적 헌법유보는 헌법이 직접 기본권의 제한에 대한 규범적 기준을 제시하여 국회의 입법권을 통제한다는 점에서 헌법 제37조 제2항과는 다른 독자적인 의미가 있다. 특히, 헌법이 기본권을 제한하는 구체적인 내용, 범위, 절차를 법률에 위임한 경우에 국회는 개별적 헌법유보에서 제시하는 규범적 기준에 따라 법률을 제정해야 한다. 헌법 제37조 제2항은 기본권을 제한하는 법률의 구체적인 내용을 국회에 위임하는데, 개별적 헌법유보는 국회의 입법권에 대한 한계를 설정하므로 국회는 헌법이 직접 제시하는 규범적 기준에 따라 입법해야 할 헌법적 의무를 부담하고, 그 범위에서는 입법형성권이 제한된다.

개별적 헌법유보는 헌법적 차원에서 기본권을 제한하는 것이므로 법률적 차원에서 기본권을 제한하는 법률유보에 대한 규범적 기준이 된다. 모든 기본권은 헌법 제37조 제2항에 따라 법률로써 제한될 수 있고, 이때 법률은 개별적 헌법유보의 기준을 충족해야 한다. 헌법재판소가 기본권을 제한하는 법률에 대해 위헌 여부를 심사를 할 때에는 국회가 개별적 헌법유보의 내용을 준수하였는지를 심사할 수 있고, 이를 위반한 경우에는 기본권을 침해한 것이 된다.

(2) 법률을 통한 제한

(가) 법률유보

기본권에 대한 법률유보란 헌법이 직접 기본권을 제한하는 헌법유보와 달리 헌법의 위임에 따라 법률을 통해 기본권을 제한하는 것을 말한다. 법률유보는 모든 기본권에 대해 공통적인 기준을 제시하는 일반적 법률유보와 개별적 기본권에 대해 법률을 통해 제한하는 개별적 법률유보로 구분된다. 헌법은 제37조 제2항에서 일반적 법률유보를 채택하고, 개별적 기본권 조항에서 개별적 법률유보를 채택한다. 법률유보는 법률로 기본권을 제한할 수 있다는 의미보다 법률이 정한 요건과 절차에 따라서만 기본권을 제한할 수 있다는 의미가 더 중요하다.

헌법 제37조 제2항은 "국민의 모든 자유와 권리는 국가안전보장·질서유지·공공복리를 위하여 필요한 경우에 한하여 법률로써 제한할 수 있으며, 제한하는 경우에도 자유와 권리의 본질적인 내용을 침해할 수 없다"라고 규정한다. 이는 일반적 법률유보인데, 기본권을 제한할 수 있는 헌법적 근거이자 기본권 제한에

대한 헌법적 한계를 설정한다. 국가는 '국가안전보장·질서유지·공공복리'를 위해
서만 기본권을 제한할 수 있고, 그 형식은 '법률로써' 해야 한다. 또한, '필요한 경
우'에만 기본권을 제한하는 것이 정당화되며, 이때에도 '본질적 내용'을 침해할 수
없다.

헌법은 개별적 법률유보도 채택한다. 헌법 제23조 제1항은 "모든 국민의 재
산권은 보장된다. 그 내용과 한계를 법률로 정한다"라고 규정한다. 헌법은 선거권
(제24조), 공무담임권(제25조), 청원할 권리(제26조), 형사보상청구권(제28조), 국가
배상청구권(제29조), 범죄피해자구조청구권(제30조), 근로의 권리와 근로3권(제32
조, 제33조), 환경권(제35조 제2항)에서도 기본권의 내용과 한계를 법률로 규정하도
록 위임하여 개별적 법률유보를 인정한다. 헌법 제29조 제2항, 제23조 제3항, 제
33조 제2항, 제3항은 개별적 헌법유보와 함께 그 구체적인 내용에 대해서는 개별
적 법률유보를 채택한다.

(나) 개별적 법률유보의 규범적 의미

헌법은 제37조 제2항에서 일반적 법률유보를 채택하면서 개별적 법률유보를
별도로 규정한다. 기본권 제한에서 개별적 법률유보는 개별적 헌법유보와 달리
독자적인 의미가 크지 않다. 개별적 법률유보는 개별적 헌법유보와 달리 국회에
게 기본권을 제한하는 입법에 대해 그 합헌성을 통제하지 않기 때문이다. 개별적
법률유보가 없는 기본권에 대해서도 헌법 제37조 제2항의 일반적 법률유보에 따
라 과잉제한금지원칙을 적용해야 하고, 개별적 법률유보가 있는 기본권이라도 헌
법 제37조 제2항에 의해 그 제한이 정당화되므로 기본권 제한에 대한 위헌심사기
준에도 차이가 없다.

국회는 헌법 제40조에 의해 입법권을 갖지만, 헌법은 개별적 법률유보를 통
해 국회에게 개별적 기본권을 법률로 정하도록 직접 위임한다는 점에서 일정한
규범적 의미가 있다. 개별적 법률유보는 그 목적과 내용에 따라 규범적 의미에서
차이가 있는데, 기본권의 내용이나 절차를 구체화하는 기본권형성적 법률유보와
기본권을 제한하는 기본권제한적 법률유보로 구분할 수 있다. 일반적으로 자유권
에 대한 법률유보는 기본권제한적 법률유보이므로 과잉제한금지원칙을 엄격하게
적용하고, 참정권, 청구권, 사회권에 대한 법률유보는 기본권형성적 법률유보로서

과잉제한금지원칙을 보다 완화하여 적용한다.

헌법재판소는 일반적 법률유보에 따라 과잉제한금지원칙을 적용하여 기본권이 침해되었는지 여부를 판단할 때 기본권형성적 법률유보와 기본권제한적 법률유보를 구별하여 이를 반영한다. 하지만, 법률유보는 기본권의 내용과 절차를 구체화하는 동시에 기본권을 제한하는 성격을 함께 가지므로 개별적 법률유보의 유형을 획일적으로 구분하기는 어렵다. 또한, 개별적 기본권은 특정한 사안에 따라 그 특성이 상대적으로 다르게 드러나므로 그 범위에서 위헌심사기준에 반영하면 충분하고, 법률유보의 유형에 따라 상이한 위헌심사기준을 적용해야 하는 것은 아니다.

3. 제한의 대상

(1) 제한되는 기본권

헌법 제37조 제2항은 "국민의 모든 자유와 권리는 … 제한할 수 있다"라고 규정한다. 헌법은 절대적으로 제한할 수 없는 기본권을 인정하지 않으며, 모든 기본권은 제한될 수 있다. 양심의 자유로 인정되는 내심의 의사와 같은 기본권은 절대적 기본권으로 인정되고, 이에 대해서는 헌법 제37조 제2항이 적용되지 않는다는 견해가 있다.[73] 하지만, 헌법이 규정하는 기본권은 모두 상대적 기본권이고 절대적 기본권은 인정되지 않는다. 헌법 제37조 제2항은 '필요한 경우에 한하여' 기본권을 제한할 수 있다고 규정하는데, 그 실질적인 위헌심사기준을 적용하는 대상에 대해서는 다양한 관점이 있다.

모든 기본권은 헌법 제37조 제2항에 따라 제한되지만, 과잉제한금지원칙은 모든 기본권에 대해 적용되는 것이 아니라 자유권의 제한에만 적용된다는 관점이 있다. 과잉제한금지원칙은 국가의 적극적 개입을 제한하는 기준이므로 국가에 대한 소극적 방어권의 성격을 가지는 자유권에 대해서만 적용된다고 한다. 특히, 사회권은 국가의 적극적 개입을 통해 실현되고, 사회권의 제한에서는 과잉제한금지원칙이 적용되지 않고 과소보호금지원칙이 적용된다는 것이다. 헌법재판소는 사

---

73) 성낙인, 헌법학, 1068면.

회권의 제한과 기본권보호의무에 대해서는 과소보호금지원칙을 적용한다.

평등권을 제한하는 경우에는 그 위헌심사의 구조와 기준을 달리하므로 과잉제한금지원칙이 적용되지 않는다는 관점이 있다. 평등권은 고유한 보호내용을 갖지 않고, 서로 비교되는 집단을 설정하여 그 차별적 취급이 정당화되는지 여부를 심사하므로 과잉제한금지원칙이 적용되지 않는다고 한다. 헌법재판소는 평등권에 대해 자의금지원칙을 적용하면서 헌법이 직접 차별을 금지하는 기준이나 영역을 제시하거나 차별적 취급으로 인하여 기본권에 대한 중대한 제한을 초래하는 경우에는 비례심사원칙을 적용한다.[74]

국가가 기본권을 제한하는 것은 '필요한 경우에 한하여' 제한하는 경우에만 정당화되고, 이를 구체화한 위헌심사기준이 과잉제한금지원칙이다. 국가의 기본권보장의무는 기본권 방해의 금지의무, 기본권 실현의 노력의무, 기본권보호의무를 포함한다. 모든 기본권은 자유권의 성격을 함께 가지며, 특정한 비교집단에 대한 차별적 취급에서는 평등권도 함께 제한될 수 있다. 기본권에 대한 법률유보는 기본권을 형성하는 동시에 제한하는 성격을 갖는다. 헌법 제37조 제2항은 일반적 법률유보로서 모든 기본권의 제한에 대해 과잉제한금지원칙을 적용한다고 해석된다.[75]

(2) 보호영역의 확정

(가) 기본권의 개념과 구별

기본권의 제한을 심사하기 위해서는 제한의 대상이 되는 기본권을 확정해야 한다. 기본권의 보호영역은 기본권이 특정한 사안에서 기본권으로 보호되는 내용과 범위를 말한다. 예를 들어, 자동차에서 좌석안전띠의 미착용을 처벌하는 것이 기본권을 침해하는지를 판단하기 위해서는 우선 제한되는 기본권이 무엇인지를 확정해야 한다. 자동차에서 좌석안전띠를 착용할 것인지를 결정할 자유는 일반적 행동자유권의 보호영역에는 포함되지만, 사생활의 비밀과 자유나 양심의 자유의 보호영역에는 포함되지 않는다.[76] 이때에는 일반적 행동자유권의 제한에 대한 위

---

74) 1999. 12. 23. 98헌마363.
75) 김하열, 헌법강의, 287면.
76) 2003. 10. 30. 2002헌마518.

헌심사기준을 적용해야 한다.

기본권의 개념은 헌법해석을 통해 도출되는 기본권의 일반적이고 추상적인 내용이고, 기본권의 보호영역은 개별적 기본권의 개념을 전제로 특정한 사안에 적용되는 경우에 확정되는 기본권의 내용과 범위이다. 기본권을 제한하는 것은 특정한 사안을 전제로 하므로 기본권의 제한을 심사하는 것은 추상적인 기본권의 개념이 아니라 구체적인 기본권의 보호영역을 대상으로 해야 한다. 기본권의 제한에서는 기본권의 개념이 기본권의 보호영역으로 구체화되어 현실적 규범으로 작용한다. 기본권의 보호영역은 국가가 이를 제한하는 것에 대해 정당성을 입증해야 한다는 점에서 중요한 의미가 있다.

(나) 내재적 한계는 불인정

기본권의 보호영역은 기본권의 내재적 한계에 의해 제한된다는 관점이 있다. 기본권은 헌법에 의해 보장되므로 헌법적 가치에 반하는 것은 기본권의 개념에서 제외되고, 기본권은 그 범위 내에서만 보장된다는 것이다. 이에 따르면 기본권의 내재적 한계를 벗어난 것은 기본권의 보호영역에 포함되지 않고, 이를 제한하더라도 기본권을 침해할 여지가 없으므로 헌법적으로 정당화된다. 헌법재판소는 기본권은 국가적·사회적 공동생활의 테두리 안에서 타인의 권리, 공중도덕, 사회윤리, 공공복리 등을 존중해야 할 내재적 한계를 가진다고 판단한 적이 있다.[77]

기본권의 내재적 한계는 독일의 헌법이론에서 비롯되었는데, 독일기본법은 제2조 제1항에서 일반적 인격권을 인정하면서 타인의 권리, 도덕률, 헌법질서를 내재적 한계로 규정한다. 독일기본법은 우리 헌법 제37조 제2항과 같은 일반적 법률유보를 규정하지 않아 개별적 기본권에서 법률유보를 규정하지 않는 경우에도 기본권을 제한하는 헌법적 근거를 도출하기 위해 일반적 인격권을 유추해석하여 기본권의 내재적 한계로 일반화하였다. 이외에도 기본권은 공동체이익을 위하거나 규범조화적 해석을 통해 헌법이 추구하는 전체적 가치질서를 위해 내재적 한계를 갖는다는 관점도 있다.

기본권은 국가와 헌법을 전제로 하고, 언어에 의해 개념적으로 확정되는 내재적 한계를 가질 수는 있다. 하지만, 기본권의 개념과 보호영역을 확정한 이상

---

77) 1990. 9. 10. 89헌마82.

내재적 한계를 규범적으로 인정할 필요가 없다. 기본권의 내재적 한계는 기본권의 개념과 보호영역을 축소하고, 기본권의 제한에 대한 심사를 배제하여 기본권의 침해를 정당화할 위험이 있다. 헌법은 독일기본법과 달리 제37조 제2항에서 모든 기본권에 대해 법률로 제한할 수 있도록 일반적 법률유보를 규정하므로 기본권의 내재적 한계를 법적 개념으로 인정할 실익이 없다.78)

(다) 제도보장과 구별

기본권의 보호영역을 확정할 때 기본권과 관련되는 제도보장도 포함시켜야 한다는 관점이 있다. 제도보장은 기본권을 보장하기 위한 것이므로 기본권을 강하게 보장하기 위해 기본권의 보호영역에 포함시켜야 한다는 것이다. 예를 들어, 언론·출판의 자유는 자유로운 언론제도를, 학문의 자유는 대학의 자치를, 재산권은 사유재산제도를, 정당의 자유는 복수정당제를 그 보호영역에 포함시켜야 한다는 것이다. 하지만, 기본권의 보호영역은 특정한 사안에서 기본권의 구체적인 내용과 범위를 확정하는 것으로 주관적 공권을 전제로 하므로 객관적 제도보장과는 별개의 개념이다.

기본권의 보호영역은 제도보장과 밀접하게 관련되지만, 제도보장을 당연히 포함하거나 완전히 배제하는 것은 아니다. 기본권의 보호영역은 제도보장과 대립하거나 모순되는 것이 아니고, 특정한 사안에서는 중복되어 명확하게 구분하기 어려운 경우도 있다. 제도보장은 기본권을 위해 존재하는 형식이고, 기본권은 제도보장을 실질적으로 강화하는 내용이다. 기본권의 주체는 기본권의 침해를 이유로 헌법소원을 청구할 수 있지만, 제도보장의 침해를 이유로 헌법소원을 청구할 수는 없다는 점에서 기본권과 제도보장은 구별된다. 따라서 기본권의 보호영역에 제도보장을 포함시켜 이해할 필요는 없다.

(3) 기본권의 제한

(가) 기본권의 침해가능성

특정한 사안에서 기본권의 보호영역을 확정한 다음에는 국가작용이 기본권의 행사를 방해하여 현실적으로 기본권을 제한하였는지를 판단해야 한다. 기본권

---

78) 김하열, 헌법강의, 266면 ; 성낙인, 헌법학, 1058면 ; 장영수, 헌법학, 516면.

의 제한은 국가가 기본권의 보호영역에 침투하여 그 내용과 범위를 축소하여 기본권의 행사를 방해하는 것이고, 이때 비로소 기본권이 침해될 가능성이 발생한다. 기본권 침해의 가능성이 없으면 기본권의 제한을 심사할 필요가 없다. 기본권의 침해가능성은 논리적으로 기본권의 보호영역을 확정한 이후에 판단하지만, 현실적으로는 특정한 사안에서 적용되어 제한되는 기본권을 결정하는 것이므로 기본권의 보호영역을 확정하는 단계에도 영향을 미친다.

헌법재판소는 연말정산 간소화를 위해 의료기관에게 소득공제자료를 의무적으로 제출하도록 한 것은 의사나 의료기관의 직업의 자유를 제한한 것이 아니라 양심의 자유나 개인정보자기결정권을 제한한 것이라고 하였다.[79] 한편, 지방자치단체장이 3기를 초과하여 연임하는 것을 금지한 것은 선거권의 자유와 관계가 없다고 하였으며, 경찰청장이 퇴직한 이후 정당에 가입하거나 정당을 설립하는 것을 금지한 것도 공무담임권과 무관하다고 하였다.[80] 국가가 백화점으로 하여금 셔틀버스의 운행을 금지한 것은 소비자가 상품을 선택하는 것과 관계가 없어 소비자의 상품선택권을 제한하지 않는다고 하였다.[81]

(나) 헌법소원의 적법요건

국가의 행위가 기본권의 제한에 해당하여 기본권이 침해될 가능성이 있다는 것은 헌법소원의 적법요건이 되므로 중요한 의미가 있다. 국가의 행위가 기본권을 온전히 행사하는 것을 불가능하게 하거나 현저하게 곤란하게 할 가능성이 있어야 헌법소원을 할 수 있기 때문이다. 기본권의 침해가능성은 기본권 주체의 자기관련성, 직접성, 현재성이라는 적법요건으로 구체화되며, 국가작용이 기본권의 제한에 해당하지 않는 경우에는 헌법소원의 청구를 각하하고 본안에 대해서는 판단할 수 없다.

헌법재판소는 국가의 특정한 행위가 개별적 기본권과 무관하다고 판단한 헌법소원의 사안에 대해서는 이를 기본권의 제한으로 인정하지 않고 기본권을 침해할 가능성이 없다고 하면서도 기각결정을 선고한 사례가 많다. 하지만, 기본권이 침해될 가능성이 없거나 현실적으로 제한되지 않는 것은 적법요건을 흠결한 경우에 해당하므로 각하결정을 선고하는 것이 타당하다. 즉, 기본권의 보호영역을 확

---

79) 2008. 10. 30. 2006헌마1401.
80) 2006. 2. 23. 2005헌마403 ; 1999. 12. 23. 99헌마135.
81) 2001. 6. 28. 2001헌마132.

정하는 단계에서 기본권의 제한이 아니어서 기본권의 침해가능성이 없다는 이유로 각하하는 것이 타당하다.

(다) 제한에 대한 동의와 기본권의 불행사

기본권의 주체가 기본권의 제한에 대해 동의하거나 기본권을 불행사한 경우에도 이를 기본권의 제한으로 인정할 수 있을까. 이는 개인과 국가의 관계에 대한 관점에 따라 다양하게 판단될 수 있고, 기본권의 주체가 기본권을 양도하거나 포기할 수 있는지의 문제와도 관련된다. 기본권은 주관적 권리이고 기본권의 주체가 특정한 사안에서 자발적이고 명시적으로 개별적 기본권을 포기하거나 그 제한에 동의한 경우에는 그 개인의 의사를 존중할 필요가 있다.

기본권은 주관적 권리이지만 개인 사이에 발생하는 사권과 달리 공권이므로 공익적 차원에서 그 양도나 포기가 인정되지 않는다. 국가는 기본권의 주체가 기본권을 포기하거나 그 제한에 동의하더라도 기본권을 보장해야 할 헌법적 의무를 부담하고, 기본권의 보호영역을 확정하거나 침해가능성을 판단하는 데에는 아무런 영향을 미치지 않는다. 다만, 이때에는 기본권의 주체가 헌법소원을 청구하지 않을 것이므로 현실적으로는 큰 의미가 없다.

국가의 기본권보장의무는 기본권의 주체가 기본권을 보유한다는 것 그 자체에서 비롯되며, 개인이 기본권을 구체적으로 행사할 때 비로소 발생하는 것이 아니다. 기본권의 주체는 반드시 자신의 기본권을 행사해야 하는 것은 아니고 자신의 의사와 자율적 판단에 따라 기본권을 행사하지 않을 수도 있다. 기본권의 불행사는 기본권의 주체가 소극적인 방법으로 기본권을 행사하는 것으로 이해할 수 있다. 따라서 기본권의 주체가 현실적으로 기본권을 행사하지 않는 경우에도 헌법소원에서 기본권의 보호영역을 확정하고 기본권의 침해가능성을 판단할 때에 아무런 영향을 미치지 않는다.

4. 제한의 목적과 형식

(1) 국가안전보장·질서유지·공공복리

헌법 제37조 제2항은 "국민의 모든 자유와 권리는 국가안전보장·질서유지·

공공복리를 위하여 … 제한할 수 있으며"라고 규정한다. '국가안전보장'이란 국가의 존립을 안전하게 보장하는 것으로 국가의 독립, 영토의 보전, 헌법과 법률의 기능, 헌법기관의 유지를 포함한다. '질서유지'는 공동체발전을 위한 소극적인 개념으로 공공의 안녕질서를 의미하며, 국가안전보장도 포함한다. '공공복리'란 공동체발전을 위한 적극적인 개념으로 사적 이익에 우월한 공동의 이익을 의미하며, 국가안전보장과 질서유지를 모두 포함한다.

국가가 개인의 기본권을 제한하기 위해서는 그 목적이 헌법적으로 정당해야 한다. 하지만, 국가안전보장·질서유지·공공복리는 모두 추상적이고 일반적인 개념으로 그 범위가 불분명하고 서로 밀접하게 관련되어 구별하기도 쉽지 않다. 또한, 기본권을 제한하는 목적은 기본권의 제한에 대한 위헌심사기준으로서 그다지 중요한 기능을 담당하지는 않는다. 기본권을 제한하는 목적은 특정한 사안에서 과잉제한금지원칙을 적용하여 '목적의 정당성'을 통해 보다 구체적으로 심사할 수 있기 때문이다.

개별적 헌법유보에서 규정하는 기본권 제한의 목적도 헌법 제37조 제2항을 적용해야 하므로 '국가안전보장·질서유지·공공복리'에 포함된다. 헌법 제8조 제4항의 '민주적 기본질서'는 '국가안전보장'에, 제21조 제4항의 '타인의 명예나 권리 또는 공중도덕이나 사회윤리'는 질서유지에, 제23조 제3항의 '공공필요'는 '공공복리'에 포함된다. 정당해산의 사유로 규정하는 '민주적 기본질서'는 실질적으로 정당에 대한 특권을 규정한 것이므로 '국가안전보장'보다 엄격하게 해석해야 한다는 관점도 있다. 하지만, 정당해산은 정당의 자유를 제한하는 것이므로 '국가안전보장'에 포함된다.

(2) 형식과 절차

(가) '법률로써'

1) 제한의 근거이자 한계

헌법 제37조 제2항은 기본권을 제한하는 근거인 동시에 그 형식적 요건과 한계를 설정한 것이다. 기본권은 반드시 '법률로써' 제한할 수 있는데, 이는 국민의 대표기관인 국회가 제정한 법률을 통해 기본권을 제한하도록 하여 민주적 정당성을 부여한 것이다. 국가가 행정작용이나 사법작용을 통해 기본권을 제한하는 경우에도 법률에 근거를 두지 않는 경우에는 법률유보에 위반된다. 국가는 '법률로써'만 기본권을 제한할 수 있는데, 이때 법률은 형식적으로는 국회가 제정해야 하고, 내용적으로는 헌법에 부합해야 하며, 절차적으로는 적법절차를 지켜 제정되어야 헌법적 정당성을 갖는다.

　기본권을 제한하는 법률은 국회가 제정한 형식적 법률뿐만 아니라 실질적으로 법률과 같은 효력을 갖는 규범도 포함한다. 법률적 효력을 갖는 긴급재정명령과 긴급명령, 그리고 법률과 같은 효력을 갖는 조약과 일반적으로 승인된 국제법규도 기본권을 제한하는 법률에 포함된다. '법률로써'가 요구하는 입법형식은 기본권 제한의 법률유보로 구체화되며, 이는 기본권의 제한은 법률에 근거해야 한다는 것을 의미하므로 국회가 제정한 법률에 근거를 두고 제정된 하위법령에 의해서도 기본권을 제한할 수 있다. 기본권을 제한하는 형식적 요건인 '법률로써'는 법치의 요건에도 부합해야 한다.

2) 명확성의 원칙

　법률은 국가와 개인이 그 법률의 내용과 의미를 정확하게 이해할 수 있도록 명확하게 규정되어야 한다. 이는 법치국가적 요청으로 국가의 권력남용을 방지하고 개인의 기본권을 보장하기 위한 수단이 되는 헌법원칙이다. 국가가 기본권을 제한하는 법률은 명확히 규정되어야 개인의 예측가능성과 법적 안정성이 보장되고, 국가의 자의적인 권력행사를 방지할 수 있다. 하지만, 법률은 일반적이어야 하고, 변화하는 사회현상을 적절히 반영해야 할 뿐만 아니라 근본적으로 언어로 표현되므로 입법기술적으로 어느 정도 추상적이고 개방적인 개념을 사용하지 않을 수 없는 측면이 있다.

　명확성의 원칙은 기본권을 제한하는 법률에 대한 독자적 위헌심사기준이 된다는 점에서 중요한 의미가 있다. 기본권을 제한하는 법률이 명확성의 원칙에 위반된 경우에는 '법률로써' 제한한 것에 해당하지 않아 그 자체로 기본권을 침해하게 된다. 하지만, 명확성의 원칙을 판단하는 기준은 추상적이고 명확하지 않다. 헌법재판소는 법률의 입법목적과 체계, 다른 법률과의 관계, 확립된 판례의 해석을 통해 법률의 취지와 내용을 예측할 수 있거나 법관의 보충적인 가치판단을 통

제 1 장   기본권 일반이론   187

한 법문의 해석으로 그 의미내용을 확인할 수 있는 경우에는 명확성의 원칙에 위반되지 않는다고 하였다.[82]

법의 명확성은 국가권력을 자의적으로 행사할 위험의 정도에 따라 다르게 요구된다. 일반적으로 법이 개인에게 권리를 제한하거나 의무를 부과하는 경우에는 명확하게 규정해야 하고, 권리를 부여하거나 의무를 면제하는 경우에는 명확성의 정도는 보다 완화된다. 법률이 언론·출판의 자유와 같이 기본권을 제한하는 경우에는 그 요건을 명확하게 규정해야 하고,[83] 수익적 법률이나 규율대상이 다양하거나 수시로 변하는 사항에 대해서는 그 명확성의 정도가 보다 완화된다.[84]

헌법재판소는 죄형법정주의나 표현의 자유를 제한하는 경우에는 명확성의 원칙을 보다 엄격하게 적용해야 하고,[85] 형벌조항은 범죄와 형벌의 내용을 누구나 예견하고 판단할 수 있도록 구성요건을 규정하고, 법관의 보충적 해석을 통한 해석방법에 따라 건전한 상식과 통상적인 법감정을 가진 사람이면 처벌법규의 보호법익과 금지된 행위와 처벌의 종류와 정도를 알 수 있도록 규정하면 명확성에 위반되지 않는다고 하였다.[86] 명확성의 원칙은 구체적인 사건을 해결하는 재판에서 법률해석을 통해 최종적으로 판단할 수밖에 없다.

기본권을 제한하는 법률이 명확성의 원칙에 위반된 경우에는 그 자체로 위헌이므로 나아가 과잉제한금지원칙을 적용할 필요가 없다. 운전면허를 받은 사람이 '자동차 등을 이용하여 범죄행위를 한 때' 필요적으로 운전면허를 취소시키는 것은 그 포섭범위가 지나치게 광범위하여 명확성의 원칙에 위반되고, 이때에는 과잉제한금지원칙을 적용할 필요가 없다.[87] 하지만, 헌법재판에서 위헌결정이 선고될 경우 그 기속력은 주문뿐만 아니라 주문의 직접적이고 핵심적인 근거가 되어 주문과 일체를 이루는 범위에서 그 이유에도 미치게 되므로 과잉제한금지원칙을 적용할 실익이 있는 경우도 있다.

---

82) 2004. 2. 26. 2003헌바4.
83) 2014. 9. 25. 2012헌바325.
84) 2018. 12. 27. 2017헌바231.
85) 2020. 4. 23. 2018헌마551.
86) 2017. 11. 30. 2015헌바336.
87) 2005. 11. 24. 2004헌가28.

3) 소급입법의 금지

소급입법이란 이미 완성된 사실관계나 법률관계에 적용되는 법률을 새롭게 제정하는 것이다. 소급입법에 의한 기본권 제한을 금지하는 것은 법적 안정성과 신뢰보호를 위한 법치국가적 요청에서 비롯되는 헌법원칙이다. 헌법 제13조는 참정권과 재산권에 대해 소급입법의 금지를 규정하지만, 나머지 기본권을 제한하는 경우에도 원칙적으로 소급입법은 금지된다. 기본권을 제한하는 형식인 '법률로써'에는 소급입법이 제외되므로 소급입법에 의한 기본권의 제한은 그 자체로 위헌이다.

소급입법은 원칙적으로 금지되지만, 과거의 행위라도 현재의 관점에서 재평가해 새로운 법적 효과를 부여하는 것이 국가공동체의 발전을 위해 필요한 경우도 있다. 과거의 법률로 부당하게 권리나 이익을 침해당한 자에게 소급적으로 권리나 이익을 부여하는 것은 정의에도 부합한다. 소급입법을 절대적으로 금지하게 되면 미래지향적으로 발전할 수 있는 기회를 원천적으로 봉쇄하는 결과를 초래할 수 있다. 소급입법은 개인의 자유와 권리를 제한하는 결과를 초래하는 퇴행적인 경우에만 금지된다.

국회는 헌법적 가치에 부합하는 목적을 달성하기 위해 필요한 경우에는 기본권을 침해하지 않으면 소급입법을 할 수 있다. 이때 소급입법이 허용되는 규범적 기준을 설정하는 것이 중요하다. 헌법재판소는 소급입법의 필요성을 인정하여 소급입법의 유형에 따라 다른 기준을 적용한다. 즉, 진정소급입법과 부진정소급입법으로 구분하고, 전자는 원칙적으로 금지되고 예외적으로 허용되지만, 후자는 원칙적으로 허용되고 예외적으로만 금지된다고 판단한다.

첫째, 이미 완성된 사실관계의 법적 효과를 소급적으로 변경하는 진정소급입법은 원칙적으로 허용되지 않고, 신법을 통해 달성하는 공익과 구법에 의해 제한되는 사익을 비교·형량해 전자가 후자보다 큰 경우에 예외적으로만 허용된다. 헌법재판소는 국민이 소급입법을 예상할 수 있는 경우, 법적 상태가 불확실하고 혼란스러워 보호할 만한 신뢰의 이익이 적은 경우, 소급입법에 의한 개인의 손실이 경미하고 신뢰보호의 요청에 우선하는 심히 중대한 공익상의 사유가 소급입법을 정당화하는 경우에는 예외적으로 허용된다고 판단했다.[88]

둘째, 과거에 시작되었으나 아직 완성되지 않은 사실관계의 법적 효과를 변경하는 부진정소급입법은 원칙적으로 허용되지만, 신법을 통해 달성하는 공익과 구법에 의해 제한되는 사익을 비교·형량해 전자가 후자보다 크지 않은 경우에는 예외적으로 허용되지 않는다. 헌법재판소는 새로운 입법을 통해 실현하고자 하는 공익적 목적과 이로 인해 침해받는 이익의 보호 가치, 침해의 정도, 신뢰를 손상하는 정도, 신뢰침해의 방법 등 사익을 형량하여 소급효를 요구하는 공익상 사유에 비해 신뢰보호의 요청이 크고 과잉금지의 원칙에 위반할 경우에는 예외적으로 허용되지 않는다고 판단했다.[89]

소급입법에 대해서는 그 유형에 따라 법적 효과를 달리 평가하지만, 소급입법의 금지가 위헌심사기준으로는 매우 불명확하다. 진정소급입법과 부진정소급입법은 상대적이어서 획일적으로 구분하기 어렵고, 소급입법의 효과를 평가하기 위해 공익과 사익을 비교·형량하는 것도 쉬운 일이 아니다. 소급입법이 금지되어 위헌인지 여부는 재판을 통해 구체적 사건을 해결하는 과정에서 개별적으로 판단할 수밖에 없다.[90] 한편, 소급입법에 의하여 기본권을 제한하는 것이 허용된 경우에도 그것만으로 기본권 제한이 헌법적으로 정당화되지 않고 과잉제한금지원칙을 적용하여 통과되어야 한다.

4) 포괄위임입법의 금지

헌법 제75조는 "대통령은 법률에서 구체적으로 범위를 정하여 위임받은 사항과 법률을 집행하기 위하여 필요한 사항에 관하여 대통령령을 발할 수 있다"라고 규정하고, 제95조는 국무총리와 행정각부의 장도 총리령과 부령을 발할 수 있도록 규정한다. 헌법은 행정입법에 의해서도 기본권을 제한할 수 있도록 허용한다. 하지만, 행정입법은 법률에 근거를 두어야 하므로 법률에서 정한 요건이나 절차에 따라야 하며, 모법의 위임범위를 벗어나서는 안 된다.[91]

행정입법은 국민의 권리의무에 관한 사항을 규율하는 법규명령과 행정기관의 내부적 지침에 불과한 행정명령으로 구분되는데, 법규명령은 대통령령인 시행

---

88) 2021. 1, 28, 2018헌바88.
89) 2001. 5. 31. 99헌가18.
90) 한수웅, 헌법학, 282면.
91) 2020. 12. 23. 2017헌마416 ; 2016. 4. 28. 2012헌마630.

령과 총리령과 부령인 시행세칙을 포함한다. 법률의 위임에 따른 위임명령과 법률을 집행하기 위한 집행명령은 법규명령에 해당하므로 그 범위에서는 기본권을 제한할 수 있다. 다만, 위임명령은 그 위임의 내용에 따라 새로운 권리의무를 창설할 수 있지만, 집행명령은 새로운 권리의무를 창설할 수 없다는 차이가 있다.

행정규칙은 정부가 전문적이고 기술적인 사항을 규율하기 위해 법률의 위임 없이 제정하는 행정명령이므로 기본권을 제한하는 '법률로써'에 포함되지 않아 원칙적으로 기본권을 제한할 수 없다. 하지만, 법률은 법규명령뿐만 아니라 훈령, 고시, 예규와 같은 행정규칙에도 기본권의 제한을 위임할 수 있고, 대통령령과 같은 법규명령도 행정규칙에 위임을 할 수 있다. 이와 같은 법령보충적 행정규칙은 법률에 근거를 둔 것에 해당하므로 상위법령의 위임한계를 벗어나지 않는 한, 상위법령과 결합하여 기본권을 제한할 수 있다.[92]

5) 체계정합성

법은 최고법인 헌법을 정점으로 피라미드 구조를 가진 규범체계로 구성되므로 모든 법은 헌법의 틀 안에서 존재한다. 법의 체계정합성이란 법령들 사이에 모순이나 충돌이 없이 균형을 유지해야 하고, 하나의 법령 안에서도 모순되는 내용이 없어야 한다는 것이다. 법이 체계적으로 정립되지 않으면 법의 해석과 집행에서 모순과 충돌이 발생하게 되고, 국가권력이 자의적으로 행사될 수 있으므로 국회는 법률을 체계적으로 정합하도록 제정해야 한다. 체계정합성은 국회가 자의적으로 입법권을 행사하지 않도록 통제함으로써 법의 공정성, 예측가능성, 법적 안정성을 확보하기 위한 것이다.

기본권을 제한하는 '법률로써'에는 그 법률이 체계정합성을 갖추고 있어야 한다는 것을 포함한다. 법의 체계정합성은 헌법원칙으로 입법자를 기속하므로 국회는 체계정합성을 위반한 법률을 제정해서는 안 되고, 그 범위에서는 입법재량권이 제한된다. 하지만, 법의 체계정합성이 독자적인 위헌심사기준이 되는 것은 아니다. 법의 체계정합성은 과잉제한금지원칙을 적용하는 과정에서 고려해야 할 위헌적 요소의 하나에 불과하므로 체계정합성을 갖추지 못했다고 해서 곧장 기본권을 침해한다고 판단해서는 안 된다. 국회는 공익적 이유가 있는 경우에는 체계

---

92) 2009. 4. 30. 2007헌마106.

정합성을 갖추지 못한 법률을 제정할 수도 있다.

법률이 체계정당성을 갖추지 못하더라도 그것이 과잉제한금지원칙이나 자의적 입법을 통한 평등권을 침해한 결과로 귀결되는 경우에만 기본권을 침해하여 위헌이 된다.93) 따라서 과잉제한금지원칙을 적용하여 법률의 위헌 여부를 심사할 경우에는 이와 별도로 법의 체계정합성을 심사할 필요가 없다.94) 헌법재판소는 체계정합성의 위반을 정당화할 합리적 이유가 있는지를 판단하는 것은 국회의 입법재량에 속하며, 국회의 입법재량이 현저히 한계를 이탈한 것이 아닌 한 위헌의 문제는 생기지 않는다고 판단하였다.95)

(나) 위반의 효과

국가는 '법률로써'만 기본권을 제한할 수 있으므로 법률유보를 위반하여 기본권을 제한하면 헌법적 정당성을 갖지 못하게 되지만, 그 구체적인 효과와 사법적 구제수단은 법률유보를 위반하는 유형에 따라 다르다. 다만, 헌법재판에서 입법절차에 대한 규범통제와 입법절차의 하자에 대한 헌법소원은 구별해야 한다. 헌법소원은 기본권을 침해한 경우에만 청구할 수 있으므로 입법절차가 헌법이나 국회법을 위반하더라도 그 자체로 기본권을 제한하는 것이 아닌 한, 헌법소원을 청구할 수 없다.96)

첫째, 국가가 형식적 법률유보를 위반하여 법률에 의하지 않거나 법률에 근거를 두지 않고 기본권을 제한하면 실체적으로 기본권이 침해되었는지 여부를 불문하고 기본권을 침해한다. 이때에는 과잉제한금지원칙을 심사할 필요 없이 기본권 제한의 형식적 요건을 갖추지 못하여 위헌이 된다. 개인은 법률에 의하지 않는 공권력의 행사, 법률이나 하위법령의 입법부작위, 불완전한 하위법령에 대해 헌법소원을 통해 구제를 받을 수 있다. 한편, 법률의 하위법령에 대해서는 헌법소원 이외에 그 하위법령이 재판에 적용되는 경우에는 법원에 위헌·위법심판을 청구할 수도 있다.

둘째, 국가가 법률에 근거하여 기본권을 제한하는 경우에도 그 법령의 내용

93) 성낙인, 헌법학, 270면 ; 한수웅, 헌법학, 1168~1169면.
94) 2018. 1. 25. 2016헌바315.
95) 2004. 11. 25. 2002헌바66.
96) 1998. 8. 27. 97헌마8.

이 헌법적 정당성을 갖지 못하면 기본권을 침해하게 된다. 법령의 내용이 기본권을 침해하였는지 여부를 심사하는 기준은 과잉제한금지원칙이다. 이때에는 개인은 위헌인 법령을 적용하여 기본권을 침해하는 공권력의 행사, 법률이나 하위법령에 대해 헌법소원을 통해 구제받을 수 있고, 헌법재판소에 위헌법률심판을 청구하거나 법원에 하위법령에 대한 위헌·위법심판을 청구할 수 있다.

셋째, 국가가 적법절차원칙을 위반하여 법률을 제정한 경우에는 국회의 입법형성권과 자율권을 고려해야 한다. 적법절차원칙은 형사절차뿐만 아니라 입법작용을 포함한 모든 국가작용에 적용되지만,[97] 국회가 국회법이 규정한 입법절차를 위반한 경우에는 그 법률이 당연무효가 되는 것은 아니다. 국회가 헌법이 직접 규정하는 입법절차나 헌법적 차원에서 요구되는 적법절차원칙을 위반한 경우에는 위헌적 법률이므로 '법률로써'에 위반된다.

5. 제한의 필요성

(1) '필요한 경우에 한하여'

기본권은 필요한 경우에 한하여 제한할 수 있는데, 어떤 경우에 기본권 제한의 필요성이 인정되는지를 판단하는 기준이 과잉제한금지원칙이다. 과잉제한금지원칙은 기본권을 제한할 필요가 있다는 것뿐만 아니라 제한의 정도 역시 필요한 만큼의 정도만 제한해야 한다는 것을 포함한다. 헌법 제37조 제2항은 '필요한 경우에 한하여'라고만 규정하지만, 헌법재판소는 헌법해석을 통해 과잉제한금지원칙으로 이론화하였다. 과잉제한금지원칙을 헌법 제37조 제2항 전체로 이해하는 관점도 있지만, '필요한 경우'에만 기본권을 제한하는 것이 정당화된다는 의미로 해석하는 것이 타당하다.

과잉제한금지원칙은 일반적인 법원칙인 비례원칙을 기본권의 제한에 적용한 것으로 '과잉금지원칙'이라고도 하는데, 행정기본법 제10조는 행정작용에 대해 비례원칙을 적용하여 행정목적을 달성하는 데 유효하고 적절할 것, 필요한 최소한도에 그칠 것, 행정작용으로 인한 국민의 이익 침해가 그 행정작용이 의도하는 공

---

97) 2009. 6. 25. 2007헌마451.

익보다 크지 아니할 것을 규정한다. 비례원칙이 기본권의 제한에 대해 적용되는 경우에는 기본권을 과도하게 제한하면 기본권을 침해하는 것이라는 의미에서 '과잉제한금지원칙'이라고 표현할 수 있다.

헌법재판소는 과잉제한금지원칙을 이론적으로 체계화하여 적용한다. 과잉제한금지원칙은 정당성의 원칙(목적의 정당성), 적합성의 원칙(수단의 적합성), 필요성의 원칙(피해의 최소성), 비례성의 원칙(법익의 균형성)을 핵심요소로 하며, 이들을 모두 갖춘 경우에만 과잉제한금지원칙을 충족한다. 이러한 요소는 시간적으로나 논리적으로 단계적 구조를 취하고 있어 목적의 정당성, 수단의 적합성, 피해의 최소성, 법익의 균형성의 순서로 심사한다.

(2) 구체적 내용

(가) 목적의 정당성

목적의 정당성은 기본권을 제한하는 국가작용의 목적이 헌법적으로 정당해야 한다는 것이다. 헌법재판소는 목적의 정당성을 우선적으로 판단하고, 목적의 정당성이 없으면 기본권의 침해에 해당하므로 다른 요소를 심사할 필요가 없다. 이는 기본권 제한의 목적인 '국가안전보장·질서유지·공공복리'와 구별된다. '국가안전보장·질서유지·공공복리'는 기본권을 제한하는 일반적이고 추상적인 목적이지만, 목적의 정당성은 국가작용의 개별적이고 구체적인 목적이다. 일반적이고 추상적인 기본권 제한의 목적은 개별적이고 구체적인 목적의 정당성을 통해 그 헌법적 정당성이 확보된다.

목적의 정당성은 과잉제한금지원칙에서 제외해야 한다는 견해가 있다.[98] 과잉제한금지원칙은 기본권을 제한하는 법률의 방법적 한계를 심사하는 기준이고, 목적의 정당성은 기본권 제한의 목적에 포함된다는 것이다. 국가가 기본권을 제한하면서 헌법에 위반되는 목적을 천명하는 경우는 거의 없어 목적의 정당성은 쉽게 인정된다. 하지만, 기본권 제한의 목적과 과잉제한금지에서 요구되는 목적의 정당성이 항상 일치하는 것은 아니다. 기본권을 제한하는 법률이 '국가안전보장·질서유지·공공복리'를 위해 행해지더라도 국가작용의 구체적 목적이 헌법적 관

---

98) 정종섭, 헌법학원론, 393면 ; 한수웅, 헌법학, 501면.

점에서 정당화되어야 한다.99)

목적의 정당성은 기본권 제한의 목적과 구별되는 독자적 의미가 있으므로 기본권 제한의 목적과 별도로 심사해야 한다. 헌법재판소는 동성동본금혼, 재외국민의 선거권 제한, 기초지방자치의원 후보자의 정당표방금지, 혼인빙자간음죄, 대학교원의 교원노조설립과 같은 사건에서 일반적인 기본권 제한의 목적과 구별하여 입법목적의 정당성을 과잉제한금지원칙의 요소에 포함시켜 별도로 판단하여 위헌결정하였다.100) 또한, 기본권을 제한하는 공권력의 행사가 헌법원리인 국민주권과 자유민주적 기본질서에 위반되는 경우에는 목적의 정당성을 인정할 수 없다고 판단하였다.101)

(나) 수단의 적합성

수단의 적합성은 기본권을 제한하는 수단이 그 목적을 달성하기 위해 유효하고 적합해야 한다는 것이다. 기본권을 제한하는 국가작용이 목적의 정당성을 갖추고 있더라도 그 목적을 달성하는 수단이 효과가 없거나 부적합한 경우에는 정당화될 수 없다. 수단의 적합성은 사실적 측면에서 목적과 수단 사이에 인과관계가 있을 것을 요구한다. 수단의 적합성은 목적과 수단을 서로 비교하여 평가하는 것이지만, 수단이 그 목적을 완벽하게 달성할 수 있어야 하거나 목적을 달성하기 위한 유일한 것이어야 하는 것은 아니다.102)

수단의 적합성은 목적과의 합리적 관련성을 의미하므로 자연적이고 사실적 인과관계가 중요하지만, 수단 자체에 대한 규범적 평가도 함께 고려해야 한다. 비록 수단이 목적을 달성하기 위한 사실적 관련성이 인정되더라도 헌법과 법률의 관점에서 허용되지 않는 경우에는 수단의 적합성이 인정되지 않는다.103) 하지만, 헌법은 국회가 기본권 제한의 목적을 달성하기 위해 어떠한 수단을 동원할 것인지를 재량으로 결정할 수 있도록 허용한다는 것을 유의해야 한다. 헌법재판소는 국회가 입법형성권의 한계를 벗어난 수단을 선택한 경우에 비로소 위헌으로 결정한다.

---

99) 성낙인, 헌법학, 1071면 ; 정재황, 헌법학, 567면.
100) 1997. 7. 16. 95헌가6 ; 2007. 6. 28. 2004헌마644 ; 2003. 1. 30. 2001헌가4 ; 2009. 11. 26. 2008헌바58 ; 2018. 8. 30. 2015헌가38.
101) 2020. 12. 23. 2017헌마416.
102) 2006. 6. 29. 2002헌바80.
103) 1999. 12. 23. 98헌마363.

수단의 적합성은 목적을 달성하기 위한 수단으로 적합한 것인지만 심사하는 것이므로 국가작용이 최선의 수단이라는 것을 보장하는 것은 아니다. 따라서 목적의 정당성이 인정되는 경우에는 그 목적을 달성하기 위한 국가작용은 그것이 위법한 것이 아닌 이상 수단의 적합성을 갖춘 것으로 인정될 가능성이 높다. 따라서 수단의 적합성도 목적의 정당성과 마찬가지로 기본권의 제한에 대한 위헌심사기준으로 국가작용을 통제하는 데에는 한계가 있다.

(다) 피해의 최소성

피해의 최소성은 기본권을 가장 덜 제한하여 피해를 최소화하는 수단을 선택해야 한다는 것이다. 목적의 정당성과 수단의 적합성이 인정되더라도 기본권을 제한하지 않거나 기본권을 덜 제한하면서 목적을 달성할 수 있는 수단이 있으면 기본권을 더 제한하는 수단을 선택해서는 안 된다. 이는 기본권을 제한하는 목적과 수단의 관계만 심사하는 것이 아니라 목적을 달성할 수 있는 다양한 수단들을 비교하는 것이다. 이때 기본권을 제한하는 수단의 종류, 피해의 정도, 이해당사자의 숫자, 제3자에 미치는 영향 등을 고려하여 수단들을 비교하여 판단해야 한다.

헌법재판소는 피해의 최소성을 심사하는 일반적 기준을 제시한다. 첫째, 기본권 행사의 방법과 절차를 제한하는 것으로 충분하면 기본권 행사 그 자체를 제한할 수는 없고, 기본권 제한의 대상을 개별적으로 구분할 수 있는데도 전면적이고 획일적으로 제한하는 것은 위헌이다.[104] 둘째, 기본권 제한에서 임의규정이 강행규정보다 덜 제한적이므로 임의규정을 적용할 수 있음에도 강행규정을 통해 일률적으로 통제하면 위헌이다.[105] 셋째, '원칙적 허용과 예외적 금지'를 통해 국가목적을 달성할 수 있음에도 '원칙적 금지와 예외적 허용'의 방식을 적용하는 것도 피해의 최소성에 위반된다.[106]

피해의 최소성은 목적의 정당성과 수단의 적합성에 대한 심사를 통과한 이후에 엄격한 논증을 통해 과잉제한금지를 실질적으로 심사한다. 하지만, 피해의 최소성은 목적을 달성하기 위한 다양한 수단을 법적 가치의 관점에서 서로 비교

104) 2007. 3. 29. 2005헌바33.
105) 2017. 5. 25. 2016헌가6.
106) 1994. 7. 29. 93헌가4.

하고 형량하는 것으로 다른 수단을 선택한 경우를 가정하여 판단하므로 과학적
이고 객관적인 지표를 제시하기가 어렵다. 피해의 최소성은 동일한 목적을 달성
하는 수단들을 비교하는 것으로 수단의 적합성과 명확하게 구분되지 않기도 하
고, 가치의 충돌을 비교형량하는 것이어서 법익의 균형성과 중첩적으로 평가되
기도 한다.

(라) 법익의 균형성

법익의 균형성은 기본권 제한을 통해 달성하려는 공익이 그로 인하여 제한
되는 사익과 균형을 이루어야 한다는 것이다. 목적의 정당성, 수단의 적합성, 피
해의 최소성이 인정되더라도 기본권을 제한한 결과에서 달성하려는 공익이 제한
되는 사익보다 커야 한다. 공익과 사익은 개별적 기본권의 성격, 사회적 관련성,
공공복리의 비중, 긴급성 등을 종합적으로 고려하여 가치의 형량을 통해 평가된
다. 국회는 법적 관점에서 공익과 사익을 형량하고 조정하여 법률을 제정하지만,
구체적인 사안에서는 헌법재판소가 법률을 해석하고 적용하면서 법익의 균형성을
심사할 수밖에 없다.

법익의 균형성을 판단하는 기준으로 기본권 주체의 신뢰보호와 수인가능성
이 제시되기도 한다. 국가작용에 대한 개인의 신뢰를 보호하고, 기본권의 제한을
수인할 수 있을 정도라야 정당화되며, 그 신뢰를 침해하거나 수인가능성을 벗어
나면 기본권을 침해한 것이고 한다. 하지만, 기본권 주체의 주관적인 판단과 능력
을 기준으로 법익의 균형성을 판단하면 과잉제한금지의 객관적인 기준을 확립하
기 어렵다. 기본권 주체의 신뢰보호나 수인가능성은 기본권 제한을 위한 독자적
인 심사기준이거나 법익의 균형성을 판단하는 절대적 기준이 아니라 공익과 비교
형량하는 사익의 내용으로서 법익의 균형성을 심사하는 요소로 반영하는 것으로
충분하다.

법익의 균형성은 법적 가치와 이익을 형량하는 작업이어서 피해의 최소성과
명확하게 구분되지 않는다. 헌법재판소도 실질적으로는 피해의 최소성과 법익의
균형성을 함께 심사하고 동일하게 판단하는 경향이 있다. 즉, 피해의 최소성을 인
정하면서 법익의 균형성을 인정하지 않는 경우가 거의 없으며, 피해의 최소성을
인정하지 않으면 법익의 균형성도 인정하지 않는다. 특정한 사안에서 모든 상황

을 정확하게 형량하여 공익과 사익을 비교하여 균형성을 유지하는 기준을 제시하는 것은 현실적으로 불가능하여 피해의 최소성과 마찬가지로 과학적이고 객관적인 지표를 제시하기 어렵다는 비판이 있다.107)

(3) 차별적 적용

(가) 독일과 미국의 경우

독일은 과잉제한금지원칙을 기본권의 제한에 대한 위헌심사기준으로 확립하였고, 우리나라에도 큰 영향을 끼쳤다. 독일은 개인의 핵심적 자유영역에 해당하는 기본권과 사회적 관련성이 큰 기본권을 차별하여 과잉제한금지원칙을 다르게 적용하였다. 즉, 인격권, 생명권, 신체의 자유 등은 개인의 핵심적 자유영역에 해당하므로 엄격하게 적용하고, 재산권과 같이 사회적 관련성이 큰 기본권에 대해서는 과잉제한금지원칙을 보다 완화하여 적용한다.

미국은 기본권의 제한에 대한 위헌심사기준을 엄격한 심사기준, 중간단계의 심사기준, 합리적 심사기준으로 구분하여 증명책임을 다르게 배분한다. 일반적으로 엄격한 심사기준과 중간단계의 심사기준을 적용할 경우에는 국가가 이를 준수하였다는 것을 증명해야 하고, 합리적 심사기준을 적용할 경우에는 기본권 침해를 주장하는 자가 그 위헌성을 증명해야 한다. 특히, 정신적 자유권과 경제적 자유권에 대해 이중적 기준을 적용하여 정신적 자유에 대해서는 우월한 효력을 인정하여 사전억제의 금지, 명확성의 원칙, 명백하고 현존하는 위험성과 같은 엄격한 심사기준을 적용한다.

(나) 국회의 입법형성권

국회가 법률을 통해 기본권을 제한하는 경우에는 광범위한 입법형성권을 가지므로 과잉제한금지원칙을 적용할 수 없다는 관점이 있다. 국회는 입법을 통해 가치를 형량하고 조정함으로써 일차적으로 기본권의 내용과 제한을 확정하는데, 국회는 입법형성권을 가지므로 국회의 입법작용에 대해서는 '명백성 통제심사'를 통해 입법형성권의 한계를 벗어났는지 여부만 심사하면 충분하다는 것이다. 국회가 입법을 통해 기본권을 제한하더라도 입법형성권의 범위 내에서는 위헌이 아니

---

107) 김하열, 헌법강의, 294면 ; 정재황, 헌법학, 596면.

므로 과잉제한금지원칙을 적용할 필요가 없다고 한다.

과잉제한금지원칙은 입법작용을 포함한 모든 국가작용을 구속한다. 국회가 입법형성권을 가지더라도 기본권을 제한하는 입법을 할 경우에는 과잉제한금지원칙이 적용된다. 국회의 입법형성권은 헌법에 의해 위임된 재량권으로 기본권의 내용과 제한을 규율할 수 있지만, 이는 기본권의 침해와는 별개의 개념이다. 국회가 기본권을 침해하는 입법을 하면 입법형성권을 벗어난 것이지만, 입법형성권을 벗어났다고 해서 항상 기본권을 침해하는 것은 아니다. 과잉제한금지원칙은 기본권을 제한하는 법률이 헌법적으로 정당화되는지 여부를 심사하는 기준으로 국회의 입법형성권을 통제하는 역할을 한다.

(다) 기본권의 성질에 따른 차별

과잉제한금지원칙은 일반적 기준이므로 구체적 사안에서는 개별적 기본권의 성질을 반영하여 차별적으로 적용하여 구체적 타당성을 확보할 수 있다. 헌법재판소는 법률이 생명권이나 신체의 자유와 같이 핵심적 자유를 제한하는 경우에는 국회가 입법동기가 된 구체적 위험이나 공익의 존재와 그 법률에 의해 목적을 달성할 수 있는 인과관계를 입증해야 한다고 판단하였다. 한편, 재산권과 같이 사회적 관련성이 큰 기본권에 대해서는 입법자의 예측판단이나 평가가 명백히 반박될 수 있거나 현저하게 잘못인지만 심사할 수 있다고 판단하였다.108)

헌법재판소가 위헌심사기준으로 사회권의 제한과 기본권보호의무에 대해 과소보호금지원칙을 적용하거나 평등권에 대해 자의금지원칙을 적용하는 것도 과잉제한금지원칙을 차별적으로 적용한 결과로 해석할 수 있다. 헌법재판소는 기본권제한적 법률유보에 대해서는 보다 엄격한 심사기준을 적용하고 기본권형성적 법률유보에 대해서는 완화된 심사기준을 적용한다. 또한, 개별적 기본권의 내용을 구체적으로 구분하여 직업수행의 자유, 상업적 광고, 형사보상청구권에 대해 보다 완화된 심사기준을 적용하기도 한다.

(라) 차별적 적용의 한계

과잉제한금지원칙을 차별적으로 적용하는 것은 개별적 기본권의 특성을 반

---

108) 2002. 10. 31. 99헌바76.

영하여 핵심적 기본권을 강하게 보장할 수 있고, 사회적 관련성이 큰 기본권을 보다 쉽게 제한할 수 있는 장점이 있다. 국가가 기본권의 보호영역에 해당하는 내용을 제한하는 경우에는 법률의 합헌성추정이 약해지고 기본권 제한의 정당성을 스스로 입증해야 하도록 엄격하게 적용해야 하는 것이 원칙이다. 과잉제한금지원칙을 완화시켜 적용할 경우에는 '명백성 통제심사'를 통해 법률의 합헌성이 추정되므로 헌법재판소가 법률의 위헌성을 적극적으로 증명해야 한다.

개별적 기본권의 성질에 따라 과잉제한금지원칙을 구분하여 차별적으로 적용하는 것은 다음과 같은 한계가 있다. 엄격한 심사기준을 적용해야 하는 핵심적인 기본권과 완화된 심사기준을 적용할 수 있는 나머지 기본권을 구분하는 기준이 명확하지 않다. 개별적 기본권을 제한하는 것은 특정한 사안에 따라 구체적 내용이 달라지는데 기본권의 종류와 성질을 기준으로 위헌심사기준을 획일적으로 구분할 수도 없다. 과잉제한금지원칙을 어느 정도 엄격하거나 완화할 것인지도 불명확하여 객관적이고 보편적인 '원칙'으로 정립하기가 어렵다.[109]

과잉제한금지원칙을 차별적으로 적용하는 것은 개별적 기본권에 대한 침해를 정당화하는 수단이 될 수 있고, 기본권의 제한을 사후적으로 합리화하는 도구로 악용될 위험성도 있다. 즉, 위헌으로 판단하고자 할 경우에는 엄격한 심사기준을 적용하고, 위헌이 아닌 것으로 결정하고자 할 경우에는 보다 완화된 심사기준을 적용할 수 있다. 과잉제한금지원칙은 그 자체가 엄격한 심사기준이고, 구체적 사안에서 개별적 기본권의 특성을 반영하여 적용하고 심사할 수 있으므로 엄격한 심사기준과 완화된 심사기준을 구별할 필요가 없다.

6. 제한의 한계

(1) 자유와 권리의 본질적 내용

헌법 제37조 제2항은 "국민의 모든 자유와 권리는 … 제한하는 경우에도 자유와 권리의 본질적인 내용을 침해할 수 없다"라고 규정한다. 이 내용은 1960년 헌법에서 처음 규정되었는데, 1972년 헌법에서 삭제되었다가 1980년 헌법에서

---

109) 정재황, 헌법학, 595면.

다시 규정되어 현행헌법에까지 유지되고 있다. 헌법이 기본권을 제한할 수 있도록 허용하면서도 그 본질적 내용을 침해할 수 없도록 규정한 것은 기본권을 보다 강력하게 보장하기 위한 것이다. 기본권의 본질적 내용은 그 개념, 존재 여부, 구체적인 내용에 대해 다양한 견해가 있다.

사전적으로 '본질'은 본디부터 가지는 사물 자체의 성질로서 그 현상을 존재하게 하는 근본적 특성을 말한다. 기본권의 본질적 내용이란 기본권이 본래부터 가지고 있는 그 자체의 근본적 성질로서 다른 것과 구별시켜 주는 특징적 내용이다. 기본권은 본질적 내용을 가질까. 기본권은 그 자체가 헌법의 '본질적' 가치에 해당하는 것이므로 본질적 내용과 비본질적 내용을 구별할 수 없다는 관점이 있다. 기본권의 본질은 실재하지 않으며, 헌법은 절대적 기본권을 인정하지 않으므로 절대적으로 보장되는 기본권의 본질적 내용도 존재하지 않는다고 한다.

기본권의 본질적 내용은 기본권 제한의 한계가 된다. 기본권의 본질적 내용은 어떠한 경우에도 제한되지 않으므로 절대적 기본권이라고 이해할 수도 있지만, 헌법은 절대적 기본권을 인정하지 않고, 기본권을 제한하는 경우에 최후적으로 보호되는 일정한 영역을 기본권의 본질적 내용으로 인정한다. 헌법은 "제한하는 경우에도 자유와 권리의 본질적 내용을 침해할 수 없다"라고 규정하여 기본권의 본질적 내용이 존재하는 것을 전제로 한다. 기본권의 본질적 내용이 존재하느냐 여부는 규범적으로 무의미하며, 기본권의 본질적 내용이 무엇이냐를 규명하는 것이 중요하다.

(2) 내용

기본권의 본질적 내용이 무엇인지에 대해서는 다양한 관점이 있다. 우선 기본권의 본질적 내용은 기본권에 내재하여 객관적으로 존재하는 법질서라는 관점이 있다. 이를 객관설이라고 한다. 기본권은 이중적 성격을 가지므로 주관적 공권이자 객관적 법질서이기도 하므로 주관적 공권으로 제한하더라도 객관적 법질서에 해당하는 부분은 침해할 수 없다는 것이다. 이에 따르면 개별적 기본권에 대해서는 과잉제한금지원칙을 적용하여 그 제한이 정당화되는지 여부를 판단하고, 그 기본권 제한이 정당화되는 경우에도 객관적 법질서에 해당하는 부분은 침해할 수 없다고 해석한다.

기본권의 본질적 내용은 객관적 법질서가 아니고 주관적 공권인 기본권의 핵심적 내용이라는 관점이 있다. 이를 주관설이라고 한다. 기본권의 본질적 내용 그 자체와 기본권의 본질적 내용을 침해하지 않아야 한다는 객관적 규범으로서의 성격은 구별해야 한다.110) 헌법 제37조 제2항은 "필요한 경우에 한하여 제한할 수 있으며, 제한하는 경우에도"라고 규정하여 주관적 공권을 제한하는 것을 전제로 하므로 기본권의 본질적 내용은 객관적 법질서가 아니라 기본권의 특정한 내용이라고 해석된다. 따라서 주관설에 따라 기본권의 본질적 내용은 기본권의 핵심적 내용이라고 이해하는 것이 타당하다.

기본권의 핵심적 내용에 대해서도 인간의 존엄과 가치를 의미한다는 견해가 있고,111) 개별적 기본권이 가지는 핵심적 영역이라는 견해도 있고, 인간의 존엄과 가치는 물론 개별적 기본권의 핵심적 영역이 모두 포함된다는 견해도 있다. 인간의 존엄과 가치는 기본권의 이념적 기초이지만, 개별적 기본권을 다른 기본권과 구별시켜 주는 특징적 내용이 아니다. 헌법 제37조 제2항도 개별적 기본권의 제한을 전제로 하고, 그 본질적 내용을 침해할 수 없다고 규정한다. 기본권의 본질적 내용은 개별적 기본권의 핵심적 영역이며, 그 구체적인 내용은 특정한 사안에 따라 다르게 확정된다.112)

(3) 위헌심사기준

(가) 절대설과 상대설

기본권의 본질적 내용이 침해되었는지를 심사하는 기준은 무엇일까. 기본권의 본질적 내용을 침해하면 기본권 제한의 한계를 벗어난 것이 되어 기본권의 침해가 되어 위헌이 된다. 기본권의 본질적 내용은 기본권의 제한에 대한 한계이므로 기본권 제한의 위헌심사기준인 과잉제한금지원칙을 적용하는 맥락에서 이해해야 한다. 과잉제한금지원칙과 기본권의 본질적 내용에 대한 위헌심사의 방식은 어떻게 관련될까.

과잉제한금지원칙은 '필요한 경우에 한하여' 기본권을 제한하는 것에 대한

110) 성낙인, 헌법학, 1080~1081면.
111) 허영, 한국헌법론, 370면.
112) 성낙인, 헌법학, 1081면 ; 1995. 4. 20. 92헌바29.

심사기준이고, 본질적 내용에 대해서는 이와 별도의 규범적 기준을 적용하여 심사해야 한다는 관점이 있다. 이는 기본권의 본질적 내용은 절대적으로 보장된다는 의미에서 절대설이라고 하고, 헌법 제37조 제2항에 논리적으로 충실한 문리해석이다. 이에 따르면, 기본권의 제한에 대해서는 과잉제한금지원칙을 적용하여 심사하고, 그것이 정당화되는 경우에 본질적 내용을 침해하였는지 여부를 추가로 심사해야 한다.

기본권의 본질적 내용은 기본권의 제한에 대한 한계를 설정하므로 기본권의 제한에 대한 위헌심사를 하는 과정에서 비로소 확정되는 것이라는 견해도 있다. 이는 기본권의 본질적 내용이라도 절대적으로 보장되는 것이 아니라는 의미에서 상대설이라고 하고, 기본권의 본질적 내용은 과잉제한금지원칙을 적용하는 과정에서 기본권 제한의 한계로 판단된다고 한다.113) 이에 따르면, 과잉제한금지원칙을 적용하여 서로 충돌하는 가치와 이익을 형량할 때 본질적 내용도 함께 심사하여 최종적으로 기본권 제한이 정당화되는지 여부를 판단해야 한다.

(나) 판례

헌법재판소는 기본권의 본질적 내용을 개별적 기본권의 핵심적 내용으로 기본권 제한의 한계를 설정한 것이라고 인정하여 주관설에 따른 것으로 해석된다. 하지만, 그 위헌심사기준에 대해서는 명확한 기준을 제시하지 않고 있다. 헌법재판소는 재산권의 제한에서 재산권의 핵심영역을 본질적 내용으로 판단하고, 이에 대해 과잉제한금지원칙과 별도의 위헌심사기준을 적용하여 절대설에 따른 적이 있다. 재산권의 본질적 내용이란 그 침해로 사유재산권이 유명무실해지고 사유재산제도가 형해화되어 헌법이 재산권을 보장하는 궁극적인 목적을 달성할 수 없게 되는 지경에 이르는 경우라고 판단하였다.114)

한편, 사형제도가 생명권을 침해하는지에 대한 위헌심사에서는 기본권의 제한에 대해 과잉제한금지원칙을 적용하여 정당화되는 이상 기본권의 본질적 내용을 침해하는 것은 아니라고 하였다. 생명이 이념적으로 절대적 가치를 지닌다고 하더라도 생명에 대한 법적 평가는 가능하고, 최소한 동등한 가치가 있는 다른 생

---

113) 성낙인, 헌법학, 1078면 ; 장영수, 헌법학, 524면.
114) 1989. 12. 22. 88헌가13.

명이나 그에 못지않은 공공의 이익을 보호하기 위해 불가피한 경우에는 생명을 빼앗는 형벌이라도 위헌이 아니라고 판단하였다.[115] 이는 생명 자체를 기본권의 본질적 내용으로 이해하고 이를 과잉제한금지원칙을 적용하여 심사함으로써 상대설에 따른 것으로 해석된다.

(다) 과잉제한금지원칙으로 판단

기본권의 제한에 대한 위헌심사의 형식을 고려하면 절대설이 기본권을 보다 강하게 보장한다고 할 수 있다. 과잉제한금지원칙을 적용한 다음, 다시 본질적 내용이 침해되었는지 여부를 별도로 심사하기 때문이다. 하지만, 기본권의 본질적 내용은 그 개념이 불명확할 뿐만 아니라 과잉제한금지원칙을 적용하여 피해의 최소성과 법익의 균형성에 대해 판단하면서 기본권의 본질적 내용을 반영하지 않을 수 없어 독자적인 위헌심사기준으로 삼기는 어렵다. 헌법재판소가 과잉제한금지원칙에 위반하지 않았다고 하면서 기본권의 본질적 내용을 침해하였다고 판단할 가능성은 거의 없다.

헌법재판에서 과잉제한금지원칙을 위반하여 위헌이라고 판단한 경우에 기본권의 본질적 내용에 대해 별도로 심사하지 않았더라도 기본권의 본질적 내용도 침해되었다고 판단한 것으로 해석해야 한다. 과잉제한금지원칙은 기본권을 제한하는 국가작용이 헌법적으로 정당화되는지 여부를 심사하는 것이므로 기본권의 본질적 내용을 침해하지 말아야 한다는 것도 함께 판단하는 것이 타당하다. 헌법재판소가 사회권의 제한이나 기본권보호의무에 과소보호금지원칙을 적용하여 국가가 취해야 할 최소한의 조치인지 여부를 판단할 때에도 기본권의 본질적 내용을 함께 반영해야 한다.

헌법 제37조 제2항은 기본권을 '제한'하는 경우에도 그 본질적 내용을 '침해'할 수 없다고 규정한다. 이는 기본권의 본질적 내용은 기본권의 제한이 정당화되는 경우에도 제한할 수 없다는 것을 강조한 것이다. 기본권의 침해는 헌법적으로 정당화되지 않는 것이므로 기본권의 본질적 내용을 침해하지 못하는 것은 당연하다. 따라서 헌법에서 규정하고 있는 본질적 내용에 대한 '침해'는 '제한'으로 해석하는 것이 체계적으로 정합하다.

---

115) 2010. 2. 25. 2008헌가23.

7. 위헌심사기준의 통일적 이해

(1) '필요한 경우에 한하여'에 대한 체계적 해석

(가) 판례의 태도

헌법 제37조 제2항은 '필요한 경우에 한하여'라고 규정하고, 헌법재판소는 이를 근거로 과잉제한금지원칙을 기본권의 제한에 대한 원칙적인 위헌심사기준으로 채택한다. 하지만, 그 구체적인 내용은 기본권보장의무의 유형, 개별적 기본권의 종류, 법률유보의 성질에 따라 과잉제한금지원칙을 엄격하거나 완화하여 적용하기도 하고, 과잉제한금지원칙 이외에 다른 위헌심사기준을 제시하기도 한다.

첫째, 헌법재판소는 기본권보장의무의 유형에 따라 과잉제한금지원칙과 과소보호금지원칙을 구별하여 서로 다르게 적용한다. 자유권을 중심으로 하는 기본권 방해의 금지의무에 대해서는 과잉제한금지원칙을, 사회권을 중심으로 하는 기본권 실현의 노력의무와 기본권보호의무에 대해서는 과소보호금지원칙을 적용한다.116) 과소보호금지원칙은 국가의 적극적 작위를 통해 기본권을 최소한 이상으로 보호할 것을 요구하며, 국가가 최소한의 의무를 준수하였는지 여부를 심사한다.

둘째, 개별적 기본권의 종류와 구체적 내용에 따라 다양한 위헌심사기준을 적용한다. 생명과 신체에 관한 제한, 양심의 자유와 같은 정신적 기본권에 대해서는 과잉제한금지원칙을 엄격하게 적용하고, 직업수행의 자유, 상업광고에 해당하는 언론·출판의 자유, 사회적 관련성이 큰 경제적 기본권에 대해서는 과잉제한금지원칙을 완화하여 적용한다.117) 특히, 평등권에 대해서는 원칙적으로 자의금지원칙을 적용하고, 헌법이 특별히 평등하게 취급할 것을 명시적으로 규정하거나 차별적 취급으로 인하여 기본권의 중대한 제한을 초래하는 경우에는 엄격한 비례심사원칙을 적용한다.118)

셋째, 법률유보의 성질에 따라 다른 위헌심사기준을 적용한다. 일반적으로 기본권제한적 법률유보에서는 과잉제한금지원칙을 엄격하게 적용하고, 형사보상

---

116) 2010. 5. 27. 2009헌마338.
117) 2005. 10. 27. 2003헌가3.
118) 2010. 11. 25. 2006헌마328.

청구권과 같은 기본권형성적 법률유보에서는 '명백성 통제심사'를 통해 완화된 심사기준을 적용한다.[119] 명백성 통제심사는 국회가 기본권의 내용과 제한에 대해 입법형성권을 갖는다는 것을 인정하고, 그 입법형성권의 한계를 벗어났는지 여부를 심사기준으로 채택한다. 명백성 통제심사를 채택하게 되면, 국회의 입법형성권을 존중하고 법률의 합헌성이 추정되므로 보다 완화된 심사기준을 적용하게 된다.

넷째, 헌법재판소는 과잉제한금지원칙 이외에 적법절차원칙, 신뢰보호원칙, 자기책임의 원칙도 독자적인 위헌심사기준으로 채택한다. 기본권을 제한하는 형식인 '법률로써'에 대한 위헌심사기준으로는 명확성의 원칙, 소급입법의 금지, 포괄위임입법의 금지를 채택하면서 이와 별도로 기본권을 제한하는 위헌심사기준으로 적법절차원칙, 신뢰보호원칙, 자기책임의 원칙을 적용하기도 한다. 헌법재판소는 이러한 위헌심사기준을 과잉제한금지원칙과 함께 적용하기도 하고 독자적으로 적용하기도 한다.

(나) 판례의 문제점

헌법재판소는 과잉제한금지원칙을 위헌심사기준으로 확립하여 기본권을 제한하는 국가작용을 엄격하게 심사함으로써 기본권의 보장에 크게 기여하였으며, 과잉제한금지원칙의 구체적인 심사기준도 이론화하였다고 평가된다. 하지만, 국가작용과 기본권 제한에서 구체적 타당성을 확보하기 위해 다양한 위헌심사기준을 차별적으로 적용함에 따라 체계적으로 정합한 위헌심사기준을 세우지 못했다는 비판도 제기된다.

첫째, 과소보호금지원칙은 위헌심사기준으로 불명확하여 객관적인 규범으로 기능하기 어렵다. 국가가 기본권을 보장하기 위해 '적어도 적절하고 효율적인 최소한의 보호조치'를 취하지 않았다는 것은 국가가 아무런 보호조치를 취하지 않았든지 그 조치가 전적으로 부적합하거나 매우 불충분한 것이 명백한 경우에만 인정된다. 이는 일반적이고 추상적인 기준으로 구체적인 심사요소를 제시하지 않아 헌법재판소의 자의적 판단을 통제하기 어렵다. 사회권의 제한과 기본권보호의무는 그 내용과 효력이 상이함에도 거의 동일한 내용으로 위험심사기준을 적용한다.

둘째, 개별적 기본권의 종류와 내용에 따라 과잉제한금지원칙을 엄격하게 적

---

119) 2010. 10. 28. 2008헌마514.

용하거나 완화하여 적용하는 것도 그 기준이 명확하지 않다. 또한, 위헌심사기준을 어느 정도 완화하여 적용하는지도 구체적 사안에 따라 다양하여 규범적 기준으로 적합하지 않다. 평등권의 제한에 대해서도 기본적으로 자의금지원칙을 적용하지만 그 차별적 취급에 합리적 이유가 있는지 여부가 명확하지 않다. 엄격한 비례심사원칙을 적용하는 '기본권의 중대한 제한을 초래하는 경우'도 추상적이고, 엄격한 비례심사원칙의 구체적 내용은 과잉제한금지원칙의 단계적 논리구조를 거의 그대로 차용한다.

셋째, 기본권의 종류에 따라 법률유보의 성격을 구분하여 과잉제한금지원칙을 차별적으로 적용하는 경우에도 법률유보를 기본권형성적 법률유보와 기본권제한적 법률유보를 명확하게 구분하기 어렵다. 기본권형성적 법률유보에 대해서는 과잉제한금지원칙을 완화하여 '명백성 통제'를 심사기준으로 제시하기도 하는데, 명백성 통제라는 심사기준 역시 명확하지 않고, 과잉제한금지원칙과의 관계나 과잉제한금지원칙을 어느 정도 완화할 것인지도 확정하기 어렵다.

넷째, 적법절차원칙, 신뢰보호원칙, 자기책임의 원칙은 이를 독자적 위헌심사기준으로 삼기에는 그 헌법적 근거가 명확하지 않다. 이러한 기준은 법치국가적 요청에서 국가작용을 규율하는 법원칙이지만, 법률적 차원의 위법성과 달리 헌법적 차원에서 위헌성을 심사하는 기준인지도 불명확하다. 즉, 어느 정도로 위반해야 법률위반이 아니라 기본권을 침해하여 위헌이 되는지가 제대로 구별되지 않는다. 특히, 이러한 법원칙은 과잉제한금지원칙과 관계가 명확하지 않아 과잉제한금지원칙과 함께 적용되기도 하고 독자적으로 적용되기도 한다.

(다) 통일적이고 체계적 해석

기본권 제한에 대한 위헌심사기준은 헌법 제37조 제2항의 해석을 중심으로 체계적으로 정합하게 이해할 필요가 있다. 헌법재판소는 과잉제한금지원칙에 대해 목적의 정당성, 수단의 적합성, 피해의 최소성, 법익의 균형성이라는 단계적 논리구조를 확립하고 있으므로 이를 모든 기본권에 통일적으로 적용하는 것이 타당하다. 헌법이 규정하는 '필요한 경우에 한하여'에 대해서는 판례를 통해 확립된 과잉제한금지의 논리구조를 통일적으로 적용하고, 그 심사과정에서 기본권보장의무의 유형, 기본권의 종류, 법률유보의 성질의 차이를 반영하는 것이 타당하다.

과소보호금지원칙은 과잉제한금지원칙과 마찬가지로 다양한 법익을 서로 비
교형량하여 조정하는 것이므로 과잉제한금지원칙을 구체적으로 적용한 것이다.
사회권에 대한 제한과 기본권보호의무에서는 그 규범적 성격이나 비교되는 법적
가치와 이익이 자유권과 구조적으로 다르다는 특성을 반영한 결과를 과소보호금
지원칙이라고 명명하는 것이다. 과소보호금지원칙은 권력분립과 국회의 입법형성
권의 존중을 반영한 것이지 과잉제한금지원칙과는 다른 위헌심사기준은 아니다.
과소보호금지원칙은 기본권 실현의 노력의무와 기본권보호의무에서 과잉제한금
지원칙을 적용한 것으로 통일적으로 이해할 수 있다.

개별적 기본권의 종류와 법률유보의 성격에 따라 과잉제한금지원칙을 차별
적으로 적용하는 경우에도 그 특성을 반영하면 충분하다. 명백성 통제심사는 과
잉제한금지원칙을 적용하는 과정에서 국회의 입법형성권을 반영할 수 있으므로
독자적인 위헌심사기준으로 인정할 실익이 없다. 기본권에 대한 법률유보는 서로
대립하는 기본권이 충돌하는 상황을 반영하는데, 일방에게는 기본권의 보호가 되
고 상대방에게는 기본권의 제한이 될 수 있다. 이때 기본권의 보호에 대해서는 과
소보호금지의 관점에서, 기본권의 제한에 대해서는 과잉제한금지의 관점에서 판
단해야 한다.

헌법 제37조 제2항의 위헌심사기준을 '필요성원칙'이라고 하고, 이는 단일의
고정된 위헌심사기준이 아니라 기본권의 종류와 구체적 내용에 따라 달리 적용되
는 복수의 위헌심사기준을 포괄한다고 이해할 수도 있다. 즉, 자유권에 대해서는
과잉금지원칙을 적용하고, 사회권에 대해서는 과소금지원칙을 적용하고, 참정권
과 청구권에 대해서는 그 중간기준으로 목적과 수단 사이에 실질적 관련성이 있
는지 여부를 기준으로 채택하는 적정보장원칙을 적용해야 한다는 것이다.[120] 이
견해도 과소보호금지원칙과 완화된 과잉금지원칙과 같이 불명확한 심사기준을 기
본권의 종류에 따라 체계화시키려는 노력으로 이해된다.

[120) 김하열, 헌법강의, 284~285면.

(2) 과소보호금지원칙

(가) 기본권 실현의 노력의무와 사회권의 제한

국가가 기본권 실현의 노력의무를 위반하면 기본권을 침해하게 되고, 사회권에 대해서는 국가가 적절하고 효율적인 최소한의 보호조치를 하지 않으면 기본권을 침해하게 된다. 국가가 이러한 최소한의 보호조치를 하지 않으면 기본권을 과잉하게 제한한 것으로 평가하고 과잉제한금지원칙의 논리구조를 동일하게 적용할 수 있다. 특히, 사회권은 개인이 국가에 대해 적극적으로 급부를 요구할 수 있는 권리이므로 다른 기본권보다 기본권 실현의 노력의무가 강하게 요구되므로 위헌심사기준을 적용하는 과정에서 이러한 특징을 반영해야 한다.

기본권 실현의 노력의무와 사회권의 제한에서는 기본권의 주체가 주장하는 내용을 고려하여 소극적 국가작용의 목적이 정당한지를 심사하고, 그 국가작용을 기준으로 수단의 적합성을 심사한다. 피해의 최소성에서 피해는 기본권의 주체가 입게 되는 현실적인 피해가 아니라 소극적 국가작용으로 인하여 이익을 향유하지 못하는 추정적이고 잠재적인 피해를 의미한다. 법익의 균형성은 국가가 그 조치를 취하지 않음으로 인하여 얻어지는 공익과 그로 인하여 제한되는 사익, 그리고 그 조치를 취했을 경우에 초래되는 공익의 제한과 그로 인하여 발생하는 사익을 비교·형량하여 전자가 후자보다 더 클 경우에만 헌법적으로 정당화된다.

기본권 실현의 노력의무와 사회권의 제한에서 과잉제한금지원칙을 적용하여 그 심사기준을 통과하지 못하면 국가가 기본권을 보장하기 위해 적어도 적절하고 효율적인 최소한의 보호조치를 취하지 않았다고 판단할 수 있다. 이때 명백성 통제라는 위헌심사기준을 동원하지 않더라도 국가가 아무런 보호조치를 취하지 않았든지 그 조치가 전적으로 부적합하거나 매우 불충분한 것이 명백한 경우에 해당한다고 평가할 수 있으므로 기본권을 침해한 것이 된다.

(나) 기본권보호의무

기본권보호의무에 대해서도 과잉제한금지의 원칙의 논리구조를 적용할 수 있는데, 이때에는 사적 영역에 국가가 개입하여 이해관계를 조정하게 되므로 국가와 기본권의 주체의 양면적 관계가 아니라 기본권과 관계하는 제3자의 관계도 심사에 반영해야 한다. 국가는 기본권의 주체에 대해 기본권보호의무를 부담하는 동시에 제3자의 기본권도 보장해야 할 헌법적 의무를 부담하기 때문이다. 기본권 보호의무에 대해서는 기본권의 충돌이 발생할 가능성이 크므로 이를 규범조화적으로 해석하는 기준을 반영하여 심사해야 한다.

기본권보호의무에 대해서는 기본권의 주체가 주장하는 내용을 고려하여 소극적 국가작용의 목적이 정당한지를 심사하고, 그 국가작용을 기준으로 수단의 적합성을 심사한다. 피해의 최소성에서 피해는 기본권의 주체가 입게 되는 현실적인 피해가 아니라 제3자와의 관계에서 이익을 향유하지 못하는 추정적이고 잠재적인 피해를 의미한다. 법익의 균형성은 국가가 그 조치를 취하지 않음으로 인하여 얻어지는 공익과 그로 인하여 제한되는 사익, 그리고 그 조치를 취했을 경우에 초래되는 공익의 제한과 그로 인하여 발생하는 사익을 비교·형량하여 전자가 후자보다 더 클 경우에만 헌법적으로 정당화된다.

(3) 평등권의 제한에 대한 위헌심사기준

헌법 제37조 제2항은 모든 기본권에 적용되므로 평등권의 제한에도 과잉제한금지원칙을 적용하고 그 심사과정에서 평등권의 특성을 반영하는 것이 타당하다. 헌법재판소는 과잉제한금지원칙은 기본권 보호영역의 확정, 기본권의 제한 여부에 대한 확인, 그 제한의 정당성 여부에 대한 심사라는 3단계 논리구조를 가지나, 평등권의 제한에 대한 위헌심사에서는 비교집단 사이의 차별의 존재 여부의 확인과 그 차별의 정당성 여부에 대한 심사라는 2단계 논리구조를 가진다고 한다. 이러한 차이점을 전제로 평등권의 제한에 대해서는 자의금지원칙을 적용하고, 예외적으로 엄격한 비례심사원칙을 적용한다.[121]

평등권의 제한에서도 과잉제한금지원칙의 단계적 논리구조를 적용할 수 있다. 평등권의 제한에서도 비교대상으로 동일한 비교집단인지를 심사하여 기본권의 보호영역을 확정하고, 국가가 이들을 차별적으로 취급하는 것인지를 판단하여 기본권의 제한을 확정하고, 최종적으로 그 차별적인 취급이 헌법적으로 정당화되는지를 평가하는 3단계 논리구조를 적용할 수 있다. 평등권의 제한에 대해서도 과잉제한금지원칙에 따라 차별적 취급에서 목적의 정당성, 수단의 적합성, 피해의

---

121) 2010. 11. 25. 2006헌마328.

최소성, 법익의 균형성을 구체적 심사기준으로 적용할 수 있다.

평등권의 제한에서 과잉제한금지원칙을 적용하는 경우에는 헌법이 직접 평
등권에 대해 규정하는 내용을 반영해야 한다. 헌법은 대통령과 국회의원의 특권
이나 여자와 연소자의 근로에 대한 특별한 보호와 같이 차별적으로 우대할 것을
규정한다. 여자의 근로에 대한 부당한 차별을 금지하는 것과 같이 특별히 평등하
거나 차별의 금지를 직접 규정하기도 한다. 자의금지원칙, 엄격한 비례심사원칙,
완화된 비례심사원칙은 과잉제한금지원칙을 심사하는 구조에 포섭될 수 있고, 차
별적 취급으로 인하여 기본권의 중대한 제한을 초래한다는 것도 피해의 최소성이
나 법익의 균형성을 심사하면서 고려할 수 있다.

(4) 기타 위헌심사기준

(가) 적법절차원칙

1) 모든 국가작용에 적용되는 헌법원칙

적법절차원칙은 국가작용은 법에서 정한 절차에 의해 행해져야 한다는 원칙
이며, 기본권을 제한하는 경우에도 적법절차원칙을 준수해야 한다. 국가가 기본권
을 제한하기 위해서는 '법률로써' 제한하도록 하는 것도 적법절차원칙에 포함된
다. 국가작용은 법률이 정한 절차에 따라야 하는데, 이는 형식적으로 법률이 정한
절차에 따르면 정당화되는 것이 아니라 그 절차의 내용이 정당하고 합리적이어서
헌법에 부합해야 한다는 것을 의미한다.[122] 다만, 기본권을 제한하는 절차를 규정
하는 법률조항이 헌법에 위반되는 경우에도 위헌법률심판을 통해 위헌결정이 선
고되기 전까지는 적법한 절차로 존중되어야 한다.

헌법은 신체의 자유에 대해 '적법한 절차'를 규정하지만, 헌법재판소는 이를
형사사법절차뿐만 아니라 입법·행정·사법의 모든 국가작용에서 지켜야 할 원칙
으로 해석하였다.[123] 헌법재판소는 적법절차원칙은 국가기관이 국민과의 관계에
서 공권력을 행사할 때 지켜야 하고, 국가기관에 대한 탄핵소추절차에는 직접 적
용될 수 없다고 판단하였다.[124] 헌법재판소가 권력분립이나 국회의 자율권을 존

---

122) 1998. 5. 28. 96헌바4.
123) 2009. 6. 25. 2007헌마451.
124) 2017. 3. 10. 2016헌나1.

중할 수는 있지만, 국가기관 사이에는 적법절차원칙이 적용되지 않는다고 선언한 것은 잘못이다.

2) 판단기준

적법절차원칙은 국가가 법률이 정한 절차를 위반하여 기본권을 제한한 경우에는 단순히 위법한 것이 아니라 기본권을 침해하여 위헌이라는 것을 의미한다. 국가가 헌법이 직접 규정하는 절차를 위반한 경우뿐만 아니라 법률이 규정하는 절차를 위반한 경우에도 위헌이다. 다만, 적법절차란 법률적 차원에서 규정한 절차가 아니라 헌법적 차원에서 요구하는 절차를 의미한다는 것에 유의해야 한다. 국회가 제정하는 법률에서 규정하는 절차를 위반하였다고 하여 모두 위헌으로 판단하면, 국회가 위헌 여부를 결정하게 되고 단순히 위법한 국가작용이 위헌적으로 평가될 수 있기 때문이다.

적법절차원칙은 이해당사자의 이익충돌을 금지하고, 적정한 고지를 통해 무기평등을 보장하며, 불이익한 처분을 할 경우에는 의견을 제출하도록 청문절차를 보장할 것을 요구한다. 다만, 위헌심사기준이 되는 적법절차의 기준은 명확하지 않고 어떤 절차를 어느 정도로 요구하는지를 확정하기는 어렵다. 헌법재판소는 당사자에게 적절한 고지를 행할 것과 의견과 자료제출의 기회를 부여할 것을 그 기준으로 제시하고, 당사자의 권리와 이익, 국가작용의 효율성, 절차의 필요성과 비용, 불복의 기회와 같은 다양한 요소를 비교·형량하여 구체적 사안에서 개별적으로 판단할 수밖에 없다고 하였다.[125]

3) 독자적인 위헌심사기준

적법절차원칙은 과잉제한금지원칙과 구별되는 독자적인 위헌심사기준이라는 점에서 규범적 의미가 있다. 영장주의, 체포와 구속의 이유 고지, 체포·구속적부심사제도와 같이 헌법이 직접 적법절차를 규정하는 경우에는 그 절차를 위반한 것 자체가 기본권을 침해하여 위헌이고, 별도로 과잉제한금지원칙을 심사할 필요가 없다. 헌법이 직접 규정하는 적법절차를 위반하거나 법률이 규정하더라도 헌법적 차원에서 요구되는 적법절차를 위반한 경우에는 위헌이 된다.

헌법재판소는 헌법 제27조가 규정하는 재판청구권은 공정한 재판절차에 따

---

[125] 2018. 4. 26. 2014헌마1178.

를 것을 전제로 하고, 이는 일반적인 적법절차원칙에 대해 특별관계에 있으므로 공정한 재판을 받을 권리에 대해 심사할 경우에는 적법절차원칙을 따로 심사할 필요가 없다고 판단하였다.126) 하지만, 적법절차원칙은 공정한 재판절차를 포함하지만 헌법과 법률이 규정하는 공정한 재판절차가 적법절차원칙에 모두 포섭되지 않는 경우에는 별도로 적법절차원칙을 심사해야 한다.

국회가 적법절차원칙을 위반하여 법률을 제정하여 당연무효인 경우에는 '법률로써'를 위반한 것이지만, 이때에도 그 법률에 대해 위헌결정이 선고되기 전까지는 유효한 법률로 존중해야 한다. 법률이 적법절차원칙을 위반한 내용을 포함하는 경우에는 법률 그 자체는 유효한 법률이므로 '법률로써'에 위반되지 않고, 국가가 그 법률에 따라 적법절차원칙을 위반하여 기본권을 제한하면 기본권을 침해하게 된다. 이때 헌법재판소는 헌법재판소법 제75조 제5항에 따라 그 법률에 대해 위헌결정을 선고할 수 있다.

(나) 신뢰보호원칙

1) 법치국가적 헌법원칙

신뢰보호원칙은 국가작용에 대한 개인의 가치 있는 신뢰를 보호해야 한다는 원칙이다. 이는 사적 영역에서 민사법의 원칙으로 출발하였으나, 행정법 영역에서 행정처분의 위법성을 판단하는 기준으로 발전하였다가 국가작용에 대한 예측가능성과 법적 안정성을 보장하기 위한 법치국가적 요청에 따라 헌법원칙으로 수용되었다.127) 신뢰보호원칙은 기본권을 제한하는 한계로 작용하는데, 국가가 법률의 제정과 같은 작용을 통해 신뢰의 기초를 형성하고, 개인이 국가작용에 대한 신뢰를 바탕으로 일정한 행위를 한 경우에 국가가 그 신뢰를 위반하여 기본권을 제한하면 위헌이라는 것이다.128)

국가는 역사적 현실을 반영한 사회경제적 조건에 따라 새로운 정책이나 집행을 할 필요가 있고, 이때 개인의 신뢰가 형성된 선행조치에 반하는 국가작용을 할 수도 있다. 따라서 국민이 국가작용에 대해 갖는 모든 주관적 신뢰를 보호하는 것은 아니고, 정당하고 합리적이어서 권리로 보호할 가치가 있는 객관적 신뢰만

---

126) 2013. 8. 29. 2011헌바253.

127) 2016. 5. 26. 2015헌바563.

128) 2018. 12. 27. 2017헌바215.

헌법적으로 보호해야 한다. 신뢰보호원칙은 신뢰이익과 공익을 비교·형량하는 과정을 거치게 되는데, 헌법적으로 보호할 가치가 있는 신뢰인지를 확정하는 것이 중요하다.

2) 판단기준

신뢰보호원칙은 국가작용을 통해 달성하려는 공익과 개인의 신뢰가 침해됨으로써 발생하는 불이익을 비교·형량하여 확정된다. 이때 공익이 사익보다 우월하다고 판단되면 국가작용은 정당화되고 개인의 신뢰이익은 보호받지 못한다. 신뢰보호의 이익은 침해받은 이익의 보호가치, 신뢰와 침해의 방법과 정도, 국가작용을 통해 실현하고자 하는 공익적 목적을 종합적으로 비교·형량하여 최종적으로 확정된다.[129) 행정기본법은 행정에 대한 국민의 정당하고 합리적인 신뢰를 보호하지만, 공익 또는 제3자의 이익을 현저히 해칠 우려가 있는 경우에는 예외로 한다고 규정한다.[130)

신뢰보호원칙은 국가작용과 개인의 신뢰의 관계에 따라 그 정도가 강화되기도 하고 약화되기도 한다. 국가가 법률의 제정과 같이 적극적으로 신뢰를 유인하는 선행조치를 통해 개인에게 선행조치의 변화를 예측하기 어렵게 한 경우에는 신뢰보호의 필요성이 강화된다. 국가가 동일하거나 유사한 사안에서 장기간 동일한 조치를 반복한 경우에도 개인의 신뢰보호가 강화된다. 헌법재판소가 위헌결정한 법률이라도 그 위헌결정이 선고될 때까지는 그 법률의 유지에 대해 형성된 개인의 신뢰는 보호되어야 한다.[131)

개인이 국가작용에 대해 신뢰를 갖더라도 그것이 단순한 반사적 이익에 불과하거나 그 기대가 불확실하거나 잠정적인 경우에는 보호하기 어렵다.[132) 국회가 입법형성권을 가지거나 선행조치에 반하는 후행조치에 대해 일정한 유예기간을 둔 경우에도 신뢰보호의 필요성이 약화된다. 특히, 조세에 대한 법령은 사회경제적 조건에 따라 변화될 것이 예상되므로 현재의 법령이 그대로 유지될 것이라고 기대하거나 신뢰할 수는 없으므로 그 신뢰는 보호되지 않는다.[133)

---

129) 대법원 2006. 11. 16. 2003두12899.
130) 행정기본법 제12조 제1항, 제2항.
131) 2006. 3. 30. 2005헌마598.
132) 2017. 6. 29. 헌마719.
133) 2010. 10. 28. 2009헌바67.

3) 과잉제한금지원칙의 심사요소

신뢰보호원칙은 국가가 개인의 신뢰를 보호하지 않고 기본권을 제한하면 기본권을 침해한다는 것이므로 기본권을 제한하는 한계가 되고, 개인의 신뢰를 보호해야 하는 것은 국가의 기본권보장의무의 내용이 된다. 헌법재판소는 신뢰보호원칙을 기본권 제한의 위헌심사기준으로 인정하지만, 과잉제한금지원칙과 독자적인 별개의 위헌심사기준으로 인정하는지 여부는 명확하지 않다. 헌법재판소는 과잉제한금지원칙을 적용하지 않고 신뢰보호원칙만 위헌심사기준으로 적용한 적이 있고,134) 과잉제한금지원칙과 별도로 신뢰보호원칙을 위헌심사기준으로 적용한 적도 있다.135)

신뢰보호원칙은 기본권의 제한에서 사익과 공익을 비교·형량하여 다양한 가치를 조정하는 것이므로 과잉제한금지원칙을 심사하는 과정에서 반영될 수 있다. 특히, 피해의 최소성과 법익의 균형성을 심사하면서 개인의 신뢰를 반영할 수 있고, 신뢰보호원칙을 위반하였다고 하여 반드시 기본권이 침해되는 것도 아니다. 헌법재판소가 과잉제한금지원칙을 심사기준으로 채택하지 않는 경우에는 신뢰보호원칙을 심사기준으로 적용할 수 있다는 견해가 있다.136) 하지만, 신뢰보호원칙은 과잉제한금지원칙을 심사하는 요소에 포함되므로 독자적인 위헌심사기준으로 인정할 필요가 없다.

(다) 자기책임의 원칙

1) 법치국가적 헌법원칙

자기책임의 원칙은 개인이 자신의 고의나 과실에 의한 행위에 대해서만 법적 책임을 지고, 자신에게 귀속시킬 수 없는 경우에는 법적 책임을 지지 않는다는 것이다. 이는 인간의 존엄과 가치에 기초하며, 민사법이나 형사법에 국한되는 것이 아니라 법치국가적 요청에 따라 인정되는 헌법원칙이다.137) 자기책임의 원칙은 특정한 행위에 대한 법적 책임의 유무에만 적용되는 것이 아니라 그 범위나 정도를 확정하는 기준이 되므로 개인은 귀책사유가 미치는 범위와 정도만큼 책임

---

134) 2004. 12. 16. 2003헌마226.
135) 2010. 10. 28. 2009헌바67.
136) 정재황, 헌법학, 616~617면.
137) 정재황, 헌법학, 714면 ; 2011. 9. 29. 2010헌마68.

을 져야 하고 그 이상 법적 책임을 지지 않는다. 특히, 형벌에서는 죄형법정주의
에 따라 자기책임의 원칙이 더욱 엄격하게 적용된다.

2) 과잉제한금지원칙의 심사요소

국회는 어떤 행위를 법률로 금지하고 그 위반에 대해 어떤 법적 제재를 할
것인지를 재량으로 결정할 수 있지만, 자기책임의 원칙을 위반하여 입법한 법률
은 위헌이 된다.[138] 하지만, 자기책임의 원칙이 독자적인 위헌심사기준인지는 명
확하지 않다. 헌법재판소는 자기책임의 원칙을 위반하면 그 자체로 위헌이라고
판단하여 독자적인 위헌심사기준으로 인정하기도 하고,[139] 자기책임의 원칙을 과
잉제한금지의 원칙의 중요한 요소의 하나로 판단한 적도 있다.[140]

자기책임의 원칙은 특정한 행위와 그에 대한 귀책사유와 그 정도를 비교·형
량하는 것이므로 과잉제한금지원칙을 심사하는 과정에서 반영할 수 있다. 특히,
수단의 적합성, 피해의 최소성, 법익의 균형성을 판단하면서 개인의 귀책사유를
반영할 수 있다. 자기책임의 원칙은 일반적인 법원칙으로 인정되지만, 자기책임의
원칙을 위반하였다고 하여 반드시 기본권이 침해되는 것도 아니다. 자기책임의
원칙도 신뢰보호원칙과 마찬가지로 과잉제한금지원칙을 심사하는 요소에 포함되
므로 독자적인 위헌심사기준으로 인정할 필요가 없다.

제 7 절 기본권 경합과 충돌

I. 기본권 경합

(1) 규범적 의미

(가) 개념

기본권 경합이란 기본권의 주체가 특정한 사안에서 국가에 대해 두 가지 이
상의 기본권을 동시에 주장하는 것을 말한다. 국가가 기본권을 제한하는 경우에

---

138) 2004. 6. 24. 2002헌가27.
139) 2013. 3. 21. 2010헌바132.
140) 2005. 7. 21. 2004헌가30.

는 하나의 기본권만 관련되지 않고 다수의 기본권이 밀접하게 관계되는 경우가 많다. 예를 들어, 국가가 음란물을 발간한 출판사를 상대로 출판사 등록을 취소한 경우에 기본권의 주체는 언론·출판의 자유, 직업선택의 자유, 재산권, 평등권, 인간다운 생활을 할 권리, 행복추구권을 침해한다고 주장할 수 있다. 이때 헌법재판소가 어떤 기본권을 대상으로 그 침해여부를 심사해야 할지를 결정하는 것이 기본권 경합의 문제이다.

　기본권 경합은 기본권 충돌과는 다른 개념이다. 양자는 기본권의 제한에서 다수의 기본권의 관계를 설명하는 이론적 도구라는 점에서 공통된다. 하지만, 기본권 경합은 동일한 기본권의 주체가 국가에 대해 다수의 기본권의 침해를 주장하는 것이고, 기본권 충돌은 다수의 기본권 주체가 국가에 대해 자신의 기본권을 동시에 주장하는 것이다. 헌법재판소는 기본권 경합이 발생할 경우에는 하나 또는 수 개의 기본권을 선택하여 기본권의 침해 여부를 심사할 수 있다.

　(나) 특징

　기본권 경합은 특정한 사안에서 여러 개의 기본권이 관련된 경우에 위헌심사기준을 적용하는 기본권을 확정하는 문제이다. 기본권이 경합하는 경우에는 원칙적으로 모든 기본권을 심사해야 한다. 국가작용은 관련된 모든 기본권을 침해하지 않아야 헌법적으로 정당화되고 어느 하나의 기본권이라도 침해되면 위헌이 되기 때문이다. 하지만, 헌법재판소는 헌법재판에서 반복적이고 무용한 절차를 반복하지 않도록 함으로써 헌법재판을 효율적이고 경제적으로 수행하기 위해 심사대상이 되는 기본권을 확정할 수 있다.

　헌법재판은 개인의 권리를 구제하기 위한 주관소송일 뿐만 아니라 헌법적 가치를 실현하기 위한 객관소송이기도 하다. 헌법재판에서는 민사재판과 같은 일반재판과는 달리 청구인의 주장에 기속되지 않고 직권으로 보호대상이 되는 기본권을 결정할 수 있다. 기본권 경합에서는 어떠한 기본권을 심사대상으로 확정하는지에 따라 기본권 제한에 대한 위헌심사기준이 달라질 수 있다. 기본권 경합은 기본권의 보호영역을 확정하는 단계에서 위헌심사의 대상을 확정하는 것이므로 기본권의 효력과 직접 관련되지는 않는다.

　헌법재판소는 기본권 경합을 해결함으로써 기본권의 침해 여부에 대한 위헌심사기준을 확정한다. 기본권 경합을 해결하는 기준을 설정하는 것은 기본권의 제한에 대한 위헌심사기준을 확정하는 것으로 귀결되므로 중요한 의미가 있다. 헌법이론적으로 기본권 경합을 해결하기 위한 규범적 기준이 다양하게 제시된다. 이는 일반적이고 원칙적인 기준으로 모든 사안에 동일하게 적용되는 것은 아니므로 특정한 사안에서는 그 기준을 변용하여 적용해야 한다.

(2) 일반적 기준

(가) 법조경합의 경우

기본권 경합에서 다수의 기본권이 법조경합의 관계에 있는 경우에는 특정한 사안에 실질적으로 적용되는 기본권을 기준으로 그 보호영역을 결정한다. 법조경합이란 외관으로는 다수의 기본권이 관계되지만, 법적으로는 하나의 기본권으로 평가되는 경우를 말한다. 법조경합은 특별관계, 포괄관계, 보충관계로 구분된다. 이때에는 일반법적 기본권, 포괄적 기본권, 보충적 성격을 갖는 기본권은 배제되고, 특별법적 기본권, 파생적 기본권, 기본적 성격을 갖는 기본권이 적용된다.

헌법은 제11조에서 일반적으로 평등권을 규정하면서 제32조 제4항에서 여자의 근로에 대한 부당한 차별을 금지한다고 개별적 평등권을 별도로 규정한다. 개별적 평등권은 일반적 평등권에 대해 특별관계에 있으므로 개별적 평등권만 적용된다. 헌법은 개별적 기본권을 규정하면서 행복추구권을 규정하는데, 행복추구권은 개별적 기본권에 대해 포괄적이고 보충적 기본권이므로 개별적 기본권만 적용된다. 기본권의 법조경합에 대해서는 이를 유사경합 또는 부진정경합이라고 하여 기본권 경합과 구별하는 견해도 있지만,[141] 이를 기본권 경합에서 제외할 이유가 없다.

(나) 최강효력설과 최약효력설

개별적 기본권은 그 효력에 우열이 있다는 것을 전제로 개별적 기본권을 선택할 수 있다는 관점이 있다. 최강효력설은 가장 강한 효력을 갖는 기본권을 적용하여 기본권을 가장 강력하게 보장하자는 것이다. 한편, 최약효력설은 가장 약한 효력을 갖는 기본권을 적용함으로써 국가가 기본권을 제한할 수 있는 최대한의

---

141) 성낙인, 헌법학, 1045면 ; 정재황, 헌법학, 464면.

범위를 존중하자는 것이다. 이러한 구별은 이론적으로만 존재하고, 실제로는 기본
권의 보장을 약화시키는 최약효력설을 주장하는 견해는 없다.

최강효력설이나 최약효력설은 모두 기본권의 효력에 차이가 있다는 것을 전
제로 한다. 하지만, 헌법이 규정하는 개별적 기본권은 그 자체만으로 효력의 우월
이 정해지는 것이 아니고 특정한 사안에 적용되는 과정에서 구체적으로 드러난
다. 따라서 기본권의 제한에 대한 본안판단을 하기 전에는 기본권의 종류만 비교
하여 최강효력을 갖는 기본권을 적용하기에는 한계가 있다. 또한, 개별적 기본권
의 효력이 동일한 경우에는 모든 기본권을 적용해야 한다.

(다) 개별적 기본권과 평등권

평등권이 개별적 기본권과 경합하는 경우에는 개별적 기본권의 제한을 우선
적으로 심사하고, 그 제한이 정당화되는 경우에 비로소 평등권의 제한을 심사해
야 한다는 관점이 있다. 평등권은 고유한 보호가치를 갖지 않고 평등권의 제한은
대부분 개별적 기본권을 차별적으로 취급하는 것에서 비롯되고, 개별적 기본권의
제한을 심사하는 과정에서 평등권의 제한을 함께 고려할 수 있기 때문이다. 특히,
평등권이 자유권과 경합하는 경우에는 자유권의 제한에 대한 위헌심사기준이 보
다 엄격하므로 자유권을 우선적으로 적용해야 한다고 한다.

개별적 기본권의 제한이 헌법적으로 정당화되는 경우에는 평등권의 제한도
위헌이 아니라고 판단될 가능성이 크다. 하지만, 개별적 자유권은 그 성격이 다양
하고 복합적인 경우도 있으므로 평등권을 우선적으로 심사할 수도 있다. 헌법재
판소는 언론·출판의 자유나 예술의 자유가 제한되는 것이 차별적 취급에 따른 간
접적인 효과로 발생한 경우에는 평등권만 심사대상으로 할 수 있다고 판단하였
다.142) 또한, 개별적 기본권이나 평등권을 선택하여 하나의 기본권만 심사하기도
하고, 양자를 모두 판단하기도 한다.143)

---

142) 2020. 12. 23. 2017헌마416.
143) 2014. 4. 24. 2010헌마747.

(3) 해결방안

(가) 직접 관련되는 기본권

기본권 경합은 기본권 제한에 대한 위헌심사기준을 확정하는 것과 밀접하게 관련되므로 이를 해결하는 규범적 기준을 명확하게 제시해야 한다. 헌법재판소는 다수의 기본권이 경합하는 경우에는 그 사안과 직접적으로 관련되는 기본권을 보호대상으로 확정하고 그 침해 여부를 심사해야 한다. 기본권 경합에서 반드시 하나의 기본권만 선택해야 하는 것은 아니고, 사안과 직접 관련되는 다수의 기본권을 모두 적용할 수도 있다. 특정한 사안과 직접적으로 관련되는 기본권을 확정하는 기준이 중요하다.

헌법재판소는 특정한 사안의 내용을 확정하고, 그 사안에 적용되는 기본권을 확정해야 한다. 이때 기본권 침해를 주장하는 당사자의 의사에 구속되지는 않지만, 기본권은 주관적 공권이므로 당사자의 의사를 우선적으로 고려해야 한다. 기본권을 제한하는 법률에 대해 위헌법률심판이 제청된 경우에는 그 제청법원의 의사도 존중해야 한다. 기본권을 제한하는 법률이 있을 경우에는 그 입법취지도 반영해야 하고, 기본권을 제한하는 국가작용의 목적이나 효과도 참고하여 그 사안에서 실질적으로 제한되는 기본권을 최종적으로 결정해야 한다.

(나) 판례

헌법재판소는 일반적으로 기본권 경합에서 그 사안과 직접 밀접하게 관련된 기본권과 침해의 정도가 가장 큰 기본권을 심사기준으로 선택한다. 헌법재판소는 음란물을 발간한 출판사의 등록을 취소한 사안에서 언론·출판의 자유, 직업선택의 자유, 재산권이 서로 경합하는데, 기본권 침해를 주장하는 제청신청인, 제청법원의 의도, 기본권을 제한하는 입법자의 객관적 동기 등을 참작하여 언론·출판의 자유가 사안과 가장 밀접하게 관련된 기본권이라고 하였다.[144] 학교정화구역내에서 극장시설을 금지한 사안에서는 예술의 자유, 언론·출판의 자유가 아닌 직업의 자유를 사안과 직접 관련된 기본권으로 결정하였다.[145]

---

144) 1998. 4. 30. 95헌가16.
145) 2004. 5. 27. 2003헌가1.

헌법재판소는 법조경합의 관계에 있는 다수의 기본권에 대해 기본권 경합으로 판단하였다. 행복추구권을 개별적 기본권에 대해 포괄적이고 보충적인 기본권으로 이해하여 개별적 기본권을 우선적으로 적용하였다.146) 양심적 병역거부자를 형사처벌한 사안에서는 종교의 자유가 아닌 양심의 자유를 적용하였고,147) 개인의 사적인 통신이 사생활의 비밀과 자유에 포섭되는 경우에는 통신의 자유만 적용하고 사생활의 비밀과 자유에 대한 제한은 별도로 심사하지 않았다.148) 또한, 공무담임권을 심사하면서 직업선택의 자유나 참정권을 별도로 심사하지 않는다고 판단하였다.149)

(다) 기본권 보장의 강화

기본권 경합은 기본권 보장을 강화하기 위한 것이므로 특정한 사안과 직접 관련된 기본권을 확정하더라도 그로 인하여 기본권 보장에 공백이 발생하지 않도록 해야 한다. 기본권 경합을 해결하는 것은 기본권을 보장하기 위한 것이 되어야 하고, 기본권 보장을 약화시키는 결과가 되어서는 안 된다. 즉, 특정한 사안과 직접 관련된 기본권을 제한하는 것은 헌법적으로 정당화되지만, 다른 개별적 기본권의 제한이 정당화될 수 없는 경우에는 그 기본권을 침해하게 된다.

신체의 자유, 언론·출판의 자유, 재산권과 같이 헌법이 직접 기본권 제한에 대한 규범적 기준을 제시한 경우에는 그 기본권의 제한에 대해서도 위헌 여부를 심사해야 한다. 기본권 경합에서 개별적 기본권의 제한에 대해 독자적 위헌심사기준을 적용해야 하는 경우에도 이를 반영해야 한다. 헌법재판소가 기본권 경합을 해결하는 방안으로 특정한 사안과 가장 밀접한 관련이 있는 기본권을 심사기준으로 하면서도 침해의 정도가 큰 주된 기본권을 함께 제시한 것도 기본권을 보다 강하게 보장하기 위한 것으로 이해된다.150)

기본권 경합에서는 기본권 축적이 주장되기도 한다. 기본권 축적은 다수의 기본권이 동시에 제한될 때에는 하나의 기본권이 제한되는 경우보다 강하게 보호

---

146) 2008. 11. 27. 2005헌마161.
147) 2011. 8. 30. 2008헌가22.
148) 2018. 6. 28. 2012헌마538.
149) 2014. 3. 27. 2013헌마185.
150) 성낙인, 헌법학, 1046면.

해야 한다는 것이다. 직업예술인의 예술활동은 직업의 자유와 예술의 자유가 축적되므로 여가로 활동하는 예술의 자유보다 강하게 보장해야 한다고 한다. 특정한 사안에서 다수의 기본권이 동시에 관련된다고 해서 반드시 기본권을 보다 강하게 보장해야 하는 것은 아니다. 기본권이 축적되는 사정은 과잉제한금지원칙을 적용하면서 고려할 수 있으므로 기본권 축적을 기본권 경합과 구별하여 별도의 법적 개념으로 인정할 필요는 없다.

2. 기본권 충돌

(1) 규범적 의미

(가) 개념

기본권 충돌이란 기본권의 주체가 국가에 대해 자신의 기본권을 주장하는 경우에 다른 기본권의 주체가 그와 대립되는 기본권을 주장하는 것을 말한다. 기본권은 국가공동체에 존재하는 다양한 이해관계를 헌법적 가치로 수렴하여 헌법에 의해 보장된 것이므로 국가가 기본권을 제한하는 경우에는 서로 다른 이해관계를 발생시킨다. 국가가 식당에서 담배를 피우지 못하게 하는 것은 개인의 혐연권을 보장하고 타인의 흡연권을 제한하게 되며, 개인의 흡연권을 보장하게 되면 타인의 혐연권을 제한하게 된다.

기본권 경합과 기본권 충돌은 기본권의 제한과 관련되지만, 그 규범적 의미는 다르다. 기본권 경합은 국가가 단일한 기본권 주체에 대해 기본권을 어떻게 보호할 것인지에 대한 방법적이고 논리적 심사기준에 관한 것이다. 한편, 기본권 충돌은 국가가 상이한 기본권 주체에 대해 기본권의 제한을 어떻게 조정할 것인지에 대한 가치형량적이고 정책적 심사기준에 관한 것이다. 따라서 기본권의 충돌은 일차적으로 국회가 입법작용을 통해 조정할 수 있고, 정부의 행정작용이 이를 구체화할 수 있으며, 최종적으로는 법원과 헌법재판소의 사법적 판단을 통해 해결된다.

(나) 특징

기본권의 충돌은 국가가 개인의 기본권을 보장하는 경우에 타인의 기본권이 제한되는 결과가 초래될 때 발생한다. 기본권 충돌은 기본권의 주체가 타인을 상대로 직접 자신의 기본권을 주장하는 것이 아니라, 국가에 대해 자신의 기본권을 주장할 때 타인의 기본권이 제한되는 상황이다. 이는 기본권의 주체가 타인에 대해 기본권의 효력을 주장하는 기본권의 사인적 효력과는 다르다. 하지만, 국가의 입장에서 서로 충돌하는 기본권의 가치를 조정해야 한다는 점에서는 공통적이다.

기본권 충돌은 독일 연방헌법재판소에서 법률유보가 없는 기본권에 대한 제한을 헌법적으로 정당화하기 위한 이론으로 발전하였다. 독일기본법은 우리 헌법 제37조 제2항과 같은 일반적 법률유보를 규정하지 않아 법률유보가 규정되지 않는 기본권을 제한하기 위해 기본권 충돌을 이론화하였다. 헌법재판은 헌법적 가치를 실현하기 위한 객관소송의 성격을 가지므로 헌법재판소는 당사자의 주장에 구속되지 않고 다양한 헌법적 가치를 수호해야 하고, 그 과정에서 서로 충돌하는 기본권을 조정해야 한다.

헌법재판에서는 서로 충돌하는 기본권을 어떠한 기준에 따라 보장하고 제한할 것인지에 따라 기본권 제한에 대한 위헌심사기준이 달라질 수 있으므로 기본권 충돌은 중요한 의미가 있다. 헌법이론적으로 기본권 충돌을 해결하기 위한 규범적 기준이 다양하게 제시된다. 이는 일반적이고 원칙적인 기준으로 모든 사안에 동일하게 적용되는 것은 아니므로 특정한 사안에서는 그 기준을 변용하여 적용해야 한다.

(2) 일반적 기준

(가) 유사충돌과 부진정충돌의 배제

외견상으로는 기본권 충돌로 보이지만 실질적으로 기본권 충돌이 아닌 경우가 있다. 예를 들어, 사람을 살해하는 것을 행복추구권으로 주장할 경우에 이는 타인의 생명권과 충돌하는 것으로 보일 수도 있지만, 사람을 살해하는 것은 행복추구권에 포함되지 않는다. 이를 유사충돌이라고 하며, 기본권의 보호영역을 확정하는 과정에서 해결된다. 기본권 충돌은 다수의 기본권이 각각 그 보호영역이 확정된 이후에 서로 충돌하는 기본권의 주체가 국가에게 기본권 보장을 요구할 수 있는 상황에서 발생한다는 점에서 차이가 있다.

다수의 기본권 사이에서 발생하는 가치의 충돌이 아니라 기본권과 다른 헌법적 가치가 서로 충돌하는 경우도 있다. 헌법재판소와 대법원은 양심적 병역거부를 형사처벌한 사안에서 양심의 자유와 국방의무라는 헌법적 가치가 충돌하는 사안으로 판단하였다.151) 기본권 충돌은 기본권 사이의 가치충돌이므로 기본권과 기본권 이외의 헌법적 가치가 충돌하는 것은 부진정충돌이라고 한다. 부진정충돌은 기본권 제한을 심사하는 과정에서 기본권과 밀접하게 관련된 헌법적 가치를 반영하여 가치충돌을 해결할 수 있으므로 별도의 법적 개념으로 인정할 실익이 없다.152)

(나) 이익형량의 원칙

이익형량의 원칙은 서로 충돌하는 기본권과 관련된 법적 이익 및 이해관계를 형량하여 기본권의 제한이 정당화되는지 여부를 판단해야 한다는 것이다. 기본권을 체계적으로 해석하여 인간의 존엄과 가치를 보장하는 생명권이나 정신적 자유와 같이 우월한 효력을 갖는 기본권을 우선적으로 적용해야 한다고 한다. 기본권의 우열이 없는 경우에도 기본권 충돌로 인하여 발생하는 다양한 법적 이익과 이해관계를 서로 비교하고 형량하여 기본권 보장의 범위를 결정해야 한다고 한다.

기본권은 그 효력에 따라 우열을 결정하기 어려우며, 일반적으로 그 우열을 인정하더라도 이는 절대적이 아니라 구체적 사안에 따라 상대적으로 평가될 수 있다. 또한, 기본권을 제한하는 것은 필수적으로 다양한 가치의 충돌을 예정하게 되는데, 기본권 충돌에 대해서만 이를 조정하는 법원칙이 필요한 것은 아니다. 특히, 기본권이 충돌된다고 하더라도 특정한 기본권만 보장하고 다른 기본권을 완전히 배제해서는 안 된다. 이익형량은 과잉제한금지원칙을 적용하는 과정에서 법익의 균형성에 대한 심사와 실질적으로 동일하므로 기본권의 제한에 대한 독자적인 심사기준이 될 수 없다.153)

---

151) 2018. 6. 28. 2011헌바379 ; 대법원 2018. 11. 1. 2016도10912.
152) 성낙인, 헌법학, 1049면 ; 장영수, 헌법학, 507면 ; 정재황, 헌법학, 473면.
153) 김하열, 헌법강의, 258～259면.

(다) 규범조화적 해석

규범조화적 해석은 특정한 사안에 관련되는 기본권을 가급적 모두 보장할 수 있도록 규범적으로 조화롭게 해석해야 한다는 것이다. 기본권이 충돌할 경우에는 특정한 기본권만 보장하고 다른 기본권을 배제하지 말고 적정한 수준에서 조화롭게 공존할 수 있는 방안을 모색해야 한다고 한다. 규범조화적 해석으로는 구체적으로 관련된 모든 기본권을 비례적으로 제한하여 새로운 대안을 모색하는 방안, 기본권을 제한하더라도 최후수단을 동원하지는 않는 방안, 특정한 기본권을 제한하더라도 과잉제한금지원칙을 적용하는 방안 등이 제시된다.

규범조화적 해석은 헌법해석의 원칙을 기본권의 제한에 적용한 것이다. 하지만, 모든 기본권을 비례적으로 제한하는 합리적이고 객관적인 기준을 마련하기 어려우며, 모든 기본권이 공존할 수 있는 대안을 모색하는 것이 불가능한 경우도 있다. 기본권을 제한하더라도 최후수단을 억제하고 과잉제한금지원칙을 적용해야 한다는 것은 기본권 제한에 대한 일반적인 위헌심사기준이지 기본권 충돌에 특별히 요구되는 기준이 아니다. 규범조화적 해석에서 요구하는 사정은 과잉제한금지원칙을 적용하는 과정에서 충분히 반영될 수 있으므로 기본권 충돌을 해결하는 독자적인 심사기준이 될 수 없다.

(3) 해결방안

(가) 판례

헌법재판소는 기본권 충돌에 대해 기본권의 종류와 성질에 따라 다양한 이론을 그때그때 달리 적용하고 있다. 기본적으로는 기본권의 서열과 우월한 법익을 우선적으로 고려하는데, 개인의 혐연권은 타인의 흡연권보다 상위의 기본권이므로 흡연권이 제한될 수 있다고 판단하였다.[154] 기본권이 서열이 동등할 경우에는 모든 기본권이 최대한으로 그 기능과 효력을 발휘할 수 있도록 규범조화적 해석, 이익형량의 원리, 입법에 의한 선택적 재량을 종합적으로 참작하여 기본권 제한의 정당성을 심사한다.[155]

---

154) 2004. 8. 26. 2003헌마457.
155) 2007. 10. 25. 2005헌바96.

헌법재판소는 임산부의 자기결정권과 태아의 생명권, 언론의 자유와 사생활의 비밀과 자유 또는 인격권, 계약의 자유와 근로의 권리, 흡연권과 혐연권, 채권자취소권에서 채권자와 제3채무자의 재산권 등을 기본권 충돌로 판단하였다. 대법원도 기본적으로 이익형량의 원칙과 실제적 조화를 통한 규범조화적 해석을 통해 기본권 충돌을 해결한다.156) 대법원은 학생의 학습권은 교원의 수업권에 대해 우월한 기본권이므로 학생의 학습권을 위해 교원의 수업권이 제한될 수 있다고 하였다.157)

헌법재판소는 언론·출판의 자유와 개인의 명예권이 충돌하는 경우에 그 표현으로 인한 피해자가 공적 인물인지 아니면 사인인지, 그 표현이 공적 사안에 관한 것인지 순수한 사적 영역에 속하는 사안인지, 피해자가 당해 명예훼손적 표현의 위험을 자초한 것인지, 그 표현이 객관적으로 국민이 알아야 할 공공성, 사회성을 갖춘 사실로서 여론형성이나 공개토론에 기여하는 것인지 등을 종합하여 언론의 자유에 대한 한계를 설정해야 한다고 판단하였다.158) 이는 기본권 충돌을 규범조화적으로 해석하여 공적 인물의 이론, 공익의 이론, 권리포기의 이론을 종합적으로 적용한 사례라고 할 수 있다.

(나) 기본권 제한으로 귀결

헌법은 국회에게 입법권을 부여하여 국회로 하여금 법률을 제정하여 기본권 충돌을 조정하도록 한다. 국회는 헌법에서 보장하는 기본권을 법률로 구체화하므로 일차적으로는 기본권 충돌이 발생하지 않도록 국회가 가치충돌을 조정하는 법률을 제정해야 한다. 기본권 충돌은 기본적으로 가치의 충돌에 관한 것이고, 국회가 입법을 통해 조정하는 것이 민주주의에도 부합한다. 하지만, 국회가 모든 기본권 충돌을 법률의 제정을 통해 조정할 수가 없으며, 국회가 제정한 법률도 기본권을 침해할 수 있다.

기본권 충돌은 헌법해석을 통해 해결해야 할 헌법적 과제이지 단순히 법률해석의 문제가 아니다. 기본권 충돌에 대해서는 최종적으로 헌법재판소가 위헌법률심판이나 헌법소원과 같은 헌법재판에서 헌법해석을 통해 해결해야 한다. 기본

---

156) 대법원 2010. 4. 22. 2008다38288.
157) 대법원 2007. 9. 20. 2005다25298.
158) 1999. 6. 24. 97헌마265.

권 충돌은 기본권 제한에 대한 헌법적 정당성을 판단하는 문제로 귀결되므로 기본권의 제한과 그 한계에 관한 문제로 해결해야 한다.159) 우리 헌법은 독일과 달리 헌법 제37조 제2항을 통해 일반적 법률유보를 규정하고 있어 기본권 제한에 대해서는 과잉제한금지원칙을 적용하여 해결할 수 있으므로 기본권 충돌을 독자적인 위헌심사기준으로 인정할 실익이 없다.

과잉제한금지원칙은 기본권 충돌을 국가가 제3자로서 조정할 때에는 적용하기 어렵고, 기본권 충돌을 조정하는 입법은 기본권 보호를 위한 과소보호금지원칙과 기본권 제한을 심사하는 과잉제한금지를 모두 포함하므로 기본권 제한의 문제만으로 파악하기 어렵다는 견해가 있다.160) 기본권 충돌은 특정한 사안에서 구체적으로 적용되는 기본권을 기준으로 가치의 충돌을 조정하는 것이고, 기본권이 제한되는 개인의 입장에서는 타인의 기본권의 보호는 공익에 포함될 수 있으므로 기본권 충돌은 기본권 제한에 대한 위헌심사기준인 과잉금지원칙을 통해 해결될 수 있다.161)

제 8 절   기본권의 분류와 체계

1. 규범적 의미

(1) 헌법규정

개인이 기본권을 실현하고, 국가가 기본권을 보장하기 위해서는 기본권의 규범적 의미를 이해해야 한다. 기본권의 규범적 의미는 개별적 기본권을 분류하고 체계화하는 방식에 따라 명확하게 드러난다. 기본권의 분류란 기본권을 일정한 기준에 따라서 나누는 것을 말하고, 기본권을 체계화한다는 것은 일정한 기준에 따라 개별적인 기본권을 짜임새 있게 통일적으로 조직화하는 것을 의미한다.

헌법은 '제2장 국민의 권리와 의무'에서 다양한 기본권을 나열하는데, 제10조

---

159) 성낙인, 헌법학, 1054면.
160) 김하열, 헌법강의, 259면.
161) 정재황, 헌법학, 495~496면.

부터 제36조까지 개별적 기본권을 규정하면서도 이를 일정한 기준에 따라 분류하거나 통일적으로 체계화하지 않고 있다. 헌법은 1948년 제정될 때부터 평등권을 비롯하여 신체의 자유, 근로의 권리 등 다양한 기본권을 인정하였다. 그 이후 9차례에 걸쳐 헌법을 개정하면서 새로운 내용의 기본권을 헌법에 추가하였지만, 이를 분류하거나 체계화하지는 않았다. 신체의 자유를 비롯하여 개별적 기본권의 조항 위치나 순서 등을 통해 개략적으로 규범적 의미를 추론할 수 있을 뿐이어서 개별적 기본권의 규범적 의미가 명확하지 않다.

(2) 체계적 분류의 필요성

기본권은 나라마다 역사적 현실에 따라 헌법적 가치를 규범화한 것이므로 선험적으로 기본권을 분류하거나 체계화하는 기준이 있는 것은 아니다. 기본권은 국가의 헌법현실에 따라 다양한 기준으로 유형화될 수 있고, 이는 헌법규정에 따라 변화될 수 있다. 헌법은 기본권을 체계적으로 분류하지 않지만, 기본권의 의미를 명확하게 이해하기 위해서는 일정한 기준에 따라 분류하고 통일적으로 체계화할 필요가 있다. 기본권은 헌법적 가치이므로 통일적 해석, 규범조화적 해석, 기능배분적 해석을 통해 체계적으로 분류될 수 있다. 기본권은 그 기준에 따라 다양하게 분류하고 유형화할 수 있다.

(3) 분류의 한계

기본권의 분류와 체계는 기본권의 특성을 제대로 이해하고 기본권을 실질적으로 보장하기 위한 수단일 뿐, 헌법이론적으로 선험적인 것이 아니다. 기본권을 내용에 따라 분류하더라도 이는 절대적 기준이 될 수는 없으며, 특정한 기본권을 획일적으로 구분하여 하나의 범주에만 포함시킬 수도 없다. 기본권은 어느 하나의 특성을 배타적이고 독점적으로 가지는 것이 아니라 구체적인 조건과 상황에 따라 다양한 성격을 드러내기 때문이다. 개별적 기본권은 그 적용되는 영역에서 종합적인 특성을 가지는 것이 대부분이고, 서로 밀접하게 견련되어 있다.[162]

인간의 존엄과 가치는 모든 기본권의 이념적 기초가 되고, 행복추구권은 개별적 기본권을 포괄하는 내용으로 구성되며 보충적 성격을 가진다. 평등권은 기

---

162) 김하열, 헌법강의, 198~199면.

본권을 실현하는 방법적 기초로 다른 개별적 기본권과 함께 적용될 수 있다. 자유권은 국가의 간섭을 배제하는 방어권이지만, 모든 기본권은 자유권의 성격을 함께 갖는다. 참정권은 정치적 기능을 담당하고, 청구권은 기본권을 실현하기 위한 절차적 기본권이다. 사회권은 국가의 적극적 급부를 통해 자유와 평등을 실질적으로 실현하기 위한 기본권이다. 헌법에 열거되지 아니한 기본권은 개별적 기본권의 분류와 무관하게 새로운 유형으로 분류될 수도 있다.

헌법재판소는 교육을 받을 권리나 근로의 권리와 같은 사회권은 자유권의 성격도 함께 가지며,[163] 자유권인 언론·출판의 자유의 내용인 알권리는 국가에 대해 적극적으로 정보공개를 청구하는 권리를 포함한다고 판단하였다.[164] 환경권은 사회권으로 분류되지만, 자유권의 성격도 함께 가지며 특정한 사안에서는 정치적 기본권의 성격을 가질 수 있다. 또한, 환경권을 실현하는 과정에서는 평등권과도 밀접하게 관련되며, 환경권이 침해된 경우에는 청구권으로 기능한다.[165] 헌법은 재산권, 교육을 받을 권리, 환경권과 같이 특정한 기본권에 대해서는 국민에게 헌법적 의무를 부과하기도 한다.

2. 기본권의 분류방식

(1) 인간의 권리와 국민의 권리

기본권은 그 주체를 기준으로 인간의 권리와 국민의 권리로 구별할 수 있다. 인간의 권리는 주체가 인간이므로 신체의 자유, 양심의 자유와 같은 자유권이 이에 해당하고, 국가를 전제로 하지 않으므로 초국가적 권리라고 한다. 한편, 국민의 권리는 주체가 대한민국의 국적을 가진 국민에 국한되므로 선거권과 같은 참정권과 교육을 받을 권리와 같은 사회권이 이에 해당하고, 국가적 권리라고도 한다.

이 분류는 기본권의 주체에 외국인 또는 법인이 포함되는지를 판단하는 것에 그 구별의 실익이 있다. 즉, 외국인은 국민의 권리의 주체가 될 수 없고, 법인

---

163) 2008. 4. 24. 2007헌마1456.
164) 2009. 9. 24. 2007헌바107.
165) 2019. 12. 27. 2018헌마730.

은 인간의 권리의 주체가 될 수 없다. 하지만, 헌법이 규정하는 기본권은 대부분 인간의 권리이자 국민의 권리에 해당하고, 인간의 권리와 국민의 권리는 획일적으로 구분되지 않는다. 기본권의 주체를 확정하는 것은 헌법소원에서 청구인의 자격이 있는지 여부를 결정하므로 중요한 의미가 있다.

현대국가에서는 국민의 범위가 상대적이 되고, 기본권도 국제화되는 경향이 있어 인간의 권리와 국민의 권리는 그 경계가 명확하지 않다. 특히, 기본권의 주체는 기본권의 유형에 따라 선험적으로 확정되는 것이 아니라 개별적 기본권이 구체적으로 적용되는 사안에서 기본권으로 보호할 필요가 있는지에 따라 다르게 확정된다. 따라서 이러한 분류는 기본권의 성격을 이해하는 데 도움이 될 수 있지만, 그 실질적인 규범적인 의미를 밝히는 데에는 한계가 있다.

(2) 절대적 기본권과 상대적 기본권

기본권은 제한될 수 있는지 여부를 기준으로 절대적 기본권과 상대적 기본권으로 구별되기도 한다. 기본권을 천부의 자연적 인권으로 이해할 경우에는 모든 기본권은 절대적 기본권이라고 할 수 있고, 개별적 기본권도 어떠한 경우에도 제한될 수 없는 절대적 기본권이 있다고 한다. 헌법은 '개인이 가지는 불가침의 기본적 인권'을 기본권으로 규정하지만, 이는 기본권 침해를 금지하는 것이지 기본권 제한을 허용하지 않는다는 의미는 아니다. 기본권은 국가공동체를 전제로 하고 헌법에 의해 보장되는 권리이므로 절대적일 수가 없다.

헌법은 제37조 제2항에서 "국민의 모든 자유와 권리는 … 제한할 수 있으며"라고 규정한다. 이는 모든 기본권은 제한할 수 있는 상대적 기본권이라는 것을 선언한 것으로 해석된다. 사회적 존재인 인간은 국가공동체를 유지하면서 살아가므로 자신의 기본권을 절대적으로 주장할 수는 없고, 타인의 기본권이나 국가공동체의 안전과 질서유지와 조화를 이루어야 한다. 기본권은 제한할 수 있지만, 헌법과 법률이 정한 요건, 방식, 절차, 한계에 따라야 정당화된다.

헌법은 절대적 기본권을 인정하지 않지만, 제37조 제2항에서 "… 제한하는 경우에도 자유와 권리의 본질적인 내용을 침해할 수 없다"라고 규정하여 절대적으로 보호되어야 할 기본권의 핵심적 부분을 인정한다. 예를 들어, 양심의 자유가 절대적 기본권은 아니지만, 개인이 양심을 형성하고 마음속에 간직하는 것은 본질적 내용으로 국가가 제한할 수 없고, 이를 강요하면 과잉제한금지원칙에 위반된다. 기본권의 본질적 내용은 기본권의 제한에서 그 한계를 설정하는 방식으로 보호해야 한다. 헌법은 절대적 기본권을 인정하지 않으므로 절대적 기본권과 상대적 기본권을 구별할 실익이 없다.

(3) 소극적 기본권과 적극적 기본권

기본권은 개인과 국가의 관계를 기준으로 소극적 기본권과 적극적 기본권으로 구별할 수 있다. 소극적 기본권은 국가의 불간섭을 통해 보장되는 기본권이며, 자유권이 대표적이다. 적극적 기본권은 국가의 개입과 급부를 통해 보장되는 기본권이며, 청구권과 사회권이 대표적이다. 이 분류는 국가에게 기본권을 보장하는 방식과 절차를 구분하여 제시함으로써 국가가 기본권을 침해하였는지 여부를 판단하는 기준을 설정하는 데 도움이 될 수는 있다.

소극적 기본권과 적극적 기본권은 국가에 대한 개인의 지위를 구분한 옐리네크의 지위이론에 기초한다. 즉, 개인은 국가에 대해 소극적 지위, 적극적 지위, 능동적 지위, 수동적 지위를 갖는데, 소극적 지위로부터 국가의 간섭이나 개입이 없이 개인이 스스로 행사할 수 있는 자유권이 도출되고, 적극적 지위로부터 국가의 적극적인 개입을 통해야만 행사할 수 있는 사회권과 청구권이 도출된다. 능동적 지위로부터 개인이 국가의 정치활동에 참여하는 선거권, 피선거권, 공무담임권, 국민투표권과 같은 정치적 기본권이 도출되고, 수동적 지위로부터 국민의 헌법적 의무가 발생한다.

국가는 모든 기본권에서 소극적으로는 기본권을 방해하지 말아야 하고, 적극적으로는 기본권을 실현할 수 있도록 노력하고 제3자로부터 기본권이 침해되지 않도록 보호해야 한다. 즉, 기본권은 국가에 대해 소극적 측면과 적극적 측면이라는 양면성을 가지며, 능동적 측면과 수동적 측면의 양면성도 갖는다. 개인과 국가의 관계도 기본권을 매개로 소극성과 적극성의 양면성을 가질 뿐만 아니라 국가가 기본권에 대해 소극적인지 적극적인지는 구체적 사안에 따라 상대적이어서 명확하게 구분되지 않는다. 따라서 소극적 기본권과 적극적 기본권을 구분할 실익은 크지 않다.

(4) 구체적 기본권과 추상적 기본권

기본권은 구체적 기본권과 추상적 기본권으로 구별할 수 있다. 구체적 기본권은 법률의 근거 없이도 헌법을 직접 근거로 하여 주장할 수 있는 기본권이고, 추상적 기본권은 입법을 통해 법률적 근거를 마련한 후 이에 따라 주장할 수 있는 기본권이다. 추상적 기본권은 적극적 기본권과 마찬가지로 사회권과 청구권의 법적 성격과 효력을 설명하기 위해 제기되었다. 기본권은 원칙적으로 헌법규정만으로 국가를 구속하므로 구체적 기본권이지만, 사회권과 청구권은 헌법의 규정만으로는 실현될 수 없고 입법을 통해 구체화되어야 비로소 행사할 수 있는 추상적 기본권이라는 것이다.

추상적 기본권은 구체적 기본권과는 기본권을 실현하는 방식, 기본권 침해에 대한 구제방법, 위헌심사의 대상과 기준에서 큰 차이가 있다. 즉, 추상적 기본권은 잠재적인 권리에 머물다가 국회의 입법을 통해 비로소 구체적이고 현실적인 권리가 되고, 기본권이 침해된 경우에도 기본권을 구체화하는 법률이 없는 이상 사법적 구제를 청구할 수 없다. 국회가 법률을 통해 기본권을 구체화하는 것은 입법재량에 속하고, 권력분립의 원칙에 의해 법원과 헌법재판소는 국회의 입법을 강제할 수 없으므로 국회의 입법부작위는 위헌이 아니다.

모든 기본권은 헌법에 의해 직접 효력을 가지므로 추상적 기본권이 아니라 구체적 기본권으로 국회를 포함한 모든 국가기관을 구속한다. 국회는 법률을 통해 기본권을 실현해야 할 헌법적 의무가 있고, 아무런 법률을 제정하지 않거나 명백히 불충분한 입법을 하여 기본권을 침해한 경우에는 위헌이다. 국회가 기본권을 보장하기 위해 어느 정도 입법을 해야 하는지를 결정하는 기준이 중요하다. 권력분립과 국회의 입법형성권은 기본권을 보장해야 한다는 헌법적 의무의 범위 안에서만 인정된다. 헌법이 규정하는 기본권은 모두 구체적 기본권이므로 구체적 기본권과 추상적 기본권을 구별할 실익이 없다.

(5) 내용에 따른 구별

기본권은 그 내용을 기준으로 인간의 존엄과 가치 및 행복추구권, 평등권, 자유권, 참정권, 청구권, 사회권으로 구별할 수 있다. 이는 헌법이 규정하는 순서에도 대체적으로 일치하며, 개별적 기본권의 규범적 의미를 비교적 명확하게 제시한다. 하지만, 기본권을 내용에 따라 구별하는 경우에도 그 구별기준은 명확하지 않고 구체적으로 적용되는 영역과 사안에 따라 내용이 중복되거나 그 특성이 달리 나타나기도 한다. 개별적 기본권의 내용이 확정되더라도 그 성격과 효력에 대해서는 다양한 견해가 대립된다.

인간의 존엄과 가치를 헌법이념으로만 이해하기도 하고, 개별적 기본권으로 인정하는 견해도 있다. 행복추구권도 기본권이 아니라는 견해와 포괄적 기본권이라는 견해도 있고, 행복추구권과 개별적 기본권의 관계에 대해서도 다양한 관점이 있다. 자유권도 인간의 신체, 정신, 사생활, 경제적 활동과 관련되는 영역에 따라 그 효력에 차이가 있다. 참정권은 그 정치적 기능에서 다른 기본권과 구별되고, 청구권은 권리구제를 위한 절차적 기본권의 성격이 강하고, 사회권은 국가에 대해 적극적인 급부를 요구하는 권리라는 성격이 강조된다.

최근에는 기본권을 역사적 발전단계에 따라 자유권과 시민적·정치적 권리를 제1세대권으로, 평등권과 경제적·사회적·문화적 권리를 제2세대권으로, 박애, 연대, 환경권, 평화적 생존권, 문화유산 등에 관한 권리를 제3세대권으로 분류하기도 한다. 이는 기본권이 국제화되는 경향을 설명하지만, 기본권이 국가의 헌법을 통해 보장된다는 것을 고려할 때 적절한 분류라고 할 수는 없다. 기본권을 분류하고 체계화하는 것은 그 기준이 명확해야 하고, 구별의 실익이 있어야 한다. 현재 기본권을 분류하는 대부분 의견은 앞에서 본 바와 같이 그 기준이 명확하지 않고, 규범적 의미나 실익도 거의 없는 경우도 있다.

기본권을 체계적으로 분류하는 작업은 특정한 기본권을 다른 기본권과 구별하여 비교함으로써 그 기본권의 핵심적인 특성을 이해하고, 기본권의 제한과 한계를 설정하는 기준을 확정할 수 있어야 한다.[166] 헌법이 기본권을 규정하는 형식을 고려하여 개별적 기본권의 특성을 보다 잘 이해하기 위해서는 기본권을 그 내용에 따라 분류하는 것이 가장 타당하다. 즉, 인간의 존엄과 가치가 기본권의 최고이념이며, 이러한 목표를 실현하기 위해 다양한 개별적 기본권이 존재한다. 개별적 기본권은 그 내용을 중심으로 하면서도 헌법이 규정하는 순서와 형식을 반영하여 분류하는 것이 적절하다.

---

166) 성낙인, 헌법학, 1104면.

3. 기본권의 체계적 분류

(1) 인간의 존엄과 가치, 행복추구권

헌법은 '제2장 국민의 권리와 의무'에서 개별적 기본권을 규정하는데, 맨 먼저 제10조에서 인간의 존엄과 가치를 선언한다. 인간의 존엄과 가치는 헌법의 최고이념으로서 개별적 기본권의 지향점이자 전제가 된다. 헌법이 보장하는 모든 기본권은 인간의 존엄과 가치를 실현하기 위한 것이며, 인간의 존엄과 가치를 해치는 기본권은 정당화될 수 없다. 인간의 존엄과 가치는 헌법재판에서 국가작용에 대한 최종적인 위헌심사기준이 되지만, 그 자체가 기본권인지 여부에 대해서는 견해가 갈린다.

헌법 제10조는 "모든 국민은 … 행복을 추구할 권리를 가진다"라고 규정한다. 행복추구권은 독자적인 기본권으로 인정되지만, 인간의 존엄과 가치와 관련하여 그 맥락에서 이해해야 한다. 헌법은 행복추구권을 독자적 기본권의 형식으로 규정하지만, 모든 개별적 기본권은 개인의 행복과 관련되므로 행복추구권에 포섭될 수 있다. 행복추구권은 모든 기본권을 포괄하지만, 개별적 기본권으로 구체화되므로 특정한 사안에서 개별적 기본권을 우선적으로 적용할 수도 있다. 행복추구권은 개별적 기본권에 대해 포괄적이고 보충적 기본권의 성격을 갖는다.

(2) 평등권

헌법 제11조는 일반적으로 평등권을 규정하고, 개별적 기본권에서도 특별히 평등권을 강조하기도 한다. 모든 인간은 존엄하고 가치로운 존재로 취급받아야 하는데, 현실적으로 개별적인 인간은 서로 다르고, 다를 수밖에 없다. 모든 인간은 누구나 존엄과 가치를 가진다는 점에서 동일하고, 이것이 평등권의 도덕적이고 규범적인 기초가 된다. 사회적 존재인 인간은 평등권을 실현할 수 있을 때 비로소 개별적 기본권을 완전히 실현할 수 있고, 평등하지 않은 자유는 인간의 존엄과 가치를 보장할 수가 없고 사회적 정의도 실현할 수 없다.

헌법은 "모든 국민은 … 권리를 갖는다"라고 규정하여 누구나 평등하게 개별적 기본권의 주체가 된다. 평등권은 다른 개별적 기본권과는 달리 그 자체가 보장하는 고유한 내용을 갖지 않으며, 개별적 기본권을 실현하는 과정에서 지켜야 할 형식적 규범이라는 성격이 강하다. 따라서 개별적 기본권이 제한되는 경우에는 그와 관련하여 평등권도 함께 제한될 수 있다. 평등권의 이러한 특징은 위헌심사 기준을 적용할 때 반영해야 하므로 구체적 사안에서 제한되는 기본권의 보호영역을 확정하는 것이 중요하다.

(3) 자유권

헌법은 제12조부터 제23조까지 자유권을 규정하는데, 이는 국가로부터 방어적 권리의 성격을 갖는다. 민주적 법치국가에서 개인의 자유는 자신의 삶을 스스로 결정하고 생활할 수 있어야 제대로 보장된다. 자유권은 국가에 대해 개인의 기본권 행사에 간섭하거나 개입하지 말 것을 요구할 수 있는 기본권이고, 국가는 부작위를 통해 기본권보장의무를 이행하게 된다. 국가는 자유권을 최대한 보장해야 하고, 자유권의 제한에 대해서는 과잉제한금지원칙을 위헌심사기준으로 적용해야 한다.

헌법은 신체의 자유(제12조), 거주·이전의 자유(제14조), 직업선택의 자유(제15조), 주거의 자유(제16조), 사생활의 비밀과 자유(제17조), 통신의 비밀(제18조), 양심의 자유(제19조), 종교의 자유(제20조), 언론·출판·집회·결사의 자유(제21조), 학문과 예술의 자유(제22조), 재산권(제23조)을 자유권으로 규정한다. 자유권은 구체적 내용과 성격에 따라 신체적 자유, 정신적 자유, 사생활의 안전과 자유, 사회적 경제활동의 자유로 그 범주를 구분할 수 있다.

(4) 참정권

헌법은 선거권(제24조)과 공무담임권(제25조), 중요정책에 대한 국민투표권(제72조), 헌법개정안에 대한 국민투표권(제130조)을 참정권으로 규정한다. 참정권은 국민이 국정에 참여할 수 있는 정치적 기본권이다. 국민주권에 기초한 법치국가에서 개인의 자유를 실현하기 위해서는 주권자인 국민의 참정권이 보장되어야 한다. 참정권은 국가기관을 조직하거나 국가의 정치적 의사형성에 참여함으로써 국가작용에 민주적 정당성을 부여하는 동시에 국정을 통제하는 역할을 한다. 헌법은 대의제를 원칙으로 채택하고, 예외적으로만 국민투표를 통해 주권자가 직접 정치적 의사형성에 참여하도록 허용한다.

헌법이 직접 참정권으로 인정하는 것은 선거권, 공무담임권, 국민투표권이지만, 언론·출판의 자유, 집회·결사의 자유, 정당의 자유, 청원권도 정치적 기본권으로 기능한다. 헌법은 정당의 자유와 복수정당제를 보장하고 정당운영에 필요한 자금을 지원하는 방식으로 정당을 특별히 보호하면서도 정당에게 민주적 법치국가를 유지하기 위해 그 목적, 조직, 활동에 대해 특별한 헌법적 의무를 부과한다. 헌법재판소는 정당의 자유는 정당설립의 자유와 복수정당제를 규정한 헌법 제8조 제1항과 결사의 자유를 보장하는 헌법 제22조 제1항으로부터 도출된다고 판단하였다.[167]

(5) 청구권

헌법은 청원권(제26조), 재판청구권(제27조), 형사보상청구권(제28조), 국가배상청구권(제29조), 범죄피해자구조청구권(제30조)을 청구권으로 규정한다. 청구권은 개인이 국가에 대해 적극적으로 일정한 행위를 청구할 수 있는 기본권이다. 청구권은 개별적 기본권을 제대로 보장하기 위한 절차적 기본권이며, 권리구제를 위한 기본권의 성격도 갖는다. 청구권은 자유권, 참정권, 사회권과 같은 다른 개별적 기본권과 관련되는 경우가 많으며 그에 따라 구체적인 내용이 다양하게 나타난다.

헌법은 청구권에 대해 모두 '법률이 정하는 바에 의하여' 보장하므로 청구권의 구체적인 내용은 법률로 확정된다. 청구권을 구체화하는 법률은 원칙적으로 기본권형성적 법률유보이므로 헌법에서 규정하는 청구권은 국회의 입법지침이 되지만, 현실적으로는 기본권을 제한하는 법률적 근거가 되기도 한다. 국회는 청구권의 구체적 내용과 절차에 대해 입법형성권을 갖지만, 청구권을 제한하는 경우에는 제37조 제2항에서 규정하는 과잉제한금지원칙을 준수해야 한다.

(6) 사회권

(가) 규범적 의미

헌법은 교육을 받을 권리(제31조), 근로의 권리(제32조)와 근로3권(제33조), 인

---

167) 2006. 3. 30. 2004헌마246.

간다운 생활을 할 권리(제34조), 환경권(제35조), 혼인과 가족생활의 보장(제36조)을 사회권으로 규정한다. 사회권은 개인이 인간의 존엄과 가치를 실현하기 위해 필요한 물질적 급부나 서비스의 제공과 같은 생활조건의 형성을 국가에 요구할 수 있는 기본권이며, '사회적 기본권', '생존권', '생존권적 기본권'이라고도 한다. 사회권은 1919년 독일 바이마르헌법을 통해 제도적으로 수용되었는데, 자본주의 경제체제에서 발생하는 모순과 갈등을 조화롭게 해결하려는 노력으로 탄생하였다.

국가는 개인이 자유와 자율적 규율을 통해 각자의 삶을 형성하는 것을 보장한다. 하지만, 사적 영역에서 자유경쟁을 통해 사회적 차별과 불평등이 발생하여 개인의 자유가 형해화되는 현상이 발생하였다. 헌법은 개인의 자유를 회복하고 실질적 평등을 구현하기 위해 사회권을 기본권으로 수용하였다. 사회권은 인간이 사회적 존재로 생활할 수 있는 조건을 마련함으로써 자유로운 평등과 평등한 자유를 동시에 달성하기 위한 수단이기도 하다. 사회권은 경제생활에서 실질적 평등을 확보하기 위한 수단으로서 발전하였으나, 점차 교육권, 근로권, 환경권과 같이 비경제적 영역까지 그 대상과 범위를 확대하였다.

사회권은 국가가 단순히 개인을 배려하는 권한이 아니라 개인이 국가에 대해 적극적으로 물질적 급부를 요구할 수 있는 주관적 공권이고, 국가는 이에 대응하여 기본권보장의무를 부담한다. 국가가 그 헌법적 의무를 위반하면 기본권을 침해한 것이고, 개인은 국가에게 사법적 구제를 청구할 수 있다. 사회권은 1948년 건국헌법부터 기본권으로 규정되었는데, 헌법은 시장경제질서를 바탕으로 개인의 재산권과 사유재산제도를 보장하면서도 사회적 복지와 정의를 실현하기 위해 사회권을 기본권으로 규정한다. 사회권은 헌법이 규정하는 경제질서와 조화롭게 실현되어야 한다.

(나) 특징

헌법이 사회권을 규정한 것은 국가작용의 지침을 제시하는 국가목표규정이나 사회국가를 실현해야 할 의무를 부과하는 입법위임규정에 해당한다는 견해가 있다.[168] 국회가 입법의무를 위반한 경우에는 위헌법률심판의 대상이 되지만, 사회권은 주관적 권리가 아니라 국가의 객관적 의무이므로 헌법소원을 청구할 수는

---

168) 장영수, 헌법학, 809~810면 ; 한수웅, 헌법학, 982면.

없다고 한다. 하지만, 헌법은 사회권을 "… 권리를 가진다"라고 규정하고, 헌법재판과 같은 사법적 구제를 통해 권리를 행사할 수 있으므로 주관적 공권으로 인정한 것으로 해석해야 한다. 사회권은 구체적 입법을 통해 비로소 권리로 인정되는 추상적 권리가 아니라 헌법에 의해 직접 국가에게 최소한의 필요한 조치를 요구할 수 있는 구체적 권리이다.[169]

사회권은 자유권의 한계를 극복하고 실질적 자유와 평등을 실현하기 위해 등장한 것이므로 자유권과는 이념적 배경과 법적 성격에서 차이가 있다. 사회권은 자유권과 비교함으로써 그 성격과 기능을 더욱 잘 이해할 수 있고, 참정권이나 청구권과도 구별되는 특징을 갖는다. 사회권은 다른 개별적 기본권과 구별되는 다음과 같은 특징을 가지며, 이는 기본권을 구제하는 사법적 구제절차에 반영된다.

첫째, 사회권은 국가에게 적극적 급부를 요구하는 권리이다. 사회권은 공동체주의와 사회국가에 기초하여 정의를 실현하기 위해 국가가 개입할 것을 요청한다. 사회권은 국민만 주체가 되고 원칙적으로 외국인은 주체가 될 수 없으며, 국가가 적극적으로 개입하여 최소한의 필요한 조치를 취하지 않으면 기본권 침해가 된다. 사회권은 사적 영역에서 자율적으로 이루어지는 재화의 분배에 국가가 개입하여 재분배하는 기능을 통해 실현되므로 개인의 자유를 제한할 수 있다. 또한, 사회권은 국가적 급부를 실현할 수 있는 재정적 여건이 충족되어야 가능하다는 현실적인 한계가 있다.

둘째, 사회권은 국회의 입법권을 직접 구속한다. 국회는 사회권을 입법으로 구체화할 헌법적 의무를 부담하고, 사회권은 그 입법지침을 제시하는 동시에 입법형성권의 한계를 설정한다. 정부나 법원은 사회권을 구체화한 법률에 따라 기본권을 보장하므로 국회의 입법이 없는 상태에서 사회권은 일반재판에서 직접 재판규범으로 기능하기 어렵다. 사회권은 법률을 통해 그 내용이 확정되므로 개인이 직접 국가에게 구체적인 내용을 특정하여 급부를 청구할 수는 없다. 헌법재판소는 장애인의 복지향상에 대해 국가가 재량적으로 결정할 수 있으므로 장애인을 위해 저상버스를 도입해야 하는 의무가 헌법으로부터 나오는 것은 아니라고 하였다.[170]

---

169) 성낙인, 헌법학, 1504~1506면 ; 정재황, 헌법학, 1164면 ; 허영, 한국헌법론, 616~617면.
170) 2002. 12. 18. 2002헌마52.

셋째, 헌법은 '법률이 정하는 바에 의하여' 사회권을 보장하는데, 국회가 사회권에 대해 입법하는 것은 기본권을 구체화하는 것이므로 기본적으로 기본권형성적 법률유보에 해당한다. 사회권은 입법을 통해 구체화됨으로써 비로소 실현되고, 국회는 그에 대해 입법형성권을 가진다. 이는 자유권에 대한 법률은 기본권제한적 법률유보에 해당하므로 헌법 제37조 제2항에 따라 과잉제한금지원칙을 적용하여 국회의 입법권을 통제하는 것과 비교된다. 하지만, 기본권에 대한 법률유보는 본질적으로 기본권을 형성하는 동시에 제한하는 속성을 가지므로 상대적이라는 것을 유의해야 한다.

사회권은 본질적으로 자유권의 성격을 가지고 자유권을 실질적으로 보장하기 위한 것이므로 자유권과는 상대적이고 서로 보완하는 관계에 있다. 자유권과 사회권은 국민주권, 법치, 자유민주주의를 통해 조화롭게 실현되며, 인간의 존엄과 가치를 보장하고, 자유롭고 평등하게 행복을 추구할 수 있는 국가를 핵심적 가치로 공유한다. 헌법재판소는 개인이 국가로부터 건강하고 쾌적한 환경을 향유할 수 있는 자유를 침해당하지 않을 권리를 가지는 동시에 국가에 대해 건강하고 쾌적한 환경에서 생활할 수 있도록 요구할 수 있는 권리를 가지므로 환경권은 '종합적 기본권'의 성격을 지닌다고 판단하였다.[171]

(다) 위헌심사기준

국가가 최소한 제공해야 할 급부의 기준은 인간으로 생존할 수 있는 생물적 최저기준이라는 관점, 기본권 주체의 주관적 최저기준이라는 관점, 객관적 최저기준이라는 관점이 있다. 인간은 사회적 존재이므로 생물적으로 생존하는 것만으로 인간의 존엄과 가치를 실현할 수 없고, 사회권이 개인의 주관적 기준에 의해 다르게 보장되어서는 법적 안정성을 해치게 된다. 따라서 개인은 사회권을 근거로 사회적 존재로 인간의 존엄과 가치를 유지할 수 있는 객관적인 최저기준을 국가에 요구할 수 있고, 국가가 이를 충족시키지 못하면 사회권을 침해하게 된다.

사회권은 헌법 제37조 제2항에 따라 '필요한 경우에 한하여' 제한할 수 있는데, 국회는 입법형성권을 가지고 국가정책적 고려를 반영하여 다양한 수단을 통해 사회권을 실현할 수 있다. 헌법재판소는 자유권에 대해 엄격한 위헌심사기준

---

171) 2019. 12. 27. 2018헌마730.

을 적용하여 최대보장에 따른 과잉제한금지원칙을 적용하는 것과 달리 사회권에
대해서는 완화된 위헌심사기준을 적용하여 최소보장에 따른 과소보호금지의 원칙
을 적용한다. 즉, 국가가 최저생활보장에 관한 입법을 전혀 하지 아니하였다든가
그 내용이 현저히 불합리하여 헌법상 용인될 수 있는 재량의 범위를 명백히 일탈
한 경우에 한하여 위헌이라고 판단하였다.172)

과소보호금지원칙은 사회권의 특징을 반영하여 과잉제한금지원칙을 변용한
것이므로 사회권의 제한에 대한 위헌심사기준도 과잉제한금지원칙이라고 통일적
으로 해석하는 것이 타당하다. 과소보호금지원칙도 헌법 제37조 제2항의 '필요한
경우에 한하여'에 대한 해석으로부터 도출되고, 과잉제한금지원칙은 모든 기본권
에 동일하게 적용하면서 개별적 기본권의 특성을 적절하게 반영하여 심사하면 충
분하다. 특히, 사회권이라도 자유권의 성격을 함께 가지는 경우에 그 자유를 제한
하는 경우에는 과잉제한금지원칙을 적용하여 심사해야 한다.

국회가 입법을 통해 사회권을 침해한 경우에는 그 유형에 따라 헌법재판의
형식이 달라지므로 중요한 의미가 있다. 법률의 내용이 사회권을 침해하는 경우
에는 위헌법률심판과 헌법소원을 청구할 수 있고, 국회가 불충분하게 입법한 부
진정입법부작위에 대해서는 부작위 그 자체에 대해서는 헌법재판을 청구할 수 없
지만, 불완전한 법률에 대해서는 위헌법률심판과 헌법소원을 청구할 수 있다. 다
만, 사회권에 대해 아무런 입법을 하지 않은 진정입법부작위는 위헌법률심판의
대상이 되지 않으므로 헌법소원만 청구할 수 있다.

(7) 헌법에 열거되지 아니한 기본권

(가) 규범적 의미

헌법 제37조 제1항은 "국민의 자유와 권리는 헌법에 열거되지 아니한 이유
로 경시되지 아니한다"라고 규정한다. 헌법은 제10조부터 제36조까지 개별적 기
본권을 나열하는데, 기본권은 헌법에 근거하므로 헌법에 규정되거나 헌법해석을
통해 도출할 수 있어야 한다. 헌법에 열거되지 아니한 기본권은 헌법에 규정되지
않아 구체적 사안에서 기본권의 보호영역을 확정하기가 어렵다. 기본권의 보호영

---

172) 2010. 5. 27. 2009헌마338.

역을 확정하는 객관적 지표가 없으면 기본권 침해 여부를 심사할 수 없어 기본권을 안정적으로 보장할 수 없다. 헌법에 열거되지 아니한 기본권은 헌법 제37조 제1항의 법적 성격에 따라 규범적 의미가 확정된다.

첫째, 헌법 제37조 제1항은 기본권이 헌법에 직접 명시되지 않더라도 존중해야 한다는 당연한 명제를 주의적으로 확인한 것으로 새로운 기본권을 창설하는 근거가 되지 않는다는 견해가 있다.173) 이때 '국민의 자유와 권리'란 헌법이 규정한 개별적 기본권을 의미하며, 헌법에 열거되지 아니한 기본권은 개별적 기본권 이외의 독자적인 기본권이 아니다. 헌법 제37조 제1항은 제2항과 관계에서 이해해야 하는데, 제1항에서는 기본권을 보장해야 한다는 원칙을 단순히 선언한 것이고, 제2항에서 기본권을 제한하는 요건과 형식에 대해 자세히 규정한다고 이해한다.174)

둘째, 헌법 제37조 제1항은 헌법이 규정한 개별적 기본권과 별도로 새로운 기본권을 창설하는 근거가 되고, 헌법에 열거되지 아니한 기본권은 개별적인 기본권과 구별되는 독자적인 기본권이라는 견해가 있다.175) 이때 '국민의 자유와 권리'란 개별적 기본권이 아니라 헌법 제10조가 규정하는 '개인이 가지는 불가침의 기본적 인권'이다. 헌법에 열거되지 아니한 기본권은 제10조의 인간의 존엄과 가치를 실현하기 위한 수단으로 일반적 행동의 자유, 일조권, 인격권, 초상권, 성명권, 명예권, 자신의 혈통을 알 권리 등이 포함된다는 견해도 헌법에 열거되지 아니한 기본권을 독자적인 기본권으로 해석한다.176)

헌법 제37조 제1항은 불확정적이고 포괄적인 새로운 기본권을 창설하기 위한 헌법적 근거를 마련한 것으로 해석된다. 헌법에 열거되지 않은 기본권은 개별적 기본권에 포함시킬 수 없지만, 기본권으로 수용할 필요가 있는 헌법적 가치를 말한다. 헌법은 헌법적 가치를 모두 개별적 기본권으로 유형화하여 규정할 수 없고, 헌법현실의 변화에 따라 새로운 헌법적 가치를 기본권으로 포섭할 수 있는 창구를 마련한 것이다. 헌법 제37조 제1항의 '국민의 자유와 권리'와 제2항의 '국민의 모든 자유와 권리'는 모두 헌법 제10조의 '개인이 가지는 불가침의 기본적 인

---

173) 정재황, 헌법학, 394면.
174) 한수웅, 헌법학, 565면.
175) 김하열, 헌법강의, 324~325면 ; 성낙인, 헌법학, 1013면.
176) 허영, 한국헌법론, 370면.

권'을 의미한다.

(나) 구체적 내용

기본권은 헌법에 의해 인정되지만, 그 규범력을 유지하기 위해서는 역사적 현실을 제대로 반영하고 규율할 수 있어야 한다. 헌법이 개정되기 전까지는 현실의 변화를 반영하기 어려우므로 개방적이고 탄력적으로 해석할 필요가 있다. 기본권이 현실의 변화에 따라 헌법적 가치로 수용될 경우에는 헌법을 개정하기 전이라도 기본권으로 포섭해야 한다. 헌법에 열거되지 아니한 기본권은 헌법규정만으로는 그 구체적 내용을 확정할 수 없는 무정형적이고 미래지향적으로 개방된 기본권이다.

헌법에 열거되지 아니한 기본권의 구체적 내용과 범위를 확정하는 것은 쉽지 않으며, 다음과 같은 경우에만 인정되어야 한다. 첫째, 인간의 존엄과 가치라는 기본권의 이념과 목적을 실현하기 위해 독자적인 기본권으로 인정될 필요가 있어야 한다. 헌법이 규정하는 개별적 기본권에 포함되는 경우에는 별도의 기본권을 인정할 필요가 없다. 둘째, 새로운 헌법적 가치나 이익으로 그 내용이 명확하여 구체적 권리로서 실체를 갖추고 있어야 한다. 이는 개인이 자신의 기본권을 상대방에게 요구할 힘이 있고, 그 실현이 방해되는 경우에는 재판에 의해 기본권의 실현을 보장받을 수 있어야 한다는 것이다.[177]

헌법재판소는 헌법 제10조와 제37조 제1항을 근거로 평화적 생존권을 기본권으로 인정하였다가,[178] 선례를 변경하여 평화적 생존권은 헌법상 보장되는 기본권이라고 할 수는 없다고 판단하였다.[179] 또한, 헌법 제37조 제1항을 근거로 일반적 행동자유권과 명예권을 기본권으로 인정하였고, 생명권, 인격권, 개인정보자기결정권, 알권리, 사람으로 태어난 즉시 출생등록될 권리도 기본권으로 수용하였다.[180] 하지만, '논리적이고 정제된 법률의 적용을 받을 권리'는 기본권으로 인정할 필요가 없고 이를 판정할 기준도 불명확하여 구체적 권리로서 실질을 갖추지 못하므로 기본권에 해당하지 않는다고 판단하였다.[181]

---

177) 2011. 8. 30. 2008헌마477.
178) 2006. 2. 23. 2005헌마268.
179) 2009. 5. 28. 2007헌마369.
180) 2002. 1. 31. 2001헌바43 ; 2023. 3. 23. 2021헌마975.

(다) 효력

기본권은 헌법에 근거하므로 그 효력은 헌법해석을 통해 확정된다. 헌법 제37조 제1항은 헌법에 열거되지 아니한 기본권을 인정하면서 그 효력에 대해서는 '경시되지 아니한다'라고만 규정한다. 헌법에 열거되지 아니한 기본권을 기본권으로 인정하는 이상 모든 국가기관을 구속하므로 개별적 기본권과 동일한 효력을 갖는다고 해석해야 한다. '경시되지 아니 한다'는 것은 가볍게 여기지 말라는 것에 그치는 것이 아니라 국가에게 기본권보장의무를 부과하는 것이다. 다만, 헌법에 열거되지 아니한 기본권은 개별적 기본권에 대해 보충적 성격을 갖는다.

헌법 제37조 제1항은 현재 기본권에 포함되지 않더라도 현실의 변화를 반영하여 헌법을 개정하지 않고도 기본권으로 포섭할 수 있도록 한 것이다. 하지만, 헌법은 행복추구권을 포괄적이고 보충적 기본권으로 규정하여 개별적 기본권에 포함되지 않는 기본권은 대부분 행복추구권에 포섭될 수 있다. 헌법에 열거되지 아니한 기본권은 행복추구권에도 포함시킬 수 없는 경우에만 독자적 기본권으로 인정될 수 있으므로 그 내용과 효력은 극히 제한적이다. 헌법재판에서는 개별적 기본권을 우선적으로 적용하고, 그 다음에 행복추구권을 적용하고, 마지막으로 헌법에 열거되지 아니한 기본권을 적용해야 한다.

4. 국민의 헌법적 의무

(1) 규범적 의미

(가) 헌법규정

헌법은 '제2장 국민의 권리와 의무'에서 국민에게 헌법적 의무를 부과한다. 헌법은 국가를 구성하고 유지하는 기본적 의무로 납세의 의무(제38조)와 국방의 의무(제39조 제1항)를 독자적인 헌법적 의무로 규정한다. 또한, 재산권행사의 공공복리적합의무(제23조 제2항), 의무교육을 받게 할 의무(제31조 제2항), 근로의 의무

---

181) 2011. 8. 30. 2008헌마477.

(제32조 제2항), 환경보전의무(제35조 제1항)를 규정하며, 이는 재산권, 교육을 받을 권리, 근로의 권리, 환경권에 대응하여 기본권의 내용과 한계를 규율한다.

국민은 국가를 창설하고 유지하는 인적 구성원이므로 헌법과 법률과 같은 법질서에 복종하고 타인의 권리를 존중할 의무도 국민의 헌법적 의무에 포함된다는 견해가 있다.182) 국민은 헌법이 부과한 의무를 준수해야 하고, 법률을 위반한 경우에는 그 법률에서 규정한 법적 효과가 발생한다. 하지만, 국민이 일반적으로 법질서에 복종해야 해야 하는 것은 윤리적 의무일 뿐 법적 효력을 발생시키는 헌법적 의무는 아니다.183) 기본권의 주체가 기본권을 행사할 경우에 타인의 권리를 존중해야 하는 것도 윤리적 의무라고 해석된다.184)

(나) 법적 성격
1) 법률을 통해 현실화

헌법이 국민에게 부과하는 기본의무는 국민에게 어떠한 법적 효과를 발생시킬까. 헌법은 최고규범이므로 헌법적 의무가 법률적 의무보다 강하고, 헌법이 직접 국민에게 법적 의무를 부과한 것으로 이해할 수도 있다. 하지만, 헌법이 국민에게 기본의무를 부과한 것은 국가를 유지하기 위한 최소한의 의무가 있다는 것을 선언한 것에 불과하고, 국가는 헌법을 근거로 직접 개인에게 헌법적 의무의 이행을 요구할 수는 없다. 헌법적 의무는 국회가 제정한 법률을 통해 법률적 의무로 구체화되고, 국가는 헌법적 의무를 구체화한 법률을 근거로 해서만 국민에게 헌법적 의무의 이행을 요구할 수 있다.185)

헌법은 '모든 국민'에게 헌법적 의무를 부과하는데, 헌법적 의무의 주체는 그 의무의 성질과 헌법과 법률의 규정을 고려하여 확정된다. 헌법적 의무는 국가의 존립을 위해 부과되는 것이므로 원칙적으로 국가의 구성원인 국민에게만 부과된다. 하지만, 헌법적 의무의 성질이 국민뿐만 아니라 외국인에게 적용할 수 있고, 법률이 헌법적 의무를 구체화하면서 외국인에게 법적 의무를 부과할 경우에는 외국인도 그 주체가 된다. 법인이나 단체도 헌법적 의무의 성질과 법률의 규정에 따

---

182) 성낙인, 헌법학, 1655면 ; 장영수, 헌법학, 949면 ; 한수웅, 헌법학, 1118면.
183) 김하열, 헌법강의, 771~772면.
184) 허영, 한국헌법론, 704~706면.
185) 장영수, 헌법학, 944면 ; 허영, 한국헌법론, 706~707면.

라 헌법적 의무의 주체가 될 수 있다.

2) 기본권과 관계

헌법은 제2장에서 기본권과 헌법적 의무를 함께 규정하는데, 양자는 밀접한 관계를 가지므로 통일적이고 체계적으로 해석해야 한다. 기본권은 최고의 헌법가치로서 모든 국가작용의 목적이자 정당성의 근거가 되고, 국가는 기본권을 최대한 보장해야 하므로 기본권은 국가작용의 통제규범이 된다. 한편, 헌법적 의무는 국가의 존립을 위해 필요한 범위에서 국민에게 최소한으로 부과해야 하고, 국회가 반드시 헌법적 의무를 법률로 구체화해야 하는 것은 아니다. 다만, 국회가 법률을 통해 헌법적 의무를 구체화할 경우에는 국회의 입법지침으로 기능한다.

기본권은 헌법에 의해 직접 법적 효력을 갖지만, 헌법적 의무는 헌법의 위임에 따라 제정된 법률에 의해 비로소 법적 효력을 갖는다. 기본권은 법률적 권리보다 우월한 효력을 갖지만, 헌법적 의무는 국회의 입법을 통해 현실적으로 법적 효과가 발생하므로 법률적 의무보다 우월한 효력을 가진다고 할 수는 없다. 따라서 개인은 헌법을 근거로 직접 국가에게 기본권을 주장할 수 있지만, 국가는 헌법을 근거로 직접 개인에게 헌법적 의무를 요구할 수 없다.

국회가 법률을 통해 헌법적 의무를 구체화하는 것은 그 자체가 기본권을 제한하게 되고, 타인의 기본권을 침해할 수도 있다. 이때 헌법적 의무를 부과하는 법률은 기본권의 제한에 적용되는 위헌심사기준을 통해 헌법적으로 정당화되어야 한다.186) 특히, 재산권, 교육을 받을 권리, 근로의 권리, 환경권을 실현하는 과정에서 헌법적 의무가 부과되는 경우에는 기본권과 헌법적 의무를 비교하고 형량하여 기본권 제한의 범위와 한계를 확정해야 한다.

(2) 납세의 의무

헌법 제38조는 "모든 국민은 법률이 정하는 바에 의하여 납세의 의무를 진다"라고 규정한다. 납세의 의무는 국가의 존속과 활동을 위한 재정적 기초를 마련하기 위해 국민에게 경제적 부담을 지우는 의무이다. 납세는 조세를 납부하는 것이고, 조세란 국가 또는 지방자치단체 등 공권력의 주체가 그 과세권에 의해 재

---

186) 2010. 11. 25. 2006헌마328.

정조달을 목적으로 반대급부 없이 일반 국민으로부터 강제적으로 부과하고 징수하는 과징금이다. 납세의 의무는 조세법률주의를 통해 구체화되므로 국회는 개인의 담세능력을 고려하여 공정한 과세가 부과되도록 법률을 제정해야 한다.

국민은 납세의무를 부담하지만, 국가는 헌법을 근거로 직접 국민에게 과세할 수는 없고 조세법률주의에 따라 법률이 정하는 바에 따라서만 과세할 수 있다. 자연인은 물론 법인이나 단체도 법률에서 과세의 대상으로 규정한 경우에는 납세의 의무를 지고, 외국인이나 외국법인도 납세의 의무를 진다. 국민에게 납세의무를 부과하는 것은 재산권의 제한을 초래하고, 공평과세원칙에 따르지 않을 경우에는 평등권을 제한할 수도 있다. 이때에는 헌법 제37조 제2항에 따라 과잉제한금지원칙을 적용하여 헌법적으로 정당화되어야 한다.

(3) 국방의 의무

헌법 제39조 제1항은 "모든 국민은 법률이 정하는 바에 의하여 국방의 의무를 진다"라고 규정한다. 국방이란 외국 또는 외적의 침략으로부터 국가의 독립을 유지하고 영토를 보존하는 것이다. 국방의무는 법률이 규정하는 징집연령에 달한 경우에 군인으로 복무함으로써 직접 병력을 형성하여 작전명령에 복종하고 협력해야 하는 것뿐만 아니라 간접적으로 예비군복무, 민방위대소집 등 국방에 필요한 군사적 조치에 협력하는 것도 포함한다.[187]

헌법은 국제평화와 평화통일을 기본원리로 채택하므로 국방의무도 침략전쟁이나 무력도발을 위한 경우에는 인정되지 않는다. 국방의무는 법률에 의해 구체화되는데, 병역법에 따라 직접 병력을 형성할 의무는 징집대상자에 해당하는 대한민국 남자에게만 부과된다. 외국인은 국가의 구성원이 아니므로 국방의 의무를 부담하지 않는다. 법인이나 단체는 군인으로 직접 병력을 형성할 의무는 부담하지 않지만, 국방에 필요한 군사적 조치에 협력해야 할 의무는 부담할 수 있다.

헌법 제39조 제2항은 "누구든지 병역의무의 이행으로 인하여 불이익한 처우를 받지 아니한다"라고 규정한다. 국가는 병역의무를 이행하였다는 이유로 불이익을 가해서는 안 된다. 이때 '불이익'은 법적 불이익을 말하고, 단순한 사실적 불

---

187) 2002. 11. 28. 2002헌바45.

이익은 포함되지 않는다. 개인이 병역의무를 이행하는 것 자체로 인하여 발생하는 불이익도 이에 포함되지 않는다.[188] 국가는 병역의무의 이행을 이유로 불이익한 처우를 해서는 안 되지만, 병역의무를 이행한 사람에게 보상적 조치를 취하거나 특혜를 부여할 의무를 부담하는 것은 아니다.[189]

국가가 개인에게 국방의무를 부과하는 것은 신체의 자유, 거주·이전의 자유, 사생활의 비밀과 자유, 재산권, 평등권을 제한할 수 있다. 이때 기본권 제한이 정당화되는지 여부를 심사할 때에는 국방의무의 내용을 반영하여 과잉제한금지원칙을 적용해야 한다. 헌법재판소는 변호사시험의 응시기간과 응시횟수를 '5년 내에 5회'로 제한하면서 변호사시험 응시자격을 얻은 병역의무 이행자들에 대해 그 병역의무 이행기간을 변호사시험 응시한도에서 제외하도록 한 것은 헌법 제39조 제2항의 요청에 따른 것으로 합리적 이유가 있으므로 평등권을 침해하지 않는다고 판단하였다.[190]

(4) 재산권 행사의 공공복리적합의무

헌법 제23조 제2항은 "재산권의 행사는 공공복리에 적합하도록 하여야 한다"라고 규정한다. 헌법은 자유시장경제질서에서 사유재산제도를 채택하고, 재산권을 기본권으로 인정하면서도 재산권의 행사에 대해서는 공공복리에 적합하도록 해야 할 헌법적 의무를 부과한다. 재산권은 기본권이지만, 사회적 구속성을 가진다는 것을 고려하여 재산권의 행사는 반드시 공공복리에 적합해야 한다는 것이다.

국회는 재산권의 내용과 한계를 법률로 구체화하는데, 헌법이 재산권의 사회적 구속성과 공용침해를 직접 규정한 것을 고려하여 재산권 행사의 공공복리적합의무를 구체적으로 규정해야 한다. 국가는 재산권 행사의 공공복리적합의무를 이유로 재산권을 제한할 수는 있지만, 재산권을 침해해서는 안 된다. 재산권 행사의 공공복리적합의무가 재산권의 사회적 구속성에 포함되는 경우에는 재산권의 제한에 해당되지만, 특별한 희생을 요구하는 경우에는 사회적 구속성의 한계를 넘어

---

188) 2006. 5. 25. 2005헌마715.
189) 1999. 12. 23. 98헌마363.
190) 2020. 11. 25. 2018헌마733.

서므로 그 제한에 대해서는 보상을 해야 한다.

(5) 교육을 받게 할 의무

헌법 제31조 제2항은 "모든 국민은 그 보호하는 자녀에게 적어도 초등교육과 법률이 정하는 교육을 받게 할 의무를 진다"라고 규정한다. 교육을 받게 할 의무의 주체는 친권자나 후견인 등 자녀를 보호하는 보호자이며, 그 의무의 대상은 그 보호하는 자녀이다. 교육을 받게 할 의무의 내용은 적어도 초등교육과 법률이 정하는 교육이므로 초등학교는 반드시 의무교육의 대상에 포함되어야 하고, 그 이상에 대해서는 국회가 입법을 통해 결정할 수 있다.

헌법 제31조 제3항은 "의무교육은 무상으로 한다"라고 규정하여 의무교육을 규정하는데, 의무교육을 무상으로 실시하는 의무를 부담하는 주체는 국가나 지방자치단체이지 자녀의 보호자가 아니다. 자녀에게 의무교육을 무상으로 시켜야 할 의무는 교육을 받을 권리를 실질적으로 보장하기 위한 것이다. 헌법재판소는 의무교육은 국민에게 보호하는 자녀들을 취학시켜야 하는 의무를 부과하는 것보다 국가에게 인적·물적 교육시설을 정비하고 교육환경을 개선해야 하는 의무를 부과하는 것이 더 중요한 의미를 가진다고 판단하였다.[191]

(6) 근로의 의무

헌법 제32조 제2항은 "모든 국민은 근로의 의무를 진다. 국가는 근로의 의무의 내용과 조건을 민주주의원칙에 따라 법률로 정한다"라고 규정한다. 헌법은 직업선택의 자유를 기본권으로 인정하고 강제노역을 금지하므로 근로의무는 법적 의무가 아니라 윤리적 의무에 불과하다는 견해가 있다.[192] 이에 따르면 국가는 개인에게 근로를 법적으로 강제할 수 없으며, 근로의 능력이 있음에도 불구하고 근로하지 않는 자는 윤리적으로 비난받아야 하는 것에 그치고 법적 의무를 위반한 것이 아니다.

헌법은 직접 근로의무를 규정하므로 근로의무도 헌법적 의무라고 해석된다. 다만, 국가는 헌법을 근거로 직접 근로의 의무를 부과할 수는 없고, 법률에 그 요

---

191) 1991. 2. 11. 90헌가27.
192) 허영, 한국헌법론, 775~776면.

건과 내용을 구체적으로 규정함으로써 법률적 의무를 부과할 수 있다. 국가가 근로의무를 부과하는 것은 직업선택의 자유를 제한하고 강제노역을 요구할 위험이 있으므로 기본권의 제한이 과잉제한금지원칙에 따라 정당화될 수 있어야 한다. 특히, 헌법은 직접 국가에게 근로의무의 내용과 조건을 민주주의원칙에 따라 법률로 정하도록 규정하므로 근로의무를 부과하는 법률은 이러한 헌법적 한계를 지켜야 한다.

(7) 환경보전의무

헌법 제35조 제1항은 "모든 국민은 건강하고 쾌적한 환경에서 생활할 권리를 가지며, 국가와 국민은 환경보전을 위하여 노력하여야 한다"라고 규정한다. 헌법은 환경보전의무에 대해서는 법률유보의 형식을 채택하지 않고 있고, "노력하여야 한다"라고 표현한다. 하지만, 이는 노력만 하면 충분한 윤리적 의무에 그치는 것이 아니라 법률을 통해 구체화되는 헌법적 의무로 이해해야 한다. 개인이 환경권을 실현하기 위해서는 환경보전이 전제적 조건이므로 환경보전의무는 개인의 환경권을 실질적으로 보장하기 위한 것이다.

환경보전이란 인간이 건강하고 쾌적한 생활을 영위할 수 있도록 자연이 가진 본래의 깨끗한 상태를 유지하기 위해 인간이 환경을 보호·정비·관리함으로써 자연을 오염시키거나 훼손하지 않는 것이다. 헌법은 국민뿐만 아니라 국가에게도 환경보전의무를 부과하는데, 환경은 국가적 차원의 과제가 아니라 전지구적 차원에서 보전되어야 한다. 따라서 국가와 국민은 물론 법인과 단체를 포함하여 외국인과 외국법인도 법률을 통해 그 헌법적 의무를 부담할 수 있다.

헌법 제35조 제2항은 "환경권의 내용과 행사에 관하여는 법률로 정한다"라고 규정한다. 이때 환경권은 제1항의 '건강하고 쾌적한 환경에서 생활할 권리'를 의미하며, 여기에는 자연환경뿐만 아니라 소음으로부터 평온한 환경과 같은 생활환경도 포함된다. 헌법은 환경권에 보장하면서 국가와 국민에게 특별히 '환경보전'을 위하여 노력할 의무를 부과한다. 이때 '환경보전'이란 환경오염 및 환경훼손으로부터 환경을 보호하고 오염되거나 훼손된 환경을 개선함과 동시에 쾌적한 환경상태를 유지·조성하기 위한 행위를 말한다.[193]

---

193) 환경정책기본법 제3조 제6호.

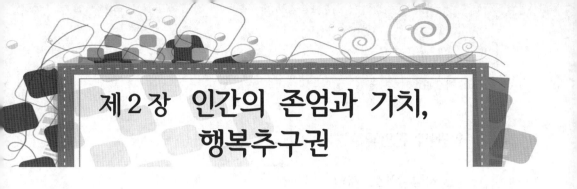

제2장 인간의 존엄과 가치, 행복추구권

제1절 인간의 존엄과 가치

1. 헌법규정

　　헌법은 제10조에서 "모든 국민은 인간으로서의 존엄과 가치를 가지며, 행복을 추구할 권리를 가진다. 국가는 개인이 가지는 불가침의 기본적 인권을 확인하고 이를 보장할 의무를 진다"라고 규정한다. 헌법은 '제2장 국민의 권리와 의무'의 시작인 제10조에서 인간의 존엄과 가치를 기본권의 최고이념으로 제시하고, 이에 근거하여 국가의 기본권보장의무를 규정한다. 이외에도 헌법 제32조 제3항은 "근로조건의 기준은 인간의 존엄성을 보장하도록 법률로 정한다"라고, 제36조 제1항은 "혼인과 가족생활은 개인의 존엄과 …을 기초로 성립되고 유지되어야 하며"라고 규정한다.

　　1948년 건국헌법은 인간의 존엄과 가치, 행복을 추구할 권리를 규정하지 않았다. 인간으로서의 존엄과 가치는 1962년 헌법 제8조에서 "모든 국민은 인간으로서의 존엄과 가치를 가지며, 이를 위하여 국가는 국민의 기본적 인권을 최대한으로 보장할 의무를 진다"라고 처음으로 규정되었다. 1980년 헌법은 제9조에서 행복을 추구할 권리를 추가하여 현행헌법과 같이 규정하였다. 인간의 존엄과 가치, 행복추구권은 헌법에 규정되었지만, 그 규범적 의미에 대해서는 다양한 관점이 있다.

2. '인간'의 존엄과 가치

(1) 사람, 인간, 개인

헌법은 모든 국민은 인간으로서 존엄과 가치를 가진다고 규정한다. 인간의 '존엄'과 '가치'는 사전적으로는 구별되지만 규범적으로는 '존엄과 가치'를 통일된 개념으로 이해해야 한다. 인간은 존엄하기 때문에 가치로운 존재가 되고, 인간의 가치는 존엄에서 비롯된다. 인간으로서 존엄과 가치를 가진다는 것은 인간이 존 엄하고 가치롭다는 의미이며, 이는 사람인 이상 누구나 인격적으로 존중되어야 한다는 것에 기초한다. 인간의 존엄과 가치에 대한 규범적 의미는 헌법이 전제하는 '인간'을 이해하는 것에서 시작된다.

인간은 과연 존엄하고 가치로울까. 자연적 존재인 '사람'이 존엄하고 가치로 운지 명확하지 않다. 사람의 본성을 철학적으로 탐구하는 주체가 사람 자신이라 서 객관적으로 평가가 어렵고, 사람의 본성과 행동에는 악마성과 부조리가 섞여 있는 것이 현실이다. 그럼에도 불구하고 인간이 존엄하고 가치롭다는 것은 사람 은 누구나 인격을 보유하고 자유의지를 가진 목적적 존재라는 것에 기초한다. 유 (類)적 존재로서 '인간'은 동일하고 구체적으로 존재하는 개별적 인간인 '개인'은 자신만의 자율성과 개성을 가지고 서로 다르게 살아가는 인격체라는 점에서 동일 하므로 존엄하고 가치로울 수 있다.

자연상태에서 사람은 자유로운 존재로서 자연적 차이를 수용하였으나, 사회 상태가 되면서 불평등이 생겨나고 자유를 박탈당하는 경우가 발생하였다. 인간이 존엄하고 가치롭게 살기 위해서는 개인의 자유가 보장되어야 하고, 인간은 누구 나 자유로워야 하므로 그 자유는 평등하게 보장되어야 한다. 인간의 존엄과 가치 는 자유로운 평등과 평등한 자유가 보장되어야 실현될 수 있다. 전체주의에서는 개인이 폭력적 지배를 받게 되어 자유와 평등이 보장되지 않으므로 인간의 존엄 과 가치는 실현될 수 없다.

(2) 타인과 관계하는 자율적 인격체

헌법이 전제하는 인간이란 타인 - 사회 - 국가와 유기적인 관계를 맺는 인격

적 존재를 의미한다. 개인은 자율적으로 자신의 고유한 삶의 방식을 선택하지만,
사회적으로는 타인과의 관계를 맺고 공동체의 유지와 조화를 이루며 살아간다.
개인은 타인과의 관계를 맺으면서 자신의 고유한 존재의미를 확인하므로 타인과
관계를 단절한 개인에게 인간의 존엄과 가치는 아무런 의미가 없다. 개인이 존엄
하고 가치로운 존재로 인정받기 위해서는 타인 역시 존엄하고 가치로운 존재로
인정해야 한다.

　헌법재판소도 헌법의 인간상은 자기결정권을 지닌 창의적이고 성숙한 개체
로서의 국민이며, 자신이 스스로 선택한 인생관·사회관을 바탕으로 사회공동체
안에서 각자의 생활을 자신의 책임 하에 스스로 결정하고 형성하는 민주적 시민
이라고 판단하였다.[1] 헌법은 개인의 자유가 국가존립의 조건이 되는 동시에 국가
발전이 개인적 자유의 전제가 되는 관계를 지향한다. 하지만, 개인은 자율적 인격
체라는 것을 전제로 하여 타인과 상관관계를 통해 국가의 구성원이 되는 것이지
국가의 부속품으로 취급되어서는 안 된다.[2]

　헌법은 인간이 존엄하고 가치롭다는 사실명제를 확인한 것이 아니라 인간의
존엄과 가치를 실현해야 한다는 헌법적 과제를 당위규범으로 제시한 것이다. 첫
째, 개인은 헌법을 제정한 주권자로서 스스로 존엄하고 가치롭게 살겠다고 다짐
한 것이다. 둘째, 개인은 타인을 존엄하고 가치로운 인격체로 존중하겠다는 약속
이므로 타인의 기본권을 존중해야 하고 자신의 기본권이 제한되는 것도 감수해야
한다. 셋째, 국가는 모든 국민이 인간으로서 존엄하고 가치로운 존재가 될 수 있
도록 기본권을 보장할 헌법적 의무를 부담한다.

3. 법적 성격과 효력

(1) 헌법의 최고이념

　인간의 존엄과 가치는 존재론적으로 개인이 국가보다 우월한다는 것을 전제
로 한다. 개인을 위해 국가가 필요한 것이지, 국가를 위해 개인이 존재하는 것이
아니다. 개인이 국가를 구성하고 헌법을 제정한 것도 모두 인간의 존엄과 가치를

1) 1998. 5. 28. 96헌가5.
2) 성낙인, 헌법학, 1110면.

실현하기 위한 것이다. 국가가 인간의 존엄과 가치를 실현하기 위한 행위는 정당
하고, 인간의 존엄과 가치를 침해하는 행위는 헌법적으로 정당화되지 않는다. 국
가가 인간의 존엄과 가치를 훼손하여 기본권을 제한하거나 인간의 존엄과 가치를
실현하기 위해 최소한의 필요한 조치를 하지 않은 경우에는 기본권을 침해하여
위헌이 된다.3)

인간의 존엄과 가치는 헌법의 최고이념으로 입법, 행정, 사법과 같은 모든
국가작용을 구속한다. 인간의 존엄과 가치는 헌법과 법령을 해석하는 기준이 되
므로 헌법적 가치가 충돌하거나 법령이 흠결될 경우에 이를 해결하는 최종적인
기준이 된다.4) 인간의 존엄과 가치는 헌법이 규정하는 개별적 기본권의 목적이
되고, 개별적 기본권은 인간의 존엄과 가치를 실현하는 수단으로 기능한다. 개별
적 기본권의 구체적인 내용, 효력, 한계도 인간의 존엄과 가치를 기준으로 통일적
이고 체계적으로 해석하여 확정해야 한다.

(2) 기본권인지 여부

인간의 존엄과 가치는 헌법의 최고이념으로 객관적인 법질서를 형성하지만,
그 자체가 주관적인 공권으로서 기본권인지에 대해서는 견해가 갈린다. 헌법적
가치가 기본권으로 인정되려면 헌법의 규정이나 해석을 통해 주관적 공권으로 인
정될 수 있어야 하고, 기본권의 체계적 분류에 따라 기본권에 포섭할 수 있는 실
익이 있어야 한다. 헌법 제10조는 인간의 존엄과 가치를 행복을 추구할 권리의
근거로 제시하고 있으므로 행복추구권과 관계도 함께 고려해야 한다.

첫째, 인간의 존엄과 가치는 주된 기본권으로서 개별적 기본권을 포괄한다는
견해가 있다.5) 인간의 존엄과 가치는 개별적 기본권을 해석하는 지도원리이며,
헌법에 열거되지 아니한 기본권을 확정하는 내용적 지표가 된다고 한다. 인간의
존엄과 가치, 행복추구권을 일체로 파악하여 이를 최고의 핵심적 기본권으로 이
해하기도 한다. 헌법재판소는 인간의 존엄과 가치를 최고의 헌법원리이자 인간의
존엄권이라는 기본권으로 인정하였다. 인간의 존엄과 가치를 행복추구권과 함께

---

3) 2000. 6. 1. 98헌마216.
4) 성낙인, 헌법학, 1111면 ; 장영수, 헌법학, 568면.
5) 김하열, 헌법강의, 304~305면 ; 성낙인, 헌법학, 1112면.

판단하기도 하지만, 생명권, 인격권, 일반적 행동자유권 등을 도출하는 기본권이라고 판단하였다.[6)]

둘째, 인간의 존엄과 가치는 헌법이념이지 그 자체가 기본권은 아니라는 견해가 있다.[7)] 헌법 제10조는 "모든 국민의 인간으로서의 존엄과 가치를 가지며"라고 규정하여 당위적 명제로 제시하고 있을 뿐, 기본권으로 인정하는 것은 아니라고 한다. 이는 인간의 존엄과 가치가 독자적인 기본권이 아니라는 것이지 최고의 헌법이념으로 객관적 법질서의 성격을 갖는 것을 부인하는 것은 아니다. 인간의 존엄과 가치는 기본권이 아니라 헌법질서와 기본권보장의 가치지표이며, 헌법에 열거되지 아니한 기본권의 구체적 표현형태이자 기본권의 본질적 내용이라고 한다.

인간의 존엄과 가치는 최고의 헌법이념이자 기본권의 목적으로 개별적 기본권의 내용과 한계를 확정하는 규범적 기준이 된다. 하지만, 인간의 존엄과 가치는 그 자체를 독자적 기본권으로 인정할 실익이 없다. 개별적 기본권은 인간의 존엄과 가치를 당연한 전제로 수용하고 있어 개별적 기본권을 통해 그 헌법이념을 실현할 수 있기 때문이다. 인간의 존엄과 가치를 독자적 기본권으로 인정하게 되면 모든 기본권을 포섭하게 되어 개별적 기본권이나 헌법에 열거되지 아니한 기본권을 적용할 여지가 없다.

(3) 헌법재판의 기준

인간의 존엄과 가치는 헌법재판에서 위헌심사기준이 된다. 위헌법률심판에서 인간의 존엄과 가치에 위반되는 법률은 위헌이 되며, 탄핵심판에서 헌법과 법률을 위배하여 인간의 존엄과 가치를 침해한 경우에는 탄핵사유가 될 수 있다. 정당해산심판에서는 정당의 목적이나 활동이 인간의 존엄과 가치를 부정할 때에는 민주적 기본질서에 위배될 수도 있다. 하지만, 인간의 존엄과 가치 그 자체는 기본권이 아니므로 공권력의 행사 또는 불행사가 인간의 존엄과 가치를 침해한다는 이유만으로 헌법소원을 청구할 수는 없다.

인간의 존엄과 가치가 국가작용의 가치적 실천기준이므로 독자적인 기본권

---

6) 1997. 3. 27. 95헌가14.
7) 허영, 한국헌법론, 370면.

인지에 대한 논쟁은 무의미하고 불필요하다는 견해도 있다.8) 하지만, 인간의 존엄과 가치를 기본권으로 인정하면 헌법소원의 대상이 되므로 헌법재판에서는 중요한 의미가 있다. 인간의 존엄과 가치를 침해하면 개별적 기본권을 침해할 가능성이 농후하지만, 개별적 기본권을 침해하였다는 이유로 헌법소원을 청구할 수 있을 뿐이다. 인간의 존엄과 가치라는 헌법이념을 침해하였다는 이유로 헌법소원을 청구할 수 있도록 허용하면, 기본권의 보호영역이 불명확하게 되어 헌법소원의 대상을 확정하기 어렵게 된다.

제 2 절 행복추구권

I. 헌법적 의미

(1) '행복'의 개념

행복이란 '생활에서 충분한 만족과 느낌을 느끼어 흐뭇함 또는 그러한 상태'라고 정의된다. 인간은 누구나 행복한 삶을 살고자 하고, 행복은 인생의 목표이자 사는 이유이기도 하다. 하지만, 행복이 무엇인지는 대답하기 어려운 철학적 질문이다. 행복은 감정적 정서라서 동일한 조건과 상황도 사람에 따라 다르게 느낄 수 있다. 사람은 타인과 비교를 통해 행복을 느끼기도 한다. 즉, 자신이 불행하다고 생각하다가도 자신보다 더 불행한 사람을 보고 행복하다고 느끼기도 하고, 그 반대의 경우도 있다. 행복이란 것이 추상적이고 주관적이며 상대적이라서 행복추구권의 내용과 범위를 특정하기가 어렵다.

사람이 행복하게 되는 것이 가능한지에 대해서도 의문이다. 행복이란 고통의 부재이고, 행복을 강력하게 원할수록 더욱 고통스럽기도 하다. 이러한 점에서 헌법이 '행복할 권리'가 아니라 '행복을 추구할 권리'라고 표현하는 것이 이해되기도 한다. 행복을 추구할 권리는 이러한 인간실존을 전제로 이해해야 한다. 개인은 누구나 행복한 삶의 방식을 스스로 선택할 수 있고, 자신의 노력으로 실현할 수 있는 권리를 가지는데, 헌법은 이를 행복추구권으로 보장한다. 행복추구권은 행복을

8) 허영, 한국헌법론, 367면.

추구하는 것과 관련된 모든 활동을 할 권리라고 할 수 있다.

(2) 규범적 의미

헌법 제10조는 인간의 존엄과 가치를 행복추구권의 규범적 근거로 제시한다. 인간의 존엄과 가치는 행복추구권과 불가분의 상관관계를 갖는다. 인간은 존엄하고 가치로운 존재로 인정될 때 비로소 행복할 수 있다. 행복추구권을 인정하지 않고서는 인간은 존엄과 가치로울 수 없으며, 인간의 존엄과 가치는 행복추구권을 통해 실현될 수 있다. 개별적 기본권과 헌법에 열거되지 아니한 기본권도 인간의 존엄과 가치를 목적으로 지향하며, 개인의 행복한 삶을 실현하기 위한 것이다. 행복추구권의 법적 성격과 효력은 인간의 존엄과 가치, 다른 개별적 기본권, 헌법에 열거되지 아니한 기본권과 관계에서 이해해야 한다.

2. 법적 성격

(1) 개별적 기본권

행복을 추구할 권리가 기본권일까. 행복추구권은 기본권이 아니라는 견해가 있다.[9] 행복을 추구하는 것은 인간의 본성이며, 헌법이 행복추구권을 규정한 것은 인간의 존엄과 가치가 가지는 윤리적이고 실천적인 규범의 성격을 강조한 것이라고 한다. 이에 따르면, 개별적 기본권은 인간의 존엄과 가치와 행복을 추구하는 것을 위한 것이고, 행복을 추구하는 것은 개별적 기본권을 통해 실현할 수 있으므로 행복추구권을 기본권으로 해석할 필요가 없다.

행복추구권을 기본권으로 인정하면서도 헌법 제10조가 인간의 존엄과 가치와 함께 규정하는 점을 고려하여 행복추구권은 인간의 존엄과 가치와 함께 주된 기본권이 된다는 견해가 있다.[10] 인간의 존엄과 가치가 개인의 인격형성과 밀접하게 관련된 기본권이라면, 행복추구권은 인격적인 관련성이 밀접하지 않은 일반적 행동권과 개성의 자유로운 발현권이라고 한다. 하지만, 헌법은 행복을 추구할 '권리'라고 규정하므로 행복추구권은 단순한 사실판단이 아니라 개인의 기본권이

---

9) 허영, 한국헌법론, 372~373면.
10) 성낙인, 헌법학, 1124면.

라고 해석된다.11)

행복추구권은 인간의 존엄과 가치를 실현하기 위한 것이지만, 인간의 존엄과 가치와는 달리 개별적 기본권의 하나이다. 헌법재판소도 행복추구권을 개별적 기본권으로 인정하여 소극적으로는 고통과 불쾌감이 없는 상태를 추구할 권리, 적극적으로는 만족감을 느끼는 상태를 추구할 권리로서 일반적인 행동자유권과 개성의 자유로운 발현권을 포함한다고 판단하였다.12) 행복추구권은 다른 개별적 기본권이나 헌법에 열거되지 아니한 기본권과 조화적으로 해석해야 한다.

(2) 포괄적 기본권

행복추구권은 인간의 존엄과 가치를 목적으로 하는 개별적 기본권이지만, 개인의 행복을 목표로 추구한다는 것을 매개로 다른 개별적 기본권을 포괄하는 성격을 갖는다. 개별적 기본권은 모두 행복을 실현하기 위한 수단이지만, 행복추구권이 독자적인 개별적 기본권이라는 것은 다른 개별적 기본권에 포섭할 수 없는 헌법적 가치를 기본권으로 인정한다는 점에 중요한 의미가 있다. 행복추구권이 포괄하는 개별적 기본권의 범위에 대해서는 견해가 대립된다.

행복추구권은 모든 기본권을 포괄하는 기본권이 아니라 자유권만을 포괄하는 기본권이라는 견해가 있다.13) 이에 따르면, 행복추구권은 평등권, 참정권, 청구권, 사회권을 포괄하지 않으며, 국가에 대해 소극적인 방어권의 성격만 가지며 국가에게 적극적인 급부를 요구할 수 있는 권리가 아니다. 행복추구권의 제한에는 자유권과 마찬가지로 과잉제한금지원칙이 적용된다. 행복추구권이 자유권과 경합할 때에는 자유권이 보충적 성격을 갖는 행복추구권보다 우선적으로 적용되지만, 사회권과 경합할 때에는 행복추구권이 보충적 성격을 갖지 않는다.

개별적 기본권은 모두 개인의 행복과 관련되고, 행복추구권은 개별적 기본권을 통해 구체적으로 실현되므로 행복추구권은 자유권뿐만 아니라 평등권, 참정권, 청구권, 사회권을 모두 포괄한다.14) 행복추구권은 국가에 대해 소극적이고 방어적인 성격만 갖는 것이 아니라 국가에게 급부를 요구할 수 있는 적극적 성격도

---

11) 장영수, 헌법학, 574면 ; 한수웅, 헌법학, 562면.
12) 2015. 10. 21. 2013헌마757.
13) 성낙인, 헌법학, 1125면 ; 한수웅, 헌법학, 565면.
14) 정재황, 헌법학, 735면.

갖는다. 행복추구권은 포괄적이므로 개별적 기본권을 침해하는 것은 동시에 행복
추구권을 침해하게 된다. 행복추구권을 제한하는 경우에는 반드시 자유권의 제한
을 심사하는 과잉제한금지원칙을 적용해야 하는 것은 아니고 기본권의 유형과 내
용에 따라 위헌심사기준을 다르게 적용할 수 있다.

　　헌법재판소는 행복추구권을 독자적인 개별적 기본권으로 포괄적 기본권이라
는 성격을 갖는다고 인정하지만, 그 내용과 범위에 대해서는 명확하게 판단하지
는 않는다. 즉, 행복추구권은 일반적으로 행복을 추구하기 위해 필요한 급부를 국
가에게 적극적으로 요구할 수 있는 것이 아니라 행복을 추구하기 위한 활동을 국
가의 간섭 없이 자유롭게 할 수 있는 포괄적 의미의 자유권이라고 판단하였다.[15)]
이에 따라 행복추구권의 제한에서는 과잉제한금지원칙을 위헌심사기준으로 채택
하였다. 하지만, 행복추구권을 헌법이 규정하는 모든 개별적 기본권을 포괄하는
기본권이라고 판단한 적도 있다.[16)]

3. 주요 내용

(1) 인간의 존엄과 가치의 구체화

　　헌법은 행복추구권의 규범적 근거로 인간의 존엄과 가치를 제시한다. 행복추
구권은 인간의 존엄과 가치, 개별적 기본권, 헌법에 열거되지 아니한 기본권과 밀
접하게 관련되고 포괄적 기본권의 성격을 가지므로 행복추구권의 내용은 통일적
이고 체계적으로 확정해야 한다. 행복추구권의 내용을 결정하는 최종적인 기준은
인간의 존엄과 가치가 될 수밖에 없다. 하지만, 행복추구권은 포괄적 기본권이므
로 행복추구권이 독자적인 의미를 갖는 것은 다른 개별적 기본권에 포함되지 않
으면서 인간의 존엄과 가치를 실현하는 헌법적 가치로 인정되는 내용이다. 행복
추구권은 인격권, 자기결정권, 일반적 행동자유권뿐만 아니라 수면권, 일조권, 스
포츠권과 같이 다양한 내용을 포함한다.

　　헌법재판소는 인간의 존엄과 가치와 직접 관련되는 다양한 기본권이 행복추
구권으로부터 도출된다고 판단하였다. 즉, 행복추구권으로부터 일반적 행동자유

---

15) 2011. 3. 31. 2009헌마617.
16) 2005. 3. 29. 2004헌마207.

권, 개성의 자유로운 발현권, 자기운명결정권, 휴식권, 문화향유권, 자기책임의 원
리가 도출되고, 계약의 자유는 일반적 행동자유권의 일종이고, 사적 자치의 원칙
은 일반적 행동자유권으로 파생한다고 하였다.[17] 또한, 검사가 형사피의자에 대
해 혐의가 없거나, 정당방위나 정당행위에 해당함에도 불구하고 기소유예처분을
하는 것은 행복추구권을 침해한다고 하였으며,[18] 인간으로 태어난 즉시 출생등록
될 권리는 제10조로부터 도출되는 인격권을 실현하기 위한 전제라고 하였다.[19]
행복추구권으로부터 도출되는 다양한 권리는 독자적인 개별적 기본권이 아니라
행복추구권의 내용으로 이해하는 것이 타당하다.

(2) 인격권

(가) 헌법적 근거

인격권이란 개인이 고유한 인격적 가치와 이익을 향유하고 실현하는 권리이
다. 행복추구권은 인격적 가치와 이익을 실현함으로써 가능하고, 인격권을 향유함
으로써 행복을 느낄 수 있으므로 인격권은 행복추구권의 내용이다. 인격권은 인
간의 존엄과 가치라는 주된 기본권으로부터 도출된다는 견해가 있고,[20] 제10조와
제37조 제1항으로부터 도출된다는 견해도 있다.[21] 헌법재판소는 인간의 존엄과
가치를 규정하는 헌법 제10조를 인격권의 헌법적 근거로 제시한다.[22] 인간의 존
엄과 가치는 그 자체가 기본권은 아니지만, 행복추구권의 헌법적 근거가 된다.

헌법재판소는 의사로 하여금 태아의 성별에 대해 고지하는 것을 금지한 것
은 헌법 제10조로부터 도출되는 일반적 인격권으로부터 나오는 부모의 태아성별
정보에 대한 접근을 방해받지 않을 권리를 침해한다고 판단하였다.[23] 또한, 행복
추구권은 성질상 자연인에게 인정되는 기본권이므로 법인에게는 적용되지 않는다
고 하면서도, 언론사나 방송사와 같은 법인이나 단체도 사회적 신용이나 명예의

---

17) 2001. 5. 31. 99헌가18.
18) 2023. 8. 31. 2021헌마994.
19) 2023. 3. 23. 2021헌마975.
20) 성낙인, 헌법학, 1117~1118면.
21) 허영, 한국헌법론, 370면.
22) 2010. 10. 28. 2007헌가23 ; 2010. 5. 27. 2005헌마346.
23) 2008. 7. 31. 2004헌마1010.

유지 또는 법인격의 자유로운 발현을 위하여 의사결정이나 행동을 어떻게 할 것
인지를 자율적으로 결정하는 인격권을 갖는다고 하였다.24)

인격권은 행복추구권의 내용에 포함되고, 인간의 존엄과 가치에 근거하므로
자연인만 그 주체가 될 수 있고, 법인이나 단체는 주체가 될 수 없다고 해석된다.
법인이나 단체의 경우에는 법인이나 단체 자체가 아니라 그 구성원의 인격권을
제한하는 것이다. 또한, 헌법에 열거되지 아니한 권리는 단순히 헌법에 명시되지
않은 모든 기본권을 의미하는 것이 아니라 개별적 기본권에 대한 헌법해석을 통
해 도출하기 어려운 기본권만을 의미한다. 인격권은 행복추구권의 내용에 포함되
는 것으로 해석되므로 헌법 제37조 제1항을 동원할 필요가 없다. 인격권에는 초
상권, 성명권, 명예권이 포함된다.

(나) 초상권, 성명권, 명예권

초상권은 사람의 용모와 용태에 대한 초상을 자율적으로 행사하고 자기의
초상이 허가 없이 촬영되거나 공표되지 않을 권리이다. 특정인을 식별할 수 있는
신체적 특징에 관하여 당사자의 동의를 받지 않고 촬영하거나 신문, 잡지, 영화,
텔레비전 등에 그 사진을 게재하는 것은 초상권을 제한한다. 헌법재판소는 범죄
인에 대해 경찰서 내에서 수갑을 차고 얼굴을 드러낸 상태에서 조사받는 모습을
촬영할 수 있도록 허용한 행위는 인격권을 침해한다고 하였다.25) 다만, 민사재판
에 출정한 수형자에게 법정대기실에서 양손수갑을 앞으로 사용하더라도 인격권을
침해하지 않는다고 하였다.26)

성명권은 자기의 성명을 사용하고, 타인에 의해 도용당하지 않을 권리이다.
성명은 개인의 정체성과 개별성을 나타내는 인격의 상징이므로 실명뿐만 아니라
저작가나 예술가가 필명이나 가명을 사용하는 경우도 성명권에 포함된다. 성명권
자가 성명을 사용하는 것을 방해하거나 성명권자의 동의 없이 타인의 성명을 사
용하거나 상표로 이용하는 것도 성명권을 제한하는 것이다. 헌법재판소는 자유로
운 성(姓)의 사용 역시 인격권에 속한다고 하였고,27) 대법원도 개명권을 지나치게

---

24) 2002. 1. 31. 2001헌바43 ; 2006. 12. 28. 2004헌바67 ; 2015. 7. 30. 2013헌가8.
25) 2014. 3. 27. 2012헌마652.
26) 2023. 6. 29. 2018헌마1215.
27) 2005. 12. 22. 2003헌가5.

엄격하게 제한하는 것은 개인의 인격권을 침해한다고 하였다.[28]

명예권은 사람이나 인격적 가치에 대한 사회적 평가에 관한 권리이다. 명예는 사람의 품성이나 신용 등에 대한 객관적이고 외부적 가치평가를 의미하므로 단순히 타인의 주관적인 명예감정을 해치는 것만으로는 명예권을 침해하지 않는다. 명예권을 침해한 경우에 형법을 통해 명예훼손죄로 처벌하거나 민법을 통해 손해배상이나 사죄광고와 같은 명예회복조치를 할 수 있다. 헌법재판소는 공연히 허위의 사실을 적시하여 사람의 명예를 훼손한 자는 물론 공연히 사실을 적시하여 사람의 명예를 훼손한 자를 형사처벌하는 것은 명예에 관한 인격권을 보호하기 위한 것이므로 위헌이 아니라고 하였다.[29]

(3) 자기결정권

(가) 헌법적 근거

자기결정권은 개인의 삶에 관한 중요한 사항에 대해 스스로 자유롭게 결정하고 국가나 타인으로부터 간섭을 받지 않을 권리이다. 개인이 삶의 내용과 방식을 스스로 결정하는 것은 행복추구권의 핵심적 전제가 된다. 자기결정권은 자기책임의 원칙으로 객관화되며, 이는 자기가 결정하지 않은 것이나 결정할 수 없는 것에 대해서는 책임을 지지 않는다는 것이다. 자기책임의 원칙은 책임의 유무뿐만 아니라 책임을 부담하는 범위와 정도도 스스로 결정한 결과나 그와 인과관계가 있는 부분에 국한된다는 것을 포함한다.

헌법재판소는 자기책임의 원칙을 자기결정권 내지 일반적 행동자유권의 전제로서 법치에 당연히 내재하는 헌법적 원리라고 하였다.[30] 또한, 종업원 등의 범죄행위에 대해 사용자의 책임유무와 관계 없이 동일하게 영업주나 법인을 처벌하는 것은 자기책임의 원칙에 위반되지만, 법인의 대표자의 범죄행위에 대해 법인을 양벌규정을 통해 처벌하는 것은 책임주의에 위반되지 않는다고 판단하였다.[31] 형벌이 통상의 형사처벌에 비해 과중하여 형벌의 체계성과 균형성을 갖추지 못한

---

28) 대법원 2006. 10. 13. 2004다16280.
29) 2021. 2. 25. 2016헌바84 ; 2021. 7. 15. 2021헌마88.
30) 2010. 10. 28. 2010헌가55.
31) 2010. 7. 29. 2009헌가25.

경우에는 실질적 법치국가의 이념에 어긋나고 다른 범죄와의 관계에서 평등원칙에 위반된다고 판단하였다.[32]

(나) 구체적 내용

자기결정권은 개인의 삶에 관한 것이어서 매우 다양하고 광범위하다. 개별적 기본권 역시 개인의 자율적인 인격을 기초로 그 기본권과 관련된 사항에 대한 자기결정권을 포함한다. 행복추구권의 내용이 되는 자기결정권은 개별적 기본권에 포섭되지 않는 헌법적 가치만을 의미한다. 특히, 자기결정권은 헌법 제17조에서 규정하는 사생활의 비밀과 자유에 포함되는 경우가 많은데, 사생활의 영역에 포함되는 사항은 사생활의 비밀과 자유로 보장되므로 그에 포함되지 않는 것만 행복추구권의 내용인 자기결정권에 포함된다. 자기결정권은 다음과 같은 내용을 포함한다.

첫째, 생활방식에 관한 결정권이다. 개인은 복장, 두발, 음주, 흡연과 같은 취미나 기호를 포함하여 자신의 생활방식을 개성에 따라 자유롭게 선택하고 결정할 수 있다. 헌법재판소는 미결수용자나 수형자가 민사재판의 당사자로 출석할 때 사복착용을 불허하는 것은 인격권을 침해하지 않지만, 수사나 형사재판을 받기 위해 재소자용 의류를 착용하도록 하는 것은 인격권을 침해한다고 판단하였다.[33] 미결수용자가 가족과 접견하는 것도 미결수용자뿐만 아니라 가족의 행복추구권에 포함되며, 소비자의 자기결정권은 행복추구권에서 파생되는 자기결정권이라고 하였다.[34]

둘째, 성적 자기결정권이다. 개인은 결혼, 이혼, 출산, 피임 등 성생활에 대해 자율적으로 결정할 수 있다. 헌법재판소는 인격권과 행복추구권에는 개인의 자기운명결정권이 전제되고, 여기에는 성행위 여부 및 그 상대방을 결정하는 자유, 혼인의 자유, 혼인의 상대방을 결정하는 성적 자기결정권이 포함되며, 배아생성자의 배아에 대한 결정권도 일반적 인격권에 포함된다고 하였다.[35] 임산부의 출산에 대한 자기결정권은 태아의 생명권과 충돌될 수 있다. 이때에는 낙태를 처벌하는

---

32) 2016. 10. 27. 2016헌가10.
33) 1999. 5. 27. 97헌마137 ; 2015. 12. 23. 2013헌마712.
34) 2003. 11. 27. 2002헌마193 ; 2020. 2. 27. 2017헌마1339.
35) 2001. 10. 25. 2000헌바60 ; 2010. 5. 27. 2005헌마346.

형법과 낙태를 허용하는 모자보건법에 대한 위헌심사기준에 따라 기본권 충돌을
해결해야 한다.

헌법재판소는 형법상의 혼인빙자간음죄와 간통죄가 개인의 성적 자기결정권
을 침해하지만, 성매매를 한 자를 처벌하는 것은 성매매 당사자의 성적 자기결정
권, 사생활의 비밀과 자유, 성판매자의 직업선택의 자유를 침해하지 않는다고 하였
다.36) 대법원은 성전환자도 인간의 존엄과 가치를 향유하고 행복을 추구할 권리를
가진다는 것을 전제로 호적의 성별란 기재의 성(性)을 전환된 성에 부합하도록 수
정할 수 있도록 허용해야 한다고 하였다.37) 다만, 배우자의 법적 지위를 고려하여
현재 혼인 중에 있는 성전환자의 성별정정은 허용되지 않는다고 하였다.38)

셋째, 생명과 신체의 처분에 관한 결정권이다. 자살, 생명연장치료에 대한 거
부, 존엄사, 장기이식 등도 원칙적으로 자기결정권에 포함된다. 하지만, 인간의
생명과 관련되는 사항은 공익과 밀접하게 관련되므로 특별히 엄격한 요건을 갖춘
경우에만 인정된다. 대법원은 적극적인 존엄사를 금지하고 소극적 존엄사만 엄격
한 조건을 갖춘 경우에 예외적으로 허용한다. 헌법재판소도 죽음에 임박한 상태
에서 인간으로서의 존엄과 가치를 지키기 위해 연명치료의 거부 또는 중단을 결
정하는 것은 자기결정권의 내용으로 보장된다고 판단하였다.39)

헌법재판소는 피의자의 신체에 대해 정밀수색을 하거나 유치장에서 차폐되
지 않은 화장실을 이용하도록 강제하는 것, 금치처분을 받은 수형자의 운동을 금
지하는 것도 인격권과 신체의 자유를 침해한다고 하였다.40) 하지만, 성폭력범죄
자에 대해 화학적 거세를 규정한 것 자체는 신체에 관한 자기결정권, 성적 자기결
정권, 인격권을 침해하지 않지만, 불필요한 치료를 막을 수 있는 절차를 마련하지
않은 것은 위헌이라고 판단하였다.41) 또한, 법원의 범죄인인도허가결정에 대해
불복절차를 마련하지 않았다고 하더라도 인격권이나 신체의 자유를 침해한 것은
아니라고 판단하였다.42)

36) 2016. 3. 31. 2013헌가2.
37) 대법원 2006. 6. 22. 2004스42.
38) 대법원 2011. 9. 2. 2009스117 ; 대법원 2022. 11. 24. 2020스616.
39) 2009. 11. 26. 2008헌마385.
40) 2006. 6. 29. 2004헌마826 ; 2001. 7. 19. 2000헌마546 ; 2004. 12. 16. 2002헌마478.
41) 대법원 2009. 5. 21. 2009다17417 ; 2015. 12. 23. 2013헌가9.
42) 2003. 1. 30. 2001헌바95.

(4) 일반적 행동자유권

일반적 행동자유권이란 개인이 행복을 추구하기 위해 자유롭게 행동할 수 있는 권리를 말한다. 개인은 자율적인 인격체로서 자신이 추구하는 행복의 척도에 따라 스스로 결정하여 행동하고, 그에 대해 책임을 져야 한다. 일반적 행동자유권에는 적극적으로 행동할 자유뿐만 아니라 소극적으로 행동하지 않을 자유도 포함된다. 개인이 위험한 스포츠를 즐길 권리나 자동차 좌석안전띠를 매지 않을 자유와 같은 위험한 생활방식으로 살아 갈 권리도 포함되고, 규범적으로 가치 있는 행동만 아니라 환각물질을 섭취하거나 흡입할 자유와 같은 불법적인 행동의 자유도 그 보호영역에 포함된다.[43]

헌법재판소는 계약의 자유와 사적 자치의 원칙은 일반적 행동자유권에 포함되고, 결혼식 하객에 대한 음식물접대행위를 제한하거나, 18세 미만자에 대해 당구장 출입을 금지하는 것은 일반적 행동권을 침해한다고 판단하였다.[44] 또한, 설립자가 사립학교를 자유롭게 운영하는 것도 일반적 행동자유권과 함께 행복추구권의 내용에 포함된다고 판단하였으며, 학교 정화구역 내에서 극장시설과 영업을 금지한 것은 아동과 청소년이 자신의 교육환경에 관하여 스스로 결정하고 자유롭게 문화를 향유할 권리를 침해한다고 하였다.[45]

4. 효력

(1) 보충적 성격

행복추구권은 포괄적 기본권으로 그 내용이 정형적이지 않고 광범위하기 때문에 개인은 행복추구권과 다른 개별적 기본권을 함께 주장할 수 있다. 이때 기본권 경합이 발생하는데, 개별적 기본권을 우선적으로 적용하고 행복추구권은 개별적 기본권에 대해 보충적으로 적용한다. 행복추구권이 포괄적이고 보충적 기본권이라고 해서 그 효력이나 그 제한에 대한 위헌심사기준이 약해지는 것은 아니다.

---

43) 2003. 10. 30. 2002헌마518 ; 2021. 10. 28. 2018헌바367.
44) 1998. 10. 15. 98헌마168 ; 1993. 6. 13. 92헌마80.
45) 2004. 5. 27. 2003헌가1.

행복추구권이 개별적 기본권과 경합할 경우에 기본권 보장의 공백이 발생하지 않도록 유의해야 한다.

행복추구권이 포괄적이라는 것과 보충적이라는 것은 항상 견련되는 것은 아니고 그 차원을 달리한다. 행복추구권이 포괄적이라는 것은 그 내용이 다른 기본권을 포괄한다는 것이며, 보충적이라는 것은 기본권 경합에서 다른 기본권에 비해 후순위로 적용된다는 것이다. 따라서 행복추구권이 다른 기본권과 경합하는 경우에 반드시 행복추구권이 배제되는 것은 아니다. 헌법재판의 관점에서 기본권의 경합을 해결하는 기준과 위헌심사기준을 고려하여 행복추구권을 제한되는 기본권으로 결정할 수도 있다.

행복추구권과 사회권이 경합하는 경우에 사회권을 우선적으로 적용하면 과소보호금지원칙을 위헌심사기준으로 채택하게 된다. 하지만, 반드시 사회권을 우선적으로 적용해야 하는 것은 아니고 과잉제한금지원칙을 적용해야 할 필요가 있는 경우에는 행복추구권을 적용해야 한다. 헌법재판소는 행복추구권이 다른 기본권과 경합하는 경우에 일반적으로는 직업의 자유와 같이 개별적 기본권을 우선적으로 적용하고 이와 별도로 행복추구권의 제한을 심사할 필요가 없다고 하였다.46) 하지만, 직업의 자유와 같은 개별적 기본권과 행복추구권의 제한을 함께 심사하기도 하였다.47)

(2) 헌법에 열거되지 아니한 권리와 관계

헌법에 열거되지 아니한 기본권은 행복추구권을 포함하여 개별적 기본권에 대해 보충적으로 적용된다. 헌법재판에서는 개별적 기본권을 우선적으로 적용하고, 보충적으로 행복추구권을 적용하고, 마지막으로 헌법에 열거되지 아니한 기본권을 적용해야 한다. 하지만, 헌법에 열거되지 않은 기본권은 다른 기본권과 선택적으로 적용될 수 있을 뿐, 중층적으로 적용될 수는 없으므로 개인이 개별적 기본권이나 행복추구권과 헌법에 열거되지 아니한 기본권을 동시에 주장하는 경우에는 기본권 경합이 발생하지 않는다. 이는 개인이 개별적 기본권과 행복추구권을 동시에 주장하는 경우와 구별된다.

---

46) 2002. 10. 31. 99헌바76.
47) 1997. 11. 27. 95헌바14.

헌법에 열거되지 아니한 기본권은 헌법해석을 통해 개별적 기본권으로 포섭할 수 없는 경우에만 인정되는데, 이때 개별적 기본권에는 행복추구권도 포함된다. 헌법에 열거되지 아니한 기본권은 행복추구권에 포섭되지 않는 경우에만 인정되므로 개별적 기본권이나 행복추구권과 기본권 경합이 발생할 여지가 없다. 헌법에 열거되지 아니한 기본권은 기본권의 보호영역을 확정하는 단계에서 행복추구권에 비해 후순위로 적용된다는 것이지 그 효력이나 제한에 대한 위헌심사기준이 약화되는 것은 아니다.

제 3 절   생명권

1. 규범적 의미

(1) 개념

생명권이란 사람이 살아 있으면서 생명을 박탈당하여 죽음에 이르지 않을 권리이다. 생명은 사람이 태어나면서 주어지고, 죽음으로써 종료된다. 사람은 죽음으로 존재하지 않고, 죽음은 곧 생명의 부재이므로 생명이란 한 사람에게 세상의 전부이다. 생명은 모든 사람에게 주어진 것이고, 모든 사람의 생명은 동등한 가치를 가진다. 사람의 생명은 그 자체로 헌법적 가치가 있는 것이고 규범적으로 평가될 수 없으므로 사회적 신분, 성별, 나이 등에 따라 그 가치가 다르지 않다. 생명권을 기본권으로 인정하는 것은 천부적이고 자연적인 인권을 기초로 하며, 헌법이 보장하는 모든 기본권은 생명을 전제로 한다.

헌법재판소는 생명권을 인간의 생존을 위한 선험적이고 자연적 권리로서 모든 기본권의 전제가 되는 '기본권 중의 기본권'이라고 하였다.[48] 국가는 소극적으로 개인의 생명을 침해해서는 안 될 뿐만 아니라 적극적으로 생명을 유지할 수 있도록 노력해야 하며, 타인으로부터 생명이 침해되지 않도록 보호해야 할 헌법적 의무를 진다. 국가는 전쟁, 테러, 자연재해나 전염병과 같은 인위적이나 자연적 사고에 의해 생명이 박탈되지 않도록 해야 한다. 헌법재판소는 경찰이 집회를

---

48) 2010. 2. 25. 2008헌가23.

해산하는 과정에서 직사살수행위를 통해 사망에 이르게 하는 것은 생명권을 침해한다고 판단하였다.[49]

(2) 헌법적 근거

헌법은 생명권을 기본권으로 규정하지는 않지만, 생명권은 모든 기본권의 전제가 되는 기본권으로 인정된다. 생명권이 기본권으로 인정되기 위해서는 헌법해석을 통해 도출될 수 있어야 한다. 생명권의 헌법적 근거로는 일반적으로 제10조의 인간의 존엄과 가치, 행복추구권, 제12조 제1항의 신체의 자유, 제37조 제1항의 헌법에 열거되지 아니한 기본권이 제시된다.[50] 생명권은 인간의 존엄과 가치에 기초한 행복추구권을 규정하는 헌법 제10조를 직접적 근거로 하며, 행복추구권의 전제이자 핵심적 내용이 된다.

인간의 존엄과 가치는 생명권의 기초가 되는 헌법이념이지만, 그 자체가 기본권은 아니다. 신체의 자유는 인간의 생명을 전제로 하지만, 생명권은 육체적 활동뿐만 아니라 정신적 활동을 포함하므로 신체의 자유에 포함되지 않는다. 모든 개별적 기본권도 생명권을 전제로 하지만 그 고유한 보호영역을 가지므로 생명권 그 자체를 포함하기는 어렵다. 또한, 생명권은 헌법해석을 통해 기본권으로 인정할 수 있으므로 헌법에 열거되지 아니한 기본권을 동원할 필요가 없다. 따라서 생명권의 헌법적 근거로는 헌법 제10조만으로 충분하고, 헌법 제12조 제1항과 제37조 제1항은 필요하지 않다.

2. 법적 성격

(1) 상대적 기본권

인간의 생명은 자연적이고 생물적 개념이지만, 생명권은 헌법적 가치로 보장된 기본권이므로 법적 개념으로 평가해야 한다. 개인의 생명은 어떠한 것과도 바꿀 수 없는 소중한 인격적 실존의 기초이므로 절대적으로 보장되어야 한다. 하지만, 현실에서 개인은 사회적 존재로서 타인과 함께 국가를 형성하므로 생명권은

---

49) 2020. 4. 23. 2015헌마1149.
50) 김하열, 헌법강의, 357면 ; 허영, 한국헌법론, 398~399면.

상대적으로 평가될 수밖에 없다. 헌법 제37조 제2항도 모든 자유와 권리는 제한될 수 있다고 규정하므로 생명권은 절대적 기본권이 아니라 타인의 생명을 보호하거나 국가공동체를 유지하기 위해 중대한 공익적 사유가 있는 경우에는 제한될 수 있는 상대적 기본권이라고 해석해야 한다.51)

생명권은 상대적 기본권이므로 제한할 수 있지만, 그 제한이 헌법적으로 정당한지를 심사할 때에는 생명권의 특성을 반영해야 한다. 생명권의 제한에서도 과잉제한금지원칙을 적용해야 하는데, 피해의 최소성과 법익의 균형성을 심사하는 과정에서 그 정당화사유를 엄격하게 해석해야 한다. 즉, 모든 생명의 가치는 우열이 있을 수 없어 그 법익을 형량하기 어려우며, 생명권을 제한하는 것 자체가 죽음을 초래하므로 제한의 정도가 과잉인지를 판단할 여지가 없을 수도 있다. 생명권은 완전히 보장되거나 전적으로 인정하지 않을 수 있을 뿐, 피해의 정도에 따라 비례적으로 제한하기가 어렵다.

(2) 기본권의 본질적 내용과 관계

헌법 제37조 제2항은 기본권을 제한하는 경우에도 그 본질적 내용은 침해할 수 없다고 규정하는데, 생명권은 개별적 기본권의 본질적 내용에 해당한다는 견해가 있다.52) 개별적 기본권을 제한하는 경우에 생명을 제거하면 그 기본권을 행사할 여지가 없으므로 생명은 기본권의 핵심이라고 할 수 있다. 하지만, 생명권과 개별적 기본권의 본질적 내용은 서로 구별된다. 생명권 그 자체도 상대적 기본권이므로 일정한 경우에는 이를 제한할 수 있고, 개별적 기본권은 고유한 보호영역을 가지므로 생명 이외에 그 기본권의 핵심적 내용을 가진다고 해석된다.

인간의 미래에서 확실한 것은 자기가 언젠가는 죽는다는 사실뿐이다. 하지만, 인간은 그 시기가 언제인지를 모르기 때문에 불안하다. 생명권은 본질적으로 이러한 한계를 가지기 때문에 그 내용과 한계에 대해서는 철학적으로나 법적으로 치열한 논쟁이 끊임없이 진행되고 있다. 특히, 태아의 생존 가능성을 사전에 차단하는 낙태를 허용할 것인지, 국가가 형사처벌을 위해 사형에 처하는 것을 허용할 것인지, 연명의료행위를 중단하거나 개인의 생명을 단축하는 의료행위를 허용할

---

51) 김하열, 헌법강의, 362면.
52) 정재황, 헌법학, 632면.

것인지가 쟁점이 되고 있다.

3. 주요 내용

(1) 태아의 생명과 낙태

(가) 가치의 충돌

낙태는 자연분만기 이전에 자궁에서 발육 중인 태아를 인공적으로 제거하여 생존가능성을 차단하는 것이다. 임신을 한 여자의 입장에서 낙태는 출산에 대한 자기결정에 포함된다. 한편, 태아는 인간으로 예정되어 있는 생성 중인 사람이므로 태아의 생명은 인간의 존엄과 가치에 의해 보호되어야 할 헌법적 가치에 포함된다. 낙태에서는 임산부의 자기결정권과 태아의 생명이라는 헌법적 가치가 충돌한다. 낙태를 허용하면 임산부의 자기결정권을 보장하지만 태아의 생명을 제한하게 되고, 낙태를 처벌하면 태아의 생명은 보호되지만 임산부의 자기결정권을 제한하게 된다.

임산부의 자기결정권과 태아의 생명에 대한 가치의 충돌은 일차적으로 국회가 입법을 통해 조정한다. 형법은 낙태를 범죄로 규정하여 낙태를 하거나 낙태하게 한 자를 처벌하지만, 모자보건법은 우생학적, 의학적, 윤리적 사유가 있는 경우에는 예외적으로 낙태를 허용한다. 하지만, 낙태를 허용할 것인지 여부는 단순히 국회가 정책적으로 선택하여 입법할 수 있는 사항이 아니며 그에 대한 법률이 정당화되는지를 헌법적 차원에서 명확하게 규명해야 한다.

(나) 독일과 미국의 사례

독일 연방헌법재판소는 태아를 생명권의 주체로 인정할 것인지에 대해서는 명확하게 판단하지 않지만, 낙태를 임산부의 자기결정권과 태아의 생명과 신체에 대한 보호라는 헌법적 가치의 충돌과 기본권보호의무의 문제로 파악한다. 연방헌법재판소는 임신 12주 이내에 임산부가 자신의 결정으로 의사와 협의를 거친 낙태를 허용한 법률을 위헌으로 결정하여 낙태를 금지하였다. 이때에도 예외적으로 우생학적, 의학적, 사회적으로 낙태를 정당화하는 사유가 있는 경우에는 처벌하지 않도록 허용하였다. 독일은 태아의 생명을 임산부의 자기결정권보다 우선적으로 보호하는 것으로 평가된다.

미국 연방대법원은 Roe v. Wade 판결(1973년)을 통해 여성의 프라이버시권에 낙태할 권리가 포함되며, 임신 3개월 이내에는 낙태가 허용된다고 하였다. 임신 중기 3개월 동안에는 원칙적으로 낙태를 허용하되, 예외적으로 금지할 수 있으며, 임신 후기 3개월 동안에는 태아가 독자적으로 생존할 가능성이 크다고 인정하여 원칙적으로 낙태를 금지하고, 엄격하게 예외적으로만 낙태가 허용된다고 판단하였다. 또한, 여자가 낙태할 수 있는 경우에 그 배우자의 동의를 받도록 요구하는 것도 위헌이라고 하였다.

미국 연방대법원의 태도는 기본적으로 임산부의 자기결정권을 태아의 생명권보다 우선적으로 보장하는 것으로 평가되었으나, 최근에는 낙태할 권한은 헌법적으로 보장되는 권리가 아니라고 판단하였다. 즉, 연방대법원은 2022년 Dobbs v. Jackson 판결을 통해 낙태를 어떻게 규제할 것인지를 결정하는 권한은 국민과 그들이 선출한 대표에게 반환되어야 한다고 판단하여 낙태의 존폐에 대해서는 각 주의 정부와 의회가 결정할 수 있도록 허용하였다.

(다) 낙태의 처벌과 허용

형법이 낙태를 처벌하는 것은 임산부의 자기결정권을 직접 제한한다. 임산부의 자기결정권에는 태아의 생명을 해치는 낙태는 포함되지 않는다는 관점도 있지만, 낙태의 자유도 임산부의 자기결정권에 포함된다고 해석된다. 한편, 모자보건법은 낙태를 금지하는 것을 전제로 일정한 사유가 있는 경우에만 예외적으로 낙태할 수 있도록 규정한다. 이는 태아의 생명을 보호하기 위해 임산부의 자기결정권을 제한하며, 태아를 생명권의 주체로 인정할 경우에는 그 생명권을 제한하고 기본권 충돌이 발생한다.

임산부의 자기결정권은 행복추구권의 내용에 포함되고, 그 제한에는 헌법 제37조 제2항에 따라 과잉제한금지원칙이 적용된다. 헌법재판소는 임산부의 낙태나 의사 등의 부녀의 촉탁이나 승낙에 따른 낙태를 처벌하는 것은 여자의 임신과 출산에 대한 자기결정권을 침해하는 것이 아니라고 하였다가, 선례를 변경하여 임신의 시기를 고려하지 않고 모든 낙태를 전면적이고 획일적으로 금지하여 임신의 유지와 출산을 강제하여 임산부의 자기결정권을 침해한다고 하였다.[53] 이는 태아의 생명을 보호하기 위해 낙태를 처벌하는 것 자체는 임산부의 자기결정권을 침해하는 것은 아니라고 판단한 것으로 해석된다.

모자보건법은 임신한 여성이나 배우자가 우생학적·유전학적 정신장애·신체질환이 있거나 윤리적·사회적으로 정당화할 수 있는 사유가 있는 경우에 한하여 예외적으로 낙태를 허용한다. 이때에도 반드시 의사가 본인과 배우자의 동의를 얻어야 하며, 시간적으로도 임신 24주 이내에만 가능하도록 제한한다.[54] 이때 임산부의 자기결정권을 제한하는 것과 예외적으로 낙태를 허용하여 태아의 생명을 침해하는 것이 헌법적으로 정당화되는지가 문제된다. 모자보건법은 태아의 생명을 보호하기 위해 정당한 사유가 있는 경우에 엄격한 절차에 따라 예외적으로만 낙태를 허용하므로 임산부의 자기결정권을 침해하지 않는다.

헌법재판소는 형성 중의 생명인 태아는 생명권의 주체가 되고 국가는 태아의 생명을 보호할 의무가 있다고 판단하였다.[55] 이때 국가가 직접 낙태를 하는 것이 아니므로 태아의 생명권에 대한 기본권보호의무로 귀결된다. 헌법재판소는 민법이 출생을 기준으로 권리능력을 부여하고 태아에게는 출생할 것을 조건으로 손해배상청구권을 인정하더라도 형법과 모자보건법을 통해 태아의 생명에 대한 직접적 침해의 위험을 방지하고 있고, 이는 태아의 생명을 보호하기 위해 최소한의 보호조치를 취하고 있어 기본권보호의무를 위반한 것이 아니라고 판단하였다.[56]

(2) 사형제도

(가) 현황

사형은 범죄인의 생명을 박탈하여 사회로부터 영구히 제거하는 형벌로 역사적으로 가장 강력한 형벌로 시행되었다. 하지만, 형사정책적으로 형벌의 목적에 부합하지 않는다는 주장이 제기되고, 헌법적 차원에서는 인간의 생명권을 침해하므로 폐지해야 한다는 논쟁이 계속되고 있다. 형법과 형사특별법은 사형을 법정

---

53) 2019. 4. 11. 2017헌바127.
54) 모자보건법 제14조.
55) 2019. 4. 11. 2007헌바127.
56) 2009. 7. 31. 2004헌바81.

형으로 규정하여 사형을 제도적으로 인정한다. 사형이 확정되면 법무부장관은 6월 이내에 집행을 명령하여야 하고, 법무부장관의 집행명령일부터 5일 이내에 집행해야 한다. 사형은 교도소 내에서 교수(絞首)하여 집행하고, 18세 미만인 소년에 대하여는 사형을 과할 수 없다.[57]

현재 사형은 나라마다 다양한 방식으로 제도화하고 있다. 미국, 일본을 비롯하여 90여개 국가에서 사형이 법적으로 인정되고 있고, 독일, 프랑스를 비롯한 30여개 국가에서는 모든 범죄에 대해 법적으로 사형이 완전히 폐지되었다. 스위스, 영국을 비롯하여 10여개 국가에서는 일반범죄에 대해서는 사형을 폐지하였지만 전시범죄와 군사범죄에 대해서는 사형을 인정한다. 대한민국, 벨기에, 그리스를 비롯한 20여개 국가에서는 법적으로는 사형을 허용하지만 사형집행을 하지 않아 사실상 폐지한 것으로 평가된다.

(나) 위헌심사기준

사형은 개인의 생명권을 직접적으로 제한한다. 사형이 생명권을 침해하므로 위헌이라는 논쟁은 형사정책적으로 사형을 폐지하는 것이 바람직하다는 주장과는 차원을 달리한다. 생명권은 절대적 기본권이라거나 기본권의 본질적 내용에 해당한다고 이해할 경우에는 사형은 위헌이지만, 생명권은 상대적 기본권이므로 그 제한에 대해서도 과잉제한금지원칙을 적용하여 헌법적으로 정당화되어야 한다. 이때에는 생명권의 특성과 형벌의 목적 등을 함께 반영해야 한다.

사형은 국회의 입법형성권에 포함되므로 위헌이 아니라는 관점도 있다. 국회는 입법을 통해 형벌의 종류나 정도를 결정할 수 있는 입법형성권을 갖지만, 사형이 생명권을 침해한다고 판단되면 입법형성권을 벗어나 위헌이 된다. 헌법재판소는 사형이 인간의 존엄과 가치나 기본권의 본질적 내용을 침해하는 것은 아니라고 하였다. 특히, 헌법은 비상계엄에서 군사재판의 경우에는 사형을 선고할 수 있다고 규정하여 사형을 간접적으로 인정하며, 사형을 선고한 법관이나 집행하는 교도관의 인간적인 자책감은 사형을 적용하는 과정에서 발생하게 되는 부수적인 결과일 뿐이라고 판단하였다.[58]

---

57) 형법 제66조, 형사소송법 제463조, 제465조, 제466조.
58) 2010. 2. 25. 2008헌가23.

사형은 과잉제한금지원칙을 위반하여 인간의 존엄과 가치를 침해하므로 위헌이라는 관점도 있다. 사형은 범죄자를 교화하고 개선한다는 형벌의 목적에 위반되고, 사형이 아니더라도 무기징역과 같은 형벌을 통해 그 목적을 달성할 수 있다고 한다. 특히, 사형은 생명을 영원히 박탈하므로 오판의 가능성을 시정할 방법이 없고, 사형을 선고하는 법관이나 집행하고 확인하는 교도관의 인격권과 양심의 자유를 침해한다는 것이다. 인간의 생명은 그 자체가 목적이고 수단으로 이용되어서는 안 되고, 생명권은 타인의 생명을 보호하거나 국가공동체를 유지하기 위한 중대한 공익이 있을 때에만 제한할 수 있다.

사형은 아무리 흉악한 범죄를 저지른 사람이라도 범죄가 완성된 이후에 재판을 통해 선고하고 집행하는 것이어서 타인의 생명을 보호하거나 국가공동체를 유지하기 위한 중대한 공익이 인정된다고 보기 어렵다. 하지만, 헌법 제110조 제4항이 사형을 인정할 수 있다는 것을 전제로 규정하므로 현행헌법에서는 최소한 위헌이라고 판단할 수는 없다. 사형이 위헌이 아니라고 하더라도 정책적으로 이를 폐지하는 것이 타당하다. 사형을 폐지하여 법무부장관이 사형집행에 관한 형사소송법을 위반하고 있는 현재의 상황도 제거해야 한다.

(3) 연명의료중단에 의한 안락사

(가) 개념

안락사는 회복할 수 없는 병에 걸려 죽음에 임박한 중환자의 고통을 덜어주기 위해 연명의료를 중단함으로써 그 환자를 사망하게 하는 것이다. 안락사는 인위적으로 사람의 생명을 단절시킨다는 점에서 생명권을 제한한다. 안락사는 환자의 생명권뿐만 아니라 의료인이나 제3자의 기본권과도 관련되므로 의료윤리도 고려해야 하고, 의료기술의 발전에 따라 생명을 인위적으로 연장하는 것이 기술적으로 가능하게 됨에 따라 안락사에 대한 법적 평가도 달라지게 된다.

안락사는 일반적으로 소극적 안락사와 적극적 안락사로 구분하여 생명권의 제한에 대해 다르게 평가한다. 소극적 안락사는 사망의 단계에 이른 환자의 의사에 따라 연명의료를 중단하거나 생명유지장치를 제거하여 사망에 이르게 하는 것으로 환자가 자연적인 죽음을 맞이하도록 하는 것이다. 적극적 안락사는 사망의 단계에 이르지 않은 환자의 견디기 힘든 육체적·정신적 고통을 제거하기 위해 환자의 부탁이나 동의를 받고 적극적 행위를 통해 생명을 단절시키는 것이다. 이는 아직 자연적인 죽음에 이르지 않은 환자의 생명을 박탈한다는 점에서 생명권을 보다 심각하게 제한한다고 평가된다.

'안락사'는 고통을 없앤다는 측면을 강조하여 환자의 생명권을 왜곡할 수 있다고 비판하면서 최소한의 품위와 가치를 지키면서 죽음을 맞이하는 '존엄사'라는 용어로 대체해야 한다는 주장도 제기된다. 안락사나 존엄사는 법적 평가에 유용하지 않고 행위의 양태를 보다 정확하게 지시하며 그 자체 평가적 함의를 내포하지 않은 연명의료중단이나 의사조력사라는 개념을 사용하는 것이 적절하다는 견해도 있다.[59] 안락사, 존엄사, 연명의료중단이나 의사조력사는 그 용어의 규범적 의미를 다르게 강조하지만, 의료행위의 과정에서 인위적으로 환자의 생명을 종결시킨다는 점에서 큰 차이가 없다.

(나) 현황

2016년 제정된 '호스피스·완화의료 및 임종과정에 있는 환자의 연명치료결정에 관한 법률'은 임종과정에 있는 환자가 연명의료중단을 결정하거나, 환자 가족 2인 이상의 일치하는 진술이 있고 담당의사가 이를 확인한 경우에는 담당의사가 연명의료를 중단할 수 있도록 규정하여 소극적 안락사를 허용한다. 임종과정이란 회생의 가능성이 없고, 치료에도 불구하고 회복되지 아니하며, 급속도로 증상이 악화되어 사망에 임박한 상태를 말한다. 연명의료는 임종과정에 있는 환자에게 하는 심폐소생술, 혈액 투석, 항암제 투여, 인공호흡기 착용의 의학적 시술로서 치료효과 없이 임종과정의 기간만을 연장하는 것을 말한다.[60]

세계적으로 소극적 안락사는 환자의 자기결정권을 존중하고, 극심한 고통을 줄인다는 차원에서 일정한 요건을 갖춘 경우에는 합법적으로 인정된다. 한편, 적극적 안락사는 대부분 국가에서 인정되지 않지만, 2001년 네덜란드가 처음으로 합법화하였다. 즉, 12세 이상의 환자가 자발적 의사에 따라 의사에게 요청하고, 의사가 치유가능성이 없다고 판단하여 다른 전문의사의 의견을 듣고 신중한 방법

---

59) 김하열, 헌법강의, 362면.
60) 호스피스·완화의료 및 임종과정에 있는 환자의 연명치료결정에 관한 법률 제2조, 제17조.

으로 생명을 단절시키는 경우에는 적극적 안락사를 허용한다. 우리나라에서도 고령화사회로 진입하면서 적극적 안락사에 대해서는 그 요건과 절차에 대해 공론화가 확산되고 있다.

형법은 자살에 대해 당사자에 대해서는 처벌을 하지 않고 자살에 관련된 자만 처벌한다. 개인이 자살한 경우에는 그 권리 여부를 떠나 현실적으로 제한할 방법이 없고, 자살미수에 대해서도 아무런 법적 규제를 하지 않는다. 하지만, 타인의 촉탁이나 승낙을 받아 살해하거나 사람을 교사하거나 방조하여 자살하게 한경우는 물론 그 미수범이나 예비와 음모에 대해서도 처벌한다.[61] 소극적 안락사를 허용한다는 것은 법률을 통해 촉탁·승낙살인죄의 위법성을 조각하여 의료인이나 제3자를 처벌하지 않는 것이라고 평가된다.

(다) 판례

대법원은 환자의 연명치료결정에 관한 법률이 제정되기 전에도 소극적 안락사에 대해서는 엄격한 조건을 갖춘 경우에 한하여 허용하였지만, 적극적 안락사에 대해서는 엄격히 금지하여 살인죄나 촉탁·승낙살인죄로 처벌한다. 즉, 회복불가능한 사망의 단계에 이른 환자가 인간의 존엄과 가치 및 행복추구권에 기초하여 자기결정권을 행사하는 것으로 인정되는 경우에는 특별한 사정이 없는 한 연명의료중단을 허용하였다.

환자가 미리 의료인에게 연명의료의 거부나 중단에 관한 의사를 밝힌 경우에도 그 사전의료지시의 의사가 바뀌었다고 볼 만한 특별한 사정이 없는 한 진정한 자기결정권의 행사로 인정할 수 있다. 이때 환자가 충분한 의학적 정보를 제공받고 진지하게 구체적인 진료행위에 관한 의사를 결정하여 직접 의료인에게 의사를 표명하였다는 것이 명확하게 입증되어야 하며, 환자가 사전의료지시를 하지 않더라도 평소의 가치관이나 신념 등에 비추어 연명의료중단에 관한 의사를 객관적으로 추정할 수 있는 경우에는 자기결정권의 행사로 인정할 수 있다고 판단하였다.[62]

헌법재판소도 연명의료중단은 자살과 동일하게 평가할 수 없으며, 오히려 인

61) 형법 제252조, 제254조, 제255조.
62) 대법원 2009. 5. 21. 2009다17417.

위적으로 신체를 침해하는 행위에서 벗어나서 자신의 생명을 자연적인 상태에 맡기고자 하는 것으로서 인간의 존엄과 가치에 부합한다고 하였다. 하지만, 국가가 안락사를 위해 연명의료중단에 관한 법률을 제정하지 않는 입법부작위가 위헌이라는 헌법소원에 대해서는 국가의 행위의무나 보호의무가 있음에도 불구하고 아무런 입법조치를 취하지 않는 경우에 해당하지 않아 그 입법부작위는 헌법 제68조 제1항의 '공권력의 불행사'에 해당되지 않는다고 판단하였다.63)

(라) 위헌심사기준

안락사는 타인의 조력을 받아 연명의료를 중단하여 죽음에 이르는 것으로 환자가 스스로 죽음을 선택하고, 그 과정에서 의료인이나 제3자가 조력하는 것이므로 우선적으로 환자의 생명권과 자신의 생명에 대한 자기결정권의 내용과 범위를 확정해야 한다. 안락사에 개입하는 의료인이나 제3자의 행위를 처벌하는 것은 환자의 생명권이나 생명에 대한 자기결정권을 제한하는 것을 전제로 한다. 생명권이나 생명에 대한 자기결정권을 제한하는 것이 헌법적으로 정당화되지 않으면 의료인이나 제3자를 처벌하는 법률은 위헌이 된다.

첫째, 죽을 권리가 생명권에 포함될까. 형법이 자살이나 자살미수를 처벌하지 않는다고 해서 자살이 당연히 생명권에 포함되는 것은 아니다. 생명권을 살아 있을 권리로만 이해할 경우에는 죽을 권리는 생명권에 포함되지 않지만 자연적인 죽음을 맞이하는 것은 생명권에 포함된다. 인간은 인격적 존재로서 자신의 삶을 자율적으로 결정할 수 있으므로 죽을 권리도 생명에 대한 기본권으로 인정할 수 있고 생명권의 보호영역에 포함된다는 견해도 있다.64) 인간은 자신이 선택하여 태어날 수는 없지만, 언제 어떻게 죽을지를 선택하고 결정할 수 있으므로 죽을 권리는 생명에 대한 자기결정권에 포함될 수 있다.

둘째, 죽을 권리를 제한하려면 헌법 제37조 제2항에 따라 과잉제한금지원칙을 적용하여 헌법적으로 정당화되어야 한다. 생명은 개인의 사적 영역에만 머무는 것이 아니라 타인이나 국가공동체의 이익과 밀접하게 관련되므로 죽을 권리도 제한될 수 있어 자살의 교사나 방조를 처벌하는 것이 정당화될 수 있다. 하지만,

---

63) 2009. 11. 26. 2008헌마385.
64) 김하열, 헌법강의, 361~362면.

소극적 안락사는 자살과 달리 생명 자체가 아니라 의료행위의 거부를 자기결정권의 대상으로 하며, 그로 인하여 죽음이 초래되더라도 이는 자연적인 죽음을 맞이하는 행복추구권으로 이해할 수 있다. 따라서 연명의료행위의 중단에 개입하는 의료인이나 제3자의 행위 역시 정당화될 수 있다.

셋째, 적극적 안락사는 아직 사망의 단계에 이르지 않은 상태에서 생명을 단절시키는 것으로 자연적 죽음을 맞이하는 권리에 포함되지 않는다. 의료인이나 제3자가 적극적 안락사에 개입하는 행위는 자연적 죽음과 달리 타인의 생명을 단축시키는 것이므로 이를 제한하는 것이 정당화될 수 있다. 하지만, 죽을 권리가 생명에 대한 자기결정권에 포함된다고 해석하는 이상 환자의 진정한 의사를 확인하고, 의료윤리에 부합하는 요건과 절차를 엄격하게 통제하여 적극적 안락사를 보다 넓게 허용할 필요가 있다. 이때에도 국가가 적극적 안락사를 명분으로 개인의 생명을 침해하지 않도록 안전장치를 마련해야 한다.

제3장 평등권

제1절 규범적 의미

1. 헌법규정

헌법 제11조는 제1항에서 "모든 국민은 법 앞에 평등하다. 누구든지 성별·종교 또는 사회적 신분에 의하여 정치적·경제적·사회적·문화적 생활의 모든 영역에 있어서 차별을 받지 아니 한다"라고 규정한다. 제2항에서는 "사회적 특수계급의 제도는 인정되지 아니하며, 어떠한 형태로도 이를 창설할 수 없다"라고 규정하여 귀족이나 노예와 같은 신분제를 부인한다. 제3항에서는 "훈장 등의 영전은 이를 받은 자에게만 효력이 있고, 어떠한 특권도 이에 따르지 아니 한다"라고 규정하여 특수계급을 방지한다. 제41조 제1항과 제67조 제1항은 국회의원과 대통령의 평등선거를 규정한다.

헌법은 전문에서는 "정치·경제·사회·문화의 모든 영역에 있어서 각인의 기회를 균등히 하고"라고 규정한다. 제2장에서는 '누구든지' 또는 '모든 국민'을 기본권의 주체로 인정한다. 또한, 제31조 제1항은 '능력에 따라 균등하게 교육을 받을 권리'를, 제32조 제4항은 여자의 근로에 대해 '고용·임금 및 근로조건에서 부당한 차별의 금지'를, 제36조 제1항은 '혼인과 가족생활에서 개인의 존엄과 양성의 평등'을, 제39조는 '병역의무의 이행으로 인한 불이익한 처우의 금지'를 규정한다. 헌법 제9장은 경제질서에서도 실질적 평등을 실현하기 위한 내용을 포함한다.

2. 평등과 평등권

인간이 평등하다는 것은 신분, 성별, 재산, 인종 등에 관계 없이 동등하게 인간으로서 존엄하고 가치롭다는 의미이다. 이는 모든 인간이 존재론적으로 동일하다는 것이 아니라, 특정한 측면에서 동일하게 대우해야 한다는 당위적 규범이다. 현실적으로 사람은 서로 다르고 누구나 같을 수가 없지만, 인간으로서의 존엄과 가치를 가진다는 점에서는 동등하게 취급받아야 한다. 인간은 서로 다르기 때문에 상대방을 존엄하고 가치로운 존재로 대우해야 하고, 인간은 서로 다르다는 점에서 동일하다. 결국, 인간이 평등하다는 것은 동일하지 않다는 것을 전제로 한다.

헌법은 모든 개인이 인간의 존엄과 가치를 가지고 자유롭고 평등하게 행복을 추구할 수 있는 국가를 지향한다. 인간의 존엄과 가치는 자유와 평등을 전제로 해야만 보장될 수 있고, 자유와 평등은 인간의 존엄과 가치를 기초로 발현될 수 있다. 자유로운 평등과 평등한 자유는 상호 의존적이며, 자유민주주의를 실현하는 두 개의 축으로 기능한다. 헌법은 개인적 자유와 사회적 정의를 실현하는 것을 목적으로 하고, 이때 평등은 자유와 정의를 매개하는 중요한 요소다. 헌법은 개인이 평등한 존재로 대우받을 권리를 기본권으로 보장하지만, 평등권은 개인과 국가를 이해하는 관점에 따라 다양하게 이해된다.

3. 국가의 헌법적 의무

평등권은 기본권이고, 이에 대응하여 국가는 평등권을 보장할 헌법적 의무를 진다. 국가는 평등권을 방해하지 말아야 할 뿐만 아니라, 개인이 평등권을 실현할 수 있도록 노력해야 하고, 사적 영역에서도 타인으로부터 평등권이 침해되지 않도록 보호해야 한다. 국회는 법률을 제정할 때 평등권을 침해하지 말고 평등권을 실현할 수 있도록 해야 한다. 정부와 법원도 법률을 집행하거나 해석하고 적용하는 과정에서 평등권을 보장해야 한다. 평등권은 국가기관에게 그 권한을 행사하는 규범적 기준으로 작용하는 행위규범의 성격을 갖는다.

국가는 일차적으로 국회의 입법을 통해 평등권을 보장하고, 헌법재판소는 법률이 평등권을 침해하는지를 심사한다. 이때 평등권은 국가작용의 위헌성을 통제하는 규범적 기준으로 작용하여 통제규범의 성격을 갖는다. 국회는 다양한 법적 가치를 조정하여 평등권을 구체화하며, 이때 헌법에 위반되지 않는 범위에서 입법형성권을 가진다.[1] 헌법재판소는 특정한 입법이 평등권을 실현하기 위해 가장 합리적이고 타당한 수단인가를 심사하는 것이 아니라 국회가 입법형성권을 자의적으로 행사하여 헌법적 한계를 위반하였는지를 심사한다.

4. 평등권과 평등원칙

(1) 평등권의 이중적 성격

평등권은 기본권으로서 이중적 성격을 가지므로 주관적 공권일 뿐만 아니라 헌법에 규정됨으로써 객관적 법질서의 성격도 갖는다. 국가는 헌법을 준수해야 하고, 헌법은 평등권을 기본권으로 인정하여 국가에게 개인을 평등하게 취급해야 할 의무를 부과한다. 헌법재판소는 헌법 제11조 제1항은 개인에게 평등권을 부여하는 동시에 국가가 지켜야 할 객관적 헌법원리로서 평등원칙을 선언한 것으로 해석한다.[2] 헌법재판소는 평등권과 평등원칙을 엄격하게 구별하지 않으며, 평등권과 관련된 헌법재판에서 위헌심사기준을 동일하게 적용한다.

(2) 평등원칙의 독자성

헌법재판소는 다른 기본권과는 달리 평등권에 대해서는 평등원칙을 독자적인 위헌심사기준으로 제시한다. 평등원칙이 기본권의 이중적 성격에 의해 인정되는 객관적 법질서를 의미하는지, 아니면 평등권이라는 기본권과는 구별되는 독자적인 헌법원리를 의미하는지는 명확하지 않다. 평등권과 평등원칙은 모두 국가에게 개인을 평등하게 취급해야 할 헌법적 의무를 부과하고, 이를 위반한 경우에는 위헌이 된다는 점에서 공통적이다. 하지만, 평등권과 평등원칙은 그 규범적 의미에서 서로 구별되는 별개의 개념으로 이해해야 한다.

헌법은 제2장에서 일반적 평등권과 개별적 평등권을 규정하면서도 다양한 방식으로 평등원칙을 규정한다. 헌법은 평등권 이외에 전문이나 제9장 등에서 기

---

1) 1992. 4. 28. 90헌바24.
2) 1989. 1. 25. 88헌가7.

본권과 직접 관련되지 않는 경우에도 국가에게 평등원칙을 준수해야 할 헌법적 의무를 부과한다. 국가는 평등권에 대한 기본권보장의무를 부담하는 것과 별도로 평등원칙을 준수하여 개인을 평등하게 취급해야 할 헌법적 의무를 부담한다. 이는 평등권의 이중적 성격에 따라 평등권을 객관적 법질서로 인정한 것과 다르다. 평등권이 언제나 평등원칙을 포함하는 것이 아니므로 평등권이 아니더라도 국가는 평등원칙을 준수해야 한다.

　헌법재판에서 평등권과 평등원칙을 구별할 실익이 있다. 개인이 평등권을 침해당한 경우에는 헌법소원을 청구할 수 있지만, 평등원칙의 위반을 주장하면서 헌법소원을 청구할 수는 없다. 국회가 제정한 법률이 평등권을 침해하거나 평등원칙을 위반한 경우에는 모두 위헌법률심판의 대상이 된다. 하지만, 평등권과 평등원칙은 그 위헌심사기준에서 차이가 있다. 평등권에 대해서는 과잉제한금지원칙을 적용하지만, 평등원칙은 기본권이 아니라 객관적인 헌법원리이므로 보다 완화된 위헌심사기준이 적용될 수 있다. 이때 평등원칙에 대한 위헌심사기준이 어느 정도 완화될 것인지는 면밀하게 연구해야 할 과제이다.

제 2 절 평등의 유형

I. 역사적 발전

(1) 헌법적 규범

　평등은 자유와 함께 봉건적 신분제도를 철폐하고 국민국가를 형성하는 사상적 기초가 되었다. 평등은 정치적 영역에서 민주주의를 실현하는 중요한 요소로 기능하였다가 점차 경제적 영역과 사회적 영역으로 확대되었다. 평등권은 1868년 미국의 수정헌법 제14조에서 '법률에 의한 평등한 보호'를 통해 헌법에 명시적으로 규정되었다. 미국은 영국의 식민지배로부터 독립하여 나라를 건설하였으므로 처음부터 봉건적이고 신분제적인 차별은 유럽국가에 비해 상대적으로 크지 않았다. 하지만, 미국은 오랫동안 노예제도를 인정하여 국가와 사회의 분열을 초래하였으며, 인종차별이라는 불평등을 극복하는 것이 중요한 과제로 남아있다.

1789년 제정된 프랑스의 '인간과 시민의 권리선언'은 제1조에서 "인간은 권리에 있어서 자유롭고 평등하게 태어나 생존한다. 사회적 차별은 공동이익을 근거로 해서만 있을 수 있다"라고 규정하고, 제6조에서는 "… 법은 보호하는 경우든 처벌하는 경우든 모든 사람들에게 똑같이 적용되어야 한다. 모든 시민은 법률상으로 평등하므로 자신의 품성이나 능력에 의한 차별 이외에는 차별 없이 자신의 능력에 따라 모든 명예를 동등하게 누릴 뿐만 아니라 공적인 직위와 직무를 동등하게 맡을 수 있는 자격이 있다"라고 규정하였다. 이는 인간의 자연적 평등을 정치적·시민적 평등권으로 구체화한 것으로 평가된다.

(2) 평등의 실질화

평등은 개인의 자유를 보장하기 위해 법을 적용하는 과정에서 차별적으로 취급되어서는 안 된다는 인식에서 출발하였다. 이때 평등은 개인에게 주어진 조건이나 상황을 전제로 법을 적용하는 과정에서 차별적으로 취급하지 않는 것을 의미하였다. 평등이란 개인에게 기회를 균등하게 보장하는 것으로 충분하였으며, 개인이 처한 조건이나 상황은 고려하지 않았다. 개인에게 주어진 운명적인 불평등에 대한 책임은 개인에게 그대로 남겨두었다. 하지만, 시민사회가 발달하면서 개인이 처한 조건과 상황 자체의 차이와 그 원인을 고려하지 않는 것은 불평등을 개선할 수 없다는 것을 인식하게 되었다.

개인이 자유를 향유하기 위해서는 국가가 최소한 조건과 상황을 동등하게 실현하여 '출발에서의 평등'을 보장해야 한다. 국가는 개인에게 자율적으로 선택할 수 있는 가능성을 부여해야 개인이 선택한 결과에 대해 책임을 물을 수 있다. 개인이 선택할 수 없는 조건과 상황이 불평등한 경우에는 기회를 균등하게 부여하는 것만으로는 평등이 실현될 수 없다. 개인에게 기회의 균등과 공정한 경쟁을 보장하기 위해서는 국가가 최소한의 조건과 상황을 동등하게 만들어야 한다. 이때에는 형식적인 법 적용의 평등과 기회의 균등보다 그 전제가 되는 조건과 상황을 실질적으로 평등하게 만드는 것이 중요하다.

자본주의에서는 자유로운 경쟁을 위한 최소한의 조건과 상황을 실질적으로 동등하게 하더라도 사회구조 자체가 불평등한 경우에는 평등을 실현할 수 없고, 오히려 불평등이 구조적으로 심화된다는 것을 경험하게 되었다. 이에 따라 기회의 균등을 위한 조건과 상황을 동등하게 하는 것뿐만 아니라 결과에서의 평등을 보장해야 비로소 평등이 실현된다는 주장이 제기되었다. 나아가 국가가 역사적으로 형성된 집단적이고 구조적인 불평등을 제거하기 위해 소수집단에 대해 우대조치를 실시함으로써 적극적으로 평등을 실현하는 조치를 할 의무가 강조되었다.

2. 구체적 유형

(1) 법적용의 평등과 법내용의 평등

법적 평등은 법적용의 평등과 법내용의 평등으로 구분할 수 있다. 법적용의 평등은 법의 차별적인 적용을 금지하는 것이고, 법내용의 평등은 법의 내용이 평등해야 한다는 것이다. 법치는 정당한 법에 의한 지배를 의미한다. 개인을 차별하는 법이 정당한지를 판단하는 기준은 헌법이고, 평등권을 침해하는 법은 정당화되지 않는다. 법적 평등은 법적용의 평등과 법내용의 평등을 모두 포함하며, 어느 하나만을 의미하는 것이 아니다. 법적용의 평등과 법내용의 평등은 서로 다른 개념이 아니라 법적 평등의 다른 측면을 강조한 것이고, 법적 평등이란 내용적으로 평등한 법을 평등하게 적용하는 것을 의미한다.

(2) 절대적 평등과 상대적 평등

평등은 절대적 평등과 상대적 평등으로 구분할 수 있다. 절대적 평등은 비교되는 대상을 반드시 동일하게 취급하는 것이고, 상대적 평등은 합리적인 사유가 있는 경우에는 차별하여 취급하는 것이 허용된다. 평등권은 개인을 비교집단과 부당하게 차별적으로 취급하는 것은 허용되지 않는다는 것이고, 헌법적으로 정당화되는 사유가 있는 경우에는 그 차별적 취급이 허용된다. 국가가 비교집단과 차별하여 취급하는 것은 평등권을 제한하는 것이고, 헌법은 평등권을 포함하여 모든 기본권을 제한할 수 있다고 인정하므로 이때 평등은 상대적 평등을 의미한다.

절대적 평등을 기회의 평등으로, 상대적 평등을 결과의 평등으로 이해하기도 하고, 절대적 평등을 수평적 평등으로, 상대적 평등을 수직적 평등으로 이해하기도 한다. 수평적 평등은 '같은 것은 같게 취급한다'는 것이고, 수직적 평등은 '다

른 것은 다르게 취급한다'는 것이다. 아리스토텔레스가 산술적 정의와 분배적 정
의를 구분하고, 사적 영역에서는 자유에 따라 동등하게 취급하고, 공적 영역에서
는 능력과 성과에 따라 차등적으로 취급한다고 한 것에 대응한다. 절대적 평등과
상대적 평등을 구분하는 것은 기회의 평등과 결과의 평등, 수평적 평등과 수직적
평등을 구분하는 것과는 그 기준이 다르다.

(3) 형식적 평등과 실질적 평등

평등은 형식적 평등과 실질적 평등으로 구분할 수도 있다. 형식적 평등은 형
식적인 지표를 기준으로 동일하게 취급하는 것으로 개인에게 주어진 선천적 속성
이나 후천적인 조건의 차이를 고려하지 않는다. 실질적 평등은 실질적인 내용과
결과가 동일하게 될 수 있도록 취급하는 것이다. 형식적 평등과 실질적 평등은 그
구별하는 기준에서 차이가 있을 뿐, 그 효력에 우열이 있는 것은 아니다. 실질적
평등이 옳거나 우월한 것이고 형식적 평등이 틀리거나 열등한 것이 아니다.

형식적 평등을 법적용의 평등, 입법비구속적 평등, 절대적 평등, 수평적 평등
과 동일하게 이해하고, 실질적 평등을 법내용의 평등, 입법구속적 평등, 상대적
평등, 수직적 평등과 동일하게 이해하기도 한다. 하지만, 이러한 구분은 일반적인
경향을 설명할 수는 있지만, 그 기준을 달리하여 구분한 것이므로 개념적으로 일
치하는 것은 아니다.[3] 평등의 유형은 평등을 이해하기 위해 다양한 속성을 기준
으로 구분한 것일 뿐, 평등의 종류가 획일적으로 구분되는 것은 아니다.

(4) 정치적 평등과 경제적 평등

평등은 정치적 평등과 경제적 평등으로 구분할 수도 있다. 정치적 평등은 민
주주의에 기초하여 평등한 정치적 참여를 보장하는 평등이고, 경제적 평등은 재
화와 용역의 균등한 배분에 기초한 재산적 평등이다. 정치적 평등에서는 형식적
이고 절대적 평등이 강조되고, 차별 자체가 인간의 존엄과 가치를 훼손한다. 정치
생활에서 실질적 평등이나 상대적 평등을 강조할 경우에는 신분적 차별을 초래하
여 국민주권이나 민주주의를 훼손할 위험이 있다. 한편, 경제적 평등은 실질적이
고 상대적 평등을 강조하고, 기회나 조건의 평등이 아니라 결과에서의 평등을 지

---

3) 장영수, 헌법학, 584면.

향한다.

자유민주주의의 발전에서 평등은 그 영역에 따라 달리 기능하였다. 공적 영역에서는 민주주의에 따라 정치적 자유와 평등이 중요한 역할을 하고, 사적 영역에서는 자유주의에 따라 경제적 자유와 공정한 분배가 강조된다. 현대국가에서는 사회복지의 이념에 따라 자유시장질서를 기본으로 하면서도 사회권을 기본권으로 인정하고, 재산권 행사의 공공복리적합의무를 부과하는 등 국가의 기능을 확대한다. 이에 따라 소득의 불균형을 해소하고 시장의 지배와 경제력의 남용을 방지함으로써 경제적 평등을 실현하는 것이 중요한 과제가 된다. 특히, 경제민주화라는 이름으로 사적 영역에서도 민주주의를 적용하도록 한다.

3. 평등권의 '평등'

(1) 법 앞의 평등

헌법은 제11조 제1항에서 "모든 국민은 법 앞에 평등하다. 누구든지 성별·종교 또는 사회적 신분에 의하여 정치적·경제적·사회적·문화적 생활의 모든 영역에 있어서 차별을 받지 아니 한다"라고 규정한다. 법 앞에 평등하다는 것은 법적 평등을 의미하고 평등한 법에 의해 평등하게 적용받는다는 것이다. 국가는 법을 통해 개인과 관계하므로 국가는 법을 제정, 집행, 해석, 적용하는 과정에서 개인을 평등하게 취급해야 하고, 부당하게 차별적으로 취급해서는 안 된다는 것이다. 이때 평등이란 무엇이며, 평등과 불평등을 구분하는 기준이 무엇인지를 확정하는 것이 중요하다.

평등은 법적 평등과 사실적 평등으로 구분되기도 하지만, 평등권이란 법적 평등일 수밖에 없으므로 법적 평등과 사실적 평등을 구별할 실익이 없다. 평등권은 법적용의 평등은 물론 법내용의 평등도 포함한다. 평등권은 국가안전보장, 질서유지, 공공복리를 위해 제한할 수 있으므로 상대적 평등을 의미한다. 평등은 형식적 지표에 따라야 하는 경우도 있고, 실질적 지표에 따라야 하는 경우도 있으므로 구체적 사안에 적용되는 영역과 맥락에 따라 형식적 평등이나 실질적 평등으로 이해해야 한다. 헌법은 정치적·경제적·사회적·문화적 생활의 모든 영역에 있어서 평등권을 보장한다.

평등권의 제한에 대한 위헌심사는 서로 배타적인 두 개 이상의 비교집단을 설정하는 것에서 시작되고, 이때 비교집단은 특정한 관점을 기준으로 설정된다.[4) 서로 비교될 수 있는 집단이나 그 사실관계는 모든 관점에서 완전히 동일할 수 없고, 특정한 관점에서만 동일하다고 평가될 수 있다. 평등권은 모든 관점에서 동등하게 취급할 것을 요구하는 것이 아니라 특정한 관점에서 동일한 비교집단을 차별적으로 취급하지 않도록 요구한다. 이는 일체의 차별을 금지하는 절대적 평등이 아니라 특정한 관점에서 정당하다고 인정되는 범위에서는 차별을 허용하는 상대적 평등을 의미한다.[5)

(2) 평등실현의 한계

개인은 국가에게 부당한 차별을 금지하고 평등조치를 취해 줄 것을 요구할 수 있는데, 이때 부당한 차별인지 여부를 판단할 때에는 그 대상이 되는 차별적 취급은 물론 규범적 기준도 법적 관점에서 이해해야 한다. 현실적으로 정치적·경제적·사회적·문화적 생활의 영역에 차별이나 불균등이 발생하더라도 그것이 사실상의 차별적 취급에 불과하고 법적 관점에서 동등한 취급으로 평가할 수 있으면 부당한 차별에 해당하지 않는다. 이때 개인은 평등권을 이유로 국가에게 사실적 차별을 시정하고 실질적 평등을 보장할 것을 요구할 수는 없다.[6)

평등권은 헌법적 가치이므로 단순히 비교집단과 차별을 없애는 것에 그쳐서는 안 되고, 헌법적 가치를 실현하는 방식이어야 한다. 평등권은 헌법적 가치에 부합하는 상향적 평등을 지향해야 하고, 반헌법적 가치에 따라 하향적 평등을 달성해서는 안 된다. 국가가 재정상황 등으로 상향적 평등을 실현하기 위해 합리적 기준에 따라 능력이 허용하는 범위에서 잠정적이고 단계적으로 차별하는 것은 허용될 수 있다.[7) 또한, 평등권은 불법의 평등을 포함하지 않으므로 불법적으로 비교집단에게 주어진 혜택을 요구할 수 없고, 불법을 저지른 자는 법집행의 평등을 이유로 불법행위에 대한 면책을 주장할 수도 없다.[8)

---

4) 2017. 6. 29. 2016헌바394.
5) 장영수, 헌법학, 578면.
6) 2009. 2. 26. 2006헌마626.
7) 2012. 6. 27. 2010헌마716.

(3) 공적 정의로서의 평등

헌법의 최고이념인 인간의 존엄과 가치는 사회적 정의를 통해 실현될 수 있다. 정의란 모든 사물에게 그에 걸맞는 올바른 자리를 배정하는 능력이고, 자유와 평등이 조화롭게 보장될 때 실현될 수 있다. 정의는 사적 영역에서는 자유로 드러나고, 공적 영역에서는 평등으로 나타난다. 공적 정의로서의 평등은 공적 재화와 부담을 공정하게 분배하고, 국가가 자의적으로 불공정하게 배분하는 것을 금지하는 것으로 구체화된다. 공정한 분배는 국가공동체에서 생산한 결과인 자원, 재화, 용역, 이익의 분배와 국가공동체를 유지하기 위한 부담, 비용, 의무, 불이익의 분배를 포함한다.

국가가 공적 가치를 어떻게 분배해야 공정하고 평등한 것일까. 국가가 가치를 모든 구성원에게 획일적으로 동일하게 분배하거나 '능력에 따라 일하고, 필요에 따라 분배'하는 것은 설득력을 갖지 못한다. 공리주의적 관점에서 '최대다수에 대한 최대행복'을 기준으로 분배하는 것도 다수의 이익을 위해 소수가 희생되는 것이 정당화되지 않는다는 한계가 있다. 공정한 분배란 개인에게 최대한의 자유를 보장하여 기회의 균등을 보장하고 개인의 노력에 따른 성과를 기준으로 '기여한 만큼 분배'하는 것이다. 다만, 개인의 기여분을 평가하는 기준에 대해서는 다양한 관점이 대립된다.

자유와 기회의 균등만을 공정의 조건으로 제시하기도 하고, 개인이 선택할 수 있는 자원이나 수단이 동등하게 보장되어야 할 것을 주장하기도 한다. 또한, 개인의 능력과 역량에 차이가 없도록 해야 하거나 구조적이고 제도적인 차별을 시정해야 한다고 주장하기도 한다. 공정한 분배를 위해서는 우선적으로 자유권과 사회권을 통해 개인의 자유와 실질적인 기회의 균등을 최대한 보장해야 하고, 이러한 조건에서 개인의 노력에 따라 기여한 만큼 분배하는 것이 타당하다. 이때에도 결과의 차이가 발생하는데, 이에 대해서는 사회보장이나 사회복지와 같은 보상과 조정을 통해 그 격차를 해소할 수 있다.

---

8) 김하열, 헌법강의, 327면 ; 2016. 7. 28. 2014헌바372.

제3절 주요 내용

1. 일반적 평등권

(1) 차별금지사유

헌법 제11조 제1항은 "누구든지 성별·종교 또는 사회적 신분에 의하여 … 차별을 받지 아니 한다"라고 차별금지사유를 규정한다. 이는 오랫동안 성별·종교 또는 사회적 신분에 의해 차별받은 역사적 현실을 반영한 것이다. 성별·종교 또는 사회적 신분은 차별을 금지하는 사유이지만 그로 인한 모든 차별이 금지되는 것이 아니며, 헌법적으로 정당화되지 않는 차별만 금지된다. 성별에 의한 차별은 특정한 성을 특별히 우대하거나 불이익하게 처우하는 것이다. 다만, 남성이나 여성이 가지는 신체적이고 생리적인 특성을 반영하여 차별하는 것은 정당화될 수 있다.

종교에 의한 차별은 특정 종교를 갖는다는 이유로 우대하거나 불이익하게 처우하는 것이며, 모든 종교에 대해 동등하게 처우를 하더라도 무종교인을 차별하는 경우에는 평등권을 침해할 수도 있다. 한편, 사회적 신분은 장기간 형성된 사회적 지위나 자격으로서 출생에 의한 선천적 신분뿐만 아니라 후천적으로 취득한 신분도 포함한다. 직계존속이나 비속, 공무원, 군인, 근로자, 기업가, 전과자는 물론 친일반민족행위자의 후손이라는 지위도 사회적 신분에 포함된다.9)

헌법은 '성별·종교 또는 사회적 신분'을 차별금지사유로 규정한다. 평등권은 이외에도 인종, 학력, 연령 등과 같은 사유로도 차별하는 것을 금지하므로 이는 예시적 규정으로 해석된다.10) 하지만, 사회적 신분은 선천적 신분뿐만 아니라 후천적 신분까지 포함하여 그 내용과 범위가 불확정적이고 광범위하기 때문에 현실적으로는 열거적 규정으로 해석하는 것과 큰 차이는 없다. 헌법재판소는 성별·종교 또는 사회적 신분에 의한 차별에 대해 엄격한 비례심사원칙이 아니라 자의금지원칙을 적용한다.11)

---

9) 2011. 3. 31. 2008헌바141.
10) 장영수, 헌법학, 591면 ; 정재황, 헌법학, 784면 ; 허영, 한국헌법론, 383면.

(2) 차별금지영역

헌법은 정치적·경제적·사회적·문화적 생활의 모든 영역에서 차별을 금지하여 차별금지영역을 광범위하게 규정한다. 정치적 생활영역은 정당활동이나 선거권과 공무담임권의 자격은 물론 정치적 표현행위를 포함하고, 경제적 생활영역은 직업, 근로활동, 조세와 공과금의 부담과 같은 재산권의 행사를 포함한다. 사회적 생활영역은 타인과 교류하는 일상적 활동을 포괄하고, 문화적 생활영역은 예술의 창작을 포함한 문화적 활동을 포괄한다. 정치적·경제적·사회적·문화적 생활영역은 생활의 거의 모든 영역을 포괄하고, 서로 중복되기도 하므로 그 규범적 의미는 크지 않다.

평등권은 모든 영역에서 직접적으로 차별하지 않더라도 간접차별에 의해서도 제한될 수 있다. 간접차별이란 국가가 형식적으로는 중립적 기준을 제시하여 차별하지 않는 것으로 보이지만, 실질적으로는 특정한 집단을 차별하는 효과를 발생시키는 것을 말한다. 예를 들어, 장애인에 대해 형식적으로는 제한·배제·분리·거부 등을 통해 불리하게 취급하지 않지만, 정당한 사유 없이 장애를 고려하지 아니하는 기준을 적용함으로써 실질적으로 장애인에게 불리한 결과를 초래하는 것도 평등권을 침해한다.[12]

헌법재판소는 제대군인가산점에 관한 사건에서 공무담임권 또는 직업의 자유를 침해하였는지 여부를 심사하지 않고 남녀평등의 문제로 파악하고 평등권의 제한에 대한 위헌심사기준을 적용하였다. 이때 제대군인가산점이 제대군인과 비제대군인을 차별하고 성별에 대해서는 중립적인 형식을 취하고 있지만, 실질적으로는 남성에 비해 여성을 차별하는 제도로서 성별에 의한 간접차별에 해당한다고 판단하였다.[13] 간접차별에 대해서도 직접차별과 동일하게 평등권의 제한에 대한 위헌심사기준이 적용된다.

---

11) 2011. 3. 31. 2008헌바141.
12) 장애인차별금지 및 권리구제 등에 관한 법률 제4조 제2호.
13) 1999. 12. 23. 98헌마363.

2. 개별적 평등권

(1) 규범적 의미

헌법은 제11조에서 일반적 평등권을 규정하면서도 특정한 사항에 대해서는 개별적 평등권을 별도로 규정한다. 즉, 교육을 받을 권리는 능력에 따라 균등하게 교육을 받을 권리를 의미하고, 여자의 근로에서는 고용·임금 및 근로조건에 있어서 부당한 차별을 금지한다. 또한, 혼인과 가족생활은 개인의 존엄과 양성의 평등을 기초로 성립되고 유지되어야 한다고 하고, 국회의원과 대통령의 선거에서도 평등선거를 강조한다. 또한, 개인은 헌법적 의무인 병역의무의 이행으로 인하여 불이익한 처우를 받아서도 안 된다.

헌법이 개별적으로 평등을 규정하는 것은 단순히 일반적 평등권을 확인하는 것에 그치는 것이 아니다. 모든 국가기관은 헌법에 구속되므로 개별적 평등을 실현해야 한다. 특히, 국회는 개별적 기본권을 구체화하는 과정에서 헌법이 규정하는 평등을 보장해야 하고, 이를 위반해서는 안 된다는 헌법적 의무를 부담한다. 개별적 평등권은 국회가 법률을 제정할 때 입법의 방향과 규범적 기준을 제시하고, 국회의 입법형성권을 통제하는 기능을 한다.

(2) 헌법재판과 관계

헌법이 일반적 평등권을 규정하면서도 개별적 기본권에서 평등을 규정하는 것은 헌법재판에서 중요한 의미가 있다. 위헌법률심판이나 헌법소원에서 기본권 경합이 발생한 경우에 기본권의 보호영역을 확정하는 기준이 된다. 개별적 평등권은 일반적 평등권을 특정한 기본권에서 구체화한 것이므로 일반적 평등권에 우선하여 적용된다. 하지만, 일반적 평등권은 개별적 평등권에 포함되지 않는 경우에도 적용될 수 있으므로 개별적 평등권이 일반적 평등권의 적용을 배제하는 것은 아니다.14)

헌법재판에서 평등권의 제한을 심사할 때 개별적 기본권을 적용하게 되면 위헌심사기준이 달라질 수 있다. 헌법재판소는 평등권의 제한에 대해 원칙적으로

---

14) 김하열, 헌법학강의, 326면.

자의금지원칙을 적용하지만, 헌법이 특별히 평등할 것을 규정하는 경우에는 엄격한 비례심사원칙을 적용해야 한다고 판단한다. 이에 따르면, 헌법재판에서 일반적 평등권을 적용하면 자의금지원칙을 적용하지만, 헌법이 개별적 기본권에서 특별히 평등을 규정하는 경우에는 엄격한 비례심사원칙을 적용하게 된다.

3. 적극적 평등실현조치

(1) 규범적 의미

적극적 평등실현조치란 국가가 과거의 집단적 차별로 인한 불이익을 보상하기 위해 그 차별받은 집단을 우대하는 조치로서 '잠정적 우대조치'라고도 한다. 이는 개인적 차원이 아니라 집단적 차원에서 혜택을 주며, 과거의 불평등을 현재의 관점에서 시정하기 위한 것이다. 이러한 차별은 실질적 평등을 달성한 경우에는 더 이상 정당화되지 않으므로 잠정적으로만 인정된다. 적극적 평등실현조치는 실질적이고 결과적인 평등을 실현하기 위한 것이지만, 형식적으로만 보면 차별을 통해 평등을 실현하는 역설을 포함한다.

헌법이 제32조에서 여자와 연소자의 근로를 특별히 보호하고, 국가유공자 등에 대해 우선적으로 근로기회를 보장하고, 제34조에서 여자·노인과 청소년, 신체장애자 등에 대해 사회보장의무를 규정한 것도 적극적 평등실현조치를 수용한 것으로 해석된다. 적극적 평등실현조치는 평등권의 특별한 유형으로 인정할 수 있다. 하지만, 적극적 평등은 사회권의 보장을 통해 실현할 수 있고, 기본권보장이 아니라 헌법원리에 기초한 국가의 책무나 정책적 결단을 통해 실현할 수도 있다.

미국은 1961년 행정명령을 통해 대학입학에서 소수인종을 우대하여 실질적 평등을 도모하는 'Affirmative Action'을 도입하였고, 그동안 연방대법원은 수 차례에 걸쳐 이에 대해 위헌이 아니라고 판단하였다. 하지만, 2023년 6월 연방대법원은 대학입학에서 소수인종을 우대하는 것은 백인과 아시아계 학생들을 역차별하는 것으로 수정헌법 제14조가 규정하는 법률에 의한 평등한 보호에 위반되어 위헌이라고 결정하였다. 이는 대학입학에서 인종을 기준으로 구분하는 것은 공익에 부합하지 않으며, 대학교육의 목적을 달성하기 위한 적절한 수단이 아니라고 판단한 것이다.

(2) 제도적 구현

국가인권위원회법은 적극적 평등실현조치로 인하여 발생하는 행위는 평등권을 침해하는 차별행위에 포함되지 않는다고 규정한다.[15] 양성평등기본법은 국가와 지방자치단체에게 차별로 인하여 특정한 성별의 참여가 부진한 분야에 대해 합리적인 범위에서 해당 성별의 참여를 촉진하는 시책을 마련하도록 한다.[16] 교육공무원법은 국가나 지방자치단체가 운영하는 대학은 전체 교원 중 특정한 성별이 4분의 3을 초과하지 않도록 노력해야 한다고 규정한다.[17] '남녀고용평등과 일·가정 양립 지원에 관한 법률'은 여성근로자의 고용촉진을 위한 적극적 고용개선조치를 규정한다.[18]

공직선거법은 여성공천할당제를 도입하여 비례대표 국회의원과 지방의회의원선거에서 50% 이상을 여성으로 추천해야 하고, 지역구 국회의원과 광역의원선거에서는 30% 이상을 여성으로 추천하도록 노력해야 한다고 규정한다.[19] '장애인 차별금지 및 권리구제에 관한 법률'은 다양한 분야에서 장애인이 실질적으로 고용조건에서 차별받지 않도록 정당한 편의를 제공하도록 규정하고,[20] '장애인 고용촉진 및 직업재활법'은 국가기관과 공공기관, 상시 50명 이상의 근로자를 고용하는 사업주에 대해서는 일정한 비율 이상에 해당하는 장애인을 고용하도록 규정하고, 장애인고용지원금과 같은 지원과 함께 고용의무부담금을 부과한다.[21]

국회는 법률을 통해 적극적 평등실현조치를 제도화하지만, 적극적 평등실현조치가 적용되는 분야, 대상, 범위, 사유, 정도 등이 다양하므로 일률적으로 그 규범적 기준을 제시하기는 어렵다. 양성평등기본법 등에서 규정하는 양성채용목표제는 목표할당제로서 남성과 여성 모두에게 적용되고, 합격자의 결정이 그 자격과 밀접하게 결부되므로 역차별이 발생하는 정도가 크지 않다. 하지만, 공직선거

15) 국가인권위원회법 제2조 제3호.
16) 양성평등기본법 제20조, 제21조, 제22조, 제23조, 제24조.
17) 교육공무원법 제11조의5 제3항, 제4항.
18) 남녀고용평등과 일·가정 양립 지원에 관한 법률 제2장 제4절.
19) 공직선거법 제47조 제3항, 제4항.
20) 장애인 차별금지 및 권리구제 등에 관한 법률 제2장.
21) 장애인 고용촉진 및 직업재활법 제27조, 제28조 등.

법에서 규정하는 여성공천할당제는 확정할당제로서 개인의 자격과 무관하게 성별에 따른 형식적 기준에 따른 것으로서 역차별이 발생하는 정도가 보다 크다.

(3) 독자적 개념인지 여부

적극적 평등실현조치는 실질적 평등을 실현하고 사회통합에 기여할 수 있지만, 기회의 균등을 위반함으로써 역차별과 불평등을 야기하게 되어 불공정한 수혜자와 새로운 피해자를 발생시킬 위험이 있다. 적극적 평등실현조치가 사회적 약자의 권리를 제한하는 경우도 있다. 독일에서는 여성노동자의 야간노동을 금지하는 것에 대해 여성노동자가 남녀평등을 위반하였다고 주장한 사안에서 평등권을 침해하여 위헌이라고 결정한 적도 있다. 적극적 평등실현조치는 본질적으로 비교집단을 차별적으로 취급하는 것이므로 평등권을 제한하게 되며, 그것이 헌법적으로 정당화되는지를 판단하는 위헌심사기준을 확정하는 것이 중요하다.

적극적 평등실현조치는 차별받은 소수자에게 공정하게 적용되는지, 적극적 우대조치로 인하여 불평등을 어느 정도 개선하는지, 다른 기본권을 제한하는 결과가 발생하는지 등을 고려하여 그 위헌심사기준을 확정해야 한다. 헌법재판소에 따르면 적극적 평등실현조치에 대해서는 원칙적으로 자의금지원칙이 적용된다. 적극적 평등실현조치는 그 차별의 내용과 정도는 구체적 사안에 따라 다양하여 평등권의 제한에 대한 심사에서 그 특성을 반영할 수 있고, 별도의 위헌심사기준을 제시하기는 어렵다. 적극적 평등실현조치를 평등권의 제한과 구별되는 독자적인 법적 개념으로 인정할 실익이 없다.

제 4 절   위헌심사기준

1. 외국의 경우

(1) 독일

독일기본법 제3조 제1항은 "모든 인간은 법 앞에서 평등하다"라고 규정하고, 연방헌법재판소는 평등권의 제한에 대해 자의금지원칙을 위헌심사기준으로 적용

한다. 국가가 개인을 차별하여 취급하는 것이 자의적인지 여부를 기준으로 평등
권의 침해 여부를 심사하였다. 자의금지원칙은 합리적인 이유가 있는 경우에는
자의적이지 않고, 이러한 차별은 헌법적으로 정당화된다. 국가는 개인을 차별하는
입법을 할 경우에는 합리적인지 여부를 판단하고 그 이유를 제시하는데, 연방헌
법재판소는 국가의 차별적 취급이 객관적으로 명백하게 합리적인 이유가 없다고
판단되는 경우에만 위헌으로 결정하였다.

　연방헌법재판소는 새로운 기준을 마련하여 재산이나 직업과 같은 사유로 물
적 차별을 하는 경우에는 자의금지원칙을 적용하지만, 인종이나 성별과 같은 사
유로 인적 차별을 하는 경우에는 엄격한 비례심사원칙을 적용하였다. 특히, 독일
기본법이 규정하는 성별, 가문, 인종, 언어, 고향, 신앙, 정치적 견해에 의한 차별,
체계정당성을 위반한 차별적 입법, 소수자에 대한 차별, 기본권의 침해와 관련된
차별에 대해서는 비례심사원칙을 적용하였다. 다만, 이때에도 개인이 자력에 의해
차별적 취급을 회피할 수 있는 경우에는 자의금지원칙을 유지한다.

　연방헌법재판소가 자의금지원칙과 비례심사원칙으로 구별하는 것에 대해서
도 물적 차별과 인적 차별의 구분이 상대적이며, 인적 차별에 대해 항상 엄격하게
비례심사원칙을 적용해야 하는 것은 아니라는 비판도 있다. 연방헌법재판소는 평
등권의 규율대상과 차별적 요소에 따라 자의금지원칙과 엄격한 비례심사원칙을
다양하게 적용하는데, 구체적 기준을 마련하는 것은 쉬운 일이 아니다. 독일 연방
헌법재판소의 태도는 우리나라에도 큰 영향을 미쳐 우리 헌법재판소도 평등권의
제한에 대해 자의금지원칙과 비례심사원칙을 위헌심사기준으로 채택한다.

(2) 미국

　미국헌법 제14조 제1항은 "… 그 관할권 내에 있는 어떠한 사람에 대해서도
법률에 의한 평등한 보호를 거부하지 못한다"라고 규정한다. 미국은 대법원 판례
를 통해 평등권의 제한에 대한 위헌심사기준을 확립하였다. 1950년대 Warren 대
법원장 시대 이전까지는 완화된 심사기준을 적용하여 차별적 취급에 합리적인 이
유가 있으면 위헌이 아니라고 하였다. 이때에는 사법소극주의에 따라 정부와 의
회가 주도한 다양한 사회경제적 법률에 대해 위헌이 아니라고 판단하였다. 한편,
Warren 대법원장 시대 이후에는 사법적극주의를 강화하여 차별적 취급의 유형에

따라 다양한 위헌심사기준을 제시하였다.

먼저, 의심스러운 차별에서는 엄격심사(strict scrutiny)를 적용한다. 이는 인종, 민족, 국적에 따른 차별과 인권에 중대한 부담을 초래하는 차별에 적용된다. 이때에는 차별로 인한 공익이 '압도적(compelling)'이어야 하며, 그 목적과 수단이 '필수적으로 관련(necessary related)'되어야 한다. 둘째, 사회경제적 입법에서는 합리성심사(rational basis test)를 적용한다. 이때에는 차별의 목적이 정당하고 그 수단이 합리적이면 합헌성이 추정된다. 셋째, 중간심사(intermediate scrutiny)는 엄격심사와 합리성심사의 중간으로 차별의 목적이 중요하고 그 수단 사이에 '실질적인 관련(substantially related)'이 있어야 한다. 이는 성별이나 사생아라는 이유에 따른 차별에 적용된다.

2. 판례의 입장

(1) 자의금지원칙

헌법재판소는 평등권의 제한에 대한 위헌심사기준으로 과잉제한금지원칙이 아니라 별도의 위헌심사기준을 적용한다. 평등권의 제한에 대한 위헌심사에 대해서는 비교집단 사이의 차별의 존재 여부의 확인, 그 차별의 정당성 여부에 대한 심사라는 2단계의 논리구조를 적용한다. 평등권의 제한에 대한 위헌심사기준으로는 원칙적으로 자의금지원칙을 적용한다. 자의금지원칙은 차별적 취급에 합리적인 이유가 있어 자의적이 아니면 위헌이 아니라는 것이다.

헌법 제11조 제1항은 일반적 평등권을 규정하는데, 법 앞의 평등에 대해서는 자의금지원칙을 적용하여 국가가 자의적으로 개인을 차별적으로 취급할 때에만 평등권을 침해한다. 헌법재판소는 헌법 제11조 제1항에서 규정하는 성별·종교 또는 사회적 신분에 의한 차별에 대해서도 자의금지원칙을 적용한다.[22] 또한, 시혜적 입법이나 사회보장의 영역과 같이 국회의 입법형성권이 폭넓게 인정되는 경우나 제도의 단계적 개선을 위해 잠정적으로 차별하는 경우에도 자의금지원칙을 적용한다.

---

22) 2011. 3. 31. 2008헌바141.

평등권은 국회의 입법에 대한 통제규범으로 작용하여 자의적 입법을 금지하지만, 자의금지원칙은 권력분립에 따라 평등권의 구체적 내용과 범위에 대해 국회의 입법형성권을 폭넓게 인정한다. 따라서 국회의 입법이 객관적으로 명백하게 차별을 정당화할 수 있는 합리적인 이유가 없는 경우에만 평등권을 침해한다고 한다. 국회가 평등권을 실현하는 의무에 대해서는 차별하는 입법이 가장 합리적이고 타당한 수단인가를 심사하는 것이 아니라 입법자의 정치적 형성이 헌법적 한계 내에 머물고 있는가를 심사하는 것에 국한된다고 하였다.23)

(2) 비례심사원칙

헌법재판소는 평등권의 제한에서 원칙적으로 자의금지원칙을 적용하지만, 일정한 경우에는 엄격한 심사기준으로 비례심사원칙을 적용한다. 즉, 헌법이 스스로 차별을 금지하는 기준이나 영역을 제시하거나 차별적 취급으로 인하여 관련 기본권에 대한 중대한 제한을 초래하게 될 경우에는 자의금지원칙이 아니라 엄격한 비례심사원칙을 적용한다고 판단하였다.24) 자의금지원칙은 차별을 정당화하는 합리적 이유가 있는지만 심사하는데 반하여, 비례심사원칙은 차별적 취급에서 목적의 정당성, 수단의 적합성, 피해의 최소성, 법익의 균형성을 심사요소로 채택하여 그 목적과 수단 사이에 엄격한 비례관계를 요구한다.

비례심사원칙은 헌법이 차별의 근거로 삼아서는 안 되는 기준이나 차별을 금지하는 영역을 제시하는 경우에 적용된다. 헌법 제31조 제1항은 균등하게 교육을 받을 권리를 규정하고, 제32조 제4항은 여자의 근로에 대해 부당한 차별을 금지하고, 제36조 제1항은 혼인과 가족생활에서 양성의 평등을 강조하고, 제39조 제2항에서 병역의무의 이행으로 불이익한 처우를 받지 않도록 규정하는 것이 이에 해당한다.25) 또한, 차별적 취급으로 기본권에 대한 중대한 제한을 초래하는 경우에도 비례심사원칙을 적용한다. 이때 제한되는 기본권은 자유권만 포함한다는 견해도 있지만,26) 자유권은 물론 모든 기본권을 포함한다.27)

---

23) 1998. 9. 30. 98헌가7.
24) 1999. 12. 23. 98헌마363.
25) 2021. 9. 30. 2019헌가3.
26) 한수웅, 헌법학, 617~618면.
27) 2019. 4. 11. 2018헌마221.

(3) 평가

헌법재판소가 위헌심사기준을 이원화하여 자의금지원칙과 비례심사원칙을 달리 적용하는 것은 평등권의 특성을 반영하면서도 개별적 기본권을 보다 강하게 보호하기 위한 것으로 이해된다. 자의금지원칙과 비례심사원칙을 적용하면서도 이를 판단하는 구체적인 기준으로 정의, 형평, 공정성, 건전한 일반인의 상식, 과잉금지, 비례성, 인간의 존엄성 존중과 같이 다양한 기준을 제시한다. 헌법재판소는 평등권의 제한에 대해서는 독일과 미국의 이론을 참고하여 구체적인 사안의 성질에 따라 그때그때 다양한 심사기준을 적용하고 있다고 평가할 수 있다.

헌법재판소가 제시하는 자의금지원칙은 '자의'나 '합리적 이유'는 물론 '명백히 불합리한 경우'가 불명확하여 위헌심사기준이 통제규범으로 기능하기에는 한계가 있다. 비례심사원칙을 적용하는 기준도 명확하지 않으며, 구체적 사안에서 엄격한 비례심사원칙과 별도로 '완화된 비례심사원칙'을 적용하기도 한다.[28] 또한, 기본권이 중대하게 제한되는지 여부는 위헌심사기준을 적용한 이후에야 판단할 수 있음에도 미리 비례심사원칙을 채택하는 것도 정합하지 않다. 헌법재판소가 미리 평등권의 제한이 위헌이라고 판단하고 이를 정당화하기 위해 비례심사원칙을 선택할 위험도 있다.

3. 통일적인 해석기준

(1) 동일한 비교집단의 확정

기본권의 제한에 대해 위헌심사를 하기 위해서는 우선적으로 특정한 사안에서 제한되는 기본권의 보호영역을 확정해야 한다. 제한되는 기본권이 평등권인 경우에는 차별적 취급을 받는 대상과 동일한 비교집단을 설정하는 것이 중요하다. 평등권은 서로 배타적이지만 특정한 관점에서 동일한 비교집단을 차별하는 것을 금지하는 것이고, 비교집단의 설정에 따라 위헌 여부가 결정될 수 있으므로 평등권의 제한에 대한 헌법재판에서는 그 보호영역을 확정하는 과정에서 비교집

---

28) 2001. 2. 22. 2000헌마25 ; 2006. 2. 23. 2004헌마675.

단을 신중하게 설정해야 한다.

헌법재판소는 국가유공자 등에게 국가공무원시험에서 가산점을 부여하는 것에 대해 그 비교집단을 일반인과 '국가유공자·상이군경 및 전몰군경의 유가족'으로 설정하여 국가유공자의 가족도 위 규정의 대상자로 해석하여 합헌결정을 하였으나, 선례를 변경하여 그 적용대상을 '국가유공자', '상이군경' 및 '전몰군경의 유가족'으로 해석하여 국가유공자의 가족을 위 규정의 대상자에서 제외하여 국가유공자의 가족에 대해서는 헌법불합치결정을 하였다.[29]

(2) 개별적 기본권과 관계

평등권은 개별적 기본권의 행사를 서로 비교하여 평가하는 과정에서 차별받지 않을 권리이므로 개별적 기본권과 밀접하게 관련된다. 국가가 개별적 기본권을 제한하는 경우에 개인은 대부분 평등권의 침해를 주장할 수 있다. 평등권이 개별적 기본권과 경합할 경우에는 원칙적으로 개별적 기본권이 우선적으로 적용된다. 개별적 기본권은 고유한 보호영역을 갖지만, 평등권은 고유한 보호영역을 갖지 않고 개별적 기본권의 차별적 취급을 금지하기 때문이다. 개별적 기본권의 제한이 정당화되는 경우에는 그 차별적 취급도 정당화되는 것으로 판단하는 경우가 대부분이다.

평등권과 개별적 기본권이 경합하는 경우에 반드시 개별적 기본권을 우선적으로 적용하고 평등권을 보충적으로 적용해야 하는 것은 아니다. 개별적 기본권이더라도 구체적 사안에서 직접 관련되는 기본권의 종류나 제한되는 정도에 따라 기본권의 보호영역을 확정하는 기준이 달라진다. 당사자의 주관적 의사, 개별적 기본권의 성격, 관련 법률의 입법취지, 기본권의 제한으로 초래되는 결과 등을 고려하여 최종적으로 구체적 사안에 적용하여 심사해야 할 기본권을 확정해야 한다. 따라서 평등권을 우선적으로 적용하여 심사해야 하는 경우도 있다.

헌법재판소는 평등권이 개별적 기본권과 경합하는 경우에 개별적 기본권을 우선적으로 적용하기도 하고,[30] 평등권을 우선적으로 적용하여 심사한 적도 있다.[31] 개별적 기본권과 평등권을 함께 적용하여 평등권의 제한에 대해 비례심사

---

29) 2006. 2. 23. 2004헌마675.
30) 2012. 8. 23. 2010헌마47.

원칙을 적용하여 개별적 기본권과 함께 심사하기도 하였다.[32] 한편, 재산권과 평등권이 경합하는 경우에 양자를 모두 적용하여 심사하면서 재산권의 제한에 대해서는 과잉제한금지원칙을 적용하고, 재산권의 차별적 제한에 대해서는 자의금지원칙을 적용한 적도 있다.[33]

(3) 과잉제한금지원칙에 포함

헌법 제37조 제2항은 '필요한 경우에 한하여'를 기본권의 제한에 대한 위헌심사기준으로 규정한다. 헌법재판소는 이를 과잉제한금지원칙으로 이론화하면서도 평등권의 제한에 대해서는 자의금지원칙과 비례심사원칙을 채택한다. 또한, 기본권의 제한에 대해 기본권의 보호영역 확정, 기본권의 제한, 그 제한의 정당성에 대한 심사라는 3단계 논리구조를 채택하지만, 평등권의 제한에 대해서는 비교집단 사이의 차별, 그 차별의 정당성에 대한 심사라는 2단계 논리구조를 채택한다. 하지만, 평등권의 제한에 대해서도 헌법 제37조 제2항에 따라 과잉제한금지원칙을 통일적으로 적용하는 것이 타당하다.

자의금지원칙은 그 심사기준이 불명확할 뿐만 아니라 국회가 판단하여 객관적 법률을 통해 조정해야 할 부분을 헌법재판소가 주관적으로 판단하게 된다. 비례심사원칙도 실질적으로 과잉제한금지원칙과 동일한 요소를 구체적 기준으로 심사한다. 특히, 평등권의 제한에서는 자의금지원칙을 적용함으로써 과잉제한금지원칙을 회피할 위험이 있다. 자의금지원칙에서 합리적 이유는 목적의 정당성, 수단의 적합성을 심사해야 판명되므로 비례심사원칙을 통해야 한다는 견해,[34] 비례심사원칙은 목적의 정당성, 차등취급의 적합성, 법익의 균형성의 3단계로 심사해야 한다는 견해도 이러한 문제점을 인식한 것이다.[35]

(4) 평등권의 특성을 반영

헌법 제37조 제2항은 모든 기본권에 적용되므로 평등권의 제한에도 과잉제

---

31) 2023. 5. 25. 2019헌마1234.
32) 2007. 12. 27. 2005헌가11.
33) 2005. 12. 22. 2003헌가8.
34) 정재황, 헌법학, 806면.
35) 김하열, 헌법강의, 351면.

한급지원칙을 적용하고 그 심사과정에서 평등권의 특성을 반영하는 것이 타당하다. 평등권의 제한에서도 비교대상이 동일한 비교집단인지를 심사하여 기본권의 보호영역을 확정하고, 차별적으로 취급되고 있는지를 확인하여 기본권의 제한인지를 확인하고, 최종적으로 그 차별적인 취급이 헌법적으로 정당화되는지를 판단하는 3단계 논리구조를 적용할 수 있다. 또한, 평등권의 제한을 심사할 때에도 차별적 취급에서 목적의 정당성, 수단의 적합성, 피해의 최소성, 법익의 균형성을 구체적 심사기준으로 적용할 수 있다.

평등권의 제한에 대해 과잉제한금지원칙을 적용하는 과정에서 헌법이 직접 평등한 취급을 요구하거나 특별한 보호를 요청하는 취지를 심사과정에서 반영할 수 있고, 차별적 취급으로 중대한 기본권의 제한을 초래한다는 사정도 피해의 최소성이나 법익의 균형성을 심사하면서 고려할 수 있다. 특히, 평등권의 제한을 위헌으로 결정할 경우에는 그 비교집단의 신뢰를 침해하게 되므로 그로 인하여 발생하는 새로운 불이익도 고려해야 한다. 헌법재판소는 평등권의 특성을 반영하여 평등권을 침해하는 법률에 대해 위헌결정을 하지 않고 헌법불합치결정을 하는 경우가 있다.[36]

평등권의 제한은 개별적 기본권을 차별적으로 취급하는 경우에만 발생하는 것이 아니라 법률적 권리를 차별하는 경우에도 발생한다. 평등권은 개별적인 기본권이 침해되지 않거나 기본권과 관련이 없더라도 국가의 차별적 취급을 헌법적으로 통제하는 규범적 기준으로 기능한다. 헌법재판소는 재외국민의 주민투표권은 헌법적 기본권이 아니라 법률적 권리임에도 불구하고 평등권의 제한을 심사하는 대상이 된다고 인정하였다.[37] 하지만, 헌법소원은 기본권의 침해를 이유로 청구할 수 있으므로 헌법소원의 대상이 법률적 권리까지 확장되지 않도록 유의해야 한다. 개인이 법률적 권리의 침해에 대해 평등권을 매개로 헌법소원을 청구하는 것은 헌법재판의 본질을 해치는 것이기 때문이다.

(5) 헌법적 취지를 반영

평등권의 제한에 대해 과잉제한금지원칙을 적용하는 경우에도 헌법이 규정

---

36) 허영, 한국헌법론, 397~398면.
37) 2007. 6. 28. 2004헌마643.

하는 취지를 반영해야 한다. 헌법은 사회적 특수계급의 부정(제11조 제2항), 대통령과 국회의원의 특권(제44조, 제45조, 제84조), 대통령의 겸직금지(제83조), 군인의 국무총리와 국무위원 임명 금지(제86조 제3항, 제87조 제4항)를 규정하는데, 이는 헌법이 직접 평등권의 예외를 규정하므로 위헌이 될 여지가 없다. 헌법이 교육의 권리, 근로의 권리, 혼인과 가족생활을 할 권리, 병역의무의 이행으로 인한 불이익 금지와 같이 특별히 평등을 요구하는 경우에는, 그 위헌심사기준을 적용할 때 그 취지를 반영해야 한다.

헌법은 공무원의 근로3권의 제한(제33조 제2항), 군인 등의 국가배상청구권의 제한(제29조 제2항), 군인 등에 대한 군사법원의 재판(제110조)과 같이 차별적 취급을 허용하는 경우가 있다. 또한, 여자와 연소자의 근로의 특별보호(제32조 제4항, 제5항), 국가유공자 등 우선적 근로기회 보장(제32조 제6항), 여자·노인과 청소년, 신체장애자 등에 대한 사회보장의무(제34조 제2항 내지 제5항), 모성의 보호(제36조 제2항), 중소기업의 보호·육성과 농어민의 이익보호(제123조)를 규정한다. 이때에는 헌법이 일정한 비교집단을 특별히 보호하기 위해 차별할 것을 요구하므로 그 취지를 반영하여 심사해야 한다.

제4장 자유권

제1절 신체적 자유

I. 규범적 의미

(1) 헌법규정

헌법은 제12조 제1항에서 "모든 국민은 신체의 자유를 가진다"라고 규정하고, 신체의 자유에 관한 형사사법절차를 자세히 규정한다. 국가는 개인의 신체적 자유를 보장하고 확대하면서 헌법국가를 확립하였는데, 헌법은 신체의 자유를 보장하기 위해 실체법적 내용과 절차법적 원칙을 자세히 규정하였다. 헌법이 규정하는 형사사법절차의 기본원리는 반드시 신체의 자유와 관련된 것은 아니지만, 형사사법절차에서 신체의 자유가 국가권력에 의해 침해될 가능성이 크다는 점을 고려하여 헌법은 신체의 자유를 기본권으로 보장하고 다양한 형식과 절차를 통해 형사사법절차의 원칙을 규정한다.

헌법은 신체의 자유에 대해 다른 기본권보다 절차적 내용을 너무 많이 규정한다는 비판도 있다. 형사소송법을 통해 법률상 권리로 보장하면 충분한 사항을 헌법이 직접 규정하여 국회의 입법형성권을 지나치게 제한한다는 것이다. 하지만, 헌법이 역사적 경험을 통해 신체의 자유가 그만큼 중요한 기본권이라는 것을 천명한 것이라고 이해할 수 있다. 헌법은 신체의 자유와 함께 형사사법절차를 헌법원칙으로 규정하였으며, 국가가 신체의 자유를 제한하는 경우에는 제37조 제2항의 과잉제한금지원칙을 적용하는 이외에도 헌법에서 규정하는 실체법적 내용과 절차법적 기준을 준수해야 한다.

(2) 내용

(가) 신체활동의 자유

신체의 자유는 자유롭게 신체를 움직이고 활동하는 권리이며, 신체에 관한 자기결정권을 포함한다. 인간이 존엄과 가치를 가지는 것은 인격적 존재로서 자신만의 정신적 사고체계를 가지기 때문인데, 인간의 신체는 인격적 정신세계를 담고 있는 실존적 형식일 뿐만 아니라 그 자체가 인격적 가치를 가진다. 개인의 삶은 신체와 정신이 서로 영향을 주고받으면서 고유한 의미를 만들어가는 현장이다. 신체의 자유는 기본권의 이념인 인간의 존엄과 가치를 보장하는 필요조건이고, 국민뿐만 아니라 외국인을 포함하여 모든 인간이 그 주체가 된다.

헌법 제12조는 신체의 자유와 함께 형사사법절차에서 지켜야 할 원칙을 규정하지만 신체의 자유는 형사사법절차에 국한되어 보장되는 것은 아니다.[1] 신체의 자유는 소극적으로는 신체의 이동을 방해받거나 강요당하지 않을 자유이며, 적극적으로는 자율적으로 신체적 거동이나 활동을 통해 자신이 원하는 공간으로 이동할 수 있는 자유이다. 국가는 신체의 자유에 대응하여 이를 침해하지 말아야 할 뿐만 아니라 개인이 신체의 자유를 적극적으로 행사할 수 있도록 제도적 장치를 마련해야 한다.

국가는 신체의 자유를 보장하기 위해 헌법이 실체적 내용과 절차적 기준으로 규정하는 형사사법절차를 국회의 입법을 통해 구체화해야 한다. 국가는 이를 통해 타인으로부터 신체의 자유가 침해되지 않도록 조치할 기본권보호의무를 수행한다. 형법은 신체의 자유를 침해한 행위를 범죄로 처벌하고, 형사소송법은 형사사법절차에서 신체의 자유를 보장하는 내용을 자세히 규정한다. 인신보호법은 형사절차가 아닌 위법한 행정처분이나 사설시설에의 구금과 수용에서도 신체의 자유를 보호하는 내용을 규정한다.

(나) 신체를 훼손당하지 않을 권리

헌법은 신체를 훼손당하지 않을 권리를 직접 규정하지는 않지만, 신체의 안전은 인간의 존엄과 가치를 실현하기 위한 전제이므로 기본권으로 보장된다. 신

---

1) 2018. 5. 31. 2014헌마346.

체를 훼손당하지 않을 권리는 신체활동의 자유와 구금을 받지 않을 자유를 의미하는 신체의 자유와 구별되고, 헌법 제10조와 제37조 제1항으로부터 도출되는 기본권이라는 견해가 있다.[2] 하지만, 신체를 훼손당하지 않을 권리는 신체의 자유에 포함된다고 해석된다.[3] 헌법재판소는 신체의 자유에는 신체의 안전이 외부로부터 물리적인 힘이나 정신적인 위험으로부터 침해당하지 아니할 자유도 포함된다고 판단하였다.[4]

(다) 제한과 한계

개인은 신체적 활동을 통해 인격적 존재로 확인되므로 신체의 자유는 모든 개별적 기본권의 전제가 된다. 개인은 신체의 자유가 보장되어야 사회적 존재로 살아갈 수 있다. 신체의 자유 그 자체는 개인적 자유이며 원칙적으로는 사회적 관련성을 가지지 않지만, 개인이 사회적 존재로서 인격적 주체성이 외부에 드러나므로 신체의 자유도 사회적 관련성을 가지게 된다. 신체의 자유는 절대적 기본권이 아니라 상대적 기본권이므로 사회적 관련성을 가지는 범위에서는 제한될 수 있고, 그 제한에 대해서는 과잉제한금지원칙을 적용하여 위헌성을 심사해야 한다.

헌법재판소는 포승이나 수갑으로 범죄인의 신체를 결박하는 것은 신체의 자유를 침해하지 않지만, 금치처분을 받은 사람에 대해 실외운동을 금지하는 것은 신체의 자유를 침해한다고 판단하였다.[5] 또한, 범죄자로부터 DNA 감식시료를 채취하는 행위는 신체의 안전성을 해치지만, 신체의 자유를 침해하는 것은 아니라고 하였다.[6] 성범죄를 저지른 성도착증 환자의 동의를 받지 않고 약물치료명령을 할 수 있도록 하는 것 자체는 신체의 자유, 사생활의 자유, 개인의 자기운명결정권을 침해하지 않지만, 불필요한 치료를 배제할 수 있는 절차를 마련하지 않는 것은 신체의 자유를 침해한다고 판단하였다.[7]

---

2) 김하열, 헌법강의, 369면 ; 장영수, 헌법학, 606~607면.
3) 성낙인, 헌법학, 1183면 ; 정재황, 헌법학, 828~829면.
4) 2018. 5. 31. 2015헌마476.
5) 2005. 5. 26. 2004헌마49 ; 2016. 5. 26. 2014헌마45.
6) 2014. 8. 28. 2011헌마28.
7) 2015. 12. 23. 2013헌가9.

2. 죄형법정주의

(1) 규범적 의미

죄형법정주의란 범죄와 형벌은 반드시 법률로 규정해야 된다는 것을 말한다. 헌법 제13조 제1항은 "모든 국민은 행위 시의 법률에 의하여 범죄를 구성하지 아니하는 행위로 소추되지 아니하며"라고 규정하고, 제12조 제1항 제2문은 "누구든지 법률에 의하지 아니하고는 체포·구속·압수·수색 또는 심문을 받지 아니하며, 법률과 적법한 절차에 의하지 아니하고는 처벌·보안처분 또는 강제노역을 받지 아니 한다"라고 규정한다. 죄형법정주의는 법치국가의 원리가 범죄의 성립과 형벌의 부과라는 형사사법에서 적용된 형식이자 결과이며, 이를 통해 개인에게 예측가능성과 법적 안정성을 부여한다.

국가의 형벌이 언제나 신체의 자유를 침해하는 것은 아니지만, 형벌을 부과하는 과정에서 신체의 자유를 침해하기 쉽다. 헌법은 신체의 자유를 보장하기 위해 형벌을 부과하려면 그 요건이 되는 범죄와 함께 형벌의 내용을 국회가 제정한 법률로써 규정하도록 한 것이다. 죄형법정주의는 기본권 제한에서 독자적인 위헌심사기준이라는 점에서 중요한 의미가 있다. 죄형법정주의를 위반하면 헌법 제37조 제2항의 과잉제한금지원칙을 적용할 필요가 없이 그 자체로 위헌이다. 이는 헌법 제37조 제2항이 기본권의 형식으로 요구하는 '법률로써' 제한할 수 있다는 것을 형벌에 대해 구체화한 것이다.

(2) 내용

개인이 행위를 할 당시에 법률이 범죄와 형벌을 규정한 경우에만 그 범죄행위를 처벌할 수 있다. 법률이 행위 이전에 범죄로 규정하였더라도 개정되어 행위 당시에는 범죄가 아니거나, 행위 이후에 범죄로 규정한 경우에는 그 행위에 대해 형벌을 부과할 수 없다. 행위 이후에 법률이 개정되어 형벌이 가중되더라도 가중된 형벌로 처벌할 수 없지만, 행위 당시에 범죄로 규정한 경우에는 그 이후 법률을 개정하더라도 처벌할 수 있다. 하지만, 형법은 범죄 이후 법률이 변경되어 그 행위가 범죄를 구성하지 아니하게 되거나 형이 구법보다 가벼워진 경우에는 신법

에 따르도록 규정한다.[8]

헌법은 형벌을 부과하는 과정에서 수반되는 체포·구속·압수·수색 또는 심문도 '법률에 의하지 아니하고는' 허용되지 않는다고 규정한다. 체포는 신체의 자유를 일시적으로 제한하는 강제처분이고, 구속은 신체를 일정한 시간 동안 일정한 장소에서 이전하지 못하도록 제한하는 강제처분으로 체포보다 장시간의 구금이다. 수색은 사람이나 물건을 발견할 목적으로 일정한 장소, 사람의 신체나 물건에서 그 대상을 찾는 강제처분이다. 압수란 목적물에 대한 점유를 취득하는 강제처분이며, 심문은 답변을 강요하는 것이다.

헌법은 처벌뿐만 아니라 보안처분·강제노역도 '법률과 적법한 절차에 의하지 아니하고는' 허용되지 않는다고 규정한다. 처벌은 형벌을 부과하는 것을 의미하고, 보안처분은 형벌을 대체하거나 보충하는 처분과 범죄예방처분을 말한다. 강제노역은 당사자의 의사에 반하여 강제로 부과하는 노역을 말한다. 다만, 행정질서의 유지를 위해 부과되는 과태료와 같은 행정질서벌은 행정형벌과 달리 범죄와 형벌이 아니므로 죄형법정주의가 적용되지 않는다.[9] 이는 행정질서벌은 죄형법정주의의 대상이 아니라는 의미이지 법률적 근거가 없이 마음대로 부과할 수 있다는 것은 아니다.

헌법은 체포·구속·압수·수색 또는 심문에 대해서는 '법률에 의하지 아니하고는'이라고 규정하고, 처벌·보안처분·강제노역에 대해서는 '법률과 적법한 절차에 의하지 아니하고는'이라고 규정한다. 법률에 의한다는 것은 법률이 규정하는 절차에 따라야 한다는 것을 포함하고, 적법절차는 모든 국가작용에 적용되므로 모두 법률과 적법한 절차에 따라야 한다는 것으로 해석된다. 죄형법정주의에서는 범죄와 형벌을 법률로 규정해야 하므로 관습형법이나 유추해석이 금지되고, 형벌불소급의 원칙, 명확성의 원칙, 포괄위임입법의 금지가 중요하다.

(3) 형벌불소급의 원칙

(가) 범죄에 대한 형벌법령

형벌불소급의 원칙은 법치국가에서 요구하는 소급입법의 금지가 죄형법정주

---

8) 형법 제1조 제1항, 제2항.
9) 2003. 12. 18. 2002헌바49.

의를 통해 형사사법에 적용된 것이다. 과거에 범죄가 아니었던 행위가 새롭게 제
정된 법률에서 범죄로 평가되어 과거의 행위에 대해 형벌을 부과하는 것은 죄형
법정주의에 위반된다. 국회는 범죄의 구성요건이나 형벌을 소급적으로 신설하거
나 가중하는 내용으로 입법해서는 안 된다. 하지만, 형벌불소급의 원칙은 소급입
법의 금지에 대한 특례이므로 형벌불소급의 원칙이 적용되지 않는 경우에도 소급
입법의 금지를 위반하면 기본권을 침해한 것이 된다.

　　형벌불소급의 원칙은 범죄의 가벌성에 대한 형사법령에만 적용되고, 형사소
추에 관한 절차법령에는 적용되지 않는다. 즉, 개인이 행위를 할 당시에 범죄에
해당하였지만 형사절차법에 의해 형벌을 부과할 수 없는 경우에 형사소추에 관한
절차규정을 개정하면 형사소추를 할 수 있고, 이는 죄형법정주의에 위반되지 않는
다. 헌법재판소는 범죄행위의 가벌성과 형사소추의 가능성을 구분하여 형벌불
소급의 원칙은 전자에만 적용되고, 후자에는 적용되지 않으므로 공소시효가 완성
된 범죄행위라도 공소시효를 폐지하거나 연장하는 법률을 제정하는 경우에는 그
범죄행위에 대해 처벌할 수 있다고 판단하였다.[10)

　　형벌불소급의 원칙은 소급입법을 통한 형벌을 금지하는 것이므로 법원이 법
률해석에 대한 판례를 변경하는 경우에는 형벌불소급의 원칙이 적용되지 않는다.
법원이 이전의 판례에서는 법률해석을 통해 형벌을 부과하지 않았지만, 그 이후
판례를 변경하여 형벌을 부과할 수 있는 것으로 법률을 해석한 경우에는 형벌을
부과할 수 있다.[11) 형벌의 근거가 되는 것은 법률이고, 판례는 그 법률을 해석하
고 확인한 것에 불과하다. 개인의 행위가 행위 당시의 판례에 의하면 처벌되지 않
았으나 법원이 판례를 변경한 경우에는 그 행위를 처벌할 수 있다.[12)

(나) 실질적 효과를 기준

　　형벌불소급의 원칙이 적용되는 '형벌'은 형식적으로 형법이 규정하는 처벌만
의미하는 것이 아니라 소급입법에 의해 부과되는 제재의 내용이 신체의 자유를
실질적으로 제한하는 효과를 발생시키는 것도 포함한다. 노역장유치는 형법이 규
정하는 형벌의 종류에는 포함되지 않지만 실질적으로 신체의 자유를 제한하는 것

---

10) 2021. 6. 24. 2018헌바457 ; 2023. 5. 25. 2020헌바309.
11) 2014. 5. 29. 2012헌바390.
12) 대법원 1999. 7. 15. 95도2870.

이므로 형벌불소급의 원칙이 적용된다.13) 따라서 소급입법을 통해 노역장유치를
신설하여 적용하는 것은 죄형법정주의에 위반된다.

보안처분은 범죄행위에 대한 형벌이 아니라 범죄로부터 사회를 방위하기 위
해 형벌을 대체하거나 보충하는 것이므로 원칙적으로는 형벌불소급의 원칙이 적
용되지 않는다. 하지만, 보안처분이라도 실질적으로 형벌적 성격이 강하여 신체의
자유를 박탈하거나 이에 준하는 정도로 제한하는 경우에는 예외적으로 형벌불소
급의 원칙이 적용된다.14) 신체의 자유를 제한하지 않는 보호관찰과 같은 보안처
분에는 형벌불소급의 원칙이 적용되지 않지만, 치료감호처분과 같이 일정한 시설
에 수용하는 경우에는 형벌불소급의 원칙이 적용된다.

헌법재판소는 범죄인에 대해 DNA 감식시료를 소급적으로 채취하거나 성폭
력범죄자에 대해 위치추적장치를 소급적으로 부착하도록 하는 것은 비형벌적 보
안처분이므로 형벌불소급의 원칙에 위반되지 않는다고 판단하였다.15) 한편, 대법
원은 가정폭력범죄의 처벌 등에 관한 특례법에서 규정하는 보호처분인 사회봉사
명령은 형벌이 아니라 보안처분에 해당하지만, 의무적 노동을 부과하고 여가시간
을 박탈하여 실질적으로 신체적 자유를 제한하게 되므로 이에 대해서는 형벌불소
급의 원칙을 적용해야 한다고 판단하였다.16)

(다) 진정소급입법과 부진정소급입법

헌법재판소는 소급입법의 금지에 대해 진정소급입법과 부진정소급입법을 구
분하여 판단하는데, 이는 형벌불소급의 원칙에도 동일하게 적용된다. 죄형법정주
의에서도 이미 완성된 행위에 대해 사후적으로 처벌하는 진정소급입법은 금지되
지만, 과거에 시작했으나 아직 완성되지 않은 행위에 대해 처벌하는 부진정소급
입법은 금지되지 않는다.17) 하지만, 진정소급입법과 부진정소급입법은 상대적이
어서 획일적으로 구분하기 어렵고, 소급입법에 대한 위헌심사기준도 공익과 사익
을 형량하는 것이어서 명확하지 않으므로 소급입법의 유형에 따라 형벌불소급의

---

13) 2017. 10. 26. 2015헌바239.
14) 2015. 9. 24. 2015헌바85.
15) 2014. 8. 28. 2011헌마28.
16) 대법원 2008. 7. 24. 2008어4.
17) 김하열, 헌법강의, 386면 ; 2021. 1. 28. 2018헌바88.

원칙을 달리 적용하는 것에는 한계가 있다.

(4) 명확성의 원칙

죄형법정주의가 요구하는 명확성의 원칙은 법률이 처벌하고자 하는 행위가 무엇이며 그에 대한 형벌이 어떠한 것인지를 누구나 예견할 수 있도록 명확하게 규정해야 한다는 것이다. 범죄와 형벌을 법률로 규정하더라도 그 내용이 명확하지 않으면 개인의 예측가능성이 보장되지 않고, 국가가 권한을 남용하여 개인을 처벌할 수 있어 법적 안정성이 확보되지 않는다. 하지만, 형벌을 규정하는 법률도 언어로 표시되고 부단히 변화하는 다양한 사회현상을 규율할 수 있어야 하므로 어느 정도는 추상적으로 규정할 수밖에 없다는 것도 고려해야 한다.

헌법재판소는 법관의 보충적인 해석이 필요하더라도 통상의 해석방법에 따라 건전한 상식과 통상적인 법감정을 가진 사람이 처벌법규의 보호법익과 금지된 행위와 처벌의 종류와 정도를 알 수 있도록 규정하면 충분하다고 판단하였다.[18] 죄형법정주의는 명확성의 원칙에 따라 형벌의 상한과 폭을 정하지 않는 절대적 부정기형을 금지한다. 죄형법정주의에서 범죄와 형벌을 어느 정도로 명확하게 규정해야 하는지는 일률적으로 확정할 수 없으며 명확성의 원칙이 제시하는 기준도 불명확하므로 구체적 사건에서 법률해석을 통해 최종적으로 판단할 수밖에 없다.

헌법재판소는 '공무원의 지위를 이용하여 선거에 영향을 미치는 행위,' '그 밖에 공무 외의 일을 위한 집단행위,' '음란한 화상 또는 영상을 공공연하게 전시하는 행위'를 처벌하는 것은 명확성의 원칙에 위반되지 않지만,[19] '공중도덕상 유해한 업무에 취업시킬 목적으로 근로자를 파견하는 행위,' '공익을 해할 목적의 허위통신,' '그 밖의 정치단체 결성에 관여하거나 이에 가입하는 행위'를 처벌하는 것은 명확성의 원칙에 위반된다고 하였다.[20]

(5) 포괄위임입법의 금지

죄형법정주의는 범죄와 형벌을 법률에 근거를 두어야 한다는 것이지만 반

---

18) 2017. 11. 30. 2015헌바336.
19) 2016. 7. 28. 2015헌바6 ; 2020. 4. 23. 2018헌마550 ; 2023. 2. 23. 2019헌바3051.
20) 2010. 12. 28. 2008헌바157 ; 2016. 11. 24. 2015헌가23 ; 2020. 4. 23. 2018헌마551.

드시 법률이 직접 규정해야 하는 것은 아니고 하위법령에 그 구체적인 내용을 위임할 수도 있다. 이때에도 헌법 제75조에 따라 포괄위임입법은 금지되므로 법률에서 구체적으로 범위를 정하여 위임받은 사항에 대해서만 하위법령이 범죄와 형벌의 내용을 구체화할 수 있다. 포괄위임입법금지는 국회의 입법권을 보장하고 행정입법의 한계를 설정하는 기준이지만, 죄형법정주의가 적용되는 경우에는 명확성의 원칙과 예측가능성이 보다 강하게 요구된다. 형벌에 관한 포괄위임입법은 개인의 자유를 침해할 위험성이 크므로 그 요건을 더욱 엄격하게 제한해야 한다.

포괄위임입법은 긴급한 필요가 있거나 법률로 규정할 수 없는 부득이한 사정이 있는 경우에만 인정되고, 이때에도 법률에서 범죄행위의 내용을 예측할 수 있을 정도로 그 구성요건을 구체적으로 규정해야 하고, 최소한 형벌의 종류 및 그 상한과 폭을 명확하게 규정해야 한다.[21] 위임입법이 이러한 요건을 갖추었는지 여부는 특정한 법률조항만이 아니라 전체적인 법률을 유기적·체계적으로 종합하여 판단해야 한다. 법률이 범죄와 형벌에 대한 실질적 내용을 직접 규정하지 않고 단체협약이나 정관에 위임하는 것은 포괄위임입법의 금지에 위반된다. 단체협약이나 정관은 단체의 내부적 사항에 대한 자율적 자치규정이므로 대내적으로만 효력을 가지고, 대외적으로 제3자를 구속하지 않는다.

헌법재판소는 형사처벌에 관한 사항을 농업협동조합과 같은 특수법인의 정관에 위임하여 그 구성원에 한정하지 않고 모든 국민을 수범자로 하는 형벌조항을 규정하도록 하는 것은 그 정관의 작성권자에게 형벌법규의 내용을 형성할 권한을 준 것이므로 죄형법정주의에 위반된다고 하였다.[22] 또한, 정당한 명령 또는 규칙을 준수할 의무가 있는 자가 이를 위반하거나 준수하지 아니한 행위를 처벌하는 군형법의 조항은 명확성의 원칙이나 위임입법의 한계를 벗어난 것은 아니라고 하였다.[23]

21) 2001. 1. 27. 98헌가9.
22) 2010. 7. 29. 2008헌바106 ; 2020. 6. 25. 2018헌바278.
23) 2011. 3. 31. 2009헌가12.

3. 적법절차원칙

(1) 헌법규정

헌법 제12조 제1항 제2문 후단은 "법률과 적법한 절차에 의하지 아니하고는 처벌·보안처분 또는 강제노역을 받지 아니한다"라고 규정하고, 제12조 제3항은 "체포·구속·압수 또는 수색을 할 때에는 적법한 절차에 따라 검사의 신청에 의하여 법관이 발부한 영장을 제시하여야 한다"라고 규정한다. 적법절차원칙은 현행헌법에서 처음으로 규정되었는데, 체포·구속·압수·수색과 같은 강제처분과 처벌과 같은 형사절차뿐만 아니라 보안처분과 강제노역에도 적용된다. 헌법이 적법절차가 적용되어야 한다고 규정하는 대상은 한정적으로 열거하는 것이 아니라 예시한 것으로 해석해야 한다.24)

미국은 적법절차원칙을 수정헌법에서 규정한 이후 판례를 통해 형사절차뿐만 아니라 입법, 행정, 사법의 모든 분야에 적용되는 헌법원칙으로 발전시켰다. 수정헌법 제5조는 "누구든지 법률이 정하는 적법한 절차에 의하지 아니하고는 생명, 자유 또는 재산을 박탈당하지 아니한다"라고 연방차원에서 적법절차원칙을 인정하였다. 제14조 제1항은 "어떠한 주도 적법절차에 의하지 아니하고는 어떠한 사람으로부터도 생명, 자유 또는 재산을 박탈할 수 없으며, 그 지배권 내에 있는 어떠한 사람에 대하여도 법률에 의한 평등한 보호를 거부할 수 없다"라고 주차원에서도 적법절차원칙을 확대하였다.

(2) 독자적 위헌심사기준

헌법은 처벌·보안처분 또는 강제노역에서는 '법률과 적법한 절차'를 요구하고, 체포·구속·압수 또는 수색에 대한 영장주의에서는 '적법한 절차'를 요구한다. 적법절차원칙은 형식적으로는 법률이 정한 절차를 지켜야 하고, 실질적으로는 그 절차가 정당하고 합리적이어야 한다는 것을 의미한다. 이는 처벌·보안처분·강제노역이나 체포·구속·압수 또는 수색이 실체적으로 정당할 것을 요구하는 것이 아니라 그 절차가 정당성과 합리성을 갖추어야 한다는 것이므로 '법률과 적법한

---

24) 1992. 12. 24. 92헌가8.

절차'와 '적법한 절차'는 동일한 의미로 해석해야 한다.25)

적법절차원칙은 형사사법에 적용되는 절차적 원리로 규정되지만, 헌법재판소는 형사절차뿐만 아니라 입법·행정·사법의 모든 국가작용에서 지켜야 할 기본원리로 확대하여 해석하였다.26) 적법절차원칙은 신체의 자유를 비롯하여 기본권을 제한하는 실체적 내용과 무관하게 그 절차를 위반한 경우에는 그 자체로 위헌이 된다는 점에서 독자적인 위헌심사기준이 된다. 영장주의, 체포와 구속의 이유고지, 체포·구속적부심사제도와 같이 헌법이 직접 규정하는 적법절차를 위반한 경우에는 그 자체로 기본권을 침해하므로 실체적 내용에 대해 과잉제한금지원칙을 심사할 필요가 없다.

(3) 구체적 내용

적법절차는 법률적 차원에서 규정한 절차가 아니라 헌법적 차원에서 요구하는 절차를 의미한다는 것에 유의해야 한다. 적법절차를 법률이 정한 절차로 이해하면 법률위반을 헌법위반으로 판단하게 될 위험이 있다. 헌법이 직접 적법절차를 규정하거나 헌법적 차원에서 요구하는 적법절차를 법률이 규정한 경우에만 적법절차원칙이 적용된다. 또한, 적법절차를 위반하지 않았다고 해서 기본권의 제한이 정당화되는 것은 아니다. 형벌을 부과하는 것이 적법절차를 위반하지 않더라도 그 실체적 내용이 기본권을 침해하였는지에 대해서는 과잉제한금지원칙을 적용하여 심사해야 한다.

적법절차원칙은 법치국가의 핵심적 요소이지만, 국가가 이를 위반했는지 여부를 심사하는 기준은 명확하지 않다. 국가가 헌법이 직접 규정하는 절차를 위반한 경우에는 그 자체로 위헌이고 기본권을 침해하는 것이다. 하지만, 국가가 법률에서 규정하는 절차를 위반하여 기본권을 제한하는 경우에는 그 자체는 위법일 뿐 당연히 위헌인 것은 아니다. 다만, 이때에는 '법률로써' 기본권을 제한하는 것이 아니므로 기본권을 침해하는 것으로 평가될 수 이다. 한편, 국가가 법률에서 규정하는 절차를 준수하였더라도 적법절차원칙을 위반할 수도 있다. 법률의 규정이 헌법을 위반한 경우에는 실질적 법치에 따라 헌법적으로 정당화되지 않기 때

25) 1998. 5. 28. 96헌바4.
26) 2009. 6. 25. 2007헌마451.

문이다.

헌법재판소는 적법절차원칙에서 중요한 요청으로 독립된 중립기관이 통제할 것, 당사자에게 적절한 고지를 행할 것, 당사자에게 의견 및 자료 제출의 기회를 부여할 것을 제시하지만, 구체적으로 어떠한 절차를 어느 정도로 요구하는지는 일률적으로 말하기 어렵다. 헌법재판소는 규율되는 사항의 성질, 관련 당사자의 사익, 절차의 이행으로 제고될 가치, 국가작용의 효율성, 절차에 소요되는 비용, 불복의 기회와 같은 다양한 요소들을 형량하여 개별적으로 판단할 수밖에 없다고 하였으며,[27] 출입국관리법상 강제퇴거명령을 받은 사람에 대한 보호기간의 상한을 마련하지 않은 것은 적법절차에 위반하여 신체의 자유를 침해한다고 하였다.[28]

4. 이중처벌금지

(1) 헌법규정

헌법 제13조 제1항은 "모든 국민은 행위시의 법률에 의하여 범죄를 구성하지 아니하는 행위로 소추되지 아니하며, 동일한 범죄에 대하여 거듭 처벌받지 아니한다"라고 규정한다. 이중처벌의 금지는 개인이 범죄행위를 저질러 그에 대해 처벌을 받은 경우에는 동일한 범죄에 대해 이중으로 처벌받지 않는다는 것이며, 책임주의가 형사사법에 적용된 것이다. 범죄자가 일단 형사처벌을 받은 경우에는 그 형벌이 지나치게 가볍다고 하더라도 동일한 범죄행위에 대해서는 다시 처벌할 수는 없다.

이중처벌금지는 일사부재리와 다르다. 일사부재리는 판결이 확정되면 동일한 사건에 대해 다시 공소를 제기할 수 없다는 소송법적 효력이다. 이중처벌금지는 실체법적 효력을 포함하여 일사부재리보다 광범위하다. 헌법이 이중처벌금지를 직접 규정한 것은 기본권 제한에 대한 독자적인 위헌심사기준을 제시한다는 점에서 중요한 의미가 있다. 이중처벌금지를 위반하면 그 자체만으로 위헌이고 과잉제한금지원칙을 적용할 필요가 없다. 형벌을 부과하는 것이 이중처벌금지를 위반하지 않더라도 그것만으로 정당화되는 것은 아니므로 과잉제한금지원칙을 적

---

27) 2006. 5. 25. 2004헌바12.
28) 2023. 3. 23. 2020헌가1.

용하여 심사해야 한다.

(2) 내용

이중처벌금지는 '동일한 범죄'에 대해 거듭 '처벌'받지 않는다는 것이다. 이는 동일한 범죄에 대해 적용되므로 이미 처벌받은 행위와 동일하지 않은 범죄에 대해서는 적용되지 않는다. 동일한 범죄란 처벌받은 행위와 완전히 동일한 것을 의미하는 것이 아니라 법적 관점에서 이미 처벌받은 형벌에 포함되었다고 평가되는 범죄를 말한다. 이때 동일한 범죄인지 여부는 기본적 사실관계로서의 행위, 보호법익, 목적, 대상에 차이가 있는지 등을 종합적으로 고려하여 판단해야 한다.29)

이중처벌금지는 거듭 처벌받지 않는다는 것이고, '처벌'이란 범죄에 대한 국가형벌권의 행사로서 형법에서 규정하는 형의 종류를 의미한다. 형벌 이외의 행정적 제재나 불이익처분은 형벌과 구별되는 독자적 목적을 가지고 고유한 기능을 하므로 이중처벌금지가 적용되지 않는다. 따라서 범죄행위에 대해 형벌과 함께 보호감호, 과태료, 과징금, 이행강제금, 영업허가의 취소와 정지, 신상공개, 사회봉사명령 등을 병과하더라도 이중처벌금지에 위반되지 않는다.30)

이중처벌금지는 대한민국의 형벌권을 전제로 하므로 외국에서 처벌을 받았더라도 국내에서 동일한 범죄를 처벌할 수 있다. 헌법재판소는 외국에서 형의 집행을 받은 자에 대해 형을 감경 또는 면제할 수 있도록 한 것은 이중처벌금지에 위반되지 않지만, 외국에서의 형집행을 전혀 반영하지 않은 것은 신체의 자유를 침해한다고 하였다.31) 이에 따라 형법 제7조는 외국에서 집행된 형의 전부 또는 일부를 반드시 산입하도록 개정되었다. 대법원은 형법 제7조는 외국에서 형이 집행된 경우에만 적용되고, 외국에서 구속되었다가 무죄로 풀려난 사람에 대해서는 적용되지 않는다고 하였다.32)

(3) 연좌제금지

헌법 제13조 제3항은 "자기의 행위가 아닌 친족의 행위로 인하여 불이익한

---

29) 2008. 7. 31. 2007헌바85.
30) 1997. 11. 27. 92헌바28 ; 2003. 7. 24. 2001헌가25 ; 2013. 6. 27. 2012헌바345.
31) 2015. 5. 28. 2013헌바129.
32) 대법원 2017. 8. 24. 2017도5977.

처우를 받지 아니한다"라고 규정한다. 이는 1980년 헌법에서 연좌제를 금지하기 위해 처음으로 규정되었다. 연좌제란 개인의 범죄에 대해 특정한 범위의 사람에게 연대책임을 지워 처벌하는 것이며, 헌법이 연좌제를 금지하는 것은 형사법의 영역에서 책임주의를 실현하기 위한 것이다. 연좌제금지는 자기의 행위에 대해서만 형사책임을 지는 것에 국한되는 것이 아니라 국가에 의해 모든 불이익한 처우를 받는 것까지도 금지한다.

　　연좌제는 범죄인과 일정한 친족관계에 있는 자에게 책임을 지우는 연좌(緣坐)와 친족관계 이외의 관계에 있는 자에게 책임을 지우는 연좌(連坐)로 구분된다. 헌법은 '친족의 행위로 인하여' 불이익한 처우를 받지 않도록 규정하지만, 연좌제는 친족의 행위뿐만 아니라 그 밖의 타인의 행위로 인해서도 불이익한 처우를 받지 않도록 해야 한다는 것으로 해석해야 한다.[33] 친족관계에 있는 자에게 책임을 지우는 연좌(緣坐)를 금지하는 이상 친족관계 이외의 관계에 있는 자에게 책임을 지우는 연좌(連坐)도 당연히 금지한다.

　　연좌제금지는 친족이나 타인의 행위가 자신에 대한 불이익한 처우와 일정하게 관련되는 경우에는 적용되지 않는다. 친족이나 타인의 행위라도 실질적으로 관련되어 본인에게 법적 책임을 물을 수 있는 비난가능성이 있는 경우에는 본인에게 형사책임이나 불이익한 처우를 부과하는 것이 헌법적으로 정당화된다. 헌법재판소는 배우자나 선거사무장의 중대한 선거범죄에 대해 후보자의 당선무효를 규정한 것은 연좌제가 아니고, 친일반민족행위자의 후손이 소유하는 친일재산을 국가에 귀속시키는 것도 연좌제금지에 위반되지 않는다고 판단하였다.[34]

(4) 형사적 책임주의

　　형사법에는 '책임이 없으면 형벌도 없다'라는 책임주의가 적용된다. 개인의 행위가 범죄가 되더라도 행위자에게 비난가능성이 없으면 처벌할 수 없다. 형사법에서 책임주의는 죄형법정주의는 물론 이중처벌금지와 연좌제금지에 대한 규범적 근거가 되고, 범죄와 형벌은 비례적이어야 한다는 내용을 포함한다. 형벌은 죄질과 책임에 상응하도록 적절한 비례를 유지해야 하고, 형벌이 전체 형벌체계에

---

33) 2009. 7. 30. 2008헌가10.
34) 2005. 12. 22. 2005헌마19 ; 2011. 3. 31. 2008헌바141.

비추어 지나치게 가혹한 경우에는 형벌의 목적도 달성할 수도 없다. 이는 자의적인 입법으로 평등권을 침해하고, 범죄에 상응하는 형벌을 선고하는 법관의 양형결정권을 제한할 수도 있다.

헌법재판소는 양벌규정에 대해 사용자의 책임과 법인의 책임을 구별하여 그 위헌성을 다르게 판단한다. 즉, 종업원 등의 범죄에 대해 사용자를 획일적으로 처벌하는 것은 책임주의에 위반되지만, 사용자의 선임·감독상 주의의무를 면책사유로 규정하는 경우에는 책임주의에 위반되지 않는다고 하였다.[35] 한편, 법인의 책임에서는 종업원 등의 범죄에 대해서는 법인의 선임·감독상 주의의무와 같은 귀책사유가 없는 경우에 법인에게 형벌을 부과하는 것은 위헌이지만, 법인의 대표자의 범죄에 대해 법인의 책임을 묻는 것은 법인 자신의 범죄행위로 평가되므로 책임주의에 위반하지 않는다고 판단하였다.[36]

헌법이 규정하는 죄형법정주의, 이중처벌금지, 연좌제금지는 책임주의를 근거로 하고, 책임주의를 실현하기 위한 것으로 과잉제한금지원칙과 구별된다. 하지만, 헌법은 직접 책임주의를 독자적인 위헌심사기준으로 규정하지 않고 있고 책임주의에서 요청되는 범죄와 형벌의 비례와 같은 구체적인 내용에 대해서는 과잉제한금지원칙을 적용하여 심사할 수 있다. 따라서 책임주의 그 자체는 형벌을 규정하는 입법의 지침이 되지만, 신체의 자유를 포함한 기본권의 제한에 대한 독자적인 위헌심사기준은 아니다.

5. 무죄추정원칙

(1) 규범적 의미

헌법 제27조 제4항은 "형사피고인은 유죄의 판결이 확정될 때까지는 무죄로 추정된다"라고 규정한다. 무죄추정원칙은 검사에 의해 혐의가 인정된다고 판단되어 공소가 제기된 피고인이라도 법원에서 유죄의 판결이 확정되기까지는 죄가 없는 것으로 추정된다는 것이다. 무죄추정원칙은 형사절차에서 '의심스러울 때에는 피고인에게 유리하게'라는 원칙으로 구체화된다. 피의자나 피고인이 자신의 무죄

---

35) 2021. 7. 15. 2020헌바201.
36) 2011. 10. 25. 2010헌바307.

를 증명할 것이 아니라 검사가 유죄를 증명해야 할 책임을 부담하고, 법관 역시 합리적 의심이 없을 정도로 증명된 경우에만 유죄를 선고해야 한다.

무죄추정원칙은 신체의 자유를 제한하는 경우에만 적용되는 것이 아니라 형사사법절차의 전반에 걸쳐 준수해야 할 규범적 기준이다. 헌법은 무죄추정원칙을 직접 규정함으로써 기본권의 제한에서 과잉제한금지원칙과 별도로 독자적인 위헌심사기준으로 제시한다. 헌법재판소는 기본권의 제한에서 무죄추정원칙을 과잉제한금지원칙과 구별하여 독자적으로 적용하기도 하고 과잉제한금지원칙을 적용하여 심사하는 과정에서 무죄추정원칙을 함께 심사하기도 한다.37)

(2) 대상

헌법은 신체의 자유가 아니라 재판청구권을 보장하는 제27조에서 무죄추정원칙을 규정한다. 헌법은 무죄추정원칙이 적용되는 대상을 '형사피고인'으로 규정하는데, 피의자를 포함하여 모든 국민에게도 적용된다고 해석해야 한다. 검사에 의해 기소되어 재판을 받는 피고인을 무죄로 추정하는 이상 아직 기소되지 않은 상태에서 수사를 받는 피의자나 수사를 받지도 않는 국민도 당연히 무죄로 추정해야 한다. 헌법이 '형사피고인'이라고 표현한 것은 제27조에서 재판청구권을 보장하면서 무죄추정원칙을 함께 규정한 것에 기인한 것으로 이해된다.

무죄추정원칙은 시간적으로도 '유죄의 판결이 확정될 때까지'만 무죄로 추정된다. 이때 '유죄의 판결'에는 형의 선고는 물론 집행유예, 형의 면제, 선고유예와 같은 판결도 포함되고, 법원에 의해 면소판결, 공소기각결정, 공소기각판결이 선고된 경우에도 유죄에 대한 실체적 판단을 하지 않았으므로 무죄로 추정된다. 법원이 유죄의 판결을 선고하더라도 최종적으로 확정될 때까지는 무죄로 추정된다. 다만, 재심은 이미 유죄판결이 확정된 재판에 대한 것이므로 무죄추정이 적용되지 않는다.

(3) 유죄를 전제로 한 처분의 금지

무죄추정원칙은 개인에게 유죄의 판결이 확정되기 전에는 범죄자로 취급하거나 형사절차에서 유죄임을 전제로 다른 처분을 하는 것을 금지한다. 무죄추정원칙은 수사와 재판에서 피의자나 피고인을 불구속으로 진행할 것을 원칙으로 요

---

37) 2014. 4. 24. 2012헌가45.

구한다. 피의자나 피고인을 구속하는 것은 그 자체가 형의 집행과 동일한 효과를 가지므로 수사와 재판을 위해 필요한 경우에 최단기간으로만 허용해야 한다. 피의자나 피고인이 구속된 경우에는 유죄판결이 선고되기 이전에 구금된 일수는 그 전부가 형기에 산입되지 않으면 무죄추정원칙에 위반된다.[38)]

무죄추정원칙에 따라 유죄판결이 확정되기 전에는 피의자 또는 피고인을 죄 있는 자에 준하여 취급함으로써 법률적·사실적 측면에서 유형·무형의 불이익을 주어서는 안 된다. 헌법재판소는 미결수용자에게 구치소에서 재소자용 의류를 착용하도록 한 것은 헌법에 위반되지 않지만, 수사나 재판을 받기 위해 구치소 밖으로 나올 때에 사복을 입지 못하게 하는 것은 무죄추정원칙에 위반하여 위헌이라고 판단하였다.[39)] 다만, 형사재판이 아닌 민사재판에 출석하는 수형자에 대해 사복착용을 허가하지 않는 것에 대해서는 무죄추정원칙을 위반한 것이 아니라고 판단하였다.[40)]

대법원은 공소제기 이전에 수사기관이 피의사실을 공표하는 것은 무죄추정원칙에 위반되며, 피의사실이 객관적으로 정확하고 공익과 관련되고, 공표의 절차나 형식, 공표로 인하여 발생하는 피해의 성질과 내용 등을 종합적으로 고려하여 공표행위가 위법성을 조각하는 경우에만 허용된다고 판단하였다.[41)] 무죄추정원칙은 무죄로 추정되는 것에 불과하므로 법원의 재판을 통해 최종적으로 유죄로 선고되어 확정되는 경우에는 그 추정이 깨어진다. 그때까지는 피의자나 피고인을 유죄로 취급해서는 안 된다.

(4) 행정상 제재나 불이익도 금지

무죄추정원칙에 따라 금지되는 불이익은 형사사법적 불이익뿐만 아니라 행정적 제재나 불이익도 포함한다.[42)] 헌법재판소는 공소가 제기된 변호사에 대해 업무정지를 명하도록 한 것과 공소가 제기된 사립학교 교원이나 국가공무원을 필수적으로 직위해제하도록 한 것은 무죄추정원칙에 위반된다고 판단하였다.[43)] 다

---

38) 형법 제57조 제1항 ; 2009. 6. 25. 2007헌바25.
39) 1999. 5. 27. 97헌마137.
40) 2015. 12. 23. 2013헌마712.
41) 대법원 2001. 11. 9. 2001두4184.
42) 2010. 9. 2. 2010헌마418.

만, 독자적인 법적 근거가 있는 경우에는 수사나 재판과 무관하게 피의자나 피고인에게 행정적 제재나 불이익을 부과할 수 있다. 공무원이 범죄를 저지른 경우에는 유죄의 판결이 확정되지 않더라도 별도의 법적 근거에 따라 징계처분을 하는 것은 무죄추정원칙에 위반되지 않는다.

헌법재판소는 금고 이상의 형이 선고되었다는 사실만으로 형이 확정될 때까지 지방자치단체의 장의 직무를 정지시키는 불이익을 가하고, 그 불이익에서 필요최소한에 그치도록 엄격한 요건을 설정하지도 않은 것은 무죄추정원칙에 위배된다고 판단하였다.[44] 하지만, 지방자치단체의 장이 구속된 경우에 자치단체행정의 원활하고 계속적인 운영에 위험이 발생할 것이 명백하여 이를 방지하기 위해 직무를 정지시키는 것은 유죄의 인정에서 비롯되는 불이익이라고 볼 수 없으므로 무죄추정원칙에 위반되지 않는다고 판단하였다.[45]

6. 고문의 금지와 형사상 불리한 진술의 거부권

(1) 고문의 절대적 금지

헌법 제12조 제2항은 "모든 국민은 고문을 받지 아니하며"라고 규정한다. 고문은 숨기고 있는 사실을 강제로 알아내기 위해 육체적 또는 정신적 고통을 주며 신문하는 것이다. 수사기관은 범죄를 밝히기 위해 범죄자나 참고인으로부터 고문을 통해 자백을 강요할 유혹을 받기 쉽다. 고문은 그 자체로 인간의 존엄과 가치를 파괴하므로 헌법이 직접 절대적으로 금지한다. 헌법은 고문을 받지 않을 것을 기본권으로 보장하는 것이 아니라 신체의 자유를 보장하기 위해 국가에 대한 헌법적 의무로 규정한 것이다. 국회가 법률로 고문을 규정하더라도 이는 그 자체로 위헌이며 과잉제한금지원칙을 적용할 여지도 없다.

고문은 피의자나 피고인뿐만 아니라 모든 국민에 대해 금지되고, 인도에 위반되거나 사람에 대한 전쟁범죄에 포함되므로 외국인에 대해서도 금지된다.[46] 수

---

43) 1990. 11. 19. 90헌가48 ; 1994. 7. 29. 93헌가3 ; 1998. 5. 28. 96헌가12.
44) 2010. 9. 2. 2010헌마418.
45) 2011. 4. 28. 2010헌마474.
46) 국제형사재판소 관할범죄의 처벌 등에 관한 법률 제9조, 제10조.

사기관이 피의자나 피고인을 고문하면 그 고문행위는 위헌·위법적 행위로 범죄가 되고, 고문을 당한 자는 국가에게 국가배상청구권을 청구할 수 있다.[47] 헌법은 고문을 실효적으로 금지하기 위해 고문 등에 의하여 자의로 진술된 것이 아니라고 인정될 때에는 임의성 없는 자백으로 인정하여 그 증거능력을 부인한다.

(2) 형사상 불리한 진술 강요의 금지

(가) 독자적인 위헌심사기준

헌법 제12조 제2항은 "모든 국민은 … 형사상 자기에게 불리한 진술을 강요당하지 아니한다"라고 규정한다. 국가는 국민에게 형사상 불리한 진술을 강요해서는 안 된다. 이는 실체적 진실발견보다 인권을 우선하여 범죄혐의자와 수사기관 사이에 무기평등을 도모하여 공정한 재판을 실현하기 위한 것이다. 형사소송법은 피의자나 피고인에 대해 진술하지 않거나 개개의 질문에 대해 진술을 거부할 수 있는 것을 권리로 보장하고, 수사나 재판에서는 사전에 진술거부권을 고지하도록 규정한다.[48]

헌법은 국가에게 개인의 형사상 불리한 진술을 강요해서는 안 될 헌법적 의무를 부과하므로 이는 독자적인 위헌심사기준이 되며, 법률로써 진술을 강요하더라도 위헌이 된다. 헌법재판소는 형사책임에 관하여 자신에게 불이익한 진술을 강요당하지 아니할 것을 국민의 기본권으로 보장한다고 판단하였다.[49] 하지만, 헌법이 독자적인 기본권으로 보장한 것은 아니라고 해석해야 한다. 형사소송법은 국가의 헌법적 의무를 구체화하여 진술거부권을 법률적 권리로 보장한 것이다.

형사상 불리한 진술의 강요는 개별적 기본권과 밀접하게 관련되는 경우가 많으므로 그 기본권 제한에 대해 과잉제한금지원칙을 적용하여 심사하는 과정에서 함께 판단되기도 한다.[50] 국가는 피의자나 피고인뿐만 아니라 잠재적으로 형사처벌의 대상이 될 가능성이 있는 모든 국민에 대해 형사상 불리한 진술을 강요해서는 안 된다. 형사소송법은 사전에 진술거부권을 고지하도록 규정하므로 이를

---

47) 형법 제125조, 형사소송법 제309조.
48) 형사소송법 제244조의3 제1항, 제283조의2.
49) 1997. 3. 27. 96헌가11.
50) 2005. 12. 22. 2004헌바25.

위반하여 자백을 받은 경우에는 자백의 임의성이 인정되더라도 그 자백은 증거능력을 갖지 못한다.[51] 헌법이 국가에게 헌법적 의무로 금지하는 형사상 불리한 진술은 국가에 대한 모든 진술이 아니라 일정한 요건을 갖추어야 한다.

(나) '형사상' 진술

국가는 형사상 진술을 강요해서는 안 된다. 국가는 개인에게 형사상 책임을 질 가능성이 있는 수사절차나 공판절차에서 수사기관이나 법원의 신문에 대해 진술을 강요할 수 없다. 형사절차가 개시되기 이전이라도 형사상 책임을 질 가능성이 있는 진술은 그 대상에 포함된다. 헌법재판소는 공정거래법을 위반하였다는 진술을 일간지에 공표하도록 명령하는 것은 형사절차에 들어가기 전에 법위반행위를 자백하게 하는 것이어서 무죄추정원칙에 위반될 뿐만 아니라 진술거부권을 침해하여 위헌이라고 판단하였다.[52]

헌법이 국가에게 강요할 것을 금지하는 것은 형사상 진술이므로 형사상 책임에 포함되지 않는 행정적 제재나 민사상 책임과 관련된 진술은 이에 포함되지 않는다. 헌법재판소는 과세를 위해 신고의무를 부과하는 것은 형사상 책임에 관한 것이 아니므로 진술거부권을 제한하는 것이 아니라고 판단하였다.[53] 다만, 신고의무의 위반행위를 형사상 처벌하는 경우에는 형사상 진술에 포함된다. 또한, 행정절차나 국회의 국정조사와 같이 형사절차가 아닌 경우에도 자기에게 형사상 책임이나 불리한 효과를 초래할 가능성이 있는 경우에는 형사상 진술에 포함된다.[54]

(다) '자기에게 불리한' 진술

헌법이 강요를 금지하는 형사상 진술은 '자기에게 불리한' 진술이다. 자기가 아닌 타인에게 불리한 진술은 물론 자기에게 유리한 진술이거나 불리하지 않은 진술도 이에 포함되지 않는다. 다만, 자기와 타인 모두에게 불리한 진술은 자기에게 불리한 진술에 포함된다. 헌법이 강요를 금지하는 형사상 진술에 포함되지 않

---

51) 대법원 2009. 8. 20. 2008도8213.
52) 2002. 1. 31. 2001헌바43.
53) 2014. 7. 24. 2013헌바177.
54) 2015. 9. 24. 2012헌바410.

는다고 해서 국가가 개인에게 진술을 강요하는 것이 허용되는 것은 아니다. 개인
은 어떠한 진술도 강요당하지 않을 권리를 가지며, 이는 헌법 제10조의 행복추구
권의 내용으로 보장된다. 형사소송법은 형사절차에서 진술거부권을 법률적 권리
로 보장한다.

(라) '진술' 강요의 금지

형사상 자기에게 불리한 '진술'이란 형사절차에서 당사자, 증인, 감정인 등으
로 참여하여 사건이나 상황에 대해 자신의 생각, 지식, 경험을 언어적으로 표현하
는 행위이다. 형사상 자기에게 불리한 진술에는 구두에 의한 진술은 물론 서면으
로 보고하거나 기재하는 것도 포함된다. 형사상 진술인 이상 사실에 대한 진술과
법률적 평가에 대한 진술도 포함되며, 물리적으로 직접 진술을 강요하는 것뿐만
아니라 법률로 진술의무를 부과하고 그 위반행위에 대해 처벌하는 것도 진술의
강요에 해당한다.

헌법재판소는 음주측정의 거부는 호흡측정기에 입을 대고 호흡을 불어 넣음
으로써 신체의 물리적, 사실적 상태를 드러내는 행위로서 언어적 표출이 아니므
로 진술에 해당하지 않는다고 판단하였다.[55] 또한, 정당의 회계책임자가 회계장
부 등을 보존하는 행위는 형사상 진술이 아니지만, 정치자금의 수입과 지출에 관
한 내역을 기재하도록 하는 것은 당사자가 경험한 사실을 말로 표출한 것과 등가
물로 평가할 수 있으므로 진술에 포함된다고 하였다.[56]

헌법재판소는 진술거부권을 기본권으로 인정하고 과잉제한금지원칙을 적용
하여 제한할 수 있다고 한다. 정당의 회계책임자에게 정치자금의 수수내역을 회
계장부에 기재하고 이를 신고할 의무를 부과하고, 선거관리위원회에 허위로 보고
한 행위를 처벌하는 것은 진술거부권을 침해하지 않는다고 하였다.[57] 또한, 교통
사고를 일으킨 운전자에게 자기의 범죄사실을 신고하도록 하는 것은 피해자에 대
한 구호 및 교통질서의 회복을 위한 조치가 필요한 범위에서 교통사고의 객관적
내용만 신고하도록 하고, 형사책임과 관련되는 사항에는 적용되지 않는 것으로
해석하는 한 진술거부권을 침해하는 것은 아니라고 판단하였다.[58]

---

55) 1997. 3. 27. 96헌가11.
56) 2005. 12. 22. 2004헌바25.
57) 2005. 12. 22. 2004헌바25.

7. 자백의 임의성과 보강법칙

(1) 자백의 임의성

(가) 자백의 증거능력을 부인

헌법 제12조 제7항은 "피고인의 자백이 고문·폭행·협박·구속의 부당한 장기화 또는 기망 기타의 방법에 의하여 자의로 진술된 것이 아니라고 인정될 때 … 이를 유죄의 증거로 삼거나 이를 이유로 처벌할 수 없다"라고 규정한다. 자백은 자기가 범죄사실의 전부 또는 일부를 범하였음을 인정하는 진술이다. 피고인이 수사기관에서 범죄를 자백하였다고 하더라도 임의성이 없는 경우에는 법정에서 증거로 삼을 수 없다. '피고인의 자백'은 공판절차에서 피고인이 한 자백만 의미하는 것이 아니라 피고인이 기소되기 이전 피의자의 지위에서 한 자백도 포함된다.

헌법이 규정하는 고문·폭행·협박·구속의 부당한 장기화 또는 기망의 방법은 자백의 임의성을 배제하는 대표적인 사유를 예시한 것이며, 그 밖의 사유에 의해 자백을 받더라도 자백의 임의성이 없는 경우에는 증거능력이 부정되므로 범죄의 증거로 채택할 수 없다. 임의성 없는 자백에 대해 증거능력을 부인하는 것은 범죄의 증거에서 이를 제외시킴으로써 증거재판주의를 실효적으로 보장하고, 수사기관이 범죄수사를 위해 자백에 의존하여 신체의 자유와 같은 기본권을 침해하는 것을 방지하기 위한 것이다.

(나) 자백에 기초하여 수집한 증거의 증거능력도 부인

형사소송에서는 위법하게 수집된 증거를 배제하므로 자백의 임의성이 인정되지 않는 경우에는 그 자백에 기초하여 수집한 증거의 증거능력도 부인된다. 자백의 임의성에 대해서는 피고인이 자신의 자백에 임의성이 없다는 점을 입증해야 하는 것이 아니라 검사가 피고인의 자백에 임의성이 있었음을 입증해야 한다. 형사소송법은 사법경찰관은 물론 검사가 작성한 피의자신문조서에 대해서도 적법한 절차와 방식에 따라 작성된 것으로서 공판준비, 공판기일에 그 피의자였던 피고인

---

58) 1990. 8. 27. 89헌가118.

또는 변호인이 그 내용을 인정할 때에 한하여 증거로 할 수 있도록 제한한다.[59]

피고인은 물론 사건관계인의 진술도 임의성이 없으면 증거로 채택할 수 없는데, 그 진술의 임의성을 판단하기 위해 거짓말탐지기를 사용한 경우에는 엄격한 요건을 갖춘 경우에만 증거능력을 인정한다. 대법원은 거짓말탐지기를 통한 진술에 대해 거짓말로 인한 심리상태의 변동으로 인한 일정한 생리적 반응을 통해 피검사자의 진술이 거짓인지를 정확하게 판정할 수 있는 경우에만 예외적으로 증거능력을 인정한다.[60]

(2) 자백의 보강법칙

헌법 제12조 제7항은 "… 정식재판에 있어서 피고인의 자백이 그에게 불리한 유일한 증거일 때에는 이를 유죄의 증거로 삼거나 이를 이유로 처벌할 수 없다"라고 규정한다. 피고인의 자백에 임의성이 있더라도 그 자백이 유일한 증거일 때에는 자백만으로는 유죄의 증거로 할 수 없고 자백의 진실성을 뒷받침하는 보강증거가 있어야 처벌할 수 있도록 한다. 이는 수사기관이 실체적 진실을 발견하기 위해 피고인의 자백에 의존하여 신체의 자유를 침해하는 위험성을 예방하기 위한 것이며, 자백의 보강법칙이라고 한다.

피고인의 자백에 의해 법관이 유죄의 심증을 얻었다 하더라도 그 자백에 대한 다른 보강증거가 없으면 유죄로 인정할 수 없다. 자백이 임의적이라고 하더라도 그것이 허위에 의해 이루어졌을 가능성이 있으므로 유죄로 선고하기 위해서는 자백의 임의성을 보강하는 증거를 추가로 요구하는 것이다. 다만, 자백에 대한 보강증거는 피고인의 자백이 가공적이 아니고 진실한 것이라고 인정할 수 있는 정도면 충분하므로 직접증거뿐만 아니라 간접증거나 정황증거도 포함한다.

(3) 정식재판에서 증명력을 제한

자백의 보강법칙은 '정식재판에 있어서' 적용되므로 정식재판이 아닌 즉결심판, 약식재판, 간이공판절차에서는 자백의 보강법칙이 적용되지 않는다. 이때에는 자백의 증거능력이 인정되면 자백만으로 유죄의 증거로 삼을 수 있다. 이때에는

---

59) 형사소송법 제308조의2, 제312조 제1항, 제2항.
60) 2005. 5. 26. 2005도130.

피고인에게 정식재판을 청구할 수 있는 기회를 보장하므로 재판절차의 효율성을 기하기 위해 자백의 보강법칙을 적용하지 않는다.

자백의 임의성은 증거능력의 요건이지만, 자백의 보강법칙은 증명력의 요건이다. 증명력은 증거로 신뢰할 수 있는 가치로서 형사재판에서는 법관의 자유심증주의에 따라 증거의 증명력은 법관의 자유판단에 의하도록 한다.61) 자백에 임의성이 없는 경우에는 증거능력이 부인되므로 증명력을 인정할 여지가 없다. 자백의 보강법칙은 자백의 임의성이 인정되어 증거능력이 인정되는 경우라도 그것만으로는 유죄의 증거로 삼을 수 없다는 것이므로 법관의 자유심증주의를 제한한다.

8. 영장주의

(1) 규범적 의미

헌법 제12조 제3항은 "체포·구속·압수 또는 수색을 할 때에는 적법한 절차에 따라 검사의 신청에 의하여 법관이 발부한 영장을 제시하여야 한다"라고 규정한다. 제16조는 "주거에 대한 압수나 수색을 할 때에는 검사의 신청에 의하여 법관이 발부한 영장을 제시하여야 한다"라고 규정한다. 영장주의는 수사기관이 형사절차에서 강제처분을 하기 위해서는 반드시 법관이 심사하여 발부한 영장에 의해야 한다는 것이다. 이는 사법권의 독립이 보장되는 법관으로 하여금 수사기관이 강제처분권을 남용하는 것을 방지하기 위해 사법절차적으로 통제하도록 하는 것이다.

헌법 제12조 제1항은 "… 누구든지 법률에 의하지 아니하고는 체포·구속·압수·수색 또는 심문을 받지 아니하며, 법률과 적법한 절차에 의하지 아니하고는 처벌 …을 받지 아니한다"라고 규정한다. 영장주의는 수사기관의 강제처분에 대해 특별히 적법절차의 원칙을 구체화한 것이다. 체포·구속·압수·수색에서 영장주의를 위반하면 그 자체로 위헌이 되고, 기본권의 제한에 대해 과잉제한금지원칙을 통해 심사할 필요가 없다. 헌법은 신체에 대한 체포·구속·압수·수색과 주거에 대한 압수·수색에 영장주의를 요구하고, 반드시 검사의 신청에 의하여 법관

---

61) 형사소송법 제308조.

이 발부한 영장을 제시하도록 규정한다.

헌법 제77조 제3항은 "비상계엄이 선포된 때에는 법률이 정하는 바에 의하여 영장제도 …에 관하여 특별한 조치를 할 수 있다"라고 규정한다. 계엄법은 비상계엄지역에서 계엄사령관은 군사상 필요할 때에는 체포·구금·압수·수색 …에 대하여 특별한 조치를 할 수 있다고 규정한다.[62] 이때 '특별한 조치'란 영장제도에 관한 구체적인 내용에 대해 특별한 조치를 한다는 것이지, 영장제도 자체를 부인하는 것은 아니다. 비상계엄의 경우에도 최소한 영장제도 자체는 인정되므로 영장 없이 체포 또는 구속하거나 법관이 아닌 검사가 발부한 영장에 의하여 체포 또는 구속하는 것은 허용되지 않는다.[63]

(2) 대상

(가) 체포·구속·압수 또는 수색

영장주의는 수사기관의 강제수사에 대해서만 적용된다. 형사절차에서 수사란 범죄의 혐의 유무를 밝히고, 공소의 제기 여부를 결정하기 위해 범인을 발견·확보하고 증거를 수집·보전하는 수사기관의 활동을 말한다. 수사는 임의수사와 강제수사로 구분되며, 임의수사가 원칙이고 강제수사는 형사소송법이 특별히 규정하는 경우에만 허용된다. 임의수사는 수사 대상의 동의나 승낙을 받아 행하는 수사로 피의자신문, 참고인조사, 감정, 통역, 사실조회 등이 이에 해당하며 영장주의가 적용되지 않는다. 강제수사는 강제처분에 의한 수사로 체포·구속·압수·수색이 이에 포함된다.

형사소송법은 신체의 자유를 제한하는 영장을 체포영장과 구속영장으로 구분한다. 수사기관은 체포영장에 의해 피의자를 체포할 수 있고, 체포영장에 의한 체포나 긴급체포를 한 경우에도 피의자를 구속하기 위해서는 48시간 이내에 구속영장을 청구해야 한다.[64] 구속영장을 청구받은 판사는 원칙적으로 피의자가 죄를 범하였다고 의심할 만한 이유가 있는 경우에 구인을 위한 구속영장을 발부하여 피의자를 구인한 후 심문해야 한다. 다만, 피의자가 도망하는 등의 사유로 심문할

---

62) 계엄법 제9조 제1항.
63) 2013. 3. 21. 2010헌바132 ; 대법원 2013. 5. 16. 2011도2631.
64) 형사소송법 제2002조의2, 제200조의3, 제200조의4.

수 없는 경우에는 피의자를 심문하지 않고 구속영장을 발부할 수 있다.[65]

수사기관이 압수·수색할 경우에도 영장을 발부받아야 하며, 형사소송법은 '검증'에 대해서도 영장을 요구하여 영장주의를 보다 확대하였다. 수사기관은 피의자나 소유자 등이 임의로 제출한 물건은 영장 없이 압수할 수 있으며, 체포현장에서 압수·수색·검증을 하거나 긴급체포된 자가 소유·소지 또는 보관하는 물건은 체포한 때부터 24시간 이내에 한하여 영장 없이 압수·수색 또는 검증을 할 수 있다.[66] 형사절차에서 사실인정은 증거에 의해야 하고 합리적인 의심이 없는 정도의 증명에 이르러야 하지만, 적법한 절차에 따르지 아니하고 수집한 증거는 증거로 할 수 없다.[67]

(나) 간접적 강제처분은 제외

영장주의가 적용되는 강제수사는 체포·구속·압수·수색과 같이 수사기관이 직접적이고 물리적인 강제력을 행사하는 강제처분을 의미한다. 수사기관이 피의자나 피고인에게 요구하더라도 당사자의 자발적 협조를 필요로 하는 처분이나 당사자가 수사기관의 요구에 불응할 경우에 처벌이나 제재를 부과함으로써 심리적이고 간접적으로 강제하는 처분은 강제수사에서 제외된다. 하지만, 영장주의가 적용되는 강제처분을 명확하게 구분하기는 쉽지 않다.

마약류 관련 수형자에 대해 소변채취를 요구하는 것, 피의자에게 지문채취를 요구하고 불응하는 경우에 처벌하는 것, 교도관이 미결수용자의 접견내용을 녹음하는 것은 직접적이고 물리적인 강제력을 행사하는 것이 아니므로 영장주의가 적용되지 않는다.[68] 수사기관의 음주측정 요구에 불응하는 행위를 처벌하는 것도 당사자의 자발적 협조가 필수적이므로 마찬가지이다.[69] 헌법재판소는 국회의 동행명령을 위반한 참고인을 처벌하는 것은 실질적으로 일정한 장소에 인치하는 것과 동일하므로 영장주의가 적용된다고 하였으나,[70] 이는 직접적이고 물리적인 강제처분이 아니라고 판단된다.

---

65) 형사소송법 제201조의2 제2항.
66) 형사소송법 제215조, 제217조, 제218조.
67) 형사소송법 제308조의2.
68) 2004. 9. 23. 2002헌가17 ; 2016. 11. 24. 2014헌바401.
69) 1997. 3. 27. 96헌가11.
70) 2008. 1. 10. 2007헌마1468.

최근에는 전자정보기술의 발달로 인하여 디지털증거의 중요성이 커지고 있어 영장주의의 적용대상도 확대되고 있다. 헌법재판소는 수사기관이 수사, 형의 집행, 국가안전보장에 대한 위해방지를 위해 전기통신사업자에게 통신자료의 제공을 요청하는 전기통신사업법의 규정은 임의수사에 해당하므로 영장주의가 적용되지 않지만,71) 수사기관이 수사, 형의 집행을 위해 필요한 경우에 법원의 허가를 얻어 전기통신업자에게 이용자의 위치정보 추적자료와 같은 통신사실확인자료의 제공을 요청하는 통신비밀보호법의 규정은 수사기관의 강제처분에 해당하므로 영장주의가 적용된다고 판단하였다.72) 수사기관이 휴대전화를 적법하게 압수하였더라도 그 내용을 강제로 검색하는 경우에는 전자정보에 대해 별도로 영장을 발부받아야 한다.

(다) 행정절차에는 비적용

헌법이 영장주의를 요구하는 체포·구속·압수·수색은 모두 형사절차의 강제처분에 해당한다. 하지만, 형사절차뿐만 아니라 행정절차에서도 신체의 자유와 같이 기본권이 제한될 수 있다. 행정절차에서 행정상 즉시강제와 권력적 행정조사와 같이 실질적으로 인신구속과 유사한 효과를 발생시키는 국가작용은 강제처분에 해당하므로 원칙적으로 영장주의가 적용되고, 예외적으로 법관의 영장을 기다려서는 행정목적을 달성할 수 없는 불가피하고 합리적인 이유가 있는 경우에 한하여 영장주의가 배제될 수 있다는 견해가 있다.73)

행정상 즉시강제란 급박한 행정적 장해를 제거할 필요가 있는 경우에 미리 의무를 명할 시간적 여유가 없거나 그 명령만으로는 목적을 달성할 수 없을 때 즉시 국민의 신체나 재산에 실력을 행사하는 것이다. 권력적 행정조사란 행정기관이 필요한 정보나 자료 등을 실력행사의 방법으로 수집하는 것이다. 행정상 즉시강제와 권력적 행정조사는 실질적으로 강제처분과 동일한 효과를 발생시켜 신체의 자유를 침해할 위험성이 있지만 행정작용을 할 긴급한 필요가 있어 법관의 영장을 기다려서는 그 행정목적으로 달성할 수 없는 경우에만 인정되므로 영장주의가 적용되지 않는다.74)

---

71) 2022. 7. 21. 2016헌마388.
72) 2018. 6. 28. 2012헌마191.
73) 성낙인, 헌법학, 1220면 ; 허영, 한국헌법론, 418면.

영장주의는 수사기관이 강제처분을 하는 경우에 법관이 영장을 발부하도록
하는 것이 핵심이고, 헌법도 영장의 대상으로 체포·구속·압수·수색만 규정하
므로 영장주의는 형사절차에서의 강제처분에만 적용된다. 헌법재판소는 군인에
대해 영창처분을 하는 것은 과잉제한금지원칙을 위반하여 신체의 자유를 침해
하지만, 형사절차가 아니라 징계구금이므로 영장주의가 적용되지는 않고, 영창
처분에 대한 실효적 구제수단이 마련되어 있으므로 적법절차원칙에 위반되지
않는다고 하였다.75) 또한, 불법체류한 외국인에 대해 인신구금을 통해 긴급보호
하는 것은 영장주의의 대상이 되지 않고 적법절차원칙에도 위반되지 않는다고
판단하였다.76)

신체의 자유는 형사절차는 물론 행정절차를 포함한 모든 국가작용에서 보장
되는 기본권이지만,77) 영장주의는 신체의 자유와 반드시 일치하는 것은 아니다.
영장주의는 신체의 자유에 국한되지 않고, 압수·수색에서 신체의 자유를 제한하
지 않는 경우에도 적용된다. 행정절차에는 영장주의가 적용되지 않는다고 해서
기본권을 제한하는 경우에 절차적 통제를 받지 않는 것은 아니다. 행정작용이 기
본권을 제한하는 경우에는 적법절차원칙과 과잉제한금지원칙을 적용하여 그 위헌
성을 심사해야 한다.

(3) 검사의 신청과 법관의 발부

헌법은 검사의 신청에 의하여 법관이 영장을 발부하도록 규정한다. 헌법이
검사에게 영장신청권을 독점적으로 부여한 것은 준사법기관인 검사가 공익의 대
표자로서 구속의 필요성에 대해 사전적으로 심사하여 법관에게 신청하도록 한 것
이다. 형사절차의 수사단계에서는 검사만 영장을 신청할 수 있고, 경찰과 같은 수
사기관은 검사에게 영장의 청구를 신청할 수 있을 뿐이다.78) 이때 '검사'는 검찰
권을 행사하는 국가기관으로 공익의 대표자이자 인권옹호기관으로 직무를 수행하
는 자를 의미하므로 군검사, 특별검사, 고위공직자수사처검사도 포함된다.79)

---

74) 2002. 10. 31. 2000헌가12.
75) 2020. 9. 24. 2017헌바157.
76) 2016. 4. 28. 2013헌바196.
77) 2018. 5. 31. 2014헌마346.
78) 형사소송법 제201조.

　　법관은 피의자가 죄를 범하였다고 의심할 만한 상당한 이유가 있고, 정당한 이유없이 수사기관의 출석요구에 응하지 아니하거나 응하지 아니할 우려가 있는 때에는 체포영장을 발부한다. 피의자가 죄를 범하였다고 의심할 만한 상당한 이유가 있고, 일정한 주거가 없는 때, 증거를 인멸할 염려가 있는 때, 도망하거나 도망할 염려가 있는 때에는 구속영장을 발부한다. 피의자가 죄를 범하였다고 의심할 만한 정황이 있고, 해당 사건과 관계가 있다고 인정할 수 있을 때에는 압수·수색·검증영장을 발부한다.[80] 일반영장은 금지되므로 영장에는 피의자의 성명, 주소, 죄명, 범죄사실의 요지 등을 기재해야 한다.[81]

　　영장주의는 신체의 체포와 구속에서는 구속을 시작하는 것뿐만 아니라 구속상태를 유지할지 실효시킬지 여부도 법관의 판단에 따라 결정한다는 의미를 포함한다. 검사는 형사절차의 수사단계에서만 영장을 신청할 수 있고, 공판단계에서는 법관이 검사의 신청이 없이도 직권으로 영장을 발부할 수 있다.[82] 다만, 법관에 의해 구속영장이 발부되었더라도 피고인에 대해 무죄가 선고되면 구속영장의 효력은 상실되며 피고인은 즉시 석방되어야 한다.

　　대법원은 수사단계에서 영장을 발부하는 경우에는 헌법 제12조 제3항에 따라 검사의 신청을 거쳐야 하지만, 공판단계에서 법관이 직권으로 영장을 발부하는 경우에는 제12조 제1항에 따라 직권으로 영장을 발부할 수 있다고 판단하였다.[83] 법원이 보석허가결정이나 구속집행정지결정을 한 경우에 검사가 즉시항고할 수 있도록 하는 것은 검사의 불복을 구속집행정지에 대한 법원의 판단보다 우선시켜 법원의 구속에 대한 결정을 무의미하게 할 수 있으므로 영장주의에 위반된다.[84]

(4) 예외적 사후영장

　　헌법은 제12조 제3항 후문에서 "다만, 현행범인인 경우와 장기 3년 이상의

---

79) 2021. 1. 28. 2020헌마264.
80) 형사소송법 제201조 제1항, 제202조의2 제1항, 제215조 제1항.
81) 형사소송법 제70조, 제75조, 제81조, 제201조의2.
82) 1997. 3. 27. 96헌바28.
83) 대법원 2011. 4. 28. 2009도10412.
84) 2012. 6. 27. 2011헌가36.

형에 해당하는 죄를 범하고 도피 또는 증거인멸의 염려가 있을 때에는 사후에 영
장을 청구할 수 있다"라고 규정한다. 영장주의는 사전영장을 원칙으로 하므로 수
사기관이 체포와 같은 강제처분을 하기 이전에 미리 법관으로부터 영장을 발부받
아야 하지만, 헌법은 예외적으로 사후영장을 허용한다. 현행범인이란 범죄를 실행
중이거나 실행 직후에 있는 자로서 준현행범을 포함하며,[85] 장기 3년 이상의 형
에 해당하는 죄란 법정형이 장기 3년 이상으로 규정된 중대한 범죄를 의미한다.
　헌법이 예외적으로 사후영장을 인정하는 것은 신체의 자유를 침해할 개연성
이 크지 않고, 신체의 자유를 제한하더라도 범죄행위를 제압하고 범인을 검거할
긴급한 필요성이 인정되기 때문이다. 이때에도 영장주의 자체를 부인하는 것이
아니라 사후적으로 영장주의를 준수하여 법관으로부터 영장을 발부받아야 한다.
현행범인이라도 검사가 48시간 이내에 구속영장을 청구하지 않거나 구속영장을
발부받지 못한 경우에는 피의자를 즉시 석방해야 한다. 피의자를 긴급체포한 경
우에도 검사가 구속영장을 청구하지 아니한 경우에는 30일 이내에 서면으로 법원
에 통지해야 한다.[86]
　주거에 대한 압수·수색의 경우에도 예외적으로 사후영장을 청구하는 것이
허용될까. 헌법은 주거에 대한 압수·수색에서는 사후영장에 대해 별도로 규정하
지 않고 있다. 헌법재판소는 현행범을 체포하거나 긴급체포의 경우와 같이 범죄를
입증할 자료나 피의자가 존재할 개연성이 크고 사전에 영장을 발부받기 어려운 긴
급한 사정이 있는 경우에는 예외적으로 사후영장을 인정하였다.[87] 다만, 현행범을
체포하는 현장이나 범죄의 현장에서 소지자 등이 임의로 제출하는 물건은 영장 없
이 압수하는 것이 허용되고, 이때에는 별도로 사후영장을 받을 필요가 없다.[88]

(5) 체포와 구속절차에 관한 기본권

(가) 체포 등에 대한 이유 고지와 통지

헌법 제12조 제5항은 "누구든지 체포 또는 구속의 이유와 변호인의 조력을

---

85) 형사소송법 제211조.
86) 형사소송법 제200조의2, 제200조의4.
87) 2018. 4. 26. 2015헌가19.
88) 대법원 2019. 11. 14. 2019도13290.

받을 권리가 있음을 고지받지 아니하고는 체포 또는 구속을 당하지 아니한다. 체
포 또는 구속을 당한 자의 가족 등 법률이 정하는 자에게는 그 이유와 일시·장소
가 지체 없이 통지되어야 한다"라고 규정한다. 이는 변호인의 조력을 받을 권리
와 방어권을 실효적으로 보장하기 위한 것으로 이른바 '미란다원칙'에서 비롯되었
다. 미란다원칙은 피의자를 신문하기 전에 진술거부권을 가지고 있다는 것, 그 진
술이 그에게 불리한 증거로 사용될 수 있다는 것, 변호인의 도움을 받을 수 있다
는 것을 고지해야 하는 원칙을 말한다.

수사기관이 체포·구속을 하는 경우에는 '그 이유와 변호인의 조력을 받을 권
리가 있음'을 '사전에' 고지해야 하고, 그 가족 등에게는 '그 이유와 일시·장소'를
'지체 없이' 통지해야 한다. 이때 체포·구속은 영장에 의한 경우뿐만 아니라 현행
범으로 체포되거나 긴급체포된 경우도 포함한다.[89] 형사소송법은 범죄사실의 요
지, 체포·구속의 이유, 그 일시·장소, 변호인을 선임할 수 있음을 말하고 변명할
기회를 주어야 하고, 변호인이나 피의자나 피고인의 법정대리인, 배우자, 직계친
족, 형제자매 등에게 서면으로 알려야 한다고 규정한다.[90]

수사기관은 체포·구속을 하기 전에 그 이유 등을 고지해야 한다. 하지만, 현
행범인을 체포·구속할 때 긴급한 상황이 발생하여 체포·구속의 이유 등을 사전
에 고지하기 어려운 경우도 있다. 이때 도주하거나 반항하는 피의자를 실력으로
제압하는 경우에는 그 과정이나 제압한 이후 지체 없이 고지할 수도 있다.[91] 만
약, 체포·구속되는 자에게 고지하지 않거나 그 가족 등에게 통지하지 않으면 체
포·구속 자체가 위법하므로 이에 불응하더라도 공무집행방해죄가 성립하지 않고,
그에 의하여 수집된 증거도 위법수집증거로서 증거능력이 부정된다.[92]

(나) 체포·구속적부심사
가) 체포·구속에 대한 사후적 통제
헌법 제12조 제6항은 "누구든지 체포 또는 구속을 당한 때에는 적부의 심사
를 법원에 청구할 권리를 가진다"라고 규정한다. 헌법이 체포·구속에 대해 사전

89) 대법원 2000. 7. 4. 99도4341.
90) 형사소송법 제72조, 제87조, 제88조, 제200조의5, 제200조의6.
91) 대법원 2008. 10. 9. 2008도3640.
92) 대법원 2000. 7. 4. 99도4341 ; 대법원, 2013. 3. 14. 2010도2094.

적으로 영장주의를 통해 신체의 자유를 보장하면서도 사후적으로도 그 적법성 여부를 심사하도록 하여 사법적 통제를 강화한 것이다. 체포·구속적부심사는 위법한 신체의 구금을 방지하고 구제하는 것이므로 피의자뿐만 아니라 피고인도 그 심사를 청구할 수 있다. 체포·구속적부심사는 체포·구속이 합당한지를 심사하는 것이므로 재판출석을 담보하기 위해 보증금의 납입 등을 조건으로 석방하는 보석과 다르다.

체포·구속적부심사는 헌법 제27조가 규정하는 재판청구권으로부터 나오는 헌법적 요청이라는 견해가 있다.[93] 재판청구권은 적법절차에 따라 공정한 재판을 받을 권리이므로 형사절차에서 체포·구속은 적법하고 필요성이 인정되어야 한다. 하지만, 체포·구속적부심사는 그 원인이 된 범죄에 대한 사법적 판단과 별개로 체포·구속 그 자체가 적법한지에 대해 법원의 판단을 청구할 수 있는 권리이다. 체포·구속적부심사는 헌법 제12조 제6항에 의해 직접 인정되는 신체의 자유에 포함되는 독자적인 기본권이지 재판청구권의 내용으로 보장되는 것은 아니라고 해석된다.

국회는 체포 또는 구속을 당한 당사자가 체포·구속에 대한 적부의 심사를 청구할 수 있도록 구체적인 절차를 마련해야 할 헌법적 의무를 부담한다. 국회는 개인에게 체포·구속적부심사를 청구하는 권리를 행사할 수 있는 기회를 최소한 1회 이상 제공하도록 입법해야 한다. 헌법재판소는 피의자가 구속적부심사를 청구한 이후 법원이 적부심사를 하기 이전에 검사가 전격적으로 기소하는 것은 구속적부심사를 받을 절차적 기회를 박탈한 것으로 위헌이라고 판단하였다.[94] 이에 따라 구속적부심사를 청구한 후 공소제기된 자도 구속적부심사를 할 수 있도록 형사소송법을 개정하였다.[95]

형사소송법은 체포·구속적부심사의 절차에 대해 구체적으로 규정한다. 체포·구속된 피의자 등은 관할법원에 체포·구속의 적부심사를 청구할 수 있고, 수사기관은 피의자 등에게 그 적부심사를 청구할 수 있음을 알려야 한다. 법원은 청구서가 접수된 때부터 48시간 이내에 체포·구속된 피의자를 심문하여 이를 기각

---

93) 한수웅, 헌법학, 678~679면.
94) 2004. 3. 25. 2002헌바104.
95) 형사소송법 제214조의2 제4항.

하거나 석방을 명해야 한다. 체포영장 또는 구속영장을 발부한 법관은 원칙적으로 구속적부심에 관여할 수 없다. 구속적부심사의 신청에 대한 법원의 결정에 대해서는 항고할 수 없으며, 구속석방이 명해진 경우에는 동일한 범죄사실에 대해 다시 체포 또는 구속할 수 없다.[96]

나) 행정절차에는 비적용

헌법재판소는 신체의 자유는 수사기관 뿐만 아니라 일반 행정기관을 비롯한 다른 국가기관 등에 의하여도 제한될 수 있으므로 체포·구속적부심사의 대상도 포괄적인 개념으로 해석하여 모든 형태의 공권력행사기관이 체포나 구속의 방법으로 신체의 자유를 제한하는 사안에 대해 적용된다고 판단하였다.[97] 출입국관리법이 불법입국자 등을 강제퇴거하기 위해 외국인보호실 등에 인치하고 수용하는 보호조치에 대해서도 체포·구속적부심사를 할 수 있다고 해석할 여지가 있다.[98]

헌법 제12조가 규정하는 '체포·구속'은 모두 형사절차를 전제로 하는 것으로 통일적으로 이해해야 하고, 행정절차에서 체포·구금되는 경우에는 헌법이 규정하는 체포·구속적부심사의 대상이 되지 않는다고 해석해야 한다. 다만, 국회는 법률을 통해 행정절차에서 체포·구금되는 경우에는 그 적법성을 심사할 수 있는 제도적 장치를 마련할 수 있다. 이때에는 헌법에서 기본권으로 인정하는 체포·구속적부심사가 아니라 법률적 차원에서 보장되는 권리로 해석하는 것이 타당하다. 행정절차에서 체포·구금되는 것도 신체의 자유를 제한하므로 과잉제한금지원칙을 적용하여 그 위헌성을 심사해야 한다.

인신보호법은 위법한 행정처분이나 사인에 의한 시설에의 수용으로 인하여 부당하게 인신의 자유를 제한당하고 있는 개인에 대해서도 구제절차를 규정한다. 수용자는 피수용자에게 미리 구제를 청구할 수 있음을 고지해야 하고, 피수용자 등은 법원에 구제를 청구할 수 있다. 다만, 형사절차에 따라 체포·구속된 자, 수형자, 출입국관리법에 따라 보호된 자는 그 적용대상에서 제외한다.[99] 헌법재판소는 인신보호법이 출입국관리법의 신체구금을 그 적용범위에서 제외하더라도 그

---

96) 형사소송법 제214조의2 제1항, 제2항, 제4항, 제214조의3.
97) 2004. 3. 25. 2002헌바104.
98) 출입국관리법 제2조 제11호.
99) 인신보호법 제2조, 제3조, 제3조의2.

보호명령에 대해서는 취소소송이나 집행정지신청을 통해 체포·구속에 대한 적법
여부를 법원에 심사청구할 수 있으므로 신체의 자유를 침해한 것은 아니라고 판
단하였다.[100]

9. 변호인의 조력을 받을 권리

(1) 규범적 의미

헌법 제12조 제4항은 "누구든지 체포 또는 구속을 당한 때에는 변호인의 조
력을 받을 권리를 가진다. 다만, 형사피고인이 스스로 변호인을 구할 수 없을 때
에는 법률이 정하는 바에 의하여 국가가 변호인을 붙인다"라고 규정한다. 헌법은
변호인의 조력을 받을 권리가 있음을 고지받지 않고서는 체포·구속을 당하지 않
도록 규정하면서도 체포·구속을 당한 이후에는 변호인의 조력을 받을 권리를 별
도로 규정한다. 변호인의 조력을 받을 권리는 체포·구속을 당한 자가 형사절차에
서 자신의 방어권을 실효적으로 행사하기 위해 법률전문가인 변호인으로부터 도
움을 받을 수 있는 권리를 말한다.

(2) 재판청구권과 관계

헌법 제12조 제4항이 규정하는 체포·구속을 당한 자의 변호인의 조력을 받
을 권리는 제27조가 규정하는 재판청구권과 조화적으로 해석해야 한다. 재판청구
권은 공정하고 신속한 공개재판을 받을 기본권이고, 변호인의 조력을 받을 권리
는 공정한 재판을 위해 반드시 필요한 권리이므로 변호인의 조력을 받을 권리는
재판청구권의 내용에 포함된다. 헌법 제12조 제4항은 형사절차에서 체포·구속을
당한 자가 변호인의 조력을 받을 권리를 규정하므로 일반적인 재판절차에서 보장
되는 재판청구권의 내용에 포함되는 변호인의 조력을 받을 권리에 대해 특별법적
성격을 갖는다.[101]

헌법재판소는 모든 자에 대해 변호인의 조력을 받을 권리를 기본권으로 인
정하지만, 그 헌법적 근거를 달리한다. 즉, 제12조 제4항이 규정하는 변호인의 조

---

100) 2014. 8. 24. 2012헌마686.
101) 2012. 10. 25. 2011헌마598.

력을 받을 권리는 체포·구속당한 자에 대한 형사소송절차를 전제로 하지만, 그 이외의 재판에서는 제27조의 재판청구권의 내용으로 인정한다.[102] 형사절차에서 체포·구속을 당한 자의 변호인의 조력을 받을 권리를 침해하면 그 자체로 위헌이므로 독자적 위헌심사기준이 된다. 하지만, 헌법 제12조 제4항이 규정하는 변호인의 조력을 받을 권리를 침해한 경우에는 제27조가 규정하는 재판청구권도 침해하게 되므로 위헌심사기준에서는 큰 차이가 없다.

(3) 주체

(가) '체포 또는 구속을 당한 때'

헌법 제12조 제4항은 누구든지 '체포 또는 구속을 당한 때'에는 변호인의 조력을 받을 권리를 가진다고 규정한다. 피고인과 피의자는 물론 피내사자를 포함하여 누구든지 체포 또는 구속을 당한 경우에는 변호인의 조력을 받을 권리를 가진다. 체포나 구속을 당하지 않고 불구속 상태에 있는 피내사자, 피의자, 피고인도 변호인의 조력을 받을 권리를 가지나, 이는 헌법 제27조에서 규정하는 재판청구권의 내용으로 보장되는 것이지 제12조 제4항이 적용되는 것은 아니다.

헌법 제12조 제4항은 체포·구속의 경우를 특히 강조한 것이므로 불구속 상태에 있는 피의자나 피고인도 변호인의 조력을 받을 권리를 가진다는 견해가 있다.[103] 헌법재판소는 헌법의 규정에도 불구하고 불구속 상태인 피의자와 피고인도 법치국가의 원리와 적법절차원칙에서 당연히 변호인의 조력을 받을 권리를 가지며, 체포·구속을 당한 경우에만 변호인의 조력을 받을 권리를 인정하는 취지는 아니라고 판단하였다.[104] 하지만, 헌법 제12조 제4항은 명백하게 '체포 또는 구속을 당한 때'라고 명시하고 있으므로 불구속 상태에 있는 자는 포함되지 않는다고 해석해야 한다.

(나) 미결수용자와 수형자

변호인의 조력을 받을 권리는 형사소송절차가 진행되는 것을 전제로 체포·구속을 당한 자의 기본권이므로 미결수용자만 그 주체가 될 수 있다. 다만, 미결

---

102) 2015.11.26. 2012헌마858.
103) 정재황, 헌법학, 945면.
104) 2004. 9. 23. 2000헌마138.

수용자가 자신의 형사재판이 아닌 민사재판, 행정재판, 헌법재판과 같은 다른 재판에서는 체포·구속을 당한 자에 포함되지 않으므로 헌법 제12조 제4항이 규정하는 변호인의 조력을 받을 권리를 갖지 않는다. 이때에는 헌법 제27조에서 규정하는 재판청구권의 내용으로 인정되는 변호인의 조력을 받을 권리만 갖는다.[105]

유죄판결이 확정되어 형사소송절차가 종료되고 교정시설에 수용 중인 자는 당해 사건에서는 변호인의 조력을 받을 권리를 가질 여지가 없다.[106] 하지만, 수형자라도 다른 형사사건에 대해서는 체포·구속을 당한 자에 해당하므로 변호인의 조력을 받을 권리를 갖는다. 수형자는 변호인을 포함하여 타인과 접견하거나 서신을 수발할 수 있는 권리를 가지나, 이는 헌법 제27조에서 규정하는 재판청구권의 내용에 포함되거나 행형법에 의해 보장된 법률상 권리에 불과하고 헌법 제12조 제4항에서 규정하는 변호인의 조력을 받을 권리에 포함되지는 않는다.[107]

(다) 행정절차에서의 체포·구속

헌법 제12조는 체포와 구속에 대해 다양하게 규정하는데, 헌법재판소는 죄형법정주의와 영장주의에 대해서는 형사절차에서의 체포·구속만 의미하고 행정절차의 구금상태는 포함되지 않는다고 해석하지만,[108] 제1항, 제3항에서 규정하는 적법절차원칙과 제6항에서 규정하는 체포·구속적부심사는 형사절차에 국한하지 않고 행정절차에서의 체포·구속까지 포함한다고 판단하였다.[109] 또한, 행정절차에서의 체포·구속에 대해 헌법 제12조 제4항이 적용되지 않는다고 판단하였다가, 선례를 변경하여 공항의 송환대기실에 수용중인 난민신청자에 대해 변호사접견신청을 거부한 행위는 변호인의 조력을 받을 권리를 침해한다고 결정하였다.[110]

헌법 제12조 제4항은 신체를 구금하는 절차에 관한 것이 아니라 구금된 자에게 변호인의 조력을 받을 권리를 보장하는 것이므로 영장주의와 달리 해석할 여지가 있다. 하지만, 헌법 제12조에서 규정하는 '체포와 구속'의 의미는 동일하게

---

105) 2013. 9. 26. 2011헌마398.
106) 1998. 8. 27. 96헌마398.
107) 2004. 12. 16. 2002헌마478.
108) 2016. 4. 28. 2013헌바196.
109) 2004. 3. 25. 2002헌바104.
110) 2012. 8. 23. 2008헌마430 ; 2018. 5. 31. 2014헌마346.

해석해야 하고, 행정절차에서 체포·구금된 자는 헌법 제27조의 재판청구권의 내용으로 변호인의 조력을 받을 권리를 가진다고 해석해야 한다.

(라) 국선변호인의 조력을 받을 권리

헌법 제12조 제4항은 "다만, 형사피고인이 스스로 변호인을 구할 수 없을 때에는 법률이 정하는 바에 의하여 국가가 변호인을 붙인다"라고 규정한다. 이는 변호사를 선임할 수 없는 자에게 실질적인 평등과 공정한 재판을 받을 수 있도록 하기 위해 국선변호인의 조력을 받을 권리를 기본권으로 보장한 것이다. 헌법은 '형사피고인'에게만 국선변호인의 조력을 받을 권리를 인정하므로 피의자나 피내사자는 국선변호인의 조력을 받을 권리를 기본권으로 갖지 않는다.

헌법재판소는 형사재판에서 변호인의 조력을 받을 권리에 대해서는 피고인뿐만 아니라 피의자와 피내사자도 주체로 인정하지만, 국선변호인의 조력을 받을 권리는 피고인에게만 인정되므로 국가는 피의자를 위한 국선변호인제도를 입법해야 할 의무를 부담하지 않는다고 판단하였다.[111] 형사소송법은 피의자에게도 국선변호인을 선임할 수 있는 권리를 인정하여 구속영장청구에 따른 심문이나 체포·구속적부심사에서 피의자에게 국선변호인의 조력을 받을 권리를 보장한다.[112] 피고인이 국선변호인의 조력을 받을 권리는 헌법상 기본권이지만, 피의자가 국선변호인의 조력을 받을 권리는 법률적 권리라고 해석된다.

(4) 내용

(가) 변호인선임권과 조력을 받을 권리

변호인의 조력을 받을 권리는 형사사법절차에서 무기평등을 실현하기 위한 것이며, 이는 개인이 자신의 선택에 따라 변호인을 선임할 권리에서 시작된다. 헌법 제12조 제5항은 변호인의 조력을 받을 권리를 실효적으로 보장하기 위해 체포·구속을 당한 경우에는 변호인의 조력을 받을 권리가 있다는 것을 고지하도록 규정한다. 체포·구속된 자는 변호인을 선임하고 법률전문가인 변호인과 상담하고 조언을 받을 수 있지만, 이는 적법하게 조력을 받을 권리이지 위법한 조력을 받을

---

111) 2008. 9. 25. 2007헌마1126.
112) 형사소송법 제201조의2 제8항, 제9항, 제214조의2 제10항.

것까지 보장되는 것은 아니다.

피의자가 수사기관에서 피의자신문을 받으면서 조언과 상담을 위해 변호인을 참여시킬 것을 요구한 경우 수사기관은 정당한 사정이 없는 한 이를 거부할 수 없다.[113] 이때 정당한 사유란 피의자신문에 변호인이 참여할 경우 신문을 방해할 염려가 있거나 수사기밀을 누설하여 증거를 인멸하거나 관련 사건의 수사를 방해할 염려가 있음이 객관적으로 명백한 경우를 말한다.[114] 검사나 사법경찰관이 변호인의 참여를 제한한 경우에는 준항고를 할 수 있고, 수사기관이 정당한 사유 없이 변호인을 참여하게 하지 아니한 채 작성한 피의자신문조서는 증거능력을 갖지 않는다.[115]

(나) 변호인과의 접견교통권

체포·구속된 피의자나 피고인은 변호인으로부터 제대로 조력을 받기 위해서는 변호인과 자유롭게 접촉하여 충분한 조언과 상담을 받을 수 있어야 한다. 변호인과의 접견교통의 방법은 대면은 물론 서신의 교환이나 그 밖의 통신수단을 이용하는 것도 포함된다. 변호인과의 접견교통에 대해서는 비밀이 보장되어야 하고, 피의자나 피고인은 물론 변호인도 접견교통의 내용에 대해 공개를 거부할 수 있다. 변호인과의 접견권이 불법적으로 침해된 상태에서 이루어진 피의자의 자백은 증거능력을 갖지 않는다.[116]

형사소송법은 변호인 또는 변호인이 되려는 자는 신체가 구속된 피고인 또는 피의자와 접견하고 서류나 물건을 수수할 수 있으며, 의사로 하여금 피고인이나 피의자를 진료하게 할 수 있도록 규정한다.[117] 이는 변호인과의 접견교통권을 실효적으로 보장하기 위한 것이다. 하지만, 변호인의 조력을 받을 권리는 적법한 조력을 보장하는 것이지 위법한 수단을 통해 조력하는 것은 포함되지 않으므로 변호인의 조력을 받을 권리를 이용해 피의자신문을 방해하거나 수사기밀을 누설해서는 안 된다.[118]

---

113) 2004. 9. 23. 2000헌마138.
114) 대법원 2005. 5. 9. 2004모24.
115) 대법원 2013. 3. 28. 2010도3359.
116) 대법원 2003. 9. 26. 2001도2209.
117) 형사소송법 제34조.
118) 2004. 9. 23. 2000헌마138.

헌법재판소는 미결수용자와 변호인이 아닌 자 사이의 서신을 검열하는 것은 위헌이 아니지만, 변호인 또는 변호인이 되려는 자와의 서신을 검열하는 것은 위헌이라고 판단하였다.119) 다만, 기결수형자의 서신수발에 대해 교도관의 검열을 거치도록 하거나 변호인접견실에 CCTV를 설치하여 미결수용자와 변호인의 접견을 관찰하고 변호인과 주고받은 서류를 교도관이 확인하고 장부에 그 제목을 기재하는 행위는 변호인과의 접견교통권을 침해하지 않는다고 하였다.120)

형사소송법은 체포·구속된 자에게 법률이 정한 범위에서 변호인이 아닌 가족이나 타인과 접견하고 서류나 물건을 수수할 권리를 인정하고, 도망하거나 범죄의 증거를 인멸할 염려가 있다고 인정할 만한 상당한 이유가 있는 때에는 그 타인과의 접견을 금지하거나 물건의 수수를 못하게 하거나 검열과 압수를 할 수 있도록 규정한다.121) 헌법재판소는 체포·구속된 피의자나 피고인은 물론 형이 확정된 기결수형자는 변호인 아닌 자와 접견교통권을 갖지만, 이는 변호인접견교통권에 포함되지 않고 헌법 제10조의 행복추구권의 내용인 일반적 행동자유권에 포함된다고 판단하였다.122)

(다) 소송서류의 열람·등사권

체포·구속된 자가 변호인으로부터 조력을 받아 방어권을 제대로 행사하기 위해서는 소송에 필요한 서류나 정보를 자유롭게 교환할 수 있어야 한다. 형사소송법은 피고인과 변호인에게 소송계속 중의 서류 또는 증거물을 열람하거나 복사할 수 있는 권리를 부여한다.123) 또한, 소송계속 중인 서류뿐만 아니라 수사기관이 확보한 증거나 자료에 관한 수사기록에 대해서도 열람하고 등사할 권리를 부여하고, 법원은 검사에게 열람·등사 또는 서면의 교부를 명할 수 있도록 규정한다.124) 검사가 법원의 명령을 이행하지 않으면 그 자체가 위법한 행위가 되므로 국가배상책임이 인정된다.125)

---

119) 1995. 7. 21. 92헌마144.
120) 1998. 8. 27. 96헌마398 ; 2016. 4. 28. 2015헌마243.
121) 형사소송법 제89조, 제91조.
122) 2003. 11. 27. 2002헌마193 ; 2009. 9. 24. 2007헌마738.
123) 형사소송법 제35조 제1항.
124) 형사소송법 제266조의3 제1항, 제266조의4 제1항, 제2항.
125) 2010. 6. 24. 2009헌마257 ; 2017. 12. 28. 2015헌마632 ; 대법원 2012. 11. 15. 2011다48452.

체포 또는 구속된 자의 변호인접견교통권은 자유로운 접견과 상담을 보장하는 것이지만 절대적으로 보장되는 것이 아니라 헌법 제37조 제2항에 따라 일정한 경우에는 제한할 수 있다.[126] 피의자나 피고인은 변호인을 통해 모든 소송자료를 열람하고 등사할 수 있는 것은 아니고 자신의 소송에서 공격과 방어의 준비를 위해 필요한 부분만 열람·등사할 수 있다. 소송서류를 공개하는 것이 국가기밀의 누설, 증거인멸, 증인협박, 사생활 침해, 수사의 현저한 지장을 초래할 우려가 있는 경우에는 열람이나 등사가 허용되지 않는다.[127]

(라) 변호인이 조력할 권리는 제외

체포·구속된 자가 갖는 변호인의 조력을 받을 권리에는 변호인이 피구속자를 조력할 권리도 포함될까. 형사소송법은 변호인이나 변호인이 되려는 자에게 체포·구속된 자와 접견권을 인정한다.[128] 헌법재판소는 변호인이 조력할 권리는 헌법적 기본권이 아니라 형사소송법에 의해 보장되는 법률적 권리라고 판단하였으나,[129] 선례를 변경하여 변호인이 조력할 권리도 변호인의 접견교통권에 포함되는 기본권이라고 판단하였다.[130]

변호인이 체포·구속된 자를 조력하는 것은 변호인의 조력을 받을 권리에 포함되지 않고, 변호인이 갖는 직업선택의 자유나 영업의 자유에 포함될 수 있을 뿐이다. 헌법재판소는 변호인뿐만 아니라 '변호인이 되려는 자'도 피구속자의 접견교통권을 가진다고 판단하였는데,[131] 의뢰인과 변호인의 신뢰관계를 고려하더라도 변호인이 되려는 자는 변호인의 조력을 받을 권리의 주체가 될 수 없다고 해석된다.[132] 헌법재판소는 변호사가 수형자와 접견할 수 있는 시간과 횟수를 과도하게 제한하는 것은 변호인의 직업수행의 자유를 침해한다고 판단하였다.[133]

---

126) 2011. 5. 26. 2009헌마341.
127) 2010. 6. 24. 2009헌마257.
128) 형사소송법 제34조.
129) 1991. 7. 8. 89헌마181.
130) 2003. 3. 27. 2000헌마474.
131) 2019. 2. 28. 2015헌마1204.
132) 허영, 한국헌법론, 428~429면.
133) 2021. 10. 28. 2018헌마60.

제 2 절 정신적 자유

1. 양심의 자유

(1) 헌법규정

헌법 제19조는 "모든 국민은 양심의 자유를 가진다"라고 규정한다. 1948년 헌법과 1960년 헌법은 "모든 국민은 신앙과 양심의 자유를 가진다"라고 규정하였다가 1962년 헌법부터 양심의 자유를 종교의 자유와 구분하여 규정하였다. 역사적으로 양심의 자유는 사상, 종교, 학문과 밀접하게 관련되어 발전하였고 맥락에 따라 다양한 의미로 사용되었다. 헌법은 양심의 자유 이외에 종교의 자유와 학문의 자유를 별도의 개별적 기본권으로 규정하므로 양심을 종교와 학문과는 구별하여 이해해야 한다.

헌법은 '양심'의 자유 이외에 제46조 제2항에서 국회의원의 '양심'을, 제103조에서는 법관의 '양심'을 규정하지만, 규범적 의미는 동일하지 않다. 양심의 자유는 개인이 가지는 기본권이며, 이를 침해한 경우에는 헌법소원을 청구할 수 있다. 국회의원이나 법관은 기본권의 주체가 아니라 기본권을 보장해야 할 의무의 주체이며, 국회의원이나 법관의 양심은 개인적 양심이 아니라 국가기관의 지위에서 유래하는 헌법적 권한을 행사하는 직업적 양심을 의미한다. 국회의원이나 법관은 개인적 양심을 이유로 직업적 양심을 위반해서는 안 된다.

양심의 자유는 인간의 내면적 정신활동에 관한 기본권으로 사상의 자유, 종교의 자유, 학문의 자유, 언론·출판의 자유 등과 밀접하게 관련되고 서로 영향을 주고 받는다. 양심의 자유는 윤리적·도덕적 인식의 형성과 그에 기초한 행동의 자유를 포괄하므로 사상의 자유, 종교의 자유, 학문의 자유, 언론·출판의 자유 등과 명확하게 구분되지 않는 경우가 있고, 특정한 사안에서는 기본권 경합이 발생할 수도 있다. 또한, 양심의 자유는 인격적 정체성에 관한 가치판단과 관련되므로 언론·출판의 자유와 같은 개별적 기본권과 충돌할 수도 있다.

(2) '양심'의 개념

(가) 도덕적이고 윤리적 인식의 형성

양심의 자유는 개인의 자율적인 판단에 기초하여 구체적으로 무엇이 옳고 그른 것인지를 결정할 수 있는 도덕적·윤리적 인식의 형성과 그에 기초한 행동의 자유를 의미한다. 양심의 자유는 개인의 자율적인 이성을 전제로 하므로 인간의 존엄과 가치를 실현할 수 있는 출발점이며, 양심의 자유가 보장되지 않고서는 존엄하고 가치로운 인간이 될 수 없고 행복을 추구할 수도 없다. 양심의 근거로는 자율적이고 주관적인 도덕(moral)과 타율적이고 객관적인 윤리(ethics)를 구별하기도 하지만, 옳고 그른 것에 대해 판단하는 선악(善惡)에 대한 인격적 가치판단의 기준이 된다는 점에서 동일하다.

헌법이 보호하는 양심이란 이를 지키지 않으면 자신의 인격적 존재가치가 허물어진다는 정도의 진지성을 요구하므로 단지 마음이 내키지 않는 막연한 감정은 양심으로 보호받지 못한다.[134] 헌법재판소는 윤리적 판단이 개입될 여지가 없는 단순한 사실관계의 확인이나 객관적인 법률해석에 대한 판단은 개인의 인격형성과 관련성이 적으므로 양심에서 제외되고, 사사로운 사유나 의견도 양심에 해당되지 않는다고 하였다.[135] 하지만, 양심은 주관적 가치판단에 기초하므로 헌법적 가치로 보호되는 양심의 범위를 획일적으로 구분하기는 쉽지 않다.

헌법적 가치로 보호되는 양심은 국가의 법질서나 사회윤리와 충돌할 가능성이 있다. 헌법재판소는 법질서의 위반이 양심의 자유로 보호될 수 있기 위해서는 다음의 요건을 갖추어야 한다고 하였다. 첫째, 당해 실정법의 내용이 양심의 영역과 관련되는 사항을 규율하는 것이어야 하고, 둘째, 이에 위반하는 경우에 이행강제, 처벌, 법적 불이익의 부과와 같은 법적 강제가 따라야 하며, 셋째, 그 위반이 양심상의 명령에 따른 것이어야 한다고 판단하였다.[136]

(나) 사상의 자유과 구별

양심은 인간의 내면적 사유체계에 속한다는 점에서 사상과 공통적이지만, 도

---

134) 2008. 10. 30. 2006헌마1401.
135) 2002. 1. 31. 2001헌바43.
136) 2002. 4. 25. 98헌마425.

덕적·윤리적 가치판단을 대상으로 한다는 점에서 선악의 판단을 배제하고 지적이고 논리적인 판단을 대상으로 하는 사상과 구별된다. 양심의 자유에는 사상의 자유도 포함된다는 견해가 있지만,[137] 이에 따르면 인간의 내면적 정신활동이 모두 양심으로 인정될 수 있어 헌법해석의 범위를 넘어선다.[138] 헌법재판소는 양심의 자유에 의해 보호되는 양심은 세계관, 인생관, 주의, 신조와 같이 인격형성에 관계되는 내심의 가치적·윤리적 판단도 포함되며, 이는 자신의 인격적 존재가치에 대한 강력하고 진지한 마음의 소리로서 절박하고 구체적인 양심이라고 판단하였다.[139]

사상의 자유는 외부에 영향을 미치려는 적극적 성격을 가지는데, 내면적 정신활동의 외부적 측면은 언론·출판의 자유와 같은 개별적 기본권을 통해 보장될 수 있으므로 개별적 기본권으로 보장할 필요가 없다는 견해가 있다.[140] 또한, 사상의 자유는 헌법에 열거되지 아니한 기본권으로 파악하는 견해도 있다.[141] 하지만, 사상의 자유는 양심의 자유에 포함시키기는 어려우며, 헌법에 직접 규정되지 않더라도 헌법적 가치로서 기본권으로 보장되므로 헌법 제10조에서 규정하는 행복추구권의 내용으로 인정될 수 있다.

(다) 최소한의 객관적 지표

양심의 자유는 주관적 가치판단에 따라 형성되고, 내심의 자율적인 결정에 의존하므로 양심의 대상은 불특정적이며 무제한이라고 할 수 있다. 하지만, 개인마다 막연하고 추상적인 양심을 주장할 경우에는 국가공동체를 유지하고 존속하는 것에 위험을 초래할 수 있다. 양심의 자유는 국가와 헌법을 전제로 하여 인정되는 것이므로 최소한의 객관적 조건을 갖춘 경우에만 기본권으로 보호할 필요가 있다. 헌법적 가치로 보장되는 양심이란 '선악에 관한 도덕적이고 윤리적인 가치판단'으로서 인간의 존엄과 가치를 실현하는 수단으로 인정되어야 한다.

양심의 자유로 보장되는 양심은 개인의 주관적 가치판단에 국한되는 것이

---

137) 정재황, 헌법학, 999면.
138) 허영, 한국헌법론, 466면.
139) 2008. 10. 30. 2006헌마1401.
140) 한수웅, 헌법학, 735면.
141) 장영수, 헌법학, 660면.

아니라 개별적 주관성을 극복하고 상호주관성을 갖는 양심의 최소한의 객관적 조건을 갖추어야 한다. 이는 양심의 내용이 법적 가치나 사회적 승인이 있어야 한다는 것은 아니며, 양심의 자유는 전적으로 주관적인 양심이 아니라 국가의 틀에서 헌법적 가치로 수용되는 형식적 지표를 갖출 필요가 있다는 것을 의미한다. 대법원이 양심의 주관적 성격을 인정하면서도 사회적 평균인의 관점에서 그 기대가능성이 있어야 보호될 수 있다고 한 것도 이러한 관점에서 이해할 수 있다.[142)

(3) 내용

(가) 주체

헌법은 '모든 국민'이 양심의 자유를 가진다고 규정하지만, 양심의 자유는 인격적 정체성을 전제로 하므로 국적과 무관하게 인간인 이상 외국인도 그 주체가 된다. 양심의 자유는 인간의 내면적 정신활동에 관한 기본권이므로 자연인만 주체가 될 수 있고 법인이나 단체는 그 주체가 될 수 없다.[143) 헌법재판소는 법인에 대해 사죄광고를 하도록 한 처분이 민법상 '명예회복에 적당한 처분'에 포함된다고 해석하는 것은 법인의 대표자의 양심표명의 강제를 요구하는 결과가 되므로 양심의 자유를 침해한다고 판단한 적이 있다.[144)

(나) 양심형성의 자유

양심형성의 자유는 외부로부터 간섭이나 강제를 받지 않고 자유롭게 자신의 고유한 내적 신념을 양심으로 형성하고, 그 양심에 따라 내적 의사를 결정하는 자유이다. 국가는 개인의 자율적인 양심형성에 대해 간섭하거나 방해해서는 안 되므로 개인에게 특정한 양심을 형성하도록 강요하거나 금지해서는 안 된다. 양심형성의 자유에는 양심을 형성하는 것 자체뿐만 아니라 이미 형성한 양심을 변경하는 것도 포함되고, 소극적으로 특정한 양심을 형성하지 않는 것도 그 자체가 양심으로 인정될 수 있다. 양심형성의 자유는 개인의 내심적 정신작용이므로 국가가 현실적으로 제한할 수 없는 경우가 대부분이다.

양심형성의 자유는 절대적 자유이며 그 제한에서도 헌법 제37조 제2항이 적

---

142) 대법원 2004. 7. 15. 2004도2965.
143) 장영수, 헌법학, 663면.
144) 1991. 4. 1. 89헌마160.

용되지 않는다는 견해가 있다.145) 헌법재판소는 양심의 자유를 양심형성의 내부
영역과 양심실현의 외부 영역으로 구분하여 양심형성의 자유를 절대적 기본권으
로 인정한다. 즉, 양심형성의 자유는 그 양심이 내심에 머무르는 한 절대적으로
보호되는 기본권이지만, 양심실현의 자유는 법질서에 위배되거나 타인의 권리를
침해할 수 있으므로 법률에 의해 제한할 수 있는 상대적인 기본권이라고 판단하
였다.146)

　　헌법은 절대적 기본권을 인정하지 않으며, 국가가 다양한 방법으로 특정한
양심을 개인에게 강요하거나 금지하는 방식으로 양심형성을 제한하는 것이 가능
하다. 양심형성의 자유도 상대적 기본권으로 헌법 제37조 제2항에 따라 제한할
수 있으며, 양심형성의 자유가 곧바로 기본권의 본질적 내용에 해당하는 것도 아
니다.147) 다만, 특정한 사안에서 양심형성의 자유를 제한하는 것이 과잉제한금지
원칙에 위반되거나 본질적 내용을 침해하는 것으로 인정될 수는 있다.

(다) 양심실현의 자유

　　양심실현의 자유는 개인이 형성한 양심에 따라 자신의 삶을 살아가는 자유
이다. 양심실현의 자유는 형성한 양심을 현실에서 실천하는 자유이므로 외부적으
로 드러나고 사회적 관련성을 가지게 된다. 양심실현의 자유는 적극적으로는 양
심을 외부에 표명하거나 양심대로 행동하는 자유로서 작위에 의한 자유이며, 소
극적으로는 양심을 외부에 표명하도록 강요받지 않거나 양심에 반하는 행동을 강
요받지 않을 자유로서 부작위에 의한 자유를 포함한다. 양심형성의 자유와 양심
실현의 자유를 구분하는 것은 사회적 관련성의 차이가 위헌심사기준에 다르게 반
영된다는 점에서 의미가 있다.

　　양심을 적극적으로 실현하는 자유는 타인의 권리와 국가의 법질서와 충돌할
수 있고, 이때에는 과잉제한금지원칙에 따라 보다 넓은 범위에서 제한될 수 있다.
양심을 외부로 표명하는 자유에는 양심을 표명할 것을 강요당하지 않는 것도 포
함되는데, 양심을 외부에 표명하지 않을 자유는 양심형성의 자유와 직접적으로
관련된다. 양심을 외부적으로 표명할 것을 강요하는 것은 양심형성의 자유까지

145) 성낙인, 헌법학, 1248면 ; 김하열, 헌법강의, 435면.
146) 2011. 8. 30. 2008헌가22.
147) 장영수, 헌법학, 664~665면 ; 허영, 한국헌법론, 476면.

침해할 수 있다. 양심에 반하는 행동을 강요받지 아니할 자유는 양심을 이유로 납세나 병역을 거부하는 것과 같이 법질서를 거부하거나 법적 의무를 면제하는 것을 요구하는 것으로 나타난다.

헌법재판소는 양심의 자유가 양심상의 이유로 법질서에 대한 복종을 거부할 수 있는 권리를 부여하는 것은 아니므로 양심의 자유는 법적 의무의 이행을 거부하거나 대체의무의 제공을 요구할 수 있는 권리는 아니라고 판단하였다.[148] 하지만, 양심실현의 자유에는 양심의 명령과 법질서의 명령이 충돌할 경우에는 양심에 따라 행동할 수 있는 권리가 포함되는 것으로 해석하여 그 보호영역으로 인정해야 한다. 다만, 법질서를 위반한 행위에 대해 형벌이나 제재를 가하는 것에 대해서는 기본권을 제한하는 사유로 과잉제한금지원칙을 적용하여 그 위헌성을 심사해야 한다.[149]

양심실현의 자유는 언론·출판의 자유에 포함되므로 양심의 자유에서 제외된다거나 모든 기본권은 개인의 양심에 따라 행사되는 것이므로 양심실현의 자유를 별도의 기본권으로 인정할 실익이 없다는 견해가 있다.[150] 하지만, 양심실현의 자유는 선악에 대한 윤리적이고 도덕적인 양심을 전제로 고유한 보호법익을 가지므로 양심의 자유에 포함된다.[151] 양심실현의 자유는 언론·출판의 자유와 같은 개별적 기본권과 경합하기도 하며, 이때에는 기본권 경합을 해결하는 기준에 따라 기본권의 보호영역을 확정해야 한다.

(4) 제한

(가) 보호영역의 확정

양심의 자유를 제한하는 것이 헌법적으로 정당화되는지를 심사하기 위해서는 우선 양심의 자유의 보호영역을 확정해야 한다. 이는 양심의 개념을 전제로 특정한 사안에서 기본권으로 보호되는 양심의 구체적인 범위를 설정하는 것이다. 헌법재판에서 양심의 자유의 보호영역에 포함되지 않으면 기본권이 제한될 여지

---

148) 2004. 8. 26. 2002헌가1.
149) 김하열, 헌법강의, 438면.
150) 장영수, 헌법학, 663면.
151) 허영, 한국헌법론, 471~472면.

가 없으므로 그 헌법소원은 각하된다. 국가는 개인에게 사회의 공통적인 가치판
단에 따를 것을 강요해서는 안 되므로 사회가 보호받을 가치가 있다고 평가하는
양심만 포함시켜서는 안 된다.

헌법재판소는 양심의 자유에 있어서 양심은 지극히 주관적인 것으로 그 대
상이나 동기에 의해 판단될 수 없으며, 양심상의 결정이 이성적, 합리적인가, 타
당한가 또는 법질서, 사회규범, 도덕률과 일치하는가 하는 관점은 양심의 존재를
판단하는 기준이 될 수 없다고 판단하였다.[152] 양심의 내용이 반사회적이고 반이
성적이라고 평가되더라도 헌법적 가치로서 보호되어야 한다. 현실에서 보호될 필
요가 있는 양심은 다수의 양심이 아니라 소수의 양심이므로 가급적 그 보호영역
을 넓게 인정해야 한다.

헌법재판소는 양심의 자유를 선악에 대한 윤리적이고 도덕적인 가치판단의
문제가 아니면 양심의 자유에 포함되지 않는다고 하였다. 즉, 음주측정의 불응,
공정거래위원회의 법위반사실 공표명령, 자동차 좌석안전띠의 강제착용, 지문날
인의 요구, 준법서약서 작성은 양심의 자유의 보호영역에서 제외된다고 판단하였
다. 헌법재판에서 양심의 자유의 보호영역에 포함되는 것으로 인정하면 이를 제
한하는 것에 대해 본안에서 과잉제한금지원칙을 적용하여 헌법적 정당성을 심사
해야 한다.

(나) 과잉제한금지원칙의 적용

양심의 자유는 그 구체적인 내용에 따라 사회적 관련성에서 차이가 있으므
로 그 제한이 허용되는 한계와 위헌심사기준의 정도도 서로 다르다. 일반적으로
는 양심형성의 자유가 양심실현의 자유보다 강하게 보장되고, 소극적인 침묵의
자유가 적극적인 양심표명의 자유보다 강하게 보장되고, 부작위에 의한 양심실현
의 자유가 작위에 의한 양심실현의 자유보다 강하게 보장된다. 하지만, 양심의 자
유의 내용에 따라 다른 위헌심사기준을 적용해야 하는 것이 아니라 과잉제한금지
원칙을 동일하게 적용하지만, 단계적 심사요소를 검토하는 과정에서 그 특징을
반영하여 최종적으로 판단해야 한다.

양심의 자유에 대해 과잉제한금지원칙을 적용하는 경우에는 양심의 자유가

---

152) 2004. 8. 26. 2002헌가1.

갖는 특성을 고려해야 한다. 양심은 개인의 인격적 정체성을 유지하는 것이므로 생명권과 마찬가지로 완전하게 보장되지 않으면 의미가 없다. 양심의 자유를 제한하는 것 그 자체가 양심에 반하는 내용을 강제하는 것이어서 법익을 형량하여 조정할 수 없고 양심의 자유와 공익을 양자택일해야 한다.153) 또한, 양심에 반하는 내용을 강제하는 것을 통해서는 양심의 자유를 제한하는 목적을 달성할 수 없어 수단의 적합성이 인정되지 않을 가능성이 크다.

헌법재판소는 양심의 자유의 보호영역을 엄격하게 제한하면서 과잉제한금지원칙을 적용하는 경우에도 기본권의 침해로 인정한 사례는 매우 드물다. 즉, 국가보안법위반 범죄자에 대한 불고지죄, 전투경찰순경에 대한 시위진압명령, 가해학생의 피해학생에 대한 서면사과조치 등에 대해서는 양심의 자유를 제한하지만 침해한 것은 아니라고 판단하였다.154) 다만, 양심적 병역거부자에 대한 처벌에 대해서는 양심의 자유를 침해한 것이 아니라고 하였다가,155) 선례를 변경하여 병역의 종류에 대체복무제를 규정하지 않은 것이 양심의 자유를 침해한다고 판단하였다.156) 대법원도 양심적 병역거부는 그 신념이 깊고, 확고하며, 진실해야 한다고 판단하였다.157)

2. 종교의 자유

(1) 헌법규정

헌법 제20조 제1항은 "모든 국민은 종교의 자유를 가진다"라고, 제2항은 "국교는 인정되지 아니하며, 종교와 정치는 분리된다"라고 규정한다. 헌법 제11조 제1항은 "누구든지 … 종교 …에 의하여 차별을 받지 아니한다"라고 규정한다. 종교의 자유는 중세 봉건시대의 신정국가를 극복하고 근대국가를 형성하는 사상적 바탕이 되었다. 대부분 국가는 헌법에서 종교의 자유를 기본권으로 규정하고, 국교를 인정하는 국가에서도 종교의 자유를 보장한다.

---

153) 한수웅, 헌법학, 738면.
154) 2023. 2. 23. 2019헌바93.
155) 2004. 8. 26. 2002헌가1.
156) 2018. 6. 28. 2011헌바379.
157) 대법원 2018. 11. 1. 2016도10912.

(2) '종교'의 개념

(가) 초자연적·절대적 존재에 대한 믿음

종교란 초자연적이고 절대적인 신을 숭배하고 이를 통해 삶의 궁극적 의미를 깨달아 행복을 얻고자 하는 믿음의 체계를 말한다. 인간은 죽을 수밖에 없는 유한한 존재로서 고통과 불안을 벗어날 수 없다. 이러한 고통과 불안에서 벗어나고자 초경험적이고 초자연적인 신적 존재에 대한 절대적 믿음을 추구하여 왔다. 종교는 양심의 자유와 마찬가지로 내면의 사유영역에서 형성되는 주관적인 믿음의 체계에 속한다. 종교도 주관적 가치판단에 따른 내심의 자율적인 믿음이므로 그 대상이나 내용에 제한이 없다. 절대자, 유일신, 경전, 종교의식과 같은 지표는 종교를 개념적으로 확정하는 요소가 아니다.

종교의 자유를 보장하면서 기존의 사회가 수용하는 가치판단에 따를 것을 강요해서는 안 된다. 종교의 내용이 반사회적·비윤리적·반이성적이라고 평가되더라도 그것이 종교에 포함되면 헌법적 가치로서 보호되어야 한다. 종교가 인간의 내면적 정신활동에 속하지만, 종교의 자유는 헌법이 보장하는 기본권으로 국가공동체를 전제로 하므로 개인의 주관적 신념을 모두 종교로 인정할 수는 없다. 종교의 자유가 기본권으로 보장되기 위해서는 그 대상인 종교는 최소한 '초자연적인 존재나 힘에 대한 믿음과 숭배'로서 인간의 존엄과 가치를 실현하는 수단이 될 수 있다는 객관적 요소를 갖추어야 한다.

(나) 미신, 사이비 종교, 이단

미신도 종교의 자유에 포함될까. 종교는 자연법칙에 기초하여 초과학적이며 국가적으로 수용할 수 있으나, 미신은 자연법칙을 역행하여 비과학적이며 현존하는 물질세계를 전제로 하므로 국가적으로 수용할 수 없다는 견해가 있다.[158] 미신이란 과학적이고 합리적인 근거가 없이 맹목적으로 믿는 것인데, 종교도 과학에 의해 합리적으로 설명될 수 없는 측면이 있으므로 미신과 종교는 상대적이라고 할 수 있다. 종교의 자유에서도 소수의 종교를 보호하는 것이 중요한데, 다수가 소수의 종교를 미신으로 취급하면서 폭력적으로 억압할 위험이 있다.

---

158) 허영, 한국헌법론, 477면.

이는 미신뿐만 아니라 사이비 종교나 종교적 이단에 대해서도 비슷하게 적용된다. 사이비 종교는 종교적 본질을 추구하지 않고 반사회적 활동을 할 목적으로 만들어진 가짜종교를 말하고, 종교적 이단은 특정한 종교의 배타적인 시각에서 자신의 신앙과 일치하지 않는 다른 신앙이나 종파를 말한다. 종교, 미신, 사이비 종교, 종교적 이단은 이를 구별할 주체나 기준이 상대적이고 추상적이므로 헌법적 가치로 기본권으로 보장되어야 할 객관적 지표를 갖추고 있으면 모두 종교의 자유에 포함된다고 해석해야 한다.

(다) 양심의 자유와 관계

헌법은 종교의 자유를 양심의 자유와 구별하여 독자적 기본권으로 규정하므로 양심의 자유와 관계를 명확하게 설정할 필요가 있다. 종교의 자유는 종교적 도덕과 윤리를 포함하므로 양심의 자유에서 요구하는 선악에 대한 인격적 가치판단을 수행하기도 한다. 개인이 종교적 도덕이나 윤리에 따를 경우에는 종교와 양심이 겹칠 수 있고, 종교적 도덕이나 윤리가 자신의 세속적인 양심과 충돌할 수도 있다. 종교와 양심은 인간의 내면적인 믿음체계라는 점에서 공통적이지만, 종교의 자유와 양심의 자유는 각자 고유한 헌법적 가치를 갖는다.

종교적 윤리를 이유로 병역을 거부하는 것을 포함하여 수혈을 금지하는 것, 혼전성교를 금지하는 것, 국가에 대한 경례를 거부하는 것도 종교의 자유와 양심의 자유에 모두 해당할 수 있다. 하지만, 양심의 자유가 선악(善惡)에 대한 인격적 가치판단의 문제인 반면에, 종교의 자유는 성속(聖俗)에 대한 인격적 가치판단의 문제라는 점에서 서로 구별된다. 따라서 개인의 행동이 종교적 이유에 기인한 경우에는 종교의 자유에 해당되지만, 개인의 도덕적이고 윤리적인 선악에 대한 가치판단에 따른 경우에는 양심의 자유에 해당한다.

헌법재판소는 종교적 이유로 집총을 거부한 자를 처벌하는 것에 대해 이를 양심의 자유를 대상으로 심사하였다. 즉, 종교의 자유와 양심의 자유의 기본권 경합으로 인정하면서 양심의 자유를 심사대상으로 하였다.[159] 종교의 자유가 양심의 자유에 대해 포괄적 기본권이라고 하면서 종교의 자유에 대해 판단하지 않는 것은 논리적이지 않지만, 비종교적 이유로 집총을 거부한 행위도 함께 심사할 필

---

159) 2018. 6. 28. 2011헌바379.

요가 있다는 것을 고려한 것으로 이해된다. 현실적으로는 종교의 자유와 양심의 자유는 그 위헌심사기준이 거의 동일하므로 큰 차이는 없다고 판단된다.

(3) 내용

(가) 주체

헌법은 '모든 국민'이 종교의 자유를 가진다고 규정하지만, 종교의 자유는 인격적 정체성을 전제로 하므로 양심의 자유와 마찬가지로 국적과 무관하게 인간인 이상 외국인도 그 주체가 된다. 종교의 자유는 인간의 내면적 정신활동에 관한 기본권이므로 원칙적으로 자연인만 주체가 될 수 있고 법인이나 단체는 그 주체가 될 수 없다. 하지만, 양심의 자유와 달리 종교활동에 있어서는 개인 이외에 별도로 종교적 법인이나 단체에게 종교의 자유를 인정할 필요가 있다.

일반적으로 정신적 자유는 법인이나 단체의 구성원에게 보장하면 충분하고, 법인이나 단체를 정신적 자유의 주체로 인정하면 그 구성원의 자유와 충돌할 위험이 있다. 하지만, 종교적 법인이나 단체는 특정한 종교를 목적으로 결성된 집단이므로 구성원의 종교적 자유와 충돌하지 않고, 오히려 구성원인 개인의 종교의 자유를 강화할 수 있다. 따라서 인간의 내면적 가치판단에 해당하는 신앙의 자유는 자연인만 주체가 될 수 있지만, 종교활동의 자유에서는 종교적 법인이나 단체도 그 주체가 될 수 있다.

(나) 신앙의 자유

신앙의 자유는 자신의 고유한 종교적 신념을 자유롭게 신앙으로 형성하는 자유이다. 국가는 개인의 자율적인 신앙의 형성에 대해 간섭하여 특정한 신앙을 갖도록 강요하거나 금지해서는 안 된다. 국가는 개인이 형성한 신앙을 존중해야 하고, 타인이 그 신앙을 침해하지 않도록 보호해야 할 의무를 부담한다. 신앙의 자유에는 개인이 기존의 신앙을 변경하여 다른 종교로 개종하는 것도 포함된다. 이때 개인이 사회적으로 수용되는 기존 종교의 유형을 선택하지 않더라도 헌법적 가치로 종교에 해당하는 경우에는 신앙의 자유로 보장해야 한다.

신앙을 가지지 않고 무신론자로 머무는 자유도 종교의 자유에 포함될까. 양심을 형성하지 않는 것 자체가 하나의 양심으로 인정되는 것과는 달리 무신론은

'초자연적인 존재나 힘에 대한 믿음과 숭배'를 가지지 않는 것이므로 이를 신앙으로 인정할 수 없다. 다만, 기존 종교의 유형이 아니더라도 초자연적인 존재나 힘에 대한 믿음과 숭배를 가지면 신앙을 가진 것이다. 신앙을 가지지 않을 자유 역시 헌법적 가치로서 기본권에 해당할 수 있지만, 이는 종교의 자유가 아니라 사상의 자유에 포함되는 것이며, 사상의 자유는 행복추구권의 내용에 포함된다.

신앙의 자유가 내심에 머무르는 한 절대적으로 보호되는 기본권이라는 견해가 있다.160) 신앙은 내심의 작용이므로 국가가 현실적으로 제한할 수 없는 경우가 많지만, 국가가 다양한 방법으로 특정한 종교를 개인에게 강요하거나 금지하는 방식으로 신앙의 자유를 제한할 수도 있다. 신앙의 자유도 상대적 기본권으로 헌법 제37조 제2항에 따라 제한할 수 있으며, 신앙의 자유가 곧바로 기본권의 본질적 내용에 해당하는 것도 아니다.161)

(다) 종교활동의 자유

종교활동의 자유는 개인이 자신의 신앙에 따라 종교적 삶을 살아가는 자유이다. 이는 적극적으로 자신의 종교를 외부에 표명하거나 종교활동을 실천하는 자유로서 작위에 의한 자유이며, 소극적으로는 종교를 외부에 표명하도록 강요받지 않거나 종교에 반하는 행동을 강요받지 않을 자유로서 부작위에 의한 자유를 포함한다. 종교활동의 자유는 신앙을 내면적으로 형성하는 것과 달리 신앙을 외부적으로 실현하는 것이므로 그 사회적 관련성에서 차이가 있다.

종교활동의 자유는 자신의 신앙을 고백하고 종교의식에 참여하거나 종교교육을 하는 자유는 물론 자신의 종교를 선교하기 위해 타인의 종교를 비판하거나 개종하도록 권고하는 포교행위도 포함한다. 특정한 종교를 가진 사람들이 단체를 조직하여 집회를 하는 것과 같이 다양한 종교활동을 행하는 것도 종교의 자유에 포함된다. 자신의 신앙을 외부로 표명하는 자유에는 신앙을 외부에 표명할 것을 강요당하지 않는 것도 포함되는데, 이는 신앙의 자유와 직접적으로 관련된다. 신앙을 외부적으로 표명할 것을 강요하는 것은 신앙의 자유까지 침해할 수 있다.

일반적으로 종교활동의 자유에는 소극적으로 종교활동을 하지 않을 자유도

---

160) 성낙인, 헌법학, 1259~1260면 ; 허영, 한국헌법론, 481면.
161) 장영수, 헌법학, 654~655면 ; 허영, 한국헌법론, 481면.

포함되며, 종교적 행위를 하지 않는 것이 종교적 이유에 기인한 경우에는 그 자체가 종교활동이므로 종교의 자유에 포함된다. 하지만, 종교 이외의 이유에 기인한 경우에는 그 이유의 근거가 되는 특정한 개별적 기본권이나 행복추구권의 내용인 일반적 행동자유권에 해당한다고 해석된다. 종교활동을 적극적으로 실현하는 자유와 자신의 종교에 반하는 행동을 강요받지 아니할 자유는 종교를 이유로 병역을 거부하는 것과 같이 타인의 권리와 국가의 법질서와 충돌할 수 있다.

종교활동의 자유는 종교적 집회·결사의 자유도 포함하는데, 종교적 집회·결사의 자유는 종교의 자유를 포함하므로 일반적인 집회·결사의 자유보다 더욱 강하게 보장된다. 또한, 종교의 자유는 인격적 정체성에 관한 가치판단과 관련되므로 언론·출판의 자유와 같은 다른 기본권과 충돌할 수도 있다. 종교의 자유와 관련된 사안에 대해 과잉제한금지의 원칙을 적용하여 기본권 제한의 정당성 여부를 심사할 때에는 종교의 자유의 특성을 반영해야 한다.

(4) 제한

(가) 보호영역의 확정

종교의 자유를 제한하는 것이 헌법적으로 정당화되는지를 심사하기 위해서는 우선 종교의 자유의 보호영역을 확정해야 한다. 국가는 개인에게 사회의 공통적인 가치판단에 따를 것을 강요해서는 안 되므로 사회가 보호받을 가치가 있다고 평가하는 종교만 포함시켜서는 안 되고, 헌법적 가치로 인정될 수 있는 객관적 지표를 갖는 경우에는 그것도 종교의 자유의 보호영역에 포함시켜야 한다. 종교활동의 자유는 양심의 자유와 마찬가지로 신앙과 법질서의 명령이 충돌할 경우에는 신앙에 따라 행동할 수 있는 권리를 포함한다.

종교의 자유의 보호영역을 확정하는 과정에서 종교인의 비종교활동은 종교의 자유에 포함되지 않는다는 것에 유의해야 한다. 종교의 자유는 종교에 관한 자유에 국한되며 종교인의 자유를 포괄하는 것이 아니다. 따라서 종교인이나 종교단체의 비종교적인 세속활동은 종교의 자유에 포함되지 않고, 개별적 기본권으로 보장하거나 해당 생활영역을 규율하는 법률을 적용하여 규율해야 한다. 종교인의 비종교적 경제활동에 대해 세금을 부과하거나 종교인이 설립한 학교나

학원에 대해 교육에 관련된 법률을 적용하는 것은 종교의 자유를 제한하는 것이 아니다.

(나) 과잉제한금지원칙

종교의 자유는 헌법 제37조 제2항에 따라 제한될 수 있지만, 양심의 자유와 마찬가지로 개인의 인격적 정체성을 유지하는 것이므로 완전하게 보장하지 않으면 의미가 없다는 특성을 가진다. 종교의 자유도 구체적인 내용에 따라 사회적 관련성에서 차이가 있으므로 그 제한이 허용되는 범위와 위헌심사기준의 정도가 서로 다르다. 일반적으로는 신앙의 자유가 종교활동의 자유보다 강하게 보장되고, 소극적인 침묵의 자유가 적극적인 종교활동의 자유보다 강하게 보장되고, 부작위에 의한 종교활동의 자유가 작위에 의한 종교활동의 자유보다 강하게 보장된다.

종교의 자유에 대해서도 과잉제한금지원칙을 적용하면서 단계적 심사요소를 검토하는 과정에서 그 특징을 반영하여 판단해야 한다. 대법원은 종교를 이유로 국기에 대한 경례를 거부한 학생을 징계처분하거나 범인을 은닉·도피하게 한 성직자를 처벌하는 것은 종교의 자유를 침해한 것이 아니라고 하였다.162) 하지만, 국립대학교 법학전문대학원 입시에서 면접고사 일정을 토요일 오전으로 지정하고, 종교적 신념을 이유로 면접고사 일정의 변경을 요구하고 면접평가에 응시하지 않은 응시자를 불합격시킨 것은 평등원칙을 위반하였으므로 취소되어야 한다고 판단하였다.163)

헌법재판소는 법학적성시험과 같은 국가시험을 일요일에 치르는 것은 종교의 자유를 침해한 것이 아니며,164) 구치소 내에서 실시하는 종교의식 또는 행사에 수형자와 노역장유치자만 참석을 허용하고 미결수용자의 참석을 금지한 것은 종교의 자유를 침해한다고 판단하였다.165) 또한, 종교전파의 자유는 국민에게 그가 선택한 임의의 장소에서 자유롭게 행사할 수 있는 권리까지 보장한다고 할 수 없으므로 전쟁이나 테러위험이 있는 해외위난지역에서 여권사용을 제한하거나 방문을 금지한 것은 선교의 자유를 침해하지 않는다고 판단하였다.166)

---

162) 대법원 1976. 4. 27. 75누249 ; 대법원 1983. 3. 8. 82도3248.
163) 대법원 2024. 4. 4. 2022두56661.
164) 2001. 9. 27. 2000헌마159 ; 2010. 4. 29. 2009헌마399.
165) 2011. 12. 29. 2009헌마527.

(다) 학교의 종교교육

학교에서 학생에게 종교에 대해 교육하는 것이 허용될까. 학교에서 특정 종교를 포교하는 것이 아니라 종교에 대해 학문적으로 연구하거나 종교 일반에 대해 교양과목으로 가르치는 것은 종교의 자유에 포함되지 않고 학문의 자유나 교육을 받을 권리에 포함된다. 종교인 또는 종교단체가 설립한 종립학교에서 선교를 목적으로 특정 종교에 대해 교육하는 것은 종교교육의 자유에 해당된다. 종립학교에서 학생에게 종교교육을 하는 것은 학생의 종교의 자유는 물론 학문의 자유와 교육을 받을 권리를 제한할 수 있다.

학교에서 특정 종교에 대해 교육을 하는 것은 학교의 유형과 종교교육의 방식에 따라 다르게 평가된다. 국공립학교에서 특정 종교에 대해 교육하는 것은 허용되지 않지만, 사립학교인 종립학교에서 선교의 목적으로 종교교육을 하는 것은 원칙적으로 종교교육의 자유에 포함된다. 종립학교라도 초·중등학교에서는 의무교육에 따른 교육을 받을 권리를 보장해야 하므로 종교교육이 제한되지만, 대학교에서는 학생의 자율적 선택이 어느 정도 보장되므로 종교교육이 보다 넓게 허용된다. 또한, 학교에서 학생이 종교교육을 선택할 수 있는지, 대체과목이 허용되는지 등에 따라 종교교육이 허용되는 범위가 다르다.

학교에서 종교교육을 실시하는 것은 구체적 사안에서 과잉제한금지원칙을 적용하여 그 위헌성을 심사해야 한다. 종교교육의 자유는 상대방의 의사를 존중하는 것을 전제로 인정되어야 하고, 그 의사에 반하여 종교교육을 강요해서는 안된다. 원칙적으로 학생의 자율적인 선택권이 보장되는 범위에서만 특정 종교에 대한 교육이 정당화될 수 있다. 학생이 종립학교를 선택하여 입학하고, 학칙 등에 종교교육에 대한 내용이 명시적으로 공개되어 있는 경우에는 학생의 자율적인 선택권이 보장되므로 종교의 자유를 침해하지 않을 수 있다.

대법원은 종립학교의 종교교육의 자유는 종교교육의 내용과 정도, 기간, 학생의 동의 여부, 대체과목의 선택 등을 종합적으로 고려하여 사회의 건전한 상식과 법감정의 한계를 초과하지 않아야 하며, 원칙적으로 초·중등학교에서는 종교교육의 자유보다 학생의 종교의 자유가 우선되고, 사립대학에서 학칙으로 종교과

---

166) 2008. 6. 26. 2007헌마1366.

목의 이수를 졸업요건으로 정하더라도 과잉제한금지원칙을 적용하여 정당화되는 경우에는 학생의 종교의 자유를 침해하지 않는다고 판단하였다.[167]

(5) 국교의 부인과 정교분리

(가) 국교의 부인

헌법 제20조 제2항은 "국교는 인정되지 아니하며, 종교와 정치는 분리된다"라고 규정한다. 이는 종교의 자유를 보장하기 위해 국교를 부인하고 정교분리를 선언한 것이다. 국교를 인정하고 종교와 정치가 분리되지 않으면 종교의 자유가 제대로 보장되지 않는다. 국교의 부인과 정교분리는 당연히 종교의 자유에 포함된다는 견해가 있지만,[168] 국교의 부인과 정교분리는 제도보장이며, 국교를 인정하더라도 종교의 자유를 보장할 수 있고, 국교를 부인한다고 해서 당연히 종교의 자유를 보장하는 것도 아니다. 영국이나 스페인과 같은 나라는 국교를 인정하면서도 종교의 자유를 인정한다.

헌법은 국교를 인정하지 않으므로 국가가 특정 종교를 국교로 삼아서는 안 되고, 나아가 종교와 정치도 분리되어야 한다. 국교를 부인하는 것만으로 정교분리가 실현되는 것은 아니다. 국교의 부인과 정교분리는 국가가 종교에 대해 엄정하게 중립성을 지켜야 한다는 세속주의를 기초로 한다. 헌법재판소는 군대의 훈련소에서 군인에게 특정한 종교행사를 강요하는 것은 개인이 신앙을 가지지 않을 자유와 종교적 집회에 참석하지 않을 자유를 침해하며, 국가의 종교에 대한 중립성을 위반하고 국가와 종교의 밀접한 결합을 초래하므로 정교분리의 원칙에 위반되어 종교의 자유를 침해한다고 판단하였다.[169]

(나) 종교와 정치의 분리

정교분리는 우선 정치가 종교에 개입하지 말아야 한다는 것을 의미한다. 국가는 특정한 종교를 우대하거나 차별해서는 안 되며, 공무원은 공직을 수행하는 과정에서 종교적으로 중립을 지켜야 한다. 국가가 모든 종교를 동등하게 취급하더라도 무종교인과 차별적 취급이 되어 평등원칙에 위반될 수 있다. 군대나 교도

167) 대법원 2010. 4. 22. 2008다38288.
168) 허영, 한국헌법론, 483면.
169) 2022. 11. 24. 2019헌마941.

소 등에서 종교활동을 지원하는 것이나 종교단체에 대해 면세조치를 하는 것은 무종교인을 차별하는 것이 될 수 있다. 국가가 종교를 이유로 법률에 따른 의무를 면제하거나 부과하는 것은 물론 모든 종교를 동등하게 보호하거나 우대하는 조치도 정교분리의 원칙에 위반된다.[170)]

국가는 종교단체의 자율성을 존중하여 징계조치와 같은 내부적 사안에 대해서는 사법적 판단을 자제해야 한다.[171)] 하지만, 종교인이나 종교단체가 국가의 법질서에서 제외되는 것은 아니므로 종교의 내부사항이라도 개인의 권리의무에 관한 법률관계에 관한 사항에 대해서는 사법적 판단을 할 수 있다. 국가가 크리스마스와 석가탄신일을 공휴일로 지정하거나 특정 종교의 상징물을 문화재로 지정한 것은 비록 종교에서 유래되었다고 하더라도 사회공동체에서 관습화된 문화요소로 인식되고 수용될 수 있어 헌법의 문화국가원리에 부합하는 경우에는 종교의 자유를 침해하는 것이 아니다.[172)]

정교분리는 종교가 정치에 관여하는 것도 금지하는데, 이는 근대 시민국가의 초기에는 신정국가 또는 종교국가를 극복하기 위해 중요한 의미가 있었다. 하지만, 현대에는 대중민주주의가 확립됨에 따라 국가가 종교로부터 독립적 지위를 확보하여 그 의미가 많이 약화되었다. 따라서 종교인이나 종교단체가 종교활동의 하나로 정치에 관여하는 것은 폭넓게 허용되며, 국가가 그 정치활동을 금지하는 것은 정치적 자유나 평등권을 침해할 수 있다. 특정 종교인들이 정당을 설립하여 활동하는 것도 민주적 기본질서에 위반되지 않는 이상 종교정당이라는 이유만으로 그 활동을 금지해서는 안 된다.

3. 학문의 자유

(1) 헌법규정

헌법 제22조 제1항은 "모든 국민은 학문과 예술의 자유를 가진다"라고 규정하는데, 이는 1948년 헌법을 제정할 때부터 동일하게 규정되었다. 헌법은 학문의

---

170) 2010. 2. 25. 2007헌바131.
171) 대법원 2011. 10. 27. 2009다32386.
172) 대법원 2009. 28. 2008두16933.

자유와 함께 교육을 받을 권리를 기본권으로 보장하고, 학교교육에 관한 제도보장을 규정한다. 교육을 받을 권리는 국가에게 최소한의 지식과 기술을 교육할 것을 요구하는 사회권이다. 학문의 자유는 개인이 자신의 고유한 진리탐구를 하는 것을 최대한 보장하는 자유권이므로 교육을 받을 권리는 학문의 자유를 보장하기 위한 전제이자 기초가 된다. 학문의 자유와 교육을 받을 권리는 서로 조화를 이룰 수 있도록 통일적이고 체계적으로 해석해야 한다.

(2) '학문'의 개념

(가) 진리탐구를 위한 논리적 인식체계

학문이란 일정한 지식을 기반으로 방법론적으로 정돈된 비판적인 성찰을 함으로써 진리를 탐구하는 논리적이고 체계적인 활동을 말한다. 인간은 앎에 대한 욕구를 본능으로 가지며, 진리탐구를 통해 자신과 세계를 인식하고 자신의 인격적 정체성을 확립한다. 진리란 검증된 참된 믿음이라고 할 수 있는데, 개인이 외부의 간섭을 받지 않고 자유롭게 학문할 때 진리에 가장 잘 접근할 수 있다. 학문은 기존의 가치체계에 대해 비판적인 성찰을 통해 발전할 수 있는데, 기존의 권력체계는 학문의 자유가 자신에게 비판적일 수 있어 이를 억압할 위험성이 크다.

학문의 자유는 외부로부터 간섭을 받지 않고 자유롭고 독창적으로 진리탐구 활동을 할 수 있는 것을 말한다. 학문의 자유는 인간의 내면적 정신활동으로 양심의 자유, 종교의 자유와 밀접하게 관련되며 서로 영향을 주고 받으면서 발전한다. 양심의 자유가 선악에 대한 인격적 가치판단을, 종교의 자유가 성속에 대한 인격적 가치판단을 대상으로 하는 것과 달리 학문의 자유는 진위(眞僞)에 대한 인격적 가치판단을 대상으로 한다. 학문의 자유는 개인적 차원에만 머무르는 것이 아니라 국가적 차원에서도 인간의 지적 성숙을 통해 사회적이고 문화적 발전을 도모하는 기초가 된다.

(나) 최소한의 객관적 지표

학문은 객관적 사실에 대한 진리를 탐구하는 작업이지만, 그 내용이나 방법은 주관적 가치판단에 따라 자율적으로 결정되어야 한다. 학문의 자유는 인간의 정신적 자유에 해당하므로 그 대상이나 내용에 제한이 없으며, 국가는 학문에 대해 중립적이고 개방적이어야 한다. 학문은 시간의 흐름에 따라 새롭게 개념화되므로 기존의 사회적 인식이나 평가에 의해 그 대상이나 내용이 제한되어서는 안 된다. 학문연구는 사회에서 일반적으로 수용되는 진리에 대한 의문과 비판에서 시작되므로 기존의 진리나 가치체계와 상반되거나 모순된다고 하더라도 허용되어야 한다.

진리탐구를 위한 학문적 태도란 고정적이지 않고 역사적 조건에 따라 변화하는 것을 허용해야 하므로 학문의 개념을 미리 확정하지 말고 헌법적 가치로 보호할 공통적 징표를 제시하는 것으로 충분하다는 견해가 있다.173) 학문의 자유는 주관적 가치판단에 기초하여 그 내용이 개방적이지만 개인이 연구하는 활동을 모두 헌법적 가치로 보장할 수는 없다. 학문의 자유도 헌법이 보장하는 기본권이므로 객관적 사실에 대한 지식을 논리적이고 체계적으로 탐구하는 것이라는 최소한의 객관적 지표를 갖추어야 한다. 학문의 자유가 최소한의 개념적 지표를 갖춘 이상 기본권의 보호영역으로 인정된다.

(3) 내용

(가) 주체

학문의 자유도 인격적 정체성을 전제로 하므로 인간인 이상 외국인도 그 주체가 된다. 직업적인 교수나 연구원과 같은 전문가뿐만 아니라 일반인도 주체가 된다. 학문은 공통된 분야에서 연구하는 사람들이 공동체를 형성하여 연구하는 것이 효과적이므로 연구기관이나 학회와 같은 법인이나 단체도 학문의 주체가 된다. 특히, 국립대학이나 국책연구소와 같이 공적 과제를 수행하는 공법인이라도 국가와의 관계에서는 국가에 의해 학문의 자유가 제한될 수 있으므로 학문의 자유의 주체가 된다.174)

(나) 학문연구의 자유

학문의 자유는 학문연구의 자유로부터 시작되는데, 학문연구의 자유는 연구의 주제, 방법, 시기, 장소 등에 대해 국가의 간섭을 받지 않고 자율적으로 연구하는 자유이다. 국가는 학문연구에 대해 특정한 주제나 방법 등을 강요하거나 방

173) 장영수, 헌법학, 716면.
174) 1992. 10. 1. 92헌마68.

해해서는 안 되며, 연구자의 자율적 결정을 존중하여 학문의 자유를 보장해야 하고, 사적 영역에서 타인에 의해 학문연구가 침해되지 않도록 보호할 의무를 부담한다. 개인은 혼자서 학문연구를 할 수도 있고 타인과 공동으로 연구할 수도 있으며, 학문연구의 방법도 스스로 선택할 수 있다.

개인이 소극적으로 학문연구를 하지 않을 자유도 학문의 자유에 포함될까. 개인은 학문연구에서 연구주제를 선택할 수 있고, 특정한 연구를 하지 않는 것은 학문연구의 자유에 포함된다. 하지만, 개인이 모든 학문에 대해 연구하지 않는다는 것은 진리에 대한 논리적 탐구활동을 하지 않겠다는 것이고 학문에 대한 최소한의 객관적 지표를 갖추지 못하므로 학문연구의 자유에 포함되지 않는다. 이는 일반적 행동자유권으로서 헌법 제10조에서 보장되는 행복추구권의 내용이 될 수 있다.

(다) 학문활동의 자유

학문의 자유는 학문활동의 자유도 포함하며, 학문연구의 결과를 발표하거나 전달할 자유, 학문적 집회·결사의 자유, 교수(敎授)의 자유가 이에 해당한다. 연구결과를 발표할 자유는 연구결과를 책이나 논문으로 출판하여 발표하거나 학술대회에서 강연하고 토론하는 자유를 포함하며, 이는 언론·출판의 자유에도 해당한다. 학문적 집회·결사의 자유는 학문활동을 위해 공동으로 회합하거나 학회와 같은 단체를 결성하여 활동하는 것이다. 학문적 언론·출판의 자유나 학문적 집회·결사의 자유는 학문의 자유를 포함하므로 일반적인 언론·출판의 자유나 집회·결사의 자유보다 더욱 강하게 보장된다.

교수의 자유는 대학과 같은 고등교육기관이나 연구단체에서 강의를 통해 학생이나 다른 연구자를 가르치거나 연구결과를 전달하는 자유이다. 학문연구는 교수의 자유를 통해 전승되고 발전되므로 가르치고 배우는 자의 소통이 중요하다. 교수의 자유는 직업적 교수나 연구자와 같은 전문가만 주체가 되는 것은 아니지만, 최소한 교수를 받는 상대방을 전제로 하므로 학문연구의 결과를 가르치는 지위를 갖는 자만 그 주체가 된다. 교수의 자유는 교수의 시기, 내용, 방식 등을 자유롭게 결정할 자유를 포함하지만, 교수의 상대방이 갖는 학문의 자유를 침해해서는 안 된다.

초·중등학교의 교사는 수업을 통해 교육을 담당하고 국민의 교육을 받을 권리를 실효적으로 보장하기 위해 교육의 자유를 가지며, 이는 국가나 학부모의 개입을 받지 않고 자유롭게 수업을 할 권리를 포함한다. 하지만, 초·중등학생은 성장과정에 있는 인격체로서 교사의 주관적 이념과 가치에 일방적으로 종속될 가능성이 있으므로 검증된 지식을 균형 있게 교육받을 수 있도록 해야 한다. 초·중등학교 교사는 개인적으로는 학문의 자유를 가지나, 교사의 지위에서는 국가적 차원에서 교과과정을 정형화하여 검증된 범위에서만 수업할 필요가 있다.

초·중등학교의 교사는 자신의 학문적 연구결과를 임의로 학생에게 교수하는 것이 아니므로 교수의 자유의 주체가 되지 않으며, 교사가 교육의 자유를 갖는다는 것도 교육을 받을 권리의 차원에서 이해해야 한다.175) 헌법재판소는 초·중등 교사의 수업권은 연구결과를 발표하거나 가르치는 자유로서 학문의 자유에 포함되지만, 국가의 위임이나 학부모의 신탁에 따라 학생을 교육할 권한의 성격도 가지므로 학생의 수학권이 교사의 수업의 자유보다 우선적으로 보장된다고 판단하였다.176)

(라) 저작자 등의 권리

헌법 제22조 제2항은 "저작자·발명가·과학기술자와 예술가의 권리는 법률로써 보장한다"라고 규정한다. 헌법은 학문연구의 결과를 법적 권리로 보호하도록 함으로써 학문의 자유를 실효적으로 보장한다. 국회는 헌법의 규정에 따라 저작자·발명가·과학기술자의 권리를 보장해야 할 헌법적 의무를 지고, 법률을 통해 이를 구체화해야 한다. 저작자·발명가·과학기술자의 권리는 개별적 기본권의 내용으로 포함될 수도 있다. 학문연구의 결과가 재산적 가치를 가진 지적재산권에 포함되는 경우에는 재산권으로 보장되고, 재산적 가치가 없더라도 행복추구권의 내용인 인격권으로 보장될 수 있다.

(4) 대학의 자치

(가) 헌법적 의미

학문의 자유는 역사적으로 고등교육기관인 대학을 중심으로 발전하였으며,

---

175) 장영수, 헌법학, 723면 ; 허영, 한국헌법론, 488면.
176) 1992. 11. 12. 89헌마88.

현대국가에서도 대학의 자치를 통해 학문의 자유가 실현될 수 있다. 대학의 자치란 연구, 교육, 학생의 선발과 전형과 같은 학사제도, 교직원의 인사, 시설의 관리, 재정, 질서유지 등 대학의 운영에 대해 대학이 자율적으로 결정하는 것을 말한다. 대학은 학문연구의 자유뿐만 아니라 연구결과의 발표의 자유, 학문적 집회·결사의 자유, 교수의 자유와 같은 학문활동의 자유를 실천하는 핵심적 기능을 담당한다. 대학의 자치가 보장되지 않고서는 학문의 자유가 실현될 수 없으므로 대학의 자치는 특별한 의미를 가진다.

헌법 제31조 제4항은 "교육의 자주성·전문성·정치적 중립성 및 대학의 자율성은 법률이 정하는 바에 의하여 보장된다"라고 규정한다. 대학의 자율성은 대학에서의 연구와 교육을 포함하여 대학의 운영을 대학이 자율적으로 결정할 수 있도록 보장하는 것으로 실질적으로 대학의 자치와 동일한 개념이다. 다만, 대학의 자치는 헌법 제22조 제1항의 학문의 자유에 포함되는 기본권의 측면이고, 대학의 자율성은 사회권인 교육을 받을 권리를 실질적으로 보장하기 위해 국가에게 헌법적 의무를 부과한 객관적 제도보장의 측면이라고 할 수 있다.

대학의 자치는 학문의 자유와 교육을 받을 권리를 조화롭게 실현할 수 있도록 체계적으로 해석해야 한다. 대학의 자치는 학문의 자유에 포함되지만, 헌법은 대학의 자율성을 제도보장으로 규정한다.[177] 헌법 제31조 제4항은 대학의 자치에 대한 직접적 근거가 아니라 대학의 자치를 보완하는 규정이라고 할 수 있다.[178] 대학의 자치는 그 자체가 목적이 아니라 학문의 자유와 교육을 받을 권리를 보장하기 위해 필수적으로 요청되는 수단이다. 헌법은 대학의 자율성을 '법률이 정하는 바에 의하여' 보장하지만, 국회가 법률유보를 내세워 대학의 자율성을 침해하면 안 된다.

(나) 주체

대학의 자치는 대학이 학문의 자유를 위해 스스로 조직과 운영에 대해 자율적으로 결정할 수 있는 것이므로 대학이 주체가 된다. 하지만, 대학은 교수, 직원, 연구원, 대학원생, 대학생과 같이 다양한 이해관계자들의 집합체로 구성되고, 대

---

177) 성낙인, 헌법학, 1271면.
178) 허영, 한국헌법론, 493면.

학의 자치는 다양한 주체들 사이의 효율적이고 합리적인 권한배분을 통해 실현될 수 있다. 현실적으로 대학의 자치에서는 구성원들이 자율권에 대한 내용을 결정하는 권한을 어떻게 분유할 것인지가 중요하다. 대학에서 다양한 구성원이 동등하게 의사결정권을 행사해야 하는 것은 아니다.

대학의 자치는 학문의 자유를 실효적으로 보장하기 위한 것이고, 학문연구와 연구활동에서 교수가 중심적 역할을 하므로 교수가 대학의 자치에서 가장 중요한 주체가 된다. 직원이나 학생은 교수의 자율권의 범위 내에서 노동조합이나 학생회와 같은 자치적 활동을 통해 대학의 자치에 참여할 수 있다. 특히, 대학원생은 학문의 자유에 보다 깊이 관여하고 있으므로 대학생보다 폭넓은 자율권이 보장된다. 대학의 자치에서 구성원의 참여의 범위와 정도 역시 대학이 자율적으로 결정할 수 있다.

국립대학법인이나 사립대학의 경우에는 학교법인이 대학을 설립하고 이사회를 구성하는데, 이사회가 대학의 자치에 관한 중요한 사항을 결정한다. 대학법인과 이사회는 국가에 대한 대외적 관계에서는 대학과 동일체로서 대학의 자치의 주체가 되므로 외부의 간섭으로부터 독립적이어야 한다. 한편, 대학과의 대내적 관계에서는 대학의 자치에 간섭하여 학문의 자유를 제한할 수 있어 학교법인의 사학(私學)의 자유와 대학의 자치가 충돌할 수 있다. 이사회와 대학은 대학의 자치를 강화하는 방향으로 권한을 적절하게 배분해야 한다. 학교법인의 이사회의 의사결정에는 대학의 입장이 반영될 수 있는 제도적 장치가 마련되어야 하고, 이사회가 대학의 의사결정을 일방적으로 지배하지 말아야 한다.

학교법인의 이사회는 대학의 재정, 시설, 교육, 인사에 관한 기본정책적인 방향을 설정하고, 그 구체적인 내용에 대해서는 대학이 자율권을 가지고 결정하는 것이 타당하다. 헌법재판소는 학교법인은 대학의 자치에 따라 자율성을 가지나, 대학의 운영에 대해 외부의 감시와 통제를 통해 투명성을 강화하기 위해 이사회나 재경위원회에 외부인사를 포함하는 것은 대학의 자율성을 침해하는 것은 아니라고 하였다.[179] 또한, 대학총장이 편성한 회계의 예산과 결산에 대해 대학평의원회의 자문과 등록금심사위원회의 심의를 거치도록 한 것이 학교법인의 사학의 자유를 침해한 것은 아니라고 판단하였다.[180]

---

179) 2014. 4. 24. 2011헌마612.

(다) 교원의 신분보장

대학의 자치가 확보되기 위해서는 대학이 교수를 포함한 구성원에 대한 임용과 보직과 같은 인사에 관한 자율권을 가져야 하고, 교수의 신분은 보장되어야 한다. 국가나 학교법인은 자신에게 비판적인 교원에 대해 인사조치를 통해 학문의 자유를 억압할 위험이 있으므로 교원의 신분은 보장되어야 한다. 헌법 제31조 제6항은 "… 교원의 지위에 관한 기본적인 사항은 법률로 정한다"라고 규정하는데, 학문의 자유 이외에도 교육을 받을 권리를 위해서도 교원의 신분은 보장되어야 한다.

헌법재판소는 교원의 신분보장에 대해 국가가 법률을 통해 최소한의 보호조치를 취해야 한다고 전제하고, 국가는 교원의 기간임용제에 대해 합리적인 기준과 정당한 평가에 의해 그 자격심사를 받을 권리를 보장해야 하므로 국가가 법률을 통해 대학교원의 재임용 거부사유와 구제절차에 대해 아무런 규정을 두지 않은 것은 위헌이라고 판단하였다.[181] 교수에 대한 재임용제도는 교원의 자격에 대해 재심사할 필요가 있으므로 재임용제도 그 자체가 위헌이라고 할 수는 없지만, 국가나 학교법인이 교수에 대해 부당하게 신분을 박탈하지 않도록 하는 제도적 장치를 마련해야 한다.

(5) 제한

학문의 자유가 진리를 탐구하기 위해 분석하고 비판하는 범위를 넘어 타인의 권리를 침해하거나 법질서를 위반한 경우에는 그에 대해 책임을 져야 한다. 학문의 자유도 헌법 제37조 제2항에 따라 제한될 수 있으며, 학문의 자유는 진리탐구를 위한 정신적 활동으로 개인의 인격적 정체성뿐만 아니라 사회문화적인 발전과 밀접하게 관련된다는 특성을 반영해야 한다. 학문의 자유는 외부적 간섭보다 개인의 윤리적 판단과 사회적 책임의식에 따라 자율적으로 규제되는 것이 바람직하고, 자율적 규율이 제대로 작동하지 않는 경우에만 외부적 규제를 동원해야 한다.[182]

대학의 자치도 제도보장에 그치는 것이 아니라 학문의 자유에 포함되므로

---

180) 2016. 2. 25. 2013헌마692.
181) 2003. 2. 27. 2000헌바26.
182) 허영, 한국헌법론, 495면.

과잉제한금지원칙을 적용하여 심사해야 한다.[183] 헌법재판소는 대학의 구성원은
총장의 선출에 참여할 권리를 가지나 그 선출방식에 대해서는 자율적으로 결정할
수 있는 기회를 제공하면 충분하다고 하였다.[184] 또한, 총장후보자에게 기탁금을
납부하도록 할 수는 있지만, 기탁금 반환의 요건을 지나치게 까다롭게 하는 것은
대학의 자치를 침해한다고 하였다.[185] 대학도 법질서의 적용에서 예외가 될 수는
없지만, 국가는 대학의 자치를 보장하기 위해 대학구내에서 경찰권의 행사를 최
대한 자제해야 한다.

　최근에는 과학기술의 발전과 학문의 산업화에 따라 학문의 자유가 인간의
생명과 타인의 자유를 침해하고 대규모 환경훼손을 초래할 수 있으므로 학문의
자유도 제한되어야 한다는 인식이 확대되었다. 원자폭탄과 같은 대량살상무기의
개발, 체세포 핵이식 기술을 이용한 인간배아복제와 유전자재조합기술 등에 대해
서는 개인이 자율적으로 규제하는 것에 맡길 수 없다는 것이다. 이에 따라 시민들
이 연구의 방법이나 내용의 방향에 일정한 영향력을 행사하도록 절차적으로 규제
하기도 하고, '생명윤리 및 안전에 관한 법률'을 통해 생명복제연구를 금지하는
것과 같이 학문연구의 내용도 규제하게 되었다.[186]

4. 예술의 자유

(1) 헌법규정

　헌법 제22조 제1항은 "학문과 예술의 자유를 가진다"라고 규정한다. 예술의
자유는 1948년 건국헌법부터 기본권으로 보장되었으며, '학문과 예술의 자유'로
규정되었다. 1962년 헌법은 제18조 제2항에서 "언론·출판에 대한 허가나 검열과
집회·결사에 대한 허가는 인정되지 아니한다. 다만, 공중도덕과 사회윤리를 위하
여는 영화나 연예에 대한 검열을 할 수 있다"라고 규정하였다. 1972년 헌법 제19
조는 제1항에서 "모든 국민은 학문과 예술의 자유를 가진다"라고, 제2항에서 "저

183) 2015. 12. 23. 2014헌마1149.
184) 2014. 4. 24. 2011헌마612.
185) 2021. 12. 23. 2019헌마825.
186) 생명윤리 및 안전에 관한 법률 제3조, 제15조, 제20조, 제21조 등.

작자·발명가와 예술가의 권리는 법률로써 보호한다"라고 규정하였다.

(2) '예술'의 개념

(가) 미적 창작을 통한 인격발현

예술이란 구체적인 사물을 매개로 하여 보편적 아름다움을 형성하고 표현하는 문화활동이나 그 결과로 도출된 작품을 말한다. 개인은 문학, 음악, 미술, 영화, 무용 등과 같은 예술적 활동을 통해 심미적 카타르시스를 느끼고, 미적 창작을 통해 자신의 인격정체성을 확립한다. 인간의 미적 능력이란 무관심적 관조에 따른 만족감을 의미하며, 인간은 내적으로 평정된 상태에서 외적으로 압도되는 숭고함을 통해 미적 능력을 느낀다. 인간은 자신이 독창적으로 창조한 예술을 매개로 타인과 직관적 감성을 공유함으로써 서로 소통하고 사회적 존재로 발전한다.

예술의 자유는 외부로부터 간섭을 받지 않고 자유롭고 독창적으로 미적 창작활동을 할 수 있는 것을 말한다. 예술의 자유도 인간의 내면적 작용에 기초하므로 다른 정신적 기본권과 밀접하게 관련된다. 헌법은 학문의 자유와 함께 규정하지만, 학문의 자유가 논리적 체계를 바탕으로 진위에 대한 인격적 가치판단을 대상으로 하는 것과 달리 예술의 자유는 독창적인 기법과 방식을 통해 미추(美醜)에 대한 인격적 가치판단을 대상으로 한다. 예술의 자유도 개인적 차원에만 머무를 것이 아니라 국가적 차원에서도 다양한 미적 창작활동을 통해 사회적·문화적 발전을 도모하는 기초가 된다.

(나) 최소한의 객관적 지표

예술은 자기목적적 창작행위로서 개인의 주관적 가치판단과 직결되어 있어서 그 개념을 확정하기가 어렵다. 예술인지 여부는 누가 결정해야 할까. 국가는 예술에 대해 중립적이고 개방적이어야 하므로 예술의 개념과 범위를 확정해서는 안 된다. 국가가 예술의 개념을 확정하게 되면 예술을 정치적으로 악용하는 국가예술주의가 초래될 위험이 있다. 예술은 개인의 심미적 가치관에 따라 자율적으로 독창성을 창조하며, 기존의 장르에만 국한되지 않고 새로운 유형의 예술을 수용하는 미래지향적 개방성을 가진다. 하지만, 헌법적 가치로 인정되는 예술의 개념을 완전히 개인의 주관적인 판단에 맡길 수는 없다.

예술의 자유가 기본권으로 보장되려면 자율성, 독창성, 개방성을 요소로 하는 미적 창작활동이라는 최소한의 객관적 지표를 갖추어야 한다. 예술의 자유는 미추에 관한 인격적 가치판단이므로 예술의 객관적 지표는 예술가나 비평가와 같은 예술가집단이 자율적으로 결정할 수 있어야 한다. 예술은 독창적으로 미적 형상을 창조하는 것으로 미래지향적으로 새롭게 개념화되므로 기존의 사회적 인식이나 평가에 의해 개념적 지표가 제한되어서는 안 된다. 예술이 최소한의 형식적인 개념적 지표를 갖춘 이상 기본권의 보호영역으로 인정해야 한다.

(3) 내용

(가) 주체

예술의 자유도 학문의 자유와 마찬가지로 인격적 정체성을 전제로 하므로 외국인도 그 주체가 된다. 직업적으로 미적 창작활동에 종사하는 음악가나 화가와 같은 예술가뿐만 아니라 일반인도 주체가 된다. 예술은 개성을 표출하는 것이므로 개인이 집단적으로 예술의 자유를 행사할 수 있을 뿐이고, 법인이나 단체는 주체가 될 수 없다는 견해가 있다.187) 하지만, 예술을 위한 미적 창작활동은 그 방법이 다양하고 같은 분야에 종사하는 사람들이 공동으로 수행할 수 있으므로 법인이나 단체도 구성원과 별도로 예술의 자유의 주체가 될 수 있다.188)

(나) 예술창작의 자유

예술창작의 자유는 창작의 소재, 대상, 방법, 시기, 장소 등에 대해 국가의 간섭을 받지 않고 자율적으로 예술을 창작하는 자유이다. 국가는 특정한 예술창작을 하도록 강요하거나 금지해서는 안 되며, 창작자의 자율적 결정을 존중해야 한다. 사적 영역에서도 타인에 의해 예술창작이 침해되지 않도록 보호해야 한다. 개인은 예술창작을 선택할 수 있으므로 특정한 창작을 하지 않는 것은 예술의 자유에 포함된다. 하지만, 모든 예술창작을 하지 않는다는 것은 미적 창작활동을 하지 않겠다는 것이므로 예술의 자유에는 포함되지 않는다. 이는 일반적 행동자유권으로 행복추구권의 내용이 될 수 있을 뿐이다.

---

187) 허영, 한국헌법론, 500면.
188) 성낙인, 헌법학, 1277~1278면.

(다) 예술활동의 자유

예술의 자유는 예술활동의 자유도 포함하고, 예술창작은 그 자체가 예술활동의 자유에 포함되기도 한다. 예술활동의 자유는 예술창작의 결과를 발표하거나 전달할 자유와 예술활동을 위한 집회·결사의 자유를 포함한다. 예술창작을 발표하는 것은 창작결과를 연주·전시·공연과 같은 방법으로 외부에 표현하는 자유이며, 이는 언론·출판의 자유에도 해당한다. 예술활동을 위한 집회·결사의 자유는 창작활동과 창작결과를 발표하기 위해 공동으로 회합하거나 단체를 결성하여 활동하는 것을 말한다.

헌법 제22조 제2항은 "… 예술가의 권리는 법률로써 보장한다"라고 규정하여 예술의 자유를 실효적으로 보장한다. 국회는 예술가의 권리를 보장해야 할 헌법적 의무를 지고, 법률을 통해 구체화해야 한다. 이때 국회는 예술의 자유를 강화해야 하고, 법률유보의 이름으로 예술의 자유를 침해하지 않도록 해야 한다. 예술가의 권리는 학문의 자유와 같은 다른 기본권의 내용에 포함될 수도 있다. 예술창작의 결과가 재산적 가치를 가진 지적재산권에 포함되는 경우에는 재산권으로 보장되고, 재산적 가치가 없더라도 행복추구권의 내용인 인격권으로 보장될 수 있다.

(4) 제한

예술의 자유는 외부적 간섭보다 개인의 윤리적 판단과 사회적 책임의식에 따라 자율적으로 규제되는 것이 바람직하고, 자율적 규율이 제대로 작동하지 않는 경우에만 외부적 규제를 동원해야 한다. 예술의 수준은 상대적이고 개방적이므로 음란하거나 저속한 예술이라도 헌법이 요구하는 최소한의 형식적인 개념적 지표를 갖춘 이상 예술의 자유로 보호되는 영역으로 인정해야 한다. 예술의 자유가 미적 창작활동을 하는 과정에서 타인의 권리를 침해하거나 사회적 관련성을 갖는 경우에는 헌법 제37조 제2항에 따라 제한될 수 있다.

예술적 집회·결사의 자유는 예술의 자유를 포함하므로 일반적 집회·결사의 자유보다 더욱 강하게 보장된다. 헌법재판소는 영화제작업자에게 등록의무를 부과하고, 그 위반행위를 처벌하는 것과 음반제작자에 대해 일정한 시설을 갖추어

등록하도록 하는 것은 예술의 자유를 침해하지 않지만, 그 시설이 반드시 자기소유일 것을 요구하는 것은 예술의 자유를 침해한다고 하였다.[189) 또한, 학교정화구역내에서 극장시설이나 극장영업을 일반적으로 금지하는 것은 극장운영자의 예술의 자유를 침해한다고 판단하였다.[190)

5. 언론·출판의 자유

(1) 규범적 의미

(가) 헌법규정

헌법 제21조 제1항은 "모든 국민은 언론·출판의 자유 …를 가진다"라고 규정한다. 제2항은 "언론·출판에 대한 허가나 검열 …는 인정되지 아니한다"라고, 제3항은 "통신·방송의 시설기준과 신문의 기능을 보장하기 위하여 필요한 사항은 법률로 정한다"라고, 제4항은 "언론·출판은 타인의 명예나 권리 또는 공중도덕이나 사회윤리를 침해하여서는 아니된다. 언론·출판이 타인의 명예나 권리를 침해한 때에는 피해자는 이에 대한 피해의 배상을 청구할 수 있다"라고 규정한다.

헌법은 언론·출판의 자유와 집회·결사의 자유를 함께 규정하며, 양자를 표현의 자유라고도 한다. 표현의 자유는 언론·출판의 자유만 의미하고, 집회·결사의 자유를 포함하는 것은 아니라는 견해가 있다.[191) 집회·결사의 자유는 반드시 표현을 전제로 하는 것이 아니고 표현과 무관하게 집회·결사의 자유 그 자체를 보장하는 것이라고 한다. 헌법은 언론·출판의 자유와 집회·결사의 자유를 함께 규정하므로 개인적 의사표현인 언론·출판의 자유와 집단적 의사표현인 집회·결사의 자유를 모두 표현의 자유로 이해하는 것이 타당하다.[192) 다만, 표현의 자유를 법적 개념으로 인정하기는 어렵다.

(나) 기능

언론·출판의 자유는 정신적 자유로 개인이 내면적 의사를 외부에 표현함으

---

189) 1996. 8. 29. 94헌바15 ; 1993. 5. 13. 91헌바17.
190) 2004. 5. 27. 2003헌가1.
191) 한수웅, 헌법학, 817~818면.
192) 김하열, 헌법강의, 458면 ; 성낙인, 헌법학, 1286면 ; 정종섭, 헌법학원론, 633면.

로써 자신의 인격을 발현하고, 사회적 존재로서 타인과 인격적으로 소통하는 기초가 된다. 개인이 갖는 양심, 사상, 종교, 학문, 예술과 같은 정신적 자유는 타인과 관계를 맺으면서 외부에 표현됨으로써 비로소 완성된다. 언론·출판의 자유는 개인의 내면적 의사를 표현하는 것에 그치는 것이 아니라 '사상의 자유시장'에서 자유롭게 표현된 다양한 의견이 경쟁과 논박을 통해 진리에 도달할 수 있는 전제적 조건이 된다.

언론·출판의 자유는 공적 사항에 대한 국민의 주권적 의사를 형성하므로 민주주의를 실천하는 필수적인 수단이 되고, 국가권력에 대한 통제장치로 기능한다. 하지만, 언론·출판의 자유가 다양한 방식으로 확대되고, 집단적이고 폭력적인 표현이 증가하여 개인의 인격이나 사생활을 침해하고 언론·출판의 자유를 위축시키기도 한다. 국가가 조직적으로 언론에 개입하고 언론이 기업화됨에 따라 다양한 의견이 자유롭게 경쟁하는 환경도 변화되었다. 헌법은 언론·출판의 자유를 특별히 강하게 보장하는 한편, 언론·출판의 자유가 갖는 공적 과제를 고려하여 사회적 책임을 강조하고 있다.

현대 정보화사회에서는 정보통신기술과 대중매체의 발달로 인하여 언론·출판의 자유의 의미와 기능은 급격하게 변화하고 있다. 언론·출판의 자유는 단순히 개인적 의사표현의 자유만 의미하는 것이 아니라 의사표현의 수령, 의사표현을 위한 정보의 수집, 타인과 자유로운 의사소통을 포함한다. 의사표현의 상대방도 단순히 의사를 수령하는 수동적인 지위에 머물지 않고 정보의 수집이나 알권리를 통해 적극적으로 의사소통에 참여할 권리를 갖게 되었다. 언론·출판의 자유는 의사의 표현·전파의 자유뿐만 아니라 알권리, 신문과 방송과 같은 언론기관의 자유를 포괄한다.

(2) '언론·출판'의 개념

(가) 의사표현의 방식

언론은 말이나 글과 같은 수단을 통해 의사를 표현하고 전달하는 것이고, 출판은 글자와 형상으로 이루어진 인쇄물을 다량으로 복제하여 배포하는 방법으로 의사를 표현하는 것이다. 의사는 개인의 의견, 지식, 평가, 경험과 같이 내적 사고에서 비롯되는 주관적 태도이며, 의사표현의 방법은 다양하여 그 매개체에는 제한이 없다. 출판은 언론에 포함되는 개념이며,[193] 의사를 표현하는 행위를 '언론·출판'이라고 통일적으로 해석하는 것이 타당하다.

말이나 글은 물론 연설, 도서, 그림, 사진, 신문, 잡지, 영상을 이용한 의사표현과 리본의 패용이나 상징물의 소각과 같은 상징적 표현, 풍자적 패러디도 언론·출판에 포함된다.[194] 또한, 인터넷을 통해 확대되고 있는 게임물을 제작, 판매, 배포하는 것이나 실명이 아닌 익명이나 가명으로 의사를 표현하는 것도 언론·출판의 자유에 포함된다.[195] 불특정 또는 다수인을 상대로 하는 의사표현만 언론·출판에 해당하고, 한 사람을 상대로 한 의사표현은 언론·출판에 포함되지 않는다는 견해가 있다.[196] 두 사람 사이에 행해지는 의사표현은 언론·출판의 자유가 아니라 사생활의 비밀과 자유나 통신의 자유에 포함된다는 것이다. 하지만, 특정한 한 사람에 대한 의사표현도 전파가능성이 있고, 이를 언론·출판의 자유에서 제외할 이유가 없다. 또한, 구체적으로 전달하거나 전파할 상대방이 없는 상태에서 집필하는 행위도 의사표현의 전제가 되므로 언론·출판의 자유에 포함될 수 있다.[197]

(나) 다른 정신적 자유와 관계

언론·출판의 자유는 그 자체가 정신적 자유에 해당하지만, 양심의 자유, 종교의 자유, 학문의 자유, 예술의 자유와 같은 다른 정신적 자유를 실질적으로 보장하는 역할을 한다. 양심의 자유에는 양심표현의 자유가 포함되는 것과 같이 정신적 자유는 모두 고유한 정신활동을 외부에 표현하는 언론·출판의 자유를 포함한다. 정신적 자유에 포함되는 표현행위는 일반적인 언론·출판의 자유보다 강하게 보장되므로 그 정신적 자유가 언론·출판의 자유에 대해 특별법적 성격을 갖는다고 할 수 있다.[198]

정신적 자유권이 언론·출판의 자유와 경합하는 경우에는 언제나 양심의 자유와 같은 정신적 자유가 언론·출판의 자유에 우선하여 적용되는 것은 아니다.

---

193) 정재황, 헌법학, 1018면.
194) 2002. 2. 28. 99헌바117.
195) 2010. 2. 25. 2008헌마324 ; 2012. 8. 23. 2010헌마47.
196) 성낙인, 헌법학, 1294면..
197) 2005. 2. 24. 2003헌마289.
198) 허영, 한국헌법론, 486면.

언론·출판의 자유를 적용하지 않으면 언론·출판의 자유에 적용되는 사전검열금지를 배제하게 되기 때문이다. 헌법재판소는 게임물판매업자의 등록에 대해서는 예술의 자유와 경합하는 표현의 자유의 문제로 판단하고, 음반제작사의 시설기준의 등록에 대해서는 예술의 자유와 표현의 자유를 모두 적용하였으며, 예술의 자유에 포함되는 영화에 대해서는 언론·출판의 자유를 적용하여 사전검열이 허용되지 않는다고 판단하였다.199)

집회·결사에서 의사표현을 하는 것도 언론·출판의 자유에 포함된다. 집회·결사의 자유는 의사표현을 전제로 하는 것이므로 집회·결사에서 의사표현을 하는 것에 대해서는 집회·결사의 자유만 적용된다는 견해가 있다.200) 하지만, 이는 기본권 경합으로 이해하여 구체적인 사안에서 그 보호영역을 확정하는 것이 타당하다.201) 헌법재판소는 공무원이 집회를 통해 집단적으로 정치적 의사를 표현하는 경우에는 언론·출판의 자유와 집회의 자유가 동시에 제한되지만, 사안과 보다 밀접한 관련이 있고 침해의 정도가 큰 공무원의 정치적 표현인 언론·출판의 자유를 중심으로 판단하면 충분하다고 판단하였다.202)

(3) 내용

(가) 의사표현의 자유

가) 의사의 표현과 전파

의사표현의 자유는 내심의 의사를 외부에 표현하는 것과 이를 전파하는 자유를 포함한다. 의사표현에서 그 매개체는 물론 내용에도 제한이 없으며, 국가는 표현행위를 그 내용에 따라 차별함으로써 특정한 견해나 입장을 선호하거나 억압해서는 안 된다.203) 의사표현이 정치적이거나 사적인 경우도 모두 포함되고, 반윤리적이거나 반가치적이라도 그 보호영역에서는 제외되지 않는다. 개인이 특정한 정당이나 정치인에게 정치자금을 기부하는 것도 정치적 의사표현이며,204) 언론기

---

199) 1996. 10. 4. 93헌가13.
200) 허영, 한국헌법론, 672면.
201) 김하열, 헌법강의, 502면.
202) 2012. 5. 31. 2009헌마705.
203) 2002. 12. 18. 2000헌마764.
204) 2010. 12. 28. 2008헌바89.

관이 제공하는 뉴스와 같은 형식으로 허위사실을 전파하는 '가짜뉴스'도 언론·출판의 자유의 보호영역에 포함된다.

의사표현의 자유는 자신의 의사를 적극적으로 표현하는 자유뿐만 아니라 소극적으로 표현하지 않을 자유도 포함된다. 다만, 모든 침묵행위가 표현행위에 포함되는 것이 아니며, 특정한 의사에 대한 침묵행위가 고유한 의사표현으로 인정될 수 있어야 한다. 일반적으로 침묵행위는 침묵의 동기와 그 내용에 따라 양심의 자유와 같은 정신적 자유나 일반적 행동자유권의 내용에 포함될 수 있다. 또한, 언론·출판의 자유가 개인이 의사표현을 위한 구체적인 방법을 마련해 줄 것을 국가에 요구하는 권리까지 포함하는 것은 아니다.

나) 사실의 표현과 전파

사실을 표현하거나 전파하는 것은 내심적 의사표현이 아니므로 언론·출판의 자유에 포함되지 않는다는 견해가 있다.[205] 하지만, 내심적 의사는 의견과 사실로 명확하게 구분하기 어렵고, 사실의 표현에는 내심적 의사가 반영될 수밖에 없으므로 사실의 표현이나 전파도 의사표현의 자유에 포함된다.[206] 헌법재판소는 표현행위에서 의견과 사실을 구별하기 어렵고, 사실도 객관적인 진실과 거짓으로 구별하기 어려우므로 비록 사회윤리에 반하는 내용이 있는 허위사실이라도 언론·출판의 자유의 보호영역에 포함된다고 판단하였다.[207]

독일기본법은 언론·출판의 자유를 규정하면서 의사표현의 자유 이외에 보도의 자유를 별도의 기본권으로 규정하므로 사실의 표현과 전파는 의사표현의 자유가 아니라 보도의 자유에 포함되는 것으로 해석될 수 있다. 하지만, 우리 헌법은 언론·출판의 자유 이외에 보도의 자유를 별도의 기본권으로 규정하지 않아 보도의 자유도 언론·출판의 자유에 포함되므로 사실의 표현과 전파도 언론·출판의 자유에 포함된다.

다) 모욕적·명예훼손적 표현과 음란표현

욕설과 같은 모욕적·명예훼손적 표현과 음란표현도 의사표현의 자유에 포함될까. 모욕적·명예훼손적 표현이나 음란표현은 그 개념이 명확하지 않고, 주관적

---

205) 허영, 한국헌법론, 646면.
206) 성낙인, 헌법학, 1287면 ; 장영수, 헌법학, 674~675면.
207) 2010. 12. 28. 2008헌바157.

판단이나 역사적 상황에 따라 가변적이고 사후적으로 재평가되기도 한다. 의사표현의 자유도 헌법적 가치이므로 객관적인 사회적 판단을 기초로 하지만, 반드시 보호할 만한 가치 있는 것만 보호영역으로 하는 것은 아니므로 모욕적·명예훼손적 표현이나 음란표현도 언론·출판의 자유에 포함된다. 특정한 인종, 민족, 종교, 성적 지향을 상대로 일방적인 증오를 표현하고 전파하는 혐오표현도 의사표현의 자유의 보호영역에서 제외되지 않는다.

헌법 제21조 제4항은 "언론·출판은 타인의 명예나 권리 또는 공중도덕이나 사회윤리를 침해하여서는 아니된다"라고 규정한다. 이는 표현의 자유에 따르는 책임과 의무를 강조하고 표현의 자유에 대한 제한의 요건을 제시한 것이지만, 언론·출판의 자유의 개념이나 보호영역을 제한하는 것은 아니다. 타인의 명예나 권리 또는 공중도덕이나 사회윤리를 침해하는 의사표현이 언론·출판의 자유의 보호영역에 포함된다고 해서 모욕적·명예훼손적 표현이나 음란표현이 정당화되는 것은 아니다.

모욕적·명예훼손적 표현이나 음란표현은 과잉제한금지의 원칙을 적용하여 기본권 보장에서 배제하는 것이 타당하다.[208] 헌법재판소는 음란표현은 언론·출판의 개념이나 보호영역에 포함되지 않는다고 판단하였으나, 선례를 변경하여 음란표현도 언론·출판의 보호영역에 포함된다고 판단하였다.[209] 또한, 서울시 학생인권조례가 차별적 언사나 행동과 혐오적 표현을 금지하고 있지만, 이는 언론·출판의 개념이나 보호영역에서 배제되는 것은 아니고 헌법 제37조 제2항에 따라 제한한 것이라고 판단하였다.[210]

라) 상업광고

광고란 대중을 대상으로 하여 상품의 판매나 서비스의 이용 또는 기업이나 단체의 이미지 증진 등을 목표로 이에 필요한 정보를 매체를 통해 전달하는 홍보행위를 말한다. 상업광고란 상품이나 서비스에 대한 정보를 여러 가지 매체를 통하여 소비자에게 널리 알려서 그것을 구매하도록 설득하는 광고를 말하며, 영리를 목적으로 한다는 특징을 가진다. 광고는 사상·지식·정보 등을 불특정 다수인

208) 2016. 2. 25. 2013헌바105.
209) 2009. 5. 28. 2006헌바109.
210) 2019. 11. 28. 2017헌마1356.

에게 전파하는 것이므로 의사표현의 자유에 포함되는데,211) 상업광고도 언론·출판의 자유에 포함되는지에 대해서는 다양한 관점이 있다.

상업광고는 개인의 내심적 의사가 아니라 상업적 목적으로 표현하는 것이므로 언론·출판의 자유에 포함되지 않고, 영업활동의 자유로서 직업선택의 자유에 포함된다는 관점이 있다. 순수한 영리목적의 광고는 의사표현의 자유에 포함되지 않지만, 공익적 의사를 전달하는 내용을 포함하고 있는 경우에는 의사표현의 자유에 포함된다는 관점도 있다. 상업광고가 언론·출판의 자유에 포함되지 않는다고 해석하면 헌법 제21조 제2항에서 규정하는 사전검열금지의 원칙이나 제21조 제4항에서 규정하는 언론·출판의 헌법적 한계도 적용되지 않으므로 상업광고가 의사표현에 포함되는지는 중요한 의미가 있다.

상업광고도 의사를 표현하고 정보를 전달하는 것이므로 언론·출판의 자유에 포함된다고 해석해야 한다.212) 언론·출판의 자유는 반드시 인격발현의 수단이어야 하는 것이 아니며, 정보화시대에서 상업광고를 일반광고로부터 구별하기도 어렵다. 상업광고에 있어서 공익성이 있는지 여부도 상대적이므로 상업광고를 언론·출판의 자유의 내용과 범위에서 제외하는 것은 타당하지 않다. 상업광고는 특정한 사안에서 언론·출판의 자유, 영업의 자유, 직업의 자유, 재산권과 기본권 경합으로 이해하여 그 보호영역을 확정하고, 기본권의 제한에 따라 그 헌법적 정당성을 판단하는 것이 타당하다.

헌법재판소는 상업광고는 헌법 제21조 제1항의 언론·출판의 자유에는 포함되지만, 제2항에서 규정하는 사전검열금지의 대상이 되지 않는다고 판단한 적이 있고,213) 상업광고는 언론·출판의 자유에 포함되고, 사전검열금지의 대상이 된다고 판단한 적도 있다.214) 또한, 상업광고는 경제적 자유권과 밀접하게 관련되므로 과잉제한금지원칙을 완화한 비례심사원칙을 적용하기도 하였다.215) 상업광고에 대해서도 과잉제한금지원칙을 적용하는 과정에서 그 특징을 반영할 수 있으므로 별도의 위헌심사기준을 설정할 필요는 없다.

211) 1998. 2. 27. 96헌바2.
212) 장영수, 헌법학, 686면 ; 정재황, 헌법학, 1019면.
213) 2010. 7. 29. 2006헌마75.
214) 2008. 6. 26. 2005헌마506 ; 2015. 12. 23. 2015헌바75.
215) 2020. 8. 28. 2017헌가35.

(나) 알권리

가) 일반적 정보접근권

알권리란 일반적으로 접근할 수 있는 정보원으로부터 자유롭게 정보를 수령·수집·처리할 수 있는 권리를 말하며, '정보의 자유'라고도 한다. 헌법은 알권리를 별도의 기본권으로 규정하지 않지만, 알권리는 언론·출판의 자유를 실질적으로 보장하기 위한 전제가 되므로 기본권으로 인정된다. 이때 '일반적으로 접근할 수 있는 정보원'이란 신문, 잡지, 방송과 같이 불특정 다수인에게 정보를 공급하도록 개방된 정보원을 말하며, 정보란 양심, 사상, 지식 등의 형성에 관련이 있는 일체의 자료를 의미한다.216)

알권리는 소극적으로 정보원으로부터 정보를 수령하는 것에 그치는 것이 아니라 적극적으로 정보를 획득하고 처리하는 것도 포함한다. 하지만, 알권리는 일반적으로 접근할 수 있는 정보원을 전제로 하므로 개인이 모든 정보원으로부터 정보를 요구하거나 개인이나 국가가 특별한 목적으로 관리하는 정보를 요구하는 것은 알권리에 포함되지 않는다. 언론·출판의 자유는 알권리를 포함하지만, 알권리는 언론·출판의 자유에 종속되는 것은 아니라 독자적인 의미를 갖는다. 알권리는 의사표현과 무관하게 단순히 정보의 수령 자체를 목적으로 하는 경우도 있고, 이는 행복추구권의 내용이 된다.

현대사회에서는 정보기술이 급속하게 발달하여 정보에 대한 사회적 환경이 개인의 삶에 큰 영향을 미친다. 언론·출판의 자유는 개인의 자유로운 의사형성을 전제로 하고, 이는 정보수령권, 정보수집권, 정보처리권과 같은 알권리를 통해 비로소 가능하다. 알권리는 개인의 내심적 의사를 형성하고 표현하기 위한 지식이나 정보를 취득하는 수단일 뿐만 아니라 다양한 정보를 취득하는 것 자체가 개인의 인격적 정체성을 확립하는 기초가 된다. 특히, 국민은 알권리를 통해 국정에 대한 다양한 정보와 자료를 확보하여 국민주권을 실질화할 수 있다.

나) 공공기관에 대한 정보공개청구권

정보공개청구권이란 개인이 공공기관에게 그 보유하는 정보를 제공해 줄 것을 요구하는 권리이다. 이는 개인이 이해관계 있는 특정한 사안에 관한 개별적 정

---

216) 2010. 10. 28. 2008헌마638.

보공개청구권과 이해관계가 없는 일반적 정보공개청구권으로 구분된다. 국가나 공공기관에 대한 정보공개청구권은 개인이 자신의 동일성을 식별할 수 있는 개인정보를 자율적으로 열람, 정정, 처리할 수 있는 개인정보자기결정권과는 다르다. 공공기관이 보유하는 정보가 개인정보에 속하고 그 정보의 주체가 정보공개를 청구하는 경우에는 개인정보자기결정권과 기본권 경합이 발생할 수 있다.

정보공개청구권은 비자발적 정보원에 대해 정보의 공개를 적극적으로 청구하는 권리이므로 자유권인 언론·출판의 자유로부터 도출할 수 없고, 이를 법률적 권리로 인정할 것인지는 국회의 입법정책에 속한다는 견해가 있다.217) 하지만, 국민은 주권자로서 공적 정보에 대해 정당한 이해관계를 가지며, 공공기관은 일반적으로 접근할 수 있는 정보원에 포함되므로 알권리의 내용으로 정보공개청구권을 갖는다고 해석된다.218) '공공기관의 정보공개에 관한 법률'은 모든 국민은 정보공개청구권을 가지며, 공공기관이 보유·관리하는 정보는 국민의 알권리 보장을 위해 적극적으로 공개해야 한다고 규정한다.219)

헌법재판소도 정당한 이해관계자가 공적 정보의 공개를 요구할 경우에 국가는 특단의 사정이 없는 한 공개해야 하며, 공공기관에 대한 정보공개청구권은 알권리의 내용으로 보장된다고 판단하였다. 정보공개청구권은 헌법 제21조가 규정하는 언론·출판의 자유에 근거한다고 판단하였고,220) 알권리는 자유권, 청구권, 사회권의 성격을 함께 가지므로 헌법 제21조는 물론 제1조, 제10조, 제34조 제1항으로부터 도출된다고 판단하기도 하였다.221)

(다) 언론기관의 자유

가) 신문과 방송의 자유

언론기관은 언론·출판을 목적으로 설립된 법인이나 단체로서 언론·출판의 자유의 주체가 되며, 국정에 대한 여론을 적극적으로 형성하여 민주주의를 실현하는 역할을 한다. 언론기관의 자유는 신문의 자유와 방송의 자유를 중심으로 취

---

217) 한수웅, 헌법학, 807~808면.
218) 성낙인, 헌법학, 1344~1346면.
219) 공공기관의 정보공개에 관한 법률 제3조, 제5조.
220) 2019. 7. 25. 2017헌마1329.
221) 2009. 9. 24. 2007헌바107.

재의 자유, 보도의 자유, 보급의 자유를 포함한다. 언론기관의 자유는 언론·출판의 내용을 실질적으로 형성하는 기자나 편집자와 같은 구성원, 언론기관이 제공하는 언론·출판을 수용하는 국민과 중층적으로 관련된다. 언론기관의 자유는 언론기관의 독립성과 자율성을 보장하면서도 그 공적 기능을 수행할 수 있도록 다양성과 공정성을 확보하는 것이 중요하다.

신문은 뉴스를 비롯한 정보, 지식, 여론, 오락, 광고 등을 전달하는 정기간행물이고, 방송은 프로그램을 기획하고 편성·제작하여 공중에게 전기통신설비를 이용하여 음성이나 영상을 송신하는 것으로 텔레비전, 라디오, 지상파, 종합유선, 위성방송을 포함한다. 신문의 자유와 방송의 자유는 언론·출판의 내용을 취재, 편집, 보도, 송출하는 것뿐만 아니라 신문사나 방송사를 설립하고 운영하는 과정에서 국가의 간섭을 받지 않고 언론·출판의 자유를 행사할 수 있는 자유이다. 방송은 주파수가 제한되고, 막대한 시설비가 소요되며, 전파매체가 광범위하여 강력한 전파력을 가진다는 특성을 가진다.

언론기관은 다양한 방법으로 취재활동을 하므로 취재원을 보호하는 것이 중요하다. 언론기관이 자유롭게 정보를 수집하는 활동을 보장하기 위해서는 정보의 출처가 되는 취재원을 밝힐지 여부를 스스로 결정할 수 있어야 하므로 취재원을 국가나 제3자에게 공개하지 않고 그 비밀을 지키는 취재원비닉권도 취재의 자유에 포함된다.[222] 하지만, 언론기관의 자유도 제한될 수 있고 법질서의 적용에서 제외되지 않으므로 국가는 범죄를 수사하는 과정에서 취재원을 알기 위해 강제처분을 할 수 있고, 기자는 취재원의 보호를 이유로 증언거부권을 행사할 수 없다.

나) 언론기관의 공적 기능과 책임

헌법 제21조 제3항은 "통신·방송의 시설기준과 신문의 기능을 보장하기 위하여 필요한 사항은 법률로 정한다"라고 규정한다. 언론기관은 중요한 공적 기능을 담당하고, 언론기관의 자유를 남용할 경우에는 개인의 인격권이나 사생활의 비밀과 보호가 침해될 우려가 있다. 헌법은 언론기관의 공적 기능과 책임을 고려하여 국민의 대표기관인 국회가 그 기본적인 사항을 법률로 정하도록 한 것이다. 이는 언론기관의 자유를 강하게 보장하기도 하지만, 다른 한편으로는 언론기관의

---

222) 성낙인, 헌법학, 1311면 ; 장영수, 헌법학, 685면 ; 허영, 한국헌법론, 652면.

자유를 제한하기도 한다.

통신·방송의 시설기준을 법률로 정하도록 한 것은 통신·방송은 공공재인 전파를 이용하여 강력한 전파력을 행사한다는 것을 고려하여 다양성을 확보하면서도 공정하고 중립적인 프로그램을 편성할 수 있도록 사업의 주체와 최소한의 시설기준을 규제하기 위한 것이다. 통신·방송사는 신문과 달리 개인이 자유롭게 설립할 수 없으며, 통신·방송의 시설기준은 기본적으로 공영방송과 민영방송에 동일하게 적용된다. 방송의 공적 기능과 책임을 위한 제도적 장치가 국가가 인사나 재정 등을 통해 방송을 장악하고 영향력을 행사하는 수단으로 이용되어서는 안 된다.

신문의 기능을 보장하기 위해 필요한 사항을 법률로 정하도록 한 것도 신문의 공적 기능과 책임을 고려하여 신문의 다양성을 보장하기 위한 것이다. 신문은 방송과 달리 국가의 간섭으로부터 자유로운 다수의 신문들이 공정하게 경쟁할 때 다양성이 확보된다. 헌법재판소는 일간신문의 지배주주에 의한 신문의 복수소유를 일률적으로 금지하는 것은 신문의 자유를 침해한다고 판단하였다.[223] 또한, 신문판매업자가 거래상대방에게 제공할 수 있는 무가지와 경품의 범위를 유료신문대금의 20% 이하로 제한하는 것은 불공정거래행위를 규제하기 위한 것으로 정당하다고 판단하였다.[224]

다) 구성원의 자유와 관계

언론기관은 그 자체가 언론·출판의 자유의 주체가 되지만, 언론기관의 구성원도 개인의 자격으로 언론·출판의 자유의 주체가 된다. 이때 언론기관의 자유는 그 구성원의 언론·출판의 자유와 충돌할 수 있고, 언론기관의 구성원은 국가뿐만 아니라 언론기관으로부터 언론·출판의 자유를 침해받을 수 있다. 언론기관의 자유를 보장하기 위해서는 언론기관의 기자나 편집인은 언론기관의 발행인으로부터 간섭이나 방해를 받지 않고 보도나 방송의 내용을 자율적으로 취사선택하여 편집하고 프로그램을 편성할 수 있어야 한다.

언론기관은 경영주나 발행인에 의해 설립되고 그 조직과 운영에서 자율적이며, 그 구성원과 독립적 지위를 갖고 언론·출판의 자유를 갖는다. 언론기관은 스

---

223) 2006. 6. 29. 2005헌마165.
224) 2002. 7. 18. 2001헌마605.

스로 내부조직을 구성하여 보도내용과 편집과 같은 사항을 자율적으로 결정하고
그에 대해 책임을 진다. 언론기관의 자유와 그 구성원의 언론·출판의 자유가 충
돌할 경우에는 국가의 기본권보호의무를 통해 보장될 수 있다. 언론기관과 그 구
성원은 언론·출판의 자유는 물론 결사의 자유, 직업의 자유, 영업의 자유와 같은
개별적 기본권을 독자적으로 보유하므로 기본권 경합이나 충돌이 발생할 수 있다.

(라) 언론매체에 대한 액세스권

언론매체에 대한 액세스권이란 일반인이 언론매체에 접근하여 그것을 이용
할 수 있는 권리이다. 액세스권은 국민으로 하여금 언론과 정치적 여론형성에 직
접 참여하도록 언론매체를 개방함으로써 언론기관의 권리남용을 방지하고 언론이
사회적 책임과 기능을 제대로 수행할 수 있도록 한다. 액세스권은 개인이 일반적
으로 접근할 수 있는 정보원으로부터 정보를 수령하는 알권리와는 구별된다. 액
세스권은 언론·출판의 자유는 물론 인격권과 인간다운 생활을 할 권리로부터 도
출되는 기본권이라는 견해가 있다.225)

개인은 언론매체를 이용함으로써 의사표현의 자유와 알권리를 강화할 수 있
지만, 액세스권이 당연히 언론·출판의 자유에 포함되는 기본권이라고 할 수는 없
다. 개인은 언론매체를 이용하여 자신의 의사를 표현할 수 있지만, 언론매체를 이
용할 것을 기본권으로 주장할 수는 없다. 액세스권은 기본권이 아니라 법률적 권
리로 인정될 수 있을 뿐이다. 액세스권은 개인이 언론매체를 이용하도록 보장함
으로써 개인의 언론·출판의 자유를 강화하지만, 언론기관의 언론·출판의 자유,
재산권, 직업의 자유와 충돌할 수 있다.

액세스권은 국민이 언론매체를 이용하여 자신의 의사를 표현하는 일반적 액
세스권과 특정한 사안에 대해 이해관계가 있는 자가 자신의 의사를 표현하는 개
별적 액세스권으로 구분된다. '언론중재 및 피해구제 등에 관한 법률'은 개별적
엑세스권으로 반론보도청구권, 정정보도청구권, 추후보도청구권을 인정하는데, 이
는 헌법적 기본권이 아니라 법률에 의해 인정되는 권리이다.226) 헌법재판소는 진
실하지 않은 언론보도로 인하여 피해를 입은 자가 해당 언론기관을 상대로 정정

---

225) 성낙인, 헌법학, 1305~1306면.
226) 김하열, 헌법강의, 480~481면.

보도를 청구할 수 있도록 하는 것은 신문의 자유와 재판청구권을 침해하는 것이 아니라고 판단하였다.[227]

(4) 제한

(가) 이중적 심사기준

가) 우월한 기본권

언론·출판의 자유도 절대적 기본권이 아니므로 헌법적으로 정당화되는 경우에는 제한될 수 있다. 언론·출판의 자유에 대해서는 다른 기본권보다 강하게 보장되어야 한다는 주장이 제기된다. 언론·출판의 자유는 내심에 형성된 정신적 자유를 외부로 표현하는 자유로서 인간의 존엄과 가치를 유지하기 위한 기본적인 조건이고, 국가적 차원에서도 자유민주주의를 실현하기 위한 전제가 되기 때문에 특별히 강하게 보장해야 한다는 것이다.

미국 연방대법원은 표현의 자유가 다른 기본권보다 우월적으로 보호되어야 한다는 이유로 기본권의 제한에 대한 위헌심사기준을 이중적으로 구분하였다. 표현의 자유에 대한 위헌심사기준은 다른 기본권과의 차이에 따라 다양한 기준이 제시되었으며, 소송절차에서도 표현의 자유에 대해서는 합헌성추정을 배제하고, 표현의 자유를 침해한 것에 대해 그 입증책임을 전환하자는 주장도 제기되었다. 우리 헌법재판소도 언론·출판의 자유와 집회·결사의 자유에 대해 이중적 기준을 적용하는 것을 부분적으로 수용하였다.

나) 명백하고 현존하는 위험

미국 연방대법원은 1910년대 선동적이거나 불법적 행위를 옹호하는 표현을 규제하는 입법에 대한 위헌심사기준으로 '명백하고 현존하는 위험(clear and present danger)'의 공식을 제시하였다. 일반적으로 개인의 자유를 제한하기 위해서는 합리성의 요건을 갖추어야 하지만, 표현의 자유는 명백하고 현존하는 위험이 발생한 경우에만 제한할 수 있다는 것이다. 이는 표현의 자유에 대해 위험의 정도와 근접성을 보다 엄격하게 요구한 것이다.

연방대법원은 1920년대에는 표현의 자유에 대해서도 다른 자유와 마찬가지

로 '합리성 심사'로 기준을 완화하였으며, 1940년대에는 '위험성 심사'를 기준으로
채택하였다. 1960년대 이후에는 심사기준을 보다 강화하여 '긴박한(imminent) 위
험', '위험의 개연성(likelihood)', '위험에 대한 고의(intent)'를 추가하였다. 우리 헌
법재판소는 언론·출판의 자유에 대한 제한에서 '실질적 해악을 미칠 명백한 위험
성'을 위헌심사기준으로 제시하였고, 반대의견은 '명백하고 현존한 위험의 법리'를
주장한 적이 있다.228)

다) 명확성의 원칙을 강화

미국 연방대법원은 표현의 자유에 대해서는 명확성의 원칙을 강화하여 적용
해야 한다고 한다. 표현의 자유를 제한하는 법률이 불명확하면 국가가 표현의 자
유를 과도하게 제한할 수 있고, 국민도 위축효과로 인하여 표현의 자유를 제대로
실현할 수가 없다. '막연하기 때문에 무효라는 법리(void for vagueness)'는 표현의
자유를 제한하는 법률이 막연한 경우에는 그 자체로 무효라는 것이고, '과도한 광
범성의 법리(void for overbreadth)'는 표현의 자유를 광범위하게 제한하는 경우에
도 위헌이 된다는 것이다.

미국 연방대법원은 표현의 자유를 제한할 때 그 내용에 대한 제한과 방법에
대한 제한을 구별하여 서로 다른 기준을 적용한다. 표현의 내용에 대해서는 '엄격
한 심사기준(strict scrutiny)'을 적용하고, 표현의 시간, 장소, 방법, 수단과 같이 내
용과 무관한 경우에는 '중간적 심사기준(intermediate scrutiny)'을 적용한다. 우리
헌법재판소는 자동차를 이용한 타인에 관한 광고를 금지하는 것은 표현의 내용이
아니라 표현의 방법인 광고매체를 제한한 것이므로 합리성 심사기준을 적용하여
표현의 자유를 침해하지 않는다고 판단하였다.229)

라) 상업적 표현과 공적 인물

미국의 연방대법원은 상업적 표현에 대해서는 엄격한 심사기준을 완화하여
중간적 심사기준을 적용하였다. 상업적 표현은 정신적 자유나 민주적 정치적 의사
를 형성하는 기능과 관련성이 적고 영리를 위한 것이므로 국회가 폭넓은 재량을
가지고 제한할 수 있다고 한다. 우리 헌법재판소는 상업광고에 대해서는 과잉제한

---

228) 1990. 4. 2. 89헌가113.
229) 2002. 12. 18. 2000헌마764.

금지원칙을 적용하면서도 구체적인 심사요소를 완화하여 그 수단이 입법목적을 달성하기 위해 필요한 범위인지를 심사하는 것으로 충분하다고 판단하였다.[230]

미국 연방대법원은 공적 인물이나 공적 사안에 대해서는 표현의 자유를 더욱 강하게 보호하여 표현의 자유와 공적 인물의 명예가 충돌할 경우에는 언론의 자유를 우선적으로 보호해야 한다고 하였다. 공적 인물에 대한 표현에 대해 명예훼손의 법적 책임을 쉽게 인정하면 공적 사안에 대한 보도가 위축되므로 그 법적 책임은 신중하게 인정해야 한다. 우리 헌법재판소는 공적 인물인지 사인인지, 공적 사안인지 사적 사안인지, 피해자가 표현의 위험을 자초한 것인지, 그 표현이 알권리의 대상으로 여론형성에 기여하는 것인지 등을 종합하여 그 한계를 설정해야 한다고 판단하였다.[231]

마) 독자적 위헌심사기준은 아님

언론·출판의 자유에 대해 이중적 기준을 적용하여 이를 과잉제한금지원칙과 구별되는 독자적인 위헌심사기준으로 인정할 것인지에 대해서는 신중하게 판단해야 한다. 헌법은 제21조 제2항에서 사전검열금지를 규정하여 언론·출판의 자유에 대해 독자적인 위헌심사기준을 제시하고, 그 이외의 제한에 대해서는 제37조 제2항에 따라 과잉제한금지원칙을 적용하도록 규정한다. 개별적 기본권은 복합적 성격을 띠고 다양한 기능을 하므로 헌법적 근거도 없이 언론·출판의 자유에 대해서만 별도의 위헌심사기준을 적용해서는 안 된다.

미국 연방대법원이 제시한 이중적 기준이라는 것도 심사기준을 구별하는 기준과 차별의 정도가 추상적이며 명확하지 않다. 특히, 명확성의 원칙은 법치국가에서 도출되는 헌법적 기준으로 표현의 자유에만 고유하게 적용되는 것이 아니다. '명백하고 현존하는 위험의 법리'나 '명확성의 원리'가 중요한 판단기준이 되지만, 구체적인 경우에 개별적인 상황에 따라 그 기준이 다를 수밖에 없다는 견해도 이러한 점을 고려한 것이다.[232] 언론·출판의 자유에 대해서는 헌법이 직접 위헌심사기준을 제시하는 이외에는 과잉제한금지원칙을 적용하는 것이 타당하다.

---

230) 2014. 3. 27. 2012헌바293.
231) 1999. 6. 24. 97헌마265.
232) 허영, 한국헌법론, 665~666면.

(나) 사전검열의 금지

가) 헌법적 의미

헌법 제21조 제2항은 "언론·출판에 대한 허가나 검열 … 인정되지 아니한다"라고 규정한다. 언론·출판에 대한 허가는 자연적 자유를 일반적으로 금지하고 예외적으로 특정한 경우에만 금지를 해제하는 것이고, 검열은 의사표현의 내용에 대한 허가를 의미한다. 언론·출판에 대한 허가나 검열은 국가가 사상이나 의견을 사전에 심사하여 예외적으로 허가를 받은 경우에만 허용하는 것이고, 이는 사전검열의 금지를 통해 규율된다. 헌법은 언론·출판에 대한 사전검열을 절대적으로 금지하므로 법률로써도 제한할 수 없다.

언론·출판의 자유에 대한 제한은 사전적 제한과 사후적 제한으로 구분된다. 사전검열은 절대적으로 금지되지만, 검열에 해당되지 않는 사전적 제한이나 사후적 제한은 제37조 제2항에 따라 허용된다. 언론·출판의 자유가 제한될 경우에는 일차적으로 그것이 사전검열인지 여부를 확인하여 사전검열에 해당하면 그 자체로 위헌이고, 과잉제한금지원칙을 적용할 여지가 없다. 언론·출판의 자유에 대한 사전적 제한이 검열에 해당하지 않거나 사후적 제한에 해당하면 과잉제한금지원칙을 적용하여 그 위헌성을 심사해야 한다.[233]

나) 사전검열의 요건

언론·출판의 자유를 제한하는 경우에는 사전검열에 해당하는지를 우선적으로 확정해야 한다. 사전검열의 금지는 모든 형태의 사전적 규제를 금지하는 것이 아니라, 의사표현을 발표할 것인지 여부가 오로지 행정기관의 허가에 달려있는 사전심사만을 금지한다. 헌법재판소는 사전검열의 요건으로 첫째, 일반적으로 허가를 받기 위한 표현물의 제출의무가 존재할 것, 둘째, 행정권이 주체가 된 사전심사절차가 존재할 것, 셋째, 허가를 받지 아니한 의사표현을 금지할 것, 넷째, 심사절차를 관철할 수 있는 강제수단이 존재할 것을 제시하였다.[234] 검열은 다음과 같은 요건을 갖춘 경우에만 해당된다.

첫째, 의사표현의 내용을 규제하는 것이다. 사전검열은 의사표현의 내용에

---

233) 1996. 10. 4. 93헌가13.
234) 2018. 6. 28. 2016헌가8.

대해 표현행위가 이루어지기 이전에 심사하는 것을 전제로 하므로, 의사표현의 내용이 아니라 의사표현의 시간, 장소, 방법 등과 같이 내용적으로 중립적인 사항을 제한하는 것은 사전검열에 해당되지 않는다. 헌법재판소는 옥외광고물의 내용이 아니라 광고물의 종류, 모양, 크기, 색깔, 설치의 방법과 기간 등 외적 조건을 규제하는 것은 검열에 해당하지 않는다고 하였다.235) 또한, 통신과 방송에 대해 일정한 시설기준을 갖춘 경우에만 이를 허용하는 것은 표현의 내용에 대한 제한이 아니므로 검열이 아니라고 하였다.236)

둘째, 행정권을 행사하는 국가기관이 제한하는 것이다. 행정권을 가진 국가기관이 아니라 사인이나 언론기관이 자율적으로 의사표현의 내용을 규율하는 것은 사전검열에 해당하지 않는다. 국가기관 중에서도 행정권이 주체가 되는 제한만 검열에 해당하므로 국회가 입법을 통해 의사표현의 내용을 사전적으로 제한하는 것은 사전검열이 아니다. 법원이 재판에서 사법적 판단을 통해 방영금지가처분과 같이 의사표현을 제한하는 것도 사전검열에 해당하지 않는다.237)

행정권을 행사하는 국가기관인지 여부는 그 명칭이나 형식이 아니라 실질적 권한을 기준으로 판단해야 한다. 영상물등급위원회나 한국의료기기산업협회와 같이 민간기구가 사전적으로 심의하더라도 행정기관이 그 구성, 운영, 예산 등을 통해 자의적으로 그 심의에 개입할 가능성이 있으면 그 독립성과 자율성이 없으므로 사전검열에 해당한다.238) 한국광고자율심의기구가 방송위원회로부터 위탁받아 광고를 제한하는 경우에도 실질적으로 행정권이 개입할 수 있으므로 사전검열에 해당한다.239)

셋째, 법적 규율을 통해 표현물의 공개나 유통을 금지시키는 것이다. 형식적으로 사전검열에 해당하지 않더라도 실질적으로 허가를 받지 아니한 의사표현을 금지하는 것은 사전검열에 해당한다. 영상물등급위원회의 영화등급심사는 그 자체가 사전검열은 아니지만, 등급분류보류결정을 횟수에 제한 없이 할 수 있도록 하는 것은 사전검열에 해당된다.240) 헌법재판소는 비디오물에 청소년들이 이용할

235) 1998. 2. 27. 96헌바2.
236) 2001. 5. 31. 2000헌바43.
237) 2001. 8. 30. 2000헌바36.
238) 2020. 8. 28. 2017헌가35.
239) 2008. 6. 26. 2005헌마506.

수 없는 등급을 부여하는 것은 그 공개나 유통 자체를 금지하는 것이 아니고 시간이 경과하여 이용가능한 연령이 되면 이용할 수 있도록 하므로 사전검열이 아니라고 판단하였다.[241]

(다) 과잉제한금지원칙의 적용

언론·출판의 자유에 대해서는 사전검열이 아닌 경우에는 헌법 제37조 제2항에 따라 과잉제한금지원칙을 적용하여 제한할 수 있다. 이때에는 언론·출판의 자유가 갖는 공적 기능과 사회적 책임을 함께 고려해야 한다. 헌법재판소는 국가가 특정한 개인이나 단체가 정치적 표현을 했다는 이유로 문화예술지원사업에서 배제하는 것에 대해 과잉제한금지원칙을 적용하여 언론·출판의 자유를 침해한다고 판단하였다.[242]

헌법재판소는 언론·출판의 자유에 대해 명확성의 원칙을 엄격하게 적용하였다. 출판사의 등록취소가 되는 '음란한 간행물'은 위헌이 아니지만, '저속한 간행물'은 위헌이라고 하였다.[243] '현저히 사회적 불안을 야기시킬 우려가 있는 집회 또는 시위'의 금지에 대해서는 '공공의 안녕과 질서에 직접적인 위협을 가할 것이 명백한 경우'에 한정하여 위헌이 아니라고 하였다.[244] 또한, '공공의 안녕질서와 미풍양속을 해치는 통신'과 '공익을 해할 목적의 통신'을 금지하는 것은 위헌이지만,[245] 군인에게 '불온서적'의 소지 등을 금지하는 것은 위헌이 아니라고 하였다.[246]

알권리도 언론·출판의 자유에 포함되지만, 현실적으로 사전검열의 금지는 적용될 여지가 거의 없으므로 알권리의 제한에 대해서는 과잉제한금지원칙을 적용하여 그 위헌성을 심사한다. 헌법재판소는 정치자금법에 따라 회계보고된 자료의 열람기간을 3월간으로 제한하는 것은 알권리를 침해한다고 하였다.[247] 하지만, 수용자의 교화를 목적으로 범죄기사를 삭제한 신문을 수용자에게 구독하게

---

240) 2008. 10. 30. 2004헌가18.
241) 2007. 10. 4. 2004헌바36.
242) 2020. 12. 23. 2017헌마416.
243) 2009. 5. 28. 2006헌바109.
244) 1992. 1. 28. 89헌가8.
245) 2002. 6. 27. 99헌마480.
246) 2010. 10. 28. 2008헌마638.
247) 2021. 5. 27. 2018헌마1168.

한 것은 수용자의 알권리를 침해한 것이 아니며,248) 국회예산결산특별위원회 계
수조정소위원회나 국정감사에 대해 시민단체의 방청을 불허한 것은 알권리를 침
해하지 않는다고 하였다.249) 또한, 학부모에게 교원이 어떤 교원단체나 노동조합
에 가입해 있는지에 대한 정보공개를 제한하거나 아동학대행위자의 식별정보를
보도하지 못하도록 하는 것은 알권리를 침해하지 않는다고 하였다.250)

최근에는 인터넷이 대중화되면서 개인이 정보를 수집, 생산, 전파하는 능력
이 확대되었다. 인터넷은 진입장벽이 낮고 표현의 쌍방향성이 보장되며, 그 이용
에 적극적이고 계획적인 행동이 필요하다는 특성을 가지므로 인터넷매체에 대해
서는 새로운 차원에서 보호하고 규제할 필요가 있다.251) 인터넷매체에서는 사업
자와 이용자의 관계가 중심이 되어 자율적으로 규제하는 것이 바람직하지만, 개
인정보의 유출로 인한 사생활의 침해, 폭력과 음란표현의 범람, 저작재산권의 침
해와 같은 부작용에 대해서는 국가적 차원에서 통제할 필요성도 있다. '정보통신
망 이용촉진 및 정보보호 등에 관한 법률'은 음란정보나 명예훼손과 같은 불법정
보를 규제하며, 인터넷사업자에 대해 실질적으로 편집통제권을 행사할 수 있는지
를 기준으로 법적 책임을 물을 수 있도록 한다.

헌법재판소는 선거일 180일 전부터 선거일까지 인터넷을 이용한 선거표현을
금지하는 것, 인터넷게시판 이용자에게 본인확인제를 실시하거나 선거운동기간
중 인터넷게시판에 실명확인제를 실시하는 것은 위헌이라고 하였다.252) 한편, 권
리침해를 주장하는 이용자의 요청에 따라 정보서비스제공자에게 임시조치를 통해
정보에 대한 접근을 차단하거나 공공기관이 홈페이지 게시판의 이용자에게 본인
확인을 하도록 하는 것은 위헌이 아니라고 하였다.253)

(라) 헌법적 한계

헌법 제21조 제4항은 "언론·출판은 타인의 명예나 권리 또는 공중도덕이나
사회윤리를 침해하여서는 아니된다. 언론·출판이 타인의 명예나 권리를 침해할

---

248) 1998. 10. 29. 98헌마4.
249) 2000. 6. 29. 98헌마443.
250) 2011. 12. 29. 2010헌마293 ; 2022. 10. 27. 2021헌가4.
251) 2002. 6. 27. 99헌마480.
252) 2011. 12. 29. 2007헌마1001 ; 2012. 8. 23. 2010헌마47 ; 2021. 1. 28. 2018헌마456.
253) 2012. 5. 31. 2010헌마88 ; 2022. 12. 22. 2019헌마654.

때에는 피해자는 이에 대한 피해의 배상을 청구할 수 있다"라고 규정한다. 헌법
은 다른 기본권과는 달리 언론·출판의 자유에 대해 직접 그 한계를 설정하며, 언
론·출판의 자유에 대해서는 사전검열의 금지를 통해 특별히 보장하는 것에 대응
하여 그 헌법적 책임과 의무를 규정한 것이다.

헌법 제21조 제4항은 언론·출판의 자유의 개념이나 그 보호영역의 한계를
설정한 것이 아니다.254) 타인의 명예나 권리 또는 공중도덕이나 사회윤리를 침해
하는 언론·출판이라도 그 자체가 헌법이 보장하는 언론·출판의 자유에서 배제되
는 것은 아니다. 헌법 제21조 제4항은 언론·출판의 자유에 대해 사인적 효력을
규정한 것이라는 견해가 있다.255) 하지만, 이는 언론·출판의 자유가 갖는 헌법적
한계를 규정한 것이지, 타인의 언론·출판으로 명예나 권리를 침해당한 자가 법률
을 매개로 하지 않고 그 타인에게 직접 피해의 배상을 청구할 수는 없다.

헌법 제21조 제4항은 언론·출판의 자유를 제한하는 법률을 제정할 경우에
그 헌법적 지침을 제시한다. 국회는 언론·출판의 자유가 타인의 명예나 권리 또
는 공중도덕이나 사회윤리를 침해하지 않도록 입법해야 한다. 형법은 언론·출판
을 통해 타인이나 사자(死者)의 명예를 훼손한 행위를 처벌하고,256) 헌법재판소는
허위사실을 적시한 명예훼손죄는 물론 사실적시에 의한 명예훼손죄도 언론·출판
의 자유를 침해하지 않는다고 판단하였다.257) 개인이 언론·출판을 통해 타인의
명예를 훼손하여 인격권을 침해한 경우에는 민사적으로도 불법행위를 구성하여
피해자에게 손해배상책임을 져야 한다.

형법은 타인의 명예를 훼손한 언론·출판이라도 진실한 사실로서 오로지 공
공의 이익에 관한 때에는 처벌하지 않는다고 규정하고, 이때에는 위법성이 조각
되어 민사책임도 부담하지 않는다. 헌법재판소와 대법원은 위법성을 조각하는 사
유를 폭넓게 인정한다. '진실한 사실'은 중요한 부분이 객관적 사실과 합치하면
충분하고 세부적으로 차이가 있거나 과장된 표현이라도 무방하며, 진실한 사실이
라는 입증이 없어도 행위자가 진실한 것으로 오인하고 그 믿을 상당한 이유가 있
으면 진실한 사실로 인정된다.258)

254) 2009. 5. 28. 2006헌바109.
255) 허영, 한국헌법론, 660면.
256) 형법 제307조 제1항, 제2항, 제309조 제1항, 제310조.
257) 2021. 2. 25. 2017헌마1113.

'오로지 공공의 이익'도 반드시 공공의 이익만을 위한 것에 국한되지 않고 객관적으로 공공의 이익에 관한 것이면 충분하고 반드시 국가나 사회의 이익에 관한 것이 아니라 특정한 집단이나 그 구성원의 이익에 관한 것도 포함된다. 행위자가 주관적으로 공공의 이익을 위한다는 목적이 있어야 하지만, 그 중요한 목적이 공공의 이익을 위한 것이면 부수적으로 사익의 목적이 내포되어 있어도 무방하다.259) 명예훼손적 언론·출판이 진실한 사실로서 오로지 공공의 이익에 관한 때라는 사실은 그 행위자가 증명해야 하고 피해자가 그렇지 않다는 것을 증명해야 하는 것은 아니다.260)

(마) 비상계엄에서의 특별한 조치

헌법 제77조 제3항은 "비상계엄이 선포된 때에는 법률이 정하는 바에 의하여 … 언론·출판, 집회·결사의 자유에 대하여 … 특별한 조치를 취할 수 있다"라고 규정한다. 헌법은 언론·출판의 자유를 보장하는 것을 전제로 그에 대한 특별한 조치를 인정하므로 국회가 언론·출판의 자유 자체를 부정하는 법률을 제정할 수는 없다. 국회는 헌법에 위반하지 않는 범위에서 계엄법 등을 통해 언론·출판의 자유에 대한 특별한 조치를 규정할 수 있지만, 현재 계엄법은 이에 대해 아무런 규정을 두지 않고 있다.

언론·출판의 자유는 비상계엄에서도 보장되어야 하고, 국가긴급권의 남용을 통제하기 위해서는 더욱 강하게 보장될 필요도 있다. 하지만, 비상계엄의 목적을 달성하기 위해 필요한 경우에는 언론·출판의 자유에 대해 특별한 조치를 할 수 있고, 여기에는 헌법 제21조 제2항, 제3항, 제4항이 규정하는 사항에 대한 특별한 조치도 포함된다. 이때에도 그 특별한 조치가 언론·출판의 자유를 제한하는 경우에는 헌법 제37조 제2항에 따라 과잉제한금지원칙을 적용하여 헌법적으로 정당화되어야 한다.

---

258) 1999. 6. 24. 97헌마265.
259) 대법원 2007. 12. 14. 2006도2074.
260) 대법원 1998. 5. 8. 97다34563.

6. 집회 · 결사의 자유

(1) 규범적 의미

헌법 제21조 제1항은 "모든 국민은 … 집회 · 결사의 자유를 가진다"라고 규정한다. 집회 · 결사의 자유는 개인이 타인과 접촉하고 정보와 의견을 교환하며 공동의 목적을 위해 집단적으로 의사를 표현할 수 있는 자유이다. 집회 · 결사의 자유는 인간이 연대와 결합을 통해 인격적 정체성을 확인하고 자율적인 시민사회를 형성하도록 한다. 또한, 언론매체에 접근하기 어려운 개인에게 의사표현의 기회를 제공하므로 언론 · 출판의 자유를 보완하기도 한다. 특히, 국정에 대한 비판을 공개적으로 표출할 수 있는 기회를 제공함으로써 다양한 의사가 공존하는 열린 사회를 가능하게 한다.261)

집회 · 결사의 자유는 언론 · 출판의 자유와 함께 규정되지만, 집단적 의사의 형성과 표현을 보장한다는 점에서 언론 · 출판의 자유와 다르다. 집회 · 결사의 자유는 일정한 기간 동안 공간적으로 다수의 집단적 행동을 수반하므로 사회적 관련성을 가지고 타인의 권리나 질서유지와 조화롭게 실현되어야 한다. 또한, 집회의 자유와 결사의 자유는 집단적 의사표현을 보장한다는 점에서 공통적이지만, 집회의 자유와 결사의 자유는 그 성격과 보호대상을 달리하므로 별개의 기본권으로 해석된다. 이는 언론 · 출판의 자유를 통일적으로 해석하여 하나의 기본권으로 이해하는 것과 다르다.262)

집회 · 결사의 자유도 언론 · 출판의 자유와 마찬가지로 다른 정신적 자유권과 밀접하게 관련되어 기본권 경합이 발생할 수 있다. 종교의 자유에는 종교적 집회 · 결사의 자유가 포함되는 것과 같이 정신적 자유권에 포함되는 집회 · 결사의 자유는 일반적인 집회 · 결사의 자유보다 강하게 보장된다. 집회 · 결사에서 의사표현을 하는 것도 집회 · 결사의 자유와 언론 · 출판의 자유에 모두 해당하고 기본권 경합으로 이해하여 구체적인 사안에서 그 보호영역을 확정하는 것이 타당하다.263)

---

261) 2016. 9. 29. 2014헌바492.
262) 장영수, 헌법학, 694면.
263) 2012. 5. 31. 2009헌마705.

(2) '집회 · 결사'의 개념

(가) 집회

집회란 다수가 공동목적을 위해 자발적 의사에 따라 일시적으로 일정한 장소에 모이는 것을 의미한다. '다수'란 복수의 사람을 의미하고 3인 이상이라는 견해도 있지만,[264] 2인이 모이는 것이 3인 이상이 모이는 것과 그 효과에서 차이가 있더라도 법적 개념으로는 2인도 다수에 포함되는 것으로 해석된다.[265] '1인 시위'는 언론 · 출판의 자유에 해당할 수는 있지만, 집회 · 결사의 자유에는 포함되지 않는다. 집회의 주체가 되는 다수에는 특정 또는 불특정한 사람들이 포함되고, 법인이나 단체를 구성하는 다수는 물론 복수의 법인이나 단체 자체도 집회의 주체가 될 수 있다.

'공동목적'이란 다수 사이에 집회에 대한 내적 유대관계가 있으면 충분하다는 견해가 있지만,[266] 집회의 자유는 표현의 자유로 보장되므로 내적 유대를 통해 최소한 공통의 의사를 형성하고 표현한다는 공동목적이 있는 내적 유대가 요구된다.[267] 다수라도 공동목적이 없으면 단순히 군중이 운집한 것에 불과하고 집회가 아니다. 이는 집회의 자유가 아니라 일반적 행동의 자유로서 행복추구권의 내용으로 보장될 수 있다.[268] 다만, 공동목적은 그 내용에 제한이 없으므로 공적 사항에 국한되지 않고 사적 목적이어도 무방하고, 반드시 합법적이어야 하는 것도 아니다.

집회는 '자발적 의사'에 따라 '일시적으로' '일정한 장소'에 모이는 것이다. 개인의 의사에 반하는 강제적 회합은 집회에 포함되지 않으며, 회합하는 시간의 장단은 중요하지 않고, 그 장소에도 제한이 없어 옥내와 옥외, 공개와 비공개, 고정된 집회와 움직이는 시위 모두 집회에 포함된다.[269] 한편, 폭력적 회합은 집회에 포함되지 않는다는 견해가 있지만,[270] 폭력의 내용과 정도가 다양하여 평화적 집

---

264) 장영수, 헌법학, 697면.
265) 대법원 2012. 5. 24. 2010도11381.
266) 한수웅, 헌법학, 821면 ; 2003. 10. 30. 2000헌바67 ; 2009. 5. 28. 2007헌바22.
267) 성낙인, 헌법학, 1357면 ; 허영, 한국헌법론, 672면.
268) 김하열, 헌법강의, 502면.
269) 장영수, 헌법학, 698면 ; 1992. 1. 28. 89헌가8.

회와 폭력적 집회를 명확하게 구별하기 어렵다. 폭력적 집회라도 집회의 자유의
보호영역에는 포함되고, 기본권의 제한을 통해 법적 보호에서 배제하는 것이 타
당하다.

(나) 결사

결사란 다수가 공동목적을 위해 자발적 의사에 따라 상당한 기간 동안 결합
하여 조직화된 의사를 형성하는 단체를 만드는 것을 말한다. 결사는 최소한 일정
한 시간 동안 존속하는 단체를 결성하는 것이고, 일정한 장소를 전제로 하지 않는
다는 점에서 집회와 구별된다. 다수란 집회와 마찬가지로 2인 이상이면 충분하고,
특정 또는 불특정한 사람은 물론 다수의 법인이나 단체도 새로운 단체를 결성할
수 있으므로 결사의 주체가 될 수 있다.[271]

결사에서도 '공동목적'은 집회와 같이 직접적이지는 않더라도 공동의 의사를
형성하고 표현한다는 공동목적이 있는 내적 유대를 요구한다. 또한, 공동목적은
그 내용에 제한이 없고 반드시 합법적이어야 하는 것도 아니다. 결사도 '자발적인
의사'에 따라야 하며, 법률에 의해 공적 책무를 수행하기 위해 강제로 가입하도록
하는 공법상 단체는 이에 포함되지 않는다는 견해도 있다.[272] 하지만, 공법상 결
사는 결사의 자유의 보호영역에 포함되며, 이는 결사의 자유를 제한하는 것으로
이해할 수 있다.[273] 개인이 공법상 결사가 요구되는 전문적 직업을 선택한 행위
를 단체의 가입을 용인한 것으로 해석할 수도 있다.

(3) 내용

(가) 집회의 자유

집회의 자유는 집회를 준비하여 개최하고 진행할 자유, 집회에 참가할 자유
를 포함하며, 집회의 목적, 대상, 시간, 장소를 결정하고 집회에 참가할 형태와 정
도, 복장 등을 자유롭게 선택할 자유도 포함한다.[274] 익명으로 집회를 주최하거나

---

270) 김하열, 헌법강의, 503면 ; 허영, 한국헌법론, 672면.
271) 2000. 6. 1. 99헌마553.
272) 성낙인, 헌법학, 1373면 ; 장영수, 헌법학, 707면 ; 2000. 11. 30. 99헌마190.
273) 허영, 한국헌법론, 680~681면 ; 2022. 2. 24. 2018헌가8.
274) 2003. 10. 30. 2000헌마67.

참가할 수 있고, 집회에서 구호, 노래, 퍼포먼스 등도 자유롭게 결정할 수 있다. 집회의 자유를 보장하기 위해서는 개인이 집회를 주최하였거나 참가하였다는 이유로 처벌이나 불이익을 받지 않도록 해야 한다.

소극적으로 집회를 개최하지 않거나 집회에 참가하지 않을 자유도 집회의 자유에 포함된다는 견해가 있다.275) 집회에 참가하였다가 이탈하거나 특정한 집회를 주최하지 않거나 그 집회에 참가하지 않는 것은 집회의 자유에 포함되지만, 일반적으로 모든 집회를 개최하지 않거나 참가하지 않을 자유는 집회의 자유에 포함되지 않는다. 이는 집회의 자유에 대한 헌법해석의 범위를 넘어서며 일반적 행동자유권으로 행복추구권의 내용에 포함되는 것으로 해석된다.

(나) 결사의 자유

결사의 자유는 단체를 결성, 조직, 유지하고, 그 단체에 가입하여 활동하는 자유를 포함한다. 단체를 구성하는 개인뿐만 아니라 단체 그 자체도 결사의 자유의 주체가 되며, 단체의 내부적 자치활동도 결사의 자유에 포함되므로 단체는 회비의 징수, 구성원의 징계와 같은 내부적 규율에 대해서도 자율적으로 결정할 수 있다. 소극적으로 단체에 가입하지 않을 자유도 결사의 자유에 포함된다는 견해도 있지만,276) 특정한 단체에 가입하였다가 탈퇴할 자유는 결사의 자유에 포함되지만 일반적으로 단체에 가입하지 않을 자유는 결사의 자유에 포함되지 않는다.

종교, 학문, 예술의 자유와 관련된 결사는 결사의 자유뿐만 아니라 개별적 정신적 자유에 의해서도 보장되므로 일반적 결사의 자유보다 특별하게 보호된다. 헌법 제8조 제1항은 "정당의 설립은 자유이고, 복수정당제는 보장된다"라고 규정하는데, 정당은 특수한 형태의 결사에 포함되므로 결사의 자유에서 배제되는 것은 아니다. 헌법 제33조 제1항은 "근로자는 근로조건의 향상을 위하여 자주적인 단결권 …을 갖는다"라고 규정하여 특별한 목적을 위해 근로3권의 내용으로 단결권을 별도의 기본권으로 인정하지만, 이때에도 근로자의 단결권이 결사의 자유에서 배제되는 것은 아니다.

---

275) 김하열, 헌법강의, 506면 ; 성낙인, 헌법학, 1361면.
276) 김하열, 헌법강의, 517면 ; 성낙인, 헌법학, 1375면 ; 장영수, 헌법학, 710면.

(4) 제한

(가) 사전허가의 금지

헌법 제21조 제2항은 "… 집회·결사에 대한 허가는 인정되지 아니한다"라고 규정한다. 집회·결사의 허가란 행정청이 주체가 되어 집회·결사를 금지하고 집회·결사를 허용할지 여부를 사전에 심사하여 특정한 경우에만 예외적으로 허용하는 것이다. 이는 그 명칭이나 형식에 관계없이 실질적으로 행정권이 주체가 되어 집회나 결사가 이루어지기 이전에 예방적 조치로서 심사하고 선별하여 사전에 금지하는 것이며, 집회·결사의 자유는 사전허가의 금지를 통해 규율된다. 헌법은 집회·결사에 대한 사전허가를 절대적으로 금지하므로 법률로써도 제한할 수 없다.

집회·결사의 자유가 제한될 경우에는 우선 사전허가인지 여부를 확인하여 사전허가에 해당하면 그 자체로 위헌이고, 과잉제한금지원칙을 적용할 여지가 없다. 집회·결사의 자유에 대한 제한이 사전허가에 해당하지 않으면 과잉제한금지원칙을 적용하여 그 위헌성을 심사해야 한다. 집회·결사에서는 의사표현의 내용을 사전에 심사하는 언론·출판의 검열과는 달리 집회·결사의 내용뿐만 아니라 그 시간, 장소, 방법 등에 대한 사전심사도 금지된다는 것을 유의해야 한다. 집회·결사의 자유는 언론·출판의 자유와 달리 의사표현만을 보호하는 것은 아니기 때문이다.

집회·결사의 허가는 절대적으로 금지되지만 행정적 편의를 위해 사전에 신고하도록 하는 것은 허용된다. 집회의 신고는 단순한 행정절차적 협력의무를 부과하는 것으로 신고만 하면 집회를 할 수 있으므로 원칙적으로 집회의 허가가 아니다.[277] 다만, 행정청에 대한 신고가 실질적으로 허가로 운영될 경우에는 사전허가에 해당된다. 헌법재판소는 노동조합을 결성하는 것에 대해 허가는 금지되지만, 노동조합의 설립을 신고하도록 하는 것은 허가가 아니라고 판단하였다.[278]

---

277) 2009. 5. 28. 2007헌바22.
278) 2012. 3. 29. 2011헌바53.

(나) 과잉제한금지원칙의 적용

가) 사회적 관련성을 고려

집회와 결사는 다수의 집단적 행동이나 조직적 활동을 수반하므로 언론·출판의 자유에 비해 타인의 권리나 공공질서에 위협이 될 수 있다. 집회·결사의 자유에 대해 과잉제한금지원칙을 적용할 때에는 그 구체적인 유형에 따라 심사의 강도가 달라진다. 집회의 경우에는 일반적으로 옥외집회나 시위가 옥내집회보다 사회적 관련성이 크고, 야간집회가 주간집회보다 사회적 관련성이 크므로 과잉제한금지원칙을 적용하는 과정에서 이를 반영해야 한다. 집회현장에서 경찰이 참가자에 대해 사진이나 영상을 촬영하는 것은 불법행위에 대한 증거자료를 확보할 필요성이 있는 경우에만 허용된다.[279]

헌법은 집회·결사의 자유에 대해서는 언론·출판의 자유와는 달리 헌법적 책임과 의무를 규정하여 그 한계를 직접 규정하지 않고 있다. 집회의 자유에 대해서는 '집회 및 시위에 관한 법률'을 통해 일반적으로 규율하지만, 결사의 자유를 일반적으로 규율하는 법률은 없다. 헌법재판소는 공법상 결사는 가입이 강제되어 자유의사에 따른 가입이 허용되지 않으므로 결사의 자유의 대상이 아니라고 하면서도 공적 책무를 수행하는 결사에 대해서는 순수한 사적 임의결사에 비해 보다 완화된 심사기준을 적용할 수 있다고 판단하였다.[280]

나) 옥외집회에 대한 제한

'집회 및 시위에 관한 법률'은 옥외집회에 대해 신고의무를 부과하지만, 그것이 허가제로 운영되지 않도록 신중하게 판단해야 한다. 대법원은 옥외집회가 일상생활의 범위에서 공공의 안녕질서에 해를 끼칠 수 있다고 예견하기 어려운 때에는 옥외집회를 신고하지 않더라도 처벌할 수 없으며, 미신고 옥외집회라도 타인의 법익이나 공공의 안녕질서에 대한 직접적인 위험이 명백하게 초래된 때에만 해산명령을 할 수 있다고 하였다.[281] 헌법재판소도 긴급집회의 경우에는 신고가 능성이 존재하는 즉시 신고하면 미신고 옥외집회로 처벌할 수 없다고 하였다.[282]

---

279) 2018. 8. 30. 2014헌마843.
280) 2012. 12. 27. 2011헌마562.
281) 대법원 2013. 10. 24. 2012도11518 ; 대법원 2012. 4. 26. 2011도6294.
282) 2014. 1. 28. 2011헌바174.

헌법재판소는 '해가 뜨기 전이나 해가 진 후의 옥외집회'를 금지하는 것은 사전허가에 포함되지 않지만, 과잉제한금지원칙을 위반하여 집회의 자유를 침해한다는 이유로 헌법불합치결정을 하였다.[283] 또한, 야간시위를 금지하는 것을 '해가 진 이후부터 같은 날 24시까지의 시위'에 적용하는 한 위헌이라고 결정하였으며,[284] 야간옥외집회와 시위의 금지를 '일몰시간 후부터 같은 날 24시까지의 옥외집회 또는 시위'에 적용하는 한 위헌이라고 결정하였다.[285] 국회는 이에 대해 개선입법을 하지 않아 그 부분에 대해서는 아무런 법적 규제가 없어 사실상 허용되고 있다.

헌법재판소는 국회의사당, 법원, 국무총리 공관, 국내 주재 외국의 외교기관이나 외교사절 숙소의 경계지점으로부터 100미터 이내의 장소에서 옥외집회나 시위를 금지하는 것은 해당 기관을 대상으로 하지 않는 다른 목적의 집회까지 일괄적으로 금지하는 것이므로 집회의 자유를 침해한다고 헌법불합치결정을 하였다.[286] 국회는 이에 대해 개선입법을 통해 해당 기관의 기능이나 안녕을 침해할 우려가 없다고 인정되는 때에는 옥외집회나 시위를 할 수 있도록 하였다.[287] 대통령 관저, 국회의장 공관에 대해서도 헌법불합치결정이 선고되었으나,[288] 국회는 아직 개선입법을 하지 않고 있다.

다) 비상계엄에서의 특별한 조치

헌법 제77조 제3항은 비상계엄이 선포된 때에는 법률이 정하는 바에 의해 언론·출판의 자유뿐만 아니라 집회·결사의 자유에 대해서도 특별한 조치를 취할 수 있다고 규정한다. 헌법은 집회·결사의 자유를 보장하는 것을 전제로 그에 대한 특별한 조치를 인정하므로 국회가 집회·결사의 자유 자체를 부정하는 법률을 제정할 수는 없다. 다만, 헌법 제21조 제2항이 규정하는 사전허가의 금지에 대해서는 특별한 조치를 법률로 규정할 수는 있다. 이때에도 그 특별한 조치는 헌법 제37조 제2항에 따라 과잉제한금지원칙을 적용하여 헌법적으로 정당화되어야 한다.

---

283) 2009. 9. 24. 2008헌가25.
284) 2014. 3. 27. 2010헌가2.
285) 2014. 4. 24. 2011헌가29.
286) 2003. 10. 30. 2000헌바67 ; 2018. 5. 31. 2013헌바322 ; 2018. 7. 26. 2018헌바137 ; 2018. 6. 28. 2015헌가28.
287) 집회 및 시위에 관한 법률 제11조 제1호, 제2호, 제4호, 제5호.
288) 2022. 12. 22. 2018헌바48 ; 2023. 3. 23. 2021헌가1.

제 3 절   사생활의 안전과 자유

1. 주거의 자유

(1) 규범적 의미

(가) 헌법규정

헌법 제16조는 "모든 국민은 주거의 자유를 침해받지 아니한다. 주거에 대한 압수나 수색을 할 때에는 검사의 신청에 의하여 법관이 발부한 영장을 제시하여야 한다"라고 규정한다. 1948년 건국헌법은 제10조에서 "모든 국민은 법률에 의하지 아니하고는 거주와 이전의 자유를 제한받지 아니하며 주거의 침입 또는 수색을 받지 아니한다"라고 규정하였다. 현행헌법은 주거에 대한 압수나 수색에 대해 신체의 자유와 함께 영장주의를 요구하여 주거의 자유를 특별히 강하게 보장한다.

헌법은 사생활의 안전과 자유에 해당되는 주거의 자유, 사생활의 비밀과 자유, 통신의 비밀에 대해서는 '… 침해받지 아니한다'라고 규정한다. 이는 다른 기본권에 대해서는 '… 가진다'라고 규정한 것과 다르지만, 기본권으로 보장되는 규범적 의미는 동일하다고 해석된다. 헌법은 주거의 자유에 대해서만 사생활의 비밀과 자유, 통신의 비밀과 달리 영장주의를 규정한다. 헌법 제35조 제3항은 "국가는 … 모든 국민이 쾌적한 주거생활을 할 수 있도록 노력하여야 한다"라고 규정하여 주거의 자유를 실질적으로 보장한다.

(나) '주거'의 개념

주거란 어떤 장소에서 자리 잡고 생활을 영위하는 것을 의미하고, 생활을 영위하는 장소를 말하기도 한다. 개인이 자유롭게 주거하는 것은 고유한 자기의 실존을 발견하고 사생활, 휴식, 종교, 학문 등을 통해 자율적인 삶을 실현하는 전제가 된다. 주거의 장소는 생활공간인 주택은 물론 기능적으로 생활공간으로 활용되는 장소도 포함된다. 호텔의 객실, 연구실, 자동차, 입원실, 사업장도 그 사용하는 방식과 형태에 따라 주거의 장소에 포함된다. 영업시간 중인 상점이나 백화점

은 주거의 장소가 아니라는 견해도 있지만,289) 실질적으로 생활의 공간으로 이용
되면 주거의 장소에 포함된다.

(다) 다른 기본권과 관계

주거의 자유는 개인이 자유롭고 평온하게 자신의 거주지에서 생활할 권리로
서 사생활의 안전과 자유를 보호법익으로 하므로 사생활의 비밀과 자유와 밀접하
게 관련된다. 개인이 자신의 사적 생활공간을 선택하고 주거하는 것은 사생활의
비밀과 자유의 내용에 포함될 수 있다. 하지만, 헌법은 주거의 자유를 사생활의
비밀과 자유와는 별도로 독자적 기본권으로 보장하고, 이는 사생활의 비밀과 자
유에 대해 특별법적 성격을 가지므로 주거의 자유가 사생활의 비밀과 자유에 포
함되는 경우에도 주거의 자유만 적용된다.

주거의 자유는 거주·이전의 자유와도 다르다. 헌법은 제16조에서 주거의 자
유를 규정하면서 영장주의를 요구하지만, 제14조에서 거주·이전의 자유를 별도
의 개별적 기본권으로 규정하고, 영장주의를 요구하지 않는다. 주거의 자유는 정
적인 개념으로 사생활의 안전과 관련되며, 자유롭고 평온한 주거생활을 보호한다.
한편, 거주·이전의 자유는 동적인 개념으로 직업의 자유와 같이 경제활동과 관련
되며, 특정한 장소를 거주지로 새롭게 결정하여 자리 잡거나 그 거주지를 이전하
는 것을 보호한다.

(2) 내용

(가) 주거의 불가침

주거의 자유는 개인이 자유롭고 평온하게 자신의 거주지에서 생활할 권리로
서 주거의 불가침을 내용으로 한다. 헌법 제16조는 "모든 국민은 주거의 자유를
침해받지 아니한다"라고 규정하여 개인이 주거하는 장소에 대해 외부의 침입을
받지 않을 자유를 보장한다. 주거의 불가침은 소극적으로 국가로부터 주거의 평
온을 방해받지 않을 자유를 핵심적 내용으로 하고, 국가에게 구체적으로 자신이
원하는 장소나 생존에 필요한 최소한의 장소를 생활공간으로 제공해 줄 것을 요
구하는 것까지 보장하는 것은 아니다.

---

289) 김하열, 헌법강의, 550면 ; 정재황, 헌법학, 966면.

주거의 불가침은 주거권자의 승낙을 받지 않거나 의사에 반하여 주거에 들어가는 것을 금지하는 것이므로 주거권자의 의사가 중요하다. 정당한 주거권자의 승낙을 받아 주거에 들어가는 것은 주거의 불가침을 해치는 것이 아니다. 이때 주거권자에는 정당한 이해관계를 가지는 가족의 구성원인 성년자나 미성년자도 포함되며, 외국인과 법인이나 단체도 포함된다. 주거권자는 정당한 권원이 있는 주거권자를 의미하므로 장소에 대한 소유권이 없더라도 임차권과 같은 권원이 있으면 주거권자에 해당하고, 자신이 소유한 장소라도 타인이 적법하게 사용할 권한이 있으면 주거권자가 아니다.

(나) 영장주의

수사기관이 주거에 대해 압수나 수색을 할 경우에는 반드시 검사의 신청에 의해 법관이 발부한 영장을 제시해야 한다. 주거에 대한 압수·수색에서 영장주의를 위반하면 그 자체로 위헌이 되므로 헌법 제37조 제2항에서 규정하는 과잉제한금지원칙을 통해 심사할 필요가 없다. 주거에 대한 압수·수색에 적용되는 영장주의는 형사사법절차 이외에 행정절차에서는 적용되지 않는다. 행정상 즉시강제와 권력적 행정조사는 주거의 자유를 침해할 위험이 있지만 행정작용을 할 긴급한 필요가 있는 경우에는 법관이 발부한 영장이 없더라도 가능하다.

행정절차에서는 영장주의가 적용되지 않지만, 행정작용이 주거의 자유를 제한하는 경우에는 적법절차원칙과 과잉제한금지원칙을 적용하여 정당화되어야 한다. 민사집행법 제5조 제1항은 "집행관은 집행을 하기 위하여 필요한 경우에는 채무자의 주거·창고 그 밖의 장소를 수색하고, 잠근 문과 기구를 여는 등 적절한 조치를 할 수 있다"라고 규정하고, 제2항은 "제1항의 경우에 저항을 받으면 집행관은 경찰 또는 국군의 원조를 요청할 수 있다"라고 규정한다.

헌법은 신체에 대한 체포·구속·압수·수색에 대해서는 영장주의의 예외로서 사후영장을 인정하지만, 주거의 자유에 대해서는 아무런 규정을 두지 않는다. 헌법재판소는 주거에 대한 압수·수색도 그 장소에 범죄혐의를 입증할 자료나 피의자가 존재할 개연성이 소명되고, 사전에 영장을 발부받기 어려운 긴급한 사정이 있는 경우에는 영장주의의 예외가 인정된다고 판단하였다.[290] 형사소송법은 피의

---

290) 2018. 4. 26. 2015헌바370.

자를 적법하게 체포하는 경우에 필요성이 있고 미리 수색영장을 발부받기 어려운 긴급한 사정이 있는 때에 한하여 영장이 없더라도 타인의 주거 등에서 피의자를 수색할 수 있다고 규정한다.[291]

(3) 제한

주거의 자유는 영장주의에 의해 우선적으로 보장되고, 영장주의가 적용되지 않더라도 헌법 제37조 제2항에 따라 과잉제한금지원칙을 적용하여 정당화되는 경우에는 제한될 수 있다. 주거의 자유는 사적 영역에서도 제3자에 대해 주거침입죄에 대한 처벌과 민사적 손해배상책임을 통해 보호된다. 주거의 자유는 적법한 권원을 갖는 주거권자의 평온을 보호하는 것이므로 주거권자의 승낙이나 동의를 받고 주거에 들어간 경우에는 주거의 평온을 해치지 않으므로 주거침입죄가 성립하지 않는다.

대법원은 주거권자가 복수인 경우에는 전원의 승낙이나 동의를 받아야 하고, 불법행위를 목적으로 주거에 들어간 경우에도 다른 거주자의 추정적 의사에 반하므로 주거침입죄가 성립한다고 판단하였다.[292] 하지만, 선례를 변경하여 간통을 목적으로 상간자의 승낙을 받고 그 주거에 들어가거나 공동거주자의 일부가 부재하여 미성년자인 거주자의 승낙을 받아 통상적인 방법에 따라 주거에 들어간 경우에는 그것이 부재중인 다른 거주자의 추정적 의사에 반하는 경우에도 주거침입죄가 성립하지 않는다고 판단하였다.[293]

주거침입죄는 행위자의 출입행위가 객관적·외형적으로 드러난 행위태양에 비추어 주거의 사실상 평온상태를 침해하였다고 평가되어야 성립한다. 일반적으로 출입이 허용되어 개방된 건물에 관리자의 출입제한이나 제지가 없는 상태에서 통상적인 방법으로 거주에 들어간 경우에는 주거침입죄가 성립하지 않는다. 따라서 개인이 식당에 도청장치를 설치할 목적으로 들어간 경우에도 그 과정에서 주거권자의 평온을 깨뜨리지 않으면 주거침입죄가 성립하지 않는다.[294]

헌법 제77조 제3항은 "비상계엄이 선포된 때에는 법률이 정하는 바에 의하

---

291) 형사소송법 제216조 제1항 제1호.
292) 대법원 1997. 3.28. 95도2674.
293) 대법원 2021. 9. 9. 2020도12630.
294) 대법원 2022. 9. 7. 2021도9055.

여 영장제도 …에 관하여 특별한 조치를 할 수 있다"라고 규정하고, 계엄법은 비상계엄지역에서 계엄사령관은 군사상 필요할 때에는 체포·구금·압수·수색 …에 대하여 특별한 조치를 할 수 있다고 규정한다.295) 이때 '특별한 조치'란 영장제도에 관한 구체적인 내용에 대해 특별한 조치를 한다는 것이지, 영장제도 자체를 부인하는 것은 아니다. 비상계엄의 경우에도 최소한 영장제도 자체는 인정되므로 영장 없이 주거를 압수·수색할 수는 없다.

2. 사생활의 비밀과 자유

(1) 규범적 의미

(가) 헌법규정

헌법 제17조는 "모든 국민은 사생활의 비밀과 자유를 침해받지 아니한다"라고 규정하는데, 이는 1980년 헌법부터 규정되었다. 인간은 사회적 존재로서 타인과 관계를 맺고 살지만, 사적 영역에서 자신만의 고유한 생활방식이 존중되지 않으면 인격적 존엄과 가치를 실현할 수가 없다. 사생활의 비밀과 자유는 개인의 사적 생활영역을 공개하지 않고 개인적 삶의 형식을 자유롭게 형성하고 유지하는 것을 방해받지 않을 자유이다. 국가는 개인의 사생활을 존중하여 사적 사항을 간섭하거나 그 비밀을 침해해서는 안 되지만, 개인이 국가에게 특정한 사생활을 형성해줄 것을 요구할 수는 없다.

사생활의 비밀과 자유는 미국에서 '프라이버시권'의 내용으로 발전하였는데, 프라이버시권은 보통법에 따라 형법적 명예훼손이나 민법적 불법행위책임으로 규율되었다가 1960년대 연방대법원이 수정헌법 제14조의 보호대상으로 인정하면서 헌법적 권리로 보호되었다. 프라이버시권은 맥락에 따라 다양하게 해석되지만 그 자체를 법적 개념으로 인정하기는 어렵다. 프라이버시권은 사생활의 비밀과 자유뿐만 아니라 초상권·성명권·명예권과 같은 인격권, 통신의 자유와 개인의 자기정보결정권을 포괄하는 강학상의 개념이다.

---

295) 계엄법 제9조 제1항.

(나) '사생활'의 개념

사생활의 비밀과 자유로 보장되는 '사생활'이란 개인의 사사로운 일상생활로서 외부로부터 차단되어 비밀을 유지하고자 하는 사적 생활을 말한다. 사생활은 사적 영역에서의 생활과 공적 영역에서의 생활을 구분하는 것을 전제하지만 현실적으로 사생활과 공생활은 엄격하게 구별되지 않고, 공적 영역에서도 사생활로 보호해야 할 부분이 있어서 사생활의 개념과 내용을 확정하기는 어렵다. 사생활은 반드시 내밀한 사적 영역에만 국한되는 것이 아니므로 사회공동체의 일반적인 생활영역에서도 사생활이 인정될 수 있다.296)

헌법이 사생활의 비밀과 자유를 보장하는 것은 인격의 자율적 발현과 그에 관한 법적 안정성을 확보하기 위한 것이므로 국가는 개인의 자율적 생활방식을 존중해야 하고 사적 사항에 간섭하거나 개인에 대한 평가나 신뢰를 훼손해서는 안 된다. 사생활의 비밀과 자유는 인격적 자율성을 전제로 하므로 국민뿐만 아니라 외국인도 그 주체가 될 수 있지만, 법인과 단체는 그 명칭이나 상호를 사용하는 경우에도 사생활의 비밀과 자유의 주체가 될 수는 없다고 해석된다.297)

현대국가의 정보화사회에서 사생활의 비밀과 자유는 그 성격이 변화되었다. 사생활은 인격권과 혼자 있을 권리에서 시작하여 국가로부터 사생활의 평온과 비밀을 방해받지 않을 소극적 자유로 발전하였지만, 자기의 정보에 대한 자율적인 통제를 포함하는 적극적 권리까지 포함하게 되었다. 한편, 정보기술의 발달과 개인정보은행이나 사설정보기관이 증가하여 사생활의 비밀과 자유는 국가뿐만 아니라 사인에 의해 침해될 가능성이 확대되어 이에 대한 대책도 필요하게 되었다.

(다) 다른 기본권과 관계

사생활의 비밀과 자유는 사생활의 안전과 자유를 보호하는 주거의 자유, 통신의 비밀과 밀접하게 관련된다. 헌법은 사생활의 비밀과 자유 이외에 주거의 자유와 통신의 자유를 독자적 기본권으로 규정한다. 주거나 통신이 언제나 사생활에 국한되지는 않지만, '주거'라는 공간과 '통신'이라는 수단을 매개로 하는 사생

---

296) 2001. 8. 30. 99헌바92.
297) 성낙인, 헌법학, 1384면.

활에 대해서는 주거의 자유와 통신의 자유를 적용하는 것이 타당하다. 헌법재판소도 통신의 비밀이 사생활의 비밀의 특별한 영역으로 인정되는 경우에는 통신의 비밀만 적용하고 사생활의 비밀을 침해하는지 여부를 검토할 필요가 없다고 판단하였다.298)

사생활의 비밀과 자유는 인격권과도 밀접하게 관련된다. 독일에서는 사생활의 비밀과 자유가 일반적 인격권의 내용으로 이해되고, 미국에서도 사생활의 비밀과 자유는 명예권과 함께 프라이버시권의 내용으로 이해되었다. 인격권은 명예권, 초상권, 성명권, 음성권을 포함하고, 신체상의 특징이나 비밀과 같이 자율적 인격의 정체성을 확보하는 기초가 된다. 인격권은 헌법 제10조에서 규정하는 행복추구권의 내용으로 보장되지만, 인격권의 내용이 사생활의 비밀과 자유에 포함되는 경우에는 사생활의 비밀과 자유가 우선적으로 적용된다.

사생활의 비밀과 자유는 역사적으로 명예권으로부터 비롯되었지만 명예권과는 형사적 처벌이나 민사적 손해배상이 적용되는 범위가 다르다. 명예권은 인격적 가치에 대한 사회적 평가를 보호법익으로 하므로 제3자에 대한 관계가 중요하고, 명예훼손을 하는 사실이 진실이고 오로지 공공의 이익과 관련된 경우에는 위법성이 조각되기도 한다. 하지만, 사생활의 비밀과 자유는 사회적 평가와 무관하게 사생활 그 자체를 보호법익으로 하고, 명예훼손을 하는 사실이 진실이고 공공의 이익과 관련된 경우에도 위법성이 조각되지 않는다.

(2) 내용

(가) 사생활의 비밀

사생활의 비밀은 사생활에서 자신만의 사사로운 영역에 해당하는 사항을 본인의 의사에 반하여 외부에 알려지지 않도록 할 수 있는 권리이다. 사생활의 비밀이 보장되지 않으면 개인의 인격적 평온이 훼손될 뿐만 아니라 사생활의 자유도 보장될 수가 없다. 이때 사생활은 그것이 진실인지 여부를 묻지 않으므로 진실이라도 개인의 승낙을 받지 않고 공개하면 사생활의 비밀을 침해한다. 또한, 사실을 과장하거나 왜곡하는 것은 물론 허위의 사실을 퍼트리는 것도 사생활의 비밀을

---

298) 2010. 12. 28. 2009헌가30.

침해한다.

사생활이 비밀인지 여부는 개인의 주관적 의사와 밀접하게 관련되므로 객관적으로 명확하지는 않다. 사생활의 비밀을 침해하는 것에 해당하기 위해서는 주관적으로 본인의 의사에 반하거나 본인으로부터 승낙이나 동의를 받지 않고 사생활을 공개해야 하고, 객관적으로는 일반인이 수인할 수 있는 한계를 넘어 외부에 공개하는 것이어야 한다. 개인의 성명이나 초상과 같이 인격적 정체성에 관한 사항을 승낙 없이 영리를 목적으로 이용하는 행위도 사생활의 비밀을 침해하는 것에 포함된다.[299]

(나) 사생활의 자유

사생활의 자유는 개인이 자유롭게 사생활을 형성하고 유지하며, 사생활의 평온을 방해받지 않을 권리이다. 개인의 사생활을 외부에 공개할 목적을 갖지 않더라도 그 사생활을 감시하거나 탐지하는 것, 개인의 사생활에 대해 오해를 불러일으키는 사실을 공표하는 것도 사생활의 평온을 해치므로 사생활의 자유를 침해한다. 헌법재판소는 흡연할 자유는 사생활의 자유에 포함되지만, 자동차 안전띠를 착용하는 것이나 변호사의 업무와 관련된 수임사건의 건수와 수임액에 관한 사항은 사생활의 자유에 포함되지 않는다고 판단하였다.[300]

사생활의 자유는 사생활의 비밀을 보장하는 것을 전제로 하므로 사생활의 비밀보장과 관련이 없는 사항은 개인이 선택할 사항이라고 하더라도 사생활의 자유가 아니라 일반적 행동의 자유에 포함된다는 견해가 있다.[301] 하지만, 사생활의 비밀과 자유는 '사생활'을 매개로 하는 기본권이고 반드시 '비밀'을 전제로 하는 것에 국한되지 않는다. 사생활이 비밀로 보장되어야 하는 것이 아니더라도 사생활의 영역에 포함되면 사생활의 자유로 보장되어야 한다.

(다) 개인정보자기결정권

가) 개념

개인정보자기결정권은 자신에 관한 정보가 언제, 어디에서, 누구에게, 어떠

---

299) 성낙인, 헌법학, 1386면.
300) 2004. 8. 26. 2003헌마457 ; 2003. 10. 30. 2002헌마518 ; 2009. 10. 29. 2007헌마667.
301) 김하열, 헌법강의, 534면.

한 용도로 알려지고 사용될 것인지에 대해 정보주체가 스스로 결정할 수 있는 권리이다. 정보화사회에서는 정보통신수단의 발달로 인하여 개인은 자신의 정보를 자율적으로 처리할 수 있어야 사생활의 비밀과 자유를 제대로 향유할 수 있다. 개인정보자기결정권의 보호대상이 되는 개인정보란 성명, 주민등록번호, 영상과 같은 수단을 통해 개인의 신원과 동일성을 식별할 수 있게 하는 일체의 정보를 말한다. 개인정보인 이상 내밀한 영역에 속하는 사항만이 아니라 공적 영역에서 형성되어 공개된 정보도 포함된다.302)

개인정보는 개인의 신체, 신념, 사회적 지위나 신분과 같이 개인의 인격주체성을 특징짓는 사항으로 특정정보만으로 개인을 식별할 수 없더라도 다른 정보와 쉽게 결합하여 개인을 식별할 수 있는 결합정보도 포함한다. 개인정보자기결정권은 정보주체가 자신의 정보를 스스로 통제하는 것이므로 사생활의 비밀과 마찬가지로 본인의 의사에 반하는 경우에만 침해되고 본인이 동의한 경우에는 제한될 여지가 없다. 다만, 공개된 개인정보에 대해서는 정보주체가 동의하였다고 객관적으로 인정되는 범위에서 정보주체의 별도의 동의가 없어도 개인정보를 수집, 이용, 처리할 수 있다.303)

나) 내용

개인정보자기결정권은 개인정보의 수집, 이용, 관리, 처리의 과정에서 보장되어야 한다. 현대사회는 정보화기술을 기초로 자동화된 전산시스템을 통해 개인의 정보를 광범위하게 축적, 이용, 관리할 수 있게 되었다. 국가는 물론 금융기관이나 정보통신망사업자와 같은 사인에 의해서도 개인정보가 무단으로 수집, 결합, 왜곡될 위험이 커지게 되었다. 국가는 개인정보자기결정권을 침해하지 말아야 할 뿐만 아니라 사인에 의해 개인정보자기결정권이 침해되지 않도록 개인정보의 주체를 보호할 기본권보호의무를 부담한다.

개인정보보호법은 개인정보에 대해 일반적으로 규율하며, 정보주체의 사생활을 현저히 침해할 우려가 있는 개인정보인 민감정보와 개인을 고유하게 구별하기 위하여 부여된 고유식별정보에 대해서는 특별한 보호장치를 마련한다. 또한, 개인정보가 관련된 분야별로 '공공기관의 개인정보보호에 관한 법률', '정보통신망

---

302) 2005. 5. 26. 99헌마513.
303) 대법원 2016. 8. 17. 2014다235080.

이용촉진 및 정보보호에 관한 법률', '금융실명거래 및 비밀보장에 관한 법률', '위치정보의 보호 및 이용에 관한 법률'이 자기정보에 대해 열람청구권, 정정청구권, 사용중지 및 삭제청구권, 이용동의권 등을 개인정보자기결정권의 내용으로 보호한다.

다) 헌법적 근거

헌법재판소는 개인정보자기결정권을 독자적 기본권으로 인정하면서도 그 헌법적 근거에 대해서는 명확한 입장을 보이지 않고 있다. 즉, 헌법 제37조 제1항에서 규정하는 헌법에 열거되지 아니한 기본권을 근거로 제시하기도 하고, 헌법 제17조의 사생활의 비밀과 자유를 제시하기도 하였으며, 헌법 제10조에서 도출되는 일반적 인격권과 제17조의 사생활의 비밀과 자유를 함께 헌법적 근거로 제시하기도 하였다.304) 개인정보자기결정권은 '개인정보'를 매개로 하는 '자기결정권'이므로 그 헌법적 근거에 대해서도 행복추구권의 내용으로 인정되는 자기결정권과 체계적으로 정합하게 해석해야 한다.

헌법 제10조가 규정하는 행복추구권은 일반적 행동자유권, 개성의 자유로운 발현권, 인격권, 자기결정권 등을 포함하고, 개인정보자기결정권은 인격권이나 자기결정권의 내용으로 포함될 수 있다. 개인정보자기결정권은 그 보호대상인 개인정보가 사생활에 관한 사항일 때에는 헌법 제17조의 사생활의 비밀과 자유로 보호된다. 하지만, 개인정보는 사생활에 국한되지 않고 공적 영역과 관련된 사항도 포함하므로 이때 개인정보자기결정권은 제10조의 행복추구권의 내용이 된다. 개인정보자기결정권은 구체적 사안에 따라 헌법 제17조나 제10조를 근거로 한다고 해석하는 것이 타당하다.

(3) 제한

사생활의 비밀과 자유도 헌법 제37조 제2항에 따라 과잉제한금지원칙을 적용하여 제한할 수 있다. 사생활의 비밀과 자유는 언론·출판의 자유나 알권리와 충돌할 수 있고, 개인정보를 온라인에서 차단하거나 삭제할 것을 요구하는 이른바 '잊혀질 권리'도 알권리와 충돌할 수 있다. 언론·출판의 자유에 대해서는 헌법

304) 2009. 10. 29. 2008헌마257.

이 타인의 명예나 권리를 침해하지 못하도록 한계를 설정하는 것을 고려하여 사생활의 비밀과 자유를 우선적으로 보호해야 한다. 과잉제한금지원칙을 적용할 때에는 사생활이 인격적 자율성과 관련된 내밀한 사적 사항인지, 공적 영역에서 사회적 관련성이 큰 사항인지를 반영하여 심사해야 한다. 대법원은 군정보기관이 민간인에 대해 정보수집을 한 행위에 대해 그 대상자가 공적 인물이라는 이유만으로 사적 영역에서 이루어진 대화를 불법적으로 도청한 법적 책임이 면책되지 않는다고 판단하였다.305)

　헌법재판소는 사생활의 비밀과 자유에 대해 많은 판결례를 남겼다. 즉, 병역면제사유가 된 질병을 공개하는 것, 주민등록번호의 변경을 전면적으로 허용하지 않는 것, 수사기관이 전기통신사업자에게 정보주체의 위치정보추적자료의 제공을 요청하도록 한 것, 보안관찰대상자에 대해 변동신고의무를 부과한 것은 사생활의 비밀과 자유나 개인정보자기결정권을 침해하며, 성폭력범죄자에 대한 신상등록제도는 위헌이 아니지만 통신매체이용음란죄에 대해 일률적으로 신상등록하게 한 것은 사생활의 비밀과 자유를 침해한다고 하였다.306)

　헌법재판소는 주민등록을 위해 지문날인하는 것, 교육정보시스템으로 졸업생의 정보를 관리하는 것, 수형자를 24시간 CCTV를 통해 감시하는 것, 어린이집에 CCTV를 설치하고 보호자에게 영상정보를 제공하는 것, 채무불이행자명부의 열람과 복사를 일반적으로 허용하는 것, 음주운전의 측정을 위해 강제로 혈액을 채취하는 것, 성폭력범죄자에게 위치추적전자장치를 부착하는 것, DNA 신원확인정보를 데이터베이스에 수록하고 관리하는 것, 공직선거후보자의 전과사실을 공개하는 것, 성매수자의 신상공개는 일반적 인격권과 사생활의 비밀과 자유를 침해하지 않는다고 하였다.307)

---

305) 대법원 2011. 3. 17. 2006도8839.
306) 2007. 5. 31. 2005헌마1139 ; 2015. 12. 23. 2013헌바68 ; 2018. 6. 28. 2012헌마191 ; 2021. 6. 24. 2017헌바479 ; 2016. 3. 31. 2015헌마688.
307) 2005. 5. 26. 99헌마513 ; 2005. 7. 21. 2003헌마282 ; 2008. 5. 29. 2005헌마1139 ; 2017. 12. 28. 2015헌마994 ; 2010. 5. 27. 2008헌마663 ; 2012. 12. 27. 2010헌마187 ; 2014. 8. 28. 2011헌마28 ; 2013. 12. 26. 2013헌마385 ; 2003. 6. 26. 2002헌가14.

3. 통신의 비밀

(1) 규범적 의미

(가) 헌법규정

헌법 제18조는 "모든 국민은 통신의 비밀을 침해받지 아니한다"라고 규정하는데, 통신의 비밀은 1948년 헌법에서부터 기본권으로 보장되었다. 통신의 비밀은 '통신'을 매개로 하여 타인과 자유롭게 소통하는 것을 방해받지 않을 권리이다. 헌법은 통신의 비밀에 대해서는 '… 침해받지 아니한다'라고 규정하고, '사생활의 비밀과 자유'와는 달리 '통신의 비밀'이라고 규정한다. 하지만, 헌법에서 규정하는 통신의 비밀은 통신에 대한 비밀뿐만 아니라 자유롭게 통신할 자유를 전제로 하므로 통신의 비밀은 통신의 자유까지 포함하는 것으로 해석해야 한다.

(나) '통신'의 개념

통신이란 개인이 공간적으로 떨어져 있는 상대방과 편지, 우편, 전화, 인터넷 등과 같은 통신수단을 통해 의사와 정보를 전달하거나 교류하는 행위를 말한다. 정보화사회에서는 통신수단이 다양화되고 소통의 공간적 영역도 세계적으로 확대되었다. 통신의 비밀은 인격의 자율적 발현과 그에 관한 법적 안정성을 확보하기 위한 것이므로 외국인은 주체가 될 수 있고, 법인과 단체도 일정한 경우에는 통신의 비밀의 주체가 될 수 있다. 현대국가에서는 통신을 통해 사생활뿐만 아니라 기업비밀과 국가기밀이 침해될 위험이 증대하고, 사인에 의해서도 통신의 비밀이 침해될 가능성이 확대되어 이에 대한 대책도 필요하게 되었다.

(다) 다른 기본권과 관계

통신의 비밀은 사생활의 안전과 자유를 보호법익으로 하는 주거의 자유나 사생활의 비밀과 자유와 밀접하게 관련된다. 통신의 비밀과 주거의 자유는 별개의 기본권으로 거주지의 외부에서 타인의 통신을 도청한 경우에는 주거가 침입되지 않으므로 통신의 비밀만 적용되지만, 주거에 침입하여 도청하는 경우에는 기본권 경합이 발생한다. 이때에는 그 보호대상이나 실질적으로 침해되는 내용이 통신의 비밀인지 주거의 평온인지에 따라 적용되는 기본권을 결정해야 한다.

헌법이 통신의 비밀을 사생활의 비밀과 자유와 별도의 기본권으로 보장하는 것은 전통적으로 국가가 우편이나 전기통신을 독점하여 통신을 통한 사생활에 관한 의사소통이 국가에 의해 침해될 가능성이 크기 때문이다.[308] 하지만, 통신의 비밀은 사생활과 관련되는 사항에 국한되지 않으므로 언제나 사생활의 자유에 포함되는 것은 아니다. 헌법재판소는 통신의 비밀이 사적 영역에 속하여 사생활의 비밀과 자유에 포섭되는 경우에는 통신의 비밀을 적용하고 사생활의 비밀과 자유에 대해서는 별도로 판단하지 않는다고 판단하였다.[309]

통신의 비밀은 언론·출판의 자유와도 관련되는데, 양자는 모두 타인과 내심의 의사를 표현하고 소통하는 점에서 공통적이다. 하지만, 통신의 비밀은 특정한 상대방을 전제로 제한된 범위에서 내부적인 의사소통을 대상을 하고, 언론·출판의 자유는 일반적인 의사표현을 대상으로 한다는 점에서 차이가 있다. 통신의 비밀은 '통신'을 매개로 하는 경우에 국한되는 기본권이지만, 특정한 사람에 대한 의사표현행위도 전파가능성이 있으므로 언론·출판의 자유와 기본권 경합이 발생할 수도 있다.

(2) 내용

(가) 통신의 비밀

통신의 비밀은 타인과의 통신을 자신의 의사에 반하여 외부에 알려지지 않도록 할 수 있는 권리이다. 통신의 비밀이 보호되지 않으면 인격적 평온이 훼손될 뿐만 아니라 통신의 자유도 보장될 수가 없다. 이때 비밀의 대상이 되는 통신은 통신의 내용뿐만 아니라 통신으로 발생하는 외형적인 사실관계를 모두 포함한다. 통신을 매개로 자유로운 의사소통을 보장하기 위해서는 통신내용의 비밀을 보장하는 것만으로는 충분하지 아니하고 통신관여자의 인적 동일성, 시간, 장소, 횟수와 같이 통신의 외형을 구성하는 통신이용의 전반적 상황의 비밀까지도 보장해야 한다.[310]

---

308) 2001. 3. 21. 2000헌바25.
309) 2019. 9. 26. 2017헌마1209.
310) 2018. 6. 28. 2012헌마191.

통신의 비밀을 침해하는 수단도 다양하여 제한이 없다. 통신수단을 직접 개봉하여 그 내용을 열람하거나 청취하는 것뿐만 아니라 적법한 방법으로 통신정보를 취득하였더라도 본인의 의사에 반하여 이를 타인에게 누설하는 것도 통신의 비밀을 침해한다. 통신이 비밀인지 여부는 개인의 주관적 의사와 밀접하게 관련되므로 객관적으로 명확하지는 않다. 통신의 비밀을 침해하는 것에 해당하기 위해서는 주관적으로 본인의 의사에 반하거나 본인으로부터 승낙이나 동의를 받지 않아야 하고, 객관적으로는 일반인이 수인할 수 있는 한계를 넘어 외부에 공개하는 것이어야 한다.

(나) 통신의 자유

헌법은 통신의 '비밀'만 규정하지만, 통신의 비밀은 자유롭게 이루어진 통신을 대상으로 하고, 통신의 비밀을 보호하는 것도 통신의 자유를 보장하기 위한 것이다. 따라서 통신의 자유도 헌법이 규정하는 '통신의 비밀'에 포함된다. 통신의 자유는 통신의 비밀보호를 핵심적 내용으로 포함하지만, 다양한 통신수단을 자유롭게 이용하여 의사소통을 할 권리도 포함한다.[311] 통신의 자유는 반드시 비밀을 전제로 하는 것에 국한되지 않으므로 통신이 비밀로 보장되어야 하는 것이 아니더라도 통신을 매개로 하면 통신의 자유로 보장되어야 한다.

통신의 자유는 통신수단을 자유롭게 이용한다는 것을 포함하고, 자신의 실명을 밝히는 것은 물론 인적 사항을 밝히지 않은 상태에서 통신수단을 이용할 자유도 포함되므로 익명이나 가명으로 통신하는 것도 통신의 자유에 포함된다.[312] 헌법재판소는 국가가 개인의 통신을 외부에 공표할 목적을 갖지 않더라도 통신에 관한 정보를 탐지하는 것 자체가 통신의 자유를 침해할 수 있고, 수형자가 자신의 집필문을 외부의 특정한 상대방에게 발송하는 것도 통신의 자유에 포함된다고 하였다.[313]

(3) 제한

통신의 비밀은 헌법 제37조 제2항에 따라 과잉제한금지원칙을 적용하여 제

---

311) 2018. 6. 28. 2012헌마191.
312) 2019. 9. 26. 2017헌마1209.
313) 2016. 5. 26. 2013헌바98.

한될 수 있다. 헌법재판소는 통신제한조치기간의 총연장기간이나 연장횟수의 제한을 두지 않는 것이나 인터넷회선에 대한 패킷감청을 허용한 것은 통신의 자유를 침해한다고 하였다.[314] 한편, 금치처분을 받은 수형자에 대해 접견과 서신수발을 금지하거나 수형자에게 발송된 서신을 개봉하고 열람하는 것, 훈련을 받는 신병의 전화를 금지하는 것, 공개되지 않은 타인간의 대화를 녹음 또는 청취하여 지득한 내용을 공개한 행위를 처벌하는 것은 통신의 자유나 표현의 자유를 침해하지 않는다고 하였다.[315]

통신비밀보호법은 통신의 비밀과 자유를 규율하는데, 범죄수사를 위한 통신제한, 국가안보를 위한 통신제한, 긴급통신제한, 통신사실 확인자료 등에 대해 자세하게 규정한다. 헌법은 통신의 비밀에 대해서는 주거의 자유와 같은 영장주의를 규정하지 않지만, 통신비밀보호법은 범죄수사를 위한 통신비밀의 제한을 위해서는 법원의 허가를 받도록 규정하여 법률적 차원에서 영장주의를 실현한다.[316] 법률이 감청을 허용하더라도 과잉제한금지원칙을 준수하는 경우에는 통신의 비밀을 침해하지 않는다. 헌법재판소는 수사기관이 전기통신사업자로부터 통신자료를 취득하고도 사후통지절차를 마련하지 않는 것은 적법절차원칙을 위반하여 개인정보자기결정권을 침해한다고 판단하였다.[317]

제 4 절 사회적 경제활동의 자유

1. 거주·이전의 자유

(1) 규범적 의미

(가) 헌법규정

헌법 제14조는 "모든 국민은 거주·이전의 자유를 가진다"라고 규정한다.

---

[314] 2010. 12. 28. 2009헌가30 ; 2018. 8. 30. 2016헌마263.
[315] 2004. 12. 16. 2002헌마478 ; 2010. 10. 28. 2007헌마890 ; 2011. 8. 30. 2009헌바42 ; 2021. 9. 30. 2019헌마919.
[316] 통신비밀보호법 제6조.
[317] 2022. 7. 21. 2016헌마388.

1948년 헌법은 거주·이전의 자유를 주거의 자유와 함께 규정하였다가, 1962년 헌법부터 주거의 자유와 분리하여 독자적 기본권으로 규정하였다. 거주·이전의 자유는 역사적으로 개인의 직업의 선택과 경제활동의 자유를 실효적으로 보장하기 위해 인정되었다. 헌법은 제15조의 직업선택의 자유에 앞서 거주·이전의 자유를 규정한 것도 이러한 특성을 반영한 것이다. 하지만, 거주·이전의 자유는 직업이나 경제활동과 관련이 없더라도 개인의 사회적 활동을 보장하는 기본권으로 인정된다.

(나) '거주·이전'의 개념

'거주·이전'이란 개인이 생활하기 위해 일정한 장소를 주거지로 선택하고 이를 변경하는 행위를 말한다. 거주는 주소나 거소를 선택하여 일상적으로 생활할 장소를 결정하는 것이며, 이전은 개인이 생활하는 주거지를 변경하여 새로운 장소로 옮기는 것이다. 거주·이전은 반드시 계속적으로 정주하는 것에 국한되지 않고 일시적으로 체류하는 것도 포함한다. 하지만, 개인이 생활하는 주거지를 대상으로 하고 일시적으로 행동하는 공간은 이에 포함되지 않는다. 헌법재판소는 개인이 서울광장을 출입하고 통행하는 것은 거주·이전의 자유에 포함되지 않는다고 판단하였다.[318]

(다) 다른 기본권과 관계

거주·이전의 자유는 주거의 자유와는 다르다. 양자는 생활의 공간을 매개로 한다는 점에서 공통적이다. 하지만, 주거의 자유는 사생활의 안전과 관련되는 평온한 주거생활을 보장하는 정적 개념으로 영장주의가 적용되고, 거주·이전의 자유는 특정한 장소를 주거지로 결정하고 이동하는 동적 개념이다. 개인이 주거지를 결정하고 이전하는 것은 사생활의 비밀과 자유에 포함될 수 있다. 거주·이전의 자유가 사생활의 비밀과 자유와 경합하는 경우에는 거주·이전의 자유가 특별법적 성격을 가지므로 거주·이전의 자유만 적용된다.

---

318) 2011. 6. 30. 2009헌마406.

(2) 내용

(가) 자유로운 거주·이전의 보장

거주·이전의 자유는 개인이 생활의 주거지를 자유롭게 선택하고 변경할 수 있는 것을 방해받지 않을 자유이다. 국가는 개인의 주거지를 강제로 지정하거나 퇴거하도록 강요해서는 안 된다. 개인은 생활의 주거지를 복수로 정할 수 있고, 국내에서의 거주·이전과 국외에서의 거주·이전도 보장해야 한다. 거주·이전의 자유는 개인이 국외로 이주하고 귀국하는 자유, 해외여행을 위해 출입국할 자유도 포함한다. 다만, 거주·이전의 자유는 국가에게 자신이 선택한 장소에서 자유롭게 거주·이전할 것을 적극적으로 요구할 수 있는 권리는 아니다.

헌법은 '모든 국민'이 거주·이전의 자유를 갖는다고 규정하지만, 거주·이전의 자유는 사회적 생활을 보호법익으로 하므로 외국인도 주체가 될 수 있다. 다만, 내국인에 비해 사회적 활동이 제약될 수 있으므로 거주·이전의 자유를 보다 넓은 범위에서 제한할 수 있다. 법인이나 단체도 법적 주소를 자유롭게 결정할 수 있으므로 원칙적으로 거주·이전의 자유의 주체가 된다. 북한주민도 대한민국 국민이므로 북한 또는 해외에서 대한민국의 영역 내로 입국할 수 있는 자유가 보장된다.

(나) 국적이탈의 자유는 제외

국적은 개인이 생활의 주거지를 결정하는 전제가 되므로 거주·이전의 자유와 밀접하게 관련된다. 거주·이전의 자유는 개인이 국적을 선택하거나 변경할 자유를 포함하지만 무국적의 자유나 복수국적을 취득할 자유는 포함하지 않는다는 견해가 있다.[319] 헌법재판소는 개인이 국적을 선택하고 변경할 자유는 물론 국적을 이탈할 자유도 거주·이전의 자유에 포함된다고 판단하였다.[320] 개인은 국적을 선택하고 변경하는 것을 통해 거주·이전을 결정할 수 있지만, 국적을 선택하고 변경하는 것 자체는 반드시 '거주·이전'을 매개로 하는 것이 아니다.

개인이 국적을 선택하고 변경하는 것은 물론 무국적자가 되거나 복수국적을

---

319) 김하열, 헌법강의, 561면 ; 성낙인, 헌법학, 1430면 ; 허영, 한국헌법론, 535면.
320) 2015. 11. 26. 2013헌마805.

가지는 것은 자신이 소속될 국가공동체를 결정하는 자유로서 행복추구권의 내용
인 일반적 행동자유권에 포함될 수 있다. 하지만, 국적을 선택하고 변경하는 자체
는 거주·이전의 자유에는 포함되지 않는다고 해석하는 것이 타당하다.321) 다만,
헌법 제2조는 대한민국의 국민이 되는 요건을 법률로 정하도록 위임하고, 국적법
이 대한민국 국민의 요건과 국적에 대해 규정하므로 국적의 선택, 변경, 복수국적
에 관한 사항을 법률적 권리로 인정할 수는 있다.

(다) 망명권

망명권이란 정치적 활동 등으로 박해를 받은 사람이 다른 나라의 보호를 받
는 권리를 말한다. 망명권은 외국에서 들어온 피난자나 범죄자를 자국으로 인도
할 것인지 결정할 때 제기되는 문제이며, 헌법은 망명권을 기본권으로 규정하지
않는다. 난민법은 인종, 종교, 정치적 견해 등을 이유로 박해를 받을 수 있다고
인정할 충분한 근거가 있는 공포로 인하여 국적국의 보호를 받을 수 없는 외국인
에게 난민의 지위를 부여하고 강제송환을 거부하도록 한다.322) 망명권은 거주·이
전의 자유에 포함되지 않고, 난민법을 통해 일정한 범위의 외국인에게 인정되는
법률적 권리이다.

(3) 제한

거주·이전의 자유는 헌법 제37조 제2항에 따라 과잉제한금지원칙을 적용하
여 제한할 수 있다. 국회는 법률을 통해 군인의 입영생활, 수형자의 구금, 전염병
환자의 격리와 같이 거주·이전의 자유를 제한할 수 있다. 국외에서의 거주·이전
의 자유는 외국의 법률과 국제법의 적용을 받아야 하므로 국내에서의 거주·이전
의 자유보다 더욱 제한될 수 있다. '남북교류협력에 관한 법률'이 북한지역으로
출입하거나 왕래하는 행위를 원칙적으로 금지하고 예외적으로 승인하는 경우에만
허용하는 것은 과잉제한금지원칙에 의해 정당화된다.

거주·이전의 자유는 법률에 의해 직접 제한되기도 하지만, 다른 기본권을
제한함으로써 간접적으로 제한되는 경우도 있다. 이때에는 거주·이전의 자유에

---

321) 정재황, 헌법학, 962~963면.
322) 난민법 제2조 제1호.

대한 제한은 사실상의 불이익에 해당하여 기본권의 보호영역에서 제외될 수도 있다. 헌법재판소는 학생의 거주지를 기준으로 중·고등학교의 입학을 제한하는 것은 학부모의 자녀교육권을 제한한 것이지 거주·이전의 자유를 제한하지 않고,323) 지방자치단체의 장의 피선거권 자격요건으로 90일 이상 관할구역 내에 주민등록이 되어 있을 것을 요구하는 것은 공무담임권을 제한한 것이지 거주·이전의 자유를 제한하지 않는다고 하였다.324)

헌법재판소는 대도시 인구집중억제를 위해 중과세를 하는 것, 한약업자에 대해 영업지역을 제한하는 것, 고액의 추징금을 미납한 자에 대해 출국금지를 하는 것, 형사재판 중인 자에 대해 출국금지를 하는 것, 해외위난지역에서 여권사용을 제한하는 것, 병역준비역에 대해 27세를 초과하지 않는 범위에서만 단기 국외여행을 허가하도록 하는 것은 거주·이전의 자유를 침해하지 않는다고 하였다.325) 한편, 병역기피를 위한 국적이탈을 금지할 수 있지만, 국적이탈에 대해 사회통념상 정당한 사유가 인정되고 병역의무의 공정성을 확보할 수 있는 경우에도 일률적으로 국적이탈을 금지하는 것은 국적이탈의 자유를 침해한다고 판단하였다.326)

2. 직업선택의 자유

(1) 규범적 의미

(가) 헌법규정

헌법 제15조는 "모든 국민은 직업선택의 자유를 가진다"라고 규정하는데, 이는 1962년 헌법에서 처음 규정되었다. 인간은 직업을 통해 생계를 유지하는 경제적 재원을 확보하고, 직업활동을 수행하면서 자신의 고유한 삶의 가치를 실현한다. 개인에게 직업을 선택할 수 있는 자유를 인정하는 것은 개인적 차원을 넘어 사회적으로 자본주의에 기초한 시장경제질서를 구성하고 유지하는 기초가 된다. 직업선택의 자유는 중세의 신분제를 극복하고 근대국가를 형성하는 과정에서 필

---

323) 1995. 2. 23. 91헌마204.
324) 1996. 2. 26. 96헌마200.
325) 2014. 7. 24. 2012헌바408 ; 1991. 9. 16. 89헌마231 ; 2004. 10. 28. 2003헌가18 ; 2015. 9. 24. 2012헌바302 ; 2008. 6. 26. 2007헌마1366 ; 2023. 2. 23. 2019헌마1157.
326) 2020. 9. 24. 2016헌마889.

수적으로 요구되었다.

헌법이 규정하는 직업'선택'의 자유는 직업을 선택하는 것뿐만 아니라 자유롭게 직업활동을 수행하는 것도 포함되므로 '직업의 자유'로 해석해야 한다. 직업선택의 자유는 사회적 경제활동의 영역에서 인정되는 기본권으로 거주·이전의 자유와 밀접하게 관련되지만, '직업'을 매개로 한다는 점에서 '거주·이전'을 매개로 하는 거주·이전의 자유와 구별된다. 직업선택의 자유는 경제적 소득활동의 수단을 선택하고 수행하는 그 자체를 보장하는 것으로 그 결과로 발생한 재산적 가치를 보장하는 재산권과도 구별된다.

(나) '직업'의 개념

직업이란 사람이 생활에 필요한 물질적 수단을 얻기 위하여 계속적으로 행하는 소득활동을 말한다. 직업의 유형은 역사적 현실에 따라 다양하게 변화하였고, 앞으로도 새로운 형태의 직업이 계속적으로 등장할 것이다. 따라서 직업의 개념은 현재의 관점에서 확정하기는 어렵고 개방적이고 미래지향적인 성격을 갖는다. 직업선택의 자유는 헌법적 가치로 보장되는 기본권이므로 최소한의 객관적 지표를 설정하는 것이 필요하다. 직업선택의 자유의 보호대상이 되는 직업은 최소한 생활수단성과 계속성을 가져야 한다.

직업은 생활의 기본적 수요를 충족시키기 위한 활동으로서 생활수단성을 가져야 한다. 자영업, 임금을 받는 직업, 겸업이나 부업도 생활의 기본적 수요를 충족시키는 수단이 되면 직업에 포함되지만, 단순한 여가활동이나 취미생활에 그치는 경우에는 직업에서 제외된다.[327] 직업은 계속성을 가져야 하므로 일정한 기간 동안 소득활동을 해야 하지만, 현실적으로 계속된 소득활동뿐만 아니라 개인이 주관적으로 소득활동을 영위할 의사가 있고, 객관적으로 그 활동이 계속성을 띨 수 있으면 충분하다.[328]

공무원이 공적 업무를 수행하는 것도 직업에 포함된다. 국가는 공익적 관점에서 법률에 의해 특정한 업무를 독점적으로 수행하고 개인이 직업으로 선택할 수 없도록 할 수 있지만, 이는 직업선택의 자유를 제한하는 것이지 공적 업무를

---

327) 2018. 7. 26. 2017헌마452.
328) 성낙인, 헌법학, 1434면.

그 보호대상에서 제외하는 것은 아니다.[329] 헌법재판소는 공적 이유로 국가가 독점하는 업무는 개인이 선택할 수 있는 직업에서 제외된다고 판단한 적이 있지만,[330] 공적 업무도 직업에 포함되고 공무담임권이 직업의 자유에 대해 특별법적 지위를 가지고 우선적으로 적용된다고 판단하였다.[331]

직업은 헌법적으로 보호되는 가치이므로 공공무해성을 가져야 한다는 견해가 있다.[332] 하지만, 생활의 기본적 수요를 충족시키기 위한 소득활동이라면 그 종류나 성격과 무관하게 모두 직업의 개념에 포함되므로 사회적으로 유해하다고 평가되거나 불법적인 소득활동이라도 직업에 포함된다. 무면허의료행위, 도박행위, 성매매행위, 부정경쟁행위와 같은 불법행위는 직업선택의 자유의 보호영역에서 제외되는 것이 아니라 직업선택의 자유가 법률로써 제한되는 것으로 이해해야 한다.[333]

(2) 내용

(가) 주체

헌법은 '모든 국민'은 직업선택의 자유를 갖는다고 규정하는데, 헌법재판소는 외국인은 직업선택의 자유의 주체가 되지 않지만, 외국인이 법률에 따른 허가를 받아 국내에서 일정한 직업을 수행하는 근로관계가 형성된 경우에만 예외적으로 직장선택의 자유의 주체가 된다고 판단하였다.[334] 직업선택의 자유는 사회적 경제활동을 보호법익으로 하므로 당연히 외국인에게 보장되는 것은 아니지만, 외국인이라고 직업선택의 자유의 주체에서 배제할 것은 아니다. 외국인에 대해서는 정책적 관점에서 법률을 통해 직업선택의 자유를 제한할 수 있다고 해석하는 것이 타당하다.

법인이나 단체도 생활의 기본적 수요를 충족시키기 위한 계속적인 소득활동을 할 수 있고, 직업의 자유에는 영업의 자유와 기업의 자유도 포함되므로 직업선택의 자유의 주체가 될 수 있다. 헌법재판소는 법인이나 단체도 직업의 자유의 주

---

329) 2007. 6. 28. 2004헌마262.
330) 2002. 5. 30. 2000헌마81.
331) 2001. 2. 22. 2000헌마25.
332) 허영, 한국헌법론, 538면.
333) 성낙인, 헌법학, 1435면 ; 2016. 3. 31. 2013헌가2 ; 2021. 9. 30. 2019헌바217.
334) 2014. 8. 28. 2013헌마359.

체가 된다는 것을 전제로 약사들로만 구성된 법인이 약국을 설립하고 경영하는 것을 금지하는 것은 법인의 직업의 자유를 침해한다고 판단하였다.335) 하지만, 약사의 경우와 달리 안경사들로만 구성된 법인에 대해 안경업소의 개설을 금지한 것은 직업의 자유를 침해하지 않는다고 판단하였다.336)

(나) 직업선택의 자유

직업선택의 자유는 자신이 원하는 직업이나 직종을 자유롭게 선택하고 변경하는 자유이다. 이는 국가로부터 간섭이나 강요를 받지 않고 개인이 자유롭게 자신의 직업을 결정하는 것을 보장하므로 국가가 특정한 직업을 강요하거나 금지해서는 안 된다. 여기에는 독립적 형태의 직업뿐만 아니라 고용된 형태의 종속적인 직업도 포함되고, 하나의 직업이 아니라 여러 개의 직업을 선택하는 겸직의 자유도 포함된다. 또한, 개인이 원하는 직업이나 직종에 종사하기 위해 필요한 전문지식을 습득할 목적으로 대학, 전문대학, 직업훈련학교와 같은 직업교육장을 선택할 자유도 포함된다.337)

개인이 특정한 직업에 종사하다가 이를 포기하거나 다른 직업으로 변경하는 것은 직업선택의 자유에 포함된다. 하지만, 개인이 일반적으로 모든 직업을 갖지 않는 무직업의 자유는 헌법 제10조의 행복추구권의 내용인 일반적 행동자유권에 포함되지만, 직업선택의 자유에는 포함되지 않는다. 직업선택의 자유는 국가에 대해 자신이 원하는 직장을 제공하여 줄 것을 요구하거나 자신이 선택한 직장에서 계속적으로 근무할 것을 적극적으로 요구할 수 있는 권리를 보장하는 것은 아니다.338) 헌법재판소는 코로나19 확진환자의 변호사시험 응시를 금지한 것은 직업선택의 자유를 침해한다고 판단하였다.339)

(다) 직업수행의 자유

직업수행의 자유는 개인이 선택한 직업에서 자신이 결정한 방식으로 자유롭게 직업활동을 수행하는 자유이다. 직업수행의 자유는 개인이 선택한 직업에 종

335) 2020. 10. 29. 2019헌바249 ; 2002. 9. 19. 2000헌바84.
336) 2021. 6. 24. 2017헌가31.
337) 2009. 2. 26. 2007헌마1262.
338) 2002. 11. 28. 2001헌바50.
339) 2023. 2. 23. 2020헌마1736.

사하는 것은 물론 그 선택한 직업에서 구체적인 직장을 선택하고 변경할 수 있는 자유도 포함한다. 직업은 경제활동과 밀접하게 관련되므로 직업수행의 자유는 폭넓게 인정된다. 직업수행의 자유는 개인이 기업을 설립하고 경영하는 자유와 영업의 장소, 시간, 방법, 범위 등을 결정하고 수행하는 영업의 자유를 포함하고, 시장경제질서를 기초로 자유롭게 경쟁할 수 있는 경쟁의 자유도 포함한다.

직업을 선택하고 직업활동을 수행하는 자유는 현실적으로 국가에 의한 불가침만으로 실현되기 어렵고 국가가 사적 영역에서 자유로운 시장경제질서를 형성하여 직업선택의 자유가 보장될 수 있는 조건을 형성하는 것이 중요하다. 특히, 근로자도 직업선택의 자유의 주체가 되는데, 근로자의 경우에는 헌법 제32조가 규정하는 근로의 권리와 조화를 이룰 수 있도록 조화롭게 해석해야 한다. 국가가 사용자의 부당한 해고로부터 근로자를 보호하는 것은 근로의 권리를 보장하는 것일 뿐만 아니라 기본권보호의무를 통해 직업선택의 자유를 보장하는 것이기도 하다.

(3) 제한

(가) '단계이론'

독일 연방헌법재판소는 약국개설에 일정한 거리를 두도록 한 법률조항에 대해 광고나 판매와 같이 직업수행에 대한 제한을 통해서도 입법목적을 달성할 수 있음에도 불구하고 약국개설 자체를 금지한 것은 위헌이라고 판단하면서 그 위헌심사기준으로 단계이론을 제시하였다. 단계이론은 언론·출판의 자유에 대해 이중적 기준을 적용하는 것과 같이 위헌심사기준을 차별적으로 적용함으로써 직업선택의 자유를 보다 강하게 보장하기 위한 것으로 채택되었다.

단계이론은 직업선택의 자유와 직업수행의 자유를 구분하고, 이를 제한하는 사유를 기준으로 직업수행의 자유에 대한 제한, 주관적 사유에 의한 직업선택의 자유에 대한 제한, 객관적 사유에 의한 직업선택의 자유의 순서로 단계를 설정하고, 제약의 정도가 약한 순서부터 직업의 자유를 제한해야 하고 그 단계를 이탈한 경우에는 그 자체로 기본권을 침해한 것으로 판단한다. 단계이론에 따르면 직업수행의 자유보다 직업선택의 자유를 엄격하게 심사하고, 직업선택의 자유에서도 주관적 사유보다 객관적 사유에 의한 제한을 더욱 엄격하게 심사해야 한다.

(나) 헌법재판소의 수용

헌법재판소는 단계이론을 직업선택의 자유를 제한하는 위헌심사기준으로 수용하였다. 1단계에서는 직업선택의 자유를 제한하기 전에 직업수행의 자유를 제한한다. 직업수행의 자유를 제한할 경우에는 우선적으로 영업의 장소와 시간, 영업의 방법, 광고의 제한 등과 같은 수단을 채택해야 한다. 헌법재판소는 공익을 고려하여 그 합목적성이 인정될 경우에는 입법자에게 광범위한 입법형성권을 부여하고 과잉제한금지원칙을 보다 약하게 적용하여 심사한다.

헌법재판소는 탁주판매의 공급구역을 제한한 것, 백화점 셔틀버스의 운영을 금지한 것, 건강보험 요양기관을 강제로 지정한 것, 국산영화를 의무상영하도록 강제하는 것, 무도장의 영업시간을 제한하는 것은 위헌이 아니라고 판단하였다.[340] 한편, 자도소주를 구입하도록 강제하는 것, 복수면허를 가진 의료인이 복수의료기관을 개설하는 것을 금지한 것, 변호사의 개업지를 제한한 것, 학교환경위생정화구역 안에서 극장시설을 금지한 것, 자동차 이용범죄행위에 대해 필요적으로 운전면허를 취소하도록 한 것, 전문과목을 표시한 치과의원은 그 표시한 전문과목만 진료하도록 한 것은 위헌이라고 판단하였다.[341]

2단계에서는 주관적 사유에 근거하여 직업선택의 자유를 제한한다. 이는 직업이 요구하는 자격이나 능력을 기준으로 제한하므로 기본권의 주체가 스스로 그 자격을 충족시킬 가능성이 있어야 한다. 이때에는 기본권 제한의 기준을 직업을 희망하는 모든 사람에게 동일하게 적용하고, 주관적 요건이 제한의 목적과 합리적인 관계를 가져야 한다.[342] 직업의 자유를 주관적 사유로 제한하는 것은 직업수행의 자유보다 과잉제한금지원칙을 강하게 적용하지만, 주관적 사유는 개인의 노력으로 극복할 수 있으므로 객관적 사유보다 과잉제한금지원칙을 약하게 적용한다.

헌법재판소는 범죄경력을 직업의 결격사유로 규정한 것을 주관적 사유에 따른 제한이라고 판단하였지만,[343] 벌금형 이상의 확정판결을 받으면 새마을금고 임원이 될 수 없도록 한 것은 개인이 조건에 영향을 미칠 수 없는 객관적인 사유

---

340) 2001. 6. 28. 2001헌마132 ; 1995. 4. 20. 92헌마264 등.
341) 2004. 5. 27. 2003헌가1 ; 2015. 5. 28. 2013헌마799 등.
342) 1995. 6. 29. 90헌바43.
343) 2016. 3. 31. 2013헌마585.

에 근거한 제한이라고 판단한 적도 있다.344) 또한, 시각장애인만 안마사가 될 수 있도록 하는 것은 당사자의 능력이나 자격과 상관없는 객관적 허가요건에 의한 제한이라고 판단하였다.345) 교육정도, 전문적 지식, 신체적 능력, 연령, 범죄경력, 시험제도, 자격제도와 같이 개인적 속성에 따른 제한은 주관적 사유에 기한 제한으로 이해하는 것이 타당하다.346)

3단계에서는 객관적 사유에 근거하여 직업의 자유를 제한한다. 이는 직업에 대한 수요와 공급을 국가정책적으로 평가하여 체신이나 전매와 같이 국가가 독점하거나 일정한 직업에 대해서는 개인이 진입하는 것 자체를 금지하는 것이다. 이때에는 직업의 자유에 대한 침해의 심각성이 크므로 매우 엄격한 요건을 갖춘 경우에 예외적으로만 제한할 수 있다. 직업의 자유를 객관적 사유로 제한하는 것은 직업수행의 자유는 물론 주관적 사유로 제한하는 경우보다 더욱 강하게 과잉제한금지원칙을 적용하여 심사한다.

헌법재판소는 시설경비업자의 겸영을 금지하는 것은 개인의 능력이나 자격과 상관없는 객관적 사유에 따른 제한이며, 달성하고자 하는 공익이 월등하게 중요하고, 명백하고 확실한 위험을 방지하기 위한 경우에만 정당화된다고 판단하였다.347) 헌법재판소는 객관적 사유를 기본권의 본질적 침해의 금지로 설명하기도 하는데, 법인의 설립은 그 자체가 간접적인 직업선택의 한 방법으로서 직업수행의 자유의 본질적 부분의 하나이며, 약국개설권이 있는 약사들만으로 구성된 법인에게 약국개설을 금지하는 것은 그 약사들 및 법인의 직업의 자유의 본질적 내용을 침해하는 것이라고 판단하였다.348)

(다) 평가

직업선택의 자유는 헌법 제37조 제2항에 따라 과잉제한금지원칙을 적용하여 제한될 수 있다. 헌법재판소가 직업선택의 자유에 대해 그 제한의 사유를 3단계로 구분하여 적용한 단계이론은 과잉제한금지원칙을 세분화하여 구체적 사안에

344) 2010. 10. 28. 2008헌마612.
345) 2008. 10. 30. 2006헌마1098.
346) 김하열, 헌법강의, 570~571면.
347) 2002. 4. 25. 2001헌마614 ; 2023. 3. 23. 2020헌가19.
348) 2002. 9. 19. 2000헌바84.

따라 변용하여 적용한 것으로 이해된다. 이는 직업선택의 자유가 갖는 특성을 고려하여 제한의 정도와 위험성에 따라 위헌심사기준을 구분하여 적용함으로써 기본권을 보다 강하게 보장한다는 장점이 있다. 하지만, 단계이론은 기본권 제한에 관한 별개의 위헌심사기준이 아니라 과잉제한금지원칙을 적용할 때 직업의 특성을 반영하는 요소라고 이해하는 것이 타당하다.349)

　단계이론은 변호사 개업지의 제한과 같이 단계의 구분이 명확하지 않은 경우가 있고, 주관적 사유에서도 시력에 의한 운전면허의 제한, 국가시험에 대한 응시연령의 제한과 같이 개인의 노력으로 극복할 수 없는 경우도 있다. 일정한 직업의 겸직을 금지하는 것은 그 관점에 따라 객관적 사유나 주관적 사유로 이해할 수도 있다. 특히, 국가는 각종 자격제도에 대해 광범위한 입법재량을 허용하고 있고, 기본권 중에서 직업선택의 자유에 대해서만 특별히 별도의 위헌심사기준을 적용할 근거도 없다. 직업선택의 자유에 대한 제한에도 과잉제한금지원칙을 적용하는 것으로 충분하다.

　헌법재판소는 대한변호사협회가 제정한 '변호사 광고에 관한 규정'이 협회의 유권해석에 반하는 내용의 광고를 금지하는 것은 법률유보의 원칙에 위반되고, 대가를 받고 변호사 등을 광고·홍보·소개하는 행위를 금지하는 것은 과잉제한금지원칙에 위반되어 직업의 자유와 언론·출판의 자유를 침해한다고 판단하였다.350) 또한, 공인회계사의 직업수행의 자유를 제한한 사안에서 단계이론을 적용하지 않고 과잉제한금지원칙을 적용하였다.351)

3. 재산권

(1) 규범적 의미

(가) 헌법규정

　헌법 제23조 제1항은 "모든 국민의 재산권은 보장된다. 그 내용과 한계는 법률로 정한다"라고, 제2항은 "재산권의 행사는 공공복리에 적합하도록 하여야 한

---

349) 성낙인, 헌법학, 1447면.
350) 2022. 5. 26. 2021헌마619.
351) 2024. 2. 28. 2020헌마139.

다"라고 규정한다. 제3항은 "공공필요에 의한 재산권의 수용·사용 또는 제한 및 그에 대한 보상은 법률로써 하되, 정당한 보상을 지급해야 한다"라고 규정한다. 헌법은 재산권을 기본권으로 보장하면서 그 규범적 기준과 한계를 직접 구체적으로 제시한다. 헌법 제13조 제2항은 "모든 국민은 소급입법에 의하여 참정권의 제한을 받거나 재산권을 박탈당하지 아니한다"라고 규정하여 재산권을 특별히 보호한다.

재산권을 보장하는 것은 사유재산제도를 객관적 제도로 인정하는 전제가 되고, 직업선택의 자유와 함께 근대국가를 형성하는 과정에서 자본주의 시장경제질서를 형성하고 유지하는 기초가 되었다. 재산권은 인간의 본성과 개인의 노력에 따른 것으로 절대적 자연권으로 인정되었으나, 자본주의가 발전하면서 인간의 사회적 활동을 통해 형성된다는 특성이 강조되어 사회적 관련성을 갖는 상대적 권리라고 인식되었다. 특히, 국가가 자원과 부를 공정하게 분배하는 것은 사회정의의 핵심적 과제가 되어 재산권의 내용과 한계가 규범적으로 중요하게 되었다.

(나) 경제질서와 조화

재산권은 헌법 제9장이 규정하는 경제질서와 체계적으로 정합하게 이해되어야 한다. 헌법 제119조는 대한민국의 경제질서는 개인과 기업의 경제상의 자유와 창의를 존중함을 기본으로 한다고 규정하여 자본주의에 기초한 시장경제질서를 채택하고, 그 경제질서가 공정하게 사회정의를 실현할 수 있도록 국가가 경제에 관한 규제와 조정을 할 수 있도록 한다. 헌법은 재산권에 대해서도 사유재산제도를 기초로 소급효에 의한 침해를 금지하면서도 사회적 기속성을 통해 재산권의 한계를 설정하여 공용필요에 의한 제한을 허용한다.

(2) 내용

(가) 주체

헌법은 '모든 국민'은 재산권을 갖는다고 규정한다. 재산권은 사회적 경제활동을 보호법익으로 하므로 당연히 외국인에게 보장되는 것은 아니지만, 외국인이라고 재산권의 주체에서 배제할 것은 아니다. 외국인에 대해서는 정책적 관점에서 법률을 통해 재산권을 제한할 수 있다고 해석하는 것이 타당하다. 법인이나 단체도 그 구성원과 구별하여 독자적으로 재산적 가치가 있는 권리를 법적으로 취득, 사용, 수익, 처분할 수 있으므로 재산권의 주체가 될 수 있다.

헌법재판소는 국가나 지방자치단체는 헌법상 기본권인 재산권의 주체가 될 수 없고, 법률의 규정이 있는 경우에 한하여 법률상 권리를 가질 수 있을 뿐이라고 판단하였다.352) 국가는 개인의 재산권을 보장하고 보호해야 하는 주체일 뿐, 재산권의 주체가 될 수 없다. 하지만, 지방자치단체는 독자적인 법인격을 가지는 공적 법인으로서 재산을 보유할 수 있고, 국가로부터 침해될 위험성이 있으므로 국가에 대한 관계에서는 재산권의 주체가 될 수 있다고 해석된다.

(나) '재산권'의 개념
가) 재산적 가치에 대한 사적 유용성

헌법은 재산권의 내용을 직접 규정하지 않고 법률로 규정하도록 위임한다. 재산권의 대상이 되는 재산은 사회적 경제활동을 통해 형성되는 모든 재산적 가치로서 불확정적이라는 것을 고려한 것이다. 하지만, 재산권은 최소한 헌법적 차원에서 규범적 기준을 통해 제시해야 하고, 법률이 규정한 내용을 그대로 재산권의 내용으로 수용해서는 안 된다. 헌법적 기본권으로 인정되는 재산권은 입법의 지침이나 한계를 설정하는 규범이어야 한다. 재산권은 모든 경제적 가치를 취득, 사용, 수익, 처분할 수 있는 권리이며, 최소한 경제적 가치에 대한 사적 유용성과 그에 대한 처분가능성이 인정되어야 한다.

재산은 경제적 가치로 환원될 수 있는 유형 또는 무형의 모든 자산으로 재산권의 대상이 된다. 하지만, 사실상의 이익, 기대이익, 반사적 이익, 특정한 법적 지위, 재화의 획득에 대한 기회, 기업활동의 사실적 또는 법적 여건, 우연적 기회를 활용한 영업활동이나 영업이익, 법률이 부여한 시혜적 이익에 대해서는 개인의 사적 유용성과 그에 대한 처분가능성이 없으므로 재산권의 대상에 포함되지 않는다.353) 하지만, 재산인지 여부를 판단하는 기준이 불명확하여 재산권의 개념과 보호영역을 설정하는 것이 어려우며, 특정한 사안에서 개별적 법률해석을 통해 구체적으로 확정해야 한다.

---

352) 2009. 5. 28. 2007헌바80.
353) 1998. 7. 16. 96헌마246 ; 2009. 7. 30. 2007헌마870 ; 2019. 12. 27. 2017헌마1366.

재산권은 경제적 가치를 갖는 재산을 대상으로 하고, 재산권을 보장한다는 것은 재산권의 존속보장이지 가치보상이 아니다. 재산권은 경제적 가치와는 구별되므로 국가는 재산권 자체의 존속을 보장해야 하고, 재산권을 제한하면서 그 경제적 가치를 금전으로 보상한다는 것만으로는 정당화되지 않는다. 다만, 재산권은 공익적 측면에서 사회적 관련성이 강하므로 그 존속의 보장이 어려운 경우가 발생할 수 있고, 재산권이 금전적 가치를 통해 보호될 수 있는 경우에는 예외적으로 재산권의 존속보장이 가치보상으로 전환될 수도 있다.

나) 공법적 권리

공법적 권리도 재산적 가치가 인정되고 사적 유용성과 그에 대한 처분가능성이 인정되면 재산권에 포함된다. 헌법이 기본권으로 보장하는 국가배상청구권, 형사보상청구권, 범죄피해자구조청구권도 공법적 권리이지만 재산권에 포함된다.[354] 재산권에 포함되는 공법적 권리로는 공무원의 보수청구권과 연금수급권, 군인연금수급권, 국가유공자의 보상수급권, 의료보험·산재보험과 같은 사회보험수급권을 들 수 있다.[355] 공법적 권리는 공적 과제를 수행하는 특성이 있으므로 사법적 권리보다 그 요건을 강화하여 효력을 제한하는 것이 정당화될 수 있다.

헌법재판소는 공법적 권리가 재산권으로 인정되기 위해서는 특별한 요건을 추가로 요구한다. 첫째, 수급자가 자신의 노동이나 투자와 같은 특별한 희생을 통해 재산권의 형성에 기여해야 한다. 국가가 일방적으로 급부하는 부분은 재산권에 포함되지 않고, 공법적 권리의 주체가 자신이 행한 기여만큼의 등가물에 대해서만 재산권으로 인정된다. 둘째, 법률에 의해 수급자의 생존에 기여하는 구체적 권리로 인정되어야 한다.[356] 다만, 국민기초생활보장법에 따라 생계급여로 지급하는 기초생활보장수급권과 기초연금수급권은 공적 부조에 해당하여 재산권에 포함되지 않고 일정한 경우에 사회권으로 보장될 수 있다.[357]

---

354) 1994. 12. 29. 93헌바21.
355) 2004. 6. 24. 2002헌바15.
356) 2000. 6. 29. 99헌마289.
357) 2012. 2. 23. 2009헌바47 ; 2018. 8. 30. 2017헌바197.

(다) 구체적 내용은 법률유보

헌법은 재산권의 내용과 한계를 법률로 정하도록 위임하고, 국회는 그에 대해 입법형성권을 가지고 법률을 통해 구체화할 수 있다. 하지만, 국가는 기본권보장의무에 따라 재산권을 침해하지 말아야 할 뿐만 아니라 재산권을 제대로 실현할 수 있도록 입법해야 하며, 재산권이 사인에 의해 침해되지 않도록 보호할 헌법적 의무를 부담한다. 재산권의 '내용'은 재산권의 구체적인 범위를 형성하는 것이고, '한계'는 재산권의 형성을 전제로 재산권의 효력이 미치는 범위를 설정하는 것이다. 국회가 법률을 통해 재산권을 규율하는 것은 재산권의 내용을 형성하는 동시에 그 한계를 설정하는 것이다.358)

법률에 의해 구체화되는 재산권은 동산과 부동산에 관한 물권, 채권, 주주권, 상속권과 같은 사법적(私法的) 권리와 공무원의 보수청구권과 연금수급권과 같은 공법적 권리를 포함하며, 어업권, 광업권, 해상여객운송사업의 면허권과 같이 개별적 법률에 의해 인정하는 권리도 포함한다. 헌법 제22조 제2항은 저작자·발명가·과학기술자와 예술가의 권리를 법률로써 보호하도록 규정하는데, 지식재산권과 같이 법률이 보호하는 재산적 가치도 재산권의 대상이 된다.359)

(3) 제한

(가) 재산권 행사의 공공복리적합의무

헌법 제23조 제2항은 "재산권의 행사는 공공복리에 적합하도록 하여야 한다"라고 규정한다. 헌법은 재산권의 내용과 한계는 법률로 정하도록 위임하면서도 재산권의 '행사'는 공공복리에 적합하도록 직접 규정한다. 이는 윤리적 의무가 아니라 재산권의 사회적 구속성에 기초한 헌법적 의무이며, 국회의 입법에 대한 규범적 기준으로 재산권의 제한에 대한 위헌심사기준에도 반영된다. 재산권의 사회적 구속성은 인간의 삶에 필수적인 재산권은 유한하여 모든 사람이 충분하게 가질 수 없으며, 개인의 능력과 노력만으로는 재산권을 확보할 수 없다는 것에 기초한다.

---

358) 2018. 2. 22. 2016헌바470.
359) 2018. 2. 22. 2015헌마552 ; 2019. 11. 28. 2016헌마111 ; 2014. 8. 28. 2013헌바119.

재산권의 사회적 구속성은 재산권의 종류, 성질, 조건 등에 따라 다양한데, 최종적으로는 국회가 이해관계를 조정하여 법률로 결정한다. 국회는 법률을 통해 재산권이 개인의 삶에 가지는 의미와 재산권의 사회적 관련성을 서로 형량하여 비례적으로 공공복리적합의무의 구체적인 내용과 범위를 확정해야 한다.360) 개인이 재산권을 공공복리에 적합하게 행사하여 재산권이 제한되더라도 사회적 구속성에 따른 경우에는 헌법적으로 정당화되어 아무런 보상을 하지 않아도 된다. 하지만, 재산권의 사회적 구속성을 이유로 재산권의 행사를 제한하는 것이 언제나 정당화되는 것은 아니다.

사회적 구속성에 따라 재산권의 행사가 제한되는 경우에 '특별한 희생을 초래한 경우'에는 조정적 보상을 해야 한다. 조정적 보상은 금전보상만이 아니라 매수청구권, 지정해제, 손실완화를 위한 조치 등을 통해 실현할 수 있다. 이때 '특별한 희생을 초래할 경우'란 특정한 사안에서 개인이 수인할 수 있는 범위, 특별히 추구하는 공익적 목적, 재산권의 제한의 정도와 형평성 등을 고려하여 판단할 수밖에 없다. 헌법재판소는 재산권의 사회적 구속성에 대한 가치보상의 지급을 위한 기준으로 비례원칙, 평등원칙, 신뢰보호원칙을 제시하였지만,361) 재산권의 제한에 대한 위헌심사기준으로 귀결된다.

토지는 공익성, 유한성, 상린관계성, 비대체성을 가지므로 다른 재산보다 사회적 구속성이 강하게 작용한다. 헌법재판소는 개발제한구역의 지정으로 인한 가격의 하락은 토지소유자가 감수해야 하고, 토지를 장래에 개발하여 사용할 것이라는 기대와 그에 따른 지가상승의 기회는 재산권에 포함되지 않지만, 토지소유자가 실질적으로 토지를 사용하거나 수익할 수 없으면 수인의 한계를 넘어 특별한 희생을 초래하므로 보상을 해야 한다고 하였다.362) 종합부동산세를 부과하는 경우에도 토지에 대해서는 주택보다 위헌심사기준을 완화하고, 농지에 대해서는 다른 토지보다 더욱 완화된 위헌심사기준을 적용하였다.363)

---

360) 2003. 11. 27. 2001헌바35.
361) 2006. 1. 26. 2005헌바18.
362) 1998. 12. 24. 89헌마214.
363) 2013. 6. 27. 2011헌바278.

(나) 과잉제한금지원칙의 적용

헌법 제23조는 재산권의 내용과 한계를 법률에 위임하고, 공공복리적합의무
와 공용필요에 의한 공용침해를 직접 규정한다. 이는 헌법 제37조 제2항에 대한
특칙이므로 재산권의 제한에는 과잉제한금지원칙이 적용되지 않는다는 관점도 있
다. 하지만, 헌법 제37조 제2항은 모든 기본권의 제한에 적용되므로 재산권의 제
한에도 과잉제한금지원칙이 적용된다고 해석된다.364) 재산권의 내용과 한계를 법
률로 정하는 것은 헌법적 기본권을 구체화하는 것이므로 재산권에 대한 법률유보
는 원칙적으로 기본권형성적 법률유보이지만, 현실적으로는 기본권제한적 법률유
보로 기능하기도 한다.

재산권의 행사에 대한 공공복리적합의무와 공용필요에 의한 공용침해도 과
잉제한금지원칙을 배제하는 것이 아니다. 헌법 제23조는 제37조 제2항과 체계적
으로 정합하게 해석하여 재산권을 제한하는 유형과 내용에 따라 구체적인 위헌심
사기준을 확정해야 한다. 헌법재판소는 재산권의 제한에 대해 제37조 제2항에 따
라 과잉제한금지원칙을 적용하면서 그 본질적 내용의 침해를 사적 유용성과 처분
가능성을 기준으로 판단하고,365) 재산권의 제한으로 발생하는 개인의 불이익이
공익에 비해 크지 않은 경우에는 합리적인 입법형성권의 한계를 일탈하지 않아
위헌이 아니라고 하였다.366)

(다) 소급입법에 의한 재산권 박탈의 금지

헌법 제13조 제2항은 소급입법에 의해 재산권을 박탈하는 것을 금지하는데,
재산권의 박탈뿐만 아니라 재산권의 제한에 대해서도 소급입법은 금지된다. 법치
국가에서 소급입법은 법적 안정성을 해치므로 원칙적으로 허용되지 않는다. 하지
만, 법률의 목적을 달성하기 위해 필요하고 기본권을 침해하지 않는 경우에는 허
용될 수 있다. 헌법재판소는 진정소급입법은 원칙적으로 금지되고 예외적으로 허
용되지만, 부진정소급입법은 원칙적으로 허용되고, 예외적으로 금지된다고 판단
하였다.367)

---

364) 성낙인, 헌법학, 1475면 ; 허영, 한국헌법론, 581면 ; 2017. 9. 28. 2016헌마18.
365) 2001. 5. 31. 99헌가18 ; 2018. 2. 22. 2015헌마552.
366) 2001. 5. 31. 99헌가18 ; 2018. 2. 22. 2015헌마552.

헌법재판소는 재산권의 제한에 대해 진정소급입법만 금지되고, 부진정소급입법은 신뢰보호의 문제이고 소급입법에 의한 재산권의 박탈이 아니라고 판단한 적이 있다.368) 하지만, 부진정소급입법에 의해서도 재산권이 침해될 수 있으므로 소급입법의 형식만을 기준으로 기본권의 제한을 심사해서는 안 된다. 재산권을 제한하는 소급입법이 위헌인지 여부는 재판을 통해 구체적 사건을 해결하는 과정에서 과잉제한금지원칙을 적용하여 개별적으로 판단할 수밖에 없다.

(라) 조세와 특별부담금의 부과

재산권을 제한하는 경우 조세와 특별부담금은 특별한 의미를 가진다. 조세는 국가가 반대급부 없이 일반 국민으로부터 강제적으로 징수하는 과징금으로 재산권을 직접적으로 제한하며, 조세법률주의에 따라 평등하고 실질적으로 과세되어야 한다. 특별부담금은 국가가 특정한 공익사업과 관련된 자에 대해 그 사업에 필요한 경비를 부담하기 위해 특별하게 부과하는 공과금으로 재산권을 제한하는 것에 대해 헌법적 정당성을 갖기 위한 특별한 기준이 요구된다. 이때에도 최종적으로는 과잉제한금지원칙을 적용하여 그 위헌성을 심사해야 한다.

첫째, 조세의 부과는 헌법 제59조의 조세법률주의에 따라야 하므로 조세의 종목과 세율과 같은 과세요건과 절차는 법률에 근거를 두어야 한다. 하지만, 헌법 제38조는 납세의 의무를 규정하므로 국가가 조세를 부과할 경우에는 국가의 예산과 재정정책을 함께 고려해야 한다. 국가가 과세를 하는 것은 국가운영을 위한 재정확보를 위한 납세의 의무에 기초하고, 개인의 재산은 사회적 관련성을 갖는다는 것에 기초한다. 이는 과세를 통한 재산권의 제한에 대해 국회의 입법형성권을 인정하여 보다 완화된 위헌심사기준을 적용하는 근거가 된다.369)

헌법재판소는 납세자의 가족이 생계유지를 위해 필요한 소득을 제외한 잉여소득에 대해서만 납세의무를 부과할 수 있고, 소득에서는 최저생계비를 초과하는 부분에 대해서만 과세할 수 있다고 하였다.370) 또한, 사치성 소비를 억제하는 등 적극적으로 유도적이고 형성적인 목적을 위한 조세에 대해서는 과세를 통해 추구

---

367) 2017. 7. 27. 2015헌바240 ; 2021. 1, 28, 2018헌바88.
368) 2005. 6. 30. 2004헌바42.
369) 2015. 12. 23. 2013헌바117.
370) 1999. 11. 25. 98헌마55.

하는 정책적 목적도 함께 고려해야 한다고 판단하였다.[371] 특히, 토지거래허가제 자체는 위헌이 아니지만, 택지소유상한제, 토지초과이득세, 개발이익환수제에 대해서는 모두 과잉제한금지원칙에 위반되어 재산권을 침해한다고 판단하였다.[372]

둘째, 특별부담금을 부과하기 위해서는 부담금을 납부하는 자는 부담금의 부과를 통해 추구하는 공적 과제에 대해 '특별히 밀접한 관련성'을 가져야 한다. 특별부담금은 일반 국민에게 부과되는 조세와 달리 특정한 범위의 사람들에게만 강제적으로 부과되므로 이를 정당화시킬 수 있는 헌법적 근거가 있어야 한다. 특별부담금을 부과하는 것은 재산권을 제한하는 것 그 자체보다 재산권의 제한에서 부담금 납부의무자의 평등권을 침해하는지가 더욱 중요한 쟁점이 된다.

특별부담금은 그 목적에 따라 재정조달목적부담금과 정책실현목적부담금으로 구분된다. 전자는 추구되는 공적 과제가 부담금의 지출단계에서 실현되지만, 후자는 추구되는 공적 과제가 부담금의 부과단계에서 실현되는 점에서 차이가 있다. 특별부담금의 부과에 대해 요구되는 특별히 밀접한 관련성은 구체적으로 집단의 동일성, 객관적 근접성, 집단의 책임성, 집단의 효용성이 있어야 한다는 것이다.[373] 재정조달목적부담금에 대해서는 그 밀접한 관련성이 강하게 요구되지만, 정책실현목적부담금에 대해서는 보다 약하게 요구될 수 있다.[374]

(4) 공용침해

(가) 규범적 의미

가) 재산권에 대한 특별한 제한

헌법 제23조 제3항은 "공공필요에 의한 재산권의 수용·사용 또는 제한 및 그에 대한 보상은 법률로써 하되, 정당한 보상을 지급해야 한다"라고 규정한다. 이는 공공필요라는 공적 목적을 위해 재산권을 강제적으로 박탈하는 것을 허용한다는 의미에서 '공용침해'라고 한다. 헌법은 공공필요에 의해 재산권을 수용, 사용, 제한하는 동시에 정당한 보상을 하도록 하여 공익과 사익을 조화롭게 조정한

---

371) 2012. 2. 23. 2011헌가8.
372) 1989. 12. 22. 88헌가13. ; 1999. 4. 29. 94헌바37.
373) 2008. 11. 27. 2007헌마860.
374) 2019. 12. 27. 2017헌가21.

다. 헌법이 재산권에 대해서는 다른 기본권과 달리 법률로 그 내용과 한계를 형성하도록 하고, 재산권 행사의 공공복리적합의무를 부과하고, 공용침해를 별도로 규정하여 재산권의 제한을 허용한다.

재산권의 보장은 구체적으로 형성된 재산권의 존속에 대한 신뢰를 보장하는 존속보장을 의미하지만, 재산권은 사회적 관련성을 가지므로 제한될 수 있다. 재산권의 제한이 사회적 구속성의 범위 내에 있으면 아무런 보상을 하지 않아도 되고, 사회적 구속성의 범위를 넘어 특별한 희생을 발생시키면 재산권의 가치를 보상해야 한다. 이때 재산권은 존속보장에서 가치보상으로 전환된다. 공용침해는 사회적 구속성을 매개로 재산권의 가치보상을 결정하는 규범적 기준을 제시한다.

나) 경계이론과 분리이론

사회적 구속성과 공용침해는 모두 재산권을 제한하는 근거가 되고, 공용침해는 재산권의 사회적 구속성이 발현된 형태이다. 공용침해는 사회적 구속성과의 관계에 따라 그 요건과 효과를 달리한다. 사회적 구속성과 공용침해의 관계에 대해서는 독일에서 이론적으로 발전된 경계이론과 분리이론이 대립한다. 양자는 사회적 구속성의 한계를 벗어난 재산권의 제한에 대해 그 요건과 법적 효과는 물론 재산권의 침해를 구제하는 헌법재판의 절차도 달리 제시한다.

첫째, 경계이론은 재산권의 제한은 사회적 구속성을 경계로 보상이 필요 없는 경우와 보상이 필요한 공용침해로 구분한다. 재산권을 제한하는 정도가 약하여 사회적 구속성의 범위 내에 있는 경우에는 보상할 필요가 없지만, 그 정도가 강하여 사회적 구속성의 범위를 초과하면 공용침해에 해당되므로 보상을 해야 한다. 공용침해에서 법률로 보상을 규정하지 않으면 이를 수용유사침해로 인정하여 보상해야 한다. 이때에는 공용침해가 위헌이 아니므로 수용조항과 보상조항을 불가분조항으로 이해할 필요가 없다.

둘째, 분리이론은 사회적 구속성과 공용침해는 재산권을 제한하는 별개의 기준이라고 한다. 사회적 구속성은 재산권을 일반적으로 제한하는 사회적 제한이고, 공용침해는 이미 형성된 재산권을 전제로 구체적 사안에서 재산권을 박탈하는 것이다. 재산권의 제한은 사회적 구속성의 범위 내에 있어 보상이 필요 없는 경우, 사회적 구속성의 범위를 초과하여 보상이 필요한 경우, 정당한 금전보상이 필요한 공용침해의 세 가지 유형으로 구분된다. 공용침해에서 법률로 보상을 규정하지 않으면 그 자체로 위헌이므로 수용조항과 보상조항을 불가분조항으로 이해할 수도 있다.

다) 독자적인 위헌심사기준

경계이론이나 분리이론은 모두 재산권의 제한이 사회적 구속성의 범위 내에 있으면 보상할 필요가 없다고 한다. 경계이론은 헌법 제23조 제2항은 사회적 구속성을 선언한 것이고, 제23조 제3항은 사회적 구속성을 초과한 공용침해라고 한다. 한편, 분리이론은 사회적 구속성의 범위를 초과하여 특별한 희생이 발생하였더라도 반드시 공용침해가 되는 것은 아니라고 한다. 공용침해는 특별한 희생이 발생한 경우에 법률에 따라 정당한 보상을 해야 하는 특별한 유형의 가치보상이라고 한다. 헌법재판소가 특별한 희생이 발생하면 다양한 방식으로 조정적 보상규정을 두어야 한다고 판단한 것은 분리이론에 따른 것으로 해석된다.375)

재산권의 제한이 사회적 구속성의 범위를 초과하더라도 공용침해의 요건을 갖추지 못한 경우가 있고, 이때에는 사회적 구속성과 공용침해는 구별되므로 이론적으로는 분리이론이 타당하다. 재산권의 제한에서 보상이 필요한지 여부는 사회적 구속성이 아니라 특별한 희생을 초래하였는지를 기준으로 결정한다. 사회적 구속성의 범위를 벗어나 보상이 필요한 경우에는 국회가 매수청구권, 지정해제, 손실완화를 위한 조치와 같이 다양한 방법으로 조정보상을 할 수 있다. 헌법 제23조 제2항의 공공복리적합의무는 보상이 필요한 경우와 필요 없는 경우를 포괄하고, 제3항은 금전보상을 조건으로 하는 공용침해라고 해석된다.

공용침해는 재산권 제한에 대한 특별하고 강화된 요건을 따로 규정하므로 헌법 제37조 제2항이 적용되지 않는다는 견해가 있다.376) 하지만, 공용침해에서도 과잉제한금지원칙이 완전히 배제되는 것은 아니다.377) 다만, 공용침해에서 보상을 하지 않으면 그 자체로 위헌이므로 독자적인 위헌심사기준이 된다는 점에서 의미가 있다. 현실적으로 사회적 구속성과 공용침해를 구분하는 기준이 상대적이어서 명확하지 않고, 최종적으로는 과잉제한금지원칙을 적용하므로 경계이론과

---

375) 정재황, 헌법학, 1141면 ; 1998. 12. 24. 89헌마214.
376) 김하열, 헌법강의, 601~602면.
377) 성낙인, 헌법학, 1475면 ; 허영, 한국헌법론, 575면.

분리이론의 차이는 실질적으로 크지 않다.

(나) 요건

가) '공공필요에 의한'

공용침해는 공공필요가 있을 때에만 허용되는데, '공공필요'는 재산권을 제한하는 '공익성'과 '필요성'을 갖추어야 한다. 공익성은 법률의 입법목적, 사업내용, 사업이 입법목적에 기여하는 정도, 시설에 대한 대중의 이용가능성 등을 고려하여 판단해야 하고, 필요성은 공용침해의 결과로 발생하는 공익이 제한되는 사익보다 우월해야 하며, 사업시행자가 사인인 경우에는 공익을 해치지 않도록 보장하는 제도적 규율도 갖추어야 된다.[378] 헌법재판소는 공용침해가 적법하더라도 공공필요가 없어지면 재산권의 주체가 환매권을 행사할 수 있으며, 그 환매권도 재산권에 포함된다고 판단하였다.[379]

'공공필요'는 헌법 제37조 제2항에서 기본권의 제한사유로 규정하는 '공공복리'보다 중요하거나 우월한 공익으로 보다 넓은 개념이라는 견해가 있다.[380] 공공필요는 재산권을 강제로 박탈하여 존속보장을 가치보장으로 전환하는 것을 정당화시킬 수 있는 여부를 판단하는 기준이므로 공공복리와는 다른 차원의 개념이다. 다만, 공공필요와 공공복리는 모두 국회가 법률을 통해 구체적으로 확정하므로 실질적으로는 큰 차이가 없을 것이다. 공용침해는 재산권에 대한 특별한 제한이므로 재산권의 제한에서는 공용침해인지 여부를 우선적으로 판단해야 한다.

나) 수용, 사용, 제한

공용침해는 재산권을 '수용, 사용, 제한'하는 것이다. 수용은 재산권의 전부 또는 일부를 박탈하는 것으로 국가가 재산권을 취득해야 하는 것은 아니다. 국가가 재산권을 취득하지 않더라도 그 경제적 효용가치를 없애면 수용에 포함된다. 사용이란 재산권의 사용권을 일시적으로 배제하는 것이고, 제한이란 재산권의 정상적인 행사를 방해하는 것이다. 재산권의 수용, 사용, 제한은 상대적인 것이어서 명확하게 구별하기는 쉽지 않다. 이미 형성된 구체적인 재산권을 전면적 또는 부

---

378) 2014. 10. 30. 2011헌바172.
379) 2020. 11. 26. 2019헌바131.
380) 장영수, 헌법학, 774~775면.

분적으로 박탈하거나 제한하는 경우에는 모두 공용침해에 해당하는 것으로 해석된다.

공용침해는 국가에 의한 수용, 사용, 제한뿐만 아니라 민간사업체나 사인에 의해서도 이루어질 수 있다. 공공필요가 인정되면 민간사업체나 사인도 공익사업의 시행주체가 되어 공용침해를 할 수 있다. 이때에도 재산권을 수용, 사용, 제한하는 것이 사회적 구속성의 범위 내에 있는 경우에는 공용침해에 해당하지 않으므로 정당한 보상을 해야 하는 것은 아니다. 공용침해에서는 공공필요에 부합되는지, 정당한 보상에 의해 정당화되는지, 법률로 보상을 규정하는지가 중요하다.381)

헌법재판소는 정부의 개성공단에 대한 전면중단조치는 개별적으로 형성된 구체적 재산권의 이용을 제한하는 공용제한이 아니므로 이에 대한 정당한 보상을 지급하지 않더라도 재산권을 침해하지 않으며, 국가가 이에 대해 보상입법을 해야 할 의무를 지지 않는다고 판단하였다.382) 또한, 코로나19로 인한 집합제한으로 발생한 손실을 보상하는 입법을 하지 않았더라도 재산권을 침해한 것은 아니라고 하였다.383)

다) '법률로써'

공용침해에서 재산권을 수용, 사용, 제한하는 구체적인 요건과 절차는 물론 그에 대한 보상의 기준과 내용도 반드시 법률로써 해야 한다. 공용침해는 법률유보에 따라 법률에 의해 직접 규율되거나, 법률에 근거를 둔 행정작용을 통해 이루어져야 한다. '공익사업을 위한 토지 등의 취득 및 보상에 관한 법률'이 공용침해를 일반적으로 규율하는데, 법률에 근거한 행정작용이 아니라 법률에 의해 직접 수용이 이루어지는 입법적 수용도 헌법적으로 허용된다.384)

공용침해와 보상은 불가분이고 그에 대한 법률도 결부조항이므로 법률이 공용침해만 규정하고 보상을 규정하지 않으면 그 자체로 위헌이라는 견해가 있다.385) 독일기본법은 "공용수용은 법률로써 하되, 그 법률은 보상의 방법과 보상

---

381) 2009. 9. 24. 2007헌바114.
382) 2022. 5. 26. 2018헌마95.
383) 2023. 6. 29. 2020헌마1669.
384) 1998. 3. 26. 93헌바12.
385) 장영수, 헌법학, 774~775면 ; 허영, 한국헌법론, 579~580면.

의 정도를 규정해야 한다"라고 규정하여 결부조항으로 해석할 수 있다. 우리 헌법은 공용침해와 보상을 법률로써 해야 한다는 것을 규정할 뿐, 반드시 동일한 법률에서 규율할 것을 요구하지는 않는다.386) 공용침해를 규정하는 법률에서 보상조항을 두지 않고 다른 법률에서 보상을 규정할 수 있다고 해석된다.

(다) 정당한 보상

공용침해를 할 경우에는 '정당한 보상'을 해야 하는데, 이는 재산권의 존속보장을 가치보상으로 전환하는 것이므로 객관적인 재산가치에 대한 완전한 보상을 의미한다. 하지만, 정당한 보상의 금액, 지급의 시기와 절차에 대한 구체적인 기준은 공공필요의 정도, 공익사업의 목적과 특성, 이해관계인의 사익 등을 종합적으로 고려하여 국회가 입법을 통해 결정할 수 있다.387) 헌법재판소는 공익사업으로 피수용자에 대해 이주대책을 마련하는 것은 이주자들에게 종전의 생활상태를 회복시키기 위한 생활보상으로 국가의 정책적 배려에 의해 마련된 것이므로 정당한 보상의 범위에는 포함되지 않는다고 판단하였다.388)

헌법재판소는 토지수용에서 객관적인 재산가치는 자유로운 거래시장에서 형성되는 시가를 의미하지만, 반드시 시가를 기준으로 하지 않고 시가를 형성하는 요소를 종합적으로 고려하여 일정한 경우에 공시지가를 기준으로 하더라도 정당화될 수 있으며,389) 개별적 공시지가가 아니라 표준지 공시지가를 기준으로 손실보상액을 산정할 수도 있다고 판단하였다.390) 또한, 공익사업의 시행으로 지가가 상승하여 발생하는 개발이익은 피수용자의 손실에 포함되지 않으므로 개발이익을 배제하고 손실보상액을 산정하더라도 정당한 보상을 해야 하는 헌법원칙에 위반되지 않는다고 판단하였다.391)

---

386) 성낙인, 헌법학, 1479면 ; 정재황, 헌법학, 1141면.
387) 2011. 4. 28. 2010헌바114.
388) 2006. 2. 23. 2004헌마19.
389) 2002. 12. 18. 2002헌가4.
390) 2009. 12. 29. 2009헌바142.
391) 1990. 6. 25. 89헌마107.

(라) 공용침해의 위반과 구제절차

가) 수용유사침해

헌법이 규정하는 공용침해의 요건을 갖추지 못하면 재산권을 침해하여 위헌이 된다. 공용침해의 위반에 대해서는 그에 대한 구제절차가 명확하지 않아 재산권의 침해를 방치할 위험이 있다. 공용침해에서 재산권의 보장을 실질화하기 위해 수용유사침해론과 수용적침해론이 제기된다. 수용유사침해론은 공용침해의 요건을 갖추지 못하여 위법한 수용이라도 적법한 공용침해와 마찬가지로 보상해야 한다는 것이다. 수용적침해론은 국가가 공용침해를 의도하지 않더라도 그 부수적 효과로서 공용침해의 결과가 발생한 경우에도 보상해야 한다는 것이다.

적법한 공용침해에 대해서는 정당한 보상을 하도록 하면서 위법한 공용침해에 대해서는 아무런 보상을 하지 않도록 하는 것은 합리적이지 않다. 수용유사침해이론과 수용적침해이론은 위법하거나 의도하지 않은 공용침해의 결과에 대해 보상을 확대함으로써 재산권을 보다 강하게 보장할 수 있다는 장점이 있다. 하지만, 이는 위법한 공용침해를 정당화하는 수단으로 이용될 수 있고, 그에 대한 법률적 근거가 없는 상태에서는 법률해석의 범위를 넘어서는 것이라는 한계가 있다.

나) 보상에 대한 규정이 없는 경우

공용침해에서 공공필요가 인정되지 않거나 정당한 보상을 하지 않는 경우는 물론 그 내용을 법률로 정하지 않는 경우에는 그 자체로 위헌이다. 법률이 공용침해의 요건과 내용을 규정하더라도 동일한 법률은 물론 다른 법률에서도 정당한 보상에 대해 아무런 규정을 두지 않으면 위헌이다. 이때 공용침해는 재산권을 침해하게 되는데, 재산권을 구제하는 사법적 절차가 명확하지 않아 다양한 방안이 제시된다.

첫째, 헌법규정을 직접 근거로 하여 법원에 보상을 청구하는 방안이다. 이는 헌법규정이 직접 효력을 가지므로 그에 근거할 수 있고, 헌법에 근거한 다른 법률의 규정을 유추하여 적용할 수 있다는 것이다. 수용유사침해론과 수용적침해론도 위헌·위법한 수용이라도 헌법 제23조 제3항을 근거로 하거나 유추적용하여 국가에 대해 보상을 청구할 수 있다고 한다. 하지만, 헌법은 "보상은 법률로써 하되"라고 규정하여 법률에 근거를 둘 것을 요구하고 있으므로 법원이 재판을 통해 보상금액을 결정할 수는 없다.

둘째, 행정소송이나 국가배상소송을 통해 법원에 보상을 청구하는 방안이다. 공용침해에 대한 법률은 결부조항이므로 보상조항이 없으면 위헌이고, 이에 대해서는 공용침해의 경우와 마찬가지로 행정소송을 제기할 수 있다고 한다. 보상조항을 두지 않는 것에 대해 국가배상소송을 청구할 수 있다는 관점도 있지만, 공용침해는 공무원의 직무상 고의 또는 과실에 기인한 불법행위와는 다르다.

셋째, 헌법재판을 통해 보상에 대한 법률을 마련한 다음, 이를 통해 보상을 받는 방안이다. 공용침해에서 보상조항을 두지 않은 것 자체가 위헌이므로 이에 대해 위헌법률심판이나 헌법소원을 청구하여 그 위헌성을 확인하고, 그에 따라 보상에 관한 법률이 마련되면 그에 따라 보상할 수 있다는 것이다. 헌법재판소가 위헌결정을 하더라도 보상입법이 직접 강제되지 않는다는 한계가 있지만, 이러한 방안이 헌법에 체계적으로 정합한 방안이라고 판단된다. 헌법재판소는 공용침해에 대해 법률로 보상규정을 두지 아니한 경우에는 위헌이라고 판단하였다.392)

---

392) 2005. 9. 29. 2002헌바84.

제5장 참정권

제1절 선거권

I. 규범적 의미

헌법 제24조는 "모든 국민은 법률이 정하는 바에 의하여 선거권을 가진다"라고 규정한다. 제41조 제1항은 "국회는 국민의 보통·평등·직접·비밀선거에 의하여 선출된 국회의원으로 구성한다"라고, 제67조 제1항은 "대통령은 국민의 보통·평등·직접·비밀선거에 의하여 선출한다"라고 규정한다. 제118조 제2항은 "지방의회의 조직·권한·의원선거와 지방자치단체의 장의 선임방법 기타 지방자치단체의 조직과 운영에 관한 사항은 법률로 정한다"라고 규정하여 지방의회의원에 대한 선거권을 규정한다.

선거권은 대의제를 작동시키기 위해 필수적으로 요구되는 전제로서 국민의 대표기관을 구성하는 권리이다. 선거권은 국가기관을 조직하여 국가권력에 대해 민주적 정당성을 부여하는 동시에 주기적인 선거를 통해 국가의 정치적 의사형성에 참여함으로써 국정을 통제한다. 또한, 국가의 사회적 통합을 촉진하고 국민으로 하여금 민주시민으로 성장할 수 있는 교육의 기회를 제공한다. 선거권은 국민주권에 기초하여 민주적 법치국가를 실현하는 핵심적 수단이며, 지방선거에서는 지방자치를 실현하는 기능을 한다.

헌법은 선거권을 '법률이 정하는 바'에 의하여 보장한다. 이는 기본권형성적 법률유보의 성격을 가지므로 국회는 선거권을 실현할 수 있도록 그 내용과 절차에 대해 구체적으로 규정해야 한다. 이때 국회는 국민주권을 선언하는 헌법 제1

조, 국회의원과 대통령의 선거에 관해 보통·평등·직접·비밀선거를 규정하는 제
41조와 제67조, 지방선거를 규정하는 제118조에 부합하도록 입법해야 한다. 또
한, 선거권은 국가형태, 정부형태, 의회의 구성원리, 정당제도와 같은 정치적 시
스템과 밀접하게 관련되므로 서로 규범적으로 조화롭게 해석해야 한다.

2. 내용

(1) 선거권

선거권은 개인이 유권자로서 선거에 참여하여 투표할 수 있는 기회를 보장
하는 것이다. 헌법은 '모든 국민'에게 선거권을 인정하므로 대한민국 국민은 재
외국민을 포함하여 누구나 선거권의 주체가 된다. 외국인은 국가의 구성원이 아
니므로 국가의 공적 업무를 담당하는 대표자를 선출하는 과정에 참여할 수 없
으므로 선거권의 주체가 되지 않는다. 법인이나 단체의 경우에도 그 구성원인
자연인만 선거권의 주체가 될 수 있고, 법인이나 단체는 선거권의 주체가 되지
않는다.

헌법은 선거권의 구체적인 내용에 대해서는 법률로 규정하도록 한다. 헌법은
보통·평등·직접·비밀선거를 선거원칙으로 규정하는데, 이는 국회가 선거권의
내용을 구체화하는 입법의 지침이 될 뿐만 아니라 법률의 위헌 여부를 심사하는
기준이 된다. 선거권은 공정한 선거를 위해 참관인이 개표절차에 참여하여 심사
하도록 하는 것도 포함하지만,[1] 사적 영역에서 행해지는 선거는 그 대상에 포함
되지 않는다. 농협의 조합장선거에서 선거할 권리는 선거권에 포함되지 않고 결
사의 자유에 포함될 수 있을 뿐이다.[2]

선거권에는 대통령선거권, 국회의원선거권, 지방의회의원선거권이 포함된다.
헌법 제118조 제2항은 지방의회의원에 대해서는 '의원선거'라고 규정하여 선거하
도록 하지만, 지방자치단체의 장에 대해서는 '선임방법'이라고 규정한다. 국회는
법률을 통해 지방자치단체의 장을 선거 이외에 임명 등의 방법으로 선출하도록
규정할 수 있다. 헌법재판소는 지방자치단체의 장에 대한 선거권도 기본권에 포

---

1) 2013. 8. 29. 2012헌마326.
2) 2021. 7. 15. 2020헌가9.

함된다고 하였지만,3) 지방자치단체의 장의 선거권은 교육감에 대한 선거권과 마
찬가지로 기본권이 아니라 법률적 권리에 해당하는 것으로 해석해야 한다.

(2) 선거운동의 자유

선거운동이란 선거와 관련하여 특정한 후보자나 정당에게 투표하도록 유도
하는 모든 행위를 말한다. 헌법은 보통·평등·직접·비밀선거를 선거원칙으로 규
정하지만, 자유선거도 선거원칙의 전제로 인정된다. 자유선거에는 투표의 자유와
입후보의 자유는 물론 선거운동의 자유도 포함된다. 헌법재판소는 선거운동은 특
정한 후보자의 당선이나 낙선을 위한 목적의사가 객관적으로 인정될 수 있는 능
동적이고 계획적인 행위이며,4) 선거운동의 자유는 선거권 행사의 전제이자 내용
에 포함된다고 판단하였다.5)

선거운동의 자유는 정치적 표현으로서 언론·출판의 자유와 밀접하게 관련되
므로 선거권과 언론·출판의 자유의 경합이 발생할 가능성이 크다. 이때에는 기본
권 경합을 해결하는 방안에 따라 구체적 사안에서 제한되는 기본권을 결정해야
한다. 헌법재판소는 화환, 현수막, 인쇄물과 같은 표시물을 사용하여 선거운동하
는 것을 전면적으로 금지하고, 후보자와 배우자 등도 어깨띠 등 일정한 표시물만
사용하도록 제한하거나 선거기간 중 집회나 모임을 전면적이고 포괄적으로 금지
하는 것은 정치적 표현의 자유를 침해한다고 판단하였다.6) 또한, 공사나 공단과
같은 공기업 상근직원이 당내경선에서 경선운동을 할 수 없도록 금지하는 것은
정치적 표현의 자유를 침해하지만,7) 농업협동조합 상근직원의 선거운동을 금지하
는 것은 정치적 표현의 자유를 침해하지 않는다고 하였다.8)

---

3) 2016. 10. 27. 2014헌마797.
4) 2004. 5. 14. 2004헌나1.
5) 2009. 12. 29. 2007헌마1412.
6) 2022. 7. 21. 2017헌가1 ; 2023. 3. 23. 2023헌가4 ; 2023. 6. 29. 2023헌가12.
7) 2022. 12. 22. 2021헌가36.
8) 2022. 11. 24. 2020헌마417.

3. 제한

(1) 위헌심사기준

국회는 헌법의 위임에 따라 선거권에 대한 입법형성권을 가지는데, 이는 원칙적으로 기본권형성적 법률유보지만, 기본권제한적 법률유보로도 기능할 수 있다. 선거권도 헌법 제37조 제2항에 따라 제한될 수 있다. 국회의 입법형성권은 헌법에 의해 제한되므로 헌법이 규정하는 선거원칙, 선거운동의 균등한 기회보장, 소급입법에 의한 참정권 제한의 금지를 위반해서는 안 된다. 공직선거법은 선거권의 구체적인 내용, 방법, 절차 등을 자세하게 규정하면서 유권자의 자격이나 투표기회 등에 대한 통제를 통해 선거권을 제한하는데, 이때에도 과잉제한금지원칙을 적용하여 헌법적으로 정당화되어야 한다.[9]

선거권의 제한에서는 과잉제한금지원칙이 아닌 선거원칙을 위헌심사기준으로 적용해야 한다는 견해가 있다.[10] 선거원칙을 위반하면 위헌이고, 선거권의 제한을 위한 목적과 수단의 관계를 심사할 필요가 없다고 한다. 헌법재판소는 선거권의 제한에 대해 위헌심사기준으로 선거원칙을 적용하기도 하고,[11] 과잉제한금지원칙을 적용하기도 하였다.[12] 하지만, 선거권의 제한은 반드시 선거원칙과 관련되는 것은 아니므로 과잉제한금지원칙을 적용하는 것으로 귀결된다. 선거원칙은 과잉제한금지원칙을 적용하여 심사하는 중요한 요소가 될 수 있지만, 과잉제한금지원칙을 대체할 수는 없다.

선거권은 선거운동의 자유를 포함하지만, 선거운동의 자유는 선거의 공정성을 확보하기 위해 제한될 수 있다. 헌법은 선거운동의 자유를 보장하면서도 각급 선거관리위원회의 관리 하에 법률이 정하는 범위 안에서 하되, 균등한 기회가 보장되어야 한다고 규정한다. 헌법은 선거권에 대해서는 평등선거와 선거운동에서 균등한 기회를 특별히 강조한다. 선거운동의 자유를 제한하는 법률에 대해서는 선거운동의 자유, 평등선거와 선거운동의 균등한 기회와 함께 정당의 자유도 함

---

9) 2012. 2. 23. 2010헌마601.
10) 한수웅, 헌법학, 160면.
11) 2007. 6. 28. 2004헌마644등.
12) 2004. 3. 25. 2002헌마411.

께 고려하여 해석해야 한다.

공직선거법은 유권자의 자격에 대해 연령과 같은 적극적 요건과 범죄경력과 같은 소극적 요건을 규정하고, 선거운동의 공정성을 확보하고 기회균등을 보장하기 위해 투표의 시간, 장소, 방법 등에 대해 투표기회를 제한하기도 한다. 헌법재판소는 선거범죄자에 대해 일정 기간 선거권을 박탈하는 것은 합헌이지만,13) 집행유예자, 가석방된 자와 수형자에 대해 전면적이고 획일적으로 선거권을 박탈하는 것은 위헌이라고 하였다.14) 또한, 집행유예를 선고받은 사람의 선거권을 유지하면서 1년 이상의 징역 또는 금고형의 선고를 받은 사람의 선거권을 박탈하는 것은 선거권을 침해하지 않는다고 하였다.15)

(2) 투표의무의 부과

선거권은 선거에서 투표를 하지 않을 자유도 포함할까. 이는 국민에게 투표해야 할 법적 의무를 부담시킬 수 있는지의 문제와 직결된다. 국가를 건강하게 유지하기 위해서는 주권자인 국민이 민주시민으로서 적극적으로 국정에 참여하는 것이 바람직하고, 공직선거법 제6조 제4항은 "선거권자는 성실하게 선거에 참여하여 선거권을 행사하여야 한다"라고 규정한다. 국가에 따라 선거에 참여하는 것을 헌법적 의무로 규정하기도 하고, 선거의무를 위반한 경우에는 형벌을 부과하거나 선거권의 제한이나 금융거래의 제한과 같은 제재를 부과하기도 한다.

선거권은 투표를 하지 않을 자유도 포함하며, 투표하지 않는 것 자체가 자신이 정치적 의사를 표현하는 것으로 해석할 수 있으므로 국가가 투표의무를 법적으로 강제하는 것은 선거권을 침해하고 자유선거에도 위반된다. 헌법은 선거권을 기본권으로 보장하고 있을 뿐, 선거의무를 규정하지는 않는다. 공직선거법이 선거권자에게 투표의무를 부과하지만, 이를 위반하더라도 처벌이나 제재하는 규정을 통해 강제하는 규정을 두지 않고 있다. 이는 국민에게 선거에 참여할 것을 권고하는 선언적 성격을 가진 것이므로 선거권을 침해하는 것은 아니라고 해석된다.

---

13) 2018. 1. 25. 2015헌마821.
14) 2014. 1. 28. 2012헌마409.
15) 2017. 5. 25. 2016헌마292.

헌법재판소는 선거권자에게 투표를 하도록 강제하고, 이를 위반하는 자에게 과태료나 벌금 등을 부과하거나 일정한 비율 이상이 반드시 투표에 참여하도록 강제하는 최소투표율제를 도입하는 것은 자유선거의 원칙에 위반된다고 판단하였다.[16) 우리나라는 2008년 18대 국회의원 총선거부터 교통불편지역에 대한 차량 및 선박운행 지원, 국공립유료시설의 면제·할인용 투표확인증 발급 등 인센티브를 부여한다. 이는 투표의무를 부과하는 것이 아니므로 선거권을 침해한 것은 아니지만, 투표에 참가하지 않는 자를 차별한다는 비판도 있다.

제 2 절 공무담임권

1. 규범적 의미

헌법 제25조는 "모든 국민은 법률이 정하는 바에 의하여 공무담임권을 가진다"라고 규정한다. 공무담임권이란 국가의 공적 업무의 수행에 직접 참여함으로써 국민주권을 실현하는 것으로 국가나 지방자치단체의 공무원으로 공무를 담당할 수 있는 권리를 말한다. 헌법은 '모든 국민'에게 공무담임권을 인정하며, 외국인은 국가의 구성원이 아니고 국가의 공적 업무를 담당할 수 없으므로 공무담임권의 주체가 될 수 없다. 법인이나 단체도 공무담임권의 주체가 되지 않는다.

헌법은 공무담임권을 '법률이 정하는 바'에 의하여 보장한다. 이는 기본권형성적 법률유보의 성격을 가지므로 국회는 공무담임권을 실현할 수 있도록 그 내용과 절차에 대해 구체적으로 규정해야 한다. 이때 국회는 헌법이 규정하는 선거원칙, 공무원의 법적 지위와 책임, 직업공무원제에 부합하도록 입법해야 한다. 또한, 공무담임권은 정부형태, 정당제도와 같은 정치적 시스템과 밀접하게 관련되고 개인적 차원에서는 직업의 자유로 보장되어야 하므로 서로 규범적으로 조화롭게 해석해야 한다.

---

16) 2013. 11. 27. 2003헌마259.

2. 내용

(1) 피선거권

피선거권은 공직선거에 입후보하여 당선됨으로써 유권자에 의해 선출되어 그 공직에 취임할 수 있는 권리이다. 공무담임권은 선거직 공무원뿐만 아니라 임명직 공무원에게도 인정되므로 피선거권보다 넓은 개념이며, 피선거권은 공무담임권에 포함된다. 피선거권은 대통령이나 국회의원과 같은 선거직 공무원에 대해서만 인정되고, 헌법이 선거권에 대해 요구하는 보통·평등·직접·비밀·자유선거의 원칙, 선거운동의 자유와 기회균등, 소급입법에 의한 참정권 제한의 금지도 동일하게 적용된다. 모든 국민이 피선거권의 주체가 되며, 피선거권의 구체적인 내용, 행사, 절차는 법률에 의해 규정된다.

(2) 공직취임권

공직취임권이란 누구나 능력과 적성에 따라 공직에 취임할 수 있는 균등한 기회를 보장받는 권리를 말한다. 선거직 공무원의 경우에는 피선거권의 행사를 통해 공직취임권을 실현하고, 임명직 공무원의 경우에는 대통령이 공직에 임명함으로써 공직취임권을 실현한다. 공직취임권은 모든 국민에게 능력에 따라 공직에 취임하여 공무를 담당할 기회를 보장하는 것이지 현실적으로 자신이 원하는 구체적인 공직에 취임할 것을 보장하는 것이 아니다. 임명직 공무원의 경우에는 능력과 성과를 기준으로 공직자를 임명해야 한다.

공직취임권은 능력과 성과에 따라야 하므로 임용희망자의 능력, 전문성, 품성을 기준으로 일정한 자격요건을 법률로 제한할 수 있다. 하지만, 공직취임권은 성별, 종교, 사회적 신분, 출신지역 등을 기준으로 차별적으로 제한되어서는 안 된다. 공직취임에서는 임용희망자에게 균등한 기회를 보장해야 하고, 공정한 경쟁을 통해 공직자를 선발해야 한다. 헌법은 여자나 연소자의 근로보호, 국가유공자나 상이군경 및 전몰군경의 유가족에 대한 우선적 근로기회의 보장, 여자·노인·신체장애자에 대한 사회보장 등을 규정하므로 공직취임권은 법률에 의해 합리적인 범위에서 능력주의가 제한될 수 있다.[17]

(3) 공직수행의 유지

공무담임권은 공직에 취임한 자가 안정적으로 공직수행을 유지할 수 있는 권리도 포함한다. 헌법은 직업공무원제를 통해 공무원의 신분을 보장하므로 부당하게 공무원 신분을 박탈하거나 직무를 정지해서는 안 된다.[18] 국가는 공무원의 정치적 중립성을 보장해야 하므로 정치적 이유로 공무원의 신분에 불이익한 조치를 해서도 안 된다. 헌법이 공무원의 신분을 특별히 보장하는 것은 공적 업무를 수행하는 과정에서 특별한 헌법적 의무를 부담하는 것에 대응한 것이며, 공무원의 정치적 중립성을 보장하기 위한 수단이기도 하다. 공무담임권에는 공직수행에 대한 보상으로 안정적인 생활을 보장한다는 사회국가의 이념도 반영된다.

공무원의 신분에 관한 주관적 권리는 기본권이 될 수 없으므로 공무담임권이 아니라 직업공무원제도를 근거로 도출된다는 견해가 있다.[19] 하지만, 공직수행을 유지할 권리는 일단 공직에 취임한 공무원이 갖는 것이므로 공무원도 공무담임권의 주체가 된다.[20] 공무담임권은 공직취임의 기회를 자의적으로 배제하는 것뿐만 아니라 공무원 신분의 부당한 박탈을 금지하는 것도 포함한다.[21] 공무원은 헌법과 법률에 따라 자신의 직무를 수행하는 한, 자신의 의사에 반하여 신분상 불이익한 처분을 받지 않는다. 공무원이 공직수행에서 귀책사유가 있거나 조직의 개편과 같이 불가피한 사정이 있는 경우에는 공직수행의 유지가 제한될 수 있지만, 이때에도 공무원의 능력과 성과를 기초로 평가하여 공무담임권을 제한해야 한다.

공무원에게는 일정한 요건을 갖추면 승진할 기회를 균등하게 보장해야 하지만, 공무원에게 승진의 가능성을 반드시 보장해야 하는 것은 아니다. 공무원이 특정한 보직을 선택하거나 퇴직급여를 요구하는 것까지 공무담임권에 포함되는 것은 아니다.[22] 공무원은 공무를 수행해야 할 법적 책무를 부담하므로 정당한 이유

---

17) 1999. 12. 23. 98헌바33.
18) 2014. 4. 24. 2011헌마612.
19) 한수웅, 헌법학, 917~921면.
20) 김하열, 헌법강의, 626면.
21) 2004. 9. 23. 2004헌가12.
22) 2014. 6. 26. 2012헌마459.

없이 공무수행을 거부하는 것은 공무담임권의 내용에 포함되지 않는다. 또한, 공무담임권은 주관적 권리이므로 공무수행의 계속성이나 공직 기능의 유지에 지장이 없으면 공무원이 공직에서 자유롭게 사퇴할 수 있다.

3. 제한

(1) 헌법에 의한 직접적 제한

헌법은 헌법기관에 대해 직접 공무담임권을 제한하기도 한다. 이는 헌법에 의한 것이므로 위헌이 아니며, 그 규정에 위반하는 것이 오히려 위헌이 된다. 선거직 공무원인 국회의원의 임기는 4년이며, 국회의원의 자격심사와 제명에 대해서는 법원에 제소할 수 없다. 국회는 대통령과 국무총리를 비롯하여 헌법과 법률이 정하는 일정한 고위공직자에 대해서는 탄핵소추를 할 수 있고, 국무총리와 국무위원에 대해 해임건의권을 갖는다. 대통령은 헌법과 법률이 정하는 바에 의하여 공무원을 임면하는데, 일정한 공무원에 대해서는 국회의 동의와 같은 절차를 거쳐야 한다.

대통령의 임기는 5년이며, 중임할 수 없다. 대통령의 피선거권은 국회의원의 피선거권이 있고 선거일 현재 40세에 달하여야 한다. 군인은 현역을 면한 후가 아니면 국무총리나 국무위원으로 임명될 수 없으며, 감사위원의 임기는 4년이다. 대법원장과 대법관, 헌법재판관, 중앙선거관리위원의 임기는 6년이고, 일반법관의 임기는 10년이다. 법관, 헌법재판관, 중앙선거관리위원의 신분은 헌법에 의해 보장되며, 공직취임에는 일정한 자격이나 국회의 동의와 같은 절차가 요구되기도 한다.

(2) 위헌심사기준

공무담임권도 헌법 제37조 제2항에 따라 과잉제한금지원칙을 적용하여 제한될 수 있다. 헌법재판소는 공무담임권의 제한에 대해 민주국가에서 참정권이 갖는 중요성을 강조하여 과잉제한금지원칙을 엄격하게 적용하기도 하고,[23] 기본권

---

23) 2019. 7. 25. 2016헌마754.

형성적 법률유보라는 특성과 공직의 사회적 관련성을 고려하여 과잉제한금지원칙을 완화하여 적용하기도 하였다.[24] 공무담임권은 직업선택의 자유와 경합하는 경우에는 공무담임권이 특별법적 성격을 가지므로 공직취임권을 적용하여 그 위헌 여부를 심사하면 충분하다.[25]

헌법은 소급입법에 의해 참정권을 제한하는 것을 금지하므로 공무담임권을 제한하더라도 그 헌법적 한계를 지켜야 한다. 소급입법의 금지는 법치국가로부터 도출되며, 재산권과 참정권에만 적용되는 것은 아니고, 소급입법의 유형에 따라 위헌심사기준을 적용하는 강도를 달리할 뿐 절대적으로 금지되는 것은 아니다. 우리 헌정사에서는 반민족행위자처벌법(1948년), 반민주행위자공민권제한법(1960년), 정치활동정화법(1961년), 정치풍토쇄신을 위한 특별조치법(1980년) 등을 통해 일정한 자에 대해 소급입법에 의해 참정권을 제한한 사례가 있다.

공직선거법은 선거직 공무원이 되는 자격에 대해 연령과 같은 적극적 요건과 범죄경력과 같은 소극적 요건을 규정하고, 기탁금, 후보자추천과 같은 공직입후보의 절차에 대해 구체적으로 규정한다. 즉, 국회의원·지방의회의원·지방자치단체의 장은 18세 이상으로 제한하고, 금치산자, 일정한 선거범죄자, 금고 이상의 형을 선고받고 그 집행을 종료하지 않은 자, 법원의 판결에 의해 피선거권이 정지되거나 상실된 자에 대해서는 피선거권을 제한한다.[26]

헌법재판소는 공무원이 형사사건으로 기소되면 필요적으로 직위해제처분을 하거나 금고 이상의 형의 선고유예를 받으면 당연퇴직하도록 하는 것은 공무담임권을 침해하지만,[27] 형의 집행유예를 받은 경우에 당연퇴직하도록 하는 것은 공무담임권을 침해하지 않는다고 판단하였다.[28] 공무원에 대해 성년후견이 개시되어 피성년후견인이 된 경우에 당연퇴직하도록 한 것은 공무담임권을 침해하며,[29] 아동을 상대로 성폭력이나 성학대를 한 사람은 공무원과 직업군인에 영구적으로 임용될 수 없도록 하거나 아동·청소년이용음란물을 소지한 죄로 형이 확정된 사

24) 2016. 7. 28. 2014헌바437.
25) 2001. 2. 22. 2000헌마25.
26) 공직선거법 제16조, 제19조, 제48조, 제49조.
27) 2002. 8. 29. 2001헌마788.
28) 2003. 12. 18. 2003헌마409.
29) 2022. 12. 22. 2020헌가8.

람은 일반직 공무원으로 임용될 수 없도록 한 것은 공무담임권을 침해한다고 판
단하였다.[30]

제 3 절 국민투표권

1. 규범적 의미

(1) 헌법규정

헌법 제72조는 "대통령은 필요하다고 인정할 때에는 외교·국방·통일 기타
국가안위에 관한 중요정책을 국민투표에 붙일 수 있다"라고 규정하고, 제130조
제2항은 "헌법개정안은 국민투표에 붙여 국회의원선거권자 과반수의 투표와 투표
자 과반수의 찬성을 얻어야 한다"라고 규정한다. 1954년 헌법은 대한민국의 주권
의 제약 또는 영토의 변경을 가져올 국가안위에 관한 중대사항은 국회의 가결을
거친 후에 국민투표에 부하도록 규정하였다가, 1962년 헌법에서 삭제하였다. 또
한, 1962년 헌법에서 처음으로 헌법개정안에 대해 국민투표를 거치도록 하였다.

현행헌법은 대의민주주의를 채택하여 원칙적으로 주권자인 국민이 직접 국
가의사결정에 참여하는 것을 허용하지 않지만, 예외적으로 국민의 주권적 의사를
직접 확인하기 위해 제72조와 제130조에서 국민투표를 도입하였다. 헌법 '제2장
국민의 권리와 의무'는 직접 국민투표권을 기본권으로 규정하지 않지만, 중요정책
의 결정이나 헌법개정에서는 국민투표를 통해 국민의 주권적 의사를 확인하도록
규정한다. 이에 따라 국민투표권은 참정권으로 헌법적 기본권에 포함된다고 해
석된다.

(2) 법적 성격

국민투표권이란 특정한 국정사안에 대해 국민이 직접 정책결정의 과정에 참
여하는 주권적 의사를 확인하는 권리이다. 국민투표권은 개인이 헌법을 근거로
국가에 대해 요구할 수 있는 기본권이 아니라 국가기관이 권한을 행사하는 과정

---

30) 2022. 11. 24. 2020헌마1181 ; 2023. 6. 29. 2020헌마1605.

에서 국민이 직접 참여할 수 있도록 보장된 기본권이다. 즉, 대통령이 중요정책에 대해 국민투표에 부의하거나 헌법개정안이 발의되어 국회가 의결하여 국민투표에 부의된 경우에 비로소 행사할 수 있는 기본권이다. 따라서 개인이 국가기관이 그 권한을 행사하기 이전에 직접 국가에게 국민투표를 요구할 수 있는 권리가 아니다.

국민투표권은 헌법이 예외적으로 인정하는 직접민주적 제도인데, 대의제가 제대로 작동하지 않는다는 비판과 함께 정치개혁을 위해 국민이 직접 국정에 참여할 수 있는 제도적 장치를 마련해야 한다는 주장이 제기된다. 특히, 국회가 법률을 통해 직접민주적 제도를 적극적으로 도입하는 다양한 방안이 제시된다. 일반적으로 직접민주적 제도는 국민발안제, 국민표결제, 국민소환제를 들 수 있는데, 헌법은 국민표결제로서 중요정책의 결정과 헌법개정안에 대해 국민투표제를 도입한 것이다.

헌법개정안이나 법률안에 대해 국민발안제를 도입하는 것은 헌법개정안은 국회재적의원 과반수 또는 대통령의 발의로 제안된다고 규정한 헌법 제128조 제1항과 법률안은 국회의원과 정부가 제출한다고 규정한 제52조에 위반된다. 국회가 법률을 통해 대통령이나 국회의원에 대한 국민소환제를 도입하는 것도 헌법이 대통령이나 국회의원의 임기를 규정하는 것에 위반된다. 법률안에 대해 국민표결을 도입하는 것도 헌법이 보장하는 국회의 입법권을 침해하므로 헌법적으로 허용되지 않는다.

지방자치의 차원에서는 다양한 방식으로 주민의 참여를 보장하여 직접민주적 제도를 인정한다. 지방자치법, 주민투표법, 주민소환투표에 관한 법률은 지방자치단체의 조례에 대한 주민발안제, 중요한 사항에 대한 주민투표권, 감사청구권과 소송을 제기할 권리, 지방의회의원과 지방자치단체의 장에 대한 주민소환권을 인정한다. 특히, 주민투표와 주민소환투표에서는 일정한 자격을 갖춘 경우에는 외국인도 주민투표에 참여할 수 있도록 보장한다. 지방자치의 차원에서 인정되는 직접민주적 제도는 모두 헌법적 기본권으로 인정되는 참정권이 아니라 법률적 권리에 해당한다.[31]

---

31) 2008. 12. 26. 2005헌마1158.

2. 내용

(1) 중요정책에 대한 국민투표

대통령이 헌법 제72조에 따라 외교·국방·통일 기타 국가안위에 관한 중요 정책에 대해 국민투표를 부의한 경우에 국민은 국민투표권을 갖는다. 하지만, 대통령이 국가안위에 관한 중요정책으로 판단하여 국민투표에 부의할 것인지 여부를 재량으로 결정할 수 있으므로 개인이 특정 사안에 대해 국민투표에 회부할 것을 대통령에게 요구할 수는 없다.[32] 국민은 대통령이 부의한 중요정책에 대해서만 국민투표를 할 수 있고, 헌법 제72조의 국민투표를 통해 헌법안이나 법률을 개정할 수는 없다.

대통령이 국민투표에 부의할 수 있는 대상은 외교·국방·통일 기타 국가안위에 관한 중요정책이다. 국민투표는 정책결정을 위한 레퍼렌덤(referendum)과 신임투표에 해당하는 플레비시트(plebiscite)로 구분되는데, 레퍼렌덤만 허용되고 플레비시트는 허용되지 않는다. 대통령은 자신의 재신임을 확인하는 신임투표를 부의할 수 없고, 중요정책을 신임과 연계시켜 국민투표를 부의할 수도 없다. 또한, 대통령이 헌법개정안이나 법률안을 국민투표에 부의하여 개정하는 것도 헌법이 규정하는 헌법개정과 입법절차에 위반되므로 허용되지 않는다.

(2) 헌법개정안에 대한 국민투표

국민은 헌법개정안에 대해 국민투표권을 갖는다. 헌법개정은 국회 재적의원 과반수 또는 대통령의 발의로 제안되며, 국회는 재적의원 3분의 2이상의 찬성으로 의결하고, 최종적으로 국회의원 선거권자 과반수의 투표와 투표자 과반수의 찬성으로 확정된다. 대통령은 확정된 개정헌법을 즉시 공포해야 하는데, 대통령의 공포는 형식적인 절차에 불과하며 헌법개정 자체의 효력을 부여하는 것은 아니다. 헌법개정을 위한 국민투표권은 국가안위에 관한 중요정책에 대한 국민투표와는 달리 대통령이 재량으로 결정할 수 있는 것이 아니라 헌법개정의 과정에서 필수적으로 거쳐야 하는 절차이다.

---

32) 2013. 11. 28. 2012헌마166.

3. 제한

국민투표권도 기본권이므로 헌법 제37조 제2항에 따라 제한될 수 있는데, 국민투표법이 국민투표권의 구체적인 내용을 형성하고 그 방법과 절차를 규율한다. 국민투표법은 19세 이상의 국민에게 투표권을 부여하고, 투표권자의 자격, 국민투표의 구역, 투표인명부, 국민투표안의 게시와 공보발행, 국민투표에 관한 운동, 국민투표일과 투표, 개표의 확정 등에 대해 자세하게 규정한다. 국민투표법은 국민투표권을 구체화하여 실질적으로 보장하는 동시에 국민투표권을 제한하기도 한다. 국민투표법이 국민투표권을 제한할 경우에는 과잉제한금지원칙을 위헌심사기준으로 적용해야 한다.

헌법은 중요정책에 대한 국민투표와 헌법개정안에 대한 국민투표를 규정하면서 중요한 사항을 직접 규율한다. 국회는 헌법에 위반되지 않는 범위에서 입법형성권을 가지고 국민투표에 대해 규정할 수 있다. 국민투표법은 국민투표의 효력에 대해서는 아무런 규정을 두지 않지만, 헌법은 중요정책에 대한 국민투표와 헌법개정안에 대한 국민투표의 법적 효력에 대해 서로 다르게 규정한다. 국민투표의 효력은 국민투표권의 제한을 심사하는 중요한 요소가 된다.

헌법 제72조는 국민투표의 효력에 대해서는 아무런 규정을 두지 않고, 국민투표법도 마찬가지다. 국민투표의 결과는 법적 구속력을 갖지 않으므로 대통령은 국민투표의 결과에 따르지 않을 수 있다.[33] 이때 대통령은 정치적 부담을 지더라도 법적 책임을 지지 않으므로 국민투표권을 침해하는 것이 아니다. 하지만, 헌법 제130조 제3항은 헌법개정안이 국민투표를 통과하면 헌법개정안이 확정된다고 규정하고, 대통령에게 즉시 이를 공포해야 할 의무를 부과한다. 헌법개정안에 대해 국민투표를 거치지 않으면 헌법개정의 효력이 발생하지 않고 그 헌법개정은 무효가 되며, 이는 국민투표권을 침해하게 된다.

---

33) 김하열, 헌법강의, 875면.

제6장 청구권

제1절 청원권

I. 규범적 의미

(1) 헌법규정

헌법 제26조 제1항은 "모든 국민은 법률이 정하는 바에 의하여 국가기관에 문서로 청원할 권리를 가진다"라고, 제2항은 "국가는 청원에 대하여 심사할 의무를 진다"라고 규정한다. 1948년 헌법은 청원권을 기본권으로 규정하였으며, 국민에게 불법행위를 한 공무원의 파면을 청원할 권리도 인정하였다. 청원권은 역사적으로 개인의 권리구제를 위한 제도로 시작되었다. 하지만, 행정소송에 개괄주의가 도입되어 원칙적으로 모든 행정적 분쟁에 대해 사법적 구제를 할 수 있게 되자 청원권은 권리구제의 수단보다 정치적 의사형성에 영향을 미치는 참정권의 성격이 강조되었다.

(2) 법적 성격

청원권은 개인이 국가기관에 대해 일정한 사항에 관한 의견이나 희망을 진술하여 사안의 시정이나 해결을 요구하는 권리이다. 청원권은 자신의 권리나 이익에 관한 사항만 아니라 다양한 사항에 대해 자신의 의견을 개진할 수 있는 권리를 포함한다. 청원권은 개인이 주권자로 국가의 의사형성에 참여하는 수단이 되고, 국가기관이나 공무원의 위법하거나 부당한 행위에 대해 시정을 요구함으로써 국정통제의 기능을 담당한다. 헌법은 청원권의 상대방과 형식을 직접 규정하고, 청원권에 대응하여 국가의 심사의무도 규정한다.

헌법은 청원권을 기본권으로 인정하면서 청원권의 구체적인 내용은 '법률이 정하는 바에 의하여' 정하도록 위임한다. 이는 기본권형성적 법률유보의 성격을 가지므로 청원권이 실현될 수 있도록 그 내용과 절차에 대해 구체적으로 규정해야 한다. 청원법은 국민이 편리하게 청원권을 행사하고 국민이 제출한 청원이 객관적이고 공정하게 처리되도록 하는 내용을 규정하고, 국회법, 지방자치법, 국가인권위원회법도 청원권에 대해 규정한다. 특히, 국무총리 소속의 국민권익위원회와 지방자치단체에 시민고충처리위원회를 설치하여 국민의 권익을 구제하고 청원권을 강화하는 제도적 장치를 마련하였다.

2. 내용

(1) 국가기관에 대해 문서로 청원할 권리

청원권은 '국가기관에 대해' 청원할 권리이다. 국민은 국가기관에게 공권력과의 관계에서 일어나는 다양한 이해관계, 의견, 희망 등에 대해 청원할 수 있다. 청원법은 국가기관과 지방자치단체와 그 소속 기관, 법령에 따라 행정권한을 가지거나 행정권한을 위임 또는 위탁받은 법인·단체 또는 그 기관이나 개인도 그를 상대로 청원을 제출할 수 있는 청원기관으로 규정한다. 헌법상 기본권인 청원권은 국가기관에 대한 청원을 의미하므로 국가기관 이외의 청원기관에 대한 청원권은 법률적 권리라고 해석된다.

청원법은 청원사항에 대해서는 피해의 구제, 공무원의 위법·부당한 행위에 대한 시정이나 징계의 요구 등과 함께 '그 밖에 청원기관의 권한에 속하는 사항'이라고 규정하여 매우 광범위하게 인정한다.[1] 누구든지 청원을 하였다는 이유로 청원인을 차별대우하거나 불이익을 강요해서는 안 된다.[2] 청원권은 국가기관에게 청원을 제기할 권리뿐만 아니라 국가기관에게 청원을 수리하고 심사하여 그 처리결과를 통지할 것을 요구할 수 있는 권리를 포함한다.[3]

---

1) 청원법 제4조, 제5조.
2) 청원법 제26조.
3) 2004. 5. 27. 2003헌마851.

청원권은 국가기관에 대해 '문서로' 청원할 권리이다. 청원법은 청원은 청원서에 청원인의 성명과 주소 또는 거소를 적고 서명한 문서를 청원기관에 제출하도록 규정한다. 또한, 전자문서의 방식으로 청원하는 것도 허용하며, 청원기관에게는 온라인청원시스템을 구축하고 운영하도록 한다.4) 청원권은 문서로만 행사해야 하므로 구두에 의한 청원은 물론 청원인의 성명, 주소 등이 불분명하거나 청원내용이 불명확한 사항에 대해서는 청원기관이 처리하지 않을 수 있다.5)

(2) 국가의 심사의무

헌법은 국가에게 청원에 대하여 심사할 의무를 부과하고, 제89조 제15호에서 '정부에 제출 또는 회부된 정부의 정책에 관계되는 청원의 심사'를 국무회의의 필수적 심의사항으로 규정한다. 헌법은 국가에게 청원의 심사의무만 규정하지만, 청원권은 청원의 수리와 심사는 물론 그 처리결과의 통지를 요구할 수 있는 권리이므로 국가는 청원의 처리결과를 청원인에게 통지해야 한다. 청원기관의 장은 청원을 접수한 때에는 특별한 사유가 없으면 90일 이내에 처리결과를 통지해야 한다.6)

청원을 수리한 국가기관은 이를 신속하게 심사하여 처리하고 그 결과를 청원인에게 통지할 의무가 있지만, 반드시 청원인이 요구한 대로 처리해야 하는 것은 아니다. 국회가 입법청원을 받았더라도 그에 따라 입법이 이루어지지 않은 것만으로는 청원에 대한 심사의무를 해태한 것은 아니다.7) 국가기관이 청원인에게 처리결과를 통지하는 행위는 그 자체가 법적 효력을 발생시키지 않으므로 공권력의 행사에 포함되지 않아 그 처리통지는 행정소송이나 헌법소원의 대상이 되지는 않는다.8)

---

4) 청원법 제9조, 제10조, 제11조.
5) 청원법 제6조.
6) 청원법 제21조.
7) 2000. 6. 1. 2000헌마18.
8) 2000. 10. 25. 99헌마458.

3. 제한

국회가 청원권에 대해 법률로 규정하는 것은 기본권형성적 법률유보에 해당하지만, 기본권제한적 법률유보로 기능하기도 한다. 국회가 청원권을 구체화하는 법률을 제정하면서 청원권을 제한할 수 있으며, 이때에는 헌법 제37조 제2항에 따라 과잉제한금지원칙을 적용하여 헌법적으로 정당화되어야 한다. 청원법은 청원사항, 대상기관, 방법과 절차, 효과 등에 대해 자세히 규정하고, 국회법도 청원서 제출의 요건과 심사절차 등에 대해 규정한다.

청원법은 일정한 사유가 있는 경우에는 청원권을 제한한다. 국가기관은 국가기밀 또는 공무상 비밀에 관한 사항과 같은 일정한 범위에서는 청원을 처리하지 않을 수 있고, 동일인이 같은 내용의 청원서를 같은 청원기관에 2건 이상 제출한 반복청원에 대해서는 나중에 제출된 청원서를 반려하거나 종결처리할 수 있다. 또한, 동일인이 같은 내용의 청원서를 2개 이상의 청원기관에 제출한 이중청원에 대해서도 소관이 아닌 청원기관의 장은 청원서를 소관 청원기관의 장에게 이송하도록 규정한다.[9]

국회법은 국회로 하여금 청원사항을 안건으로 심사해야 하고, 이를 위해 소관 상임위원회 산하에 청원심사소위원회를 설치하도록 규정한다. 또한, 국회에 청원을 하려는 자는 의원의 소개를 받거나 국회규칙으로 정하는 기간 동안 국회규칙으로 정하는 일정한 수 이상의 국민의 동의를 받아 청원서를 제출하도록 한다.[10] 헌법재판소는 국회에 청원을 할 때 국회의원의 소개를 얻도록 한 것에 대해 입법형성의 재량을 넘어서는 것이 아니므로 청원권을 침해하지 않는다고 판단하였다.[11]

---

9) 청원법 제6조, 제16조.
10) 국회법 제123조, 제125조.
11) 2023. 3. 23. 2018헌마460.

제2절 재판청구권

1. 규범적 의미

(1) 헌법규정

헌법 제27조 제1항은 "모든 국민은 헌법과 법률이 정한 법관에 의하여 법률에 의한 재판을 받을 권리를 가진다"라고 규정한다. 제2항은 "군인 또는 군무원이 아닌 국민은 대한민국의 영역 안에서는 중대한 군사상 기밀·초병·초소·유독음식물공급·포로·군용물에 관한 죄 중 법률이 정한 경우와 비상계엄이 선포된 경우를 제외하고는 군사법원의 재판을 받지 아니한다"라고 규정한다. 제3항은 "모든 국민은 신속한 재판을 받을 권리를 가진다. 형사피고인은 상당한 이유가 없는 한 지체 없이 공개재판을 받을 권리를 가진다"라고 규정한다. 제4항은 "형사피고인은 유죄의 판결이 확정될 때까지는 무죄로 추정된다"라고 규정하고, 제5항은 "형사피해자는 법률이 정하는 바에 의하여 당해사건의 재판절차에서 진술할 수 있다"라고 규정한다.

1948년 건국헌법은 재판청구권을 기본권으로 규정하였으며, 1962년 헌법이 군법회의의 재판을 도입하였으며, 1987년 현행헌법이 형사피해자의 재판절차진술권을 도입하였다. 헌법은 '제5장 법원'과 '제6장 헌법재판소'에서 사법권의 독립과 사법절차의 기본적인 사항을 규정하므로 재판청구권은 이러한 사법제도와 체계적으로 조화롭게 해석해야 한다.

(2) 법적 성격

(가) 일반재판과 헌법재판

재판청구권은 구체적인 법적 분쟁이 발생한 경우에 사법권의 독립이 보장된 법원에서, 헌법과 법률이 정한 법관에 의해, 법률에 따라 공정하고 신속하게 재판을 받을 기본권이다. 법치국가는 개인의 자유와 권리가 침해된 경우 이를 신속하게 구제받을 수 있는 사법적 절차를 마련해야 하고, 재판청구권을 기본권으로 보장하는 것으로 구체화된다. 재판청구권의 대상이 되는 재판이란 개인의 권리가 침해되거나 분쟁이 발생한 경우에 제3자로서 중립적인 법원이 사실관계를 확인하고, 그에 대한 법률을 해석하여 적용하는 국가의 판단작용을 의미한다.

재판은 법적 분쟁이 구체적으로 발생한 것을 전제로 하므로 구체적 분쟁이 발생하지 않은 경우에 개인이 법원에 대해 추상적인 법률해석만 요구할 수는 없으며, 법원도 소송절차에서 요구하는 적법요건을 갖춘 경우에만 재판할 수 있다. 이때 재판에는 민사재판, 형사재판, 행정재판, 특허재판, 가사재판과 같은 일반재판이 포함된다. 하지만, 형사재판은 사인소추를 허용하지 않고 국가소추주의에 따라 검사의 기소독점주의를 채택하고 있어 개인이 직접 형사재판을 청구할 수는 없다.

재판청구권은 '법원'에 의한 재판을 받을 권리를 의미하고 헌법재판소는 법원에 포함되지 않으므로 헌법재판은 재판청구권에 포함되지 않는다는 견해가 있다.12) 헌법 제27조와 제111조를 조화적으로 해석하면 헌법재판소도 사법기관에 포함되고 헌법재판도 헌법과 법률에 의한 재판을 받을 권리인 재판청구권의 대상에 포함된다.13) 헌법재판소는 헌법재판도 재판청구권에 포함된다고 전제하고, 헌법재판소가 법원의 재판을 헌법소원의 대상에서 제외하는 것은 헌법의 위임에 따라 법률이 정책적으로 결정한 것이므로 재판청구권을 침해하지 않는다고 판단하였다.14)

(나) 심급제를 반영

헌법 제101조 제1항은 "사법권은 법관으로 구성된 법원에 속한다"라고, 제2항은 "법원은 최고법원인 대법원과 각급법원으로 조직된다"라고, 제110조 제2항은 "군사법원의 상고심은 대법원에서 관할한다"라고 규정한다. 또한, 헌법 제107조 제2항은 명령·규칙·처분의 위헌·위법 여부는 대법원이 '최종적으로' 심사한다고 규정하여 심급제를 인정한다. 헌법 제102조 제3항은 "대법원과 각급법원의 조직은 법률로 정한다"라고 규정하여 헌법이 직접 대법원의 관할을 확정한 것을 제외하고는 심급제의 구체적인 내용을 법률로 정하도록 위임한다.

---

12) 한수웅, 헌법학, 942면.
13) 2014. 4. 24. 2012헌마2 ; 대법원 2018. 3. 22. 2012두26401.
14) 2001. 2. 22. 99헌마461.

심급제는 헌법의 위임에 따라 법률에 의해 구체적으로 형성되므로 상급심에 의해 재판을 받을 권리는 기본권으로 보장되지 않고 법률적 권리로 인정될 수 있을 뿐이라는 견해가 있다.15) 헌법재판소도 재판청구권에 상소심 절차에 의해 재판을 받을 권리까지 당연히 포함된다고 단정할 수 없고, 심급제는 입법정책의 문제에 속하므로 상소할 권리는 재판청구권에 포함되지 않는다고 판단하였다.16) 하지만, 헌법이 직접 심급제를 규정하므로 상소할 권리도 재판청구권에서 제외되지 않고 법률에 의해 제한될 수 있을 뿐이다.17)

심급제는 대법원을 최고법원으로 하므로 대법원의 재판을 받을 권리를 박탈하면 재판청구권을 침해한다는 견해가 있다.18) 국회는 권리구제와 소송경제를 고려하여 사법권의 합리적 배분을 위해 심급제를 확정할 수 있고, 대법원이 모든 상고심을 관할해야 하는 것은 아니다. 대법원의 재판을 받을 권리도 재판청구권에 포함되지만, 법률이 규정하는 심급제에 따라 제한될 수 있다. '상고심절차에 관한 특례법'이 일정한 경우에 판결로 상고를 기각하는 심리불속행제도를 규정한 것이나 소액사건심판법이 일정한 경우에만 상고를 할 수 있도록 제한하는 것은 재판청구권을 침해하지 않는다.19)

2. 내용

(1) 법관에 의한 재판

재판청구권은 '헌법과 법률이 정한 법관'에 의하여 재판을 받을 권리이다. 재판을 담당하는 법관은 헌법과 법원조직법에 따라 임명되어 법원을 구성하고 대법원과 각급 법원에서 재판업무를 수행한다. '헌법과 법률이 정한 법관'이란 헌법과 법률이 정한 자격과 절차에 의하여 임명되고, 물적 독립과 인적 독립이 보장된 법관을 말한다. 재판청구권은 적극적으로는 직업법관에 의해 재판을 받고, 소극적으로는 직업법관이 아닌 자에 의해서는 재판을 받지 않을 권리이다.

---

15) 한수웅, 헌법학, 940~941면.
16) 2003. 1. 30. 2001헌바95.
17) 정종섭, 헌법학원론, 898면 ; 허영, 한국헌법론, 438면.
18) 정종섭, 헌법학원론, 899면 ; 허영, 한국헌법론, 438면.
19) 2007. 7. 26. 2006헌마551 ; 2012. 12. 27. 2011헌마161.

헌법은 제5장에서 법원과 법관의 기본적 사항을 규정하고, 법원조직법은 이를 구체화하여 법관의 자격, 임용절차, 신분보장, 재판의 독립에 대해 자세히 규정한다. 법관에 의하여 재판을 받는다는 것은 법관에 의해 사실관계의 확정과 법률의 해석적용에 대해 최소한 한 차례 이상의 심리와 판단을 받을 기회를 보장해야 한다는 것이다.[20] 헌법재판소는 특허사건에서 대법원이 법률의 해석적용만을 최종적으로 판단하도록 하고, 재판의 전심절차인 특허청의 항고심판에서 사실관계의 확정을 최종적으로 담당하도록 하는 것은 재판청구권을 침해한다고 하였다.[21]

'헌법과 법률이 정한 법관'에 의한 재판에는 즉결심판, 법원 소년부의 보호처분, 가정법원의 가사심판도 포함되고, 간이공판절차에 따른 약식절차나 행정청의 통고처분은 포함되지 않는다. 약식절차나 통고처분은 당사자의 승복을 조건으로 하고, 불응할 경우에는 정식재판이 보장되므로 재판청구권을 침해하지 않는다.[22] 헌법재판소는 법률이 입법재량을 벗어나 법관의 양형판단권을 지나치게 제한하면 재판청구권을 침해하지만,[23] 형사재판에서 피고인은 치료감호를 청구할 수 없고, 법원도 직권으로 치료감호를 선고할 수 없도록 한 것은 재판청구권을 제한하지 않는다고 판단하였다.[24]

(2) 법률에 의한 재판

재판청구권은 '법률에 의한' 재판을 받을 권리이므로 법관이 자의적으로 재판해서는 안 되고, 절차법이 정한 절차에 따라 실체법이 정한 내용대로 재판해야 한다. 헌법 제103조는 법관은 '헌법과 법률에 따라' 재판해야 한다고 규정하므로 재판에 대한 실체법과 절차법은 합헌적인 법률이어야 한다. 국회가 제정한 형식적인 법률뿐만 아니라 법률의 위임을 받은 하위법령을 적용하는 재판도 법률에 의한 재판에 해당된다. 법률에 대한 위헌법률심판과 명령·규칙에 대한 위헌·위법심사는 법률의 합헌성과 하위법령의 합법성을 확보하기 위한 것이다.

---

20) 1992. 6. 26. 90헌바25.
21) 1995. 9. 28. 92헌가11.
22) 2003. 10. 30. 2002헌마275.
23) 2004. 3. 25. 2001헌바89.
24) 2021. 1. 28. 2019헌가24.

헌법 제107조 제3항은 "재판의 전심절차로서 행정심판을 할 수 있다. 행정심판의 절차는 법률로 정하되, 사법절차가 준용되어야 한다"라고 규정한다. 행정심판은 행정청의 위법·부당한 처분 등으로 권리나 이익을 침해받은 국민이 행정기관에 권리구제를 청구하는 것이다. 행정소송법은 원칙적으로 임의적 전치절차를 채택하여 개인은 행정심판을 거치지 않고 직접 행정소송을 청구할 수 있도록 보장하고,[25] 국세기본법의 과세처분, 도로교통법의 운전면허취소·정지, 국가공무원법의 징계처분과 같이 개별법률이 규정하는 경우에만 행정심판을 거치도록 하는 필요적 전치절차를 채택한다.

법률에 의한 재판청구권은 법원에 재판을 청구할 권리만 아니라 재판에 출석하여 적법절차에 따라 변론을 하는 것과 같이 공격과 방어를 할 수 있는 권리도 포함한다.[26] 헌법 제12조 제4항은 체포 또는 구속된 자의 신체의 자유를 보장하기 위해 변호인의 조력을 받을 권리를 보장하는데, 불구속 상태에 있는 자나 수형자도 변호인의 조력을 받을 권리를 가지며, 이는 재판청구권의 내용으로 보장된다. 헌법재판소는 교도소장이 수형자의 출정비용납부거부를 이유로 재판의 출정을 제한하는 것은 재판청구권을 침해한다고 판단하였다.[27]

(3) 신속한 공개재판

헌법은 모든 국민은 신속한 재판을 받을 권리를 가지며, 형사피고인은 상당한 이유가 없는 한 지체 없이 공개재판을 받을 권리를 가진다고 규정한다. 신속한 재판은 실체적 진실을 규명하여 개인의 권리를 실효적으로 보장하며, 공적 관점에서는 소송경제를 위해서도 필요하다. 하지만, 신속한 재판을 지나치게 강조할 경우에는 실체적 진실의 발견이나 공정한 재판에 장애가 될 수 있으므로 적정한 재판기간을 설정하는 것이 중요하다. 신속한 재판은 공정한 재판을 할 수 있음에도 불구하고 부당하게 기간을 지연하는 것을 금지하는 것이다. 헌법재판소는 기피신청이 소송의 지연을 목적으로 하는 것이 분명한 경우에 각하기간을 규정하지 않더라도 신속한 재판을 받을 권리를 침해하지 않는다고 하였다.[28]

---

25) 행정소송법 제18조 제1항.
26) 2018. 7. 26. 2016헌바159.
27) 2012. 3. 29. 2010헌마475.
28) 2023. 3. 23. 2020헌바149.

신속한 재판인지 여부는 재판이 청구된 이후 재판기간을 기준으로 판단하지만, 법률로 구체화되지 않으면 헌법을 근거로 직접 신속하게 재판할 것을 요구할 수는 없다. 헌법재판소는 재판기간을 경과하더라도 이는 훈시규정에 불과하므로 신속한 재판을 받을 권리를 침해한 것은 아니라고 판단하였다.[29] 하지만, 재판기간을 훈시규정으로 해석하면 신속한 재판을 확보할 방법이 없으므로 이를 불변기간으로 해석하고 법률을 통해 적정한 기간과 기간연장을 규정해야 한다. 헌법재판소는 헌법재판이 청구된 지 10년 3개월이 지나 결정을 선고한 사례도 있다.[30]

재판청구권은 공개재판을 받을 권리를 포함하며, 형사재판을 비롯한 모든 재판에 적용된다. 재판을 공개하는 것은 공정한 재판을 보장하고, 국민의 사법에 대한 신뢰를 확보하기 위한 것이다. 헌법 제109조는 "재판의 심리와 판결은 공개한다. 다만, 심리는 국가의 안전보장 또는 안녕질서를 방해하거나 선량한 풍속을 해할 염려가 있을 때에는 법원의 결정으로 공개하지 아니할 수 있다"라고 규정한다. 법원이 공개재판을 하지 않더라도 재판 자체가 당연무효되는 것은 아니며, 재심사유에도 해당되지 않는다. 민사소송과 행정소송에서는 절대적 상고이유가 되고, 형사소송에서는 항소이유가 될 뿐이다.

신속한 공개재판은 공정한 재판을 실현하기 위한 것이며, 재판이 공정하기 위해서는 독립적인 법원에 의해 재판되어야 하고, 무기평등의 원칙에 따라 공개된 법정에서 당사자에게 충분히 공격·방어방법이 보장되어야 하며, 자신에게 불리한 처분을 하기 위해서는 반드시 청문의 기회가 보장되어야 한다. 공정한 재판을 보장하기 위해 법관의 제척, 기피, 회피를 통해 구체적 사건과 관계되는 법관을 재판에서 배제한다. 헌법재판소는 형사재판에서 피고인의 반대신문권을 보장하지 않으면 공정한 재판을 받을 권리를 침해한다고 판단하였다.[31]

(4) 형사피해자의 재판절차진술권

헌법은 형사피해자에 대해 당해사건의 재판절차에서 진술할 권리를 기본권

---

29) 2009. 7. 30. 2007헌마732.
30) 2022. 5. 26. 2012헌바66.
31) 2021. 12. 23. 2018헌바524.

으로 보장한다. 형사피해자의 재판절차진술권은 재판청구권의 내용에 포함되지만, 헌법은 이를 독자적인 기본권으로 규정한 것이다. 이는 형사소추권을 검사에게 독점시키고 있는 기소독점주의의 형사소송체계에서 형사피해자에게 의견을 진술할 수 있는 청문의 기회를 줌으로써 형사소송의 절차적 적정성을 확보하기 위한 것이다.[32) 형사피해자의 재판절차진술권은 피해자를 소송의 객체가 아니라 실질적 이해당사자로 인정함으로써 소송절차에 참여하여 진술할 권리를 기본권으로 보장한 것이다.

재판절차진술권은 모든 국민이 주체가 되는 것이 아니라 형사피해자만 주체가 된다. 형사피해자는 형사재판에 기소된 피고인이 행한 범죄의 피해자를 의미하며, 특정한 범죄에 대한 보호법익의 주체가 형사피해자가 된다. 하지만, 범죄에 대한 보호법익의 직접적 주체가 아니더라도 그 범죄로 인하여 법률상 불이익을 받는 경우에는 형사피해자에 포함된다. 즉, 위증죄는 개인적 법익이 아니라 국가적 법익을 해치지만, 위증으로 인하여 불이익한 재판을 받게 되는 당사자는 형사피해자가 된다.[33)

형사피해자의 재판절차진술권은 '법률이 정하는 바에 의하여' 보장되므로 국회가 구체적인 내용을 법률로 정한다. 재판절차진술권은 단순히 법률적 차원에서 보장되는 법률적 권리가 아니라 헌법에서 보장하는 기본권이므로 국회는 법률을 통해 형사피해자가 당해사건의 재판절차에서 진술할 수 있도록 해야 한다. 형사소송법은 법원은 형사피해자 등의 신청이 있는 때에는 그 피해자 등을 증인으로 신문해야 하고, 피해의 정도 및 결과, 피고인의 처벌에 관한 의견, 그 밖에 당해사건에 관한 의견을 진술할 기회를 주어야 한다고 규정한다.[34)

3. 제한

(1) 군사법원의 재판

헌법 제27조 제2항은 군사법원의 재판에 대해 규정하면서 군인 또는 군무원

32) 1993. 3. 11. 92헌마48.
33) 1992. 2. 25. 90헌마91.
34) 형사소송법 제294조의2 제1항, 제2항.

만 군사법원의 재판을 받을 수 있도록 하고, 일반국민은 군사에 관한 특정한 범죄를 저지르거나 비상계엄의 경우에만 군사법원의 재판을 받을 수 있도록 한다. 헌법 제110조는 군사재판을 관할하는 군사법원을 둘 수 있고, 군사법원의 상고심은 대법원에서 관할하도록 규정한다. 또한, 군사법원의 조직·권한 및 재판관의 자격은 법률로 정하도록 하고, 비상계엄하의 군사재판은 사형선고를 제외한 일정한 중죄에 대해서는 단심으로 재판할 수 있는 근거를 둔다.

군사법원의 '재판관'은 헌법 제110조 제3항에 근거를 두지만, 헌법 제27조 제1항에서 규정하는 '헌법과 법률이 정한 법관'이 아니다. 군사법원의 재판을 받는 것은 재판청구권을 제한하므로 헌법이 인정하는 경우에만 예외적으로 허용된다. 즉, 군인 또는 군무원이 아닌 국민은 대한민국의 영역 안에서는 중대한 군사상 기밀·초병·초소·유독음식물공급·포로·군용물에 관한 죄 중 법률이 정한 경우와 비상계엄이 선포된 경우를 제외하고는 군사법원의 재판을 받지 않는다.

군사법원은 헌법적 한계를 지켜야 하고, 사법권의 독립이 보장될 수 있도록 해야 한다. 군사법원은 군사재판을 관할하는데, 특별법원으로 형사사건만 관할하고 민사재판권은 갖지 않는다. 군사법원은 군대의 특수성을 고려하여 형사사건에서 지휘관이 재판에 관여할 수 있고, 직업법관이 아닌 군인이 재판에 참여할 수 있도록 하여 사법권의 독립을 해친다는 비판이 있었다. 국회는 군사법원법을 개정하여 평시 관할관의 확인제도를 폐지하고, 성폭력범죄나 군인의 사망사건 등과 같은 범죄에 대해서는 일반법원이 재판권을 행사하도록 하며, 군사재판의 항소심을 서울고등법원으로 이관하였다.

(2) 과잉제한금지의 원칙

헌법은 직접 재판청구권을 제한하는 내용을 규정하는데, 이에 근거하여 재판청구권을 제한할 경우에는 위헌이 아니다. 헌법 제27조 제2항과 제110조 제1항은 군사법원의 재판을 인정하고, 제64조 제4항은 국회의원의 자격심사와 제명에 대해 법원에 제소할 수 없도록 규정한다. 또한, 제77조 제3항은 비상계엄이 선포된 때에는 법원의 권한에 대해 특별한 조치를 할 수 있도록 허용하며, 계엄법은 계엄사령관이 계엄지역의 모든 행정사무와 사법사무를 관장하고, 계엄지역의 행정기관 및 사법기관은 지체 없이 계엄사령관의 지휘·감독을 받도록 규정한다.

재판청구권은 헌법 제37조 제2항에 따라 과잉제한금지원칙을 적용하여 제한될 수 있다. 국회가 법률을 통해 재판청구권을 과도하게 제한하여 실질적으로는 권리구제의 수단으로 기능하지 못하도록 하는 것은 입법재량의 한계를 일탈하여 재판청구권을 침해하게 된다.[35) 헌법재판소는 헌법소원에서 변호사강제주의를 채택하는 것은 헌법재판의 전문성과 합리성을 보장하기 위한 것으로 무자력자를 위해 국선대리인제도를 두고 있으므로 재판청구권을 침해하지 않는다고 판단하였다.[36)

(3) 배심제와 참심제

배심제란 형사절차에서 법률전문가가 아닌 일반인이 배심원으로 기소 또는 재판에 참여하여 사실문제에 대해 평결하는 제도이다. 배심제는 대배심과 소배심으로 구분된다. 대배심은 피고인을 재판에 회부할지 여부를 배심원이 결정하는 것으로 기소배심이라고 한다. 소배심은 재판에서 피고인의 유·무죄를 배심원이 평결하는 것으로 심리배심이라고 하며, 법관은 그 평결에 기속되고 양형에 대해서만 결정할 수 있다. 배심제에서 일반인은 사실관계에 대해서만 판단하고, 소송의 지휘, 증거조사, 법률의 해석 및 적용은 법관이 담당한다.

참심제는 형사재판에서 일반인이 참심원으로 법관과 합의체를 구성하여 판결에 참여하는 제도이다. 참심원은 직업법관과 공동으로 사실관계의 확정과 법률의 해석과 적용에 참여한다. 독일과 같은 대륙법계에서 발전된 참심제는 영미법에서 발전된 배심제와 마찬가지로 일반인이 형사절차에 참여하는 제도이지만, 배심제가 법관과 별도로 구성되는 배심원이 사실관계의 판단에만 관여하는 것과 달리 참심원이 법관과 합의체를 구성하여 사실관계와 법률의 해석과 적용에 대해 함께 관여한다.

국회가 법률을 통해 배심제나 참심제를 도입할 수 있을까. 배심제나 참심제가 항소심을 법관이 담당하면 위헌이 아니라는 견해가 있고, 일반인이 사실판단에만 관여하고 법률해석에 참여하지 않는 배심제는 가능하지만, 일반인이 사실판단과 법률해석에 모두 참여하는 참심제는 위헌이라는 견해도 있다.[37) 재판청구권

---

35) 2018. 12. 27. 2015헌바77.
36) 2010. 3. 25. 2008헌마439.

은 '헌법과 법률이 정한 법관'에 의해 재판을 받을 권리이고, 이때 재판은 사실판단과 법률해석을 모두 포함하므로 배심제나 참심제는 허용되지 않는다. 다만, 배심원이 기소 여부만을 판단하는 대배심은 배심원들이 직접 재판에 관여하는 것이 아니므로 입법을 통해 도입할 수 있다.

(4) 국민참여재판

'국민의 형사재판 참여에 관한 법률'은 형사재판에서 국민참여재판을 도입하였다. 형사사건에서 살인죄와 같은 중죄에 한하여 일반인으로 구성되는 배심원단이 재판에 참여하여 판사와 별도로 평결할 수 있도록 한다. 국민참여재판은 형사사건에서 중죄에 한하여 실시되고 배심원단은 변론이 종결된 이후 유·무죄에 대해 일치된 의견으로 평결하고, 전원의 의견이 일치되지 않으면 판사의 의견을 듣고 다수결로 유·무죄에 대해 평결한다. 평결이 유죄인 경우에 배심원은 판사와 함께 양형에 관해 토의하고 그에 관한 의견을 개진하고, 배심원의 평결과 의견은 법원을 기속하지 않는다.[38]

국민참여재판에서 배심원은 사실인정과 양형판단에 모두 참여하지만 그 의견은 권고적 효력만 가질 뿐이다. 이는 배심제와 참심제의 요소를 혼합하여 헌법에 위반되지 않는 범위에서 일반인의 재판참여를 인정한 것이다. 법률이 국민참여재판의 대상사건의 범위를 중죄로 제한하거나 국민참여재판의 배제사유를 포괄적이고 일반적으로 규정하여 법관이 국민참여재판의 배제결정을 할 수 있도록 하는 것은 재판청구권을 침해하거나 무죄추정원칙에 위반되는 것이 아니다.[39] 개인이 국민참여재판을 받을 권리는 법률에 의해 인정되는 법률적 권리일 뿐, 헌법적 기본권인 재판청구권에는 포함되지 않는다.[40]

---

37) 허영, 한국헌법론, 435~436면.
38) 국민의 형사재판 참여에 관한 법률 제12조, 제46조.
39) 2009. 11. 26. 2008헌바12 ; 2014. 1. 28. 2012헌바298.
40) 2016. 12. 29. 2015헌바63.

제3절 형사보상청구권

1. 규범적 의미

(1) 헌법규정

헌법 제28조는 "형사피의자 또는 형사피고인으로서 구금되었던 자가 법률이 정하는 불기소처분을 받거나 무죄판결을 받은 때에는 법률이 정하는 바에 의하여 국가에 정당한 보상을 청구할 수 있다"라고 규정한다. 1948년 건국헌법은 형사피고인으로서 구금되었던 자가 무죄판결을 받은 때에는 형사보상청구권을 인정한다고 규정하였으며, 현행헌법은 형사보상청구권의 범위를 형사피의자와 불기소처분을 받은 경우까지 확대하였다. 헌법은 형사보상청구권의 대상과 내용에 대해서는 '법률이 정하는' 사항과 '법률이 정하는 바'에 의하여 정하도록 법률에 위임한다.

(2) 법적 성격

국가는 형사소추권을 독점하여 범죄를 수사하고 범인을 처벌하는데, 범죄자의 혐의를 받아 신체의 구금을 당하고 나서 최종적으로 혐의가 인정되지 않는 경우가 있다. 이때 형사피의자 또는 형사피고인으로 구금되었던 자가 국가에게 물리적·정신적 피해에 대해 정당한 보상을 청구할 수 있도록 보장한 것이 형사보상청구권이다. 이는 형사사법절차에서 불가피하게 내재된 위험을 개인에게 부담시킬 수 없으므로 국가가 그러한 위험에 의해 발생하는 피해를 전보해야 한다는 것에 기초한다.

국가가 개인을 구금하였다가 처벌하지 않은 것은 무고한 자를 구금한 것으로 평가할 수 있어 개인은 국가의 위법행위에 대해 손해배상을 청구할 수도 있다. 하지만, 형사보상청구권은 구금되었다가 처벌받지 않았다는 객관적 사실에 기초하여 그로 인한 피해를 보상하는 것으로 국가의 위법행위가 없더라도 구금으로 인한 손실을 보상하는 것이다.[41] 형사보상청구권은 공무원의 직무상 불법

---

41) 장영수, 헌법학, 930~931면.

행위에 대해 손해배상을 청구하는 국가배상청구권과는 다르고, 기본권 경합이
발생할 수도 있다.

2. 내용

(1) 형사피의자 또는 형사피고인으로서 구금되었던 자

형사보상청구권은 '형사피의자 또는 형사피고인'만 그 주체가 된다. 형사피의
자는 구금되었다가 검사의 불기소처분이나 사법경찰관의 불송치결정을 받은 경우
에, 형사피고인은 구금되었다가 무죄판결을 받은 경우에 국가에게 형사보상청구
를 할 수 있다. 형사보상청구권은 '구금되었던 자'에 대한 보상이므로 구금되지
않고 피의자로 수사를 받다가 불기소처분을 받거나 불구속기소되었다가 무죄판결
을 선고받은 피고인은 형사보상을 청구할 수 없다.

형사보상청구는 형사소송절차에서만 인정된다. '가정폭력범죄의 처벌 등에
관한 특례법'에 의해 유치장이나 구치소에 임시조치를 받거나 '스토킹범죄의 처벌
등에 관한 법률'에 의해 유치장이나 구치소에 잠정조치를 받은 사람이 형사소송
절차에서 불기소처분이나 무죄판결을 선고받더라도 그 조치에 대해서는 형사보상
을 청구할 수 없다. 헌법재판소는 행정절차에서 위법하거나 부당한 구금을 당한
피해자에 대해서는 형사보상청구권이 인정되지 않으며, 외국인이 출입국관리법에
의해 보호처분을 받았다가 난민인정을 받거나 법률상 근거 없이 송환대기실에 수
용되더라도 그 외국인에게 형사보상을 해야 할 입법의무가 발생하는 것은 아니라
고 판단하였다.[42]

(2) 법률이 정하는 불기소처분을 받거나 무죄판결을 받은 때

형사소송절차에서 구금되었던 자는 법률이 정하는 불기소처분을 받거나 무
죄판결을 받은 때에 형사보상을 청구할 수 있다. 형사피고인이 구금되었더라도
유죄판결을 선고받은 경우에는 형사보상을 청구할 수 없다. 불기소처분은 피의자
로 입건되었다가 기소되지 않고 무혐의, 공소권 없음과 같이 불기소처분을 받는

---

[42] 2024. 1. 25. 2020헌바475.

것이고, 무죄판결은 기소된 피고인에 대해 무죄가 선고되어 확정된 경우이다. 무죄판결에는 재심, 비상상고, 상소권회복에 의한 상소 등의 절차에서 무죄가 선고된 경우도 포함되고, 헌법재판소가 형사처벌조항에 대해 위헌결정을 하여 재심절차를 통해 무죄판결을 받은 경우도 포함된다.

대법원은 공소사실에 대해 전부 무죄가 선고되지 않고 일부 무죄가 선고되거나 주문이 아닌 이유에서 무죄로 판단된 경우에도 유죄로 인정된 선고형을 초과한 구금일수에 대해서는 형사보상을 인정해야 한다고 판단하였다.[43] 헌법재판소는 무죄판결이 선고될 수 있음에도 검사가 공소장을 교환적으로 변경하여 변경된 공소사실에 대해 전부 유죄가 선고된 경우에는 피고인이 무죄판결을 선고받을 수 있었던 기회가 박탈되어 형사보상을 청구할 수 없게 되었으므로 무죄판결을 선고받아 형사보상을 청구하는 자에 비해 불합리하게 차별하여 평등권을 침해한다고 판단하였다.[44]

'형사보상 및 명예회복에 관한 법률'은 형사보상청구권의 대상을 확대하여 사형의 집행, 벌금·과료·추징의 집행, 벌금형에 대한 노역장유치의 경우에도 무죄판결이 선고되면 형사보상을 청구할 수 있다. 또한, 면소 또는 공소기각이 선고되더라도 그러한 사유가 없었다면 무죄가 선고될만한 현저한 사유가 있는 경우, 피치료감호청구인의 치료감호사건이 범죄로 되지 아니하거나 범죄사실의 증명이 없는 때에 해당되어 청구기각의 판결을 받아 확정된 경우에도 형사보상을 청구할 수 있다.[45] 이는 국회가 형사보상청구권을 확대하여 인정한 것으로 기본권이 아니라 법률적 권리에 해당한다.

(3) 정당한 보상

형사보상청구권의 주체는 국가에게 '정당한 보상'을 청구할 수 있고, 정당한 보상에는 구금으로 인한 적극적 재산상 손실, 소극적 이익의 상실, 정신적 고통으로 인한 위자료가 포함된다. '형사보상 및 명예회복에 관한 법률'은 구금되었던 자의 소득이나 실제 손해발생액 등과 무관하게 최저임금을 기준으로 하여 최저임

---

43) 대법원 2016. 3. 11. 2014모2521.
44) 2022. 2. 24. 2018헌마998.
45) 형사보상 및 명예회복에 관한 법률 제5조 제3항, 제4항, 제5항, 제26조.

금액 이상 대통령령이 정하는 금액 이하의 비율에 의한 보상금을 지급하도록 규정한다. 형사보상은 국가배상이나 재산권의 공용침해에 대한 정당한 보상과는 그 법적 성격이 다르므로 법률에 의해 보상금을 일정한 범위로 한정하더라도 '정당한 보상'에 위반되는 것은 아니다.[46]

3. 제한

국회는 법률을 통해 형사보상청구권의 대상, 요건, 절차를 구체화할 수 있고, 이는 기본권형성적 법률유보이므로 형사보상청구권을 실현할 수 있도록 규정해야 한다. 국회는 헌법을 위반하지 않는 범위에서 형사보상청구권의 내용을 확대하여 법률적 권리로 인정할 수 있다. '형사보상 및 명예회복에 관한 법률'이 보상의 대상, 요건, 절차, 명예회복 등에 대해 자세하게 규정하고, 이때에는 기본권제한적 법률유보로도 기능한다. 형사보상청구권도 헌법 제37조 제2항에 따라 과잉제한금지원칙을 적용하여 제한할 수 있다.

'형사보상 및 명예회복에 관한 법률'은 법원으로 하여금 14세 미만의 형사미성년자나 심신장애로 무죄가 선고된 경우, 수사를 그르칠 목적으로 거짓 자백을 하거나 다른 유죄의 증거를 만듦으로써 기소, 미결구금, 유죄선고를 받게 된 경우, 1개의 재판으로 경합범의 일부에 대해 무죄재판을 받고 다른 부분에 대하여 유죄재판을 받았을 경우에는 보상을 하지 않을 수 있도록 규정한다. 또한, 보상청구는 무죄재판이 확정된 때부터 5년, 그 사실을 안 날부터 3년 이내에 하도록 기간을 제한하고, 보상청구에 대해 일정한 사유가 있으면 각하하거나 기각할 수 있도록 규정한다.[47]

---

46) 2010. 10. 28. 2008헌마514.
47) 형사보상 및 명예회복에 관한 법률 제4조, 제8조, 제16조, 제17조.

제 4 절 국가배상청구권

I. 규범적 의미

(1) 헌법규정

헌법 제29조 제1항은 "공무원의 직무상 불법행위로 손해를 받은 국민은 법률이 정하는 바에 의하여 국가 또는 공공단체에 정당한 배상을 청구할 수 있다. 이 경우 공무원 자신의 책임은 면제되지 아니한다"라고 규정한다. 제2항은 "군인·군무원·경찰공무원 기타 법률이 정하는 자가 전투·훈련 등 직무집행과 관련하여 받은 손해에 대하여는 법률이 정하는 보상 외에 국가 또는 공공단체에 공무원의 직무상 불법행위로 인한 배상을 청구할 수 없다"라고 규정한다.

헌법 제29조 제2항은 1967년 국가배상법에 처음 규정되었는데, 대법원이 이 조항에 대해 국가배상청구권과 평등권을 침해한다는 이유로 위헌판결을 하였다.[48] 이 판결은 대법원판사 전원이 재임용에서 탈락하는 등 사법파동으로 이어졌다가, 1972년 헌법이 국가배상법에서 규정하였던 위 조항을 헌법에 직접 규정하였다. 한편, 헌법재판소는 헌법의 개별규정 자체가 위헌심사의 대상이 될 수는 없다는 이유로 헌법 제29조 제2항은 위헌법률심판이나 헌법소원의 대상이 되지 않는다고 판단하였다.[49]

국가배상청구권은 재산적 가치가 있고 사적 유용성과 그에 대한 처분가능성이 인정되므로 재산권에도 포함된다. 헌법은 제23조에서 재산권을 보장하면서 제29조에서 국가배상청구권을 독자적 기본권으로 규정한다. 국가배상청구권은 재산권이 침해당하였을 경우에 이를 사법적으로 구제할 것을 요구하는 청구권을 의미하는 것이 아니라 헌법이 독자적인 기본권으로 인정한 것이다.[50] 국가배상청구권은 공무원의 불법행위를 전제로 하므로 재산권에 대한 공용침해로 발생하는 손실보상청구권과 다르고, 공무원의 고의나 과실과 같은 귀책사유나 위법행위를 묻지

---

48) 대법원 1971. 6. 22. 70다1010.
49) 1995. 12. 28. 95헌바3.
50) 1997. 2. 20. 96헌바24.

않고 보상하는 형사보상청구권과도 다르다.

(2) 역사적 발전

역사적으로 영미법에서는 '국왕은 불법을 행하지 않는다(The king can do no wrong)'라는 주권면제론에 따라 공무원의 불법행위에 대해 국가가 책임을 지지 않았다. 대륙법에서도 국가는 공무원에게 적법한 직무만 위임하였으므로 공무원이 위임을 벗어나 불법행위를 한 것에 대해서는 국가에게 책임을 지울 수 없다고 하였다. 이는 자기책임의 원칙에 따라 공무원의 불법행위에 대해서는 공무원에 대해서만 책임을 물을 수 있다는 것이다. 하지만, 공무원이 직무와 관련하여 불법행위를 하여 손해를 발생시킨 경우 피해자를 구제하기 위해 국가에게 직접 손해배상책임을 부과할 필요가 있다.

국가작용은 국가기관의 구성원인 공무원에 의해 이루어지고, 그 법적 효과는 국가에게 미쳐 국가의 행위로 평가된다. 공무원에 의해 행해진 법적 이익이나 불법적 손해는 국가에게 귀속되므로 공무원이 직무수행을 하면서 불법행위를 한 경우에는 국가가 직접 손해를 배상할 책임을 부담한다. 국가배상청구권은 국가기관의 구성원인 공무원이 직무를 행하면서 불법행위를 한 경우에 피해자인 국민이 국가에 대해 손해배상을 청구할 수 있는 권리이다. 헌법은 국가가 손해배상책임을 지더라도 불법행위를 한 공무원은 자신의 책임이 면제되지 않는다고 규정한다.

2. 법적 성격

(1) 공법상 권리

국가배상청구권은 공무원의 불법행위를 전제로 하고, 이는 정상적인 국가작용에 포함되지 않으므로 공법적 권리가 아니라 사법적 권리라는 관점이 있다. 국가는 개인과 동등한 지위에서 민사상 손해배상책임을 지며, 국가배상법 제8조가 "국가나 지방자치단체의 손해배상 책임에 관하여는 이 법에 규정된 사항 외에는 민법에 따른다"라고 규정하는 것도 사법적 권리를 전제로 한 것이라고 한다. 국

가배상법은 민법에 대한 특별법적 성격을 가지므로 국가배상소송은 민사소송절차
에 따르고, 국가배상청구권을 양도하거나 포기할 수도 있다고 한다.

국가배상청구권은 헌법에 의해 기본권으로 인정되며, 공법작용을 원인으로
발생하므로 공법적 권리라고 해석된다.[51] 국가는 공권력의 주체로서 헌법에 근거
하여 손해배상책임을 지며, 국가배상법은 국가배상청구권을 구체적으로 실현하기
위한 공법이다. 국가배상법 제4조가 "생명·신체의 침해로 인한 국가배상을 받을
권리는 양도하거나 압류하지 못한다"라고 규정하는 것도 공법적 권리라는 특성을
반영한 것이다. 국가배상소송은 금전적 손해전보를 목적으로 하므로 편의상 민사
소송절차를 채택할 뿐, 국가배상청구권이 사법적 권리라는 것은 아니다.

(2) 국가의 자기책임

국가배상책임은 국가가 공무원의 책임을 대신하는 대위책임이라는 관점이
있다. 공무원의 불법행위는 자신이 책임을 져야 하지만, 국가가 정책적 차원에서
공무원을 대신하여 책임을 지도록 한 것이라고 한다. 국가가 공무원의 책임을 대
신하므로 국가배상청구권의 주체는 국가를 상대로만 국가배상을 청구할 수 있고,
공무원은 개인적으로 피해자에게 법적 책임을 부담하지 않는다. 하지만, 국가와
공무원의 내부적 관계에서 공무원은 법적 책임을 부담할 수는 있다.

국가배상책임은 국가의 자기책임이라는 관점도 있다. 국가는 공무원이라는
국가기관의 불법행위에 대해 자신의 고유한 책임을 부담하는 것이라고 한다. 국
가가 손해배상책임을 지는 것은 공무원의 책임을 대신하는 것이 아니므로 공무원
의 개인적 책임은 그대로 유지된다. 국가배상청구권의 주체는 국가에 대해서는
자기책임으로 국가배상을 청구할 수 있고, 공무원 개인에게도 손해배상을 청구할
수도 있다. 국가가 손해배상을 이행한 경우에 국가와 공무원의 내부적 관계에서
공무원에게 책임을 묻는 것은 별개의 문제이다.

국가배상청구권은 공무원의 불법행위로 인하여 발생한 손해를 강력하고 안
전하게 배상하기 위해 헌법이 국가로 하여금 자기책임으로 배상하도록 규정한 것
이다. 국가배상청구권은 공법적 권리이며 사법적 권리와는 다른 법리가 적용된다.

---

51) 성낙인, 헌법학, 1630면 ; 장영수, 헌법학, 921면 ; 정재황, 헌법학, 1285면 ; 허영, 한국헌법론,
    686~687면.

국가는 자신의 책임으로 손해배상의무를 부담하므로 공무원에 대한 선임과 관리·감독에 과실이 없다는 이유로 손해배상책임이 면제되지 않고 민법의 사용자책임과 달리 무과실책임을 진다. 국가의 손해배상책임은 헌법과 법률에 의하여 국가의 책임을 특별히 인정한 것이므로 자기책임의 원칙과 모순되지 않는다.

3. 내용

(1) 공무원의 직무상 행위

국가배상청구권은 '공무원'의 직무상 불법행위에 의한 손해에 대한 금전적 배상을 청구할 수 있는 권리이다. 공무원이란 국가 또는 지방공공단체의 사무를 맡아보는 사람을 말하는데, 국가배상청구권의 요건이 되는 공무원은 국가 또는 공공단체와 공법상 특별권력관계를 맺고 공무를 담당하는 국가기관의 구성원으로서 국가공무원법, 지방공무원법, 교육공무원법이 규정하는 공무원이 모두 포함된다. 또한, 공무원이 아니더라도 사실상 공무를 위탁받아 실질적으로 공무를 수행하는 자도 '공무원'에 포함될 수 있다.

공무원의 '직무상 행위'에는 권력작용은 물론 비권력작용에 해당하는 관리작용과 사법상의 행위도 모두 포함된다는 견해가 있다.52) 하지만, 비권력작용 가운데 관리작용은 공적 업무로서의 특수성이 인정되므로 직무상 행위에 포함되지만, 사법행위에 속하는 국고작용은 국가가 사인의 자격으로서 민법의 규율을 받는 것으로 충분하므로 '직무상 행위'에 포함되지 않는다.53) 헌법과 법률이 공무원의 직무범위로 규정하는 행위는 물론 직무수행의 수단이나 직무행위에 부수하여 행해지는 행위도 직무와 밀접한 관련성이 있으면 직무상 행위에 포함된다.

'직무상 행위'는 공무원의 주관적인 목적이나 의도가 아니라 직무집행으로서 객관적 외형을 기준으로 판단해야 한다. 국가배상청구권은 공무원의 주관적 의사를 존중하거나 비난하는 것이 아니라 객관적으로 공무집행으로 볼 수 있는 행위에 대해 책임을 묻는 것이기 때문이다. 공무원이 직무상 행위를 한다는 주관적 의사가 없더라도 직무상 행위에 포함될 수 있고, 그 주관적 의사가 있어도 객관적으

---

52) 성낙인, 헌법학, 1633면 ; 정재황, 헌법학, 1286면.
53) 장영수, 헌법학, 923면 ; 허영, 한국헌법론, 689면.

로 직무상 행위로 볼 수 없으면 직무상 행위에 포함되지 않는다.54) 또한, 직무상 행위의 객체가 되는 피해자가 그 행위가 실질적으로 공무집행행위가 아니라는 사정을 알았다고 하더라도 직무상 행위에 포함된다.

(2) 불법행위에 기인한 손해의 발생

'불법행위'란 공무원이 고의 또는 과실로 저지른 위법행위를 말한다. 국가배상청구권은 공무원의 적법행위에 대해서는 인정되지 않으므로 공무원의 주관적 고의나 과실이 있어야 하고, 그 행위가 객관적으로 위법한 행위여야 한다. 위법행위인지는 형식적으로 법령을 위반한 것이 아니라 실질적으로 위법성이 인정되어야 한다. 법령에 위반하더라도 위법성이 조각되는 경우에는 불법행위에 포함되지 않는다. 위법행위를 판단하는 기준이 되는 법령에는 헌법, 법률, 행정명령은 물론 관습법이나 법의 일반원칙도 포함된다. 불법행위는 공무원의 작위에 의해 발생할 수 있고, 부작위에 의해서도 발생할 수 있다.

불법행위에는 행정행위는 물론이고 입법행위와 사법행위인 재판작용도 포함된다. 하지만, 국회의 입법행위에 대해서는 대의제와 면책특권에 따라 법적 책임을 묻기 어려우며, 고의 또는 과실을 입증하기도 어렵다. 재판작용 역시 심급제도에 의해 교정될 가능성을 전제로 하므로 그 위법성을 인정하기 어렵고, 고의 또는 과실을 입증하기도 어렵다. 다만, 입법내용이 명백히 헌법에 위반됨에도 불구하고 국회가 입법을 하거나,55) 법관이 위법 또는 부당한 목적을 가지고 재판하는 것과 같은 특수한 사정이 있는 경우에는 국가배상책임이 인정된다.56)

공무원에게 주관적으로 '고의 또는 과실'이 있다는 입증책임은 불법행위를 주장하는 피해자가 부담하는 것이 원칙이다. 하지만, 개인이 공무원의 고의 또는 과실을 입증하는 것은 업무의 특수성, 전문적 지식, 경제적 열세 등으로 사실상 불가능하여 국가배상청구권이 형해화될 수 있다. 공무원이 객관적으로 위법한 행위를 하고 그로 인하여 손해가 발생한 경우에는 공무원이 소속한 기관의 과실로 의제하거나, 공무원의 과실을 추정하거나, 그 입증책임을 완화하거나 공무원에게

54) 대법원 2001. 1. 5. 98헌다39060.
55) 대법원 1997. 6. 13. 96다56115.
56) 대법원 2001. 10. 12. 2001다47290.

전환하는 조치가 필요하다는 주장도 제기되고 있다.

　공무원의 불법행위로 '손해'가 발생해야 한다. 이는 생명과 신체, 정신, 재산에 대해 발생한 손해로서 적극적 재산상 손실, 소극적 이익의 상실, 정신적 고통으로 인한 위자료가 포함된다. 손해의 발생은 그 원인이 되는 직무상 행위와 상당한 인과관계가 있어야 하며, 이에 대한 입증책임 역시 피해자가 부담한다. 헌법재판소는 민주화보상심의위원회의 보상금 지급결정에 동의하면 재판상 화해가 성립된 것으로 간주하는 것이 국가의 불법행위로 인하여 발생한 정신적 손해에 관한 부분까지 포함하는 것으로 해석하는 것은 국가배상청구권을 침해한다고 판단하였다.[57]

(3) 정당한 배상

　피해자는 국가에게 '정당한 배상'을 청구할 수 있다. 국가배상책임은 손해배상책임이므로 국가는 불법행위와 상당한 인과관계가 인정되는 모든 손해에 대해 배상해야 한다. 헌법은 제23조 제3항에서 재산권의 공용침해에 대해 '정당한 보상'을 지급해야 한다고 규정하고, 제28조에서도 형사보상청구권에 대해 '정당한 보상'을 청구할 수 있다고 규정한다. 국가배상청구권에서 규정하는 '정당한 배상'은 '정당한 보상'보다 강하게 보장된다. 국가배상청구권은 불법행위에 대한 책임으로 국가의 적법한 행위에서 발생한 희생적 결과를 공평의 이념에 따라 전보하는 것이 아니기 때문이다.

(4) 공무원의 개인적 책임

　헌법 제29조 제1항 단서는 "이 경우 공무원 자신의 책임은 면제되지 아니한다"라고 규정한다. 헌법은 국가에게 직접 손해배상책임을 부과하면서도 공무원의 개인적 책임도 면제되지 않는다고 규정한다. 이는 공무원이 국민과의 관계에서 배상책임을 부담하는 근거가 될 수 있고, 국가와의 관계에서 구상책임을 부담하는 근거가 될 수도 있다. 국회는 공무원의 책임에 대해서도 헌법의 범위에서 법률을 통해 구체적인 내용을 정할 수 있다. 공무원의 개인적 책임은 국가배상청구권의 본질을 이해하는 관점에 따라 다르게 이해된다.

　국가배상책임을 대위책임으로 이해하는 관점은 공무원은 개인적 책임은 부

---

57) 2018. 8. 30. 2014헌바180 ; 2021. 5. 27. 2019헌가17.

담하지 않지만, 헌법이 특별히 개인적 책임이 면제되지 않는다고 규정한 것이라고 한다. 이는 개인이 국가나 공무원에 대해 선택적으로 국가배상청구권을 행사할 수 있는 근거가 된다는 점에서 중요한 의미가 있다고 한다. 한편, 국가배상책임을 자기책임으로 이해하는 관점은 공무원이 국민에게 손해배상책임을 진다는 것을 확인한 것이라고 한다. 이는 공무원이 국가와의 관계에서 내부적으로 구상책임을 진다는 근거가 된다는 점에서 중요한 의미가 있다고 한다.58)

국가배상법 제2조 제2항은 "공무원에게 고의 또는 중대한 과실이 있으면 국가나 지방자치단체는 그 공무원에게 구상할 수 있다"라고 규정한다. 국가가 손해배상한 경우에 국가는 공무원에게 고의 또는 중대한 과실이 있는 경우에만 구상책임을 물을 수 있고, 공무원에게 경과실이 있는 경우에는 구상책임을 물을 수 없다. 헌법은 국가의 책임과 별도로 공무원의 책임이 면제되지 않는다고 규정하고, 국가배상법은 그 공무원에 대해서는 고의 또는 중과실에 대해 구상책임으로 구체화하고, 경과실에 대해서는 공무원에게 적극적이고 소신 있는 공무수행을 보장하기 위해 구상책임을 면제하는 것이다.59)

대법원은 공무원에게 고의 또는 중과실이 있는 경우에는 피해자가 국가와 공무원에 대해 선택적으로 손해배상을 청구할 수 있으나, 경과실의 경우에는 국가에 대해서만 손해배상을 청구할 수 있고, 공무원 개인에 대해서는 손해배상을 청구할 수 없다고 하였다.60) 국가기관의 구성원인 공무원의 행위는 그 법적 효과가 국가에게 귀속되는데, 공무원의 고의 또는 중과실에 대해서는 공무원이 피해자에 대해 여전히 책임을 져야 하지만, 경과실에 대해서는 국가의 책임에 흡수된다고 판단한 것이다. 대법원은 국가배상법이 규정하는 공무원의 구상책임에 대한 규정을 소송절차에 반영하여 판단한 것으로 이해된다.

---

58) 성낙인, 헌법학, 1638면 ; 장영수, 헌법학, 924~925면 ; 허영, 한국헌법론, 690~692면.
59) 허영, 한국헌법론, 693~694면.
60) 1996. 2. 15. 95다38677.

4. 제한

(1) 군인 등의 이중배상청구의 금지

헌법은 군인·군무원·경찰공무원 기타 법률이 정하는 자가 전투·훈련 등 직무집행과 관련하여 받은 손해에 대해서는 법률이 정하는 보상 외에 국가 또는 공공단체에 공무원의 직무상 불법행위로 인한 배상을 청구할 수 없도록 규정한다. 국가배상법 제2조 제1항 단서는 "다만, 군인·군무원·경찰공무원 또는 예비군대원이 전투·훈련 등 직무집행과 관련하여 전사·순직하거나 공상(公傷)을 입은 경우에 본인이나 그 유족이 다른 법령에 따라 재해보상금·유족연금·상이연금 등의 보상을 지급받을 수 있을 때에는 이 법 및 민법에 따른 손해배상을 청구할 수 없다"라고 규정한다.

헌법 제29조 제2항의 효력이 미치는 범위에 대해서는 국가와 피해자인 군인 등 사이에만 효력이 미친다는 상대적 효력설과 국가와 일반인 사이에도 효력이 미친다는 절대적 효력설이 대립된다. 일반인이 군인과 공동으로 불법행위를 하여 다른 군인에게 손해를 끼치고 일반인이 피해 군인에게 손해의 전부를 배상을 한 경우에, 일반인이 가해 군인이 부담하는 부분에 대해 국가를 상대로 구상권을 행사할 수 있는지는 헌법 제29조 제2항의 효력에 따라 달리 판단된다.

헌법재판소는 상대적 효력설에 따라 국가는 피해 군인에 대해서만 책임을 지지 않으므로 일반인은 가해 군인이 부담해야 하는 부분에 대해 국가를 상대로 구상권을 행사할 수 있다고 하였다.[61] 한편, 대법원은 절대적 효력설에 따라 국가는 피해 군인에 대한 책임 자체를 부담하지 않으므로 일반인은 자신의 부담 부분에 한하여 손해배상책임을 부담하고, 국가에 대해서는 구상권을 행사할 수 없다고 하였다.[62] 국가배상청구권은 국가의 자기책임에 기초한 공법적 권리이고 군인 등에 대해서는 손해배상책임 자체가 면책되므로 절대적 효력설이 타당하다.

군인 등에 대해 이중배상청구를 금지하는 것은 국가배상청구권과 평등권을 침해한다는 이유로 위헌이라고 결정된 적이 있다.[63] 하지만, 헌법재판소는 헌법

---

61) 1994. 12. 29. 93헌바21.
62) 대법원 2001. 2. 15. 96다42420.
63) 대법원 1971. 6. 22. 70다1010.

제29조 제2항에 대한 위헌법률심판에서는 헌법조항은 헌법재판의 대상이 되지 않는다는 이유로 각하결정을 하였고, 국가배상법 제2조 제1항 단서는 헌법의 내용을 그대로 규정한 것이므로 위헌이 아니라고 판단하였다.[64] 국가배상법의 이 조항은 이미 그 위헌성이 확인되었으므로 헌법을 개정할 경우에는 삭제하는 것이 타당하다.

(2) 과잉제한금지원칙의 적용

헌법은 국가배상청구권의 기본적 사항을 직접 규정하고, 그 구체적인 내용은 법률로 규정하도록 위임한다. 국회는 국가배상법을 통해 국가배상청구권의 대상, 요건, 절차를 구체화할 수 있고, 이는 기본권형성적 법률유보이므로 기본권을 실현할 수 있도록 규정해야 한다. 국가배상법은 국가배상의 기준, 범위, 절차 등에 대해 자세히 규정하는데, 이때 국가배상청구권을 제한하는 경우에는 헌법 제37조 제2항에 따라 과잉제한금지원칙을 적용해야 한다.

국가배상법은 국가배상청구권의 행사에 대해서는 피해자가 손해배상소송을 청구하기 이전에 법무부에 설치된 배상심의회에 배상신청을 할 수 있도록 규정한다. 피해자는 손해배상소송을 청구하기 이전에 필수적으로 배상심의회에 배상신청을 해야 하는 것이 아니라, 임의적 전치주의에 따라 선택적으로 배상신청을 할 수 있다.[65] 개인은 배상심의회에 배상신청을 하지 아니하고도 손해배상소송을 제기할 수 있으므로 이는 국가배상청구권을 침해하는 것은 아니다.

헌법이 국가배상청구권의 기본적 사항을 규정하는 것이 국회에게 국가배상청구권으로 최소한 보장해야 할 내용을 입법지침으로 제시한 것이지, 국회로 하여금 입법을 통해 그 범위를 확대하여 법률적 권리로 인정하는 것을 금지하는 것은 아니다. 헌법은 공무원의 직무상 불법행위로 손해를 받은 국민에게 국가배상청구권을 인정하지만, 국가배상법은 공무원의 직무행위 이외에도 '공공시설 등의 하자'로 인한 손해에 대해서도 국가배상청구권을 인정한다.[66] 이는 헌법이 기본권으로 인정한 국가배상청구권에 포함되지 않고 법률적 권리로 보장된다고 해석된다.[67]

---

64) 1995. 12. 28. 95헌바3.
65) 국가배상법 제9조, 제10조.
66) 국가배상법 제5조.
67) 장영수, 헌법학, 923면.

헌법은 '국가 또는 공공단체'에게 국가배상책임을 부과하지만, 국가배상법은
'국가 또는 지방자치단체'의 손해배상만 규정한다. 공익을 목적으로 법률에 의해
설치된 공공단체 중에서 지방자치단체에 해당하지 않는 공기업, 공공조합과 같은
공공단체에게는 국가배상청구권을 행사할 방법이 없다. 이때에는 민법에 따라 손
해배상을 청구할 수 있지만, 헌법의 취지에 따라 국가배상책임의 범위를 확대하
는 것이 필요하다. 다만, 국가배상법이 손해배상책임의 주체를 '국가 또는 지방자
치단체'로 제한한 것은 국회가 '법률이 정하는 바에 의하여' '국가 또는 공공단체'
의 범위를 구체화한 것이므로 위헌이라고 할 수는 없다.

제 5 절　범죄피해자구조청구권

1. 규범적 의미

(1) 헌법규정

헌법 제30조는 "타인의 범죄행위로 인하여 생명·신체에 대한 피해를 받은
국민은 법률이 정하는 바에 의하여 국가로부터 구조를 받을 수 있다"라고 규정한
다. 1987년 현행헌법은 처음으로 범죄피해자구조청구권을 기본권으로 보장하였
다. 헌법 제27조 제5항은 형사피해자에게 재판절차진술권을 보장하는데, 형사피
해자는 범죄피해자구조청구권의 주체가 되는 범죄피해자와 다르다. 형사피해자는
모든 범죄의 피해를 포함하지만, 범죄피해자는 타인의 범죄행위로 인하여 생명·
신체에 대한 피해를 받은 자에 국한된다.

(2) 법적 성격

범죄피해자구조청구권은 국가가 범죄를 예방하고 진압할 책임이 있음에도
그 책임을 다하지 못하여 범죄가 발생하였으므로 범죄피해자에게 배상해야 한다
는 것에 기초한다. 범죄피해자는 자기책임의 원칙에 따라 범죄자를 상대로 민법
에 따라 불법행위에 따른 손해배상을 청구하거나 배상명령제도에 따라 구제를 받
을 수 있다. '소송촉진 등에 관한 특례법'은 법원이 형사재판에서 유죄판결을 선

고할 경우에 일정한 범죄에 대해 범죄행위로 인하여 발생한 직접적인 물적 피해, 치료비 손해, 위자료의 배상을 명할 수 있고, 법원의 배상명령은 민사판결과 동일한 효력을 가진다고 규정한다.[68]

범죄피해자는 범죄자가 자력으로 배상할 능력이 없는 경우에는 민사재판이나 배상명령을 통해 구제를 받지 못한다. 범죄피해자구조청구권은 이를 대비하여 국가에게 범죄피해에 대한 구조를 청구할 수 있도록 보장한 것이다. 범죄피해자구조청구권은 공법적 권리이지만 재산적 가치에 대한 청구권이므로 재산권의 성격도 갖는다. 이는 범죄피해로 인하여 범죄피해자와 그 가족 또는 유족의 생활이 어렵게 된 때에 국가가 정의의 관점에서 그에 대한 적절한 보상을 통해 구조한다는 사회보장적 성격도 갖는다.[69]

2. 내용

(1) 타인의 범죄행위로 인하여 생명·신체에 대한 피해

범죄피해자구조청구권은 모든 범죄피해자의 권리로 보장되는 것이 아니라 '타인의 범죄행위로 인하여 생명·신체에 대한 피해를 받은 경우'에만 인정된다. 타인의 범죄행위로 인하여 재산적 피해를 입은 경우에는 범죄피해자구조청구권의 대상에 포함되지 않는다. 헌법은 '생명·신체에 대한 피해를 받은 경우'라고 규정하지만, 범죄피해자보호법은 '생명 또는 신체를 해하는 범죄행위로 인하여 사망하거나 장해 또는 중상해를 당한 경우'로 제한하고, '타인의 범죄행위로 피해를 당한 사람과 그 배우자, 직계친족 및 형제자매'를 범죄피해자로 규정한다.[70]

(2) 국가로부터 구조

범죄피해자구조청구권은 국가에 대해 직접 구조를 청구할 수 있는 권리이다. 헌법은 범죄피해자구조청구권을 기본권으로 보장하면서 그 주체와 기본적 사항을 직접 규정하고, 그 구체적인 내용은 '법률이 정하는 바에 의하여' 정하도록 위임

---

68) 소송촉진 등에 관한 특례법 제25조, 제34조.
69) 장영수, 헌법학, 935면 ; 허영, 한국헌법론, 698~699면.
70) 범죄피해자보호법 제3조 제1항 제1호.

한다. 헌법은 범죄피해자에 대해서는 다른 기본권과는 달리 '국가로부터 구조를 받을 수 있다'라고 규정한다. 하지만, 헌법은 범죄피해자구조청구권을 기본권으로 보장하는 것이므로 국가로부터 시혜적인 급부를 받은 것에 그치지 않고 독자적인 청구권으로 인정된다.

범죄피해자보호법은 피해구조금을 유족구조금과 장해구조금 및 중상해구조금으로 구분하며, 일시금으로 지급하도록 한다. 구조피해자가 피해의 전부 또는 일부를 배상받지 못하는 경우와 자기 또는 타인의 형사사건의 수사 또는 재판에서 고소·고발 등 수사단서를 제공하거나 진술, 증언 또는 자료제출을 하다가 구조피해자가 된 경우에 국가는 구조피해자 또는 그 유족에게 범죄피해구조금을 지급한다. 또한, 범죄피해자구조청구권을 보장하기 위해 구조금을 받을 권리는 양도하거나 담보로 제공하거나 압류할 수 없도록 규정하여 구조금수급권을 보호한다.[71]

3. 제한

헌법은 범죄피해자구조의 기본적 사항을 직접 규정하고, 그 구체적인 내용은 법률로 규정하도록 위임한다. 국회는 범죄피해자보호법을 통해 범죄피해자의 보호와 지원, 범죄피해에 대한 구조의 내용과 절차 등에 대해 자세히 규정한다. 이는 기본권형성적 법률유보이므로 기본권을 실현할 수 있도록 규정해야 하지만, 기본권제한적 법률유보로 기능하기도 한다. 범죄피해자구조청구권은 헌법 제37조 제2항에 따라 과잉제한금지원칙을 적용하여 제한할 수 있다.

국가는 범죄행위 당시 구조피해자가 가해자와 일정한 친족관계에 있거나, 범죄행위를 교사 또는 방조하거나 범죄행위를 유발하는 행위를 한 경우와 같이 사회통념에 위배된다고 인정될 때에는 구조금의 전부 또는 일부를 지급하지 아니할 수 있다. 또한, 국가는 구조금을 지급하였더라도 거짓이나 그 밖의 부정한 방법으로 구조금을 받은 경우, 구조금을 지급한 이후 구조금을 지급하지 않을 사유가 발견된 경우, 구조금이 잘못 지급된 경우에는 구조금을 환수할 수 있다.[72]

---

71) 범죄피해자보호법 제16조, 제32조.
72) 범죄피해자보호법 제19조, 제30조.

제 7 장 사 회 권

제 1 절 교육을 받을 권리

1. 규범적 의미

(1) 헌법규정

헌법 제31조 제1항은 "모든 국민은 능력에 따라 균등하게 교육을 받을 권리를 가진다"라고, 제2항은 "모든 국민은 그 보호하는 자녀에게 적어도 초등교육과 법률이 정하는 교육을 받게 할 의무를 진다"라고, 제3항은 "의무교육은 무상으로 한다"라고, 제4항은 "교육의 자주성·전문성·정치적 중립성 및 대학의 자율성은 법률이 정하는 바에 의하여 보장된다"라고, 제5항은 "국가는 평생교육을 진흥하여야 한다"라고, 제6항은 "학교교육 및 평생교육을 포함한 교육제도와 그 운영, 교육재정 및 교원의 지위에 관한 기본적인 사항은 법률로 정한다"라고 규정한다.

1948년 건국헌법은 균등하게 교육을 받을 권리와 초등교육에 대한 무상의 의무교육을 보장하고, 모든 교육기관은 국가의 감독을 받으며 교육제도는 법률로써 정하도록 하였다. 현행헌법은 교육을 받을 권리를 기본권으로 보장하면서 이를 실질적으로 실현할 수 있도록 국가에게 무상의 의무교육과 교육의 자주성 등을 보장하고, 국회로 하여금 법률을 통해 교육의 기본원칙과 제도를 마련할 것을 요구한다. 헌법 제22조는 학문의 자유를 기본권으로 보장하므로 교육을 받을 권리는 학문의 자유와 조화를 이룰 수 있도록 체계적으로 정합하게 해석해야 한다.

(2) 법적 성격

(가) 교육의 기능

교육이란 인간이 사회적 존재로 살아가기 위해 필요한 모든 행위를 가르치고 배우는 과정과 수단을 말한다. 개인은 교육을 통해 자신의 잠재적 능력을 계발하고, 자율적인 인격체로 살아갈 수 있는 지식과 기술을 습득할 수 있다. 특히, 개인은 직업교육을 통해 전문적인 지식과 자격을 갖출 수 있으므로 교육은 직업의 자유를 실질적으로 보장하는 역할을 한다. 교육은 개인의 삶에 결정적인 영향을 미치므로 교육의 주체, 상대방, 내용을 헌법적 차원에서 규율할 필요가 있다.

교육은 개인적 차원에 머무르지 않고 사회적이고 국가적 차원에서도 헌법적 가치를 실현할 수 있도록 한다. 인간은 역사적 전통에 대한 교육을 통해 축적한 지식과 기술을 후세대에 전승함으로써 건강하고 문화적인 사회적 유산을 계승하고 발전시킨다. 또한, 교육은 인간의 존엄과 가치, 자유와 평등과 그에 기초한 법치국가, 자유민주주의, 사회국가, 평화와 통일과 같은 헌법적 가치를 끊임없이 재생산하고 발전적으로 형성할 수 있도록 한다. 국민의 교육수준은 국가의 정치·경제·문화적 발전과 경쟁력의 토대가 되며, 민주적 법치국가를 실현하는 전제가 된다.

(나) 공교육의 확립

현대국가에서 교육은 가정이나 지역공동체에서 이루어지는 자율적인 사항이 아니라 국가적 차원에서 실현해야 할 공적 과제가 되었다. 국가는 교육의 이러한 공공성을 인식하고 국가기관이나 공공단체가 통일적이고 체계적으로 교육을 주도하는 공교육제도를 구축해야 한다. 국가에 공교육에 관한 시스템이 마련되어 있지 않으면 교육을 받을 권리에 부응하여 개인에게 교육에 대한 급부를 제공할 수가 없다. 국가는 개인이 사적 영역에서 교육을 받을 권리를 침해하지 말아야 하는 것에 그치지 않고 적극적으로 공교육을 실천할 수 있는 제도적 장치를 마련해야 한다.

헌법은 교육을 받을 권리를 기본권으로 보장하는 것에 그치지 않고 국민과 국가에게 공교육을 확립해야 할 규범적 기준을 제시한다. 우선, 모든 국민으로 하

여금 그 보호하는 자녀에게 일정한 정도의 교육을 받게 할 의무를 부과하고, 국가
에 대해서는 의무교육을 무상으로 실시하고 평생교육을 진흥해야 할 헌법적 의무
를 부과한다. 특히, 국가에 대해서는 교육의 자주성·전문성·정치적 중립성과 대
학의 자율성을 보장해야 하고, 교육제도와 그 운영, 교육재정 및 교원의 지위에
관한 기본적인 사항은 국회가 입법을 통해 보장할 것을 요구한다.

(다) 교육의 자유와 조화

교육을 받을 권리는 개인이 능력에 따라 균등하게 교육을 받을 수 있도록 국
가에게 적극적으로 급부를 제공할 것을 요구하는 권리로서 교육의 자유를 전제로
한다. 교육의 자유란 개인이 국가의 간섭을 받지 않고 교육의 내용, 방식, 절차를
스스로 선택하여 교육하고 교육을 받을 자유이다. 교육을 받을 권리는 교육의 자
유와 조화롭게 보장되어야 한다. 국가는 공교육을 이유로 교육의 자유를 침해해
서는 안 되고, 교육의 자유는 교육을 받을 권리를 실질적으로 강화하기 위해 보장
되어야 한다.

교육의 자유는 그 주체에 따라 다양한 성격을 갖는다. 대학교수에게는 학문
의 자유로 보장되고, 초·중등학교 교사에게는 개인적 차원에서 학문의 자유의 내
용이 되는 동시에 공교육을 담당하는 권한으로 보장되기도 한다. 부모가 자녀를
교육할 자유는 헌법 제36조가 규정하는 혼인과 가족생활을 할 권리의 내용이 되
고, 사교육을 담당하는 개인에게는 직업의 자유나 행복추구권의 내용이 된다.

교육을 받을 권리는 교육과 관련된 여러 주체들의 권리와 의무, 권한과 책임
이 서로 대립되기도 하고 충돌할 수 있다. 교육을 받을 권리의 주체가 되는 개인,
교육의 자유를 통해 자녀를 교육하는 학부모, 공교육의 주체인 국가, 국가와 학부
모로부터 위임을 받아 현실적으로 공교육을 담당하는 교사가 중층적으로 관련된
다. 교육의 자유는 교육을 받을 권리와 함께 교육과 관련된 여러 주체들의 관점을
조화롭게 반영할 수 있도록 통일적이고 체계적으로 해석해야 한다.

(3) 헌법 제31조 제2항 내지 제6항과의 관계

헌법은 제31조 제1항에서 교육을 받을 권리를 기본권으로 보장하면서 제2항
내지 제6항에서는 교육을 받을 권리를 실질적으로 보장할 수 있도록 국가적 차원

에서 교육에 관한 제도를 마련할 과제와 의무를 구체적으로 부과한다. 이는 교육의 공공성을 반영하여 국가가 적극적으로 교육시설과 제도와 같은 교육여건을 조성하도록 하고, 나아가 자녀의 보호자에게도 자녀에게 교육을 받게 하도록 한다. 헌법 제31조 제2항 내지 제6항에 따라 국가와 학부모는 헌법적 의무를 부담하고, 그 범위에서는 교육의 자유가 제한된다.

헌법 제31조 제1항은 교육을 받을 권리를 기본권으로 규정하는데, 제2항 내지 제6항과는 어떤 관계를 가질까. 헌법 제31조 제2항 내지 제6항은 교육을 받을 권리를 제대로 실현하기 위한 것이므로 교육을 받을 권리의 내용에 포함된다거나 그 자체가 개별적 기본권으로 보장된다고 해석할 여지도 있다. 사회권은 자유권과 달리 국가의 부작위만으로 실현되지 않고 국가의 적극적 개입을 통해 실현되므로 국가에게 기본권을 실현하기 위한 헌법적 의무를 부과할 필요가 있다. 하지만, 국민은 헌법 제31조 제2항 내지 제6항을 근거로 직접 학부모나 국가에게 헌법적 의무를 이행할 것을 권리로서 요구할 수는 없다.

헌법 제31조 제2항 내지 제6항은 교육을 받을 권리를 실현하기 위해 국가에게 헌법적 의무를 부과한 것이지, 그 자체가 교육을 받을 권리의 내용에 포함되거나 독자적인 기본권으로 보장되는 것은 아니라고 해석된다. 학부모는 교육을 받게 하고, 국가는 의무교육을 무상으로 해야 할 헌법적 의무를 부담하므로 이를 이행하지 않으면 위헌이지만, 그 자체가 직접 교육을 받을 권리를 침해하는 것은 아니다. 교육기본법은 모든 국민에게 법률이 정하는 의무교육을 받을 권리를 규정하는데, 이는 법률적 권리라고 해석된다.[1]

2. 내용

(1) '능력에 따라 균등하게' 교육을 받을 권리

모든 국민은 교육을 받을 권리를 기본권으로 갖는다. 하지만, 헌법은 모든 국민에게 '능력에 따라 균등하게' 교육을 받을 권리를 부여한다. 모든 국민에게 획일적으로 교육을 받을 권리를 보장하는 것이 아니라 '능력에 따라 균등하게' 교

---

1) 교육기본법 제8조 제1항, 제2항.

육을 받을 권리를 기본권으로 보장한다. 이때 교육을 받을 권리는 헌법이 직접 규정하는 '교육'의 범위와 '능력에 따라 균등하게'의 의미에 따라 구체적인 내용이 결정된다.

여기에서 교육이란 국가가 주도하는 공교육으로서 학교교육을 의미한다. 이때 학교교육은 유아·초등·중등·고등교육을 의미하므로 교육기관에는 유아교육기관, 초·중등학교와 대학교가 포함되고, 사립학교도 공교육을 담당하는 경우에는 이에 포함된다. 개인이 사적 영역에서 주고받는 사교육은 학교교육에 포함되지 않고, 학원이나 교습소에서 사교육을 받을 권리는 교육을 받을 권리가 아니라 헌법 제10조의 행복추구권이나 제36조 제1항의 혼인과 가족생활을 할 권리의 내용에 포함될 수 있다.

교육을 받을 권리는 '능력에 따라 균등하게' 교육을 받을 권리이다. 국가가 모든 국민에게 균등하게 교육을 제공하는 것은 공교육을 확립하고 학문의 자유를 실질적으로 보장하기 위해 매우 중요하다. 하지만, 모든 국민을 획일적으로 동일하게 교육하는 것은 바람직하지 않고 가능하지도 않다. 국가는 개인의 능력에 따라 교육의 기회를 균등하게 보장해야 하고, 이때 능력이란 개인의 생래적이고 지적인 수학능력을 의미하고, 출신지역이나 사회적 신분과 같은 외부적 조건은 포함되지 않는다.

교육을 받을 권리는 개인의 정신적·신체적 능력을 고려하여 그에 상응하는 적절한 교육을 받을 수 있는 권리도 포함한다. 국가는 개인의 능력에 따라 적절한 교육이 가능하도록 필요한 시설과 제도를 마련해야 하고, 사회적·경제적 약자도 그 능력에 따라 교육을 받을 수 있도록 해야 한다. 이는 수학능력이 있음에도 차별을 받지 않고 교육을 받을 기회를 보장해야 한다는 것이지, 개인이 수학능력이 있다고 해서 차별적 방식으로 교육을 받을 기회를 요구할 수 있는 것은 아니다. 개인은 수학능력의 수월성을 이유로 국가에 대해 직접 특정한 교육제도나 교육과정 또는 학교시설을 요구할 수는 없다.[2]

---

2) 2000. 4. 27. 98헌가16.

(2) 국가에게 교육을 위한 적극적 급부의 제공을 요구할 권리

교육을 받을 권리는 국가에게 교육을 위해 적극적으로 급부를 제공할 것을
요구하는 권리이다. 국가는 교육의 자유를 방해하지 않거나 형식적으로 공교육의
기회를 제공하면 충분한 것이 아니라 교육의 내용과 수준이 인간의 존엄과 가치
를 실현할 수 있도록 해야 한다. 모든 국민은 국가에게 자신이 원하는 교육을 받
을 수 있도록 필요한 시설과 제도를 마련하고 교육의 기회를 제공할 것을 요구할
수 있다. 하지만, 국가가 교육의 기회를 제공하는 것을 넘어 현실적으로 교육을
시켜야 할 의무를 부담하는 것은 아니다.

교육을 받을 권리는 개인이 교육을 받을 의사와 의지가 있음에도 불구하고
교육에 필요한 시설과 제도의 미비로 교육을 받지 못하는 것을 방지하기 위한 것
이다. 국가는 개인의 의사와 무관하게 개인을 교육시켜서는 안 되고, 개인이 원하
는 특정한 내용과 시설을 제공해야 하는 것도 아니다. 교육기본법은 모든 국민은
성별, 종교, 신념, 인종, 사회적 신분, 경제적 지위 또는 신체적 조건 등을 이유로
교육에서 차별을 받지 않고, 국가와 지방자치단체는 학습자가 평등하게 교육을
받을 수 있도록 지역 간의 교원 수급 등 교육여건의 격차를 최소화하는 시책을
마련하여 시행하도록 규정한다.3)

국가가 공교육을 통해 교육을 받을 권리를 보장하는 것은 학교에서 초·중등
학교의 교사가 수업하고 교육하는 것을 통해 실현된다. 초·중등학교의 교사는 공
교육의 전문가로서 국가나 학부모의 간섭을 받지 않고 학생에게 적합한 교육의
내용과 방법을 자유롭게 결정할 수 있어야 한다. 교사의 수업권은 공교육의 책임
을 지는 국가에 의해 위임되고, 학부모로부터 자녀에 대한 교육권을 신탁받은 것
이지만, 교육을 받을 권리에 포함되지는 않고 교육의 자유로 보장된다.4) 교사의
수업권은 국가의 공교육에 대한 권한, 학부모의 교육권, 학생의 학습권에 의해 제
한될 수 있다.

---

3) 교육기본법 제4조.
4) 1996. 4. 25. 94헌마119.

3. 교육을 받을 권리를 보장하기 위한 헌법적 의무

(1) 학부모의 '자녀에게 교육을 받게 할 의무'

헌법 제31조 제2항은 모든 국민에게 그 보호하는 자녀에게 적어도 초등교육과 법률이 정하는 교육을 받게 할 의무를 부과한다. 이는 모든 자녀가 민주시민으로서 누구나 받아야 할 의무적 기초교육을 받을 수 있도록 하여 공교육의 실효성을 확보하기 위한 것이다. 이때 헌법적 의무의 주체는 '그 보호하는 자녀를 둔 국민'이므로 학령아동을 자녀로 둔 친권자와 후견인이고, 그 범위는 '적어도 초등교육과 법률이 정하는 교육'이다. 초등교육이란 교육제도의 처음 단계로서 기초적인 지식·기능·태도 등을 가르치는 공교육을 의미하고, 국회는 최소한 초등교육을 그 의무의 대상에 포함시켜야 한다.

국회는 초등교육을 포함한 의무교육의 범위를 법률을 통해 구체화할 수 있지만, 국가는 의무교육을 무상으로 실시해야 하므로 무제한으로 확대할 수는 없고 국가의 재정능력이나 문화적 환경을 반영하여 확정해야 한다. 교육기본법은 6년의 초등교육과 3년의 중등교육을 의무교육의 범위로 규정하고, 초·중등교육법은 부모에게 자녀를 취학시킬 의무를 부과한다.5) 헌법재판소는 구(舊)교육기본법이 중등교육을 무상의무교육에서 유예한 것은 교육을 받을 권리를 침해한 것이 아니라고 판단하였다.6)

학부모는 교육의 자유를 갖고 자녀의 양육과 교육에 대한 권리를 갖는다. 학부모의 교육권은 교육을 받을 권리를 실질적으로 보장하기 위한 것으로 헌법 제31조 제1항의 교육을 받을 권리에 포함된다는 견해가 있다.7) 학부모의 교육권은 학교선택권, 학교교육과 관련된 정보청구권과 면접권을 포함하여 국가의 간섭으로부터 자유롭게 교육할 수 있는 자유를 의미하므로 교육을 받을 권리에는 포함되지 않는다고 해석된다. 헌법재판소는 학부모의 교육권을 기본권으로 인정하지만, 그 헌법적 근거로는 헌법 제31조 제1항이 아니라 제10조, 제36조 제1항, 제37조 제1항을 제시하였다.8)

---

5) 교육기본법 제8조 제1항, 제2항, 초·중등교육법 제13조.
6) 1991. 2. 11. 90헌가27.
7) 정재황, 헌법학, 1182~1183면.

학부모의 교육권은 국가의 공교육에 대한 권한과 책임, 교사의 수업권, 자녀의 교육을 받을 권리와 충돌할 수 있으므로 서로 조화롭게 실현되어야 한다. 부모의 교육권은 공교육의 영역뿐만 아니라 학교교육 밖의 영역에서 이루어지는 사교육을 포함한다. 사교육은 교육을 받을 권리의 대상에 포함되지 않으므로 사교육의 영역에서는 학부모의 교육권이 국가의 교육권한보다 우선된다. 학부모가 학원에서 자녀에게 과외교습을 받도록 하는 것은 학부모의 교육권에 포함되지만, 학생의 행복추구권이나 학원운영자의 직업의 자유도 함께 고려해야 한다.9)

(2) 국가의 의무교육과 평생교육

헌법 제31조 제3항은 의무교육은 무상으로 한다고 규정한다. 국가가 실시해야 하는 의무교육의 범위는 제2항에서 학부모로 하여금 자녀를 의무적으로 교육을 받게 해야 하는 의무교육이다. 국가는 의무교육의 주체로서 직접 의무교육을 실시해야 하고, 이를 전제로 할 때에만 학부모의 자녀에게 교육을 받게 할 의무를 부과할 수 있다. 헌법이 의무교육의 무상을 규정한 것은 학부모와 학생에게 무상으로 의무교육을 받을 권리를 기본권으로 보장한 것이라는 견해가 있다.10) 헌법은 국가와 학부모에게 의무교육에 대한 헌법적 의무를 부과한 것이지 학부모나 학생의 기본권으로 보장한 것은 아니라고 해석된다.

국가는 의무교육을 무상으로 해야 하므로 의무교육의 대상이 되는 학교의 설립과 운영을 포함하여 의무교육에 필수적으로 요구되는 비용은 국가가 부담해야 하고, 학부모나 학생에게 부담시킬 수 없다. 국가는 수업료, 입학금, 교재, 학교시설의 설립과 유지, 교원의 인건비 등을 무상으로 제공해야 하고 어떠한 명목으로도 학부모에게 부담시킬 수 없다.11) 국공립학교는 물론 의무교육을 위탁받은 사립학교도 의무교육을 받는 자로부터 수업료와 학교운영지원비를 받을 수 없다.12) 하지만, 개인이 국공립학교 대신 사립초등학교를 임의로 선택하여 취학한 경우까지 무상으로 해야 하는 것은 아니다.

---

8) 2009. 4. 30. 2005헌마514.
9) 2016. 5. 26. 2014헌마374.
10) 김하열, 헌법강의, 695~696면.
11) 성낙인, 헌법학, 1534면 ; 2012. 8. 23. 2010헌바220.
12) 초·중등교육법 제12조 제4항.

헌법재판소는 의무교육을 위한 재원은 국가나 지방자치단체가 부담해야 하므로 학교운영지원비를 학생으로부터 징수하는 것은 의무교육의 무상원칙에 위반된다고 하였다.13) 하지만, 교통비와 급식비와 같이 의무교육에 필수불가결한 것이 아닌 것은 국가의 재정상황, 국민의 소득수준, 학부모들의 경제적 수준, 사회적 합의 등을 고려하여 국회가 입법을 통해 결정할 수 있으므로 학교급식과 관련된 비용 중 일부를 학부모가 부담하도록 하는 것은 의무교육의 무상원칙에 위반되지 않는다고 하였다.14)

헌법 제31조 제5항은 국가에게 평생교육을 진흥해야 할 의무를 부과한다. 평생교육은 개인의 자아실현은 물론 국가발전에도 기여하는 것이므로 국가는 평생교육을 실현하기 위한 최소한의 조치를 해야 한다. 평생교육은 청소년교육, 성인교육, 직업교육, 사회교육 등을 포함하고, 국회는 입법을 통해 구체화해야 한다. 교육기본법은 모든 국민에게 평생에 걸쳐 학습하고, 능력과 적성에 따라 교육받을 권리를 보장하고, 평생교육의 이수는 그에 상응하는 학교교육의 이수로 인정한다.15) 국가는 평생교육을 진흥해야 할 의무를 부담하지만, 개인은 이를 근거로 직접 국가에 대해 특정한 평생교육을 요구할 수는 없다.

(3) 교육의 자주성·전문성·정치적 중립성·대학의 자율성

헌법 제31조 제4항은 교육의 자주성·전문성·정치적 중립성·대학의 자율성을 보장한다. 교육의 자주성은 교육의 담당자가 외부의 간섭 없이 교육의 내용과 방법, 학교의 조직과 운영에 대해 스스로 결정할 수 있는 것이고, 교육의 전문성은 교육전문가가 교육정책이나 집행을 담당해야 한다는 것이다. 교육의 정치적 중립성은 교육이 정파적으로 이용되지 않도록 정치가 교육에 부당하게 간섭하지 말고, 교육도 정치에 개입하지 말아야 한다는 것이다. 한편, 대학의 자율성은 대학에서의 연구와 교육을 포함한 대학의 운영을 대학이 자율적으로 결정할 수 있도록 보장하는 것이다.

국가는 교육의 공공성에 기초하여 공교육제도를 채택하고, 학교교육에 대해

---

13) 2012. 8. 23. 2010헌바220.
14) 2012. 4. 24. 2010헌바164.
15) 교육기본법 제3조, 제10조.

일정한 감독과 통제를 할 수 있다. 이때 국가는 특정한 이념이나 사상을 강제로
주입하여 개인의 자유를 억압하고 전체주의를 획책할 위험이 있다. 헌법은 이를
예방하기 위해 교육의 자주성·전문성·정치적 중립성·대학의 자율성을 법률이
정하는 바에 의하여 보장하도록 한다. 교육의 자주성·전문성·정치적 중립성·대
학의 자율성은 서로 밀접하게 관련되므로 통일적이고 체계적으로 해석해야 하며,
교육의 내용뿐만 아니라 교육기관을 운영하고 감독하는 교육행정에서도 보장되어
야 한다.16)

국회는 법률을 통해 교육의 자주성·전문성·정치적 중립성·대학의 자율성의
내용을 구체적으로 규정한다. 국회는 국공립학교, 사립학교, 종립학교와 같은 학
교교육기관의 유형에 따라 그 내용과 한계를 다르게 설정할 수 있지만, 교육의 자
주성·전문성·정치적 중립성과 대학의 자율성을 침해해서는 안 된다. 교육기본법
은 국가와 지방자치단체는 학교운영의 자율성을 존중하고, 교직원·학생·학부모
및 지역주민 등이 법령으로 정하는 바에 따라 학교운영에 참여할 수 있도록 보장
하며, 교육은 정치적·파당적 또는 개인적 편견을 전파하기 위한 방편으로 이용되
어서는 안 된다고 규정한다.17)

(4) 교육제도 등에 대한 입법의무

헌법 제31조 제6항은 학교교육 및 평생교육을 포함한 교육제도와 그 운영,
교육재정 및 교원의 지위에 관한 기본적인 사항을 법률로 정하도록 규정한다. 국
가는 공교육을 사적 영역에만 맡길 수 없으므로 교육제도를 합리적으로 관리하고
감독할 권한과 책무를 갖는다. 공립학교는 물론 사립학교도 학교교육을 통해 공
교육을 담당하므로 일정한 범위에서는 국가의 감독과 통제를 받도록 할 수 있
다.18) 헌법은 국가가 교육제도를 자의적으로 통제할 수 없도록 공교육에 필요한
기본적 사항에 대해 국회가 법률을 통해 정하도록 한 것이다.

교육제도는 교육을 받을 권리를 실효적으로 보장할 수 있도록 교육의 자주
성·전문성·정치적 중립성과 대학의 자율성에도 부합해야 한다. 국회는 교육기본

16) 2009. 9. 24. 2007헌마117.
17) 교육기본법 제5조 제1항, 제3항, 제6조 제1항.
18) 2001. 1. 18. 99헌바63.

법, 유아교육법, 초·중등교육법, 고등교육법, 평생교육법을 제정하여 교육제도와
운영, 교육재정과 교원의 지위에 관한 중요한 사항을 규정한다. 교육제도는 교육
을 받을 권리를 보장하기도 하지만, 교육과 관련된 기본권을 제한하기도 한다. 국
회는 법률을 통해 교육제도 등을 구체화할 수 있지만, 교육을 받을 권리와 학문의
자유를 침해해서는 안 된다.

대법원은 대학교원의 재임용제도는 합리적인 기준과 정당한 평가에 의한 심
사를 받을 권리를 보장하고, 교원의 신분이 부당하게 박탈되지 않도록 하는 최소
한의 보호의무를 규정하지 않으면 제31조 제6항의 교원지위법정주의에 위반된다
고 하였다.[19] 헌법재판소도 사립대학교수의 기간임용제는 교원의 신분이 부당하
게 박탈되지 않도록 최소한의 보호의무를 포함해야 하고, 재임용거부에 대한 객
관적인 기준과 이에 불복할 수 있는 제도를 마련하지 않으면 교원지위법정주의에
위반된다고 하였다.[20]

4. 제한

(1) 위헌심사기준

교육을 받을 권리는 헌법 제37조 제2항에 따라 제한할 수 있는데, 헌법재판
소는 국가에게 적극적인 급부의 제공을 요구하는 사회권에 대해서는 과소보호금
지를 위헌심사기준으로 적용한다. 국회는 입법형성권을 가지고 교육제도의 기본
적 사항을 법률로 규정하여 교육을 받을 권리를 실현할 수 있지만, 헌법이 요구하
는 최소한의 조치를 포함하는 필요한 입법을 전혀 하지 아니하였다든가 그 내용
이 현저히 불합리하여 헌법상 용인될 수 있는 재량의 범위를 명백히 일탈한 때에
는 교육을 받을 권리를 침해하게 된다.

교육을 받을 권리는 능력에 따라 균등하게 교육을 받을 것을 요구할 수 있는
데, 이는 헌법 제11조의 일반적 평등권에 비해 개별적 평등권의 성격을 가진다.
헌법재판소는 헌법이 스스로 차별을 금지하는 기준이나 영역을 제시하는 경우에
는 자의금지원칙이 아니라 비례심사원칙을 적용한다.[21] 이에 따르면, 교육을 받

---

19) 대법원 2004. 4. 22. 2000두7735.
20) 2003. 2. 27. 2000헌바26.

을 권리를 차별하는 경우에는 비례심사원칙을 적용해야 한다. 하지만, 교육을 받을 권리는 단순히 교육의 기회균등만 요구하는 것이 아니라 '능력에 따라' 균등하게 교육을 받을 권리이고, 공교육을 대상으로 하는 공익적 요구가 강하다는 점을 반영하여 심사해야 한다.

국가는 교육의 공공성을 반영하여 능력에 따라 균등한 교육을 실시하기 위해 정책적 판단에 따라 교육에 대해 감독과 통제를 할 수 있고, 이때 개인의 교육을 받을 권리를 제한할 수도 있다. 교육을 받을 권리를 보장하고 제한할 경우에는 개인과 국가의 양면적 관계를 평면적으로만 이해해서는 안 되고, 학부모의 교육권이나 교사의 수업권과도 조화를 이룰 수 있도록 교육과 관련되는 다양한 주체들의 다층적 관계를 입체적으로 고려해야 한다.

(2) 자유권적 성격

교육을 받을 권리는 교육의 자유를 전제로 하고, 학문의 자유와도 밀접하게 관련된다. 교육을 받을 권리 그 자체는 사회권이지만 국가의 부당한 간섭이나 개입을 받지 않고 교육을 받을 수 있는 권리이므로 자유권의 성격도 갖는다. 국가는 공교육을 이유로 교육을 받을 권리를 침해하거나 교육을 받을 권리를 앞세워 교육의 자유나 학문의 자유를 침해해서는 안 된다. 국가는 의무교육을 실시하고, 교육제도의 내용을 구체화하는 과정에서 교육에 개입하거나 간섭하여 교육을 받을 권리를 제한할 수 있다. 이때에는 과잉제한금지원칙을 적용하여 헌법적 정당성을 심사해야 한다.

헌법재판소는 사립학교를 설립하고 경영하는 사학의 자유는 헌법 제31조 제1항 등으로부터 도출되는데, 사립학교에서 학교운영위원회를 구성하고, 개방이사제나 사학분쟁조정위원회를 운영하도록 하는 것은 사학의 자유를 침해하지 않는다고 하였다.[22] 또한, 중·고등학교의 평준화정책에 따라 거주지를 기준으로 추첨배정제를 실시하는 것은 학부모의 학교선택권을 침해하는 것이 아니며,[23] 국가가 교과서를 국정을 할 것인지 검인정제로 할 것인지를 재량으로 결정할 수

---

21) 1999. 12. 23. 98헌마363.
22) 2013. 11. 28. 2009헌바206.
23) 2012. 11. 29. 2011헌마827.

있으므로 국정교과서제도를 채택하더라도 교육의 자주성을 침해하지 않는다고 판단하였다.24)

헌법재판소는 초·중등학교 교사가 정당의 결성에 관여하거나 이에 가입하는 행위를 금지한 것은 정당가입의 자유나 평등원칙을 침해하지 않지만, '그 밖의 정치단체'의 결성에 관여하거나 이에 가입할 수 없도록 제한하는 것은 명확성의 원칙에 위반될 뿐만 아니라 정치적 표현의 자유와 결사의 자유를 침해한다고 판단하였다.25) 하지만, 공무원은 물론 초·중등학교 교사도 그 직무수행에서 정치적 중립성을 해칠 위험이 없는 경우에는 정치활동을 보장하는 것이 타당하다.

제 2 절 근로의 권리

1. 규범적 의미

(1) 헌법규정

헌법 제32조 제1항은 "모든 국민은 근로의 권리를 가진다. 국가는 사회적·경제적 방법으로 근로자의 고용의 증진과 적정임금의 보장에 노력하여야 하며, 법률이 정하는 바에 의하여 최저임금제를 시행하여야 한다"라고 규정하여 근로의 권리를 사회권으로 보장한다. 제2항은 "모든 국민은 근로의 의무를 진다. 국가는 근로의 의무의 내용과 조건을 민주주의원칙에 따라 법률로 정한다"라고, 제3항은 "근로조건의 기준은 인간의 존엄성을 보장하도록 법률로 정한다"라고 규정한다.

제32조 제4항은 "여자의 근로는 특별한 보호를 받으며, 고용·임금 및 근로조건에 있어서 부당한 차별을 받지 아니한다"라고, 제5항은 "연소자의 근로는 특별한 보호를 받는다"라고, 제6항은 "국가유공자·상이군경 및 전몰군경의 유가족은 법률이 정하는 바에 의하여 우선적으로 근로의 기회를 부여받는다"라고 규정한다. 헌법은 다른 기본권과는 달리 근로의 권리에서는 일정한 범위의 근로자에 대해 특별히 보호할 것을 규정하여 국가에게 특별한 의무를 부과한다.

---

24) 1992. 11. 12. 89헌마88.
25) 2020. 4. 23. 2018헌마551.

1948년 건국헌법은 근로의 권리를 기본권으로 보장하고, 근로의무도 함께 규정하였다. 또한, 근로조건의 기준은 법률로써 정하고, 여자와 소년의 근로는 특별한 보호를 받도록 규정하였다. 특히, 사기업에서 일하는 근로자에게 법률의 정하는 바에 의하여 이익의 분배에 균점할 권리를 인정하였다. 1962년 헌법은 자유시장경제질서를 강화하면서 근로자의 이익분배균점권을 삭제하였다. 현행헌법은 근로의 권리를 기본권으로 보장하면서 근로의무와 근로조건에 대해 직접 헌법적 기준을 제시하고, 일정한 범위의 근로자를 특별히 보호할 것을 규정한다.

(2) 법적 성격

(가) '근로'의 개념

근로란 개인이 사용자로부터 임금을 받는 대가로 정신적·육체적 노동을 제공하는 것을 말한다. 개인은 근로를 통해 물질적 생존의 기초가 되는 임금을 확보하고, 자신의 적성과 능력에 맞는 직업활동을 통해 인격적 정체성을 형성한다. 근로의 권리는 거주·이전의 자유, 직업의 자유, 재산권과 같은 사회적 경제활동의 자유와 밀접하게 관련되며, 국가의 경제질서를 형성하는 기초가 된다. 근로는 단순히 개인적 차원에 머무르지 않고 사회적·국가적 차원에서도 헌법적 가치를 실현하는 공적 성격을 갖는다.

개인의 근로관계는 사용자와 근로자의 자유로운 계약을 통해 형성되고, 헌법은 계약의 자유, 직업선택의 자유, 재산권을 보장함으로써 사용자와 근로자의 자율적인 근로계약을 보호한다. 근로의 권리는 개인이 국가에 직접 고용되어 근로할 것을 요구하는 것이 아니라 사적 영역에서 사용자에 의해 고용되어 근로할 수 있도록 국가에게 요구하는 것이다. 헌법은 근로의 공적 특징을 고려하여 근로의 권리를 사회권으로 보장하여 국가에게 특별한 헌법적 의무를 부과하고, 개인에게는 근로의무를 부과한다.

(나) 근로의 자유와 조화

근로의 권리는 국가에게 적극적인 급부를 요구하는 사회권이지만, 근로의 자유를 전제로 한다. 근로의 자유는 개인이 국가의 개입이나 간섭을 받지 않고 근로의 내용과 방식을 스스로 선택하여 자신의 의사에 따라 자신이 원하는 근로를 하

는 권리이다. 근로의 자유는 자율적인 근로계약과 직업선택의 자유를 통해 실현
된다. 근로의 권리는 근로의 자유를 실질적으로 보장하기 위한 것이므로 국가가
적극적으로 근로의 권리를 보장한다는 이유로 근로의 자유를 침해해서는 안 된
다. 헌법재판소도 근로의 권리는 근로의 자유를 포함한다고 판단하였다.[26]

근로의 권리는 국가에게 사적 영역에서 이루어지는 근로관계에 개입하여 근
로의 기회를 제공할 것을 요구하는 권리이다. 국가는 이에 대응하여 근로의 자유
를 실현할 수 있도록 적극적인 급부를 제공해야 할 헌법적 의무를 부담한다. 하지
만, 국가는 모든 국민을 직접 고용할 수는 없고, 사용자로 하여금 근로자를 고용
하도록 여건과 환경을 조성함으로써 근로기회를 제공해야 한다. 근로의 권리는
사용자나 다른 근로자의 기본권을 제한하는 결과를 초래할 수 있기 때문에 근로
자, 사용자, 국가의 다층적 관계를 입체적으로 고려하여 이해관계를 조정하여 보
장되어야 한다.

(3) 헌법 제32조 제1항 제2문 내지 제6항과 관계

헌법은 제32조 제1항 제1문에서 근로의 권리를 보장하고, 제2문 내지 제6항
에서는 근로의 권리를 실질적으로 보장할 수 있도록 국가적 차원에서 근로에 관
한 제도를 마련할 과제와 의무를 부과한다. 이는 근로의 권리를 실질화하기 위한
것이지만 그 자체가 근로의 권리에 포함되거나 독자적인 기본권으로 보장되는 것
은 아니라고 해석된다. 국가의 헌법적 의무는 근로의 권리가 침해되었는지 여부
를 심사할 때 중요한 요소로 반영될 수 있지만, 그 자체가 기본권으로 보장되는
것은 아니다.

개인은 제32조 제1항 제2문 내지 제6항을 근거로 직접 국가에게 고용의 증
진, 적정임금의 보장, 최저임금제를 요구할 수 없으며, 여자, 연소자, 국가유공자
등을 특별히 보호할 것을 요구할 수는 없다. 국가가 그 헌법적 의무를 위반하면
위헌이지만, 이를 위반하였다고 해서 그 자체가 근로의 권리를 침해하는 것은 아
니다. 이는 헌법재판의 유형과 그 위헌심사기준을 확정할 때 중요한 의미가 있다.
개인은 기본권의 침해에 대해서만 헌법소원을 청구할 수 있고, 기본권의 제한을
정당화하는지에 대한 위헌심사기준으로 과잉제한금지원칙을 적용하기 때문이다.

---

26) 2015. 5. 28. 2013헌마619.

2. 내용

(1) 근로기회의 제공

국가는 근로의 자유를 방해하지 말아야 할 뿐만 아니라 적극적으로 모든 국민이 근로할 수 있도록 근로기회를 제공해야 한다. 근로의 권리는 근로의 의사와 능력이 있음에도 근로하지 못하는 자가 국가에게 근로의 기회를 제공할 것을 요구하는 권리이다. 헌법은 자본주의에 기초한 시장경제질서를 기본으로 채택하므로 국가가 근로기회를 제공하는 것을 넘어 개인에게 근로를 하도록 강요하거나 사용자로 하여금 근로관계를 맺도록 강제할 수는 없다.

국가는 근로자의 의사와 능력을 기초로 균등하게 근로기회를 제공하기 위해 근로여건을 조성해야 하지만, 근로의 권리를 이유로 사용자의 기본권이나 근로의 자유를 침해하지 않도록 유의해야 한다. 사용자도 국민으로서 행복추구권, 직업선택의 자유, 재산권을 가지며, 근로의 권리는 근로의 자유를 실질적으로 보장하기 위한 것이다. 헌법재판소는 개인은 국가에게 근로의 기회를 증진하기 위한 사회적·경제적 정책을 요구할 수 있을 뿐, 국가에게 직접 일자리를 청구하거나 근로의 기회를 거부하고 그 대신 실업보험금이나 생계비의 지급을 청구하는 것을 보장하는 것은 아니라고 판단하였다.[27]

(2) 일할 환경에 관한 권리

근로의 권리는 국가에게 근로기회를 제공할 것을 요구하는 '일할 자리에 관한 권리'이지만, 국가가 형식적으로 근로기회를 제공하는 것만으로는 충분하지 않다. 국가가 제공하는 근로의 내용과 환경이 최소한 인간의 존엄과 가치를 실현할 수 있는 수준이 되도록 근로환경에 대한 정책을 수립하고 법률을 통해 그에 대한 규범적 기준을 마련해야 한다. 근로의 권리가 실질적으로 보장되기 위해서는 근로에 대한 정당한 보수, 합리적인 근로조건의 보장과 같이 건강한 작업환경이 유지되어야 하므로 '일할 환경에 관한 권리'도 근로의 권리에 포함된다.

헌법이 국가에게 고용의 증진, 적정임금의 보장, 최저임금제, 남녀의 부당한

---

27) 2011. 7. 28. 2009헌마408 ; 성낙인, 헌법학, 1548면 ; 장영수, 헌법학, 850~851면 ; 허영, 한국헌법론, 589면.

차별의 금지, 연소자의 특별한 보호를 헌법적 의무로 부과하는 것도 일할 환경에 대한 권리를 보장하기 위한 것이다. 하지만, 일할 환경에 관한 구체적인 내용은 일차적으로 사용자와 근로자가 자율적으로 결정하고, 국가는 인간의 존엄성을 보장하도록 최소한의 규범적 기준을 정할 수 있을 뿐이다. 헌법재판소는 근로의 권리는 일할 환경에 관한 권리를 포함하고, 이는 인간의 존엄성에 대한 침해를 방어하기 위한 자유권적 성격도 가지므로 외국인 근로자도 그 기본권의 주체가 될 수 있다고 판단하였다.[28]

(3) 부당해고의 금지

국가가 개인에게 근로기회를 제공하더라도 사용자가 근로자를 일방적으로 해고하면 근로의 권리가 실현될 수 없다. 근로의 권리는 근로관계의 유지를 통해 일자리의 존속을 보장해야 보장될 수 있으므로 사용자에 의해 부당하게 해고를 당하지 않을 권리도 일할 환경에 관한 권리에 포함된다.[29] 국가는 사용자가 부당하게 근로자를 해고하지 않도록 적절하게 감독하고 통제해야 하고, 이에 필요한 최소한의 조치를 하지 않으면 근로의 권리를 침해하게 된다. 근로의 권리는 사용자의 부당한 해고를 금지하는 것이므로 사용자가 정당한 사유로 근로자를 해고하는 것은 인정된다.

부당해고의 금지는 근로의 권리가 아니라 직업선택의 자유에 포함된다는 견해가 있다.[30] 하지만, 직업선택의 자유만으로는 사용자의 부당해고를 금지하기 어려우며, 국가가 적극적으로 개입하여 규율해야 한다. 이때 국가는 사용자의 영업의 자유나 재산권도 함께 고려하여 해고의 부당성을 판단해야 한다. 국가는 법률을 통해 근로관계의 존속에 대한 규범적 기준을 제시하지만, 사용자와 근로자의 계약에 직접 개입하여 근로관계를 강제해서는 안 된다. 헌법재판소는 근로자가 자신이 선택한 직장의 존속보호나 조직의 통폐합에 따른 고용승계를 국가에 직접 청구할 수 있는 것은 아니라고 판단하였다.[31]

---

28) 2007. 8. 30. 2004헌마670.
29) 김하열, 헌법강의, 709면.
30) 한수웅, 헌법학, 1039~1040면.
31) 2002. 11. 28. 2001헌바50.

3. 근로의 권리를 보장하기 위한 헌법적 의무

(1) 고용증진과 적정임금의 보장, 최저임금제

헌법 제32조 제1항 제2문은 국가에게 사회적·경제적 방법으로 근로자의 고용의 증진과 적정임금의 보장에 노력하고, 최저임금제를 시행할 헌법적 의무를 부과한다. 이는 근로의 권리를 실질적으로 보장하기 위한 것이지만, 국가가 직접 근로자를 고용하거나 사용자와 근로자의 근로관계에 개입하여 적정임금을 확정할 수는 없다. 국가는 '사회적·경제적 방법으로' 고용의 기회를 증진하고 적정임금이 보장될 수 있도록 노력해야 한다. 특히, 국가는 '법률이 정하는 바에 의하여' 최저임금제를 시행해야 하므로 법률로 최저임금제를 규정해야 한다.

근로자의 고용증진, 적정임금의 보장, 최저임금제의 시행은 그 자체가 독자적 기본권인 것은 아니다. 국가가 그 헌법적 의무를 위반하면 위헌이지만, 개인이 국가에게 직접고용증진, 적정임금의 보장, 최저임금제를 직접 기본권으로 주장할 수는 없다. 국회가 법률을 통해 구체적인 내용을 결정하면서 개인에게 법적 권리를 부여한 경우에는 법률적 권리로 보호될 수는 있다. 헌법재판소도 근로자가 최저임금을 청구할 수 있는 권리는 최저임금법과 같은 법률이 구체적으로 정하는 바에 따라 비로소 인정될 수 있을 뿐, 근로의 권리에 의해 직접 보장되는 것은 아니라고 판단하였다.[32]

(2) 근로의무와 민주주의원칙

헌법 제32조 제2항은 국민에게 근로의무를 부과하고, 그 내용과 조건을 민주주의원칙에 따라 법률로 정하도록 규정한다. 헌법은 근로의 공익적 성격을 반영하여 근로의무를 헌법적 의무로 규정하지만, 헌법은 직업선택의 자유와 근로의 자유를 기본권으로 인정하고 강제노역을 금지하므로 근로의무를 법적으로 강제할 수는 없다. 근로의 능력이 있음에도 불구하고 근로하지 않는 자는 윤리적으로 비난받을 수 있어도 국가가 법적으로 근로를 강제할 수는 없다.

국가는 헌법을 근거로 직접 근로의무를 부과할 수는 없고, 법률에 그 요건과

---

32) 2012. 10. 25. 2011헌마307.

내용을 구체적으로 규정함으로써 법률적 의무를 부과할 수 있을 뿐이다. 근로의무
는 근로의 자유를 제한하는 것이므로 기본권의 제한을 통해서만 정당화된다. 이때
에도 근로의무의 내용과 조건은 반드시 민주주의원칙에 따라야 한다. 국가는 물론
사용자나 근로자가 일방적으로 근로의무의 내용과 조건을 결정해서는 안 되고, 다
양한 가치와 이해관계를 반영할 수 있도록 민주적으로 소통하고 조정해야 한다.

(3) 근로조건의 기준

헌법 제32조 제3항은 근로조건의 기준은 인간의 존엄성을 보장하도록 법률
로 정하도록 규정한다. 근로조건이란 임금과 그 지불방법, 근로시간과 휴식시간,
휴일, 안전시설과 위생시설, 재해보상 등 근로계약에 의해 근로자가 근로를 제공
하고 임금을 수령하는 것에 관한 조건을 말한다. 근로조건은 사용자와 근로자가
사적 자치에 따라 자율적으로 결정하지만, 헌법은 국가가 적극적으로 개입하여
근로조건의 기준을 법률로 정할 수 있는 헌법적 근거를 마련하였다.

근로조건의 기준은 인간의 존엄성을 보장하도록 해야 한다. 근로조건은 근로
자와 그 가족이 건강하고 문화적인 생활을 할 수 있는 최소한의 물질적 급부를
제공할 수 있는 정도가 되어야 한다. 헌법이 규정하는 적정임금의 보장이나 최저
임금제도 근로조건에 포함되므로 국회는 법률을 통해 인간의 존엄성을 보장하도
록 최소한의 기준을 구체화해야 한다. 국회는 경제적·사회적 상황이나 역사적 현
실을 고려하여 근로조건의 기준을 결정할 입법형성권을 가지므로 근로조건의 기
준이 현저히 불합리하여 헌법상 용인될 수 있는 입법재량의 범위를 명백히 일탈
한 경우에만 위헌이 된다.[33]

근로기준법은 임금, 근로시간과 휴식, 안전과 보건, 기능습득, 재해보상, 기
숙사는 물론 직장 내 괴롭힘의 금지와 같은 다양한 근로조건을 구체적으로 규정
한다. 근로자는 근로기준법에 따라 근로조건에 대해 일정한 법적 권리를 가지지
만, 이는 헌법적 기본권이 아니라 법률적 권리에 해당한다. 다만, 일정한 근로조
건이 일할 환경에 관한 권리로서 근로의 권리에 포함되는 경우는 기본권의 내용
에 포섭될 수 있다. 이는 헌법 제32조 제1항의 근로의 권리의 개념과 보호영역을
확정하는 과정에서 결정되며, 헌법 제32조 제3항에 따라 기본권으로 보장되는 것

---

33) 2011. 7. 28. 2009헌마408.

은 아니다.

(4) 근로에 대한 특별한 보호

헌법 제32조는 일정한 근로자에 대해 특별하게 보호할 것을 규정한다. 이는 근로의 영역에서 경제적 약자가 구조적으로 부당하게 차별받은 역사적 현실을 제도적으로 개선함으로써 실질적 평등을 실현하기 위한 것이다. 헌법 제11조는 일반적 평등권을 통해 개인이 부당하게 차별적으로 취급당하지 않도록 보장하지만, 헌법 제32조 제4항 내지 제6항은 이에 더하여 일정한 근로자에 대해서는 개별적 평등을 통해 특별하게 보호한다. 이는 평등권의 제한에 대한 위헌심사기준에 반영된다는 점에서 중요한 의미가 있다.

첫째, 헌법은 여자의 근로를 특별히 보호하는 한편, 고용·임금 및 근로조건에서 부당한 차별을 하지 말 것을 요구한다. 여자의 근로에 대해 고용·임금 및 근로조건에서 남자의 근로와 부당한 차별을 하지 말 것을 규정하는 것에 그치지 않고, 여자의 근로를 특별히 보호할 것을 요구한다. 근로기준법은 여성근로에 대해 출산휴가나 육아시간 등을 통해 특별히 보호할 것을 규정하고, '남녀고용평등과 일·가정 양립 지원에 관한 법률'도 여성을 적극적으로 고용하고 지원할 것을 규정한다.[34]

둘째, 헌법은 연소자의 근로를 특별히 보호할 것을 요구한다. 이는 사용자가 연소자의 노동력을 저임금으로 착취하는 것을 방지하고, 행위능력이 약한 연소자의 법적 지위를 보호하기 위한 것이다. 근로기준법은 사용자는 15세 미만의 사람을 근로자로 사용하지 못하고, 친권자나 후견인은 미성년자의 근로계약을 대리할 수 없도록 규정한다. 또한, 미성년자는 독자적으로 임금을 청구할 수 있으며, 근로시간, 야간근로와 휴일근로, 갱내근로 등에서도 특별히 보호할 것을 규정한다.[35]

셋째, 헌법은 국가유공자·상이군경 및 전몰군경의 유가족은 우선적으로 근로의 기회를 받는다고 규정하고, 국회에게 '법률이 정하는 바에 의하여' 구체적인 내용을 규정하도록 위임한다. '국가유공자 등 예우 및 지원에 관한 법률'은 국가

---

34) 근로기준법 제5장, 남녀고용평등과 일·가정 양립 지원에 관한 법률 제2장, 제3장, 제3장의2.
35) 근로기준법 제64조, 제66조, 제67조, 제68조, 제69조, 제70조, 제72조.

유공자 등에 대해 우선적 근로기회의 제공과 지원에 대해 자세히 규정한다. 헌법
재판소는 우선적으로 근로의 기회를 부여하는 대상인 국가유공자·상이군경 및
전몰군경의 유가족이란 '국가유공자', '상이군경'과 '전몰군경의 유가족'만 의미하
고, 국가유공자와 상이군경의 유가족은 제외된다고 판단하였다.[36]

4. 제한

(1) 위헌심사기준

근로의 권리는 헌법 제37조 제2항에 따라 제한할 수 있는데, 헌법재판소는
과소보호금지를 위헌심사기준으로 적용한다. 헌법재판소는 국회가 입법형성권을
가지고 근로의 권리를 실현하는 다양한 수단을 구체적으로 결정할 수 있지만, 헌
법이 요구하는 최소한의 조치를 포함하는 필요한 입법을 전혀 하지 아니하였다든
가 그 내용이 현저히 불합리하여 헌법상 용인될 수 있는 재량의 범위를 명백히
일탈한 때에는 근로의 권리를 침해한다고 하였다.[37]

헌법은 여자의 근로에 대해서는 고용·임금 및 근로조건에서 부당한 차별을
금지하면서도 특별한 보호를 함께 규정한다. 헌법재판소가 평등권의 제한에서 위
헌심사기준으로 채택하는 자의금지원칙와 비례심사원칙을 적용할 때에는 여자의
근로에 대한 헌법적 취지를 반영해야 한다. 헌법은 연소자의 근로도 특별히 보
호하고, 국가유공자·상이군경 및 전몰군경의 유가족에게도 우선적으로 근로기회
를 부여하도록 규정한다. 이는 차별적 취급을 금지하는 것이 아니라 오히려 차별
적 취급을 통해 실질적 평등을 실현하기 위한 것이라는 점도 반영해야 한다.

(2) 자유권의 성격

근로의 권리는 근로의 자유를 전제로 하고, 직업선택의 자유와 밀접하게 관
련되고 서로 중복되기도 한다. 근로의 권리 그 자체는 사회권이지만 국가의 부당
한 간섭이나 개입을 받지 않고 근로할 수 있는 권리이므로 자유권의 성격도 갖는
다. 근로의 권리를 보장한다는 이유로 근로의 자유나 직업선택의 자유를 침해해

---

36) 2012. 11. 29. 2011헌마533.
37) 2021. 8. 31. 2018헌마563.

서는 안 된다. 국가는 근로의 권리를 구체화하는 과정에서 근로의 자유, 직업선택의 자유를 제한할 수 있고, 법률을 통해 근로의무를 부과하면서 근로의 권리를 제한할 수도 있다. 이때에는 과잉제한금지원칙을 적용하여 헌법적 정당성을 심사해야 한다.

헌법재판소는 사용자가 근로관계를 종료하기 전에 해고예고를 하는 것은 인간 존엄성을 보장하기 위한 최소한의 근로조건에 해당한다고 전제하고, 근무기간이 6개월 미만인 월급근로자에 대해 해고예고를 적용하지 않는 것은 근로의 권리를 침해한다고 하였다.38) 한편, 사용자가 2년을 초과하여 기간제 근로자를 사용할 수 없도록 한 것은 기간제 근로자의 계약의 자유를 침해한 것이 아니며,39) 일정한 범위의 사업장을 산업재해보상보험법의 적용대상에서 제외하거나 근로기준법의 전면적 적용대상을 5인 이상의 근로자를 사용하는 사업장에 한정한 것은 근로의 권리나 평등권을 침해하지 않는다고 하였다.40)

제 3 절   근로3권

1. 규범적 의미

(1) 헌법규정

헌법은 근로의 권리와는 별도로 근로자의 단결권, 단체교섭권, 단체행동권을 근로3권으로 규정한다. 헌법 제33조 제1항은 "근로자는 근로조건의 향상을 위하여 자주적인 단결권·단체교섭권 및 단체행동권을 가진다"라고 규정한다. 제2항은 "공무원인 근로자는 법률이 정하는 자에 한하여 단결권·단체교섭권 및 단체행동권을 가진다"라고, 제3항은 "법률이 정하는 주요방위산업체에 종사하는 근로자의 단체행동권은 법률이 정하는 바에 의하여 이를 제한하거나 인정하지 아니할 수 있다"라고 규정한다.

---

38) 2015. 12. 23. 2014헌바3.
39) 2013. 10. 24. 2010헌마219.
40) 1996. 8. 29. 95헌바36 ; 2019. 4. 11. 2017헌마820.

1948년 건국헌법은 근로자의 단결권, 단체교섭권, 단체행동권을 기본권으로
보장하였고, 1962년 헌법은 공무원인 근로자에 대해 근로3권을 제한할 수 있는
근거를 규정하였으며, 1972년 헌법은 국민경제에 중대한 영향을 미치는 사업체에
종사하는 근로자의 단체행동권을 제한할 수 있는 근거를 규정하였다. 현행헌법은
제32조에서 근로의 권리를 기본권으로 보장하면서 제33조에서 근로3권을 별도로
규정하고, 공무원의 근로3권과 주요방위산업체에 종사하는 근로자의 단체행동권
을 제한할 수 있는 근거를 직접 규정한다.

(2) 법적 성격

(가) 근로자의 권리

근로3권은 근로자가 근로조건의 향상을 위해 국가에게 사용자와 대등한 협
상을 할 수 있는 제도를 마련해 줄 것을 요구하는 권리이다. 근로자는 근로의 자
유를 전제로 근로의 권리를 기본권으로 갖지만, 현실적으로 사용자와 관계에서
대등한 지위에서 근로계약을 체결할 수 있어야 근로의 권리를 실현할 수 있다. 근
로3권은 근로자의 법적 지위와 이익을 향상시켜 근로의 자유와 근로의 권리를 실
질적으로 보장하기 위한 것이다. 근로3권은 근로자가 국가의 간섭이나 영향을 받
지 않고 자주적으로 단체를 결성하고, 단체협약을 체결하기 위해 사용자와 교섭
하며, 단체행동을 할 수 있는 자유를 보호한다.

근로3권의 주체인 근로자는 사용자에 종속되어 정신적·육체적 노동을 제
공하고 그 대가로 임금이나 급료를 받아 생활하는 사람을 말한다. 근로3권은 사
용자와의 관계를 규율하는 것이므로 현실적으로 사용자에게 고용되어 근로하는
자뿐만 아니라 실업상태에 있으면서 구직을 하는 자도 그 주체가 된다.[41] 또한,
외국인과 공무원도 근로자에 해당하면 근로3권의 주체가 된다. 하지만, 자영업
자는 비록 경제적이나 사회적으로 약자에 해당하더라도 근로3권의 주체가 될
수 없다.

국회는 '노동조합 및 노동관계조정법'을 통해 근로3권을 규율하는데, 그 적용
대상이 되는 근로자는 근로기준법이 적용되는 근로자와는 그 범위가 다르다는 것

---

41) 대법원 2015. 6. 25. 2007두4995.

을 유의해야 한다. 근로기준법은 근로조건의 기준을 정하므로 근로자란 '직업의
종류와 관계없이 임금을 목적으로 사업이나 사업장에 근로를 제공하는 사람'으로
서 현실적으로 취업하고 있는 자만 포함된다.[42] 하지만, '노동조합 및 노동관계조
정법'은 근로3권을 보장하므로 근로자는 '직업의 종류를 불문하고 임금·급료 기
타 이에 준하는 수입에 의하여 생활하는 자'로서 잠재적으로 노동을 제공하는 자
도 포함된다.[43]

근로3권의 주체가 되는 근로자인지 여부는 그 형식이 아니라 실질적 근로
관계를 기준으로 판단해야 한다. 형식적으로는 독립적 사업자로서 위임계약이나
도급계약을 체결하였더라도 실질적으로 노무를 제공하고 보수를 받는 특수형태
의 근로자도 근로3권의 주체가 된다. 대법원은 학습지교사는 근로기준법상의 근
로자에는 해당하지 않지만, 소득이 사용자에게 주로 의존하고 노무제공이 지속
적이고 전속적이며, 사용자의 지휘·감독에 따라 노무를 제공한 대가로 수입을
얻고 있으므로 근로3권의 주체인 근로자에 해당한다고 판단하였다.[44]

(나) 독자적 기본권

헌법 제33조 제1항은 근로자의 단결권, 단체교섭권, 단체행동권을 근로3권으
로 보장한다. 근로3권은 근로의 권리와 밀접하게 관련되고 근로의 권리를 실질적
으로 보장하기 위한 것이지만, 헌법은 근로의 권리나 근로의 자유와는 구별하여
독자적인 기본권으로 보장한 것이다. 따라서 근로3권을 보장하지 않으면 근로3권
을 침해하는 것이지 그 자체가 근로의 권리를 침해하는 것은 아니며, 근로3권을
제한하는 것이 헌법적으로 정당화되는 경우에도 이와는 별도로 근로의 권리를 침
해할 수는 있다.

근로3권은 '근로조건의 향상'을 매개로 하여 통일적으로 이해해야 한다. 근로
3권은 자주적으로 근로조건의 향상을 실현하기 위한 것이므로 단체교섭권이 핵심
이고, 단결권은 단체교섭권의 전제적 조건이 되며, 단체행동권은 단체교섭권을 실
효적으로 행사하기 위한 수단으로 기능한다. 단결권, 단체교섭권, 단체행동권은
각각 독자적인 기능이 있는 별개의 개별적 기본권이므로 어느 하나를 전면적으로

---

42) 근로기준법 제2조 제1호.
43) 노동조합 및 노동관계조정법 제2조 제1호.
44) 대법원 2018. 6. 15. 2014두12598.

부정하면 위헌이라는 견해가 있다.[45] 하지만, 근로3권은 단일한 기본권이며, 단결권, 단체교섭권, 단체행동권은 근로조건의 향상을 목적으로 하는 단일한 기본권의 내용을 구성하는 요소라고 해석해야 한다.[46]

2. 내용

(1) 단결권

단결권은 근로자가 근로조건을 개선하거나 유지하기 위해 사용자와 협상할 단체를 결성하고 유지하는 권리이다. 근로자는 단결권을 가지므로 단체를 결성, 가입, 선택, 운영할 수 있는 권리를 가진다. 근로자의 단결권은 헌법 제21조의 결사의 자유에도 포함되고 결사의 자유에 대해 특별법적 관계를 가지며, 기본권 경합이 발생할 수 있다. 사용자도 근로자의 단체에 대항하여 자유롭게 단체를 결성할 수 있지만, 이는 근로3권에 포함되는 단결권이 아니라 헌법 제21조에서 규정하는 결사의 자유로 보장된다.

단결권은 근로자가 단체를 결성, 가입, 선택하고 운영하는 권리이다. 근로자가 결성하는 단체는 노동조합이 대표적이지만 반드시 이에 국한되지 않고 그 이외의 단체를 결성할 수도 있다. 근로자는 복수의 노동조합이나 단체를 설립하고, 그 조직을 변경할 수도 있다. 개별적 근로자뿐만 아니라 단체 자체도 단결권의 주체가 되고, 노동조합의 유형을 산업별, 직종별, 기업별로 할 것인지 여부도 자유롭게 결정할 수 있다. 사용자가 노동조합의 가입을 이유로 근로자를 해고하거나 노동조합에 가입하지 않을 것을 조건으로 근로자를 채용하는 것은 단결권을 침해하는 부당노동행위에 해당한다.

근로자는 근로의 자유를 가지므로 스스로 단체를 결성하지 않고, 가입한 단체를 해산하거나 탈퇴할 자유도 기본권으로 보장되어야 한다. 하지만, 소극적 단결권은 단결권이 아니라 결사의 자유나 행복추구권의 내용인 일반적 행동자유권에 포함되는 것으로 해석해야 한다. 헌법재판소도 소극적 단결권은 근로3권이 아니라 일반적 행동의 자유권이나 결사의 자유에 해당하며, 사용자와 근로자가 단

---

45) 정재황, 헌법학, 1211면.
46) 2009. 10. 29. 2007헌마1359.

체협약을 체결하면서 노동조합의 가입을 고용조건으로 하는 '유니온 샵 조항'을 포함시킨 것은 소극적 단결권을 침해하지 않는다고 판단하였다.[47]

단체는 근로조건의 향상을 위한 목적이 있어야 한다. 헌법이 근로자에 대해 단결권을 기본권으로 보장하는 것은 '근로조건의 향상을 위하여' 특별히 보장하기 위한 것이다. 근로자는 다양한 목적으로 단체를 결성할 수 있지만, 근로조건의 향상을 위한 단체만 단결권의 대상이 된다. 근로조건의 향상과 무관한 단체를 결성하는 것은 결사의 자유에 해당할 뿐이다. 헌법재판소는 노동조합이 근로자의 근로조건과 경제조건의 개선이라는 목적을 벗어나 정치적 의사를 표명하거나 정치적으로 활동하는 경우에는 단결권이 아니라 표현의 자유, 행복추구권의 내용인 일반적인 행동자유권으로 보호받을 뿐이라고 하였다.[48]

근로자는 자주적으로 단체를 결성하고, 운영해야 한다. 근로자는 '자주적인' 단결권을 가지므로 국가나 사용자가 단체의 결성이나 운영에 개입해서는 안 된다. 사용자가 단체협약에 따라 근로시간이 면제되는 노조전임자에게 과다한 급여를 지급하는 것은 노조에 대한 지원행위나 노조운영비의 원조행위에 해당하여 부당노동행위에 해당한다.[49] 다만, 헌법재판소는 노동조합의 자주성을 저해할 위험이 없는 경우에도 사용자가 노동조합의 운영비를 지원하는 행위를 일률적으로 금지하는 것은 단체교섭권을 침해한다고 판단하였다.[50]

(2) 단체교섭권

단체교섭권은 근로자단체가 소속 근로자를 위해 사용자나 사용자단체와 근로조건의 향상을 위해 자주적으로 교섭할 수 있는 권리이다. 단체교섭권의 주체는 개별 근로자가 아니라 노동조합과 같은 근로자단체이고, 그 상대방은 사용자나 사용자단체이다. 단체교섭권은 단체교섭권뿐만 아니라 단체협약체결권을 포함하며, 단체협약이 체결되면 이는 노사관계를 규율하는 자치규범으로 기능한다. 사용자가 정당한 이유 없이 단체교섭을 거부하면 부당노동행위가 되므로 사용자는 불법행위의 책임을 져야 하고, 이는 근로자가 쟁의행위를 할 수 있는 정당한 사유

47) 2005. 11. 24. 2002헌바95.
48) 1999. 11. 25. 95헌마154.
49) 대법원 2018. 5. 15. 2018두33050.
50) 2018. 5. 31. 2012헌바90.

가 된다.

단체교섭권도 근로조건의 향상을 위해서만 인정된다. 근로조건의 향상을 목적으로 하지 않고 영업양도, 정리해고, 조직의 통폐합에 따른 구조조정과 같이 경영권에 속하거나 정치적 쟁점이 되는 사항은 단체교섭권의 대상이 되지 않는다. 다만, 근로조건과 밀접하게 관련되거나 중대한 영향을 미치는 경우에는 단체교섭권의 대상이 될 수 있다. 대법원은 정리해고와 같이 사용자의 경영권에 속하는 사항은 원칙적으로 단체교섭의 대상이 될 수 없지만, 긴박한 경영상의 필요나 합리적인 이유없이 불순한 의도로 추진된다는 등의 특별한 사정이 있는 경우에는 쟁의행위를 할 수 있다고 판단하였다.51)

근로자단체는 단체교섭권을 자주적으로 행사해야 하고, 국가나 사용자가 개입해서는 안 된다. 노동조합의 대표자는 단체교섭권뿐만 아니라 교섭결과에 따라 단체협약체결권도 가지며, 노동조합의 대표자나 수임자가 조합원 총회의 결의를 거칠 것을 조건으로 단체교섭을 하는 것은 사실상 단체협약체결권을 형해화하는 것이므로 사용자는 단체교섭을 거부할 수 있다.52) 또한, 복수노조가 설립된 경우에 단체교섭의 효율성을 높이고자 교섭창구를 단일화하여 교섭대표가 된 노동조합에만 단체교섭권을 부여하는 것은 단체교섭권을 침해하지 않는다.53)

(3) 단체행동권

단체행동권은 단체교섭에 실패하여 근로조건에 관해 노사간 분쟁이 발생한 경우에 근로자들이 집단적으로 행동할 수 있는 권리이다. 근로자의 단체행동권은 집단적인 실력행사를 수반하게 되므로 사용자의 정상적인 사업운영을 방해할 수 있다. 한편, 사용자는 근로자의 쟁의행위에 대응하여 직장폐쇄를 할 수도 있는데, 이는 단체행동권에 포함되지 않고 사용자가 재산권을 행사하는 것에 해당한다. 국가는 근로자들이 업무의 정상적인 운영을 방해하더라도 쟁의행위를 할 수 있는 제도를 마련해야 한다.

단체행동권은 근로자의 쟁의행위를 통해 행사되는데, 일반적으로 보이코트

---

51) 대법원 2014. 11. 13. 2011도393.
52) 대법원 1993. 4. 27. 91누12257.
53) 2012. 4. 24. 2011헌마338.

(boycott) → 태업(sabotage) → 파업(strike) → 피켓팅(picketting) → 직장점거 →
생산관리의 순서로 업무의 정상적인 운영을 강하게 방해한다. 보이코트는 사용자
의 상품을 사지 않는 불매운동이고, 태업은 의도적으로 작업능률을 떨어뜨리는
집단행동이고, 파업은 집단적으로 노동력의 제공을 거부하는 것이고, 피켓팅은 파
업효과를 높이기 위해 파업상태를 순찰하고 감시하는 행위이다. 직장점거는 사업
장을 점거하는 집단행동이고, 생산관리는 근로자가 생산시설을 점유하여 스스로
기업경영을 하는 집단행동이다.

　　쟁의행위는 업무방해를 수반하지만 민사상 채무불이행이나 불법행위에 의한
책임을 지지 않고, 형사상 업무방해죄로 처벌할 수도 없다.54) 사용자가 단체행동
에 참가하였다는 이유로 근로자를 해고하거나 불이익을 주는 것은 부당노동행위
에 해당한다. 하지만, 모든 쟁의행위가 면책되는 것은 아니며, 단체협약의 대상이
되는 사항을 달성하기 위한 쟁의행위만이 정당한 단체행동권으로 인정된다.55) 또
한, 근로자가 파업한 기간에는 '무노동 무임금의 원칙'을 지켜야 하므로 노사간에
임금지급에 관한 합의가 없으면 파업기간에는 사용자가 근로자에게 임금을 지급
하지 않아도 된다.56)

　　단체행동권 역시 근로조건의 향상을 위해서 자주적으로 행사되어야 한다. 노
동조합 및 노동관계조정법은 단체행동권의 내용과 한계를 구체적으로 규정한다.
쟁의행위는 반드시 근로조건의 향상을 목적으로 해야 하고, 명백한 정치적 목적
의 단체행동은 허용되지 않는다. 쟁의행위는 조합원의 찬성과 같은 절차를 거쳐
야 하고, 조정이나 중재와 같은 사전절차를 거친 이후에 최후의 수단으로만 행사
될 수 있다. 근로자는 쟁의행위 기간 중에는 현행범 이외에는 쟁의행위를 이유로
구속되지 않으며, 폭력이나 파괴행위, 전면적 생산관리와 같은 수단을 동원하는
것은 금지된다.57)

---

54) 노동조합 및 노동관계조정법 제3조, 제4조.
55) 2010. 4. 29. 2009헌바168.
56) 대법원 1995. 12. 21. 94다26721.
57) 노동조합 및 노동관계조정법 제4조, 제37조, 제38조, 제41조, 제42조, 제45조, 제46조.

3. 제한

(1) 위헌심사기준

근로3권도 헌법 제37조 제2항에 따라 제한할 수 있고, 헌법재판소는 과소보호금지를 위헌심사기준으로 적용한다. 국회가 헌법이 요구하는 최소한의 조치를 포함하는 필요한 입법을 전혀 하지 아니하였다든가 그 내용이 현저히 불합리하여 헌법상 용인될 수 있는 재량의 범위를 명백히 일탈한 때에는 근로3권을 침해한다. 근로의 권리는 물론 근로3권도 국가의 경제질서의 중요한 기초가 되므로 자유시장경제질서의 원칙과도 서로 부합되도록 해석하고 적용되어야 한다.

근로3권은 근로의 자유를 전제로 할 뿐만 아니라 국가의 부당한 간섭이나 개입을 받지 않고 단결하고, 단체교섭하고, 단체행동할 수 있는 자유라는 점에서 자유권의 성격도 가진다. 근로3권 역시 국가가 사용자와 근로자의 계약관계에 개입하는 것이므로 사용자의 계약의 자유나 재산권과도 조화를 이루어야 한다. 국가는 근로3권을 이유로 근로의 자유, 직업선택의 자유, 사용자의 재산권 등을 침해해서는 안 되고, 이때에는 헌법 제37조 제2항에 따라 과잉제한금지원칙을 적용하여 헌법적 정당성을 심사해야 한다.

근로3권은 집회·결사의 자유에 대해 특별법적 성격을 가지나 집회·결사의 자유를 배제하는 것은 아니므로 집회·결사의 자유에 대해 적용되는 사전허가도 금지된다. 노동조합의 설립을 신고하도록 하고 노동조합 설립신고서가 요건과 형식을 갖추지 못해 이를 반려하는 것은 허가제가 아니므로 단결권을 침해하지 않는다.[58] 헌법재판소는 교원의 노동조합에 대해 조합원의 자격을 초·중등학교에 재직 중인 교원으로 제한하는 것은 단결권을 침해하지 않지만, 대학교원의 단결권을 전면적으로 부인하는 것은 단결권을 침해한다고 판단하였다.[59]

헌법재판소는 철도나 도로와 같이 필수공익사업에 대해 노동위원회 위원장이 직권으로 중재회부결정을 하면 쟁의행위가 금지되고 필수유지업무를 강제로 유지하도록 하는 것은 근로3권을 침해하지 않는다고 하였다.[60] 대법원은 노동조

---

58) 2012. 3. 29. 2011헌바53.
59) 2012. 3. 29. 2011헌바53 ; 2015. 5. 28. 2013헌마671 ; 2018. 8. 30. 2015헌가38.
60) 2011. 12. 29. 2010헌바385.

합이 사용자가 예측할 수 없는 시기에 전격적으로 파업을 강행하여 사용자의 사업운영에 심대한 혼란이나 막대한 손해를 초래하는 경우에는 형법 제314조가 규정하는 위력에 의한 업무방해죄가 성립한다고 판단하였고,[61] 헌법재판소도 근로자의 일정한 쟁의행위를 위력에 의한 업무방해죄로 처벌하는 것이 단체행동권을 침해하는 것이 아니라고 판단하였다.[62]

(2) 공무원과 중요방위산업체에 종사하는 근로자

헌법은 공무원인 근로자에 대해서는 원칙적으로 근로3권을 인정하지 않고 '법률이 정하는 자에 한하여' 근로3권을 인정한다. 공무원의 근로3권을 원칙적으로 제한하는 것은 헌법에서 보장하는 직업공무원제도의 취지를 반영한 것이다. 공무원은 국민 전체의 봉사자로서 국민에 대해 책임을 지며, 공적 과제를 수행한다는 것을 고려하여 근로3권을 원칙적으로 금지한 것이다. 국회는 법률을 통해 공무원에 대해 일체의 쟁의행위를 금지하는 것과 같이 근로3권의 일부를 제한할 수 있지만,[63] 모든 공무원에게 근로3권을 전면적으로 박탈할 수는 없다.

헌법재판소는 국회가 헌법에 따라 근로3권을 가지는 공무원의 범위를 정할 수 있는 입법형성권을 갖지만, 그 이외의 공무원은 근로3권의 주체가 아니므로 기본권의 제한에서 과잉제한금지원칙이 적용되지 않는다고 판단하였다.[64] 국회는 근로3권을 가지는 공무원의 범위와 근로3권의 구체적인 내용을 법률로 규정할 수 있지만, 법률이 정하는 공무원에게만 근로3권을 부여하는 것도 공무원의 근로3권을 제한하는 것으로 해석해야 한다. 이때 근로3권을 갖지 않는 공무원에 대해서는 헌법 제37조 제2항에 따라 과잉제한금지원칙을 적용하여 근로3권의 제한이 정당화되어야 한다.

헌법은 '법률이 정하는' 주요방위산업체에 종사하는 근로자에 대해서는 '법률이 정하는 바'에 의하여 단체행동권이 제한되거나 인정되지 않을 수 있다고 규정한다. 법률이 정하는 일정한 주요방위산업체의 근로자에 대해서도 단결권이나 단체교섭권은 일반 근로자와 동일하게 보장하지만, 국가의 안전보장에 직접적인 위

---

61) 대법원 2011. 3. 17. 2007도482.
62) 2022. 5. 26. 2012헌바66.
63) 2008. 12. 26. 2005헌마971.
64) 2007. 8. 30. 2003헌바51.

협을 초래할 수 있는 단체행동에 대해서는 국회가 법률을 통해 제한할 수 있도록 한다. 단체행동권에 해당하는 쟁의행위는 정상적인 업무수행을 방해하는 것이어서 공익적 관점에서 보다 강하게 제한할 수 있다.

국가는 공무원이나 주요방위산업체에 종사하는 근로자의 근로3권을 반드시 제한해야 하는 것은 아니고, 입법형성권을 가지고 구체적인 내용과 한계의 범위를 결정할 수 있다. 국가공무원법은 사실상 노무에 종사하는 공무원에 한하여 근로3권을 인정하되, 6급 이하의 공무원은 노동조합을 설립할 수 있도록 허용하고, 사립학교 교원의 단체행동권은 전면적으로 부인한다.[65] 헌법재판소는 헌법에서 법률이 정하는 주요방위산업체에 종사하는 근로자에 포함되지 않는 특수경비원에 대해서는 근로3권의 제한을 직접 규정하지 않지만, 헌법 제37조 제2항에 따라 근로3권 중 하나인 단체행동권을 제한하여 경비업무의 정상적인 운영을 저해하는 일체의 쟁의행위를 금지하더라도 근로3권을 침해하는 것이 아니라고 판단하였다.[66]

제 4 절   인간다운 생활을 할 권리

1. 규범적 의미

(1) 헌법규정

헌법 제34조 제1항은 "모든 국민은 인간다운 생활을 할 권리를 가진다"라고 규정한다. 제2항은 "국가는 사회보장·사회복지의 증진에 노력할 의무를 진다"라고, 제3항은 "국가는 여자의 복지와 권익의 향상을 위하여 노력하여야 한다"라고, 제4항은 "국가는 노인과 청소년의 복지향상을 위한 정책을 실시할 의무를 진다"라고, 제5항은 "신체장애자 및 질병·노령 기타의 사유로 생활능력이 없는 국민은 법률이 정하는 바에 의하여 국가의 보호를 받는다"라고, 제6항은 "국가는 재해를 예방하고

---

65) 국가공무원법 제66조 제1항, 공무원의 노동조합 설립 및 운영에 관한 법률 제6조, 교원의 노동조합 설립 및 운영에 관한 법률 제8조.
66) 2023. 3. 23. 2019헌마937.

그 위험으로부터 국민을 보호하기 위하여 노력하여야 한다"라고 규정한다.

1948년 건국헌법은 노령, 질병 기타 근로능력의 상실로 인하여 생활유지의 능력이 없는 자는 법률의 정하는 바에 의하여 국가의 보호를 받는다고 규정하였다. 1962년 헌법은 인간다운 생활을 할 권리를 규정하고, 국가에게 사회보장의 증진에 노력할 의무를 부과하였고, 1980년 헌법은 국가에게 사회복지의 증진에 노력할 의무를 추가하였다. 현행헌법은 인간다운 생활을 할 권리를 기본권으로 보장하면서 국가에게 사회보장·사회복지의 증진뿐만 아니라 사회적·경제적 약자로 인식되어 온 여자, 노인과 청소년, 신체장애자 등 생활무능력자에 대해 특별히 보호할 것과 재난으로부터 국민을 보호할 의무를 부과한다.

(2) 법적 성격

인간다운 생활을 할 권리는 사회권에 대한 일반적이고 원칙적인 기본권이라는 견해가 있다.[67] 인간다운 생활을 할 권리는 개별적 사회권의 이념적 기초이며, 교육을 받을 권리와 같은 사회권을 해석하고 적용하는 기준이 된다는 것이다. 인간다운 생활을 할 권리는 개별적 사회권을 포괄하고, 보충적이고 개방적인 사회권으로 기능한다고 한다. 헌법재판소도 인간다운 생활을 할 권리는 개별적인 사회권의 이념적 목표와 그 해석의 지침을 제시하며, 인간의 존엄성에 상응하는 최소한의 물질적인 생활의 유지에 필요한 급부를 국가에 요구할 수 있는 기본권이라고 판단하였다.[68]

헌법은 제31조 내지 제36조에서 사회권을 규정하는데, 제34조에서 인간다운 생활을 할 권리를 독자적인 기본권으로 보장한다. 사회권은 인간의 존엄과 가치를 실현할 수 있는 최소한의 객관적인 기준을 보장할 것을 국가에게 요구할 수 있는 권리이다. 인간다운 생활을 할 권리는 특정한 영역을 전제로 하지 않지만, '인간다운 생활'을 할 수 있는 최소한의 경제적이고 물질적인 급부의 제공을 요구하는 권리이다. 인간다운 생활을 할 권리는 사회권 전체를 포괄하는 기본권이 아니라 개별적 사회권의 하나로 해석하는 것이 타당하다.[69]

---

67) 정재황, 헌법학, 1163면.
68) 1995. 7. 21. 93헌가14.
69) 장영수, 헌법학, 822~823면.

(3) 헌법 제34조 제2항 내지 제6항과의 관계

헌법은 제34조 제1항에서 인간다운 생활을 할 권리를 독자적인 기본권으로 규정하면서 제2항 내지 제6항에서 인간다운 생활을 실질적으로 보장할 수 있도록 국가의 과제와 헌법적 의무를 구체적으로 부과한다. 헌법은 제1항에서는 '인간다운 생활을 할 권리를 가진다'라고 기본권으로 규정한다. 한편, 제2항 내지 제6항에서 '노력할 의무를 진다', '노력하여야 한다', '실시할 의무를 진다', '국가의 보호를 받는다'고 다르게 표현하지만, 모두 국가에게 헌법적 의무를 부과한 것으로 해석해야 한다.

헌법 제2항 내지 제6항은 인간다운 생활을 할 권리를 분야별로 구체화시킨 권리로서 인간다운 생활을 할 권리로부터 도출되는 개별적인 사회보장수급권으로 이해하는 견해가 있다.[70] 헌법재판소는 사학연금법상의 연금수급권과 같은 사회보장수급권은 헌법으로부터 도출되는 사회권 중의 하나라고 판단하였고,[71] 국가유공자로 일정한 보상을 받을 권리는 헌법 제34조 제2항, 제32조 제6항에 기초하여 국가유공자법이라는 구체적 법률에 의해 형성된 사회적 기본권인 사회보장수급권의 일종이라고 판단한 적이 있다.[72]

헌법 제34조 제2항 내지 제6항은 국가활동의 목표를 제시하거나 이를 위한 객관적 의무를 국가에게 부과한 것이지 그 자체가 인간다운 생활을 할 권리의 내용이거나 독자적 기본권을 규정한 것은 아니다. 인간다운 생활을 할 권리는 헌법 제34조 제1항을 통해 그 개념과 보호영역이 확정되는데, 헌법이 개인에게 직접 사회보장과 같은 적극적 급부를 청구할 수 있는 권리를 부여한 것은 아니다. 국가가 법률을 통해 사회보장을 위한 구체적인 내용을 규정하더라도 이는 법률적 권리이며,[73] 제34조 제1항에서 규정하는 인간다운 생활을 할 권리에 포함되는 경우에만 기본권으로 보장된다.

---

70) 성낙인, 헌법학, 1512면 ; 정재황, 헌법학, 1166면 ; 허영, 한국헌법론, 615~617면.
71) 2010. 4. 29. 2009헌바102.
72) 2012. 5. 31. 2011헌마241.
73) 김하열, 헌법강의, 677~679면 ; 2003. 7. 24. 2002헌바51.

2. 내용

(1) '인간다운 생활'

인간다운 생활은 헌법 제10조가 규정하는 인간의 존엄과 가치를 유지할 수 있는 최소한의 객관적인 수준이 보장되는 생활이고, 이는 사회적 존재로 생활하기 위해 필요한 최소한의 물질적인 급부를 제공받을 때에만 가능하다. 인간다운 생활을 할 권리는 국민이 국가에게 인간의 존엄과 가치를 유지할 수 있는 최소한의 물질적인 급부를 제공할 것을 요구할 수 있는 권리이다. 이때 최소한의 물질적 급부는 인간이 생물학적으로 생존할 수 있는 최소한의 물질적 보장뿐만 아니라 의·식·주를 위한 경제적 지원을 포함하여 건강하고 문화적인 생활을 영위할 수 있는 수준을 의미한다.74)

국가는 인간다운 생활을 할 수 있는 최소한의 물질적 급부를 보장하여 개인의 자율적인 생활이 가능하도록 그 조건과 환경을 제공해야 하지만, 현실에서 실제로 건강하고 문화적 생활이 이루어지도록 하는 것까지 보장해야 하는 것은 아니다. 최소한의 물질적 급부는 개인의 주관적 판단에 따른 수준이 아니라 국가의 역사적 현실과 조건을 반영한 객관적인 최저수준을 보장하는 것이다. 개인은 국가에게 최소한의 물질적 급부를 요구할 수 있고, 그 이상은 개인이 스스로의 가치관과 노력에 따라 형성해야 한다.75)

인간다운 생활의 구체적인 내용은 시대와 나라의 구체적인 상황과 여건에 따라 달리 결정되는 상대적이고 개방적인 것이라는 것을 유의해야 한다. 헌법은 인간다운 생활을 할 권리에 대해 '법률이 정하는 바에 의하여'와 같이 직접 법률유보를 규정하지 않지만, 인간다운 생활을 할 권리의 내용은 법률에 의해 구체화된다. 국회는 국가정책이나 재정상황 등을 고려하여 입법형성권을 가지고 그 내용과 한계를 확정한다. 국회가 인간다운 생활을 보장하기 위한 최소한의 내용을 입법하지 않으면 기본권을 침해하게 되어 위헌이다.

---

74) 정재황, 헌법학, 1165면.
75) 허영, 한국헌법론, 614면.

(2) 국가에게 적극적 급부의 제공을 요구할 권리

인간다운 생활을 할 권리는 국가에게 적극적으로 물질적 급부를 제공할 것을 요구하는 권리이고, 국가는 개인이 인간다운 생활을 할 수 있도록 최소한의 물질적 급부를 제공해야 할 헌법적 의무를 부담한다. 이는 국가가 인간다운 생활을 하기 위해 필요한 객관적인 최소한의 수준에 따라 물질적 급부를 해야 하는 것이지, 개인이 국가에게 직접 특정한 내용의 물질적 급부를 요구하거나 자신이 설정한 기준에 상응한 수준의 조치를 요구하는 것을 보장하는 것은 아니다.

개인은 인간의 존엄과 가치를 가지고 스스로 행복을 추구할 권리를 가지며, 이는 일차적으로 개인이 인간다운 생활을 자율적으로 선택하고 그에 대해 책임을 진다는 것을 전제로 한다. 개인은 자신이 스스로 인간다운 생활이라고 선택한 방식과 내용에 따라 자신의 삶을 살아갈 수 있으며, 국가는 이를 방해해서는 안 된다. 헌법은 개인의 자율적 삶의 방식을 실질적으로 보장하기 위해 인간다운 생활을 할 권리를 기본권으로 보장하는 것이므로 국가가 개인의 의사를 무시하고 인간다운 생활을 할 권리를 앞세워 개인의 자유를 침해해서는 안 된다.

3. 인간다운 생활을 보장하기 위한 헌법적 의무

(1) 사회보장·사회복지의 증진

헌법은 국가에게 사회보장·사회복지의 증진에 노력할 의무를 부과한다. 사회보장이란 빈곤이나 질병과 같은 사회적 불안과 위험으로부터 국민을 보호하고 국민이 안정적인 삶을 영위할 수 있도록 지원하는 사회안전망을 말한다. 사회복지란 사회의 모든 구성원이 안정적으로 삶의 질을 높이고, 행복하게 살아갈 수 있는 사회정책을 말한다. 국가는 사회보장기본법을 통해 사회보장·사회복지의 증진을 위한 다양한 수단의 내용과 한계를 규정한다.

사회보장·사회복지는 실업, 노령, 장애, 질병 등의 사회적 위험으로부터 국민을 보호하고 국민 삶의 질을 향상시키는 데 필요한 소득·서비스를 보장하는 사회보험, 공공부조, 사회서비스, 사회보상을 포함한다. 사회보험은 국민에게 발생하는 사회적 위험을 보험의 방식으로 대처함으로써 국민의 건강과 소득을 보장하는 제도이다. 이는 사보험과 달리 보험가입을 강제하고, 보험료의 산정이나 징수에서 공익적 성격을 반영하여 일정한 혜택과 제한을 부과한다. 국민건강보험법, 국민연금법, 산업재해보상보험법, 고용보험법 등에서 다양한 사회보험을 규율한다.

공공부조는 생활이 어려운 국민의 최저생활을 보장하고 자립을 지원하는 제도이며, 국민기초생활보장법이 생계급여, 주거급여, 의료급여 등을 규정한다. 사회서비스는 아동, 노인, 장애인과 같이 특별한 보호가 필요한 국민을 위해 상담, 재활, 시설과 같은 복지서비스를 지원하는 제도이다. 이는 지원이 필요한 수요자에 따라 개별적으로 지원하며, 청소년복지지원법, 노인복지법, 장애인복지법 등이 규율한다. 사회보상은 국가와 사회를 위해 헌신하다 희생당한 국민에 대해 보상하는 제도이며, '국가유공자 등 예우 및 지원에 관한 법률' 등이 규율한다.

(2) 여자, 노인과 청소년, 생활무능력자의 특별한 보호

헌법은 국가에게 여자의 복지와 권익의 향상을 위하여 노력하고, 노인과 청소년의 복지향상을 위한 정책을 실시하며, 신체장애자 및 질병·노령 기타의 사유로 생활능력이 없는 국민을 법률이 정하는 바에 의해 보호할 의무를 부과한다. 이는 국가가 사회보장·사회복지의 증진을 위해 노력해야 하는 것에 포함되지만, 헌법은 사회적·경제적 약자로 인식되어 온 여자, 노인과 청소년, 신체장애자 등 생활무능력자에 대해 특별히 보호할 것을 헌법적 의무로 규정한 것이다.

헌법 제34조 제3항 내지 제5항 역시 인간다운 생활을 할 권리를 실현하기 위해 국가에게 객관적인 의무를 부과한 것이지 그 자체가 독자적인 기본권을 보장하는 것은 아니다. 국가는 여성발전기본법, 노인복지법, 아동복지법, 청소년복지지원법, 장애인복지법 등과 같은 법률과 각종 사회서비스를 통해 여자, 노인, 청소년, 장애인 등에 대한 사회복지를 구체적으로 마련한다. 개인은 이들 법률이 규정하는 내용에 따라 법률적 권리를 가질 수는 있다.

(3) 재난의 예방과 그 위험으로부터 보호

헌법은 국가에게 재해를 예방하고 그 위험으로부터 국민을 보호하기 위하여 노력할 의무를 부과한다. 재해란 폭풍·호우·대설·홍수·해일·지진과 같은 이상적인 자연현상이나 화재·폭발, 방사성물질의 방출, 자동차사고, 선박의 침몰, 항 공기의 조난과 같은 인위적인 사고가 원인이 되어 발생하는 사회적·경제적 피해 를 말한다. 현대국가에서는 자연적·인위적 재해로부터 대규모의 피해가 발생할 위험성이 커지고, 재해와 그 위험으로부터 안전하게 보호되지 않으면 인간다운 생활을 실현할 수가 없다.

헌법 제34조 제6항은 개인에게 재해로부터 안전할 권리를 기본권으로 보장 한 것은 아니다. 헌법 전문은 "우리들과 우리들의 자손의 안전 … 을 영원히 확보 할 것을 다짐하면서"라고 규정하여 '안전권'이라는 기본권을 보장한 것으로 해석 할 여지도 있다. 하지만, 이는 국가에게 객관적인 의무를 부과한 것이지 그 자체 가 독자적인 기본권으로 보장되는 것은 아니다. 국가는 재해구호법, 자연재해대책 법, 농어업재해보험법, 중대재해처벌 등에 관한 법률을 통해 재해와 그 위험으로 부터 국민을 보호하는 내용을 구체적으로 규정하고, 개인은 이에 따라 법률적 권 리를 가질 수 있다.

4. 제한

(1) 위헌심사기준

인간다운 생활을 할 권리는 헌법 제37조 제2항에 따라 제한할 수 있다. 인간 다운 생활의 권리는 그 자체가 공공복리를 위한 것이므로 공공복리를 위하여 제 한할 수는 없다는 견해가 있다.76) 하지만, 개인에게 보장되는 인간다운 생활을 할 권리가 항상 공공복리에 부합되는 것은 아니므로 사회적 차원에서 공공복리를 위 하여 제한될 수 있다. 사회권도 헌법 제37조 제2항의 적용을 받으므로 인간다운 생활을 할 권리도 국가안전보장, 질서유지는 물론 공공복리를 이유로 제한할 수 있다고 해석된다.77)

헌법재판소는 과소보호금지를 위헌심사기준으로 적용하여 국가가 인간다운 생활을 보장하기 위해 필요한 입법을 전혀 하지 아니하였다든가 그 내용이 현저 히 불합리하여 헌법상 용인될 수 있는 재량의 범위를 명백히 일탈한 때에는 인간

---

76) 허영, 한국헌법론, 620면.
77) 성낙인, 헌법학, 1512~1513면 ; 정재황, 헌법학, 561면.

다운 생활을 할 권리를 침해한다고 판단하였다.78) 헌법은 국가에게 여자, 노인과
청소년, 신체장애자 등 생활무능력자에 대해서는 특별히 보호할 것을 규정하므로
평등권의 제한을 심사할 때에는 헌법이 직접 차별적으로 취급할 것을 요구한다는
점을 반영해야 한다.

(2) 자유권의 성격

인간다운 생활을 할 권리는 국가의 부당한 간섭을 받지 않고 개인이 자율적
으로 생활할 수 있는 자유를 전제로 한다. 국가가 인간다운 생활을 할 권리를 보
장하는 것은 개인이 실질적으로 자유를 향유할 수 있는 조건을 강화하는 것이지,
국가가 사회보장·사회복지의 이름으로 사적 영역에 전면적으로 개입하여 개인의
자유를 축소하거나 억압해서는 안 된다. 국가는 인간다운 생활을 실현하기 위해
법률을 통해 제도적 장치를 마련하는 과정에서 개인의 자유를 제한할 수 있다. 이
때에는 헌법 제37조 제2항에 따라 과잉제한금지원칙을 적용하여 헌법적으로 정
당성을 심사해야 한다.

사회보장기본법은 사회보장급여를 받을 권리를 보장하고, 그 수준, 절차, 보
호, 제한 등에 대해 자세하게 규정하는데,79) 사회보장수급권은 법률적 권리이지
만 기본권인 재산권으로 보장될 수 있다. 사회보장수급권이 재산적 가치를 가지
고 사적 유용성과 그에 대한 처분가능성이 인정되어야 하고, 국가가 일방적으로
지원하는 것이 아니라 보험료의 납부와 같이 수급자가 일정한 기여를 하고, 사회
보장수급권이 생계유지에 필요하고 법률에 의해 구체적 권리로 인정된 경우에만
재산권으로 보장된다.80)

헌법재판소는 의료보험수급권은 재산권과 사회권의 성격을 함께 가지며, 경
과실에 의한 범죄행위에 기인하는 보험사고에 대해 의료보험급여를 제한하는 것
은 재산권과 사회권을 침해한다고 판단하였다.81) 또한, 공무원연금법이 규정하는
연금수급권은 재직 중 근무의 대가로 지급하였어야 할 임금의 후불적 성격이 강
하고, 나머지 부분은 재직 중의 성실한 복무에 대한 사회보장적 급여의 성격이 강

78) 2010. 5. 27. 2009헌마338.
79) 사회보장기본법 제9조, 제10조, 제12조.
80) 2000. 6. 29. 99헌마289.
81) 2003. 12. 18. 2002헌바1.

하므로 금고 이상의 형벌을 받은 경우에 일률적으로 퇴직급여나 퇴직수당을 감액하거나 퇴직 후의 사유로 퇴직급여를 제한하는 것은 재산권을 침해하고 평등원칙에 위반된다고 판단하였다.[82]

제 5 절 환경권

1. 규범적 의미

(1) 헌법규정

헌법 제35조 제1항은 "모든 국민은 건강하고 쾌적한 환경에서 생활할 권리를 가지며, 국가와 국민은 환경보전을 위하여 노력하여야 한다"라고 규정한다. 제2항은 "환경권의 내용과 행사에 관하여는 법률로 정한다"라고, 제3항은 "국가는 주택개발정책 등을 통하여 모든 국민이 쾌적한 주거생활을 할 수 있도록 노력하여야 한다"라고 규정한다. 1980년 헌법은 처음으로 깨끗한 환경에서 생활할 권리를 기본권으로 규정하고, 국가와 국민에게 환경보전을 위해 노력할 의무를 부과하였다.

(2) 법적 성격

환경은 인간이 생존하고 건강한 삶을 영위하는 기초로서 국가를 초월한 전 지구적 차원에서 보호되어야 하며, 미래세대의 삶을 결정짓는 중요한 요소이다. 최근에는 온실가스의 농도가 증가하여 지구온난화에 따른 기후변화가 인류 전체에게 심각한 위험으로 다가오고 있다. 환경권은 건강하고 쾌적한 환경에서 생활할 권리인데, 개인의 노력이나 특정한 국가 차원의 노력만으로는 제대로 보장되기 어렵고, 국민, 국가, 세계가 함께 환경보전을 위해 노력해야 실현될 수 있다.

헌법은 제35조 제1항 전단에서 환경권을 기본권으로 보장하지만, 제1항 후단 내지 제3항에서 환경권을 실현하기 위해 국가와 국민에게 헌법적 의무를 부과한다. 국가는 환경권의 내용과 행사에 관한 구체적인 내용을 법률로 규정해야 하

---

82) 2007. 3. 29. 2005헌바33 ; 2002. 7. 18. 2000헌바57.

고, 주택개발정책 등을 통하여 쾌적한 주거생활을 할 수 있도록 노력해야 한다.
이는 헌법이 국가에게 객관적 의무를 부과한 것이지 독자적인 기본권으로 보장하
는 것은 아니다.

2. 내용

(1) '건강하고 쾌적한 환경'에서 생활할 권리

환경권은 국가에게 건강하고 쾌적한 환경에서 생활하기 위해 필요한 물질적
급부를 제공할 것을 요구할 수 있는 권리이다. 건강하고 쾌적한 환경이란 추상적
인 기준으로 국가와 개인에 따라 상대적이고 주관적인 측면이 강하고, 역사적 현
실에 따라 변화할 수 있는 개방적인 성격을 가진다. 건강하고 쾌적한 환경은 인간
으로서 존엄과 가치를 실현할 수 있는 최소한의 객관적인 환경이라고 할 수 있다.
환경권의 대상은 자연환경뿐만 아니라 인공적 환경과 같은 생활환경도 포함되므
로 일상생활에서 소음을 제거, 방지하여 정온한 환경에서 생활할 권리도 환경권
의 내용이 된다.83)

개인이 국가의 환경침해로부터 보호받는 것은 재산권이나 생명권과 같은 자
유권에 근거하여 국가에 대한 방어권이나 제3자의 침해에 대한 보호청구권으로
인정될 뿐이라는 견해가 있다.84) 하지만, 환경권은 사회권으로 건강하고 쾌적한
환경에서 생활하기 위해 국가에게 적극적으로 물질적 급부의 제공이나 제도적 조
치를 요구할 수 있는 권리이다. 환경권의 내용과 행사는 법률을 통해 구체화되는
데, 국회는 환경정책기본법, 자연환경보전법, 물환경보전법 등을 통해 환경권을
보장하고, 정부는 환경보전을 위한 국가정책을 수립하고 집행한다.

(2) 국가와 국민의 환경보전의무

환경권은 기본권으로 보장되므로 국가는 이에 대응하여 기본권보장의무를
부담한다. 국가는 개인이 건강하고 쾌적한 환경에서 생활할 것을 방해해서는 안
될 뿐만 아니라 적극적으로 환경권을 실현할 수 있도록 물질적 급부를 제공해야

83) 2008. 7. 31. 2006헌마711.
84) 한수웅, 헌법학, 1088~1089면.

한다. 국가는 사적 영역에서 제3자에 의해 환경권이 침해되지 않도록 기본권보호
의무도 부담하는데, 이때 국가는 제3자의 개별적 기본권을 제한할 수도 있다. 헌
법재판소는 공직선거에서 확성장치에 의한 소음을 규제하는 구체적 기준을 입법
적으로 마련하지 않는 것은 정온한 환경에서 생활할 권리에 대한 보호의무를 위
반한 것이라고 판단하였다.[85]

헌법은 국가의 기본권보장의무와 별도로 국가와 국민에게 환경보전의무를
헌법적 의무로 부과한다. 환경보전이란 인간이 건강하고 쾌적한 생활을 영위할
수 있도록 환경의 여러 조건을 온전하게 보호하고 유지하는 것을 말한다. 구체적
으로는 자연이 가진 본래의 깨끗한 상태를 유지하기 위해 인간이 환경을 보호, 정
비, 관리함으로써 자연을 오염시키거나 훼손하지 않는 것이다. 개인은 헌법을 근
거로 국가에게 직접 환경보호를 위한 특정한 급부나 조치를 요구할 수는 없다. 국
회가 법률을 통해 환경에 관한 구체적인 권리를 부여한 경우에는 법률적 권리를
행사할 수 있다.

헌법은 환경권의 특징을 반영하여 국가뿐만 아니라 국민에게도 환경보전의
무를 부과한다. 국가와 국민에게 환경보전의무를 부과하는 것은 개인의 재산권이
나 직업의 자유와 같은 개별적 기본권을 제한하기도 하고, 환경과 관련된 다양한
가치와 이해관계가 충돌할 수도 있다. 국회는 환경권의 내용과 행사는 물론 환경
보전의무에 대해서도 법률을 통해 규정하는데, 그 구체적인 내용과 범위를 설정
하는 과정에서 환경과 관련된 가치와 이해관계를 조정하고 형량해야 한다.

(3) 쾌적한 주거환경

국가는 주택개발정책 등을 통해 쾌적한 주거생활을 할 수 있도록 노력할 헌
법적 의무를 부담한다. 주택은 인간의 주거공간으로 국민의 생활에서 필수적으로
요구되는 물질적 기반이므로 국가는 주택의 건설, 공급, 주거환경의 정비와 같은
주택정책을 수립하고 시행해야 한다. 하지만, 개인이 이를 근거로 국가에게 직접
구체적인 주거공간을 마련해 줄 것을 요구할 수는 없다.[86] 국가가 법률을 통해
주택개발정책 등을 구체화하면서 개인에게 법률적 권리를 인정할 수는 있다. 주

---

85) 2019. 12. 27. 2018헌마730.
86) 2013. 11. 19. 2013헌마754.

거기본법은 개인이 물리적·사회적 위험으로부터 벗어나 쾌적하고 안정적인 주거 환경에서 인간다운 주거생활을 할 권리를 보장한다.[87]

3. 제한

환경권도 헌법 제37조 제2항에 따라 제한할 수 있는데, 헌법재판소는 과소보호금지를 위헌심사기준으로 적용하여 환경권이 요구하는 최소한의 조치를 포함하는 필요한 입법을 전혀 하지 아니하였다든가 그 내용이 현저히 불합리하여 헌법상 용인될 수 있는 재량의 범위를 명백히 일탈한 때는 환경권을 침해한다고 판단하였다.[88] 환경권은 국가는 물론 제3자에 의해 사적 영역에서 방해받을 가능성이 크다. 개인의 건강하고 쾌적하게 생활할 권리가 제3자에 의해 방해받을 경우에 국가가 환경권에 대해 기본권보호의무를 위반하면 환경권을 침해하게 된다.

환경권은 국가의 부당한 간섭을 받지 않고 스스로 건강하고 쾌적하게 생활을 할 권리이므로 자유권의 성격도 갖는다. 환경권의 보장과 환경보전은 개인적 차원을 넘어 전지구적인 차원에서 추구되는 공적 과제이므로 국가는 물론 개인도 환경보전을 위하여 노력할 헌법적 의무를 부담한다. 국회가 법률을 통해 환경권의 내용과 행사를 구체화하는 과정에서 개인의 자유를 제한할 수 있다. 이때에는 헌법 제37조 제2항에 따라 과잉제한금지원칙을 적용하여 헌법적 정당성을 심사해야 한다.

제 6 절 혼인과 가족생활을 할 권리

1. 규범적 의미

(1) 헌법규정

헌법 제36조 제1항은 "혼인과 가족생활은 개인의 존엄과 양성의 평등을 기

---

87) 주거기본법 제2조.
88) 2019. 12. 27. 2018헌마730.

초로 성립되고 유지되어야 하며, 국가는 이를 보장한다"라고 규정한다. 제2항은 "국가는 모성의 보호를 위하여 노력해야 한다"라고, 제3항은 "모든 국민은 보건에 관하여 국가의 보호를 받는다"라고 규정한다. 헌법은 혼인과 가족생활을 할 권리를 기본권으로 보장하면서 모성의 보호와 보건에 관한 보호를 함께 규정한다. 보건에 관하여 국가의 보호를 받도록 규정한 것은 반드시 혼인과 가족생활을 할 권리에 국한되는 것은 아니다.

1948년 건국헌법은 혼인은 남녀동권을 기본으로 하며 혼인의 순결과 가족의 건강은 국가의 특별한 보호를 받는다고 규정하였다. 1962년 헌법은 혼인의 순결과 보건에 관하여 국가의 보호를 받는다고 규정하였고, 1980년 헌법은 혼인과 가족생활은 개인의 존엄과 양성의 평등을 기초로 성립되고 유지되어야 하고, 모든 국민은 보건에 관하여 국가의 보호를 받는다고 규정하였다. 현행헌법은 국가에게 모성을 보호하기 위해 노력할 헌법적 의무를 부과하는 내용을 추가하였다.

(2) 법적 성격

혼인과 가족생활은 개인의 인격적 정체성을 확립하고 인간다운 생활을 실현하는 사회국가의 기초가 되며, 자율적이고 다원적인 문화국가와 사회공동체의 기반이 된다. 헌법은 혼인과 가족생활에 대해서는 다른 기본권에서 '… 권리를 가진다'라고 규정하는 것과 달리 '유지되어야 하며, 국가는 이를 보장한다'라고 객관적 규범의 형식으로 규정한다. 하지만, 혼인과 가족생활을 할 권리도 기본권으로 보장되므로 개인은 국가에게 인간의 존엄과 양성의 평등에 기초한 혼인과 가족생활을 실현하기 위해 필요한 물질적 급부의 제공이나 제도적 조치를 요구할 수 있다.

헌법은 제36조 제1항에서 혼인과 가족생활을 할 권리를 기본권으로 보장하면서 이를 실질적으로 실현하기 위해 제2항에서는 모성의 보호를 규정하고, 제3항에서는 보건에 관한 국가의 보호를 규정한다. 이는 국가에게 모성과 보건에 관하여 헌법적 의무를 부과한 것이지, 개인에게 독자적인 기본권을 보장한 것이 아니다. 개인은 헌법을 근거로 국가에게 모성과 보건에 대해 특정한 조치를 요구할 수 없다. 국회가 법률을 통해 모성과 보건의 보호에 대해 구체적으로 규정한 경우에는 개인이 법률적 권리를 가질 수는 있다.

2. 내용

(1) 혼인과 가족생활

혼인이란 개인으로서 자유로운 의사의 합치에 의해 생활공동체를 이루는 것으로 법적으로 승인받은 것을 말한다.[89] 혼인은 일반적으로 법률혼, 이성혼, 일부일처혼을 전제로 하는 것으로 이해되지만, 현대사회에서 혼인의 유형과 사회적 인식은 급변하고 있다. 사실혼은 법적으로 보호되는 범위가 넓어지고, 이성혼과 일부일처혼도 헌법으로 당연히 전제된 것이 아니라는 주장이 제기된다. 현대사회에서 혼인의 유형과 형태는 개인의 인격적 자율성을 기초로 다양하게 결정할 수 있으며, 헌법이 규정하는 '양성의 평등'도 혼인과 가족생활이 양성으로 구성되는 경우에 한하여 적용된다고 해석할 여지도 있다.

가족생활이란 일반적으로 혼인, 혈연, 입양 등으로 연결된 일정한 구성원들이 서로 양육, 부양, 보호하는 집단적 생활을 말한다. 가족은 부모와 미혼자녀로 구성되는 공동체로 인식되었으나, 가족의 유형과 사회적 인식이 변하여 무자녀의 가족, 모자녀 가족, 조손(祖孫) 가족, 형제자매 가족, 재혼부부와 전혼소생자녀로 구성되는 가족뿐만 아니라 혼인이나 혈연과 무관하게 형성되는 가족생활도 증가하고 있다. 따라서 헌법이 기본권으로 보장하는 가족생활의 내용과 범위 역시 규범적 의미를 재정립할 것이 요구된다.

혼인과 가족생활은 국가의 역사적 조건과 현실에 따라 규범적 의미가 달라지므로 헌법적 안정성을 유지하면서도 역사적 변화를 반영할 수 있도록 개방적으로 이해할 필요가 있다. 혼인과 가족생활을 할 권리는 기본권으로 보장되므로 헌법적 관점에서는 그 개념과 보호영역을 가급적 폭넓게 인정해야 한다. 다만, 국회는 사회적 인식의 변화를 반영하여 개별적 법률을 통해 혼인과 가족생활을 할 권리를 구체화하는 동시에 이를 제한할 수 있는 것으로 해석하는 것이 타당하다.

(2) '개인의 존엄과 양성의 평등'을 기초

혼인과 가족생활은 '개인의 존엄과 양성의 평등'을 기초로 성립되어야 한다.

---

89) 2014. 8. 28. 2013헌바119.

개인의 존엄은 헌법 제10조에서 규정하는 인간의 존엄과 가치를 의미하며, 혼인과 가족생활은 내밀한 사적 영역에서 이루어지므로 개인과 가족의 자율적인 결정이 존중되어야 한다. 또한, 혼인과 가족생활은 양성의 평등에 기초해야 하므로 양성을 평등하게 대우해야 하고, 부당하게 차별적으로 취급해서는 안 된다. 개인은 국가에게 혼인과 가족생활을 제대로 실현할 수 있도록 최소한의 제도적 조치를 요구할 수 있고, 국가는 그에 대응하는 헌법적 의무를 부담한다.

혼인과 가족생활을 할 권리는 사회권이지만, 이는 개인이 혼인과 가족생활을 자율적으로 영위할 수 있는 자유를 전제로 한다는 것을 유의해야 한다. 혼인과 가족생활은 개인의 인격정체성과 밀접하게 관련되므로 개인의 자유로운 선택, 형성, 유지, 종료가 보장되어야 하고, 국가가 일방적으로 혼인과 가족생활의 방식을 획일적으로 강요해서는 안 된다. 개인의 존엄과 양성의 평등에 기초한 혼인과 가족생활에는 혼인의 상대방 선택권, 가족관계의 형성과 유지에 대한 자유로운 결정권, 부모의 자녀교육권이 포함된다.

헌법재판소는 독신자에게 친양자입양을 금지하는 것은 가족생활의 자유를 침해하지 않고, 자녀의 이름에 사용할 수 있는 한자를 통상 사용되는 한자로 범위를 정하여 제한하는 것은 '부모가 자녀의 이름을 지을 자유'를 침해하지 않는다고 판단하였다.90) 또한, 부성주의에 예외를 인정하지 않고 모(母)의 성(姓)의 사용을 허용하지 않는 것은 개인의 존엄과 양성의 평등을 침해하고, 입양이나 재혼과 같은 가족관계의 변동을 고려하지 않고 성(姓)의 변경을 허용하지 않는 것은 개인의 인격권을 침해한다고 하였다.91) 법원은 이혼이나 재혼한 가정의 미성년 자녀뿐만 아니라 성인이 부의 성을 모의 성으로 변경하는 것을 허가하기도 하였다.92)

(3) 모성의 보호와 보건에 관한 국가의 보호

헌법은 국가에게 모성의 보호를 위해 노력해야 할 의무를 부과하고, 모든 국민에게 보건에 관하여 국가의 보호를 받도록 규정한다. 국가는 출산정책의 수립, 임산부의 건강보호와 같은 제도를 시행하며, 질병을 예방하고 건강을 유지하는

---

90) 2013. 9. 26. 2011헌가42 ; 2016. 7. 28. 2015헌마964.
91) 2005. 12. 22. 2003헌가5.
92) 수원가정법원 2024. 4. 22. 2024느단50830.

보건의료정책을 추진해야 한다. 모자보건법은 모성을 '임산부와 가임기 여성'으로, 임산부는 임신 중이거나 분만 후 6개월 미만의 여성으로 정의하고, 자녀의 출산과 양육에 대해 규정한다.[93] 보건의료기본법은 보건의료에 관한 국민의 권리의무, 국가의 책무, 보건의료의 수요와 공급에 관한 기본적인 사항을 규정한다.

모든 국민은 가정과 사회에서 건강하고 위생적인 생활을 할 수 있도록 국가에게 적극적인 모성보호와 보건정책을 실시할 것을 요구할 수 있는 기본권을 가진다는 견해가 있다.[94] 헌법재판소도 '보건에 관한 권리' 또는 '보건권'은 국민이 자신의 건강을 유지하는 데 필요한 국가적 급부와 배려를 요구할 수 있는 권리라고 인정한 적이 있다.[95] 하지만, 이는 국가목표와 국가의 객관적 의무를 제시한 것이므로 직접 독자적인 기본권으로 규정한 것은 아니라고 해석해야 한다. 국회가 법률을 통해 모성의 보호와 보건에 관해 권리를 규정한 경우에는 법률적 권리로 보장될 수 있다.

3. 제한

혼인과 가족생활을 할 권리도 헌법 제37조 제2항에 따라 제한할 수 있는데, 헌법재판소는 과소보호금지를 위헌심사기준으로 적용한다. 국회는 입법형성권을 가지고 다양한 수단을 통해 혼인과 가족생활을 할 권리를 실현할 수 있지만, 헌법이 요구하는 최소한의 조치를 포함하는 필요한 입법을 전혀 하지 아니하였다든가 그 내용이 현저히 불합리하여 헌법상 용인될 수 있는 재량의 범위를 명백히 일탈한 때에 해당하는 경우에는 혼인과 가족생활을 할 권리를 침해한다.

혼인과 가족생활을 할 권리는 국가의 부당한 간섭을 받지 않고 개인이 스스로 선택하고 영위할 권리이므로 자유권의 성격도 갖는다. 국회가 법률을 통해 혼인과 가족생활을 할 권리를 구체화하거나 모성과 보건을 규율하는 과정에서 개인의 자유를 제한할 수가 있다. 이때에는 헌법 제37조 제2항에 따라 과잉제한금지원칙을 적용하여 헌법적 정당성을 심사해야 한다. 특히, 헌법은 혼인과 가족생활

---

93) 모자보건법 제2조 제1호, 제2호.
94) 장영수, 헌법학, 874~875면 ; 정재황, 헌법학, 1220~1221면 ; 허영, 한국헌법론, 514면.
95) 2012. 2. 23. 2011헌마12.

에서 '양성의 평등'을 직접 요구하여 성별에 의한 차별적 취급을 금지하는데, 헌법재판소는 이러한 평등권의 제한에 대해 자의금지원칙이 아니라 비례심사원칙을 적용한다.[96]

헌법재판소는 소득세의 부과에서 부부간 합산과세를 하거나 종합부동산세의 부과에서 세대별로 과세를 하는 것은 개인별로 과세되는 독신자, 사실혼 부부 등에 비해 불합리하게 차별하므로 평등권을 침해한다고 판단하였다.[97] 민법이 8촌 이내의 혈족 사이에 혼인을 금지한 것은 위헌이 아니지만, 그 금혼조항을 위반한 혼인을 무효로 하는 것은 과잉제한금지원칙을 위반하여 혼인의 자유를 침해한다고 판단하였다.[98] 또한, 자녀양육권은 자유권과 사회권의 성격을 가지며, 직업군인에게만 육아휴직을 허용하고 남성인 단기복무장교에게 육아휴직을 허용하지 않는 것은 자녀양육권을 침해한 것은 아니라고 하였다.[99]

---

96) 2008. 11. 27. 2006헌가1.
97) 2002. 8. 29. 2001헌바82 ; 2008. 11. 13. 2006헌바112.
98) 2022. 10. 27. 2018헌바115.
99) 2008. 10. 30. 2005헌마1156.

제3편

국가작용

제1장 국가조직의 원리

제1절 대의제

1. 개념

(1) 국민주권의 실현

대의제란 국민이 직접 주권을 행사하지 않고 대표자를 선출하기만 하고, 그 대표자가 주권을 행사하여 국가의사를 최종적으로 결정하는 제도이다. 대의제는 국민주권을 전제로 하고, 국민이 주권을 간접적으로 행사하는 방식이다. 국민이 주권자인 이상 직접 주권을 행사하는 것이 바람직하다. 하지만, 주권자인 국민이란 추상적이어서 그 의사를 확인하는 것이 어렵다. 국민 전체의 의사를 일일이 확인하는 것은 불가능할 뿐만 아니라 정치적으로 왜곡될 위험도 있다. 또한, 전문적 지식이 요구되는 복잡한 정치적 사안에 대해 엘리트를 선출하여 주권을 행사하도록 하는 것이 합리적일 수 있다.

현대국가는 대부분 대의제를 채택하여 국민이 직접 국가의 정치적 의사를 결정하지 않고 대표기관을 구성하여 주권을 행사하도록 한다. 대한민국 헌법은 대의제를 직접적으로 규정하고 있는 것은 아니지만, 대의제를 원칙으로 채택한 것으로 해석된다. 헌법은 국민주권을 선언하지만, 선거권과 공무담임권을 기본권으로 보장하여 국민의 대표기관으로 하여금 주권을 행사하도록 한다. 국회의원과 대통령은 국민의 직접선거를 통해 선출하고, 그 임기를 보장한다.

(2) 역사적 발전

대의제는 영국에서 의회주의와 함께 시작되었다. 존 로크는 주권자인 인민이 사회계약을 통해 국가에게 주권을 위임하고, 인민의 대표자가 국가를 통치해야 한다고 하였다. 에드먼드 버크(Burke)는 인민의 의사가 항상 국가이익과 일치하는 것은 아니므로 이성과 덕성을 갖춘 대표자가 국가의사를 결정해야 한다고 하였다. 제러미 벤담(Bentham)은 인민은 이기적이므로 대의제를 통해 통제하고, 대표자도 임기제, 형사처벌, 공직배제를 통해 통제해야 한다고 하였다. 스튜어트 밀(Mill)도 인민은 다수의 독재를 초래할 위험이 있으므로 엘리트가 중심이 되는 대의제가 바람직하다고 하였다.

프랑스에서는 시민혁명을 거치면서 대의제가 정착되었는데, 몽테스키외는 인민은 대표자를 선출하는 것 이외에는 정치에 관여해서는 안 된다고 하였다. 시에예스는 신분사회의 특권계급을 타파하기 위해 제3신분의 의사가 전체 인민의 의사라고 하였다. 한편, 루소는 사회계약론을 기초로 하여 주권자는 대표자를 선출할 수는 있지만 일반의지 자체는 양도할 수 없다고 하여 직접민주제를 이상적이라고 하였다. 루소는 영국인은 선거 때만 자유로울 뿐, 그 이외에는 노예상태에 있다고 영국의 대의제를 비판하여 대의제의 위험성을 경고하기도 하였다.

미국은 영국으로부터 독립하여 국가를 건설하면서 공화주의에 기초하여 대의제를 확립하였다. 인민은 대표자를 선출함으로써 민주적 정당성을 부여할 뿐, 직접 국가의사를 결정하지는 않도록 하였다. 알렉산더 해밀턴(Hamilton)은 미국 공화주의는 다수에 의해 선출된 소수의 대표자가 통치하는 정부형태이며, 대표자의 의사가 인민의 의사보다 공공의 이익에 더욱 부합하다고 하였다. 한편, 독일은 1919년 바이마르헌법에서 대의제와 직접민주제를 혼합하였으나, 나치의 전체주의가 직접민주제를 통해 등장한 역사적 경험을 반성하고 1949년 서독기본법에서는 직접민주제 요소를 삭제하고 대의제를 강화하였다.

2. 내용

(1) 주권자와 주권행사기관의 구별

국민주권은 주권자인 국민의 정치적 의사에 따른다는 것이지만, 반드시 국민이 직접 의사를 결정해야 하는 것은 아니다. 대의제는 주권을 보유한 주권자와 실제로 주권을 행사하는 주권행사기관을 구별한다. 주권자는 국민이지만, 현실적으로 주권을 행사하는 자는 국민의 대표기관이다. 주권자인 국민은 주권행사기관을 구성하는 권한만 행사하고, 현실적으로 국가의사를 결정하지 않는다. 그 대신 대표기관이 주권을 행사하여 국가의사를 결정하고 이를 주권자인 국민의 정치적 의사로 간주한다.

주권자와 주권행사기관이 분리됨에 따라 국민은 주권자임에도 현실적으로는 대표기관의 통치를 받는다. 이는 국민이 직접 대표기관을 선출하여 주권을 행사할 권한을 부여했다는 점에서 민주적으로 정당화된다. 대의제는 국민주권을 기초로 하므로 주권자인 국민의 정치적 의사를 제대로 반영해야 한다. 이때 국민이란 개인이나 개인들의 집합체가 아니라 주권자의 총체로서 추상적이고 이념적인 통일체를 말한다.[1] 국민의 정치적 의사를 확인하는 것이 어려운데, 국민의 다양한 의사를 수렴하여 국가의 정치적 의사로 도출하는 것이 중요하다.

(2) 선거에 의한 대표기관의 선출

대의제가 국민주권과 민주주의에 부합하기 위해서는 국민이 자유롭고 평등하게 자신의 의사에 따라 대표기관을 구성할 수 있어야 한다. 고대 그리스에서는 직접민주제를 채택하면서도 실제로 국정운영을 담당하는 대표자는 추첨을 통해 선출하였으나, 근대국가에서는 국민이 선거를 통해 대표자를 선출하는 방식이 일반적으로 수용되었다. 선거는 주권자가 스스로 선택한 대표기관에 민주적 정당성을 부여한다는 장점이 있다. 이는 국민이 이성적이고 합리적인 판단을 통해 훌륭한 대표자를 선택할 수 있다는 것이 보장되어야 제대로 기능할 수 있다.

대의제는 국민이 자유롭고 민주적으로 훌륭한 대표자를 선출할 수 있어야

---

1) 김하열, 헌법강의, 61면.

하고, 대표기관은 국민의 정치적 의사를 왜곡하지 않고 정확하게 반영할 수 있어야 가능하다. 이를 위해서는 국민의 정치참여를 보장하고 민주적 선거제도를 마련해야 한다. 헌법은 선거권, 공무담임권, 청원권을 포함하여 언론·출판의 자유와 같은 정치적 권리를 기본권으로 보장한다. 특히, 복수정당제를 통해 정당의 자유를 보장하고 정당의 활동을 보호한다. 국회의원과 대통령의 선거에서는 보통·평등·직접·비밀·자유선거를 선거원칙으로 인정한다.

(3) 명령적 위임의 배제

대의제는 내용적으로는 국민의 대표기관이 주권자인 국민보다 국가 전체의 이익을 위해 국가의사를 올바르게 결정할 수 있다는 것을 기초로 한다. 주권자가 선출한 대표기관은 국민의 현실적인 의사를 그대로 반영하는 것이 아니라 스스로 국가이익을 독자적으로 판단하여 국가의 정치적 의사를 결정한다. 이를 '명령적 위임의 배제' 또는 '자유위임'이라고 한다. 대표기관의 의사는 국민 전체의 의사로 간주되고, 현실적으로 확인된 국민의 의사가 대표기관의 의사와 다를 경우에는 대표기관의 의사가 우선한다.[2]

명령적 위임이 배제되는 것은 대표기관이 국민 전체의 대표자라는 것을 전제로 한다. 대표기관은 단순히 정치적으로 국민을 대표하는 것이 아니라 헌법적으로 대표한다. 대표자는 특정한 정치세력을 대표하여 선출되지만, 헌법을 매개로 하여 국민 전체의 대표기관을 구성한다. 헌법 제46조 제2항이 "국회의원은 국가이익을 우선하여 양심에 따라 직무를 행한다"라고 규정하는데, 이는 명령적 위임을 배제하는 헌법적 근거가 된다. 현실적으로 국회의원은 정당에 기속되고 자신이 선출된 지역구를 대표하지만, 이는 자유위임과 충돌하지 않는 범위에서만 허용된다.

(4) 국민에 대해 법적 책임을 지지 않음

대의제에서 명령적 위임의 배제는 대표기관의 주권행사에 대해서는 법적으로 책임을 묻지 않는 것으로 드러난다. 대표자에게 법적 책임을 묻게 되면 대표자가 독자적인 판단에 따라 국가의사를 결정하기 어렵기 때문이다. 대표기관이 국

---

2) 정종섭, 헌법학원론, 997면.

민의 현실적 의사를 무시하고 독자적으로 국가의사를 결정하고 집행한 것에 대해서는 정치적으로 책임을 질 뿐, 법적으로는 책임을 지지 않는다는 것이다. 국민은 대표자를 선거에서 낙선시키는 방법으로 정치적 책임만 물을 수 있을 뿐, 파면, 처벌, 손해배상과 같은 법적 책임을 물을 수는 없다.

자유위임은 대표자가 자의적으로 주권행사를 하도록 허용하는 것은 아니다. 대표자가 정치적 이해관계에 따라 국민 전체의 이익이 아니라 특정집단의 이익을 위해 자신의 권한을 행사할 수도 있다. 대표자가 법적 책임을 지지 않는다는 것은 정치적 오류나 정책적 판단의 실책과 같이 국가의사를 결정하는 정치적 행위에 대해서만 적용된다. 대표자가 헌법과 법률을 위반한 경우에는 탄핵, 처벌, 민사적 손해배상과 같은 법적 책임을 물을 수 있다. 대표자가 위법한 행위를 한 경우까지 법적 책임을 묻지 않는다면 법치국가를 실현할 수 없으므로 대표자는 국민에 대해 헌법적 책임을 져야 한다.

3. 한계

대의제는 국민주권을 기초로 하므로 주권자인 국민의 의사가 왜곡되지 않고 실질적으로 반영될 수 있어야 정당화된다. 현대국가에서는 대의제가 국민주권을 제대로 실현하지 못한다는 비판이 제기된다. 주권자와 대표기관의 관계는 신임과 책임에 기초해야 하는데, 대표자의 선출에 주권자의 의사가 비례적으로 반영되지 않아 주권자와 대표기관은 동일성을 상실했다는 것이다. 대표자를 선출하는 선거는 국민의 의사가 제대로 반영되지 못하고, 대표기관은 국민 전체의 이익이 아니라 선거에서 승리한 정당의 특수이익을 대변한다.

국회는 국민의 다양한 의사와 이해관계를 합리적으로 소통하고 조정해야 하는데, 이성적인 토론과 숙의는 사라지고 다수의 폭력적 지배가 일상화되었다. 이에 따라 주권자인 국민이 직접 정치에 참여할 수 있는 제도적 장치가 필요하다는 요구도 커지고 있다. 국회의 입법과정에서는 물론 행정작용에서도 시민사회의 협치를 통한 합리적 의사소통을 확대하고, 사법작용에서도 법원의 관료주의를 개선하고 민주적 정당성을 강화하기 위해 국민참여재판과 같이 국민이 참여하는 방안이 확대되고 있다.

대의제의 위기는 국민의 의사를 왜곡하고 공격적 포퓰리즘을 강화함으로써 국민을 정치이념에 따라 극단적으로 분열시키고 대립과 갈등을 강화한다. 이는 국민의 정치에 대한 무관심을 증대시켜 주권자로서의 역할을 방기하게 하여 국민주권과 법치국가를 약화시킬 우려가 있다. 이에 대의제를 폐기하고 직접민주제를 전면적으로 도입하자는 주장도 제기되지만, 현행헌법에서 대의제를 폐기하고 직접민주제를 도입할 수는 없다.3) 대의제가 정상적으로 작동할 수 있도록 선거제도와 정당제도를 개선하고, 국민이 정치에 참여할 수 있는 제도를 보완함으로써 국민주권을 실질화시키는 것이 현실적이다.4)

제 2 절 권력분립

1. 헌법적 의미

(1) 개념

권력분립이란 국가권력을 기능에 따라 구분하고, 그 국가권력을 서로 다른 국가기관에게 분배하는 것을 말한다. 권력분립은 국민주권을 기초로 하고 헌법의 목적을 실현하기 위해 국가기관을 조직하는 원리이며, 국가기관이 자신의 권력을 행사하는 헌법적 지침이다. 권력분립은 직접민주제보다 대의제에서 강하게 요구된다.5) 대의제는 명령적 위임의 배제로 인하여 대표자가 주권자의 의사를 왜곡하여 자신의 권한을 남용할 위험이 있다. 권력분립은 대표자의 권한을 분배하여 서로 견제와 균형을 통해 권한을 남용하지 않도록 사전적으로 예방하는 제도적 장치이다.

헌법은 권력분립을 국가기관의 조직원리로 채택하여 국가권력을 입법권, 행정권, 사법권으로 분할하여 국회, 정부, 법원과 헌법재판소에 분배한다. 헌법 제40조는 "입법권은 국회에 속한다"라고, 제66조 제4항은 "행정권은 대통령을 수반

---

3) 한수웅, 헌법학, 141~142면.
4) 성낙인, 헌법학, 343면.
5) 성낙인, 헌법학, 346면.

으로 하는 정부에 속한다"라고, 제101조 제1항은 "사법권은 법관으로 구성된 법원에 속한다"라고 규정한다. 특히, 사법권을 이원화하여 원칙적으로 사법권은 법원에 속하도록 하면서도 예외적으로 헌법재판소가 헌법재판을 관할하도록 한다. 헌법은 국가기관이 그 구성과 권한행사에서 조화롭게 협력할 수 있도록 하는 한편, 서로 권한행사를 통제하는 장치도 마련한다.

(2) 기능

권력분립은 국가권력의 남용을 방지함으로써 개인의 기본권을 보장하는 것을 일차적 목적으로 한다. 권력분립은 국가권력과 이를 행사하는 인간에 대한 불신을 전제로 하고, 국가권력의 집중을 막아 기본권을 보장한다. 권력분립은 권한을 적재적소에 안배함으로써 국가를 효율적이고 안정적으로 운영하도록 한다. 국민의 대표기관인 국회, 관료적 전문가인 정부, 직업적 법률가로 구성된 법원에게 그 지위에 합당한 권한을 분배하여 국가권력을 객관적이고 공정하게 행사하도록 한다. 권력분립이 그 목적을 달성하기 위해서는 국가권력을 어떻게 분립하고 어떤 국가기관에게 그 권한을 부여할 것인지가 중요하다.

권력분립은 법치국가를 실현하는 수단이기도 하다. 법치국가는 법을 제정하는 기관과 이를 집행하는 기관을 구분하고, 법적 분쟁이 발생한 경우에 이를 해석하고 적용하는 독립적 기관을 설치한다. 이는 법을 자의적으로 제정하고, 집행하고, 해석하는 위험성을 제거하기 위한 것이다. 헌법은 국회에게 입법권을, 정부에게 행정권을, 법원과 헌법재판소에게 사법권을 부여함으로써 법치를 실현한다. 특히, 헌법재판소는 권한쟁의심판을 통해 권력분립이 준수되는지 여부를 최종적으로 판단하여 권력분립을 확보한다.

2. 역사적 발전

(1) 사상적 기초

권력분립은 고대 그리스의 민주정과 로마의 공화정에서 이상적 통치형태를 고안하는 과정에서 탄생했다. 아리스토텔레스는 군주정, 귀족정, 민주정은 불완전하여 참주정, 과두정, 중우정으로 타락할 수 있다고 보았다. 그는 현실적으로 존재하는 정치세력인 군주, 귀족, 인민에게 권력을 분배하는 혼합적 통치형태를 통해 특정한 세력이 권력을 독점하는 것을 방지함으로써 국가공동체를 유지하고자 하였다. 로마의 공화정은 집정관에게는 집행권을, 소수의 원로원에게는 정책 입안권을, 다수의 민회에서는 최종결정권을 부여하는 혼합적 통치형태를 채택하였다.

근대국가가 형성되는 과정에서 권력분립은 부인되기도 했다. 절대군주제에서는 국가기관이 주권자인 군주를 대행하여 그 권한을 분장할 뿐이었다. 하지만, 절대군주제를 극복하는 과정에서 국가의 주권과 국가기관의 국가권력을 구분하였다. 이에 따라 군주는 국가가 아니라 국가기관의 하나에 불과하며, 주권자인 국민이 국가기관에게 국가권력을 나누어 주는 것이 가능해졌다. 권력분립은 절대권력은 절대적으로 부패하고 남용하게 된다는 역사적 경험을 통해 절대왕정을 극복하고 국민주권을 확립하면서 개인의 정치적 자유를 보장하는 정치적 기술로 체계화되었다.

로크는 국가권력을 기능에 따라 구분하고 이를 국가기관에게 분배하는 것을 이론적으로 체계화하였다. 그는 국가권력을 입법권, 집행권, 동맹권, 대권으로 구분하고 최고의 권력인 입법권은 의회에 부여하고, 집행권, 동맹권과 대권은 왕에게 부여해야 한다고 주장하였다. 이는 국가권력을 기준으로 4권분립이라고 하기도 하고, 국가기관을 기준으로 2권분립이라고도 한다. 로크는 집행권과 동맹권을 다른 기관에게 부여해서는 안 되고, 대권은 왕이 행사하는 것이라고 인정하여 집행권, 동맹권, 대권은 왕에게 속한다고 하였지만, 이들 권력은 모두 입법권에 종속되는 것으로 보았다.

몽테스키외는 국가권력을 입법권, 집행권, 사법권으로 구분하였다. 입법권은 인민의 대표인 하원과 귀족의 대표인 상원에게, 만민법에 속하는 국제질서에 관한 집행권은 군주에게, 시민법을 집행하는 사법권은 특정한 신분과 결합되지 않고 일시적으로 국민에 의해 선출되는 법원에게 부여해야 한다고 하였다. 그는 사법권을 독자적인 권력으로 구분하였고, 어느 일방이 우월하지 않고 서로 균형적으로 견제하도록 하였다. 몽테스키외는 군주, 귀족, 인민에게 국가권력을 나누어 갖게 함으로써 혼합적 통치형태를 주장하였으며, 이는 권력분립의 기본적인 틀을 제시한 것으로 평가된다.

(2) 유형

권력분립은 나라마다 역사적 조건에 따라 다르게 나타나며 시대적 변화에 따라 다양한 유형으로 발전하였다. 영국과 프랑스에서는 시민혁명을 통해 의회주권의 전통이 강하여 의회가 다른 국가기관에 비해 우월한 권력을 갖게 되었다. 독일에서는 법률의 우위와 행정의 합법률성을 통해 법치가 강조되었으며, 제2차 세계대전 이후에는 법률의 내용도 헌법적으로 정당화되어야 한다는 헌법재판제도가 확립되었다. 미국에서는 국가기관 사이의 권력분립과 연방과 주 사이의 권력분산이 강조되었으며, 연방대법원이 의회의 입법을 포함하여 모든 국가작용을 심사할 수 있게 되어 사법국가의 성격이 강하게 되었다.

권력분립은 전통적으로 입법권과 행정권을 기능적으로 어떻게 분배할 것인지에 따라 그 유형이 구분되었고, 사법권은 그 독립성이 보장되어야 한다는 점에서는 공통적이었다. 권력분립은 입법권과 행정권의 관계를 기준으로 엄격한 분립형, 균형과 조화형, 입법부 우위형, 행정부 우위형으로 구분할 수 있는데, 이는 정부형태에 반영된다. 미국의 대통령제는 엄격한 분리형에 속하고, 제왕적 대통령제는 행정부 우위형에 속한다. 의원내각제는 일반적으로 균형과 조화형에 속하지만, 정치현실에 따라 입법부 우위형 또는 행정부 우위형으로 운영될 수 있다.

현대국가에서는 헌법재판이 활성화되면서 사법권의 역할을 기준으로 권력분립의 유형이 구분되기도 한다. 권력분립은 입법부와 사법부의 관계를 기준으로 입법부 우위형, 사법부 우위형, 균형과 조화형으로 구분할 수 있다. 영국과 같이 위헌법률심판제도가 없는 국가는 입법부 우위형에 속하고, 독일과 오스트리아와 같이 헌법재판소를 별도로 설치하여 위헌법률심판에서 추상적 규범통제를 허용하는 국가는 사법부 우위형에 속한다. 미국과 같이 연방대법원이 위헌법률심판을 관할하지만 구체적 규범통제만 인정하는 국가는 균형과 조화형에 속한다고 평가할 수 있다.

3. 내용

(1) 국가기관의 구분

권력분립은 국가권력을 서로 다른 국가기관에게 분배하는 것이므로 국가기관을 구분하는 것이 필수적이다. 국가기관은 권력을 집중하려는 속성을 갖고, 집중된 권력은 남용될 수밖에 없다. 국가권력을 어떻게 분립할 것인지에 대해서는 역사적 발전을 통해 입법권, 행정권, 사법권으로 구분하고, 이를 기초로 국가기관을 국회, 정부, 법원으로 구분하였다. 하나의 국가기관이 입법권, 행정권, 사법권 가운데 2개 이상의 권력을 보유하게 되면, 국가권력을 남용하여 기본권을 침해할 위험이 있다.

권력분립은 국가권력을 행사하는 국가기관을 구성하는 방식에서도 반영된다. 입법권을 행사하는 국회는 단원제로 구성할 수도 있지만, 권력분립을 입법권에 반영하여 상원과 하원의 양원제로 구성할 수도 있다. 행정권을 행사하는 정부도 의원내각제나 대통령제와 같이 행정권을 일원화할 수도 있지만, 행정권을 실질적으로 이원화하는 이원정부제를 채택할 수도 있다. 사법권도 대법원을 정점으로 법원을 일원적으로 구성할 수도 있지만, 사법권을 이원화하여 일반재판을 담당하는 법원과 헌법재판을 담당하는 헌법재판소를 설치할 수도 있다.

(2) 국가작용의 분배

권력분립은 역사적으로 서로 대립하는 세력들을 정치적으로 통합하는 국가구성의 원리로 시작되었다. 즉, 군주, 귀족, 인민이라는 정치세력에게 국가권력을 분배함으로써 정치적 통합을 달성하고 국가를 유지한 것이었다. 권력분립은 입법권, 행정권, 사법권의 기능적 배분을 의미하는데, 이는 통치형태와 조응하는 측면이 있다. 입법권은 법을 창조하는 것으로 의회가 변화하는 미래를 기획하는 민주정에 적합하고 개혁적 성향을 갖는다. 행정권은 법을 강력하게 집행하는 군주정에 적합하고, 사법권은 법을 해석하고 확인함으로써 법적 질서를 유지하는 귀족정에 부합하여 보수적인 성향을 갖는다.

국가권력에 해당하는 입법권, 행정권, 사법권은 그 기능을 서로 달리한다. 입법권은 헌법적 가치를 구체적으로 실천하는 규범을 정립하는 것이므로 국민의 대표기관인 국회가 국민의 다양한 의사를 반영하는 것이 타당하다. 행정권은 방대하고 복잡한 사안에 대해 전문성을 바탕으로 신속하고 효율적으로 집행하는 것이 요구되므로 전문적인 관료집단으로 구성되는 정부가 담당하는 것이 효과적이다. 사법권은 법률을 해석하고 적용하여 분쟁을 공정하게 해결해야 하므로 전문적 자격을 갖춘 법관으로 구성된 독립된 법원이 담당하는 것이 필요하다.

(3) 견제와 균형

권력분립은 형식적으로 국가기관을 구분하고 국가권력을 분배하는 것에 그쳐서는 안 된다. 권력이 분립되더라도 국가기관은 자신의 이해관계나 특정한 정파적 이익에 따라 국가권력을 행사할 위험이 있다. 국가기관은 서로 권력을 남용하지 않도록 견제할 수 있어야 하고, 이를 위해서는 국가기관 사이에 권력의 균형을 유지할 수 있어야 한다. 권력분립이 국가기관의 견제와 균형을 요구하는 것은 권력남용을 통제할 뿐만 아니라 국가권력을 효율적이고 안정적으로 행사하도록 하는 기능을 수행한다.

권력분립은 입법권과 행정권의 견제와 균형으로 실현되는데, 민주적 정당성의 크기에 따라 다르게 설정된다. 정부가 의회의 다수파로부터 구성되는 의원내각제에서는 의회와 정부가 긴밀하게 협력하고, 대통령이 국민에 의해 선출되는 대통령제에서는 정부가 의회로부터 강하게 독립된다. 국가기관은 견제와 균형을 실현하는 과정에서 서로 충돌할 수 있다. 국가기관은 헌법을 달리 해석할 수 있으므로 헌법의 틀을 벗어나지 않도록 통합할 필요가 있다. 국가기관이 권력분립을 위반하면 위헌이 되고, 헌법재판소는 권한쟁의심판을 통해 헌법적 분쟁을 최종적으로 해결한다.

4. 현대적 변용

(1) 구조적 변화

현대국가에서는 정당이 국정의 중심축으로 작용하여 여당이 국회와 정부를 모두 장악하고, 입법권과 행정권이 통합되어 권력의 불균형이 강화되었다. 또한, 경제위기, 자연재해, 국제분쟁과 같은 위기상황이 자주 발생하고 사회복지를 적극적으로 실현하기 위해 행정수요가 증가하여 행정권이 비대해졌다. 또한, 다원적 사회에서 언론기관이나 시민단체와 같은 특정한 이익집단이 국정에 큰 영향을 미치게 되었다.[6] 이에 따라 권력분립을 작동시키는 견제와 균형이 형해화되고, 여당과 야당의 기능적 권력분립이 중요하게 되었다.[7]

권력분립의 조건이 구조적으로 변화하여 국회가 정부를 통제하는 기능이 현저하게 약화되고, 그 대신 법원이 국회와 정부를 통제하는 기능이 강화되었다. 특히, 헌법재판이 활성화되어 사법권이 행정권과 입법권보다 우월한 지위를 갖게 되어 사법국가화를 초래한다는 비판도 있다.[8] 헌법재판은 본질적으로 사법권에 속하므로 입법권이나 행정권에 비해 소극적인 권력작용이어서 행정권과 입법권을 침해할 가능성이 적다. 헌법재판은 국가권력이 법치의 틀 안에서 작동하도록 통제하는 역할을 하므로 권력분립에서 중요한 기능을 한다.

(2) 새로운 시도

권력분립이 구조적 변화로 그 기능을 제대로 수행하기 어렵게 되자, 새로운 형태의 권력분립이 다양하게 시도되고 있다. 칼 뢰벤슈타인은 국가권력의 기능을 정책결정, 정책집행, 정책통제로 구분하고 정책결정과 정책집행은 입법부와 행정부가 협조하여 결정하므로 권력분립의 본질은 정책통제라고 하는 동태적 권력분립을 제시하였다. 정책통제는 수평적 통제와 수직적 통제로 구분되며, 전자에는 국가기관 사이의 통제와 국가기관 내부적 통제가 포함되고, 후자에는 연방제와 지방자치제가 포함된다고 하였다. 또한, 정책통제가 잘 기능하면 입헌주의이고, 그렇지 않으면 전체주의라고 하였다.

베르너 케기(Kägi)는 국가기관의 견제와 균형 이외에도 다양한 제도를 포함하는 포괄적 권력분립을 제시하였다. 즉, 헌법제정·개정권과 입법권의 구별, 입법부의 양원제, 집행부 내부의 권력분립, 공무원의 임기제, 복수정당제, 여야의

---

6) 성낙인, 헌법학, 348~351면.
7) 2007. 7. 26. 2005헌라8.
8) 김하열, 헌법강의, 782면.

대립과 통제, 연방제와 지방자치제, 국가와 교회의 이원화, 민간권력과 군대권력의 분리 등을 강조하였다. 클라우스 슈테른(Stern)은 권력분립을 실현하기 위해 사회영역에서 국가의 역할을 제한하고, 연방제와 지방자치제를 통해 수직적 권력분립을 강화하며, 행정부 내부의 권력분립, 국제기구와 국가기관의 권력분립, 헌법재판 등을 통해 보완해야 한다고 주장하였다.

권력분립은 국가기관의 분할에서 국가권력의 기능적 배분으로, 그리고 다시 국가권력에 대한 합리적 통제로 그 중심이 이동하였다. 현대국가에서 정치권력에 참여하는 주체가 다원화되고 정당국가화와 행정국가화가 강화되어 권력분립은 새로운 패러다임을 요구하게 되었다. 권력분립에 대한 구조적 변화에 대응하여 형식적이고 수평적인 권력분립을 벗어나 새로운 시도가 제시되지만, 이는 권력분립의 기본적인 틀을 유지하면서 권력분립의 기능이 실질화될 수 있도록 보완하는 것으로 이해된다. 헌법이 규정하는 복수정당제, 직업공무원제, 선거관리위원회, 지방자치도 권력분립의 관점에서 이해해야 한다.

제 3 절 정부형태

I. 규범적 의미

(1) 개념

정부형태는 그 맥락에 따라 다양하게 사용된다. 넓게는 국가의 헌정체제 전반을 의미하고, 좁게는 행정권을 행사하는 행정부의 내부적 조직을 의미한다. 헌법은 '제4장 정부'에서 '제1절 대통령'과 '제2절 행정부'를 구분하고, 행정부에서 국무총리와 국무위원, 국무회의, 행정각부, 감사원을 규정한다. 이때 '정부'는 행정권을 갖는 행정부를 말한다. 정부형태는 권력분립이 실현되는 방식으로서 국가기관이 입법권·행정권·사법권을 행사하는 구조적 형태를 의미한다. 일반적으로는 입법부와 행정부의 관계를 중심으로 그 조직과 권한배분을 결정하는 형식을 말한다.

정부형태는 국가형태와 구별된다. 국가형태는 사회공동체가 정치적 통일체

로 조직되는 형식을 의미하고, 구체적으로는 국가기관의 조직형태로 나타나며 정
부형태의 상위개념이다. 국가형태는 그 구별기준에 따라 다양하게 분류할 수 있
는데, 정부형태는 권력분립을 전제로 하므로 권력분립을 인정하지 않는 독재국가
나 전체주의 국가에서는 논의할 실익이 없다. 국가형태는 단일국가와 연방국가로
구별할 수도 있는데, 양자 모두 권력분립을 인정하므로 정부형태가 중요한 의미
를 가진다. 대한민국의 국가형태는 민주공화국이고, 입법부와 행정부의 관계를 설
정하는 정부형태는 대통령제를 기본으로 한다.

(2) 역사적 발전

권력분립은 고대 그리스와 로마 공화정에서도 나타났는데, 이는 국가기관을
구분하여 권력을 기능적으로 배분한 것이 아니라 현존하는 정치세력의 공존을 통
해 국가공동체를 유지하기 위한 측면이 강하였다. 즉, 군주제의 요소인 집정관,
귀족제의 요소인 원로원, 민주제의 요소인 민회와 호민관과 같은 혼합적 정치체
제를 제도화하였다. 근대국가에서 정부형태는 의원내각제와 대통령제를 기본적
모델로 하였다. 의원내각제는 영국의 의회민주주의가 발전하면서 탄생하였으며,
대통령제는 1787년 미국이 헌법을 제정하면서 만들어졌다.

의원내각제는 로크의 권력분립론을 영국의 의회주의에 적용하는 과정에서
탄생하였다. 로크는 의회의 우위를 전제로 왕의 권력을 제한하는 통치형태를 주
장하였다. 이에 따라 의회가 국정을 주도하면서 내각까지 직접 관여하는 의원내
각제가 형성되었다. 의원내각제는 헌법이론에 따라 형성된 것이 아니라 의회민주
주의의 발전에 따라 정치현실의 필요에 의해 체계화되었으며, 프랑스와 독일과
같은 나라에서도 채택되었다. 의원내각제는 의회를 국정의 중심축으로 인정하는
데, 나라마다 역사적 전통과 정치환경에 따라 의회와 행정부의 관계가 다르게 설
정되었다.

대통령제는 몽테스키외의 권력분립론을 미국의 국가건설에 적용하는 과정에
서 탄생하였다. 미국은 영국으로부터 독립하여 연방국가를 형성하면서 의회를 통
제하는 공화주의를 기초로 혼합정체를 채택하였다. 즉, 연방헌법을 통해 1인의 대
통령, 소수의 귀족적 상원, 다수의 평민적 하원을 구성하여 견제와 균형에 따라
권력남용을 방지하였다. 국민에 의해 선출되는 대통령은 왕을 대신하여 의회로부

터 독립적인 집행권을 가지며, 연방의 권한이 강해지면서 대통령의 지위와 권한
도 강력해졌다. 대통령제는 제2차 세계대전 이후 세계적으로 전파되어 많은 신생
독립국들에 의해 채택되었다.

스위스는 독특한 정부형태로 집정부제를 채택하는데, 집정부는 연방의회에
서 선출되는 7인으로 구성되고, 1인이 1년마다 연방대통령이 된다. 집정부제는
민주적 정당성이 일원적이지만 의원내각제와 달리 연방의회가 집정부를 불신임할
수 없고, 대통령도 의회해산권을 갖지 않는다. 한편, 사회주의 국가는 인민주권론
에 기초하여 회의정부제를 채택하는데, 의회가 국민의 대표기관으로 최고의 주권
기관이며 절대적으로 우월한 지위를 가진다. 의회가 단원제로 운영되고 행정부는
물론 사법부도 의회에 의해 구성되고 의회에게 책임진다. 회의정부제는 대의제와
권력분립을 전제로 하지 않는다는 것이 특징이다.

2. 의원내각제

(1) 본질

의원내각제는 국민의 대표기관인 의회가 중심이 되어 국정을 운영하는 정부
형태이다. 의회가 행정부보다 우월한 지위에서 입법권을 행사하고, 행정부는 의회
에서 선출된 내각을 중심으로 법률을 집행하고 의회에 대해 책임을 진다. 의원내
각제의 본질에 대해서는 균형이론과 책임이론이 대립하는데, 양자는 의원내각제
의 특징을 강조하는 양 측면을 반영하는 것이지, 일방의 관점을 배척하는 것이 아
니다. 균형이론과 책임이론은 의원내각제의 역사적 발전과 현실을 보다 잘 설명
할 수 있도록 종합적인 법이론으로 이해하는 것이 타당하다.

균형이론은 권력의 균형이 의원내각제의 핵심이라고 한다. 의회와 행정부는
균형적 지위에서 공화한다. 의회는 양원제를 통해 균형을 유지하고, 행정부도 이
원적 구조를 통해 권력의 균형을 유지한다. 이에 대해서는 국가기관의 균형은 역
사적 현상을 설명하는 것일 뿐, 의원내각제의 본질을 설명하는 것은 아니라는 비
판이 있다. 현대국가에서 의원내각제는 의회와 행정부가 균형을 이루지 못하며,
의회해산도 실질적으로 의회와 행정부의 균형추 역할을 하지 못하고 있다. 의회

의 양원제는 정당국가로 인하여 균형이 약화되고, 행정부도 내각 수상의 권한이 강화되어 이원적 구조가 형해화되었다.

책임이론은 행정부를 구성하는 내각이 의회에 대해 정치적 책임을 지는 것이 의원내각제의 핵심이라고 한다. 내각은 의회의 다수파에 의해 구성되고, 소수파가 되면 정치적 책임을 지고 물러나야 한다. 의원내각제는 그 역사적 현실을 반영하여 다양하게 실현되고 반드시 권력의 균형이 보장되는 것은 아니다. 하지만, 의원내각제는 내각이 의회에 대해 정치적 책임을 진다는 것은 최소한의 공통점이므로 책임이론이 의원내각제의 현실을 설명할 수 있다.[9] 의원내각제는 민주적 정당성의 일원화, 의회와 행정부의 공화와 협력, 행정부의 이원적 구조를 기본적 요소로 한다.

(2) 기본구조

(가) 민주적 정당성의 일원화

의원내각제는 민주적 정당성의 축이 하나로 일원화되어 있다. 주권자인 국민은 선거를 통해 의원을 선출하여 의회를 구성하고, 의회의 다수파가 행정부의 내각을 형성한다. 행정권을 가진 내각의 민주적 정당성은 의회로부터 비롯되고, 의회는 주권자인 국민으로부터 민주적 정당성을 부여받는다. 국민주권의 관점에서 의회만 민주적 정당성을 가지므로 국가권력의 정당성은 의회로부터 비롯된다. 의회는 국민의 직접선거에 의해 선출된 의원으로 구성될 뿐만 아니라 국민의 다양한 정치적 의사나 이해관계를 반영할 수 있으므로 민주적 정당성이 강하다.

행정부를 구성하는 내각의 행정권은 의회로부터 비롯되므로 내각은 의회에 대해 책임을 져야 한다. 내각은 의회의 신임에 의존하여 존속하므로 의회의 다수파에 의해 구성된다. 의회의 다수파가 선거를 통해 바뀐 경우에는 내각도 신임의 기초를 상실하므로 정치적 책임을 지고 물러나야 한다. 의회의 다수파가 바뀌지 않는 경우에도 의회는 내각에 대해 정치적 책임을 물어 불신임할 수 있고, 이때에도 내각은 물러나야 한다. 의원내각제는 최종적으로는 주권자인 국민에 의해 민주적 정당성이 보장되지만, 대의제가 명령적 위임을 배제하므로 의회가 실질적으

---

9) 성낙인, 헌법학, 359면.

로 민주적 정당성의 근거가 된다.

(나) 의회와 행정부의 공화

의원내각제는 의회의 다수파가 내각을 구성하므로 의회와 내각은 서로 긴밀하게 협력하여 국가권력을 행사한다. 입법부와 행정부는 엄격하게 분립되지 않고 의회의 다수파와 내각은 정치적으로 동일한 이해관계를 형성한다. 내각은 의회의 위임에 따라 수상이 각료를 임명하여 집단회의체로 운영되고, 행정각부의 장이 되는 각료는 내각의 구성원이 되며 의회의 의원을 겸직할 수도 있다. 내각은 의회와 공화하는 관계에 따라 법률안제출권을 가지고 의회의 입법권에 관여하며, 의회는 내각의 권한행사에 대해 각종 동의권을 통해 개입할 수도 있다.

의원내각제는 의회와 행정부의 신뢰를 기초로 하고, 의회와 행정부는 서로 성립과 존속에서도 공화와 협력의 관계를 유지한다. 의원내각제는 내각이 의회에 대해 정치적 책임을 지는 것이 핵심이므로 의회와 내각의 신뢰가 깨진 경우에는 의회가 내각을 불신임할 수 있다. 한편, 행정부는 의회의 내각불신임권에 대항하여 균형추의 역할을 위해 의회해산권을 갖는다. 의회가 불신임권을 행사하면 행정부는 이에 대항하여 의회를 해산하고 주권자인 국민에게 직접 신임을 확인할 수 있다. 행정부가 의회를 해산하더라도 새로운 총선거를 통해 구성된 의회로부터 신임을 받지 못하면 내각은 총사퇴해야 한다.

(다) 행정부의 이원적 구조

의원내각제는 행정부가 이원화되어 국가를 대표하는 왕이나 대통령을 한 축으로 하고, 수상을 대표로 하는 내각을 다른 한 축으로 한다. 의원내각제는 역사적으로 의회가 왕으로부터 권력을 빼앗아 오는 과정에서 형성되어 군주제의 요소가 남아 있다. 국가를 대표하는 왕이나 대통령은 국가원수의 지위를 가지나, 상징적이고 의례적인 권한만 갖는다. 국가원수는 실질적 행정권을 갖지 않고 내각의 수반인 수상의 요청이나 내각의 승인에 따라서만 자신의 권한을 행사한다. 국가원수는 의회의 내각불신임권에 대항하여 의회해산권을 가지나, 이때에도 수상의 요청이나 내각의 승인에 따라 그 권한을 행사한다.

내각은 형식적으로는 국가원수와 의회의 이중적 신임에 기초하지만, 실질적으로는 의회의 신임에 기초하여 행정권을 행사한다. 내각은 국가원수와 달리 행정권을 실질적으로 행사하며, 의회에 대해 정치적 책임을 진다. 내각의 수상은 국가를 대표하지는 않지만, 내각을 주재하면서 행정권을 행사하는 행정부의 수반이다. 내각은 각료들로 구성되는 집단회의체로 국가정책을 결정하고 집행하는 필수적 의결기관이며, 그 구성원인 각료는 의회에 대해 연대책임을 진다.

(3) 유형

(가) 내각책임제

영국에서 시작된 의원내각제는 나라마다 역사적 조건에 따라 다양하게 발전하였는데, 영국에서는 내각책임제로 발전하였다. 영국의 의회는 양원제로 구성되는데, 국민에 의해 직접선거를 통해 선출되는 하원의 다수파가 내각을 구성한다. 내각은 왕의 자문기관으로 집행권을 가진 추밀원에서 비롯되었는데, 입헌군주제에서 왕은 형식적 지위와 권한만 가지며, 수상이 실질적인 행정권을 가지고 강력한 권한을 행사하게 되었다. 영국의 의원내각제는 강한 내각이 약한 의회를 이끌어가는 상황으로 발전하였으며, 내각의 수상이 강력한 권한을 행사하여 '수상내각제'라고도 한다.

영국의 의원내각제는 정당제도 및 선거제도와 밀접하게 관련된다. 영국의 정당은 정당규율이 강한 양당제로 발전하였는데, 의회와 내각은 정당을 매개로 긴밀하게 연결되어 의회의 다수파로 구성되는 내각의 수상이 강력한 권한을 행사하게 되었다. 하원의 구성에서도 상대적 다수대표제를 채택하여 하원의 다수파가 형성되기 쉬우며, 이는 양당제와 결합하여 강력한 하원의 다수파가 형성되고, 그 신임을 받는 내각도 강력한 권한을 행사하게 되었다. 영국의 내각책임제는 수상이 실질적으로 대통령제의 대통령보다 더욱 강력한 권한을 행사한 것으로 평가되기도 한다.

(나) 고전적 의원내각제

프랑스는 1870년 제3공화국을 시작하면서 의원내각제를 채택하였고, 이는 제2차 세계대전 이후 등장한 제4공화국에서도 유지되었다. 의원내각제는 프랑스에서 가장 전형적으로 시행되어 이를 '고전적 의원내각제'라고 한다. 프랑스에서

는 시민혁명을 통해 공화국이 수립된 이후 제정과 입헌군주제를 반복하다가 제3
공화국에서 의원내각제가 정착하였다. 프랑스는 양원제를 채택하였는데, 내각은
하원의 다수파에 의하여 구성되었으며, 하원은 내각을 불신임하여 정치적 책임을
물을 수 있었다. 대통령은 국가원수로서 하원을 해산할 수 있는 권한을 가졌다.

   프랑스의 의원내각제는 영국과 달리 강한 의회와 약한 내각으로 실현되었다.
프랑스의 정당은 정당규율이 약한 다당제로 발전하여 의회의 다수파가 쉽게 형성
되지 않아 내각이 강력한 권한을 갖기 어려웠다. 의회는 내각불신임권을 쉽게 행
사할 수 있지만, 내각은 연립정부가 구성되어 의회해산권을 행사하기 어려웠다.
이는 정국의 불안정으로 연결되었으며, 제5공화국 헌법은 정부형태를 변형하게
되었다. 즉, 행정부를 이원화하여 의회에 책임을 지는 내각을 인정하면서도 국가
원수인 대통령에게 의회로부터 독립적인 지위와 강력한 권한을 부여하였다.

(다) 합리적 의원내각제

   독일은 의원내각제를 채택하면서도 독특한 제도적 장치를 도입하였다. 바이
마르헌법은 일상적으로는 국가가 의원내각제로 운영되지만, 비상사태가 발생한
경우에는 대통령이 전권을 가지고 강력하게 국정을 운영할 수 있도록 하였다. 대
통령은 의회에서 과반수의 다수파가 형성되지 않으면 의회의 기능을 정지하고 비
상대권을 행사하여 긴급명령만으로 국정을 운영할 수 있는 권한을 가졌다. 바이
마르헌법은 국민의 지지를 받지 못하였고, 의회의 내각불신임권과 대통령의 비상
대권과 긴급명령이 자주 행사되어 정국이 불안정하였다. 바이마르헌법은 나치정
권의 등장과 수권법의 상설화로 인하여 사실상 종료되었다.

   제2차 세계대전 이후 서독은 바이마르헌법과 달리 대통령에게 형식적인 국
가원수의 지위만 인정하였다. 대통령은 의회에서 선출되며, 의회에서 지명된 후
보자를 수상으로 임명하는 형식적 권한만 가졌다. 독일의 정당은 프랑스와 마찬
가지로 다당제로 운영되어 의회의 다수파가 쉽게 형성되지 못하여 정국의 불안
정이 초래될 가능성이 크다. 독일은 건설적 불신임투표제를 도입하여 의원내각
제를 합리적으로 안정화시키고 있다. 의회는 의원 4분의 1 이상의 발의와 과반
수의 찬성으로 후임 수상을 선출하는 것을 전제조건으로만 내각을 불신임할 수
있도록 한다.

(4) 장점과 단점

의원내각제는 다음과 같은 장점을 가진다. 첫째, 책임정치를 실현할 수 있다. 의회는 내각불신임권을 통해 내각의 실정에 대해 책임을 물을 수 있다. 내각의 행정권은 임기를 통해 보장되지 않으므로 의회는 언제든지 내각에 정치적 책임을 물어 물러나게 할 수 있다. 둘째, 내각은 효율적이고 신속하게 국정을 운영할 수 있다. 의회와 내각은 공화와 협력을 기초로 내각이 입안한 정책을 신속하게 입법을 통해 제도화할 수 있다. 셋째, 정당국가를 실현할 수 있다. 의회가 국정의 중심이 되고, 의회와 내각은 정당을 매개로 긴밀하게 결합하므로 의회와 내각의 갈등을 쉽게 해결하여 정당민주주의를 강화할 수 있다.

의원내각제는 다음과 같은 단점을 가진다. 첫째, 정국의 불안정이 초래되기 쉽다. 의원내각제가 성공하기 위해서는 정당제도가 안정적이어야 하는데, 의회의 다수파를 형성하는 정당이 없을 경우에는 내각의 형성이 어렵거나 연립내각을 구성해야 한다. 둘째, 권력분립이 형해화될 위험이 있다. 다수당이 의회와 내각을 모두 장악하게 되어 입법부와 행정부의 권력통제가 불가능할 수 있다. 다수당이 안정적으로 확보되고, 정당의 내부적 규율이 강한 경우에는 다수당이나 수상이 권력을 독점하여 다수의 폭력적 지배가 발생할 수도 있다.

의원내각제는 제도 자체만으로 평가할 수는 없고, 나라마다 현실적인 조건에 따라 그 장점과 단점이 상대적으로 드러나게 된다. 의원내각제가 성공적으로 운영되기 위해서는 민주적인 정당제도와 선거제도가 정착되어야 한다. 의원내각제의 구체적인 운영은 양당제 또는 다당제의 현실, 다수당의 존재 여부, 정당의 내부적 규율 정도, 선거제도의 방식 등에 따라 다양하게 나타날 수 있다. 의원내각제에 대해서는 정국의 불안정이라는 단점을 시정하기 위해 건설적 불신임제도나 새로운 내각에 대한 불신임기간을 제한하는 것과 같은 보완책이 제시되기도 한다.

3. 대통령제

(1) 본질

대통령제는 미국에 의해 만들어졌는데, 그 배경에 대해서는 서로 다른 관점이 있다. 미국이 모국인 영국을 모방하여 국가를 건설하는 과정에서 우연하게 만들어졌다는 관점이 있다. 미국은 영국의 제한군주제를 모델로 하였지만, 왕이나 귀족이 존재하지 않는 평등사회여서 영국의 왕을 모방하여 대통령을 만들고, 귀족의회를 모방하여 상원을 만들었다고 한다. 한편, 미국은 의도적으로 영국의 의원내각제와는 다른 정부형태를 고안한 것이라는 관점도 있다. 미국은 영국으로부터 독립하면서 영국과는 다른 정치체제를 만들기 위해 의원내각제와 달리 권력이 분산되는 대통령제를 만들었다는 것이다.

미국은 기존의 국가를 전제로 정부형태를 발전시켜 온 다른 나라와 달리 시민들이 모여 새로운 국가와 정부형태를 만들었다. 대통령제가 탄생하게 된 역사적인 배경에 대한 관점과는 무관하게 미국은 대통령제를 성공적으로 운영하고 있다고 평가된다. 대통령제는 제2차 세계대전 이후 세계적으로 확산되었지만, 대부분 국가는 미국의 대통령제를 원형 그대로 유지하지 않고 성공적으로 운영하지 못하고 있다고 평가되기도 한다. 대통령제는 민주적 정당성의 이원화, 의회와 행정부의 독립, 행정부의 일원적 구조를 기본적 요소로 한다.

(2) 기본구조

(가) 민주적 정당성의 이원화

미국의 대통령제는 의원내각제와 달리 민주적 정당성의 축이 2개다. 의원내각제에서는 주권자인 국민은 의원을 선출하여 의회만 구성하고, 의회의 다수파가 내각을 구성하여 민주적 정당성이 일원화된다. 대통령제에서는 국민은 의원을 선출하는 것 이외에 대통령도 직접선거를 통해 선출함으로써 민주적 정당성을 이원적으로 부여한다. 국민에 의해 선출된 대통령이 강력한 행정권을 가지고 국정의 중심이 된다. 의회와 대통령은 국민의 민주적 정당성을 토대로 각각 자신의 권한을 행사하고, 임기 동안 서로 독립적으로 자신의 권한을 행사한다.

대통령을 수반으로 하는 행정부는 의회에 대해 책임을 지지 않고 국민에 대해서만 책임을 진다. 의회와 대통령은 민주적 정당성의 축을 달리하므로 그 성립과 존속에서도 독립적이다. 대통령은 의회에 대해 책임을 지지 않으므로 의회는 대통령을 수반으로 하는 행정부를 불신임할 수 없고, 대통령도 의회해산권을 갖지 않는다. 의회의 다수파와 대통령이 동일한 정당에 소속될 경우에는 실질적으로 민주적 정당성이 일원화되는 경향이 있다.

(나) 의회와 행정부의 독립

의회와 행정부는 공화하고 협력하는 관계가 아니고 엄격하게 권력분립이 적용된다. 대통령은 행정부의 수반으로서 실질적으로 행정권을 행사하고 행정부의 구성원은 대통령을 보좌한다. 행정부의 구성원은 의회의 의원직을 겸직할 수 없고, 의회와 행정부는 독자적으로 자신의 권한을 행사하고 상대방의 권한에 대해 간섭할 수 없다. 의회는 행정부의 구성원에게 의회에 출석할 것을 요구할 권한이 없고, 대통령은 의회에 출석하여 발언할 권한도 없다. 대통령은 법률안제출권을 갖지 못하고, 형식적으로 법률안을 공포하거나 소극적으로 법률안을 거부할 수 있을 뿐이다.

의회와 행정부는 독립적이지만 서로 권한행사를 통제함으로써 견제와 균형을 유지할 수 있다. 의회는 국정조사권, 탄핵소추권, 조약체결에 대한 동의권, 고위공무원에 대한 임명동의권 등을 통해 행정부를 견제하고, 행정부는 법률안거부권을 통해 의회를 견제할 수 있다. 이는 의회와 행정부가 서로 균형적으로 권한남용을 견제하기 위한 것이지 공화하고 협조하기 위한 것이 아니다. 하지만, 의회와 행정부는 이러한 권한을 정치적으로는 서로 공화하고 협조하는 수단으로 활용할 수도 있다.

(다) 행정부의 일원적 구조

대통령제에는 왕이 존재하지 않으므로 국가원수의 지위와 행정부의 수반의 지위가 대통령에게 일원적으로 귀속된다. 대통령은 국가원수로서 국가를 대표할 뿐만 아니라 행정부의 수반으로서 행정권을 독점적으로 보유한다. 대통령은 행정각부의 장을 임명하여 내각이나 국무회의를 구성하고, 이는 국가정책을 최종적으

로 결정하는 의결기관이 아니라 대통령의 결정을 보좌하는 자문기관이거나 심의
기관으로 기능한다. 행정각부의 장은 대통령을 보좌하며 대통령에게만 책임지고,
의회에게는 책임지지 않는다. 대통령 역시 의회에 책임지지 않고 국민에게만 책
임진다.

(3) 장점과 단점

대통령제는 다음과 같은 장점을 가진다. 첫째, 대통령이 국정을 안정적으로
운영할 수 있다. 대통령은 국민에 의해 선출되고 임기가 보장되므로 의회의 영향
을 받지 않고 자신의 권한을 행사할 수 있다. 둘째, 의회와 대통령이 서로 균형적
으로 견제하여 권력의 집중과 남용을 방지할 수 있다. 의회는 대통령의 권력집중
을 견제할 수 있고, 대통령도 의회의 다수파를 견제할 수 있기 때문에 권력의 일
방적 독주를 방지할 수 있다.

대통령제는 다음과 같은 단점을 가진다. 첫째, 대통령의 독재가 초래되기 쉽
다. 대통령이 국민으로부터 직접 선출되므로 강력한 민주적 정당성을 바탕으로
권력을 독점할 위험이 있다. 둘째, 책임정치가 보장되지 않는다. 대통령은 임기가
보장되고 국민에게만 책임지고, 의회에게는 책임지지 않으므로 의회가 대통령의
실정에 대해 책임을 묻기 어렵다. 셋째, 의회의 다수파와 대통령이 소속된 정당이
다를 경우에는 정치적 갈등을 해결하기 어렵다. 의회의 행정부에 대한 불신임권
과 대통령의 국회해산권이 인정되지 않아 국정이 마비될 수도 있다.

대통령제의 장점과 단점은 일반적으로 의원내각제의 단점과 장점에 대응하
고, 나라마다 역사적 조건과 환경에 따라 상대적으로 다르게 드러난다.[10] 미국은
대통령제를 성공적으로 운영하고 있다고 평가된다. 미국은 연방제도를 통해 수직
적 권력분립을 강화하고, 의회를 양원제로 운영하여 대통령의 권한행사로부터 영
향력을 분산한다. 미국의 정당은 양당제로 발전하였지만 내부적 규율이 강하지
않고 연성적이어서 대통령이 정당을 매개로 막강한 권한을 행사하기 어렵다. 특
히, 연방대법원이 위헌법률심사를 통해 대통령과 의회의 권한을 통제하는 조정자
의 역할을 한다고 평가된다.

---

10) 한수웅, 헌법학, 1133면.

4. 이원정부제

(1) 본질

이원정부제가 독자적인 정부형태의 유형으로 인정될 수 있을까. 이원정부제는 의원내각제의 변형이거나 의원내각제와 대통령제의 절충형에 불과하고 독자적인 정부형태가 아니라는 관점이 있다. 정부형태는 역사적 발전과정에서 정치현실을 반영하면서 만들어진 것이지, 선험적인 법이론에 따라 형성된 것이 아니다. 대부분 국가는 의원내각제와 대통령제를 기본으로 하면서 다양한 형태로 변용하고 있다. 하지만, 이원정부제는 의원내각제나 대통령제와는 구별되는 본질적 특성을 가지므로 독자적인 정부형태로 이해할 수 있다.

이원정부제를 독자적인 정부형태로 인정할 경우에는 그 개념을 확정하는 것이 필요하다. 이원정부제는 행정부를 이원적으로 구성하고 실질적으로 행정권을 분유한다는 것이 핵심이다. 프랑스, 핀란드, 아이슬란드, 포르투갈 등이 이원정부제로 분류되고, 그 나라의 헌법과 헌정현실에 따라 다양한 형태로 운용된다. 독일의 바이마르헌법은 이원정부제로 분류하기도 하지만, 행정부가 실질적으로 이원화되는 것이 아니므로 이원정부제에 포함시키기 어렵다. 바이마르헌법은 평상시에는 의원내각제로 운용되고 비상사태가 선포된 경우에는 대통령제로 운용되는 정부형태를 채택하였다.

(2) 행정부의 실질적 이원화

이원정부제는 의원내각제와 대통령제를 혼합한 정부형태인데, 행정부를 대통령과 내각으로 이원적으로 구성하고 행정권을 실질적으로 분유한다. 이원정부제에서 국민의 대표기관인 국회와 별도로 대통령도 국민에 의해 직접 선출되므로 민주적 정당성이 이원적이다. 하지만, 의회의 다수파가 내각을 구성하므로 내각은 의회에 대해 책임을 지고, 의회와 내각은 공화하고 협력하는 관계를 맺는다. 대통령과 내각이 행정권을 분유하는 방식과 정도는 나라마다 다양하게 나타난다.

대통령은 국민에 의해 직접 선출되므로 의회와 엄격하게 독립적이고, 국가원수로서 국가를 대표하면서 행정권의 일부를 담당한다. 대통령은 주로 외교, 국방,

안보 등에 관한 사항을 관할하며 대통령제와 같이 의회에게 책임지지 않고 국민에게만 책임진다. 수상을 수반으로 하는 내각은 의회의 신임에 따라 의회의 다수파에 의해 구성되며, 대통령이 담당하는 행정권 이외의 일반적인 행정권을 가진다. 내각은 의회에게 책임지므로 의회는 내각을 불신임할 수 있고, 대통령은 의회해산권을 갖는다. 내각은 대통령이 아니라 의회의 신임에 따라 구성되므로 대통령의 단순한 보좌기관이 아니다.

(3) 장점과 단점

이원정부제는 제도적으로 의원내각제와 대통령제의 장점과 단점을 모두 가지고 있어 그 운영되는 현실에 따라 다양하게 평가될 수 있다. 의원내각제와 대통령제의 장점이 발휘되는 경우에는 책임정치를 실현하면서도 국정을 안정적으로 운영할 수 있다. 하지만, 의원내각제와 대통령제의 단점이 드러날 경우에는 대통령의 독재가 실시되거나 정국이 불안정하게 될 가능성이 크다. 특히, 행정부가 실질적으로 이원화되지만 그 구별기준이 명확하지 않아 대통령과 내각이 대립하게 되고, 여기에 의회와 행정부의 갈등이 추가될 경우에는 국정이 혼란에 빠질 위험이 있다.

5. 대한민국의 정부형태

(1) 역사

1919년 상해에서 수립된 임시정부는 의원내각제를 기본으로 하여 임시의정원을 중심으로 하고, 집행기관으로는 국무원과 임시대통령, 국무총리, 국무령, 집단지도체제, 주석 등을 설치하여 다양한 변화를 시도하였다. 1948년 제헌국회에는 의원내각제가 원안으로 제출되었으나 대통령중심제로 변경하면서 의원내각제 요소도 일부 반영하였다. 즉, 대통령과 부통령은 국회에서 선출되었고, 대통령이 국무총리를 임명한 후 국회의 승인을 받도록 하였으며, 국무원은 의결기관으로 하였다. 대통령은 임시국회의 소집을 요구할 수 있었으며, 정부도 법률안을 제출할 권한을 가졌다.

1960년 헌법은 전형적인 의원내각제를 채택하여 행정부를 국회에서 선출되는 대통령과 총리로 이원화하고, 대통령은 형식적이고 의례적인 권한만 가지고 총리가 실질적인 행정권을 보유하였다. 국무원은 국회에게 연대책임을 지고 하원인 민의원은 국무원에 대한 불신임권을 가졌으며, 국무원은 민의원에 대한 해산권을 보유하였다. 국회는 민의원과 참의원으로 구성되는 양원제를 채택하였다. 하지만, 약 10개월 동안 3차례나 전면적으로 개각이 이루어지는 등 정치적 혼란으로 국정이 안정되지 못하였다.

1962년 헌법은 대통령중심제로 복귀하여 국민의 직접선거로 선출된 대통령은 국무총리를 국회의 동의 없이 임명하고, 국회의 행정부에 대한 불신임권과 대통령의 의회해산권이 인정되지 않았다. 다만, 국회는 국무총리와 국무위원의 해임건의권을 가졌으며, 대통령은 국무총리의 임명제청을 받아 국무위원을 임명하였다. 그 이후 1969년 헌법과 1972년 헌법에서는 대통령의 권한을 강화하였고, 1980년 헌법도 대통령중심제를 유지하였다.

(2) 대한민국의 정부형태

대한민국은 1960년 헌법에서만 의원내각제를 채택하였고, 나머지 헌법에서는 대통령제를 기본으로 의원내각제 요소를 일부 반영하였다. 현행헌법은 대통령제를 기본으로 하여 대통령은 국민의 직접선거를 통해 선출되도록 하였다. 대통령은 국가원수이자 행정부의 수반이며, 국회의 정부불신임권과 정부의 국회해산권은 인정되지 않는다. 하지만, 의원내각제 요소를 가미하여 부통령을 두지 않고 국무총리를 두는데, 대통령은 국회의 동의를 얻어 국무총리를 임명한다. 국회는 국무총리와 국무위원에 대한 해임건의권을 가지며, 국무위원은 국회의원을 겸직할 수 있다. 정부는 법률안제출권을 가진다.

헌법재판소는 대한민국의 정부형태를 대통령제 또는 대통령중심제로 판단한 적이 있다.[11] 이에 대해서는 국회가 대통령의 권한을 통제할 수 있는 견제수단을 갖지 못하여 '제왕적 대통령제'로 운영된다는 비판이 제기된다. 대통령은 상대적 다수대표제를 통해 선출되는 승자독식구조에 의해 권력을 독점하고, 임기가 5년 단임이므로 대통령에게 책임을 물을 수 없다는 것이다. 하지만, 권력분립의 실현

11) 1994. 4. 28. 89헌마86.

은 정부형태라는 제도에 의해서만 결정되는 것이 아니라 역사적 현실과 정치문화에 의해서도 크게 영향을 받는다.12)

　　현행헌법에서도 정부형태가 이원정부제로 운영될 가능성이 있다. 제도적으로는 국무총리도 실질적 행정권을 가질 수 있으며, 대통령의 임기가 5년이고, 국회의원의 임기는 4년이어서 권력분점의 가능성이 있다. 대통령이 소속된 정당과 국회의 다수파가 소속된 정당이 불일치할 경우에는 행정권이 실질적으로 이원화될 수 있다.13) 하지만, 헌법 제66조 제4항은 "행정권은 대통령을 수반으로 하는 정부에 속한다"라고 규정하여 행정권을 일원화하고, 대통령과 국회의 다수파가 소속된 정당이 다르더라도 행정권이 실질적으로 분유되지 않는 이상 이원정부제로 해석할 수는 없다.

---

12) 김하열, 헌법강의, 786~790면.
13) 성낙인, 헌법학, 394~396면.

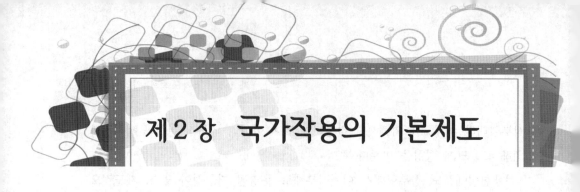

제 2 장 국가작용의 기본제도

제 1 절 선거제도

I. 헌법적 의미

(1) 대의제의 조건

선거란 주권자인 국민이 투표를 통해 대표자를 선출하는 행위를 말한다. 국민주권은 대의제를 통해 실현되고, 대의제에서는 선거를 통해 대표자를 선출하는 것이 필수적이다. 현대국가에서는 국민이 선거를 통해 대표자를 선출하는 것이 일반적으로 확립되었다. 선거는 선거인이 특정한 후보를 선택하는 투표를 통해 실시된다. 국가기관이 조직화되고 국가권력을 행사하는 것은 국민이 선거를 통해 대표자를 선출하여 국가기관을 구성하였기 때문에 정당화된다. 선거는 국민주권을 구체적으로 실천하는 대의제의 전제조건이 된다.

헌법은 대의제를 원칙으로 채택하여 선거권과 공무담임권을 기본권으로 보장하며, 국회의원과 대통령을 보통·평등·직접·비밀선거를 통해 선출하도록 한다. 특히, '제7장 선거관리'에서 중앙선거관리위원회를 헌법기관으로 인정한다. 정당국가에서는 정당이 국정의 중심적 역할을 하면서 선거에서도 막대한 영향을 끼치게 되었다. 선거는 국민의 대표자를 선출하는 것에 그치지 않고 정당에 대한 투표로 인식되고 있다. 선거제도는 국가형태, 정부형태, 의회의 구성원리, 정당제도와 같은 정치적 시스템과 밀접하게 관련되며, 그 나라의 역사적 환경과 특수성이 반영되기도 하고 그에 영향을 미치기도 한다.

(2) 기능

국민이 선거를 통해 대표자를 선출하는 것은 일차적으로 국가기관을 조직하고 충원하는 기능을 한다. 선거로 선출되는 대표자는 국가기관의 구성원이 되어 원칙적으로 임기 동안 자신의 권한을 행사할 수 있다. 국민은 주기적으로 선거를 통해 대표자에게 민주적 정당성을 갱신하여 부여하거나 새로운 대표자를 선출하여 이전의 대표자의 국정활동에 대해 정치적 책임을 물을 수 있다. 국민은 선거를 통해 국정을 통제하고 정치적 의사를 반영함으로써 국민주권을 실현하고, 민주시민으로 교육받을 수 있다.

선거는 국민의 정치적 의사를 국정에 반영시키는 통로가 되며, 그 과정에서 다양한 이해관계와 갈등을 조정함으로써 사회적 통합을 달성할 수 있다. 선거는 유권자 전체가 집단적으로 참여하여 직접 정치적 의사를 형성하는 유일한 기회이다. 국민은 대표자를 선출하는 것을 통해 자신의 정치적 의사를 표현한다. 현실적으로는 복수의 정당이 선거에 참여하여 다양한 정치적 의사를 제시하고 국민은 이를 국가정책으로 채택한다. 하지만, 선거는 본질적으로 경쟁적일 수밖에 없으므로 과도한 경쟁으로 사회적 갈등을 증폭시킬 위험도 있다.

2. 선거원칙

(1) 규범적 의미

헌법은 국회의원과 대통령의 선거에서 보통·평등·직접·비밀선거를 선거원칙으로 규정한다. 이는 자유선거를 전제로 하므로 자유선거도 선거원칙에 포함된다.[1] 헌법은 국회의원과 대통령의 선거뿐만 아니라 지방의회의원의 선거와 지방자치단체의 장의 선임방법에 대해서도 법률로 정하도록 규정한다.[2] 국가기관이 헌법이 규정하는 선거원칙을 위반하면 위헌이 된다. 국회가 선거에 대해 입법할 경우에는 반드시 선거원칙에 부합해야 하고,[3] 정부와 법원도 선거원칙에 부합하

---

1) 1994. 7. 29. 93헌가4.
2) 헌법 제41조 제1항, 제3항, 제67조 제1항, 제5항, 제118조 제2항.
3) 2009. 10. 29. 2007헌마1462.

도록 법률을 집행하고 적용해야 한다.

공직선거법은 선거원칙을 구체적으로 규정하는데, 그 적용범위를 대통령선거·국회의원선거·지방의회의원 및 지방자치단체의 장의 선거로 규정한다.4) 헌법이 규정하는 선거원칙은 대통령선거, 국회의원선거와 지방선거에만 적용되고, 농업협동조합과 같이 사적 영역에서 이루어지는 선거에는 원칙적으로 적용되지 않고,5) 개별적 법률조항이 규정하는 경우에 공직선거법을 준용할 수 있을 뿐이다. 다만, 대법원은 정당이 국회의원 비례대표 후보자 명단을 확정하기 위한 당내경선에서는 헌법이 규정하는 선거원칙이 적용된다고 판단하였다.6)

(2) 구체적 내용

(가) 보통선거

보통선거란 국민은 누구나 선거권과 피선거권을 가지는 선거를 말한다. 대한민국 국민인 이상 성별, 종교, 재산, 교육, 사회적 신분에 의해 참정권을 박탈당하지 않는다. 이는 정치적 능력과 자격을 갖춘 사람에게만 참정권을 보장하는 제한선거에 대응한다. 보통선거는 대표기관을 선출하는 기회를 보장하지만, 모든 경우에 절대적으로 보장되지 않고 예외적으로 헌법적으로 정당화되는 경우에는 제한될 수 있다. 헌법은 대통령의 피선거권을 선거일 현재 40세 이상으로 제한하고, 공직선거법은 국적, 연령, 범죄와 같은 사유로 선거권과 피선거권을 제한한다.

외국인은 선거권을 갖지 않지만, 재외국민은 선거권의 주체가 된다.7) 공직선거법은 지방의회의원과 지방자치단체장의 선거에는 18세 이상의 외국인으로 영주의 체류자격 취득일 후 3년이 경과하고 외국인등록대장에 등재된 자에 한하여 선거권을 인정한다.8) 헌법재판소는 선거권 연령을 20세 이상으로 제한하거나 국회의원의 피선거권을 25세 이상으로 제한한 것은 보통선거에 위반되지 않는다고 판단하였으나,9) 국회는 공직선거법을 개정하여 그 연령을 모두 18세 이상으로 규

---

4) 공직선거법 제2조.
5) 2021. 7. 15. 2020헌가9.
6) 대법원 2013. 11. 28. 2013도5117.
7) 2007. 6. 28. 2004헌마644.
8) 공직선거법 제15조 제2항 제3호.
9) 2003. 11. 27. 2002헌마787 ; 2005. 4. 28. 2004헌마219.

정하였다.

헌법재판소는 금고 이상의 형의 선고를 받고 그 집행이 종료되지 아니한 자에게 선거권을 부인한 것은 위헌이 아니지만,[10] 유기징역형을 선고받은 수형자와 집행유예를 선고받은 자에 대해 전면적이고 획일적으로 선거권을 박탈한 것은 위헌이라고 판단하였다.[11] 피선거권에 대해서도 선거범죄로 100만원 이상의 벌금형을 선고받아 확정되면 2년 동안 피선거권을 박탈하는 것은 위헌이 아니며,[12] 공무원이 출마하기 위해 필요한 공직사퇴의 기간을 지나치게 길게 하거나 기탁금의 액수를 과다하게 하면 위헌이라고 판단하였다.[13]

(나) 평등선거

평등선거란 선거인이 가지는 선거권의 내용과 효과가 동등한 선거를 말한다. 이는 차등선거에 대응한다. 평등선거는 모든 선거인이 평등하게 한 표를 행사하는 '1인 1표'를 요구한다. 이는 선거인의 투표에 대한 산술적 가치가 동일해야 한다는 것이다. 하지만, 1인 1표가 지켜지더라도 투표가 대표자의 선출에 동일한 영향력을 행사할 수 없으면 실질적으로 불평등하게 되므로 '1인 1가치'도 보장되어야 한다. 이는 선거인의 투표에 대한 성과가치도 동일해야 한다는 것이다.

1인 1표는 선거의 자격을 갖는 자에게 동일한 권리를 부여하여 실현할 수 있지만, 1표 1가치를 완전하게 실현하는 것은 불가능하다. 1표 1가치는 선거구의 획정과 밀접하게 관련되며, 특정 후보자에게 유리하도록 선거구를 획정하는 '게리맨더링'은 허용되지 않는다. 1표 1가치는 적어도 1인의 투표가치가 타인의 투표가치보다 2배 이상이 되는 인구편차를 허용할 수 없다. 선거구의 획정에서는 인구숫자를 우선적으로 반영해야 하고, 특단의 불가피한 사정이 없는 한 인접지역은 1개의 선거구를 구성해야 한다.[14] 다만, 지역의 인접성 이외에 생활환경, 교통, 교육환경 등을 종합적으로 고려하여 선거구의 인구편차를 줄이기 위해 합리적인 이유가 있는 경우에는 인접지역을 다른 선거구에 편입시킬 수 있다.[15]

---

10) 2009. 10. 29. 2007헌마1462.
11) 2014. 1. 28. 2012헌마409.
12) 2008. 1. 17. 2004헌마41.
13) 2006. 7. 27. 2003헌마758 ; 2008. 10. 30. 2006헌마547 ; 2008. 11. 27. 2007헌마1024.
14) 2014. 10. 30. 2012헌마192.
15) 2023. 6. 29. 2020헌마356.

헌법재판소는 국회의원선거에서 전국선거구 평균인구수를 기준으로 인구편
차가 상하 33.3%(최대선거구와 최소선거구의 인구수 비율이 2:1)를 초과하면 위헌이라
고 판단하였다.16) 한편, 지방의회선거에서는 선거구 평균인구수를 기준으로 인구
편차가 상하 50%(최대선거구와 최소선거구의 인구 수 비율이 3:1)를 초과하면 위헌이
라고 판단하였다.17) 국회의원과 지방의원의 선거에서 선거구역표는 전체가 불가
분의 일체이므로 일부의 선거구가 위헌인 경우에는 관련된 선거구구역표 전체가
위헌이 된다.18)

평등선거는 선거의 기회균등을 포함하므로 국가는 선거를 중립적으로 관리
해야 한다. 헌법재판소는 기초의회의원선거에서만 정당표방을 금지한 것과 정당
추천후보자와 무소속후보자의 기탁금 액수를 차별하는 것은 위헌이지만,19) 현역
국회의원에게만 의정활동보고를 허용하는 것, 정당에 대해서만 선거대책기구를
설치하도록 허용하고 후보자기호결정에서 우선순위를 부여하는 것, 무소속후보자
에게만 선거권자의 추천을 받도록 하는 것, 공영방송사의 선거방송을 정당의 지
지도에 따라 차등적으로 제공하는 것은 평등선거에 위반하는 것이 아니라고 판단
하였다.20)

(다) 직접선거

직접선거란 선거인이 당선인을 직접 선출하는 선거를 말한다. 국민이 중간선
거인을 선출하고, 그 중간선거인이 대표자를 선거하는 간접선거에 대응한다. 직접
선거는 주권자와 대표자 사이에 직접적인 신임을 확보하고 주권자의 의사가 왜곡
되는 것을 방지하기 위한 것이다. 현대국가에서 비례대표제가 도입되면서 정당을
매개로 의석배분이 이루어져 당선인 결정에서 직접선거의 의미도 변화하였다. 유
권자가 후보자를 직접 선택할 수 있는 자유명부식이나 가변명부식 비례대표제는
직접선거에 위반되지 않지만, 선거가 종료된 이후에 후보자나 그 순위를 변경하
는 것은 직접선거에 위반된다.

---

16) 2014. 10. 30. 2012헌마192.
17) 2018. 6. 28. 2014헌마189.
18) 2021. 6. 24. 2018헌마405.
19) 1989. 9. 8. 88헌가6.
20) 1996. 3. 28. 96헌마18 ; 2011. 5. 26. 2010헌마451.

헌법재판소는 1인 1표제의 국회의원선거에서 후보자명부에 대한 별도의 투표 없이 지역구후보자에 대한 투표를 정당에 대한 투표로 의제하여 비례대표의석을 배분하는 것은 후보자의 선출이 유권자의 투표에 의해서가 아니라 정당의 명부작성에 의해 결정되므로 직접선거에 위배된다고 하였다. 다만, 고정명부식 비례대표제는 비례대표후보자 명단과 그 순위, 의석배분방식은 선거 시에 확정되어 투표 이후에 변경되는 것이 아니고, 선거결과가 선거행위로 표출된 선거권자의 의사표시에만 달려 있으므로 직접선거에 위반되는 것은 아니라고 판단하였다.21)

(라) 비밀선거

비밀선거란 선거권자가 투표한 내용을 비밀로 하는 선거를 말한다. 이는 공개선거에 대응하며, 선거의 자유와 공정성을 보장하기 위한 것이다. 비밀선거는 투표소에서의 투표행위뿐만 아니라 사전투표, 거소투표, 우편투표, 전자투표의 경우에도 준수되어야 한다. 헌법재판소는 신체에 장애가 있는 선거인에 대해 투표보조인이 가족이 아닌 경우 반드시 2인을 동반하도록 하는 것은 장애인의 선거권을 실질적으로 보장하고 선거의 공정성을 확보하기 위해 불가피한 조치이므로 위헌이 아니라고 판단하였다.22)

선거인은 무기명으로 투표하고, 투표내용을 진술할 의무가 없다. 자신이 기표한 투표지를 공개할 수 없으며, 공개된 투표지는 무효가 된다.23) 다만, 선거의 공정성을 해치지 않는 범위에서는 여론조사나 출구조사는 허용된다. 선거일전 60일부터 선거일까지 선거에 관한 여론조사를 할 수 있고, 방송사나 일간신문사는 선거일에 투표소로부터 50미터 밖에서 투표의 비밀이 침해되지 않는 방법으로 질문하여 출구조사를 할 수 있다. 이때에도 여론조사는 선거일 전 6일부터 선거일의 투표마감시각까지 그 결과를 공표할 수 없고, 출구조사도 투표마감시각까지는 그 경위와 결과를 공표할 수 없다.24)

---

21) 2001. 7. 19. 2000헌마91.
22) 2020. 5. 27. 2017헌마867.
23) 공직선거법 제167조 제1항, 제2항, 제3항.
24) 공직선거법 제108조, 제108조의2, 제241조.

(마) 자유선거

자유선거란 선거인이 외부의 강제나 간섭을 받지 않고 자유롭게 선거권을 행사할 수 있는 선거를 말한다. 이는 강제선거에 대응한다. 자유선거는 투표의 자유뿐만 아니라 입후보의 자유와 선거운동의 자유를 포함하며, 소극적으로 유권자의 투표행위에 강제나 부당한 압력이 없어야 한다는 것에 그치지 않고, 유권자가 자유롭게 투표할 수 있어야 한다는 것을 의미한다.[25] 국가가 국정을 홍보한다는 것을 명분으로 선거운동에 영향을 미치는 행위를 하는 것은 자유선거에 위반될 수 있다.

자유선거는 선거인이 투표하지 않을 자유도 포함한다. 공직선거법 제6조 제4항은 "선거권자는 성실하게 선거에 참여하여 선거권을 행사하여야 한다"라고 규정하지만, 이를 위반한 경우에 제재하는 내용은 두지 않는다. 스위스를 비롯하여 30여개 국가는 헌법이나 법률로 투표의무를 규정하지만, 투표에 참여하지 않는 행위도 선거권자의 정치적 의사를 표현하는 것이므로 자유선거에 포함된다. 헌법재판소는 투표하지 않는 자에게 과태료나 벌금을 부과하는 것이나 일정한 비율 이상이 반드시 투표에 참여하도록 강제하는 최소투표율제를 도입하는 것은 자유선거의 원칙에 위반된다고 판단하였다.[26]

3. 대표제와 선거구

(1) 규범적 의미

선거는 대표제와 선거구를 통해 투표결과를 반영하여 의석을 배분한다. 대표제란 대표자의 수를 배분하고 당선자를 결정하는 방식으로 다수대표제, 소수대표제, 비례대표제, 직능대표제로 구분된다. 선거구는 선거인단을 분할한 지역단위로서 대표자를 지역단위로 선출하는 지역구와 전국을 하나의 단위로 하여 선출하는 전국구로 구분된다. 헌법 제41조 제3항은 "국회의원의 선거구와 비례대표제 기타 선거에 관한 사항은 법률로 정한다"라고 규정한다. 대표제와 선거구는 선거원칙

---

25) 2004. 5. 14. 2004헌나1.
26) 2013. 11. 27. 2003헌마259.

에 따라 국민의 주권적 의사가 왜곡되지 않고 비례적으로 반영되어야 한다.

현대국가에서는 일반적으로 다수대표제와 비례대표제를 채택한다. 다수대표제는 민주주의에 충실하고, 비례대표제는 국민의 의사를 비례적으로 반영할 수 있다. 대표자는 국민 전체를 대표하고 지역주민의 명령적 위임을 배제하지만, 전국구를 하나의 선거구로 하여 선출하는 것은 기술적으로 어려워 여러 개의 지역구로 나누어 대표자를 선출한다. 대표제와 선거구는 서로 밀접하게 관련되는데, 국가형태, 정부형태, 정당제도, 인구의 숫자와 같은 역사적 현실에 따라 다양한 형태로 나타난다.

우리나라는 대통령선거에서는 전국구 상대다수대표제를 채택하고, 국회의원선거에서는 지역구의원은 소선거구 상대다수대표제로 선출하고, 전국구의원은 고정명부식 비례대표제로 선출하는 혼합투표제를 채택한다. 한편, 지방자치단체의 장은 상대다수대표제로 선출하고, 지방의회의원선거에서는 광역의원은 소선거구 상대다수대표제로, 기초의원은 중선거구 다수대표제로 선출하면서 비례대표의원은 모두 고정명부식 비례대표제로 선출한다.

(2) 다수대표제

다수대표제는 다수표를 득표한 후보자를 당선자로 결정하는 방식으로서 1인을 선출하는 소선거구, 2~4인을 선출하는 중선거구, 5인 이상을 선출하는 대선거구와 결합한다. 소선거구 다수대표제는 양당제도가 형성되기 수월하여 정국의 안정을 기할 수 있고, 책임정치를 실현할 수 있다. 하지만, 사표가 많이 발생하여 그 투표자의 의사가 반영되지 못하고, 군소정당이 국회에 진입하기 어렵다. 다수대표제가 중선거구나 대선거구와 결합하는 경우에는 소수파가 국회에 진입할 수 있지만, 선거인의 의사가 의석수에 비례적으로 반영되지 못하는 단점이 있다.

소선거구 다수대표제는 상대적으로 다수를 득표한 자를 대표자로 선출하는 상대다수대표제와 과반을 득표한 자를 대표자로 선출하는 절대다수대표제로 구분된다. 절대다수대표제에서 최다득표자가 과반을 득표하지 못하면 최다득표자 2인을 대상으로 결선투표를 실시한다. 상대다수대표제는 선거절차가 신속하고 간단하며, 절대다수대표제는 민주적 정당성을 강하게 확보할 수 있다. 헌법재판소는 소선거구 다수대표제에서 다수의 사표가 발생하더라도 선거원칙을 위반하거나 선

거권을 침해하는 것은 아니라고 판단하였다.[27]

다수대표제에서는 선거구가 투표의 성과가치를 평등하게 반영할 수 있도록 획정되어야 한다. 국회는 공정한 선거구획정을 위해 선거구획정위원회를 설치하는데, 지역선거구는 관할구역 안에서 인구·행정구역·지세·교통 기타 조건을 고려하여 확정하되, 원칙적으로 하나의 자치구·시·군의 일부를 분할하여 다른 지역구로 정할 수 없다.[28]

(3) 비례대표제

비례대표제는 정당이 제시하는 후보자명부에 대해 투표하고, 정당의 득표비율에 따라 의석수를 배분하는 방식이다. 비례대표제는 정당국가에서 선거인의 의사를 정확하게 반영하기 위해 도입되었다. 비례대표제는 후보자의 선정, 투표방식, 유효투표의 계산과 의석배분에 따라 다양한 형태로 구체화된다. 비례대표제는 고정명부식과 가변명부식으로 구분된다. 고정명부식은 정당이 확정한 후보자의 선정과 순위가 고정되어 투표자가 이를 변경할 수 없고, 가변명부식은 투표자가 후보자의 선정과 순위를 변경할 수 있다.

비례대표제는 모든 정당이 득표비율에 따라 국회에 진출하므로 소수파도 의석을 배분받을 수 있어 정당정치가 활성화될 수 있다. 또한, 사표를 줄이고 투표의 성과가치의 평등을 강화하여 선거구획정의 불균형을 보완할 수 있다. 하지만, 군소정당의 난립으로 정국이 불안정하게 될 수 있고, 정당의 영향력으로 선거인의 의사가 왜곡될 위험이 있으며, 선거절차가 기술적으로 복잡하다는 단점이 있다. 비례대표제는 정당제도가 안정적으로 정착되고 후보자공천에서 당내민주주의가 확립되어야 성공할 수 있다.

비례대표제는 군소정당의 난립을 방지하기 위해 선거에서 일정한 득표비율을 획득한 정당에 대해서만 의석을 배분하는 저지조항을 도입하기도 한다. 저지조항이 득표비율을 지나치게 높게 설정하여 투표의 성과가치를 차별하게 되면, 평등선거에 위반되어 투표의 평등권을 침해할 수 있다.[29] 공직선거법은 고정명

---

27) 2016. 5. 26. 2012헌마374.
28) 공직선거법 제24조, 제24조의2, 제24조의3, 제25조, 제25조.
29) 2001. 7. 19. 2000헌마91.

부식 비례대표제를 채택하여 선거인은 지역구와 비례대표에 대해 1표씩 투표권을 행사하고, 비례대표에서 유효투표총수의 100분의 3 이상을 득표하였거나 지역구의원이 5석 이상의 의석을 차지한 정당에게만 득표비율에 따라 의석을 배분한다.30)

공직선거법을 개정하여 비례대표제를 폐지할 수 있을까. 헌법 제41조 제3항은 "국회의원의 선거구와 비례대표제 기타 선거에 관한 사항은 법률로 정한다"라고 규정한다. 헌법이 '비례대표제'를 직접 규정하므로 반드시 비례대표제를 도입해야 하고, 국회는 비례대표제의 구체적인 사항에 대해서만 입법형성권을 가진다고 볼 수도 있다. 하지만, 비례대표제는 '기타 선거에 관한 사항'의 예시에 해당하므로 국회는 정책적 판단에 따라 비례대표제를 도입할 것인지를 선택할 수 있고, 이는 국회의 입법형성권에 포함된다고 해석된다.

4. 선거권과 피선거권

(1) 선거권

헌법 제24조는 "모든 국민은 법률이 정하는 바에 의하여 선거권을 가진다"라고 규정한다. 헌법은 '법률이 정하는 바에 의하여' 선거권을 보장하여 구체적인 내용을 법률로 정하도록 위임한다. 이는 기본권형성적 법률유보이므로 국회는 국민이 선거권을 제대로 실현할 수 있도록 내용, 요건, 절차를 규정해야 한다. 이때 국회는 선거원칙인 보통·평등·직접·비밀선거를 위반해서는 안 된다.

선거권은 헌법 제37조 제2항에 따라 제한될 수 있다. 공직선거법은 유권자의 자격에 대해 연령과 같은 적극적 요건과 범죄경력과 같은 소극적 요건을 규정하고, 선거운동의 공정성을 확보하고 기회균등을 보장하기 위해 투표의 시간, 장소, 방법 등을 제한한다. 선거권을 제한하는 경우에는 과잉제한금지원칙에 따라 헌법적으로 정당화되어야 한다.31) 헌법재판소는 자유롭고 평등한 투표뿐만 아니라 공정한 개표절차도 선거권의 내용이 되며, 공정한 개표절차가 보장되지 않으면 선거권을 침해한다고 판단하였다.32)

30) 공직선거법 제190조의2 제1항.
31) 2012. 2. 23. 2010헌마601.

(2) 피선거권

헌법 제25조는 "모든 국민은 법률이 정하는 바에 의하여 공무담임권을 가진다"라고 규정하고, 제67조 제4항은 "대통령으로 선거될 수 있는 자는 국회의원의 피선거권이 있고 선거일 현재 40세에 달하여야 한다"라고 규정한다. 피선거권은 공직선거에 입후보하여 당선될 수 있는 권리이며, 선출직 공무원의 공무담임권에 포함된다. 헌법은 대통령에 대해서는 그 피선거권을 직접 규정하지만, 나머지 선출직 공무원의 피선거권에 대해서는 법률로 규정하도록 위임한다.

헌법은 '법률이 정하는 바에 의하여' 공무담임권을 보장하여 국회가 피선거권에 대해 구체적으로 규정한다. 이것 역시 기본권형성적 법률유보이므로 국회는 피선거권을 실현할 수 있도록 규정하고, 선거원칙을 위반하지 않도록 해야 한다. 피선거권은 헌법 제37조 제2항에 따라 제한될 수 있는데, 헌법과 공직선거법은 피선거권자의 자격과 임기, 범죄경력, 기탁금, 후보자추천 등과 같은 내용과 절차를 규정한다. 피선거권을 제한하는 경우에도 과잉제한금지원칙에 따라 헌법적으로 정당화되어야 한다.

5. 후보자

(1) 후보자추천

공직선거법은 후보자가 난립하는 것을 막기 위해 후보자추천을 거치도록 한다. 정당은 선거구별로 후보자를 추천할 수 있으며, 당내 경선을 실시한 경우에는 경선후보자가 경선에 불복하여 후보자로 등록할 수 없다. 비례대표선거에서는 후보자 중 100분의 50 이상을 여성으로 추천하고, 후보자명부의 홀수 순위에는 여성을 추천해야 한다. 지역구선거에서는 전국지역구 총수의 100분의 30 이상을 여성으로 추천하도록 노력해야 한다. 선거권자도 후보자를 추천할 수 있는데, 2인 이상을 한꺼번에 추천할 수 있지만 사전선거운동을 방지하기 위해 추천선거권자 수의 상한수를 넘어 추천을 받아서는 안 된다.[33]

---

32) 2013. 8. 29. 2012헌마326.
33) 공직선거법 제47조, 제47조의2, 제48조.

(2) 공무원의 공직사퇴

공무원이 후보자가 되고자 하는 경우에는 그 직을 이용하여 선거운동을 할 가능성이 있어 선거의 공정성을 해칠 우려가 있다. 공직선거법은 공무원이 후보자가 되고자 하는 경우에는 그 공직의 유형에 따라 선거일 전 90일까지 또는 30일까지 그 직을 사퇴하도록 한다. 다만, 선출직 공무원이 입후보하는 경우에는 그 직위의 특성과 선거의 공정성을 해칠 위험성을 고려하여 그 직을 가지고 후보자가 되는 경우, 후보자 등록신청 전까지 사퇴해야 하는 경우, 선거일 전 120일까지 사퇴해야 하는 경우 등으로 구분한다.[34]

국회의원이 대통령에 입후보하는 경우 등에는 그 직을 가지고 입후보할 수 있도록 하고, 국회의원이 지방자치단체의 장에 입후보하는 경우에는 후보자등록신청 전까지 사퇴해야 한다. 지방자치단체의 장이 선거구역이 당해 지방자치단체의 관할구역과 같거나 겹치는 지역구국회의원선거에 입후보하고자 하는 때에는 당해 선거의 선거일 전 120일까지 그 직에서 사퇴해야 한다. 다만, 그 지방자치단체의 장이 임기가 만료된 후에 그 임기만료일부터 90일 후에 실시되는 지역구국회의원선거에 입후보하려는 경우에는 사퇴할 필요가 없다.[35]

(3) 후보자의 기탁금

선거에서 후보자의 난립을 방지하고 불법행위에 대한 제재금을 사전에 확보함으로써 선거의 공정성을 기하기 위해 후보자에게 기탁금을 납부하도록 할 수 있다. 하지만, 기탁금을 납부하도록 하는 것은 보통선거와 평등선거를 위반하여 피선거권을 제한할 수 있으므로 적정한 금액으로 정해야 한다. 헌법재판소는 입후보 요건으로 후보자에게 기탁금의 납부를 요구하는 것은 필요하지만,[36] 대통령선거에 5억원의 기탁금을 납부하도록 하는 것이나 국회의원선거에서 정당추천후보와 무소속후보의 기탁금을 차별하는 것은 위헌이라고 판단하였다.[37]

공직선거법은 대통령선거는 3억원, 국회의원선거는 1천 500만원, 시·도의회

---

34) 공직선거법 제53조 제1항, 제2항, 제5항.
35) 공직선거법 제53조 제5항 ; 2006. 7. 27. 2003헌마758.
36) 2003. 8. 21. 2001헌마687 등.
37) 2008. 11. 27. 2007헌마1024.

의원선거는 300만원, 시·도지사선거는 5천만원, 자치구·시·군의 장 선거는 1천
만원, 자치구·시·군의원선거는 200만원의 기탁금을 선거관리위원회에 납부하도
록 규정한다. 선거가 종료된 이후에는 기탁금에서 과태료와 불법시설물 등에 대
한 대집행비용 등을 뺀 나머지 금액은 선거일 후 30일 이내에 기탁자에게 반환한
다. 다만, 유효투표총수의 100분의 15 이상을 득표한 경우에는 전액을 반환하고,
100분의 15 미만 100분의 10 이상을 득표한 경우에는 50%를 반환한다.[38]

6. 선거운동과 공정선거

(1) 선거운동의 자유

선거운동이란 선거와 관련하여 특정한 후보자나 정당에게 투표하도록 유도
하는 모든 행위를 말한다. 선거운동은 선거과정에서 후보자나 정당에 대한 정보
를 제공하는 역할을 하며, 이를 통해 선거권자는 자유로운 의사에 따라 선택할 수
있다. 선거운동의 자유는 선거권의 내용일 뿐만 아니라 선거과정에서 자유롭게
의사를 표현할 자유로서 언론·출판의 자유와 집회·결사의 자유에 의해서도 보호
된다. 선거운동의 자유는 선거인이 자유롭게 판단하고 결정하는 자유선거를 실현
하기 위해 필수적으로 요구된다.[39] 선거가 국민주권을 행사하는 화합과 축제의
장이 되기 위해서는 선거운동의 자유가 보장되어야 한다.

헌법과 공직선거법도 선거운동의 자유를 원칙으로 보장하고, 예외적으로 법
률에 의해 금지하거나 제한할 수 있도록 규정한다.[40] 공직선거법은 선거운동을
'공직선거에서 특정인을 당선되거나 되게 하거나 당선되지 못하게 하기 위한 행
위'로 정의한다. 다만, 선거에 관한 단순한 의견개진 및 의사표시, 입후보와 선거
운동을 위한 준비행위, 정당의 후보자 추천에 관한 단순한 지지·반대의 의견개진
및 의사표시, 통상적인 정당활동은 선거운동에 해당되지 않는다고 규정한다.[41]

선거운동의 자유를 보장하기 위해서는 우선적으로 그것이 공직선거법이 규

---

38) 공직선거법 제56조, 제57조.
39) 2001. 8. 30. 99헌바92.
40) 헌법 제116조 제1항, 공직선거법 제58조 제2항.
41) 공직선거법 제58조 제1항.

율하는 '선거운동'인지를 확정해야 한다. 공직선거법이 선거운동을 정의하지만, 현실적으로 선거운동인지 여부를 판단하는 것은 쉬운 일이 아니다. 선거운동에는 주관적 목적이 있어야 하므로 객관적으로 확정하기 어렵고, 선거와 관련된 단순한 의견개진, 선거운동을 위한 준비운동, 통상적인 정당활동을 확정하는 기준도 불명확하다. 헌법재판소는 선거운동을 당선 또는 낙선이라는 목적의사가 객관적으로 인정될 수 있는 능동적이고 계획적인 행위라고 판단하였다.[42]

(2) 선거의 공정성

헌법 제116조 제1항은 "선거운동은 각급 선거관리위원회의 관리하에 법률이 정하는 범위 안에서 하되, 균등한 기회가 보장되어야 한다"라고 규정한다. 선거운동의 자유를 무제한적으로 보장하면 선거의 공정성을 해칠 우려가 있고, 선거의 공정성을 강조하게 되면 선거운동의 자유를 침해할 수 있다. 선거의 공정성을 확보하기 위해 선거운동의 자유를 제한할 수 있지만, 선거의 공정성도 선거운동의 자유를 실질적으로 보장하기 위한 것이라는 것을 유의해야 한다. 선거운동의 자유는 선거권의 내용에 포함되므로 선거운동의 제한은 헌법 제37조 제2항에 의해 정당화되어야 한다.[43]

헌법은 선거의 공정성을 위해 선거운동을 제한할 수 있도록 한다. 내용적으로는 선거운동에서 균등한 기회가 보장되어야 하고, 형식적으로는 선거운동에 대해서는 독립된 헌법기관인 선거관리위원회의 관리를 받도록 한다. 헌법은 선거운동을 '법률이 정하는 범위 안에서' 보장하여 선거운동의 내용과 범위에 대해서는 국회가 정하도록 위임한다. 공직선거법은 선거운동의 자유를 원칙으로 하고, 예외적으로 선거의 공정성을 확보하기 위해 선거운동의 기간, 주체, 방법, 비용과 관련하여 선거운동의 자유를 제한한다.

공직선거법은 사전선거운동과 선거일의 선거운동을 금지하고, 공무원과 같이 일정한 자나 단체의 선거운동도 금지한다. 유사기관이나 시설물설치, 호별방문, 서명·날인, 서신·전보 등에 의한 선거운동과 선거권자에 대한 기부행위도 금지한다. 공직선거법은 형식적으로는 선거운동의 자유를 보장하는 것을 원칙으로

---

42) 2001. 8. 30. 2000헌마121.
43) 1994. 7. 29. 93헌가4.

하지만, 그 금지사항을 세부적인 내용까지 포괄적이고 광범위하게 규정하여 실질적으로 선거운동의 자유를 침해한다는 비판이 있다.[44] 선거의 공정성을 위해 선거운동의 자유를 제한하는 범위와 정도는 나라마다 정치현실과 선거문화에 따라 다르다.

헌법재판소는 선거일의 선거운동이나 확성장치를 사용한 선거운동을 금지하는 것은 위헌이 아니지만,[45] 개별적으로 대면하여 말로 지지를 호소하는 선거운동을 금지하고 선거운동에서 광고물의 설치·진열·게시나 화환, 어깨띠, 벽보, 인쇄물과 같은 표시물의 착용을 금지하는 것은 정치적 자유를 침해하여 위헌이라고 판단하였다.[46]

(3) 선거공영제

헌법 제116조 제2항은 "선거에 관한 경비는 법률이 정하는 경우를 제외하고는 정당 또는 후보자에게 부담시킬 수 없다"라고 규정한다. 선거공영제란 국가가 선거를 관리하고 그에 소요되는 비용을 국가의 부담으로 하는 것을 말한다. 선거비용이란 후보자가 선거운동을 위하여 지출하는 금전, 물품 등 재산상의 가치가 있는 것을 말한다. 선거공영제는 선거운동의 과열과 금권선거를 방지하여 선거비용을 경감하고, 경제력의 차이에 따른 불평등을 완화하여 선거의 기회균등을 보장함으로써 공명선거를 실현하기 위한 것이다.

공직선거법은 선거비용의 범위를 정하고, 선거의 종류에 따라 선거비용제한액을 산정하여 공고하도록 하여 선거비용의 지출을 규제한다.[47] 또한, 선거비용을 원칙적으로 당해 후보자에게 부담시키고, 기탁금을 반환하는 기준에 따라 후보자가 지출한 선거비용을 국가 또는 지방자치단체가 보전하도록 한다.[48] 헌법재판소는 선거공영제의 내용은 선거문화, 국가재정, 국민의 법감정 등을 고려하여 국회가 정책적으로 결정할 수 있고, 선거비용의 보전과 제한은 평등권을 침해하지 않는다고 판단하였다.[49]

---

44) 한수웅, 헌법학, 196~204면.
45) 2022. 2. 24. 2018헌바146 ; 2023. 3. 23. 2023헌가4.
46) 2022. 7. 21. 2018헌바357 ; 2023. 6. 29. 2023헌가12.
47) 공직선거법 제119조, 제120조. 제121조, 제122조.
48) 공직선거법 제122조의2, 제135조의2.

7. 재선거와 보궐선거

(1) 재선거

재선거란 공직선거에서 당선인이 없거나, 당선되었으나 임기가 만료되기 전에 선거에 무효사유가 발생하여 당선이 무효가 된 경우에 치르는 선거를 말한다. 재선거는 선거가 실시되었지만 선거나 당선이 무효가 된 경우에 실시한다. 공직선거법은 당해 선거구의 후보자가 없는 때, 당선인이 없거나 지역구자치구·시·군의원선거에서 당선인이 당해 선거구에서 선거할 지방의회의원정수에 달하지 아니한 때, 선거의 전부무효의 판결 또는 결정이 있는 때, 당선인이 임기개시전에 사퇴하거나 사망한 때, 당선인이 임기개시 전에 피선거권상실 등으로 당선의 효력이 상실되거나 당선이 무효로 된 때에 재선거를 실시하도록 한다.[50]

(2) 보궐선거

보궐선거란 당선자의 임기가 시작되고 나서 대통령이 궐위된 때와 국회의원, 지방의회의원, 지방자치단체장에 궐원이 생긴 때에 실시되는 선거를 말한다. 보궐선거는 선거가 유효하지만 당선자의 임기가 개시된 이후 사고 등으로 궐위가 된 경우에 실시된다. 대통령이 궐위된 때에는 60일 이내에 후임자를 선거해야 한다. 지역구국회의원, 지역구지방의회의원과 지방자치단체의 장에 궐원 또는 궐위가 생긴 때에도 보궐선거를 실시해야 한다. 다만, 그 선거일부터 임기만료일까지의 기간이 1년 미만이거나, 지방의회의원정수의 4분의 1이상이 궐원되지 아니한 경우에는 실시하지 아니할 수 있다.[51]

공직선거법은 비례대표국회의원 및 비례대표지방의회의원에 궐원이 생긴 때에는 보궐선거를 실시하지 않도록 규정한다. 비례대표제는 정당의 고정명부식을 채택하므로 정당에 대한 투표결과를 반영하면 충분하기 때문이다. 중앙선거관리위원회는 궐원통지를 받은 후 10일 이내에 그 궐원된 의원이 선거 당시에 소속한 정당의 비례대표국회의원후보자명부 및 비례대표지방의회의원후보자명부에 기재

---

49) 2010. 5. 27. 2008헌마491.
50) 공직선거법 제195조, 제197조.
51) 공직선거법 제200조 제1항, 제201조 제1항.

된 순위에 따라 궐원된 의석을 승계할 자를 결정하도록 한다. 다만, 그 정당이 해산된 때 또는 임기만료일 전 120일 이내에 궐원이 생긴 때에는 의석을 승계할 사람을 결정하지 아니한다.[52]

8. 선거쟁송

(1) 선거소청

선거소청이란 지방의회의원과 지방자치단체의 장의 선거에서 선거나 당선의 효력에 관하여 이의가 있는 선거인·정당 또는 후보자가 선거구 선거관리위원회에 제기하는 심판청구를 말한다. 선거소청은 선거일 또는 당선인결정일부터 14일 이내에 제기해야 하며, 선거관리위원회는 소청을 접수한 날부터 60일 이내에 그 소청에 대해 결정해야 한다. 선거관리위원회는 선거에 관한 규정에 위반된 사실이 있는 때라도 선거의 결과에 영향을 미쳤다고 인정하는 때에 한하여 선거의 전부나 일부의 무효 또는 당선의 무효를 결정한다.[53]

선거소청의 절차에 대해서는 행정심판법을 준용하며, 다른 쟁송에 우선하여 신속히 결정한다. 선거소청은 지방선거에만 인정되고, 지방선거에 불복이 있는 경우에는 선거소청을 거쳐 법원에 소송을 청구할 수 있다. 선거소청에 대한 결정에 불복이 있는 소청인은 선거구 선거관리위원회 위원장을 피고로 하여 그 결정서를 받은 날로부터 10일 이내에, 또는 소청에 대한 결정이 법률상 정한 기간 내에 이루어지지 않은 경우에는 그 기간이 종료된 날로부터 10일 이내에 시·도지사선거는 대법원에, 지방의회의원선거 및 자치구·시·군의 장 선거는 그 선거구를 관할하는 고등법원에 소송을 제기할 수 있다.[54]

(2) 선거소송과 당선소송

선거소송이란 선거절차상의 하자를 이유로 그 선거의 전부 또는 일부의 효력을 다투는 소송을 말한다. 당선소송이란 선거의 효력은 인정하지만 당선의 효

---

52) 공직선거법 제200조 제2항, 제3항.
53) 공직선거법 제219조, 제220조.
54) 공직선거법 제222조 제2항, 제223조 제2항.

력에 이의가 있는 정당 또는 후보자가 법원에 제기하는 소송을 말한다. 선거에 관한 쟁송은 헌법적 사항에 포함되지만, 헌법재판소가 아니라 법원이 관할한다. 대통령선거와 국회의원선거에서는 선거인·정당 또는 후보자가 직접 대법원에 소송을 제기할 수 있지만, 지방선거에서는 선거소청을 거쳐 그 결정에 불복하는 경우에만 대법원이나 고등법원에 소송을 제기할 수 있다.

대통령선거와 국회의원선거에서 선거의 효력에 관하여 이의가 있는 선거인·정당 또는 후보자는 선거일부터 30일 이내에 선거구 선거관리위원회 위원장을 피고로 하여 대법원에 제소할 수 있다. 대통령선거와 국회의원선거에서 정당 또는 후보자가 등록무효 또는 피선거권 상실로 인한 당선무효를 주장하는 경우에는 당선인을 피고로 하고, 당선인의 결정·공고·통지 및 비례대표국회의원 의석의 배분 또는 당선인의 재결정 및 비례대표국회의원 의석의 재배분의 위법을 주장하는 경우에는 그 당선인을 결정한 선거관리위원회 위원장을 피고로 하여 대법원에 제소할 수 있다.[55]

대법원이나 고등법원은 선거에 관한 규정에 위반된 사실이 있는 때라도 선거의 결과에 영향을 미쳤다고 인정하는 때에 한하여 선거의 전부나 일부의 무효 또는 당선의 무효를 선고한다. 선거소송과 당선소송은 다른 쟁송에 우선하여 신속히 결정 또는 재판하여야 하며, 법원은 소가 제기된 날부터 180일 이내에 처리해야 한다. 선거소송과 당선소송에서는 원칙적으로 행정소송법을 준용한다.[56]

(3) 선거범죄에 대한 재판

공직선거법은 선거부정을 방지하고 공명선거를 실현하기 위해 다양한 선거범죄를 유형화하여 처벌한다. 선거범죄를 저지르고 일정한 형의 선고를 받은 경우에는 그것이 선거결과에 영향을 미쳤는지 여부를 불문하고 당선을 무효로 한다. 당선인이 선거범죄를 저지르거나 정치자금법을 위반하여 징역 또는 100만원 이상의 벌금형을 선고받은 때에는 당선을 무효로 한다.[57] 당선자 이외의 사람이 일정한 선거범죄를 저지른 경우에도 당선을 무효로 한다.

---

55) 공직선거법 제222조, 제223조.
56) 공직선거법 제224조, 제225조, 제227조.
57) 공직선거법 제264조.

선거사무장·선거사무소의 회계책임자·후보자의 직계존비속 및 배우자가 매수 및 이해유도죄와 같은 선거범죄를 범하여 징역형 또는 300만원 이상의 벌금형을 선고받은 때에는 당선을 무효로 한다. 선거비용제한액의 200분의 1이상을 초과지출한 이유로 선거사무장·선거사무소의 회계책임자가 징역형 또는 300만원 이상의 벌금형을 선고받거나 선거사무소의 회계책임자가 정치자금법위반으로 징역형 또는 300만원 이상의 벌금형을 선고받은 때에도 당선을 무효로 한다. 다만, 다른 사람의 유도 또는 도발에 의해 후보자의 당선을 무효로 되게 하기 위해 죄를 범한 경우에는 당선을 무효로 하지 않는다.[58]

공직선거법은 선거범죄의 공소시효는 당해 선거일 후 6개월을 경과함으로써 완성한다고 규정한다. 또한, 선거범죄에 대한 재판은 다른 재판에 우선하여 신속히 하여야 하며, 제1심에서는 공소가 제기된 날부터 6월 이내에, 제2심 및 제3심에서는 전심의 판결의 선고가 있은 날부터 3월 이내에 판결을 선고해야 한다고 규정한다.[59] 이는 선거범죄로 인한 정국의 혼란을 최소화하고, 선거범죄에 대한 재판이 지연되어 당해 선거의 당선인이 임기의 만료까지 공직을 담당하는 것을 방지하기 위한 것이다.

제 2 절 정당제도

1. 헌법적 의미

(1) 정당의 개념

정당이란 정치적 이념이나 정책이 같은 사람들이 정치적 이상을 실현하기 위해 조직한 단체를 말한다. 정당은 최종적으로는 정치권력을 장악하는 것을 목적으로 한다. 정당법 제2조는 "정당이라 함은 국민의 이익을 위하여 책임 있는 정치적 주장이나 정책을 추진하고, 공직선거의 후보자를 추천 또는 지지함으로써 국민의 정치적 의사형성에 참여함을 목적으로 하는 국민의 자발적 조직을 말한

---

58) 공직선거법 제263조 제1항, 제2항, 제265조.
59) 공직선거법 제268조 제1항, 제270조.

다"라고 규정한다. 헌법재판소는 정당은 자유민주주의를 긍정하고, 공익의 실현에 노력해야 하며, 구성원들이 당원자격을 가져야 하며, 상당한 기간 계속하여 상당한 지역에서 조직되어야 한다고 하였다.60)

정당은 영국에서 시작되었는데, 17세기 청교도혁명 이후 스튜어트 왕조의 특권을 부활시키는 것에 대해 정파가 대립하여 토리당과 휘그당이 등장하였다. 그 이후 토리당은 보수당으로, 휘그당은 자유당으로 발전하였다. 프랑스에서는 19세기 나폴레옹의 실각 이후 왕정복고와 헌법제정을 둘러싸고 정파가 대립하였고, 독일에서는 1848년 프랑크푸르트 국민회의에서 헌법제정을 둘러싸고 소독일주의와 대독일주의가 대립되었다. 미국에서는 헌법제정의 과정에서 연방주의자와 반연방주의자가 대립하면서 정당이 발생하였다. 영국과 미국에서는 양당제로, 프랑스와 독일에서는 다당제로 발전하였다.

1948년 제정된 건국헌법은 정당에 대해 아무런 규정을 두지 않았다. 1960년 헌법은 정당은 법률이 정하는 바에 의하여 국가의 보호를 받으며, 그 목적이나 활동이 민주적 기본질서에 위배될 때에는 헌법재판소에 의해 해산될 수 있다고 규정하였다. 1962년 헌법은 대통령이나 국회의원 후보가 되려는 자는 소속정당의 추천을 받도록 하여 정당국가의 성격을 강화하였다. 현행헌법은 정당설립의 자유와 복수정당제를 보장하고, 정당은 국가의 보호를 받도록 하는 동시에 헌법적 의무를 부과한다.

(2) 정치적 의사의 매개

역사적으로 정당은 정치적 파벌을 의미하여 국가의 통합을 저해하는 것으로 인식되었다. 정당은 부분이익을 대표하는 집단으로 의회에서 자유로운 대화와 타협을 방해한다고 여겨졌으나, 다양한 정치적 의사가 국가의사에 반영될 필요성이 인정되어 제도적으로 수용되면서 헌법에 규정되었다. 정당은 사회 영역에서 다양한 이해관계를 정치적 의사로 형성하여 국가 영역으로 중개하는 역할을 한다. 정당은 단순히 국민의 정치적 의사를 반영할 뿐만 아니라 정치적 주장이나 정책을 추진하고 적극적으로 정치적 의사를 형성하여 국가의사에 반영하도록 한다.

국가는 정당의 이념적 다양성을 보장해야 하고 내용중립적으로 규율해야 하

60) 2006. 3. 30. 2004헌마246.

므로 '헌법질서의 긍정'이나 '공익지향성'은 정당의 개념적 요소가 아니며, 전체 국민의 이익이 아니라 일부 계층의 이익을 추구할 수 있다는 견해가 있다.[61] 하지만, 정당은 다양한 이해관계를 정치적 의사로 형성하여 국가 영역으로 중개하며, 선거에 적극적으로 참여하여 민주주의를 실현하는 공적 과제를 수행한다. 헌법이 일반적인 결사와 달리 정당을 특별히 보호하고 헌법적 의무를 부과하는 것은 정당의 공적 과제를 전제로 하므로 정당은 국가와 헌법질서를 수용하고 공익을 추구해야 한다.[62]

2. 정당의 법적 지위

(1) 국민의 사적 결사

정당은 국민의 자발적 조직으로서 사적 영역에서 조직되고 운영되는 결사체에 해당한다. 정당은 국민의 정치적 의사를 중재하여 국가의사를 형성하지만, 정당의 의사가 국가의사가 되는 것이 아니다. 정당은 국가의사를 결정하는 국가기관도 아니며, 정당의 구성원은 공무원이 아니다. 하지만, 헌법은 정당의 정치적 기능을 고려하여 정당의 기본적 사항을 법률로 보장하도록 규정한다. 정당의 법적 지위는 사적 결사체지만, 정당제도는 정당의 공적 기능으로 인하여 헌법적으로 보장되는 제도보장이라고 할 수 있다.[63]

헌법은 정당의 공적 기능을 고려하여 정당을 특별히 규율하지만, 정당은 법인격 없는 사단의 성격을 갖는다. 정당은 민법상 권리능력 없는 사단이므로 그 재산은 정당원의 총유에 해당한다. 헌법재판소도 정당은 사적으로 구성되는 정치적 결사로서 그 구성원과는 별개의 법인격 없는 사단이라고 판단하였다.[64] 정당은 헌법적 차원에서는 일정한 범위에서 기본권의 주체가 되어 헌법소원을 청구할 수 있지만, 국가기관이나 지방자치단체가 아니므로 권한쟁의심판의 당사자가 될 수 없다. 정당은 법률적 차원에서 법인격 없는 사단이므로 민사소송의 당사자가 될

---

61) 김하열, 헌법강의, 89~90면 ; 한수웅, 헌법학, 208면.
62) 성낙인, 헌법학, 238면 ; 2006. 3. 30. 2004헌마246.
63) 성낙인, 헌법학, 237면 ; 정재황, 헌법학, 211~212면 ; 한수웅, 헌법학, 219~220면.
64) 2020. 5. 27. 2019헌라6.

수 있지만, 행정소송의 피고가 될 수는 없다.

(2) 정당국가의 강화

정당은 사적 결사체에 그치는 것이 아니라 민주주의를 작동시키는 공적 제도로 기능한다. 헌법이 정당에게 보조금을 지원하거나 국가가 정당의 내부사항에 대해 규율하고 법적 의무를 부과하는 것도 그 공적 기능을 반영한 것이다.[65] 하지만, 대의제와 의회주의가 구조적으로 변화하여 다수당의 의사가 국민의 의사로 의제되고, 선거는 대표자의 선출보다 정당의 정책에 관한 국민투표의 성격이 강해져 의회를 대신하여 정당이 국정을 주도하게 되었다. 의회와 정부는 정당을 매개로 결합되어 권력분립의 의미도 변화하여 여당에 대한 야당의 통제가 중요하게 되었다.

정당국가에서 국회의원은 국민의 대표자가 아니라 자신이 속한 정당의 이익을 대표하게 되었고, 정당은 엄격한 기율을 통해 국회의원을 통제하여 명령적 위임의 금지가 형해화되었다. 하지만, 규범적으로는 정당국가는 대의제와 의회주의의 틀 안에서만 허용되어야 한다. 국회의원은 정당의 이익과 국민의 이익이 충돌하는 경우에는 국민의 이익을 우선해야 한다. 헌법 제46조 제2항은 "국회의원은 국가이익을 우선하여 양심에 따라 직무를 행한다"라고, 국회법 제114조의2도 "의원은 국민의 대표자로서 소속정당의 의사에 기속되지 아니하고 양심에 따라 투표한다"라고 규정한다.

공직선거법은 비례대표의원이 정당을 탈당하거나 당적을 변경하면 퇴직하도록 규정한다.[66] 이는 정당기속성이 자유위임을 침해한 것이므로 위헌이라는 견해가 있다.[67] 하지만, 선거권자는 지역구의원에 대해 후보자에게 투표하고, 비례대표의원에 대해서는 정당에 투표하는 것을 고려하여 지역구의원은 그 자격을 그대로 유지하지만, 비례대표의원은 그 자격을 상실하게 한 것으로 이해된다.[68] 헌법재판소는 개인이 투표를 통해 국회구성을 결정하는 것은 기본권에 포함되지 않으므로 국회의원이 정당을 이탈하거나 당적을 변경하더라도 국민의 국회구성권을

---

65) 1999. 11. 25. 95헌마154.
66) 공직선거법 제192조 제4항.
67) 정종섭, 헌법학원론, 1297~1299면 ; 한수웅, 헌법학, 1247면.
68) 김하열, 헌법강의, 105~106면 ; 성낙인, 헌법학, 257면.

제한하지 않는다고 판단하였다.[69]

3. 헌법의 특별한 보호

(1) 정당의 자유

(가) 내용

헌법 제8조 제1항은 "정당의 설립은 자유이며, 복수정당제는 보장된다"라고 규정한다. 정당이 국민의 의사를 제대로 수렴하고 국정에 반영하기 위해서는 정당의 자유로운 설립과 활동이 보장되어야 한다. 복수정당제는 누구나 정당을 설립할 수 있는 자유에 따른 당연한 결과이다. 헌법은 '정당의 설립은 자유'라고 규정하지만, 정당의 설립뿐만 아니라 정당에 가입하여 활동하거나 탈당할 자유도 포함하는 정당의 자유로 해석해야 한다. 또한, 정당이 합당·분당하거나 해산하는 자유와 후원회를 통해 정치자금을 모금하는 것과 같은 정당활동의 자유도 정당의 자유에 포함된다.[70]

헌법재판소는 정당에 가입하지 않을 자유도 정당의 자유에 포함된다고 판단하였다.[71] 정당의 자유는 정당을 전제로 하므로 특정 정당이 아니라 모든 정당에 가입하지 않을 자유는 정당의 자유가 아니라 행복추구권의 내용으로 보장하는 것이 타당하다. 정당은 정치적 결사이므로 정당의 자유는 결사의 자유에 대해 특별법적 성격을 가진다. 정당의 자유가 결사의 자유와 경합하는 경우에도 결사의 자유를 배제하는 것은 아니므로 정당의 자유에 대해서도 사전허가는 금지된다.

(나) 제한

정당의 자유는 제37조 제2항에 따라 제한될 수 있다. 헌법재판소는 정당의 자유는 헌법 제21조 제1항의 결사의 자유와 제8조 제1항으로부터 도출되는 정치적 기본권이라고 판단하였다.[72] 정당은 공익적 기능을 수행하므로 그 범위에서 정당의 자유가 제한될 수 있다. 헌법재판소는 검찰총장과 경찰청장은 퇴직 후 2

---

69) 1998. 10. 29. 96헌마186.
70) 2015. 12. 23. 2013헌바168.
71) 2006. 3. 30. 2004헌마246.
72) 2004. 12. 16. 2004헌마456.

년 이내에 정당의 발기인이나 당원이 될 수 없도록 한 것은 위헌이라고 하였지만,[73] 교육감 입후보자는 2년 동안 정당원이 아닐 것을 요구하는 것은 위헌이 아니라고 판단하였다.[74]

정당법은 외국인, 일정한 범위의 공무원과 교원은 발기인과 정당원이 될 수 없고, 청소년도 정당에 가입하거나 정당활동할 수 없다고 규정한다. 헌법재판소도 교원과 공무원이 정당의 발기인이나 당원이 되지 못하도록 하는 것은 위헌이 아니라고 판단하였다.[75] 공무원이나 교원도 기본권의 주체가 되고, 헌법이 공무원의 정치적 중립성과 교육의 정치적 중립성을 보장하더라도 이것이 정당의 자유를 배제하는 것은 아니다. 정당의 자유에 대해서는 과잉제한금지원칙이 적용되므로 군인, 사법부, 검찰, 선거관리위원회와 같이 일정한 범위의 공무원에 대해서만 정당의 자유를 제한하는 것이 타당하다.

(다) 등록취소

정당법은 등록취소를 통해 정당의 자유를 제한하는데, 5개 이상의 시·도당을 가지지 못하거나 각 시·도당에 1천명 이상의 당원을 가지지 못한 때, 최근 4년간 임기만료에 의한 국회의원선거 또는 임기만료에 의한 지방자치단체의 장 선거나 시·도의회의원선거에 참여하지 아니한 때에는 당해 선거관리위원회가 등록을 취소하도록 규정한다.[76] 헌법재판소는 누구든지 2 이상의 정당의 당원이 되지 못하도록 하고, 정당의 시·도당은 1천인 이상의 당원을 가지도록 한 것은 정당의 자유를 침해하지 않는다고 판단하였다.[77]

정당법이 규정하는 등록과 등록취소는 중앙선거관리위원회가 정당에 대한 사무를 효율적으로 처리하기 위해 인정되는 행정적이고 절차적인 제도이다. 정당의 자유는 등록취소를 통해 제한될 수 있지만, 이것이 실질적으로 사전허가제로 운영되어서는 안 된다. 정당의 등록과 등록취소는 헌법이 보장하는 정당의 법적 지위나 권리를 확인하고, 이를 전제로 운영되어야 한다.[78] 정당이 등록취소되면

---

73) 1997. 7. 16. 97헌마26 ; 1999. 12. 23. 99헌마135.
74) 2004. 3. 25. 2001헌마710.
75) 2014. 3. 27. 2011헌바42.
76) 정당법 제44조.
77) 2022. 3. 31. 2020헌마1729 ; 2022. 11. 24. 2019헌마445.
78) 김하열, 헌법강의, 94면 ; 한수웅, 헌법학, 213면.

정당으로서의 지위를 상실하고 일반적인 결사로 활동할 수 있을 뿐이다. 국민의 다양한 정치적 의사가 반영될 수 있도록 최소한 지방선거에 있어서는 정당의 등록요건을 완화하여 지역정당과 군소정당을 인정할 필요가 있다.

(2) 국가의 보호와 자금보조

(가) 국가의 보호

헌법 제8조 제3항은 "정당은 법률이 정하는 바에 의하여 국가의 보호를 받으며, 국가는 법률이 정하는 바에 의하여 정당의 운영에 필요한 자금을 보조할 수 있다"라고 규정한다. 이는 정당의 공적 기능을 고려하여 정당을 특별히 보호하기 위한 것이고, 그 구체적인 내용은 법률로 규정할 수 있도록 위임한다. 헌법이 정당을 특별히 보호하도록 규정한 것은 평등권이나 평등원칙의 위헌심사에서 그 심사기준을 완화한다는 데에 중요한 의미가 있다. 법률이 일정한 범위에서 정당을 개인이나 결사와 차별하여 우대하는 것은 헌법적으로 정당화되어 평등권을 침해하거나 평등원칙에 위반되지 않는다.

국회법, 정당법, 공직선거법 등은 정당활동이나 선거에서 다양한 방식으로 정당을 특별히 보호한다. 정당을 다른 결사에 비해 특별히 보호하는 것은 헌법적 요청이지만, 이때에도 평등권이나 평등원칙을 침해하지 않도록 해야 한다. 정당과 정당 사이에서는 물론 정당 내부에서도 평등원칙이 지켜져야 한다. 헌법재판소는 선거에서 정당에게 후보번호를 우선적으로 부여하는 것과 교섭단체에 대해서만 정책연구위원을 배정하는 것은 위헌이 아니지만, 정당에 대해 기탁금 액수를 현저하게 차등적으로 요구하거나 정당추천후보자에게만 정당연설회를 허용하는 것은 위헌이라고 판단하였다.79)

(나) 자금보조

정당은 국가기관이 아니고 사적 결사이므로 국민의 세금으로 정당활동을 지원하는 것은 정합하지 않다. 하지만, 국가는 법률이 정하는 바에 의해 정당의 운영에 필요한 자금을 보조할 수 있다. 보조금은 정당의 보호·육성을 위해 국가가 정당에 지급하는 금전이나 유가증권을 말한다. 정당의 공적 기능을 고려하더라도

---

79) 2008. 3. 27. 2004헌마654 ; 1997. 10. 30. 96헌마94 등.

정당의 재정자립도와 투명성을 제고하기 위해서는 당원이 납부하는 당비를 중심으로 정당을 운영하고, 국고로 보조금을 지원하는 것은 정당의 운영을 위해서 필요한 범위에서 제한적으로 지원해야 한다.

정치자금법은 정당에 대한 보조금을 정치자금에 포함시킨다. 국가는 보조금 지원을 위해 매년 일정액을 예산에 반영하도록 하고, 중앙선거관리위원회는 경상보조금과 선거보조금을 정당에 지급한다. 보조금은 교섭단체를 구성한 정당에게 50%를 균등하게 배분한 후, 그 밖의 정당에 대해서는 의석수 및 득표비율에 따라 일정액을 배분한다. 정당이 선거에서 여성, 장애인, 청년을 공직후보자로 추천한 경우에는 보조금을 추가로 지급한다.[80] 헌법재판소는 국고에서 보조금을 지급하는 것이나 정당에 대해 보조금을 차등으로 지급하는 것은 위헌이 아니라고 판단하였다.[81]

정당의 정치자금은 합리적으로 관리되고 투명하게 공개되어야 한다. 정당은 정치권력을 장악하는 것을 목표로 하므로 음성적인 정치자금을 통해 경제권력과 결탁할 우려가 크다. 금권정치는 국민의 주권적 의사를 왜곡하여 민주적 법치국가를 훼손한다. 정치자금법은 정치자금의 수입과 지출, 액수와 모금방법, 면세와 같은 혜택 등을 규정한다. 정당은 보조금뿐만 아니라 당비, 후원금, 기탁금과 같은 정치자금을 사적 용도로 사용해서는 안 되고, 수입과 지출에 대해 실명제를 채택하여 예금계좌를 신고하고 지출예금계좌는 1개로 제한하며, 회계책임자를 선정해야 한다.[82]

4. 헌법적 의무

(1) 민주적 조직과 활동

헌법 제8조 제2항은 "정당은 그 목적·조직과 활동이 민주적이어야 하며, 국민의 정치적 의사형성에 참여하는데 필요한 조직을 가져야 한다"라고 규정한다. 정당은 그 조직의 구성과 운영을 자율적으로 결정할 수 있다. 하지만, 정당은 공

---

80) 정치자금법 제25조, 제26조, 제26조의2, 제26조의3, 제27조.
81) 2006. 7. 27. 2004헌마655.
82) 정치자금법 제34조, 제36조, 제37조.

적 기능을 하므로 헌법의 기본원리를 준수해야 한다. 헌법은 정당이 정치적 의사형성에 필요한 조직을 민주적으로 운영할 것을 요구한다. 헌법재판소는 정당을 대중조직적 정당모델에 따라 상설적인 지구당을 중심으로 조직할 것인지, 선거전문가 정당모델에 따라 비상설적인 선거사무소를 중심으로 조직할 것인지는 입법자의 정책적 선택사항이라고 판단하였다.[83]

정당이 민주주의를 실천하는 기능을 제대로 수행하기 위해서는 정당 자체가 민주적이어야 한다. 개인이 자유롭게 입당과 탈당을 할 수 있어야 하고, 당내에서 자유롭고 평등하게 의사를 표현하는 자유가 보장되어야 한다. 정당의 당헌과 강령은 당원의 자유롭고 민주적인 의사에 의해 제정되어야 하고, 정당의 내부기구도 민주적으로 구성되어 당원의 신임에 기초하여 활동해야 하고, 당원에 의해 통제되고 책임을 지는 제도적 장치가 마련되어야 한다. 특히, 당내민주주의를 실현하기 위해서는 공직선거의 후보자를 공천하는 과정이 민주적으로 이루어져야 한다.

(2) 위헌정당의 해산

헌법 제8조 제4항은 "정당의 목적이나 활동이 민주적 기본질서에 위배될 때에는 정부는 헌법재판소에 그 해산을 제소할 수 있고, 정당은 헌법재판소의 심판에 의하여 해산된다"라고 규정한다. 헌법이 정당의 강제해산을 규정한 것은 정당을 해산할 수 있는 근거가 되지만, 실질적으로는 다른 결사에 비해 정당에게 특권을 부여한 것으로 해석해야 한다. 즉, 정당에 대한 강제해산은 실체적으로 정당의 목적이나 활동이 민주적 기본질서에 위배되어야 하며, 절차적으로도 정부의 제소와 헌법재판소의 심판에 의해서만 가능하다.

정당은 그 목적이나 활동이 민주적 기본질서에 위배된 때에만 해산될 수 있다. 위헌정당인지 여부를 판단하는 대상은 정당의 목적이나 활동이다. 정당의 목적은 정당이 지향하는 목표나 실현하고자 하는 계획이고, 활동은 기관이나 정당인의 행위로 그 법적 효과를 정당에게 귀속시킬 수 있는 일반적 행위이다. 헌법재판소는 정당의 목적이나 활동 가운데 어느 하나라도 민주적 기본질서에 위배되면 그 사유에 해당한다고 판단하였지만,[84] 정당의 '목적과 활동'은 서로 불가분적으

---

83) 2004. 12. 16. 2004헌마456.
84) 2014. 12. 19. 2013헌다1.

로 관련되므로 하나의 개념으로 통일적으로 이해하는 것이 타당하다.

정당해산의 규범적 기준인 민주적 기본질서란 자유민주주의의 핵심적 내용과 요소가 되는 기본적 사항을 의미한다. 자유민주주의는 인간의 존엄과 가치를 보장하고, 개인의 자유와 평등, 정의를 실현하는 헌법의 기본원리이며, 민주적 기본질서는 헌법 전문과 제4조에서 규정하는 '자유민주적 기본질서'와 동일한 개념으로 이해된다. 민주적 기본질서를 '위배'한다는 것은 정당의 존립을 제약해야 할 만큼 그 정당의 목적이나 활동이 민주적 기본질서에 대해 실질적인 해악을 끼칠 수 있는 구체적인 위험성을 초래하는 경우를 의미한다.[85]

헌법재판소가 재판관 중 6인 이상의 찬성으로 정당해산을 결정하면 정당의 특권을 상실한다. 해산된 정당의 명칭과 동일한 명칭을 사용하지 못하고, 해산된 정당의 강령 또는 기본정책과 동일하거나 유사한 것으로 정당을 창당할 수도 없으며, 잔여재산은 국고에 귀속한다.[86] 헌법재판소는 해산결정으로 그 정당에 소속된 국회의원은 지역구의원이나 비례대표의원 모두 그 의원직은 상실된다고 결정하였고,[87] 대법원은 정당해산결정으로 국회의원의 의원직은 상실되지만, 지방의회의원의 자격은 상실되지 않는다고 판단하였다.[88]

제 3 절 공무원제도

1. 헌법적 의미

(1) 공무원의 개념

헌법 제7조 제1항은 "공무원은 국민 전체에 대한 봉사자이며, 국민에 대하여 책임을 진다"라고, 제2항은 "공무원의 신분과 정치적 중립성은 법률이 정하는 바에 의하여 보장한다"라고 규정한다. 공무원이란 국가나 공공단체의 사무를 맡아보는 사람을 말한다. 공무원은 국민에 의해 선출되거나 임명되어 국가 또는 공공

---

85) 2014. 12. 19. 2013헌다1.
86) 정당법 제41조 제2항, 제40조, 제48조 제2항.
87) 2014. 12. 19. 2013헌다1.
88) 대법원 2021. 4. 29. 2016두39825.

단체와 공법상 근무관계를 맺고 공무를 담당하는 기관의 구성원이다. 공무원이
국가를 대표하여 공적 업무를 수행한다는 것은 공무원의 행위가 법적으로 국가의
행위로 의제된다는 것이다.

　　헌법은 공무원의 헌법적 지위를 규정하는데, 국회는 법률을 통해 공무원의
헌법적 지위를 실현할 수 있도록 구체화해야 한다. 국가공무원법과 지방공무원법
은 일반적 공무원에 대해 규정하고, 특정한 공무원에 대해서는 교육공무원법, 경
찰공무원법과 같은 개별적 법률이 규정한다. 공무원은 일반적으로 국가공무원과
지방공무원으로 구분되는데, 선출방식을 기준으로 선거직 공무원과 임명직 공무
원으로 구분되기도 하고, 직업공무원제가 적용되는 직업공무원과 정치적 공무원
으로 구분되기도 한다.

　　국가공무원은 국가에 의해 임명되고, 지방공무원은 지방자치단체에 의해 임
명된다. 국가공무원은 경력직 공무원과 특수경력직 공무원으로 구분되고, 전자는
자격과 실적에 의해 임명되고 그 신분이 보장되며, 일반직 공무원과 특정직 공무
원이 포함된다. 특수경력직 공무원은 경력직 공무원을 제외한 나머지 공무원이며,
정무직 공무원과 별정직 공무원이 포함된다.89) 공무원의 근무관계는 임명, 당선,
계약, 법률의 규정에 의해 발생하고, 임기만료나 정년과 같은 당연퇴직과 파면이
나 해임과 같은 면직에 의해 종료된다.

(2) 헌법규정

　　1948년 건국헌법은 공무원은 주권을 가진 국민의 수임자이며 언제든지 국민
에 대하여 책임을 지며, 국민은 불법행위를 한 공무원의 파면을 청원할 권리가 있
다고 규정하였다. 1960년 헌법은 공무원의 신분보장과 정치적 중립성을 추가로
규정하였고, 1962년 헌법은 공무원을 국민 전체에 대한 봉사자로 규정하였다. 현
행헌법은 공무원을 국민 전체에 대한 봉사자로서 국민에 대해 책임을 지며, 공무
원의 신분과 정치적 중립성은 법률이 정하는 바에 의하여 보장한다고 규정한다.
헌법이 공무원에 대해 직접 규정한 것은 국회의 입법권에 대해 한계를 설정한다
는 점에서 중요한 의미가 있다.

　　헌법은 공무원이 공적 업무를 수행한다는 것을 고려하여 기본권에서도 일반

---

89) 국가공무원법 제2조.

국민과 달리 취급한다. 헌법 제29조는 공무원의 직무상 불법행위로 손해를 받은 국민은 법률이 정하는 바에 의해 국가 또는 공공단체에 정당한 배상을 청구할 수 있도록 한다. 이는 공무원이 직무를 수행하는 행위의 법적 효과는 국가에게 귀속되므로 국가가 책임을 지도록 한 것이다. 다만, 군인과 같이 특수한 공직을 수행하는 공무원은 법률이 정하는 보상만 청구할 수 있다. 또한, 제33조 제2항은 공무원인 근로자는 법률이 정하는 자에 한하여 단결권·단체교섭권 및 단체행동권을 인정하여 공무원에게는 원칙적으로 근로3권을 인정하지 않고, 사실상 노무에 종사하는 공무원에게만 인정한다.[90]

2. 공무원의 헌법적 지위

(1) 국민 전체에 대한 봉사자

공무원은 국가기관의 구성원으로 주권자인 국민 전체에 대한 봉사자이다. 국가는 헌법에 의해 국민으로부터 부여받은 권한을 국가기관을 통해 행사하고, 현실적으로는 국가기관의 구성원인 공무원이 그 권한을 행사한다. 국민은 현실적으로 국가권력의 대상이자 객체가 되지만, 규범적으로는 주권자이므로 국가권력의 근거가 된다. 공무원은 주권자인 국민의 신임에 기초하여 권한을 행사하므로 공익을 실현하기 위해서는 공무원과 공직에 대한 국민의 신뢰가 바탕이 되어야 한다.[91]

공무원이 공직을 수행하는 행위는 국가의 행위로 인정되므로 공무원은 자신의 사적 이익이나 특정한 정파, 계층, 지역을 위해 일해서는 안 된다. 국민 전체의 봉사자라는 것은 주권자인 국민 전체의 이익이 되는 공익을 위해 일해야 한다는 것을 의미한다. 이때 공익이란 추상적이고 이념적이어서 구체적 현실에서 확정하기는 매우 어렵다. 공무원은 국가기관의 구성원으로 그 권한을 행사하므로 정권을 장악한 특정한 정파의 이익을 위해 일할 것을 강요당하기 쉽다. 공무원은 국가의 공익과 정부의 이익이 언제나 일치하는 것은 아니라는 것을 유념해야 한다.

정부는 국가권력을 사유화하기 위해 공무원을 이용해서는 안 되고, 공무원도

---

90) 근로기준법 제66조 제1항.
91) 2016. 2. 25. 2013헌바435.

정부가 아닌 국민 전체의 공익을 우선하여 일해야 한다. 이때 공무원은 공직을 수행하는 모든 사람을 의미하므로 선거직 공무원은 물론이고 법령에 의해 임명된 공무원이나 공무를 수탁받은 개인도 포함된다. 헌법 제46조는 국회의원에게 청렴의무를 부과하고, 국가이익을 우선하여 직무를 수행하도록 하며, 그 지위를 남용하여 사적 이익을 취득하는 것을 금지한다. 이것도 국회의원은 공무원으로서 국민 전체에 대한 봉사자라는 것에서 비롯된다.

(2) 국민에 대한 책임

공무원은 국민 전체에 대한 봉사자로서 국민에 대해 책임을 진다. 공무원은 주권자인 국민으로부터 국가권력을 행사할 수 있는 권한을 위임받았기 때문에 그 구체적인 권한행사에 대해서는 책임을 져야 한다. 공무원은 공익을 실현하기 위해 국가와 특별한 근무관계를 맺고 공적 업무를 수행한다. 공무원은 국민에 의해 직접 선출되거나 법률에 따라 대통령에 의해 임용되어 국가나 공공단체와 근무관계를 맺는데, 이는 궁극적으로 주권자인 국민의 신임에 기초하므로 국민에 대해 책임을 진다. 이때 공무원은 선출직 공무원을 포함한 모든 공직자를 의미하고, 국민에 대한 책임은 헌법적 책임이다.

공무원의 책임은 대의제에서 대표자가 명령적 위임에 기속되지 않고 정치적 책임만 지는 것과 다르다. 또한, 직업공무원과 정치적 공무원은 국민에 대해 다른 범위에서 책임을 진다. 국회의원과 같은 선출직 공무원은 국민의 대표자로 자유위임에 따라 정치적 책임만 지지만, 헌법과 법률이 구체적으로 규정하는 경우에는 법적 책임도 져야 한다. 헌법과 법률은 국무총리와 국무위원에 대한 해임, 대통령과 같은 고위공직자에 대한 탄핵심판, 공무원의 국가배상책임과 징계책임 등에 대해 규정하므로 그에 따른 법적 책임을 져야 한다.

(3) 공무원의 이중적 지위

공무원의 권한과 책임은 최종적으로 헌법에 근거를 두고 있으며, 공무원의 모든 활동은 헌법과 법률에 의해 정당화된다. 공무원은 공적 업무를 수행하고, 공직에 취임할 때 "나는 대한민국 공무원으로서 헌법과 법령을 준수하고, 국가를 수호하며, 국민에 대한 봉사자로서의 임무를 성실히 수행할 것을 엄숙히 선서합니다"라고 선서한다.[92] 하지만, 공무원도 국민의 한 사람으로 기본권의 주체가 되고, 국가의 공적 업무를 수행하는 근로자의 지위를 갖는다. 다만, 공무원은 업무의 공공성·공정성·성실성·정치적 중립성이 요구되므로 일반적 근로자와는 다른 특별한 근무관계를 갖는다.[93]

공무원의 이중적 지위는 국가와 국민에 대한 관계에서 서로 다르게 드러난다. 공무원은 공무를 수행하는 지위에서는 국민주권과 법치국가에 근거해야 한다. 국가기관의 구성원으로 국가의 권한을 행사하므로 헌법과 법률에 따라 직무를 수행하고, 국민에 대해 국가를 대표하여 기본권을 보장해야 한다. 공무원이 공적 지위에서 국민 전체에 대한 봉사자로서 국민에 대해 책임을 진다. 헌법은 공무원이 공적 업무를 수행할 수 있도록 신분을 보장하고 정치적 중립성을 보장할 것을 규정한다. 이때 공무원은 국민을 상대로 국가권력을 행사하므로 국가에 대해 자신의 기본권을 주장할 수 없다.

공무원은 공적 업무를 수행하는 과정에서 자신의 사익과 충돌할 수 있지만, 국민의 지위를 상실하는 것은 아니다. 공무원은 근로자로서 국가에 의해 자신의 기본권을 침해받을 수 있다. 공무원이 공적 업무와 무관한 사적 영역에서는 국가권력의 상대방이 되는 국민의 지위에서 기본권의 주체가 될 수 있다.[94] 공무원이 공적 업무를 수행하는 영역과 사적 생활을 영위하는 영역을 구별하는 것은 쉽지 않으며 혼용되는 경우도 많다. 공무원도 국민의 법적 지위를 가지며, 공적 업무를 수행하는 영역에서만 그 특수성을 반영하여 기본권을 제한하는 것이 정당화될 뿐이다.

3. 직업공무원제

(1) 제도보장

헌법 제7조 제2항은 "공무원의 신분과 정치적 중립성은 법률이 정하는 바에 의하여 보장된다"라고 규정한다. 직업공무원제란 공직을 안정적이고 효율적으로 수행하기 위해 공무원을 전문적인 직업으로 보장하는 것을 말한다. 이는 정치권

---

92) 국가공무원법 제55조, 국가공무원 복무규정 제2조 제1항, 제2항.
93) 2015. 5. 28. 2013헌마343.
94) 2012. 5. 31. 2009헌마705.

력을 장악한 세력이 공직을 논공행상으로 배분하는 엽관제도를 지양하고, 정권교체에 따른 국가작용의 중단과 혼란을 예방함으로써 일관성 있는 공무수행의 독자성을 유지하기 위한 것이다. 직업공무원제는 그 자체가 목적이 아니라 공무원이 안정적이고 능률적으로 공적 업무를 수행하기 위한 것이므로 헌법적 가치에 부합해야 한다.

직업공무원제는 헌법적 요청으로 인정되는 제도보장이므로 국회의 입법적 지침이자 한계가 된다. 국회는 직업공무원제를 실현해야 할 입법의무를 부담하고 이를 위반하면 위헌이 된다. 한편, 모든 공무원이 직업공무원제에 의해 보장되는 것은 아니다. 공적 업무에 따라 공무원의 신분과 정치적 중립성을 보장할 필요가 없는 공무원도 있다. 헌법 제7조 제1항이 국민 전체에 대한 봉사자로 규정하는 공무원은 공직을 수행하는 모든 공무원이지만, 제2항이 직업공무원제로 보장하는 공무원은 법률에 의해 신분이 보장되는 경력직 공무원만 의미하고, 특수경력직 공무원이나 임시적 공무원은 이에 포함되지 않는다.95)

(2) 신분보장

공무원은 형의 선고, 징계처분 또는 법률이 정하는 사유에 의하지 아니하고는 그 의사에 반하여 휴직, 강임 또는 면직당하지 않는다. 이는 공무원이 국민 전체에 대한 봉사자로서 공익을 위해 소신과 능력에 따라 일하게 하고, 정치적 영향으로부터 공직의 독자성을 보장하기 위한 것이다. 다만, 공무원에게 귀책사유가 있거나 1급 공무원과 법률에 따라 배정된 직무등급이 가장 높은 등급의 직위에 임용된 고위공무원단에 속하는 공무원은 정무적 성격이 강하므로 신분보장의 대상에서 제외된다.

공무원의 신분보장은 공적 직무에 관한 능력과 실적을 기초로 한다. 공무원이라는 이유로 그 신분이 절대적으로 보장되는 것은 아니다. 공무원의 임용과 퇴직은 물론 승진이나 전보와 같은 인사행정은 공직을 수행하는 전문적 자격이나 능력, 그리고 직무수행의 성과를 기준으로 이루어져야 한다. 공무원의 신분이 공직에 관한 능력과 실적이 아니라 정파적 이해관계에 따라 좌우되어서는 안 된다. 다만, 직제와 정원의 개폐, 예산의 감소에 의한 폐직이나 과원 등 조직

---

95) 1989. 12. 18. 89헌마32.

의 운영이나 개편과 같이 불가피한 사정이 있는 경우에는 불이익한 인사조치를 할 수 있다.[96]

공무원의 신분보장은 공무담임권의 핵심적 내용이 된다. 공무담임권은 개인이 공직에 취임하는 것은 물론 공직을 수행하면서 공무원의 신분을 유지하는 것도 포함한다. 공무원에게 부당하게 신분상 불이익을 가하는 것은 공무담임권을 침해하므로 헌법 제37조 제2항에 따라 과잉제한금지원칙을 적용한다. 공무원은 법령준수, 직무상 명령복종, 직장이탈금지, 친절공정과 청렴, 영리업무금지와 같은 법적 의무를 부담하고, 이에 위반하거나 직무를 태만히 한 경우에는 징계를 받는다.[97]

(3) 정치적 중립성의 보장

직업공무원제는 공무원의 정치적 중립성을 보장한다. 공무원의 정치적 중립성이란 공무원이 공직을 수행할 때 특정한 정치적 편향성을 가져서는 안 된다는 것을 말한다. 국가의 공적 업무는 개인의 정치적 의견에 따르거나 정파적 이익을 위해서가 아니라 국민 전체의 공익을 실현하기 위해 수행되어야 한다. 공직의 수행에 정파적 이해관계가 반영되면 공적 업무의 민주성, 전문성, 공정성이 훼손되기 쉽다. 헌법은 군사정권의 경험을 반영하여 국군의 정치적 중립성을 직접 규정하여 정치를 위해 군대를 이용하거나 군인이 정치에 개입하는 것을 특별히 금지한다.

헌법이 공무원의 정치적 중립성을 보장한다고 규정한 것은 국가에게 공무원이 정치적으로 중립할 수 있도록 보장해야 한다는 헌법적 의무를 부과한 것이 핵심이다. 국가는 특정한 정파적 이익을 공무원에게 강요해서는 안 되고, 집권세력이 선거와 같은 정치적 활동에 공무원을 동원하거나 이용해서는 안 된다. 공무원의 신분보장도 정치적 중립성을 확보하기 위한 것이므로 정치적 이유로 공무원에게 신분상 불이익한 처분을 할 수 없다. 공무원이 직무상 권한을 행사하거나 의무를 이행하는 것도 정치적 중립성을 전제로 한다.

국가가 공무원의 정치적 중립성을 보장해야 하지만, 공무원 역시 정치에 개

---

96) 국가공무원법 제3조, 제68조, 제70조.
97) 국가공무원법 제56조, 57조, 제58조, 제59조, 제61조, 제63조, 제64조, 제78조.

입하지 말고 정치적으로 중립성을 유지해야 한다. 공무원은 정당에 가입하는 것과 같이 일정한 정치활동을 할 수 없고,[98] 선거에 대한 부당한 영향력의 행사 또는 선거결과에 영향을 미치는 행위를 할 수 없다.[99] 헌법재판소는 공무원이나 초·중등학교 교원이 정당의 결성에 관여하거나 가입할 수 없도록 금지하거나 공무원이 정당의 후원회에 가입하는 것을 금지하는 것은 합헌이지만, '그 밖의 정치단체'의 결성에 관여하거나 가입할 수 없도록 금지하는 것은 명확성의 원칙에 위반될 뿐만 아니라 정치적 표현의 자유와 결사의 자유를 침해한다고 하였다.[100]

공무원은 공무담임권을 갖고, 사적 영역에서 일반 국민으로서 기본권의 주체가 되지만, 정치적 중립성을 확보하기 위해 일정한 범위에서는 기본권이 제한될 수 있다. 특히, 군인이나 군무원은 그 직무의 특수성으로 인하여 일반 공무원보다 기본권이 더욱 강하게 제한된다. 군인이나 군무원은 군사법원의 재판을 받고, 국가에 대한 손해배상청구권도 더욱 제한되고, 군복무에서도 다양한 법적 의무를 부담한다. 하지만, 공무원의 정치적 중립성이 공무원의 기본권 침해를 정당화할 수는 없다.[101] 공무원이 그 직무수행에서 정치적 중립성을 해칠 위험이 없는 경우에는 정치활동을 보장하는 것이 타당하다.[102]

제 4 절   지방자치제도

1. 헌법적 의미

(1) 개념

지방자치란 일정한 지역을 단위로 하는 단체나 그 지역의 주민이 스스로 선출한 기관을 통해 그 지역의 행정을 자율적으로 처리하는 것을 말한다. 근대국가의 중앙집권적 관료체제에서는 지방자치가 허용될 여지가 없었다. 민주주의가 발

---

98) 국가공무원법 제65조, 지방공무원법 제57조, 정당법 제22조 제1항.
99) 공직선거법 제9조 제1항.
100) 2014. 3. 27. 2011헌바42 ; 2020. 4. 23. 2018헌마551 ; 2022. 10. 27. 2019헌마1271.
101) 김하열, 헌법강의, 174면.
102) 한수웅, 헌법학, 1335면.

전하면서 일정한 지역을 단위로 주민이 자율적으로 사무를 처리하는 것이 '풀뿌리 민주주의'로 인식되어 지방자치는 국가와 지방과의 조화와 균형을 이루는 제도적 장치로 마련되었다. 특히, 권력분립의 측면에서 중앙정부를 통제하는 기능이 강조되면서 지방자치는 민주적 법치국가에서 필수적인 요소가 되었다.

헌법은 제8장에서 지방자치를 규정한다. 1948년 헌법은 지방자치에 대해 규정하고 1952년 처음으로 지방의회가 구성되었다. 하지만, 1961년 5.16군사쿠데타로 인하여 지방의회가 해산되고 지방자치법의 효력도 정지되었다. 1972년 헌법은 부칙에 지방의회의 구성을 통일시까지 유예한다고 규정하고, 1980년 헌법은 부칙에 지방의회의 구성시기를 법률로 정하도록 규정하였다. 현행헌법은 부칙조항을 삭제하고 1988년 지방자치법을 개정하여 지방의회를 구성하였으나, 지방자치단체의 장에 대한 선거를 무기한 연기하였다. 1995년 지방자치단체의 장을 선출함으로써 비로소 지방자치가 실시되었다.

(2) 기능

지방자치는 국가와 지방의 관계에 따라 다양하게 기능한다. 지방은 자신의 고유한 사무를 자율적으로 행사한다는 측면에서 다원적 민주주의를 실현하는 원심력으로 작용한다. 한편, 국가는 헌법의 틀 안에서만 지방자치를 허용한다는 측면에서 국가적 통일성을 유지하는 구심력으로 작용한다. 개인은 국가와의 관계에서는 국민이지만, 지방과의 관계에서는 주민이기도 하다. 국가는 국민주권에 의해 모든 지방에 대해 통치권을 행사할 수 있지만, 지방의 고유사무에 대해서는 지방의 주민에게 자치권을 부여할 수 있다.

지방자치는 국민주권과 민주주의를 생활세계에서 실천하고 교육하는 현장이다. 주민이 자치사무에 대해 주권자로서 처리하고, 지역적 차원에서 주민에 의한 자기통치를 실현한다. 주민은 자치사무에 대해 스스로 결정하고 책임을 지는 경험을 통해 민주시민으로 성장할 수 있고, 지방자치를 통해 선거권과 공무담임권과 같은 정치적 기본권을 행사할 수 있다. 주민은 지역적 자치사무의 특성을 가장 잘 이해하고 전문적인 지식을 가지고 자치사무를 효율적으로 처리할 수 있다. 국가가 주민으로 하여금 자치사무를 처리하게 하는 것은 전문성, 효율성, 경제성의 측면에서도 바람직하다.

지방자치는 권력분립을 실현한다. 지방자치단체는 중앙정부로부터 독립적으로 자치사무에 대해 정책결정권을 행사함으로써 국가권력을 통제한다. 지방자치는 중앙정부와 지방자치단체간의 권력의 수직적 분배를 통해 지방분권을 실현하고, 이는 실질적이고 기능적인 권력분립을 보장한다. 특히, 헌법이 규정하는 지방자치의 기본적 내용은 제도적으로 보장되므로 중앙정부는 물론 국회도 지방자치의 본질을 해치는 법률을 제정할 수 없다. 지방자치는 국가와 관계에서 뿐만 아니라 지방자치단체 차원에서도 지방자치단체의 장과 지방의회를 구분하여 내부적으로도 권력분립을 실현한다.

2. 법적 성격

(1) 본질

지방자치는 국가와 무관하게 지역주민이 갖는 고유한 권리와 능력이라는 관점이 있다. 지방자치는 국가 이전에 주민이 스스로 자기지배를 하는 권리로 발전했으며, 주민의 지방자치권을 국가에 대해 주장할 수 있는 기본권으로 인식한다. 하지만, 지방자치는 단일한 국가에서 지역적으로 다원화된 가치와 특색을 존중하여 주민이 자율적으로 통치할 수 있도록 보장하는 것이다. 지방자치는 국가를 전제로 하며 국가의 통치권에 지배를 받는 범위에서 헌법에 의해 보장되는 제도라고 이해해야 한다.[103]

민주적 법치국가에서 지방자치는 국가권력을 민주적이고 효율적으로 행사하기 위한 제도적 장치로서 중앙정부가 국가의 행정사무의 일부를 자치사무로 구분하고 이를 지방자치단체로 하여금 자치하도록 위임한 것이다. 국가에 소속된 지방자치단체는 서로 독립적으로 경쟁하고, 각자의 자치사무에 대해서는 서로 간섭할 수가 없지만, 국민의 주권적 의사에 따라 형성된 국가로부터 독립적일 수는 없다. 지방자치는 국가적 차원에서는 행정사무에 포함되므로 지방자치단체는 행정기관의 성격을 갖는다.[104]

국가는 중앙정부의 국가사무를 매개로 하여 지방과 협력하거나 지방을 관리

---

103) 성낙인, 헌법학, 666면 ; 정재황, 헌법학, 1589~1590면 ; 정종섭, 헌법학원론, 1085면.
104) 한수웅, 헌법학, 1341~1342면.

한다. 지방자치단체는 국가의 행정사무를 부분적으로 위임받았으므로 국가적 감독과 통제를 벗어날 수는 없다.[105) 지방자치는 권력분립의 관점에서는 연방국가와 공통적이지만, 그 구성원리를 달리한다. 지방자치는 중앙정부의 집권적 권력으로부터 이탈하는 방식으로 발전하였지만, 연방국가는 독자적인 국가성을 가진 지방정부가 고유한 정체성을 유지하면서 상급차원의 국가로 모이는 방식으로 발전하였다. 현대국가에서는 중앙집권적 세계화와 분권적 지방화가 동시에 추진되고 있어 그 조화로운 발전이 요구된다.

(2) 주민자치와 단체자치

지방자치는 주민자치와 단체자치로 구분되어 발전하였다. 영국과 미국에서 주민자치는 주민의 의사에 따라 자치사무가 처리되는 것을 지방자치로 이해하고 주민의 민주적 참여를 강조한다. 독일과 프랑스에서 단체자치는 일정한 지역을 기초로 독립된 법인격을 갖는 단체가 자치사무를 처리하는 것을 지방자치로 이해하고, 지방자치단체가 국가로부터 독립적이라는 것을 강조한다. 주민자치와 단체자치는 지방자치의 발전에서 역사적 관점을 보여주는 것일 뿐, 서로 배타적으로 구별되는 것은 아니다.[106) 지방자치는 주민과의 관계에서는 주민자치의 요소를 갖고, 국가와 관계에서는 단체자치의 요소를 갖는다.[107)

주민자치와 단체자치는 지방자치의 유형에 반영된다. 지방자치는 주민참여의 방식을 기준으로 직접민주제를 기초로 하는 주민총회형과 간접민주제를 기초로 하는 대의제형으로 구분된다. 주민총회형은 주민자치를 반영하여 지역주민이 지방의회를 구성하여 자치사무에 대한 정책결정과 그 집행업무를 함께 담당하고 그에 대해 책임도 진다. 대의제형은 단체자치를 반영하는데, 의원내각제형과 대통령제형으로 구분된다. 의원내각제형에서 지방의회는 주민에 의해 선출되고, 자치단체의 장은 지방의회에서 선출된다. 한편, 대통령제형에서는 지역주민이 지방의회도 구성하고 자치단체의 장도 주민에 의해 직접 선출한다.

---

105) 2001. 11. 29. 2000헌바78.
106) 성낙인, 헌법학, 666면.
107) 1998. 4. 30. 94헌마175.

(3) 제도보장

헌법 제117조 제1항은 "지방자치단체는 주민의 복리에 관한 사무를 처리하고 재산을 관리하며, 법령의 범위 안에서 자치에 관한 규정을 제정할 수 있다"라고 규정한다. 헌법은 지방자치단체의 업무, 지방자치단체의 기본적 조직인 의회에 대해 직접 규정하고 지방자치단체의 종류, 그 조직과 운영에 관한 사항은 법률로 정하도록 위임한다. 헌법은 지방자치를 제도적으로 보장하므로 국회는 법률로 지방자치제도를 실현해야 하고, 입법에 의해 지방자치의 본질적 내용을 침해해서는 안 된다. 지방자치는 국회에 의한 입법을 통해 구체적으로 형성되고 보장된다.

헌법은 지방자치를 제도적으로 보장하여 국가에게 지방자치를 실현할 헌법적 의무를 부과한다. 국회는 지방자치단체를 전면적으로 폐지할 수는 없고, 지방자치단체에게 국가위임사무만 처리하게 해서도 안 된다. 지역주민이 스스로의 판단과 책임에 따라 자치사무를 처리할 수 있도록 조직, 재정, 행정에서 자치권을 부여해야 한다. 지방자치단체는 지방자치권이라는 법적 권한을 갖는다. 국회가 입법형성권을 남용하여 지방자치의 제도보장을 위반하게 되면 지방자치단체의 지방자치권을 침해한다.[108]

헌법이 지방자치를 제도보장으로 규정하지만, 이는 주민에게 기본권을 보장하는 것은 아니다. 주민도 국가 차원에서는 국민으로서 기본권의 주체가 되지만, 자치사무를 처리하는 범위에서는 주민의 지위가 우선된다. 지방자치는 지방자치단체의 지방자치권을 권한으로 보장하는 것이지 주민의 자치권을 기본권으로 보장하는 것은 아니다. 헌법재판소는 지방자치가 주민에게 기본권을 보장하는 것은 아니므로 지방자치로부터 주민투표권이 도출되지 않고, 주민투표권은 기본권이 아니라 지방자치법에서 인정하는 법률적 권리라고 판단하였다.[109]

지방자치가 기본권의 보장이 아니라는 것은 헌법재판에서 중요한 의미가 있다. 지방자치를 위반한 법률은 위헌법률심판이나 권한쟁의심판의 대상이 되지만, 헌법소원의 대상이 될 수는 없기 때문이다. 헌법재판소는 제도보장에 대해 본질적 내용을 침해할 수 없다는 '최소한의 보장'을 적용하지만, 기본권에 대해서는

---

108) 한수웅, 헌법학, 1344면.
109) 2007. 6. 28. 2004헌마643.

과잉제한금지원칙을 적용한다.[110] 지방자치를 제도보장으로 이해하면 국회의 입법형성권에 의해 지방자치의 최소화를 초래하므로 '최소한의 보장'은 폐기되어야 한다는 견해도 있다.[111] 하지만, 제도보장과 기본권은 그 위헌심사기준을 달리하므로 구별할 실익이 있다.

3. 주요 내용

(1) 자치단체

지방자치는 지역주민이 지방자치단체를 구성하고, 그 지방자치단체가 스스로 자치사무를 처리하도록 한다. 지방자치는 자치사무의 주체가 되는 지방자치단체가 구성되고 존속되는 것을 전제로 한다. 헌법은 지방자치단체의 종류를 법률로 정하도록 하고, 지방자치단체에는 지방의회와 지방자치단체의 장을 두도록 한다. 특히, 지방의회는 반드시 주민의 선거를 통해 구성하도록 규정한다. 국회는 지방자치단체라는 일반적 행정조직은 법률로 폐지할 수는 없지만, 국가의 공적 과제를 수행하기 위해 법률로 지방자치단체의 종류나 조직을 변경할 수 있다.

자치단체의 보장은 자치단체에 의한 자치행정을 일반적으로 보장한다는 것이지 특정한 자치단체의 존속을 보장하는 것은 아니다.[112] 국회는 공익을 실현하기 위해 지방자치단체를 통합하거나 해체할 수도 있고, 자치단체의 구역을 변경할 수도 있다. 이때 자치단체와 그 주민이 행정조직의 재편작업에서 자신의 의견을 표명할 청문절차가 보장되어야 한다.[113] 자치단체는 자신의 의사에 반하여 그 명칭이 변경되는 경우에도 자신의 의견을 진술할 수 있는 기회가 보장되어야 한다. 지방자치단체를 통폐합하거나 그 명칭이나 구역을 변경할 경우에는 관계 지방자치단체의 의회의 의견을 들어야 한다.[114]

---

110) 2006. 2. 23. 2005헌마403.
111) 한수웅, 헌법학, 1345~1347면.
112) 2006. 3. 30. 2003헌라2.
113) 1995. 3. 23. 94헌마175.
114) 지방자치법 제4조 제2항.

(2) 자치사무

헌법 제117조 제1항은 "지방자치단체는 주민의 복리에 관한 사무를 처리하고 …"라고 자치사무의 관할을 규정한다. 자치사무란 지역공동체에 기반을 두고 지역공동체와 특별한 관련성을 가진 사무로서 지역주민의 공동생활에 관하여 공통적인 이해관계가 있는 사무를 말한다. 헌법은 국가행정에 대한 사무를 국가사무와 자치사무로 구분하고 이를 국가와 지방자치단체에 분배한다. 지방자치단체는 자치사무만 관할하고 국가사무를 관할할 수 없고, 국가는 국가사무만 관할하고 자치사무를 관할할 수 없는 것이 원칙이다. 자치사무는 주민의 복리에 관한 사무를 포함하지만, 이에 국한되는 것은 아니다.

국가는 지역주민의 생활과 밀접한 관련이 있는 사무는 원칙적으로 시·군 및 자치구의 사무로, 시·군 및 자치구가 처리하기 어려운 사무는 시·도의 사무로, 시·도가 처리하기 어려운 사무는 국가사무로 분배해야 한다.[115] 지방자치단체는 개별적 법률의 근거가 없어도 자치사무를 관할할 수 있고, 자신의 책임으로 관련 사무를 포괄적으로 처리할 수 있다. 국회는 자치사무의 구체적 내용을 형성할 수 있는데, 반드시 특정한 지역에만 관련될 사항뿐만 아니라 다른 지역이나 국가 전체에 관련된 사항이라도 자치사무로 정할 수 있다.

국회는 국가사무와 자치사무를 확정하는 과정에서 자치사무라도 공익을 위해 필요한 경우에는 국가나 다른 공공단체의 관할로 정할 수 있다. 또한, 국가사무라고 하더라도 지역주민의 공동의 이해관계에 관한 것으로서 특정한 지방자치단체와 특수한 관련성을 갖는 경우에는 법률로 지방자치단체의 권한으로 정할 수 있다. 지방자치단체는 자치사무뿐만 아니라 법률에 따라 국가사무를 관할할 수도 있고, 지역과 특수하게 관련되는 사안에 대해서는 외국도시와 자매결연을 맺고 문화·체육교류와 같은 외교적 국가사무를 처리할 수도 있다.

(3) 자치기능

헌법 제117조 제1항은 "지방자치단체는 … 재산을 관리하며, 법령의 범위 안에서 자치에 관한 규정을 제정할 수 있다"라고 규정한다. 자치기능이란 지방자치

---

115) 지방자치법 제11조 제2항, 제3항.

단체가 국가의 지시나 간섭을 받지 않고 자치사무를 이행할지 여부와 구체적인 이행방법을 선택할 수 있고, 그 결과에 대해 책임을 진다는 것을 말한다. 자치기능은 자치에 관한 규정을 제정하는 권한, 지방공무원을 임용하고 관리하는 인사권, 내부조직을 구성하고 운영하는 조직권, 예산의 범위에서 수입과 지출을 자율적으로 결정할 수 있는 재정권을 포함한다. 헌법 제117조 제1항은 자치기능의 보장에 대해 재산관리권과 자치입법권을 예시적으로 규정한다.

지방자치는 국가행정의 일부이므로 국가는 지방자치단체를 대상으로 자치행정의 합법성을 통제할 수 있다. 지방자치단체는 법령을 위반하여 사무를 처리할 수 없으며, 시·군 및 자치구는 해당 구역을 관할하는 시·도의 조례를 위반하여 사무를 처리할 수 없다.116) 지방자치단체가 법령의 범위에서 선택한 합목적성에 대해서는 국가가 감독할 수 없고, 공익을 위해 필요한 경우에만 법률에 근거하여 감독할 수 있을 뿐이다. 헌법재판소는 감사원이 지방자치단체의 자치사무에 대해 합목적성 통제를 하는 것은 지방자치권의 본질적 내용을 침해한 것이 아니어서 위헌이 아니라고 판단하였다.117)

(4) 정당국가와 관계

정당국가에서 지방자치는 정당의 영향을 받고, 지방의회의원과 지방자치단체의 장은 정당의 대표로 기능하기도 한다. 지방자치는 반드시 정당과 견련되는 것은 아니므로 주민의 대표가 당적을 바꾸는 경우에도 그 신분을 유지하는 것이 바람직하다. 하지만, 공직선거법 제192조 제4항은 비례대표의원의 경우 그 임기 중 소속 정당이 합당·해산되거나 소속 정당에서 제명되는 이유 외의 사유로 당적을 이탈·변경하거나, 2 이상의 당적을 가지고 있을 때에는 퇴직하도록 규정한다. 이에 따르면, 지방의회의원이 당적을 변경한 경우에 지역구의원은 그대로 유지되지만, 비례대표의원이 탈당이나 이중 당적의 보유와 같이 자의로 소속 정당을 변경한 경우에는 의원직을 상실한다.

헌법재판소는 통합진보당에 대해 해산결정을 하면서 국회의원의 의원직은 상실된다고 결정하였지만, 지방의회의원에 대해서는 아무런 판단을 하지 않았

---

116) 지방자치법 제12조 제3항.
117) 2008. 5. 29. 2005헌라3.

다.118) 중앙선거관리위원회는 헌법재판소의 해산결정에 따라 지방의회의 비례대표의원은 의원직에서 퇴직된다고 결정하고, 지역구의원에 대해서는 법률의 규정이 없다는 이유로 아무런 판단을 하지 않아 지역구의원은 의원직을 그대로 유지하였다. 대법원은 정당에 대한 해산결정으로 국회의원직은 상실하지만, 지방의회의원의 경우에는 지역구의원은 물론 비례대표의원도 의원직을 유지한다고 판단하였다.119)

지방의회의원의 지위는 주민의 선거를 통해 부여된 것이므로 그 지위를 박탈하기 위해서는 법률에 명확한 근거가 있어야 한다. 공직선거법 제192조 제4항은 '해산'이라고만 규정하여 자진해산과 강제해산을 구별하지 않고 의원이 자의로 당적을 변경한 것인지 여부를 기준으로 의원직의 상실에 대해 규정한다. 헌법재판소가 해산결정을 하더라도 당연히 그 정당에 소속된 지방의회의원이 의원직을 상실하는 것은 아니라고 해석된다. 다만, 해산결정의 실효성을 확보하고 헌법질서를 수호하기 위해서는 의원직을 상실하도록 하는 것이 바람직하므로 의원직의 상실을 법률로 명확하게 규정하는 것이 필요하다.

4. 지방자치단체

(1) 법적 지위

지방자치단체는 공익을 실현하기 위해 설립된 특수한 공법인으로 독자적인 법인격을 가지고 권리의무의 주체가 된다. 지방자치단체는 지방행정구역을 단위로 구성되지만 단순히 행정집행을 위한 행정구역에 불과한 것이 아니다. 지방자치단체는 자치사무에 대해 국가의 지시나 간섭을 받지 않고 자율적으로 처리할 수 있는 관할권을 가지므로 국가에 대해 지방자치권을 갖는다. 지방자치단체는 국가가 지방자치권을 침해한 경우에는 권한쟁의심판을 청구할 수 있다.

지방자치단체는 중앙정부와 국가행정업무를 분유하여 담당하므로 효율적인 행정업무와 지방행정의 자율성을 조화롭게 실현해야 한다. 하지만, 지방자치 역시 국가행정의 일부로서 국가의 헌법질서에 따라야 하므로 국가로부터 감독과 통제

---

118) 2014. 12. 19. 2013헌다1.
119) 대법원 2021. 4. 29. 2016두39825.

를 받고 서로 대립적으로 권한을 통제하기도 한다. 지방자치단체는 국가와는 독립적 법인으로 지방자치권을 갖지만, 이와 별도로 국가에 대해 기본권의 주체가 될 수도 있다. 지방자치단체는 법인으로서 고유한 기본권을 향유할 수 있는 자격을 갖는다. 국가가 지방자치단체의 기본권을 침해한 경우에 지방자치단체는 헌법소원을 청구할 수도 있다.

지방자치단체는 다른 지방자치단체에 대해서도 독립적이고 대등한 권리의무의 주체가 되고, 각자 고유한 지방자치권을 갖는다. 지방자치단체는 자치사무에 대해 다른 지방자치단체의 지시나 간섭을 받지 않고 자율적으로 처리할 수 있다. 특별시·광역시·도와 같은 광역지방자치단체와 시·군·자치구와 같은 기초지방자치단체도 법적으로 대등한 법인이다. 지방자치단체가 다른 지방자치단체로부터 지방자치권을 침해받은 경우에는 헌법재판소에 권한쟁의심판을 청구할 수 있다.

국가의 행정업무를 통일적이고 체계적으로 수행하기 위해서는 그 관할을 조정할 수 있다. 시·군 및 자치구의 조례나 규칙은 시·도의 조례나 규칙을 위반할 수 없고, 시·도지사는 시·군·자치구에 대해 지도·지원·시정명령·재의요구 등을 할 수 있다. 한편, 지방자치단체는 독립적 법인으로서 다른 지방자치단체가 공권력의 주체로 행위하는 경우에는 기본권의 주체가 될 수도 있다. 지방자치단체가 고유한 기본권을 침해받은 경우에는 공권력을 행사하여 기본권을 침해한 다른 지방자치단체를 상대로 헌법소원을 청구할 수도 있다.

지방자치단체는 주민과의 관계에서 주민의 대표기관으로 지방자치권을 행사한다. 주민은 지방자치단체의 기관인 지방의회와 지방자치단체의 장을 선출하고, 주민투표, 조례의 제정과 개폐의 청구, 주민소환과 같이 지방자치에 참여할 수 있는 권리를 가지며, 법령으로 정하는 바에 따라 소속 지방자치단체의 비용을 분담할 의무를 부담한다.[120] 주민은 지방자치의 차원에서는 주민이지만, 국가 차원에서는 주권자로서 국민이기도 하다. 지방자치단체가 공권력의 주체로 행위하는 경우에 개인은 기본권의 주체가 될 수 있고, 지방자치단체가 기본권을 침해하는 경우에는 헌법소원을 청구할 수 있다.

---

120) 지방자치법 제18조, 제19조, 제20조, 제27조 등.

(2) 종류와 기관

(가) 종류

헌법 제117조 제2항은 "지방자치단체의 종류는 법률로 정한다"라고 규정한다. 지방자치법은 광역지방자치단체로 특별시·광역시·특별자치시·도·특별자치도를, 기초지방자치단체로 시·군·자치구를 둔다. 광역지방자치단체는 정부의 직할로 두고, 시는 도의 관할구역 안에, 군은 광역시나 도의 관할구역 안에 두며, 자치구는 특별시와 광역시의 관할구역 안에 둔다. 한편, 2개 이상의 지방자치단체가 상하수도·소방·교육과 같이 공동으로 특정한 목적을 위해 광역적으로 사무를 처리할 필요가 있는 경우에는 특별지방자치단체를 설치할 수 있다.

(나) 지방의회

헌법은 지방자치단체의 조직과 운영에 관한 사항은 법률로 정하도록 위임하고, 지방자치법은 지방자치단체에 의결기관인 지방의회와 집행기관인 지방자치단체의 장을 둔다. 지방의회는 주민의 보통·평등·직접·비밀선거에 의해 선출되는 지역구의원과 비례대표로 선출되는 비례대표의원으로 구성되는 합의제기관이고, 의원의 임기는 4년이다. 지방의회는 조례의 제정·개정 및 폐지, 예산의 심의·확정, 결산의 승인, 주민이 부담하는 조세 및 공과금의 부과와 징수에 관한 의결권을 갖는다.

지방의회는 행정감사와 행정조사를 할 수 있는데, 행정감사는 사무일반에 대해 매년 1회 정기적으로, 행정조사는 특정 사안에 대해 본회의에서 의결을 거쳐 실시한다. 지방의회의 본회의나 위원회는 안건의 심의와 직접 관련된 서류의 제출을 해당 지방자치단체의 장에게 요구할 수 있고, 지방자치단체의 장이나 관계 공무원으로 하여금 출석하여 행정사무에 관한 처리상황에 대해 답변할 것을 요구할 수 있다. 또한, 지방의회는 그 조직, 의원신분, 운영 등의 사항에 대해 스스로 결정할 수 있다.

(다) 지방자치단체의 장

지방자치단체의 장은 주민의 보통·평등·직접·비밀선거에 의해 선출되는 집행기관으로 임기는 4년이며, 계속 재임은 3기에 한한다. 특별시에 특별시장, 광역시에 광역시장, 특별자치시에 특별자치시장, 도와 특별자치도에 도지사를 두고, 시에 시장, 군에 군수, 자치구에 구청장을 둔다. 지방자치단체의 장은 지방자치단체를 대표하며, 자치사무를 관리·집행하고 소속 직원을 지휘·감독한다. 지방자치단체의 장은 법령 또는 조례가 위임한 범위 안에서 규칙을 제정할 수 있고, 지방의회에 의안을 발의할 수 있으며, 지방의회의결에 대한 재의요구권, 예산상 집행불가능한 의결의 재의요구권, 주민투표부의권 등을 갖는다.

지방자치단체의 장은 지방의회의 의결을 거쳐야 할 사항에 대해 지방의회가 성립되지 아니하는 등 사유가 있는 경우에는 선결처분을 할 수 있다. 이때에는 사후라도 지체 없이 지방의회에 보고하여 승인을 받아야 하고 그 승인을 받지 못하면 그 선결처분은 그때부터 효력을 상실한다.[121] 지방자치단체의 장은 자치사무를 처리하는 이외에 법령에 따라 상급 지방자치단체로부터 국가사무를 위임받아 처리할 수도 있다. 이때 지방자치단체의 장은 국가의 지방행정기관의 지위를 가지므로 국가로부터 지휘와 감독을 받고 국가에 대해 지방자치권을 주장할 수 없다.

지방자치단체의 장에 대한 선거권은 기본권일까. 헌법 제118조 제1항은 "지방자치단체에 의회를 둔다"라고, 제2항은 "지방의회의 조직·권한·의원선거와 지방자치단체의 장의 선임방법 기타 지방자치단체의 조직과 운영에 관한 사항은 법률로 정한다"라고 규정한다. 지방의회의원은 반드시 선거로 선출해야 하지만, 지방자치단체의 장의 경우에는 '선임방법'이라고 표현하여 선거 이외에 임명으로 선출할 수 있도록 규정한다. 헌법재판소는 지방자치단체의 장에 대한 선거권도 헌법에 의해 보호되는 기본권이며,[122] 지방자치단체의 의원이나 장으로 선출될 수 있는 피선거권은 공무담임권에 포함된다고 판단하였다.[123]

지방의회의원에 대한 선거권은 헌법이 직접 규정하므로 기본권이다. 지방자치단체의 장으로 선출될 수 있는 피선거권은 헌법이 보장하는 공무담임권에 포함된다. 하지만, 지방자치단체의 장에 대한 선거권은 헌법이 아니라 국회가 공직선거법을 통해 선거로 선출하도록 규정함으로써 인정되는 법률적 권리라고 해석해

---

121) 지방자치법 제122조.
122) 2016. 10. 27. 2014헌마797.
123) 2007. 6. 28. 2004헌마644.

야 한다.[124] 국회가 법률을 개정하여 지방자치단체의 장에 대해서 선거가 아니라 임명이나 지방의회가 선출하는 방식으로 선출하더라도 이는 기본권을 침해하는 것이 아니므로 위헌이 아니다.

(라) 교육감

지방자치법은 지방자치단체의 교육·과학 및 체육에 관한 사무를 분장하기 위하여 별도의 기관을 두도록 규정하고, '지방교육자치에 관한 법률'은 지방자치단체의 교육·과학·기술·체육 그 밖의 학예에 관한 사무를 특별시·광역시 및 도와 같은 광역지방자치단체의 사무로 하고, 교육자치를 위한 기관의 조직과 운영에 대해서는 지방자치법을 준용한다. 이는 지방자치에서 교육자치를 분리하여 지방교육의 자주성·전문성·특수성을 반영하기 위한 것이다.

'지방교육자치에 관한 법률'은 지방자치단체의 교육·과학·기술·체육 그 밖의 학예에 관한 사무를 관장하는 기관으로 교육감을 둔다. 시·도의 교육·학예 등에 관한 사무의 집행기관으로 시·도에 교육감을 두고, 교육감은 지방자치단체의 장을 대신한다. 교육감은 17개의 광역자치단체의 교육에 관한 사무를 총괄하여 처리하며, 시·도지사와 달리 기초자치단체와 권한을 분유하지 않고 교육자치 업무를 총괄한다. 교육감은 주민의 선거로 선출되고 그 임기는 4년으로 한다. 교육감의 계속 재임은 3기에 한정하고, 주민은 교육감을 소환할 권리를 가진다.[125]

5. 지방자치단체의 사무

(1) 자치사무와 위임사무

지방자치단체는 자치사무와 위임사무를 처리한다. 자치사무는 국가로부터 간섭받지 않고 자율적으로 처리할 수 있는 지방자치단체 본래의 고유사무이다. 위임사무는 법령에 근거하여 국가나 상급 지방자치단체의 위임에 의해 지방자치단체가 처리하는 사무이다. 국가의 행정업무는 중앙정부와 지방자치단체가 기능적으로 배분하여 수행하며, 지방자치는 지방자치단체가 자치사무를 전속적으로

---

124) 정종섭, 헌법학원론, 1092면.
125) 지방교육자치에 관한 법률 제2조, 제18조, 제21조, 제24조의2, 제43조.

관할하도록 한다. 국가는 국가사무라도 행정의 효율성과 경제성을 고려하여 지방
자치단체에게 위임하여 처리하게 할 수 있다.

위임사무는 단체위임사무와 기관위임사무로 구분된다. 단체위임사무는 지방
자치단체가 국가나 상급 지방자치단체로부터 위임받아 처리하는 사무이고, 기관
위임사무는 지방자치단체의 장이 국가나 상급 지방자치단체로부터 위임받아 처리
하는 사무이다. 단체위임사무는 지방자치단체의 사무에 속하지만, 기관위임사무
는 지방자치단체의 장이 하급의 지방행정기관의 지위에서 처리하므로 지방자치단
체의 사무에 속하지 않는다. 지방의회는 기관위임사무에 대해 조례를 제정할 수
없고, 지방자치단체의 장은 기관위임사무에 대해서는 국가에 대해 지방자치권을
주장할 수 없어 권한쟁의심판을 청구할 수도 없다.

(2) 자치입법권

헌법 제117조 제1항은 "지방자치단체는 … 법령의 범위 안에서 자치에 관한
규정을 제정할 수 있다"라고 규정하여 자치입법권을 보장한다. 지방자치법은 자
치입법권으로 조례와 규칙을 규정한다. 조례는 지방의회가 '법령의 범위 안에서'
지방자치단체의 사무에 관하여 의결하여 제정하는 것이고, 규칙은 지방자치단체
의 장이 '법령과 조례의 범위 안에서' 집행기관으로서 권한을 행사하기 위해 필요
한 사항을 규율하는 것이다. 교육감은 교육·학예 등에 관한 사무에 대해 규칙을
제정할 수 있다.

지방자치단체는 '법령의 범위 안에서'만 조례와 규칙을 제정할 수 있다. 헌법
은 자치입법권을 직접 규정하므로 지방자치단체는 법률의 근거가 없더라도 자치
사무에 대해 법령의 범위 안에서 조례나 규칙을 제정할 수 있다. 하지만, 지방의
회가 조례를 통해 주민의 권리제한 또는 의무부과에 관한 사항이나 벌칙을 정할
때에는 반드시 법률의 위임이 있어야 하고, 법령에서 조례로 정하도록 위임한 사
항은 그 법령의 하위 법령에서 그 위임의 내용과 범위를 제한하거나 직접 규정할
수 없다.126)

조례와 규칙은 법치에 따라야 하지만, 행정입법과는 달리 법률이 조례에 위
임하는 경우에는 구체적인 범위를 정하지 않고 보다 포괄적으로 위임할 수 있

---

126) 지방자치법 제28조 제1항, 제2항. ; 2023. 9. 26. 2019헌마1417.

다.127) 이는 지방의회는 주민의 선거에 의해 구성되어 민주적 정당성이 강하고, 헌법이 지방자치단체에 포괄적인 자치권을 보장한다는 점을 반영한 것이다. 하지만, 이는 행정입법에 적용되는 포괄적 위임입법의 금지가 자치입법권에 대해 보다 완화될 수 있다는 것이지 조례와 규칙이 법률을 위반하여 주민의 권리의무에 관한 사항을 규정할 수 있는 것은 아니다. 대법원은 수익적 처분을 내용으로 하는 조례에 대해서는 법률의 개별적 위임이 필요하지 않고 법률유보가 적용되지 않는다고 판단하였다.128)

자치입법권은 '자치에 관한 규정'을 제정하는 권한이다. 지방자치단체는 자신의 자치사무에 속하는 지역적 범위를 넘는 사항에 대해서는 입법할 수 없다. 지방의회는 법령에 의해 지방자치단체에 위임된 단체위임사무에 대해서는 조례를 제정할 수 있지만, 지방자치단체의 장에게 위임된 기관위임사무는 국가사무에 해당하므로 조례로 규율할 수 없다.129) 기초자치단체의 조례와 규칙은 상급의 광역자치단체의 조례나 규칙을 위반해서는 안 된다.130)

조례나 규칙은 지방자치단체의 고유한 특성을 반영하여 자치사무만 규율하므로 지방자치단체에 따라 그 내용이 다를 수밖에 없다. 따라서 조례나 규칙으로 인하여 주민이 다른 지방자치단체의 주민에 비해 더 규제를 받더라도 이는 평등권을 침해하는 것은 아니다.131) 다만, 이는 조례나 규칙을 통해 지방자치단체의 주민을 차별적으로 취급하는 것이 상대적으로 쉽게 정당화된다는 것이지 그 차별적 취급이 당연히 정당화되는 것은 아니다. 지방자치단체도 공권력의 주체가 될 수 있고, 주민은 국민으로서 기본권의 주체가 되므로 주민을 자의적으로 차별하면 평등권을 침해할 수 있다.

(3) 국가의 통제

(가) 국가의 지도와 감독

국가와 지방자치단체는 독자적인 법인격을 가지지만, 주민에 대해 공공서비

---

127) 2004. 9. 23. 2002헌바76 ; 대법원 2014. 12. 24. 2013추8.
128) 대법원 2015. 6. 24. 2014추545.
129) 대법원 2004. 6. 11. 2004추34.
130) 지방자치법 제30조.
131) 2009. 10. 29. 2008헌마635.

스를 균형적으로 제공하고 지역간 균형발전을 위해 협력해야 한다. 중앙행정기관의 장이나 시·도지사는 지방자치단체의 사무에 관하여 조언 또는 권고하거나 지도할 수 있으며, 이를 위하여 필요하면 지방자치단체에 자료제출을 요구할 수 있다.[132] 국가는 자치사무에 대해서는 법령을 위반한 것인지 여부에 대한 합법성심사만 할 수 있고, 합목적성심사는 할 수 없다. 하지만, 국가사무에 대해서는 국가나 상급 지방자치단체가 합법성심사는 물론 합목적성심사도 할 수 있다.[133]

(나) 지방의회에 대한 통제

국가는 지방의회의 의결에 대해 감독하고 통제할 수 있다. 지방의회의 의결이 법령에 위반되거나 공익을 현저히 해친다고 판단되면 주무부장관이나 상급 지방자치단체의 장이 해당 지방자치단체의 장에게 재의를 요구하게 할 수 있다. 재의요구의 지시를 받은 지방자치단체의 장은 지방의회에 이유를 붙여 재의를 요구해야 하고, 시·도지사가 재의를 요구하게 하지 아니한 경우에는 주무부장관이 직접 해당 지방자치단체의 장에게 재의를 요구하게 할 수 있다. 재의요구의 지시를 받은 해당 지방자치단체의 장은 의결사항을 이송받은 날부터 20일 이내에 지방의회에 이유를 붙여 재의를 요구해야 한다.[134]

지방의회가 재의요구에 따라 재의한 결과 재적의원 과반수의 출석과 출석의원 3분의 2 이상의 찬성으로 재의결하면 그 의결사항은 확정된다. 해당 지방자치단체의 장은 재의결된 사항이 법령에 위반된다고 판단되면 재의결된 날부터 20일 이내에 대법원에 소를 제기할 수 있고, 의결의 집행정지결정을 신청할 수 있다. 해당 지방자치단체의 장이 재의결된 사항이 법령에 위반된다고 판단됨에도 불구하고 소를 제기하지 아니하면 주무부장관이나 상급 지방자치단체의 장이 해당 지방자치단체의 장에게 제소를 지시하거나 직접 소를 제기하고, 의결의 집행정지결정을 신청할 수 있다.[135]

---

132) 지방자치법 제183조, 제184조.
133) 지방자치법 제185조, 제190조.
134) 지방자치법 제192조 제1항, 제2항.
135) 지방자치법 제192조 제3항, 제4항, 제5항.

(다) 지방자치단체의 장에 대한 통제

국가는 지방자치단체의 장에 대해서도 감독하고 통제할 수 있다. 지방자치단체의 장이 법령에 따라 그 의무에 속하는 위임사무의 관리와 집행을 명백히 게을리하고 있다고 인정하면 주무부장관은 이행명령을 명하거나 직접 이행명령을 할 수 있다. 주무부장관은 지방자치단체의 장이 이행명령을 이행하지 아니하면 그 지방자치단체의 비용으로 대집행 또는 행정상·재정상 필요한 조치를 할 수도 있다. 지방자치단체의 장은 그 이행명령에 이의가 있으면 이행명령서를 접수한 날부터 15일 이내에 대법원에 소를 제기할 수 있고, 이행명령의 집행을 정지하게 하는 집행정지결정을 신청할 수 있다.[136)]

지방자치단체의 장의 명령이나 처분이 법령에 위반되거나 현저히 부당하여 공익을 해친다고 인정되면 주무부장관은 시정명령을 명하거나 직접 시정할 것을 명할 수 있다. 주무부장관은 지방자치단체의 장이 시정명령을 이행하지 아니하면 그 명령이나 처분을 취소하거나 정지할 수 있다. 이때 자치사무에 관한 명령이나 처분에 대한 주무부장관의 시정명령, 취소 또는 정지는 법령을 위반한 것에 한정된다. 지방자치단체의 장은 자치사무에 관한 명령이나 처분의 취소 또는 정지에 대하여 이의가 있으면 그 취소처분 또는 정지처분을 통보받은 날부터 15일 이내에 대법원에 소를 제기할 수 있다.[137)]

6. 주민의 참여

(1) 직접민주적 요소

지방자치는 풀뿌리 민주주의를 실현하는 수단으로 지역적 차원에서 직접민주적 주민참여를 도입한다. 지방자치에서 주민의 참여는 반드시 헌법적으로 보장되어야 하는 것은 아니고 국회가 법률을 통해 결정할 수 있다. 지방자치단체의 주민은 법령이 정하는 바에 따라 지방의회의원과 지방자치단체의 장을 선거하고, 지방자치단체의 정책결정·집행의 과정에 참여하고, 지방자치단체의 재산과 공공

---

136) 지방자치법 제189조 제1항, 제2항, 제6항.
137) 지방자치법 제188조 제1항, 제2항, 제5항, 제6항.

시설을 이용할 권리와 그 지방자치단체로부터 균등하게 행정의 혜택을 받을 권리를 가진다.138) 지방자치법은 주민이 직접 지방자치에 참여하는 제도적 장치를 다양하게 마련한다.

(2) 주민투표권

지방자치단체의 장은 주민에게 과도한 부담을 주거나 중대한 영향을 미치는 사항으로 조례로 규정하는 사항에 대해 주민투표에 부칠 수 있다. 지방자치단체의 장은 주민 또는 지방의회의 청구에 의하거나 직권으로 주민투표를 실시할 수 있다. 18세 이상의 주민투표권자는 일정한 수 이상의 서명으로 지방자치단체의 장에게 주민투표의 실시를 청구할 수 있다.139) 중앙행정기관의 장도 지방자치단체의 폐치·분합 또는 구역변경, 주요시설의 설치 등 국가정책의 수립에 관하여 주민의 의견을 듣기 위해 필요하다고 인정하면 구역을 정하여 지방자치단체의 장에게 주민투표의 실시를 요구할 수 있다.140)

주민투표권자는 18세 이상의 주민으로 지방자치단체의 관할구역에 주민등록이 되어 있는 사람과 출입국관리에 관한 법령에 따라 대한민국에 계속 거주할 수 있는 자격을 갖춘 외국인으로서 지방자치단체의 조례로 정한 사람이다. 주민투표는 주민투표권자 총수의 4분의 1 이상의 투표와 유효투표수 과반수의 득표로 확정된다. 지방자치단체는 주민투표의 결과에 따라 행정·재정상의 필요한 조치를 해야 하고, 2년 이내에는 이를 변경하거나 새로운 결정을 할 수 없다.141) 주민투표권은 법률이 보장하는 권리이지 헌법이 보장하는 기본권이 아니어서 헌법소원의 대상이 아니다.142)

(3) 자치입법에 참여권

주민은 자치입법권을 행사하는 과정에 참여할 수 있다. 주민은 지방의회에 지방자치단체의 조례를 제정하거나 개정하거나 폐지할 것을 청구할 수 있다. 또

---

138) 지방자치법 제17조.
139) 주민투표법 제9조 제2항.
140) 주민투표법 제8조 제1항.
141) 주민투표법 제24조 제1항, 제5항, 제6항.
142) 2001. 6. 28. 2000헌마735.

한, 주민은 지방자치단체의 장에게 권리의무와 직접 관련되는 사항에 관한 규칙의 제정, 개정 또는 폐지와 관련된 의견을 제출할 수 있다. 이때 법령이나 조례를 위반하거나 법령이나 조례에서 위임한 범위를 벗어나는 사항에 대해서는 의견을 제출할 수 없다. 지방자치단체의 장은 규칙에 관해 제출된 의견에 대하여 의견이 제출된 날부터 30일 이내에 검토의 결과를 그 의견을 제출한 주민에게 통보해야 한다.[143]

(4) 감사청구권

주민은 지방자치단체의 업무에 대해 감사를 청구할 수 있다. 지방자치단체와 그 장의 권한에 속하는 사무의 처리가 법령에 위반되거나 공익을 현저히 해친다고 인정되면 18세 이상의 주민은 일정한 수 이상이 서명하여 주무부장관이나 상급 지방자치단체의 장에게 감사를 청구할 수 있다. 주무부장관이나 시·도지사는 감사청구를 수리한 날부터 60일 이내에 감사청구된 사항에 대해 감사를 끝내야 하며, 청구인의 대표자에게 반드시 증거제출과 의견진술의 기회를 주어야 한다. 주무부장관이나 시·도지사는 감사결과를 청구인의 대표자와 해당 지방자치단체의 장에게 서면으로 알리고 공표해야 한다.[144]

공금의 지출이나 재산의 취득·관리·처분에 관한 사항 등에 대해 감사를 청구한 주민은 지방자치단체의 장의 위법한 행위나 업무를 게을리한 사실에 대해 소송을 제기할 수 있다. 주민은 지방자치단체의 장에 대해 행위의 전부나 일부를 중지할 것을 요구하는 소송, 행정처분인 해당 행위의 취소 또는 변경을 요구하거나 그 행위의 효력 유무 또는 존재 여부의 확인을 요구하는 소송, 게을리한 사실의 위법확인을 요구하는 소송, 지방자치단체의 장 및 직원, 지방의회의원, 해당 행위와 관련이 있는 상대방에게 손해배상청구 또는 부당이득반환청구를 할 것을 요구하는 소송을 청구할 수 있다.[145]

---

143) 지방자치법 제19조, 제20조.
144) 지방자치법 제21조 제1항, 제9항, 제11항.
145) 지방자치법 제22조.

(5) 지방의회의원과 지방자치단체의 장에 대한 소환

주민은 지방의회의원과 지방자치단체의 장을 소환할 수 있는데, 비례대표의원은 주민소환투표의 대상에서 제외된다. 주민소환투표인명부 작성기준일 현재 19세 이상의 주민으로서 당해 지방자치단체 관할구역에 주민등록이 되어 있는 자와 19세 이상의 외국인으로서 출입국관리법에 따른 영주의 체류자격 취득일 후 3년이 경과한 자로서 해당 지방자치단체 관할구역의 외국인등록대장에 등재된 자는 주민소환투표권을 갖는다. 일정 숫자 이상의 주민소환투표권자는 그 소환사유를 서면에 구체적으로 명시하여 관할선거관리위원회에 주민소환투표의 실시를 청구할 수 있다.146)

주민소환투표가 청구되면 주민소환투표대상자는 관할선거관리위원회가 주민소환투표안을 공고한 때부터 주민소환투표결과를 공표할 때까지 그 권한행사가 정지되고, 지방자치단체의 장의 경우에는 부단체장이 그 권한을 대행한다. 주민소환은 주민소환투표권자 총수의 3분의 1 이상의 투표와 유효투표 총수 과반수의 찬성으로 확정되고, 주민소환투표자의 수가 주민소환투표권자 총수의 3분의 1에 미달하는 때에는 개표를 하지 않는다. 주민소환이 확정된 때에는 주민소환투표대상자는 그 결과가 공표된 시점부터 그 직을 상실한다.147)

---

146) 주민소환에 관한 법률 제3조, 제7조
147) 주민소환에 관한 법률 제21조, 제22조, 제23조.

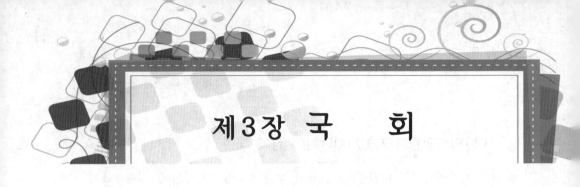

제3장 국　회

제1절　의회주의

I. 헌법적 의미

(1) 개념

의회주의란 국민에 의해 선출된 대표로 구성된 의회가 국정의 중심이 되어 국가의 정치적 의사를 결정하는 정치원리를 말한다. 의회주의는 의회를 매개로 국민주권, 자유민주주의, 법치국가를 실현한다. 주권자인 국민이 직접선거로 선출한 대표로 의회를 구성하고, 의회가 국가의 정치적 의사를 수렴하여 법률을 제정하며, 모든 국가기관이 법률에 따라 그 권한을 행사하고 책임을 지도록 한다. 의회주의는 국민의 대표로 구성되는 의회의 다수당이 집행부인 내각을 구성하는 의원내각제에서 강하게 실현되지만, 대통령제나 이원정부제에서도 실현되는 정치원리이므로 정부형태와는 다른 층위의 개념이다.

의회는 유럽의 봉건사회에서 신분별로 편성된 회의체에서 비롯되었다. 영국의 의회, 프랑스의 삼부회, 독일의 제국의회와 같은 신분제의회는 국왕의 자문기관으로 활동하면서 국왕이 세금을 부과하거나 개인의 권리를 제한하는 경우에 동의하는 역할을 하였다. 시민혁명이 발생하여 절대왕정이 무너지고 의회가 국정의 중심축으로 등장하여 주권적 정당성을 획득하면서 의회주의가 확립되었다. 의회주의는 국민의 대표기관인 의회가 국정의 중심이라는 점에서 대의제의 핵심적 요소가 되었으며, 국민주권은 실질적으로 의회주권으로 인식되었고, 의회가 제정한 법률이 주권이라는 법률주권으로 발전되기도 하였다.

(2) 본질적 요소

의회주의는 의회가 국민의 대표기관이라는 것에 기초한다. 의회는 국민의 직접선거로 선출되는 대표로 구성되어 다양한 정치적 이해관계를 수렴하여 단일한 정치적 의사를 결정한다. 의회는 이성적 토론과 숙의라는 민주적 절차를 통해 소통함으로써 특정한 개인이나 집단의 이익이 아닌 국가의 공익이 무엇인지를 도출할 수 있다. 의회는 정치적 의사를 결정하는 합의기관이지만, 최종적으로는 다수결에 따라야 한다. 이때 합의의 절차와 내용은 투명하게 공개되어야 하며, 소수도 다수가 될 수 있는 기회를 보장함으로써 소수가 다수에 의해 폭력적으로 지배되지 않도록 해야 한다.

법치국가와 권력분립의 관점에서 의회는 입법기관으로 기능한다. 국민의 대표로 구성되어 민주적 정당성을 갖는 의회가 민주주의에 따라 국가 전체의 공익을 도출하여 규범화한 결과물이 법률이다. 의회는 입법기관으로서 국가권력의 행사에 관한 중요한 사항과 국민의 권리의무에 관한 사항을 법률로 제정함으로써 법의 지배를 가능하도록 한다. 의회가 입법기관이라는 것은 단순히 법규범을 제시한다는 의미가 아니라 국가의 중요한 정책을 입법으로 결정하고, 정책을 구체적으로 실현하는 기준을 정립하는 것이다.

2. 구성원리

(1) 방식

의회는 역사적으로 신분제를 기초로 하였으나, 현대국가에서는 국민에 의해 직접선거로 선출되는 의원으로 구성될 것이 요구된다. 의회를 구성하는 방식은 단원제와 양원제로 구분되고, 의원을 선출하는 방식도 그에 따라 다양하다. 의회를 단원제로 할 것인지 양원제로 할 것인지는 근대국가가 형성되는 과정에서 각 나라의 역사적 경험과 정치문화에 따라 결정되었다. 영국, 미국, 프랑스, 독일, 일본은 모두 의회를 양원제로 구성하고, 대한민국은 단원제로 구성한다. 의회의 구성원리는 국가형태나 정부형태와 반드시 견련되는 것은 아니어서 그에 따라 양원제나 단원제가 결정되는 것은 아니다.

(2) 양원제

(가) 특징

양원제는 의회를 상원과 하원으로 구성하는데, 이때 상하(上下)의 용어는 역사적 발전과정에서 구성원의 중심세력을 반영하는 것일 뿐, 권력의 우열이나 법적 지위의 차등을 의미하는 것은 아니다. 일반적으로 하원을 제1원 또는 민의원이라고 하고, 상원을 제2원, 원로원, 참의원, 귀족원이라고 한다. 하원은 일반적으로 국민에 의해 직접 선출되는 의원으로 구성되고 국가 전체를 대표한다. 한편, 상원은 각 나라의 역사적 현실에 따라 다양한 방식으로 구성된다.

영국의 상원은 성직·세속·법률귀족을 대표하여 구성되고, 연방국가인 미국, 독일, 스위스의 상원은 주의 대표들로 구성된다. 프랑스와 일본의 상원은 하원과 마찬가지로 국민이 선출한 의원으로 구성되지만, 특정한 지역을 대표하면서 정원·선거구·피선자격·임기 등을 하원과 다르게 한다. 상원의원을 선출하는 절차도 다양하다. 영국에서는 왕이 임명하거나 의원직을 세습한다. 미국과 일본에서는 국민의 직접선거를 통해 의원을 선출하고, 독일에서는 주정부가 의원을 임명하여 주의 의사를 대표하도록 하고, 프랑스에서는 지방의회가 선거를 통해 간접적으로 의원을 선출한다.

상원은 역사적으로 권력이 왕에서 귀족으로, 귀족에서 다시 평민으로 이동하는 과정에서 왕과 평민 사이의 권력투쟁과 갈등을 조정하는 완충장치로 기능하였다. 따라서 상원은 하원에 비해 상대적으로 보수적이라고 평가된다. 상원은 하원보다 소수의 의원으로 구성되고, 의원의 피선거권에 대한 제한연령이 하원보다 높으며, 의원의 임기도 하원보다 장기인 것이 일반적이다. 우리나라는 1960년 헌법에서 양원제를 채택한 적이 있는데, 민의원은 지역구에서 선출되는 의원으로 구성되고 참의원은 도 단위의 대선거구에서 선출되는 의원으로 구성되었다.

(나) 하원과 상원의 관계

양원제는 의회를 이원적으로 조직한다. 상원과 하원은 서로 독립한 합의제기관으로 구성되어 그 활동과 의결에서도 서로 간섭을 하지 않고 독자적으로 운영되지만, 양원에서 모두 의결된 경우에만 의회의 의사로 인정된다. 양원제는 상원과 하원의 관계에서 조직의 독립, 의결의 독립, 의사의 일치를 특징으로 한다. 양원제는 각 나라마다 역사적 정치현실에 따라 다르게 운용되고, 하원과 상원의 관계 역시 나라마다 그 정도가 다르게 설정된다.

일반적으로 하원이 국가 전체를 대표하므로 제1원으로서 상원보다 강력한 권한을 가진다. 하원은 입법과 예산에서 상원보다 우월한 권한을 가지며, 상원은 입법에서 하원의 의결에 대해 거부권이나 정지적 지연권만 가진다. 의원내각제를 채택하고 있는 나라에서는 하원만 내각불신임권을 가진다. 미국의 경우에는 상원이 조약비준동의권, 고위공직자에 대한 임명동의권, 탄핵심판권을 가지고 있어 다른 나라에 비해 상원이 우월한 권한을 가진다고 평가된다.

(다) 장점과 단점

양원제는 다음과 같은 장점이 있다. 첫째, 의회가 국민의 의사를 결정하는 과정에서 상원을 통해 다양한 이익과 이해관계를 반영할 수 있다. 둘째, 의회의 권력이 양원으로 분점되어 권력분립을 충실하게 실현할 수 있고, 양원에서 모두 의결되어야 의회의 의사로 결정되므로 다수결의 횡포와 날치기 통과와 같은 폭력적 의사결정을 막을 수 있다. 셋째, 의회와 행정부 사이에 심각한 갈등이 발생한 경우에는 상원이 이를 조정하는 역할을 하며, 상원은 하원이 경솔한 입법을 통해 급진적인 변화를 추구하는 것을 방지할 수 있다.

양원제는 다음과 같은 단점이 있다. 첫째, 주권자인 국민의 정치적 의사가 양원으로 나뉘어져 불분명하게 될 우려가 있다. 양원제에서 하원과 상원은 모두 국민의 대표기관인데 서로 다른 내용으로 결정한 경우에는 국민의 정치적 의사를 확정하기 어렵다. 둘째, 의회에서 양원의 의결절차를 모두 거쳐야 하므로 의사절차를 신속하고 능률적으로 운영하기 어렵다. 의회의 권력이 양원으로 분점되어 의회 자체의 권한이 약화되고, 이로 인하여 행정부에 대한 권력통제기능이 약화될 수 있다. 셋째, 의회가 정치적 의사를 잘못 결정한 경우에 양원이 서로 그 책임을 미루어 국민이 책임을 추궁하기 어려울 수 있다.

(3) 단원제

(가) 특징

국민주권과 대의제의 관점에서는 단원제가 양원제보다 의회주의에 더 부합한다. 주권자인 국민의 정치적 의사가 단일한 대표기관을 통해 확정되기 때문이다. 근대국가를 형성하는 과정에서 루소는 주권자의 일반의사는 법률로 확인되므로 단원제가 타당하다고 하였다. 시에예스도 "제2원이 제1원과 동일하면 불필요하고, 제1원과 상이하면 유해하다"라고 단원제를 지지하였다. 양원제는 특수이익을 대표하는 상원이 국민 전체의 이익을 대표하는 하원과 그 조직과 구성에서 서로 다르게 적용할 필요가 있어야 정당화된다.

상원은 연방, 계급, 지역과 같이 현실적으로 하원과 구별되는 상이한 이익을 대표할 필요가 있어야 하고, 상원은 하원과 다른 독립된 권한과 기능을 가져야 양원제를 채택할 실익이 있다. 20세기 이후 성립한 신생독립국가들은 특별히 양원제를 채택할 이유가 없어 단원제를 채택하였다. 미국, 영국, 독일, 프랑스와 같이 양원제를 채택하는 나라에서도 연방국가를 제외하고는 상원의 독자적인 필요와 의미가 감소하고 있다. 1950년대 이후 뉴질랜드, 덴마크, 스웨덴, 아이슬란드와 같이 양원제를 채택하다가 단원제로 전환한 나라가 증가하였다.

(나) 장점과 단점

단원제는 의회를 일원적으로 조직하는 특징이 장점과 단점에 반영되는데, 단원제의 장점과 단점은 양원제의 단점과 장점에 대응한다. 단원제의 장점과 단점은 양원제를 기준으로 상대적으로 드러나는 특징이고, 단원제의 장점과 단점 그 자체도 제도가 갖는 일반적인 특성을 강조한 것이다. 단원제나 양원제는 그 자체만으로는 장단점을 확정하기는 어렵고, 그 장단점은 정당제도나 선거제도와도 밀접하게 관련되고 각 나라의 역사적 정치현실에 따라 다르게 나타나므로 일률적으로 평가할 수는 없다.[1]

단원제의 장점은 다음과 같다. 첫째, 국민의 정치적 의사가 분명하게 결정되고 의회에 대해 정치적 책임을 강력하게 물을 수 있다. 둘째, 의회를 신속하고 능

---

1) 성낙인, 헌법학, 405면 ; 한수웅, 헌법학, 1145면.

률적으로 운영할 수 있고, 의회의 권한이 강력하여 행정부에 대한 국정통제기능
이 강화될 수 있다. 단원제의 단점은 다음과 같다. 첫째, 의회에 다양한 이익과
이해관계를 반영하기 어렵다. 둘째, 의회의 다수파가 날치기 통과와 같은 폭력적
수단을 동원할 우려가 있다. 셋째, 의회와 행정부가 대립할 경우에 그 갈등을 조
정할 장치가 없고, 의회가 경솔한 입법을 통해 급진적인 변화를 초래할 수 있다.

3. 한계와 대안

(1) 위기

현대국가에서 의회주의는 그 본질적 요소가 제대로 기능하지 못해 위기를
맞고 있다. 정당국가와 행정국가가 강화되어 의회가 국정의 중심적 역할을 하지
못한다는 것이다. 우선, 정당이 의회를 대신하여 국정의 중심이 되었으며, 의회는
정파적 이익을 대변하는 장소가 되었다. 의회는 계층, 세대, 인종, 성별 등 갈등이
심화되는 다양한 이해관계를 비례적으로 대표하지 못하게 되었다. 의회는 자유위
임을 앞세워 국민의 대표기관임을 강조하면서도 실질적으로는 정당에 기속되고
국민에게는 아무런 책임을 지지않는 현상이 증가하고 있다.

의회의 합의기능도 약화되어 의회에서는 정파적 갈등으로 이성적 토론이 상
실되고, 다수의 폭력적 지배가 일상화되었다. 다양한 정치적 의사와 이해관계가
의회에서 소통과 합의를 통해 수렴되지 않고, 의회의 다수파가 정부와 연계되어
야당을 일방적으로 무시하고, 야당은 극단적인 실력행사를 통해 대립과 갈등을
증폭시키고 있다. 현대국가에서는 행정기능이 강화되어 행정부가 전문성과 효율
성을 앞세워 다양한 위원회와 공청회 등을 통해 의회를 대신하여 국민의 다양한
의사를 국정에 반영한다.

현대국가에서는 전문적 지식과 기술을 바탕으로 행정국가의 행정부가 국정
의 중심축으로 기능하게 되어 의회의 입법기능도 약화되었다. 행정부가 전문성과
효율성을 앞세워 입법을 주도하게 되고 의회는 행정부의 입법을 추인하는 형식적
절차만 거치는 경우가 많다. 한편, 법치가 실질화되어 의회에서 제정한 법률이라
도 헌법에 위반되는 경우에는 이를 무효화시키는 규범통제가 채택되었다. 의회는

입법기능보다 정부에 대한 권력통제기능을 중요시하게 되었고, 국정통제의 기능도 행정부와 여당에 대한 야당의 국정통제기능이 실질적으로 중요하게 되었다.[2]

(2) 대안

의회주의가 위기이고 대의제가 제대로 기능하지 못하고 있더라도 현행헌법을 유지하는 이상 의회주의와 대의제를 폐기하는 것은 위헌이 된다. 의회주의의 위기에 대해서는 다양한 대안이 제시되고 있지만, 우선 현상을 기초로 문제점과 그 원인을 파악해야 한다. 이를 바탕으로 가능하고 효과적인 대안을 마련해야 한다. 의회주의의 본질적 요소를 새롭게 구축하고, 변화된 정치현실을 반영하여 의회가 실질적으로 국정에 적극적으로 참여하여 본래의 기능을 회복하도록 하는 것이 중요하다.

첫째, 국민의 대표기관으로서의 지위를 회복해야 한다. 선거제도를 민주적으로 개선하여 의회를 국민의 주권적 의사에 비례적으로 대표되도록 구성해야 한다. 정당도 후보자의 공천을 비롯하여 당내 민주주의를 강화하고, 정당에 소속된 의원이라도 국민의 대표자로서 정파적 이익이 아니라 국민 전체의 이익을 대표할 수 있도록 자유투표를 보장해야 한다. 의회는 참여민주주의와 전자민주주의를 통해 다양한 이해관계를 국정에 반영할 수 있도록 하고, 의원에게 국민에 대해 정치적 책임을 물을 수 있는 제도적 장치도 마련해야 한다.

둘째, 의회가 합의기관으로 기능할 수 있도록 숙의민주주의를 확립하고, 의회의 자율권을 개선하여 소수를 보호할 수 있는 제도를 강화해야 한다. 현대국가는 정당을 매개로 권력집중이 일상화되고 정당에 의해 국민의 정치적 의사가 왜곡될 수 있으므로 의회 자체의 권한을 강화하는 것보다 소수인 야당의 권리를 실질적으로 보장하는 것이 중요하다. 의회의 내부조직과 의사를 민주적으로 운영하고, 여당과 야당이 합리적으로 소통하는 절차를 강화해야 한다. 의회는 다수의 폭력적 지배를 지양하고 정파적 갈등을 해결할 수 있는 제도적 장치를 마련해야 한다.

셋째, 의회는 입법기능을 제고하기 위해 전문성과 입법절차의 효율성을 강화해야 한다. 의회는 교육프로그램을 통해 전문가를 양성하고, 비례대표제를 통해

---

2) 정종섭, 헌법학원론, 1132면 ; 한수웅, 헌법학, 1139면.

다양한 분야의 전문가를 영입해야 한다. 행정국가의 현실을 반영하여 행정부와 입법과정을 협조하는 시스템도 구축할 필요가 있다. 의회는 위헌적인 법률이 제 정되지 않도록 입법절차에서 법률안심사를 통해 사전적 규범통제를 강화해야 한 다. 현대국가에서 의회는 입법기능과 함께 행정부에 대한 통제기능도 강화해야 한다.

제 2 절 헌법적 지위

1. 국민의 대표기관

국회는 국민의 보통·평등·직접·비밀선거에 의해 선출된 국회의원으로 구성 된다. 국회는 국민의 직접선거로 선출되는 대통령과 함께 대의제의 기초가 된다. 국회의원은 국민의 대표기관이므로 국민 전체의 이익을 위해 일해야 하고, 자신 이나 정당의 특수한 이익을 위해 일해서는 안 된다. 국회에게 폭넓은 입법형성권 과 내부사항에 대한 자율권을 보장하는 것도 국회가 국민의 대표기관이라는 것에 근거한다. 국회의원에게 명령적 위임을 배제하여 자유로운 의정활동을 보장하고, 법적 지위와 신분을 보장하는 것도 마찬가지다.

현대국가에서는 국회가 국민의 대표기관이라는 성격이 변화하고 있다. 정당 국가에서는 국회의원이 정당의 대표로 활동하고 다수당의 의사가 국민의 정치적 의사를 대표하게 되었다. 또한, 국민의 직접선거로 선출된 대통령이 수반인 정부 가 국민의 다양한 정치적 의사를 수렴하고 국가정책을 결정하게 되었다. 최근에 는 정보화사회와 전자민주주의가 발전하면서 국민이 직접 국정에 참여하여 의사 결정을 하려는 욕구가 증대하고 있다. 하지만, 국회는 여전히 국민의 대표기관으 로 강력하게 민주적 정당성을 가진 헌법기관이다.

국회가 국민의 대표기관이라고 하더라도 다른 헌법기관보다 우월하다는 것 은 아니다. 대통령도 국민의 직접선거를 통해 선출된 국민의 대표기관인데, 다양 한 정치적 의사를 통해 선출되어 합의체로 구성되는 국회에 비해 단독적으로 민 주적 정당성을 확보하여 훨씬 더 강력한 권한을 행사할 수 있다. 한편, 법원과 헌법재판소는 국민에 의해 선출되지 않아 민주적 정당성은 약하지만, 헌법에 의해 국회와 대통령의 권한을 통제할 수 있는 권한을 부여받는다. 헌법은 권력분립에 따라 헌법기관을 구분하고 헌법적 권한을 분배하므로 국회가 다른 헌법기관의 권한을 침해해서는 안 된다.

2. 입법기관

헌법 제40조는 "입법권은 국회에 속한다"라고 규정한다. 입법권은 법을 제정하는 권한이고, 법치국가에서 국가권력은 법에 따라 통치할 때에만 정당화된다. 국회는 국민의 정치적 의사를 법률로 규범화하고, 모든 국가기관은 법률에 따라 권한을 행사해야 한다. 국회가 입법기관이라는 것은 국민의 대표기관이라는 것과 밀접하게 관련된다. 국회가 제정한 법률은 국민 전체의 의사로 간주되어 국가기관과 국민을 구속한다. 국회는 입법을 통해 단순히 법률을 제정하는 것이 아니라 국가의 기본적인 조직과 운영에 관한 사항이나 국민의 권리의무에 관련된 본질적인 사항을 법률로 결정한다.

국회가 입법권을 가진다는 것은 반드시 국회가 단독으로 입법권을 독점하고 입법과정에 다른 헌법기관의 참여를 배제하는 것은 아니다. 헌법은 권력의 분립과 권한의 분배에 따라 다른 헌법기관이 입법과정에 참여하거나 입법권을 분유하는 것을 인정한다. 헌법은 정부의 법률안제출권, 대통령의 법률공포권과 법률안재의요구권, 대통령의 긴급명령권, 행정부의 행정입법권, 헌법기관의 규칙제정권, 지방자치단체의 자치입법권을 인정한다. 하지만, 입법에서는 국회가 중추적인 역할을 담당하고 다른 헌법기관은 국회의 입법권을 보완하거나 통제하는 역할을 한다.

현대국가에서 국회의 입법권이 약화되었다. 정당국가에서는 다수당이 실질적으로 입법권을 주도하고, 행정국가에서는 정부가 입법과정에 적극적으로 참여하게 되었다. 헌법국가에서는 국회가 제정한 법률이라도 헌법에 위반되는 경우에는 사법적 심사를 통해 무효화되기도 한다. 하지만, 국회는 여전히 입법기관으로서 국정의 중심축의 역할을 담당한다.[3] 입법과정에서 정당이나 정부의 참여와 활

---

3) 성낙인, 헌법학, 410~412면.

동은 최종적으로 국회의 입법권을 통해 반영된다. 헌법재판소도 법률에 대한 위
헌성을 확인할 뿐 적극적으로 입법권을 행사할 수 있는 것은 아니다.

3. 국정통제기관

국회는 국정을 전반적으로 통제하는 권한을 가진다. 국회가 권력분립에 따라
입법기관으로서 법률을 제정하는 것 자체도 국정통제의 기능을 한다. 모든 국가
기관은 법률에 따라 권한을 행사하고 법률을 위반해서는 안 된다는 것은 행정권
과 사법권의 근거이자 한계가 된다. 국회가 국정통제기관이라는 것도 국회가 국
민의 대표기관이라는 것과 밀접하게 관련된다. 특히, 행정국가에서 대통령의 권한
이 막강해짐에 따라 국회의 국정통제기능이 더욱 중요하게 되었다. 국회의 국정
통제는 정부의 권한행사를 대상으로 하고 법원과 헌법재판소에 대해서는 사법권
의 독립을 고려해야 한다.

헌법은 국회에게 국정감사권과 국정조사권, 정부에 대한 출석요구권과 질문
권, 고위공직자에 대한 탄핵소추권, 국무총리와 국무위원에 대한 해임건의권, 예
산심의권과 결산심사권, 국무총리와 같은 고위공직자의 임명에 대한 동의권과 선
출권을 부여하여 국정을 통제하도록 한다. 정당국가에서는 여당이 정부와 국회를
장악하게 됨에 따라 국회의 국정통제기능은 형식화되고 야당이 여당과 행정부를
통제하는 것이 실질적으로 중요하게 되었다.

제 3 절 조직과 운영

1. 조직

(1) 국회의장과 부의장

헌법 제48조는 "국회는 의장 1인과 부의장 2인을 선출한다"라고 규정하고,
국회의 조직에 대한 구체적 내용은 국회법에서 규정한다. 의장은 국회를 대표하
고 의사를 정리하고 질서를 유지하고 사무를 감독하는 권한을 가지며, 부의장은

의장의 사고 시 직무대리의 역할을 한다. 국회는 자율권을 가지고 의장과 부의장을 무기명투표로 선거하여 재적의원 과반수의 득표로 선출한다. 의장과 부의장의 임기는 2년이며, 보궐선거에 의해 당선된 경우에는 전임자의 잔임기간으로 한다.[4)]

국회의장은 국회를 대표하므로 정파적 이해관계를 떠나 중립적으로 국회를 운영해야 하므로 의장으로 당선된 다음 날부터 당적을 가질 수 없다. 이때 비례대표의원이 국회의장에 당선된 경우에는 당적을 이탈하더라도 국회의원직을 상실하지 않는다. 국회의장은 위원회에 출석하여 발언할 수는 있지만 표결에 참가할 수는 없고, 본회의의 표결에는 참가할 수 있다. 의장과 부의장은 원칙적으로 의원 외의 직을 겸할 수 없으므로 국무위원직을 겸할 수 없다.[5)]

(2) 위원회

(가) 기능

국회는 합의기관이므로 국회의원 전원으로 구성되는 본회의에서 안건을 심사하고 결정한다. 국회는 본회의에서 심의할 안건을 예비적으로 조사·심의하기 위해 전문분야를 구분하여 위원회를 둔다. 위원회는 의안을 전문적이고 효율적으로 처리하기 위해 조직되며, 상임위원회와 특별위원회로 구분된다. 위원회는 본회의의 의결이 있거나 의장 또는 위원장이 필요하다고 인정할 때, 재적위원 4분의 1 이상의 요구가 있을 때 개회한다.[6)]

위원회는 그 소관사항에 관하여 법률안 등 기타 의안을 제출할 수 있는데, 재적위원 과반수의 출석과 출석위원 과반수의 찬성으로 의결한다. 헌법은 국회뿐만 아니라 위원회에게도 국무총리와 국무위원 등의 출석과 답변을 요구할 수 있는 권한을 부여한다. 위원회는 필요에 따라 소위원회를 둘 수 있고, 중요한 안건이나 전문지식을 요하는 안건을 심사하기 위해 공청회와 청문회를 열 수 있다.[7)]

---

4) 국회법 제9조, 제10조, 제12조, 제15조.
5) 국회법 제11조, 제20조, 제20조의2.
6) 국회법 제52조.
7) 국회법 제54조, 제57조, 제64조.

(나) 상임위원회 중심주의

국회에 의안이 제출되면 상임위원회에 회부되어 상임위원회가 예비적으로 심사하여 본회의에 보고하고, 의안은 본회의에서 가부투표를 통해 결정된다. 상임위원회의 의결은 본회의를 구속하지 않지만, 본회의의 의결은 형식적이고 상임위원회가 실질적으로 결정하는 상임위원회 중심주의를 채택한다.[8] 국회는 상임위원회를 중심으로 운영되므로 상임위원회의 구성이 중요하다. 하나의 정당이 특정한 상임위원회를 독점적으로 구성하면 국민의 정치적 의사가 왜곡될 수 있다. 상임위원은 교섭단체 소속의원 수의 비율에 따라 교섭단체의 요청에 의해 의장이 선임하고 개선한다.[9]

국회는 정부조직에 대응하여 국회운영위원회를 비롯하여 총 17개의 상임위원회를 두고 있다. 상임위원회는 정부조직과 연계되어 모든 국가기관의 업무는 특정한 상임위원회의 소관사항에 포함된다. 국회의원은 누구나 2 이상의 상임위원회의 위원이 될 수 있고 임기는 2년이며, 상임위원은 소관 상임위원회의 직무와 관련한 영리행위를 할 수 없다. 국회의장은 상임위원회에 소속될 수 없고, 교섭단체 대표의원은 국회운영위원회의 위원이 된다.[10]

(다) 특별위원회, 전원위원회, 연석회의

특별위원회는 2 이상의 상임위원회와 관련된 안건이거나 특히 필요하다고 인정한 안건을 효율적으로 처리하기 위해 활동기한을 정해 본회의 의결로 설치되는 위원회이다. 국회법은 본회의 의결이 없더라도 특별위원회를 두도록 규정하는데, 예산결산특별위원회는 활동기간의 적용을 배제하여 상설적으로 운영된다. 비상설적 특별위원회로 인사청문특별위원회와 윤리특별위원회를 둔다. 특별위원회의 위원장은 특별위원회에서 호선한다.[11]

국회는 전원위원회와 연석회의를 둘 수 있다. 국회는 정부조직에 관한 법률안, 조세 또는 국민에게 부담을 주는 법률안 등 주요 의안에 대해 재적의원 4분의

---

8) 2003. 10. 30. 2002헌라1.
9) 국회법 제48조 제1항.
10) 국회법 제39조, 제40조의2.
11) 국회법 제45조, 제46조, 제46조의3, 제47조 제1항.

1 이상의 요구가 있는 때 그 심사를 위해 의원 전원으로 구성되는 전원위원회를 개회할 수 있다. 연석회의는 소관 위원회가 다른 위원회와 협의하여 의견을 교환하는 회의체이며, 독립적인 위원회가 아니므로 표결을 할 수는 없다.12)

(3) 교섭단체

교섭단체란 국회에 일정 수 이상의 의석을 가진 정당에 소속된 의원들로 구성된 원내의 정당 또는 정파를 말한다. 20인 이상의 소속의원을 가진 정당은 하나의 교섭단체가 되고, 다른 교섭단체에 속하지 아니하는 20인 이상의 의원으로 따로 교섭단체를 구성할 수도 있다. 교섭단체는 국회의 원활한 운영을 위해 소속 의원의 의사를 수렴·집약하여 의견을 조정하는 교섭창구의 역할을 한다. 교섭단체의 기관으로는 대표의원과 교섭단체의 의사를 결정하는 의원총회가 있다. 교섭단체는 정당이 중심이 되지만 국회의 내부조직이므로 교섭단체의 의결은 법적으로 국회의원을 기속하지 않는다.13)

국회는 본회의의 의결을 통해 최종적으로 의안을 확정하지만, 상임위원회와 교섭단체가 실질적인 내용을 결정한다. 정당국가에서 교섭단체는 국회의 운영뿐만 아니라 의안의 심사와 결정에 중심적인 역할을 한다. 하지만, 헌법은 위원회와 달리 교섭단체에 대해 아무런 규정을 두지 않는다. 위원회는 헌법에 의해 설치된 국가기관으로 그 권한이 침해된 경우에는 권한쟁의심판을 청구할 수 있지만, 교섭단체는 헌법에 의해 설치된 기관이 아니고 국회의 원활한 의사진행을 위해 국회법에서 인정하고 있는 권한을 행사할 뿐이어서 권한쟁의심판의 당사자가 될 수 없다.14)

(4) 국회사무처, 국회도서관, 국회예산정책처, 국회입법조사처

국회법은 국회의 원활한 운영과 국회의원의 활동을 보조하기 위해 다양한 기관을 둔다. 국회사무처는 국회의 입법, 예산심의, 결산심사 등의 활동을 지원하고 행정사무를 처리하며, 국회도서관은 국회의 도서 및 입법자료에 관한 업무를

---

12) 국회법 제63조, 제63조의2.
13) 정종섭, 헌법학원론, 1308~1309면 ; 한수웅, 헌법학, 1154면.
14) 2020. 5. 27. 2019헌사1121

처리한다. 국회예산정책처는 국가의 예산결산·기금 및 재정운용과 관련된 사항에 관하여 연구분석·평가하고 의정활동을 지원한다. 국회입법조사처는 입법 및 정책과 관련된 사항을 조사·연구하고 관련 정보 및 자료를 제공하는 등 입법정보서비스와 관련된 의정활동을 지원한다.[15)]

2. 회의 운영

(1) 정기회와 임시회

헌법 제47조 제1항은 "국회의 정기회는 법률이 정하는 바에 의하여 매년 1회 집회되며, 국회의 임시회는 대통령 또는 국회재적의원 4분의 1이상의 요구에 의하여 집회된다"라고 규정한다. 국회의 회기는 정기회와 임시회로 구분된다. 회기란 국회가 의안을 처리하기 위해 실제로 활동하는 기간으로 회의를 소집하는 집회일부터 폐회일까지이다. 회기는 입법기와 구별되는데, 입법기란 국회의원이 선거를 통해 선출되어 국회가 구성된 때부터 국회의원의 임기가 만료되기까지의 기간을 말한다. 회기는 입법기 중에 국회가 실제로 활동하는 일정한 기간이다.

헌법 제47조 제2항은 "정기회의 회기는 100일을, 임시회의 회기는 30일을 초과할 수 없다"라고, 제3항은 "대통령이 임시회의 집회를 요구할 때에는 기간과 집회요구의 이유를 명시하여야 한다"라고 규정한다. 정기회는 매년 1회 집회되며, 국회법은 매월 9월 1일 집회하도록 규정한다. 정기회에서는 다음 연도의 예산안을 처리하고 20일간 국정 전반에 걸쳐 소관 상임위원회 별로 국정감사를 실시한다. 대통령이 임시회를 요구할 경우에는 국회의 자율권을 존중하여 그 기간과 집회요구의 이유를 명시하도록 한다.

국회는 헌법이 허용하는 범위에서 회기에 대해 자율적으로 결정할 수 있지만, 국회법은 국회가 상시적으로 입법활동을 하고 행정부를 감시하며, 국민에 대한 책임을 강화하기 위해 연중 상시개원체제를 도입하였다. 국회의장은 교섭단체 대표의원과 협의를 거쳐 매년 12월말까지 다음 연도의 국회운영의 기본일정을 정하고, 매년 2월·3월·4월·5월·6월의 1일과 8월 16일에 30일 회기의 임시회를

---

15) 국회법 제21조, 제22조, 제22조의2, 제22조의3.

집회하도록 한다.16)

(2) 의사원칙

(가) 다수결

헌법 제49조는 "국회는 헌법 또는 법률에 특별한 규정이 없는 한 재적의원 과반수의 출석과 출석의원 과반수의 찬성으로 의결한다. 가부동수인 때에는 부결된 것으로 본다"라고 규정한다. 정족수는 회의의 개의나 의안을 심사하기 위해 필요한 의사정족수와 의결에 필요한 의결정족수로 구분된다. 헌법은 의결정족수를 규정하는데, 원칙적으로 재적의원 과반수의 출석과 출석의원 과반수의 찬성을 의결정족수로 한다. 국회법은 본회의와 위원회의 의사정족수를 재적의원 5분의 1 이상의 출석으로 규정한다.17) 국회는 자율적으로 판단하여 특별정족수를 법률로 규정할 수 있다.18)

국회는 국회의원 전원이 참여하여 의결하는 합의기관이다. 국민의 직접선거로 선출되는 대통령이 독임제 결정기관인 것과 다르다. 국회는 그 의사나 결론을 도출하는 과정에서 민주주의가 적용되어야 한다. 국가에 존재하는 다양한 이해관계를 대화와 토론을 통해 단일한 의사와 결론으로 도출해야 한다. 이때 다수결의 원칙이 적용되는데, 이는 국회의 의사결정에서 합리성과 정당성이 확보될 것을 전제로 한다. 국회의원에게 회의에 출석할 기회를 보장하지 않거나 표결의 자유와 공정을 현저히 저해하여 표결의 정당성에 영향을 미치는 것은 국회의원의 표결권을 침해한다.19)

(나) 의사공개

헌법 제50조 제1항은 "국회의 회의는 공개한다. 다만, 출석의원 과반수의 찬성이 있거나 의장이 국가의 안전보장을 위하여 필요하다고 인정할 때에는 공개하지 아니할 수 있다"라고, 제2항은 "공개하지 아니한 회의내용의 공표에 관하여는 법률이 정하는 바에 의한다"라고 규정한다. 의사공개의 원칙은 의사진행의

---

16) 국회법 제5조의2.
17) 국회법 제54조, 제73조.
18) 2016. 5. 26. 2015헌라1.
19) 2009. 10. 29. 2009헌라8.

내용과 의원의 활동을 국민에게 공개함으로써 민주적 정당성을 강화하고, 주권자인 국민의 정치적 의사형성과 참여를 보장함으로써 의정활동을 감시하기 위한 것이다.

국회의 회의는 공개되므로 모든 국민은 회의를 방청할 수 있고, 언론기관은 회의내용을 방송 등을 통해 보도할 수 있다. 국회의 회의에 대한 방청의 자유는 국민의 알권리의 내용이 될 수 있다. 국회는 회의록을 작성하여 보관하고, 국민의 열람과 복사를 허용하고 문서나 온라인을 통해 공표하며, 국회방송을 통해 회의와 의정활동을 공개한다.[20] 헌법재판소는 위원회의 회의는 장소적 제약이나 원활한 회의의 진행과 같이 질서유지를 위해 필요한 경우에 한하여 방청을 불허할 수 있다고 판단하였다.[21]

헌법은 국회의 회의에 대해 출석의원 과반수의 찬성이 있거나 의장이 국가의 안전보장을 위해 필요하다고 인정할 때에는 공개하지 않을 수 있다고 규정한다. 국회법은 의장의 제의 또는 의원 10명 이상의 연서에 의한 동의로 본회의 의결이 있거나 의장이 각 교섭단체 대표의원과 협의하여 국가의 안전보장을 위하여 필요하다고 인정할 때에는 본회의와 소위원회의 회의를 공개하지 아니할 수 있도록 규정한다.[22]

의사공개의 원칙은 위원회의 회의에도 적용될까. 헌법은 제62조 제1항, 제2항에서 '국회'와 '위원회'를 구별하고 '국회의 회의'에 대해서만 의사공개의 원칙을 규정하므로 위원회의 회의에 대해서는 국회가 자율적으로 결정할 수 있다는 견해가 있다.[23] 의사공개의 원칙과 예외는 국회의 모든 회의에 적용된다고 해석된다.[24] 헌법재판소도 의사공개의 원칙은 위원회의 회의에도 적용되며, 정보위원회의 회의를 비공개하도록 규정한 국회법은 의사공개의 원칙에 위반되어 개인의 알권리를 침해한다고 판단하였다.[25] 국회법도 본회의와 위원회, 소위원회, 청문회에도 의사공개의 원칙을 적용한다고 규정한다.[26]

---

20) 국회법 제69조, 제115조, 제118조, 제149조, 제149조의2.
21) 2000. 6. 29. 98헌마443.
22) 국회법 제57조 제5항, 제75조 제1항.
23) 한수웅, 헌법학, 1157~1158면.
24) 김하열, 헌법강의, 801면 ; 성낙인, 헌법학, 418면 ; 정재황, 헌법학, 1398면.
25) 2009. 9. 24. 2007헌바17 ; 2022. 1. 27. 2018헌마1162.
26) 국회법 제57조 제5항, 제65조 제4항, 제71조.

(다) 회기계속

헌법 제51조는 "국회에 제출된 법률안 기타의 의안은 회기 중에 의결되지 못한 이유로 폐기되지 아니한다. 다만, 국회의원의 임기가 만료된 때에는 그러하지 아니하다"라고 규정한다. 국회가 특정한 의안을 회기 중에 의결하지 못한 경우라도 그 의안은 폐기되는 것이 아니라 다음 회기에서 계속 심의할 수 있다. 하지만, 국회의원의 임기가 만료되어 입법기가 종료되면 국회에 제출되었던 모든 의안은 폐기되고 새롭게 선출된 국회에 다시 제출되어야 심사할 수 있다. 회기계속의 원칙은 국회의원의 입법기간 이내에서만 정기회와 임시회를 포괄하여 회기가 중단되지 않는다는 것이다.

회기계속의 원칙은 국회는 국회의원의 임기가 계속되는 입법기에서는 동일성을 가진다는 것을 전제로 한다. 국회는 회기가 달라지더라도 별개의 독립적인 국회가 되는 것이 아니므로 동일한 국회가 계속하여 심의할 수 있다는 것이다. 국회의원의 임기가 만료된 때에는 새로운 국회가 형성되므로 회기가 달라지게 되면 그 회기 중에 의결되지 못한 의안은 폐기된다. 국회의원은 국민 전체의 대표로서 자율적으로 의안을 처리하므로 이전의 입법기에서 제출된 의안에 구속되지 않는다.

(라) 일사부재의

부결된 안건은 같은 회기 중에 다시 발의 또는 제출할 수 없다.[27] 이는 합의체인 국회의 의사진행을 원활하게 하고, 소수파가 계속하여 의사진행을 방해하는 것을 배제하기 위한 것이다. 국회가 출석의원 과반수의 찬성에 미달한 경우는 물론 의사정족수가 재적의원 과반수의 출석에 미달한 경우에도 국회의 의사는 부결로 확정되므로 이를 무시하고 재표결하는 것은 일사부재의의 원칙에 위반된다.[28] 일사부재의의 원칙은 같은 회기 중에만 적용되므로 회기를 달리하여 동일한 안건을 재의하는 경우에는 적용되지 않는다.

국회에서 번안하는 경우에도 일사부재의의 원칙이 적용되지 않는다. 번안이란 의안이 가결된 이후에 사정변경이나 의사결정의 착오를 이유로 가결된 의안을

27) 국회법 제92조.
28) 2009. 10. 29. 2009헌라8.

번복하여 그 의결을 무효로 하여 다시 심의하는 것을 말한다. 국회가 동일한 회기 중에 번안동의를 하는 것은 부결된 안건을 다시 발의하거나 심의하는 것이 아니 므로 일사부재의의 원칙이 적용되지 않는다. 국회의 위원회에서 의결한 사안을 본회의에서 의결하는 경우, 의안이 부결되기 이전에 철회한 의안을 재의하는 경 우, 새로운 사유로 해임건의안을 재의하는 경우에도 일사부재의의 원칙이 적용되 지 않는다.[29]

제 4 절   국회의원

1. 헌법적 지위

(1) 국민의 대표기관

국회는 국회의원으로 구성되고, 국회의원은 국민에 의해 선출된다. 국회의원 은 국회의 구성원에 그치는 것이 아니라 국회의원 개인이 국민의 대표기관으로 국회와 독립적으로 헌법기관이 된다. 국회가 국민의 대표기관이지만, 국회의 구성 원인 국회의원도 국민의 대표기관이다. 헌법 제46조 제2항은 "국회의원은 국가이 익을 우선하여 양심에 따라 직무를 행한다"라고 규정한다. 국회의원이 '국가이익 을 우선'한다는 것은 국민 전체의 이익을 대표해야지 개인, 지역주민, 유권자, 정 당, 사회단체의 부분적이고 특수한 이익을 대표해서는 안 된다는 것이다.

국회의원이 '양심에 따라' 직무를 수행한다는 것은 타인의 지시나 명령에 구 속되지 않고 독자적으로 국가이익을 판단한다는 것이다. 지역구의원이든지 비례 대표의원이든지 명령적 위임이 금지된다. 이때 양심이란 헌법 제19조에서 기본권 으로 보장하는 '양심의 자유'의 내용이 아니라 공직에서 요구되는 직업적 양심을 말한다. 이는 헌법 제103조에서 규정하는 법관의 양심과도 다르다. 법관의 양심 은 사법권의 독립을 위해 외부의 영향력을 배제하는 폐쇄된 직무상 양심이지만, 국회의원의 양심은 외부의 다양한 이해관계를 종합하여 수용한 결과로서 국가이

---

29) 성낙인, 헌법학, 420면 ; 한수웅, 헌법학, 1160면 ; 정재황, 헌법학, 1393~1394면 ; 정종섭, 헌 법학원론, 1260면.

익을 독자적으로 판단하는 개방적인 직무상 양심이다.

국회의원도 입법기관일까. 헌법 제40조는 "입법권은 국회에 속한다"라고 규정하여 입법권을 국회의 권한으로 인정한다. 국회의원은 국회의 구성원으로서 토론과 표결을 통해 입법권을 행사하는 데 참여하지만, 입법권은 국회의원 개인에게 부여된 권한이라고 할 수는 없다. 국회의원은 국민의 대표기관이지만 국회의 입법권과 별도로 독자적인 입법권을 갖는 것은 아니다. 국회에서 입법절차를 위반한 경우에도 국회의원의 입법권을 침해하는 것이 아니라 국회의원의 토론권과 표결권을 침해할 수 있을 뿐이다.

(2) 정당의 대표와 조화

(가) 국민의 대표가 우선

국회의원은 규범적으로 국민의 대표이지만, 현실적으로는 정당의 대표이다. 정당은 국회의원 후보에 대한 공천권을 가지고, 단체교섭을 통해 상임위원회의 배정과 같은 국회활동에 관여한다. 또한, 중요한 의사결정을 당론으로 정하여 당원인 국회의원이 정당의 이익을 위해 활동하도록 간섭한다. 국회의원은 국민의 대표와 정당의 대표라는 모순된 지위를 함께 갖는다. 국민의 대표라는 지위에서는 명령적 위임이 배제되지만, 정당의 대표라는 지위에서는 정당의 명령에 기속된다. 국회의원은 헌법 제46조 제2항에 따라 국민의 대표가 우선이고, 정당의 대표로 활동하는 것은 그 전제에서만 허용된다.

국회의원은 국민의 대표로서 자유위임에 따라 활동하고, 그 범위에서만 정당의 대표로 활동할 수 있다. 국회의원이 정당의 대표라는 것은 당내 민주주의를 통해 공개적인 토론과 표결을 보장하는 것을 전제로 한다. 국회법 제114조의2는 "의원은 국민의 대표자로서 소속 정당의 의사에 기속되지 아니하고 양심에 따라 투표한다"라고 규정한다. 하지만, 국회가 법률을 통해 정당의 내부적 자율권을 존중하여 국회의 내부조직인 교섭단체를 통해 소속 국회의원의 활동을 규율하는 것은 허용된다.

국회법은 내부조직과 의사절차를 효율적으로 조정하기 위해 교섭단체에게 국회의원에 대한 간섭과 강제를 허용하고, 교섭단체는 소속 국회의원을 특정한 위원회에 지정하고, 회의에서 발언권을 배정하는 권한을 가진다. 헌법재판소는 국회의원은 교섭단체의 명령을 위반한 경우에 국회의원의 신분을 상실하게 할 수는 없지만, 정당에서 제명할 수 있다고 판단하였다.[30) 또한, 국회의장이 교섭단체의 요구에 따라 상임위원회의 위원을 개선하여 소속 국회의원을 강제로 사임하도록 하는 것은 국회의 자율권의 영역에 속하고 자유위임에 위반되는 것은 아니라고 하였다.[31)

(나) 당적의 변경

국회의원이 당적을 바꾸면 국회의원직을 그대로 유지할까. 국민의 대표라는 관점에서는 의원직을 그대로 유지하지만, 정당의 대표라는 관점에서는 의원직을 상실하게 된다. 지역구의원은 국민이 후보자에게 투표하여 선출하지만, 비례대표의원은 정당이 작성한 고정식명부를 참고로 하여 정당에게 투표하여 선출한다는 것을 고려하면 지역구의원은 그대로 유지되고, 비례대표의원은 의원직을 상실한다고 볼 수도 있다.

국회의원의 지위는 지역구의원이든 비례대표의원이든 국민 전체의 대표이며, 정당의 대표보다 국민의 대표가 우선되므로 당적의 변경과 무관하게 의원직을 유지하는 것이 바람직하다.[32) 하지만, 공직선거법 제192조 제4항은 비례대표의원의 경우 그 임기 중 소속 정당이 합당·해산되거나 소속 정당에서 제명되는 이유 외의 사유로 당적을 이탈·변경하거나, 2 이상의 당적을 가지고 있을 때에는 퇴직하도록 규정한다. 공직선거법은 지역구의원에 대해서는 아무런 규정을 두지 않고 있으므로 지역구의원은 당적이 변경되더라도 그대로 유지된다.

헌법재판소는 국회의원의 지위는 지역구의원이든 비례대표의원이든 자유위임에 따라 당적이 변경되었다고 해도 '별도의 법률규정이 있는 경우는 별론으로 하고' 당연히 의원직을 상실하는 것은 아니라고 판단하였다.[33) 이는 국회의원의 당적이 변경된 경우에는 법률로 의원직 상실을 규정할 수 있다고 해석한 것이다. 또한, 국회의원이 정당의 합당이나 분당 등을 통해 정당 간의 의석분포를 인위적

---

30) 2003. 10. 30. 2002헌라1.
31) 2020. 5. 27. 2019헌라1.
32) 한수웅, 헌법학, 1232~1233면.
33) 1994. 4. 28. 92헌마153.

인 방법으로 변경하더라도 복수정당제를 침해하는 것은 아니며, 국민이 국회 내의 정당의석분포를 결정할 권리를 기본권으로 주장할 수 없다고 판단하였다.[34]

(다) 위헌정당해산의 결정

헌법과 법률은 정당해산심판에 대해 규정하지만, 위헌정당으로 해산결정을 할 경우 그 소속 정당의 국회의원의 의원직에 대해서는 아무런 규정을 두지 않고 있다. 국회의원이 국민의 대표라는 관점에서는 정당해산으로 의원직을 상실하지 않지만, 정당의 대표라는 관점에서는 의원직을 상실한다고 이해한다. 지역구의원직은 유지되지만, 비례대표의원직은 상실된다는 관점도 있다. 공직선거법 제192조 제4항은 비례대표의원에 대해서만 그 임기 중 소속 정당의 합당·해산, 제명 이외의 사유로 당적이 바뀐 경우에는 퇴직한다고 규정한다.

헌법재판소는 통합진보당에 대해 해산결정을 하면서 그 정당에 소속된 지역구국회의원과 비례대표국회의원은 모두 의원직을 상실한다고 주문으로 결정하였다.[35] 공직선거법의 위 규정에 대해 정당의 '해산'은 자진해산만 의미하고, 강제해산은 포함되지 않는다고 해석한 것이다. 대법원은 헌법재판소의 해산결정에 따른 '법적 효과'로 그 정당에 소속된 지역구국회의원이나 비례대표국회의원은 모두 의원직을 상실한다고 판단하였다.[36] 이는 헌법재판소가 해산결정과 별도로 주문에서 의원직의 상실을 결정하지 않더라도 해산결정의 효과로 의원직을 상실한다고 해석한 것이다.

국회의원의 지위는 국민이 직접선거를 통해 부여한 것이므로 그 지위를 박탈하기 위해서는 법률에 명확한 근거가 있어야 한다. 헌법재판소의 해산결정으로 당연히 국회의원의 직이 상실되는지, 헌법재판소가 의원직의 상실을 결정할 수 있는지는 명확하지 않다. 공직선거법 제192조 제4항은 '해산'이라고만 규정하여 자진해산과 강제해산을 구별하지 않으므로 헌법재판소가 해산결정을 하더라도 당연히 그 정당에 소속된 국회의원이 의원직을 상실하는 것은 아니라고 해석된다.

---

34) 1998. 10. 29. 96헌마186.
35) 2014. 12. 19. 2013헌다1.
36) 대법원 2021. 4. 29. 2016두39856.

2. 특권

(1) 불체포특권

(가) 개념

헌법 제44조 제1항은 "국회의원은 현행범인인 경우를 제외하고는 회기 중 국회의 동의없이 체포 또는 구금되지 아니한다"라고, 제2항은 "국회의원이 회기 전에 체포 또는 구금된 때에는 현행범인이 아닌 한 국회의 요구가 있으면 회기 중 석방된다"라고 규정한다. 국회의원은 국회가 입법권과 국정통제권과 같은 권한을 제대로 수행하기 위해 형사사법절차에서 원칙적으로 체포되지 않을 특권을 가진다. 근대국가에서는 의회의 자주성과 독립성을 보장하기 위해 국회의원의 불체포특권을 인정하였고, 우리나라도 1948년 건국헌법에서부터 이를 인정하고 있다.

불체포특권은 대의제, 의회주의, 권력분립으로부터 당연히 인정되는 것이 아니라 국회의 기능을 보장하기 위한 것이다. 이는 국회의원 개인의 권리나 이익으로 보장하는 것이 아니고, 국회의원이라는 신분에서 비롯되므로 국회의원 개인이 이를 포기할 수도 없다. 불체포특권은 헌법이 직접 국회의원의 특권으로 규정한 것이므로 국회가 법률을 통해 폐지할 수 없고, 헌법을 개정하여 불체포특권을 폐지할 수 있을 뿐이다.

(나) 주체

국회의원만 불체포특권의 주체가 된다. 국회의원이 국무위원을 겸직하고 있는 경우에도 불체포특권을 가질까. 불체포특권은 국회의원이라는 신분에서 비롯되는 특권이므로 국무위원을 겸직하더라도 국회의원의 신분을 유지하는 이상 불체포특권을 가진다. 불체포특권은 국회의원에게만 인정되고, 국회의원의 직무보조자에게는 인정되지 않는다. 국회의원이 아닌 자가 국회의원과 공모하거나 교사, 방조하여 범죄를 저지른 경우에는 국회의원만 불체포특권을 가지고, 국회의원이 아닌 자에게는 불체포특권이 인정되지 않는다.

(다) 내용

국회의원은 회기 중에 체포 또는 구금이 되지 않는다. 회기 중이란 국회의 집회일부터 폐회일까지를 말하며 정기회와 임시회를 포함한다. 회기 중인 이상 휴회기간 중에도 불체포특권이 인정되지만, 회기가 종료된 이후에 체포 또는 구금하는 것은 허용된다. '체포 또는 구금'이란 수사기관을 비롯한 모든 공권력이 국회의원의 신체의 자유를 박탈하는 강제처분을 말한다. 국회의원이 저지른 범죄 행위가 국회의 직무활동과 관련이 없는 경우에도 불체포특권이 인정된다.

국회의원이 회기 전에 체포 또는 구금된 때에도 국회의 요구가 있으면 국회 의원을 석방해야 한다. 회기 전이란 당해 회기 이전을 모두 포함한다. 국회의원은 회기가 시작되기 전에는 불체포특권을 갖지 않으므로 체포 또는 구금될 수 있지만, 회기가 시작된 이후 국회가 석방을 요구하면 국회의원을 석방해야 한다. 국회 의원이 이전 회기에서 국회의 동의를 받아 체포 또는 구금된 경우에도 국회는 당해 회기에서 국회의원의 석방을 요구할 수 있다.

(라) 예외

국회의 동의가 있으면 국회의원을 체포 또는 구금할 수 있다. 국회의원도 영 장주의에 따라 검사의 신청에 의해 법관이 발부한 영장에 의해 체포 또는 구금될 수 있다. 법관은 국회의원에 대한 영장을 발부하기 전에 정부에 체포동의서를 제 출하고, 정부는 국회에 체포동의를 요청해야 한다.37) 국회는 불가피한 경우에는 자율적으로 조건이나 기한을 부가하여 동의할 수 있다는 견해가 있지만,38) 국회 의 정상적 운영을 위해 자율적으로 동의 여부만 판단할 수 있고, 체포나 구금에 대해 조건이나 기한을 추가할 수는 없다.39)

국회가 동의하더라도 법관이 기속되어 영장을 발부해야 하는 것은 아니고 구속사유를 판단하여 영장의 발부 여부를 결정한다. 국회가 국회의원의 체포 또 는 구금에 동의하지 않으면 법관은 영장을 기각해야 한다. 다만, 계엄선포 중에는 비상계엄이든 경비계엄이든 회기와 상관없이 국회의원은 현행범인을 제외하고는

---

37) 국회법 제26조, 제27조.
38) 성낙인, 헌법학, 449면.
39) 정종섭, 헌법학원론, 1290면.

체포 또는 구금할 수 없으므로 국회가 동의하거나 석방을 요구할 여지가 없다.[40] 이는 국회가 계엄해제권을 요구하는 등 정부에 대해 사후적으로 통제할 수 있는 장치를 보장하기 위한 것이다.

국회의원이라도 현행범인인 경우에는 불체포특권이 인정되지 않는다. 현행범인이란 범죄의 실행 중에 있거나 실행 직후인 경우에 있는 범인을 말한다. 현행범인은 범죄가 명백하여 불법 또는 부당하게 체포와 구금이 될 위험성이 없기 때문이다. 다만, 국회법은 국회의 회의장 안에서는 현행범인이라 하더라도 국회의장의 명령 없이는 체포할 수 없다고 규정한다.[41] 이는 국회의 자율권으로 인정된다.

(마) 효과

불체포특권은 국회의원이 체포 또는 구금되지 않는다는 것일 뿐, 범죄수사나 공소제기와 같은 형사소추권의 대상에서 제외되는 것은 아니다. 국회의원은 불체포특권을 가지므로 원칙적으로 불구속상태에서 수사받고 소추될 수 있다. 국회의원이 범죄를 저지르면 처벌받아야 하고, 불체포특권으로 인하여 그 책임이 면제되거나 감경되는 것은 아니다. 이는 법적 책임이 면제되는 국회의원의 면책특권과 차이점이다. 불체포특권은 국회와 국회의원의 정상적인 권한행사를 보장하기 위한 것이므로 국회의원이 개인적 이익이나 정치적 목적으로 남용해서는 안 된다.

(2) 면책특권

(가) 개념

헌법 제45조는 "국회의원은 국회에서 직무상 행한 발언과 표결에 관하여 국회 외에서 책임을 지지 아니한다"라고 규정한다. 면책특권은 국회의원이 국민 전체의 이익을 대표할 수 있도록 국회에서 자유롭게 발언하고 표결하는 것을 보장하고, 그에 대해 사법적 책임을 묻지 않는 것이다. 면책특권은 영국에서 왕의 탄압을 방지하기 위해 의회의 특권으로 인정되었고, 미국헌법이 국회의원의 특권으로 규정하였다. 우리나라는 1948년 건국헌법에서부터 국회의원의 특권으로 인정하고 있다.

---

40) 계엄법 제13조.
41) 국회법 제150조.

면책특권도 불체포특권과 마찬가지로 대의제, 의회주의, 권력분립으로부터 당연히 인정되는 것이 아니라 국회의 기능을 보장하기 위한 것이며, 국회의원 개인의 권리나 이익으로 보장하는 것이 아니다. 헌법이 직접 국회의원에게 특권으로 규정한 것이므로 국회가 법률을 통해 면책특권을 폐지하거나 국회의원 개인이 이를 포기할 수도 없다.[42]

(나) 주체

국회의원만 면책특권의 주체가 된다. 국회의원이 국무위원을 겸직하고 있는 경우에는 국회의원의 지위에서 행한 발언과 표결에 대해서만 면책특권이 인정된다. 면책특권은 국회의원이라는 신분으로부터 비롯되므로 국회의원이 국무위원을 겸직한다는 이유만으로 면책특권이 부인되는 것은 아니다. 면책특권은 국회의원에게만 인정되고, 국회의원의 직무보조자에게는 인정되지 않는다. 국회의원이 아닌 자가 국회의원과 공모하거나 교사, 방조한 경우에는 법적 책임을 져야 한다.

(다) 국회에서 행한 행위

면책특권은 국회에서 행한 행위만 대상이 되며, '국회'란 본회의, 위원회, 소위원회, 간담회, 공청회 등을 포함한다. 다만, 국회의사당이라는 장소에 국한되지 않는다. 국회의원이 국회의사당 이외의 장소에서 국정감사나 조사에 참여하는 것은 국회의 활동으로 인정되므로 면책특권의 대상이 된다. 대법원은 국회의원이 대정부질문을 하기 직전에 출입기자들에게 원고를 사전에 배포하는 행위에 대해 회의의 공개성, 시간의 근접성, 장소 및 대상의 한정성, 목적의 정당성이 있는 경우에는 면책특권의 대상이 된다고 판단하였다.[43]

면책특권은 국회의원의 위법한 행위에 대해 예외적으로 법적 책임을 면제하는 것이므로 그 요건을 엄격하게 해석해야 한다. 국회의원이 정당모임이나 대중집회에서 발언하거나 보도자료를 인터넷 홈페이지에 게재하는 것은 국회의 기능에 해당되지 않는 장소이므로 면책특권의 대상이 아니다. 국회에서의 발언이라도 이를 국회 외에서 출판하는 것과 같이 국회에서 행한 행위에 포함되지 않는 것으로 판단될 경우에는 면책특권이 인정되지 않는다.[44]

---

42) 정재황, 헌법학, 1427~1428면.
43) 대법원 1992. 9. 22. 91도3317.

(라) 직무상 행한 발언과 표결

국회의원의 모든 행위가 면책특권의 대상이 되지는 않고 '직무상 행한 발언과 표결'만 면책된다. 발언이란 국회의원이 직무상 행하는 의사표시로 연설, 발표, 토론, 질문 등을 말하고, 표결이란 의안에 관하여 찬반의 의사를 표시하는 것이다. '직무상 행한'은 국회의원의 고유한 직무활동은 물론 직무집행의 전후에 걸쳐 간접적이고 부수적인 행위라도 전체적으로 국회의원의 직무범위에 포함되는 경우에는 면책특권의 대상이 된다는 것이다. 국회의원이 국회에서 의사진행을 방해하거나 퇴장하는 행위도 직무상 행위로서 의사표현으로 인정될 수 있지만, 직무범위를 벗어난 사적 대화나 폭력행위는 면책되지 않는다.45)

헌법은 면책특권의 예외적 사항을 별도로 규정하지 않으므로 국회의원이 직무상 행한 것이면 명예훼손적·모욕적 발언이나 타인의 사생활에 대한 발언이라는 이유만으로 면책특권의 대상에서 제외되는 것은 아니다.46) 국회법 제146조는 "의원은 본회의 또는 위원회에서 다른 사람을 모욕하거나 다른 사람의 사생활에 관한 발언을 할 수 없다"라고 규정한다. 국회법은 국회의 내부규율을 위해 징계사유를 규정한 것이지, 면책특권의 범위를 제한한 것은 아니다. 독일기본법은 진실이 아님에도 불구하고 이를 공표하여 중대한 명예훼손을 한 경우에 대해 면책특권을 인정하지 않는다고 규정한다.47)

대법원은 발언의 내용이 직무와는 관련이 없음이 분명하거나, 명백히 허위임을 알면서도 허위의 사실을 적시하여 타인의 명예를 훼손하는 것까지 면책특권의 대상이 되는 것은 아니지만, 그 내용이 허위라는 점을 인식하지 못하였다면 다소 근거가 부족하거나 진위 여부를 확인하기 위한 조사를 제대로 하지 않았다고 하더라도 직무수행의 일환으로 이루어진 것인 이상 면책특권의 대상이 된다고 판단하였다.48) 이는 명예훼손적이거나 모욕적 발언과 타인의 사생활에 대한 발언은 객관적으로 직무상 행한 것으로 인정되면 면책된다고 해석한 것이다.

---

44) 김하열, 헌법강의, 857면 ; 정종섭, 헌법학원론, 1284면.
45) 정재황, 헌법학, 1428면.
46) 한수웅, 헌법학, 1245면.
47) 성낙인, 헌법학, 446면.
48) 대법원 2007. 1. 12. 2005다57752.

(마) 효과

면책특권은 국회의원이 국회에서 직무상 행한 발언과 표결에 대해 국회 외에서 책임을 지지 않는다는 것이다. 이때 책임은 법적 책임을 의미하며, 민사상 책임이나 형사상 책임을 지지 않는다. 이는 책임을 면제받는 것이므로 국회의원의 임기가 종료된 이후에도 책임을 지지 않는다. 한편, 면책특권은 국회 외에서 책임을 지지 않는다는 것을 의미하므로 국회 내부에서 징계책임을 질 수는 있다. 국회의원의 행위가 면책특권의 대상이 되는 경우에도 국회법이나 국회의사규칙에서 규정한 징계사유에 해당하는 경우에는 국회의 자율권에 근거하여 국회에서 징계를 할 수 있다.

국회의원의 범죄행위가 면책특권의 대상이 되는 경우에는 인적처벌조각사유에 해당하므로 국회의원을 소추할 수 없다. 만약, 면책특권의 대상이 되는 행위에 대해 국회의원을 기소하면 법원은 형사소송법에 따라 공소제기의 절차가 법률의 규정에 위반하여 무효인 때에 해당하므로 공소기각판결을 해야 한다. 면책특권의 대상이 되지 않는 행위에 대해 국회의원을 소추하기 위해서는 국회의 자율권을 존중하는 차원에서 국회의 고발이 필요하다는 관점이 있다. 하지만, 면책특권에 포함되지 않는 행위에 대해서는 일반인과 마찬가지로 취급하여 국회의 고발이 필요없다고 해석해야 한다.[49]

3. 권한과 의무

(1) 권한

국회의원은 국회의 구성원으로서 헌법과 국회법에서 보장하는 다양한 권한을 가진다. 이는 국회의원의 개인적 이익을 위해 보장하는 권리가 아니라 법적 권능으로 권한이자 책무의 성격을 갖는다. 국회는 국회의원으로 구성되고 국회의 권한은 실제로 국회의원을 통해 행사된다. 국회의원의 권한은 자유위임을 통해 자유롭고 독자적인 활동을 보장함으로써 국회가 권한을 제대로 행사하기 위한 것이다. 국회의원은 국회와 별도의 독자적인 헌법기관이지만, 국회의원의 권한과 국

---

49) 성낙인, 헌법학, 449면.

회의 권한은 구별해야 하고 국회의 권한과 충돌할 경우에는 국회의원의 권한이 제한될 수 있다.

국회는 국회의원의 합의기관이므로 모든 국회의원은 평등한 법적 지위와 권한을 가진다. 지역구의원이나 비례대표의원이나 모두 국회의 심의와 의결에 동등하게 참여할 수 있다. 하지만, 국회는 내부조직의 구성과 운영, 의사절차 등에 대해 자율권을 가지므로 국회의원의 권한은 국회의 효율적 의사절차, 내부규율을 위해 제한될 수 있다. 국회의원이 자신의 권한을 침해당한 경우에 권한쟁의심판을 청구할 수 있지만, 그 권한은 개인의 기본권이 아니므로 헌법소원을 청구할 수는 없다. 다만, 국회의원이 국민의 하나로서 개인의 기본권이 침해된 경우에는 헌법소원을 청구할 수 있다.

국회의원은 위원회에 소속되어 활동할 수 있고, 다른 의원과 함께 교섭단체를 구성할 수도 있다. 국회의원은 본회의와 위원회에 참여하여 발언권, 질의권, 질문권을 가지며 토론하고 표결할 권한을 갖는다. 질의는 의안에 대해 의문사항의 해명을 요청하는 것이고, 질문은 정부에 대해 국정에 관한 설명을 요구하는 것이다. 국회의원은 재적의원 4분의 1 이상의 찬성으로 임시회의 집회와 국정조사를 요구할 수 있고, 10인 이상의 찬성으로 의안을 발의할 수도 있다. 또한, 입법활동을 위해 보좌직원을 둘 수 있고, 수당·입법활동비·특별활동비·공무여행의 여비 등을 지급받을 수 있다.[50]

(2) 의무

국회의원은 헌법기관으로서 헌법과 법률이 규정하는 의무를 부담한다. 헌법은 국회의원에게 특별한 헌법적 의무를 부과한다. 헌법 제46조 제2항은 "국회의원은 국가이익을 우선하여 양심에 따라 직무를 행한다"라고 규정한다. 국회의원은 국민의 대표로서 개인이나 정당의 이익이 아니라 국가이익을 우선하여 직무를 행해야 한다. 헌법 제46조 제1항은 "국회의원은 청렴의 의무가 있다"라고 규정한다. 국회의원이 국가이익을 우선하여 직무를 수행하려면 청렴해야 하고, 이는 도덕적이고 정치적인 의무가 아니라 헌법적 의무이다.

---

50) 국회법 제30조 ; 국회의원의 보좌직원과 수당 등에 관한 법률 제2조, 제7조, 제11조, 제12조, 제13조, 제14조.

헌법 제46조 제3항은 청렴의무를 구체화하여 "국회의원은 그 지위를 남용하여 국가·공공단체 또는 기업체와의 계약이나 그 처분에 의하여 재산상의 권리·이익 또는 직위를 취득하거나 타인을 위하여 그 취득을 알선할 수 없다"라고 규정한다. 헌법 제43조는 "국회의원은 법률이 정하는 직을 겸할 수 없다"라고 규정한다. 국회의원의 겸직금지의무는 이해충돌의 위험을 방지하여 청렴의무를 실현하기 위한 것이다. 국회법은 국회의원에게 회의출석, 품위유지, 질서유지명령복종 등과 같은 의무를 부과하고, 국회는 국회의원의 윤리성을 제고하기 위해 국회의원윤리강령과 국회의원윤리실천규범을 제정하였다.

(3) 법적 책임

대의제에서 국회의원은 자유위임에 따라 4년의 임기를 보장받고 그 직무활동에 대해서는 정치적 책임을 질 뿐, 법적 책임을 지지 않는다. 국회의원이 국가이익을 우선할 의무를 위반한 경우에는 법적 책임을 지지 않는다. 국회의원은 국가이익이 무엇인지를 스스로 양심에 따라 판단해야 하고, 그 결과가 정책적으로 잘못된 것으로 드러났다고 하더라도 국회의원에게 법적 책임을 지울 수는 없다. 하지만, 자유위임이라고 해서 국회의원이 마음대로 직무를 수행하는 것을 허용하는 것이 아니다. 국회의원이 헌법과 법률을 위반한 경우에는 법적 책임을 져야 한다.

국회의원은 헌법과 국회법에 따라 징계를 받을 수 있다. 헌법 제64조 제2항은 "국회는 의원의 자격을 심사하며, 의원을 징계할 수 있다"라고, 제3항은 "의원을 제명하려면 국회재적의원 3분의 2이상의 찬성이 있어야 한다"라고 규정한다. 헌법 제64조 제4항은 "제2항과 제3항의 처분에 대하여는 법원에 제소할 수 없다"라고 규정하여 자격심사와 징계에 대해서는 사법심사를 할 수 없도록 한다. 국민이 직접 선출한 국회의원을 국회가 제명하는 것은 정당화되기 어려운 측면이 있지만, 헌법은 국회의 자율권을 존중하는 차원에서 국회의원의 제명을 인정한다.

국회의원이 겸직금지의무를 위반한 경우에는 자격심사의 대상이 된다. 국회법은 국회의원의 겸직을 자세히 규정하고, 자격심사의 청구에 대해 윤리특별위원회의 심사를 거쳐 본회의에서 재적의원 3분의 2이상의 찬성으로 자격이 없음을 의결할 수 있다고 규정한다.[51] 이에 대해서도 법원에 제소할 수는 없다. 국회의원

은 국회법의 규정에 따라 징계를 받을 수 있다. 국회법은 징계의 종류로 공개회의
에서의 경고, 공개회의에서의 사과, 30일 이내의 출석정지, 제명을 규정한다. 국
회의원에 대한 징계는 윤리특별위원회의 심사와 본회의 의결을 거쳐 확정된다.[52]

제 5 절 입법권

1. 헌법적 의미

(1) 개념

헌법 제40조는 "입법권은 국회에 속한다"라고 규정한다. 이는 헌법 제66조
제4항이 행정권을 정부에, 제101조 제1항이 사법권을 법원에 분배하는 것에 대응
한다. 헌법은 국회에게 법규범을 정립하는 권한과 책무를 부과한다. 이때 입법권
은 형식적 측면과 실질적 측면에서 이해할 수 있다. 법규범은 헌법, 법률, 명령,
규칙, 조례로 구분할 수 있는데, 형식적 측면에서 입법권은 국회가 '법률'이라는
형식으로 법규범을 제정하는 권한을 의미한다. 하지만, 이것만으로는 입법권의 내
용과 한계를 명확하게 설정하지 못한다.

실질적 측면에서 입법권은 일반적이고 추상적인 법규범을 제정하는 것으로
법적 주체 사이에 권리의무를 규율하는 법규사항을 제정하는 것을 의미한다. 이
때 입법권은 모든 국가작용의 근거로서 대외적 구속력을 가지고 재판규범으로 작
용하는 법규범을 제정하는 권한이다. 국회의 입법권은 형식적 측면과 실질적 측
면을 모두 가지는 것이지, 어느 일방의 관점에서 선택적으로 이해할 것은 아니다.
국회가 입법권을 갖는다는 것은 국회가 실질적 측면에서 법규범을 제정할 권한이
있고, 국회가 '법률'의 형식으로 입법을 한다는 것이다.

헌법은 법률 이외에도 법규범에 대한 권한을 국회에 부여한다. 첫째, 국회는
재적의원 과반수의 찬성으로 헌법개정안을 발의할 수 있고, 20일 이상의 공고기
간을 거친 후 재적의원 3분의 2 이상의 찬성으로 의결할 수 있다. 둘째, 국회는

---

51) 국회법 제29조. 제138조, 제142조.
52) 국회법 제163조.

헌법 제60조 제1항이 열거하는 중요한 조약에 대해 그 체결과 비준에 동의권을 갖는다. 대통령이 체결한 조약이 법률과 같은 효력을 갖기 위해서는 국회가 사전에 동의해야 한다. 셋째, 국회는 법률에 저촉되지 않는 범위에서 그 의사와 내부 규율에 관한 규칙을 제정할 수 있다. 이는 국회의 자율권으로 인정된다.

(2) 헌법원리와 관계

헌법은 국회에게 일반적으로 입법권을 부여하면서 개별적 사항에 대해서도 '법률이 정하는 바'에 의하도록 규정하여 법률유보를 인정하지만, 입법권의 내용과 범위에 대해서는 구체적인 기준을 제시하지 않고 있다. 국회가 입법권을 갖는다는 것은 헌법에 의해 부여된 권한이자 책무이다. 국회는 헌법의 위임에 따라 법률을 통해 헌법적 가치를 구체화해야 한다. 이때 헌법원리는 입법권을 행사하는 근거이자 지침이 되고, 입법권의 한계로 작용한다.

첫째, 국회는 입법권을 통해 국민주권을 실현한다. 국회는 주권자인 국민의 직접선거를 통해 선출된 대표기관으로 국민의 다양한 정치적 의사를 수렴하여 법률의 형식으로 구체화한다. 법률은 주권자인 국민의 일반의사로 간주되므로 모든 국가기관은 법률에 따라 권한을 행사해야 하고 국민도 법률에 복종해야 한다. 헌법이 국회에게 입법권을 부여한 것은 적어도 국민의 권리의무의 형성에 관한 사항을 비롯하여 국가의 통치조직과 작용에 관한 기본적이고 본질적인 사항은 반드시 국민의 대표기관인 국회가 정해야 한다는 법률유보를 의미한다.[53]

둘째, 국회의 입법권은 권력분립을 실천하는 전제가 된다. 헌법은 국회에 입법권을, 정부에 행정권을, 법원에 사법권을 부여하여 국회는 법률을 제정하고, 정부는 법률을 집행하고, 법원은 법률을 해석하고 적용함으로써 권력분립을 구현한다. 국회는 행정권과 사법권에서 배제되고, 입법을 통해 행정권과 사법권을 침해해서는 안 된다. 정부와 법원은 국회가 제정한 법률에 따라야 하므로 법률유보와 법률우위가 확보된다. 한편, 헌법은 권력분립을 실질화하기 위해 정부와 법원도 견제와 균형에 따라 국회의 입법권을 통제할 수 있도록 허용한다.

셋째, 국회의 입법권은 법치국가의 원리에 의해 그 한계가 설정된다. 국회의 입법권은 헌법에 의해 부여되므로 국회는 헌법을 위반해서는 안 될 뿐만 아니라

---

53) 1998. 5. 28. 96헌가1.

입법을 통해 헌법적 가치를 적극적으로 실현해야 할 헌법적 의무를 진다. 정부와 법원이 법률을 집행하고 해석하고 적용하는 것 자체가 법치국가를 실현하는 것이지만, 국회의 입법권도 헌법을 준수해야 한다. 국회가 헌법적 가치를 침해한 경우에는 정당화될 수 없으며 헌법재판소가 규범통제를 통해 무효화시킬 수 있다.

2. 법률제정권

(1) 법률의 규율사항

국회는 일반적이고 추상적인 법규범을 제정하여 법적 주체 사이에 권리의무를 규율하는 법규사항을 제정할 수 있다. 하지만, 어떠한 사항이 그러한 사항에 해당하는지는 명확하지 않다. 그에 대한 일차적인 판단권은 국회가 가지나, 헌법이 법률로 정하도록 법률유보를 규정하는 경우에는 국회는 반드시 입법해야 할 헌법적 의무를 부담한다. 헌법이 국회에게 법률로 정하도록 요구하는 사항은 다음과 같이 유형화할 수 있다.

첫째, 국민의 권리의무에 관한 사항이다. 국가는 기본권을 보장해야 하고 법률로써만 제한할 수 있으므로 권리의무에 관한 사항은 국회가 법률로 규정해야 한다. 둘째, 국가기관의 조직과 권한행사에 관한 사항이다. 헌법이 헌법기관으로 규정하는 국회, 정부, 법원, 헌법재판소, 선거관리위원회의 조직과 권한에 대해서는 국회가 구체적으로 입법해야 한다. 셋째, 개인과 국가공동체의 관계에 관한 중요한 사항이다. 국민의 요건, 직업공무원제도, 정당의 보호와 지원, 교육제도와 그 운영, 지방자치제도, 소비자보호운동, 국토의 이용과 보전 등에 대해서도 국회가 입법해야 한다.

(2) 입법형성권

헌법은 국회에게 입법권을 부여하지만, 국회가 모든 법규범을 제정할 수 없고 그렇게 할 필요도 없다. 헌법이 국회에게 입법할 것을 요구하는 경우에도 그 구체적인 내용에 대해서는 국회가 재량으로 결정할 수 있다. 국회는 헌법원리와 관계를 고려하여 입법할지 여부, 법률에 규정할 사항, 법률의 개정이 폐지 등을 스스로 결정할 수 있는 입법형성권을 갖는다. 국회는 법률의 효력을 국민이나 다른 국가기관에게 대외적 구속력을 부여할지, 내부적 질서로만 규율할 것인지도 결정할 수 있다.

국회의 입법형성권은 규율대상에 따라 그 정도가 다르다. 일반적으로 개인의 자유와 권리를 제한하는 법률일수록 재량권이 제한된다. 국회는 기본권을 제한하는 법률, 기본권을 구체화하는 형성적 법률, 특별한 권리를 부여하는 수혜적 법률의 순서로 강한 재량권을 가진다. 헌법이 직접 법률유보를 허용하는 경우에는 강한 재량권을 가지나, 헌법이 직접 입법지침을 규정하는 경우에는 그에 기속된다. 헌법 제32조 제2항은 "… 근로의 의무의 내용과 조건은 민주주의원칙에 따라 법률로 정한다"라고 규정하므로 국회는 민주주의원칙이라는 기준에 따라 입법해야 한다.

국회가 입법권을 갖는다는 것은 헌법이 직접 위임한 사항에 대해서만 법률로 정할 수 있다는 것이 아니라 헌법에 위반되지 않는 이상 어떠한 법률도 제정할 수 있다는 것을 의미한다. 국회는 헌법에 위반하여 법률을 제정해서는 안 된다는 한계가 있을 뿐, 나머지에 대해서는 국회가 자율적으로 판단할 수 있다. 위헌법률심판은 법률이 헌법에 적합한지가 아니라 위헌인지를 심사하는 것이다. 모든 국가기관은 헌법에 근거하여 권한을 행사할 수 있고, 그 권한행사에서 재량권을 갖는다. 국회는 정부의 행정재량이나 법원의 사법재량에 비해 훨씬 더 넓은 입법재량을 갖는다.

(3) 처분적 법률

법치국가에서 국회가 제정하는 법률은 일반적이고 추상적인 법규범이므로 구체적으로 집행되거나 위반행위가 발생한 경우에 효과가 발생한다. 처분적 법률이란 개별적 사안과 관련된 사람이나 사건을 직접 규율하여 법적 효과를 발생시키는 법률을 말한다. 처분적 법률에는 개별적인 법률과 개별사건적 법률이 포함되지만, 조치적 법률과 집행적 법률을 포함하는 개념으로 사용하기도 한다.[54] 불특정 다수인이 아니라 특정인에게만 적용되는 것이 개별적인 법률이고, 동일한 요건을 갖춘 모든 사건이 아니라 특정사건에만 적용되는 것이 개별사건적 법률

---

54) 김하열, 헌법강의, 814~816면.

이다.

처분적 법률은 특정인이나 특정사건에만 적용되므로 그 적용에 포함되거나 제외되는 사람이나 사건을 차별하게 되어 평등원칙에 위반될 수 있다. 처분적 법률은 행정이나 사법이라는 매개적 작용이 없이 직접 국민의 권리의무에 법적 효과를 발생시키므로 국회가 직접 행정권이나 사법권을 행사하는 결과를 초래하여 권력분립에 위반될 수 있다. 현대국가에서는 사회복지를 실현하기 위해 처분적 법률을 제정할 필요가 증대하고, 자연재해나 경제위기와 같은 비상사태에서 구체적 상황에 효과적으로 대응하기 위해 처분적 법률을 제정해야 할 경우도 있다.

국회는 원칙적으로 처분적 법률을 제정할 수 없지만, 예외적으로 필요한 경우에는 처분적 법률을 제정할 수 있다. 다만, 처분적 법률이라도 그 자체가 위헌인 것은 아니고 그 목적, 내용, 효과 등을 종합적으로 판단하여 평등권을 침해하거나 권력분립을 위반하는 경우에만 위헌이 된다.[55] 헌법재판소는 헌법은 처분적 법률을 금지하는 규정을 두지 않아 처분적 법률이라는 이유만으로 위헌은 아니고 차별적 규율이 합리적인 경우에는 허용된다고 하였다.[56]

3. 법률제정의 절차

(1) 법률안 제출

헌법 제52조는 국회의원과 정부에게 법률안제출권을 부여한다. 국회의원이 제출하는 것에는 개별 국회의원이 10인 이상의 찬성으로 제출하는 방식과 위원회가 제출하는 방식이 있다. 개별 국회의원은 법률안 부제에 발의의원의 성명을 기재하고 찬성의원을 구별하여 표시한다. 위원회는 법률안을 심의하는 과정에서 대안발의할 수 있고, 위원회 자체가 발의할 수도 있다. 예산 또는 기금상 조치가 수반되는 법률안을 제출하는 경우에는 비용추계서를 첨부해야 한다.[57]

정부는 입법기관이 아니지만 법률안을 제출할 수 있다. 정부는 법률을 집행하는 기관이지만, 정부가 결정한 정책은 법률을 통해 시행된다는 것을 고려하여

---

55) 한수웅, 헌법학, 1169면 ; 2011. 5. 26. 2010헌마183.
56) 2005. 6. 30. 2003헌마841.
57) 국회법 제51조, 제79조, 제79조의2.

헌법은 정부에게 법률안제출권을 인정한다. 정부가 법률안을 제출하는 경우에는 초안작성, 관계부처협의와 당정협의, 입법예고, 정부규제개혁위원회 심의를 통해 부처안을 확정하고, 법제처 심사, 차관회의, 국무회의, 대통령 결재를 거쳐 국회에 제출한다. 정부는 부득이한 경우를 제외하고는 매년 1월 31일까지 해당 연도에 제출할 법률안에 관한 계획을 국회에 통지해야 한다.[58]

(2) 심사와 의결

법률안이 제출되면 국회의장은 이를 본회의에 보고한 후 소관 상임위원회에 회부하여 심사하게 한다. 상임위원회 위원장은 위원회에 상정하여 심사하며, 그 법률안을 입법예고를 해야 한다. 상임위원회에서는 제안설명, 전문위원 검토보고, 대체토론, 법률안심의소위원회, 축조심사, 찬반토론을 거쳐 표결한다. 상임위원회는 법률안을 심사하는 과정에서 공청회, 청문회, 입법예고, 연석회의, 예산결산특별위원회와의 사전협의 등 필요한 절차를 거친다.[59]

국회의장은 법률안에 대해 재적의원 또는 위원회 재적의원 5분의 3 이상의 요구가 있는 때에는 신속처리대상안건으로 지정해야 한다. 위원회는 그때부터 180일 이내에 심사를 마쳐야 하고, 그 기간 내에 심사를 마치지 않으면 법제사법위원회로 회부된 것으로 본다. 법제사법위원회는 심사를 90일 이내에 마쳐야 하고, 그 기간 내에 심사를 마치지 않으면 본회의에 부의된 것으로 본다.[60] 상임위원회는 법률안을 심사한 후 원안의결, 수정의결, 대안의결을 할 수 있는데, 법률안을 부결할 수도 있다.

상임위원회가 법률안을 부결하면 본회의에 부의하지 않고 법률안은 폐기된다. 부결된 법률안이라도 본회의에서 7일 이내에 국회의원 30인 이상의 요구가 있을 때에는 그 법률안을 본회의에 부의해야 한다. 소관 상임위원회에서 심의가 끝난 법률안은 법제사법위원회에서 체계·형식과 자구를 심사한 후 본회의에 회부된다. 법제사법위원회의 체계·자구심사에서는 위원회에서 가결한 법률안의 내용을 심사·변경할 수는 없다.[61] 법제사법위원회가 체계·자구심사를 명분으로 법

58) 국회법 제5조의3.
59) 국회법 제58조.
60) 국회법 제85조의2.
61) 국회법 제86조.

률안의 내용을 실질적으로 변경하거나 법률안 부의를 지연시켜서는 안 된다.

법률안이 본회의에 부의되면, 소관 상임위원장이 보고하고 질의와 토론을 거쳐 표결하게 된다. 국회의원은 본회의에서 법률안을 수정동의할 수 있으며, 무제한토론의 방식으로 합법적으로 의사진행방해를 할 수도 있다. 위원회의 심사를 거친 법률안에 대해서는 의결로 질의와 토론 또는 그중에 하나를 생략할 수 있다.[62] 위원회의 심사를 거치지 않은 법률안에 대해 국회의원에게 질의와 토론의 기회를 주지 않고 표결하고 가결을 선포하는 것은 국회의원의 심의·표결권을 침해하는 것이다.[63] 법률안에 대한 표결은 전자투표가 원칙이고, 재적의원 과반수의 출석과 출석의원 과반수의 찬성으로 의결한다.[64]

(3) 대통령의 법률안재의요구권

국회의장은 국회에서 의결된 법률안을 정부에 이송하고, 대통령은 이송된 날부터 15일 이내에 서명하고 공포한다. 대통령이 법률안에 대해 이의가 있을 때에는 15일 이내에 이의서를 붙여 국회에 환부하고 재의를 요구할 수 있다. 이를 환부거부라고 하고, 헌법 제53조 제2항은 "국회가 폐회 중에도 또한 같다"라고 규정하여 회기계속의 원칙을 확인한다. 이때 국회가 재적의원 과반수의 출석과 출석의원 3분의 2 이상의 찬성으로 전과 같은 의결을 하면 그 법률안은 법률로 확정된다.

대통령이 15일 이내에 공포를 하지 않고 재의도 요구하지 않은 경우에도 그 기간이 경과하면 법률로 확정된다. 다만, 대통령이 재의를 요구하기 전 국회의원의 임기가 만료되어 폐회하는 경우에는 그 법률안은 폐기되므로 15일이 경과하더라도 법률로 확정되지 않는다. 이는 보류거부를 인정하지 않고 입법기불계속의 원칙을 확인한 것이다. 헌법이 대통령에게 법률안 재의요구권을 부여하고 있는 것은 민주적 정당성의 중심축을 구성하는 국회와 대통령 사이에 견제와 균형을 유지하기 위한 것으로 이해된다.

---

62) 국회법 제93조, 제95조, 제106조의2.
63) 2009. 10. 29. 2009헌라8.
64) 헌법 제49조, 국회법 제109조, 제112조.

(4) 법률안의 공포와 효력발생

대통령은 법률안이 법률로 확정되면 지체 없이 공포해야 한다. 대통령이 재의를 요구하지 않거나 국회의 재의결로 확정된 법률안이 정부에 이송된 후에도 5일 이내에 대통령이 공포하지 않으면 국회의장이 이를 공포한다. 법률은 관보에 게재됨으로써 공포되고 효력이 발생하게 된다. 법률로 확정되더라도 공포가 없는 경우에는 법률의 효력이 발생하지 않는다. 법률이 공포되면 개별적으로 국민에게 고지하지 않더라도 그 자체로 모든 국민이 법률의 존재와 내용을 알고 있는 것으로 추정된다.

국회는 법률에서 그 시행에 대해 정할 수 있다. 법률의 시행일을 공포 이전으로 정하면 소급입법이 되고, 공포 시부터나 공포 이후의 날짜를 정하여 시행일로 할 수도 있다. 법률은 특별한 규정이 없는 한 공포한 날부터 20일을 경과함으로써 효력을 발생한다. 다만, 국민의 권리제한 또는 의무부과와 직접 관련되는 법률은 30일을 경과함으로써 효력을 발생한다.65) 법률이 시행일을 규정하더라도 그 이후에 공포된 경우에는 시행일에 관한 규정은 효력이 없으므로 실제로 공포된 날부터 20일이 경과함으로써 효력이 발생한다.66)

위헌법률심판은 재판의 전제성을 갖추어야 하므로 심판대상인 법률은 당해 사건에 적용되어야 하고, 이는 법률이 유효하게 시행되는 것을 전제로 한다. 따라서 법률이 공포되더라도 시행되지 않고 있으면 위헌법률심판의 대상이 되지 않는다. 법률에 대한 헌법소원에서도 현재성과 권리보호이익이 적법요건이 되므로 심판대상이 되는 법률은 현재 시행되어야 한다. 하지만, 이미 공포된 상태에서 청구인이 불이익을 입게 될 것임을 충분히 예측할 수 있는 경우에는 예외적으로 헌법소원의 대상이 된다.67)

---

65) 헌법 제53조 제7항, 법령 등 공포에 관한 법률 제13조, 제13조의2.
66) 대법원 1955. 6. 21. 4288형상95.
67) 1994. 12. 29. 94헌마201.

4. 헌법적 통제

(1) 내용에 대한 통제

국회는 입법형성권을 갖지만, 헌법에 위반되는 법률을 제정할 수는 없다. 국회가 입법권을 가진다는 것은 국회만이 독점적이고 배타적으로 입법권을 전유하는 것이 아니므로 권력분립에 따라 다른 국가기관도 입법과정에 참여할 수 있다. 국회의원과 정부는 법률안을 제출할 당시부터 위헌 여부에 대해 심사하고, 국회가 법률안을 심의할 때에도 위헌 여부에 대해 심사한다. 국회가 법률안을 의결한 경우에도 대통령은 법률안이 위헌이라고 판단할 경우에는 법률안재의요구권을 행사할 수 있다. 최종적으로 법률이 공포되더라도 헌법재판소는 사후적으로 규범통제를 통해 위헌법률을 무효화시킬 수 있다.

첫째, 헌법재판소는 위헌법률심판을 통해 통제한다. 법률이 헌법에 위반되는지 여부가 재판의 전제가 된 경우에는 당해사건을 담당하는 법원은 직권 또는 당사자의 신청에 의한 결정으로 헌법재판소에 심판을 제청한다. 당사자는 제청신청이 기각된 때에는 헌법재판소에 헌법소원을 청구할 수 있으며, 이는 헌법소원의 형식이지만 실질적으로는 규범통제에 해당한다. 위헌법률심판은 구체적 규범통제를 채택하여 법률의 위헌 여부가 재판의 전제가 되어야 헌법재판소가 심판할 수 있고, 위헌결정이 선고된 법률은 그 효력을 상실한다.

국회가 입법의무를 위반한 부작위는 위헌법률심판의 대상이 되지 않는다. 구체적 규범통제에서는 재판에 적용되는 법률이 심판대상이 되는데, 입법부작위는 재판에 적용될 여지가 없다. 국회의 입법부작위가 부진정입법부작위라도 불충분한 입법이 위헌법률심판의 대상이 되지, 부작위 자체는 불충분한 입법에 흡수되므로 위헌법률심판의 대상이 되지 않는다.[68] 당사자가 법률이 불충분하다는 이유로 규범통제형 위헌법률심판을 헌법소원으로 청구한 경우에는 그것이 법률 자체의 위헌성을 다투는 것으로 해석되고 재판의 전제성이 인정되면 위헌법률심판의 대상이 된다.[69]

둘째, 개인은 법률이 직접 기본권을 침해한 경우에는 헌법소원을 청구할 수

---

68) 2014. 4. 24. 2012헌바332 ; 2014. 9. 25. 2013헌바208.
69) 2004. 1. 29. 2002헌바36.

있다. 국회가 제정한 법률이 기본권을 침해하면 위헌이 되고 위헌법률심판의 대상이 되지만, 이때에는 재판의 전제성이 적법요건이 된다. 국회의 법률에 의해 직접 기본권을 침해당한 자는 헌법재판소에 헌법소원을 청구할 수 있고, 헌법재판소는 기본권의 침해를 확인하고 그 법률을 무효화시킬 수 있다. 국회의 입법부작위도 공권력의 불행사에 해당하므로 헌법소원의 대상이 된다. 다만, 부진정입법부작위는 불충분한 법률에 흡수되므로 부작위 자체가 아니라 불충분한 법률이 헌법소원의 대상이 된다.

셋째, 헌법재판소는 권한쟁의심판을 통해 국회의 입법을 통제할 수도 있다. 국회가 다른 국가기관이나 지방자치단체의 권한을 침해하는 내용으로 법률을 제정할 경우에는 다른 국가기관이나 지방자치단체는 헌법재판소에 권한쟁의심판을 청구할 수 있다. 헌법재판소는 권한침해의 여부와 범위를 심판하고 그 취소나 무효확인을 결정할 수 있다. 국회의 입법부작위가 다른 국가기관이나 지방자치단체의 권한을 침해한 경우에는 권한쟁의심판의 대상이 될 수 있다. 이때에도 부진정입법부작위에 있어서는 불충분한 입법작용이 권한쟁의심판의 대상이 되고, 부작위 그 자체가 심판대상이 되는 것은 아니다.

(2) 절차에 대한 통제

국회는 헌법과 법률에 따라 입법해야 하지만, 법률의 내용에 대해 입법형성권을 가지고, 입법절차에 대해서도 자율권을 가진다. 하지만, 법치국가는 합헌적 법률을 전제로 하고, 입법과정에서도 적법절차가 준수되어야 하므로 입법절차도 통제되어야 한다. 국회의 입법절차는 국회법을 통해 구체화된다. 국회법은 국회의 내부질서만 규율하고 다른 국가기관이나 국민을 구속하지 않는다는 견해가 있다.[70] 하지만, 국회는 국회의 의사와 내부규율을 정하는 국회규칙과는 달리 국회법의 대외적 구속력을 인정할 수 있고, 국회법이 규정하는 입법절차의 하자에 대해서도 헌법적 심사를 하는 것이 필요하다.[71]

첫째, 국회가 헌법이 규정하는 입법절차를 위반한 경우에 그 법률은 위헌법률심판의 대상이 된다. 헌법재판소는 국회법이 규정하는 입법절차를 위반하였더

---

70) 한수웅, 헌법학, 1209면.
71) 정종섭, 헌법소송법, 251면.

라도 다수결의 원칙이나 회의공개의 원칙과 같은 헌법조항을 명백히 위반한 하자
에 해당하는 것이 아니면 그 법률의 효력에는 영향이 없다고 판단하였다.72) 하지
만, 적법절차원칙은 사법절차뿐만 아니라 행정절차와 입법절차를 모두 구속한
다.73) 국회법의 규정이라도 그것이 헌법이 요구하는 적법절차원칙을 위반하였다
고 인정되는 경우에는 법률의 효력에도 영향을 미치므로 위헌법률심판의 대상으
로 인정해야 한다.74)

둘째, 국회가 입법절차를 위반하였더라도 그 입법작용이 기본권을 침해하지
않으면 헌법소원을 청구할 수 없다. 국회는 헌법과 법률에 따라 입법해야 하고,
기본권을 제한하는 법률은 그 내용뿐만 아니라 입법절차도 헌법적 정당성을 가져
야 한다. 하지만, 법률에 의해 기본권이 침해될 가능성이 있어야 헌법소원을 청구
할 수 있다. 헌법재판소는 국회의 입법절차가 헌법이나 국회법에 어긋나더라도
그로 말미암아 직접 기본권이 침해되지 않으면 청구인적격이 인정되지 않으며,75)
지방자치단체의 폐치·분합의 과정에서 주민의 정당한 청문권을 침해하면 헌법소
원을 청구할 수 있다고 판단하였다.76)

셋째, 국회가 입법절차를 위반하여 다른 국가기관이나 지방자치단체의 권한
을 침해한 경우에는 권한쟁의심판을 청구할 수 있다. 헌법재판소는 국회가 입법
절차를 위반하여 헌법이나 법률이 인정하는 다른 국가기관이나 지방자치단체의
권한을 침해한 경우에는 권한쟁의심판을 통해 그 위헌성을 제거할 수 있다. 헌법
재판소는 다른 국가기관이나 지방자치단체의 권한을 침해한 것과 그로 인한 법률
의 효력은 구별하여 판단한다. 즉, 국회가 국회법을 위반하여 법률안을 변칙으로
처리한 경우에는 국회의원의 법률안 심의·표결권을 침해한 것을 인정하면서도
그 법률의 가결선포는 유효하다고 판단하였다.77) 하지만, 헌법이 요구하는 적법
절차원칙을 위반한 경우에는 그 법률은 무효라고 해야 한다.

---

72) 2011. 8. 30. 2009헌라7.
73) 2009. 6. 25. 2007헌마451.
74) 성낙인, 헌법학, 471면.
75) 1998. 8. 27. 97헌마8.
76) 1995. 3. 23. 94헌마175.
77) 2023. 3. 23. 2022헌라2.

제 6 절   재정에 관한 권한

1. 헌법적 의미

재정이란 국가가 공공의 수요를 충족하기 위해 필요한 재원을 조달하고, 재산을 관리, 운용, 처분하는 모든 활동을 말한다. 재정은 공익을 실현하기 위해 필요한 비용을 마련하고, 공적 재화를 공정하고 효율적으로 분배하는 것을 요구하므로 그 기본원칙은 헌법에 의해 규율되어야 한다. 권력분립의 관점에서 재정은 행정작용으로서 정부의 권한에 속하는데, 재정이 민주적이고 공정하게 이루어질 수 있도록 국민의 대표기관인 국회가 통제할 필요가 있다.

국회는 전통적으로 입법권과 함께 재정에 관한 권한을 행사함으로써 의회주의를 실천하였다. 국회의 재정에 관한 권한은 "대표 없이는 과세도 없다"라는 구호에서 알 수 있듯이 정부의 세금징수에 대한 승인권에서 출발하였다. 국회는 세금을 재원으로 하여 재정을 집행하는 예산에 대한 지출승인권을 확보하고, 나아가 예산을 심의하고 확정하는 권한을 확보하면서 재정에 관한 권한을 확대하였다. 현대의 행정국가는 사회국가적 수요의 증대에 따라 재정의 규모와 수요가 확장되어 정부의 역할이 중요하지만, 이에 따라 국회의 통제도 더욱 강조되고 있다.

재정은 수입과 지출로 구성되는데, 수입은 세금의 징수를 통해 이루어지고, 지출은 예산의 집행을 통해 이루어진다. 정부가 재정의 수입과 지출에 대한 정책을 수립하고 재정을 집행하지만, 국회가 이를 통제함으로써 권력분립을 실현한다. 국회는 수입에 대해서는 조세법률주의에 따라 원칙적으로 조세를 통해서만 조달하도록 규율한다. 한편, 지출에 대해서는 사전적으로는 예산안의 심의·확정권을 통해, 사후적으로는 결산심사권을 통해 규율한다. 이외에도 국회는 정부의 중요한 재정행위에 대해서는 동의권과 승인권을 갖고 통제한다.

2. 조세법률주의

(1) 조세의 개념

조세란 국가나 지방자치단체와 같은 공권력의 주체가 재원조달을 목적으로 반대급부 없이, 일반국민으로부터, 강제적으로 부과하여 징수하는 과징금을 말한다. 국가는 조직을 운영하고 다양한 공익적 과제를 수행하기 위한 비용이 필요한데, 이는 국가의 구성원인 국민이 조세를 통해 부담한다. 헌법 제38조는 "모든 국민은 법률이 정하는 바에 의하여 납세의 의무를 진다"라고 규정한다. 국가는 국민을 대상으로 재정의 수입을 조달하기 위해 조세를 부과하지만, 이는 재산권을 제한하므로 과잉제한금지원칙을 적용하여 헌법적으로 정당화되어야 한다.

국가는 조세 이외에 다양한 과징금을 통해 재원을 조달한다. 공공요금은 공공시설의 이용이나 급부작용에 대한 반대급부이고, 사용료는 공공시설이나 공공재산의 이용에 대한 반대급부이다. 수수료는 운전면허의 발급과 같이 특정인의 이익을 위한 공적 급부행위에 대한 반대급부이고, 사회보험료는 보험급여를 지급하기 위해 수익자인 근로자 이외에 사용자에게도 부과된다. 국가가 조세 이외의 과징금에 지나치게 의존하게 되면 재정질서를 교란하고 조세에 대한 헌법상 특별한 통제장치가 무력화될 우려가 있다.[78]

현대국가에서 조세는 재원의 조달을 목적으로 할 뿐만 아니라 사회경제적 정책을 실현하는 기능을 한다. 국가는 특정한 목적의 조세를 부과하거나 감면함으로써 투자를 유도하거나 억제하고, 물가를 안정화시키고, 고용을 창출할 수 있다. 또한, 조세를 통해 경제정책, 주택정책, 환경정책과 같은 특정정책을 유도하고 조성한다. 국민에게 조세를 징수하는 행정작용은 형식적으로 법률에 근거해야 하고, 내용적으로 공정해야 하며, 절차적으로 효율적이어야 한다. 또한, 조세를 부과하면 그 징수를 확실하게 집행해야 하고, 국민 전체의 경제생활을 향상시킬 수 있도록 기여해야 한다.

---

78) 2004. 7. 15. 2002헌바42.

(2) 법률주의

헌법 제59조는 "조세의 종목과 세율은 법률로 정한다"라고 규정한다. 조세법률주의란 조세는 반드시 국회가 제정한 법률에 근거해야 한다는 것을 말한다. 조세는 개인의 재산권을 제한하므로 국회가 제정한 법률에 근거해야 하며, 이때 법률은 법률과 같은 효력을 갖는 조약이나 긴급재정경제명령도 포함한다. 조세법률주의는 조세의 영역에 적용되는 법치이며, 조세의 특징을 반영하여 과세요건의 법률주의, 과세요건의 명확성, 소급과세금지, 포괄적 위임입법금지가 강조된다. 또한, 실질적 법치에 따라 조세에 관한 법률의 내용은 헌법원리에도 부합해야 한다.

첫째, 과세요건은 법률로 정해야 한다. 헌법은 '조세의 종목과 세율'만 규정하지만, 납세의무를 발생하게 하는 납세의무자, 과세물건, 과세표준, 과세기간, 세율과 같은 모든 과세요건과 조세를 부과하고 징수하는 기본적 절차도 법률로 정해야 한다. 과세요건이 추상적이고 불명확하게 되면 국가가 자의적으로 조세를 부과할 수 있으므로 법률로써 명확하고 일의적으로 규정해야 한다.[79] 과세관청은 행정편의를 위해 조세에 관한 법률을 확장해석하거나 유추해석해서는 안 된다.

둘째, 과세요건을 발생시킨 사실관계가 확정된 이후에 법률을 제정하여 소급하여 과세하거나 중과세해서는 안 된다.[80] 헌법 제13조 제2항은 소급입법에 의한 재산권 박탈을 금지한다. 이때 진정소급입법은 원칙적으로 금지되지만, 부진정소급입법은 원칙적으로 허용된다. 소급과세금지는 신뢰보호원칙에 기초하는데, 조세행정에서는 경제상황의 변화를 반영해야 하므로 신뢰보호원칙을 그대로 적용하기 어려운 측면이 있다. 일정한 영역에서 비과세하였거나 조세감면하였더라도 장래에도 계속된다는 기대를 보호하기 어렵고, 과세기간 중 과세기준이나 세율이 변화하지 않는다는 신뢰를 전적으로 보호하기는 힘들다.

셋째, 조세법률주의에서도 헌법 제75조가 규정하는 포괄적 위임입법의 금지가 적용되지만, 조세행정의 특징을 반영해야 한다. 과세요건이나 절차에 관한 기본적 사항은 반드시 법률로 명확하게 규정해야 하고, 법률이 위임한 범위를 벗어

---

79) 1992. 12. 24. 90헌바21.
80) 2014. 7. 24. 2012헌바105.

나서는 안 된다. 하지만, 조세행정에서는 경제현실의 변화를 탄력적으로 반영하고
탈법적 조세회피에 대처하기 위해 전문적이고 기술적인 사항에 대해서는 하위법
령에 위임할 수 있다. 이때에도 법률이 처벌이나 제재를 부과할 경우에는 개인의
기본권을 직접 제한하므로 그 위임의 요건과 범위를 명확하게 규정하여 포괄적
위임입법이 되지 않도록 해야 한다.[81]

(3) 조세평등

조세는 공적 과제를 실현하기 위한 경비를 반대급부도 없이 국민에게 강제
적으로 부담시키는 것이므로 공정하게 부과하고 징수해야 한다. 조세정의는 조세
평등을 통해 실현되고, 이는 평등원칙에 관한 헌법적 기준이 조세영역에 적용되
는 것이다. 조세평등은 과세와 징수의 적용뿐만 아니라 조세법의 형식, 내용, 그
해석과 적용에서도 적용되어야 한다. 조세평등에서는 개인의 담세능력을 고려하
여 실질적으로 과세하는 것이 중요하고, 특정한 사람이나 사안에 대해 조세를 감
면하는 것도 다른 납세자의 부담을 증가시키므로 그 사유와 정도에 따라 조세평
등에 위반될 수 있다.

첫째, 과세는 개인의 경제적 급부능력을 기초로 해야 한다. 조세는 납세의무
자의 이익이 아니라 세금을 납부할 수 있는 최소한의 재정능력을 고려하여 부과
해야 한다. 개인이 최저생계를 위해 필요한 경비는 과세로부터 제외되어야 하므
로 최저생계비를 초과하는 소득에 대해서만 소득세를 부과할 수 있다. 개인의 담
세능력은 법률의 형식보다 경제적 실질을 기준으로 판단해야 한다.[82] 다만, 헌법
재판소는 명의신탁한 과세대상에 대해 증여세를 부과하는 것은 탈법적 조세회피
를 방지하고 조세정의를 실현하기 위해 정당화된다고 판단하였다.[83]

둘째, 과세는 담세능력에 따라 평등하게 해야 하고, 합리적인 이유 없이 차
별해서는 안 된다. 담세능력이 같은 자에게는 동일하게, 다른 자에게는 상이하게
과세해야 한다. 전자를 통해 수평적 조세정의를, 후자를 통해 수직적 조세정의를
실현할 수 있다. 이때 담세능력에 따라 비례적으로 과세할 것인지 누진적으로 과

---

81) 1995. 11. 30. 94헌바40.
82) 국세기본법 제14조 ; 2009. 11. 26. 2007헌바137.
83) 2019. 11. 28. 2017헌바260.

세할 것인지는 국회가 재정상황을 고려하여 재량으로 결정할 수 있다.[84) 헌법재
판소는 부부의 자산소득을 합산하여 과세하는 것은 혼인한 부부를 혼인하지 않은
부부나 독신자에 비해 차별적으로 취급하여 혼인과 가족생활을 할 권리를 침해한
다고 판단하였다.[85)

(4) 특별부담금

(가) 부담금

부담금은 국가가 특정한 공익사업에 필요한 경비를 마련하기 위해 부과하는
과징금으로 인적 공용부담에 해당한다. 부담금은 부과금, 납부금, 특별부담금 등
다양한 용어로 사용되는데, 수익자부담금, 원인자부담금, 손상자부담금으로 구분
된다. 부담금은 국가의 급부작용에 대한 현실적 이용이 아니라 일반적이고 잠재
적인 이용가능성에 대해 부과된다. 부담금은 모든 국민에게 부과하는 것이 아니
라 특정한 공익사업을 위해 특정한 집단에게 부과한다는 점에서 조세와 다르다.
어떤 공과금이 조세인지 부담금인지는 법률의 형식이 아니라 실질적인 내용을 기
준으로 판단해야 한다.[86)

국회는 조세법률주의에 따라 과세하고 조세수입을 일반회계예산에 편입시키
고 예산총계주의에 따라 예산에 계상하여 재정을 통제한다. 부담금은 준조세의 성
격을 가짐에도 조세법률주의가 적용되지 않고 기금이나 특별회계에 편입되어 국
회의 통제에서 벗어나게 된다.[87) 이는 재정의 투명성을 약화시키고, 운영의 비효
율성을 초래하고, 국민에게 불필요한 비용부담을 지우게 된다. 국가가 조세저항이
나 국회의 통제를 회피하기 위해 부담금을 이용해서는 안 된다.[88) 부담금은 조세
에 대한 관계에서 예외적으로만 법률에 의해 부과할 수 있고, 법률이 하위법령에
위임할 경우에는 세법의 위임입법에 준하여 그 요건을 명확하게 규정해야 한다.[89)

---

84) 1999. 11. 25. 98헌마55.
85) 2002. 8. 29. 2001헌바82.
86) 2016. 6. 30. 2013헌바191.
87) 국가재정법 제4조, 제5조.
88) 2004. 7. 15. 2002헌바42.
89) 부담금기본법 제3조, 제4조 ; 2014. 4. 24. 2011헌바179.

(나) 정당화 요건

특별부담금은 특정한 공익사업과 관련하여 특별히 밀접한 관련성이 있는 집단에게 부과하는 부담금이다. 특별부담금은 특정한 공적 과제를 목적으로 일반국민이 아니라 그 과제와 특별히 밀접한 관련성이 있는 특정집단에게만 부과할 수 있다. 특별부담금은 준조세의 성격을 가지므로 특별한 법적 근거가 필요하고 특정한 집단에게 부과되므로 평등원칙에 위반하지 않아야 한다. 현대국가는 다양하고 전문적인 행정수요가 증대하여 특별부담금을 부과할 필요가 확대되고 있어, 이에 대한 헌법적 통제가 중요하다.

특별부담금을 부과하기 위해서는 특정한 공익사업과 '특별히 밀접한 관련성'이 있어야 한다. 납부의무자는 일반인과 구별되는 동질적 집단으로(집단의 동일성), 부담금을 통해 실현하고자 하는 공익사업과 객관적으로 밀접하게 관련되어야 한다(객관적 근접성). 또한, 그 집단은 공익사업에 대해 부담을 져야 할 책임이 있어야 하고(집단적 책임성), 부담금은 일반적 재정이 아니라 그 집단의 이익을 위해 사용되어야 한다(집단적 효용성).[90] 특히, 특별부담금을 유지하기 위해서는 그 징수의 타당성이나 적정성이 국회에 의해 지속적으로 심사되어야 한다.[91]

(다) 유형

특별부담금은 재정조달목적부담금과 정책실현목적부담금으로 구분된다. 전자는 주로 재원확보를 위해 부과되며, 공적 목적은 부담금 수입의 지출단계에서 실현된다. 후자는 주로 사회경제정책을 실현하기 위해 유도하거나 형평성을 조정하기 위해 부과되며, 공적 목적은 부담금의 부과단계에서 이미 실현된다. 전자에는 문화예술진흥기금, 영화상영관 입장권 부과금, 교통안전분담금이 포함되고, 후자에는 수질개선부담금, 환경오염부담금, 장애인고용부담금, 개발제한구역훼손부담금이 포함된다.

재정조달목적부담금과 정책실현목적부담금은 공익사업과의 '특별히 밀접한 관련성'의 정도에서 차이가 있다. 공익사업의 재원은 원칙적으로 조세를 통해 조달해야 하므로 재정조달목적부담금에 대해서는 그 요건을 엄격하게 심사하여 극

90) 2008. 11. 27. 2007헌마860.
91) 2010. 2. 25. 2007헌바131.

히 예외적으로만 인정해야 하지만, 정책실현목적부담금에 대해서는 사회경제적 필요성을 고려하여 보다 완화된 기준을 적용할 수 있다.[92] 하지만, 양자는 엄격하게 구분하기 어렵고, '특별히 밀접한 관련성'을 인정하는 기준도 상대적이므로 최소한 평등원칙을 위반해서는 안 된다.[93]

특별부담금은 개인의 재산권을 제한하고 특정집단을 차별적으로 취급하게 되어 평등권을 침해할 수 있다. 국회는 특별부담금에 대해 입법형성권을 가지지만, 기본권을 제한하는 경우에는 헌법 제37조 제2항이 규정하는 과잉제한금지원칙에 따라 정당화되어야 한다.[94] '특별히 밀접한 관련성'은 특별부담금의 부과에 대해 과잉제한금지원칙을 적용하는 중요한 요소로 작용하고 최종적으로는 재산권과 평등권의 제한이 헌법적으로 정당화되는지를 심사하는 것으로 귀결된다.

헌법재판소는 카지노사업자와 내국인 국외여행자에 대한 관광진흥개발기금, 장애인고용부담금, 개발제한구역에서의 토지형질변경에 대한 훼손부담금, 건축행위에 대한 기반시설부담금, 광역교통시설부담금의 부과는 위헌이 아니라고 판단하였다.[95] 한편, 공연관람자에 대한 문예진흥기금, 주택재건축사업자와 주택분양자에 대한 학교용지부담금, 회원제골프장 이용자에 대한 국민체육진흥기금의 부과는 평등원칙에 위반되어 위헌이라고 판단하였다.[96]

3. 예산안 심의 · 확정권

(1) 예산의 개념

헌법 제54조 제1항은 "국회는 국가의 예산안을 심의·확정한다"라고 규정한다. 예산이란 1회계연도를 단위로 세입과 세출에 대해 예정한 계산서다. 국가는 예산을 통해 재정의 수입과 지출을 계획한다. 헌법은 정부에 의한 예산안 편성,

---

92) 2004. 7. 15. 2002헌바42.

93) 2005. 3. 31. 2003헌가20.

94) 2020. 8. 28. 2018헌바425.

95) 1999. 10. 21. 97헌바84 ; 2003. 1. 30. 2002헌바5 ; 2003. 7. 24. 2001헌바96 ; 2007. 5. 31. 2005
헌바47 ; 2010. 2. 25. 2007헌바131 ; 2018. 12. 27. 2017헌바215.

96) 2003. 12. 18. 2002헌가2 ; 2005. 3. 31. 2003헌가20 ; 2013. 7. 25. 2011헌가32 ; 2019. 12. 27.
2017헌가21.

국회에 의한 의결, 정부에 의한 예산집행, 국회의 결산심사권을 통해 권력분립을 실현한다. 국회는 예산안 심의·확정권을 통해 국가재정의 규범적 기준을 결정할 뿐만 아니라 정부의 정책집행에 필수적으로 수반되는 재정에 대해 동의하고 지원한다. 국가기관은 국회가 확정한 예산에 기속된다.

예산은 수입예산과 지출예산으로 구분되는데, 규범적으로는 지출예산이 수입예산보다 중요하다. 수입예산은 단순한 세입에 대한 예정서에 불과하고, 수입예산을 실천하기 위해서는 조세법률주의에 따라야 한다. 한편, 정부를 비롯한 국가기관은 지출예산에 엄격하게 기속된다. 지출예산은 지출의 목적, 금액, 내용, 기간 등을 엄격하게 규율하는 규범적 기준이 되므로 정부는 예산을 목적 이외에 사용할 수 없고, 각 기관 간 또는 각 장, 관, 항 간의 상호 이용이나 이체는 금지된다.

예산은 국가행위를 기속하는 규범이지만, 이를 법률과 동일한 형식으로 채택할 수도 있고 법률과 다른 형식으로 채택할 수도 있다. 영국, 미국, 프랑스, 독일 등 대부분 국가는 예산을 법률의 형식으로 결정하는 예산법률주의를 채택하지만, 우리나라와 일본, 스위스는 예산을 법률과 다른 형식으로 결정하는 예산비법률주의를 채택한다. 예산과 법률은 국가기관을 구속한다는 점에서 동일하고 예산과 법률을 구분하면 서로 모순되거나 충돌할 수 있으므로 체계적으로는 예산법률주의가 정합적이다.[97] 헌법은 제53조에서 법률을, 제54조에서 예산을 규정하므로 예산법률주의를 채택하려면 헌법개정이 필요하다.

(2) 예산의 내용

(가) 예산원칙

예산은 1회계연도마다 편성해야 하는데, 국가의 회계연도는 매년 1월 1일에 시작하여 12월 31일에 종료하며(1년예산주의), 각 회계연도의 경비는 그 연도의 세입으로 충당해야 한다(회계연도의 독립). 한 회계연도의 모든 수입을 세입으로, 모든 지출을 세출로 하여 단일한 예산으로 편성해야 하고, 원칙적으로 세입과 세출은 모두 예산에 계상해야 한다(예산총계주의). 예산원칙은 예산의 투명성을 확보하

97) 성낙인, 헌법학, 490면.

고 국회가 재정을 효율적으로 감독하고 통제하기 위한 것이다. 특별부담금에 의
한 특별회계와 기금은 특정한 사업이나 목적을 위해 필요하다고 인정되어 법률로
규정한 경우에 한하여 인정된다.98)

(나) 예산의 종류

예산은 예산총칙·세입세출예산·계속비·명시이월비 및 국고채무부담행위를
총칭한다.99) 예산은 수입과 지출에 대한 예정적 계산서이므로 현실과 일치하지
못하는 경우가 발생한다. 또한, 예산은 국회의 의결을 통해 확정하는 법규범이지
만 예산비법률주의를 채택하여 예산과 법률이 서로 불일치할 수도 있다. 헌법은
국가재정을 정상적으로 운영하기 위해 예산원칙에 대한 특칙으로 다양한 형태의
예산을 인정하여 예산과 현실을 일치시키고 예산과 법률의 모순을 조정한다.

첫째, 일반적 예산에는 예비비를 포함시킨다. 헌법 제55조 제2항은 "예비비
는 총액으로 국회의 의결을 얻어야 한다. 예비비의 지출은 차기국회의 승인을 얻
어야 한다"라고 규정한다. 예비비는 예측할 수 없는 예산 외의 지출 또는 예산초
과지출에 충당하기 위한 것이다. 예비비는 지출의 용도를 예상할 수 없어 비용항
목을 명시할 수 없기 때문에 국회는 일반회계 예산총액의 100분의 1 이내에서 총
액으로 의결한다.100) 정부는 그 구체적인 목적과 용도를 재량으로 결정할 수 있
지만, 그 지출에 대해서는 차기국회의 승인을 얻어야 한다.

둘째, 계속비도 예산에 반영될 수 있다. 헌법 제55조 제1항은 "한 회계연도
를 넘어 계속하여 지출할 필요가 있을 때에는 정부는 연한을 정하여 계속비로서
국회의 의결을 얻어야 한다"라고 규정한다. 계속비는 1년예산주의의 예외로서 그
경비의 총액과 연부액을 정하여 미리 국회의 의결을 얻은 범위 안에서 수년도에
걸쳐서 지출할 수 있다. 계속비의 지출연한은 원칙적으로 그 회계연도로부터 5년
이내로 하고, 정부는 국회의 의결을 거쳐 지출연한을 연장할 수 있다.101)

셋째, 통상적인 예산 이외에 추가경정예산도 인정된다. 헌법 제56조는 "정
부는 예산에 변경을 가할 필요가 있을 때에는 추가경정예산안을 편성하여 국회

---

98) 국가재정법 제2조, 제3조, 제4조, 제5조, 제17조.
99) 국가재정법 제19조.
100) 국가재정법 제22조.
101) 국가재정법 제23조.

에 제출할 수 있다"라고 규정한다. 추가경정예산은 이미 성립된 예산에 변경을 가할 필요가 있는 경우에 편성하며, 예산이 확정된 이후에 전쟁이나 대규모 자연재해가 발생하거나 경기침체나 대량실업 등 대내외 여건에 중대한 변화가 생긴 경우, 법령에 따라 국가가 지급하여야 하는 지출이 발생하거나 증가한 경우 등에 편성한다. 추가경정예산은 국회가 의결한 예산안과 동일한 방법으로 편성하고 의결한다.

넷째, 새로운 회계연도가 시작할 때까지 예산안이 의결되지 못한 때를 대비하여 임시예산을 집행할 수 있다. 정부는 국회에서 예산안이 의결될 때까지 헌법이나 법률에 의해 설치된 기관 또는 시설의 유지·운영, 법률상 지출의무의 이행, 이미 예산으로 승인된 사업의 계속을 위해 필요한 경비를 전년도 예산에 준하여 집행할 수 있다. 이는 국회가 예산안을 의결하지 못하는 예외적인 상황이 발생한 경우에 국정의 기능이 마비되지 않도록 잠정적으로 인정되는 것이지, 정상적인 예산을 대체하는 것은 아니다.

(3) 예산안 의결절차

예산은 예산안의 편성과 제출, 소관상임위원회의 예비심사, 예산결산특별위원회의 종합심사, 본회의 의결의 순서로 진행되어 확정된다. 헌법 제54조 제2항은 "정부는 회계연도마다 예산안을 편성하여 회계연도 개시 90일 전까지 국회에 제출하고, …"라고 규정한다. 예산안은 법률과 달리 정부만 제출할 수 있고, 정부는 국무회의의 심의와 대통령의 승인을 얻어 회계연도 개시 120일 전까지 국회에 제출해야 한다.[102] 정부는 국회에 제출한 이후 부득이한 사유가 있으면 수정안을 제출할 수 있고, 예산안이 확정된 이후에는 추가경정예산안을 제출할 수 있다.

예산안이 국회에 제출되면 국회의장은 소관 상임위원회에 회부하고, 상임위원회는 예산안에 대해 예비심사를 진행하여 그 결과를 국회의장에게 보고한다. 국회의장은 상임위원회의 보고서를 첨부하여 예산결산특별위원회의 종합심사에 회부한다. 예산결산특별위원회는 예산안을 제안설명 및 전문위원 검토보고, 종합정책질의, 부별심사 및 분과위원회 심사, 소위원회 심사, 찬반토론 및 표결, 심사보고서 제출의 순서로 종합심사를 진행한다. 이때 상임위원회에서 삭감한 금액을

---

102) 국가재정법 제32조, 제33조.

증액하거나 새 비목을 설치할 경우에는 그 상임위원회의 동의를 얻어야 한다.

예산안이 예산결산특별위원회에서 의결되면 본회의에 부의되어 질의와 토론을 거쳐 표결함으로써 확정된다. 헌법 제57조는 "국회는 정부의 동의 없이 정부가 제출한 지출예산 각항의 금액을 증가하거나 새 비목을 설치할 수 없다"라고 규정한다. 이는 예산안을 편성하고 실제로 예산을 집행하는 정부의 의견을 존중하기 위한 것이다. 국회는 회계연도 개시 30일 전까지 예산안을 의결하여 확정하고, 예산안은 그때부터 효력이 발생한다. 국회가 예산안을 의결하여 정부로 이송하면, 대통령이 서명하고 관보에 게재함으로써 공고한다. 이는 예산의 확정을 공지하는 것일 뿐 예산의 효력을 발생시키는 요건이 아니다.

(4) 예산의 효력

예산은 헌법에 근거하여 국회의 의결을 통해 성립하는 법규범으로 모든 국가기관을 구속한다. 하지만, 예산은 법률과는 그 형식과 의결절차가 다르고 그 효력에도 차이가 있다. 우선, 절차적 측면에서 법률은 국회의원과 정부가 제출권을 가지나, 예산안은 정부만 제출권을 가진다. 법률은 공포를 통해 비로소 법적으로 존재하고 효력을 가지나, 예산은 별도의 공포 없이 국회의 의결로써 효력이 발생한다. 또한, 국회가 의결한 법률에 대해서는 대통령이 재의요구권을 가지나, 예산에 대해 대통령은 재의요구권을 갖지 않는다.

법률은 일반국민을 구속하고 원칙적으로 영구적으로 효력을 가지나, 예산은 1년의 회계연도에 한하여 국가기관만 구속하고 국민에 대한 권리의무를 발생시키지 않는다. 모든 국가기관은 예산에 구속되지만, 국민은 예산을 근거로 어떠한 권리를 가지거나 예산에 따른 특정한 급부를 청구할 수도 없다.[103] 국가는 예산을 근거로 국민에게 어떠한 의무를 부과할 수 없다. 따라서 예산은 위헌법률심판의 대상이 되지 않고, 개인은 예산안 편성, 예산 그 자체나 국회의 예산안 의결에 대해 헌법소원을 청구할 수도 없다.[104]

우리나라는 예산비법률주의를 채택하여 예산과 법률은 불일치할 수 있다. 예산과 법률은 상이한 법적 효력을 가지며, 양자는 서로를 구속하지 않아 그 내용이

---

103) 한수웅, 헌법학, 1196면 ; 2006. 4. 25. 2006헌마409.
104) 2016. 12. 27. 2016헌마1092.

일치하지 않으면 예산이나 법률을 집행할 수가 없다. 예산과 법률의 불일치는 조정할 필요가 있다. 사전적으로는 예산상 조치를 수반하는 법률안에 대해서는 비용추계서를 제출토록 하고, 위원회 심사에서 정부의 의견을 듣고 예산결산특별위원회 협의, 연석회의 등의 절차를 통해 조정할 수 있다.[105] 사후적으로는 예비비와 추가경정예산을 통해 법률을 집행하거나 예산과 일치하도록 법률을 개정하여 조정할 수도 있다.

4. 결산심사권

(1) 감사원의 검사

결산은 정부가 예산에서 정해진 목적과 용도대로 적법하고 적정하게 재정활동을 하였는지를 심사하는 것이다. 결산은 1회계연도에서 국가의 수입과 지출의 실적을 확정적 계수로 표시한다. 헌법 제99조는 "감사원은 세입·세출의 결산을 매년 검사하여 대통령과 차년도 국회에 그 결과를 보고하여야 한다"라고 규정한다. 정부는 매년 세입·세출의 결산서를 작성하여 국무회의를 거쳐 대통령의 승인을 받아 감사원에 제출한다. 정부는 국가결산보고서를 감사원에 제출하고, 감사원으로부터 검사보고서를 제출받아 이를 다음 회계연도 5월 31일까지 국회에 제출한다.[106]

헌법은 감사원에게 국가의 세입·세출의 결산을 검사하도록 하고, 국회는 감사원의 검사보고서에 대해 심사한다. 대통령은 정부의 수반으로서 예산을 집행하고 최종적으로 책임을 지는데, 감사원은 대통령에 소속된 헌법기관이다. 감사원이 정부가 제출한 국가결산보고서를 실질적으로 검사하는 것은 권력분립에 충실하지 않다는 비판이 있다. 미국과 일본은 결산심사권을 독립적인 헌법기관에게 부여하고, 영국은 국회에 소속되지만 독립적 권한을 행사하는 기관에 결산심사권을 부여한다. 감사원의 검사권을 바꾸기 위해서는 헌법개정이 필요하다.

(2) 국회의 의결

국회가 결산심사를 하는 절차와 방법은 예산안의 경우와 동일하게 정부로부

---

105) 국회법 제79조의2, 제83조의2.
106) 국가재정법 제59조, 제60조, 제61조.

터 결산을 제출받아 소관 상임위원회의 예비심사와 예산결산특별위원회의 심사를 거쳐 본회의에서 최종적으로 의결한다.[107] 국회는 정기회 개회 전까지 결산에 대한 심의·의결을 마쳐야 한다.[108] 국회가 결산심사를 의결하거나 부결할 수 있지만, 이는 정부에 대해 정치적 책임을 추궁하는 것으로 의결이나 부결 자체가 특별한 법적 효과를 갖지는 않는다. 국회가 결산을 부결하더라도 정부가 이미 예산을 집행한 행위의 법적 효력에는 아무런 영향이 없다.[109]

국회가 결산을 심사한 결과 정부가 위법하거나 부당하게 예산을 집행한 사항을 발견한 때에는 정부에 대해 정치적 또는 법적 책임을 추궁할 수 있다. 국회는 국무총리와 관계국무위원의 해임건의, 탄핵소추, 국정조사, 해당부서의 예산안 수정과 삭감, 관련자에 대한 형사고발, 위법 또는 부당한 사항에 대한 변상 및 징계조치의 요구 등을 할 수 있다. 정부 또는 해당기관은 시정요구를 받은 사항을 지체 없이 처리하여 그 결과를 국회에 보고해야 한다.

5. 재정에 관한 동의권과 승인권

(1) 동의권

국회는 정부의 재정에 대해 일정한 범위에서 동의권을 갖는다. 첫째, 국채를 모집하거나 예산 외에 국가의 부담이 될 계약을 체결하려 할 때에는 정부는 미리 국회의 의결을 얻어야 한다.[110] 국채는 국가의 세입부족을 보충하기 위해 부담하는 채무로서 나중에 원금과 이자를 상환해야 하므로 다음 회계연도의 예산에 부담을 준다. 국가의 부담이 될 계약 역시 다음 회계연도의 예산에 재정적 부담을 주므로 미리 국회의 의결을 받도록 한다. 둘째, 대통령은 상호원조에 관한 조약, 국가나 국민에게 중대한 재정적 부담을 지우는 조약을 체결할 때에는 국회의 동의를 얻어야 한다.[111]

---

107) 국회법 제84조.
108) 국회법 제128조의2.
109) 한수웅, 헌법학, 1200면.
110) 헌법 제58조.
111) 헌법 제60조 제1항.

(2) 승인권

국회는 정부의 재정에 대해 일정한 범위에서 승인권을 가진다. 첫째, 정부가 예비비를 지출한 경우에는 차기국회의 승인을 얻어야 한다. 국회는 예산안을 심의·의결할 때 예비비의 지출용도를 알 수 없어 총액으로 의결하므로 국회가 사후적으로 정부의 예비비 사용을 승인하는 절차를 마련한 것이다. 둘째, 대통령은 중대한 재정·경제상의 위기에 있어서 재정·경제상의 처분 또는 명령을 한 때에는 지체 없이 국회에 보고하여 그 승인을 얻어야 한다. 헌법은 대통령에게 국가긴급권으로서 긴급재정경제명령권을 부여하면서 이를 통제하기 위해 국회에게 사후적으로 승인할 권한을 부여한다.

제7절 국정통제권

1. 헌법적 의미

국회는 권력분립에 따라 국정을 통제한다. 국회가 입법권을 행사하여 법률을 제정하는 것 자체도 국정통제의 역할을 한다. 모든 국가기관은 국회가 제정한 법률에 기속되기 때문이다. 국회의 재정에 관한 권한도 국정통제권과 밀접하게 관련되고, 국회의 자율권도 국정통제의 기능을 효과적으로 수행하기 위한 것이다. 현대국가에서는 행정기능이 강화되어 국회가 정부를 통제할 필요성이 커지고, 정당국가에서는 정당을 매개로 국회와 정부가 결합되어 국회의 소수파가 국정을 통제하는 기능이 중요해지고 있다.

국회의 국정통제권은 주로 정부를 대상으로 하고, 법원이나 헌법재판소에 대해서는 사법권의 독립을 고려해야 하므로 신중하게 행사되어야 한다. 우리나라는 대통령제를 채택하고 있어 국회가 정부의 권한을 통제하는 것이 중요하고, 국정통제권을 통해 정부와 협력하기도 한다. 헌법은 국회에게 다양한 국정통제권을 부여하지만, 그 구체적인 내용은 국회가 스스로 법률로 정한다. 국회도 권력분립에 따라 헌법과 법률에 따라 국정통제권을 행사해야 하고 그 권한을 남용해서는 안 된다.

2. 국정감사권과 국정조사권

(1) 의의

헌법 제61조 제1항은 "국회는 국정을 감사하거나 특정한 국정사안에 대하여
조사할 수 있으며, 이에 필요한 서류의 제출 또는 증인의 출석과 증언이나 의견의
진술을 요구할 수 있다"라고 규정한다. 국정감사권은 국회가 매년 정기적으로 국
정의 전반에 대해 감사하는 권한이고, 국정조사권은 특정한 사안에 대해 필요한
때에 조사할 수 있는 권한이다. 국회는 국정에 대한 감사와 조사를 통해 의정활동
에 필요한 자료와 정보를 수집할 수 있고, 이를 통해 국민의 알권리를 보장한다.

국정감사권은 1948년 건국헌법에서 도입되어 우리나라의 특유한 제도로 발
전하였다. 국정감사권과 국정조사권은 그 법적 성격, 주체, 방법과 절차, 효과, 한
계 등에서 유사하다. 하지만, 국정감사권은 소관 상임위원회별로 매년 정기적으로
국정전반에 걸쳐 감사를 하고, 이를 기초로 예산안을 심의·의결한다는 점에서 중
요한 의미가 있다. 국정감사·조사는 대통령의 소속기관인 감사원이 회계검사와
공무원에 대한 직무감찰을 수행하는 것과는 다르다. 국회는 직접 국정감사·조사
를 하지 않고 감사원에 대해 특정한 국정사안을 감사할 것을 청구할 수 있고, 감
사원은 3월 이내에 감사결과를 국회에 보고해야 한다.112)

(2) 내용

헌법 제61조 제2항은 "국정감사 및 국정조사에 관한 절차 기타 필요한 사항
은 법률로 정한다"라고 규정한다. 국회법, '국정감사 및 조사에 관한 법률'에서 국
정감사·조사권에 대해 자세히 규정한다. 국정감사는 매년 정기회 집회일 이전에
국정감사 시작일부터 30일 이내의 기간을 정하여 소관 상임위원회별로 실시한다.
국정감사의 대상에는 정부나 국가기관뿐만 아니라 광역지방자치단체, 한국은행,
농업협동조합중앙회와 같은 공공기관도 포함된다. 국정조사는 재적의원 4분의 1

---

112) 국회법 제127조의2.

이상의 요구가 있는 때에 특별위원회 또는 상임위원회가 특정사안에 대한 조사계획서를 본회의에서 승인받아 진행한다.113)

국회는 국정감사·조사에서 관계인이나 기관에게 필요한 보고나 서류의 제출을 요구할 수 있고, 증인·감정인·참고인의 출석을 요구하고 감정을 할 수 있으며, 청문회를 열 수도 있다. 국정감사·조사는 원칙적으로 공개되고, 위원회는 국정감사·조사를 마치면 보고서를 채택하여 의장에게 제출하고, 의장은 지체 없이 본회의에 보고해야 하며, 본회의는 의결로 처리한다. 국회는 국정감사·조사의 결과에 따라 해당기관에 시정을 요구하거나 스스로 처리하도록 이송하고, 해당기관은 시정요구를 받거나 이송받은 사항을 지체 없이 처리하고 그 결과를 국회에 보고해야 한다.114)

(3) 한계

국회는 권력분립에 따라 헌법과 법률이 보장하는 범위에서 국정감사·조사권을 행사할 수 있다. 헌법은 국정감사·조사권의 한계를 직접 규정하지 않지만, 법률로 그 권한의 한계를 규정할 수 있다. 국회는 원칙적으로 지방자치단체 중에서 광역지방자치단체만 국정감사의 대상으로 하고, 이때에도 자치사무는 국정감사·조사의 대상에서 제외되고, 국가위임사무와 국가가 보조금 등 예산을 지원하는 사업에 대해서만 국정감사·조사를 할 수 있다. 다만, 국회가 본회의를 통해 특히 필요하다고 의결한 경우에는 지방행정기관, 지방자치단체, 감사원의 감사대상기관도 국정감사의 대상에 포함될 수 있다.115)

국회는 개인의 사생활을 침해하거나 계속 중인 재판이나 수사 중인 사건의 소추에 관여할 목적으로 국정감사·조사를 할 수 없다. 국회의 국정감사·조사권도 국가작용이므로 개인의 기본권을 침해할 수 없다. 국회는 국정감사·조사를 공개해야 하지만, 예외적으로 사생활의 보호를 위해 위원회의 의결을 통해 비공개로 할 수 있다.116) 국회는 법원과 헌법재판소의 사법권의 독립을 보장해야 하므로 계속 중인 재판이나 수사 중인 사건의 소추에 관여할 목적으로 국정감사·조사

---

113) 국정감사 및 조사에 관한 법률 제2조, 제3조, 제7조.
114) 국정감사 및 조사에 관한 법률 제10조, 제12조, 제16조.
115) 국정감사 및 조사에 관한 법률 제7조.
116) 국정감사 및 조사에 관한 법률 제8조, 제12조.

를 할 수 없지만, 사법기관의 예산집행이나 사법행정에 관한 사항은 국정감사·조
사를 할 수 있다.

국회가 국정감사·조사를 위해 공무원에게 증언을 요구하거나 국가기관에게
서류 등의 제출을 요구하면, 공무원이나 국가기관은 직무상 비밀에 속한다는 이
유로 증언이나 서류 등의 제출을 거부할 수 없다. 이는 국정감사·조사권의 실효
성을 보장하기 위한 것이지만, 중대한 공익을 위해 필요한 경우에는 예외가 인정
된다. 즉, 군사·외교·대북관계의 국가기밀에 관한 사항으로서 그 발표로 말미암
아 국가안위에 중대한 영향을 미칠 수 있음이 명백하다는 점에 대해 주무부장관
의 소명이나 국무총리의 설명이 있는 경우에는 공무원이나 국가기관은 증언이나
서류 등의 제출을 거부할 수 있다.[117)]

3. 탄핵소추권

(1) 의의

헌법 제65조 제1항은 "대통령·국무총리·국무위원·행정각부의 장·헌법재판
소 재판관·법관·중앙선거관리위원회 위원·감사원장·감사위원 기타 법률이 정
한 공무원이 그 직무집행에 있어서 헌법이나 법률을 위배한 때에는 국회는 탄핵
의 소추를 의결할 수 있다"라고 규정한다. 탄핵은 일반적인 사법절차에 따라 소
추하거나 징계하기 곤란한 고위공직자나 법관과 같이 신분이 보장되는 공무원이
직무상 위법행위를 저지른 경우에 특별한 절차를 통해 파면하는 것이다. 국회는
고위공직자가 그 직에 있는 동안에는 기간이나 시효의 제한을 받지 않고 언제든
지 탄핵소추할 수 있다.

탄핵은 고위공직자가 권한을 남용하여 헌법이나 법률을 위반한 경우에 그
권한을 박탈하여 책임을 추궁함으로써 법치국가를 실현하고, 개인의 기본권을 보
장하고 헌법질서를 수호하는 기능을 한다. 탄핵절차는 탄핵소추와 탄핵심판으로
구분된다. 헌법은 탄핵소추권은 국회에게, 탄핵심판권은 헌법재판소에 부여한다.
고위공직자의 위법행위에 대해 국민의 대표기관인 국회가 민주주의의 관점에서

---

117) 국회에서의 증언·감정 등에 관한 법률 제4조.

소추하고, 국회로부터 독립된 헌법재판소가 법치국가의 관점에서 심판하도록 한 것이다. 헌법재판소법과 국회법은 탄핵의 소추와 심판절차에 대해 구체적으로 규정한다.

(2) 대상

탄핵소추의 대상자는 대통령·국무총리·국무위원·행정각부의 장·헌법재판소 재판관·법관·중앙선거관리위원회 위원·감사원장·감사위원 기타 법률이 정한 공무원이다. 대통령은 국정의 최고책임자이므로 그 법적 책임을 묻는 것은 국정통제의 수단이 된다. 대통령은 재직 중 내란·외환의 죄를 범한 경우가 아니면 형사소추의 대상에서 제외되므로 탄핵이 중요한 의미를 가진다. 국회의원은 탄핵소추의 주체이므로 그 대상에서 제외되지만, 탄핵심판권을 가진 헌법재판관은 그 대상에 포함된다.

국무총리·국무위원·행정각부의 장은 국회의원을 겸직할 수 있는데, 국무총리 등 공직의 지위에서 행한 직무집행에 대해서는 탄핵소추를 할 수 있다. 법관에는 대법원장, 대법관, 판사가 포함되지만 군사법원의 군판사는 포함되지 않는다. 또한, 헌법에서 직접 규정한 고위공무원뿐만 아니라 개별적 법률이 정한 공무원도 탄핵대상이 된다. 검사, 경찰청장, 방송통신위원회 위원장, 각급 선거관리위원회 위원, 원자력안전위원장, 특별검사와 특별검사보, 고위공직자범죄수사처장과 차장이 이에 해당한다.

(3) 사유

(가) '직무집행에 있어서'

탄핵소추의 사유는 '공무원이 그 직무집행에 있어서 헌법이나 법률을 위배한 때'이다. 직무집행이란 공무원이 헌법과 법률에 의해 부여된 권한을 행사하고 의무를 이행하는 모든 공적 활동을 말한다. 법령에 의해 공무원의 직무에 속하는 업무뿐만 아니라 사회통념상 그와 관련된 직무상 행위가 포함되며, 법령·조례·행정관행에 의해 필요하거나 지위에 수반되는 활동도 포괄적으로 포함된다. 실제로는 직무상 행위에 포함되지 않지만 객관적으로 직무행위의 외형을 갖춘 경우도 이에 포함된다.

공무원이 전직에서 행한 위헌·위법행위도 탄핵사유에 해당되고,118) 대통령
당선인의 직무도 탄핵사유에 해당된다는 견해가 있다.119) 하지만, 탄핵심판은 대
통령을 포함하여 고위공직자의 직무수행에 대해 법적 책임을 묻는 것이므로 공직
에 취임하기 이전이나 퇴임 이후의 행위, 겸직하는 다른 공직의 직무행위는 '그
직무집행'에 포함되지 않는다.120) 대통령에 대해서도 취임하여 그 직위를 보유하
고 있는 상태에서 행한 직무집행만 탄핵사유에 해당한다.121)

(나) '헌법이나 법률을 위배'

'헌법이나 법률을 위반한 때'란 형식적으로는 헌법과 법률을 위반한 것이고,
실질적으로는 위법한 것으로 평가되는 것이다. 고위공직자가 법률을 위반한 것은
법치국가의 실현과 권력분립과 관련되는 헌법적 문제이다. 이때 법률은 긴급명
령·긴급재정경제명령, 조약과 일반적으로 승인된 국제법규와 같이 법률과 동일
한 효력을 갖는 실질적 법률을 포함하며, 형사처벌에 관한 법률에 한정되지 않는
다. 하지만, 법률의 하위규범인 명령이나 규칙, 지방자치단체의 조례는 이에 포함
되지 않는다.

직무집행의 위법성은 객관적으로 위법한 것이면 충분하고 반드시 고의나
과실에 의한 것일 필요는 없으며, 법의 무지로 인한 것도 포함한다. 다만, 헌법
과 법률에서 명시하는 구체적인 법적 의무를 위반한 경우만 탄핵사유에 해당된
다. 헌법재판소는 대통령이 헌법을 준수하고 수호하여야 할 의무를 위반한 것은
탄핵사유에 해당한다고 판단하였다.122) 공무원의 직무상 판단에 따른 정책실패,
위헌·위법하지 않은 부도덕한 일탈행위나 개인적 사생활은 탄핵사유에 해당하
지 않는다. 이는 정치적 책임을 추궁하거나 징계할 수 있는 사유에 해당할 수는
있다.

---

118) 정재황, 헌법학, 1478면 ; 정종섭, 헌법학원론, 1209~1210면.
119) 정재황, 헌법재판론, 1613면.
120) 성낙인, 헌법학, 512면.
121) 김하열, 헌법소송법, 732면 ; 2004. 5. 14. 2004헌나1.
122) 2004. 5. 14. 2004헌나1.

(다) 실질적 탄핵사유

공무원은 탄핵소추로 권한행사가 정지되고, 탄핵결정으로 파면될 뿐만 아니라 5년 동안 공직취임도 금지된다. 탄핵사유는 그 법적 효과에 비례할 수 있도록 실질적 내용과 범위를 제한할 필요가 있다. 탄핵은 고위공직자를 파면하는 것이므로 단순히 위법행위를 한 경우가 아니라 위법행위가 중대하여 더 이상 공직에서 직무집행을 하도록 허용할 수 없을 경우에만 헌법적으로 정당화된다. 탄핵사유는 형식적으로 헌법이나 법률에 위배되는 것만으로는 부족하고, 고위공직자를 파면하는 것이 정당화될 수 있어야 한다.

탄핵사유는 개별적 사안에서 고위공직자의 지위, 직무수행, 위법의 내용과 정도 등을 반영하여 판단해야 한다. 직무집행의 위법성이 중대한지 여부는 직무집행에서 고의나 과실과 같은 주관적 요소가 아니라 직무집행의 결과로 드러난 위법성의 객관적 요소에 따라 결정된다. 헌법재판소도 '탄핵심판청구가 이유 있는 때'란 모든 법위반의 경우가 아니라 고위공직자의 파면을 정당화할 정도로 중대한 법위반의 경우를 말한다고 판단하였다.[123]

대통령에 대한 탄핵과 그 밖의 고위공직자에 대한 탄핵을 구분해야 한다는 견해가 있다.[124] 하지만, 탄핵대상이 되는 고위공직자는 그 직위에서 비롯되는 헌법적 책무를 다양하게 부담하는데, 그 직무집행에서 중대한 위반행위인지 여부는 그 직위를 함께 고려하여 결정한다. 헌법재판소가 '파면을 정당화할 수 있을 정도로 중대한 위법행위'에 해당하는지를 판단할 때에는 대통령의 지위와 직무집행의 중요성을 함께 고려할 수 있다. 따라서 대통령에 대한 탄핵사유 자체를 다른 고위공직자와 구별할 필요는 없다.[125]

(4) 절차

(가) 국회의 의결

국회는 재적의원 3분의 1 이상의 찬성으로 탄핵소추를 발의하고, 재적의원 과반수의 찬성으로 의결한다. 다만, 대통령에 대해서는 재적의원 과반수의 찬성으

123) 2017. 3. 10. 2016헌나1.
124) 허영, 헌법소송론, 279~280면.
125) 한수웅, 헌법학, 1585면.

로 발의하고, 재적의원 3분의 2 이상이 찬성해야 한다. 대통령에 대해 특별가중정족수를 요구하는 것은 대통령은 국민의 직접선거를 통해 선출되어 민주적 정당성이 강하다는 것을 고려한 것이다. 국회가 고위공직자의 위법행위를 발견한 경우에는 헌법질서를 수호하기 위해 탄핵소추해야 할 헌법적 책무가 있다. 하지만, 탄핵소추를 발의할 것인지 여부는 국회가 재량으로 판단할 수 있고, 탄핵소추를 발의해야 할 법적 의무가 있는 것은 아니다.

국회의원이 탄핵소추를 발의할 때에는 피소추자의 성명·직위와 탄핵소추의 사유·증거 기타 자료를 제시해야 한다. 탄핵소추의 발의에는 기간의 제한이 없다. 탄핵소추가 발의되면 국회는 즉시 본회의에 보고하고 본회의 의결로 법제사법위원회에 회부하여 조사하게 할 수 있고, 법제사법위원회는 지체 없이 조사·보고해야 한다. 국회는 법제사법위원회에 회부하기로 의결하지 아니한 때에는 본회의에 보고된 때로부터 24시간 이후 72시간 이내에 탄핵소추의 여부를 무기명투표로 표결하고, 이 기간 내에 표결하지 아니한 때에는 그 탄핵소추안은 폐기된 것으로 본다.[126]

탄핵소추안이 의결되면 국회의장은 지체 없이 소추의결서의 정본을 법제사법위원장인 소추위원에게, 그 등본을 헌법재판소, 피소추자와 그 소속기관의 장에게 송달한다.[127] 소추위원은 헌법재판소에 소추의결서의 정본을 제출하여 탄핵심판을 청구하고, 이때에는 국회의 소추의결서의 정본으로 청구서를 갈음한다.[128] 탄핵소추의결의 주체는 국회이고, 소추위원은 탄핵심판의 청구인이지만 국회의 의결에 따른 절차상의 권한을 가질 뿐이다. 소추위원은 스스로 탄핵심판을 청구할 것인지를 결정할 수는 없다.

(나) 적법절차원칙

탄핵심판절차에서는 형사소송에 관한 법령을 준용하므로 적법절차가 준수되어야 한다. 헌법재판소는 탄핵소추절차는 국회와 대통령이라는 헌법기관 사이의 문제이고, 국가기관이 국민에 대해 공권력을 행사할 때 준수하여야 하는 법원칙으로 형성된 적법절차원칙을 국가기관에 대해 헌법을 수호하고자 하는 탄핵소추

---

126) 국회법 제130조 제1항, 제2항, 제3항.
127) 국회법 제134조 제2항.
128) 헌법재판소법 제49조 제2항, 제26조 제1항.

절차에 직접 적용할 수 없다고 판단하였다.129) 하지만, 적법절차는 모든 국가기관
이 지켜야 하고 탄핵소추절차에서도 준수되어야 한다. 헌법재판소는 국회의 자율
권을 존중하더라도 적법절차원칙의 적용을 배제하는 것은 타당하지 않다.

탄핵소추사유가 여러 개인 경우에 각각의 사유에 대해 개별적으로 의결해야
할까. 국회는 개별적 사유마다 탄핵사유에 해당하는지를 판단하여 의결하는 것이
바람직하다. 하지만, 탄핵심판의 청구취지는 피청구인을 공직에서 파면하는 것이
고 개별적인 탄핵사유의 위법성을 확인하는 것이 아니므로 국회가 탄핵소추사유
를 한꺼번에 의결하거나 개별적으로 의결할 수도 있다.130) 헌법재판소도 탄핵소
추절차에서 국회의 자율권을 존중하여 국회가 탄핵소추의결을 개별 소추사유별로
하지 않더라도 헌법이나 법률을 위반하거나 국회의원의 권한을 침해한 것이 아니
라고 판단하였다.131)

(5) 탄핵소추의 효과

헌법 제65조 제3항은 "탄핵심판의 의결을 받은 자는 탄핵심판이 있을 때까
지 그 권한행사가 정지된다"라고 규정한다. 피소추자가 정지된 권한을 행사한 것
은 위헌이며 당연무효가 된다. 하지만, 피소추자가 소추의결서 등본을 송달받기
전에는 적법하게 권한을 행사할 수 있고, 권한행사가 정지되기 전에 행한 권한행
사는 유효하다. 피소추자는 헌법재판소의 탄핵심판결정에 따라 그 권한이 회복되
거나 파면된다. 권한행사가 정지되는 것은 소추의결서가 피소추자에게 송달된 때
시작되고, 탄핵심판의 종국결정이 선고된 때 종료된다.

국회의 소추의결서가 송달된 때에는 임명권자는 피소추자의 사직원을 접수
하거나 해임할 수 없다.132) 이는 사직이나 해임을 통해 탄핵결정의 효과인 파면
을 회피하는 것을 방지함으로써 탄핵제도의 실효성을 확보하기 위한 것이다. 임
명권자가 사직원을 접수하거나 해임하더라도 이는 무효가 된다. 다만, 임명권자가
피소추자를 파면하는 것은 가능하다. 파면은 탄핵심판의 인용결정과 동일한 효과
가 발생하는데, 해임은 허용하지 않지만 더 중한 징계인 파면은 허용된다. 피소추

---

129) 2017. 3. 10. 2016헌나1.
130) 성낙인, 헌법학, 516면.
131) 2017. 3. 10. 2016헌나1.
132) 국회법 제134조 제2항.

자가 탄핵결정이 선고되기 전에 해당 공직에서 파면되었을 때에는 헌법재판소는 심판청구를 기각해야 한다.133)

4. 해임건의권

(1) 의의

헌법 제63조 제1항은 "국회는 국무총리 또는 국무위원의 해임을 대통령에게 건의할 수 있다"라고 규정한다. 국무총리 또는 국무위원에 대한 해임건의는 의원내각제에 뿌리를 두고 있는 제도이다. 의원내각제에서는 집행부의 구성과 존속이 국회에 의존하고, 집행부는 의회에 대해 책임을 진다. 하지만, 헌법이 규정하는 해임건의는 의원내각제의 내각불신임과는 다르다. 의회가 내각불신임을 결의하면 내각은 정치적 책임을 지고 총사퇴하지만, 헌법은 국회가 대통령에게 국무총리 또는 국무위원을 해임하도록 건의하고, 대통령의 결단에 따라 정치적 책임을 추궁하도록 한다.

국회의 해임건의권은 대통령이 국민의 직접선거에 의해 선출되고 임기가 보장되는 것을 고려하여 대통령을 대신하여 국무총리 또는 국무위원에게 정치적 책임을 추궁하기 위한 것이다. 해임건의는 국무총리와 국무위원에게 정치적 책임을 묻는 것으로 고위공직자에 대해 법적 책임을 묻는 탄핵소추와는 다르다. 해임건의와 탄핵소추는 국회가 정부를 상대로 국정을 통제하는 권한에 포함되지만, 그 대상, 사유, 절차, 효과에서도 차이가 있다.

(2) 대상

국회가 해임건의를 할 수 있는 대상은 국무총리 또는 국무위원이다. 국회는 해임사유가 발생한 자를 상대로 개별적으로 해임건의를 할 수 있으며, 국무총리에 대해 해임건의를 하는 경우에 반드시 국무위원과 함께 일괄적으로 해임건의를 해야 하는 것은 아니다. 국무총리 또는 국무위원은 해임건의의 대상이 되고, 탄핵소추의 대상도 된다. 국무총리와 국무위원이 국회의원을 겸직하더라도 국무총리

---

133) 헌법재판소법 제53조 제2항.

와 국무위원의 지위에 대해서는 해임건의를 할 수 있다. 행정각부의 장은 국무위원 중에서 대통령이 임명하므로 국무위원의 지위를 갖는데, 해임건의의 대상은 행정각부의 장이 아니라 국무위원이다.

국무위원은 국정심의기관인 국무회의의 구성원이다. 국무회의는 집단적 회의체로서 대통령이 의장이고, 국무총리가 부의장이며, 국무위원은 그 구성원이다. 국무위원은 국무회의에 참석하여 자신의 의견을 개진할 수 있지만, 개별적 국무위원이 고유한 사무분장을 가지지 않는다. 국무회의에서 심의하여 의결한 사항은 행정각부의 장이 구체적으로 집행한다. 국회가 국정통제를 위해서는 국무위원이 아니라 자신의 고유한 사무분장을 관할하고 국무회의의 심의사항을 집행하는 행정각부의 장에 대해 해임건의를 하는 것이 체계적으로 정합하다. 이를 위해서는 헌법개정이 필요하다.

(3) 사유

헌법은 해임건의의 사유에 대해서는 아무런 규정을 두지 않고 있다. 국무총리 또는 국무위원이 직무집행에서 위헌·위법한 행위를 한 경우뿐만 아니라 정책의 수립과 집행에서 과오를 범한 경우, 정치적으로 무능한 경우와 같이 광범위한 정치적 이유로 해임건의할 수 있다. 이는 대통령 등 고위공무원이 직무집행에서 헌법이나 법률을 위반한 때에 탄핵소추를 할 수 있는 것과 다르다. 국회는 의결을 통해 해임건의를 할 수 있으므로 해임건의의 사유에는 제한이 없다. 국회는 해임사유가 있다고 판단하더라도 반드시 해임건의를 해야 할 법적 의무가 있는 것은 아니다.

(4) 절차

헌법 제63조 제2항은 "제1항의 해임건의는 국회재적의원 3분의 1 이상의 발의에 의하여 국회재적의원 과반수의 찬성이 있어야 한다"라고 규정한다. 이는 국회가 국무총리 또는 국무위원에 대해 해임건의를 하는 것은 정치적으로 중요하다는 것을 고려하여 일반정족수보다 가중한 것이다. 해임건의안이 발의되면 국회의장은 발의 이후 처음 개의하는 본회의에 그 사실을 보고하고, 본회의에 보고된 때부터 24시간 이후 72시간 이내에 무기명투표로 표결한다. 국회가 이 기간 내에

표결하지 아니한 때에는 그 해임건의안은 폐기된 것으로 본다.[134]

(5) 효과

국회가 대통령에게 국무총리나 국무위원에 대해 해임건의를 하더라도 그 자체만으로 국무총리나 국무위원이 해임되는 것은 아니다. 국회는 해임의결권이 아니라 해임건의권만 가지므로 탄핵소추와 달리 국회가 해임건의를 의결하더라도 그 권한행사가 정지되는 것도 아니다. 국회의 해임건의는 헌법적 구속력을 가지고, 대통령은 특별한 사유가 없으면 국회의 건의를 존중해야 한다는 견해가 있다.[135] 하지만, 대통령은 국회의 해임건의에 구속되지 않고, 해임건의를 수용하여 해임하거나 수용하지 않을 수도 있다. 대통령이 국회의 해임건의를 수용하지 않을 경우에는 그에 대한 정치적 부담을 지게 될 뿐이다.[136]

1962년 헌법은 국회에게 국무총리 또는 국무위원에 대한 해임건의권을 부여하고, '대통령은 특별한 사유가 없는 한 이에 의하여야 한다'라고 규정하였다가, 1972년 헌법은 이 부분을 삭제하였다. 헌법재판소도 국회의 해임건의는 대통령을 기속하는 해임결의권이 아니라 법적 구속력이 없는 단순한 해임건의에 불과하고, 대통령이 국회의 해임건의를 수용할 것인지 여부는 국회결정을 존중할 것인지의 문제이므로 국회의 해임건의는 법적으로 구속력이 있는 것은 아니라고 판단하였다.[137] 대통령은 실제로 국회의 해임건의에도 불구하고 이를 수용하지 않는 사례가 많다.

국회가 국무총리에 대해 해임건의를 하고, 대통령이 이를 수용할 경우에 국무총리와 함께 국무위원 전원을 해임해야 할까. 국무위원은 국무총리의 제청으로 임명되고, 집단적 회의체인 국무회의의 구성원이므로 국무총리를 해임할 경우에는 그에 의해 제청된 국무위원도 연대하여 해임해야 한다는 관점도 있다.[138] 하지만, 국무위원은 국무총리와 별도로 독자적으로 국정에 관하여 대통령을 보좌하며 국무회의의 구성원으로서 국정을 심의한다. 국회가 국무총리 또는 국무위원에

---

134) 국회법 제112조 제7항.
135) 성낙인, 헌법학, 509면 ; 정재황, 헌법학, 1467면 ; 정종섭, 헌법학원론, 1229면.
136) 한수웅, 헌법학, 1211~1212면.
137) 2004. 5. 14. 2004헌나1.
138) 성낙인, 헌법학, 510면.

대해 개별적으로 해임건의를 할 수 있는 것과 마찬가지로 대통령도 국무총리 또
는 국무위원을 개별적으로 해임할 수 있다.[139]

5. 헌법기관구성에 관한 권한

(1) 헌법기관 구성원의 선출

국회는 헌법기관을 직접 선출하는 권한을 갖는다. 대통령은 국민의 보통·평
등·직접·비밀선거에 의해 선출되지만, 대통령선거에서 최고득표자가 2인 이상인
때에는 국회의 재적의원 과반수가 출석한 공개회의에서 다수표를 얻은 자를 당선
자로 한다.[140] 하지만, 국민의 직접선거에서 최고득표자가 2인 이상인 경우는 거
의 상정하기 어려워 사실상 사문화되었다.

국회는 헌법재판관 3인과 중앙선거관리위원 3인을 선출한다. 헌법재판소는
법관의 자격을 가진 9인의 재판관으로 구성되는데, 대통령은 헌법재판관 3인은
국회에서 선출하는 자를 임명해야 한다. 중앙선거관리위원회도 9인의 위원으로
구성되는데, 국회는 중앙선거관리위원 3인을 선출하고, 대통령이 따로 임명하는
절차를 거치지 않는다. 국회가 헌법재판관과 중앙선거관리위원을 선출하는 것은
정부, 법원과 합동하여 헌법기관을 구성함으로써 권력분립을 통한 견제와 균형을
실현하고, 헌법기관의 민주적 정당성을 강화하기 위한 것이다.

(2) 헌법기관구성에 관한 동의권

대통령은 국가원수의 지위에서 헌법과 법률에 따라 다른 헌법기관의 구성원
을 임명한다. 이때 국회는 대통령의 권한을 견제하고 민주적 정당성을 강화하기
위해 동의권을 행사할 수 있다. 대통령은 국회의 동의를 얻어 대법원장을 임명하
고, 대법원장의 제청으로 국회의 동의를 얻어 대법관을 임명한다. 대통령은 국회
의 동의를 얻어 헌법재판소의 장을 재판관 중에서 임명하고, 재판관 3인을 직접
선출한다. 국회는 나머지 헌법재판관의 임명에 동의권을 가지는 것은 아니다.

대통령은 국가원수이자 정부수반의 지위에서 국무총리와 감사원장을 임명하

---

139) 정재황, 헌법학, 1468면 ; 정종섭, 헌법학원론, 1229면.
140) 헌법 제67조 제2항.

는데, 이때에도 국회는 동의권을 가진다. 국회는 헌법기관의 구성원이나 고위공직
자에 대해 인사청문회를 실시할 수 있다. 헌법은 인사청문회에 대해 직접 규정하
지 않지만, 국회법은 인사청문회에 대해 자세하게 규정한다. 헌법이 국회에게 선
출권이나 동의권을 부여하는 공직후보자에 대해서는 인사청문특별위원회에서 인
사청문회를 실시하고, 개별적 법률에서 규정하는 공직후보자에 대해서는 소관 상
임위원회에서 인사청문회를 실시한다.[141] 전자의 경우에 국회의 동의를 얻지 못
하면 대통령은 공직후보자를 임명할 수 없지만, 후자의 경우에는 인사청문회의
결과가 대통령을 구속하지 않는다.

6. 기타

(1) 대정부 출석요구권과 질문권

헌법 제62조 제2항은 "국회나 그 위원회의 요구가 있을 때에는 국무총리·국
무위원 또는 정부위원은 출석·답변하여야 하며, 국무총리 또는 국무위원이 출석
요구를 받은 때에는 국무위원 또는 정부위원으로 하여금 출석·답변하게 할 수 있
다"라고 규정한다. 제62조 제1항은 "국무총리·국무위원 또는 정부위원은 국회나
그 위원회에 출석하여 국정처리상황을 보고하거나 의견을 진술하고 질문에 응답
할 수 있다"라고 규정한다. 국무총리·국무위원 또는 정부위원은 국회의 요구가
없어도 필요한 경우에는 국회의 본회의나 위원회에 출석하여 진술할 수 있지만,
국회의 요구가 있으면 반드시 출석하여 질문에 답변해야 한다.

국회는 회기 중 본회의에서 국정 전반이나 특정 분야를 대상으로 정부에 대
해 질문을 할 수 있고, 구두질문은 물론 서면질문을 할 수도 있다. 국회의 출석요
구권은 국회나 위원회가 재적의원 과반수의 출석과 출석의원 과반수의 찬성으로
의결하여 행사하고, 국회의원이 질문권을 행사한다. 국회는 국회의원 20인 이상
의 찬성으로 회기 중 현안이 되는 중요한 사항을 대상으로 정부에 긴급현안질문
을 할 것을 의장에게 요구할 수 있고, 의장의 결정 또는 본회의 의결이 있은 때에
는 국무총리 또는 국무위원의 출석을 요구할 수 있다.[142]

---

141) 국회법 제65조의2.
142) 국회법 제122조의3.

헌법은 국무총리·국무위원 또는 정부위원에 대해서만 국회의 출석요구권을 규정하고 다른 헌법기관에 대해서는 출석요구권을 규정하지 않는다. 국회법은 특정한 사안에 대해 질문하기 위해 대법원장, 헌법재판소장, 중앙선거관리위원회 위원장, 감사원장 또는 그 대리인의 출석을 요구할 수 있도록 규정한다.[143] 국회법은 국회의 내부적 자치규범으로 국회의 권한사항에 대해 내부 구성원에 대해서만 효력을 가지므로 다른 헌법기관이 국회의 출석요구에 응할 법적 의무는 발생하지 않는다는 견해도 있다.[144] 하지만, 국회는 법률을 통해 법규적 사항을 규정할 수 있으므로 국회법은 대외적 구속력을 갖는다고 해석된다.[145]

(2) 국가긴급권에 대한 통제권

국회는 대통령이 국가긴급권을 행사할 경우에 이를 사후적으로 통제할 권한을 갖는다. 대통령이 긴급명령을 발하거나 긴급재정경제처분·명령을 한 때에는 지체 없이 국회에 보고하여 그 승인을 얻어야 한다. 또한, 대통령이 계엄을 선포한 때에는 지체 없이 국회에 통고해야 하고, 국회가 재적의원 과반수의 찬성으로 계엄의 해제를 요구한 때에는 대통령은 계엄을 해제해야 한다.[146]

(3) 대통령의 외교·국방정책에 대한 통제권

헌법 제60조 제1항은 "국회는 상호원조 또는 안전보장에 관한 조약, 중요한 국제조직에 관한 조약, 우호통상항해조약, 주권의 제약에 관한 조약, 강화조약, 국가나 국민에게 중대한 재정적 부담을 지우는 조약 또는 입법사항에 관한 조약의 체결·비준에 대한 동의권을 가진다"라고 규정한다. 헌법은 대통령에게 조약체결권을 부여하는데, 대통령이 국회의 입법권에 포함되는 사항에 대해 조약을 체결하는 경우에는 국회가 사전에 동의를 하도록 한 것이다. 헌법 제60조 제2항은 "국회는 선전포고, 국군의 외국에의 파견 또는 외국군대의 대한민국 영역 안에서의 주류에 대한 동의권을 가진다"라고 규정한다.

---

143) 국회법 제121조 제5항.
144) 한수웅, 헌법학, 1208~1210면.
145) 김하열, 헌법강의, 811면.
146) 헌법 제76조 제3항, 제77조 제4항, 제5항.

(4) 일반사면에 대한 동의권

헌법 제79조 제2항은 "일반사면을 명하려면 국회의 동의를 얻어야 한다"라고 규정한다. 대통령은 법률이 정하는 바에 의하여 사면·감형 또는 복권을 명할 수 있는데, 일반사면을 명하려면 국회의 동의를 얻어야 한다. 사면은 대통령이 국가원수의 지위에서 법원의 형사판결에 대해 형사처벌을 면제하는 것이고, 일반사면은 죄의 종류를 정하여 그에 해당하는 모든 범죄인에 대하여 사면하는 것이다. 일반사면은 특별사면과 달리 법률의 적용에 대해 일반적 효력을 부여하여 사면하는 것으로 국회의 입법권을 침해할 우려가 있으므로 국회의 동의를 받도록 한 것이다.

제 8 절   자율권

I. 헌법적 의미

국회는 국민의 대표기관으로서 민주적 정당성에 기초하여 국회의 조직이나 활동에서 내부적 사항에 대해 스스로 결정할 수 있는 자율권을 갖는다. 헌법 제64조는 국회의 규칙제정권과 국회의원의 자격심사와 징계에 관한 사법심사의 금지를 규정하지만, 국회의 내부조직, 의사절차, 질서유지 등에 대해서도 국회의 자율권을 보장해야 한다. 국회의 자율권은 그 자체가 헌법적으로 보장되는 독자적 권한이지만, 국회가 갖는 입법·재정·경제·인사와 같은 기능의 실효성을 높이기 위해 필요불가결한 수단이 된다.[147] 국회법과 국회규칙은 국회의 자율권에 대해 자세하게 규정한다.

---

147) 2010. 12. 28. 2008헌라7.

2. 내용

(1) 규칙제정권

헌법 제64조 제1항은 "국회는 법률에 저촉되지 아니하는 범위 안에서 의사와 내부규율에 관한 규칙을 제정할 수 있다"라고 규정한다. 국회는 입법권을 가지므로 국회법을 통해 내부적 조직과 운영에 관한 기본적 사항을 규정할 수 있다. 국회는 '법률에 저촉되지 아니하는 범위 안에서' 규칙을 제정할 수 있으며, '의사와 내부규율에 관한' 사항을 규칙으로 제정한다. 국회가 내부적 조직과 운영, 의사절차, 질서유지에 대한 사항을 규범화하여 규칙으로 제정하는 것은 국회 소수파의 의사를 보호하는 장치가 된다.

국회규칙은 내부적 사항에 국한하여 내부 구성원에게만 구속력이 미치고 대외적 구속력을 갖지 않는다는 견해도 있다.148) 국회규칙은 '의사와 내부규율'을 규정하더라도 이는 헌법에 직접 근거하므로 다른 국가기관이나 개인에게도 대외적 구속력을 갖는다고 해석해야 한다. 국회규칙은 대법원규칙, 헌법재판소규칙, 중앙선거관리위원회규칙과 마찬가지로 헌법에 직접 근거하므로 대외적 구속력을 갖는다.149) 헌법이 정부에 대해서는 대통령령과 같은 행정입법권을 부여하고, 규칙제정권을 직접 부여하지 않아 행정규칙은 원칙적으로 대외적 구속력을 갖지 않는 것과 다르다.

(2) 국회의원의 신분에 관한 자율권

헌법 제64조 제2항은 "국회는 의원의 자격을 심사하며, 의원을 징계할 수 있다"라고 규정한다. 의원의 자격심사는 국회의원이 헌법기관으로서 의원신분을 유지하는 데 요구되는 자격을 갖추고 있는지 여부를 심사하는 것이다. 즉, 국회의원이 적법하게 당선된 것인지, 법률상 피선거권을 갖는지, 겸직금지의 직에 취임하였는지 여부를 국회 스스로 심사하는 것이다. 이는 국회의원이 국민의 대표로서 실질적으로 충분한 능력과 자질을 갖추었는지 여부를 심사하는 것은 아니다.150)

---

148) 김하열, 헌법강의, 850면 ; 한수웅, 헌법학, 1217면.
149) 성낙인, 헌법학, 537면.
150) 정종섭, 헌법학원론, 1242~1243면 ; 한수웅, 헌법학, 1215~1216면.

국회의원의 자격에 대해서는 당선무효소송을 통해 확인할 수 있지만, 이와 별도로 국회가 스스로 자격심사를 할 수도 있다. 국회의원은 30인 이상의 연서로 자격심사를 청구할 수 있고, 윤리특별위원회의 예심을 거쳐 본회의에서 재적의원 3분의 2 이상의 찬성이 있으면 국회의원의 자격을 상실하게 된다.151) 국회가 국회의원의 자격이 없다고 의결하더라도 그 결정은 장래에 향해서만 효력이 발생하며, 그때까지 국회의원의 지위와 활동은 그대로 유효하다.

국회의원의 징계는 국회의원이 그 의무를 위반한 행위에 대해 국회가 내부적으로 제재를 가하는 것이다. 국회의장, 상임위원회 위원장, 국회의원 20인 이상, 모욕을 당한 의원 등이 국회법이 규정한 사유가 있으면 국회의원에 대해 징계를 요구할 수 있다. 징계의 종류에는 공개회의에서의 경고, 공개회의에서의 사과, 30일 이내의 출석정지, 제명이 있다. 국회의장은 윤리특별위원회로부터 심사보고서를 접수한 때에 이를 지체 없이 본회의에 부의하여 의결해야 한다.152) 국회의원을 제명하려면 국회재적의원 3분의 2 이상의 찬성이 있어야 한다.

헌법 제64조 제4항은 의원의 자격심사와 제명에 대해서는 법원에 제소할 수 없다고 규정하여 사법심사를 부인한다. 하지만, 국회의원은 헌법기관인 동시에 국민의 지위를 가지므로 국회의 자격심사나 징계의결이 공권력의 행사에 해당하고 이로 인하여 공무담임권이 침해된 경우에는 사인(私人)의 지위에서 헌법소원을 청구할 수 있다.153) 국회의 자율권은 국회의원의 정상적인 활동을 보장하기 위한 것이지 개인의 기본권을 침해하는 수단으로 이용되어서는 안 된다. 한편, 지방의회의원에 대한 징계의결은 지방의회의원의 권리에 법적 효과를 미치는 행정처분의 일종이므로 행정소송의 대상이 된다.154)

(3) 내부적 조직·의사·질서의 자율권

국회는 의장과 부의장의 선출, 위원회의 구성, 국회사무처의 조직 등과 같이 내부기구를 자율적으로 조직하고, 의안에 대한 결정을 위해 의사절차와 회의운영 등을 자율적으로 정할 수 있다. 또한, 국회가 자율적으로 결정한 내부적 조직과

---

151) 국회법 제138조, 제142조 제3항.
152) 국회법 제155조, 제156조, 제163조.
153) 정재황, 헌법학, 1433면 ; 정종섭, 헌법학원론, 1243~1244면.
154) 대법원 1993. 11. 26. 93누7341.

의사절차를 실현하기 위해서는 내부적 질서를 유지할 수 있어야 한다. 국회의장은 회의장의 질서유지를 위해 필요한 경호권을 행사할 수 있고, 국회의장이나 상임위원회 위원장은 의원이 본회의나 위원회의 회의장에서 질서를 어지럽혔을 때에는 그 행위를 제지하거나 회의장에서 퇴장시킬 권한도 갖는다.[155]

3. 한계

국회는 국민의 대표기관으로서 입법형성권을 가지고 광범위한 자율권을 갖는다. 하지만, 국회의 자율권은 국회의 정상적인 기능을 보장하기 위한 것이므로 헌법과 법률의 범위 안에서만 인정된다. 국회의 자율권이 다수가 소수를 폭력적으로 지배하는 것을 정당화하는 도구로 이용되어서는 안 된다. 특히, 국회의 자율권이 다른 헌법기관의 권한을 침해하거나 개인의 기본권을 침해한 경우에는 헌법적으로 정당화되지 않으며, 헌법재판의 대상이 된다.[156] 헌법재판소는 국회의장의 의사절차진행이 헌법이나 법률에 명백히 위배되는 행위라고 인정되지 않는 한 다른 국가기관은 이를 존중해야 한다고 판단하였다.[157]

헌법은 국회의 규칙제정권을 인정하면서도 '법률에 저촉되지 아니하는 범위 안에서'만 규칙을 제정하도록 제한한다. 국회의 자율권은 사법심사의 대상에서 제외된다는 점에서 중요한 의미가 있지만, 헌법적 한계를 이탈한 경우에는 법치국가의 실현을 위해 사법심사의 대상이 될 수 있다. 헌법재판소는 국회의 질서유지권은 의원을 폭력으로부터 보호하고 안건을 원활하게 토의하기 위하여 발동되는 것이므로 그 목적을 위해 행사되어야 하고, 그 한계를 벗어난 행위는 위법하므로 사법심사의 대상이 된다고 판단하였다.[158]

국회는 의사와 내부규율에 대한 사항을 일차적으로 국회법으로 규율하고, 국회규칙을 통해 구체적 내용을 규정한다. 헌법재판소는 국회의 자율권을 존중하여 국회가 스스로 국회법이나 국회규칙을 위반하여 위법하더라도 헌법이 규정하는 절차를 직접 위반하지 않는 이상 그 결과에 대해서는 법적 효력을 그대로 인정하

---

155) 국회법 제145조.
156) 성낙인, 헌법학, 540~541면.
157) 2020. 5. 27. 2019헌라6.
158) 2010. 12. 28. 2008헌라7.

고 있다. 즉, 국회의장이 입법절차를 위반하여 법률안을 가결선포한 행위에 대해
국회의원의 심의·표결권을 침해하였다고 인정하면서도 입법절차에 관한 헌법규
정을 명백히 위반한 흠에 해당하지 않는다는 이유로 그 무효확인청구를 기각하였
다.159)

---

159) 2011. 8. 30. 2009헌라7 ; 2023. 3. 23. 2022헌라2.

제4장 정 부

제1절 대통령

I. 헌법적 지위

(1) 정부형태와 관계

현대국가에서 대통령은 외국에 대해 국가를 대표하는 국가원수이다. 대통령은 나라마다 다양한 명칭으로 불리며, 정부형태에 따라 서로 다른 헌법적 지위를 갖는다. 의원내각제에서 대통령은 일반적으로 의회에 의해 간접적으로 선출되고, 국정의 조정자로서의 역할을 할 뿐, 실질적인 행정권을 갖지 않는다. 수상을 수반으로 하는 내각이 실질적인 행정권을 갖고, 대통령은 상징적·의례적 권한만을 가지며, 수상의 요청이나 내각의 승인에 따라 권한을 행사한다.

대통령제에서 대통령은 국민의 직접선거로 선출되며, 최고의 통치권자로서 행정각부의 장관을 임명하여 내각을 구성하는 실질적인 행정권의 수반이다. 이원정부제에서 대통령은 수상을 수반으로 하는 내각과 행정권을 실질적으로 나누어 갖는다. 대통령은 민주적 정당성에 기초하여 행정권의 주체가 되고, 의회에 대해 책임을 지지 않는다. 내각은 대통령의 단순한 보좌기관이 아니라 실질적으로 행정권의 일부를 보유한다. 대통령과 내각이 행정권을 분유하는 방식과 정도는 나라마다 다양하게 나타난다.

헌법 제66조 제4항은 "행정권은 대통령을 수반으로 하는 정부에 속한다"라고 규정하고, 제4장 정부에서 제1절 대통령과 제2절 행정부를 규정하고, 제2절 행정부 아래 '제1관 국무총리와 국무위원', '제2관 국무회의', '제3관 행정각부',

'제4관 감사원'을 규정한다. 대한민국 헌법은 대통령제를 원칙으로 채택하고, 대통령은 국민의 직접선거로 선출되어 국가원수이자 실질적인 행정권의 수반이다. 행정권은 정부에 속하는데, 이때 정부는 대통령과 행정부를 포괄한다.

(2) 국가원수

대통령은 국가원수이다. 대외적으로는 국가를 대표하고, 대내적으로는 국정의 최고 책임자이다. 대통령은 국가의 독립·영토의 보전·국가의 계속성과 헌법을 수호할 책무를 지고, 조약을 체결·비준하고 외교사절을 신임·접수·파견한다. 헌법은 대통령의 책무를 이행할 수 있도록 대통령에게 국가긴급권, 영전수여권, 헌법기관구성권, 국민투표부의권, 법률공포권 등을 부여한다. 대통령은 국가원수로서 권한을 가지고 예우를 받지만, 국회, 법원, 헌법재판소, 중앙선거관리위원회와 같은 다른 헌법기관보다 우월한 지위를 갖는 것은 아니다.

(3) 정부의 수반

대통령은 정부의 수반으로 행정부를 조직하고 통할하는 행정권의 최고책임자이며, 행정에 관한 최종결정권을 가진다. 행정이란 법에 따라 공익실현을 위해 구체적이고 적극적으로 행하는 형성적 국가작용을 말한다. 헌법은 권력분립에 따라 입법권을 국회에, 사법권을 법원에 부여하는 것에 대응하여 행정권을 정부에 부여한다. 대통령은 행정에 관한 최고의 정책결정권자이며 법률집행기관이다. 하지만, 정부가 실질적인 행정을 독점하는 것은 아니고 다른 헌법기관도 그 권한을 행사하는 범위에서 국회사무처, 법원행정처와 같은 기관을 통해 행정작용을 할 수 있다.

대통령은 정부수반으로서 공무원임명권을 통해 정부를 구성하고, 모든 구성원에 대해 최고의 지휘·감독권을 가지며, 국가의 최고의 정책심의기관인 국무회의의 의장이 된다. 대통령은 국민에 의해 직접 선출되어 민주적 정당성을 가지고 국가의사를 결정할 수 있다. 대통령은 단독적 헌법기관으로서 국회의원으로 구성된 합의체인 국회보다 강력한 권한을 가지나, 헌법을 위반해서는 안 되고, 국회가 제정한 법률에 따라 권한을 행사해야 한다.

행정권은 법치국가를 실현하기 위해 법률에 근거하고 법률에 따라 행사되어야 한다. 행정권은 법률에 구속되면서도 일정한 범위에서는 자신의 책임에 따라 독자적으로 활동할 수 있는 재량권을 가진다. 근대국가에서 행정권은 국방과 치안과 같은 분야에 국한되었으며, 법치를 통해 국가의 행정작용으로부터 개인의 자유를 보호하는 것이 중요하였다. 현대국가에서는 사회복지와 문화행정과 같이 다양한 분야에서 국가의 적극적인 역할이 강조되어 행정권이 강화되었고, 이에 따라 행정권에 대한 헌법적 통제가 중요하게 되었다.

2. 신분

(1) 대통령선거

대통령은 국민의 보통·평등·직접·비밀선거에 의해 선출되는데, 대통령으로 선거될 수 있는 자는 국회의원의 피선거권이 있고 선거일 현재 40세에 달하여야 한다. 대통령선거에서는 상대적 다수대표제를 채택하여 득표율과 무관하게 다수득표자가 대통령으로 선출된다. 다만, 대통령후보자가 1인일 때에는 그 득표수가 선거권자 총수의 3분의 1 이상이 아니면 대통령으로 당선될 수 없다. 대통령선거에서 최고득표자가 2인 이상인 때에는 국회의 재적의원 과반수가 출석한 공개회의에서 다수표를 얻은 자를 당선자로 한다. 공직선거법은 대통령의 선거에 관하여 자세히 규정한다.

대통령후보자가 대통령으로 당선되면 대통령의 임기개시일 전일까지 대통령당선자의 지위를 가지며, '대통령직 인수에 관한 법률'에 따라 국무총리 및 국무위원 후보자를 지명하고 대통령직인수위원회를 설치한다. 대통령직인수위원회는 대통령 임기 시작일 이후 30일의 범위에서 존속하며, 정부의 조직과 예산현황의 파악, 새 정부의 정책기조를 설정하기 위한 준비 등 업무를 수행한다.[1] 이는 국정운영의 계속성을 보장하고 효율적이고 안정적인 대통령의 직무수행을 지원하기 위한 것이다.

---

[1] 대통령직 인수에 관한 법률 제5조, 제6조, 제7조.

(2) 취임과 임기

대통령은 취임에 즈음하여 "나는 헌법을 준수하고 국가를 보위하며 조국의 평화적 통일과 국민의 자유와 복리의 증진 및 민족문화의 창달에 노력하여 대통령으로서의 직책을 성실히 수행할 것을 국민 앞에 엄숙히 선서합니다"라고 선서한다. 대통령의 임기는 전임 대통령의 임기만료일의 다음날 0시부터 시작된다. 다만, 전임자의 임기가 만료된 후에 선거가 실시되거나 대통령의 궐위로 인하여 선거가 실시된 때에는 대통령으로 당선된 때부터 그 임기가 시작된다. 이는 대통령직이 잠시라도 부재되는 상황이 발생하지 않도록 하기 위한 것이다.

대통령의 임기는 5년이며, 중임할 수 없다. 이때 중임은 연임을 포함하므로 연속적이든지 단속적이든지 대통령을 2회 이상 할 수는 없다. 대통령의 임기연장 또는 중임변경을 위한 헌법개정은 그 제안 당시의 대통령에 대하여는 효력이 없다. 이것은 대통령 1인의 독재적 장기집권을 방지하고, 평화적 정권교체를 보장하기 위한 것이다. 대통령은 임기 중 스스로 사임할 수는 있다. 대통령의 임기가 만료되는 때에는 임기만료 70일 내지 40일 전에 후임자를 선거한다. 공직선거법은 대통령 임기만료일 전 70일 이후의 첫 번째 수요일을 대통령선거일로 정한다.[2]

(3) 권한대행

(가) 사유

대통령이 유고되어 정상적으로 대통령직을 수행할 수 없는 경우에는 권한대행자가 대통령직을 수행한다. 헌법 제71조는 "대통령이 궐위되거나 사고로 인하여 직무를 수행할 수 없을 때에는 국무총리, 법률이 정한 국무위원의 순서로 그 권한을 대행한다"라고 규정한다. 대통령은 국가원수이자 정부의 수반으로 그 부재는 국가의 존립과 안전보장에 직결되는 중대한 사안이므로 대통령직의 공백을 없애기 위해 권한대행을 규정한 것이다. 대통령의 유고에는 궐위(闕位)와 사고(事故)가 있다. 헌법은 궐위와 사고의 구체적인 사유에 대해 아무런 규정을 두지 않고 있다.

---

2) 헌법 제70조, 제128조 제2항, 제68조 제1항, 공직선거법 제34조 제1항.

궐위는 대통령이 취임하였으나 재직하지 않은 상태이다. 궐위의 사유에는 대통령이 취임한 이후 사망하거나 사임한 경우, 헌법재판소의 탄핵결정으로 파면된 경우, 대통령이 취임한 이후 피선자격의 상실이나 당선무효의 판결이 확정되어 그 자격을 상실한 경우가 포함된다. 사고는 대통령이 재직하고 있지만, 정상적으로 직무를 수행할 수 없는 상태이다. 사고의 사유에는 대통령이 병들거나 해외여행이 장기화되어 정상적인 직무를 수행할 수 없는 경우와 국회의 탄핵소추의결로 권한행사가 정지된 경우가 포함된다.

대통령이 궐위된 경우에는 그 사유가 비교적 명확하지만, 사고의 경우에는 그 사유가 발생하였는지, 누가 판단할 것인지가 불명확하다. 대통령이 정신질환이나 중병에 걸린 경우와 같이 그것이 사고인지 여부를 판단하는 것은 국정운영에서 중요한 의미를 갖는다. 이에 대해서는 대통령의 의사를 존중해야 하지만, 그것이 불가능할 때에는 정부가 자율적으로 판단할 수밖에 없다. 이때에는 국무회의가 정부의 권한에 속하는 중요한 정책으로 심의하여 사고 여부를 판단해야 한다.[3] 프랑스 헌법은 정부의 요청에 따라 헌법재판소가 최종적으로 대통령직의 장애를 선언하도록 규정한다.

(나) 기간

대통령의 유고가 발생하면 권한대행자가 대통령직을 수행한다. 대통령이 궐위된 때에는 60일 이내에 후임자를 선거하고, 그때까지만 권한을 대행한다. 대통령의 사고가 발생한 경우에는 사고의 원인이나 회복가능성 등에 따라 권한대행의 기간이 60일을 초과할 수도 있다. 대통령이 사고로 복귀하기 어려운 경우에는 정부가 자율적으로 판단하여 권한대행을 종료시키고 신속히 후임자를 선거해야 한다는 견해도 있다.[4] 하지만, 대통령의 궐위가 아닌 이상 대통령의 잔여임기가 만료될 때까지 권한대행을 할 수밖에 없다고 해석된다.

(다) 직무범위

권한대행자는 대통령의 권한을 대신 행사하는 자일 뿐, 자신이 대통령직에 취임하는 것은 아니다. 헌법과 법률은 권한대행자만 규정하고, 그 직무범위에 대

---

3) 성낙인, 헌법학, 557면.
4) 성낙인, 헌법학, 560면.

해서는 아무런 규정을 두지 않고 있다. 국민에 의해 선출되지 않은 권한대행자는 가급적 국정운영을 위해 필요한 범위에서만 권한을 행사하는 것이 바람직하다. 프랑스 헌법은 대통령의 권한대행자는 국민투표부의권과 하원해산권을 행사할 수 없다고 규정한다.

권한대행자의 직무범위에 대해서는 헌법해석과 헌법정책적 측면에서 다양한 관점이 있다. 권한대행자는 대통령직을 임시적으로 관리하므로 잠정적인 현상유지적 업무만 할 수 있다는 관점이 있다. 궐위의 경우에는 대통령이 재직하지 않으므로 대통령의 모든 권한을 행사할 수 있지만, 사고의 경우에는 잠정적인 현상유지적 업무만 할 수 있다는 관점도 있다. 권한대행의 직무범위는 현상유지에 국한하는 것은 아니지만, 헌법기관에 대한 인사권, 헌법개정안의 발의권, 사면권과 같은 권한은 행사할 수 없다는 견해도 있다.[5]

대통령은 국가원수이자 정부수반으로서 국가를 보위하고 헌법을 수호하는 국정책임자의 역할을 수행한다. 대통령의 유고는 국가적으로 위중한 사태로서 국가긴급권을 발동하거나 외교나 국방에 관한 중요한 결정을 해야 할 수도 있다. 대통령의 궐위와 사고는 그 유형과 정도에 따라 매우 다양할 수 있는데, 최장 60일 동안 대통령직을 현상유지에만 머물게 할 수는 없다. 헌법과 법률은 권한대행자의 직무범위를 제한하지 않고 있으므로 법적으로는 그 직무범위가 제한되지 않는다고 해석된다.[6]

(라) 후임자선거

대통령이 궐위된 때 또는 대통령 당선자가 사망하거나 판결 기타의 사유로 그 자격을 상실한 때에는 60일 이내에 후임자를 선거한다. 이때 후임자는 새로운 대통령을 의미하며, 새로운 대통령은 전임자의 잔여임기와 무관하게 취임일부터 새롭게 5년의 임기를 시작한다. 한편, 대통령의 임기가 만료되는 때에는 임기만료 70일 내지 40일전에 후임자를 선거한다. 대통령이 선출되어 후임자가 결정된 이후 새로운 대통령으로 취임하기 전에 현재의 대통령이 궐위될 수도 있다.

헌법과 법률은 이에 대해 아무런 규정을 두지 않지만, 대통령당선자를 확정

---

5) 김하열, 헌법강의, 865면 ; 성낙인, 헌법학, 560~562면.
6) 정재황, 헌법학, 1492면 ; 정종섭, 헌법학원론, 1416면 ; 한수웅, 헌법학, 1259면.

한 상황에서 헌법을 형식적으로 해석하여 후임자를 선거하는 것은 규범조화적으로 체계적이지 않다. 따라서 헌법 제68조 제2항은 대통령의 임기만료에 따른 후임자가 선출되지 아니하였을 경우에 한하여 60일 이내에 후임자를 선출하여야 한다는 의미로 해석해야 한다. 이때 대통령당선자가 확정되었더라도 권한대행을 거치지 않고 대통령당선자가 곧장 대통령의 임기를 시작하는 것은 허용되지 않는다.

(4) 형사상 특권

(가) 의의

헌법 제84조는 "대통령은 내란 또는 외환의 죄를 범한 경우를 제외하고는 재직 중 형사상의 소추를 받지 아니한다"라고 규정한다. 헌법은 국가원수로서 국가를 대표하는 대통령의 권위를 존중하고 그 직무를 원활하게 수행하게 하기 위해 형사상 특권을 인정한다. 헌법은 대통령에 대해서는 직무수행의 과정에서 일정한 범죄에 대해 특정한 기간 동안 형사재판을 받지 않도록 보장하므로 국회가 법률로 이를 폐지할 수는 없다. 대통령의 형사상 특권은 대통령에게 개인적 자유나 권리로 보장하는 것이 아니므로 대통령이 개인적으로 특권을 포기할 수도 없다.[7]

(나) 내용

대통령이 '내란 또는 외환의 죄를 범한 경우를 제외하고는' 형사상의 소추를 받지 않으므로 내란 또는 외환의 죄를 범한 경우에는 소추할 수 있다. 내란 또는 외환의 죄는 형법 제2편에서 규정하는 '제1장 내란의 죄', '제2장 외환의 죄', 그리고 이를 구성요건으로 포함하는 국가보안법의 범죄를 포함하며,[8] 내란죄나 외환죄와 동일한 보호법익을 갖는 범죄도 포함한다.[9] 대통령이 내란 또는 외환의 죄를 범한 경우에는 헌법수호의 책무를 위반하고 헌법질서를 침해하는 것이므로 형사상 특권을 인정할 수 없다.

대통령은 '재직 중'에 한하여 형사상의 소추를 받지 않는다. 형사상 특권은 대통령의 직무수행을 보장하기 위한 것이므로 대통령으로 재직하고 있는 동안에

---

7) 한수웅, 헌법학, 1256면.
8) 형법 제87조 내지 제104조, 국가보안법 제4조 제1항 제1호, 제2호.
9) 정종섭, 헌법학원론, 1324면.

만 특권으로 인정된다. 대통령이 취임하기 이전에 범죄를 저질렀더라도 대통령으
로 재직하는 중에는 형사상 소추를 받지 않는다. 하지만, 대통령에 대해 형사상
책임을 면제하는 것은 아니므로 대통령이 퇴임하거나 탄핵되어 대통령직에서 물
러난 경우에는 대통령으로 재직하던 중에 저지른 범죄에 대해 소추할 수 있다.

대통령은 '형사상의 소추'를 받지 않는데, 이는 형사절차에서 공소의 제기와
재판을 의미한다. 대통령의 특권은 대통령에 대한 수사도 포함되므로 체포·구속
·압수·수색과 같은 강제수사는 물론 임의수사도 금지된다는 관점이 있다. 대통
령에 대해 강제수사하는 것은 금지되지만, 임의수사하는 것은 가능하다는 관점도
있다. 대통령의 형사상 특권은 헌법에 의해 예외적으로만 인정되므로 그 요건을
엄격하게 해석해야 한다. 대통령에 대한 체포·구속은 형사상의 소추를 전제로 하
므로 금지되지만, 압수·수색과 임의수사는 반드시 형사상의 소추를 전제로 하는
것은 아니므로 가능하다고 해석된다.10)

(다) 효과

대통령은 형사소추되지 않는 특권을 가지므로 대통령이 저지른 범죄에 대해
서는 공소를 제기할 수 없다. 다만, 대통령의 내란 또는 외환의 죄에 대해서는 공
소를 제기할 수 있다. 대통령의 형사상 특권은 범죄의 유무에 대한 실체적 판단과
무관하게 대통령에 재직 중이라는 사실만으로 불소추되는 소송요건이므로 사법절
차에서는 형식적 판단을 해야 한다. 대통령이 피고소인인 경우에 범죄의 혐의가
인정되더라도 검사는 '공소권 없음' 결정을 해야 하고, 기소가 되더라도 법원은
재판권이 없는 경우에 해당하므로 형사소송법 제327조 제1호에 따라 '공소기각의
판결'을 해야 한다.

대통령이 저지른 내란 또는 외환의 죄 이외의 범죄에 대해서는 공소시효가
진행되지 않는다. 대통령의 형사상 불소추특권으로 인하여 대통령의 재직 중 소
추하지 않는 기간은 국가의 소추권행사의 법률상 장애사유에 해당하므로 내란 또
는 외환의 죄를 제외한 범죄에 대해서는 공소시효의 진행이 정지된다.11) 한편, 대
통령이 내란 또는 외환의 죄를 저지른 경우에도 '헌정질서파괴범죄의 공소시효

10) 김하열, 헌법강의, 867면 ; 정종섭, 헌법학원론, 1326면.
11) 1995. 1. 20. 94헌마246.

등에 관한 특례법'에 따라 형법상 내란의 죄와 외환의 죄, 군형법상 반란의 죄와 이적의 죄에 대해서는 형사소송법의 공소시효를 적용하지 않는다.[12]

　　대통령이 범죄를 저지른 경우에는 형사상 소추가 되지 않을 뿐, 민사상 책임을 포함하여 법적 책임이 면제되는 것은 아니다. 대통령으로 재직하는 중이라도 민사소송의 당사자가 될 수 있고, 범죄행위로 타인에게 손해를 끼친 경우에는 민사상 책임을 져야 한다. 대통령이 탄핵소추되어 그 권한행사가 정지된 경우에도 대통령으로 재직 중에 해당하므로 형사소추를 할 수 없다. 대통령이 직무와 관련하여 범죄를 저지른 경우에는 탄핵심판을 통해 파면하고, 그 이후에 형사상 소추할 수 있다.[13]

(5) 전직대통령의 예우

　　헌법 제85조는 "전직대통령의 신분과 예우에 관하여는 법률로 정한다"라고 규정한다. 이는 대통령의 헌법적 권한과 의무를 고려하여 전직대통령을 특별히 예우하기 위한 것이다. 전직대통령은 국가원로자문회의의 의장이 되고, '전직대통령 예우에 관한 법률'에 따라 일정한 범위의 유가족에 대해 연금이 지급되고, 경호·교통·사무실 등 편의가 제공되며, 본인과 가족에 대한 치료의 특혜를 받는다. 다만, 재직 중 탄핵결정을 받아 파면된 경우, 금고 이상의 형이 확정된 경우 등에는 경호·경비 이외의 예우를 하지 않는다.[14]

3. 권한

(1) 헌법기관구성권

　　대통령은 국민의 대표기관이자 국가원수로 다른 헌법기관을 구성하는 권한을 가진다. 대통령은 대법원장과 대법관을 임명하는데, 대법원장은 국회의 동의를 얻어야 하고, 대법관은 대법원장의 제청으로 국회의 동의를 얻어 임명한다. 또한, 헌법재판소장과 재판관을 임명하는데, 헌법재판소장은 국회의 동의를 얻어야 하

---

12) 헌정질서파괴범죄의 공소시효등에 관한 특례법 제2조, 제3조.
13) 성낙인, 헌법학, 566면 ; 정종섭, 헌법학원론, 1325면.
14) 전직대통령의 예우에 관한 법률 제4조, 제5조, 제6조, 제7조 제2항.

고, 재판관 3인은 국회에서 선출한 자를, 3인은 대법원장이 지명한 자를 임명한다. 대통령은 중앙선거관리위원 9인 가운데 3인을 임명하는데, 위원 3인은 국회에서 선출하고, 위원 3인은 대법원장이 지명한다.

대통령은 정부수반으로서 행정부의 헌법기관을 구성하는 권한을 가진다. 대통령은 국회의 동의를 얻어 국무총리를 임명하고, 국무총리의 제청으로 국무위원과 행정각부의 장을 임명한다. 또한, 국회의 동의를 얻어 감사원장을 임명하고, 감사원장의 제청으로 감사위원을 임명한다. 대통령은 정부의 수반이므로 정부에 소속된 헌법기관을 구성할 수 있지만, 자신이 임명한 국무총리나 감사원장의 제청을 받도록 하여 그 의미가 반감된다.

(2) 외교에 관한 권한

대통령은 조약을 체결·비준하고, 외교사절을 신임·접수 또는 파견하며, 선전포고와 강화를 한다. 이는 대통령이 국가원수로서 국가를 대표하여 행사하는 외교적 권한이다. 대통령의 외교에 관한 권한은 국가에 중대한 영향을 미치므로 국회가 통제할 필요가 있다. 국회는 입법사항에 해당하는 사항을 포함하여 중요한 조약의 체결·비준에 대해서는 사전동의를 할 수 있고, 선전포고, 외국에의 파견 또는 외국군대의 대한민국 영역 안에서의 주류에 대한 동의권을 가진다.

(3) 국가긴급권

(가) 의의

국가긴급권이란 전쟁, 테러, 천재지변, 경제공황과 같은 비상사태가 발생하여 국가의 존립이나 헌법질서의 유지가 위태롭게 된 경우에 이를 극복하기 위한 비상적 수단을 발동할 수 있는 권한을 말한다. 대통령은 국가의 독립·영토의 보전·국가의 계속성과 헌법을 수호할 책무를 진다. 헌법은 비상사태가 발생한 경우에 헌법질서를 수호하기 위해 국가긴급권을 규정하고, 대통령에게 긴급재정경제처분·명령권, 긴급명령권, 계엄선포권을 부여한다.

국가긴급권은 통상적인 방식으로는 극복할 수 없는 비상사태를 대비하여 인정되는 비정상적인 수단이므로 권력분립의 예외가 되고, 개인의 기본권을 제한하

게 된다. 대통령은 비상사태를 명분으로 국가긴급권을 남용하여 헌법질서를 파괴
할 위험도 있다. 국가긴급권은 헌법이 정한 요건과 절차에 따라서만 인정되어야
하고, 국가긴급권을 행사할 수 있는 요건과 절차를 엄격하게 해석해야 한다. 국가
긴급권은 비상사태를 극복한다는 소극적 목적으로만 발동되어야 하고, 그 기간과
범위는 그 목적을 달성하기 위해 필요한 최소한으로만 인정되어야 한다.

헌법이 국가긴급권의 요건, 절차, 한계를 규정한 것은 국가긴급권을 발동할
수 있는 근거가 되는 동시에 국가긴급권의 남용을 방지한다는 의미도 있다. 아무
리 긴급한 비상사태가 발생하였더라도 헌법에 근거하지 않은 국가긴급권은 허용
되지 않는다.[15] 대통령의 국가긴급권은 국회에 의해 정치적으로 견제되고, 사법
적으로도 통제될 수 있어야 한다. 국가긴급권의 실체적 요건은 고도의 정치적이
고 외교적인 사안에 해당하여 사법심사에 적합하지 않은 측면이 있으므로 그 절
차적 요건이 중요하다. 헌법과 법률이 규정하는 국가긴급권의 요건과 절차에 대
해서는 사법적 통제가 이루어져야 한다.[16]

(나) 긴급재정경제처분·명령권
1) 요건

헌법 제76조 제1항은 "대통령은 내우·외환·천재·지변 또는 중대한 재정·
경제상의 위기에 있어서 국가의 안전보장 또는 공공의 안녕질서를 유지하기 위하
여 긴급한 조치가 필요하고 국회의 집회를 기다릴 여유가 없을 때에 한하여 최소
한으로 필요한 재정·경제상의 처분을 하거나 이에 관하여 법률의 효력을 가지는
명령을 발할 수 있다"라고 규정한다. 긴급재정경제처분·명령권은 법치국가가 전
제로 하는 법률유보의 원칙과 재정의회주의에 대한 중대한 예외가 되고, 개인의
기본권을 제한하게 되므로 그 요건을 엄격하게 해석해야 한다.

긴급재정경제처분·명령권은 '내우·외환·천재·지변 또는 중대한 재정·경제
상의 위기'가 발생해야 발동할 수 있다. 내우는 나라 안의 걱정이고, 외환은 외적
의 침범에 대한 걱정이며, 천재와 지변은 홍수와 지진과 같은 자연현상으로 인한
재앙을 말한다. 대통령은 이러한 위기가 발생하여 '국가의 안전보장 또는 공공의

---

15) 1994. 6. 30. 92헌가18.
16) 2013. 3. 21. 2010헌바132.

안녕질서를 유지하기 위해 긴급한 조치'가 필요한 경우에만 긴급재정경제명령·처
분권을 발동할 수 있다. 또한, 국가의 안전보장이나 공공의 안녕질서를 회복하거
나 유지하기 위한 소극적 목적으로만 발동할 수 있고, 공공복리의 실현과 같은 적
극적인 목적으로 발동할 수는 없다.

긴급재정경제처분·명령권은 '국회의 집회를 기다릴 여유가 없을 때'에 한하
여 발동할 수 있다. 국회의 집회가 불가능할 뿐만 아니라 국회의 집회를 기다릴
여유가 없을 때에도 발동할 수 있다. 국회의 집회를 기다릴 여유가 있는 경우에는
국회가 법률을 제정하거나 재정에 관한 권한을 정상적으로 행사하여 비상사태를
극복할 수 있기 때문이다. 긴급재정경제명령·처분권의 요건은 명확하지 않고 판
단하기도 쉽지 않다. 대통령은 그 요건이 갖추어졌는지를 재량적으로 판단할 수
있다.

2) 내용

긴급재정경제처분·명령권은 긴급재정경제처분권과 긴급재정경제명령권으로
구분된다. 전자는 개별적이고 구체적인 행정처분에 해당하고, 후자는 법률의 효력
을 가지는 명령이다. 대통령은 양자를 선택적으로 또는 동시에 발동할 수 있다.
대통령은 내용적으로 재정사항이나 경제사항에 대해서만 최소한으로 필요한 범위
에 국한하여 처분이나 명령을 할 수 있다. 긴급재정경제처분·명령권은 통상적인
행정처분이나 법률적 조치만으로 비상사태를 극복할 수 있는 경우에는 발동할 수
없으므로 보충적·최후적 수단으로만 활용될 수 있다.

긴급재정경제처분은 법률유보의 구속을 받지 않으므로 대통령은 법률적 근
거가 없는 상태에서 국민의 권리의무에 대한 사항에 대해 처분할 수 있고, 계속비
의 지출이나 국채의 모집과 같이 국회의 동의가 필요한 재정경제상의 행위를 그
사전동의가 없이 긴급하게 처분할 수 있다. 다만, 헌법이나 긴급재정경제처분을
직접 규율하는 법률을 위반해서는 안 된다.[17] 긴급재정경제명령은 법률의 효력을
가지므로 재정경제사항과 관련하여 국민의 권리의무에 관한 입법사항에 대해 새
로운 내용을 포함시킬 수 있고, 기존의 법률을 폐지할 수도 있다. 다만, 헌법사항
을 개정할 수는 없다.

---

17) 김하열, 헌법강의, 879면 ; 정종섭, 헌법학원론, 1380면.

3) 절차

대통령이 긴급재정경제처분·명령권을 발동하기 위해서는 국무회의의 심의를 거쳐야 하고, 대통령의 국법행위이므로 문서에 의해야 하고, 국무총리와 관계 국무위원의 부서를 거쳐야 한다. 긴급재정경제처분·명령은 국회의 입법권에 대한 중대한 예외에 해당하므로 국회의 승인을 통해 사후적으로 정당화하여 통제할 필요가 있다. 대통령이 긴급재정경제처분·명령을 한 때에는 지체 없이 국회에 보고하여 그 승인을 얻어야 한다. 국회는 그 요건을 갖추지 못하였거나 헌법에 위반된다고 판단할 경우에는 그 승인을 거부할 수 있다.

국회는 대통령의 긴급재정경제처분·명령을 승인할 것인지 여부를 결정할 수 있고, 그 내용을 수정하여 승인할 수 있다는 견해가 있다.[18] 하지만, 국회는 긴급재정경제처분·명령 그 자체에 대해 승인하거나 승인을 거부할 수 있을 뿐, 그 내용을 수정하여 일부를 추가하거나 삭제할 수는 없다. 이는 대통령의 권한을 침해할 수 있기 때문이다. 국회는 일반의결정족수에 따라 재적의원 과반수의 출석과 출석의원 과반수의 찬성으로 승인을 의결할 수 있고, 대통령은 국회의 승인을 지체 없이 공포해야 한다.

4) 효과

대통령이 긴급재정경제처분이나 긴급재정경제명령을 발동하면 그에 따라 법적 효력이 발생한다. 국회가 사후승인을 하면 그 효력이 그대로 유지되고, 국회가 승인을 하지 않으면 그때부터 효력을 상실한다. 이 경우 그 명령에 의해 개정 또는 폐지되었던 법률은 그 명령이 승인을 얻지 못한 때부터 당연히 효력을 회복한다. 하지만, 대통령이 이미 발동한 긴급재정경제처분이나 긴급재정경제명령이 소급하여 효력을 상실하는 것은 아니다. 대통령은 국회가 승인을 거부한 사유를 지체 없이 공포해야 한다.

국회는 대통령의 긴급재정경제처분이나 긴급재정경제명령을 승인하였더라도 새로운 법률을 제정하여 긴급재정경제처분이나 긴급재정경제명령을 수정하거나 실효시키는 것도 가능하다. 대통령은 긴급재정경제처분·명령의 목적을 달성하였다고 판단할 경우에는 긴급재정경제처분·명령을 해제할 수 있다. 이때에도 긴급

---

18) 정종섭, 헌법학원론, 1384면.

재정경제처분·명령의 형식으로 해야 하고, 국무회의의 심의를 거쳐야 한다. 대통령의 긴급재정경제처분은 행정소송과 헌법소원의 대상이 되고, 긴급재정경제명령은 위헌법률심판과 헌법소원의 대상이 된다.

　헌법재판소는 긴급재정경제명령이 헌법이 규정하는 요건과 한계에 부합하는 것이라면 그 자체로 과잉제한금지원칙을 준수하는 것이므로 이로 인한 기본권의 제한은 위헌이 아니라고 판단하였다.[19] 하지만, 헌법 제76조가 규정하는 요건을 충족시켰더라도 이는 국가긴급권의 행사 자체가 헌법적으로 정당화되는 것일 뿐, 그에 따라 구체적으로 발동한 긴급재정경제명령의 내용까지 정당화되는 것은 아니다. 긴급재정경제명령이 기본권을 침해하였는지 여부에 대해서는 과잉제한금지원칙을 적용하여 별도로 판단하는 것이 타당하다.

(다) 긴급명령권

1) 요건

　헌법 제76조 제2항은 "대통령은 국가의 안위에 관계되는 중대한 교전상태에 있어서 국가를 보위하기 위하여 긴급한 조치가 필요하고 국회의 집회가 불가능한 때에 한하여 법률의 효력을 가지는 명령을 발할 수 있다"라고 규정한다. 긴급명령도 법치국가가 전제로 하는 법률유보의 원칙과 입법권을 국회에 부여하는 권력분립에 대한 중대한 예외가 되고, 기본권을 제한하게 되므로 그 요건과 범위를 엄격하게 해석해야 한다. 긴급명령권은 '국가의 안위에 관계되는 중대한 교전상태'에 있어야 발동할 수 있다. 중대한 교전상태란 외국과의 전쟁이나 이에 준하는 상태로서 내란·사변 등을 포함한다.

　교전상태는 국가의 안위에 관계되어야 하며, 현실적으로 발생한 경우에 사후적으로만 발동할 수 있다. 긴급명령은 국가를 보위하기 위하여 긴급한 조치가 필요해야 발동할 수 있다. 국가를 보위하기 위한 소극적 목적으로만 발동할 수 있고, 침략전쟁이나 공공복리의 실현과 같은 적극적 목적으로는 발동할 수 없다. 또한, '국회의 집회가 불가능할 때에 한하여' 발동할 수 있다. 국회의 집회가 가능한 경우에는 법률을 제정하면 되기 때문이다. 국회의 집회가 불가능한 때란 국회의 집회가 법률적이나 사실적으로 불가능한 때를 말한다. 대통령은 긴급명령의 요건

---

19) 1996. 2. 29. 93헌마186.

이 갖추어졌는지를 재량으로 판단할 수 있다.

2) 내용

긴급명령은 긴급한 조치가 필요해야 하므로 정상적인 행정처분이나 법률적 조치만으로 위기를 극복할 수 있는 경우에는 발동할 수 없고, 최후적 수단으로만 활용될 수 있다. 긴급명령은 법률의 효력을 가지므로 국회의 입법권의 대상이 되는 모든 법률사항에 대해 긴급명령을 발동할 수 있다. 대통령은 긴급명령을 통해 실질적으로 법률을 제정하거나 개정할 수 있고, 기존의 법률을 폐지할 수도 있다. 다만, 헌법사항을 개정할 수는 없다. 또한, 긴급명령을 발동한 때에는 지체 없이 국회에 보고하여 그 승인을 얻어야 하므로 국회를 해산하는 법률을 제정할 수는 없다.

대통령이 긴급명령을 발할 경우에는 국무회의의 심의를 거쳐야 하고, 국법행위의 형식에 따라 문서로 하고, 국무총리와 관계 국무위원이 부서해야 한다. 대통령이 긴급명령을 한 때에는 지체 없이 국회에 보고하여 그 승인을 얻어야 한다. 국회는 재적의원 과반수의 출석과 출석의원 과반수의 찬성으로 승인을 의결할 수 있고, 그 요건을 갖추지 못하였거나 헌법에 위반된다고 판단할 경우에는 그 승인을 거부할 수 있다. 국회는 긴급명령을 승인할 것인지 여부만 결정할 수 있고, 그 내용을 수정하여 승인할 수는 없다. 대통령은 국회의 승인을 지체 없이 공포해야 한다.

3) 효과

대통령이 긴급명령을 발동하면 그에 따라 법적 효력이 발생하고, 국회가 사후승인을 하면 그 효력이 그대로 유지된다. 국회가 승인을 하지 않으면 긴급명령은 그때부터 효력을 상실한다. 이때 긴급명령에 의해 개정 또는 폐지되었던 법률은 그 명령이 승인을 얻지 못한 때부터 당연히 효력을 회복한다. 하지만, 대통령이 이미 발동한 긴급명령이 소급하여 효력을 상실하는 것은 아니다. 대통령은 국회가 승인을 거부한 경우에는 그 사유를 지체 없이 공포해야 한다.

국회는 대통령의 긴급명령을 승인하였더라도 새로운 법률을 제정하여 긴급명령의 내용을 변경하여 전부나 일부를 실효시킬 수 있다. 다만, 국회가 직접 긴급명령을 폐지할 수는 없다. 대통령은 긴급명령의 목적을 달성하였다고 판단할 경우에는 긴급명령을 해제할 수 있다. 대통령이 긴급명령을 해제할 경우에도 긴급명령과 동일한 형식으로 해야 하고, 국무회의의 심의를 거쳐야 한다. 대통령의 긴급명령은 법률과 같은 효력을 가지므로 위헌법률심판과 헌법소원의 대상이 된다.

(라) 계엄선포권
1) 의미
헌법 제77조 제1항은 "대통령은 전시·사변 또는 이에 준하는 국가비상사태에 있어서 병력으로써 군사상의 필요에 응하거나 공공의 안녕질서를 유지할 필요가 있을 때에는 법률이 정하는 바에 의하여 계엄을 선포할 수 있다"라고 규정한다. 계엄선포권은 비상사태에서 병력을 동원하는 권한으로서 군대에 의해 통치하는 강력한 국가긴급권이다. 대통령은 계엄을 선포하여 전국 또는 일정한 지역을 병력으로써 경비하고 당해 지역의 행정사무와 사법사무의 전부 또는 일부를 군대의 관할 하에 둘 수 있다. 계엄이 선포되더라도 국회의 사무는 군대의 관할에 둘 수 없다.

2) 요건
계엄은 '전시·사변 또는 이에 준하는 국가비상사태'에서만 발동할 수 있다. 국가비상사태란 전시·사변뿐만 아니라 집단적 폭동이나 자연재해 등으로 사회질서가 극도로 교란된 상태를 말한다. 특히, 계엄은 '병력으로써' 군사상의 필요에 응하거나 공공의 안녕질서를 유지할 필요가 있을 때에만 선포할 수 있다. 군의 병력이 아니라 경찰력만으로 비상사태를 극복할 수 있는 경우에는 계엄권을 발동할 수 없다. 대통령은 이러한 요건이 갖추어졌는지 여부를 재량으로 판단할 수 있다. 계엄법은 비상계엄과 경비계엄에 대해 자세히 규정한다.

대통령은 국무회의의 심의를 거쳐 계엄을 선포해야 하고, 지체 없이 국회에 통고해야 한다. 하지만, 국회의 승인을 받을 필요는 없으며, 국회가 재적의원 과반수의 찬성으로 계엄의 해제를 요구한 때에는 대통령은 이를 해제해야 한다. 계엄이 해제되면 그 날부터 모든 행정사무와 사법사무는 평상의 상태로 복귀하며, 비상계엄으로 군사법원에 계속 중인 사건의 관할은 일반법원에 속한다. 다만, 대통령이 필요하다고 인정할 때에는 군사법원의 재판권을 1개월의 범위에서 연기할 수 있다.[20] 대통령은 계엄의 상황이 해소되면 국무회의를 거쳐 스스로 계엄을 해제할 수도 있다.

3) 비상계엄

비상계엄은 적과 교전상태에 있거나 사회질서가 극도로 교란되어 행정 및
사법기능의 수행이 현저히 곤란한 경우에 군사상 필요에 따라 공공의 안녕질서를
유지하기 위해 선포한다. 비상계엄이 선포되면 계엄사령관은 계엄지역의 '모든 행
정사무와 사법사무'를 관장하므로 모든 행정기관 및 사법기관은 지체 없이 계엄
사령관의 지휘·감독을 받아야 한다.[21] 이때 사법사무에는 법원의 재판은 포함되
지 않으며, 사법경찰, 검찰, 형집행에 관한 사무만 포함된다.

헌법 제77조 제3항은 "비상계엄이 선포된 때에는 법률이 정하는 바에 의하
여 영장제도, 언론·출판·집회·결사의 자유, 정부나 법원의 권한에 관하여 특별
한 조치를 할 수 있다"라고 규정한다. 특히, 헌법 제110조 제4항은 "비상계엄하의
군사재판은 군인·군무원의 범죄나 군사에 관한 간첩죄의 경우와 초병·초소·유
독음식물공급·포로에 관한 죄 중 법률이 정한 경우에 한하여 단심으로 할 수 있
다. 다만, 사형을 선고한 경우에는 그러하지 아니하다"라고 규정한다.

계엄법은 비상계엄에서 계엄사령관은 거주·이전의 자유와 단체행동에 대해
서도 특별한 조치를 할 수 있고, 동원·징발을 할 수 있으며, 필요한 경우에는 군
수로 제공할 물품의 조사·등록과 반출금지를 명할 수 있고, 작전상 부득이한 경
우에는 국민의 재산을 파괴 또는 소각하고, 그 손실에 대해서는 정당한 보상을 하
도록 규정한다.[22] 이에 대해 헌법적 근거가 없다는 비판이 있지만, 계엄이 필요한
비상사태는 일정한 범위에서 기본권의 제한을 전제로 하므로 헌법 제37조 제2항
이 규정하는 과잉제한금지원칙을 준수할 경우에는 헌법적으로 정당화된다고 해석
된다.[23]

비상계엄에서 대통령은 '정부나 법원의 권한'에 관하여 특별한 조치를 할 수
있지만, 국회의 권한에 대해서는 특별한 조치를 할 수 없다. 국회는 계엄의 해제
를 요구하는 등 국가긴급권을 통제하는 기능을 수행하기 때문이다. 계엄법은 계

---

20) 계엄법 제12조.
21) 계엄법 제2조 제2항, 제8조 제1항.
22) 계엄법 제9조, 제9조의2.
23) 정종섭, 헌법학원론, 1388면.

엄이 시행 중인 때에는 국회의원은 현행범인인 경우를 제외하고는 체포 또는 구금되지 않는다고 규정한다.[24] 또한, 정부나 법원 이외의 헌법기관인 중앙선거관리위원회나 헌법재판소의 권한에 대해서도 특별한 조치를 할 수 없다.

4) 경비계엄

경비계엄은 사회질서가 교란되어 일반 행정기관만으로는 치안을 확보할 수 없는 경우에 공공의 안녕질서를 유지하기 위해 선포한다.[25] 경비계엄이 선포되면 계엄사령관은 계엄지역의 '군사에 관한' 행정사무와 사법사무를 관장하므로 군사에 관한 행정기관과 사법기관은 계엄사령관의 지휘·감독을 받아야 한다. 경비계엄에서는 대통령은 영장제도, 언론·출판·집회·결사의 자유에 대해 특별한 조치를 할 수 없고, 군사법원의 재판관할권도 확대되지 않는다. 경비계엄에서도 국회의원은 현행범인인 경우를 제외하고는 체포 또는 구금되지 않는다.

(마) 사법적 통제

국가긴급권은 국가의 비상사태를 극복하기 위한 예외적인 조치이지만, 대통령이 실질적으로 국회나 법원의 권한에 개입하는 것이다. 이는 권력분립에 부합하지 않고, 개인의 기본권을 제한할 수 있으므로 헌법적으로 정당화되어야 한다. 국가긴급권은 사전적으로 통제하기가 어려우므로 사후적으로 사법심사를 통해 통제하는 것이 중요하다. 하지만, 국가긴급권은 고도의 정치적이고 외교적인 정책판단을 통해 발동되므로 그 요건과 정당성을 사법적으로 판단하기가 쉽지 않다. 법치국가에서 모든 국가작용은 사법심사의 대상이 되어야 하므로 국가긴급권의 행사는 헌법재판의 대상에 포함된다.

대법원은 비상계엄의 선포를 통치행위로 인정하여 사법심사를 할 수 없다고 판단한 적이 있다.[26] 그 이후 비상계엄의 선포나 확대가 국헌문란의 목적으로 행해진 경우에는 사법심사를 할 수 있고,[27] 기본권을 보장하고 법치의 이념을 구현하기 위해서는 통치행위의 개념을 신중하게 인정해야 한다고 판단하였다.[28] 법원

---

24) 계엄법 제13조.
25) 계엄법 제2조 제2항, 제3항.
26) 대법원 1981. 4. 28. 81도874.
27) 대법원 1997. 4. 17. 96도3376.
28) 대법원 2004. 3. 26. 2003도7878.

과 헌법재판소는 권력분립과 사법권의 독립을 위해 필요한 경우에는 통치행위에 대해 사법심사를 자제할 수 있다. 하지만, 헌법이 규정하는 요건과 절차를 위반하거나 국가긴급권의 행사가 기본권을 침해한 경우에는 통치행위라는 이유로 사법심사를 자제해서는 안 된다.

(4) 국민투표부의권

(가) 의의

헌법 제72조는 "대통령은 필요하다고 인정할 때에는 외교·국방·통일 기타 국가안위에 관한 중요정책을 국민투표에 붙일 수 있다"라고 규정한다. 헌법은 대의제를 채택하지만, 예외적으로 국민의 주권적 의사를 직접 확인하기 위해 대통령에게 국민투표부의권을 부여한다. 대통령은 국회와 의견이 다를 경우에 국민투표를 통해 국민의 주권적 의사를 확인하여 정치적 의사를 통일적으로 조정할 수 있다. 국민투표는 주권자인 국민이 직접 국정에 참여하는 직접민주제의 중요한 수단이지만, 독재권력을 정당화하는 도구로 활용될 위험이 있다.

1954년 헌법은 '대한민국의 주권의 제약 또는 영토의 변경을 가져올 국가안위에 관한 중대사항'에 대해서는 국회의 가결을 거친 후에 국민투표에 부의하도록 규정하여 처음으로 국민투표를 도입하였다. 1972년 헌법은 "대통령은 필요하다고 인정할 때에는 국가의 중요한 정책을 국민투표에 붙일 수 있다"라고 규정하였으며, 1980년 헌법은 현행헌법과 같이 규정하였다. 1975년 대통령은 유신헌법의 찬반과 대통령에 대한 신임여부를 묻는 국민투표를 실시하였는데, 이는 국민투표를 정치적으로 이용하였다고 평가되었다.

(나) 대상

국민투표부의권의 대상은 '외교·국방·통일 기타 국가안위에 관한 중요정책'이다. 이때 국가안위에 관한 중요정책은 외교·국방·안보의 영역에서 대통령과 국회의 권한이 충돌하는 전형적인 사항으로 한정되어야 한다는 견해가 있다.[29] 하지만, 외교·국방·통일은 국가안위에 관한 사항의 예시이며, 대통령이 일차적으로 국민투표의 대상이 되는지를 판단할 수 있다.

---

29) 한수웅, 헌법학, 1264~1267면.

국민투표는 중요정책에 대한 찬반을 묻는 레퍼렌덤(referendum)과 대통령의 신임여부를 묻는 플레비시트(plebiscite)로 구분된다. 헌법은 신임투표를 금지하는 규정을 두지 않으므로 플레비시트도 허용된다는 견해가 있다.30) 하지만, 대통령에 대한 신임은 선거를 통해 이루어져야 하고, 헌법은 '중요정책'에 대해 국민투표를 인정하므로 레퍼랜덤만 허용되고 플레비시트는 허용되지 않으며, 중요정책에 신임여부를 결부시켜 국민투표에 부치는 것도 허용되지 않는다.31) 하지만, 레퍼랜덤과 플레비시트는 명확하게 구분하기 어렵다는 현실적인 한계가 있다.

국민투표를 통해 법률을 개정할 수 있을까. 국가의 중요정책은 법률의 형식으로 실현되므로 정책과 법률안을 명확히 구분하기 어려우며, 정책은 법률로 구체화되므로 법률안도 국민투표의 대상이 될 수 있다는 견해가 있다.32) 하지만, 대통령이 국민투표를 통해 법률을 제정하는 것은 헌법이 예정하지 않는 새로운 입법절차를 창설하여 국회의 입법권을 침해하므로 허용되지 않는다.33) 법률안에 대해 국민투표를 실시하더라도 이를 법률제정과 동일하게 평가할 수는 없다. 다만, 대통령이 법률안의 내용을 중요정책으로 제시하여 국민투표에 부치고, 그 결과에 따라 국회에서 법률을 제정하는 것은 가능하다.

헌법 제72조의 국민투표를 통해 헌법을 개정할 수 있을까. 헌법 제130조 제2항은 "헌법개정안은 국회가 의결한 후 30일 이내에 국민투표에 붙여 국회의원선거권자 과반수의 투표와 투표자 과반수의 찬성을 얻어야 한다"라고 규정한다. 헌법개정을 위해 제130조의 국민투표가 아니라 제72조의 국민투표를 거치는 것은 허용되지 않는다. 이는 헌법이 규정하는 헌법개정절차를 위반한 것이다.34) 이때에도 헌법개정에 관한 사항도 제72조의 중요정책에 포함될 수 있으므로 헌법개정여부나 헌법개정에 포함될 수 있는 중요한 정책사항을 국민투표에 부치는 것은 가능하다.

---

30) 김하열, 헌법강의, 67면.
31) 정재황, 헌법학, 1499면 ; 정종섭, 헌법학원론, 1366~1368면 ; 한수웅, 헌법학, 1270면 ; 2004. 5. 14. 2004헌나1.
32) 김하열, 헌법강의, 871~873면 ; 성낙인, 헌법학 574면.
33) 정재황, 헌법학, 1500면 ; 정종섭, 헌법학원론, 1366면 ; 한수웅, 헌법학 1268면.
34) 정재황, 헌법학, 1500면 ; 정종섭, 헌법학원론, 1366면.

(다) 효력

헌법은 국민투표부의권을 규정하면서도 국민투표의 절차나 효력에 대해서는 아무런 규정을 두지 않는다. 대통령은 '필요하다고 인정할 때에는' 국민투표에 부의할 수 있으므로 국가안위에 관한 중요정책인지 여부, 국민투표가 필요한지 여부, 그 시기와 구체적인 방법도 재량적으로 결정할 수 있다. 대통령이 국가안위에 관한 중요정책이라고 판단하더라도 반드시 국민투표에 부의할 의무는 없고, 국민이 대통령에게 국민투표에 회부할 것을 요구할 수 있는 권리를 갖는 것도 아니다.[35] 이는 헌법 제130조가 규정하는 헌법개정을 위한 국민투표가 필수적으로 요구되는 것과 다르다.

대통령이 국민투표에 부의할 경우 국민투표의 효력은 어떻게 될까. 국민투표법은 국민투표의 절차와 방식에 대해 규정하지만, 국민투표의 효력에 대해서는 아무런 규정을 두지 않는다. 국민투표는 국가안위에 관한 중요정책에 대한 주권적 의사를 확인하는 것에 불과하고 국민투표의 결과가 그 자체로 법적 효력을 발생시키는 것은 아니다. 국민투표에서 부결된 사안에 대해서는 일사부재의를 적용하여 재부의가 금지된다는 견해가 있다.[36] 하지만, 국민투표는 법적 효력을 갖지 않으므로 대통령은 다시 국민투표에 부의할 수 있다고 해석된다.

대통령은 국민의 주권적 의사를 직접 확인하였으므로 국민투표의 결과를 존중하고 따르는 것이 국민주권과 민주주의에도 부합한다. 대통령이 국민투표에 부의할 것인지는 재량이지만, 국민투표에 부의한 이상 그 결과에 대해서는 법적 구속력을 가진다는 견해가 있다.[37] 하지만, 대통령이 중요정책에 대해 국민투표에 부치는 것과 국민투표의 결과를 참고하여 정책적 결단을 하는 것은 별개의 문제이고 국민투표의 결과는 법적 구속력이 없다고 해석된다.[38] 국민투표의 결과에 법적 구속력을 부여하기 위해서는 헌법이나 국민투표법에 명확하게 규정해야 한다.

---

35) 2005. 11. 24. 2005헌마579.
36) 정종섭, 헌법학원론, 1371면.
37) 정재황, 헌법학, 1500면 ; 한수웅, 헌법학, 1261~1262면.
38) 김하열, 헌법강의, 875면 ; 정종섭, 헌법학원론, 1371~1372면.

(5) 행정에 관한 권한

(가) 행정권의 최고책임자

헌법 제66조 제4항은 "행정권은 대통령을 수반으로 하는 정부에 속한다"라고 규정한다. 대통령은 정부수반으로서 행정에 관한 최고의 정책결정기관이자 집행권자이며, 국무총리와 국무위원을 임명하여 행정부를 조직한다. 헌법 제78조는 "대통령은 헌법과 법률이 정하는 바에 의하여 공무원을 임면한다"라고 규정한다. 이때 임면은 임명과 해임뿐만 아니라 파면, 휴직, 전직, 징계처분 등을 포함한다. 대통령이 고위공무원을 임명하기 위해서는 국무회의 심의와 국회의 동의와 같은 절차를 거쳐야 하고, 국회법에서 규정하는 인사청문회를 거쳐야 한다.

대통령이 공무원을 임명할 경우에는 직업공무원제도를 준수해야 한다. 헌법은 공무원을 국민 전체에 대한 봉사자로서 국민에 대해 책임을 지도록 규정하고, 공무원의 신분과 정치적 중립성을 법률이 정하는 바에 의하여 보장한다. 국가는 공무원을 정치적으로 이용하지 말아야 하고, 공무원 역시 정치에 간섭하거나 정치적 목적으로 직무를 수행해서는 안 된다. 법률이 일정한 임명자격을 요구하거나 신분을 보장하는 경우에는 그에 따라야 한다. 대통령은 헌법재판소의 탄핵결정을 받아 파면된 자를 5년이 경과하기 전에 공무원으로 임명할 수 없다.

대통령은 재정에 대해 예산안편성·제출권, 추가경정예산안편성·제출권, 준예산집행권, 예비비제출권, 국채모집권, 예산 외 국가부담이 될 계약체결권을 가진다. 대통령은 법률이 정하는 바에 의하여 훈장 기타 영전을 수여할 수 있고, 상훈법이 구체적인 내용을 규율한다. 훈장 기타 영전의 수여는 국가에 공로가 있는 자를 표창할 목적으로 공상(功償)을 부여하는 것이다. 이때 대통령은 국무회의의 심의를 거쳐야 하고 훈장 등의 영전은 이를 받은 자에게만 효력이 있고, 어떠한 특권도 이에 따르지 않는다.

(나) 국군통수권

헌법 제74조 제1항은 "대통령은 헌법과 법률이 정하는 바에 의하여 국군을 통수한다"라고 규정한다. 대통령은 국군을 통솔하고 지휘·운용하는 최고의 통수권을 가지고 국가의 독립과 영토를 보전하는 헌법적 책무를 수행한다. 대통령은 국군의 최고사령관이자 최고의 지휘·명령권자로서 국가의 안전보장과 군사에 관한 포괄적 권한을 가진다. 대통령은 '헌법과 법률이 정하는 바에 의하여' 국군을 통수해야 한다. 1950년 6.25전쟁을 계기로 국군의 모든 지휘권과 작전통제권이 유엔군사령관에게 이양되었다가 평시 작전통제권이 국군에 반환되었고, 현재 전시 작전통제권은 반환되지 않은 상태이다.

대통령의 국군통수권은 군정권과 군령권을 포함한다. 전자는 군대를 조직·편성하고 병력을 취득·관리하는 양병작용이고, 후자는 군사작전을 통해 현실적으로 군대를 지휘·명령하는 용병작용이다. 대통령은 군정·군령일원주의에 따라 국무총리와 국방부장관을 통해 군정과 군령을 통솔하고, 국방부장관은 대통령의 명을 받아 군사에 관한 사항을 관장하고 합동참모의장과 각군 참모총장을 지휘·감독한다.[39] 군사에 관한 중요사항은 국무회의의 심의를 거쳐야 하고, 군사정책의 수립에 관하여는 국무회의의 심의에 앞서 자문을 구할 수 있도록 국가안전보장회의를 둔다.

대통령은 국군에 대한 헌법원칙을 준수해야 한다. 헌법은 국제평화의 유지에 노력하고 침략적 전쟁을 부인하므로 대통령은 침략전쟁을 위해 국군을 동원할 수 없고, 국군의 정치적 중립성을 보장해야 한다. 특히, 군인은 현역을 면한 후가 아니면 국무총리나 국무위원으로 임명될 수 없도록 하여 국군에 대해 문민통제를 실현한다. 국회는 대통령의 강화조약, 선전포고, 국군의 외국에의 파견 또는 외국 군대의 대한민국 영역 안에서의 주류에 대한 동의권을 가지고, 법률을 통해 국군의 조직과 편성을 규율한다.

(6) 입법에 관한 권한

(가) 의의

국회는 입법권을 가지나, 대통령도 입법에 관여할 권한을 갖는다. 대통령은 정부의 수반으로서 국무회의의 심의를 거쳐 국회에 법률안을 제출할 수 있다. 대통령은 국회에서 의결되어 정부에 이송된 법률안을 15일 이내에 공포하고, 법률안재의를 요구하더라도 법률안이 최종적으로 확정되면 지체 없이 공포해야 한다.

---

39) 국군조직법 제8조.

대통령은 법률뿐만 아니라 헌법개정에도 관여할 수 있다. 대통령은 국무회의의 심의를 거쳐 헌법개정을 발의할 수 있고, 헌법개정안을 20일 이상 공고해야 한다. 헌법개정안이 국민투표를 거쳐 확정되면, 대통령은 이를 즉시 공포해야 한다.

　대통령이 입법을 위해 법률안이나 헌법개정안을 제출하거나 확정된 법률안과 헌법개정안을 공포하는 것은 입법절차에서 국가기관의 내부적 행위에 불과하고 국민에 대해 직접적인 법률효과를 발생시키는 행위가 아니므로 헌법소원의 대상이 되지는 않는다. 대통령은 입법과 관련하여 국회의 의사에도 관여할 수 있는데, 국무회의의 심의를 거쳐 그 기간과 집회요구의 이유를 명시하여 국회 임시회의 집회를 요구할 수 있다. 또한, 국무총리, 국무위원, 정부위원으로 하여금 국회에 출석하여 의견을 진술하게 할 수 있다.

(나) 법률안재의요구권

1) 기능

　헌법 제53조 제2항은 "법률안에 이의가 있을 때에는 대통령은 제1항의 기간 내에 이의서를 붙여 국회로 환부하고, 그 재의를 요구할 수 있다. 국회의 폐회 중에도 또한 같다"라고 규정한다. 국회가 법률안을 심의·의결하더라도 대통령은 법률을 집행하는 정부의 수반으로서 법률안을 거부하고, 국회로 하여금 재의할 것을 요구할 수 있다. 이는 대통령이 입법권을 침해하는 것이 아니라 권력분립에 따라 국회의 입법권이 남용되지 않도록 견제하는 수단이다. 특히, 대통령이 소속된 정당이 국회의 소수파인 경우에는 다수파의 입법을 통제하는 기능을 할 수 있다.

　대통령의 법률안재의요구권은 국회에서 의결한 법률안에 대해 재의를 요구하는 것이지 확정적으로 거부하는 것은 아니다. 대통령은 법률을 집행하는 행정권의 수반으로서 국회가 의결한 법률안에 대해 다시 한번 검토해 줄 것을 요청하는 것이다. 대통령에 의해 재의요구된 법률안은 그 효력이 지연되고 국회가 재의결한 때 비로소 확정되며, 만약 국회가 재의결하지 않으면 최종적으로 폐기된다. 법률안재의요구권은 국회의 특별의결정족수를 통한 재의결이 없는 것을 조건으로 법률의 효력을 정지시키는 정지조건적 거부권이다.[40]

---

40) 성낙인, 헌법학, 577면.

2) 사유

헌법은 대통령이 법률안에 '이의가 있을 때' 국회에 환부하여 재의를 요구할 수 있다고 규정하고, 그 구체적인 사유에 대해서는 아무런 규정을 두지 않는다. 대통령은 국회가 의결한 법률안을 존중해야 하고, 재의를 요구하기 위해서는 정당한 사유와 필요성이 있어야 한다. 하지만, 대통령이 재의를 요구하는 사유는 제한이 없고 그 사유를 판단하는 헌법기관도 존재하지 않는다. 대통령은 법률안에 대해 규범적 이유뿐만 아니라 정치적 이유로도 재의를 요구할 수 있다.

대통령이 법률안재의를 요구하는 사유에는 법률안이 헌법에 위반하거나 실행불가능한 경우, 현저하게 국익을 해치는 경우, 정부에 대한 부당한 정치적 압력을 가하는 경우가 포함된다. 대통령은 재량으로 법률안재의요구권을 행사할 수 있고, 재의를 요구할 사유가 있다고 판단하더라도 재의를 요구하지 않을 수도 있다.[41] 대통령이 법률안재의요구권을 행사하였더라도 국회가 재의결하기 전까지는 언제든지 재의요구권을 철회하고 법률안을 공포할 수도 있다.[42]

3) 절차

국회에서 의결된 법률안은 정부에 이송되어 15일 이내에 대통령이 공포하는데, 대통령이 법률안에 이의가 있을 때에는 그 기간 내에 이의서를 붙여 국회로 환부하고, 그 재의를 요구할 수 있다. 헌법은 '국회로 환부하여' 재의를 요구할 수 있도록 규정하여 환부거부만 인정하므로 보류거부는 허용되지 않는다. 보류거부란 대통령이 법률안을 공포하지 않고 그대로 보류한 상태에서 국회의 회기가 종료되어 폐회된 경우에 그 법률안이 자동적으로 폐기되는 것을 말한다.

미국과 같이 회기불계속의 원칙을 채택하는 국가에서는 보류거부를 인정할 여지가 있다. 우리 헌법은 회기계속의 원칙을 채택하여 법률안이 회기 중에 의결되지 않더라도 폐기되지 않고 다음 회기에서 의결할 수 있다. 또한, 법률안재의요구권에 대해 국회의 폐회 중에도 환부하도록 하고, 대통령이 15일 이내에 공포나 재의의 요구를 하지 않으면 그 법률안은 법률로서 확정된다고 규정한다. 따라서 보류거부는 인정되지 않는다. 대통령은 법률안의 일부에 대해 또는 법률안을 수

---

41) 한수웅, 헌법학, 1274면.
42) 성낙인, 헌법학, 578면 ; 정종섭, 헌법학원론, 1354면.

정하여 재의를 요구할 수는 없고, 법률안 전체를 공포하든지 재의요구를 할 수 있을 뿐이다.

법률안이 정부에 이송되고 15일 이내에 국회의 입법기가 종료된 상태에서도 대통령은 법률안재의요구권을 행사할 수 있을까. 대통령이 법률안을 공포하지 않는 동안 국회의 입법기가 종료되면 그 법률안이 확정된다는 견해가 있다.[43] 하지만, 이는 대통령의 법률안재의요구권을 침해하게 되므로 입법기가 종료되는 경우에는 그 법률안은 폐기된다고 해석해야 한다.[44] 이는 보류거부로 인정되는 것이 아니라 국회의 입법기가 달라져 법률안이 자동적으로 폐기되는 것이다. 대통령은 법률안이 정부에 이송된 경우에는 국회의 입법기가 종료된 이후에도 15일 이내에 법률안을 공포할 수 있고, 이때에는 법률로서 효력이 발생한다.

4) 효과

대통령이 법률안재의를 요구하더라도 그 법률안이 폐기되는 것은 아니다. 대통령의 재의요구가 있을 때에는 국회는 재의에 붙이고, 재적의원 과반수의 출석과 출석의원 3분의 2 이상의 찬성으로 전과 같은 의결을 하면 그 법률안은 법률로서 확정된다. 국회의 재의결로 법률안이 확정되면 대통령은 지체 없이 공포해야 한다. 확정된 법률이 정부에 이송된 후 5일 이내에 대통령이 공포하지 않을 때에는 국회의장이 이를 공포한다. 법률은 특별한 규정이 없는 한 공포한 날부터 20일을 경과함으로써 효력을 발생한다.

국회가 법률안재의요구에 대해 특별가중정족수를 통해 재의를 하지 않거나 재의에서 부결된 경우에는 그 법률안은 폐기된다. 대통령이 법률안재의를 요구하는 것은 헌법에 의해 보장된 권한으로 국회나 국회의원의 권한을 침해하는 것이 아니므로 헌법재판소에 권한쟁의심판을 청구할 수 없다. 또한, 대통령이 법률안재의요구권을 행사하는 것은 대외적 구속력을 갖는 공권력의 행사나 불행사에 해당하지 않으므로 헌법소원의 대상이 되지도 않는다.

---

43) 정종섭, 헌법학원론, 1355~1356면.
44) 김하열, 헌법강의, 906면 ; 성낙인, 헌법학, 578면 ; 정재황, 헌법학, 1503면 ; 한수웅, 헌법학, 1272~1273면.

(다) 행정입법권

1) 의의

헌법 제75조는 "대통령은 법률에서 구체적으로 범위를 정하여 위임받은 사항과 법률을 집행하기 위하여 필요한 사항에 관하여 대통령령을 발할 수 있다"라고 규정한다. 행정입법이란 행정기관이 일반적이고 추상적인 법규범을 제정하는 것이고, 대통령은 정부수반으로서 행정입법권을 갖는다. 헌법은 권력분립에 따라 국회에게 입법권을 부여하고, 정부에게 법률집행권을 부여하지만, 예외적으로 입법권을 효율적이고 기능적으로 배분하기 위해 정부에게도 행정입법권을 부여한다.

현대의 사회복지국가에서는 행정기능이 확대되어 고도의 전문적이고 기술적인 사항이 증가하여 국회가 모든 입법사항을 법률로 규율하기 어렵게 되었다. 또한, 다양한 행정영역에서는 정보기술의 발달에 따라 급변하는 상황에 탄력적으로 적응하기 위해서는 대통령이 신속하게 행정입법을 제정할 필요가 있다. 헌법은 국회가 입법기관으로 원칙적으로 법률을 제정하지만, 국회가 위임하거나 정부가 법률을 집행하기 위해 필요한 경우에는 행정입법을 할 수 있도록 인정한다.

행정입법은 그 기준에 따라 다양하게 구분된다. 헌법은 주체를 기준으로 대통령령, 총리령, 부령으로 구분하고, 대통령령은 위임명령과 집행명령으로, 총리령과 부령은 위임명령과 직권명령으로 구분한다. 대통령령, 총리령, 부령은 모두 법규명령이며, 법규명령을 발동하는 주체에 따라 구분한 것이다. 위임명령과 집행명령도 모두 법규명령에 포함되고, 법규명령의 성격을 기준으로 구분한 것이다. 대통령령에 속하는 집행명령과 총리령과 부령에 속하는 직권명령은 그 표현에도 불구하고 동일한 법적 성격을 갖는 것으로 해석된다.

2) 법규명령

법규명령은 헌법에 근거하여 행정기관이 제정하는 것으로 국민의 권리의무에 관한 사항을 규정하고 대외적 구속력을 갖는다. 법규명령은 행정절차법상 입법예고와 공청회를 거쳐야 하고 관보에 게재하여 공포됨으로써 유효하게 성립한다. 법규명령은 법률에서 구체적으로 범위를 정하여 위임받은 위임명령과 법률을 집행하기 위한 집행명령으로 구분된다. 위임명령은 국회가 법률을 통해 정부에게 입법권을 위임한 것이고, 집행명령은 국회의 위임과 무관하게 정부가 자신의 권한에 속하는 사항을 집행하기 위한 것이다.

위임명령은 국회가 헌법에 근거하여 법률에서 구체적으로 범위를 정하여 위임하므로 위임의 범위 내에서는 국민의 권리의무에 관한 사항을 새롭게 창설할 수 있다. 다만, 위임명령이 위임받은 내용을 그대로 하위법령에 복위임하는 것은 허용되지 않는다.45) 한편, 집행명령은 헌법에 근거하지만 행정기관이 법률이 정한 행위지침의 범위 내에서 이를 집행하기 위해 필요한 세부절차를 구체화한 것이다. 대통령은 법률의 구체적인 위임이 없이도 집행명령을 제정할 수 있지만, 법률의 내용을 변경하거나 새롭게 국민의 권리의무에 관한 사항을 창설할 수는 없다.

3) 행정규칙

행정규칙은 헌법에 근거를 두지 않고 행정기관의 고유권한에 의해 내부의 조직과 활동을 규율하며, 원칙적으로 국민의 권리의무와 무관한 사항을 규율하므로 내부적 효력만 갖는다.46) 행정규칙은 훈령, 고시 등 다양한 형식으로 제정되며, 법규명령과 달리 내부적 효력만 가지므로 입법예고나 대외적 공포와 같은 절차를 거쳐야 하는 것은 아니다. 행정규칙은 법률의 위임이 없이 행정권에 근거하여 제정되므로 국민의 권리의무에 관한 법규사항을 규율할 수 없다.

행정규칙은 원칙적으로 대외적 구속력을 갖지 않지만, 예외적으로 대외적 구속력을 갖는 경우가 있다. 법률이나 법규명령이 행정규칙에 그 법령의 내용의 구체적 사항을 정할 수 있는 권한을 부여한 경우에는 법령보충적 행정규칙으로서 그 범위에서는 대외적 구속력을 갖는다.47) 법률은 전문적·기술적 사항이나 경미한 사항으로서 업무의 성질상 위임이 불가피한 사항을 직접 행정규칙에 위임할 수 있다.48) 법령보충적 행정규칙은 상위법령과 결합하여 일체가 되어 대외적 구속력을 갖는다.

법령보충적 행정규칙이 아니더라도 행정규칙이 대외적 구속력을 갖는 경우가 있다. 행정규칙이 재량권을 행사하는 준칙이 되고 그에 따라 반복된 처분이 관

---

45) 1997. 4. 24. 95헌마273.
46) 대법원 2007. 1. 11. 2004두10432.
47) 대법원 2012. 7. 5. 2010다72076.
48) 2004. 10. 28. 99헌바91.

행으로 형성되면 평등원칙이나 신뢰보호원칙에 따라 행정기관은 행정규칙에 따라야 할 자기구속을 당하게 된다.[49] 이때에도 행정규칙이 그 자체로 대외적 구속력을 갖는 것이 아니라 평등원칙이 적용됨으로써 결과적으로 대외적 구속력을 갖게 되는 것이다. 행정규칙이 예외적으로 대외적 구속력을 갖는 경우에는 행정소송이나 헌법소원의 대상이 된다.

4) 포괄위임금지

국회는 입법권을 가지고 헌법에 위반되지 않는 한, 스스로 모든 사항을 법률로 규정할 수 있지만, 일정한 사항에 대해서는 정부에게 입법권을 위임할 수 있다. 헌법은 행정입법을 허용하지만, 대통령은 '법률에서 구체적으로 범위를 정하여 위임받은 사항'에 대해서만 위임명령을 발할 수 있도록 규정한다. 이는 위임명령의 근거인 동시에 그 한계를 설정한 것으로 일반적이고 포괄적인 위임명령은 허용되지 않는다는 것이다. 포괄위임은 국회가 법률을 통해 법규사항을 정해야 한다는 법률유보를 위반하여 자신의 권한을 방기하는 것이고, 대통령이 국회의 입법권을 침해하게 된다.

국회가 구체적으로 범위를 정하지 않고 행정입법에 위임하는 법률을 제정하면, 그 법률은 위헌이다. 대통령이 포괄위임금지를 위반하여 위임명령을 제정한 경우에도 그 위임명령은 위헌이다. '구체적으로 범위를 정하여'라는 것은 법률에 위임하는 내용에 대한 기본적 사항이 구체적으로 규정되어 누구라도 법률 자체에서 위임명령에 규정될 내용의 대강을 예측할 수 있어야 한다는 것을 의미한다. 하지만, 포괄위임금지를 판단하는 기준은 명확하지 않다.

포괄위임인지 여부를 판단하는 기준은 법치국가에서 요구하는 명확성의 원칙과 예측가능성이다. 이는 특정한 법률조항만으로 판단해서는 안 되고, 관련 법률의 전체를 유기적이고 체계적으로 종합하여 판단해야 하며, 그 법률의 성질에 따라 개별적이고 구체적으로 검토해야 한다.[50] 포괄위임의 기준은 규율대상의 종류와 성격에 따라 다르게 적용된다. 일반적으로는 기본권을 제한하는 사항, 국가의 기본적 사항, 상충하는 이익의 조정이 필요한 사항은 국회가 직접 법률로 제정하거나 보다 구체적으로 범위를 정해 위임해야 한다.[51]

---

49) 2011. 10. 25. 2009헌마588.
50) 2015. 1. 29. 2013헌바173.

헌법은 죄형법정주의를 규정하므로 개인을 처벌하는 법령에 대해서는 명확성의 원칙과 예측가능성의 요구가 강화되므로 더욱 위임의 범위를 구체적으로 규정해야 한다.52) 개인에게 수혜적 법률이나 다양한 사실관계가 수시로 변화하는 전문적이고 기술적인 영역에서는 보다 위임의 범위를 완화하여 규정할 수 있다. 한편, 헌법은 조세법률주의를 규정하므로 조세의 부과에 관한 사항에 대해서는 위임의 대상이나 범위를 보다 명확하게 규정해야 하지만, 조세에 관한 사항은 가변적이고 기술적인 영역이라는 특성도 함께 반영해야 한다.

포괄위임금지는 국회와 정부의 관계를 법률유보에 따라 규율하는 것이므로 국가와 개인의 관계를 규율하는 명확성의 원칙과는 구별된다는 견해가 있다.53) 하지만, 법치국가에서 명확성의 원칙은 법률유보를 전제로 하고, 법률뿐만 아니라 위임명령 자체도 명확해야 하므로 법률유보와 명확성의 원칙이 구분되어 적용되는 것은 아니다. 포괄위임인지 여부는 국회가 본질적인 사항을 스스로 입법하였는지를 심사하고, 그 법률과 위임명령 모두 명확성의 원칙을 지켰는지를 심사하여 판단해야 한다.

포괄위임금지는 법률뿐만 아니라 대통령령이 하위법령인 국무총리령이나 부령에 재위임하는 경우에도 적용된다.54) 또한, 법률이 구체적으로 범위를 정하여 위임하는 것을 금지할 뿐만 아니라 아무런 범위를 정하지 않고 그대로 재위임하는 것도 금지된다. 이는 국회가 입법권을 정부에 백지위임하는 것으로 스스로 입법권을 포기하는 것이다. 국회가 입법에 대해 스스로 결정할 수 있는데, 반드시 법규명령의 형식에 위임해야 하는 것은 아니고 지방자치단체나 공법적 단체의 자치법규로 정하도록 위임하는 것도 가능하다. 이때에는 헌법 제75조와 제95조에서 규정하는 포괄위임금지가 적용되지 않는다.

법률이나 법규명령이 지방자치에 대한 사항을 지방자치단체의 조례에 위임하는 경우에는 지방자치단체가 민주적 정당성에 기초하여 자치권을 가진다는 것을 고려하여 반드시 구체적으로 범위를 정하지 않고 포괄적으로 위임하는 것이 가능하며,55) 농업기반공사와 같은 공법적 단체의 정관에 그 자치사항을 위임하는

---

51) 2004. 3. 25. 2001헌마882.
52) 1994. 7. 29. 92헌바49등.
53) 한수웅, 헌법학, 1286~1287면.
54) 2002. 10. 31. 2001헌라1.

경우에도 원칙적으로 포괄위임금지가 적용되지 않는다.[56] 다만, 그 자치적 법규가 모든 국민을 수범자로 하여 형사처벌에 대해 규정하는 것은 범죄와 형벌은 국회가 법률로 규정해야 한다는 죄형법정주의에 위반되므로 허용되지 않는다.[57]

5) 한계

헌법이 대통령에게 행정입법권을 부여하는 것은 국회의 입법권을 전제로 하는 것이지 이를 배제하는 것이 아니다. 행정입법권도 법치국가에 기초한 권력분립에 따라야 하고 헌법과 법률을 위반해서는 안 된다. 우선, 행정입법권은 법률유보를 지켜야 하므로 국민의 권리의무에 관한 사항이나 헌법이 법률로 정하도록 규정한 사항은 반드시 국회가 법률로 규율해야 한다. 특히, 국적취득의 요건, 조세의 종목과 세율, 지방자치단체의 종류와 같이 헌법이 직접 법률로 규정할 것을 요청한 사항은 반드시 법률에 규정해야 하며, 행정입법에 위임할 수 없다.

행정입법에서도 법률우위가 지켜져야 한다. 행정입법은 상위법인 헌법과 법률이 정하는 목적과 범위에서만 허용되고 이를 위반해서는 안 된다. 위임명령은 상위법령에서 구체적 범위를 정하여 위임한 범위에서만 제정되어야 하고, 집행명령도 법률집행을 위해 필요한 세부적인 사항만 규정할 수 있고 법률이 규정한 입법사항을 변경하거나 새로운 입법사항을 제정할 수 없다.[58] 또한, 행정입법의 근거가 되는 상위법령이 소멸하면 행정입법도 실효된다. 다만, 행정입법이 위헌이더라도 그것이 모법인 법률의 위헌성에서 비롯된 것이 아닌 이상 모법인 법률이 당연히 위헌이 되는 것은 아니다.[59]

6) 통제

현대국가에서는 행정입법의 기능과 중요성이 확대되고 법규명령은 물론 법령보충적 행정규칙을 통해 개인의 기본권을 침해할 위험도 증가하고 있어 행정입법을 통제할 수 있는 제도적 장치가 필요하게 되었다. 행정입법은 우선 정부의 내부적 절차를 통해 통제할 수 있다. 행정절차법은 행정입법의 예고절차, 청문회,

---

55) 2023. 9. 26. 2019헌마147.
56) 2001. 4. 26. 2000헌마122.
57) 2020. 6. 25. 2018헌바278.
58) 2001. 4. 26. 2000헌마122.
59) 2003. 4. 24. 2002헌가15.

공청회와 같은 절차를 통해 행정입법을 규율한다. 특히, 법규명령을 제정할 경우에는 법제처의 심사, 국무회의의 심의를 거쳐야 한다.

행정입법은 외부기관을 통해 통제할 수도 있다. 국회가 직접 법률을 제정하거나 개정하여 하위법령인 행정입법을 통제할 수 있다. 국회의 상임위원회는 행정입법이 법률에 위반되는지 여부를 검토하여 위반된다고 판단한 경우에는 중앙행정기관의 장에게 그 내용을 통보할 수 있다. 이때 중앙행정기관의 장은 그 내용에 대한 처리계획과 결과를 지체 없이 소관 상임위원회에 보고해야 한다.[60] 법원은 명령·규칙심사권을 통해 행정입법이 헌법 또는 법률에 위반되는지 여부를 최종적으로 심사할 수 있고, 헌법재판소는 행정입법에 의해 직접 기본권이 침해된 경우에는 헌법소원심판을 할 수 있다.

(7) 사면권

(가) 의의

헌법 제79조 제1항은 "대통령은 법률이 정하는 바에 의하여 사면·감형 또는 복권을 명할 수 있다"라고 규정한다. 사면은 범죄자를 용서하여 형벌을 면제하는 것이며, 사면·감형·복권을 포괄하는 의미로도 사용된다. 사면은 역사적으로는 왕의 은사권에서 비롯되었으며, 정치적 갈등을 해소하고 사회통합을 달성하는 기능을 한다. 하지만, 대통령이 사면하는 것은 법원의 사법적 판단을 무력화시키는 것이므로 사법권의 독립을 해치고, 법을 차별적으로 적용하는 결과를 초래하므로 법치국가에서는 예외적으로만 인정되어야 한다.

(나) 종류

사면은 일반사면과 특별사면으로 구분된다. 일반사면은 죄의 종류를 지정하여 이에 해당하는 모든 범죄인을 대상으로 형의 선고를 받지 않은 자에 대하여는 공소권을 소멸시키고, 형의 선고를 받은 자에 대해서는 형의 선고의 효력을 소멸시키는 것이다.[61] 한편, 특별사면은 형의 선고를 받은 특정인에 대해 형의 집행을 면제시키는 것이다.[62] 일반사면은 법률을 개정하는 효과를 발생시키므로 국회의

---

60) 국회법 제98조의2.
61) 사면법 제3조 제1호, 제5조 제1항 제1호, 제8조.
62) 사면법 제3조 제2호, 제5조 제1항 제2호, 제9조.

동의를 받도록 한다. 대통령이 일반사면을 하면 범죄 후의 법령개폐로 형이 폐지된 것과 실질적으로 동일하므로 법원은 재판 중인 사건에 대해 면소판결을 해야 한다.

감형은 일반감형과 특별감형으로 구분된다. 일반감형은 형의 선고를 받은 자에 대해 죄 또는 형의 종류를 정하여 형을 감경하는 것이고, 특별감형은 형의 선고를 받은 특정인에 대해 형집행을 감경시키는 것이다.[63] 복권도 일반복권과 특별복권으로 구분된다. 일반복권은 형 선고의 효력으로 인하여 자격이 상실되거나 정지된 자에 대해 죄 또는 형의 종류를 정하여 자격을 회복시키는 것이고, 특별복권은 형 선고의 효력으로 인하여 자격이 상실되거나 정지된 특정인을 대상으로 자격을 회복시키는 것이다.[64] 복권은 형의 집행을 종료하거나 집행의 면제를 받은 자에 대해서만 할 수 있다. 일반감형과 일반복권에 대해서는 국회의 동의를 받을 필요가 없다.

일반사면·감형·복권은 대통령령으로 하고, 특별사면·감형·복권은 대통령의 개별적 행위로 한다. 사면·감형·복권은 국무회의의 심의를 거쳐야 하고, 특별사면·감형·복권은 법무부장관이 사면심사위원회의 심사를 거쳐 대통령에게 상신한다.[65] 대통령이 사면·감형·복권을 하더라도 형의 선고에 따라 이미 발생한 효과를 변경시키지는 못하고, 그 법적 효과는 소급되지 않고 장래를 향하여 발생한다. 여러 개의 형이 병과된 경우에는 그 일부에 대해서만 사면 등을 할 수 있고, 이때에는 나머지 병과형에 대해서는 그 효력이 미치지 않는다.

(다) 한계

헌법과 사면법은 사면·감형·복권의 사유에 대해 아무런 규정을 두지 않는다. 대통령은 헌법원리에 부합하도록 사면권을 행사해야 하고, 그 권한을 남용해서는 안 된다. 헌법이론적으로 대통령은 권력분립에 따라 사법권의 독립을 지켜야 하고 평등원칙을 준수해야 하지만, 대통령이 헌법과 사면법을 준수하는 이상 사전적으로나 사후적으로 사면권을 통제할 방법이 없다.[66] 대통령이 사면권을 행

---

63) 사면법 제5조 제1항 제3호, 제4호.
64) 사면법 제3조 제3호, 제5조 제1항 제5호, 제6조.
65) 사면법 제8조, 제9조, 제10조.
66) 성낙인, 헌법학, 595면.

사하는 것 자체는 통치행위에 해당하여 사법적 판단을 하기가 어려울 수 있다. 하지만, 대통령도 헌법과 법률에 따라 사면권을 행사해야 하므로 헌법과 법률을 위반한 경우에는 사법심사의 대상이 된다.

대통령이 국회의 동의를 받지 않고 일반사면을 하면 국회가 권한쟁의심판을 청구할 수 있고, 대통령에 대해 탄핵소추를 할 수도 있다. 법원은 대통령이 헌법과 법률이 정한 절차에 따라 사면권을 행사한 이상 사면권의 행사에 대해 권한쟁의심판을 청구할 수 없다. 개인은 대통령의 사면에 대해 평등권의 침해를 주장하면서 헌법소원을 청구할 수 없다. 사면된 자는 기본권이 제한되지 않고, 사면에서 제외된 자는 사면에 대해 위헌결정이 선고되더라도 자신이 당연히 사면에 포함되는 것은 아니므로 권리보호이익이나 심판이익이 없다. 일반국민에 대해서는 사면권의 행사에 대해 자기관련성과 직접성을 인정하기 어렵다.[67]

대통령은 탄핵결정으로 파면된 자에 대해서는 사면할 수 없다. 고위공직자가 범죄를 저질러 탄핵심판을 통해 파면되더라도 탄핵결정은 사면의 대상이 아니다. 대통령이 탄핵결정으로 파면된 자를 사면하더라도 이는 법적으로 무효이고 사면의 효과가 발생하지 않는다. 탄핵소추권자인 국회나 탄핵심판권자인 헌법재판소가 이에 대해 권한쟁의심판을 청구할 여지가 없다. 다만, 고위공직자가 형사처벌을 받은 부분에 대해서는 사면법에 따라 사면하는 것은 가능하고, 이는 탄핵결정과는 아무런 상관이 없다.

4. 헌법적 의무

(1) 헌법과 법률을 준수할 의무

대통령은 국가원수로서 헌법을 수호할 의무를 부담한다. 대통령은 국가의 독립·영토의 보전·국가의 계속성과 헌법을 수호할 책무와 조국의 평화적 통일을 위한 성실한 의무를 진다. 대통령은 취임에 즈음하여 '대통령으로서의 직책을 성실히 수행할 것'을 선서한다. 대통령도 공무원이므로 국민 전체에 대한 봉사자로서 국민에 대해 책임을 지며, 국가공무원법이 규정하는 법적 의무를 부담한다. 대

---

67) 1998. 9. 30. 97헌마404.

통령이 헌법적 의무를 위반하면 탄핵사유에 해당될 수 있다.

헌법재판소는 대통령의 성실한 직무수행의무가 헌법적 의무에 해당하나, 헌법을 수호해야 할 의무와는 달리 그 이행이 관철될 수 있는 의무가 아니므로 사법심사의 대상이 될 수 없다고 판단하였다.[68] 헌법 제83조는 "대통령은 국무총리·국무위원·행정각부의 장 기타 법률이 정하는 공사의 직을 겸할 수 없다"라고 규정한다. 이는 정부 내부에서 권력분립을 실현하여 국무총리와 국무위원 등이 대통령의 권한을 견제할 수 있도록 보장하고, 이익충돌의 위험을 방지하기 위한 것이다.

(2) 정치적 중립과 선거에서의 중립의무

헌법은 공무원의 정치적 중립성을 보장하고, 국가공무원법은 공무원의 정치운동을 금지하지만, 대통령과 같은 정치적 공무원은 직업공무원제의 적용을 받지 않는다. 정당법도 공무원은 원칙적으로 정당의 발기인이나 당원이 될 수 없지만, 대통령, 국무총리, 국무위원 등은 예외적으로 정당의 발기인이나 당원이 될 수 있다고 규정한다.[69] 정당국가에서 대통령은 그 선출에서부터 정당과 밀접하게 견련되어 있어 현실적으로 정치적 중립성을 요구할 수 없다. 대통령은 헌법과 법률이 허용하는 범위에서는 특정한 정당의 정치이념을 대표하고 실현하기 위해 노력할 수 있다.

공직선거법은 공무원의 선거운동을 금지하고, 국회의원과 지방의회의원은 예외로 하면서 대통령과 지방자치단체의 장은 예외에서 제외한다. 또한, 공무원에게는 선거에 대한 부당한 영향력의 행사 기타 선거결과에 영향을 미치는 행위를 금지한다.[70] 대통령은 공직선거에서는 선거의 공정성을 위해 중립의무를 진다. 헌법재판소는 공직선거법에서 규정하는 공무원에는 대통령도 포함되고, 대통령과 지방자치단체의 장은 다른 공무원보다 선거에서의 정치적 중립성이 더욱 요구되므로 대통령이 이를 위반하면 탄핵사유에 해당한다고 판단하였다.[71]

---

68) 2017. 3. 10. 2016헌나1.
69) 국가공무원법 제65조, 정당법 제22조.
70) 공직선거법 제9조, 제60조.
71) 2004. 5. 14. 2004헌나1.

5. 권한행사방법과 통제

(1) 권한행사의 방법

(가) 문서

헌법 제82조는 "대통령의 국법상 행위는 문서로써 하며, 이 문서에는 국무총리와 관계 국무위원이 부서한다. 군사에 관한 것도 또한 같다"라고 규정한다. 대통령의 국법상 행위란 헌법과 법률에 의해 대통령에게 부여된 모든 권한과 관련된 행위를 말한다. 대통령의 국법상 행위를 문서로 하도록 한 것은 그 행위의 명확성을 기하고 물적 증거를 남기며, 대통령으로 하여금 신중하게 권한을 행사하도록 하기 위한 것이다. 대통령이 문서로 하지 않은 국법상 행위는 헌법이 규정한 요건과 절차를 위반한 것이므로 위헌이고 무효이다.[72]

(나) 부서

대통령이 국법상 행위를 하는 문서에는 국무총리와 관계 국무위원이 부서한다. 부서는 대통령의 서명에 이어 국무총리와 관계 국무위원이 서명하는 것이다. 이는 대통령을 보좌하는 책임을 명확히 하고 그 물적 증거를 남기기 위한 것이다. 부서는 군주국가에서 신하가 군주를 대신하여 의회에 책임을 지는 제도로 시작되었다. 이는 정부가 의회에 대해 책임을 지는 의원내각제에서 중요한 의미를 가지나, 대통령제에서는 큰 의미가 없다. 대통령제에서는 정부가 의회에 대해 책임을 지지 않고 대통령이 그 보좌기관인 국무총리와 국무위원을 언제든지 해임할 수 있기 때문이다.

국무총리와 관계 국무위원은 부서할 권한을 가짐과 동시에 대통령을 보좌하는 헌법기관으로서 대통령의 국법상 행위에 부서할 헌법적 의무를 부담한다. 하지만, 국무총리와 관계 국무위원은 대통령의 행위가 헌법과 법률에 위반된 경우와 같이 그 행위에 동의할 수 없다고 판단한 경우에는 부서를 거부할 수 있다. 부서는 국무총리와 관계 국무위원으로 하여금 대통령이 적법하게 권한을 행사하도록 절차적으로 통제하는 수단이기도 하다. 다만, 대통령은 부서를 거부한 국무총

---

72) 김하열, 헌법강의, 908면 ; 성낙인, 헌법학, 617면.

리나 관계 국무위원을 해임할 수 있다.

　　대통령이 국무총리와 관계 국무위원의 부서가 없이 국법상 행위를 한 경우에 부서는 적법요건일 뿐 유효요건이 아니므로 부서가 없는 대통령의 국법상 행위는 위법하지만 당연히 무효는 아니라는 견해가 있다.73) 대통령의 국법상 행위에는 부서가 필요하지만 정당한 사유가 있는 예외적인 경우에는 부서가 없는 국법상 행위도 유효하다는 견해도 있다.74) 하지만, 대통령의 국법상 행위에 부서하는 것은 헌법이 규정한 요건과 절차이므로 이를 위반하는 것은 위헌이고 무효이다.75) 대통령이 부서가 없이 국법상 행위를 하면 국무총리와 관계 국무위원은 권한쟁의심판을 청구할 수 있다.

(2) 통제

　　헌법은 대통령의 권한행사를 통제하는 절차를 규정한다. 대통령의 권한행사는 권력분립에 따라 다른 헌법기관으로부터 통제된다. 국회는 대통령의 중요한 국법행위에 동의권과 각종 국정통제권을 행사할 수 있다. 법원은 명령·규칙심사권을 가지고 행정입법권을 통제하고, 헌법재판소는 조약과 긴급명령 등에 대한 위헌법률심판, 탄핵심판, 정부가 제소한 정당해산심판, 권한쟁의심판, 헌법소원을 통해 대통령의 권한을 통제한다. 국민도 대통령이 부의한 국민투표와 대통령이 발의한 헌법개정에 대한 국민투표를 통해 대통령의 권한을 통제할 수 있다.

　　대통령의 권한행사는 내부적 절차를 통해 통제될 수 있다. 대통령은 중요한 사항에 대해서는 국무회의의 심의를 거쳐야 한다. 대통령은 자문기관의 의견에 구속되지는 않지만, 국가안전보장회의와 같은 자문기관도 대통령의 권한을 통제할 수 있다. 특히, 대통령이 국무위원과 행정각부의 장을 임명할 경우에는 국무총리의 제청에 따라야 한다. 국무총리가 국무위원 등의 임명을 대통령에게 제청하는 것은 권한인 동시에 의무이다. 대통령이 국무총리의 제청 없이 국무위원 등을 임명하는 것은 위헌이며 무효가 된다. 국무총리는 국무위원의 해임을 대통령에게 건의할 수 있는데, 대통령은 이에 구속되지 않는다.

---

73) 한수웅, 헌법학, 1299~1300면.
74) 정종섭, 헌법학원론, 1403면.
75) 성낙인, 헌법학, 629면 ; 정재황, 헌법학, 1524~1525면.

제 2 절 행정부

1. 국무총리

(1) 헌법적 지위

(가) 정부형태와 관계

국무총리는 나라마다 다양한 명칭으로 불리며, 정부형태에 따라 다른 지위를 갖는다. 의원내각제에서 국무총리는 수상으로 불리며 내각의 수반으로 실질적인 행정권을 갖고, 의회에 대해 책임을 진다. 대통령은 상징적·의례적 권한만을 가지며, 수상의 요청이나 내각의 승인에 따라 권한을 행사한다. 대통령제에서는 국무총리를 두지 않고 부통령을 두며, 국무총리를 두더라도 실질적으로 행정권을 갖지 않고 대통령을 보좌할 뿐이다. 한편, 이원정부제에서 국무총리는 대통령과 실질적인 행정권을 나누어 갖는다.

헌법 제86조 제2항은 "국무총리는 대통령을 보좌하며, 행정에 관하여 대통령의 명을 받아 행정각부를 통할한다"라고 규정한다. 헌법은 대통령제를 채택하면서도 의원내각제 요소인 국무총리를 둔다. 1948년 건국헌법은 대통령제를 채택하여 대통령과 부통령을 두면서, 국무총리를 헌법기관으로 두었다. 국무총리는 대통령의 보좌기관으로서 국무원의 부의장이며, 대통령의 명을 받아 행정각부를 통할하고 감독하는 권한을 가졌다. 1960년 헌법은 의원내각제를 채택하여 1954년 헌법에서 폐지하였던 국무총리제도를 부활하였다가 1962년 헌법에서부터 현행헌법까지 대통령제를 채택하면서 국무총리제도를 유지하고 있다.

(나) 행정권의 2인자

국무총리는 대통령에 대한 관계에서는 본질적으로 보좌기관이며, 행정각부에 대한 관계에서는 행정각부를 통할하므로 정부수반인 대통령에 이어 행정권의 제2인자가 된다. 국무총리는 대통령의 보좌기관이며, 대통령이 정부수반의 지위에서 행사하는 모든 권한을 보좌한다. 국무총리는 단순히 대통령의 보좌기관에 그치는 것이 아니라 행정에 관하여는 행정각부를 통할하는 독자적인 권한을 가진다. 다만, 이때에도 반드시 대통령의 명을 받아야 한다. 국무총리는 국무회의의 부의장으로 대통령의 모든 국법상 행위에 부서할 권한과 의무를 갖는다.

국무총리는 행정각부를 통할하지만, 대통령비서실, 국가정보원과 같은 대통령직속기관은 행정각부가 아니므로 국무총리의 통할을 받지 않는다. 국무총리는 대통령의 보좌기관이고 행정부의 2인자이므로 모든 행정조직을 통할하는 것이 바람직하다. 하지만, 국회가 법률을 통해 국무총리의 통할을 받지 않는 행정기관을 설치하는 것은 가능하다.76) 헌법재판소도 정부조직법이 국가안전기획부를 대통령직속기관으로 규정한 것은 위헌이 아니라고 판단하였다.77)

(다) 대통령의 권한대행자

대통령이 궐위되거나 사고로 인하여 직무를 수행할 수 없을 때에는 국무총리는 제1순위 권한대행자가 된다. 이때 국무총리는 대통령의 권한과 국무총리의 권한을 동시에 행사할 수 있다. 국무총리가 대통령의 권한을 대행하는 것은 사고로 직무를 수행할 수 없는 경우에 해당하지 않으므로 국무총리의 권한대행을 둘 필요가 없다. 국무총리가 권한대행자가 되는 것은 국민으로부터 직접 민주적 정당성을 확보하지 못하였다는 측면이 있다. 하지만, 국무총리는 국회의 동의를 받아 대통령이 임명하였을 뿐만 아니라 행정권의 제2인자이므로 권한대행하는 것이 허용된다.

(2) 신분

국무총리는 국회의 동의를 얻어 대통령이 임명한다. 국무총리는 민주적 정당성을 갖는 두 개의 중심축인 대통령과 국회의 합동행위로 선출되므로 이중적 신임에 바탕을 두고 있다. 헌법은 군인은 현역을 면한 후가 아니면 국무총리로 임명될 수 없다고 규정한다. 대통령은 보좌기관인 국무총리를 자유롭게 해임할 수 있고, 국무총리는 언제든지 자유롭게 사임할 수도 있다. 국회법 제29조 제1항은 "의원은 국무총리 또는 국무위원의 직 이외의 다른 직을 겸할 수 없다"라고 규정하여 국무총리가 국회의원을 겸직할 수 있도록 허용한다.

---

76) 정부조직법 제2조 제1항 ; 김하열, 헌법강의, 913면.
77) 1994. 4. 28. 89헌마86.

대통령은 국무총리의 제청을 받아 국무위원과 행정각부의 장을 임명해야 하지만, 반드시 그 제청에 구속되는 것은 아니다. 국무총리가 사퇴하거나 해임되면 피제청권자인 국무위원 전체가 사직해야 한다는 견해가 있다.78) 하지만, 국무위원과 행정각부의 장은 국무총리와 독자적으로 대통령을 보좌하므로 국무총리의 사퇴나 해임으로 인하여 당연히 그 자격을 상실하는 것은 아니다. 국무위원은 국무총리의 제청과 무관하게 사퇴할 수 있고, 대통령도 국무총리와 별도로 국무위원과 행정각부의 장을 해임할 수 있다.79)

정부조직법은 "국무총리가 사고로 직무를 수행할 수 없는 경우에는 … 국무위원이 그 직무를 대행한다"라고 규정하고, 이때에는 대통령의 지명을 받은 국무위원이, 지명이 없는 경우에는 법률이 정하는 순서에 따라 국무위원이 국무총리의 권한을 대행한다.80) 헌법은 대통령의 궐위와 사고에 대해 권한대행을 규정하지만, 정부조직법은 국무총리의 사고에 대해서만 권한대행을 인정한다. 하지만, 국무총리는 행정각부를 통할할 뿐만 아니라 자신의 고유한 행정사무를 관할하므로 '사고'란 궐위를 포함하는 '유고'라고 해석해야 한다.81)

(3) 권한

(가) 국무위원과 행정각부의 장의 제청권

국무총리는 국무위원과 행정각부의 장의 임명에 대한 제청권을 가진다. 이는 대통령을 보좌하는 책임소재를 명확히 하고 대통령의 권한을 통제하는 기능을 한다. 대통령은 국무총리의 제청에 구속되지 않는다. 대통령이 국무총리의 제청을 받지 않고 국무위원과 행정각부의 장을 임명하는 것은 무효가 아니라는 견해가 있다.82) 하지만, 대통령이 국무총리의 제청을 받지 않거나 국무총리가 제청하는 사람 대신 다른 사람을 국무위원과 행정각부의 장으로 임명하면 위헌이고 무효이다.83)

---

78) 성낙인, 헌법학, 639면.
79) 정종섭, 헌법학원론, 1434~1435면.
80) 정부조직법 제22조.
81) 한수웅, 헌법학, 1303면.
82) 한수웅, 헌법학, 1303면.
83) 김하열, 헌법강의, 913면 ; 성낙인, 헌법학, 627면 ; 정재황, 헌법학, 1529면 ; 정종섭, 헌법학원론, 1437면.

국무총리는 국무위원의 해임건의권을 가진다. 대통령은 국회가 국무총리나 국무위원의 해임을 건의하더라도 이에 구속되지 않을 뿐만 아니라, 대통령의 보좌기관인 국무총리가 국무위원의 해임을 건의하더라도 이에 구속되지 않는다. 대통령이 국무총리의 해임건의를 수용하여 국무위원을 해임할 수도 있고, 이를 거부할 수도 있다. 대통령이 국무위원을 해임한 경우에는 행정각부의 장의 자격도 상실하게 된다. 한편, 국무총리가 국무위원의 해임을 건의하는 것은 국무위원의 임명과는 달리 해임에 필요한 절차가 아니므로 대통령은 국무총리가 해임건의를 하지 않더라도 국무위원을 해임할 수 있다.

(나) 행정통할권

국무총리는 행정각부를 통할하므로 상급 감독관청으로서 중앙행정기관을 지휘·감독하고, 중앙행정기관의 장의 명령이나 처분이 위법 또는 부당하다고 인정할 때에는 대통령의 승인을 받아 중앙행정기관의 장의 명령이나 처분을 중지 또는 취소할 수 있다. 하지만, 국무총리도 대통령의 지시나 명령을 받아야 하고, 대통령은 국무총리의 명령이나 처분을 중지 또는 취소할 수 있다.[84] 국무총리는 본질적으로 대통령의 보좌기관이고, 대통령이 정부수반이므로 대통령의 명을 받는 범위에서만 행정각부를 통할한다.

국무총리는 단독적 행정관청으로 자신의 소관업무를 처리한다. 국무총리는 행정각부의 사무를 기획·조정하고 특정한 행정각부에 소속시킬 수 없는 성질의 사무를 처리한다. 이때에도 국무총리는 대통령의 보좌기관으로서 대통령의 명을 받아 소관사무를 처리해야 한다. 국무총리는 국회나 위원회에 출석하여 국정처리 상황을 보고하고, 의견을 진술하며, 질문에 대해 답변할 권한을 가진다. 국회가 국무총리에게 출석하여 답변할 것을 요구할 경우에 국무총리는 국무위원으로 하여금 대리로 출석하여 답변하게 할 수도 있다.

(다) 행정입법권

헌법 제95조는 "국무총리 또는 행정각부의 장은 소관사무에 관하여 법률이나 대통령령의 위임 또는 직권으로 총리령 또는 부령을 발할 수 있다"라고 규정

---

84) 정부조직법 제11조, 제18조.

한다. 국무총리와 행정각부의 장은 '소관사무에 관하여'만 총리령이나 부령을 발할 수 있다. 국무총리령과 부령은 위임명령과 직권명령으로 구분된다. 위임명령은 '법률이나 대통령령의 위임'에 의한 것으로 법규명령에 포함되므로 위임에 따라 국민의 권리의무에 관한 사항을 규율할 수 있고 대외적 효력을 가진다. 국회는 법률을 통해 대통령령을 거치지 않고 국무총리령이나 부령에 직접 위임할 수도 있다.

헌법 제75조는 대통령의 위임명령에 대해 '구체적으로 범위를 정하여 위임받은 사항'이라고 규정하여 포괄위임금지를 명시한다. 헌법 제95조는 국무총리나 행정각부의 장의 위임명령에 대해서는 '법률이나 대통령령의 위임'이라고만 규정하여 포괄위임금지를 직접 명시하지 않는다. 하지만, 국무총리나 행정각부의 장이 위임명령을 발하는 경우에도 포괄위임금지가 적용되어 법률이나 대통령령은 구체적 범위를 정하여 위임해야 하므로 일반적이고 포괄적인 위임명령은 허용되지 않는다.[85]

헌법은 대통령령에 대해서는 '집행하기 위하여'라고 규정하고, 총리령과 부령의 경우에는 '직권으로'라고 규정한다. 직권명령은 위임명령과 달리 절차적 집행명령이므로 법규명령이 아니고 대외적 효력을 갖지 않는다는 견해가 있다.[86] 하지만, 직권명령은 법률이나 대통령령을 집행하기 위해 직권으로 집행명령을 발한다는 것을 의미하므로 법규명령에 포함된다.[87] 국무총리령과 부령은 헌법에 직접 근거하므로 상위법령에서 규정하는 국민의 권리의무에 관한 사항을 구체화하여 규율할 수 있지만, 집행명령과 마찬가지로 새롭게 국민의 권리의무를 창설할 수는 없다.

국무총리령은 국무총리가 단독적 행정관청으로 자신의 소관사무를 처리하기 위한 것이므로 규범적으로는 부령과 동일한 효력을 갖는다. 하지만, 국무총리가 행정각부를 통할하는 상급의 중앙행정관청이므로 실질적으로는 총리령이 부령보다 우월하게 기능할 수 있다.[88] 국무총리는 부령이 위법 또는 부당하다고 인정할 때에는 대통령의 승인을 얻어 이를 중지 또는 취소할 수 있다. 이때 국무총리가

---

85) 2016. 2. 25. 2015헌바191.
86) 정종섭, 헌법학원론, 1439면.
87) 성낙인, 헌법학, 629면.
88) 김하열, 헌법강의, 916면 ; 성낙인, 헌법학, 630면 ; 정종섭, 헌법학원론, 1440면.

중지 또는 취소할 수 있는 부령은 직권으로 발령하는 집행명령에만 한정되고 상 위법령에 근거한 위임명령은 포함되지 않는다.

(4) 책임

국무총리는 국회의 동의를 얻어 대통령에 의해 임명되므로 대통령과 국회에 대해 정치적 책임을 져야 한다. 국무총리는 대통령을 보좌하고, 대통령의 명에 의 하여 행정각부를 통할하므로 대통령에 대해 정치적 책임을 져야 한다. 이를 위해 대통령의 국법상 행위에 부서할 권한과 의무를 가지며, 국무회의의 부의장으로서 국정의 중요사항을 심의한다. 한편, 국무총리도 공무원으로서의 책임과 의무를 부 담하므로 헌법과 법률을 위반한 경우에는 법적 책임을 져야 한다.

국무총리는 국회에 대해서도 법적 책임과 정치적 책임을 진다. 국무총리는 국회나 그 위원회의 요구가 있을 때에 출석·답변하여야 하며, 국무위원으로 하여 금 대리로 출석·답변하게 할 수 있다. 국회는 재적의원 3분의 1 이상의 발의와 재적의원 과반수의 찬성으로 대통령에게 국무총리의 해임을 건의할 수 있다. 또 한, 국회는 국무총리가 그 직무집행에서 헌법 또는 법률을 위반하면 재적의원 3 분의 1 이상의 발의와 재적의원 과반수의 찬성으로 탄핵소추를 의결할 수 있다. 국무총리는 헌법재판소의 탄핵결정으로 파면될 수 있다.

2. 국무위원

(1) 헌법적 지위

(가) 대통령의 보좌기관

헌법 제87조 제2항은 "국무위원은 국정에 관하여 대통령을 보좌하며, 국무회 의의 구성원으로서 국정을 심의한다"라고 규정한다. 국무위원은 국무총리와 별도 로 대통령을 보좌할 권한과 의무를 가진다. 대통령은 국무위원 중에서 행정각부 의 장을 임명하므로 행정각부의 장은 국무위원의 지위를 함께 갖는다. 헌법은 국 무위원을 대통령의 보좌기관으로 규정하지만, 대통령을 정점으로 조직되는 행정 체계를 고려하면 국무위원이 아니라 행정각부의 장을 대통령의 보좌기관으로 규정하는 것이 정합적이다.

행정각부의 장은 국무위원을 겸하게 되지만, 그 법적 지위는 서로 다르다. 행정각부의 장은 대통령을 수반으로 하는 정부의 구성단위로서 대통령과 국무총리의 지휘를 받아 법률로 정한 소관사무를 담당하는 중앙행정기관이다. 행정각부의 장은 소관사무에 관하여 법률이나 대통령의 위임 또는 직권으로 부령을 발할 수 있다. 대통령의 국법상 행위에 부서하는 주체도 관계 국무위원이 아니라 관계 행정각부의 장으로 규정하는 것이 정합적이지만, 이를 위해서는 헌법을 개정해야 한다.

(나) 국무회의 구성원

국무위원은 국무회의의 구성원으로 국정을 심의한다. 국무위원의 지위는 국무회의의 법적 지위에 따라 달라지는데, 일반적으로 의원내각제에서는 의결기관인 내각을 의미하고 대통령제에서는 단순한 자문기관이다. 헌법은 국무회의를 심의기관으로 규정하므로 국무위원은 심의기관의 구성원이다. 국무위원은 국무회의의 심의에서 의장인 대통령, 부의장인 국무총리, 다른 국무위원과 동등한 지위를 가진다. 이는 행정각부의 장이 대통령이나 국무총리의 지휘·감독을 받으므로 대통령이나 국무총리와 동등한 지위를 갖지 않는 것과 다른 점이다.

(2) 신분

국무위원은 국무총리의 제청으로 대통령이 임명하고, 군인은 현역을 면한 후가 아니면 국무위원으로 임명될 수 없다. 대통령은 국무총리의 제청권에 구속되지 않지만, 국무총리의 제청을 받지 않고 국무위원을 임명할 수는 없다. 국회는 대통령에게 국무위원의 해임을 건의할 수 있고, 국무총리도 이와 별도로 국무위원의 해임을 건의할 수 있지만 대통령은 이에 구속되지 않는다. 대통령은 언제든지 국무위원을 해임할 수 있고, 국무위원도 자유롭게 사임할 수 있다. 국회법은 국회의원이 국무위원과 겸직하는 것을 허용하지만, 이는 권력분립에 비추어 바람직하지 않다.

(3) 권한과 책임

국무위원은 대통령에 의해 임명되고 국무회의의 구성원으로서 대통령을 보좌하므로 대통령에 대해 정치적 책임을 진다. 국무위원은 국무회의에 의안을 제출하고 국무회의의 소집을 요구할 수 있으며, 심의와 의결에 참가할 권한과 의무를 가진다. 국무위원은 국무총리에 이어 대통령의 권한을 대행할 수도 있다. 관계 국무위원은 대통령의 국법상 행위에 부서할 권한과 의무를 가지며, 관계 국무위원이란 그 사무를 주관하는 행정각부의 장인 국무위원을 의미한다.

국무위원은 국회나 그 위원회에 출석하여 국정처리상황을 보고하거나 의견을 진술하고 질문에 응답할 수 있다. 국회나 그 위원회의 요구가 있을 때에는 국무총리·국무위원 또는 정부위원은 출석·답변해야 한다. 다만, 국무위원이 출석요구를 받은 때에는 정부위원으로 하여금 출석·답변하게 할 수 있다. 국회는 국무위원에 대해 해임건의권을 행사하여 정치적 책임을 추궁할 수 있고, 그 직무집행에서 헌법이나 법률을 위반한 때에는 탄핵소추권을 통해 법적 책임을 물을 수 있다.

3. 국무회의

(1) 헌법적 지위

(가) 정부형태와 관계

헌법 제88조 제1항은 "국무회의는 정부의 권한에 속하는 중요한 정책을 심의한다"라고 규정한다. 국무회의는 나라마다 다양한 명칭으로 불리며, 정부형태에 따라 다른 지위를 갖는다. 의원내각제에서는 내각으로 불리며 각료들로 구성된 집단적 회의체로서 실질적으로 행정권을 가지고 의회에 대해 연대책임을 진다. 대통령제에서는 헌법기관이 아니라 대통령의 임의적 자문기관에 불과하다. 한편, 이원정부제에서는 내각이 대통령의 단순한 보좌기관이 아니라 실질적으로 집행권의 일부를 보유한다.

1948년 건국헌법은 국무원을 의결기관으로 설치하였고, 1960년 헌법은 의원내각제를 채택하여 국무원을 실질적인 내각으로 규정하였다. 1962년 헌법은 대통령제를 채택하여 국무회의를 정책심의기관으로 규정하고 현행헌법까지 그대로 유지하고 있다. 국무회의는 정부의 권한에 속하는 중요한 정책을 심의하는 기관이다. 헌법은 대통령제를 채택하면서도 국무회의를 의결기관이나 자문기관이 아닌 심의기관으로 규정한다. 국무회의는 헌법에 의해 반드시 설치되어야 하는 필수적 헌법기관이다.

(나) 최고의 정책심의기관

국무회의의 의장은 대통령이고, 부의장은 국무총리이며 행정각부 장관이 모두 국무위원이다. 국무회의는 정부의 권한에 속하는 중요정책을 회의하여 결정하지만, 정책을 최종적으로 확정하는 의결기관이 아니고, 대통령에게 자문을 제공하는 단순한 자문기관도 아니다. 국무회의는 최고의 정책심의기관으로서 헌법이 규정하는 일정한 사항은 반드시 국무회의의 심의를 거쳐야 한다. 헌법 제89조는 국무회의의 필수적 심의사항을 열거한다. 국무회의는 행정각부의 정책을 조정하고 통합함으로써 대통령을 보좌하며, 대통령의 권한행사를 통제하는 기능도 한다.

(다) 독립적 회의제기관

국무회의는 대통령·국무총리와 15인 이상 30인 이하의 국무위원으로 구성되며, 행정각부의 장은 모두 국무위원이다. 국무회의는 구성원 과반수의 출석으로 개의하고, 출석위원 3분의 2 이상의 찬성으로 의결한다. 대통령은 국무회의의 의장으로서 회의를 소집하고 주재하지만, 국무회의는 독립적 회의제기관이므로 국무총리나 국무위원과 동등한 지위를 가지고 국무회의에 참여한다. 국무회의는 국회와 같이 단일한 의사를 결론으로 도출해야 하는 합의기관이 아니다. 하지만, 필수적 심의사항에 대해서는 반드시 회의를 통해 심의해야 한다.

(2) 심의사항

헌법 제89조는 국무회의에서 반드시 심의를 거쳐야 하는 필수적 심의사항을 열거한다. 하지만, '기타 대통령·국무총리 또는 국무위원이 제출한 사항'도 국무회의의 심의사항이 되므로 사실상 정부의 권한에 속하는 사항은 모두 심의사항에 포함될 수 있다. 대통령이 필수적 심의사항에 대해 국무회의의 심의를 거치지 않은 경우에도 국무회의의 심의는 대통령의 국법상 행위의 적법요건일 뿐 유효요건은 아니므로 위법하지만 유효하다는 견해가 있다.[89] 하지만, 국무회의의 심의는 유효요건이므로 국무회의의 심의를 거치지 않는 것은 위헌이고, 대통령의 그 국법상 행위는 무효이다.[90]

국무회의는 필수적 심의사항에 대해 반드시 심의를 거쳐야 할 뿐, 의결기관이 아니므로 심의가 그 자체로 법적 효과를 발생시키지 않는다. 국무회의의 심의는 대통령의 권한에 대해서는 구속력을 갖지 않지만, 정부의 권한에 대해서는 구속력을 갖는다는 견해가 있다.[91] 하지만, 국무회의의 심의결과는 대통령을 구속하지 않으므로 대통령은 그 심의결과와 다른 정책결정을 할 수도 있다.[92] 국무회의에서 심의하여 의결하는 것은 국가기관의 내부적 의사결정행위에 불과하고, 국민에 대해 직접적인 법적 효과를 발생시키지 아니하여 공권력의 행사에 해당하지 않으므로 헌법소원의 대상이 되지 않는다.[93]

4. 행정각부

(1) 조직과 직무

헌법 제96조는 "행정각부의 설치·조직과 직무범위는 법률로 정한다"라고 규정한다. 행정각부는 대통령을 수반으로 하는 정부의 구성단위로서 대통령과 국무총리의 지휘를 받아 법률로 정한 소관사무를 독자적으로 처리하는 중앙행정기관이다. 행정각부의 장은 반드시 국무위원이어야 하므로 행정각부란 그 장이 국무위원이어야 하고, 그 소관사무에 관하여 부령을 발할 권한이 있어야 한다. 또한, 국무총리는 행정에 관하여 행정각부를 통할하므로 행정각부는 국무총리의 통할을 받는 중앙행정기관을 의미한다.

---

89) 한수웅, 헌법학, 1309면.
90) 정종섭, 헌법학원론, 1455면.
91) 정재황, 헌법학, 1538면.
92) 정종섭, 헌법학원론, 1455면.
93) 2003. 12. 18. 2003헌마255.

중앙행정기관이 모두 '행정각부'가 되는 것은 아니다. 국회는 행정사무의 성질에 따라 대통령이나 국무총리의 직속기관이나 국무총리의 통할을 받지 않더라도 행정부에 소속된 중앙행정기관을 설치할 수 있다. 고위공직자범죄수사처는 '행정각부'에 포함되지 않는 중앙행정기관이지만, 법률로 고위공직자범죄수사처를 설치하는 것은 권력분립에 위반되는 것은 아니다.[94] 고위공직자범죄수사처와 국가인권위원회는 행정부 소속의 중앙행정기관이지만 대통령의 업무지시를 받지 않는 법률상 독립기관이다.

2024년 1월 현재 정부조직은 19부 3처 19청(2원 4실 6위원회)으로 구성되어 있다. 국회는 법률을 통해 대통령이나 국무총리의 소속기관을 설치할 수도 있다. 대통령의 소속기관으로는 대통령비서실, 국가안보실, 대통령경호처, 감사원, 국가정보원, 방송통신위원회, 국가안전보장회의, 민주평화통일자문회의, 국민경제자문회의, 국가과학기술자문회의가 있다. 국무총리의 소속외청으로는 국무조정실, 국무총리비서실, 인사혁신처, 법제처, 식품의약안전처, 공정거래위원회, 금융위원회, 국민권익위원회, 개인정보보호위원회, 원자력안전위원회가 있다.

행정각부 및 그 소속외청으로는 기획재정부(국세청, 관세청, 조달청, 통계청), 교육부, 과학기술정보통신부(과학기술혁신본부), 외교부(재외동포청), 통일부, 법무부(검찰청), 국방부(병무청, 방위사업청), 행정안전부(재난안전관리본부, 경찰청, 소방청), 국가보훈부, 문화체육관광부(문화재청), 농림축산식품부(농촌진흥청, 산림청), 산업통상자원부(통상교섭본부, 특허청), 보건복지부(질병관리청), 환경부(기상청), 고용노동부, 여성가족부, 국토교통부(행정중심복합도시건설청, 새만금개발청), 해양수산부(해양경찰청), 중소벤처기업부가 있다.[95]

(2) 행정각부의 장

헌법 제94조는 "행정각부의 장은 국무위원 중에서 국무총리의 제청으로 대통령이 임명한다"라고 규정한다. 행정각부의 장은 국무위원 중에서 임명되므로 국무위원의 지위도 함께 갖는다. 국무위원의 자격을 상실하면 행정각부의 장의 자격도 상실되며, 행정각부의 장의 자격을 상실하면 특임장관이 아닌 한, 국무위원의 자

94) 2021. 1. 28. 2020헌마264.
95) 정부조직법 제26~45조.

격도 상실된다. 하지만, 행정각부의 장과 국무위원은 그 헌법적 지위가 달라 어떠한 지위에서 직무를 수행하는지에 따라 그 법적 성격과 효력도 다르게 된다.

행정각부의 장은 정부정책을 집행하는 중앙행정기관의 장이며, 그 소관사무에 대해 대통령과 국무총리의 지휘·감독을 받는다. 또한, 자신의 부에 속하는 사무를 통할하고 소속된 행정기관을 지휘·감독하고, 그 소관사무에 관하여 부령을 발할 수 있다. 행정각부의 장은 국회의 탄핵소추의 대상이 되지만, 해임건의의 대상은 되지 않는다. 한편, 국무위원은 국무회의의 구성원으로 자신의 소관사무를 갖지 않고, 국무회의의 소집을 요구하고 안건을 심의하고 의결한다. 또한, 국회에 출석하여 발언할 수 있고, 대통령과 국무총리의 권한대행이 될 수 있다. 국무위원은 국회의 탄핵소추와 해임건의의 대상이 된다.

5. 대통령의 자문기관

(1) 국가안전보장회의

헌법 제91조 제1항은 "국가안전보장에 관련되는 대외정책·군사정책과 국내정책의 수립에 관하여 국무회의의 심의에 앞서 대통령의 자문에 응하기 위하여 국가안전보장회의를 둔다"라고 규정한다. 국가안전보장회의는 필수적 자문기관으로 대통령이 주재한다. 국가안전보장회의법이 국가안전보장회의의 조직·직무범위 기타 필요한 사항을 규정한다. 국가안전보장회의는 대통령, 국무총리, 외교부장관, 통일부장관, 국방부장관, 국가정보원장과 대통령령으로 정하는 위원으로 구성된다.[96]

(2) 국가원로자문회의

헌법 제90조 제1항은 "국정의 중요한 사항에 관한 대통령의 자문에 응하기 위하여 국가원로로 구성되는 국가원로자문회의를 둘 수 있다"라고 규정한다. 국가원로자문회의는 임의적 자문기관이며, 직전대통령이 의장이 되고, 직전대통령이 없을 때에는 대통령이 지명한다. 국가원로자문회의의 조직·직무범위 기타 필

---

96) 국가안전보장회의법 제2조.

요한 사항은 법률로 정한다. 1988년 국가원로자문회의법이 제정되었다가 1989년 폐지되어 현재까지 관련 법률이 제정되지 않고 있어 사실상 사문화된 조직이다.

(3) 민주평화통일자문회의

헌법 제92조 1항은 "평화통일정책의 수립에 관한 대통령의 자문에 응하기 위하여 민주평화통일자문회의를 둘 수 있다"라고 규정한다. 민주평화통일자문회의도 임의적 자문기관이며, 민주평화통일자문회의법이 민주평화통일자문회의의 조직·직무범위 기타 필요한 사항을 규정한다. 대통령이 민주평화통일자문회의의 의장이 되고, 재적위원 과반수의 출석으로 개의하고, 출석위원 과반수의 찬성으로 의결하지만, 대통령에 대한 자문기관이므로 대통령은 그 의결에 구속되지 않는다.[97]

(4) 국민경제자문회의

헌법 제93조 제1항은 "국민경제의 발전을 위한 중요정책의 수립에 관하여 대통령의 자문에 응하기 위하여 국민경제자문회의를 둘 수 있다"라고 규정한다. 국민경제자문회의도 임의적 자문기관이며, 국민경제자문회의법이 국민경제자문회의의 조직·직무범위 기타 필요한 사항을 규정한다. 대통령이 국민경제자문회의의 의장이 되고, 당연직위원, 위촉위원, 지명위원으로 구성된다.[98]

(5) 국가과학기술자문회의

헌법 제127조 제1항은 "국가는 과학기술의 혁신과 정보 및 인력의 개발을 통하여 국민경제의 발전에 노력하여야 한다"라고, 제3항은 "대통령은 제1항의 목적을 달성하기 위하여 필요한 자문기구를 둘 수 있다"라고 규정한다. 국가과학기술자문회의법은 국가과학기술자문회의를 두고 있다. 국가과학기술자문회의는 법률에 근거하여 설치된 자문기관으로 헌법기관이 아니며 임의적 자문기관이다.

---

97) 민주평화통일자문회의법 제6조, 제22조.
98) 국민경제자문회의법 제3조.

제 3 절 감사원

1. 헌법적 지위

(1) 대통령 소속기관

헌법 제97조는 "국가의 세입·세출의 결산, 국가 및 법률이 정한 단체의 회계
검사와 행정기관 및 공무원의 직무에 관한 감찰을 하기 위하여 대통령 소속하에
감사원을 둔다"라고 규정한다. 모든 국가는 재정과 회계에 대해 감독하고, 행정기
관의 직무를 감찰하는 기관을 두고 있다. 하지만, 감사원은 나라마다 다양한 명칭
과 조직을 가지며, 그에 따라 행사하는 권한에도 차이가 있다. 독일, 일본은 독립
된 헌법기관으로 설치하고, 영국과 미국은 의회에 소속된 기관으로 설치한다. 감
사원법은 감사원의 조직, 직무범위, 감사대상 등에 대해 자세히 규정한다.

헌법은 '제4장 정부'의 '제2절 행정부'에서 '제4관 감사원'을 규정한다. 헌법은
감사원은 행정부 소속기관으로 편제하고, 정부의 수반인 대통령에 소속된 중앙행
정기관으로 조직한다. 감사원에 대해서는 대통령으로부터 독립된 헌법기관으로
해야 한다거나 세입·세출의 결산검사권과 회계검사권을 직무감찰권과 구분하여
전자를 국회에 이관해야 한다는 방안도 제시된다. 하지만, 감사원은 헌법상 필수
기관이며, 이를 폐지하거나 그 소속을 변경하기 위해서는 헌법개정이 필요하다.

(2) 직무상 독립기관

감사원은 대통령에 소속된 헌법기관이지만 직무상 독립된 기관이다. 감사원
법 제2조 제1항은 "감사원은 대통령에 소속하되, 직무에 관하여는 독립의 지위를
가진다"라고, 제2항은 "감사원 소속 공무원의 임용, 조직 및 예산의 편성에 있어
서는 감사원의 독립성이 최대한 존중되어야 한다"라고 규정한다. 감사원은 국가
의 세입·세출의 결산을 검사하고, 법률이 정한 회계를 상시적으로 검사·감독하
며, 공무원의 직무를 감찰하므로 정부의 수반인 대통령으로부터 직무상 독립성이
강하게 요구된다.

감사원은 중앙행정기관이지만 행정각부에 포함되지 않으므로 국무총리의 통

할을 받지 않는다. 헌법은 감사원의 독립을 보장하기 위해 대통령이 감사원장을 임명할 때에는 국회의 동의를 얻도록 하고, 감사원장과 감사위원의 임기를 보장한다. 감사원은 헌법기관으로 그 직무의 독립성이 요구되지만, 헌법은 이에 대해 아무런 규정을 두지 않는다. 감사원법은 감사원의 직무범위가 정부의 행정작용에 관한 것이라는 점을 고려하여 직무의 독립성을 존중하고, 감사위원의 신분을 보장하며, 겸직금지의무와 정치운동의 금지를 규정한다.

감사원은 직무상 독립성을 확보하기 위해 감사에 관한 절차, 감사원의 내부규율과 감사사무처리에 관한 규칙을 제정할 수 있다. 감사원은 헌법기관이지만 감사원규칙은 국회규칙, 대법원규칙, 헌법재판소규칙, 중앙선거관리위원회규칙과는 달리 헌법에 의해 직접 부여된 것이 아니고 감사원법에 의해 인정되므로 행정규칙이라고 해석된다.[99] 감사원은 필수적 헌법기관이고 예산과 직무에 대한 감찰권을 가지고 정부에 대한 국정통제기능을 담당하지만, 대통령에 소속되어 실질적으로 그 직무의 독립성을 유지하는 데에는 한계가 있다.

(3) 합의제기관

감사원은 원장을 포함한 5인 이상 11인 이하의 감사위원으로 구성되는 감사위원회의의 의결을 통해 업무를 처리하는 합의제기관이다. 국무회의가 회의체기관으로서 반드시 단일한 의사를 도출해야 하는 것은 아니지만, 감사위원회의는 합의제기관으로서 권한에 속하는 사항에 대해 의결을 통해 단일한 의사를 도출해야 한다. 감사위원회의의 의사결정은 재적 감사위원 과반수의 찬성으로 의결하도록 하여 특별가중정족수를 요구한다.[100] 이는 업무처리의 능률성이나 신속성보다 공정성과 객관성을 우선적으로 반영한 것으로 이해된다.

2. 조직

감사원은 원장을 포함한 5인 이상 11인 이하의 감사위원으로 구성된다. 헌법은 감사원의 조직·직무범위·감사위원의 자격·감사대상 공무원의 범위 기타 필

---

99) 성낙인, 헌법학, 662면 ; 정종섭, 헌법학원론, 1467면.
100) 감사원법 제11조.

요한 사항은 법률로 정하도록 규정한다. 감사원법은 감사원장을 포함한 7명의 감사위원으로 구성하도록 규정한다. 감사원장은 국회의 동의를 얻어 대통령이 임명하고, 감사위원은 감사원장의 제청으로 대통령이 임명한다.[101] 대통령은 감사원장의 제청에 구속되지는 않지만, 감사원장의 제청 없이 감사위원을 임명할 수는 없다. 대통령이 감사원장의 제청을 받지 않고 감사위원을 임명하거나 제청을 받지 않은 다른 사람을 임명하는 것은 위헌이며 무효이다.

감사원장과 감사위원의 임기는 4년이며, 1차에 한하여 중임할 수 있다. 감사원장의 정년은 70세이고, 감사위원의 정년은 65세이다. 감사위원은 그 직무의 독립성을 보장하기 위해 법률에 의해 신분이 보장된다. 즉, 감사위원은 탄핵결정이나 금고 이상의 형의 선고를 받았을 때, 장기의 심신쇠약으로 직무를 수행할 수 없게 된 때 이외에는 본인의 의사에 반하여 면직되지 아니한다. 또한, 감사위원은 정당에 가입하거나 정치운동에 관여할 수 없으며, 감사위원으로 재직하는 동안 국회의원 등 일정한 직을 겸하거나 영리를 목적으로 하는 사업을 할 수 없다.[102]

3. 권한

(1) 세입·세출의 결산검사권과 회계검사권

감사원은 국가의 세입·세출의 결산검사를 하고, 국가 및 법률이 정한 단체의 회계검사를 한다. 감사원은 회계검사의 결과에 따라 국가의 세입·세출의 결산을 확인하므로 세입·세출의 결산검사권과 회계검사권은 밀접하게 관련된다. 회계검사에는 필요적 회계검사와 선택적 회계검사가 있다. 국가, 지방자치단체, 한국은행과 같은 기관은 필요적 회계검사의 대상이고, 감사원이 필요하다고 인정하거나 국무총리의 요구가 있는 일정한 사항은 선택적 회계검사의 대상에 포함된다.

감사원은 회계검사를 통해 매년 국가의 세입·세출을 확인하여 대통령과 차년도 국회에 그 결과를 보고해야 한다. 대통령은 회계검사의 결과에 따라 정부의

---

101) 감사원법 제3조.
102) 감사원법 제8조, 제9조, 제10조.

재정활동을 감독하고, 국회는 국가의 세입·세출의 결산심사권을 행사한다. 감사원은 회계검사의 결과에 따라 회계와 관련된 직원 등에 대한 변상책임의 유무를 심리하고 판정한다. 감사원의 변상판정처분에 대해서는 행정소송을 제기할 수 없고, 재결에 해당하는 재심의 판정에 대해서만 감사원을 대상으로 행정소송을 제기할 수 있다.[103]

(2) 직무감찰권

감사원은 '행정기관 및 공무원의 직무'를 감찰한다. 직무감찰권은 행정기관과 그 소속 공무원의 직무를 조사하여 위법 또는 부당한 행위를 적발하는 것이다. 직무감찰에는 직무상의 비위감찰뿐만 아니라 법령이나 제도의 불합리한 운영이나 모순을 적발하는 행정감찰도 포함된다. 감사원은 공무원의 업무에서 위법성뿐만 아니라 부당성에 대해서도 감찰할 수 있다.

감사원은 정부조직법과 같은 법률에 따라 설치된 행정기관의 사무와 그 소속 공무원의 직무뿐만 아니라 지방자치단체, 공무수탁법인과 그 소속 공무원의 직무를 감찰할 수 있고, 검사대상인 회계사무와 직접 또는 간접으로 관련이 있는 직원의 직무도 감찰대상에 포함된다. 하지만, 국회, 법원, 헌법재판소 소속 공무원은 감사대상에서 제외된다.[104] 감사원이 독립된 헌법기관인 선거관리위원회와 그 소속 공무원에 대해 직무감찰을 하는 것은 바람직하지 않지만, 규범적으로는 선거관리위원회는 법률에 의해 설치된 행정기관에 포함되므로 직무감찰의 대상에 포함된다.

감사원은 지방자치단체의 사무에 대해서는 단체위임사무와 기관위임사무를 감찰할 수 있고, 자치사무에 대해서도 감찰할 수 있다. 지방자치단체의 자치사무에 대해 합목적성을 심사하는 것은 지방자치권을 침해할 우려가 있다. 헌법재판소는 위법성뿐만 아니라 부당성도 감사의 기준이 되며, 지방자치단체의 사무의 성격이나 종류에 따라 제한이나 감사기준의 구별을 두지 않으므로 자치사무에 대해 합목적성을 감사하는 것은 지방자치권의 본질을 침해하는 것이 아니라고 판단하였다.[105]

---

103) 감사원법 제21조, 제22조, 제23조, 제31조.
104) 감사원법 제24조.

감사원은 감사결과에 따라 공무원에 대한 징계·문책 등을 요구할 수 있고, 소속 장관, 감독기관의 장 또는 해당기관의 장에게 시정·주의를 요구할 수 있다. 또한, 법제도나 행정상 모순에 대해서도 개선을 요구하거나 권고할 수 있고, 범죄 혐의가 있다고 인정할 때에는 이를 수사기관에 고발해야 한다. 다만, 공익을 위해 업무를 적극적으로 처리한 결과에 대해 그 행위에 고의나 중대한 과실이 없는 경우에는 책임을 묻지 않도록 하여 적극행정에 대해서는 면책하도록 한다.[106]

4. 감사청구

감사원은 법률에 따라 일정한 경우에 외부의 감사청구를 통해 감사를 할 수 있다. 국회는 감사원에 대해 그 직무범위에 속하는 사안을 특정하여 감사를 요구할 수 있다. 감사원은 감사요구를 받은 날부터 3월 이내에 감사결과를 국회에 보고해야 한다.[107] 감사원의 감사를 받는 자의 직무에 관한 처분 등에 관하여 이해관계가 있는 자는 감사원에 그 심사를 청구할 수 있다. 또한, 18세 이상의 국민은 공공기관의 사무처리가 법령위반 또는 부패행위로 인하여 공익을 현저히 해하는 경우에는 대통령령으로 정하는 일정한 수 이상의 국민의 연서로 감사원에 감사를 청구할 수 있다.[108]

제 4 절   선거관리위원회

1. 헌법적 지위

헌법은 '제7장 선거관리'에서 선거관리위원회를 헌법기관으로 설치한다. 헌법 제114조 제1항은 "선거와 국민투표의 공정한 관리 및 정당에 관한 사무를 처리하기 위하여 선거관리위원회를 둔다"라고 규정한다. 대의제에서 선거의 관

---

105) 2008. 5. 29. 2005헌라3.
106) 감사원법 제31~36조.
107) 국회법 제127조의2.
108) 부패방지 및 국민권익위원회의 설치와 운영에 관한 법률 제72조.

리와 정당에 관한 사무는 민주주의의 성패를 결정할 정도로 중요하다. 선거와 국민투표의 관리와 정당에 관한 사무는 정부의 행정작용에 속하지만, 헌법은 특별히 독립된 헌법기관인 선거관리위원회를 설치하여 그 업무를 담당하도록 한 것이다.

선거관리위원회는 헌법상 필수기관이므로 국회가 입법에 의해 선거관리위원회의 권한을 박탈하거나 변경할 수 없다. 우리나라는 역사적으로 관권에 의한 부정선거를 경험하고 이를 예방하고자 1960년 헌법에서부터 선거관리위원회를 헌법기관으로 규정하였다. 선거관리위원회도 권력분립에 따라야 하므로 다른 헌법기관의 권한을 침해할 수는 없고, 헌법과 법률이 정하는 범위에서 권한을 행사해야 한다. 선거관리위원회는 국회, 정부, 법원, 헌법재판소 등 다른 헌법기관으로부터 독립적이다.

선거관리위원회는 합의제 의결기관이다. 선거관리위원회는 9인의 위원으로 구성되며, 그 직무에 대해서는 선거관리위원 과반수의 출석과 출석위원 과반수의 찬성으로 의결한다. 이때 위원장과 위원은 동등한 지위를 가지고 표결에 참여하며, 가부동수인 때에는 위원장이 결정권을 가진다.[109] 선거관리위원회는 그 직무에서 독립성과 정치적 중립성을 확보하는 것이 중요하다. 헌법재판소는 대통령은 공정한 선거가 실시될 수 있도록 총괄적으로 선거를 감독해야 할 의무가 있다고 판단한 적이 있지만,[110] 대통령도 특정한 정파적 이익을 대표할 수 있으므로 선거관리위원회의 직무에 관여할 수 없다.[111]

2. 구성과 조직

선거관리위원회는 중앙선거관리위원회와 각급선거관리위원회로 구분된다. 중앙선거관리위원회는 대통령이 임명하는 3인, 국회에서 선출하는 3인과 대법원장이 지명하는 3인의 위원으로 구성되고, 위원장은 위원 중에서 호선한다. 이는 정부, 국회, 법원이 각각 같은 수의 위원을 선임하도록 하여 직무의 독립성과 정

---

109) 선거관리위원회법 제10조 제1항, 제2항.
110) 2004. 5. 14. 2004헌나1.
111) 김하열, 헌법강의, 861~862면.

치적 중립성을 확보하기 위한 것이다. 헌법은 중앙선거관리위원의 임기는 6년으로 하고, 위원은 정당에 가입하거나 정치에 관여할 수 없으며, 탄핵 또는 금고 이상의 형의 선고에 의하지 아니하고는 파면되지 않는다고 규정한다.

헌법 제114조 제7항은 "각급선거관리위원회의 조직·직무범위 기타 필요한 사항은 법률로 정한다"라고 규정하고, 선거관리위원회법이 그에 대해 자세하게 규정한다. 각급선거관리위원회에는 서울특별시·광역시·도 선거관리위원회, 구·시·군 선거관리위원회, 읍·면·동 선거관리위원회가 있다. 중앙선거관리위원회는 선거관리위원회의 모든 사무를 통할·관리하며, 각급선거관리위원회는 하급선거관리위원회를 지휘·감독한다. 각급선거관리위원은 국회에 교섭단체를 구성한 정당이나 지방법원장이 추천하도록 하고, 공무원 중에서는 법관, 법원공무원, 교육공무원만 위촉될 수 있다.[112]

중앙선거관리위원회와 각급선거관리위원회는 위원장을 보좌하고 사무처의 사무를 감독하게 하기 위해 각 1명의 상임위원을 둔다. 각급선거관리위원회는 위원과반수의 출석으로 개의하고 출석위원 과반수의 찬성으로 의결하며, 위원장은 표결권을 가지며 가부동수인 때에는 결정권을 가진다. 선거관리위원회법은 각급선거관리위원회의 위원은 정당에 가입하거나 정치에 관여한 때와 같은 일정한 사유가 있을 때에만 해임·해촉·파면될 수 있도록 제한하고, 선거기간 동안에는 내란죄 등 일정한 범죄를 제외하고는 현행범인이 아니면 체포 또는 구속되지 아니하며 병역소집의 유예를 받도록 규정한다.[113]

선거관리위원의 선임은 권력분립의 관점에서 정합하지 않는 측면이 있다. 관례적으로 대법원장은 대법관 1명과 법원장 2명을 중앙선거관리위원으로 지명하고, 대법관 1명이 위원장이 된다. 각급선거관리위원회도 법관이 선거관리위원을 겸직한다. 이는 선거관리위원회의 직무의 독립성과 정치적 중립성을 저해할 수 있다. 선거관리위원회는 수사기관에 수사의뢰나 고발하고, 선거범죄에 대해 재정신청을 할 수 있는데, 선거관리위원을 겸직하고 있는 법관이 재판하는 것은 사법권의 독립을 침해할 수도 있다.[114]

---

112) 선거관리위원회법 제4조.
113) 선거관리위원회법 제9조, 제10조, 제13조.
114) 성낙인, 헌법학, 689~690면.

3. 권한

(1) 선거와 국민투표의 관리

선거관리위원회는 국가와 지방자치단체의 선거에 관한 사무, 국민투표에 관한 사무, '공공단체 등 위탁선거에 관한 법률'에 따른 위탁선거에 관한 사무를 수행한다. 각급선거관리위원회는 선거인명부의 작성 등 선거사무와 국민투표사무에 관하여 관계 행정기관에 필요한 지시를 할 수 있고, 그 지시를 받은 행정기관은 이에 응하여야 한다.115) 헌법재판소는 선거관리위원회가 선거범죄의 조사를 위해 피조사자에게 자료제출의무를 부과하고, 허위자료를 제출한 행위를 처벌하는 것은 영장주의와 일반적 행동자유권을 침해하지 않는다고 판단하였다.116)

헌법 제116조 제1항은 "선거운동은 각급선거관리위원회의 관리 하에 법률이 정하는 범위 안에서 하되, 균등한 기회가 보장되어야 한다"라고, 제2항은 "선거에 관한 경비는 법률이 정하는 경우를 제외하고는 정당 또는 후보자에게 부담시킬 수 없다"라고 규정한다. 선거관리위원회는 선거공영제를 기초로 선거운동을 관리해야 하고, 공직선거법 위반행위를 발견한 때에는 중지·경고·시정명령을 하며, 그 위반행위가 선거의 공정을 현저하게 해치는 것으로 인정되거나 중지 등 명령을 불이행하는 때에는 관할수사기관에 수사의뢰를 하거나 고발할 수 있다.117)

(2) 정당사무의 처리

선거관리위원회는 정당의 설립, 등록, 활동, 등록취소, 해산 등 정당사무를 처리하고, 정치자금의 기탁에 관한 사무, 정치자금 및 국고보조금을 정당에게 배분하는 사무를 처리한다. 정당은 국민의 자발적 조직이므로 사무처리에서 자율성이 보장되어야 하지만, 공적 기능을 수행하므로 특별한 보호를 받는다. 선거관리위원회가 정당의 자유를 보장하고, 정당의 운영에 필요한 자금을 보조하는 경우에도 헌법과 법률을 준수해야 한다. 정당법과 정치자금법은 정당사무와 정치자금에 관해 자세히 규정한다.

---

115) 헌법 제115조, 선거관리위원회법 제3조 제1항, 제16조.
116) 2019. 9. 26. 2016헌바381.
117) 선거관리위원회법 제14조, 제14조의2.

(3) 규칙제정권

헌법 제114조 제6항은 "중앙선거관리위원회는 법령의 범위 안에서 선거관리·국민투표관리 또는 정당사무에 관한 규칙을 제정할 수 있으며, 법률에 저촉되지 아니하는 범위 안에서 내부규율에 관한 규칙을 제정할 수 있다"라고 규정한다. 중앙선거관리위원회규칙은 헌법에 근거하여 제정되므로 개별적인 법률의 위임이 없어도 제정할 수 있고, 법규명령의 성격을 가진다. 따라서 국민의 권리의무에 관한 사항을 규정할 수 있고, 이는 대외적 구속력을 갖는다.

헌법은 대법원과 헌법재판소에게도 규칙제정권을 부여하는데, 모두 '법률에 저촉되지 아니하는 범위 안에서' 제정할 수 있도록 규정한다. 하지만, 중앙선거관리위원회의 선거관리·국민투표관리 또는 정당사무에 관한 규칙에 대해서는 '법령의 범위 안에서'라고 규정한다. 선거관리위원회의 자율성과 독립성을 보장하기 위해서는 내부규율에 관한 규칙은 물론 선거관리·국민투표관리 또는 정당사무에 관한 규칙에 대해서도 '법률에 저촉되지 아니하는 범위 안에서' 제정할 수 있는 것으로 해석해야 한다.

중앙선거관리위원회의 규칙은 헌법과 법률을 위반해서는 안 되므로 상위법령과 체계적으로 정합해야 한다. 중앙선거관리위원회는 선거·국민투표 및 정당에 관한 법률의 제정·개정 등이 필요하다고 인정하는 경우에는 국회에 그 의견을 서면으로 제출할 수 있다. 또한, 행정기관이 선거·국민투표 및 정당에 관한 법령을 제정·개정 또는 폐지하고자 할 때에는 미리 당해 법령안을 중앙선거관리위원회에 송부하여 그 의견을 구해야 한다.118)

---

118) 선거관리위원회법 제17조 제2항.

제 5 장 법 원

제 1 절 헌법적 지위

1. 사법의 개념

헌법 제101조 제1항은 "사법권은 법관으로 구성된 법원에 속한다"라고 규정한다. 사법(司法)이란 구체적인 법적 분쟁이 발생한 경우에 독립적인 기관이 법을 해석하고 적용하는 것이다. 이는 법적 분쟁을 해결하고 개인의 권리를 보호함으로써 법적 정의와 평화를 실현하는 국가작용이다. 사법권이 분쟁을 해결하고 권리를 보호하기 위해서는 공정한 재판이 보장되어야 한다. 헌법은 이를 위해 사법권을 '법관으로 구성된 법원'에 부여하고, 사법권의 독립을 보장한다.

사법권의 개념에 대해서는 형식적으로 법원에 속하는 권한으로 이해하는 관점도 있지만, 이는 법원에 속하는 권한은 법원에 속한다는 순환논법의 오류에 빠지게 된다. 사법권은 실질적으로 구체적인 법적 분쟁을 해결하는 권한으로 이해하고, 헌법은 권력분립에 따라 사법권을 법관으로 구성된 법원에 부여한 것으로 해석해야 한다. 하지만, 법원이 사법권을 독점하는 것은 아니고 행정심판과 같이 정부도 사법권을 행사할 수 있으며, 법원이 사법에 관한 입법권이나 행정권을 가지기도 한다.

사법권은 법적 분쟁에 대해 헌법과 법률을 해석하고 적용하는 것을 핵심으로 한다. 헌법이 사법권을 '법관으로 구성된 법원'에게 부여한 것은 공정한 재판을 위해 법률전문가인 직업법관으로 하여금 법적 이성에 따라 사법권을 행사하라는 것이다. 사법권의 헌법적 근거는 권력분립과 법치국가의 이념이므로 본질적으로 주권자의 다수결에 기초하는 민주주의와는 친화적이지 않다. 사법권의 행사에서 민주주의는 법치의 틀 안에서만 법치를 보완하는 것에 그쳐야 한다.

2. 사법권의 특징

(1) 소극적 작용

사법권은 법을 형성하는 입법이나 법을 집행하는 행정과 달리 구체적 사건과 분쟁이 발생한 경우에 비로소 법을 해석하고 적용하는 권한이다. 사법권은 국가의 공익을 형성하고 실현하는 적극적인 국가작용이 아니라 국가의 법질서를 안정적으로 유지하는 것을 목적으로 한다. 법원은 헌법적 가치를 실현하기 위해 스스로 권한을 작동시킬 수 없고, 법적 분쟁이 발생하여 당사자가 재판을 청구한 경우에 비로소 개시되는 소극적인 국가작용이다. 사법권이 본질적으로 소극적이고 수동적이라는 것은 법원의 역할과 관련하여 사법권의 한계로 작용한다.[1]

(2) 법적 분쟁의 해결

현대국가는 법적 평화를 안정적으로 유지하기 위해 법적 분쟁이 발생한 경우에 사적인 자력구제를 원칙적으로 금지하고, 그 대신 국가가 사법권을 독점하여 재판을 통해 법적 분쟁을 해결하도록 한다. 사법권은 법적 분쟁에 대해 작동하고, 법원은 다양한 정치적·사회적 갈등이 법적 분쟁으로 구체화된 경우에 비로소 재판권을 행사한다. 법적 분쟁은 대립적 당사자를 전제로 하므로 당사자의 청구에 의해 비로소 사법권이 작동되고 법원은 재판을 통해 법적 분쟁을 종국적으로 해결한다. 법원은 사법권을 통해 개인의 권리를 보호하고, 사회적 분쟁과 갈등을 해소하며, 법적 질서를 안정적으로 유지한다.

(3) 공정한 재판

법원의 사법권은 재판작용이므로 공정해야 한다. 재판이 공정하기 위해서는 사법권이 독립되어야 하고, 재판절차도 투명하고 객관적이어야 한다. 법치국가에

---

[1] 한수웅, 헌법학, 1374면.

서 재판이 공정하려면 법원이 제3자적 지위에서 독립적이고 중립적이어야 한다. 법원은 자기 사건에 대해 자신이 판단할 수 없도록 하여 이익충돌의 위험성을 제거해야 한다. 당사자에게는 평등한 지위와 기회를 보장함으로써 무기평등의 원칙이 보장되어야 하고, 재판과정에서 당사자에게 청문권을 보장하여 자신에게 유리한 진술을 할 수 있는 기회를 부여해야 한다.

(4) 헌법재판과 구별

법원의 사법권은 헌법재판소의 헌법재판권과 구별된다. 헌법은 사법권을 일반재판과 헌법재판으로 이원화하여 헌법재판은 헌법재판소가 관장하도록 한다. 일반재판은 법률을 직접적인 심사기준으로 원칙적으로 법적 분쟁을 해결하고, 헌법재판은 헌법을 심사기준으로 헌법이 규정하는 헌법분쟁을 해결한다. 개인이 가지는 법률상의 권리를 보장하는 수단이 일반재판인데 반하여, 헌법분쟁을 해결하여 헌법을 수호하는 사법적 수단이 헌법재판이다. 헌법재판 역시 사법에 포함되지만, 헌법분쟁의 특성을 반영하여 일반재판과는 다른 소송법적 원리가 적용된다.

제 2 절 사법권의 독립

1. 헌법적 의미

헌법 제103조는 "법관은 헌법과 법률에 의하여 그 양심에 따라 독립하여 심판한다"라고 규정한다. 사법권은 법적 분쟁을 해결하므로 공정해야 하고, 공정한 재판을 보장하기 위해서는 사법권이 독립되어야 한다. 사법권의 독립을 보장하기 위해서는 법원이 국회나 정부로부터 독립되어야 하고, 재판을 담당하는 법관의 신분이 보장되어야 하며, 재판이 내외의 간섭으로부터 독립되어 행해져야 한다. 사법권의 독립은 최종적으로 재판의 독립에 의해 보장되며, 법원의 독립이나 법관의 신분보장도 모두 재판의 독립을 구현하기 위한 것이다.

2. 법원의 독립

(1) 국회로부터의 독립

법원은 국회로부터 독립되어야 하고, 국회의 입법권을 행사할 수 없다. 헌법은 법원의 구성, 조직, 운영에 관한 중요한 사항을 법률로 정하도록 하고, 국회는 법관의 자격을 비롯하여 재판에 관한 중요한 사항을 법률로 정한다. 또한, 법관은 헌법과 법률에 따라 재판해야 한다. 하지만, 국회가 법률을 통해 법원에 관여하는 것은 법치국가를 실현하기 위한 최소한의 요구이므로 재판에 간섭하는 법률을 제정하여 사법권의 독립을 해쳐서는 안 된다.

대통령은 국회의 동의를 얻어 대법원장과 대법관을 임명하는데, 국민의 대표기관인 대통령과 국회가 합동행위로 대법원의 구성에 관여하는 것은 법원의 구성에 민주적 정당성을 강화하기 위한 것이다. 헌법은 국회에게 법원에 대한 국정감사·조사권, 법원예산에 대한 심의·확정권과 결산심사권, 법관에 대한 탄핵소추권을 부여한다. 이는 권력분립에 따라 사법권을 민주적으로 통제하기 위한 헌법적 장치이다. 한편, 대법원은 대법원규칙을 제정할 수 있지만, 이는 법률에 저촉되지 않는 범위에서 대법원의 자율권으로 보장된다.

(2) 정부로부터의 독립

법원은 대통령을 수반으로 하는 정부로부터 독립되어야 한다. 정부는 재판은 물론 사법행정에 대해서도 간섭해서는 안 되며, 법원의 자율성을 보장해야 한다. 대통령은 국회의 동의를 받아 대법원장과 대법관을 임명하지만, 일반법관은 대법원장이 임명하도록 하여 자율성을 보장한다. 대통령은 법원의 재판에 대해 사면권을 행사할 수 있는데, 이때에도 법원의 재판을 형해화하지 않도록 해야 한다. 대통령의 통치행위도 헌법을 위반하거나 기본권을 침해하는 경우에는 사법심사를 받을 수 있다.

법원은 독자적인 예산편성권을 갖지 않고, 정부가 법원의 예산을 편성하고 국회가 심의하고 의결하여 확정한다. 정부가 법원의 예산을 편성할 때에는 사법부의 독립성과 자율성을 존중하여 법원의 예산을 독립적으로 계상한다. 정부가 대법원의 세출예산요구액을 감액하고자 하는 경우에는 국무회의에서 대법원장의 의견을 들어야 하고, 그 금액을 감액한 경우에는 그 규모와 이유, 감액에 대한 대법원장의 의견을 국회에 제출해야 한다.[2]

(3) 헌법재판소로부터의 독립

헌법재판소는 법원의 구성에 관여할 수 없고, 법관은 헌법재판관을 겸직할 수 없다. 하지만, 대법원장은 헌법재판관 3인을 지명할 수 있다. 법원과 헌법재판소는 사법권을 분유하지만 서로 독립된 헌법기관이므로 헌법재판소는 법원의 재판에 개입할 수 없다. 법원과 헌법재판소는 헌법과 법률이 정하는 바에 따라 각자 자신의 사법권을 독자적으로 행사해야 한다. 다만, 법원과 헌법재판소는 모두 헌법과 법률을 해석하고 적용하는 사법권을 행사하므로 그 해석을 둘러싸고 충돌할 여지가 있다.

법원과 헌법재판소는 규범통제에서 기능적으로 서로 협력하여 사법권을 행사한다. 법원은 명령과 규칙에 대한 위헌·위법심사권을 가지고, 헌법재판소는 법률에 대한 위헌심사권을 가진다. 법률에 대한 규범통제에서 법원은 위헌법률심판제청권을 가지고, 헌법재판소는 위헌법률심판권을 갖는다. 헌법재판소가 위헌법률심판에서 종국결정을 하면 법원은 당해사건에서 헌법재판소의 결정에 따라 재판해야 하고, 헌법재판소가 위헌결정을 한 경우에 법원은 그 법률을 적용해서는 안 된다. 이는 규범통제를 통해 실질적 법치를 실현하기 위한 것으로 사법권의 독립을 해치는 것이 아니다.

(4) 법원의 자율성

헌법 제108조는 "대법원은 법률에 저촉되지 아니하는 범위 안에서 소송에 관한 절차, 법원의 내부규율과 사무처리에 관한 규칙을 제정할 수 있다"라고 규정한다. 이는 법원의 자율성을 보장하여 사법권의 독립을 강화하고, 사법절차에 대한 전문성을 존중하기 위한 것이다. 대법원은 대법관회의의 의결을 거쳐 대법원규칙을 제정하고, 법률의 직접적 위임이 없더라도 대법원의 운영을 위해 필요한 사항을 자율적으로 제정할 수 있다. 다만, 대법원규칙은 '법률에 저촉되지 아

---

2) 국가재정법 제33조, 제40조 제1항, 제2항.

니하는 범위 안에서' 제정할 수 있으므로 상위법인 헌법과 법률을 위반할 수는 없다.

대법원규칙은 법원의 내부적 사항을 규율하므로 대외적 효력을 가지지 않는 다는 견해가 있지만,3) 대법원규칙은 헌법에 근거한 법규명령으로 권리의무에 관 한 입법사항을 규정할 수 있으므로 대외적 효력을 가진다고 해석해야 한다.4) 대 법원규칙이 직접 기본권을 침해한 경우에는 헌법소원의 대상이 된다.5) 법률이 대 법원규칙에 법규사항을 위임한 경우에는 포괄적 위임이 금지되지만, 대법원의 자 율권을 존중하여 그 구체성과 명확성은 보다 완화될 수 있다.6) 한편, 국회가 제 정한 법률은 대법원규칙보다 상위법이므로 국회의 입법권은 대법원규칙에 의해 아무런 제한을 받지 않는다.7)

헌법은 국회와 정부에게만 법률안제출권을 부여하고 있으므로 법원은 법률 안제출권을 갖지 않는다. 하지만, 대법원장은 법원의 조직, 인사, 운영, 재판절차, 등기, 가족관계등록, 그 밖의 법원업무와 관련된 법률의 제정 또는 개정이 필요하 다고 인정하는 경우에는 국회에 서면으로 의견을 제출할 수 있다.8) 대법원은 직 접 법률안을 제출할 수 없지만, 국회에 법원업무에 관한 법률안에 대해 의견을 제 출할 수 있도록 한 것은 대법원이 법원의 자율성과 독립성을 위해 법률을 마련할 수 있는 창구를 마련한 것이다.

3. 법관의 신분적 독립

(1) 법관인사의 독립

사법권이 독립되기 위해서는 재판을 담당하는 법관이 신분적으로 독립되어 야 한다. 재판은 법률을 해석하고 적용하는 것이므로 법률에 대한 전문적 지식과 경륜을 가진 직업법관만 재판을 할 수 있도록 법률로 그 자격을 정한다. 법원조직

3) 한수웅, 헌법학, 1382면.
4) 정재황, 헌법학, 1553면.
5) 2008. 12. 26. 2006헌마384.
6) 2016. 6. 30. 2013헌바27.
7) 김하열, 헌법강의, 927~928면.
8) 법원조직법 제9조 제3항.

법은 대법원장과 대법관은 20년 이상 법률전문직에 있던 45세 이상의 사람 중에서, 판사는 10년 이상 법률전문직에 있었던 사람 중에서 임용하도록 하여 변호사 자격을 요구하고, 일정한 결격사유가 있는 자는 법관으로 임용할 수 없도록 규정한다.9)

법관의 신분적 독립은 법관에 대한 임용·보직 등과 같은 법관인사가 공정하고 독립적이어야 가능하다. 대법원장과 대법관은 국회의 동의를 얻어 대통령이 임명하지만, 일반법관의 임명과 인사는 대법원장이 정한다. 일반법관은 법관인사위원회의 심의를 거치고 대법관회의의 동의를 얻어 대법원장이 임명한다. 대법원은 법관의 인사에 관한 중요한 사항을 심의하기 위해 법관인사위원회를 두며, 대법원장은 판사에 대한 근무성적과 자질을 평정하기 위하여 공정한 평정기준을 마련해야 한다.10)

(2) 법관의 임기보장

헌법은 법관의 임기와 연임에 대해서는 직접 규정하고, 그 정년에 대해서는 법률로 정한다. 대법원장의 임기는 6년으로 하며, 중임할 수 없다. 대법관의 임기는 6년으로 하며, 연임할 수 있다. 일반법관의 임기는 10년으로 하며, 연임할 수 있다. 대법원장과 대법관의 정년은 각 70세, 판사의 정년은 65세로 한다.11) 법관의 임기제와 정년제는 법관의 신분적 독립을 강화하고, 법관이 지나치게 고령화됨으로써 법원이 관료화되고 보수화되는 것을 방지하기 위한 것이다.

법원조직법은 법관의 전문적 숙련성을 보장하기 위해 연임에 대한 기준과 절차에 대해 자세히 규정한다. 임기가 끝난 판사는 인사위원회의 심의를 거치고 대법관회의의 동의를 받아 대법원장의 연임발령으로 연임한다. 대법원장은 판사가 신체상 또는 정신상 장해가 있거나 근무성적이 현저히 불량하여 판사로서 정상적인 직무를 수행할 수 없는 경우, 판사로서의 품위를 유지하는 것이 곤란한 경우에 해당한다고 인정되면 연임발령을 하지 않는다.12)

---

9) 법원조직법 제42조, 제43조.
10) 법원조직법 제25조의2, 제41조 제3항, 제44조의2.
11) 법원조직법 제45조.
12) 법원조직법 제45조의2 제1항, 제2항.

(3) 법관의 신분보장

헌법 제106조 제1항은 "법관은 탄핵 또는 금고 이상의 형의 선고에 의하지 아니하고는 파면되지 아니하며, 징계처분에 의하지 아니하고는 정직·감봉 기타 불리한 처분을 받지 아니한다"라고 규정한다. 법관의 징계에는 정직, 감봉, 견책 의 3종류가 있다. 대법원에 설치된 법관징계위원회는 과반수의 출석과 출석위원 과반수의 찬성으로 징계 여부를 결정하고 대법원장이 이를 행한다. 징계처분에 대해 불복하는 자는 전심절차를 거치지 않고 대법원에 징계 등 처분의 취소를 청 구하고, 대법원은 이를 단심으로 재판한다.[13] 이는 대법원의 자율권을 보장하는 것이므로 법관의 재판청구권이나 평등권을 침해하는 것은 아니다.[14]

헌법 제106조 제2항은 "법관이 중대한 심신상의 장해로 직무를 수행할 수 없을 때에는 법률이 정하는 바에 의하여 퇴직하게 할 수 있다"라고 규정한다. 대 법관인 경우에는 대법원장의 제청으로 대통령이 퇴직을 명할 수 있고, 판사인 경 우에는 법관인사위원회의 심의를 거쳐 대법원장이 퇴직을 명할 수 있다.[15] 이는 법관을 퇴직시킬 수 있는 헌법적 근거가 되지만, 그 요건과 절차를 엄격하게 규정 하여 법관을 강제로 퇴직시킬 수 없도록 제한하여 법관의 신분을 보장하는 기능 을 한다.

법관의 신분적 독립을 보장하기 위해서는 법관에 대해서는 일정한 공직의 겸직을 금지할 필요가 있다. 법관은 국회의원, 지방의회의원, 행정부의 공무원이 될 수 없고, 정치운동에 관여하거나 영리활동을 할 수 없다. 이는 이익충돌의 위 험성을 제거함으로써 재판의 공정성을 해칠 우려를 예방하기 위한 것이다. 다만, 대법원장은 다른 국가기관으로부터 법관의 파견근무 요청을 받은 경우에 업무의 성질상 법관을 파견하는 것이 타당하다고 인정되고 해당 법관이 파견근무에 동의 하는 경우에는 그 기간을 정하여 이를 허가할 수 있다.[16]

---

13) 법관징계법 제3조, 제4조, 제13조, 제27조 제1항.
14) 2012. 2. 23. 2009헌바3 ; 대법원 2007. 12. 21. 2007무151.
15) 법원조직법 제47조.
16) 법원조직법 제49조, 제50조.

4. 재판의 독립

(1) 헌법과 법률에 의한 재판

사법권의 독립은 최종적으로 재판의 독립을 통해 실현된다. 법관은 법치국가에 근거하여 오직 헌법과 법률에 의하여 재판해야 한다. 이때 법률은 실질적 의미의 법률을 의미하며, 긴급명령, 긴급재정경제명령, 법률과 동일한 효력을 갖는 조약과 일반적으로 승인된 국제법규를 포함하고, 민사사건에서는 관습법도 포함한다. 법규명령과 지방자치단체의 조례, 행정규칙도 헌법과 법률에 의해 대외적인 구속력을 가진 경우에는 재판규범으로 작용하여 법관의 재판을 구속한다.

법관은 재판에서 법률을 해석하고 적용할 때 위헌이라고 판단하면 헌법재판소에 위헌법률심판을 제청하고 그에 따라 재판을 해야 한다. 재판에 적용할 법률이 없는 경우에도 법관이 재판을 포기할 수는 없으므로 법적 정의에 기초하여 재판에 적용할 법을 창조할 수 있는데, 이때에도 헌법을 위반해서는 안 된다. 형사재판에서 법관의 양형결정권도 헌법과 법률의 범위에서만 인정되므로 국회가 법률로 형벌의 범위를 규정하여 법관의 양형결정권을 제한하더라도 이는 법치국가의 요청에 따른 것으로 재판의 독립을 해치는 것이 아니다.[17]

(2) 재판관의 양심에 따른 재판

법관은 헌법과 법률에 의하여 '그 양심에 따라' 재판하여야 한다. 이때 양심이란 법관이 개인적으로 갖는 주관적 양심이 아니라 헌법과 법률을 객관적으로 해석하고 적용하는 직업적 양심을 말한다. 개인의 주관적 양심과 법관의 직업적 양심이 충돌하는 경우에는 법관은 직업적 양심에 따라 헌법과 법률을 객관적으로 해석하여 재판해야 한다.[18] 다만, 법관도 직무와 상관이 없는 사적 영역에서는 개인으로서 양심의 자유를 기본권으로 갖는다.

헌법 제46조 제2항은 국회의원에 대해서도 국가이익을 위하여 양심에 따라 직무를 행하도록 규정하는데, 이는 헌법 제103조에서 규정하는 법관의 양심과 다르다. 국회의원과 법관은 기본권의 주체가 아니라 기본권을 보장해야 할 의무의

---

17) 한수웅, 헌법학, 1377면 ; 2005. 3. 31. 2004헌가27.
18) 한수웅, 헌법학, 1385면.

주체라는 점에서 공통적이다. 하지만, 국회의원의 양심은 국민의 대표기관으로 다양한 이해관계를 수렴하여 독자적으로 국가이익을 판단하는 개방적인 양심이지만, 법관의 양심은 사법권의 독립을 위해 외부의 영향력을 배제하는 직무상 양심을 의미한다.

(3) 내외적 영향으로부터 독립

재판의 독립은 법관이 재판에서 내외적으로 부당한 간섭을 받지 않아야 실현될 수 있다. 국회와 같은 국가기관은 재판에 간섭할 수 없고, 재판은 소송의 당사자는 물론 외부의 정치세력이나 사회적 영향으로부터도 독립되어야 한다. 특히, 언론기관이 여론의 이름으로 재판에 간섭하거나 재판결과를 정치적 이유로 공격하는 것은 사법권의 독립을 침해한다. 특정한 집단이나 일반인이 재판결과에 대해 법관의 신상을 공개하고 비판하는 것도 재판에 대한 합리적 비판의 범위를 넘어서는 것으로 사법권의 독립을 침해한다.

국회는 재판에 관여할 수 없으며, 법원에 대해 국정감사나 국정조사를 하는 경우에도 재판에 간섭할 수는 없다. 국회가 법관에 대해 탄핵소추를 하는 것은 탄핵소추 자체가 헌법의 규범력을 확보하고 헌법을 수호하는 것이므로 재판의 독립을 침해하는 것은 아니다. 정부도 재판에 간섭할 수 없고, 행정기관이 재판의 당사자가 되거나 참고인으로 의견을 제출하는 방식으로 소송절차에 참여할 수 있을 뿐이다. 헌법재판소도 법원의 재판에 관여할 수 없으며, 위헌법률심판, 권한쟁의심판, 헌법소원심판을 통해 법원의 재판을 통제할 수 있을 뿐이다.

법관은 재판에서 법원 내부로부터 독립되어야 한다. 재판에서는 대법원장을 비롯한 상급기관의 지시나 감독을 받지 않는다. 대법원은 하급심법원의 판결을 파기환송할 수 있을 뿐, 자신의 견해를 강요할 수는 없다. 법원조직법 제8조는 "상급법원의 재판에 있어서의 판단은 해당 사건에 관하여 하급심을 기속한다"라고 규정한다. 이는 심급제도에서 하급심법원이 당해사건에 한하여 상급심법원의 판단에 따르도록 한 것으로 분쟁을 해결하고 법해석에서 통일성을 유지하기 위한 것이므로 사법권의 독립을 침해하는 것은 아니다.

법관은 재판에서 당사자나 이해관계인 또는 참고인 등으로부터 독립하여 제3자의 지위에서 재판하여야 하며, 정치세력이나 사회적 영향을 받지 말아야 한다.

법관이 소송당사자 등과 일정한 관계가 있는 경우에 제척·기피·회피하도록 하는
것은 재판의 독립성과 공정성을 보장하기 위한 것이다. 형사재판에서 양형위원회
가 설정한 양형기준은 법관을 법적으로 구속하지 않고, 법관이 양형기준을 벗어
난 판결을 하는 경우에는 판결서에 양형의 이유를 적어야 할 뿐이므로 사법권의
독립을 침해하는 것이 아니다.[19]

제3절 관할과 권한

1. 쟁송재판권

(1) 민사·형사재판권

헌법 제101조 제1항은 "사법권은 법관으로 구성된 법원에 속한다"라고 규정
한다. 법원은 헌법에 특별한 규정이 있는 경우를 제외한 모든 법률상의 쟁송을 심
판하고,[20] 헌법 제111조는 헌법재판소가 관장하는 심판을 별도로 규정한다. 법원
이 행사하는 기본적인 사법권은 쟁송재판권이고, 그 중에서도 개인의 사적 영역
에 발생하는 법적 분쟁을 해결하는 민사재판권과 형사재판권이 중요하다. 근대국
가에서는 법적 분쟁에 대해 개인의 자력구제를 금지하고, 국가가 대신하여 사법
권을 발동하여 권리를 구제하는 시스템을 채택하였다.

민사재판권은 개인의 재산관계나 신분관계에 관한 법적 분쟁을 해결하고 조
정하는 재판권이다. 민사재판은 사적 자치를 기초로 하므로 당사자가 소송을 주
도하여 소송의 개시·진행·종료를 결정하는 처분권주의에 따르고, 증거조사에서
도 당사자가 제출하고 주장하는 내용에 따르는 변론주의를 채택한다. 판결의 효
력은 당사자에게만 미치고, 민사집행법의 강제집행절차를 통해 재판의 결과를 강
제로 집행할 수 있다. 다만, 당사자적격, 제소기간과 같은 소송요건은 공익적 성
격을 가지므로 변론주의가 적용되지 않고 법원이 직권으로 조사할 수 있다.

형사재판권은 범죄에 대해 범인을 체포하고 사실을 확정하여 형벌을 과하는

---

19) 법원조직법 제81조의2, 제81조의7.
20) 법원조직법 제2조 제1항.

재판권이다. 형사재판은 범죄에 대해 국가형벌권을 실현하는 것으로 사적 자치보다 공적 이익을 우선적으로 고려하며, 피고인의 방어권을 보장함으로써 실체적인 진실을 발견하는 것을 목적으로 한다. 형사재판은 검사의 공소제기로 시작되며 소송절차에서는 직권주의와 당사자주의를 적절하게 배합한다. 증거조사에 있어서는 법원이 적극적으로 관여할 수 있는 직권탐지주의를 채택하며 엄격한 증거에 의해서만 범죄의 혐의를 인정할 수 있다. 유죄의 판결에 대해서는 국가가 직접 강제력을 갖고 집행한다.

(2) 행정재판권

(가) 특징

행정재판권은 행정법규를 적용하는 행정작용에 관한 분쟁을 심판하는 재판권이다. 행정재판은 공권력을 행사하는 국가기관과 개인의 공법적 분쟁을 해결하는 사법절차이다. 독일이나 프랑스는 행정소송을 담당하는 행정법원을 두고 있으나, 우리나라는 미국이나 영국과 같이 일반법원에게 행정재판권을 부여한다. 다만, 행정소송의 특수성을 고려하여 제1심을 행정법원이 관할하도록 하고 임의적으로 행정심판전치주의를 채택한다. 특히, 특허소송은 행정소송에 포함되지만 특허심판전치주의를 적용하여 행정심판을 거치도록 하고 특허법원이 제1심을 관할하도록 하여 2심제를 채택한다.

행정재판은 공권력으로부터 개인의 권리를 구제하기 위한 것이므로 민사재판에 비해 공익적 성격이 강하게 반영된다. 행정재판에서 소의 제기와 종료, 심판대상의 특정은 당사자의 의사에 의해 결정되므로 처분권주의가 적용된다. 다만, 행정소송의 대상이 되는 공법상 권리관계는 당사자가 임의로 처분할 수 없으므로 민사소송에서 인정되는 화해나 인낙은 허용되지 않는다. 또한, 원칙적으로 변론주의가 적용되므로 판결의 기초가 되는 사실과 그에 대한 자료는 당사자가 변론에 현출해야 하고, 변론에 나타나지 않은 사실에 대해서는 판단할 필요가 없다.

법원은 직권탐지주의에 따라 직권으로 증거조사를 할 수 있고, 필요하다고 인정할 때에는 당사자가 주장하지 아니한 사실에 대하여도 판단할 수 있다.[21) 법

21) 행정소송법 제26조.

원이 반드시 직권으로 증거를 조사해야 하거나 당사자가 주장하지 아니한 사실까
지 판단할 수 있는 것은 아니다. 원고의 청구가 이유 있다고 인정하는 경우에도
처분 등을 취소하는 것이 현저히 공공복리에 적합하지 아니하다고 인정하는 때에
는 법원은 원고의 청구를 기각하는 사정판결을 할 수도 있다.[22]

　행정재판은 공익적 관점에서 판결의 실효성을 확보하기 위해 재판에 대해
특별한 효력을 부여한다. 처분 등을 취소하는 확정판결은 제3자에 대해서도 효력
이 있고, 그 사건에 관하여 당사자인 행정청뿐만 아니라 다른 관계행정청도 기속
한다.[23] 행정청이 판결의 기속력에 따른 처분을 하지 않고 상당한 기간 동안 이
행하지 않을 때에는 그 지연기간에 따라 일정한 배상을 할 것을 명하거나 즉시
손해배상을 할 것을 명할 수 있도록 하여 간접적으로 판결의 이행을 강제한다.[24]

(나) 행정심판

　헌법 제107조 제3항은 "재판의 전심절차로서 행정심판을 할 수 있다. 행정심
판의 절차는 법률로 정하되, 사법절차가 준용되어야 한다"라고 규정한다. 헌법은
행정심판에 대한 구체적인 사항은 법률에 위임하고, 행정심판법이 행정심판의 절
차를 규율한다. 행정심판은 재판의 전심절차로만 인정되므로 행정재판을 받을 권
리를 박탈해서는 안 된다. 법률이 행정심판을 제기할 수 있도록 규정하더라도 원
칙적으로 임의적 전치주의에 따라야 하므로 개인은 직접 행정소송을 제기할 수
있다.[25]

　법률은 정당한 이유가 있는 경우에는 반드시 행정심판을 거치도록 규정할
수도 있다. 조세심판, 특허심판, 해양안전심판, 도로교통법상 처분과 같이 행정소
송을 제기하기 전에 행정심판을 거치도록 필수적 전치주의를 채택할 수도 있다.
행정심판은 독립된 제3자가 아니라 행정기관이 스스로 심판하므로 그 결정에 공
정성을 기대하기 어렵다. 따라서 당사자에게는 법원에 재판을 청구할 수 있는 권
리를 보장해야 하고, 절차의 공정성과 객관성이 보장되도록 사법절차에 준하는
절차에 따라야 한다.[26]

---

22) 행정소송법 제28조.
23) 행정소송법 제29조, 제30조.
24) 행정소송법 제34조 제1항.
25) 행정소송법 제18조.

(다) 선거소송에 관한 재판권

헌법은 법원에게 원칙적으로 사법권을 부여하고, 헌법이 규정하는 헌법재판에 대해서는 헌법재판소가 관장하도록 규정한다. 선거에 관한 쟁송은 헌법적 분쟁에 해당하지만, 헌법은 헌법재판소가 관장하는 사항에 선거소송을 포함하지 않고 있다. 따라서 선거소송에 관한 재판은 일반재판에 포함되고 헌법재판소가 아닌 법원이 관할한다. 대통령선거, 국회의원선거, 시장·도지사선거에 관한 소송은 대법원이 관할하고, 지방의회선거와 기초지방자치단체장의 선거에 관한 소송은 선거구를 관할하는 고등법원이 관할한다.27)

2. 명령·규칙에 대한 위헌·위법심사권

(1) 규범통제의 이원화

헌법 제107조 제2항은 "명령·규칙 또는 처분이 헌법이나 법률에 위반되는 여부가 재판의 전제가 된 경우에는 대법원은 이를 최종적으로 심사할 권한을 가진다"라고 규정한다. 법원은 명령·규칙 또는 처분이 헌법이나 법률에 위반되는 여부가 재판의 전제가 된 경우에 이를 심사하여 위헌·위법인 명령 또는 규칙의 적용을 배제해야 한다. 헌법은 규범통제를 이원화하여 법률의 위헌심사권은 헌법재판소가 관장하고, 명령·규칙 또는 처분에 대한 위헌·위법심사권은 법원이 관장하며, 대법원이 최종적인 심사권을 가지도록 규정한다.

(2) 요건

헌법은 명령·규칙 또는 처분의 위헌심사에서 구체적 규범통제만 인정한다. 즉, 법원은 명령·규칙 또는 처분이 헌법·법률에 위반되는지 여부가 재판의 전제가 되는 경우에만 심사할 수 있다. 법원이 구체적 사건에 대해 재판을 하는 경우가 아니면 명령·규칙이나 처분이 위헌·위법하다고 판단하더라도 재판결과가 달라지지 않으므로 이를 심사할 실익이 없다. 재판의 전제성은 법원이 명령·규칙이

---

26) 2002. 10. 31. 2001헌바40.
27) 공직선거법 제222조.

나 처분에 대한 위헌·위법심사를 하기 위한 적법요건이다.

재판의 전제성은 위헌법률심판의 경우와 동일하다. 즉, 첫째, 재판의 전제성이 인정되기 위해서는 구체적인 소송사건의 재판이 법원에 계속되어 있어야 한다. 둘째, 위헌 여부가 문제되는 명령·규칙이나 처분이 당해 소송사건의 재판과 관련하여 적용되어야 한다. 셋째, 당해 명령·규칙이나 처분의 위헌 여부에 따라 법원이 다른 내용의 재판을 하게 되어야 한다. 이때 다른 내용의 재판이란 재판의 결론인 주문이 달라지거나 그 이유에서 재판의 내용이나 효력에 관한 법률적 의미가 달라지는 경우를 말한다.[28]

법원의 명령·규칙 또는 처분에 대한 위헌·위법심사에서 '명령·규칙'과 '처분'은 그 규범적 의미를 달리 이해해야 한다. '명령·규칙'은 구체적 사건에 대해 재판이 계속 중인 구체적 사건에 적용되는 일반적 법규범으로 작용하고, 그 위헌·위법 여부에 따라 다른 재판을 하게 된다. 하지만, '처분'은 그 자체가 법규범의 집행행위로서 구체적 사건에 적용되는 법규범이 아니다. '처분'에 대해서는 법원의 행정재판권을 통해 심판할 수 있으므로 실제로는 명령·규칙에 대해서만 법원의 위헌·위법심사권을 행사하게 된다.

(3) 대상

명령·규칙심사권의 대상은 명령과 규칙이다. 명령은 권리의무에 관한 사항을 규정하여 대외적 구속력을 가지는 법규명령을 의미하므로 위임명령과 집행명령을 포함하고, 대통령령, 총리령, 부령도 심사대상이 된다. 헌법에 근거하여 제정된 국회규칙, 대법원규칙, 헌법재판소규칙, 중앙선거관리위원회규칙은 법규명령의 성격을 가지므로 심사대상에 포함된다. 대통령의 긴급명령·긴급재정경제명령, 법률과 같은 효력을 갖는 조약은 위헌법률심판의 대상이 되고, 명령·규칙심사권의 대상은 되지 않는다. 행정명령의 효력을 갖는 조약, 지방자치단체의 조례와 규칙도 법규명령에 해당하는 경우에는 심사대상이 된다.[29]

행정규칙은 내부적 효력만 가지고 대외적 구속력을 갖지 않아 재판의 전제가 될 여지가 없으므로 명령·규칙심사권의 대상이 되지 않는다. 하지만, 법률의

---

28) 2000. 6. 29. 99헌바66.
29) 대법원 1996. 9. 20. 95누7994.

위임에 따라 입법사항을 규율하는 법령보충적 행정규칙이나 평등원칙과 신뢰보호원칙에 따라 자기구속의 효과로 대외적 구속력을 갖는 행정규칙은 그 심사대상이 될 수 있다. 행정입법은 그 법적 성격에 따라 법규명령과 행정규칙으로 구분되지만, 현실적으로 명확하게 구별하기 어렵고 그 성격이 혼재된 경우도 많다. 따라서 명령·규칙심사권의 대상은 그 명칭이나 형식이 아니라 실질적인 효력을 기준으로 심사대상이 되는지 여부를 판단해야 한다.

(4) 내용

명령·규칙심사권의 심사기준은 헌법과 법률이다. 명령·규칙이 상위법인 헌법이나 법률에 위반되는지를 심사하는 것이다. 명령·규칙이 직접 헌법을 위반한 경우는 물론 상위법인 법률, 실질적으로 법률과 동일한 효력을 가지는 조약, 긴급명령, 긴급재정경제명령을 위반한 경우도 이에 포함된다. 다만, 명령·규칙이 근거법률의 위헌성으로 인하여 위헌으로 평가되는 경우에는 법원은 명령·규칙심사권을 행사할 수 없다. 이때 법원은 헌법재판소에 위헌법률심판을 제청하고, 헌법재판소가 그 근거법률과 함께 명령·규칙의 위헌성을 판단해야 한다.

법원은 명령·규칙에 대해 실질적 심사권뿐만 아니라 형식적 심사권도 갖는다. 즉, 명령·규칙의 내용이 헌법·법률에 위반하는지 여부를 심사할 뿐만 아니라 명령·규칙이 적법한 절차와 형식으로 제정되었는지 여부도 심사할 수 있다. 다만, 명령·규칙에 대해 헌법·법률을 기준으로 그 위헌성과 위법성을 심사하는 것이므로 명령·규칙의 내용이 헌법·법률에 위반되지 않는 이상 그 목적이 적정한지 여부에 대한 합목적성은 심사할 수 없다.

(5) 효력

모든 법원은 명령·규칙심사권을 가지며, 대법원은 이를 '최종적으로' 심사할 권한을 가진다. 법원은 당해사건에서 명령·규칙이 위헌·위법이라고 결정할 수 있고, 대법원은 최고심급의 법원으로서 당해사건과 함께 명령·규칙이 위헌·위법인지를 최종적으로 결정한다. 대법원은 대법관 전원의 3분의 2 이상으로 구성되는 전원합의체에서 과반수의 찬성으로 명령·규칙이 헌법·법률에 위반되었다고 결정할 수 있다. 명령·규칙이 헌법이나 법률에 위반되지 않는다고 판단할 경우에는 대법관 3인 이상으로 구성된 부에서 결정할 수 있다.

헌법은 명령·규칙심사권에 대해 구체적 규범통제만 인정하는데, 명령·규칙에 대한 위헌·위법결정의 효력은 중요한 법적 효과를 발생시키므로 법률로 규정해야 한다. 행정소송법은 행정소송에서 명령·규칙이 헌법·법률에 위반된다는 것이 확정된 경우에는 대법원은 지체 없이 행정안전부장관에게 통보해야 하고, 행정안전부장관은 지체 없이 이를 관보에 게재하도록 한다.[30] 이는 명령·규칙에 대한 위헌·위법결정에 따른 행정적 후속절차를 정한 것이지 위헌·위법결정의 효력을 규정한 것이 아니다.

헌법과 법률은 위헌·위법결정의 효력에 대해서는 아무런 규정을 두지 않고 있으므로 명령·규칙에 대해 위헌·위법결정이 선고되더라도 명령·규칙의 일반적 효력이 당연히 상실되는 것은 아니다. 다만, 대법원이 명령·규칙을 위헌·위법으로 결정한 경우에는 법원은 당해사건의 재판에서 그 명령·규칙을 적용할 수 없다. 이는 구체적 규범통제에서 위헌·위법결정의 실효성을 보장하기 위해 당연히 인정되는 개별적 효력이다. 따라서 명령·규칙에 대해 위헌·위법결정이 선고되더라도 당해사건이 아닌 다른 사건에 대한 재판에서는 그 명령·규칙이 효력을 상실하지 않고 효력을 그대로 갖는다.

대법원은 명령·규칙이 헌법에 위반될 경우에는 '무효'라고 판단하고 있지만, 명령·규칙의 위헌 여부를 본안판단에서 부수적으로 판단하고 이를 따로 주문에 표시하지 않는다.[31] 이는 명령·규칙이 당해사건에서 무효화되어 적용하지 않는다는 의미로 해석되며, 그 명령·규칙이 일반적으로 효력을 상실한다는 의미가 아니다. 헌법재판소가 위헌법률심판에서 법률에 대해 위헌결정을 한 경우에 그 법률은 일반적으로 효력을 상실하는 것과 다르다.

3. 위헌법률심판제청권

(1) 법원의 헌법해석권

헌법 제107조 제1항은 "법률이 헌법에 위반되는 여부가 재판의 전제가 된

---

30) 행정소송법 제6조 제1항.
31) 2007. 10. 29. 2005두4649.

경우에는 법원은 헌법재판소에 제청하여 그 심판에 의하여 재판한다"라고 규정
한다. 법원은 재판에서 증거에 의해 사실관계를 확정하고, 법을 해석하고 적용한
다. 이때 '법'은 법률에 국한되지 않고 헌법도 포함되며, 법률이라도 헌법에 위반
되지 않는 법률을 의미한다. 헌법은 위헌법률심판에서 법원에게는 위헌법률심판
제청권을 부여하고, 위헌법률심판권은 헌법재판소에 부여한다. 법원이 위헌법률
심판을 제청하기 위해서는 재판에 적용되는 법률이 위헌인지 여부를 심사할 수
밖에 없다.

　　법원이 재판에서 법률의 위헌 여부를 심사하고 위헌제청을 하는 것은 헌법
적 권한이자 책무이다. 특히, 당사자가 위헌법률심판제청을 신청한 경우에는 법원
이 재판을 통해 법률의 위헌 여부를 심사해야 한다. 다만, 법률에 대한 최종적인
위헌심판권은 헌법재판소가 가지므로 헌법재판소의 헌법해석권보다 우월할 수는
없다. 법원은 위헌제청권을 행사하기 위해서만 헌법을 해석할 수 있고 최종적인
헌법해석권을 가지지 않으므로 법률에 대한 위헌 여부를 심사하더라도 헌법재판
소와 같이 헌법불합치결정이나 한정위헌결정과 같은 변형결정을 할 수는 없다.

(2) 절차

(가) 직권에 의한 제청

　　법원은 법률이 위헌이 아니라고 판단하면 그 법률을 적용하여 재판을 진행
하면 된다. 법원이 법률이 위헌이라는 합리적 의심이 들면 직권으로 위헌법률심
판을 제청하여 헌법재판소의 최종적인 판단에 따라 재판해야 한다.[32] 제청법원은
사법행정기관이 아니라 소송사건을 담당하여 재판권을 행사하는 재판부이므로 단
독판사나 합의부가 제청법원이 된다. 제청법원에는 대법원과 각급법원, 군사법원
은 물론 수소법원, 집행법원, 비송사건을 담당하는 판사와 수명법관도 포함된다.
또한, 항소심이나 상고심을 담당하는 상급심의 재판부도 하급심의 재판부와 별도
로 제청법원이 될 수 있다.

(나) 당사자의 신청에 의한 제청

　　법원은 당사자의 제청신청에 따라 위헌법률심판을 제청할 수도 있다. 이때

---

32) 한수웅, 헌법학, 1449면 ; 1993. 12. 23. 93헌가2.

당사자에는 원고와 피고가 모두 포함되고 판결의 효과가 직접적으로 미치는 신청인 등도 포함된다. 형사소송에서는 검사와 피고인이 포함되지만, 고소인은 당사자에 포함되지 않는다. 법원이 당사자의 제청신청이 이유 있다고 판단하면 직권으로 제청하는 절차와 방식에 따라 위헌제청한다. 법원은 당사자의 제청신청에 대해 기간의 제한을 받지 않고 당해사건의 재판을 선고하기 전이면 언제든지 위헌제청결정을 할 수 있다.

당사자는 법원에게 위헌제청을 신청할 수만 있고, 자신이 직접 헌법재판소에 위헌제청을 할 수는 없다. 법원이 당사자의 위헌제청신청을 인용하여 위헌제청하면 헌법재판소의 결과에 따라 재판을 해야 한다. 법원이 당사자의 위헌제청신청을 기각하면, 당사자는 그 기각결정을 통지받은 날부터 30일 이내에 헌법재판소에 헌법소원을 청구할 수 있다.[33] 이때 당사자의 헌법소원은 개인이 헌법재판소에 헌법재판을 청구한다는 의미에서 헌법소원의 형식을 가지나 그 실질은 위헌법률심판을 요구하는 규범통제에 해당한다.

(다) 대법원의 경유와 송달

법원이 위헌법률심판을 제청할 경우에는 대법원을 거쳐야 한다. 이는 대법원이 사법행정의 차원에서 위헌제청결정서 정본을 헌법재판소에 제출하는 형식적인 사무절차에 불과하다. 대법원은 법원의 위헌제청에 대해 일차적인 심사권을 갖는 것이 아니므로 법원의 위헌제청이 필요한지를 스스로 판단하여 위헌이라고 확정하거나 위헌이 아니라고 판단하여 위헌제청을 하지 않을 수는 없다. 다만, 대법원은 자신의 재판관할사항에 대해서는 스스로 제청법원이 되어 헌법재판소에 위헌법률심판을 제청할 수 있다.

(3) 요건

위헌법률심판은 법률이 헌법에 위반되는지 여부가 재판의 전제가 된 경우에만 인정한다. 재판의 전제성은 위헌법률심판의 적법요건이며, 이를 갖추지 못하면 헌법재판소는 부적법하여 각하결정을 해야 한다. 법원은 재판의 전제성이 없는 법률에 대해서는 위헌제청을 할 수 없고, 당사자가 위헌제청신청을 한 경우에

---

33) 헌법재판소법 제41조 제1항, 제4항, 제68조 제2항.

도 재판의 전제성이 없으면 그 신청을 기각해야 한다. 법원은 당사자의 위헌제청 신청에 대해 재판의 전제성이 없는 경우에 각하결정을 하기도 하지만, 헌법재판소는 당사자가 법원의 각하결정에 불복하여 헌법소원을 청구할 수 있다고 판단하였다.[34]

헌법과 헌법재판소법은 재판의 전제성에 대해 아무런 규정을 두지 않지만, 헌법재판소는 재판의 전제성을 구체적으로 확정한다. 첫째, 재판의 전제성이 인정되기 위해서는 구체적인 소송사건의 재판이 법원에 계속되어 있어야 한다. 둘째, 위헌 여부가 문제되는 법률이 당해 소송사건의 재판과 관련하여 적용되어야 한다. 셋째, 당해 법률의 위헌 여부에 따라 법원이 다른 내용의 재판을 하게 되어야 한다. 이때 다른 내용의 재판이란 재판의 결론인 주문이 달라지거나 그 이유에서 재판의 내용이나 효력에 관한 법률적 의미가 달라지는 경우를 말한다.[35]

(4) 효과

(가) 재판정지

법원이 헌법재판소에 위헌제청하면 당해사건의 재판은 헌법재판소가 위헌 여부를 결정할 때까지 정지되고, 헌법재판소가 종국결정을 하면 그에 따라 다시 재판을 진행해야 한다. 법원이 법률의 위헌성을 의심하여 위헌제청을 하고도 당해사건에 그 법률을 그대로 적용하는 것은 자기모순이기 때문이다. 다만, 법원이 긴급하다고 인정하는 경우에는 종국재판 외의 소송절차를 진행할 수 있다. 법원의 위헌제청으로 재판이 정지된 기간은 형사사건의 구속기간과 민사소송의 판결의 선고기간에는 산입하지 않는다.[36]

법원이 위헌제청을 하면 당해사건의 재판은 정지되지만, 다른 법원에서 그 법률을 적용하는 사건의 재판은 정지되지 않고 그대로 진행된다. 모든 법원은 독자적으로 위헌제청권을 가지므로 제청법원의 위헌제청에 기속되지 않기 때문이다. 법원이 당사자의 위헌제청신청을 기각하고, 당사자가 헌법소원을 청구한 경우에는 법원은 당해사건의 재판을 정지하지 않고 그대로 진행한다. 법원이 그 법률

---

34) 2020. 3. 26. 2018헌바202.
35) 2000. 6. 29. 99헌바66.
36) 헌법재판소법 제42조.

에 대해 위헌이 아니라고 판단한 이상 당해사건의 재판을 그대로 진행하는 것이
타당하다.

(나) 불복금지

법원은 직권이나 당사자의 신청에 따라 법률에 대해 위헌제청을 할 수 있고,
당사자는 그 제청의 결정에 대해 항고할 수 없다.[37] 법원이 직권으로 제청결정을
한 경우는 물론이고 당사자의 제청신청을 각하 또는 기각하는 결정을 한 경우에
도 항고할 수 없다. 법원이 당사자의 제청신청을 인용하더라도 제청신청을 한 당
사자의 상대방도 항고할 수 없다. 당사자가 제청신청하였으나 기각당한 경우에는
규범통제형 헌법소원을 청구할 수 있을 뿐이다. 이때 당사자는 당해사건의 소송
절차에서 동일한 사유로 다시 위헌심판제청을 신청할 수 없다.[38]

(5) 위헌제청의 철회

법원의 제청결정도 재판으로 자기구속력을 가지므로 법원이 임의로 이를 철
회할 수 없다. 하지만, 위헌법률심판은 구체적 규범통제를 채택하고 있고, 당해사
건에서 재판의 전제성이 소멸하여 위헌 여부를 심판할 필요성이 없어진 경우에는
사정이 변경되었으므로 위헌제청을 철회할 수 있다. 법원이 위헌제청한 이후에
법률이 당해사건에 적용되지 않게 된 경우, 당해사건의 당사자가 소·항소·상고
의 취하, 공소취소, 화해, 포기, 인낙과 같이 소송을 종료하는 소송행위를 한 경
우, 당사자가 위헌제청신청을 취하한 경우에는 위헌제청을 철회할 수 있다.

법원이 위헌제청을 철회하면 헌법재판소는 위헌법률심판절차를 종료하고 심
판절차종료선언을 해야 한다. 법원이 위헌제청을 철회하기 위해 제청결정에 대해
취소결정을 하면 당해사건의 재판정지가 종료되고 재판이 다시 진행된다. 법원이
철회사유가 있음에도 불구하고 위헌제청을 철회하지 않은 경우에는 헌법재판소가
재판의 전제성이 없어 부적법하다는 이유로 각하결정을 선고할 수 있다.[39] 법원
이 당사자의 위헌제청신청을 수용하여 위헌제청을 한 경우에는 당사자가 위헌제
청신청을 취하하더라도 법원이 위헌제청을 철회해야 하는 것은 아니다.

---

37) 헌법재판소법 제41조 제4항.
38) 헌법재판소법 제68조 제2항.
39) 1989. 4. 17. 88헌가4.

제 4 절 구성과 조직

l. 대법원

(1) 헌법적 지위

헌법 제101조 제2항은 "법원은 최고법원인 대법원과 각급법원으로 조직된다"라고, 제102조 제3항은 "대법원과 각급법원의 조직은 법률로 정한다"라고 규정한다. 대법원은 최고법원이고, 법원조직법은 대법원과 각급법원에 대해 자세히 규정한다. 한편, 헌법 제110조 제1항은 "군사재판을 관할하기 위하여 특별법원으로서 군사법원을 둘 수 있다"라고, 제2항은 "군사법원의 상고심은 대법원에서 관할한다"라고 규정한다. 대법원은 사법권을 가진 법원의 최고심급의 법원이다.

대법원은 최고법원으로 민사·형사·행정재판과 같은 쟁송심판에서 최종심으로 재판한다. 대법원은 최종심의 재판을 통해 국민의 권리를 구제하고, 국가의 법질서를 보장한다. 대법원은 일정한 범위에서 헌법재판을 담당하는데, 위헌법률심판제청권과 명령·규칙에 대한 최종적인 위헌·위법심사권을 갖는다. 또한, 선거소송을 관할하며, 지방자치단체의 권한분쟁에 대해 재판권을 행사한다. 대법원은 법원의 조직과 운영에 대한 최고의 사법행정권을 행사하고, 대법원규칙을 제정한다.

(2) 조직

(가) 대법원장

대법원장은 대통령이 국회의 동의를 얻어 임명하고, 인사청문회를 거쳐야 한다. 대법원장의 임기는 6년이며, 중임할 수 없으며, 정년은 70세이다.[40) 대법원장은 대통령에게 대법관의 임명을 제청할 수 있고, 이때 대법관후보추천위원회의 의견을 들어야 한다. 대법원장은 헌법재판관 3인과 중앙선거관리위원 3인의 지명권을 가진다. 이는 헌법재판소장은 헌법재판관에 대해 임명제청권을 갖지 않고,

---

40) 법원조직법 제45조 제1항, 제4항.

대법관이나 중앙선거관리위원과 같은 다른 헌법기관의 구성에 관여하지 못하는 것과 다르다.

　　대법원장은 대법원의 수장으로 대법원을 대표하고 법원의 구성과 운영에서 최고의 사법행정권을 갖는다. 대법원장은 일반법관에 대한 임명권과 법관의 승진과 보직에 대한 인사권을 가지며, 이때 대법관회의의 동의를 얻어야 한다. 또한, 법관 이외의 법원공무원을 임명하고, 사법행정사무를 총괄한다. 대법원장은 재판에서는 전원합의체의 재판장이 되고, 사법행정에 대한 회의체인 대법관회의의 의장이 된다. 대법원장이 궐위되거나 부득이한 사유로 직무를 수행할 수 없을 때에는 선임대법관이 그 권한을 대행한다.[41]

(나) 대법관

　　헌법 제102조 제2항은 "대법원에 대법관을 둔다. 다만, 법률이 정하는 바에 의하여 대법관이 아닌 법관을 둘 수 있다"라고 규정한다. 대법관은 대통령이 대법원장의 제청을 받아 국회의 동의를 얻어 임명한다. 대법관의 임기는 6년이며, 법률이 정하는 바에 의하여 연임할 수 있다. 대법관은 대법원의 재판에서 심판권을 행사하고, 전원합의체와 대법관회의의 구성원이 된다. 법원조직법은 대법관의 수를 대법원장을 포함하여 14인으로 하고, 재판연구관으로 하여금 사건의 심리와 재판에 관한 조사·연구에 종사하도록 규정한다.[42]

(다) 대법관 전원합의체와 부

　　헌법 제102조 제1항은 "대법원에 부를 둘 수 있다"라고 규정한다. 대법원에는 대법관 전원합의체와 부를 둔다. 대법원의 심판권은 원칙적으로 대법관 전원의 3분의 2 이상으로 구성되는 전원합의체에서 행사하며, 헌법과 법률에 다른 규정이 없으면 과반수로 결정한다. 다만, 대법관 3명 이상으로 구성된 부에서 먼저 사건을 심리하여 의견이 일치한 경우에는 그 부에서 재판할 수 있다. 대법원장은 민사·형사사건을 다루는 일반부와 행정·조세·노동·군사·특허 등의 전담특별부를 둘 수 있다.[43]

---

41) 법원조직법 제13조.
42) 법원조직법 제4조, 제24조.
43) 법원조직법 제7조 제1항, 제2항.

(라) 대법관회의

대법관회의는 대법관 전원으로 구성되는 회의체이다. 대법관회의는 대법관 전원의 3분의 2 이상의 출석과 출석인원 과반수의 찬성으로 의결하고, 가부동수인 경우에는 의장인 대법원장이 결정권을 가진다. 대법관회의는 대법원의 운영에 관한 중요사항을 의결하는 기관이며, 대법관 전원합의체와 인적 구성원이 동일하지만 그 법적 성격이나 권한은 서로 다르다.44) 대법관 전원합의체는 재판부로서 재판장도 대법관과 동등하게 구성원의 1인이지만, 대법관회의는 사법행정기관으로서 의장인 대법원장이 표결권을 가지고 가부동수인 경우에는 결정권을 가진다.

(마) 부설기관

법원조직법은 대법원의 부설기관에 대해 규정한다. 여기에는 사법행정사무를 담당하는 법원행정처, 판사의 연수 등을 위한 사법연수원, 사법제도와 재판제도의 개선에 관한 연구를 위한 사법정책연구원, 법원직원 등의 연수를 위한 법원공무원교육원, 사법정책에 관한 자문을 위한 사법정책자문위원회, 법관인사에 관한 중요사항을 심의하는 법관인사위원회, 재판업무를 보좌하는 사법보좌관, 재판사무의 지원을 위한 정보의 조사와 수집을 위한 법원도서관, 사건의 심리와 재판에 관한 조사와 연구를 위한 재판연구관, 양형기준을 설정하기 위한 양형위원회 등이 있다.45)

(3) 심판권

대법원은 재판의 상고사건과 재항고사건에 대한 심판권, 위헌법률심판제청권, 명령·규칙에 대한 위헌·위법심사권과 법률이 규정하는 사건에 대한 심판권을 가진다. 대법원은 전원합의체와 부에서 심판하는데, 명령·규칙이 헌법이나 법률에 위반된다고 인정하는 경우, 종전에 대법원에서 판시한 헌법·법률·명령 또는 규칙의 해석·적용에 관한 의견을 변경할 필요가 있다고 인정하는 경우에는 전원합의체가 심판해야 한다. 대법원의 판결문에는 합의에 관여한 모든 대법관의

---

44) 법원조직법 제16조, 제17조.
45) 법원조직법 제19~25조의2, 제53조의2, 제54조.

의견을 표시해야 한다.[46] 다수의견은 주문이 되고, 별개의견이나 보충의견도 표시될 수 있다. 주문과 다른 의견은 소수의견으로 표시된다.

2. 각급법원

(1) 일반법원

헌법은 최고법원인 대법원 이외에 각급법원을 두면서 그 조직에 대해서는 법률로 정하도록 위임하고, 법원조직법은 이에 대해 자세히 규정한다. 각급법원으로는 고등법원, 특허법원, 지방법원, 가정법원, 행정법원, 회생법원이 있고, 지방법원과 가정법원의 사무의 일부를 처리하게 하기 위하여 그 관할구역에 지원과 가정지원, 시·군법원과 등기소를 둘 수 있다. 각급법원에는 판사를 두며, 사법행정에 관한 자문기관으로 판사로 구성되는 판사회의를 둔다.[47]

첫째, 고등법원은 서울, 부산, 대구, 광주, 대전에 소재하며, 판사 3인으로 구성된 합의부에서 심판한다. 고등법원은 심급제에서 2심을 담당하는 것을 원칙으로 하고, 법률이 정하는 경우에는 제1심으로 재판한다. 고등법원은 원칙적으로 지방법원 합의부, 가정법원 합의부, 회생법원 합의부, 행정법원이 제1심으로 심판한 재판에 대한 항소·항고사건, 지방법원 단독판사, 가정법원 단독판사가 제1심으로 심판한 재판에 대한 항소·항고사건을 심판한다.[48]

둘째, 특허법원은 대전에 소재하며, 특허, 실용신안, 디자인보호, 상표 등에 관한 쟁송을 심판한다. 특허법원은 특허쟁송에 대해 제1심으로 심판하며, 특허쟁송이 발생하면 우선 특허청에 설치된 특허심판원의 심판을 거쳐야 한다. 특허법원은 판사 3인으로 구성된 합의부에서 심판하고, 그 심판에 대해서는 대법원에 상고할 수 있다. 고등법원의 심판권에서 특허법원의 권한에 속하는 사건을 제외하여 특허법원은 고등법원에 대응하여 설치되며, 특허쟁송에 대해서는 특허법원과 대법원의 심판에 따르는 2심제를 채택한다.[49]

---

46) 법원조직법 제7조, 제15조.
47) 법원조직법 제3조, 제9조의2.
48) 법원조직법 제28조.
49) 법원조직법 제28조의3, 제28조의4.

셋째, 지방법원은 일반적인 민사·형사사건을 제1심 또는 항소심으로 심판한다. 지방법원에는 지원과 시·군법원을 둘 수 있다. 지방법원의 심판권은 단독판사의 심판권, 합의부의 심판권, 항소부의 심판권, 지원의 심판권, 시·군법원의 심판권으로 구분된다. 지방법원, 지원, 시·군법원의 심판권은 원칙적으로 단독판사가 행사한다. 지방법원의 합의부는 자신의 관할에 속하는 사건을 제1심으로 심판하고, 단독판사의 심판에 대한 항소·항고사건을 심판한다. 시·군법원은 소액사건심판법의 소액사건과 같이 경미한 사건을 심판한다.[50]

넷째, 가정법원은 서울, 부산, 대구, 광주, 대전, 인천에 소재하며, 가사에 관한 소송·비송·조정 및 소년보호사건을 심판한다. 가정법원에는 지원을 둘 수 있다. 가정법원의 심판권은 단독판사의 심판권, 합의부의 심판권, 항소부의 심판권, 지원의 심판권으로 구분된다. 가정법원과 지원의 심판권은 원칙적으로 단독판사가 행사한다. 가정법원의 합의부는 자신의 관할에 속하는 사건을 제1심으로 심판하고, 단독판사의 심판에 대한 항소·항고사건을 심판한다.

다섯째, 행정법원은 서울에 소재하며, 행정사건을 제1심으로 심판한다. 행정법원의 심판권은 판사 3명으로 구성된 합의부에서 행사한다. 다만, 합의부가 단독판사가 심판할 것으로 결정한 경우에는 단독판사가 심판권을 행사한다. 행정심판법은 행정사건에 대해 행정심판위원회의 심리·재결을 통해 심판하는 절차를 규정한다. 하지만, 행정소송법은 임의적 행정심판전치주의를 채택하여 당사자는 행정심판을 제기할 수 있는 경우에도 이를 거치지 않고 직접 행정법원에 행정소송을 제기할 수 있다.[51]

여섯째, 회생법원은 서울, 수원, 부산에 소재하며, 개인이나 기업의 파산·회생과 같은 도산사건을 심판한다. 회생법원의 심판권은 단독판사의 심판권과 합의부의 심판권으로 구분된다. 회생법원의 심판권은 원칙적으로 단독판사가 행사한다. 회생법원 합의부는 단독판사의 심판에 대한 항소·항고사건, 자신의 관할에 속하는 사건을 제1심으로 심판한다.[52] 회생법원은 가정법원, 행정법원과 같이 지방법원에 대응하여 설치되므로 3심제가 적용된다.

---

50) 법원조직법 제29~36조.
51) 법원조직법 제40조의2~제40조의4, 행정소송법 제18조.
52) 법원조직법 제40조의5~40조의7.

(2) 특별법원

(가) 개념

헌법 제110조 제1항은 "군사재판을 관할하기 위하여 특별법원으로서 군사법원을 둘 수 있다"라고 규정한다. 헌법은 군사법원의 상고심은 대법원에서 관할하도록 하고, 군사법원의 조직·권한 및 재판관의 자격은 법률로 정하도록 규정한다. 헌법은 사법권을 법관으로 구성된 법원에 포함시키고, 법원은 최고법원인 대법원과 각급법원으로 조직되도록 규정한다. 이에 따르면, 일반법원에서는 법관이 재판을 해야 하고, 대법원이 최종적으로 심판해야 한다. 헌법은 일반법원 이외에 예외적으로 특별법원으로서 군사법원을 둘 수 있도록 규정한다.

헌법이 규정하는 '특별법원'이 무엇일까. 특수법원설은 특별법원을 그 심판대상, 재판부의 구성, 재판절차의 특수성이 반영된 법원이라고 이해한다. 법관에 의한 재판과 대법원의 최종심판권이 보장되더라도 특별법원이 될 수 있다고 한다. 한편, 예외법원설은 법관에 의한 재판과 대법원의 최종심판권이 보장되지 않는 법원을 특별법원이라고 이해한다. 법관에 의한 재판과 대법원의 최종심판권이 보장되면 일반법원에 포함되고 특별법원이 아니라고 한다.

헌법은 일반법원에 대해 법관에 의한 재판이나 대법원의 최종심판권을 요구한다. 헌법이 특별법원으로서 군사법원을 설치할 수 있는 근거를 규정한 것은 스스로 그 예외를 허용한 것이다. 특별법원이란 예외법원으로 이해하는 것이 타당하고, 특별법원은 법관에 의한 재판이나 대법원의 최종심판권이 보장되지 않지만 헌법에 근거하여 사법권을 행사하는 법원이다.53) 따라서 특허법원, 가정법원, 행정법원, 회생법원도 일반법원에 포함되고 군사법원만 특별법원이다. 헌법재판소도 군사법원을 일반법원과 조직·권한 및 재판관의 자격을 달리하여 설치되는 특별법원이라고 판단하였다.54)

(나) 군사법원

헌법은 군사법원을 특별법원으로 설치할 수 있는 근거를 규정하고, 군사법원

---

53) 정재황, 헌법학, 1560~1561면 ; 한수웅, 헌법학, 1400~1401면.
54) 1996. 10. 31. 93헌바25.

법이 구체적인 내용을 규정한다. 군사법원은 국방부장관 소속으로 지역별로 5곳에 설치되어 자신의 관할사건을 1심으로 재판한다. 군사법원의 항소심은 서울고등법원이, 상고심은 대법원이 관할한다.[55] 헌법 제110조 제4항은 "비상계엄하의 군사재판은 군인·군무원의 범죄나 군사에 관한 간첩죄의 경우와 초병·초소·유독음식물공급·포로에 관한 죄 중 법률이 정한 경우에 한하여 단심으로 할 수 있다. 다만, 사형을 선고한 경우에는 그러하지 아니하다"라고 규정한다. 군사법원이 단심으로 재판하는 경우에는 대법원의 심판권이 배제될 수 있다.

군사법원은 군인, 군무원 등이 범한 죄와 계엄법이 규정하는 범죄에 대해 재판권을 행사한다. 다만, 성폭력범죄, 군인 등의 사망사건의 원인이 되는 범죄, 군인 등이 그 신분을 취득하기 전에 저지른 범죄에 대해서는 일반법원이 재판권을 가진다.[56] 군사법원은 일반인의 범죄에 대해서는 심판권을 갖지 않지만, 헌법 제27조 제2항이 규정하는 중대한 군사상 기밀·초병·초소·유해음식물공급·포로·군용물에 관한 죄 중 법률이 정한 경우와 비상계엄이 선포된 경우에는 일반인의 범죄에 대해서도 심판권을 가진다.

군사법원은 헌법에 근거하여 특별법원으로 설치되지만, 그 심판권은 헌법적 한계를 지켜야 정당화된다. 군사법원은 국방부장관에 소속되고, 군판사는 국방부에 소속되지만, 군사법원은 법률에 근거하여 설치되어야 하고, 사법권의 독립이 보장되어야 한다. 군사법원은 군판사 3명을 재판관으로 하고, 재판관은 헌법과 법률에 의하여 그 양심에 따라 독립하여 심판한다. 재판관은 재판에 관한 직무상의 행위로 인하여 징계나 그 밖의 어떠한 불리한 처분도 받지 아니한다.[57] 군사재판에서는 공정한 재판이 보장될 수 있는 절차를 마련하여 재판청구권이나 평등권과 같은 기본권을 침해하지 말아야 한다.[58]

---

55) 군사법원법 제6조, 제9조, 제10조.
56) 군사법원법 제2조 제1항, 제2항, 제3조.
57) 군사법원법 제6조, 제21조, 제22조, 제23조.
58) 1996. 10. 31. 93헌바25.

제 5 절 사법권의 운영과 재판절차

1. 심급제도

(1) 3심제

헌법 제101조 제2항은 "법원은 최고법원인 대법원과 각급법원으로 조직된다"라고 규정하여 재판에서 심급제를 두도록 한다. 법원조직법은 3심제를 원칙으로 채택하여 일반법원이나 군사법원의 재판은 1심, 2심, 3심에 따르는 것을 원칙으로 한다. 심급제는 인간이 수행하는 재판절차를 신중하게 하여 오심을 방지하고 공정한 재판을 실현하기 위한 것이다. 심급제에서는 상급법원의 판단이 당해 사건에 대해 하급심을 기속하기 때문에 심급제를 어떻게 구성할 것인지는 중요한 의미가 있다.

헌법은 대법원과 각급법원을 예정하므로 헌법에서 단심재판을 인정하는 경우를 제외하고는 단심제를 채택할 수 없다는 견해가 있다.[59] 하지만, 최고법원인 대법원에게 최종심판권을 인정하는 이상 법률을 통해 단심제나 2심제를 채택하는 것이 금지되는 것은 아니다.[60] 대법원이 모든 사건을 상고심으로 관할해야 하는 것은 아니고, 당사자에게 대법원에의 상고권을 보장해야 하는 것도 아니다. 헌법 재판소는 대법원이 일정한 선거소송이나 법관징계처분에 대한 행정소송을 단심으로 하는 것은 재판청구권이나 평등권을 침해하지 않는다고 판단하였다.[61]

법률은 일정한 경우에는 대법원의 심판권을 제한할 수 있도록 허용한다. 대법원은 민사·가사·행정소송의 상고에 대해 중대한 법령위반과 부당한 법률해석 및 대법원 판례와 상반되는 해석을 한 경우를 제외하고는 심리를 하지 않고 판결로 상고를 기각할 수 있다.[62] 소액사건에 대해서는 법률·명령·규칙 또는 처분의 헌법 위반 여부와 명령·규칙 또는 처분의 법률 위반 여부에 대한 판단이 부당하거나 대법원의 판례에 상반되는 판단을 한 경우에만 대법원에 상고나 재항고를

---

59) 정종섭, 헌법학원론, 1527∼1529면.
60) 김하열, 헌법강의, 940면 ; 정재황, 헌법학, 1570면 ; 한수웅, 헌법학, 1402면.
61) 2012. 2. 23. 2009헌바34.
62) 상고심절차에 관한 특례법 제4조.

할 수 있다.63) 헌법재판소는 심리불속행제도와 소액사건에 대한 상고제한이 재판청구권을 침해하는 것이 아니라고 판단하였다.64)

(2) 3심제의 예외

헌법은 심급제도를 인정하고, 법원조직법은 3심제를 원칙으로 채택하지만, 일정한 경우에는 예외적으로 대법원이 단심이나 2심으로 심판하는 것을 인정한다. 하지만, 헌법은 대법원을 최고법원으로 규정하므로 단심이나 2심을 채택하더라도 그 최종심은 대법원이 된다. 헌법은 심급제의 구체적인 내용을 법률로 정하도록 위임하므로 법률은 법적 쟁송의 특성을 반영하여 단심이나 2심을 채택할 수 있다. 하지만, 심급제도는 개인의 재판청구권이나 사법권의 독립을 침해하지 않도록 해야 한다.

첫째, 비상계엄하의 군사재판은 일정한 범죄에 대해 단심으로 할 수 있고, 대통령선거와 국회의원 선거소송과 당선소송, 광역자치단체장 선거와 광역의회 비례대표의원의 선거소송과 당선소송은 중앙선거관리위원회의 선거소청을 거쳐 대법원에 소송을 제기하도록 하여 단심제를 채택한다.65) 이외에도 국민투표무효확인소송, 지방자치단체의 장과 지방의회 사이의 기관소송, 지방자치단체의 장과 국가기관 사이의 기관소송, 시·도에 있어서의 주민투표소송, 시·도지사를 상대로 한 주민소환투표소송, 법관징계처분에 대한 취소소송도 대법원의 전속관할로 하여 단심제를 채택한다.

둘째, 특허쟁송은 특허심판원의 재결을 거쳐 특허법원을 제1심 법원으로 하고, 이에 대해 대법원에 상고할 수 있도록 하여 2심제를 채택한다.66) 해양사고사건에 대한 소송은 지방심판원의 재결에 불복하는 경우에 중앙심판원의 재결에 대해 고등법원을 전속관할로 한다.67) 지방의회의원선거 및 자치구·시·군의 장에 관한 선거소송과 당선소송은 고등법원을 제1심 법원으로 한다.68) 이외에도 시·

---

63) 소액사건심판법 제3조.
64) 2007. 7. 26. 2006헌마551 ; 2012. 12. 27. 2011헌마161.
65) 공직선거법 제222조, 제223조.
66) 특허법 제186조 제1항, 제8항.
67) 해양사고의 조사 및 심판에 관한 법률 제74조.
68) 공직선거법 제222조, 제223조.

군·자치구에 있어서의 주민투표소송, 지역구지방의회의원 및 시장·군수·자치구의 구청장을 상대로 한 주민소환투표소송도 고등법원을 제1심 법원으로 한다.

2. 공개재판과 질서유지

(1) 재판의 공개

헌법 제109조는 "재판의 심리와 판결은 공개한다. …"라고 규정한다. 제27조 제3항도 "모든 국민은 신속한 재판을 받을 권리를 가진다. 형사피고인은 상당한 이유가 없는 한 지체 없이 공개재판을 받을 권리를 가진다"라고 규정한다. 재판을 공개하는 것은 공정한 재판을 보장하고, 당사자의 권리를 보호함으로써 국민의 사법에 대한 신뢰를 확보하기 위한 것이다. 재판청구권은 헌법과 법률이 정한 법관에 의하여 법률에 의한 재판을 받을 권리인데, 이는 공개재판을 받을 권리를 포함한다.

재판공개의 대상이 되는 것은 '재판'의 '심리와 판결'이다. '재판'은 민사소송이나 형사소송을 포함하여 일반법원의 재판과 군사법원의 재판을 모두 포함한다. '심리'는 원고와 피고가 법관 앞에서 신문을 받으며 증거를 제출하고 변론을 전개하는 것을 말하며, 민사재판에서는 구두변론, 형사재판에서는 공판절차가 중요하다. 공판준비와 같은 재판준비절차, 재판부가 내부적으로 행하는 합의는 심리에 포함되지 않아 공개의 대상이 아니다. 또한, 법원의 최종적인 '판결'이 아닌 소송법상의 결정이나 명령은 공개의 대상이 아니다.

재판을 공개한다는 것은 당해사건의 당사자는 물론 일반인의 방청을 허용하는 일반적 공개를 의미하고, 재판에 관한 보도의 자유도 포함한다. 대법원은 법원이 미리 방청권을 발행하여 그 소지자에 한하여 방청을 허용하는 방법으로 방청인의 수를 제한하는 조치를 취하는 것은 공개재판주의에 위반되지 않는다고 판단하였다.[69] 재판공개를 위반하여 재판을 한 경우에는 헌법을 위반하여 재판청구권을 침해하지만, 이는 재판의 당연무효사유가 되거나 재심사유가 되는 것은 아니다. 민사소송과 행정소송에서는 절대적 상고이유가 되고, 형사소송에서는 항소이

---

69) 대법원 1990. 6. 8. 90도646.

유가 될 뿐이다.

(2) 예외적 비공개

헌법 제109조는 "… 다만, 심리는 국가의 안전보장 또는 안녕질서를 방해하거나 선량한 풍속을 해할 염려가 있을 때에는 법원의 결정으로 공개하지 아니할 수 있다"라고 규정한다. 이때에도 판결의 선고는 반드시 공개해야 하고, 공개하지 않는 결정의 이유를 밝혀야 한다. 또한, 재판의 공개가 당사자의 권리나 이익을 침해하거나 사생활을 보호할 필요가 있는 경우에는 법률로 비공개하도록 할 수 있다. 가사심판절차, 비송사건절차, 소년보호사건절차에서는 그 심리를 공개하지 않는다. 또한, 법정질서를 유지하기 위해 누구든지 법정 안에서는 재판장의 허가 없이 녹화, 촬영, 중계방송 등의 행위를 하지 못한다.[70]

(3) 법정질서의 유지

재판이 공정하게 진행되기 위해서는 법정질서가 유지되어야 한다. 법정의 질서유지는 재판장이 담당하며, 재판장은 법정의 존엄과 질서를 해칠 우려가 있는 사람의 입정금지 또는 퇴정을 명할 수 있고, 그 밖에 법정의 질서유지에 필요한 명령을 할 수 있다. 법원은 직권으로 법정 내외에서 위 명령을 위반하는 행위를 하거나 폭언, 소란 등의 행위로 법원의 심리를 방해하거나 재판의 위신을 현저하게 훼손한 사람에 대하여 결정으로 20일 이내의 감치에 처하거나 100만원 이하의 과태료를 부과할 수 있다. 이는 형사처벌이 아니라 사법행정상의 질서벌에 속한다.[71]

3. 국민참여재판

(1) 법적 성격

재판청구권은 '헌법과 법률이 정한 법관'에 의하여 재판을 받을 권리이며, 이때 법관은 법률전문가로서 그 자격이 엄격하게 제한된 직업법관을 의미한다. 직

---

70) 법원조직법 제59조.
71) 법원조직법 제58조, 제61조.

업법관이 아닌 자가 재판을 하는 것은 국민의 재판청구권을 침해한다. 미국, 캐나다, 호주 등에서 인정되는 배심제나 독일, 프랑스, 이탈리아 등에서 인정되는 참심제는 법관이 아닌 일반인이 사실판단과 법률해석을 모두 할 수 있는 권한을 포함하므로 헌법적으로 허용되지 않는다. 국회가 법률로 배심원이나 참심원에 대해 '법관'이라는 직함을 부여하더라도 이는 헌법이 규정하는 '헌법과 법률이 정한 법관'에 해당되지 않는다.

　'국민의 형사재판참여에 관한 법률'은 일반국민이 형사재판에 참여하는 제도를 도입하고 있다. 국민참여재판에 참여하도록 선정된 자가 배심원이고, 배심원은 형사재판에 참여하여 사실인정, 법령적용, 형의 양정에 관한 의견을 법관에게 제시한다.72) 국민참여재판에서 배심원이 직업법관과 함께 사실관계뿐만 아니라 법률해석에 대한 재판에 참여한다는 점은 참심제와 유사하지만, 배심원의 의견은 법관을 구속하지 않고 단지 권고적 효력만 갖는다는 점에서 참심제와 다르다. 국민참여재판은 배심제나 참심제와 달리 재판청구권을 침해하지 않는 범위에서 법률에 의해 인정되는 제도이다.

(2) 내용

　국민참여재판의 대상은 형사범죄에 국한되는데, 모든 범죄가 아니라 살인죄를 비롯하여 법률이 특정하는 중대범죄만 대상이 된다. 법원은 국민참여재판의 대상이 되는 형사사건의 재판에서 피고인에게 국민참여재판을 원하는지 여부에 대한 의사를 서면 등의 방법으로 확인해야 한다. 피고인은 공소장 부본을 송달받은 날부터 7일 이내에 그 의사가 기재된 서면을 법원에 제출하고, 서면을 제출하지 않으면 국민참여재판을 원하지 않은 것으로 본다. 피고인이 국민참여재판을 원하더라도 법원은 재량으로 국민참여재판으로 진행함이 부적절하다고 판단한 경우에는 국민참여재판을 하지 않기로 결정할 수 있다.73)

　법원은 배심원후보예정자 명부에서 결격·제척·기피사유를 가진 부적격자를 배제하고 배심원과 예비배심원을 무작위로 선정한다. 배심원은 7인으로 구성하는데, 법정형이 중한 사형 등의 경우에는 9인으로 구성하고, 피고인이 공소사실을

---

72) 국민의 형사재판참여에 관한 법률 제12조.
73) 국민의 형사재판참여에 관한 법률 제8조, 제9조.

인정한 경우에는 5인으로 구성할 수도 있다.[74) 배심원은 변론이 종결된 이후 재판장의 설명을 들은 후 유무죄에 관해 평결하고, 평결이 유죄인 경우에는 양형에 관한 의견을 개진한다. 배심원의 평결과 의견은 법원을 기속하지 않지만, 그 평결 결과와 다른 판결을 선고할 경우에는 피고인에게 그 이유를 설명하고 판결서에 기재해야 한다.[75)

'국민의 형사재판참여에 관한 법률'은 개인에게 국민참여재판을 받을 권리를 인정하지만, 이는 재판청구권의 내용으로 인정되는 기본권이 아니라 법률적 차원에서 인정되는 권리이다.[76) 헌법재판소는 국민참여재판의 대상이 되는 사건의 범위를 일정한 중죄로 제한하거나 국민참여재판이 배제되는 사유를 포괄적으로 규정하여 법관이 국민참여재판의 배제를 결정을 할 수 있도록 하는 것은 재판청구권을 침해하거나 무죄추정원칙에 위배되지 않는다고 판단하였다.[77)

제 6 절 사법권의 한계와 통제

1. 사법권의 한계

(1) 헌법과 법률에 의한 제한

법원은 권력분립에 따라 사법권을 갖지만, 헌법은 헌법재판소에 위헌법률심판권, 탄핵심판권, 위헌정당해산심판권, 권한쟁의심판권, 헌법소원심판권을 부여하므로 헌법재판에 대해서는 법원이 사법권을 행사할 수 없다. 헌법은 국회의원의 자격심사·징계·제명에 대해서는 법원에 제소할 수 없도록 규정한다. 또한, 군사재판을 관할하는 특별법원으로 군사법원을 둘 수 있고, 비상계엄하의 군사재판은 일정한 사항에 관하여 군사법원에서 단심으로 재판할 수 있도록 규정하여 법원의 재판쟁송권을 제한한다.

행정심판법은 행정청의 위법·부당한 처분이나 부작위로 침해된 국민의 권리

---

74) 국민의 형사재판참여에 관한 법률 제13조, 제23~31조.
75) 국민의 형사재판참여에 관한 법률 제48조 제4항, 제49조 제2항.
76) 2016. 12. 29. 2015헌바63.
77) 2009. 11. 26. 2008헌바12, 2014. 1. 28. 2012헌바298.

나 이익을 구제하기 위해 행정심판을 인정한다. 행정심판위원회는 행정청의 처분 등에 대한 취소심판, 무효등확인심판, 의무이행심판을 심리·재결하는데, 이는 실질적으로는 사법작용에 해당한다. 하지만, 행정소송법은 임의적 행정심판전치주의를 채택하여 개인이 행정심판을 거치지 않고 직접 행정소송을 청구할 수 있도록 한다.[78] 또한, 국제법상 외교특권을 누리는 자에 대해서는 대한민국 법원은 원칙적으로 재판권을 행사할 수 없다. 다만, 외국의 사법(私法)행위가 우리나라와 일정한 관련성이 있는 경우에는 법원이 재판권을 행사할 수 있다.

(2) 사법본질적 한계

사법권은 사법의 본질에서 비롯되는 일정한 한계를 가진다. 첫째, 사법권은 구체적이고 현실적인 권리의무관계에 관한 쟁송이 발생해야 작동할 수 있다. 둘째, 당사자의 소제기를 전제로 발동하는 것이므로 당사자적격과 소의 이익이 있어야 한다. 당사자는 특정한 법률관계에 관하여 법적인 이해관계가 있거나 권리나 이익이 침해되어야 하며, 소송을 통해 얻을 수 있는 실질적 이익이 있어야 한다. 셋째, 법원은 현존하는 법적 분쟁을 해결하는 것이지 과거에 종료된 사건이나 장래에 발생한 사건을 대상으로 재판하는 것이 아니다.

법적 분쟁이라도 사적 영역에서 자율적으로 해결해야 할 사안은 법원이 재판을 통해 사법심사하기가 적합하지 않은 경우가 있다. 장로의 면직이나 출교처분 등 종교단체의 징계와 같은 사항은 사법심사의 대상이 되지 않는다. 하지만, 그것이 개인의 권리의무와 관련된 법률관계를 직접 규율하는 경우에는 사법심사의 대상이 된다. 또한, 법률의 규정을 위반하더라도 훈시규정이나 방침규정에 해당하는 경우에는 이를 위반하더라도 권리의무에 관한 법률관계에 영향을 미치지 않으므로 사법심사의 대상이 되지 않는다.

국회는 법률을 통해 사법권의 내용을 구체화할 수 있지만, 이때에도 헌법적 한계를 지켜야 한다. 법원은 헌법과 법률에 따라 재판하지만, 법률을 기계적으로 해석하고 적용하는 것이 아니라 가치와 이익에 대한 형량을 통해 헌법적 가치를 실현해야 한다. 따라서 법원은 법률이 허용하는 범위에서 사법재량을 가진다. 법관은 형사재판에서 양형결정권을 갖는데, 법률이 법관의 양형선택을 극도로 제한

---

78) 행정심판법 제2조, 제5조, 제6조, 행정소송법 제18조.

하면 양형결정권을 침해할 수 있지만,79) 법관의 양형결정권은 법률에 규정된 내용과 방법에 따라 그 한도 내에서 형벌을 구체적으로 결정하는 권한이므로 법률에 의해 그 범위가 제한되더라도 사법권의 독립을 해치는 것은 아니다.80)

(3) 권력분립의 원칙에 따른 한계

(가) 통치행위

통치행위란 국가가 고도의 정치적이고 외교적 정책판단에 따라 행사하는 국가작용을 말한다. 통치행위라는 개념을 적극적으로 인정할 경우에는 통치행위에 대해서는 법치가 적용되지 않아 사법심사의 대상이 되지 않는다. 현실적으로 고도의 정치적이고 외교적인 정책판단이 요구되는 경우에 이를 법적으로 판단하기가 바람직하지 않고, 정부나 국회가 정책적 관점에서 정당성을 평가하는 것이 적절한 경우가 있다. 하지만, 법치국가에서 모든 국가작용은 사법심사의 대상이 되어야 하므로 통치행위라는 개념을 쉽게 인정해서는 안 된다.

헌법재판소는 통치행위의 개념을 인정하면서도 대통령의 긴급재정경제명령, 신행정수도의 건설과 수도이전에 관한 사항, 한미연합 군사훈련과 전시증원연습에 관한 대통령의 결정에 대해서는 그것이 기본권의 침해와 직접 관련되므로 사법심사의 대상이 된다고 판단하였다.81) 하지만, 대통령이 외국에 국군파병을 결정한 행위에 대해서는 국방 및 외교에 관련된 고도의 정치적 결단이 요구되어 대통령과 국회의 판단이 존중되어야 하므로 헌법재판의 대상이 되지 않는다고 판단하였다.82)

대법원도 비상계엄의 선포나 확대가 국헌문란의 목적을 달성하기 위해 행해진 경우에는 사법심사를 할 수 있고,83) 기본권을 보장하고 법치의 이념을 구현하기 위해서는 통치행위의 개념을 지극히 신중하게 인정해야 한다고 하였다.84) 법원은 권력분립과 사법권의 독립을 보장하기 위해 필요한 경우에는 통치행위에 대

---

79) 2006. 4. 27. 2006헌가5.
80) 2005. 3. 31. 2004헌가27.
81) 1996. 2. 29. 93헌마186.
82) 2004. 4. 29. 2003헌마814.
83) 대법원 1997. 4. 17. 96도3376.
84) 대법원 2004. 3. 26. 2003도7878.

해 사법심사를 자제할 수 있다. 하지만, 통치행위라는 이유로 법치의 예외가 되거나 사법심사의 대상에서 제외해서는 안 된다. 국가작용이 헌법이 규정하는 요건과 절차를 위반하거나 기본권의 침해와 직접 관련된 경우에는 법원은 사법심사를 해야 할 헌법적 의무를 부담한다.[85]

(나) 국회의 자율권

국회의 자율권에 속하는 사항은 사법심사의 대상이 되지 않는 경우가 있다. 국회는 국민의 대표기관으로서 헌법적 권한을 행사하기 위해 자율권을 가지므로 법원은 국회의 자율권을 존중해야 한다. 국회의원의 자격심사·징계·제명에 대해서는 법원에 제소할 수 없도록 하는 것도 국회의 자율권을 보장하기 위한 것이다. 하지만, 국회의 자율권도 헌법과 법률에 위반되지 않는 한도에서 허용되는 것이므로 국회의 의사절차나 입법절차에 헌법이나 법률의 규정을 명백히 위반한 하자가 있는 경우에는 사법심사의 대상이 된다.

(다) 행정기관의 재량권

행정기관은 법치행정에 따라 헌법과 법률에 따라 권한을 행사한다. 하지만, 법률은 행정권의 재량을 인정하기도 하고, 법률의 규정이 없더라도 행정기관이 행정권을 행사하기 위해 내부적 사항에 대해서는 스스로 결정할 수 있다. 행정기관의 재량행위는 사법심사의 대상에서 제외되는 경우가 있다. 행정기관의 행위는 기속행위와 재량행위로 구분되는데, 기속행위는 법의 기속을 받는 행위로서 법규정에 위반된 처분에 대해서는 법원이 무효나 취소를 선고할 수 있다.

행정기관의 재량행위는 기속재량행위와 자유재량행위로 구분할 수 있으나 모두 법률의 범위 내에서만 허용되고, 그 재량권이 허용하는 사항은 사법심사의 대상이 되지 않는다. 다만, 행정기관의 재량에 맡겨진 행위라도 재량권을 남용하거나 일탈한 경우에는 법원이 무효나 취소를 선고할 수 있다. 이때에도 그 처분이 단순히 부당한 경우에는 사법심사의 대상이 되지 않는다. 공무원과 같이 국가와 특별권력관계에서 발생하는 사항은 사법심사의 대상에서 제외된다는 관점도 있지만, 국가와 특별한 공법적 관계를 갖더라도 법치가 적용되어야 하므로 사법심사

---

85) 정재황, 헌법학, 1582면 ; 한수웅, 헌법학, 1391~1393면.

의 대상이 된다.

행정소송에는 행정청의 처분이나 부작위에 대한 항고소송, 행정청의 처분 등을 원인으로 하는 법률관계나 공법상의 법률관계에 관한 당사자소송, 개인의 법률상 이익과 관계없이 국가나 공공단체의 기관의 위법행위에 관한 민중소송, 국가나 공공단체의 권한의 존부 또는 그 행사에 관한 기관소송이 포함된다. 항고소송에는 취소소송, 무효등확인소송, 부작위위법확인소송이 포함된다. 한편, 행정심판에는 취소심판, 무효등확인심판, 의무이행심판이 포함된다. 행정심판에는 일정한 처분을 명하는 의무이행심판이 인정되지만, 행정소송에서는 의무이행소송이 인정되지 않는다.

2. 사법권에 대한 통제

(1) 외부적 통제

법원은 헌법과 법률에 따라 사법권을 행사해야 하지만, 사법권을 남용할 위험이 있다. 헌법은 법원의 사법권을 통제할 장치를 마련하지만, 사법권에 대한 통제는 사법권의 독립을 해칠 우려가 있으므로 그 요건과 범위를 엄격하게 해석해야 한다. 대통령은 국회의 동의를 얻어 대법원장과 대법관을 임명하고, 사면권을 행사할 수 있다. 정부는 법원의 예산안을 편성하여 간접적으로 법원을 통제할 수 있다. 국회는 사법권과 관련한 사항을 법률의 제정을 통해 통제할 수 있고, 법원의 예산을 심의·확정하고, 결산심사권을 가진다. 또한, 법관에 대한 탄핵소추권을 가지고, 대통령의 일반사면에 대해 동의권을 갖는다.

헌법재판소는 법원과 사법권을 분유하며, 법관에 대한 탄핵심판권, 권한쟁의심판권, 사법행정작용에 대한 헌법소원 등을 통해 법원을 통제할 수 있다. 다만, 법원의 재판에 대해서는 사법권의 독립과 신속한 분쟁해결을 위해 헌법소원을 인정하지 않고, 법원이 위헌결정이 선고된 법률을 적용하여 재판한 경우에만 예외적으로 헌법소원의 대상으로 인정한다.[86] 국민이 주권자로서 직접 사법권을 통제할 수도 있다. 형사재판에서 국민참여재판제도를 도입하여 부분적으로 배심원에

---

86) 1997. 12. 24. 96헌마172.

의한 재판을 인정하고, 양형위원회를 통해 국민이 재판에 참여할 수 있는 제도적 장치를 마련하고 있다.

(2) 내부적 통제

법원은 헌법은 물론 법원조직법, 민사소송법, 형사소송법, 행정소송법 등에서 규정하는 재판절차를 준수해야 한다. 법원의 사법권에 대해 외부적 통제를 강화하는 것은 사법권의 독립을 해칠 위험이 있으므로 자율적으로 내부적 통제를 강화하는 것이 바람직하다. 법치국가에서 사법권의 독립은 필수적이지만, 이는 법원이 스스로 사법권을 남용하지 않는다는 것을 전제로 한다. 법원의 사법권에 대해 내부적 통제를 강화하는 것이 사법권의 독립을 저해할 수 있다는 것도 유의해야 한다. 법원이 관료화되거나 대법원장을 정점으로 내부적 통제를 강화하면 재판의 독립을 해칠 수 있다.

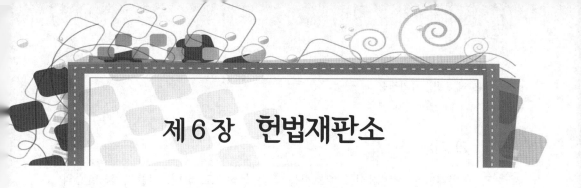

제 6 장 헌법재판소

제 1 절 헌법재판

1. 규범적 의미

(1) 개념

헌법재판이란 헌법분쟁이 발생한 경우에 독립기관이 헌법을 해석하고 적용하여 그 분쟁을 해결하는 재판이다. 헌법재판은 헌법질서를 수호하는 것을 목적으로 한다. 헌법은 '제5장 법원' 이외에 '제6장 헌법재판소'를 규정하여 헌법재판권을 헌법재판소에 부여한다. 헌법재판은 본질적으로 사법권에 속하지만, 헌법재판은 일반재판과는 다른 소송구조를 가지고 독자적인 소송법원리에 따른다. 헌법재판과 일반재판의 차이는 상대적이지만, 헌법재판은 입법권, 행정권, 사법권의 질서를 직접 규율하므로 일반재판과는 차원을 달리한다. 헌법재판은 일반재판에 비해 헌법질서의 수호를 위한 객관소송이라는 성격이 강하고, 이러한 특성은 헌법재판의 소송절차에 반영된다.

헌법재판은 법률이 헌법에 위반되었는지 여부를 심판하는 위헌법률심판을 중심으로 발전하였는데, 위헌법률심판은 1803년 미국 연방대법원이 내린 Marbury v. Madison 판결에서 비롯되었다. 유럽에서는 오스트리아와 독일이 헌법재판소를 설치하여 헌법재판을 담당하도록 하였으며, 세계적으로 확대되어 대부분의 국가는 헌법재판을 도입하고 있다.

(2) 기능

헌법재판은 헌법질서를 수호하는 것을 목적으로 하며, 이를 통해 헌법의 규범력을 확보한다. 국가권력은 헌법이 규정하는 요건, 내용, 절차를 위반해서는 안된다. 헌법재판소는 국가권력의 행사가 권력분립을 준수함으로써 합법성과 정당성을 갖는지 여부를 심판한다. 국가권력이 남용되어 헌법을 위반한 경우에는 이를 무효화시키거나 정상적인 상태로 회복시킬 수 있다.

헌법질서를 수호하는 것은 개인의 자유와 권리를 보장하는 것을 핵심으로 하고, 국가권력의 남용을 통제하는 것도 개인의 자유와 권리를 보장하는 것으로 귀결된다. 헌법재판은 헌법분쟁을 해결함으로써 정치적 갈등과 대립을 해소하고 국가공동체를 통합한다. 헌법재판소는 스스로 헌법의 틀 안에서 헌법재판을 수행해야 하고, 헌법재판은 헌법질서의 테두리 안에서 기능해야 한다.

(3) 특징

헌법재판은 그 심판절차와 효력에서 일반재판과 차이가 있다. 헌법재판은 일반재판에 비해 권리구제를 위한 주관소송의 성격보다 헌법질서를 수호하기 위한 객관소송의 성격이 강하다. 심판절차에서 직권주의를 채택하여 헌법재판의 목적을 달성하기 위해 당사자의 주장에 기속되지 않고 직권으로 심판절차를 진행할 수 있다. 증거조사에 있어서도 직권탐지주의를 채택하여 당사자가 제시하지 않은 증거를 통해 사실관계를 확정할 수도 있다. 사인이 당사자가 되는 헌법재판에서는 변호사강제를 적용하여 변호사만 소송대리를 할 수 있도록 제한한다.

헌법재판의 종국결정은 일사부재리에 따라 불가변력, 불가쟁력, 기판력을 가지고, 선례구속력도 갖는다. 개별적 헌법재판에서는 특정한 종국결정에 대해 특별한 효력을 부여한다. 즉, 탄핵심판에서 파면결정이나 정당해산심판에서 해산결정과 같이 종국결정이 직접 법률효과를 발생시키는 형성력을 부여하고, 법률의 위헌결정, 권한쟁의심판의 결정, 헌법소원의 인용결정에는 기속력을 부여하여 다른 국가기관과 지방자치단체를 구속한다. 위헌결정이 선고된 법률은 법규적 효력이 인정되어 그 결정이 있는 날부터 일반적으로 그 효력을 상실하게 된다.

2. 법적 성격

(1) 본질

헌법재판의 본질은 무엇일까. 헌법은 정치적 결단이고, 헌법분쟁은 정치적 사건을 대상으로 하므로 정치작용이라는 관점이 있고, 위헌법률심판을 통해 법률을 심사하여 위헌인 경우에 그 효력을 소멸시키거나 변경하므로 입법작용이라는 관점도 있다. 또한, 헌법재판은 입법권, 행정권, 사법권의 성격을 모두 가지고 있어 어느 하나에 포함시키기 어려우므로 독자적인 국가작용이라는 관점도 있다.[1] 하지만, 헌법재판은 본질적으로 사법작용에 속하고, 그 정치적 성격이 반영되어 소송절차에서 일반재판과 차이가 있을 뿐이다.

우리 헌법은 사법권을 헌법재판과 일반재판으로 이원화하여 헌법재판소와 법원에 분배한다. 헌법재판은 정치적 사건을 대상으로 하고, 정치현실에 큰 영향을 미친다. 하지만, 헌법재판이 정치적 기능을 한다는 것은 헌법이 정치권력을 규율하는 규범이라는 특징이 재판에서 드러나는 결과이지, 헌법재판이 정치를 대신하거나 정치적 목적을 달성하기 위한 수단으로 활용되어서는 안 된다.

(2) 유형

헌법재판은 헌법재판기관을 기준으로 일반법원형, 헌법재판소형, 정치기관형으로 구분할 수 있다. 일반법원형은 법원이 일반재판과 함께 헌법재판도 재판하며, 미국, 캐나다, 일본, 호주 등이 이에 속한다. 헌법재판소형은 일반재판을 담당하는 법원 이외에 헌법재판소를 별도로 설치하여 헌법재판만 담당하며, 오스트리아, 독일, 이탈리아, 스페인, 터키 등이 이에 속한다. 정치기관형은 법원이 아니라 정치기관을 구성하여 헌법재판을 담당하도록 하며, 프랑스 제5공화국의 초기가 이에 속한다.

헌법재판은 헌법분쟁의 유형에 따라 다양하게 구분될 수 있다. 헌법 제111조 제1항은 위헌법률심판, 탄핵심판, 정당해산심판, 권한쟁의심판, 헌법소원심판을 헌법재판소의 관장사항으로 규정한다. 우리나라는 법원 이외에 헌법재판소를 설

---

[1] 정종섭, 헌법소송법, 9면 ; 허영, 헌법소송법론, 20~21면.

치하므로 헌법재판소형에 속하며, 헌법재판소는 헌법이 규정하는 헌법재판만 관장할 수 있다. 실질적으로 헌법적 분쟁에 포함되는 선거소송은 법원의 관할사항에 속한다.

(3) 사법소극주의와 사법적극주의

헌법재판의 역할에 대해서는 사법소극주의와 사법적극주의의 관점이 대립된다. 전자는 헌법재판은 다른 헌법기관의 결정을 존중하여 소극적 역할에 머물러야 한다는 것이고, 후자는 다른 헌법기관에 대해 적극적 역할을 해야 한다는 것이다. 사법소극주의와 사법적극주의는 미국 연방대법원의 역할에 대한 논쟁에서 비롯되었는데, 정치적·사회적 변화에 대한 헌법재판의 태도를 기준으로 사법보수주의와 사법진보주의로 치환하기도 한다. 사법소극주의와 사법적극주의는 다른 헌법기관과의 관계를 기준으로 구분하는 것이 타당하다.

사법소극주의에 따르면, 헌법재판소는 국회나 정부의 국가작용에 개입하지 말고 재판권의 행사를 자제해야 한다. 이는 권력분립에 기초하여 국회나 정부와 같은 다른 헌법기관의 판단을 존중하는 태도이다. 이에 대해서는 헌법재판소가 헌법질서를 수호해야 하는 역할을 방기할 위험성이 있다는 비판이 있다. 사법적극주의에 따르면, 헌법재판소는 국회나 정부의 국가작용에 대해 적극적으로 개입하여 그 국가작용의 위헌성을 심판해야 한다. 이에 대해서는 정치의 사법화가 초래될 수 있고, 사법권의 독립을 저해할 수 있다는 비판이 있다.

우리 헌법재판소의 태도에 대해서도 사법소극주의와 사법적극주의의 관점으로 평가할 수 있지만, 미국의 논쟁을 그대로 대입하는 것은 적절하지 않다. 대한민국 헌법은 헌법재판소의 구성과 권한에 대해 명확하게 규정하고, 헌법재판소법을 통해 구체화한다. 헌법재판소의 역할이나 다른 헌법기관과의 관계는 헌법과 헌법재판소법의 해석을 통해 도출될 수 있다. 헌법재판소는 헌법과 법률에 따라 사법소극주의와 사법적극주의를 변증적으로 적용함으로써 헌법질서의 수호자로 기능해야 한다.[2]

---

2) 성낙인, 헌법학, 752면.

3. 한계

헌법은 헌법재판을 통해 규범력을 확보하지만, 헌법재판도 국가기관의 작용이므로 헌법을 준수해야 하고, 헌법의 틀 안에서 작동되어야 한다. 헌법은 위헌법률심판, 탄핵심판, 정당해산심판, 권한쟁의심판, 헌법소원심판을 헌법재판소의 관장사항으로 규정한다. 이는 예시적 규정이 아니라 헌법재판의 종류와 관할을 엄격하게 제한하는 열거적 규정이다. 헌법재판은 다른 헌법기관에게 부여한 권한을 행사할 수 없고, 법원을 대신하여 일반재판을 해서도 안 된다.

헌법재판은 정치적 사건을 대상으로 하지만, 헌법재판이 정치의 소용돌이에 휘말리지 않도록 해야 한다. 정치권력이 헌법재판을 정치적 이용하지 못하도록 하여 정치의 사법화를 경계해야 한다. 하지만, 정치적 사건이라도 헌법분쟁에 해당하면 헌법재판소가 적극적으로 판단해야 한다. 헌법재판소가 헌법판단을 회피하는 것은 그 자체가 헌법재판의 정치화를 초래할 위험이 있다. 헌법재판소는 사법적 판단만 해야 하며, 정치적 고려를 하거나 여론의 영향을 받지 않도록 하여 사법의 정치화도 경계해야 한다.

4. 우리 헌법재판의 역사

1948년 제정된 건국헌법은 헌법재판기관으로 '제5장 법원'에서 헌법위원회를, '제3장 국회'에서 탄핵재판소를 두었다. 헌법위원회는 위원장인 부통령, 대법관 5명과 국회의원 5명의 위원으로 구성되었으나, 비상설기구였다. 헌법위원회의 권한으로는 구체적 규범통제의 방식으로 위헌법률심판만 인정하였다. 헌법위원회는 약 10년간 운영되었는데, 총 6건의 법률에 대해 위헌법률심판을 진행하여 농지개혁법과 비상사태하의 범죄처벌에 관한 특별조치령에 대해서만 재판청구권을 침해하였다는 이유로 위헌결정하였다. 탄핵심판은 1건도 없었다.

1960년 헌법은 '제8장'에서 법원과 별도로 헌법재판소를 설치하여 위헌법률심사, 헌법에 관한 최종적 해석, 국가기관 간의 권한쟁의, 정당의 해산, 탄핵재판, 대통령·대법원장·대법관의 선거소송을 관할하도록 하였다. 1961년 4월 헌법재판소법이 제정되었으며, 헌법재판소를 상설기구로 설치할 예정이었다. 하지만, 1

개월 만에 5.16 군사쿠데타로 국가재건비상조치법이 제정되고, 이 법률에 의해 헌법재판소의 설치가 정지되었다. 결국 헌법재판소는 구성되지 못하였고, 헌법재판은 전혀 실시되지 않았다.

1962년 헌법은 대법원이 위헌법률심판, 정당해산심판, 선거소송을 관할하고, 국회에 설치된 탄핵심판위원회가 대통령 등 고위공무원에 대한 탄핵심판을 관할하도록 하였다. 대법원은 단 1건의 사안에서 군인 등에 대해 국가배상청구권을 제한한 국가배상법과 위헌법률심판의 합의정족수를 가중한 법원조직법을 위헌으로 판결하였다. 이 사건에서 위헌의견을 낸 대법원판사 전원이 재임용에서 탈락되었으며, 이는 판사들이 집단적으로 사표를 제출하여 항의한 이른바 '사법파동'의 원인이 되었다. 탄핵심판은 1건도 없었다.

1972년 헌법은 '제8장'에서 헌법위원회를 규정하여 위헌법률심판, 탄핵심판, 정당해산심판을 관할하도록 하였다. 헌법위원회법은 대법원에게 위헌 여부제청서를 헌법위원회에 송부하지 않을 수 있는 불송부결정권을 부여하였다. 대법원은 1건의 위헌법률심판도 제청하지 않았고, 헌법위원회도 1건의 헌법재판도 하지 않았다. 1980년 헌법은 위헌법률심판을 더욱 어렵게 하여 대법원은 제청법률이 헌법에 위반되는 것으로 인정할 때에만 헌법위원회에 제청할 수 있도록 하였다. 이때에도 위헌법률심판의 제청이나 헌법재판은 단 1건도 없었다.

1987년 현행헌법은 헌법재판소를 설치하고 위헌법률심판, 탄핵심판, 정당해산심판, 권한쟁의심판, 헌법소원심판을 관할하도록 규정하였다. 1960년 헌법에서 인정하였던 헌법의 최종적 해석에 관한 권한, 선거소송심판은 헌법재판소의 관할사항에서 제외하였다. 위헌법률심판은 구체적 규범통제만 인정하여 법원이 위헌제청권을 가지고, 헌법재판소는 위헌결정권을 갖는다. 헌법재판소는 위헌법률심판, 권한쟁의심판, 헌법소원심판을 활발하게 진행하고 있으며, 탄핵심판을 통해 현직 대통령을 파면하고, 정당해산결정도 하였다.

제 2 절   헌법적 지위

1. 헌법수호기관

(1) 최고의 헌법해석기관

헌법재판소는 헌법재판을 통해 헌법을 해석하고 수호한다. 국가기관이 헌법적 가치를 실현하기 위해서는 헌법을 명확하게 이해해야 하므로 모든 국가기관은 헌법을 해석할 권한과 책무를 갖는다. 국가기관의 헌법해석이 서로 모순될 경우에는 헌법재판소가 최종적으로 헌법을 해석하고 적용한다. 하지만, 헌법재판소가 다른 헌법기관보다 우월한 지위를 갖는 것은 아니다. 헌법재판소는 권력을 통제하고, 기본권을 보장하며, 정치적 평화를 유지하지만, 이는 헌법수호기관이라는 본질적 지위로부터 파생되는 것이다.

(2) 권력통제기관

헌법재판소는 헌법재판을 통해 국가권력이 헌법의 틀 안에서 헌법적 가치를 실현할 수 있도록 규율한다. 헌법은 국가의 최고법이므로 국가권력뿐만 아니라 국민도 헌법질서를 침해해서는 안 된다. 하지만, 국민이 헌법을 침해할 경우에는 헌법재판이 아니라 일반재판을 통해 헌법질서를 수호한다. 헌법재판은 국가권력이 헌법을 침해하는 것을 전제로 헌법질서를 수호한다.

헌법재판소는 위헌법률심판을 통해 국회의 법률을 무효화하고, 대통령을 비롯한 고위공무원에 대해서는 탄핵심판을 통해 공직에서 파면한다. 법원의 재판은 헌법소원의 대상에서 제외하지만, 법관에 대해서는 탄핵심판을 할 수 있다. 국가기관이나 지방자치단체의 권한분쟁에 대해서는 권한쟁의심판을 하고, 국가기관이 개인의 기본권을 침해한 경우에는 헌법소원을 통해 구제할 수 있다. 국가기관은 아니지만 정당에 대해서도 그 목적이나 활동이 민주적 기본질서에 위배한 경우에는 해산할 수 있다.

(3) 기본권보장기관

헌법은 인간의 존엄과 가치를 존중하고 개인의 기본권을 보장하는 것을 최고의 가치로 삼는다. 헌법재판소는 헌법재판을 통해 국가권력의 남용을 통제하고, 공권력의 행사 또는 불행사에 대해서는 헌법소원을 통해 기본권을 보장한다. 국가기관은 기본권을 보장해야 할 헌법적 의무를 부담하는데, 소극적으로는 기본권을 침해하지 않아야 하고, 적극적으로는 기본권을 실현하도록 해야 한다. 나아가 사적 영역에서도 개인의 기본권이 침해되는 결과가 초래되지 않도록 해야 한다.

헌법재판소는 기본권이 적용되는 영역과 그 내용에 따라 다른 방식으로 기본권을 보장한다. 국가가 기본권을 침해하지 말아야 하는 경우에는 엄격하게 통제하고, 기본권을 실현해야 할 경우에는 국가에게 다양한 방법을 선택할 재량을 부여한다. 한편, 사적 영역에서는 사적 자치와 자기책임의 원리를 존중해야 하므로 자율적 기능이 상실된 경우에만 국가가 개입하여 규제와 조정을 할 수 있다. 국가는 기본권을 보장한다는 이유로 사적 영역에 지나치게 개입하지 않도록 유의해야 한다.

2. 헌법재판소의 조직

(1) 헌법재판소장

헌법재판소장은 헌법재판소의 수장으로 헌법재판소를 대표하고, 그 운영에서 최고의 사법행정권을 갖는다. 헌법재판소장은 헌법재판소의 사무를 통리하며, 소속 공무원을 지휘·감독한다.[3] 헌법재판소장은 헌법재판에서 전원재판부의 재판장이며, 평의에서는 다른 재판관과 동등하게 재판부 구성원의 1인이 된다. 또한, 헌법재판소의 행정업무를 처리하는 재판관회의의 의장이 된다. 헌법재판소장의 임기는 6년이고, 중임은 금지된다. 헌법재판소장의 정년은 70세이며, 대우와 보수는 대법원장의 예에 따른다.[4]

헌법 제111조 제4항은 "헌법재판소의 장은 국회의 동의를 얻어 재판관 중에

---

3) 헌법재판소법 제12조 제3항.
4) 헌법재판소법 제7조 제2항, 제15조.

서 대통령이 임명한다"라고 규정한다. 이때 '재판관 중에서'란 반드시 현직에 있는 재판관에 국한되는 것은 아니므로 재판관의 자격을 갖춘 사람을 헌법재판소장으로 임명할 수도 있다.5) 재판관으로 재임하던 중에 헌법재판소장으로 임명된 경우에는 헌법재판소장의 임기 6년이 새로 시작되는 것이 아니다. 재판관의 임기는 헌법재판소장의 임기와 합산하여 6년으로 계산해야 하므로 재판관의 잔여임기만 헌법재판소장의 임기로 인정된다.6)

(2) 재판관

헌법재판소는 법관의 자격을 가진 9인의 재판관으로 구성되며, 대통령이 재판관을 임명한다. 재판관 가운데 3인은 국회에서 선출하는 자를, 3인은 대법원장이 지명하는 자를 임명한다. 국회에서 선출하는 재판관 3인에 대해서는 헌법재판소장과 마찬가지로 국회의 인사청문특별위원회에서 인사청문회를 실시하고, 국회의 동의를 받아야 한다.7) 나머지 6인의 재판관에 대해서는 국회의 동의를 거칠 필요가 없으나, 국회의 소관 상임위원회에서 인사청문회를 거쳐야 한다. 재판관 후보자가 헌법재판소장 후보자를 겸하는 경우에는 인사청문특별위원회의 인사청문회가 상임위원회의 인사청문회를 겸한다.8)

재판관은 반드시 법관의 자격을 가져야 하며, 다른 법령에 따라 공무원으로 임용되지 못하는 사람, 금고 이상의 형을 선고받은 사람, 탄핵에 의해 파면된 후 5년이 지나지 않은 사람, 정당활동을 하였거나 공직선거에 참여한 뒤 일정 기간이 지나지 않은 사람 등은 재판관으로 임명할 수 없다.9) 재판관은 국회의원 등의 직을 겸할 수 없고 영리를 목적으로 하는 사업을 할 수 없다.10) 재판관의 임기는 6년이고, 법률이 정하는 바에 의하여 연임할 수 있다. 재판관의 정년은 70세이다.11) 재판관은 정무직으로 하고 그 대우와 보수는 대법관의 예에 따른다.12)

---

5) 김하열, 헌법소송법, 76면.
6) 허영, 헌법소송법론, 116면.
7) 국회법 제46조의3 제1항.
8) 국회법 제65조의2 제2항, 제5항.
9) 헌법재판소법 제5조 제1항, 제2항.
10) 헌법재판소법 제14조.
11) 헌법재판소법 제7조 제2항.
12) 헌법재판소법 제15조.

792   제 3 편   국가작용

(3) 재판관회의

헌법재판소에는 재판관 전원으로 구성하는 재판관회의를 둔다. 헌법재판소
장이 재판관회의의 의장이 되고, 회의를 주재하고 의결된 사항을 집행한다. 재판
관회의는 재판관 전원의 3분의 2를 초과하는 인원의 출석과 출석인원 과반수의
찬성으로 의결한다.13) 대법원장은 대법관회의의 의장으로 의결에서 표결권을 가
지고, 가부동수인 경우에는 결정권을 가지나, 헌법재판소장은 재판관회의에서 표
결권을 가지나 가부동수인 경우에 결정권을 갖지 않는다.

재판관회의는 헌법재판소장의 자문기관이나 심의기관이 아니라 의결기관이
다. 재판관회의에 회부된 안건은 의결로써 확정되고 그 법적 효력이 발생한다. 재
판관회의는 전원재판부와 마찬가지로 재판관 전원으로 구성되지만, 재판관회의는
전원재판부와 법적으로 서로 다른 별개의 조직이다. 재판관회의는 헌법재판소의
운영에 관한 중요사항을 의결하는 행정기관이고, 전원재판부는 헌법재판을 심판
하는 재판부로서 재판관 7인 이상의 출석으로 사건을 심리하고, 종국심리에 관여
한 재판관 과반수의 찬성으로 결정한다.

(4) 보조기관

헌법재판소는 사무처, 헌법연구관·헌법연구관보·헌법연구위원, 헌법재판연
구원을 보조기관으로 둔다. 헌법재판소법과 헌법재판소규칙은 이에 대해 자세히
규정한다. 사무처는 헌법재판소의 행정사무를 처리하는 기관이며, 헌법재판의 심
판에는 관여할 수 없다. 사무처장은 헌법재판소장의 지휘를 받아 사무처의 사무
를 관장하며, 소속 공무원을 지휘·감독한다. 사무처장은 국회 또는 국무회의에
출석하여 헌법재판소의 행정에 관하여 발언할 수 있으며, 헌법재판소장이 행한
처분에 대한 행정소송의 피고가 된다.

헌법연구관은 헌법재판소장의 명을 받아 사건의 심리 및 심판에 관한 조사·
연구에 종사한다. 헌법연구관은 특정직 국가공무원으로 헌법재판소장이 재판관회
의의 의결을 거쳐 임용한다. 헌법연구관의 임기는 10년이며, 연임할 수 있고, 정
년은 60세이다.14) 헌법재판소장은 다른 국가기관에 대해 그 소속 공무원을 헌법

---

13) 헌법재판소법 제16조 제1항, 제2항.

연구관으로 근무하도록 파견을 요청할 수 있으며, 판사와 검사 등이 파견근무하고 있다. 헌법재판연구원은 헌법 및 헌법재판의 연구와 헌법연구관, 사무처 공무원 등에 대한 교육을 위해 설치된 기관이다.

3. 헌법재판권의 독립

(1) 의의

헌법재판도 사법권에 속하므로 법치와 권력분립을 실현하기 위해 그 독립성이 보장되어야 한다. 헌법재판은 정치적 성격을 가지므로 그 재판권의 독립이 더욱 요청된다. 헌법은 제103조에서 "법관은 헌법과 법률에 의하여 그 양심에 따라 독립하여 심판한다"라고 규정하고 있는 것과 달리 헌법재판에 대해서는 아무런 규정을 두지 않고 있다. 하지만, 헌법재판소법 제4조는 "재판관은 헌법과 법률에 의하여 그 양심에 따라 독립하여 심판한다"라고 규정한다. 헌법재판관 역시 헌법과 법률에 의하여 재판해야 하므로 헌법에 직접 규정하는 것이 바람직하다.

(2) 헌법재판소의 독립

(가) 국회로부터의 독립

헌법재판소는 국회로부터 독립적으로 구성되고 운영되어야 한다. 국회는 헌법재판소의 구성에 참여하는데, 재판관 3인을 선출하고, 모든 재판관에 대해 인사청문회를 실시한다. 이는 헌법재판소의 구성에서 민주적 정당성을 강화하고 견제와 균형을 통해 임명권자인 대통령의 권한행사를 통제하기 위한 것이다. 헌법은 제113조 제3항에서 "헌법재판소의 조직과 운영 기타 필요한 사항은 법률로 정한다"라고 규정한다. 이는 국민의 대표기관인 국회가 헌법재판을 제도적으로 규율하는 것이지 헌법재판소에 간섭하기 위한 것이 아니다.

(나) 정부로부터의 독립

헌법재판소는 정부로부터 독립되어야 한다. 정부는 헌법재판소의 구성에 관

---

14) 헌법재판소법 제19조 제1항, 제2항, 제3항, 제4항, 제7항.

여할 수 없고, 정부의 공무원이 재판관을 겸직하는 것도 금지된다. 대통령은 헌법재판소장을 포함하여 모든 재판관을 임명하고, 그 가운데 3인을 직접 선정한다. 대통령이 재판관을 임명하는 것은 국가원수의 지위에서 그 권한을 행사하는 것이다. 정부는 헌법재판은 물론 헌법재판소의 행정이나 예산에 대해서도 자율성과 독립성을 보장해야 한다. 헌법재판소는 독자적인 예산편성권을 가지고 있지 않지만, 헌법재판소의 경비는 독립하여 국가의 예산에 계상해야 한다.[15]

(다) 법원으로부터의 독립

법원은 헌법재판소의 구성과 운영에 관여할 수 없고, 법관이 재판관을 겸직하는 것도 금지된다. 헌법재판은 사법권에 속하므로 법원의 일반재판과 공통점이 많지만, 그 심판절차와 효력은 서로 독립적이다. 헌법은 사법권을 법원과 헌법재판소에 나누어 부여하므로 서로 권한을 존중하고 사법권을 정합적으로 행사해야 한다. 규범통제에서 법원은 명령·규칙에 대한 위헌·위법심사권을, 헌법재판소는 법률에 대한 위헌심사권을 갖는다. 위헌법률심판에서 법원은 위헌법률심판을 제청할 권한만 가지고, 헌법재판소는 위헌법률심판권을 가진다.

(라) 헌법재판소의 자율성

헌법 제113조 제2항은 "헌법재판소는 법률에 저촉되지 아니하는 범위 안에서 심판에 관한 절차, 내부규율과 사무처리에 관한 규칙을 제정할 수 있다"라고 규정한다. 헌법재판소규칙은 헌법에서 직접 규정하므로 법률의 위임이 없어도 제정할 수 있고, 이는 법규명령의 성격을 가지므로 국민의 권리의무에 관한 입법사항을 규정할 수 있다. 헌법재판소장은 헌법재판소의 조직·인사·운영·심판절차 그 밖에 헌법재판소의 업무에 관련된 법률의 제정 또는 개정이 필요하다고 인정하는 경우에는 국회에 서면으로 의견을 제출할 수 있다.[16]

(3) 헌법재판관의 신분상 독립

헌법재판이 독립되기 위해서는 재판관의 신분이 독립적이어야 하고, 헌법에 대한 전문적 지식과 경륜을 가진 직업적 재판관이 재판을 해야 한다. 헌법재판관

---

15) 헌법재판소법 제11조.
16) 헌법재판소법 제10조의 2.

은 법관의 자격을 가져야 하며, 그 임기는 6년이다. 재판관은 법률이 정하는 바에 의하여 연임할 수 있으며, 정년은 70세이다.[17] 헌법 제112조 제3항은 탄핵 또는 금고 이상의 형의 선고에 의하지 아니하고는 재판관을 파면할 수 없도록 규정한다. 이는 법관에 대해서는 "징계처분에 의하지 아니하고는 정직·감봉 기타 불리한 처분을 받지 않는다"라고 추가적으로 규정하는 것과 다르다.

헌법 제106조 제2항은 법관에 대하여는 중대한 심신상의 장해로 직무를 수행할 수 없을 때에는 강제로 퇴직하게 할 수 있도록 규정하지만,[18] 재판관에 대하여는 강제퇴직을 규정하지 않는다. 헌법 제112조 제2항은 재판관으로 하여금 정당에 가입하거나 정치에 관여하는 것을 금지하도록 규정한다. 재판관은 국회 또는 지방의회의 의원의 직, 국회·정부 또는 법원의 공무원의 직, 법인·단체 등의 고문·임원 또는 직원의 직, 지방자치단체의 장을 겸직할 수 없으며, 영리를 목적으로 하는 사업을 영위할 수 없다.[19]

(4) 헌법재판의 독립

헌법재판권의 독립은 헌법재판이 대내외적인 간섭으로부터 독립적으로 행해져야 한다는 것이 핵심이다. 헌법재판소가 독립적으로 구성되고 운영되어야 하는 것이나 재판관의 신분이 보장되어야 한다는 것도 헌법재판의 독립을 위한 것이다. 재판관은 오직 헌법과 법률에 의하여 그 직무상의 양심에 따라 재판해야 하고, 재판에 간섭할 수 있는 어떠한 대내외적 영향으로부터 독립적이어야 한다. 국가기관은 헌법재판에 간섭할 수 없고 헌법재판소의 종국결정을 존중하고 그에 따라야 한다.

재판관은 그 양심에 따라 재판해야 한다. 이때 양심이란 재판관이 갖는 주관적 양심이 아니라 헌법을 객관적으로 해석하고 적용하는 직업적 양심을 말한다. 재판관도 직무와 무관한 사적 영역에서는 국민의 한 사람으로서 기본권의 주체가 되므로 양심의 자유를 가진다. 하지만, 재판관은 헌법재판에서 개인의 주관적 양심과 직업적 양심이 충돌하는 경우에는 직업적 양심에 따라 헌법과 법률을 객관

---

17) 헌법재판소법 제7조 제2항.
18) 헌법 제106조 제2항.
19) 헌법재판소법 제14조, 지방자치법 제35조 제1항 제2호, 지방자치법 제96조 제1항 제1호.

적으로 해석하여 재판해야 한다.

헌법재판소는 내부적 영향으로부터도 독립되어야 한다. 재판관은 헌법재판
에서 동등한 지위에서 평의하는 합의체의 구성원이다. 재판관은 재판의 결론에
대해 평의를 통하여 의논할 수 있지만, 재판관은 독립적으로 자신의 의견을 결정
한다. 심판에 관여한 모든 재판관은 결정서에 의견을 표시해야 한다.[20] 재판관은
사건의 정치적 성격과 헌법현실을 고려하는 것은 필요하지만, 특정한 정치세력이
나 사회적 여론에 좌우되어 재판해서는 안 된다.

4. 다른 헌법기관과의 관계

(1) 법원과의 관계

법원과 헌법재판소는 최고의 사법기관으로서 서로 대등하고 관할사항을 달
리하는 독립적 지위를 가지나, 그 관할사항을 심판하면서 헌법과 법률을 서로
다르게 해석할 수 있다. 헌법재판소가 위헌법률심판, 탄핵심판, 권한쟁의심판에
서 헌법은 물론 법률을 해석하고, 헌법소원에서 법률은 물론 명령·규칙의 위헌
여부를 심사할 수 있다. 법원도 일반재판에서 헌법과 법률을 해석하여 위헌법률
심판을 제청하고, 명령·규칙이 재판의 전제가 된 경우에는 위헌·위법 여부를
심사한다.

헌법재판소는 법적 안정성을 보장하고 국회의 입법권을 존중하기 위해 헌법
불합치결정이나 한정위헌결정과 같은 변형결정을 선고하는데, 이때에도 법원의
법률해석권과 충돌할 수 있다. 헌법재판소는 변형결정은 법원을 비롯한 모든 국
가기관을 기속한다고 판단하지만,[21] 대법원은 헌법불합치결정에 대해서는 기속력
을 인정하고, 한정위헌결정이나 한정합헌결정에 대해서는 기속력을 인정하지 않
는다.[22] 헌법재판소의 변형결정이 실질적으로 법률의 위헌성을 확인한 경우에는
그 결정의 실효성을 확보하기 위해 기속력을 인정해야 한다.

법원의 재판은 헌법소원의 대상에서 제외되므로 헌법재판소가 그 위헌 여부

---

20) 헌법재판소법 제36조 제3항.
21) 1997. 12. 24. 96헌마172.
22) 대법원 2001. 4. 27. 95재다14.

를 심판할 수 없지만,[23] 예외적으로 법원의 재판에 대한 헌법소원을 인정한다. 헌법재판소는 법원이 위헌결정된 법률을 적용하여 재판함으로써 기본권을 침해한 경우에는 그 재판에 대해 헌법소원을 청구할 수 있고, 이때 재판이 행정처분을 대상으로 한 경우에는 원행정처분에 대해서도 헌법소원을 청구할 수 있다고 판단하였다.[24] 이는 헌법재판의 실효성을 확보하고 헌법해석의 통일성을 유지하기 위한 것이다.

(2) 국회와의 관계

헌법재판소는 국회의 구성에 관여할 수 없지만, 국회는 헌법재판소의 구성에 참여하여 재판관 3인을 선출하고 헌법재판소장의 임명에 대해 동의권을 갖는다. 국회는 헌법재판소법을 통해 헌법재판에 관한 기본적 사항을 결정하고, 헌법재판관을 포함한 고위공직자에 대해 탄핵소추를 할 수 있으며, 헌법재판소에 권한쟁의심판을 청구할 수도 있다. 한편, 헌법재판소는 위헌법률심판과 헌법소원을 통해 국회의 입법권을 통제한다. 또한, 국회가 고위공직자에 대해 소추한 탄핵을 최종적으로 심판하고, 국회와 다른 국가기관이나 지방자치단체와의 권한쟁의를 심판한다.

헌법재판소는 권력분립에 따라 국회의 입법형성권을 존중해야 한다. 위헌법률심판은 본질적으로 법률이 헌법에 합치하는지를 심사하는 것이 아니라 위헌인지 여부를 심사하는 것이다. 국회는 일차적으로 입법을 통해 헌법을 구체화하고, 헌법재판소는 국회의 입법형성권이 헌법의 틀을 벗어난 것인지 여부를 심사한다. 헌법재판소가 위헌적 법률에 대해 변형결정을 하는 것도 국회의 입법권을 존중하여 법적 안정성을 유지하기 위한 것이다. 헌법재판소는 법률이 위헌이라고 판단하더라도 잠정적으로 계속적용하거나 적용중지를 명할 수도 있다.

국회도 헌법재판소의 종국결정을 존중해야 한다. 헌법재판소법은 법률에 대한 위헌결정, 권한쟁의심판의 결정, 헌법소원의 인용결정에 대해 기속력을 부여하고, 법률에 대한 위헌결정에 대해서는 법규적 효력을 부여한다. 국회는 국가기관으로서 종국결정의 기속력에 따라야 하므로 그 판단에 위배되는 행위를 해서는

---

23) 헌법재판소법 제68조 제1항.
24) 1997. 12. 24. 96헌마172.

안 된다. 특히, 헌법재판소가 헌법불합치결정을 한 경우에 국회는 그 취지를 반영하여 입법개선의무를 이행하여 입법공백의 상태가 초래되지 않도록 해야 한다.

(3) 정부와의 관계

대통령은 헌법재판소장과 재판관을 임명한다. 대통령은 재판관 3인을 직접 임명하고, 국회가 선출한 재판관 3인과 대법원장이 지명한 재판관 3인을 임명한다. 헌법재판소는 헌법소원을 통해 정부의 행정작용을 통제한다. 행정입법도 헌법소원의 대상이 되지만, 행정소송의 대상이 되는 경우에는 보충성의 요구와 재판소원의 금지로 인하여 헌법소원의 대상이 되지 않는다. 헌법재판소는 정부의 권한쟁의를 심판하고, 정부에 소속된 고위공무원에 대해 탄핵심판을 통해 파면할 수 있으며, 정부가 청구한 정당해산심판을 결정한다.

제3절 일반심판절차

1. 헌법재판의 법원(法源)

(1) 법원의 유형

헌법재판의 제1차적인 법원은 헌법이다. 헌법은 헌법재판소의 구성, 재판관의 임기와 신분보장, 정족수와 같은 기본적 사항과 위헌법률심판, 탄핵소추와 결정의 효과, 정당해산에 대해 규정한다. 헌법은 헌법재판의 구체적 사항을 법률에 위임하고, 헌법재판소법이 헌법재판소의 조직, 운영, 심판절차에 대해 자세히 규정한다. 헌법재판소는 법률에 저촉되지 않는 범위 안에서 심판에 관한 절차, 내부 규율과 사무절차에 관한 규칙을 제정할 수 있다. 헌법재판에 대해서는 헌법, 헌법재판소법, 헌법재판소심판규칙을 그 순서대로 우선적으로 적용해야 한다.

헌법재판소법은 헌법재판의 심판절차를 모두 규정하지 않고 다른 재판절차에 관한 규정을 준용하도록 한다. 헌법재판에 대해서는 원칙적으로 민사소송에 관한 법령을 준용하고, 탄핵심판에서는 형사소송에 관한 법령을, 권한쟁의심판 및 헌법소원에서는 행정소송법을 함께 준용한다. 형사소송에 관한 법령 또는 행정소송법이 민사소송에 관한 법령에 저촉될 때에는 민사소송에 관한 법령은 준용하지 아니한다.[25] 법률의 해석과 적용에 있어서 '준용'이란 어떤 사항에 대해 직접 그대로 적용하지 않고, 그와 유사한 사항에 대해 법령을 그 의미에 맞도록 변화시켜 적용하는 것이다.

헌법재판에 준용되는 법률은 민사소송에 관한 법령, 형사소송에 관한 법령, 행정소송법이다. 헌법재판소법이 직접 헌법재판에 관한 사항을 규정할 경우에는 그 조항을 적용해야 하고, 다른 소송에 적용되는 법률을 준용해서는 안 된다. 헌법재판에 다른 법령을 준용하는 경우에도 헌법재판의 성질에 반하지 않는 한도에서만 준용할 수 있고, 헌법재판은 그 유형에 따라 서로 다른 특성을 가진다. 헌법재판에 준용되는 법률의 내용과 범위를 확정하기 위해서는 헌법재판의 특징을 고려하여 반영해야 한다.

(2) 준용의 기준

(가) 총괄적 준용과 개별적 준용

헌법재판의 일반심판절차에서 민사소송에 관한 법령을 준용하고, 탄핵심판에는 형사소송에 관한 법령을, 권한쟁의심판과 헌법소원에는 행정소송법을 함께 준용한다. 이를 총괄적 준용이라고 한다. 형사소송에 관한 법령이나 행정소송법이 민사소송에 관한 법령에 저촉될 때에는 민사소송에 관한 법령은 준용하지 아니한다. 탄핵심판에서는 형사소송에 관한 법령이, 권한쟁의심판과 헌법소원에서는 행정소송법이 민사소송에 관한 법령에 대해 특별법적 성격을 가지고 우선적으로 준용된다.

헌법재판소법은 특정한 심판절차에서는 다른 법률의 개별조항을 준용하기도 한다. 예를 들어, 제24조 제6항에서 "당사자의 제척 및 기피신청에 관한 심판에는 민사소송법 제44조, 제45조, 제46조 제1항, 제2항 및 제48조를 준용한다"라고 규정한다. 또한, 위헌법률심판절차에 대해 제41조 제3항은 "제2항의 신청서면의 심사에 관하여는 민사소송법 제254조를 준용한다"라고 규정한다. 이를 개별적 준용이라고 한다. 개별적 준용을 두더라도 총괄적 준용을 배제하는 것은 아니고, 헌법

---

25) 헌법재판소법 제40조 제1항, 제2항.

재판의 유형과 그 특성에 따라 준용하는 내용과 범위를 결정해야 한다.

(나) 준용의 한계

헌법재판에서 민사소송 등 다른 재판절차에 관한 법령을 준용하는 경우에도 일정한 한계가 있다. 헌법, 헌법재판소법, 헌법재판소심판규칙에서 특별히 규정하는 사항에 대해서는 준용할 수 없고, 준용할 필요도 없다. 헌법재판에 준용되는 법령은 헌법재판의 성질에 반하지 아니하는 한도에서만 준용할 수 있다. 헌법재판의 성질에 반하지 아니하는 경우란 다른 절차법의 준용이 헌법재판의 고유한 성질을 훼손하지 않는 경우를 말하고, 이를 결정하는 것은 쉬운 일이 아니다. 헌법재판소가 개별적 사안에서 구체적 사실관계와 법령의 내용 등을 종합적으로 고려하여 판단해야 한다.26)

(다) 법규범의 창설

헌법재판소는 심판절차에 적용할 법령이 없고, 다른 법령을 준용할 수도 없는 경우에는 법령의 부재를 이유로 헌법재판을 거부할 수 없으므로 스스로 재판절차에 대한 규범을 창설하여 재판해야 할 권한과 의무를 가진다.27) 헌법재판소는 다른 소송에 관한 법령을 유추적용하거나 적법절차원칙, 신뢰보호원칙, 공정한 재판의 실현과 같은 법원칙에 따라 자율적으로 재판절차를 창설할 수 있다.28) 헌법재판소가 예외적으로 심판절차를 창설하는 것은 법령해석과 준용을 통한 적용이 불가능할 경우에만 허용된다.

헌법재판소법은 주문의 형식과 표시에 대해 아무런 규정을 두지 않는데, 헌법재판소가 헌법불합치와 같은 변형결정을 종국결정의 주문으로 표시하는 것은 헌법재판의 새로운 절차를 창설한 것에 해당한다.29) 헌법재판소는 재판절차에서 유추할 수 있는 범위에서만 심판절차를 창설할 수 있을 뿐, 이를 넘어 완전히 새로운 절차를 창설할 수는 없다.30) 헌법재판소가 위법하거나 부당하게 재판절차를 창설하는 것에 대해서는 이를 통제할 적절한 수단이 없다는 문제가 있다.

---

26) 2014. 2. 27. 2014헌마7.
27) 2014. 2. 27. 2014헌마7.
28) 김하열, 헌법소송법, 95면 ; 허영, 헌법소송론, 128면.
29) 1989. 9. 8. 88헌가6.
30) 정종섭, 헌법소송법, 208면.

(3) 헌법재판의 절차법적 원리

(가) 객관소송의 특징

헌법재판에 관한 법령을 해석하고 적용할 때에는 헌법재판의 절차법적 원리에 따라야 한다. 헌법재판은 개인의 권리구제를 위한 주관소송의 성격보다 헌법질서를 수호하기 위한 객관소송의 특징을 강하게 가진다. 헌법재판의 특징은 일반재판과 비교하여 소송절차의 주도권과 소송자료의 수집에 관한 절차법적 원리에 반영해야 한다. 소송물의 처분과 같은 소송절차의 주도권의 귀속에 대해서는 처분권주의와 직권주의가 규율하고, 소송자료의 수집과 제출에 대한 책임에 대해서는 변론주의와 직권탐지주의가 규율한다.

처분권주의는 소송의 개시와 종료에 대해 당사자의 처분에 맡기는 것이고, 법원이 그 주도권을 가지는 직권주의에 대응된다. 변론주의는 당사자가 수집하여 변론에서 제출하는 소송자료를 재판의 기초로 삼는 것이고, 법원이 직권으로 소송자료를 수집하는 책임을 지는 직권탐지주의에 대응된다. 처분권주의와 변론주의는 사적 자치에 기초하고, 직권주의와 직권탐지주의는 공적 이익에 기초한다. 민사소송에서는 처분권주의와 변론주의를 원칙으로 하고, 행정소송에서는 처분권주의와 변론주의를 원칙으로 하면서 직권탐지주의를 반영하며, 형사소송에서는 직권주의와 직권탐지주의를 원칙으로 한다.

(나) 직권주의의 강화와 직권탐지주의

헌법재판에서는 처분권주의를 원칙으로 하면서도 직권주의를 강화한다. 헌법재판의 개시에서는 처분권주의가 적용되지만, 심판대상의 범위와 소송의 종료에서는 직권주의를 적극적으로 적용한다. 재판부는 청구서의 송달, 기일의 지정, 당사자소환과 같은 심판절차를 주도하며 소송지휘권도 행사한다. 헌법재판소는 헌법재판의 심리에서 청구인의 청구서에 기재된 피청구인이나 청구취지에 구애되지 않고 청구인의 주장요지를 종합적으로 검토하여 직권으로 조사할 수 있다.

헌법재판에서는 직권탐지주의를 적용한다. 재판부가 직권으로 사실과 증거를 수집하여 사실관계를 확정할 책임이 있다. 당사자가 주장·수집하여 제출하지 않은 소송자료도 직권으로 수집하여 재판의 기초로 삼을 수 있다. 하지만, 당사자

도 필요한 증거서류나 참고자료를 제출할 수 있고, 증거조사도 신청할 수 있어 사
실관계의 확정에서 일정한 역할을 할 수 있다. 재판부는 보정요구에 대한 답변서
의 제출, 변론에서의 소환과 진술 등 일정한 경우에는 당사자에게 재판절차에 협
력할 권한과 의무를 부과할 수도 있다.

(다) 증명책임

헌법재판에서 직권탐지주의를 적용하더라도 증명이 필요한 사실이나 권리관
계에 대해 최종적으로 아무런 증거가 없는 경우에는 이를 주장하는 당사자에게
불이익이 귀속될 수밖에 없다. 헌법재판에서 기본권의 침해 여부를 판단하는 경
우에는 객관적 증명책임을 청구인에게 부과할 수는 없다. 청구인은 공권력에 의
해 기본권이 제한되었다는 것만 증명하면 충분하고, 국가기관이 기본권의 제한이
헌법적으로 정당화된다는 것을 증명해야 한다. 개인의 기본권은 헌법에 의해 보
장되고, 그 제한은 예외적으로만 정당화되기 때문이다.

2. 재판부

(1) 전원재판부와 지정재판부

재판부에는 전원재판부와 지정재판부가 있다. 헌법재판은 원칙적으로 재판
관 전원으로 구성되는 재판부에서 관장한다. 재판부의 재판장은 헌법재판소장이
되며, 심판정의 질서와 변론을 지휘하고 평의의 정리를 담당한다. 재판부는 재판
관 7인 이상의 출석으로 사건을 심리하며, 종국심리에 관여한 재판관 과반수의
찬성으로 결정한다. 다만, 법률의 위헌결정, 탄핵의 결정, 정당해산의 결정, 헌법
소원에 관한 인용결정을 하는 경우, 종전에 헌법재판소가 판시한 헌법 또는 법률
의 해석·적용에 관한 의견을 변경하는 경우에는 재판관 6인 이상의 찬성이 있어
야 한다.[31)

헌법재판소장은 재판관 3인으로 구성되는 지정재판부를 두어 헌법소원의 사
전심사를 담당하게 할 수 있다. 지정재판부는 헌법소원을 처리하기 위해서만 설
치할 수 있고, 이는 심판청구의 남용을 방지하고 소송경제를 확보하기 위한 것이

---

31) 헌법 제113조 제1항, 헌법재판소법 제23조 제2항.

다. 지정재판부는 헌법소원의 적법요건을 사전에 심사하여 재판관 3인의 일치된 의견으로 헌법소원의 심판청구를 각하한다. 지정재판부가 각하결정을 하지 아니하는 경우에는 결정으로 헌법소원을 재판부의 심판에 회부해야 한다. 헌법소원의 청구 후 30일이 지날 때까지 각하결정이 없는 때에는 심판에 회부하는 결정이 있는 것으로 본다.[32]

(2) 재판관의 제척·기피·회피

(가) 제척

재판관의 제척이란 공정한 헌법재판을 위해 당사자 또는 사건의 내용과 특수한 관계를 가진 재판관을 그 직무집행에서 배제하는 것을 말한다. 재판관이 당사자이거나 당사자의 배우자 또는 배우자였던 경우, 재판관과 당사자가 친족관계이거나 친족관계였던 경우, 재판관이 사건에 관하여 증언이나 감정을 하는 경우, 재판관이 사건에 관하여 당사자의 대리인이 되거나 되었던 경우, 그 밖에 재판관이 헌법재판소 외에서 직무상 또는 직업상의 이유로 사건에 관여한 경우에는 그 직무집행에서 제척된다.[33]

재판부는 직권 또는 당사자의 신청에 의해 제척여부를 결정한다. 제척신청의 대상이 된 재판관은 그 결정에 관여하지 못하고, 재판부는 제척신청이 있는 경우에는 그 재판이 확정될 때까지 소송절차를 정지해야 한다. 지정재판부도 공정한 재판을 해야 하고, 지정재판부의 재판관도 전원재판부를 구성하므로 제척대상이 된다. 제척사유가 있으면 재판관은 당연히 해당 사건에 대한 직무집행에서 배제된다.

(나) 기피

기피란 당사자의 신청에 의해 제척 이외의 사유로 공정한 헌법재판을 기대하기 어려운 재판관을 직무집행에서 배제하는 것을 말한다. 기피사유는 공정한 심판을 기대하기 어려운 사유인데, 이는 비정형적이어서 구체적 사건마다 개별적으로 판단할 수밖에 없다. 기피사유는 통상인의 판단으로 재판관에게 공정한 재

---

32) 헌법재판소법 제72조 제4항.
33) 헌법재판소법 제24조 제1항.

판을 기대하기 어려운 객관적인 사정이 있는 경우이며, 당사자가 주관적인 의혹을 제기하는 것만으로는 부족하다.[34]

재판관에 대한 기피신청의 방법, 제한, 소송절차의 정지와 예외, 기피신청에 대한 재판과 결정 등도 제척의 경우와 동일하다. 하지만, 기피는 반드시 당사자의 신청에 의해 결정하고, 그 결정에 따라 법적 효과가 발생한다. 당사자는 동일한 사건에 대해 2명 이상의 재판관을 기피할 수 없다. 양 당사자가 있을 경우에는 각 1명씩의 재판관에 대해서만 기피할 수 있다.[35] 또한, 당사자가 일단 변론기일에 출석하여 본안에 관한 진술을 한 때에는 기피신청권을 포기한 것으로 간주하여 더 이상 기피신청을 할 수 없도록 한다.[36]

(다) 회피

회피란 재판관이 스스로 제척·기피사유가 있다고 판단하여 자발적으로 직무집행에서 배제되는 것을 말한다. 헌법재판에서 당사자가 제척·기피사유를 알지 못할 수 있고, 위헌법률심판과 같이 당사자가 없는 경우도 있어 회피는 중요한 의미를 가진다. 회피사유는 제척·기피사유와 동일하며, 재판관은 재판장의 허가를 받아 회피할 수 있다.[37] 재판관은 제척·기피신청이 있는 경우에도 스스로 회피할 수 있지만, 회피사유가 비정형적이어서 재판관이 회피해야 할 법적 의무가 있는 것은 아니다.

3. 당사자

(1) 청구인과 피청구인

헌법재판에서 당사자는 종국결정의 효력이 미치는 인적 범위가 되므로 당사자의 지위를 갖는 것은 중요한 의미가 있다. 당사자는 심판절차에 참여하여 자신의 이익을 옹호하기 위해 필요한 소송법적 권리를 갖는다. 특히, 탄핵심판, 정당해산심판, 권한쟁의심판에서는 필요적 구두변론을 거치므로 당사자의 소송행위가

---

34) 정종섭, 헌법소송법, 199면 ; 대법원 1992. 12. 30. 92마783.
35) 헌법재판소법 제24조 제4항.
36) 헌법재판소법 제24조 제3항.
37) 헌법재판소법 제24조 제5항.

중요하다. 당사자에는 청구인과 피청구인이 있다. 헌법재판소에 자신의 이름으로 심판을 구하는 당사자가 청구인이고, 그 상대방이 피청구인이다.

위헌법률심판에서는 당사자가 존재하지 않는다. 제청법원은 심판절차에는 참여하지 않고, 당해사건의 당사자도 법원에 위헌제청신청을 할 수 있을 뿐이므로 청구인이 아니다. 위헌법률심판에서는 청구의 상대방인 피청구인도 존재하지 않는다. 다만, 규범통제형 헌법소원의 경우에는 헌법소원을 청구하는 당사자가 청구인이 된다. 탄핵심판에서는 심판절차가 대립적 당사자구조를 이루고 있어서 당사자가 명확하게 나타난다. 탄핵소추를 의결한 국회가 청구인이고, 탄핵소추의 대상이 된 고위공직자가 피청구인이 된다.

정당해산심판에서는 헌법재판소에 정당해산을 제소하는 정부가 청구인이고, 제소된 정당이 피청구인이다. 권한쟁의심판에서는 자신의 권한을 침해당했다고 주장하는 기관이 청구인이고, 그 권한을 침해하였다고 주장되는 기관이 피청구인이다. 헌법소원에서는 기본권의 침해를 주장하면서 헌법소원을 청구하는 자가 청구인이고, 공권력의 행사 또는 불행사의 주체가 되는 기관이 피청구인이다. 다만, 법령에 대한 권리구제형 헌법소원에서는 위헌법률심판의 경우와 마찬가지로 피청구인이 존재하지 않는다.

(2) 대표자와 대리인

(가) 대표자

헌법재판의 심판절차에서 정부가 당사자인 경우에는 법무부장관이 이를 대표한다.[38] 정부는 권한쟁의심판에서 청구인이나 피청구인이 될 수 있고, 정당해산심판에서 청구인이 된다. 법무부장관은 정부의 이름으로 소송을 수행하고, 그 법적 효과는 정부에 귀속된다. 탄핵심판에서 국회가 청구인인 경우에 법제사법위원회 위원장은 국회의 대표자가 된다. 지방자치단체가 당사자인 경우에는 지방자치단체의 장이 대표가 되며, 법인이나 단체가 당사자인 경우에도 그 대표자가 소송행위를 한다. 이때에도 그 법적 효과는 지방자치단체 등 본인에게 귀속된다.

---

38) 헌법재판소법 제25조 제1항.

(나) 대리인

국가기관 또는 지방자치단체가 당사자나 참가인인 경우에는 변호사나 변호
사의 자격이 있는 소속 직원을 대리인으로 선임하여 심판을 수행하게 할 수 있
다.39) 사인(私人)이 당사자인 경우에는 자신이 변호사의 자격을 가지는 경우를 제
외하고는 변호사를 대리인으로 선임하지 않으면 심판청구를 하거나 심판수행을
하지 못한다.40) 이를 변호사강제라고 한다. 변호사강제는 당사자가 사인인 경우
에만 적용되므로 당사자가 없는 위헌법률심판이나 당사자가 국가기관이나 지방자
치단체인 권한쟁의심판에서는 적용되지 않는다.

정당해산심판에서는 변호사강제가 적용되지 않는다는 견해가 있지만,41) 피
청구인인 정당은 공적 역할을 수행하더라도 그 법적 지위가 권리능력 없는 사단
이므로 사인의 경우와 마찬가지로 변호사강제가 적용된다.42) 탄핵심판의 피청구
인은 고위공직자이므로 변호사강제가 적용되지 않는다는 견해가 있지만,43) 헌법
재판소는 그 피청구인은 국회의 탄핵소추로 권한행사가 정지되므로 변호사강제가
적용된다고 하였다.44) 헌법소원의 청구인은 사인이므로 권리구제형 헌법소원은
물론 규범통제형 헌법소원에서도 변호사강제가 적용된다.

헌법재판에서 변호사강제는 적법요건이므로 이를 위반하면 각하되고, 변호
사의 자격이 없는 당사자가 행한 소송행위는 무효가 된다. 헌법소원에서는 국선
대리인제도를 두어 재판청구권을 보완한다. 헌법소원을 청구하려는 자가 변호사
를 대리인으로 선임할 자력이 없는 경우에는 헌법재판소에 국선대리인을 선임하
여 줄 것을 신청할 수 있다. 헌법재판소는 당사자의 신청이 없더라도 공익상 필요
하다고 인정할 때에는 직권으로 국선대리인을 선임할 수 있다.45) 변호사강제는
재판청구권과 평등권을 침해한다는 견해가 있지만,46) 헌법재판소는 변호사강제가

---

39) 헌법재판소법 제25조 제2항.
40) 헌법재판소법 제25조 제3항.
41) 김하열, 헌법소송법, 133면 ; 한수웅, 헌법학, 1430~1431면.
42) 정종섭, 헌법소송법, 131면.
43) 김하열, 헌법소송법 133면.
44) 정종섭, 헌법소송법, 131면 ; 1990. 9. 3. 89헌마120.
45) 헌법재판소법 제70조 제1항, 제2항.
46) 허영, 헌법소송법론, 141~142면 ; 정재황, 헌법재판론, 79면.

위헌이 아니라고 판단하였다.[47]

4. 심판절차

(1) 심판청구

(가) 신청주의

헌법재판은 심판을 청구하는 당사자의 신청에 따라 개시된다. 이를 신청주의라고 하며, 헌법재판소가 직권으로 심판절차를 개시할 수는 없다. 청구인은 서면주의에 따라 청구서를 헌법재판소에 제출해야 한다. 심판청구는 도달주의에 따라 청구서가 헌법재판소에 도달한 때 청구한 것으로 인정된다. 청구인이 청구서를 우편으로 발송하는 경우에는 발송일이 아니라 청구서가 헌법재판소에 접수된 날을 기준으로 청구기간을 준수했는지 여부를 결정한다.[48]

(나) 접수와 배당

헌법재판소는 사건의 접수에서 서류의 형식적 요건만 심사할 수 있고, 그 실질적 내용을 심사하여 접수를 거부할 수는 없다. 헌법재판소는 사건명과 번호를 부여하여 사건을 특정한다. 위헌법률심판은 '헌가'로, 탄핵심판은 '헌나'로, 정당해산심판은 '헌다'로, 권한쟁의심판은 '헌라'로, 권리구제형 헌법소원은 '헌마'로, 규범통제형 헌법소원은 '헌바'로, 가처분신청과 같은 각종 신청사건은 '헌사'로, 그 밖에 재심청구와 같은 특별사건은 '헌아'로 표시한다.

헌법재판에서 심판이 청구되면 소송계속의 효과가 발생하여 중복제소가 금지된다. 동일한 당사자가 동일한 심판을 청구하면 중복제소금지에 위반되므로 부적법하여 각하된다. 다만, 당사자와 심판대상이 동일하더라도 심판유형이 다르면 동일한 심판청구가 아니다. 동일한 당사자가 동일한 법률에 대해 권리구제형 헌법소원을 청구하고, 다시 규범통제형 헌법소원을 청구하더라도 중복제소금지에 위반되지 않는다.[49]

---

47) 2004. 4. 29. 2003헌마783.
48) 1990. 5. 21. 90헌마78.
49) 2010. 3. 25. 2007헌마933.

(다) 심판대상의 확정과 사건의 병합

종국결정의 효력은 심판대상에 대해서만 미치므로 심판대상을 확정하는 것은 중요한 의미가 있다. 헌법재판의 심판대상은 헌법재판의 유형에 따라 다르고, 청구인의 심판청구를 통해 특정된다. 헌법재판은 헌법질서의 수호를 위한 객관소송이라는 공익적 성격을 가지므로 헌법재판소는 법질서의 통일성을 기하고 소송의 효율성을 제고하기 위해 직권으로 심판대상을 축소하거나 확대할 수 있고, 필요한 경우에는 변경할 수도 있다.50)

헌법재판소는 자의적으로 심판대상을 결정해서는 안 되고, 법질서의 통일성, 소송경제, 당사자의 권리구제 등을 위해 필요한 경우에 한하여 심판대상을 조정할 수 있다. 이때에도 청구인의 진정한 의사를 우선적으로 존중하여 신청주의가 형해화되지 않도록 해야 한다. 헌법재판소는 제청법원이나 청구인이 청구하는 사건과 기본적 사실관계가 동일한 범위에서만 심판대상을 조정할 수 있고, 이를 벗어나 심판대상을 확장하거나 변경해서는 안 된다.

헌법재판소는 소송경제를 도모하기 위해 심판대상과 헌법적 쟁점이 동일한 다수의 사건을 병합하여 처리할 수 있다. 재판부는 직권이나 당사자의 신청으로 사건을 병합할 수 있다. 사건의 병합은 가장 먼저 접수된 사건에 다른 사건들을 병합하며, 헌법재판의 유형이 서로 다르더라도 병합할 수 있다. 법원이 위헌법률심판을 제청한 사건, 규범통제형 헌법소원, 법령에 대한 권리구제형 헌법소원은 심판대상과 헌법적 쟁점이 동일하면 하나의 사건으로 병합될 수 있다.51)

(라) 청구의 취하

헌법재판소법은 청구의 취하를 규정하지 않지만, 헌법재판에서도 민사소송법을 준용하여 청구인은 심판청구를 취하할 수 있다. 다만, 헌법재판의 유형에 따라 그 범위가 달라진다. 탄핵심판, 정당해산심판, 권한쟁의심판, 헌법소원의 경우에 청구인은 청구를 취하할 수 있지만,52) 위헌법률심판에서는 당사자가 없고, 헌법질서의 수호를 위한 객관소송이라는 성격이 강하므로 심판청구를 취하할 여지

---

50) 2007. 5. 31. 2005헌마1139 ; 2019. 9. 26. 2017헌마1209.
51) 2020. 9. 24. 2017헌바157.
52) 2001. 5. 8. 2000헌라1.

가 없다. 다만, 제청법원이 제청사유가 소멸한 경우에는 제청결정을 취소하고 위
헌제청을 철회할 수 있다.

청구인은 심판청구를 한 이후에도 종국결정이 있을 때까지 심판청구의 전부
나 일부를 취하할 수 있다. 민사소송법이 준용되는 경우에는 피청구인이 본안에
응소한 이후에는 피청구인의 동의를 받아야 한다. 심판청구가 취하되면 헌법재판
의 소송계속은 소급적으로 소멸되고 심판절차는 종료된다. 이때 당사자는 중복제
소금지를 적용받지 않으므로 동일한 심판청구를 다시 할 수 있다. 심판청구가 취
하되면 재판부는 주문에서 심판절차종료선언을 한다.

(2) 송달과 답변서 제출

송달은 소송법상 당사자 기타 이해관계인에게 소송서류의 내용을 알리기 위
해 법원이 법률이 정한 절차에 따라 서면을 보내는 행위이다. 당사자는 송달받은
서류의 내용을 기초로 심판절차에서 자신의 이익을 주장할 수 있다. 헌법재판소
는 청구서를 접수하면 지체 없이 그 등본을 피청구인에게 송달해야 한다. 청구서
를 송달받은 피청구인은 헌법재판소에 답변서를 제출할 수 있다. 답변서에는 심
판청구의 취지와 이유에 대응하는 답변을 기재한다.[53]

(3) 심판의 지휘와 공개

재판장은 평의에서 다른 재판관과 동등한 지위에서 표결하지만, 합의를 주재
하고 심판정의 질서를 유지하는 등 심판을 지휘하는 권한을 갖는다. 헌법재판에
서는 직권주의가 적용되므로 재판장의 소송지휘권은 중요한 의미가 있다. 헌법재
판에서도 민사소송법을 준용하여 재판장은 변론의 지휘, 석명권의 행사, 보정명
령, 수명재판관의 지명, 종국결정의 선고 등의 권한을 가진다. 헌법재판에서도 누
구든지 심판정에서 재판장의 허가 없이 녹화·촬영·중계방송 등의 행위를 하지
못한다.

헌법재판도 공개되어야 하므로 심판의 변론과 결정의 선고는 원칙적으로 심
판정에서 공개적으로 한다.[54] 헌법재판소는 홈페이지에 변론과 선고의 동영상을

---

53) 헌법재판소법 제29조.
54) 헌법재판소법 제33조.

게시하며, 대통령의 탄핵심판, 정당해산심판 등 중요한 사건의 종국결정을 텔레비
전으로 실시간 중계하기도 하였다. 다만, 서면심리와 평의는 공개하지 않지만, 이
때에도 결정의 선고는 공개해야 한다. 또한, 헌법재판의 심리는 국가의 안전보장
또는 안녕질서나 선량한 풍속을 해할 우려가 있는 때에는 그 이유를 밝히고 결정
으로 이를 공개하지 않을 수 있다.

(4) 심판기간과 비용

헌법재판소는 심판사건을 접수한 날부터 180일 이내에 종국결정의 선고를
해야 한다.[55] 헌법재판소는 180일을 초과하여 종국결정을 선고하였다고 하더라
도 그 결정은 유효하며, 심판기간을 180일로 정한 규정이 신속한 재판을 받을 권
리를 침해하는 것은 아니라고 판단하였다.[56] 헌법재판의 평균 심판기간은 1년을
초과하고, 최장으로는 10년 3개월을 초과한 경우도 있다. 심판기간이 장기화되면
재판관이 교체될 뿐만 아니라 사실관계와 법률상황이 변화되어 헌법재판의 결과
에 큰 영향을 미치게 된다. 심판기간을 불변기간으로 해석하고, 심판기간을 늘이
거나 연장할 수 있도록 해야 한다.

심판비용이란 헌법재판에서 지출한 비용 중에서 법령에서 정한 범위에 속하
는 비용을 말한다. 심판비용에는 재판수수료와 같이 재판을 위해 지출하는 재판
비용과 변호사보수와 같이 당사자가 소송수행을 위해 지출하는 당사자비용이 포
함된다. 헌법재판은 헌법질서의 수호를 위한 객관소송으로 공익적 성격이 강하고,
당사자가 주로 국가기관이나 지방자치단체라는 점을 고려하여 원칙적으로 국가가
심판비용을 부담하도록 한다. 이에 따라 심판의 청구서 등 각종 서류에는 인지를
첨부하지 않는다.

심판비용을 국고로 할 경우에는 헌법재판을 남용할 가능성이 있다. 헌법재판
소는 국가가 부담하는 심판비용에는 재판비용만 포함되고, 당사자비용은 포함되
지 않는다고 판단하였다.[57] 재판부는 당사자의 신청에 의한 증거조사의 비용은
신청인에게 부담시킬 수 있고, 헌법소원의 남소를 방지하기 위해 청구인에게 공

---

55) 헌법재판소법 제38조.
56) 2009. 7. 30. 2007헌마732.
57) 2015. 5. 28. 2012헌사496.

탁금의 납부를 명할 수 있다. 재판부는 헌법소원의 청구를 각하할 경우 또는 헌법소원을 기각하고 그 심판청구가 권리의 남용이라고 인정되는 경우에는 공탁금의 전부나 일부의 국고귀속을 명할 수 있다.58)

5. 심리

(1) 방식과 절차

헌법재판의 심리란 종국결정을 하기 위해 기초가 되는 사실관계와 법률상황을 파악하기 위해 필요한 증거나 자료를 수집하고 심사하는 것이다. 심리방식은 헌법재판의 유형에 따라 다르다. 탄핵심판, 정당해산심판, 권한쟁의심판은 필요적 구두변론사건으로 반드시 구두변론에 의해야 한다. 위헌법률심판과 헌법소원은 임의적 구두변론사건으로 당사자가 없거나 대립적 소송구조가 강하지 않다는 것을 반영하여 서면심리를 원칙으로 하고, 재판부가 필요하다고 인정하는 경우에만 구두변론을 할 수 있도록 한다.59)

재판부는 변론에 앞서 당사자의 주장과 증거를 정리하여 소송관계를 명확하게 하는 준비절차를 실시할 수 있다. 재판부가 구두변론을 할 경우에는 변론기일을 정하여 당사자와 관계인을 소환해야 한다. 구두변론에서는 청구인이 청구취지에 따라 심판의 목적을 구하는 진술을 하고, 이를 뒷받침하는 주장과 필요한 증거신청을 한다. 피청구인은 심판청구를 배척하기 위해 방어를 하고 필요한 소송자료를 제출한다. 재판관은 심리의 과정에서 언제든지 당사자와 관계인에게 질문을 할 수 있다.

(2) 증거조사

증거조사는 재판관의 심증형성을 위해 인적·물적 증거의 내용을 오관의 작용에 의해 인식하도록 하는 소송행위이다. 헌법재판에서는 직권탐지주의를 채택하므로 직권으로 증거조사를 할 수 있다. 재판장은 재판관 중 1인을 수명재판관으로 지정하여 증거조사를 하게 할 수 있고,60) 헌법소원에서는 지정재판부도 증

---

58) 헌법재판소법 제37조 제1항, 제2항.
59) 헌법재판소법 제30조 제1항, 제2항.

거조사를 할 수 있다.[61] 증거조사에는 당사자 또는 증인을 신문하는 일, 당사자 또는 관계인이 소지하는 문서·장부·물건 또는 그 밖의 증거자료의 제출을 요구하고 영치하는 일, 특별한 학식과 경험을 가진 자에게 감정을 명하는 일, 필요한 물건·사람·장소 또는 그 밖의 사물의 성상이나 상황을 검증하는 일이 포함된다.[62]

서면심리를 원칙으로 하는 경우에도 재판부는 필요하다고 인정하는 경우에는 변론을 열어 당사자, 이해관계인, 그 밖의 참고인의 진술을 들을 수 있다.[63] 재판부는 결정으로 다른 국가기관 또는 공공단체의 기관에 대해 심판에 필요한 사실을 조회하거나, 기록의 송부나 자료의 제출을 요구할 수 있다. 사실조회 등을 요구받은 국가기관이나 공공단체의 기관은 지체 없이 이에 응해야 한다. 다만, 재판·소추 또는 범죄수사가 진행 중인 사건의 기록에 대하여는 송부를 요구할 수 없다.[64] 재판부는 증거조사를 마치고 나서 변론의 전취지와 증거조사의 결과를 종합적으로 참작하여 최종적으로 자유로운 심증에 따라 증거가치를 판단한다.

6. 평의와 평결

(1) 방식

(가) 쟁점별 평결과 주문별 평결

평의란 재판관들이 재판에 대한 의견을 교환하고 평가하는 것이고, 평결이란 표결을 통해 최종적으로 주문을 결정하는 것이다. 재판부의 평결방식은 쟁점별 평결과 주문별 평결로 구분된다. 전자는 쟁점별로 구분하여 각각 표결하여 주문을 도출하고, 후자는 쟁점별로 구분하지 않고 주문만 표결하여 최종적인 주문을 도출한다. 헌법재판소법은 평결방식에 대해 아무런 규정을 두지 않지만, 헌법재판

---

60) 헌법재판소법 제31조 제2항.
61) 헌법재판소법 제72조 제2항.
62) 헌법재판소법 제31조 제1항.
63) 헌법재판소법 제30조 제2항.
64) 헌법재판소법 제32조.

소는 관행적으로 주문별 평결을 채택하여 적법요건과 본안판단을 포함하여 최종 결론에 대한 표결을 통해 주문을 확정한다.

헌법재판에서 적법요건에 대해 의견이 나뉠 때 평결방식에 따라 주문이 달라질 수 있다. 적법요건에 대해 각하의견이 다수가 아닌 경우, 주문별 평결에서는 각하의견을 제시한 재판관은 본안판단에 참여하지 않지만, 쟁점별 평결에서는 각하의견을 제시한 재판관도 본안판단에 참여하므로 주문이 달라질 수 있다. 주문별 평결방식에 따르면 주문에 대한 의견이 나뉠 경우 극단적인 소수에 의해 주문이 결정되거나 어느 재판관도 제시하지 않은 의견이 주문으로 결정될 수도 있다.

헌법재판에서 평결의 대상과 순서를 확정하는 것은 위헌심사기준과 종국결정의 주문에 영향을 미친다. 헌법재판에서는 모든 재판관이 헌법쟁점에 대해 의견을 표시하는 것이 필요하므로 쟁점별 평결방식을 채택하는 것이 바람직하다.65) 특히, 최소한 적법요건과 본안판단은 명확하게 구분하여 각각 평결할 필요가 있다. 적법요건에 대해 재판관 5인 이상이 각하의견을 제시하면 각하결정을 하고, 5인 이상이 적법한 것으로 판단하면 모두 본안판단에 참여하도록 해야 한다.

(나) 법정의견과 개별의견

헌법재판에서 심판의 변론과 결정의 선고는 공개하지만, 서면심리와 평의는 공개하지 않는다. 평의의 과정에서 이루어지는 개별 재판관의 의견과 그 수, 그리고 합의의 내용은 외부에 공개되어서는 안 된다.66) 재판부가 심리를 마쳤을 때에는 종국결정을 하고, 주문과 이유 등을 기재한 결정서를 작성하고 심판에 관여한 재판관 전원이 이에 서명·날인한다. 심판에 관여한 재판관이 헌법재판소의 공식적인 법정의견에 찬성하지 않더라도 반드시 별도의 의견을 표시해야 한다.67)

헌법재판의 종국결정에 대한 의견은 법정의견과 개별의견으로 구분된다. 법정의견은 종국결정의 최종적 주문과 그 이유를 기재한 헌법재판소의 공식의견이

---

65) 김하열, 헌법소송법, 214면 ; 정재황, 헌법재판론, 92면 ; 정종섭, 헌법소송법, 159~160면 ; 허영, 헌법소송론, 159면.
66) 2004. 5. 14. 2004헌나1.
67) 헌법재판소법 제36조 제3항.

고, 개별의견은 법정의견과 주문이나 이유에서 차이가 있는 의견이다. 개별의견은 보충의견과 반대의견으로 구분된다. 보충의견은 법정의견의 주문에는 동의하지만 그 이유에 있어서 차이가 있는 의견이고, 반대의견은 법정의견의 주문과 그 이유에 반대하는 의견이다. 법정의견만 종국결정으로서 법적 효력을 갖는다.

(2) 정족수

(가) 일반정족수와 특별정족수

헌법재판은 재판관 7인 이상의 출석으로 사건을 심리하고, 종국심리에 관여한 재판관 과반수의 찬성으로 결정한다. 심리를 개시하기 위해 필요한 심리정족수는 재판관 7인 이상이고, 결정정족수는 종국심리에 관여한 재판관의 과반수이다. 헌법재판에서 적법요건에 관한 결정, 재판관에 대한 제척·기피결정, 가처분결정도 일반정족수에 따라 재판관 과반수의 찬성으로 결정한다. 헌법소원에서 지정재판부는 만장일치로 각하의견인 때에만 각하결정을 하므로 심리정족수와 각하결정을 위한 결정정족수는 모두 재판관 3인이 된다.

재판부가 법률의 위헌결정, 탄핵심판의 파면결정, 정당해산심판의 해산결정, 헌법소원의 인용결정을 하는 경우와 종전에 판시한 헌법 또는 법률의 해석적용에 관한 의견을 변경하는 경우에는 재판관 6인 이상의 찬성이 필요한 특별정족수가 적용된다.[68] 이는 헌법재판의 파급력을 고려하여 다른 국가기관의 행위를 존중하고 그 법적 안정성을 도모하기 위한 것이다. 다만, 권한쟁의심판의 모든 종국결정은 대립적 당사자구조를 고려하여 일반정족수에 따라 재판관의 과반수의 찬성으로 결정한다.

(나) 정족수 미달의 경우

헌법재판소법은 헌법재판에서 결정정족수를 충족시키지 못할 경우에 대해서는 아무런 규정을 두지 않고 있다. 헌법재판소는 법원조직법을 준용하여 결정정족수를 계산한다. 즉, 3개 이상의 설로 나뉘고, 어느 의견도 과반수에 이르지 못할 때에는 청구인에게 가장 유리한 의견을 가진 수에 순차로, 그 다음으로 유리한 의견을 가진 수를 더하여 과반수에 이르게 된 때의 의견을 법정의견인 주문으로

---

68) 헌법재판소법 제23조 제1항, 제2항.

채택한다. 이때 특별히 가중된 결정정족수가 필요한 경우에는 재판관 6인에 이르게 된 때의 의견을 법정의견으로 채택한다.

헌법재판의 주문을 결정할 때 '청구인에게 가장 유리한 의견'의 순서를 정하는 것이 중요하다. 본안과 각하의견이 나뉘는 경우에는 각하의견이 과반수에 이르면 각하결정을 하고, 각하의견이 과반수에 이르지 못하면 본안판단의 인용의견이 기각의견보다 청구인에게 유리한 의견으로 삼는다. 본안판단에서는 '위헌 → 일부위헌 → 헌법불합치(잠정중지 → 계속적용) → 한정위헌 → 한정합헌 → 합헌'의 순서대로 청구인에게 가장 유리한 의견으로 삼는다. 권한쟁의심판에서는 일반정족수에 따라 판단하는데, 각하의견, 인용의견, 기각의견 모두 과반수에 이르지 못하는 경우에는 기각결정을 한다.

7. 종국결정

(1) 주문의 유형

(가) 종국결정의 확정

재판부가 심리를 마치면 종국결정을 한다. 헌법재판에는 일반재판과 달리 '판결'의 형식이 존재하지 않는다. 종국결정에서는 결정서를 작성하고, 결정서에는 사건번호와 사건명, 당사자, 주문, 이유, 결정일을 기재한다. 종국결정의 주문은 헌법재판의 유형에 따라 다르게 표현되고, 주문이 여러 개인 경우에는 일반적으로 각하, 인용하는 취지인 위헌, 기각하는 취지인 합헌의 순서대로 기재한다. 이유는 사건개요, 심판대상, 청구인의 주장과 이해관계인의 의견, 적법요건에 대한 판단, 본안에 대한 판단의 순서로 기재한다.

(나) 심판절차종료선언

심판절차종료선언은 심판절차의 종료를 확인하는 결정으로 "…로 심판절차는 종료되었다"라고 표현한다. 헌법재판소는 심판청구가 취하된 경우와 청구인이 사망하고 소송수계가 허용되지 않을 때에는 관행적으로 심판절차종료선언을 한다.[69] 다만, 청구인이 사망한 경우라도 기본권 침해행위가 반복될 위험이 있거나 헌법적 해명이 긴요하고, 청구인이 기본권 침해행위로 인하여 사망한 경우에는 예외적으로 심판이익이 인정되어 심판절차가 종료되지 않고 종국결정을 할 수 있다고 판단하였다.[70]

(다) 각하결정

헌법재판소는 심리를 거쳐 적법요건을 갖추지 못하여 부적법한 경우에는 본안판단을 하지 않고 각하결정을 한다. 적법요건은 헌법재판의 유형에 따라 다르지만, 적법요건을 갖추지 못한 경우에는 모두 각하결정을 선고한다. 헌법재판을 각하하는 경우에는 주문에서 "…각하한다"라고 표현한다.

(라) 기각결정

헌법재판소가 본안판단에서 심판청구가 이유 없으면 기각결정을 선고하고, 헌법재판의 유형에 따라 다르게 표현한다. 위헌법률심판이나 규범통제적 헌법소원에서는 "…헌법에 위반되지 아니한다"라고 표현하고, 그 밖의 경우에는 "…기각한다"라고 표현한다. 탄핵심판에 있어서는 피청구인이 결정 선고 전에 해당 공직에서 파면되었을 때에도 기각결정을 선고한다.[71]

(마) 인용결정

재판부는 본안판단에서 심판청구가 이유 있으면 인용결정을 선고한다. 인용결정은 헌법재판의 유형에 따라 다양하게 표현된다. 위헌법률심판, 규범통제형 헌법소원과 법령에 대한 권리구제형 헌법소원에서는 "…헌법에 위반된다", "…헌법에 합치되지 아니한다"라고 표현한다. 헌법불합치결정에서는 계속적용이나 적용중지의 내용이 추가된다. 한정위헌결정은 "…로 해석하는 한 헌법에 위반된다"라고, 한정합헌결정은 "…로 해석하는 한 헌법에 위반되지 않는다"라고 표현된다. 한정합헌결정은 2002년 이후 선고되지 않고 있다.

탄핵심판을 인용할 때에는 "…파면한다"라고 표현하고, 정당해산심판을 인용할 때에는 "…정당을 해산한다"라고 표현한다. 권한쟁의심판을 인용할 때에는 주

---

69) 2016. 9. 29. 2014헌마341.
70) 2020. 4. 23. 2015헌마1149.
71) 헌법재판소법 제53조 제2항.

문에 따라 "…에 관한 권한은 청구인에게 있음을 확인한다", "…청구인의 권한을 침해한 것이다", "…피청구인의 처분을 취소한다", "…피청구인의 처분이 무효임을 확인한다"라고 표현한다. 권리구제형 헌법소원을 인용할 때에는 "…를 취소한다" 또는 "…는 헌법에 위반됨을 확인한다"라고 표현한다.

(2) 종국결정의 효력

(가) 효력의 유형

헌법재판의 종국결정은 재판이 가지는 공통적인 효력을 갖는데, 이는 헌법재판소, 당사자, 심판사건과 관련된다. 종국결정은 공통적으로 일사부재리를 근거로 하여 불가변력, 불가쟁력, 기판력을 가지며, 선례구속력을 갖는다. 헌법재판소는 자신의 종국결정을 스스로 취소하거나 변경할 수 없고(불가변력), 당사자도 종국결정에 불복하여 그 취소나 변경을 구할 수 없다(불가쟁력). 또한, 이미 심판을 거친 동일한 사건에 대해 다시 심판하거나 종국결정과 모순되는 판단을 할 수 없으며 (기판력), 다른 헌법재판에서도 이전의 종국결정과 동일한 판단을 해야 한다(선례구속력).

종국결정은 헌법재판의 유형에 따라 개별적으로 형성력, 기속력, 법규적 효력을 갖는다. 위헌법률심판에서는 위헌결정에 대해 기속력과 법규적 효력을, 탄핵심판에서는 파면결정의 효력을, 정당해산심판에서는 해산결정의 효력을, 권한쟁의심판에서는 기속력을, 헌법소원의 인용결정에서는 기속력과 위헌법률의 법규적 효력을 인정한다. 종국결정의 개별적 효력은 헌법재판의 개별적 유형에 따라 다른 국가기관이나 지방자치단체, 일반국민과도 밀접하게 관련된다.

(나) 일사부재리

헌법재판소법 제39조는 "헌법재판소는 이미 심판을 거친 동일한 사건에 대하여는 다시 심판할 수 없다"라고 규정한다. 일사부재리는 종국결정의 실효성을 보장하고, 헌법분쟁을 신속하게 종결하기 위한 것이다. 일사부재리는 '이미 심판을 거친' 경우에 적용된다. 이때 심판은 적법요건과 본안판단에 대한 종국결정을 포함하지만, 헌법재판의 내부적 절차에서 행해지는 심판인 중간결정은 종국판결에 흡수되어 종국판결과 일체로 판단되므로 일사부재리가 적용되지 않는다.

일사부재리는 이미 심판을 거친 '동일한 사건'에 대해서만 적용된다. 헌법재판소는 당사자와 심판대상이 동일하더라도 심판유형이 다르면 일사부재리가 적용되지 않는다고 판단하였다.[72] 일사부재리는 동일한 심급의 사건에만 적용된다는 견해가 있지만,[73] 동일한 사건이면 심급을 달리하더라도 법적 안정성과 소송경제를 위해 일사부재리가 적용된다. 하급심법원이 위헌제청하여 헌법재판소가 종국결정을 하면 상급심법원이 다시 위헌제청할 수 없다. 다만, 종국결정에 대해 재심이 허용되는 경우에는 종국결정이 선고된 사건과 재심판하는 사건은 동일한 사건이 아니므로 일사부재리가 적용되지 않는다.

일사부재리가 적용되면 동일한 사건에 대해 다시 심판할 수 없다. 헌법재판소는 이미 심판한 사건과 실체적으로 동일한 내용으로 심판해야 하는 것이 아니라 절차적으로 다시 심판하는 것 자체가 금지된다. 일사부재리는 적법요건에 해당하므로 이를 위반하면 부적법하여 각하된다. 종국결정은 이미 심판을 거친 동일한 사건에서 재판부, 당사자, 후소에 대해 확정력을 가지므로 더 이상 다툴 수가 없다. 일사부재리는 재판부에 대해서는 자기구속력(불가변력과 선례구속력)을, 당사자에 대해서는 형식적 확정력(불가쟁력)을, 후소에 대해서는 실체적 확정력(기판력)을 부여하는 법적 근거가 된다.

(3) 구체적 효력

(가) 불가변력

헌법재판소는 자신이 내린 종국결정을 취소하거나 변경할 수 없다.[74] 헌법소원에서 지정재판부의 각하결정도 불가변력을 가지며, 헌법재판소가 불가변력을 위반하여 종국결정을 취소하거나 변경하더라도 이는 무효이다. 헌법재판소가 결정서에 잘못된 계산이나 기재와 같은 명백한 오류를 바로 잡기 위해 행하는 경정결정은 불가변력에 위반한 것이 아니다.

(나) 불가쟁력

헌법재판소는 심급제도를 인정하지 않고 최종심으로 재판하므로 종국결정이

---

72) 1997. 6. 26. 96헌가8.
73) 정종섭, 헌법소송법, 338면.
74) 2007. 1. 16. 2006헌아65.

선고되면 당사자는 그 취소나 변경을 구할 수 없다. 당사자는 이의신청, 즉시항고, 헌법소원 등 그 명칭을 불문하고 종국결정에서 판단한 실체적 사항이나 절차적 사항에 대해 불복할 수 없다.[75] 헌법소원의 지정재판부가 전원재판부에 회부하는 결정이나 각하결정을 선고하는 것도 불가쟁력을 가진다. 당사자가 불복하면 부적법하므로 헌법재판소는 각하결정을 선고한다.

(다) 기판력

1) 본질

종국결정이 확정한 사실관계와 법적 판단은 동일한 심판사건에 대해 헌법재판소의 판단과 당사자의 주장을 구속한다. 기판력은 종국결정이 나중에 청구되는 동일한 심판사건에 대해 실체적이고 내용적 측면에서 가지는 실체적 확정력이다. 기판력은 종국결정이 선고된 사건과 후소에서 심판청구된 사건이 동일한 사건인 경우에만 적용된다. 후소의 심판청구가 종국결정이 선고된 사건과 그 당사자, 심판대상, 심판유형 중 어느 하나라도 다르면 동일한 사건이 아니다.

헌법재판소와 당사자는 동일한 사건에 대해 종전의 종국결정과 모순된 판단이나 주장을 할 수 없다. 전원재판부나 지정재판부의 종국결정 모두 기판력을 가지며, 적법요건에 대한 결정이나 본안판단에 대한 기각이나 인용결정도 기판력을 갖는다. 기판력은 헌법재판소와 당사자에게 모순금지의무를 넘어 반복금지의무를 부과한다. 당사자가 동일한 사건에 대해 다시 헌법재판을 청구하는 것은 그 자체가 금지되므로 헌법재판소는 당사자의 청구를 부적법한 것으로 판단하여 각하결정을 선고한다.

2) 내용

기판력은 종국결정이 선고된 사건과 동일한 사건에 대해 다시 헌법재판이 청구된 경우에 전소의 종국결정이 후소의 심판청구에 미치는 소송법적 효력이다. 기판력의 내용은 객관적 범위, 주관적 범위, 시간적 범위를 통해 구체적으로 확정된다.

첫째, 재판부가 종국결정에서 실질적으로 심사하여 판단한 심판대상만 기판력을 갖는다. 재판부의 심판은 최종적으로 종국결정의 주문에 표현되므로 원칙적

75) 1996. 1. 24. 96헌아1.

으로 주문에 포함된 내용만 기판력을 갖는다. 종국결정의 이유는 원칙적으로 기판력을 갖지 않지만, 주문만으로는 소송물을 확정하기 어려워 결정이유를 통해서만 주문의 내용이나 효력이 미치는 범위를 확정할 수 있는 경우에는 그 이유도 주문과 불가분의 일체를 이루므로 그 범위에서는 결정이유도 기판력을 갖는다.[76]

둘째, 헌법재판에 참여한 당사자 또는 그와 동등한 지위에 있는 자로서 공격과 방어의 기회가 주어진 사람에 대해서만 기판력이 미친다. 기판력의 주관적 범위를 당사자가 아닌 자가 동일한 내용의 사건에 대해 심판청구를 한 경우까지 확대하면 전소의 소송결과를 강요하기 때문이다. 단체와 그 대표자나 구성원은 서로 법인격을 달리하여 종국결정의 효과는 서로에게 미치지 않는다. 즉, 단체가 당사자인 경우에는 그 대표자나 구성원에게는 기판력이 미치지 않고, 그 반대도 마찬가지다.

셋째, 기판력은 종국결정을 내리는 시점을 기준으로 종국결정을 할 당시의 사실관계와 법률상황에 대해 그 효력을 갖는다. 민사소송과 행정소송에서는 사실심 변론종결시가, 형사소송에서는 사실심 판결선고시가 기판력의 기준이 되는 시점이지만, 헌법재판에서는 사실심을 별도로 상정하지 않고 직권주의와 직권탐지주의를 적용하므로 종국결정을 선고하는 시점을 기준으로 기판력이 발생한다.[77] 헌법재판소가 종국결정한 이후에 그 사실관계 및 법률상황이 변경되면 기판력은 그에 미치지 않는다.

(라) 선례구속력

1) 선례의 구속과 변경

선례구속력이란 헌법재판소가 종국결정에서 헌법과 법률의 해석에 대해 판단한 선례가 있는 경우에는 동일하거나 유사한 사안에서 그 선례에 구속되는 효력을 말한다. 종국결정은 헌법해석에 관한 최종적인 심판이므로 법적 안정성이 보장되어야 하고, 이에 대한 당사자의 신뢰도 보호되어야 한다. 헌법재판소는 종국결정에서 판단한 헌법과 법률의 해석적용에 관한 의견을 존중하고 그에 위반되거나 모순되는 판단을 해서는 안 된다. 재판관의 교체 등으로 재판부의 구성이 달

---

76) 허영, 헌법소송법론, 178면.
77) 허완중, 헌법소송법, 304면.

라지더라도 헌법재판소의 선례는 존중되어야 한다.

헌법재판소는 종국결정의 선례에 절대적으로 구속되는 것은 아니다. 헌법과 법률에 대한 해석은 역사적 조건과 상황의 변화에 따라 달라질 수 있으므로 헌법재판소는 사실관계나 법률상황의 변화를 고려하여 선례를 변경할 수 있다. 헌법재판소가 선례를 변경하기 위해서는 사정변경이나 필요성에 대해 합리적인 근거를 제시하는 것이 바람직하다. 하지만, 헌법재판소법은 재판관 6인 이상의 찬성으로 선례를 변경을 할 수 있다고 규정하므로 선례를 변경할 사정변경이나 필요성이 법적 요건으로 요구되는 것은 아니다.[78] 다만, 헌법이나 법률이 개정되거나 폐지되어 그 해석과 적용이 달라져 선례와 모순되는 경우에는 선례는 규범적 근거를 상실하게 되어 구속력을 갖지 않는다.

2) 내용

헌법재판소가 선고한 종국결정에 대한 선례구속력은 단순히 사실상의 효력이 아니라 헌법재판소를 구속하는 소송법적 효력이다. 선례구속력의 내용은 객관적 범위, 주관적 범위, 시간적 범위를 통해 구체적으로 확정된다.

첫째, 헌법재판소의 모든 종국결정은 선례구속력을 갖는다. 다만, 종국결정을 통해 확인한 헌법해석에 관한 사법적 판단만 선례구속력을 가진다. 종국결정의 주문은 물론 결정이유도 헌법해석에 관한 사법적 판단을 포함하여 주문의 내용이나 효력이 미치는 범위를 확정하기 위해 주문과 불가분의 일체를 이루는 경우에는 그 범위에서 선례구속력을 갖는다.

둘째, 선례구속력은 헌법재판소에만 미친다. 재판관은 헌법과 법률에 따라 그 양심에 의하여 재판하므로 재판관 개인은 선례에 구속되지 않는다. 재판관 6인 이상의 찬성이 있을 때에 판례를 변경할 수 있다는 것도 재판관은 개인적으로 선례에 구속되지 않는다는 것을 의미한다. 헌법재판의 당사자, 다른 국가기관과 지방자치단체, 그리고 일반국민에게는 선례구속력이 미치지 않는다. 이들이 선례에 구속되어 헌법재판을 청구할 수 없으면, 헌법재판소는 판례를 변경할 기회가 원천적으로 봉쇄되기 때문이다.

셋째, 종국결정은 선고된 때부터 선례구속력이 발생하여 그 이후의 심판사건

---

78) 헌법재판소법 제23조 제2항 단서 제2호 ; 2020. 9. 24. 2016헌마889.

에 적용된다. 선례구속력은 선례가 변경되기 전까지만 그 효력을 유지하고, 헌법
재판소가 선례변경을 할 경우에는 그 종국결정에 새로운 선례구속력이 발생하므
로 이전의 종국결정은 선례구속력을 상실한다.

(마) 형성력

1) 법적 근거

형성력은 종국결정으로 법률관계를 발생·변경·소멸시키는 효력이다. 일반
재판에서 형성력은 판결의 선고와 함께 다른 행위의 매개 없이 직접적으로 법률
관계를 새롭게 형성하는 형성판결에서만 인정된다. 형성력은 판결의 선고에 따라
직접 법률관계를 형성하므로 종국결정에 일반적으로 인정되는 효력이 아니라 그
법률적 근거가 있는 경우에만 인정되는 개별적 효력이다. 형성력은 종국결정의
내용에 따라 확정되므로 당사자에 국한되지 않고 대세적 효력을 갖는다.

탄핵심판에서는 피청구인이 공직에서 파면되고, 정당해산심판에서는 정당이
해산된다. 권한쟁의심판에서는 청구인의 권한을 침해한 피청구기관의 처분이 취
소되거나 무효가 되고, 헌법소원에서는 기본권 침해의 원인이 된 공권력의 행사
가 취소되고, 그 행사나 불행사가 위헌으로 확정된다.

2) 내용

형성력의 내용은 종국결정에 따라 다르다. 형성력은 종국결정의 내용에 포함
되고 객관적 범위, 주관적 범위, 시간적 범위를 통해 구체적으로 확정된다.

첫째, 형성력은 종국결정의 주문을 통해 확정한 부분에만 인정된다. 탄핵심
판에서는 파면결정, 정당해산심판에서는 정당해산결정, 권한쟁의심판에서는 취소
결정과 무효확인결정, 헌법소원에서는 취소결정과 위헌확인결정을 통해 확정된
내용에 대해서만 형성력이 인정된다. 형성력은 종국결정의 주문을 통해 명확하게
제시되어야 하고, 주문에서 선고된 내용 이외에 결정이유에 대해서는 형성력이
인정될 여지가 없다.

둘째, 형성력은 종국결정의 내용에 따라 새로운 법률관계를 객관적으로 형성
하므로 당사자뿐만 아니라 국가기관과 지방자치단체나 일반 국민에게 미치는 대
세적 효력을 가진다. 헌법재판이 형성력을 가지는 경우에도 법적 안정성을 확보
할 필요가 있는 경우에는 그 효력이 제한되기도 한다. 헌법재판소가 권한쟁의심

판에서 국가기관 또는 지방자치단체의 처분을 취소하는 결정을 하더라도 그 처분의 상대방에 대하여 이미 생긴 효력에 영향을 미치지 아니한다.[79]

셋째, 형성력은 종국결정이 선고된 시점에 발생하며, 그 구체적인 범위는 심판유형에 따라 다르다. 탄핵심판과 정당해산심판에서는 장래적으로 형성력이 발생하고 그 효력은 소급되지 않는다. 파면된 고위공직자나 해산된 정당이 이전에 행한 행위의 법적 효력은 그대로 유효하다. 권한쟁의심판과 헌법소원에서 선고된 취소결정, 무효확인결정, 위헌확인결정의 대상인 행위는 원칙적으로 그 법적 효력이 소급하여 소멸하고, 예외적으로만 소급효가 제한된다. 종국결정의 형성력은 사실관계나 법률상황이 변화되더라도 법률의 개정이나 유권적 처분 등에 의해 변경되기 전까지 그대로 유지된다.

(바) 기속력

1) 법적 근거

기속력은 종국결정의 내용이 모든 국가기관과 지방자치단체를 구속하는 효력이다. 헌법재판은 헌법질서를 수호하는 객관소송의 성격을 가지므로 국가작용의 위헌성이 확인된 경우에는 국가기관과 지방자치단체까지 그 효력을 확장할 필요가 있다. 위헌결정의 기속력은 국가기관과 지방자치단체에게 법적 의무를 부과하므로 법률적 근거가 있는 경우에만 인정되는 개별적 효력이다. 헌법재판소법은 법률의 위헌결정, 권한쟁의심판의 결정, 헌법소원의 인용결정에 대해 기속력을 인정한다.[80]

권한쟁의심판에서는 인용결정이든 기각결정이든 모두 기속력을 갖는다. 권한쟁의심판이 국가기관이나 지방자치단체의 권한분쟁을 해결하는 것이어서 당사자 일방의 권한행사는 실질적으로 위헌이라는 판단을 포함한다. 심판절차종료선언, 위헌법률심판의 합헌결정, 탄핵심판의 기각결정, 정당해산심판의 기각결정, 헌법소원의 기각결정이나 각하결정은 기속력을 갖지 않는다.

헌법재판소법이 기속력을 부여하는 '위헌결정'에는 위헌결정을 선고한 경우뿐만 아니라 변형결정을 통해 실질적으로 법률의 위헌성을 확인한 결정도 포함된

---

79) 헌법재판소법 제67조 제2항.
80) 헌법재판소법 제47조 제1항, 제67조 제1항, 제75조 제1항.

다고 해석해야 한다. 헌법재판소는 헌법불합치결정, 한정위헌결정, 한정합헌결정
도 모두 기속력은 가진다고 판단하였다.[81] 대법원은 헌법불합치결정은 기속력을
가지나, 한정위헌결정과 한정합헌결정은 기속력을 갖지 않는다고 판단하였다.[82]

　헌법불합치결정은 실질적으로 법률의 위헌성을 확인한 위헌결정의 일종이고,
주문에서 법률의 위헌성을 명확하게 표시하므로 기속력을 갖는다. 한정위헌결정
은 법률의 합헌적 의미를 넘어 해석하고 적용하는 범위를 특정하여 그 위헌성을
확인하는 결정이므로 그 범위에서 기속력을 갖고, 그 이외의 부분은 기속력을 갖
지 않는다. 한편, 한정합헌결정은 법률의 합헌적 해석가능성을 명확하게 제시할
뿐, 그 이외의 부분의 위헌성을 확인한 것이 아니므로 기속력을 인정하기 어렵다.

2) 효과

　기속력은 단순히 기판력의 주관적 범위를 확장하는 것이 아니고, 모든 국가
기관과 지방자치단체에게 새로운 실체법적 의무를 부과한다. 국가기관과 지방자
치단체는 소극적으로 종국결정에 위반되는 행위를 하지 않아야 할 뿐만 아니라,
나아가 자신의 권한을 행사할 때에는 적극적으로 종국결정의 내용에 부합하도록
행위해야 한다. 국가기관과 지방자치단체는 자신의 권한으로 위헌성이 확인된 국
가작용의 행사로 인하여 초래된 결과를 제거하고 종국결정의 취지에 맞게 새로운
처분을 해야 한다.[83] 다만, 기속력은 위헌결정에 대해서만 인정되므로 국가기관
과 지방자치단체는 종국결정에서 합헌이라고 확인된 내용을 그대로 실현해야 하
는 것은 아니다.

　헌법재판소는 권한쟁의심판에서 권한침해를 확인하는 인용결정은 장래에 그
결정을 존중해야 할 의무를 부과하는 것이지 적극적인 재처분의무나 결과제거의
무를 포함하는 것은 아니라고 판단하였다.[84] 국가기관이나 지방자치단체가 기속
력을 위반한 경우에는 위법한 행위가 되고, 그 하자가 명백하고 중대하므로 무효
라고 볼 수도 있다.[85] 하지만, 종국결정의 내용과 기속력을 위반한 행위의 태양을
고려하여 개별적으로 판단하여 법적 효과를 부여해야 한다. 위헌결정된 법률에

81) 2006. 6. 29. 2005헌가13 ; 1997. 12. 24. 96헌마172.
82) 대법원 1997. 3. 28. 96누11068 ; 대법원 2001. 4. 27. 95재다14.
83) 헌법재판소법 제66조 제2항, 제75조 제4항.
84) 2010. 11. 25. 2009헌라12.
85) 정종섭, 헌법소송법, 186면.

근거하여 행한 행정처분과 같이 그 하자가 중대하고 명백한 경우에만 무효라고 해석되고 그 이외에는 취소사유에 해당한다.

3) 내용

기속력은 종국결정이 법률이나 공권력의 위헌성을 확인한 부분에 대해 인정된다. 기속력은 헌법재판소와 다른 국가기관과 지방자치단체의 권한배분과 그 한계에 영향을 미치므로 중요한 의미가 있다. 기속력의 내용은 객관적 범위, 주관적 범위, 시간적 범위를 통해 구체적으로 확정된다.

첫째, 기속력은 종국결정의 주문에서만 인정된다. 종국결정의 최종적 판단인 법정의견만 기속력을 갖고, 반대의견이나 보충의견과 같은 개별의견은 기속력을 갖지 않는다. 결정이유는 기속력을 갖지 않지만, 예외적으로 주문의 내용이나 효력이 미치는 범위를 확정하기 위해 주문과 일체를 이루는 경우에는 기속력을 갖는다. 이때에도 헌법해석에 대한 판단에 대해서만 기속력이 인정되고 법률해석에 대한 판단은 기속력을 갖지 않는다. 다만, 권한쟁의심판에서는 헌법과 법률을 심사기준으로 채택하므로 법률해석에 대한 판단도 기속력을 갖는다.

둘째, 모든 국가기관과 지방자치단체는 종국결정을 존중할 법적 의무를 부담한다. 국가기관과 지방자치단체 이외에도 공공단체와 국공립대학, 국·공영방송국, 공무수탁사인에게도 공적 업무를 수행하는 범위에서는 기속력이 미친다. 다만, 일반국민이나 정당에게는 기속력이 미치지 않는다. 국회는 기속력의 주관적 범위에서 제외된다는 견해가 있지만,[86] 국회도 기속력에 따라 위헌법률의 반복입법은 금지되고, 헌법에 부합하는 입법을 해야 할 의무를 부담한다.[87]

셋째, 기속력은 종국결정이 선고됨으로써 발생하고 위헌성이 제거될 때까지 국가기관과 지방자치단체에게 미친다. 특히, 헌법불합치결정을 하면서 입법시한을 제시한 경우에 국회는 그 시한까지 위헌성을 제거해야 할 입법의무를 진다. 국회가 그 입법시한까지 개선입법을 하지 않은 경우에는 그때부터 법률의 효력이 상실되고, 국회의 개선입법의무는 소멸한다. 기속력은 종국결정을 할 당시의 사실관계와 법률상황을 기준으로 확정되므로 그 이후에 사실관계나 법률상황이 변화되는 사정변경이 발생한 경우에는 종국결정에 기속되지 않는다.

---

86) 정종섭, 헌법소송법, 369~371면.
87) 김하열, 헌법소송법, 269면 ; 성낙인, 헌법학, 816면.

(사) 법규적 효력

1) 법적 근거

헌법재판소법 제47조 제2항은 "위헌으로 결정된 법률 또는 법률의 조항은 그 결정이 있는 날부터 효력을 상실한다"라고 규정한다. 헌법재판소가 법률에 대해 위헌결정을 하면 그 법률은 효력을 상실하게 되는데, 이를 법규적 효력이라고 한다. 법규적 효력은 헌법재판소와 당사자, 모든 국가기관과 지방자치단체를 넘어 일반 국민에게까지 종국결정의 효력을 확장한 것이다. 법률의 위헌결정은 그 자체가 법률을 실효시키는 입법행위가 아니고, 법률의 효력을 상실시키는 형성력을 갖는 것도 아니다. 법규적 효력은 종국결정 그 자체에서 발생하는 것이 아니라 헌법재판소법에 의해 인정되는 개별적 효력이다.

위헌법률의 효력은 입법정책적으로 결정할 수 있다. 일반적으로 위헌결정된 법률의 효력은 규범통제의 방식에 따라 다르게 결정된다. 구체적 규범통제에서는 재판의 전제성을 요구하므로 당해사건에 적용하지 않을 뿐, 법률 그 자체의 효력을 일반적으로 무효화시키지는 않는다. 한편, 추상적 규범통제에서는 구체적 사건의 해결이 아니라 법률 그 자체의 효력을 다투는 것이므로 법률의 효력을 일반적으로 무효화시킨다. 이때에도 위헌법률을 소급적으로 무효화시킬 수도 있고, 장래적으로만 무효화시킬 수도 있다.

헌법은 구체적 규범통제를 채택하고 추상적 규범통제를 채택하지 않지만, 헌법재판소법은 위헌결정된 법률에 대해 개별적으로 당해사건에 적용하지 않을 뿐만 아니라 일반적으로 법률의 효력을 상실시킨다. 또한, '그 결정이 있는 날부터' 효력을 상실시켜 원칙적으로 장래적으로만 실효시킨다. 위헌결정된 법률이 법규적 효력에 따라 무효화되는 것은 국회가 입법에 의해 법률을 폐지하는 것과 달리 법률의 외관은 그대로 유지되고 그 효력만 상실된다. 법규적 효력은 헌법재판의 유형에 따라 그 구체적인 내용과 범위가 달리 확정된다.

2) 헌법재판의 유형

법규적 효력은 모든 종국결정에서 인정되는 것이 아니라 법률에 대한 위헌결정에 대해서만 인정된다. 헌법재판소가 심판대상으로 삼아 위헌결정한 법률조항뿐만 아니라 심판대상이 아니더라도 주문에서 위헌결정을 선고하면 법규적 효력이 발생한다. 헌법재판소는 법률조항의 위헌결정으로 인하여 당해 법률 전부를 시행할 수 없다고 인정될 때에는 그 전부에 대해 위헌결정을 할 수 있기 때문이다.[88] 규범통제적 헌법소원의 위헌결정도 실질적으로 위헌법률심판에 해당하므로 그 위헌결정은 법규적 효력을 갖는다.[89]

헌법불합치결정은 실질적으로 법률의 위헌성을 확인한 것이지만, 법률 자체의 효력은 그대로 유지되므로 법규적 효력을 갖지 않는다.[90] 헌법불합치결정을 하면서 계속적용을 명할 경우에는 그 법률을 그대로 적용해야 하므로 법규적 효력이 발생할 여지가 없고, 적용중지를 명하는 경우에도 법률의 효력은 그대로 인정된다. 한정위헌결정은 법률 자체의 외양은 유지되지만, 일정한 법률해석에 대해 위헌성을 확인한 것이므로 법규적 효력을 갖는다. 한정합헌결정은 합헌결정과 동일하므로 법규적 효력을 갖지 않는다.

헌법소원에서 공권력의 행사 또는 불행사가 위헌인 법률 또는 법률의 조항에 기인한 것이라고 인정될 때에는 인용결정에서 법률 또는 법률의 조항이 위헌임을 선고할 수 있다. 이를 부수적 위헌선고라고 하는데, 이때에도 법규적 효력이 인정된다.[91] 법령에 대한 권리구제형 헌법소원도 규범통제의 기능을 하는데, 헌법재판소법은 법규적 효력에 대해 아무런 규정을 두지 않지만, 이때에도 위헌결정은 법규적 효력을 갖는다. 규범통제형 권한쟁의심판에서 국회의 입법작용에 대해 취소결정이나 무효확인결정을 할 수 있는데, 이는 형성력의 효과이지 법규적 효력에 따른 것이 아니다.

3) 내용

법규적 효력은 법률의 위헌성을 확인한 헌법재판에만 인정되고, 그 파급효가 매우 크다. 법규적 효력의 내용은 객관적 범위, 주관적 범위, 시간적 범위를 통해 구체적으로 확정된다.

첫째, 법규적 효력은 위헌결정의 주문에서 표시된 법률에만 미친다. 법규적 효력은 위헌결정을 요건으로 하여 법률이 부여한 효력이며, 법률의 효력을 상실

---

88) 헌법재판소법 제45조.
89) 헌법재판소법 제75조 제6항.
90) 정종섭, 헌법소송법, 398면.
91) 헌법재판소법 제75조 제5항, 제47조.

시키는 것은 국민생활에 큰 영향을 미치므로 법적 안정성을 위해 그 내용과 범위가 명확해야 한다. 위헌결정의 주문에서 명확하게 위헌성이 확인된 법률에 한하여 법규적 효력이 발생한다. 위헌결정의 이유는 주문에 직접적이고 핵심적 근거가 되는지를 불문하고 법규적 효력을 인정할 필요가 없다.

둘째, 법규적 효력은 헌법재판소는 물론 당사자, 모든 국가기관과 지방자치단체를 넘어 일반 국민에게도 미친다. 법규적 효력은 위헌성이 확인된 법률을 일반적으로 무효화시키는 법적 효과를 발생시켜 대세적 효력을 가진다. 법규적 효력은 국회가 입법을 통해 법률을 폐지한 것과 실질적으로 동일한 효과를 발생시킨다. 법률이 일반성을 가지고 모든 사람에게 동등하게 적용되는 것과 마찬가지로 법규적 효력의 주관적 범위에는 제한이 없다.

셋째, 법규적 효력은 '그 결정이 있는 날부터' 장래적으로 법률의 효력을 상실시키고 소급효를 갖지 않는다.[92] 법률의 근거가 있거나 법률해석을 통해 법률을 소급적으로 실효시킬 필요성이 있는 경우에는 예외적으로 소급효를 인정할 수 있다. 형벌에 관한 법률에 대한 위헌결정은 원칙적으로 소급하여 그 법률의 효력을 상실시키고, 종전에 합헌결정된 경우에는 그 결정이 있는 날의 다음 날로 소급하여 효력을 상실한다.[93] 또한, 규범통제의 실효성을 확보하고 개별적 사건에서 법적 정의를 실현하기 위해서 당해사건과 같이 일정한 범위에서는 소급효를 인정한다.[94]

8. 가처분

(1) 허용 여부

헌법재판소법 제57조는 "헌법재판소는 정당해산심판의 청구를 받은 때에는 직권 또는 청구인의 신청에 의하여 종국결정의 선고 시까지 피청구인의 활동을 정지하는 결정을 할 수 있다"라고 규정하고, 제65조는 "헌법재판소가 권한쟁의심판의 청구를 받았을 때에는 직권 또는 청구인의 신청에 의하여 종국결정의 선고

---

92) 헌법재판소법 제47조 제2항.
93) 헌법재판소법 제47조 제3항.
94) 2000. 8. 31. 2000헌바6 ; 대법원 2017. 3. 9. 2015다233982.

시까지 심판대상이 된 피청구인의 처분의 효력을 정지하는 결정을 할 수 있다"라
고 규정한다. 즉, 정당해산심판과 권한쟁의심판에 대해서만 가처분을 규정하고 있
고, 다른 헌법재판에 대해서는 아무런 규정을 두지 않고 있다.

　가처분은 종국결정의 실효성을 확보하고 잠정적으로 권리를 보호하기 위해
종국결정이 있기 전에 임시적으로 당사자의 법적 지위와 권리를 정하는 재판이
다. 헌법재판이 진행되는 동안 사실관계가 변화되면 당사자가 본안심판에서 승소
하더라도 법적 권리를 실현할 수 없게 되거나 헌법질서에 회복하기 어려운 손해
가 발생할 수 있다. 가처분은 이러한 위험성을 예방하기 위해 본안심판에 부수적
으로 행하는 잠정적인 긴급조치이다.[95] 가처분은 적법한 본안심판을 전제로 하지
만, 본안심판의 승패와 관계없이 독자적인 사유에 따라 결정되므로 본안심판에
종속되는 것은 아니다.

　헌법재판소법은 정당해산심판과 권한쟁의심판에 대해서만 가처분을 규정하
지만, 다른 헌법재판에서 가처분을 인정할 필요가 있고, 가처분을 규정하는 다른
법률의 준용을 배제할 이유가 없다. 따라서 정당해산심판과 권한쟁의심판을 제외
한 다른 헌법재판에서도 민사소송에 관한 법령과 행정소송법을 준용하여 당사자
의 신청 또는 직권으로 가처분을 할 수 있다고 해석된다.[96] 민사소송에서는 민사
집행법이, 행정소송에서는 행정소송법이 가처분에 대해 규정한다.[97]

(2) 적법요건

(가) 재판관할권

　가처분은 본안심판에 부수적인 재판이므로 헌법재판소는 본안심판에 대해
재판관할권을 가져야 가처분을 할 수 있다. 당사자는 본안심판의 범위를 초과하
여 가처분을 신청할 수 없고, 재판부도 본안심판과 관련이 없는 부분에 대해 가처
분결정을 할 수 없다. 본안심판이 계속 중이면 당사자는 언제든지 가처분신청을
할 수 있고, 본안심판이 청구되기 이전이라도 본안심판을 청구할 수 있는 기간에
는 가처분신청을 할 수 있다. 하지만, 본안심판이 종결된 이후에는 당사자가 가처

---

95) 2014. 2. 27. 2014헌마7.
96) 2000. 12. 8. 2000헌사471.
97) 민사집행법 제300조 제1항, 제2항, 행정소송법 제23조 제2항.

분신청을 할 수가 없고, 재판부도 가처분결정을 할 수 없다.

가처분에 대한 재판관할권은 가처분절차에 따라 다르게 결정된다. 가처분은 재판부의 직권이나 당사자의 신청에 따라 이루어진다. 재판부가 직권으로 가처분결정을 하는 경우에는 본안심판에 대한 재판관할권을 가지고 있는 경우에만 가능하다. 당사자가 본안심판이 청구된 이후에 가처분신청을 하거나 본안심판과 동시에 가처분신청을 한 경우에도 본안심판에 대한 재판관할권이 있으므로 재판부가 가처분결정을 할 수 있다. 하지만, 당사자가 본안심판을 청구하기 전에 가처분신청을 하는 경우에는 재판관할권이 문제된다.

헌법재판소법은 정당해산심판에 대해서는 "헌법재판소가 … 정당해산심판의 청구를 받은 때에는"라고, 권한쟁의심판에 대해서는 "헌법재판소가 … 권한쟁의 심판의 청구를 받았을 때에는"이라고 규정한다. 행정소송법 제23조 제2항도 "취소소송이 제기된 경우에 … 본안이 계속되고 있는 법원은 … 그 집행 또는 절차의 속행의 전부 또는 일부의 정지를 결정할 수 있다"라고 규정한다. 당사자가 본안심판을 청구하기 전에 가처분을 신청한 경우에 재판부는 본안심판이 청구되기 전에는 가처분신청에 대해 각하결정과 기각결정만 할 수 있고, 가처분결정은 본안심판이 청구된 이후에야 할 수 있다고 해석된다.

(나) 당사자적격

재판부가 직권으로 가처분결정을 할 경우에는 가처분의 당사자적격이 문제될 여지가 없다. 당사자가 가처분을 신청할 경우에는 본안심판의 청구인과 피청구인 모두 가처분을 신청할 수 있고, 본안심판의 소송참가인도 당사자능력을 가지므로 가처분을 신청할 수 있다. 가처분의 신청인은 본안심판의 당사자적격을 가져야 하지만, 피신청인은 반드시 본안심판의 당사자적격을 가져야 하는 것은 아니다. 본안심판의 당사자가 아니더라도 가처분의 목적을 달성하기 위해 필요한 경우에는 가처분의 피신청인이 될 수 있기 때문이다.

가처분은 본안심판에 부수적인 절차이므로 본안심판에서 변호사강제가 적용되는 경우에는 당사자의 신청에 의한 가처분에서도 변호사강제가 적용된다. 즉, 헌법소원의 청구인과 정당해산심판의 피청구인이 가처분을 신청할 경우에는 변호사강제가 적용된다.[98] 하지만, 본안심판에서 변호사강제가 적용되지 않는 경우에는 가처분의 절차에서도 변호사강제가 적용되지 않는다. 재판부가 직권으로 가처분을 하는 경우에는 당사자의 대리와 무관하므로 변호사강제가 적용될 여지가 없다.

(다) 권리보호이익

가처분도 재판이므로 이를 통해 권리를 보호할 수 있는 구체적인 법적 이익이 있어야 한다. 가처분의 권리보호이익은 가처분의 사유와 구별된다. 권리보호이익은 적법요건이므로 그것이 인정되지 않으면 각하되지만, 가처분의 사유가 인정되지 않으면 기각결정을 한다. 가처분의 권리보호이익은 본안심판의 권리보호이익과 구별되며, 가처분의 결정에 필요한 독자적인 적법요건이다.[99] 가처분은 본안심판과 밀접하게 관련되지만, 본안심판에 완전히 종속되는 것은 아니며, 가처분 자체가 가지는 고유한 권리보호이익을 가진다.

가처분은 본안심판이 적법하다는 것을 전제로 하므로 본안심판이 부적법하다는 것이 명백할 경우에는 가처분의 권리보호이익이 인정되지 않아 가처분신청을 각하할 수 있다.[100] 하지만, 본안심판의 청구가 부적법하다는 것이 명백한지 여부는 상대적이고 불명확하므로 본안판단을 각하하면서도 가처분신청에 대해서는 각하결정을 할 수도 있고 기각결정을 할 수도 있다.[101] 하지만, 본안심판의 청구가 이유 없음이 명백하다는 것은 불명확하고 본안판단에서 최종적으로 확정되므로 그 청구가 이유 없음이 명백하다는 이유로 가처분만 각하하는 것은 타당하지 않다.

(3) 사유

(가) 중대한 불이익을 방지할 필요성

가처분이 인정되기 위해서는 그 필요성이 있어야 한다. 이는 종국결정이 인용되더라도 중대한 불이익이 발생할 것이 예상되어 이를 방지할 필요성을 말한다. 중대한 불이익이란 회복하기 어려운 현저한 손해 또는 회복이 가능하더라도

---

98) 2019. 11. 28. 2019헌사562.
99) 2017. 2. 15. 2017헌사107.
100) 2020. 5. 12. 2020헌사468.
101) 2020. 4. 23. 2018헌사376.

그 정도가 중대한 손해를 말한다. 가처분의 필요성은 적극적인 이익형량이 아니라 소극적인 불이익형량을 통해 판단한다. 즉, 가처분을 기각한 뒤 종국결정에서 본안심판의 청구가 인용되었을 경우에 발생하는 불이익과 가처분을 인용한 뒤 종국결정에서 본안심판의 청구가 기각되었을 때 발생하는 불이익을 비교하여 전자가 후자보다 크다고 인정되어야 한다.[102]

본안심판의 승소가능성도 가처분의 사유에 포함될까. 헌법재판소는 "본안심판이 부적법하거나 이유 없음이 명백하지 않은 한, … 가처분결정을 허용할 수 있다"라고 판단하고,[103] 본안심판이 명백히 부적법한 경우에는 가처분의 신청에 대해 각하결정을 한다.[104] 본안심판의 승소가능성을 가처분의 사유에 포함시키면 그 사유가 불명확하게 되고 가처분의 독자적 의미와 실효성이 약화되므로 본안심판의 승소가능성은 가처분의 사유에 포함시킬 필요가 없다.[105] 다만, 본안심판의 승소가능성은 중대한 불이익을 방지할 필요성을 판단하는 불이익형량에서 중요한 요소로 고려될 수는 있다.

(나) 긴급성

가처분은 긴급성이 인정되어야 한다. 가처분의 긴급성이란 시간적으로 종국결정을 기다려서는 중대한 불이익을 방지하는 것을 기대할 수 없는 긴급한 상황을 말한다. 긴급성은 현저한 손해가 이미 발생하였거나 그 발생이 임박하여 필요한 조치를 본안심판의 결정까지 미룰 수 없는 경우에 인정된다. 가처분의 사유는 중대한 불이익을 방지할 필요성이 있고, 그것이 긴급한 상황이어야 인정된다. 중대한 불이익을 방지할 필요성과 긴급성은 서로 밀접하게 관련되고 엄격하게 구분하기도 어렵다. 재판부가 가처분의 사유를 심사할 때에는 중대한 불이익을 방지할 필요성과 긴급성을 함께 고려한다.

(다) 공공복리에 중대한 영향을 미칠 우려가 없을 것

행정소송법 제23조 제3항은 "집행정지는 공공복리에 중대한 영향을 미칠 우

---

102) 2018. 4. 6. 2018헌사242.
103) 2000. 12. 8. 2000헌사471.
104) 2020. 3. 10. 2020헌사274.
105) 정종섭, 헌법소송법, 211면.

려가 있을 때에는 허용되지 아니한다"라고 규정한다. 헌법재판소는 가처분의 필
요성이 인정된다고 하더라도 공공복리에 중대한 영향을 미칠 우려가 있을 때에는
인용되어서는 안 된다고 판단하였다.[106] 하지만, 재판부는 가처분의 사유인 중대
한 불이익을 방지할 필요성과 긴급성을 심사할 때 공공복리에 영향을 미칠 우려
를 반영할 수 있으므로 공공복리에 중대한 영향을 미칠 우려가 없을 것을 독자적
인 가처분의 사유로 인정할 필요는 없다.

(4) 절차

　가처분은 헌법재판소법과 민사소송에 관한 법령 등에 따른다. 가처분절차는
당사자의 신청 또는 직권으로 개시된다. 당사자는 헌법재판의 본안심판이 계속
중인 때에는 언제든지 가처분을 신청할 수 있다. 본안심판이 청구되지 않더라도
당사자는 앞으로 본안심판이 계속될 것을 전제로 가처분을 신청할 수도 있다. 당
사자는 본안심판의 종국결정이 선고될 때까지 가처분을 신청할 수 있다. 가처분
이 신청되면 별건의 사건으로 접수하여 '헌사'사건으로 분류하고, 신청서 등본을
피신청인에게 바로 송달해야 한다.

　재판부는 당사자의 신청이 없더라도 가처분의 사유가 인정되면 직권으로 가
처분결정을 할 수도 있다. 재판부가 직권으로 가처분 결정을 하는 것은 본안심판
이 계속 중인 때에만 가능하고 본안심판이 청구되지 않은 상태에서는 가처분결정
을 할 여지가 없다. 가처분에 대한 재판은 원칙적으로 변론을 열어야 한다. 재판
부는 가처분에 대한 심리를 위해 변론기일 또는 심문기일을 열 수 있다. 가처분에
는 신속한 판단이 요구되므로 필요적 구두변론사건에서도 서면심리만으로 결정할
수 있고, 특별히 긴급한 경우에는 당사자나 이해관계인에게 의견진술의 기회를
주지 않아도 된다.

(5) 결정

(가) 정족수

재판부는 가처분에 대해서는 일반정족수에 따라 재판관 7인 이상의 출석으

---

106) 2002. 4. 25. 2002헌사129.

로 심리하고 종국심리에 관여한 재판관 과반수의 찬성으로 결정한다.[107] 헌법재판소는 지정재판부에서 당사자의 가처분신청에 대해 기각결정을 한 적이 있다.[108] 하지만, 지정재판부는 헌법소원에서 적법요건을 사전적으로 심사하기 위해 설치된 것이므로 가처분결정을 할 수 없다.[109] 지정재판부는 신속하게 심판회부결정을 하여 전원재판부가 가처분에 대해 결정하도록 하든지 재판관 3인의 일치된 의견으로 본안심판을 각하하면서 가처분신청에 대해서도 각하결정을 할 수 있을 뿐이다.[110]

(나) 유형

헌법재판소는 당사자의 가처분신청에 대해 각하결정, 기각결정, 가처분결정을 할 수 있다. 가처분신청이 재판관할권, 당사자적격, 권리보호이익이 없어 적법요건을 갖추지 못하면 각하결정을 한다. 당사자의 가처분신청에 가처분사유가 인정되지 않을 경우에는 기각결정을 한다. 헌법재판소는 가처분신청에 대해 그 신청만 각하하거나 기각하기도 하고, 본안심판을 판단하면서 가처분신청을 각하하거나 기각하기도 한다.[111] 재판부가 직권으로 결정하는 경우에는 가처분결정만 할 수 있고, 각하결정이나 기각결정을 할 여지가 없다.

재판부는 당사자의 가처분신청에 가처분사유가 인정될 경우에는 그 목적을 달성할 수 있도록 적절한 내용으로 가처분결정을 하고, 결정서에 그 이유를 기재해야 한다.[112] 가처분은 본안심판에 부수하여 종국결정이 이루어지기 전까지 잠정적으로 현상을 유지하거나 임시적 지위를 정하여 권리를 확보하는 것이므로 가처분결정에는 원칙적으로 "종국결정의 선고시까지"라는 문구가 들어가야 한다. 헌법재판소는 가처분결정을 하였더라도 본안심판에서는 이에 기속되지 않고 본안을 각하하거나 기각할 수도 있다.[113]

---

107) 헌법재판소법 제23조 제1항, 제2항.
108) 2020. 4. 21. 2020헌사416.
109) 정종섭, 헌법소송법, 223면 ; 허영, 헌법소송법, 191면.
110) 정재황, 헌법재판론, 1495~1496면.
111) 2014. 1. 30. 2012헌사129.
112) 헌법재판소법 제36조 제2항 제4호.
113) 2020. 3. 26. 2018헌마77.

(다) 내용

재판부는 가처분사유가 있다고 인정되는 경우에는 그 목적을 달성하는 데 필요한 내용과 범위에서 가처분결정을 한다. 가처분은 본안심판과 그 목적과 대상이 일치하는 것은 아니므로 재판부는 당사자가 신청한 범위를 초과하거나 본안심판의 목적을 달성하기 위해 필요한 범위에서 다양한 내용으로 가처분결정을 할 수도 있다. 재판부는 가처분사유가 있는지 여부뿐만 아니라 가처분사유가 인정되더라도 가처분의 목적을 달성하기 위해 가처분의 시기, 방법, 범위 등을 재량으로 결정할 수 있다.

헌법재판소법은 정당해산심판에서는 피청구인의 활동을 정지하는 결정을 할 수 있고, 권한쟁의심판에서는 심판대상이 된 피청구인의 처분의 효력을 정지하는 결정을 할 수 있다고 규정한다. 이는 예시적 규정이며 가처분의 목적을 달성하기 위해 필요한 범위에서 다양한 내용으로 가처분결정을 할 수 있다. 재판부는 법령이나 처분의 효력정지, 집행이나 절차의 정지, 행위나 방해의 금지와 같이 현재의 법적 상태를 규율하는 소극적 가처분뿐만 아니라 임시적 지위를 정하는 것과 같이 새로운 법적 상태를 형성하는 적극적 가처분도 할 수 있다.[114]

가처분결정은 각하결정이나 기각결정과는 달리 사실이나 법률관계에 변화를 초래하므로 그에 따른 특별한 법적 효력이 발생한다. 가처분결정이 내려지면 적극적 처분이든지 소극적 처분이든지 그 내용대로 법률관계가 형성된다. 가처분결정은 그 내용에 따라 새로운 법률관계를 창설하지만, 이는 본안심판을 통해 최종적으로 확정된다. 가처분결정은 잠정적인 임시처분이므로 본안심판의 종국결정이 선고될 때까지만 효력을 가지며, 종국결정이 내려지면 가처분의 효력은 상실된다. 다만, 본안심판에서 기각결정을 하더라도 이미 행한 가처분의 효력이 소급하여 상실되는 것은 아니다.

(라) 한계

가처분은 헌법재판의 유형에 따라 일정한 범위에서 한계를 가진다. 위헌법률심판에서 심판대상이 되는 법률의 효력정지를 명하는 가처분이 가능하지만, 그

---

114) 2014. 6. 5. 2014헌사592.

파급효가 중요하고 광범위하므로 신중하게 판단해야 한다. 헌법재판소는 법령에 대한 헌법소원에서 법률의 효력을 정지시키는 가처분을 허용하면서도 공공복리에 중대한 영향을 미칠 우려가 있는 경우에 해당하는 경우에는 기각해야 한다고 판단하였다.115) 규범통제형 헌법소원에서는 당해사건의 재판은 정지되지 않는데, 그 재판을 정지시키는 가처분은 허용되지 않는다.116)

탄핵심판에서는 탄핵소추의 의결을 받은 사람은 헌법재판소의 심판이 있을 때까지 그 권한행사가 정지된다.117) 탄핵소추의결을 받은 자가 국회의 탄핵소추 의결에 대해 그 효력정지를 구하는 가처분은 허용되지 않는다. 헌법소원에서도 입법부작위와 행정처분의 부작위에 대한 헌법소원에서 일정한 작위처분을 내용으로 하는 가처분은 허용되지 않는다. 적극적인 입법행위와 작위처분을 가처분으로 결정하면 권력분립의 원칙을 침해할 수 있고, 본안심판의 청구가 기각되었을 경우에 법적 혼란이 매우 크기 때문이다.

헌법재판소는 재판관 7명 이상의 출석으로 사건을 심리하도록 규정한 헌법재판소법 제23조 제1항이 탄핵심판의 피청구인의 재판청구권을 침해한다고 주장한 헌법소원심판에서 '헌법재판관이 임기만료로 퇴직하여 재판관의 공석 상태가 된 경우에 적용되는 부분'의 효력은 본안사건의 종국결정 선고 시까지 정지한다고 판단하였다.118) 헌법재판소는 그 가처분은 본안심판이나 그 전제가 된 탄핵심판뿐만 아니라 모든 헌법재판에도 적용된다고 하였다. 하지만, 가처분은 본안심판에 부수적으로 행하는 긴급조치이므로 모든 헌법재판에 확대하여 적용하는 것은 옳지 않다. 다만, 헌법재판소는 당사자의 신청이 없더라도 직권으로 가처분을 할 수 있으므로 본안심판 이외에 대해서는 직권으로 가처분결정한 것으로 해석할 여지는 있다.

115) 2006. 2. 23. 2005헌사754.
116) 2012. 9. 4. 2012헌사757.
117) 헌법재판소법 제50조.
118) 2024. 10. 14. 2024헌사1250.

9. 재심

(1) 허용 여부

(가) 법적 근거

재심이란 확정된 종국결정에 중대한 하자가 있는 경우에 그 결정을 취소하고 이미 종결된 사건에 대해 재심판을 구하는 비상적 심판절차를 말한다. 헌법재판소법은 재심에 대해서는 아무런 규정을 두지 않고 있다. 헌법재판에는 민사소송법, 형사소송법, 행정소송법이 준용되고, 헌법재판에도 중대한 하자가 있어 사법적 정의를 회복해야 할 경우도 있으므로 필요한 경우에는 재심이 허용된다.[119] 헌법재판소는 재심사유가 인정되어 재심절차를 진행하게 되면 확정된 결정을 취소하고, 그 중대한 하자를 보정한 상태에서 다시 재판을 해야 한다.

(나) 헌법재판의 유형

헌법재판은 그 심판유형에 따라 절차와 효과에 차이가 있으므로 재심이 인정되는지 여부, 그 요건과 재심사유, 효과 등은 심판유형에 따라 개별적으로 판단해야 한다.

첫째, 위헌법률심판에서 종국결정은 법률의 효력을 좌우하므로 이를 번복하게 되면 법률관계에 큰 혼란을 초래하게 되어 법적 안정성을 해치게 된다. 위헌법률심판에서는 재심을 청구할 당사자도 없으므로 재심이 허용되지 않는다. 헌법재판소도 규범통제형 헌법소원에서 재심에 의한 불복방법은 허용되지 않는다고 판단하였다.[120] 위헌법률의 효력을 상실시키는 규범통제형 헌법소원, 규범통제형 권한쟁의심판, 법령에 대한 권리구제형 헌법소원의 경우에도 동일하게 해석해야 한다.

둘째, 탄핵심판에서 재심을 허용하면 국정운영에 큰 혼란을 초래할 수 있지만, 파면결정은 피청구인에게만 효력을 미친다는 것을 고려할 때 예외적으로 구체적 타당성의 이익을 확보하기 위해서는 재심을 인정할 필요가 있다. 탄핵심판의 각하결정이나 기각결정에는 재심이 허용되지 않고, 인용결정인 파면결정에 대해서만 재심이 허용된다. 탄핵심판에서 준용되는 형사소송법에서 유죄의 확정판

---

119) 2016. 5. 26. 2015헌아20.
120) 2004. 11. 23. 2004헌아47.

결에 대해서만 재심을 허용하기 때문이다.121)

셋째, 정당해산심판에서는 재판부의 구성이 위법한 경우를 제외하고는 재심
이 인정되지 않는다는 견해가 있다.122) 하지만, 민사소송법을 준용하여 재판절차
의 중대하고 명백한 하자가 있는 경우에는 재심이 인정된다.123) 헌법재판소도 정
당해산심판절차에서 재심을 허용하지 아니함으로써 얻을 수 있는 법적 안정성의
이익보다 재심을 허용함으로써 얻을 수 있는 구체적 타당성의 이익이 더 크므로
재심이 허용된다고 판단하였다.124)

넷째, 권한쟁의심판에서도 그 종국결정은 당사자 사이에만 그 효력을 미치므
로 법적 안정성의 이익보다 구체적 타당성의 이익이 큰 경우에는 재심이 인정된
다. 권한쟁의심판에서는 행정소송법과 민사소송에 관한 법령을 준용하므로 재심
사유가 있는 경우에는 재심이 인정된다. 권한쟁의심판에서 국가기관이나 지방자
치단체의 처분을 취소하는 결정은 그 처분의 상대방에 대해 이미 생긴 효력에 영
향을 미치지 않으므로 행정소송법이 규정하는 제3자에 의한 재심청구는 인정되지
않는다.125)

다섯째, 헌법소원은 개인의 기본권을 구제하는 것이 핵심이므로 심판절차와
종국결정에 중대한 하자가 있는 경우에는 재심이 허용된다. 헌법재판소는 민사소
송에 관한 법령을 준용하여 재판부의 구성이 위법한 경우 등 절차상 중대하고도
명백한 위법이 있어서 재심을 허용하지 아니하면 현저히 정의에 반하는 경우에
한하여 재심이 허용된다고 하였다.126)

(2) 사유

(가) 심판절차에 중대하고 명백한 하자

민사소송법 제451조는 재심사유를 다양하게 규정하지만, 헌법재판에서 재심
은 종국결정에 중대하고 명백한 하자가 있고, 이를 그대로 유지하는 것은 사법적

---

121) 형사소송법 제420조.
122) 정종섭, 헌법소송법, 498면.
123) 김하열, 헌법소송법, 786면.
124) 2016. 5. 26. 2015헌아20.
125) 정종섭, 헌법소송법, 568면.
126) 1995. 1. 20. 93헌아1.

정의를 해치는 경우에만 허용된다. 재심사유로는 종국결정에서 제척사유가 있는 재판관이 재판에 참여한 것과 같이 재판부의 구성이 위법한 경우를 들 수 있다. 헌법재판소는 헌법소원의 청구기간을 잘못 계산하여 각하한 경우를 재심사유로 인정하였지만,127) 사실인정의 오류는 재심사유에 해당되지 않는다고 판단하였다.128)

(나) 종국결정에 영향을 미칠 중요한 사항에 관한 판단유탈

민사소송에서는 판결에 영향을 미칠 중요한 사항에 관하여 판단을 누락할 때는 재심사유가 된다. 헌법재판에서도 종국결정에 영향을 미칠 중요한 사항에 관한 판단이 유탈된 경우에는 재심이 인정될 수 있다. 헌법재판소는 헌법소원에서 종국결정에 영향을 미칠 중대한 사항에 관하여 판단을 유탈한 때에는 재심이 허용된다고 판단하였다.129) 헌법재판소는 헌법소원에서 적법한 사전구제절차를 경유하였음에도 부적법하다고 판단하여 각하한 경우에는 판단유탈에 준하는 재심사유에 해당한다고 판단하였다.130)

(3) 절차와 효과

재심을 허용하는 경우에는 그 절차, 방식, 청구기간 등은 민사소송에 관한 법령 등을 준용한다. 재심은 확정된 종국결정에 대해서만 청구할 수 있다. 재심은 헌법재판을 받은 당사자가 청구할 수 있고, 제청법원이나 당사자가 아닌 제3자는 청구할 수 없다.131) 다만, 행정소송법이 준용되는 헌법소원에서는 자기에게 책임 없는 사유로 소송에 참가하지 못하여 판결의 결과에 영향을 미칠 공격 또는 방어 방법을 제출하지 못한 때에는 제3자도 재심을 청구할 수 있다. 당사자는 종국결정이 선고된 뒤 재심사유를 안 날부터 30일 이내에 제기해야 하고, 이는 불변기간이다. 종국결정이 선고된 뒤 5년이 지난 때에는 재심을 청구하지 못하고, 재심사유가 종국결정이 선고된 뒤에 생긴 때에는 그 사유가 발생한 날부터 계산한다.

---

127) 2007. 10. 4. 2006헌아53.
128) 2000. 6. 29. 99헌아18.
129) 2001. 9. 27. 2001헌아3.
130) 2003. 9. 25. 2002헌아42.
131) 2004. 9. 23. 2003헌아61.

헌법재판소는 청구인이 재심사유에 해당하지 않는 사유를 들어 재심을 청구
하면 그 심판청구를 기각하지 않고 부적법하다고 판단하여 각하한다.132) 하지만,
기각결정을 하는 것이 타당하다. 재판부는 재심사유가 인정된다고 판단하면 재심
결정을 하고, 종전에 확정된 종국결정은 취소된다. 헌법재판소는 재판부가 단일하
므로 재심결정한 재판부가 다시 심판절차를 진행한다.

재심결정에 따라 재심이 진행되는 절차에서는 원래의 심판을 다시 진행하지
만, 재심사유에 따라 종국결정을 하는 것은 아니다. 재심사유는 재심을 결정하는
재판에서 원래의 심판을 다시 재판할지 여부를 결정하는 사유일 뿐이므로 재심사
유가 인정된다고 하여 당연히 원래의 종국결정이 변경되는 것은 아니다. 재심결
정을 통해 진행된 재심에서 재판부가 종국결정을 선고하면 이는 종국결정으로 효
력을 갖는다.

제 4 절   위헌법률심판

1. 규범통제

(1) 구체적 규범통제와 추상적 규범통제

규범통제란 법규범을 통제하는 것, 즉 하위법이 상위법에 위반되는지 여부
를 심판하여 상위법에 어긋나는 하위법의 적용을 배제하거나 그 효력을 무효화
하는 것을 말한다. 법규범은 헌법을 최고법으로 하여 법률, 명령, 규칙 등의 순
서로 서열화되어 있다. 법률을 비롯한 모든 법은 최고법인 헌법을 위반해서는 안
된다. 규범통제는 법규범을 정합적으로 적용하고, 법질서를 통일적이고 체계적
으로 유지하는 제도적 장치이다.

규범통제는 구체적 규범통제와 추상적 규범통제로 구분된다. 전자는 구체적
사건이 재판 중인 상태에서 재판에 적용되는 법규범이 상위법에 위반되는지 여부
를 심사하는 것이고, 후자는 구체적 사건에 대해 재판이 개시되지 않은 상태에서
하위법이 상위법에 위반되는지 여부를 심사하는 것이다. 구체적 규범통제에서는

---

132) 2007. 2. 22. 2006헌아50.

당해사건을 재판하는 법원이 중요한 역할을 담당하지만, 추상적 규범통제에서는 당해사건을 재판하는 법원이 존재하지 않는다. 독일과 프랑스는 양자를 모두 인정한다.

규범통제에 의해 상위법에 위반된다고 심판된 하위법은 그 효력을 그대로 유지하면서 당해사건에만 적용되지 않도록 할 수도 있고, 그 효력을 일반적으로 상실하게 할 수도 있다. 전자가 개별적 효력상실이고, 후자는 일반적 효력상실이다. 구체적 규범통제는 당해사건의 재판을 전제로 하므로 통상적으로는 개별적 효력상실을 채택하지만, 일반적 효력상실을 채택할 수도 있다. 추상적 규범통제는 당해사건의 재판을 전제로 하지 않으므로 당해사건에서만 적용을 배제하는 개별적 효력상실을 채택할 여지가 없고 일반적으로 효력을 상실시킨다.

(2) 사전적 규범통제와 사후적 규범통제

규범통제는 사전적 규범통제와 사후적 규범통제로 구분될 수 있다. 전자는 하위법이 공포되어 발효되기 이전에 상위법에 위반되는지 여부를 심사하는 것이고, 후자는 하위법이 발효된 이후에 상위법에 위반되는지 여부를 심사하는 것이다. 사전적 규범통제에서는 구체적 사건이 존재하지 않으므로 당해사건을 재판하는 법원도 존재하지 않는다. 프랑스는 사전적 규범통제와 사후적 규범통제를 모두 인정하고, 독일과 미국은 사후적 규범통제만 인정한다.

사전적 규범통제에서는 구체적 사건에 적용될 여지가 없어 구체적 규범통제는 불가능하고 추상적 규범통제만 가능하다. 사후적 규범통제는 법령이 발효된 상태에 있으므로 구체적 규범통제와 추상적 규범통제 모두 가능하다. 사전적 규범통제에서 심사대상이 된 법령이 상위법에 위반된다고 판단되면 그 법령은 예정대로 발효되지 않는다. 사전적 규범통제에서 위헌심판이 기각되어 법령이 발효되더라도 사후적 규범통제를 통해 그 위헌성을 다시 심사할 수도 있다.

(3) 우리나라의 규범통제

법령에 대한 규범통제는 국민의 대표기관이 제정한 법령을 심판한다는 점에서 권력분립이나 민주주의와 체계적으로 정합하지 않는 측면이 있다. 하지만, 헌법재판소는 주권자인 국민이 제정한 헌법에 의해 헌법재판의 권한과 책무를 부여받고 있어서 헌법적 정당성을 가진다. 헌법재판소는 다양한 형식으로 규범통제를 한다.

첫째, 위헌법률심판이다. 헌법은 제111조 제1항 제1호에서 헌법재판소의 관장사항으로 '법원의 제청에 의한 법률의 위헌여부심판'을 포함시키고 있다. 헌법재판소법 제41조 제1항은 "법률이 헌법에 위반되는지 여부가 재판의 전제가 된 경우에는 당해사건을 담당하는 법원은 직권 또는 당사자의 신청에 의한 결정으로 헌법재판소에 위헌여부심판을 제청한다"라고 규정한다. 이는 구체적 규범통제, 사후적 규범통제에 해당한다.

둘째, 규범통제형 헌법소원이다. 헌법재판소법 제68조 제2항은 "법률의 위헌여부심판의 제청신청이 기각된 때에는 그 신청을 한 당사자는 헌법재판소에 헌법소원심판을 청구할 수 있다"라고 규정하여 당사자의 청구에 의한 위헌법률심판도 인정한다. 규범통제형 헌법소원은 헌법소원의 형식을 띠지만, 그 실질은 위헌법률심판이다. 이것도 구체적 규범통제, 사후적 규범통제에 해당한다.

셋째, 법령에 대한 권리구제형 헌법소원심판이다. 국회나 정부의 입법작용도 공권력의 행사에 해당되고, 그 결과로 나타난 법령이 기본권을 침해한 경우에는 헌법소원의 대상이 된다. 이는 구체적 사건의 재판을 전제로 하지 않으므로 구체적 규범통제라고 할 수는 없지만, 법령이 직접 개인의 기본권을 침해한 경우에만 허용되므로 법령 자체에 대한 추상적 규범통제와도 다르다. 이는 사후적 규범통제에 해당한다.

넷째, 규범통제형 권한쟁의심판이다. 헌법재판소는 권한쟁의심판에서 국회나 정부의 입법작용이 다른 국가기관 등의 권한을 침해하였는지를 심판할 때 그 법령이 위헌인지 여부에 대해 심사하게 된다. 이는 구체적 사건의 재판을 전제로 하는 것이 아니므로 구체적 규범통제라고 할 수는 없지만, 법령에 대한 입법권한의 유무 또는 범위에 대한 다툼이 발생한 경우에만 허용되므로 추상적 규범통제와도 다르다. 이는 사후적 규범통제에 해당한다.

다섯째, 헌법재판의 심판절차에서 심판의 선결문제로 법령의 위헌 여부를 심사하는 규범통제이다. 헌법재판소는 헌법재판의 심판절차를 진행하면서 그 사건의 해결을 위해 선결문제로 법령이 위헌인지 여부를 판단해야 할 경우가 있다. 권리구제형 헌법소원에서 공권력의 행사 또는 불행사가 위헌인 법률에 기인한 것이라고 인정할 때에 인용결정과 함께 부수적 위헌선고를 하는 것도 이에 해당한다. 이는 구체적 규범통제, 사후적 규범통제에 해당한다.

2. 심판대상

(1) 형식적 법률

(가) 국회가 제정한 법률

위헌법률심판은 법률이 헌법이 위반되는지 여부를 심판하는 것이므로 그 심판대상은 법률의 위헌 여부이다. 하지만, 일반적으로 위헌법률심판의 심판대상은 위헌 여부의 대상인 법률을 말한다. 이때 법률이란 헌법에 따라 국회가 제정한 법률이고, 국회는 대한민국 국회를 의미한다. 행정명령이나 행정규칙과 같은 행정입법이나 지방자치단체의 조례와 규칙은 국회가 제정한 법률이 아니므로 위헌법률심판의 대상이 되지 않는다.[133]

(나) 폐지되거나 개정된 법률

법률이 폐지되었거나 개정된 경우에는 더 이상 유효한 법률이 아니므로 구법은 심판대상이 아니다. 헌법재판소가 위헌결정을 선고한 법률도 법규적 효력에 따라 실효되어 법률이 폐지된 것과 동일한 효과가 있으므로 심판대상이 되지 않는다.[134] 하지만, 폐지되거나 개정된 법률이라도 재판의 전제성이 인정되는 경우에는 그 법률의 적용으로 법익이 침해될 가능성이 있으므로 그 법률에 대해 위헌심판의 필요성이 인정되고 그 심판이익이 있는 경우에는 심판대상이 된다.[135]

(다) 입법절차의 하자

규범통제는 법령의 내용이 상위법에 위반되었는지 여부를 심사하는 것이므로 입법절차의 하자 그 자체는 심사대상이 아니다. 법률에 입법절차의 하자가 있더라도 심판대상은 그 법률이며, 입법절차의 하자가 독자적인 위헌사유가 되는지는 별개의 문제이다. 국회는 법률의 내용에 대해 입법형성권을 갖고, 입법절차에

---

133) 1998. 10. 15. 96헌바77.
134) 1994. 8. 31. 91헌가1.
135) 1994. 6. 30. 92헌가18.

대해서는 자율성을 가지므로 헌법재판소는 국회의 자율권을 존중해야 한다. 하지만, 법치국가는 합헌적 법률을 전제로 하므로 입법절차의 하자에 대해서도 헌법적 심사를 할 필요가 있다.

헌법재판소는 국회가 입법절차를 규정한 법률을 위반하여 법률을 제정하였더라도 헌법에서 규정한 절차를 준수한 경우에는 국회의 자율권을 존중하여 위헌이 아니라고 판단하였다.136) 국회가 헌법이 규정한 입법절차를 위반한 경우에는 그 내용이 헌법에 위반되지 않더라도 입법절차가 위헌이므로 위헌법률이라고 해석해야 한다. 또한, 국회가 입법절차의 과정에서 다른 국가기관이나 지방자치단체의 권한을 침해한 경우에는 권한쟁의심판을 통해 그 위헌성을 제거할 수도 있다.

(라) 입법부작위

국회가 헌법이나 헌법해석에 의해 입법의무를 부담함에도 불구하고 입법을 하지 않는 입법부작위는 재판에 적용될 여지가 없으므로 심판대상이 되지 않는다. 국회의 입법부작위는 진정입법부작위든지 부진정입법부작위든지 위헌법률심판의 대상이 되지 않는다. 진정입법부작위는 법률의 형식을 갖지 않으므로 심판대상이 되지 않는다. 부진정입법부작위도 불완전하게 법률을 제정하는 행위 그 자체는 심판대상이 되지 않고,137) 불완전한 법률이 위헌법률심판의 심판대상이 될 뿐이다.138)

(2) 실질적 법률

국회에서 제정한 법률뿐만 아니라 실질적으로 법률과 동일한 효력을 갖는 법규범과 관습법도 심판대상이 된다.139) 대통령의 긴급명령과 긴급재정경제명령은 법률과 동일한 효력을 가지므로 심판대상이 된다. 대법원은 1972년 헌법에 근거한 긴급조치는 위헌법률심판의 대상이 아니라 명령·규칙심사권의 대상이라고 하면서 위헌이므로 무효라고 선고하였다.140) 한편, 헌법재판소는 긴급조치 역시 위헌법률

---

136) 2011. 8. 30. 2009헌라7.
137) 2014. 4. 24. 2012헌바332.
138) 2014. 9. 25. 2013헌바208.
139) 2020. 10. 29. 2017헌바208.
140) 대법원 2010. 12. 16. 2010도5986.

심판의 대상이 된다고 판단하고 그 내용이 위헌이므로 무효라고 선언하였다.[141]

헌법에 따라 체결되고 공포되어 법적 효력을 갖는 조약은 법률적 효력을 갖는 조약과 행정명령의 효력을 갖는 조약으로 구분된다. 헌법 제60조 제1항에 따라 국회의 사전동의를 받아 법률적 효력을 갖는 조약은 위헌법률심판의 대상이 된다.[142] 행정명령과 동일한 효력을 갖는 조약은 헌법 제107조 제2항에 따라 대법원이 최종적으로 그 위헌 여부를 심판한다. 일반적으로 승인된 법규도 조약과 마찬가지로 법률과 동일한 효력을 갖는 경우에만 심판대상이 된다.[143]

(3) 헌법조항

위헌법률심판의 대상은 법률이며, 헌법조항은 그 심판대상이 되지 않는다. 헌법은 위헌법률심판의 심사기준이지 심판대상은 아니다. 특정한 헌법조항이 헌법의 핵심적 가치에 부합하지 않는다고 하더라도 위헌법률심판의 대상으로 삼을 수는 없다. 헌법재판소도 헌법규범 상호간에 가치의 우열을 인정할 수 있으나 이는 헌법의 통일적 해석에서 유용할 뿐, 헌법의 특정 규정이 다른 규정의 효력을 전면적으로 부인할 정도로 효력의 차등이 있는 것은 아니라고 판단하였다.[144]

3. 심사기준

(1) 헌법

위헌법률심판의 심판대상은 법률이고, 심사기준은 헌법이다. 이때 헌법은 전문, 본문, 부칙으로 구성되는 형식적 헌법전을 말하고, 헌법의 특정한 조항만이 아니라 전체로서의 헌법을 의미한다. 헌법의 전문도 헌법적 규범력을 가지므로 심사기준에 포함된다.[145] 헌법재판소는 제청법원이나 청구인이 특정한 헌법조항을 심사기준으로 주장하더라도 이에 국한되지 않고 직권으로 헌법 전체를 심사기준으로 채택할 수 있으므로 심판대상인 법률에 의해 제한되는 기본권을 전반적으

---

141) 2013. 3. 21. 2010헌바132.
142) 2001. 9. 27. 2000헌바20.
143) 한수웅, 헌법학, 368면 ; 허영, 헌법소송법, 221면.
144) 2007. 11. 29. 2007헌바30.
145) 2015. 12. 23. 2013헌바11.

로 고려해야 한다.146)

관습헌법의 효력을 인정하는 경우에는 성문헌법과 동일한 효력을 부여하든지 보충적 효력을 부여하든지 헌법으로서 법률보다 우월한 효력을 가지므로 위헌법률심판의 심사기준이 될 수 있다. 헌법재판소는 실질적 의미의 헌법이라 할 수 있는 관습헌법도 위헌법률심판의 심사기준으로 인정한 적이 있다.147) 하지만, 관습헌법은 그 내용과 효력이 불명확하므로 헌법해석을 통해 위헌심사기준을 도출하기 어려운 경우에 예외적으로 관습헌법을 동원하여 그 심사기준을 보충할 필요가 있는 때 한하여 심사기준이 될 수 있다.

(2) 국제법

헌법재판소는 조약이나 일반적으로 승인된 국제법규는 헌법보다 하위의 법규범이므로 법률과 동일한 효력을 갖는 경우에는 위헌법률심판의 대상이 될 수 있지만, 위헌법률심판의 심사기준이 될 수는 없으며,148) 대한민국이 가입한 조약은 물론 세계인권선언과 같은 국제법규도 위헌법률심판의 심사기준은 아니라고 판단하였다.149) 하지만, 세계화가 진행되고 국제법의 구속력이 강화됨에 따라 장래에 헌법적 효력을 갖는 조약이나 국제법규를 수용할 경우에는 국제법도 심사기준이 될 수 있을 것이다.150)

(3) 자연법

정의나 공정과 같은 자연법은 헌법에 명시적으로 규정되지 않더라도 헌법의 기초가 된다. 모든 국가기관은 자연법을 존중해야 하고, 국회는 자연법에 위반하는 법률을 제정해서는 안 된다. 하지만, 자연법은 그 개념과 범위가 명확하지 않고, 구체적인 요건과 내용은 역사적 현실에 따라 다르게 드러난다. 헌법재판소가 임의로 자연법을 확정하여 심사기준을 채택하게 되면 헌법을 침해하는 결과를 초래할 수도 있다. 자연법은 헌법해석을 통해 도출할 수 있는 경우에만 헌법의 일부

---

146) 2002. 8. 29. 2000헌가5.
147) 2004. 10. 21. 2004헌마554.
148) 2015. 6. 25. 2013헌바193.
149) 1991. 7. 22. 89헌가106.
150) 정재황, 헌법재판론, 333면.

가 되어 심사기준이 될 수 있고, 독자적인 위헌심사기준은 아니다.

4. 재판의 전제성

(1) '재판'의 의미

헌법은 제111조 제1항에서 위헌법률심판을 '법원의 제청에 의한 법률의 위헌 여부심판'으로 규정하고, 법원은 법률이 헌법에 위반되는지 여부가 '재판의 전제가 된 경우'에 헌법재판소에 위헌제청을 할 수 있다.[151] 위헌법률심판에서는 구체적 규범통제를 채택하여 법률의 위헌 여부가 재판의 전제가 되어야 할 것을 요구하며, 이를 재판의 전제성이라고 한다. 위헌법률심판에서 재판의 전제성은 법률의 위헌 여부를 심판하는 법적 이익이라고 할 수 있다.

헌법과 헌법재판소법은 재판의 전제성만 규정할 뿐, 그 구체적인 요건과 내용에 대해서는 아무런 규정을 두지 않고 있다. 헌법재판소는 재판의 전제성의 구체적인 의미를 법률해석을 통해 확정한다. 첫째, 구체적인 사건이 법원에 계속 중이어야 하고, 둘째, 위헌 여부가 문제되는 법률 또는 법률조항이 당해사건에 적용되어야 하며, 셋째, 그 법률 또는 법률조항의 위헌 여부에 따라 법원이 다른 내용의 재판을 하게 되는 경우에 재판의 전제성을 인정한다.

재판의 전제성에서 요구되는 '재판'이란 법원이 행하는 실질적인 사법적 판단과 결정을 의미하며, 판결·결정·명령 등 그 형식과 무관하다. 재판에는 본안에 관한 재판과 소송절차에 관한 재판이 모두 포함되며, 종국재판뿐만 아니라 중간재판도 포함된다.[152] 다만, 법원의 사법행정작용은 특정한 사안에 대해 사법적 판단이 아니므로 재판에 포함되지 않는다.

(2) 요건과 내용

(가) 구체적인 사건이 법원에 계속 중일 것

구체적인 사건이 법원에 계속 중이어야 한다. 이때 당해사건이 '적법하게 계

---

151) 헌법재판소법 제41조 제1항.
152) 2011. 12. 29. 2010헌바459.

속 중'이어야 하고, 당해사건이 부적법한 경우에는 재판의 전제성이 인정되지 않는다. 재판의 전제성은 위헌법률심판의 적법요건이므로 법원이 위헌제청을 할 때는 물론 헌법재판소가 종국결정을 할 때까지 존재해야 한다. 법원이 위헌제청을 하게 되면 헌법재판소가 위헌 여부를 결정할 때까지 재판이 정지되지만, 이는 재판이 종료되는 것은 아니므로 재판이 계속 중인 것에 해당한다.

헌법재판소법 제68조 제2항에 따라 당사자가 규범통제형 헌법소원을 청구한 경우에는 당해사건의 재판은 정지되지 않으므로 법원은 당해사건의 재판을 진행하여 종결할 수 있어 헌법재판소가 종국결정할 때까지 구체적 사건이 법원에 계속되지 않을 수 있다. 당사자가 법원에 위헌제청신청을 할 당시에 당해사건이 법원에 계속 중이면 종국결정시에 법원이 이미 재판을 종결하여 당해사건이 계속되지 않더라도 재판의 전제성을 갖춘 것으로 인정된다.[153]

(나) 위헌 여부가 문제되는 법률이 당해사건의 재판에 적용될 것

당해사건에 적용되는 법률인지 여부는 재판을 담당하는 법원이 법률해석을 통해 우선적으로 판단한다. 법률이 당해사건의 재판에 적용되는지 여부는 재판의 형식보다 실질을 기준으로 판단해야 한다. 당해사건에 적용되는 법률이 개정된 경우에는 실질적으로 그 재판에 적용되는 법률이 재판의 전제성을 갖는다. 당해사건에 적용되는 법률에 대해 헌법재판소의 위헌결정이 선고되면 그 효력을 상실하게 되어 당해사건에 적용되지 않으므로 재판의 전제성이 인정되지 않는다.[154]

위헌법률심판에서 심판대상이 되는 법률은 원칙적으로 당해사건의 재판에 직접 적용되어야 한다. 하지만, 당해사건에 직접 적용되는 법률과 밀접하게 관련되고 심판대상이 되는 법률과 동일한 심사척도가 적용되는 경우에는 그 부분도 심판대상이 될 수 있어 재판의 전제성이 인정된다.[155] 헌법재판소는 그 법률의 위헌 여부에 따라 당해사건의 재판에 직접 적용되는 법률의 위헌 여부가 결정되는 경우, 당해사건의 재판의 결과나 직접 적용되는 법률의 규범적 의미가 달라져 재판에 영향을 미치는 경우에는 재판의 전제성을 인정한다.[156]

---

153) 1998. 7. 16. 96헌바33.
154) 2000. 8. 31. 97헌가12.
155) 2003. 6. 26. 2001헌가17.
156) 2018. 6. 28. 2011헌바379.

(다) 법률의 위헌 여부에 따라 다른 내용의 재판을 하게 될 것

법원이 다른 내용의 재판을 하는 경우란 당해사건의 재판에서 결론과 주문이 달라지는 것이다. 법률의 위헌 여부에 따라 당사자의 권리에 영향을 미치더라도 주문이 달라지는 것이 아니면 심판이익이 없으므로 재판의 전제성이 인정되지 않는다. 하지만, 주문이 달라지지 않더라도 법률의 위헌 여부에 따라 재판의 결론을 이끌어내는 이유가 달라지게 되고, 이것이 재판의 내용이나 효력에 관한 법률적 의미에 영향을 미치는 경우에는 재판의 전제성이 인정된다.

주문이 달라지지 않는 경우에 재판의 내용이나 효력에 관한 법률적 의미가 달라지는 것이 무엇인지는 명확하지 않다. 헌법재판소는 개별사건에서 재판의 내용과 효력에 관한 법률적 의미가 달라지는 경우를 스스로 확정한다. 재판의 전제성은 위헌법률심판의 적법요건으로 헌법재판소가 본안판단을 할 수 있는 권한을 통제하는 역할을 한다. 헌법재판소는 재판의 전제성을 자의적으로 판단하여 적법요건의 범위를 지나치게 확대하지 않도록 유의해야 한다.

(3) 판단의 주체

재판의 전제성은 당해사건의 재판부가 일차적으로 판단한다. 제청법원은 위헌제청을 할 것인지를 결정할 때 재판의 전제성을 판단한다. 상급심법원은 하급심법원이 재판의 전제성을 인정하지 않았더라도 재판의 전제성을 인정하여 독자적으로 위헌제청을 할 수 있다. 법원이 위헌제청을 하면 헌법재판소는 가급적 법원의 판단을 존중해야 한다. 제청법원이 법률의 해석과 적용을 통해 재판의 전제성에 대해 가장 정확하게 알 수 있기 때문이다.[157] 하지만, 헌법재판소가 재판의 전제성에 대해 최종적으로 판단하므로 법원의 위헌제청에 대해 재판의 전제성을 부인할 수 있다.[158]

---

157) 2007. 4. 26. 2004헌가29.
158) 2012. 2. 23. 2011헌가13.

(4) 효력

(가) 적법요건

재판의 전제성은 위헌법률심판의 적법요건이므로 재판의 전제성이 없으면 헌법재판소는 법률의 위헌 여부에 대해 본안판단하지 않고 각하결정을 선고해야 한다. 재판의 전제성은 종국결정할 때까지 존재해야 하지만, 규범통제형 헌법소원에서는 법원에 위헌법률심판제청을 신청할 당시에 재판의 전제성을 갖추고 있으면 적법요건을 갖춘 것으로 인정된다. 다만, 법원은 당해사건의 당사자가 위헌제청신청을 한 경우에 재판의 전제성이 없으면 그 신청을 기각한다.

(나) 예외적 본안판단

헌법재판소는 재판의 전제성이 없으면 각하결정을 선고해야 하지만, 예외적으로 본안판단을 할 수도 있다. 헌법재판소는 위헌적 상태가 반복될 위험성이 있거나 헌법적 해명이 긴요한 경우에는 객관적인 헌법질서의 수호와 유지를 위해 심판의 필요성이 인정되므로 법률의 위헌 여부를 심판할 수 있다고 판단하였다.[159] 헌법재판소가 예외적으로 심판이익을 인정하여 적법요건을 갖춘 것으로 인정하는 것은 권력분립에 위배하여 법원의 재판권을 침해할 우려가 있고 구체적 규범통제를 추상적 규범통제로 변질시킬 위험이 있으므로 신중해야 한다.[160]

5. 종국결정

(1) 유형

헌법재판소는 법원이 위헌제청을 철회한 경우, 규범통제형 헌법소원에서도 당해사건의 당사자인 청구인이 헌법소원을 취하하거나 청구인이 사망하고 그 수계자가 없는 경우에는 심판절차종료선언을 한다. 재판부는 적법요건을 갖추지 못하였다고 판단한 경우에는 본안판단을 하지 않고 각하결정을 선고하고, 법률이 위헌이 아니라고 판단한 경우에는 기각결정을 하지 않고 합헌결정을 한다. 헌법

159) 2013. 3. 21. 2010헌바132.
160) 한수웅, 헌법학, 1463면.

재판소는 법률이 위헌이라고 판단한 경우에는 위헌결정을 하는데, 이때에는 재판
관 6인 이상의 찬성이 있어야 한다.

헌법재판소가 위헌결정을 선고하는 경우에도 그 위헌결정의 범위가 심판대
상과 항상 일치하는 것은 아니다. 재판부는 심판대상의 일부에 대해서만 위헌결
정을 할 수 있고, 법률조항의 위헌결정으로 인하여 그 법률의 전부를 시행할 수
없다고 인정될 때에는 그 전부에 대해 위헌결정을 선고할 수 있다.[161] 위헌법률
심판의 종국결정은 공통적으로 일사부재리에 따라 불가변력, 불가쟁력, 기판력을
가지고, 헌법해석을 변경할 때까지 선례구속력을 가진다. 헌법재판소법은 위헌결
정에 대해서는 기속력과 법규적 효력이라는 특별한 효력을 부여한다.

(2) 변형결정

(가) 인정 여부

헌법은 제111조 제1항에서 헌법재판소의 관장사항으로 '법원의 제청에 의한
법률의 위헌여부심판'을 규정하고, 헌법재판소법 제45조는 "헌법재판소는 제청된
법률 또는 법률조항의 위헌 여부만을 결정한다"라고 규정한다. 이는 헌법재판소
가 법률의 위헌 여부만 심판할 수 있을 뿐, 당해사건의 재판에 대해 심판할 수 없
다는 것을 의미하므로 그 주문형식에서 변형결정을 금지하는 것은 아니다.[162] 헌
법재판소는 초기부터 본안판단을 하는 경우 위헌결정과 합헌결정 이외에 변형결
정을 하였다.

헌법재판소가 법률의 위헌성을 확인한 경우에는 이를 전면적으로 배제하는
것이 논리적이다. 하지만, 위헌결정은 법률의 효력을 실효시키므로 법적 공백상태
가 발생할 수 있다. 변형결정은 법적 안정성을 확보하고 국회의 입법권을 존중하
는 차원에서 위헌결정의 범위를 양적, 질적, 시간적으로 제한한 것이다. 헌법재판
소는 헌법불합치결정, 한정위헌결정, 한정합헌결정을 변형결정으로 인정하지
만,[163] 대법원은 헌법불합치결정만 변형결정으로 인정하고, 한정위헌결정과 한정
합헌결정은 법률해석의 일종으로 파악하고 변형결정으로 인정하지 않는다.[164]

---

161) 헌법재판소법 제45조.
162) 1989. 9. 8. 88헌가6.
163) 1997. 12. 24. 96헌마172 ; 2006. 6. 29. 2005헌가13.

(나) 헌법불합치결정

헌법불합치결정이란 법률이 위헌이라는 것을 확인하면서도 위헌결정을 통해 그 효력을 상실시키지 않고 법률의 외형과 효력을 잠정적으로 유지시키는 종국결정이다. 이는 국회로 하여금 법률의 위헌적 요소를 제거할 개선입법의무를 부과하고 그 개선입법을 적용하도록 하는 것이다. 심판대상인 법률은 위헌적이지만 법률로서 효력을 유지하도록 하고, 국회가 일정한 기간 내에 개선입법을 하지 않으면 그때부터 효력을 상실하게 된다. 헌법불합치결정 역시 위헌결정에 포함되므로 재판관 6인 이상의 찬성이 있어야 선고할 수 있다.

헌법불합치결정은 법률의 위헌성을 확인하고도 그 효력을 유지시키는 것이므로 법률의 효력을 상실시키는 것보다 잠정적으로 법률의 효력을 유지하도록 하는 법적 이익이 큰 경우에만 허용된다. 헌법재판소는 법률이 실효되면 법적 공백이나 혼란이 야기되는 경우, 법률에 합헌부분과 위헌부분이 공존하여 헌법재판소가 위헌결정을 통해 이에 적절하게 대처하기 어려운 경우, 위헌법률을 실효시키면 이로 인하여 기본권의 침해가 새롭게 발생하거나 당사자들 사이에 형평성을 상실하게 되는 경우에 헌법불합치결정을 선고할 수 있다.[165]

헌법재판소는 헌법불합치결정을 선고하면서 위헌법률의 적용중지나 계속적용을 명할 수 있다. 법률의 위헌성을 확인한 것이므로 적용중지를 명하는 것이 원칙이지만, 실질적으로는 위헌성에도 불구하고 잠정적으로 적용하도록 하는 계속적용을 명하는 것에 중요한 의미가 있다. 헌법불합치결정은 대부분 계속적용을 명할 필요가 있을 때 선택되며, 위헌법률의 적용을 중지하더라도 그로 인한 법적 혼란이 발생하지 않을 것으로 판단할 경우에는 적용중지를 명한다.[166] 또한, 국회에 대해 일정한 시한까지 법률의 위헌성을 제거할 개선입법의무를 부과하고, 단순히 개선입법을 촉구하기도 한다.[167]

헌법불합치결정도 종국결정으로서 일사부재리에 따라 불가변력, 불가쟁력,

---

164) 대법원 2001. 4. 27. 95재다14 ; 대법원 2009. 1. 15. 2004도7111.
165) 2006. 5. 25. 2005헌가11 ; 2004. 5. 27. 2003헌가1 ; 2011. 6. 30. 2008헌마715 ; 2001. 6. 28. 99헌바54.
166) 2020. 11. 26. 2019헌바131.
167) 2010. 7. 29. 2008헌가15.

기판력을 갖고, 헌법적 판단을 변경할 때까지는 선례구속력도 갖는다. 헌법불합치결정은 실질적으로 법률의 위헌성을 확인한 위헌결정의 일종이고, 주문에서 법률의 위헌성을 명확하게 표시하고 있으므로 기속력을 갖는다.168) 하지만, 헌법불합치결정만으로는 법률의 효력이 상실되는 것이 아니어서 법규적 효력을 갖지 않고, 국회가 개선입법을 통해 법률의 위헌성을 제거하거나 개선입법의 기한이 도과한 경우에 비로소 위헌법률의 효력이 상실되므로 그때 법규적 효력이 발생한다.

(다) 한정위헌결정과 한정합헌결정

한정위헌결정은 법률을 특정하게 해석하고 적용하게 되면 위헌이라는 것을 확인하는 종국결정이다. 이는 법률 자체의 위헌성을 확인한 것이 아니라 특정한 해석과 적용의 가능성을 위헌으로 확인한 것이다. 한정위헌결정 역시 위헌결정에 포함되므로 재판관 6인 이상의 찬성이 있어야 선고할 수 있다. 한정위헌결정도 종국결정이므로 일사부재리에 따라 불가변력, 불가쟁력, 기판력을 갖고, 헌법적 판단을 변경할 때까지는 선례구속력도 갖는다. 한정위헌결정 역시 법률의 위헌성을 확인한 범위에서 기속력과 법규적 효력이 변형되어 나타난다.

한정합헌결정은 심판대상이 된 법률을 제한적으로 축소해석하여 그 범위에서 적용하는 한 헌법에 위반된 것이 아니라고 선고하는 결정이다. 헌법재판소는 한정합헌결정과 한정위헌결정의 공통점에 주목하여 양자는 서로 표리관계에 있어 실제로 차이가 없으며, 모두 부분적 위헌결정이므로 동일한 결정유형이라고 판단하였다.169) 하지만, 한정위헌결정은 일정한 부분에 대해 법률의 위헌성을 확인한 것이고, 한정합헌결정은 법률의 어떠한 부분에 대해서도 그 위헌성을 확인한 것이 아니다. 한정합헌결정은 합헌결정과 동일하므로 기속력과 법규적 효력을 갖지 않는다.

---

168) 2006. 6. 29. 2005헌가13 ; 대법원 1998. 4. 10. 97누20397.
169) 1994. 4. 28. 92헌가3, 1997. 12. 24. 96헌마172.

6. 위헌결정의 효력

(1) 기속력

헌법재판소법 제47조 제1항은 "법률의 위헌결정은 법원 기타 국가기관 및 지방자치단체를 기속한다"라고 규정한다. 기속력은 헌법재판의 실효성을 확보하기 위해 법률이 특별히 인정한 것이므로 법률적 근거를 가져야 하는데, 헌법재판소법은 위헌결정에 대해서만 기속력을 부여한다. 기속력은 위헌결정에 대해서만 미치므로 심판절차종료선언, 각하결정, 합헌결정은 기속력을 갖지 않는다.

헌법재판소와 대법원은 헌법불합치결정도 위헌결정의 일종으로 해석하여 기속력을 인정한다.170) 헌법재판소는 한정위헌결정과 한정합헌결정을 모두 동일한 질적 일부위헌으로 보아 기속력을 갖는다고 판단하였다.171) 하지만, 대법원은 한정위헌결정이나 한정합헌결정은 모두 법률해석에 불과하고, 이는 법원의 권한에 속하므로 기속력을 갖지 않는다고 판단하였다.172) 헌법불합치결정과 한정위헌결정은 법률의 위헌성을 확인하였으므로 그 범위에서 기속력을 가지나, 한정합헌결정은 합헌결정과 동일하므로 기속력을 갖지 않는다.

(2) 법규적 효력

(가) 장래적으로 효력 상실

헌법재판소법 제47조 제2항은 "위헌으로 결정된 법률 또는 법률의 조항은 그 결정이 있는 날부터 효력을 상실한다"라고 규정한다. 위헌결정이 선고된 법률은 '그 결정이 있는 날부터' 효력을 상실한다. 이는 위헌법률은 처음부터 당연히 무효라는 것을 사후적으로 확인한다는 의미가 아니라 위헌결정으로 비로소 장래적으로 효력을 상실한다는 의미이다. 법률은 위헌결정이 있은 날의 0시부터 효력을 상실한다. 위헌결정이 선고된 법률은 그 이전에는 적법하고 유효하게 적용된 것으로 해석된다.

법규적 효력은 법률에 대해 위헌성이 있다는 것을 확인한 것에 기초하므로

---

170) 2006. 6. 29. 2005헌가13 ; 대법원 1998. 4. 10. 97누20397.
171) 1997. 12. 24. 96헌마172.
172) 대법원 2001. 4. 27. 95재다14.

위헌결정에만 인정된다. 법률의 위헌 여부에 대해 본안판단을 하지 않은 심판절차종료선언과 각하결정은 법규적 효력을 갖지 않고, 합헌결정도 마찬가지이다. 헌법불합치결정은 법률 자체의 효력을 그대로 유지하므로 법규적 효력을 갖지 않고, 한정위헌결정은 법률의 위헌성을 확인한 범위에서만 법규적 효력을 가진다. 한정합헌결정은 합헌결정과 동일하므로 법규적 효력을 갖지 않는다.

(나) 예외적 소급효

1) 당해사건, 동종사건, 병행사건, 일반사건

위헌법률을 장래적으로 실효시키는 것은 법적 안정성과 신뢰보호원칙에 부합하지만, 개인의 권리를 구제하지 못하게 되어 사법적 정의를 해치는 결과가 발생할 수 있다. 이때에는 예외적으로 소급적으로 실효시킬 필요가 있다. 최소한 헌법재판소에 위헌결정의 계기를 부여한 당해사건에는 소급효가 미쳐야 권리를 구제할 수 있다. 헌법재판소법은 이에 대해 아무런 규정을 두지 않지만, 헌법재판소와 대법원은 해석을 통해 일정한 범위에서 소급효를 인정한다.

헌법재판소는 당해사건은 물론 동종사건과 병행사건에 대해서도 소급효를 인정한다.[173] 동종사건이란 위헌결정이 선고되기 전에 동일한 법률에 대해 법원이 위헌제청을 하였거나 당사자가 법원에 위헌제청신청을 한 다른 사건이다. 병행사건이란 법원이 위헌제청을 하거나 당사자가 위헌제청신청을 하지 않았지만 그 법률이 재판의 전제가 되어 법원에 계속 중인 다른 사건이다. 동종사건과 병행사건은 법률의 위헌 여부에 관한 법적 분쟁이 계속되고 있으므로 그 법률을 소급적으로 실효시키는 것이 타당하다.

위헌결정이 선고된 이후 비로소 법원에 소송이 제기된 일반사건에는 원칙적으로 소급효가 미치지 않고, 예외적으로만 소급효가 인정된다. 즉, 당사자의 권리구제를 위한 구체적 타당성의 요청이 현저한 반면, 소급효를 인정하여도 법적 안정성을 침해할 우려가 없고 이미 형성된 기득권자의 이익을 해칠 사안이 아닌 경우에만 소급효를 인정할 수 있다.[174] 위헌결정이 선고되기 전에 이미 위헌법률을 적용한 법률관계가 확정되어 더 이상 다툴 수 없게 된 경우에도 위헌법률의 소급

---

173) 2000. 8. 31. 2000헌바6.
174) 1993. 5. 13. 92헌가10.

효가 미치지 않는다.

대법원은 당해사건, 동종사건, 병행사건에 대해 소급효를 인정하고, 일반사건에서도 원칙적으로 소급효를 인정하고, 법적 안정성의 유지나 당사자의 신뢰보호를 위해 불가피한 경우에만 소급효를 부인한다.[175] 이는 헌법재판소가 일반사건에 대해서는 원칙적으로 소급효를 부인하고 예외적으로만 인정하는 것과 대비된다. 헌법재판소와 대법원은 일반사건에 대해 정도의 차이가 있지만, 구체적인 이익을 형량하여 개별적으로 판단한다는 점에서는 동일하다.

2) 형벌조항에 대한 위헌결정

헌법재판소법 제47조 제3항 본문은 "제2항에도 불구하고 형벌에 관한 법률 또는 법률의 조항은 소급하여 그 효력을 상실한다"라고 규정한다. 위헌법률에 의해 형사처벌하는 것은 죄형법정주의와 사법적 정의의 관점에서 허용될 수가 없으므로 이때에는 위헌법률의 효력을 소급하여 상실하도록 한다. 소급효가 인정되는 형벌조항은 '형벌에 관한 법률 또는 법률조항'이므로 범죄의 구성요건에 관한 실체적인 형벌조항만 의미하고, 형사소송절차에 관한 법률은 이에 해당되지 않는다.[176]

헌법재판소법 제47조 제3항 단서는 "다만, 해당 법률 또는 법률의 조항에 대하여 종전에 합헌으로 결정한 사건이 있는 경우에는 그 결정이 있는 날의 다음 날로 소급하여 효력을 상실한다"라고 규정한다. 형벌조항이 그 효력을 상실하는 것은 헌법재판소가 그 위헌성을 확인한 것에 따른 효과이므로 소급효가 미치는 범위도 그 위헌성에 대해 판단한 시점까지만 소급되어야 한다. 합헌결정은 헌법재판소가 그 형벌조항이 위헌이 아니라는 것을 유권적으로 해석한 것이므로 이를 존중해야 한다. 이때에는 그 합헌결정이 있는 날의 다음 날로 소급하여 효력을 상실하도록 한 것이다.

심판절차종료선언이나 각하결정은 그 법률의 합헌성이 확인된 것이 아니기 때문에 종전의 합헌결정에 포함되지 않는다. 한정합헌결정은 종전의 합헌결정에 해당하지만, 헌법불합치결정과 한정위헌결정은 종전의 합헌결정에 포함되지 않는다. 법률에 대한 헌법소원에서 기각결정을 한 것도 종전의 합헌결정에 포함된다.

---

175) 대법원 2017. 3. 9. 2015다233982.
176) 1992. 12. 24. 92헌가8.

종전에 합헌결정이 여러 개인 경우에는 헌법재판소의 판단을 존중하여 마지막으로 합헌결정을 한 날의 다음 날로 소급하여 효력을 상실한다. 위헌법률을 적용한 유죄의 확정판결에 대해서는 재심을 통해 당사자의 권리를 구제한다.[177]

7. 규범통제형 헌법소원

(1) 위헌법률심판의 일종

헌법재판소법 제68조 제2항 전단은 "법률의 위헌여부심판의 제청신청이 기각된 때에는 그 신청을 한 당사자는 헌법재판소에 헌법소원심판을 청구할 수 있다"라고 규정한다. 이는 권리구제형 헌법소원과 구별하여 규범통제형 헌법소원이라고 하며, '헌법소원'의 명칭에도 불구하고 실질적으로 법률에 대한 규범통제에 해당한다. 하지만, 개인이 헌법소원의 형식으로 청구하는 것이므로 지정재판부에 의한 사전심사를 거치도록 하며, 변호사강제와 국선대리인에 관한 헌법재판소법의 규정도 적용된다.[178]

규범통제형 헌법소원은 실질적으로 위헌법률심판에 해당하므로 재판의 전제성이 가장 중요한 적법요건이다. 권리구제형 헌법소원의 적법요건에 해당하는 기본권 침해의 가능성의 심사기준인 자기관련성, 직접성, 현재성은 그 적법요건이 아니며, 보충성도 요구되지 않는다.[179] 다만, 규범통제형 헌법소원에서는 당사자의 위헌제청신청으로 재판이 정지되지 않아 재판이 확정되더라도 재심을 청구할 수 있으므로 그 신청할 당시에 재판의 전제성이 있으면 적법요건을 갖춘 것으로 인정된다.[180]

(2) 절차

(가) 당사자의 위헌제청신청

규범통제형 헌법소원은 법원에 위헌제청신청을 하였다가 기각당한 당사자만

---

177) 헌법재판소법 제47조 제4항, 제5항.
178) 헌법재판소법 제25조 제3항, 제70조, 제72조, 제73조 제2항.
179) 1997. 7. 16. 96헌바36.
180) 2020. 6. 26. 2018헌바278.

청구할 수 있고, 당사자가 위헌제청을 신청하지 않았거나 법원이 그 신청을 받아
들여 위헌제청을 한 경우에는 청구할 수 없다. 당해사건의 당사자가 행정청인 경
우에 그 행정청은 헌법소원을 청구할 수 없다는 견해가 있지만,181) 공권력의 주
체인 국가기관, 행정청, 지방자치단체 등도 일반법원의 재판에서 당사자가 될 수
있으므로 위헌제청을 신청할 수 있고, 법원에 의해 기각되면 헌법소원을 청구할
수 있다.182)

당사자가 법률 그 자체의 위헌성을 주장하는 것이 아니라 법률의 특정한 해
석가능성과 그 적용에 대해 위헌성을 주장하는 경우가 있다. 대법원은 한정위헌
결정을 청구하는 것은 법률에 대한 법원의 해석을 다투는 것에 불과하여 부적법
하다고 판단하였고,183) 헌법재판소는 이를 원칙적으로 인정하고 법원의 법률해석
이나 재판결과를 다투는 경우에만 예외적으로 허용하지 않는다고 판단하였다.184)
한정위헌결정을 청구하는 것은 실질적으로 재판소원을 허용하는 것이므로 인정하
지 않는 것이 타당하다.185)

(나) 법원의 기각결정

법원은 당사자의 제청신청을 받아들여 헌법재판소에 위헌제청을 할 수 있지
만, 이를 받아들이지 않는 경우에는 결정으로 기각한다. 법원은 당사자의 제청신
청을 심사하여 법률이 위헌이 아니라고 판단하거나 재판의 전제성이 없다고 판단
한 경우에는 그 신청을 기각한다.186) 법원은 당사자의 제청신청에 대해 재판의
전제성을 갖추지 못하였다고 판단하고 기각한 경우도 있고, 각하한 적도 있다.187)
헌법재판소는 법원이 각하하였더라도 법원의 판단에 불복하여 헌법재판소에 헌법
소원을 청구할 수 있다고 판단하였다.188)

헌법재판소법은 '제청신청이 기각된 때' 당사자가 헌법소원을 청구할 수 있

---

181) 한수웅, 헌법학, 1525∼1526면.
182) 2008. 4. 24. 2004헌바44.
183) 대법원 2009. 2. 18. 2009아14.
184) 2012. 12. 27. 2011헌바117.
185) 한수웅, 헌법학, 1537면.
186) 1993. 7. 29. 90헌바35.
187) 대법원 2008. 6. 30. 2008초기224.
188) 2020. 3. 26. 2018헌바202.

다고 규정한다.[189] 헌법재판소가 법원의 각하결정에 대해 헌법소원을 인정한 것
은 법원은 기각과 각하를 명확하게 구별하지 않거나 기각해야 함에도 불구하고
각하하는 경우가 많아 당사자의 헌법소원청구권을 보장하기 위해 '기각'을 각하까
지 확대하여 해석한 것이다. 법원은 재판의 전제성이 없을 경우에는 기각결정을
해야 하고, 헌법재판소는 법원이 기각해야 함에도 각하한 경우에 예외적으로만
헌법소원의 청구를 허용해야 한다.[190]

(다) 재신청의 금지

헌법재판소법 제68조 제2항은 "… 법률의 위헌여부심판의 제청신청이 기각
된 때에는 … 그 당사자는 당해사건의 소송절차에서 동일한 사유를 이유로 다시
위헌여부심판의 제청을 신청할 수 없다"라고 규정한다. 법원이 당사자의 위헌제
청신청을 기각한 것에 대해 당사자는 불복하거나 다시 위헌제청신청을 할 수 없
고, 헌법재판소에 헌법소원을 청구할 수 있을 뿐이다. 당사자는 동일한 법률에 대
해 '동일한 사유'로 다시 제청신청을 할 수 없지만, 다른 사유로 위헌성을 주장하
여 위헌제청을 다시 신청할 수는 있다.

당사자는 '당해사건의 소송절차'에서 다시 위헌제청을 신청할 수 없는데, 법
원은 각 심급마다 독자적으로 위헌제청권을 가지므로 심급을 달리하는 경우에는
당사자가 다시 제청신청을 할 수 있다는 견해가 있다.[191] 하지만, 당해사건의 소
송절차는 하급심법원의 판단으로 종결되지 않고 상급심까지 계속되므로 당해사건
의 소송절차가 진행되는 동안에는 당사자가 제청신청을 반복할 수 없다.[192] 헌법
재판소와 대법원도 당해사건의 소송절차에는 당해사건의 상급심법원까지 포함된
다고 판단하였다.[193]

(라) 청구기간

당사자는 법원으로부터 제청신청을 기각하는 결정을 통지받은 날부터 30일
이내에 청구해야 한다.[194] 기각결정을 통지받은 날이란 특별한 사정이 없는 한

---

189) 헌법재판소법 제60조 제2항.
190) 한수웅, 헌법학, 1526~1528면.
191) 정종섭, 헌법소송법, 275면.
192) 한수웅, 헌법학, 1529면.
193) 2013. 6. 27. 2011헌바247 ; 대법원 2006. 6. 23. 2000카기44.

기각결정을 송달받은 날을 의미한다. 다만, 당사자가 법원에 국선대리인 선임신청
을 한 경우에는 그 신청이 있는 날을 기준으로 청구기간을 정하고, 기각된 경우에
는 선임신청을 한 날부터 기각통지를 받은 날까지는 청구기간에 산입되지 않는
다.195) 헌법소원의 청구기간은 적법요건이므로 그 기간을 도과하면 부적법하여
각하된다.

당사자의 제청신청을 기각한 법원은 당사자가 헌법소원을 청구하더라도 당
해사건의 재판을 정지하지 않고 그대로 진행한다. 이는 법원이 위헌법률심판을
제청한 경우에 당해사건의 재판이 정지되는 것과 다르다. 법원이 제청신청을 기
각한 것은 당해사건에 법률을 적용한다는 의미이므로 스스로 위헌제청을 하지 않
으면 당해사건의 재판을 계속 진행해야 한다. 헌법재판소가 심판절차를 진행하는
중에 법원이 당해사건의 재판을 종료하게 되어 재판의 전제성이 소멸할 수도 있
지만, 이때에는 적법요건을 갖춘 것으로 판단한다.

(3) 종국결정

헌법재판소법 제75조 제6항은 "제5항의 경우 및 제68조 제2항에 따른 헌법소
원을 인용하는 경우에는 제45조 및 제47조를 준용한다"라고 규정한다. 규범통제형
헌법소원의 결정형식도 위헌법률심판과 동일하다. 즉, 심판절차종료선언, 각하결정,
합헌결정, 위헌결정은 물론 헌법불합치결정과 한정위헌결정과 같은 변형결정을 선
고할 수 있다. 종국결정은 일사부재리에 따라 일반적 효력인 불가변력, 불가쟁력,
기판력과 선례구속력을 가지고 위헌결정은 기속력과 법규적 효력을 갖는다.

헌법재판소법 제76조 제7항은 "제68조 제2항에 따른 헌법소원이 인용된 경
우에 해당 헌법소원과 관련된 소송사건이 이미 확정된 때에는 당사자는 재심을
청구할 수 있다"라고 규정한다. 이때 헌법소원이 인용되었다는 것은 법률이 위헌
이라는 것을 의미하고, '해당 헌법소원과 관련된 소송사건'이란 헌법소원의 전제
가 된 당해사건만을 의미한다.196) 규범통제형 헌법소원에서는 그 심판청구로 인
하여 재판이 정지되지 않는다는 것을 고려하여 재심절차를 통해 권리구제를 도모

---

194) 헌법재판소법 제69조 제2항.
195) 헌법재판소법 제70조 제1항, 제4항.
196) 2002. 3. 28. 2001헌바42.

하는 것이다.

제 5 절 탄핵심판

1. 헌법적 의미

(1) 법적 근거

헌법 제65조 제1항은 "대통령·국무총리·국무위원·행정각부의 장·헌법재판소 재판관·법관·중앙선거관리위원회 위원·감사원장·감사위원 기타 법률이 정한 공무원이 그 직무집행에 있어서 헌법이나 법률을 위배한 때에는 국회는 탄핵의 소추를 의결할 수 있다"라고 규정한다. 탄핵이란 행정부의 고위공무원이나 법관과 같이 신분이 보장되는 공직자가 직무상 중대한 위법행위를 저지른 경우에 일반적인 사법절차가 아닌 특별한 절차를 통해 처벌하거나 파면하는 것을 말한다.

대통령을 비롯한 정부의 고위공무원은 법률을 집행하므로 검사가 이들을 기소하기 어려울 수 있고, 법관에 대해서도 사법권의 독립이 보장되어 일반적인 사법절차를 통해 법적 책임을 묻기가 쉽지 않다. 탄핵은 고위공직자가 헌법과 법률에 따라 적정하게 권한을 행사하도록 하여 법치국가를 실현하고, 그 권한남용으로부터 기본권을 보장함으로써 헌법질서를 수호한다. 또한, 헌법은 탄핵심판권을 일반법원이 아니라 헌법재판소에 부여하여 법원이 정치적 소용돌이에 빠지지 않도록 하여 사법의 정치화를 방지하기도 한다.

(2) 특징

탄핵심판은 고위공직자의 위법행위에 대해 법적 책임을 지우는 것이다. 이는 고위공직자를 공직에서 추방하는 것이므로 징계의 성격을 갖는다. 고위공직자가 탄핵심판을 통해 파면되더라도 민사상 또는 형사상 책임을 물을 수 있다. 헌법은 탄핵소추권은 국회에게, 탄핵심판권은 헌법재판소에 부여한다. 국회가 민주적 관점에서 소추하고, 헌법재판소가 법치적 관점에서 심판하도록 한다. 탄핵심판은 법적 책임을 묻는 것이므로 그 심판절차에는 사법적 절차가 적용되어야 한다.

탄핵심판은 고위공직자에 대해 법적 책임을 묻는다는 점에서 국회의 해임건의와 구별된다. 국회가 고위공직자의 해임을 건의하더라도 대통령은 이에 기속되지 않고, 해임건의의 대상, 요건, 법적 효과가 탄핵심판과는 크게 다르다. 탄핵심판은 고위공직자에게 법적 책임을 지우는 것이므로 고위공직자가 직무집행에서 헌법이나 법률을 위반한 경우에 파면하는 것이고, 해임건의는 정치적 책임을 묻는 것이므로 개인적인 무능력과 같은 이유로도 해임건의를 할 수 있어 그 사유에 제한이 없다.

대한민국의 헌정사에서도 탄핵심판이 중요한 역할을 하였다. 2004년 처음으로 노무현 대통령에 대해 국회에서 탄핵소추가 가결되었으나, 헌법재판소는 대통령의 행위를 위헌으로 인정하면서도 파면에 대해서는 기각결정을 하였다. 2016년 12월 박근혜 대통령에 대해 탄핵소추가 의결되었고, 헌법재판소는 2017년 3월 파면결정을 내렸다. 또한, 국회는 2024년 12월 14일 윤석열 대통령에 대해 위헌·위법적 비상계엄을 선포하였다는 이유로 탄핵소추를 의결하였다.

2021년 국회는 처음으로 법관에 대해 재판에 부당하게 개입한 혐의 등으로 탄핵소추를 의결하였고, 헌법재판소는 임기만료로 퇴직한 피청구인에 대해 각하결정을 하였다.[197] 2023년 국회는 처음으로 행정안전부장관에 대해 이태원압사사고 등을 이유로 탄핵소추를 의결하였으나, 헌법재판소는 기각결정을 하였다.[198] 검사들에 대해서도 탄핵소추를 의결하였으나 헌법재판소는 모두 기각결정을 하였으며,[199] 2024년에는 국회가 감사원장과 검사 3명에 대해 탄핵소추를 의결하였다.

2. 탄핵심판

(1) 심판절차

탄핵심판은 소추위원인 국회 법제사법위원회 위원장이 소추의결서의 정본을 헌법재판소에 제출함으로써 개시된다.[200] 탄핵심판의 청구인은 국회이고, 법제사

---

197) 2021. 10. 28. 2021헌나1.
198) 2023. 7. 25. 2023헌나1.
199) 2024.05.30. 2023헌나2 ; 2024.08.29. 2023헌나4.

법위원장은 국회를 대표하여 소송을 수행하는 소추위원이다. 탄핵심판절차에서는 피청구인의 방어권을 보장할 필요가 있으므로 형사소송법에 관한 법령을 우선적으로 준용하고, 민사소송에 관한 법령도 일반적으로 준용된다. 탄핵심판은 반드시 구두변론에 의해야 하고, 재판부가 변론을 열 때에는 기일을 정하고 당사자와 관계인에게 출석을 요구해야 한다.[201]

피청구인에 대해 탄핵심판청구와 동일한 사유로 형사소송이 진행되고 있는 경우에는 재판부는 심판절차를 정지할 수 있다.[202] 이때 '동일한 사유'란 탄핵심판의 피청구인을 피고인으로 한 형사소송에서 그 공소사실이 탄핵사유와 기본적 사실관계에서 동일성이 인정되는 경우를 말한다. 재판부는 반드시 심판절차를 정지해야 하는 것은 아니며, 탄핵심판과 형사소송의 결론이 달라질 수도 있다. 탄핵심판에서는 청구가 이유 없다는 이유로 기각결정이 선고되더라도 형사소송에서는 유죄가 확정될 수 있다.

(2) 종국결정

헌법재판소법 제53조 제1항은 "탄핵심판청구가 이유 있는 경우에는 헌법재판소는 피청구인을 해당 공직에서 파면하는 결정을 선고한다"라고 규정한다. 이때 '탄핵심판청구가 이유 있는 경우'는 파면사유에 해당하며, 탄핵소추사유에 해당하는 '공무원이 그 직무집행에 있어서 헌법이나 법률을 위배한 때'와는 다르게 표현된다. 국회가 정치적 책임을 추궁하는 탄핵소추와 헌법재판소가 법적 책임을 부과하는 탄핵심판은 다를 수밖에 없다. 하지만, 최종적으로 고위공직자를 파면하는 사유이므로 통일적으로 해석해야 한다.

종국결정에는 심판절차종료선언, 각하결정, 기각결정, 파면결정이 있다. 피청구인의 직무집행행위가 헌법이나 법률을 위반하지 않거나 파면을 정당화할 정도로 중대한 위법행위가 아닌 경우에 기각결정을 한다. 재판부가 각하결정이나 기각결정을 하면 피청구인의 권한행사의 정지는 종료되고 그 권한은 회복된다. 재판부가 탄핵사유가 인정된다고 판단한 경우에는 파면결정을 하고, 이때에는 재판

---

200) 헌법재판소법 제49조.
201) 헌법재판소법 제30조 제1항.
202) 헌법재판소법 제51조.

관 6인 이상의 찬성이 있어야 한다. 탄핵심판의 종국결정은 헌법재판의 일반적 효력인 불가변력, 불가쟁력, 기판력, 선례구속력을 가진다.

(3) 파면결정의 효력

헌법재판소는 탄핵심판청구가 이유 있는 경우에는 피청구인을 공직에서 파면하는 결정을 선고하고, 피청구인은 파면결정의 선고 시에 공직에서 파면되는 법적 효과가 발생한다. 헌법재판소는 대통령에 대한 탄핵결정에서 '2017. 3. 10. 11:21'이라고 선고일시를 결정문에 구체적으로 기재하였다. 피청구인에 대한 파면결정은 형성력을 가지므로 파면이라는 법적 효과를 발생시키며, 이는 장래적으로 효력이 발생하고 소급효를 갖는 것은 아니다. 따라서 피청구인이 공무원의 자격으로 자신의 권한을 행사한 것은 소급적으로 실효되지 않고 그대로 유효하다.

헌법 제65조 제4항은 "탄핵결정은 공직으로부터 파면함에 그친다. 그러나 이에 의하여 민사상이나 형사상의 책임이 면제되지는 아니한다"라고 규정한다. 이는 탄핵결정 자체의 효과는 피청구인을 파면하는 것에만 미친다는 의미일 뿐, 다른 법률에 따라 법적 효과가 발생하는 것을 금지하는 것은 아니다. 따라서 탄핵결정으로 파면된 자에 대해 민사상이나 형사상 책임을 지우는 것은 일사부재리나 이중처벌금지를 위반하는 것이 아니다.

헌법재판소법 제54조 제2항은 "탄핵결정에 의하여 파면된 사람은 결정 선고가 있은 날부터 5년이 지나지 아니하면 공무원이 될 수 없다"라고 규정한다. 탄핵결정에 따른 파면과 피청구인에 대한 형사처벌이나 행정제재는 층위를 달리하는 별개의 법적 효과를 가진다. 사면법은 형사처벌이나 행정제재를 규율할 뿐 탄핵결정에 따른 파면을 규율하지 않는다. 법률이 대통령의 사면권을 직접 제한하지 않으므로 파면된 고위공직자에 대해 사면법에 따라 사면하는 것은 가능하다. 하지만, 탄핵결정에 따른 파면을 사면하는 것은 사면법의 적용대상이 아니므로 불가능하다.

제 6 절   정당해산심판

1. 헌법적 의미

(1) 법적 근거

헌법 제8조 제4항은 "정당의 목적이나 활동이 민주적 기본질서에 위배된 때에는 정부는 헌법재판소에 그 해산을 제소할 수 있고, 정당은 헌법재판소의 심판에 의하여 해산된다"라고 규정한다. 제111조 제1항은 '정당해산심판'을 헌법재판소의 관장사항으로 규정하여 헌법재판소가 정당을 해산할 수 있는 헌법적 근거를 마련한다. 정당은 국가기관이 아니지만 실질적으로 중요한 정치적 영향력을 행사하고 전체주의나 공산주의를 지향하는 경우에는 헌법질서를 침해할 수 있다. 헌법은 헌법질서를 수호하기 위해 정당해산심판을 헌법재판의 대상에 포함시킨다.

정당해산은 위헌적인 정당을 해산함으로써 헌법침해를 예방하고 헌법을 수호한다. 하지만, 헌법이 정당해산심판의 요건과 절차를 규정하는 것은 정당해산을 어렵게 함으로써 정당을 보다 강하게 보호하는 기능을 한다는 것을 유념해야 한다. 즉, 정당을 강제로 해산하는 것은 절차적으로는 헌법재판소의 심판에 따라야 하고, 실체적으로는 정당의 목적이나 활동이 민주적 기본질서에 위반한 경우에만 가능하도록 한 것이다.

(2) 특징

정당해산심판은 정당을 강제로 해산함으로써 헌법적 차원에서 정당의 지위와 특권을 박탈하는 것이다. 이는 정당의 자진해산이나 등록취소와 구별된다. 자진해산은 정당이 그 대의기관의 결의를 통해 스스로 해산하는 것으로 정당의 자유에 포함된다. 정당의 등록취소는 정당으로 갖추어야 할 법정요건을 갖추지 못한 경우에 정당의 등록을 행정적으로 취소하는 것이다. 1948년 건국헌법은 정당에 대해 아무런 규정을 두지 않았다.

정당해산심판은 1960년 헌법에서 처음 도입되었는데, 이는 정부의 행정조치로 정당을 해산한 역사적 경험을 반영한 것이다. 정당해산심판은 정당해산의 근거를 마련하기 위해서가 아니라 정당을 보호하기 위한 수단으로 등장하였다. 즉, 진보당의 등록취소와 민주혁신당에 대한 등록거부와 같이 정부가 야당을 탄압하기 위해 정당을 폭력적으로 통제한 것을 경험하고 정당을 특별히 보호하기 위해 도입되었다. 2014년 정부는 처음으로 통합진보당에 대해 정당해산심판을 청구하였고, 헌법재판소는 해산결정을 선고하였다.

2. 요건

(1) 대상

정당해산심판의 대상은 정당이다. 정당은 중앙당이 중앙선거관리위원회에 등록함으로써 법적 지위를 획득하고, 이때 국고보조금이나 기탁금을 분배받을 자격을 취득한다. 하지만, 헌법에 의해 보장되는 정당은 정당법에 의해 등록절차를 완료하지 않더라도 정당의 실질을 갖춘 경우에는 정당해산의 대상이 된다. 정당의 창당준비위원회가 정당의 실질을 갖춘 경우에는 정당해산의 대상이 된다.[203]

정당의 창당활동이 진행되어 중앙당과 법정 시·도당을 창당하고 정당의 등록절차만 남겨둔 '등록 중의 정당'도 실질적으로 정당으로 활동하는 경우에는 정당해산의 대상에 포함된다.[204] 정당의 시·도당이나 정당의 하부조직도 독자적으로 정당해산의 대상이 된다는 견해도 있지만,[205] 정당해산의 대상은 정당 그 자체이고 정당의 하부조직은 정당을 구성하는 부분에 불과하므로 정당해산의 대상이 되지 않는다. 정당의 방계조직이나 연합조직과 같은 단체도 정당해산의 대상이 되지 않는다.[206]

(2) 사유

(가) 정당의 목적이나 활동

정당해산사유는 정당의 목적이나 활동이 민주적 기본질서에 위반되는 것이

---

203) 정종섭, 헌법소송법, 480면 ; 정재황, 헌법재판론, 1644면.
204) 김하열, 헌법소송법, 750면 ; 정종섭, 헌법소송법, 480면 ; 한수웅, 헌법학, 1592~1593면 ; 허영, 헌법소송법론, 307면 .
205) 정종섭, 헌법소송법, 475면.
206) 김하열, 헌법소송법, 769면 ; 한수웅, 헌법학, 1592~1593면.

다. 정당의 목적은 정당의 정치적 목표나 실현하고자 하는 계획으로 강령, 당헌, 출판물과 선전자료, 지도부와 당원의 활동 등을 종합적으로 고려하여 판단한다. 정당의 활동은 그 법적 효과를 정당에게 귀속시킬 수 있는 일반적 행위이며, 정당의 활동은 정당의 기관, 소속 국회의원이나 당원의 활동을 정당에게 귀속시킬 수 있는지 여부를 기준으로 판단한다. 당원이 아닌 자의 활동도 정당과 관련되는 경우에는 정당의 활동에 포함되고, 당원의 개인적 차원의 행위는 이에 포함되지 않는다.

헌법재판소는 정당의 목적이나 활동 가운데 어느 하나라도 민주적 기본질서에 위배되면 그 사유에 해당한다고 판단하였다.207) 하지만, 정당의 목적과 활동은 엄격하게 구분되지 않고 실질적으로 밀접하게 관련되고, 정당해산사유인 민주적 기본질서를 위배하였는지를 판단할 때에도 함께 고려해야 한다. 따라서 정당의 목적과 활동을 엄격하게 구분하여 그 요건을 검토할 것이 아니라 정당의 '목적이나 활동'을 하나의 개념으로 통일적으로 이해하는 것이 타당하다.

(나) 민주적 기본질서에 위배

정당해산에서 정당의 목적이나 활동을 심사하는 규범적 기준은 민주적 기본질서이다. 헌법재판소는 "민주적 기본질서란 모든 폭력적·자의적 지배를 배제하고 다수를 존중하면서도 소수를 배려하는 민주적 의사결정과 자유·평등을 기본원리로 하여 구성되고 운영되는 정치적 질서를 말하며, 구체적으로 말하면 국민주권주의, 기본적 인권의 존중, 권력분립제도, 복수정당제도 등이 현행헌법상 주요한 요소라고 볼 수 있다"라고 판단하였다.208)

헌법은 '민주적 기본질서'와 '자유민주적 기본질서'를 구별하여 규정한다. 하지만, 민주적 기본질서는 법치국가와 민주주의의 핵심적 가치를 결합한 것으로서 자유민주적 기본질서와는 규범조화적 차원에서 동일한 개념이다. 자유민주적 기본질서와 민주적 기본질서는 모두 자유민주주의를 실현하는 실천적 기본원리이며, 자유, 평등, 정의를 결합하는 헌법질서이다. 민주적 기본질서에 '위배'된다는 것은 민주적 기본질서에 부합하지 않다거나 장애를 초래하였다는 것만으로는 부

---

207) 2014. 12. 19. 2013헌다1.
208) 2014. 12. 19. 2013헌다1.

족하고, 객관적으로 그 위반의 정도가 중대하여 그 정당을 해산해야 할 정도로 민주적 기본질서에 위협이 되어야 한다.

(다) 실질적 해악을 끼칠 위험성

헌법재판소는 정당해산의 사유가 충족되기 위해서는 민주적 기본질서에 '실질적으로 해악을 끼칠 구체적 위험성'이 있어야 하며, 비례원칙을 적용하여 정당을 해산함으로써 얻어지는 이익과 이로 인하여 초래되는 불이익을 비교형량하여 전자가 후자보다 더 커야 정당해산이 정당화될 수 있다고 판단하였다.[209] 정당해산이 정당화되기 위해서는 과잉제한금지원칙을 충족해야 한다. 정당해산은 헌법이 기본권으로 보장하는 정당의 자유를 제한하는 것이기 때문이다.

정당해산심판은 민주주의의 적으로부터 민주주의를 수호한다는 방어적 민주주의를 실천하는 수단으로 인식된다. 하지만, 방어적 민주주의도 민주주의를 파괴하는 원리로 작동할 위험성이 있다는 것을 유의해야 한다. 민주적 기본질서라는 것은 매우 추상적이고 정치적 목적에 따라 다양하게 해석될 가능성이 있다. 자유민주주의를 수호하기 위해 정당을 해산한다는 것은 정당의 자유를 침해하고 민주주의를 약화시키는 결과를 초래하기 쉽다. 민주국가에서 정당의 존립과 활동의 자유를 보장하는 것은 반드시 필요하다는 것을 고려하여 정당해산사유를 매우 엄격하게 해석해야 한다.

(3) 절차

정당해산심판의 청구권자는 정부이다. 이때 정부는 입법부, 사법부에 대응되는 행정부를 의미한다. 정부는 헌법질서를 수호하기 위해 반드시 해산심판을 청구해야 한다는 관점도 있지만, 해산심판을 청구할 것인지 여부는 정부가 재량으로 결정할 수 있다.[210] 정부가 해산심판을 청구할 경우에는 반드시 국무회의의 심의를 거쳐야 한다. 정당해산심판의 심판절차에는 민사소송에 관한 법령을 준용하고, 구두변론에 의해야 하므로 재판부는 변론기일을 정하고 당사자와 관계인에게 출석을 요구해야 한다.

---

209) 2014. 12. 19. 2013헌다1.
210) 한수웅, 헌법학, 1590~1591면.

3. 해산결정의 효력

(1) 정당의 해산

헌법재판소법 제59조는 "정당의 해산을 명하는 결정이 선고된 때에는 그 정당은 해산된다"라고 규정한다. 정당해산결정은 형성판결의 일종으로 창설적 효력을 가지므로 그 결정에 의해 위헌정당으로 확정되고 자동적으로 해산된다. 중앙당뿐만 아니라 시·도당 등 정당을 구성하는 모든 조직도 함께 해산되고, 당원의 자격도 상실한다. 정당해산의 효력은 장래적으로 발생하며 소급되지 않으므로 정당이 이미 행한 행위의 효력은 그대로 유효하다.211)

해산결정을 받은 정당은 선고와 동시에 정당의 모든 특권을 상실하게 되고 불법결사가 된다. 헌법재판소의 해산결정은 중앙선거관리위원회가 정당법의 규정에 따라 집행하고,212) 당해 선거관리위원회는 그 정당의 등록을 말소하고 지체없이 그 뜻을 공고해야 한다.213) 이는 사후적 행정조치로서 헌법재판소의 해산결정을 확인하는 것에 불과하다. 헌법재판소의 해산결정에 따라 해산된 정당의 목적을 달성하기 위한 집회나 시위는 누구도 주최할 수 없고, 이를 선전하거나 선동해서도 안 된다.214)

(2) 대체정당의 금지

헌법재판소가 해산결정을 하면 그 해산된 정당의 명칭은 다시 정당의 명칭으로 사용할 수 없다. 선거관리위원회는 해산된 정당의 명칭으로 등록을 신청하면 그 신청을 거부해야 한다. 또한, 누구든지 해산된 정당의 강령이나 기본정책과 동일하거나 유사한 것으로 대체정당을 창당하지 못한다.215) 대체정당인지 여부는 정당의 기본정책이나 강령, 대표자나 지도부의 인적 구성과 조직, 명칭의 유사성, 재정운용과 실제적 활동내역 등을 종합적으로 고려하여 판단한다.

어떤 정당이 대체정당인지 판정하는 기관에 대해서는 아무런 규정이 없으므

---

211) 김하열, 헌법소송법, 787~788면.
212) 헌법재판소법 제60조.
213) 정당법 제47조.
214) 집회 및 시위에 관한 법률 제5조 제1항 제1호, 제2호.
215) 정당법 제15조, 제40조, 제41조 제2항.

로 그 정당에 대해서는 정부가 다시 위헌정당해산심판을 청구할 수밖에 없다는 견해가 있다.216) 하지만, 대체정당은 더 이상 정당의 특권을 부여받지 못하기 때문에 헌법재판소의 해산결정을 거칠 필요가 없고, 중앙선거관리위원회가 대체정당인지를 판단할 수 있다. 중앙선거관리위원회는 대체정당이라고 판단되는 경우에는 등록을 거부해야 하고, 등록 이후에 대체정당이라고 판명된 경우에는 등록을 취소해야 한다.217)

(3) 잔여재산의 국고귀속

정당이 자진해산하거나 등록취소된 경우에는 정당법에 따라 잔여재산은 먼저 당헌이 정하는 바에 따라 처분하고, 그 나머지가 국고에 귀속된다. 하지만, 헌법재판소의 해산결정에 의해 정당이 해산되면 그 정당의 잔여재산은 모두 국고에 귀속한다.218) 이는 해산결정된 정당의 활동을 위한 재정적 기반을 상실하도록 함으로써 해산결정의 실효성을 보장하기 위한 것이다. 정당의 잔여재산은 유형자산과 같은 적극재산은 물론 채무와 같은 소극재산도 포함되므로 모두 국고에 귀속된다.

(4) 국회의원의 자격

헌법과 법률은 정당해산에 대해서만 규정하고, 해산결정으로 인하여 그 정당에 소속된 국회의원의 의원직에 대해서는 아무런 규정을 두지 않고 있다. 공직선거법은 비례대표의원에 대해서만 그 임기 중 소속 정당의 합당·해산, 제명 이외의 사유로 당적이 바뀐 경우에는 퇴직한다고 규정한다.219) 헌법재판소는 통합진보당에 대해 해산결정을 하면서 그 정당에 소속된 지역구의원과 비례대표의원은 모두 의원직을 상실한다고 주문으로 결정하였고,220) 대법원은 해산결정의 법적 효과로 그 정당에 소속된 지역구의원과 비례대표의원은 모두 의원직을 상실한다고 판단하였다.221)

---

216) 한수웅, 헌법학, 1602~1603면.
217) 김하열, 헌법강의, 1012면.
218) 정당법 제48조 제2항.
219) 공직선거법 제192조 제4항.
220) 2014. 12. 19. 2013헌다1.

국회의원의 지위는 국민이 직접선거를 통해 부여한 것이므로 그 지위를 박탈하기 위해서는 법률에 명확한 근거가 있어야 한다. 헌법재판소가 해산결정과 함께 의원직의 상실을 주문으로 결정할 수 있는지도 명확하지 않다. 비례대표의원에 대해서도 공직선거법은 '해산'이라고만 규정하여 자진해산과 강제해산을 구별하지 않는다. 따라서 헌법재판소가 해산결정을 하더라도 그 정당에 소속된 국회의원은 지역구의원이나 비례대표의원이나 모두 의원직을 상실하지 않는다고 해석하는 것이 타당하다.222)

(5) 지방의회의원의 자격

헌법재판소는 지방의회의원에 대해서는 국회의원과 달리 주문으로 별도의 결정을 하지 않았다. 대법원은 국회의원과는 달리 지방의회의원의 경우에는 지역구의원이나 비례대표의원이나 모두 의원직을 상실하지 않는다고 판단하였다.223) 중앙선거관리위원회는 이 사안에서 지방의회의원의 경우 비례대표의원은 그 직에서 퇴직된다고 결정하고, 지역구의원에 대해서는 아무런 판단을 하지 않아 그 직을 유지하도록 하였다. 이는 공직선거법의 '해산'에는 자진해산만 포함되고 강제해산은 포함되지 않는 것으로 해석한 것이다.

정당은 지방의회의 선거에도 참여하지만, 지방의회의원은 지방자치에 따라 주민의 복리에 관한 사무를 처리하고 재산을 관리하는 행정적 역할을 담당하고, 국민의 정치적 의사형성에는 참여하지 않는다. 공직선거법이 비례대표의원직의 상실사유를 제한적으로 규정하는 것은 국회의원이나 지방의회의원 모두에게 적용된다. 헌법재판소가 정당해산결정을 하더라도 그 정당에 소속된 지방의회의원 역시 국회의원과 마찬가지로 의원직을 상실하지 않는다고 해석된다. 국회의원이나 지방의회의원의 자격을 상실시키기 위해서는 독일과 같이 법률로 명확하게 규정하는 것이 필요하다.

---

221) 대법원 2021. 4. 29. 2016두39825.
222) 성낙인, 헌법학, 994면 ; 정재황, 헌법학, 237면.
223) 대법원 2021. 4. 29. 2016두39825.

제 7 절   권한쟁의심판

1. 헌법적 의미

(1) 법적 근거

헌법 제111조 제1항은 '국가기관 상호간, 국가기관과 지방자치단체간 및 지방자치단체 상호간의 권한쟁의에 관한 심판'을 헌법재판소의 관장사항으로 규정한다. 권한쟁의심판은 국가기관 상호간, 국가기관과 지방자치단체간, 지방자치단체 상호간에 권한의 유무나 범위에 관한 다툼이 생긴 경우에 헌법재판소가 헌법과 법률을 해석하여 그 분쟁을 해결하는 심판이다. 권한쟁의심판은 헌법과 법률이 규정하는 권한배분의 질서를 안정적으로 확보하고, 국가권력 사이의 견제와 균형을 유지하며 지방자치제도를 보장함으로써 헌법질서를 수호하는 제도이다.224)

권한쟁의심판은 당사자의 권한을 보호하기 위한 주관소송의 성격보다 헌법질서를 수호하는 객관소송의 성격이 강하다. 권한쟁의심판의 당사자는 청구인이나 피청구인이나 모두 개인이 아니라 법적으로 대등한 지위를 갖는 공적 기관이다. 당사자는 권력분립에 따라 분배된 권한을 독자적으로 행사하고, 그 내용과 범위는 헌법을 정점으로 하는 객관적인 법규범에 의해 확정된다. 국가기관이나 지방자치단체의 권한과 그 행사는 당사자의 이익에 관한 문제에 그치는 것이 아니라 국가 전체의 이익과 법질서에 관한 문제이다.

(2) 특징

권한쟁의심판에는 헌법적 권한쟁의뿐만 아니라 법률적 권한쟁의도 포함된다. 국가기관과 지방자치단체의 권한분배가 법률에 의해 규정되더라도 이는 단순히 법률적 차원이 아니라 헌법적 차원에서 규율되어야 한다. 이는 권력분립과 법치국가를 구체적으로 실현하는 헌법규범의 문제이기 때문이다. 헌법재판소가 권한쟁의심판에 헌법분쟁뿐만 아니라 법률적 분쟁을 포함시키는 것은 탄핵심판에서

---

224) 1997. 7. 16. 96헌라2.

고위공직자의 행위가 헌법뿐만 아니라 법률을 위반한 경우에도 탄핵사유가 되는 것과 공통적이다.

권한쟁의심판에서는 독립된 법적 주체가 아니어도 당사자가 될 수 있다. 권한쟁의심판의 당사자인 국가기관은 '국가'라는 독립된 법적 주체의 내부기관에 불과하다. 국가기관 상호간의 권한쟁의는 국가의 대내적인 관계에서 발생하는 분쟁이다. 한편, 지방자치단체는 국가로부터 자치행정을 위임받은 공공단체로서 독립된 법적 주체이다. 지방자치단체는 국가기관과 달리 독립적 법적 주체로서 당사자가 될 수 있고, 지방자치단체의 기관은 당사자가 될 수 없다. 지방자치단체의 기관 상호간의 권한쟁의는 행정재판인 기관소송을 통해 해결한다.

권한쟁의심판에는 국가기관 상호간의 권한쟁의심판, 국가기관과 지방자치단체간의 권한쟁의심판, 지방자치단체 상호간의 권한쟁의심판이 포함된다. 헌법재판소의 권한쟁의심판권은 법원의 공법상 권한분쟁에 대한 행정재판권과 충돌할 가능성이 있다. 행정소송법 제3조 제4호는 단서에서 "다만, 헌법재판소법 제2조의 규정에 의하여 헌법재판소의 관장사항으로 되는 소송은 제외한다"라고 규정하여 기관소송과 관할의 충돌을 해결한다.

2. 당사자

(1) 국가기관

헌법재판소법은 국가기관 상호간의 권한쟁의심판에서는 '국회, 정부, 법원 및 중앙선거관리위원회 상호간의 권한쟁의심판'이라고 규정한다.[225] 헌법재판소는 '국회, 정부, 법원 및 중앙선거관리위원회'는 예시적이고 그 이외의 기관도 당사자에 포함되며, 첫째, 그 국가기관은 헌법에 의해 설치되어야 하고, 둘째, 헌법과 법률에 의하여 독자적인 권한을 부여받아야 하고, 셋째, 국가기관 상호간의 권한쟁의를 해결할 수 있는 적당한 기관이나 방법이 없는 경우에는 권한쟁의심판의 당사자가 될 수 있다고 판단하였다.[226]

국회는 물론 국회의장, 국회부의장, 국회의원, 상임위원회, 상임위원회 위원

---

225) 헌법재판소법 제62조 제1항 제1호.
226) 1997. 7. 16. 96헌라2.

장은 헌법에 근거를 두고 설치되며, 헌법과 법률에 의해 독자적으로 권한을 부여
받고 그 지위를 갖는데, 그 권한의 여부나 범위에 관한 다툼을 해결할 수 있는 적
당한 기관이나 방법이 없는 경우에는 당사자가 될 수 있다.227) 하지만, 국회의 소
위원회, 소위원회 위원장은 헌법에 의해 설치된 기관이 아니므로 당사자가 될 수
없고,228) 국회의 교섭단체도 헌법에 근거하여 설치된 것이 아니고, 원활한 국회
의사진행을 위해 국회법에서 인정하고 있는 권한만 행사할 수 있을 뿐이므로 당
사자가 될 수 없다.229)

정부도 당사자가 될 수 있고, 독자적으로 헌법적 지위를 갖는 대통령, 국무
총리, 국무위원, 행정각부의 장, 감사원도 당사자가 될 수 있다. 헌법재판소법은
국가기관과 지방자치단체 간의 권한쟁의심판에서는 '정부'와 지방자치단체 간의
권한쟁의심판이라고 규정한다.230) 이때 정부는 예시규정으로 해석되며, 정부뿐만
아니라 정부의 부분기관은 물론 국회, 법원 등 다른 국가기관이나 그 부분기관도
지방자치단체와의 권한쟁의심판에서 당사자가 될 수 있다.231) 다만, 국가인권위
원회, 국가권익위원회, 문화재청은 헌법이 아닌 법률에 근거를 두고 설치된 기관
이므로 당사자가 될 수 없다.232)

법원은 당사자가 될 수 있고, 여기에는 대법원, 각급 법원, 개별 법관도 포함
된다. 법원의 내부기관 사이에 발생하는 권한분쟁 역시 심급제도나 사법행정작용
을 통해 해결할 수 있으므로 실제로 당사자가 될 개연성은 크지 않다. 헌법재판소
는 자신의 권한쟁의를 심판할 수 없으므로 당사자가 될 수 없다. 중앙선거관리위
원회는 물론 각급 구·시·군 선거관리위원회도 헌법에 의해 설치된 기관으로 헌
법과 법률에 의해 독자적 권한을 부여받았으므로 당사자가 될 수 있다.233)

정당은 헌법에 의해 특별한 지위를 보장받고, 국가로부터 국고보조금을 받지
만, 사적 결사로서 법인격 없는 사단으로 국가기관의 지위를 갖지 않는다.234) 정

227) 2010. 12. 28. 2008헌라7 ; 2023. 10. 26. 2023헌라3.
228) 2020. 5. 27. 2019헌라4.
229) 2020. 5. 27. 2019헌사1121.
230) 헌법재판소법 제62조 제1항 제2호.
231) 허영, 헌법소송론, 326~327면 ; 2008. 6. 26. 2005헌라7.
232) 2023. 12. 21. 2023헌라1.
233) 2008. 6. 26. 2005헌라7.
234) 정종섭, 헌법소송법, 528면 ; 2020. 5. 27. 2019헌라6.

당은 헌법에 근거하여 설치되는 기관이 아니며, 국회에서 교섭단체를 구성하더라도 국회의원 개인의 심의·표결권을 통해 그 분쟁을 해결할 수 있으므로 당사자가 될 수 없다. 국민 역시 헌법에 의해 설치되고 헌법과 법률에 의해 독자적인 권한을 부여받은 국가기관이 아니므로 당사자가 될 수 없다.[235]

(2) 지방자치단체

권한쟁의심판의 당사자는 국가기관 이외에는 지방자치단체이다. 헌법은 지방자치단체의 종류를 법률로 정하도록 규정하고, 헌법재판소법은 지방자치법에 따라 특별시, 광역시, 특별자치시, 도, 특별자치도, 시, 군, 자치구를 당사자인 지방자치단체로 규정한다.[236] 헌법재판소는 지방자치단체에 대해서는 국가기관과 달리 법률이 헌법의 위임을 받아 지방자치단체의 종류를 명확하게 규정하므로 지방자치단체를 예시규정이 아니라 열거규정 으로 해석해야 한다고 판단하였다.[237]

지방자치단체는 권한쟁의심판의 당사자이지만, 지방자치단체의 기관은 당사자가 아니다. 지방자치단체의 장은 지방자치단체를 대표하는 기관이므로 당사자가 될 수 없다.[238] 지방의회는 물론 지방의회 의장이나 의원도 당사자가 될 수 없다. 지방의회를 구성하는 지방의회의원과 그 지방의회의장 간의 권한분쟁과 같이 지방자치단체의 내부의 권한분쟁은 권한쟁의심판의 대상이 안 된다.[239] 헌법재판소법은 교육·학예에 관한 지방자치단체의 사무에 관한 권한쟁의에서는 교육감이 당사자가 된다고 규정하지만,[240] 이는 교육감이 지방자치단체를 대표한다는 것이지 권한쟁의심판의 당사자가 된다는 것이 아니다.[241]

235) 2017. 5. 25. 2016헌라2.
236) 헌법 제117조 제2항, 헌법재판소법 제62조 제1항 제3호, 지방자치법 제10조.
237) 2010. 4. 29. 2009헌라11.
238) 2018. 7. 26. 2018헌라1.
239) 2010. 4. 29. 2009헌라11.
240) 헌법재판소법 제62조 제2항.
241) 2016. 6. 30. 2014헌라1.

3. 적법요건

(1) 당사자적격

권한쟁의심판의 당사자도 당사자적격을 갖추어야 소송행위를 할 수 있는데, 당사자적격은 헌법과 법률에 의해 추상적이고 일반적인 자격을 부여받은 당사자능력과 다르다. 당사자능력이 있더라도 권한쟁의심판의 본안판단을 받을 수 있는 적합한 자격을 갖추어야 당사자적격이 인정된다. 당사자적격은 청구인적격과 피청구인적격으로 구분되는데, 청구인적격은 헌법과 법률에 의해 부여된 청구인의 권한이 구체적인 사안에서 침해되거나 침해될 가능성이 있는지 여부에 따라 결정된다. 당사자적격은 적법요건이므로 당사자적격이 없으면 헌법재판소는 각하결정을 한다.

지방자치단체가 당사자인 경우에는 그 사무의 종류에 따라 당사자적격이 달라진다. 지방자치단체는 헌법 또는 법률에 의해 부여받은 권한쟁의에서만 당사자적격을 가지므로 그 사무의 종류에 따라 다르다. 지방자치단체에 고유하게 속한 자치사무에 대해서는 당사자적격을 갖는다. 국가로부터 위임받은 위임사무 중 지방자치단체에 위임된 단체위임사무에 대해서는 당사자적격을 갖지만, 지방자치단체가 아니라 지방자치단체의 장에게 위임된 기관위임사무에 대해서는 당사자적격을 갖지 않는다.[242]

헌법과 헌법재판소법은 제3자 소송담당에 대해 아무런 규정을 두지 않고 있다. 민사소송에서는 법률상 제3자가 소송수행권을 가지거나 제3자가 고유한 법적 이익 또는 포괄적인 관리처분권을 가지는 경우에만 그 제3자가 당사자적격을 갖는다. 권한쟁의심판은 헌법질서의 수호를 위한 객관소송의 성격이 강하므로 소수자 보호를 위해 제3자 소송담당을 인정할 필요성이 크다.[243] 하지만, 제3자 소송담당은 법률이 규정하는 경우에만 예외적으로 인정되므로 법률해석으로는 제3자 소송담당을 인정하기는 어렵다.[244]

---

242) 2011. 9. 29. 2009헌라3.
243) 김하열, 헌법소송법, 667면 ; 성낙인, 헌법학, 944면 ; 정종섭, 헌법소송법, 523~524면 ; 한수웅, 헌법학, 1542~1550면 ; 허영, 헌법소송법론, 336~337면.
244) 2015. 11. 26. 2013헌라3.

(2) 청구사유

권한쟁의심판은 피청구인의 처분이나 부작위에 대해 청구한다. 피청구인의 처분은 국가기관과 지방자치단체의 권한에 속하는 모든 법적 행위와 사실행위를 말한다. 다만, 법원의 재판은 심급절차에 따라 불복할 수 있을 뿐이므로 포함되지 않는다. 피청구인의 부작위는 국가기관과 지방자치단체가 특정한 행위를 해야 할 헌법적 또는 법률적 작위의무가 있음에도 불구하고 그 행위를 하지 않은 법적 부작위를 의미한다. 법적 작위의무가 없는 상태에서 단순히 국가작용을 하지 않았다는 것은 피청구인의 부작위에 포함되지 않는다.245)

피청구인의 처분이나 부작위는 청구인의 권한을 침해할 정도로 법적 중요성을 가지고 청구인의 법적 지위에 구체적으로 영향을 미칠 가능성이 있어야 한다.246) 헌법재판소는 피청구인의 장래처분이 확실하게 예정되어 있고, 청구인의 권한이 침해될 위험성이 있어서 사전에 보호해 주어야 할 필요성이 매우 큰 예외적인 경우에는 피청구인의 장래처분에 대해 권한쟁의심판을 청구할 수 있다고 판단하였다.247) 하지만, 장래처분은 피청구인의 처분이나 부작위가 존재하지 않으므로 이를 대상으로 권한쟁의심판을 청구할 수 없다고 해석된다.

청구사유는 청구인의 권한을 침해하였거나 침해할 현저한 위험이 있는 경우이다. '권한을 침해한 때'란 청구인의 권한이 박탈당하거나 그 권한행사에 중대한 장애가 발생하여 청구인의 법적 지위가 불리해진 경우를 말한다. '권한을 침해할 현저한 위험'이란 권한을 침해한 것은 아니지만 조만간 급박하게 권한을 침해할 개연성이 상당히 높은 경우를 말한다.248) 적법요건인 청구사유는 권한을 침해할 가능성이 있으면 충분하고, 현실적으로 침해하였는지는 본안판단에서 결정한다.

헌법과 헌법재판소법은 청구사유로 '청구인의 권한을 침해하였거나 침해할 현저한 위험'을 요구하여 당사자가 특정한 사안에서 서로 자기가 권한을 가진다고 주장하는 적극적 권한쟁의만 심판대상으로 인정한다.249) 청구인과 피청구인이

245) 2006. 8. 31. 2004헌라2.
246) 2018. 7. 26. 2015헌라4.
247) 2004. 9. 23. 2000헌라2.
248) 2009. 11. 26. 2008헌라4.

서로 자신에게 권한이 없다고 주장하는 소극적 권한쟁의를 심판대상으로 인정하지 않는다고 해석된다.[250] 헌법재판소도 소극적 권한쟁의심판청구는 권한쟁의심판의 요건을 갖추지 못하였다고 판단하고 각하결정을 선고하였다.[251]

(3) 권리보호이익

권한쟁의심판에도 재판을 통해 법적 분쟁을 해결할 수 있는 권리보호이익이 필요하다. 만약, 권한침해행위가 없어지거나 심판청구를 통해 달성하고자 하는 목적이 달성된 경우에는 권리보호이익이 없게 된다. 헌법재판소는 권리보호이익이 없다고 판단하면 각하결정을 선고한다. 다만, 권리보호이익이 없더라도 향후 동일한 권한침해행위가 반복될 위험이 있거나 헌법질서의 수호를 위해 헌법적 해명이 긴요한 경우에는 심판이익이 인정될 수 있다.[252] 이에 따르면, 권한쟁의심판에서 적법요건은 권리보호이익이 아니라 심판이익으로 귀결된다.

(4) 청구기간

권한쟁의심판은 그 사유가 있음을 안 날부터 60일 이내에, 그 사유가 있은 날부터 180일 이내에 청구해야 한다.[253] 이 두 기간 중 하나라도 경과하면 권한쟁의심판을 청구할 수 없다. 이는 공적 기관의 권한행사에 대한 법적 안정성을 보호하기 위해 청구기간을 제한한 것이다. '그 사유가 있음을 안 날'은 피청구인의 처분에 의해 청구인의 권한이 침해되었거나 침해할 현저한 위험이 발생하였다는 사실을 안 날이다. '그 사유가 있은 날'은 피청구인의 처분에 의해 청구인의 권한이 침해되었거나 침해할 현저한 위험이 실제로 발생한 날이다.[254]

피청구인의 부작위에 대해서는 그 부작위가 계속되는 한 심판의 청구사유가 계속되므로 청구기간이 도과되는 문제는 발생하지 않고 청구인은 언제든지 심판을 청구할 수 있다.[255] 헌법재판소는 장래처분에 의해 권한침해의 위험성이 발생

---

249) 헌법 제111조 제1항 제4호, 헌법재판소법 제61조 제2항.
250) 김하열, 헌법소송법, 6564면 ; 성낙인, 헌법학, 956면 ; 한수웅, 헌법학, 1554~1555면.
251) 2010. 12. 28. 2009헌라2.
252) 2011. 8. 30. 2010헌라4.
253) 헌법재판소법 제63조 제1항.
254) 2007. 3. 29. 2006헌라7.
255) 2006. 8. 31. 2004헌라2.

하는 경우에도 청구기간은 기산되지 않고 그 제한이 없다고 판단하였다.256) 청구
인은 권한유무확인결정이나 권한범위확인결정을 청구하는 이외에 권한침해의 원
인이 되는 피청구인의 처분에 대해 취소결정이나 무효확인결정을 청구할 수도 있
다. 이때에도 청구기간이 그대로 적용된다.

4. 종국결정

(1) 유형

권한쟁의심판의 청구취지는 국가기관 또는 지방자치단체의 권한의 유무 또
는 범위의 확인을 구하는 것이다. 여기에는 피청구인의 권한행사가 청구인의 권
한을 침해한다는 것을 확인하는 것이 포함되며, 피청구인의 처분을 취소하거나
그 무효를 확인할 것을 구하는 취지를 포함시킬 수 있다.257) 권한쟁의심판은 필
요적 구두변론사건이며, 행정소송법과 민사소송에 관한 법령을 함께 준용한다. 권
한쟁의심판의 결정은 재판관 7인 이상이 심리에 참석하고, 참석한 재판관 과반수
의 찬성으로 한다. 각하결정과 기각결정은 물론 인용결정을 할 경우에도 마찬가
지다.

권한쟁의심판의 종국결정에는 심판절차종료선언, 각하결정, 기각결정, 인용
결정이 있다. 헌법재판의 일반적 효력인 불가변력, 불가쟁력, 기판력을 갖고, 헌
법적 판단을 변경하기 전까지는 선례구속력도 갖는다. 다만, 헌법재판소법 제67
조 제1항은 "권한쟁의심판의 결정은 모든 국가기관과 지방자치단체를 기속한다"
라고 규정한다. 권한쟁의심판의 결정에 대해서는 인용결정만 아니라 기각결정에
도 기속력을 인정한다. 이것은 위헌법률심판에서는 위헌결정에만, 헌법소원에서
는 인용결정에만 기속력을 인정하는 것과 다르다.

(2) 인용결정의 효력

헌법재판소는 인용결정을 통해 권한의 유무에 대해 권한유무확인결정을, 권
한의 범위에 대해 권한범위확인결정을 선고한다. 권한유무나 범위를 확인하는 결

256) 2004. 9. 23. 2000헌라2.
257) 2011. 8. 30. 2009헌라7.

정이 선고되면 헌법재판소의 확인적 효력에 따라 당사자의 권한의 유무나 범위가
확정된다. 재판부는 재량으로 권한침해의 원인이 되는 피청구인의 처분을 취소하
거나 그 무효를 확인할 수도 있다.[258] 청구인이 피청구인의 처분에 대해 취소결
정이나 무효확인결정도 청구한 경우 권한침해를 확인하더라도 취소나 무효확인에
대해서는 기각결정을 할 수 있다.

국가기관 또는 지방자치단체의 처분을 취소하는 결정은 그 처분의 상대방
에 대해 이미 발생한 효력에는 영향을 미치지 않는다.[259] 이는 공적 기관의 처
분에 대해 제3자의 법적 안정성을 보장하기 위한 것이다. 취소결정의 소급효가
제한되는 인적 범위는 취소결정의 대상이 되는 처분의 상대방이며, 그 처분의
상대방에는 청구인이 포함되지 않는다. 취소결정은 그 처분을 소급하여 효력을
상실하게 하는 것이고, 무효확인결정은 그 처분이 처음부터 효력이 없음을 확인
한 것이다.

재판부가 피청구인의 부작위에 대해 인용결정을 할 경우에는 취소결정이나
무효확인결정을 할 대상이 없다. 재판부는 권한의 유무 또는 범위에 대해서만 판
단하여 위헌 또는 위법을 확인하는 결정만 할 수 있다. 부작위에 대한 심판청구를
인용하는 결정을 한 때에는 피청구인의 부작위가 위법하다는 것이 확정되고, 피
청구인은 그 결정의 취지에 따른 처분을 해야 한다.[260] 이는 피청구인의 부작위
에 대한 인용판결의 실효성을 보장하기 위한 것이다.

제 8 절   헌법소원심판

I. 헌법적 의미

(1) 법적 근거

헌법은 '법률이 정하는 헌법소원에 관한 심판'을 헌법재판소의 관장사항으로

---

258) 헌법재판소법 제66조 제2항.
259) 헌법재판소법 제67조 제2항.
260) 헌법재판소법 제66조 제2항.

규정하고, 헌법재판소법 제68조 제1항은 "공권력의 행사 또는 불행사로 인하여 헌법상 보장된 기본권을 침해받은 자는 법원의 재판을 제외하고는 헌법재판소에 헌법소원심판을 청구할 수 있다. 다만, 다른 법률에 구제절차가 있는 경우에는 그 절차를 모두 거친 후에 청구할 수 있다"라고 규정한다. 헌법소원은 공권력으로부터 개인의 기본권을 보장하는 것이 핵심이다.

헌법소원은 권리구제형 헌법소원과 규범통제형 헌법소원으로 구분된다. 전자에서는 기본권의 침해가능성이 중요한 적법요건이 되고, 헌법의 기본권 조항이 위헌심사기준이 된다. 한편, 후자는 위헌법률심판에 포함되므로 재판의 전제성이 적법요건이 되며, 그 위헌심사기준은 기본권 조항뿐만 아니라 헌법 전체가 포함된다. 권리구제형 헌법소원과 규범통제형 헌법소원에서는 지정재판부가 그 적법요건을 사전에 심사하고, 변호사강제와 국선대리인제도가 적용된다.

(2) 특성

헌법소원은 기본권을 보호하는 주관소송의 성격이 강하지만, 객관소송의 성격을 함께 갖는다. 헌법소원에서는 서면심리를 원칙으로 하고, 재판부는 청구인의 주장에 국한되지 않고 헌법의 모든 관점에서 기본권이 침해되었는지 여부를 심사한다. 적법요건에서 권리보호이익이 없더라도 객관적 심판이익이 있으면 본안판단을 할 수 있고, 심판대상을 탄력적으로 확장하거나 공권력의 근거법률까지 위헌결정의 범위를 확대할 수도 있다. 헌법소원의 심판비용도 당사자가 부담하지 않고 원칙적으로 국고로 부담하도록 한다.

헌법재판소법은 헌법소원의 대상에서 법원의 재판을 제외하고, 기본권을 구제하기 위한 다른 절차가 있는 경우에는 먼저 그 절차를 거치도록 보충성을 요구한다. 이는 사법권의 독립을 보장하고 법적 분쟁을 효율적이고 신속하게 해결하기 위한 것으로 이해된다. 하지만, 이는 행정소송의 대상이 되는 행정작용은 헌법소원의 대상에서 제외되는 결과를 초래한다. 기본권을 침해하는 공권력은 대부분 행정작용으로 원칙적으로 행정소송의 대상이 되는데, 보충성에 따라 미리 행정소송을 거치도록 하면서 그 행정재판에 대해서는 헌법소원을 금지하기 때문이다.

2. 당사자

(1) 청구인

헌법소원을 청구할 수 있는 자는 '헌법상 보장된 기본권을 침해받은 자'다. 기본권을 실제로 침해받았는지 여부는 본안판단에서 확정될 수 있으므로 청구권자는 기본권을 침해받을 가능성이 있는 자이며, 기본권의 주체와 동일하다. 자연인, 사단이나 재단과 같은 법인, 권리능력 없는 단체, 정당이나 노동조합과 같은 단체, 외국인이나 무국적자도 구체적 사안에서 기본권의 성질과 기본권 보호의 필요성에 따라 청구인능력을 가질 수 있다.

국가, 국가기관, 지방자치단체와 같은 공적 기관이나 공무원은 기본권을 보장해야 하는 수범자이지 기본권의 주체가 아니므로 헌법소원을 청구할 수 없다. 다만, 공적 기관이나 공무원도 국가와의 관계에서 기본권의 주체가 될 수 있는 예외적인 경우에는 그 범위에서 헌법소원을 청구할 수 있다. 기본권의 주체는 모두 청구인능력을 갖지만, 개별적인 사건에서 구체적으로 기본권이 침해될 가능성이 있는 경우에만 현실적으로 헌법소원을 청구할 수 있는 청구인적격을 갖는다.

(2) 피청구인

헌법소원의 피청구인은 공권력을 행사 또는 불행사한 공권력의 주체다. 공권력의 주체인지 여부는 그 명칭과 관계없이 실질적으로 공권력을 행사할 수 있는 법적 지위를 기준으로 판단해야 한다. 국가기관과 지방자치단체는 물론 공법인과 국립대학교와 같은 영조물과 공무원도 공권력을 행사하는 지위에서는 그 범위에서 공권력의 주체가 된다. 공적 기관의 내부기관은 그 행위가 내부적으로만 효력을 미치므로 공권력의 주체가 될 수 없고, 기본권의 주체인 개인과 정당도 피청구인이 될 수 없다.

3. 대상

(1) 공권력의 행사 또는 불행사

공권력이란 국가나 공공단체가 우월한 지위에서 국민에 대해 명령하거나 강제하는 권력이다. 공권력의 주체가 행하는 국가작용은 권력작용과 비권력작용으로 구분되고, 비권력작용은 다시 관리작용과 국고작용으로 구분된다. 공권력의 주체가 행하는 권력작용과 관리작용은 원칙적으로 공권력의 행사에 포함된다. 다만, 국고작용은 실질적으로 사인의 행위와 동일하므로 원칙적으로 공권력의 행사에 포함되지 않지만, 공익적 성격을 가지고 기본권을 침해할 가능성이 있으면 공권력의 행사에 포함된다.

헌법소원은 기본권의 침해가능성이 있어야 청구할 수 있으므로 공권력의 행사라고 해도 구체적 사안에서 기본권과 관련이 없는 것은 헌법소원의 대상이 될 수 없다. 공권력의 내부적 의사결정이나 행위는 대외적 구속력을 갖지 않으므로 헌법소원의 대상이 되지 않는다. 공권력의 불행사는 단순한 부작위를 의미하는 것이 아니라 공권력의 주체에게 작위의무가 있음에도 불구하고 그 의무를 위반한 것이다.

(2) 행정작용

(가) 행정처분

행정처분은 행정청이 행하는 구체적 사실에 관한 법집행행위로서 전형적인 권력적 행정작용에 해당한다. 하지만, 현실적으로 행정처분은 헌법소원의 대상이 되기 어렵다. 헌법소원은 보충성에 따라 법원의 재판을 거쳐야 하고, 그 재판은 헌법소원의 대상에서 제외하기 때문이다. 행정처분 중에서 행정소송의 대상이 되지 않는 것만 헌법소원의 대상이 되는 공권력의 행사가 된다. 행정작용은 그 형식이 아니라 실질이 기본권을 침해할 가능성이 있으면 헌법소원의 대상이 된다.

공법상 사실행위, 행정계획, 행정지도는 물론 행정입법도 국민에게 구속력을 가지며, 그 행정작용으로 인하여 직접 기본권을 침해할 가능성이 있으면 헌법소원의 대상이 된다. 행정재판의 대상이 된 원행정처분도 헌법소원의 대상이 되지 않는다.[261] 이를 허용하면 행정재판의 기판력에 위반되고, 재판에 대해 헌법소원을 인정하는 결과가 되기 때문이다. 다만, 법원이 위헌결정한 법령을 적용하여 재판을 한 경우에는 재판과 함께 그 재판의 대상이 되었던 원행정처분도 헌법소원의 대상이 될 수 있다.[262]

(나) 행정부작위

행정부작위는 공권력의 불행사에 해당하고 공권력의 주체에게 헌법에서 유래하는 작위의무가 특별히 구체적으로 부과되고, 이에 근거하여 기본권의 주체가 행정행위를 청구할 수 있음에도 공권력의 주체가 그 의무를 해태하는 경우에는 헌법소원의 대상이 된다.[263] 이때 작위의무는 헌법이 직접 행정청의 작위의무를 명문으로 규정하고 있는 경우, 헌법해석에 의해 작위의무가 도출되는 경우, 그리고 법령에 구체적으로 작위의무를 규정하는 경우를 포함한다.[264] 헌법재판소는 일본군 위안부와 원폭피해자에 대해서는 '대한민국과 일본국 간의 재산 및 청구권에 관한 문제의 해결과 경제협력에 관한 협정' 제3조에 따른 분쟁해결절차에 나아갈 의무가 있다고 판단하였으나,[265] 일제의 강제동원으로 인한 피해자에 대해서는 그 구체적인 의무가 인정되지 않는다고 판단하였다.[266]

행정입법부작위의 경우에도 진정행정입법부작위는 헌법소원의 대상이 되지만, 부진정행정입법부작위 그 자체는 헌법소원의 대상이 되지 않는다. 부진정행정입법부작위에 대해서는 불완전한 행정입법에 대해 헌법소원을 청구할 수 있을 뿐이다.[267] 행정작용이 통치행위에 해당하는 경우에도 기본권을 침해하는 것이 정당화될 수 없으므로 헌법재판소는 기본권을 침해하는 공권력의 행사에 대해 그것이 통치행위라는 이유로 사법심사를 포기해서는 안 된다.

---

261) 1998. 8. 27. 97헌마150.
262) 2010. 4. 29. 2003헌마283.
263) 2007. 7. 26. 2005헌마501.
264) 2018. 3. 29. 2016헌마795.
265) 2011. 8. 30. 2006헌마788.
266) 2021. 8. 31. 2014헌마888.
267) 2013. 8. 29. 2011헌마122.

(3) 입법작용

(가) 법률의 제정과 개정

헌법재판소는 규범통제를 통해 법률을 규율하지만, 공권력의 행사 또는 불행사에는 입법작용도 포함되고, 법률이 직접 기본권을 침해할 수도 있으므로 헌법소원의 심판대상이 된다. 이때 법률은 유효하게 시행되는 법률로서 기본권을 침해할 가능성이 있어야 하고, 국회가 제정한 법률뿐만 아니라 법률과 동일한 효력을 갖는 긴급명령과 긴급재정경제명령, 조약과 일반적으로 승인된 국제법규, 관습법도 포함된다.[268] 한편, 헌법의 제정과 개정은 주권자인 국민의 정치적 결단이나 국민적 합의의 결과이므로 공권력의 행사로 볼 수 없어 헌법소원의 대상이 되지 않는다.[269]

(나) 입법부작위

국회는 입법형성권을 가지고 입법할지 여부를 결정할 수 있다. 하지만, 헌법에서 직접 입법하도록 규정하거나 헌법해석을 통해 국회의 입법의무가 인정되는 경우에는 국회는 입법해야 할 헌법적 의무를 부담한다. 국회가 이러한 헌법적 의무를 위반한 때에는 그 입법부작위가 공권력의 불행사에 해당하여 헌법소원의 대상이 된다. 이때에도 입법부작위 그 자체가 기본권을 침해할 가능성이 있어야 독자적인 헌법소원의 대상이 될 수 있다. 국회의 입법부작위는 부작위의 유형에 따라 헌법소원의 대상과 범위가 달라진다.

진정입법부작위는 헌법에서 기본권 보장을 위해 법령에 명시적인 입법위임을 하였음에도 입법자가 이를 방치하고 있거나, 헌법해석상 특정인에게 구체적인 기본권이 생겨 이를 보장하기 위한 국가의 행위의무 또는 보호의무가 발생하였음이 명백함에도 입법자가 전혀 아무런 입법조치를 하지 않은 경우에 헌법소원의 대상이 된다.[270] 한편, 부진정입법부작위는 그 자체를 대상으로 헌법소원을 청구할 수는 없고, 불충분한 법률을 대상으로 헌법소원을 청구할 수 있을 뿐이다.[271]

---

268) 2020. 10. 29. 2017헌바208.
269) 2007. 11. 29. 2007헌바30.
270) 2023. 2. 23. 2020헌마1030.
271) 1996. 10. 31. 94헌마108.

(다) 입법절차의 하자

입법절차의 하자도 헌법소원의 대상이 될까. 입법절차가 헌법을 위반한 경우
에는 법률의 효력에 영향을 미치므로 위헌법률심판에서는 심사기준이 될 수 있
다. 입법절차의 하자는 그것만으로는 기본권을 직접 침해할 가능성이 없으므로
원칙적으로 헌법소원의 대상이 되지 않는다. 다만, 입법절차의 하자가 직접 기본
권을 침해하는 경우에는 예외적으로 헌법소원의 대상이 될 수 있다. 이때 헌법소
원의 심판대상은 입법절차의 하자가 있는 법률 자체가 아니라 하자 있는 입법절
차에 따른 입법작용이다.

(4) 사법작용

헌법재판소법은 법원의 재판을 헌법소원의 대상에서 제외한다. 이는 법적 분
쟁을 신속하게 해결하고 사법권의 독립을 보장하기 위한 것이다. 헌법재판소는
재판을 헌법소원의 대상에서 제외하더라도 개인의 평등권과 재판청구권을 침해하
는 것은 아니라고 판단하였다.[272] 다만, 예외적으로는 법원이 헌법재판소가 위헌
결정한 법률을 적용하여 기본권을 침해한 경우에는 헌법소원의 대상이 된다.[273]
이는 헌법재판소의 위헌결정에 대한 실효성을 확보하고 법질서의 통일을 기하기
위한 것이다.

헌법재판소는 헌법소원의 대상에서 제외되는 '법원의 재판'에는 재판절차에
관한 법원의 판단도 포함되고, 재판절차의 하자는 종국판결에 흡수되어 종국판결
과 일체를 이루므로 법원의 종국판결에 대한 구제절차를 거쳐야 하고, 그 재판절
차의 하자에 대해서는 독자적으로 헌법소원을 청구할 수 없다고 하였다.[274] 또한,
재판지연은 재판절차에 관한 사항이므로 법원이 판결선고기간을 도과하여 재판을
지연하더라도 이는 훈시규정을 위반한 것이므로 헌법소원을 청구할 수는 없다고
판단하였다.[275]

법원의 재판이 아니라 사법행정작용이나 그 부작위는 기본권을 침해하는 경

---

272) 2001. 2. 22. 99헌마461.
273) 2022. 7. 21. 2013헌마496.
274) 1992. 6. 26. 89헌마271.
275) 1999. 9. 16. 98헌마75.

우에는 헌법소원의 대상이 되며, 헌법에 따라 제정된 대법원규칙도 법규명령이므로 위헌법률심판의 대상은 되지 않지만, 기본권을 침해한 경우에는 헌법소원의 대상이 된다.276) 한편, 헌법재판소의 결정은 심급제도가 없이 최종적으로 재판하는 것이므로 헌법소원의 대상이 되지 않는다. 헌법재판소가 자신이 재판한 결정에 대해 심판하는 것은 이익충돌의 금지에도 위반된다.

4. 적법요건

(1) 법적 의미

헌법소원의 적법요건은 본안판단을 위한 전제조건이고, 적법요건을 갖추지 못한 경우에는 본안판단을 할 수가 없어 각하결정을 선고해야 한다. 재판부는 직권으로 본안판단을 하기 전에 적법요건에 대해 판단해야 한다. 헌법재판소는 판례를 통해 적법요건에 대한 심사기준을 체계화한다. 적법요건은 당사자적격, 공권력의 행사 또는 불행사, 기본권 침해의 가능성, 권리보호이익, 청구기간, 보충성, 변호사강제로 구분할 수 있다. 당사자적격은 청구인과 피청구인을 확정하는 문제로, 공권력의 행사 또는 불행사는 헌법소원의 심판대상을 확정하는 문제로 귀결된다.

적법요건은 독자적인 요건이므로 모두 갖추어야 충족되고 각자의 심사기준에 따라 심사해야 하고, 특정한 적법요건이 다른 적법요건을 대체할 수 있는 것이 아니다. 하지만, 적법요건은 실질적으로 서로 밀접하게 관련되므로 상관관계를 함께 고려해야 한다. 헌법재판소는 헌법재판이 갖는 객관소송의 성격을 반영하여 적법요건을 완화함으로써 본안판단의 기회를 확대하였다. 하지만, 적법요건을 완화하는 규범적 기준이 불명확하여 법적 안정성과 예측가능성을 해칠 우려가 있다.

(2) 기본권 침해의 가능성

(가) 자기관련성

자기관련성은 공권력의 행사 또는 불행사가 청구인 자신의 기본권 침해와

---

276) 1997. 5. 29. 96헌마4.

관련된다는 것이다. 청구인은 자신이 아닌 타인의 기본권이 침해되었다는 이유로
청구할 수 없다. 공권력의 행사 또는 불행사의 직접 상대방은 자기관련성이 인정
되지만, 그 법적 지위와 이익에 간접적이나 사실적으로만 영향을 받거나 경제적
이해관계만 갖는 경우에는 자기관련성이 인정되지 않는다.[277] 공권력의 행사나
불행사의 직접 상대방이 아닌 제3자라도 그 기본권을 침해받을 가능성이 있으면
자기관련성이 인정된다.[278]

헌법소원에서는 제3자 소송담당을 인정하는 규정을 두지 않고 있다. 헌법소
원을 청구하기 위해서는 자기관련성을 갖추어야 하므로 기본권의 주체가 단체인
경우에는 단체가 자신의 기본권 침해를 이유로 헌법소원을 청구할 수 있을 뿐, 그
구성원을 위하거나 그를 대신하여 헌법소원을 청구할 수 없다.[279] 반대로, 개인이
자신의 기본권 침해를 이유로 헌법소원을 청구하지 않고, 자신이 소속된 단체를
위해 대신하여 헌법소원을 청구할 수도 없다.

(나) 직접성

기본권의 침해는 공권력의 행사 또는 불행사로 인해 직접 발생되어야 한다.
공권력이 직접 기본권을 침해하지 않고, 다른 공권력의 행사를 매개로 하여 기본
권을 침해할 경우에는 그 매개된 공권력에 대해 헌법소원을 청구해야 한다. 직접
성의 요건은 공권력의 행사에 대해 요구되며, 공권력의 불행사는 그 자체에 의해
기본권이 제한되므로 직접성의 요건이 문제되지 않는다. 기본권 침해의 직접성은
자기관련성이나 현재성과 중복되기도 하고 보충성과도 밀접하게 관련된다. 직접
성의 요건은 법령에 대한 헌법소원에서 중요한 의미를 갖는다.

법령은 일반적이고 추상적인 법규범이고 그 집행행위를 통해 기본권을 제한
할 수 있으므로 직접성이 인정되지 않고,[280] 법령이 집행행위를 매개하지 않고
그 자체로 기본권을 제한하는 경우에만 직접성이 인정된다.[281] 특히, 처분적 법률
은 법률 자체가 처분이 되어 행정이나 사법작용을 거치지 않고 직접 법적 효과가

---

277) 2014. 3. 27. 2012헌마404.
278) 1993. 3. 11. 91헌마233.
279) 2022. 5. 26. 2020헌마670.
280) 1998. 3. 26. 96헌마166.
281) 2010. 10. 28. 2008헌마638.

발생하고 집행력을 가지므로 직접성을 갖는다. 법령의 집행행위에는 하위법령도 포함되므로 그 하위법령에 대해서만 헌법소원을 청구해야 하고, 그 근거가 된 법률은 직접성을 갖지 않는다.282)

법령의 집행행위가 예정되어 있더라도 예외적으로 법령에 대해 직접성이 인정되는 경우가 있다. 법령의 내용이 이미 국민의 권리와 의무를 직접 변동시키거나 법적 지위를 확정하는 경우,283) 법령 자체에 의해 권리의무관계가 일의적이고 명백하게 확정된 경우,284) 법령의 집행행위가 법령의 규정에 따른 기계적 내지 단순한 사실적 집행행위에 불과한 경우에는 직접성이 인정된다.285) 이때에는 법령에 따른 집행행위를 기다릴 필요가 없이 법령 자체에 대해 헌법소원을 청구할 수 있다.

(다) 현재성

기본권은 현재 침해된 상태에 있어야 한다. 헌법소원은 과거에 기본권이 침해되었다는 것을 확인하거나 미래에 기본권이 침해될 것을 예방하는 것이 아니라 현재 기본권이 침해된 상태를 구제하는 것이다. 기본권을 침해하는 행위가 이미 종료되었더라도 현재까지 그 침해상태가 계속되고 있는 경우에는 현재성이 인정된다. 하지만, 현재성을 엄격하게 요구하면 기본권 침해를 구제하지 못하게 되는 결과가 발생할 수 있으므로 일정한 범위에서는 그 요건을 완화하여 해석할 필요가 있다.

법령에 대한 헌법소원에서는 법령이 효력을 발생하기 전이라도 공포되어 있고, 청구인이 불이익을 입게 될 수 있음을 충분히 예측할 수 있어 사실상의 위험이 이미 발생한 경우에는 현재성이 인정된다.286) 공직선거법과 같이 주기적으로 반복되어 적용되는 법령에 있어서도 매번 새로운 선거가 행해지고 선거의 효과도 다음 선거가 있을 때까지만 미치므로 아직 선거가 실시되지 않은 시점에서 헌법소원을 청구한 경우에는 장래에 도래가 확실히 예측되는 선거에서 입게 될 기본

---

282) 2013. 6. 27. 2011헌마475.
283) 2008. 6. 26. 2005헌마506.
284) 2008. 10. 30. 2007헌마1281.
285) 2013. 7. 25. 2011헌마781.
286) 2000. 6. 29. 99헌마289.

권 침해를 미리 앞당겨 다투는 것이므로 현재성이 인정된다.[287)

현재성은 시간의 경과에 관한 것이어서 다른 적법요건인 권리보호이익과 밀접하게 관련된다. 헌법재판소는 헌법소원을 청구할 당시에 현재성이 있으면, 그 이후 기본권의 침해가 종료된 경우에도 권리보호이익이 인정되면 본안판단을 할 수 있다고 판단한다.[288) 특히, 권력적 사실행위는 종국결정을 할 시점에서는 현재성이 소멸하는 경우가 많으므로 심판이익이 인정되면 적법요건을 충족시키는 것으로 판단한다.[289) 결국, 현재성은 헌법소원을 청구할 당시에 갖추어야 할 적법요건이며, 그 이후에는 권리보호이익에 흡수되어 판단된다고 할 수 있다.

(3) 권리보호이익

헌법소원에서도 헌법재판을 통해 실효적으로 권리를 구제받을 수 있는 권리보호이익이 필요하다. 적법요건이므로 헌법소원을 청구할 당시뿐만 아니라 종국결정을 선고할 당시에도 존재해야 한다. 헌법소원에서 인용결정을 하더라도 실질적으로 기본권 침해를 구제받을 수가 없으면 권리보호이익이 인정되지 않는다.[290) 하지만, 청구인이 헌법소원을 청구한 이후 사실관계나 법률상황이 변화되어 권리보호이익이 소멸하는 경우에도 본안판단을 할 필요가 있다.

헌법재판소는 기본권을 침해한 권력적 사실행위가 종료하여 취소할 여지가 없는 경우, 기본권 침해의 원인이 된 공권력의 행사가 취소된 경우, 헌법소원을 통해 달성하려던 목적이 다른 경위로 달성된 경우와 같이 사실관계가 변동된 경우에도 권리보호이익이 없더라도 본안판단을 할 수 있다고 판단하였다. 기본권을 제한하는 법령이 폐지된 경우, 위헌결정으로 인하여 법령의 효력이 상실된 경우와 같이 법률상황이 변화된 때에도 권리보호이익이 없으면 각하해야 하지만,[291) 예외적으로 심판이익이 있는 경우에는 본안판단을 할 수 있다고 하였다.

헌법재판소는 헌법재판의 객관소송의 특성을 반영하여 권리보호이익이 인정되지 않더라도 헌법질서의 수호를 위해 권리보호이익의 범위를 확장한다. 즉, 권

287) 2007. 6. 28. 2004헌마644.
288) 2001. 6. 28. 2000헌마111.
289) 2008. 12. 26. 2007헌마775.
290) 1999. 11. 25. 95헌마154.
291) 2018. 7. 26. 2016헌마431.

리보호이익이 없는 경우라도 기본권에 대한 침해행위가 앞으로도 반복될 위험이 있거나 헌법질서의 수호를 위해 헌법적 해명이 긴요한 경우에는 심판이익을 인정한다.292) 이는 권리보호이익과 구별하여 심판이익을 독자적인 적법요건으로 인정한 것으로 이해된다. 하지만, 적법요건은 헌법재판소의 본안판단을 통제하는 기능을 하므로 헌법재판소가 심판이익을 자의적으로 판단하여 적법요건을 확대하지 않도록 유의해야 한다.

(4) 청구기간

헌법소원은 그 사유가 있음을 안 날부터 90일 이내에, 그 사유가 있는 날부터 1년 이내에 청구해야 한다.293) '그 사유가 있은 날'이란 객관적으로 공권력의 행사에 의해 기본권 침해가 실제로 발생한 날을 의미하고, 그 기산일은 공권력이 기본권을 구체적이고 현실적으로 침해한 날을 기준으로 계산한다. '그 사유가 있음을 안 날'이란 청구인이 주관적으로 공권력에 의해 기본권이 침해되었다는 사실관계를 현실적으로 인식한 것을 말하고, 그 사실을 법률적으로 평가하여 그 위헌성으로 인하여 헌법소원의 대상이 된다는 것을 안 날을 뜻하는 것은 아니다.294) 어느 하나라도 경과하면 부적법하여 각하된다.295)

청구기간의 기산점은 기본권의 침해가 발생한 때이므로 공권력의 행사로 기본권 침해가 즉시 발생한 경우에는 그 침해상태가 계속되더라도 기본권이 침해된 시점부터 청구기간이 기산된다.296) 다만, 기본권의 침해행위가 계속되고 있는 경우, 장래에 기본권 침해의 발생이 확실하게 예상되어 현재성이 인정되는 경우, 공권력의 불행사로 인하여 기본권이 침해된 경우에는 청구기간이 기산되지 않으므로 언제든지 헌법소원을 청구할 수 있다. 법령에 대해 헌법소원을 청구하는 경우에도 청구기간이 적용되지만, 그 청구기간에 유의해야 한다.

법령에 의해 직접 기본권이 침해된 경우에는 법령이 제정되더라도 그 시행일부터 비로소 기본권이 침해되므로 그 법률이 시행된 사실을 안 날부터 90일 이

292) 2008. 12. 26. 2007헌마775.
293) 헌법재판소법 제69조 제1항.
294) 1993. 11. 25. 89헌마36.
295) 2008. 3. 27. 2005헌마138.
296) 2010. 10. 28. 2009헌마438.

내에, 그 시행된 날부터 1년 이내에 헌법소원을 청구해야 한다. 법령에 대한 헌법
소원의 청구기간을 형식적으로 적용하게 되면 법령에 의해 기본권이 침해되는 것
을 구제받을 기회가 현저하게 축소된다. 따라서 법령이 시행된 후에 비로소 그 법
령에 해당하는 사유가 발생한 경우에는 법령 시행일이 아니라 그 사유가 발생한
날부터 기산해야 한다.[297]

헌법소원의 청구기간에는 특례가 인정된다. 헌법재판소가 국선대리인을 선
임한 경우에는 청구인이 국선대리인의 선임을 신청한 날을 기준으로 청구기간의
준수 여부를 판단한다.[298] 청구인이 청구기간 내에 국선대리인을 신청한 이상 헌
법재판소가 청구기간을 도과한 이후 국선대리인을 선임하더라도 청구인에게 그
책임을 물을 수 없기 때문이다. 또한, 헌법소원은 보충성에 따라 다른 법률에 의
한 구제절차를 거친 이후에만 청구할 수 있는데, 이때에는 그 구제절차의 최종결
정을 통지받은 날부터 30일 이내에 청구해야 한다.

(5) 보충성

헌법소원은 다른 법률에 구제절차가 있는 경우에는 그 절차를 모두 거친 후
가 아니면 청구할 수 없다. 법치국가는 개인의 기본권이 침해된 경우에는 통상의
구제절차를 통해 해결하는 제도를 예정하고 있으므로 우선적으로 그 절차를 통해
구제받고, 그것이 불가능한 경우에 헌법소원을 통해 구제받도록 한다. 헌법소원은
예비적이고 최후적 구제수단으로 인정하지만, 청구인에게 사전에 다른 구제절차
를 거치는 것이 불가능하거나 기대하기 어려운 경우에는 다른 구제절차를 거치지
않더라도 예외적으로 헌법소원을 청구하는 것을 인정할 필요가 있다.

법령 자체가 직접 기본권을 침해한 경우와 같이 다른 법률에 구제절차가 존
재하지 않는 경우에는 보충성이 적용될 여지가 없다.[299] 보충성은 다른 구제절차
가 있는 것을 전제로 요구할 수 있으므로 다른 구제절차가 없는 경우는 보충성이
적용되지 않는 것이지 그 예외가 아니다.[300] 헌법재판소는 객관적으로 다른 구제
절차의 가능성이 희박하거나 불명확한 경우와 다른 구제절차를 거칠 기대가능성

---

297) 2004. 4. 29. 2003헌마484.
298) 헌법재판소법 제70조 제1항.
299) 1990. 6. 25. 89헌바220.
300) 김하열, 헌법소송법, 549~550면 ; 정재황, 헌법재판론, 1247면.

이 없는 경우에는 보충성의 예외를 인정하여 다른 법률에서 구제절차를 마련하고 있는 경우에도 헌법소원을 청구할 수 있다고 판단하였다.[301]

(6) 변호사강제

청구인은 변호사강제에 따라 변호사를 통해서만 헌법소원을 청구할 수 있다.[302] 청구인이 변호사를 선임하지 않고 헌법소원을 청구하면 헌법재판소는 상당한 기간을 정하여 대리인을 선임하도록 보정명령을 내려야 하고, 이에 불응하면 부적법하여 각하결정을 선고한다. 헌법소원에서는 변호사강제를 채택하면서도 국선대리인을 통해 청구인의 권리를 보완한다. 헌법소원을 청구하려는 자가 변호사를 대리인으로 선임할 자력이 없는 경우에는 헌법재판소에 국선대리인을 선임하여 줄 것을 신청할 수 있다. 헌법재판소는 공익상 필요하다고 인정할 때에는 직권으로 국선대리인을 선임할 수도 있다.[303]

5. 종국결정

(1) 지정재판부의 사전심사

헌법소원에서는 재판관 3인으로 구성되는 지정재판부가 적법요건을 사전적으로 심사하여 헌법소원의 남소를 방지한다. 지정재판부는 심판청구서에 기재된 청구요지와 청구인의 주장에 한정되지 않고 헌법소원에 필요한 적법요건을 갖추었는지를 직권으로 심사한다. 지정재판부는 전원의 일치된 의견으로 각하결정을 할 수 있다. 청구인이 헌법소원을 청구한 30일이 경과할 때까지 각하결정이 없는 때에는 심판에 회부하는 결정이 있는 것으로 본다.[304]

헌법소원의 심판은 서면심리에 의하고, 공개되지 않는다. 헌법소원의 심리에는 당사자의 변론주의가 적용되지 않고 직권주의가 적용된다.[305] 헌법재판소는 피청구인을 기재하지 않더라도 청구인의 주장요지를 종합적으로 고려하여 침해되

---

301) 2009. 10. 29. 2008헌마635.
302) 헌법재판소법 제25조 제3항.
303) 헌법재판소법 제70조 제1항, 제2항.
304) 헌법재판소법 제72조 제4항.
305) 1993. 5. 13. 91헌마190.

는 기본권과 침해의 원인이 되는 공권력을 직권으로 조사하여 피청구인을 잘못 지정한 경우에는 정정할 수 있고, 심판대상을 축소, 확장, 변경하여 조정할 수도 있다.306) 헌법소원의 청구가 이유 있을 때, 즉, 공권력의 행사 또는 불행사로 헌법상 기본권이 침해되었다고 판단한 경우에는 인용결정을 한다. 인용결정을 할 때에는 재판관 6인 이상의 찬성이 있어야 한다.

(2) 인용결정의 효력

헌법재판소는 헌법소원에서 인용결정을 할 때에는 침해된 기본권과 그 원인이 된 공권력의 행사 또는 불행사를 특정해야 하고,307) 기본권 침해의 원인이 된 공권력의 행사를 취소할 수 있다.308) 헌법재판소는 공권력의 행사가 기본권을 침해하였다는 것을 확인할 뿐만 아니라 나아가 기본권을 침해한 개별적이고 구체적인 공권력의 행사를 직접 취소할 수 있도록 한 것이다. 취소결정은 그 자체로 형성력을 가지고 있어서 공권력의 행사는 취소되고 공권력의 법적 효력을 소급적으로 소멸시킨다.309)

헌법재판소는 기본권 침해의 원인이 된 공권력의 불행사가 위헌임을 확인할 수 있다. 공권력의 불행사에 대해 인용결정을 하더라도 취소할 대상이 없으므로 위헌확인을 선언하도록 하고, 공권력의 불행사에 대한 헌법소원을 인용하는 결정을 한 때에는 피청구인은 결정취지에 따라 새로운 처분을 해야 한다.310) 헌법재판소는 공권력의 불행사뿐만 아니라 공권력에 의한 기본권 침해행위가 이미 종료되어 취소할 대상이 없어진 경우에도 위헌확인결정을 한다. 기본권 침해행위가 앞으로 반복될 위험성이 있거나 헌법적 해명이 긴요한 경우에는 공권력 행사가 위헌임을 확인하는 결정을 할 수 있다.311)

헌법재판소는 공권력의 행사 또는 불행사가 위헌인 법률 또는 법률조항에 기인한 것이라고 인정될 때에는 인용결정에서 당해 법률 또는 법률조항이 위헌임

---

306) 2001. 7. 19. 2000헌마546.
307) 헌법재판소법 제75조 제2항.
308) 헌법재판소법 제75조 제3항.
309) 김하열, 헌법소송법, 601면.
310) 헌법재판소법 제75조 제4항.
311) 2017. 11. 30. 2016헌마503.

을 선고할 수 있다.312) 헌법재판소는 직권으로 그 재량적 판단에 따라 부수적 위헌선고를 할 수 있다. 부수적 위헌선고에서는 위헌결정뿐만 아니라 헌법불합치와 한정위헌결정과 같은 변형결정을 선고할 수도 있다.313) 부수적 위헌선고도 위헌결정이므로 기속력과 법규적 효력을 가지며, 형벌조항에 대해 위헌결정을 하는 경우에는 그 법률조항을 적용한 형사재판에 대해 재심이 인정된다.

　법령에 대한 헌법소원은 실질적으로 규범통제의 기능을 하므로 그 인용결정의 유형과 효력도 위헌법률심판과 유사하다. 법령에 대한 헌법소원을 인용할 때에는 공권력의 행사에 대해 취소결정을 하거나 불행사에 대해 위헌확인결정을 선고하지 않고, 위헌결정 이외에 헌법불합치나 한정위헌과 같은 변형결정을 선고할 수도 있다. 헌법재판소법은 법령에 대한 권리구제형 헌법소원에 대해 위헌결정의 효력을 준용하는 규정을 두지 않지만,314) 위헌결정은 기속력을 가지고, 위헌결정된 법률은 효력을 상실하는 법규적 효력을 갖는다.

---

312) 헌법재판소법 제75조 제5항.
313) 1995. 7. 21. 92헌마144.
314) 헌법재판소법 제75조 제6항.

대한민국헌법

[시행 1988. 2. 25.] [헌법 제10호, 1987. 10. 29., 전부개정]

전문

유구한 역사와 전통에 빛나는 우리 대한국민은 3·1운동으로 건립된 대한민국임시정부의 법통과 불의에 항거한 4·19민주이념을 계승하고, 조국의 민주개혁과 평화적 통일의 사명에 입각하여 정의·인도와 동포애로써 민족의 단결을 공고히 하고, 모든 사회적 폐습과 불의를 타파하며, 자율과 조화를 바탕으로 자유민주적 기본질서를 더욱 확고히 하여 정치·경제·사회·문화의 모든 영역에 있어서 각인의 기회를 균등히 하고, 능력을 최고도로 발휘하게 하며, 자유와 권리에 따르는 책임과 의무를 완수하게 하여, 안으로는 국민생활의 균등한 향상을 기하고 밖으로는 항구적인 세계평화와 인류공영에 이바지함으로써 우리들과 우리들의 자손의 안전과 자유와 행복을 영원히 확보할 것을 다짐하면서 1948년 7월 12일에 제정되고 8차에 걸쳐 개정된 헌법을 이제 국회의 의결을 거쳐 국민투표에 의하여 개정한다.

1987년 10월 29일

제1장 총강

제1조 ①대한민국은 민주공화국이다.

②대한민국의 주권은 국민에게 있고, 모든 권력은 국민으로부터 나온다.

제2조 ①대한민국의 국민이 되는 요건은 법률로 정한다.

②국가는 법률이 정하는 바에 의하여 재외국민을 보호할 의무를 진다.

제3조 대한민국의 영토는 한반도와 그 부속 도서로 한다.

제4조 대한민국은 통일을 지향하며, 자유민주적 기본질서에 입각한 평화적 통일정책을 수립하고 이를 추진한다.

제5조 ①대한민국은 국제평화의 유지에 노력하고 침략적 전쟁을 부인한다.

②국군은 국가의 안전보장과 국토방위의 신성한 의무를 수행함을 사명으로 하며, 그 정치적 중립성은 준수된다.

제6조 ①헌법에 의하여 체결·공포된 조약과 일반적으로 승인된 국제법규는 국내법과 같은 효력을 가진다.

②외국인은 국제법과 조약이 정하는 바에 의하여 그 지위가 보장된다.

제7조 ①공무원은 국민전체에 대한 봉사자이며, 국민에 대하여 책임을 진다.

②공무원의 신분과 정치적 중립성은 법률이 정하는 바에 의하여 보장된다.

제8조 ①정당의 설립은 자유이며, 복수정당제는 보장된다.

②정당은 그 목적·조직과 활동이 민주적이어야 하며, 국민의 정치적 의사형성에 참여하는데 필요한 조직을 가져야 한다.

③정당은 법률이 정하는 바에 의하여 국가의 보호를 받으며, 국가는 법률이 정하는 바에 의하여 정당운영에 필요한 자금을 보조할 수 있다.

④정당의 목적이나 활동이 민주적 기본질서에 위배될 때에는 정부는 헌법재판소에 그 해산을 제소할 수 있고, 정당은 헌법재판소의 심판에 의하여 해산된다.

제9조 국가는 전통문화의 계승·발전과 민족문화의 창달에 노력하여야 한다.

제2장 국민의 권리와 의무

제10조 모든 국민은 인간으로서의 존엄과 가치를 가지며, 행복을 추구할 권리를 가진다. 국가는 개인이 가지는 불가침의 기본적 인권을 확인하고 이를 보장할 의무를 진다.

제11조 ①모든 국민은 법 앞에 평등하다. 누구든지 성별·종교 또는 사회적 신분에 의하여 정치적·경제적·사회적·문화적 생활의 모든 영역에 있어서 차별을 받지 아니한다.

②사회적 특수계급의 제도는 인정되지 아니하며, 어떠한 형태로도 이를 창설할 수 없다.

③훈장등의 영전은 이를 받은 자에게만 효력이 있고, 어떠한 특권도 이에 따르지 아니한다.

제12조 ①모든 국민은 신체의 자유를 가진다. 누구든지 법률에 의하지 아니하고는 체포·구속·압수·수색 또는 심문을 받지 아니하며, 법률과 적법한 절차에 의하지 아니하고는 처벌·보안처분 또는 강제노역을 받지 아니한다.

②모든 국민은 고문을 받지 아니하며, 형사상 자기에게 불리한 진술을 강요당하지 아니한다.

③체포·구속·압수 또는 수색을 할 때에는 적법한 절차에 따라 검사의 신청에 의하여 법관이 발부한 영장을 제시하여야 한다. 다만, 현행범인인 경우와 장기 3년 이상의 형에 해당하는 죄를 범하고 도피 또는 증거인멸의 염려가 있을 때에는 사후에 영장을 청구할 수 있다.

④누구든지 체포 또는 구속을 당한 때에는 즉시 변호인의 조력을 받을 권리를 가진다. 다만, 형사피고인이 스스로 변호인을 구할 수 없을 때에는 법률이 정하는 바에 의하여 국가가 변호인을 붙인다.

⑤누구든지 체포 또는 구속의 이유와 변호인의 조력을 받을 권리가 있음을 고지받지 아니하고는 체포 또는 구속을 당하지 아니한다. 체포 또는 구속을 당한 자의 가족등 법률이 정하는 자에게는 그 이유와 일시·장소가 지체없이 통지되어야 한다.

⑥누구든지 체포 또는 구속을 당한 때에는 적부의 심사를 법원에 청구할 권리를 가진다.

⑦피고인의 자백이 고문·폭행·협박·구속의 부당한 장기화 또는 기망 기타의 방법에 의하여 자의로 진술된 것이 아니라고 인정될 때 또는 정식재판에 있어서 피고인의 자백이 그에게 불리한 유일한 증거일 때에는 이를 유죄의 증거로 삼거나 이를 이유로 처벌할 수 없다.

제13조 ①모든 국민은 행위시의 법률에 의하여 범죄를 구성하지 아니하는 행위로 소추되지 아니하며, 동일한 범죄에 대하여 거듭 처벌받지 아니한다.

②모든 국민은 소급입법에 의하여 참정권의 제한을 받거나 재산권을 박탈당하지 아니한다.

③모든 국민은 자기의 행위가 아닌 친족의 행위로 인하여 불이익한 처우를 받지 아니한다.

제14조 모든 국민은 거주·이전의 자유를 가진다.

제15조 모든 국민은 직업선택의 자유를 가진다.

제16조 모든 국민은 주거의 자유를 침해받지 아니한다. 주거에 대한 압수나 수색을

할 때에는 검사의 신청에 의하여 법관이 발부한 영장을 제시하여야 한다.

제17조 모든 국민은 사생활의 비밀과 자유를 침해받지 아니한다.

제18조 모든 국민은 통신의 비밀을 침해받지 아니한다.

제19조 모든 국민은 양심의 자유를 가진다.

제20조 ①모든 국민은 종교의 자유를 가진다.

②국교는 인정되지 아니하며, 종교와 정치는 분리된다.

제21조 ①모든 국민은 언론·출판의 자유와 집회·결사의 자유를 가진다.

②언론·출판에 대한 허가나 검열과 집회·결사에 대한 허가는 인정되지 아니한다.

③통신·방송의 시설기준과 신문의 기능을 보장하기 위하여 필요한 사항은 법률로 정한다.

④언론·출판은 타인의 명예나 권리 또는 공중도덕이나 사회윤리를 침해하여서는 아니된다. 언론·출판이 타인의 명예나 권리를 침해한 때에는 피해자는 이에 대한 피해의 배상을 청구할 수 있다.

제22조 ①모든 국민은 학문과 예술의 자유를 가진다.

②저작자·발명가·과학기술자와 예술가의 권리는 법률로써 보호한다.

제23조 ①모든 국민의 재산권은 보장된다. 그 내용과 한계는 법률로 정한다.

②재산권의 행사는 공공복리에 적합하도록 하여야 한다.

③공공필요에 의한 재산권의 수용·사용 또는 제한 및 그에 대한 보상은 법률로써 하되, 정당한 보상을 지급하여야 한다.

제24조 모든 국민은 법률이 정하는 바에 의하여 선거권을 가진다.

제25조 모든 국민은 법률이 정하는 바에 의하여 공무담임권을 가진다.

제26조 ①모든 국민은 법률이 정하는 바에 의하여 국가기관에 문서로 청원할 권리를 가진다.

②국가는 청원에 대하여 심사할 의무를 진다.

제27조 ①모든 국민은 헌법과 법률이 정한 법관에 의하여 법률에 의한 재판을 받을 권리를 가진다.

②군인 또는 군무원이 아닌 국민은 대한민국의 영역 안에서는 중대한 군사상 기밀·초병·초소·유독음식물공급·포로·군용물에 관한 죄중 법률이 정한 경우와 비상계엄이 선포된 경우를 제외하고는 군사법원의 재판을 받지 아니한다.

③모든 국민은 신속한 재판을 받을 권리를 가진다. 형사피고인은 상당한 이유가 없는 한 지체없이 공개재판을 받을 권리를 가진다.

④형사피고인은 유죄의 판결이 확정될 때까지는 무죄로 추정된다.

⑤형사피해자는 법률이 정하는 바에 의하여 당해 사건의 재판절차에서 진술할 수 있다.

제28조 형사피의자 또는 형사피고인으로서 구금되었던 자가 법률이 정하는 불기소처분을 받거나 무죄판결을 받은 때에는 법률이 정하는 바에 의하여 국가에 정당한 보상을 청구할 수 있다.

제29조 ①공무원의 직무상 불법행위로 손해를 받은 국민은 법률이 정하는 바에 의하여 국가 또는 공공단체에 정당한 배상을 청구할 수 있다. 이 경우 공무원 자신의 책임은 면제되지 아니한다.

②군인·군무원·경찰공무원 기타 법률이

정하는 자가 전투·훈련등 직무집행과 관련하여 받은 손해에 대하여는 법률이 정하는 보상 외에 국가 또는 공공단체에 공무원의 직무상 불법행위로 인한 배상은 청구할 수 없다.

제30조 타인의 범죄행위로 인하여 생명·신체에 대한 피해를 받은 국민은 법률이 정하는 바에 의하여 국가로부터 구조를 받을 수 있다.

제31조 ①모든 국민은 능력에 따라 균등하게 교육을 받을 권리를 가진다.

②모든 국민은 그 보호하는 자녀에게 적어도 초등교육과 법률이 정하는 교육을 받게 할 의무를 진다.

③의무교육은 무상으로 한다.

④교육의 자주성·전문성·정치적 중립성 및 대학의 자율성은 법률이 정하는 바에 의하여 보장된다.

⑤국가는 평생교육을 진흥하여야 한다.

⑥학교교육 및 평생교육을 포함한 교육제도와 그 운영, 교육재정 및 교원의 지위에 관한 기본적인 사항은 법률로 정한다.

제32조 ①모든 국민은 근로의 권리를 가진다. 국가는 사회적·경제적 방법으로 근로자의 고용의 증진과 적정임금의 보장에 노력하여야 하며, 법률이 정하는 바에 의하여 최저임금제를 시행하여야 한다.

②모든 국민은 근로의 의무를 진다. 국가는 근로의 의무의 내용과 조건을 민주주의 원칙에 따라 법률로 정한다.

③근로조건의 기준은 인간의 존엄성을 보장하도록 법률로 정한다.

④여자의 근로는 특별한 보호를 받으며, 고용·임금 및 근로조건에 있어서 부당한 차별을 받지 아니한다.

⑤연소자의 근로는 특별한 보호를 받는다.

⑥국가유공자·상이군경 및 전몰군경의 유가족은 법률이 정하는 바에 의하여 우선적으로 근로의 기회를 부여받는다.

제33조 ①근로자는 근로조건의 향상을 위하여 자주적인 단결권·단체교섭권 및 단체행동권을 가진다.

②공무원인 근로자는 법률이 정하는 자에 한하여 단결권·단체교섭권 및 단체행동권을 가진다.

③법률이 정하는 주요방위산업체에 종사하는 근로자의 단체행동권은 법률이 정하는 바에 의하여 이를 제한하거나 인정하지 아니할 수 있다.

제34조 ①모든 국민은 인간다운 생활을 할 권리를 가진다.

②국가는 사회보장·사회복지의 증진에 노력할 의무를 진다.

③국가는 여자의 복지와 권익의 향상을 위하여 노력하여야 한다.

④국가는 노인과 청소년의 복지향상을 위한 정책을 실시할 의무를 진다.

⑤신체장애자 및 질병·노령 기타의 사유로 생활능력이 없는 국민은 법률이 정하는 바에 의하여 국가의 보호를 받는다.

⑥국가는 재해를 예방하고 그 위험으로부터 국민을 보호하기 위하여 노력하여야 한다.

제35조 ①모든 국민은 건강하고 쾌적한 환경에서 생활할 권리를 가지며, 국가와 국민은 환경보전을 위하여 노력하여야 한다.

②환경권의 내용과 행사에 관하여는 법률로 정한다.

③국가는 주택개발정책등을 통하여 모든 국민이 쾌적한 주거생활을 할 수 있도록 노력하여야 한다.

제36조 ①혼인과 가족생활은 개인의 존엄

과 양성의 평등을 기초로 성립되고 유지되어야 하며, 국가는 이를 보장한다.

②국가는 모성의 보호를 위하여 노력하여야 한다.

③모든 국민은 보건에 관하여 국가의 보호를 받는다.

제37조 ①국민의 자유와 권리는 헌법에 열거되지 아니한 이유로 경시되지 아니한다.

②국민의 모든 자유와 권리는 국가안전보장·질서유지 또는 공공복리를 위하여 필요한 경우에 한하여 법률로써 제한할 수 있으며, 제한하는 경우에도 자유와 권리의 본질적인 내용을 침해할 수 없다.

제38조 모든 국민은 법률이 정하는 바에 의하여 납세의 의무를 진다.

제39조 ①모든 국민은 법률이 정하는 바에 의하여 국방의 의무를 진다.

②누구든지 병역의무의 이행으로 인하여 불이익한 처우를 받지 아니한다.

제3장 국회

제40조 입법권은 국회에 속한다.

제41조 ①국회는 국민의 보통·평등·직접·비밀선거에 의하여 선출된 국회의원으로 구성한다.

②국회의원의 수는 법률로 정하되, 200인 이상으로 한다.

③국회의원의 선거구와 비례대표제 기타 선거에 관한 사항은 법률로 정한다.

제42조 국회의원의 임기는 4년으로 한다.

제43조 국회의원은 법률이 정하는 직을 겸할 수 없다.

제44조 ①국회의원은 현행범인인 경우를 제외하고는 회기 중 국회의 동의없이 체포 또는 구금되지 아니한다.

②국회의원이 회기 전에 체포 또는 구금된

때에는 현행범인이 아닌 한 국회의 요구가 있으면 회기 중 석방된다.

제45조 국회의원은 국회에서 직무상 행한 발언과 표결에 관하여 국회 외에서 책임을 지지 아니한다.

제46조 ①국회의원은 청렴의 의무가 있다.

②국회의원은 국가이익을 우선하여 양심에 따라 직무를 행한다.

③국회의원은 그 지위를 남용하여 국가·공공단체 또는 기업체와의 계약이나 그 처분에 의하여 재산상의 권리·이익 또는 직위를 취득하거나 타인을 위하여 그 취득을 알선할 수 없다.

제47조 ①국회의 정기회는 법률이 정하는 바에 의하여 매년 1회 집회되며, 국회의 임시회는 대통령 또는 국회재적의원 4분의 1 이상의 요구에 의하여 집회된다.

②정기회의 회기는 100일을, 임시회의 회기는 30일을 초과할 수 없다.

③대통령이 임시회의 집회를 요구할 때에는 기간과 집회요구의 이유를 명시하여야 한다.

제48조 국회는 의장 1인과 부의장 2인을 선출한다.

제49조 국회는 헌법 또는 법률에 특별한 규정이 없는 한 재적의원 과반수의 출석과 출석의원 과반수의 찬성으로 의결한다. 가부동수인 때에는 부결된 것으로 본다.

제50조 ①국회의 회의는 공개한다. 다만, 출석의원 과반수의 찬성이 있거나 의장이 국가의 안전보장을 위하여 필요하다고 인정할 때에는 공개하지 아니할 수 있다.

②공개하지 아니한 회의내용의 공표에 관하여는 법률이 정하는 바에 의한다.

제51조 국회에 제출된 법률안 기타의 의안은 회기 중에 의결되지 못한 이유로 폐기

되지 아니한다. 다만, 국회의원의 임기가 만료된 때에는 그러하지 아니하다.

제52조 국회의원과 정부는 법률안을 제출할 수 있다.

제53조 ①국회에서 의결된 법률안은 정부에 이송되어 15일 이내에 대통령이 공포한다.

②법률안에 이의가 있을 때에는 대통령은 제1항의 기간내에 이의서를 붙여 국회로 환부하고, 그 재의를 요구할 수 있다. 국회의 폐회 중에도 또한 같다.

③대통령은 법률안의 일부에 대하여 또는 법률안을 수정하여 재의를 요구할 수 없다.

④재의의 요구가 있을 때에는 국회는 재의에 붙이고, 재적의원 과반수의 출석과 출석의원 3분의 2 이상의 찬성으로 전과 같은 의결을 하면 그 법률안은 법률로서 확정된다.

⑤대통령이 제1항의 기간 내에 공포나 재의의 요구를 하지 아니한 때에도 그 법률안은 법률로서 확정된다.

⑥대통령은 제4항과 제5항의 규정에 의하여 확정된 법률을 지체없이 공포하여야 한다. 제5항에 의하여 법률이 확정된 후 또는 제4항에 의한 확정법률이 정부에 이송된 후 5일 이내에 대통령이 공포하지 아니할 때에는 국회의장이 이를 공포한다.

⑦법률은 특별한 규정이 없는 한 공포한 날로부터 20일을 경과함으로써 효력을 발생한다.

제54조 ①국회는 국가의 예산안을 심의·확정한다.

②정부는 회계연도마다 예산안을 편성하여 회계연도 개시 90일 전까지 국회에 제출하고, 국회는 회계연도 개시 30일 전까지 이를 의결하여야 한다.

③새로운 회계연도가 개시될 때까지 예산안이 의결되지 못한 때에는 정부는 국회에서 예산안이 의결될 때까지 다음의 목적을 위한 경비는 전년도 예산에 준하여 집행할 수 있다.

1. 헌법이나 법률에 의하여 설치된 기관 또는 시설의 유지·운영
2. 법률상 지출의무의 이행
3. 이미 예산으로 승인된 사업의 계속

제55조 ①한 회계연도를 넘어 계속하여 지출할 필요가 있을 때에는 정부는 연한을 정하여 계속비로서 국회의 의결을 얻어야 한다.

②예비비는 총액으로 국회의 의결을 얻어야 한다. 예비비의 지출은 차기국회의 승인을 얻어야 한다.

제56조 정부는 예산에 변경을 가할 필요가 있을 때에는 추가경정예산안을 편성하여 국회에 제출할 수 있다.

제57조 국회는 정부의 동의 없이 정부가 제출한 지출예산 각항의 금액을 증가하거나 새 비목을 설치할 수 없다.

제58조 국채를 모집하거나 예산 외에 국가의 부담이 될 계약을 체결하려 할 때에는 정부는 미리 국회의 의결을 얻어야 한다.

제59조 조세의 종목과 세율은 법률로 정한다.

제60조 ①국회는 상호원조 또는 안전보장에 관한 조약, 중요한 국제조직에 관한 조약, 우호통상항해조약, 주권의 제약에 관한 조약, 강화조약, 국가나 국민에게 중대한 재정적 부담을 지우는 조약 또는 입법사항에 관한 조약의 체결·비준에 대한 동의권을 가진다.

②국회는 선전포고, 국군의 외국에의 파견 또는 외국군대의 대한민국 영역 안에서의

주류에 대한 동의권을 가진다.

제61조 ①국회는 국정을 감사하거나 특정한 국정사안에 대하여 조사할 수 있으며, 이에 필요한 서류의 제출 또는 증인의 출석과 증언이나 의견의 진술을 요구할 수 있다.

②국정감사 및 조사에 관한 절차 기타 필요한 사항은 법률로 정한다.

제62조 ①국무총리·국무위원 또는 정부위원은 국회나 그 위원회에 출석하여 국정처리상황을 보고하거나 의견을 진술하고 질문에 응답할 수 있다.

②국회나 그 위원회의 요구가 있을 때에는 국무총리·국무위원 또는 정부위원은 출석·답변하여야 하며, 국무총리 또는 국무위원이 출석요구를 받은 때에는 국무위원 또는 정부위원으로 하여금 출석·답변하게 할 수 있다.

제63조 ①국회는 국무총리 또는 국무위원의 해임을 대통령에게 건의할 수 있다.

②제1항의 해임건의는 국회재적의원 3분의 1 이상의 발의에 의하여 국회재적의원 과반수의 찬성이 있어야 한다.

제64조 ①국회는 법률에 저촉되지 아니하는 범위 안에서 의사와 내부규율에 관한 규칙을 제정할 수 있다.

②국회는 의원의 자격을 심사하며, 의원을 징계할 수 있다.

③의원을 제명하려면 국회재적의원 3분의 2 이상의 찬성이 있어야 한다.

④제2항과 제3항의 처분에 대하여는 법원에 제소할 수 없다.

제65조 ①대통령·국무총리·국무위원·행정각부의 장·헌법재판소 재판관·법관·중앙선거관리위원회 위원·감사원장·감사위원 기타 법률이 정한 공무원이 그 직무집행에 있어서 헌법이나 법률을 위배한 때에는 국회는 탄핵의 소추를 의결할 수 있다.

②제1항의 탄핵소추는 국회재적의원 3분의 1 이상의 발의가 있어야 하며, 그 의결은 국회재적의원 과반수의 찬성이 있어야 한다. 다만, 대통령에 대한 탄핵소추는 국회재적의원 과반수의 발의와 국회재적의원 3분의 2 이상의 찬성이 있어야 한다.

③탄핵소추의 의결을 받은 자는 탄핵심판이 있을 때까지 그 권한행사가 정지된다.

④탄핵결정은 공직으로부터 파면함에 그친다. 그러나, 이에 의하여 민사상이나 형사상의 책임이 면제되지는 아니한다.

제4장 정부
제1절 대통령

제66조 ①대통령은 국가의 원수이며, 외국에 대하여 국가를 대표한다.

②대통령은 국가의 독립·영토의 보전·국가의 계속성과 헌법을 수호할 책무를 진다.

③대통령은 조국의 평화적 통일을 위한 성실한 의무를 진다.

④행정권은 대통령을 수반으로 하는 정부에 속한다.

제67조 ①대통령은 국민의 보통·평등·직접·비밀선거에 의하여 선출한다.

②제1항의 선거에 있어서 최고득표자가 2인 이상인 때에는 국회의 재적의원 과반수가 출석한 공개회의에서 다수표를 얻은 자를 당선자로 한다.

③대통령후보자가 1인일 때에는 그 득표수가 선거권자 총수의 3분의 1 이상이 아니면 대통령으로 당선될 수 없다.

④대통령으로 선거될 수 있는 자는 국회의원의 피선거권이 있고 선거일 현재 40세에 달하여야 한다.

⑤대통령의 선거에 관한 사항은 법률로 정한다.

제68조 ①대통령의 임기가 만료되는 때에는 임기만료 70일 내지 40일 전에 후임자를 선거한다.

②대통령이 궐위된 때 또는 대통령 당선자가 사망하거나 판결 기타의 사유로 그 자격을 상실한 때에는 60일 이내에 후임자를 선거한다.

제69조 대통령은 취임에 즈음하여 다음의 선서를 한다.

"나는 헌법을 준수하고 국가를 보위하며 조국의 평화적 통일과 국민의 자유와 복리의 증진 및 민족문화의 창달에 노력하여 대통령으로서의 직책을 성실히 수행할 것을 국민 앞에 엄숙히 선서합니다."

제70조 대통령의 임기는 5년으로 하며, 중임할 수 없다.

제71조 대통령이 궐위되거나 사고로 인하여 직무를 수행할 수 없을 때에는 국무총리, 법률이 정한 국무위원의 순서로 그 권한을 대행한다.

제72조 대통령은 필요하다고 인정할 때에는 외교·국방·통일 기타 국가안위에 관한 중요정책을 국민투표에 붙일 수 있다.

제73조 대통령은 조약을 체결·비준하고, 외교사절을 신임·접수 또는 파견하며, 선전포고와 강화를 한다.

제74조 ①대통령은 헌법과 법률이 정하는 바에 의하여 국군을 통수한다.

②국군의 조직과 편성은 법률로 정한다.

제75조 대통령은 법률에서 구체적으로 범위를 정하여 위임받은 사항과 법률을 집행하기 위하여 필요한 사항에 관하여 대통령령을 발할 수 있다.

제76조 ①대통령은 내우·외환·천재·지변 또는 중대한 재정·경제상의 위기에 있어서 국가의 안전보장 또는 공공의 안녕질서를 유지하기 위하여 긴급한 조치가 필요하고 국회의 집회를 기다릴 여유가 없을 때에 한하여 최소한으로 필요한 재정·경제상의 처분을 하거나 이에 관하여 법률의 효력을 가지는 명령을 발할 수 있다.

②대통령은 국가의 안위에 관계되는 중대한 교전상태에 있어서 국가를 보위하기 위하여 긴급한 조치가 필요하고 국회의 집회가 불가능한 때에 한하여 법률의 효력을 가지는 명령을 발할 수 있다.

③대통령은 제1항과 제2항의 처분 또는 명령을 한 때에는 지체없이 국회에 보고하여 그 승인을 얻어야 한다.

④제3항의 승인을 얻지 못한 때에는 그 처분 또는 명령은 그때부터 효력을 상실한다. 이 경우 그 명령에 의하여 개정 또는 폐지되었던 법률은 그 명령이 승인을 얻지 못한 때부터 당연히 효력을 회복한다.

⑤대통령은 제3항과 제4항의 사유를 지체없이 공포하여야 한다.

제77조 ①대통령은 전시·사변 또는 이에 준하는 국가비상사태에 있어서 병력으로써 군사상의 필요에 응하거나 공공의 안녕질서를 유지할 필요가 있을 때에는 법률이 정하는 바에 의하여 계엄을 선포할 수 있다.

②계엄은 비상계엄과 경비계엄으로 한다.

③비상계엄이 선포된 때에는 법률이 정하는 바에 의하여 영장제도, 언론·출판·집회·결사의 자유, 정부나 법원의 권한에 관하여 특별한 조치를 할 수 있다.

④계엄을 선포한 때에는 대통령은 지체없이 국회에 통고하여야 한다.

⑤국회가 재적의원 과반수의 찬성으로 계

엄의 해제를 요구한 때에는 대통령은 이를 해제하여야 한다.

제78조 대통령은 헌법과 법률이 정하는 바에 의하여 공무원을 임면한다.

제79조 ①대통령은 법률이 정하는 바에 의하여 사면·감형 또는 복권을 명할 수 있다.

②일반사면을 명하려면 국회의 동의를 얻어야 한다.

③사면·감형 및 복권에 관한 사항은 법률로 정한다.

제80조 대통령은 법률이 정하는 바에 의하여 훈장 기타의 영전을 수여한다.

제81조 대통령은 국회에 출석하여 발언하거나 서한으로 의견을 표시할 수 있다.

제82조 대통령의 국법상 행위는 문서로써 하며, 이 문서에는 국무총리와 관계 국무위원이 부서한다. 군사에 관한 것도 또한 같다.

제83조 대통령은 국무총리·국무위원·행정각부의 장 기타 법률이 정하는 공사의 직을 겸할 수 없다.

제84조 대통령은 내란 또는 외환의 죄를 범한 경우를 제외하고는 재직 중 형사상의 소추를 받지 아니한다.

제85조 전직대통령의 신분과 예우에 관하여는 법률로 정한다.

제2절 행정부
제1관 국무총리와 국무위원
제86조 ①국무총리는 국회의 동의를 얻어 대통령이 임명한다.

②국무총리는 대통령을 보좌하며, 행정에 관하여 대통령의 명을 받아 행정각부를 통할한다.

③군인은 현역을 면한 후가 아니면 국무총리로 임명될 수 없다.

제87조 ①국무위원은 국무총리의 제청으로 대통령이 임명한다.

②국무위원은 국정에 관하여 대통령을 보좌하며, 국무회의의 구성원으로서 국정을 심의한다.

③국무총리는 국무위원의 해임을 대통령에게 건의할 수 있다.

④군인은 현역을 면한 후가 아니면 국무위원으로 임명될 수 없다.

제2관 국무회의
제88조 ①국무회의는 정부의 권한에 속하는 중요한 정책을 심의한다.

②국무회의는 대통령·국무총리와 15인 이상 30인 이하의 국무위원으로 구성한다.

③대통령은 국무회의의 의장이 되고, 국무총리는 부의장이 된다.

제89조 다음 사항은 국무회의의 심의를 거쳐야 한다.

1. 국정의 기본계획과 정부의 일반정책
2. 선전·강화 기타 중요한 대외정책
3. 헌법개정안·국민투표안·조약안·법률안 및 대통령령안
4. 예산안·결산·국유재산처분의 기본계획·국가의 부담이 될 계약 기타 재정에 관한 중요사항
5. 대통령의 긴급명령·긴급재정경제처분 및 명령 또는 계엄과 그 해제
6. 군사에 관한 중요사항
7. 국회의 임시회 집회의 요구
8. 영전수여
9. 사면·감형과 복권
10. 행정각부간의 권한의 획정
11. 정부 안의 권한의 위임 또는 배정에 관한 기본계획

12. 국정처리상황의 평가·분석
13. 행정각부의 중요한 정책의 수립과 조정
14. 정당해산의 제소
15. 정부에 제출 또는 회부된 정부의 정책에 관계되는 청원의 심사
16. 검찰총장·합동참모의장·각군참모총장·국립대학교총장·대사 기타 법률이 정한 공무원과 국영기업체관리자의 임명
17. 기타 대통령·국무총리 또는 국무위원이 제출한 사항

제90조 ①국정의 중요한 사항에 관한 대통령의 자문에 응하기 위하여 국가원로로 구성되는 국가원로자문회의를 둘 수 있다.
②국가원로자문회의의 의장은 직전대통령이 된다. 다만, 직전대통령이 없을 때에는 대통령이 지명한다.
③국가원로자문회의의 조직·직무범위 기타 필요한 사항은 법률로 정한다.

제91조 ①국가안전보장에 관련되는 대외정책·군사정책과 국내정책의 수립에 관하여 국무회의의 심의에 앞서 대통령의 자문에 응하기 위하여 국가안전보장회의를 둔다.
②국가안전보장회의는 대통령이 주재한다.
③국가안전보장회의의 조직·직무범위 기타 필요한 사항은 법률로 정한다.

제92조 ①평화통일정책의 수립에 관한 대통령의 자문에 응하기 위하여 민주평화통일자문회의를 둘 수 있다.
②민주평화통일자문회의의 조직·직무범위 기타 필요한 사항은 법률로 정한다.

제93조 ①국민경제의 발전을 위한 중요정책의 수립에 관하여 대통령의 자문에 응하기 위하여 국민경제자문회의를 둘 수 있다.
②국민경제자문회의의 조직·직무범위 기타 필요한 사항은 법률로 정한다.

제3관 행정각부

제94조 행정각부의 장은 국무위원 중에서 국무총리의 제청으로 대통령이 임명한다.
제95조 국무총리 또는 행정각부의 장은 소관사무에 관하여 법률이나 대통령령의 위임 또는 직권으로 총리령 또는 부령을 발할 수 있다.
제96조 행정각부의 설치·조직과 직무범위는 법률로 정한다.

제4관 감사원

제97조 국가의 세입·세출의 결산, 국가 및 법률이 정한 단체의 회계검사와 행정기관 및 공무원의 직무에 관한 감찰을 하기 위하여 대통령 소속하에 감사원을 둔다.
제98조 ①감사원은 원장을 포함한 5인 이상 11인 이하의 감사위원으로 구성한다.
②원장은 국회의 동의를 얻어 대통령이 임명하고, 그 임기는 4년으로 하며, 1차에 한하여 중임할 수 있다.
③감사위원은 원장의 제청으로 대통령이 임명하고, 그 임기는 4년으로 하며, 1차에 한하여 중임할 수 있다.
제99조 감사원은 세입·세출의 결산을 매년 검사하여 대통령과 차년도국회에 그 결과를 보고하여야 한다.
제100조 감사원의 조직·직무범위·감사위원의 자격·감사대상공무원의 범위 기타 필요한 사항은 법률로 정한다.

제5장 법원

제101조 ①사법권은 법관으로 구성된 법원에 속한다.
②법원은 최고법원인 대법원과 각급법원으로 조직된다.
③법관의 자격은 법률로 정한다.

제102조 ①대법원에 부를 둘 수 있다.

②대법원에 대법관을 둔다. 다만, 법률이 정하는 바에 의하여 대법관이 아닌 법관을 둘 수 있다.

③대법원과 각급법원의 조직은 법률로 정한다.

제103조 법관은 헌법과 법률에 의하여 그 양심에 따라 독립하여 심판한다.

제104조 ①대법원장은 국회의 동의를 얻어 대통령이 임명한다.

②대법관은 대법원장의 제청으로 국회의 동의를 얻어 대통령이 임명한다.

③대법원장과 대법관이 아닌 법관은 대법관회의의 동의를 얻어 대법원장이 임명한다.

제105조 ①대법원장의 임기는 6년으로 하며, 중임할 수 없다.

②대법관의 임기는 6년으로 하며, 법률이 정하는 바에 의하여 연임할 수 있다.

③대법원장과 대법관이 아닌 법관의 임기는 10년으로 하며, 법률이 정하는 바에 의하여 연임할 수 있다.

④법관의 정년은 법률로 정한다.

제106조 ①법관은 탄핵 또는 금고 이상의 형의 선고에 의하지 아니하고는 파면되지 아니하며, 징계처분에 의하지 아니하고는 정직·감봉 기타 불리한 처분을 받지 아니한다.

②법관이 중대한 심신상의 장해로 직무를 수행할 수 없을 때에는 법률이 정하는 바에 의하여 퇴직하게 할 수 있다.

제107조 ①법률이 헌법에 위반되는 여부가 재판의 전제가 된 경우에는 법원은 헌법재판소에 제청하여 그 심판에 의하여 재판한다.

②명령·규칙 또는 처분이 헌법이나 법률에 위반되는 여부가 재판의 전제가 된 경우에는 대법원은 이를 최종적으로 심사할 권한을 가진다.

③재판의 전심절차로서 행정심판을 할 수 있다. 행정심판의 절차는 법률로 정하되, 사법절차가 준용되어야 한다.

제108조 대법원은 법률에 저촉되지 아니하는 범위 안에서 소송에 관한 절차, 법원의 내부규율과 사무처리에 관한 규칙을 제정할 수 있다.

제109조 재판의 심리와 판결은 공개한다. 다만, 심리는 국가의 안전보장 또는 안녕질서를 방해하거나 선량한 풍속을 해할 염려가 있을 때에는 법원의 결정으로 공개하지 아니할 수 있다.

제110조 ①군사재판을 관할하기 위하여 특별법원으로서 군사법원을 둘 수 있다.

②군사법원의 상고심은 대법원에서 관할한다.

③군사법원의 조직·권한 및 재판관의 자격은 법률로 정한다.

④비상계엄하의 군사재판은 군인·군무원의 범죄나 군사에 관한 간첩죄의 경우와 초병·초소·유독음식물공급·포로에 관한 죄 중 법률이 정한 경우에 한하여 단심으로 할 수 있다. 다만, 사형을 선고한 경우에는 그러하지 아니하다.

제6장 헌법재판소

제111조 ①헌법재판소는 다음 사항을 관장한다.

1. 법원의 제청에 의한 법률의 위헌여부 심판
2. 탄핵의 심판
3. 정당의 해산 심판
4. 국가기관 상호간, 국가기관과 지방자치

단체간 및 지방자치단체 상호간의 권한쟁의에 관한 심판

5. 법률이 정하는 헌법소원에 관한 심판

②헌법재판소는 법관의 자격을 가진 9인의 재판관으로 구성하며, 재판관은 대통령이 임명한다.

③제2항의 재판관중 3인은 국회에서 선출하는 자를, 3인은 대법원장이 지명하는 자를 임명한다.

④헌법재판소의 장은 국회의 동의를 얻어 재판관 중에서 대통령이 임명한다.

제112조 ①헌법재판소 재판관의 임기는 6년으로 하며, 법률이 정하는 바에 의하여 연임할 수 있다.

②헌법재판소 재판관은 정당에 가입하거나 정치에 관여할 수 없다.

③헌법재판소 재판관은 탄핵 또는 금고 이상의 형의 선고에 의하지 아니하고는 파면되지 아니한다.

제113조 ①헌법재판소에서 법률의 위헌결정, 탄핵의 결정, 정당해산의 결정 또는 헌법소원에 관한 인용결정을 할 때에는 재판관 6인 이상의 찬성이 있어야 한다.

②헌법재판소는 법률에 저촉되지 아니하는 범위 안에서 심판에 관한 절차, 내부규율과 사무처리에 관한 규칙을 제정할 수 있다.

③헌법재판소의 조직과 운영 기타 필요한 사항은 법률로 정한다.

제7장 선거관리

제114조 ①선거와 국민투표의 공정한 관리 및 정당에 관한 사무를 처리하기 위하여 선거관리위원회를 둔다.

②중앙선거관리위원회는 대통령이 임명하는 3인, 국회에서 선출하는 3인과 대법원장이 지명하는 3인의 위원으로 구성한다.

위원장은 위원 중에서 호선한다.

③위원의 임기는 6년으로 한다.

④위원은 정당에 가입하거나 정치에 관여할 수 없다.

⑤위원은 탄핵 또는 금고 이상의 형의 선고에 의하지 아니하고는 파면되지 아니한다.

⑥중앙선거관리위원회는 법령의 범위 안에서 선거관리·국민투표관리 또는 정당사무에 관한 규칙을 제정할 수 있으며, 법률에 저촉되지 아니하는 범위 안에서 내부규율에 관한 규칙을 제정할 수 있다.

⑦각급 선거관리위원회의 조직·직무범위 기타 필요한 사항은 법률로 정한다.

제115조 ①각급 선거관리위원회는 선거인명부의 작성 등 선거사무와 국민투표사무에 관하여 관계 행정기관에 필요한 지시를 할 수 있다.

②제1항의 지시를 받은 당해 행정기관은 이에 응하여야 한다.

제116조 ①선거운동은 각급 선거관리위원회의 관리하에 법률이 정하는 범위 안에서 하되, 균등한 기회가 보장되어야 한다.

②선거에 관한 경비는 법률이 정하는 경우를 제외하고는 정당 또는 후보자에게 부담시킬 수 없다.

제8장 지방자치

제117조 ①지방자치단체는 주민의 복리에 관한 사무를 처리하고 재산을 관리하며, 법령의 범위 안에서 자치에 관한 규정을 제정할 수 있다.

②지방자치단체의 종류는 법률로 정한다.

제118조 ①지방자치단체에 의회를 둔다.

②지방의회의 조직·권한·의원선거와 지방자치단체의 장의 선임방법 기타 지방자

치단체의 조직과 운영에 관한 사항은 법률로 정한다.

제9장 경제

제119조 ①대한민국의 경제질서는 개인과 기업의 경제상의 자유와 창의를 존중함을 기본으로 한다.

②국가는 균형있는 국민경제의 성장 및 안정과 적정한 소득의 분배를 유지하고, 시장의 지배와 경제력의 남용을 방지하며, 경제주체간의 조화를 통한 경제의 민주화를 위하여 경제에 관한 규제와 조정을 할 수 있다.

제120조 ①광물 기타 중요한 지하자원·수산자원·수력과 경제상 이용할 수 있는 자연력은 법률이 정하는 바에 의하여 일정한 기간 그 채취·개발 또는 이용을 특허할 수 있다.

②국토와 자원은 국가의 보호를 받으며, 국가는 그 균형있는 개발과 이용을 위하여 필요한 계획을 수립한다.

제121조 ①국가는 농지에 관하여 경자유전의 원칙이 달성될 수 있도록 노력하여야 하며, 농지의 소작제도는 금지된다.

②농업생산성의 제고와 농지의 합리적인 이용을 위하거나 불가피한 사정으로 발생하는 농지의 임대차와 위탁경영은 법률이 정하는 바에 의하여 인정된다.

제122조 국가는 국민 모두의 생산 및 생활의 기반이 되는 국토의 효율적이고 균형있는 이용·개발과 보전을 위하여 법률이 정하는 바에 의하여 그에 관한 필요한 제한과 의무를 과할 수 있다.

제123조 ①국가는 농업 및 어업을 보호·육성하기 위하여 농·어촌종합개발과 그 지원 등 필요한 계획을 수립·시행하여야 한다.

②국가는 지역간의 균형있는 발전을 위하여 지역경제를 육성할 의무를 진다.

③국가는 중소기업을 보호·육성하여야 한다.

④국가는 농수산물의 수급균형과 유통구조의 개선에 노력하여 가격안정을 도모함으로써 농·어민의 이익을 보호한다.

⑤국가는 농·어민과 중소기업의 자조조직을 육성하여야 하며, 그 자율적 활동과 발전을 보장한다.

제124조 국가는 건전한 소비행위를 계도하고 생산품의 품질향상을 촉구하기 위한 소비자보호운동을 법률이 정하는 바에 의하여 보장한다.

제125조 국가는 대외무역을 육성하며, 이를 규제·조정할 수 있다.

제126조 국방상 또는 국민경제상 긴절한 필요로 인하여 법률이 정하는 경우를 제외하고는, 사영기업을 국유 또는 공유로 이전하거나 그 경영을 통제 또는 관리할 수 없다.

제127조 ①국가는 과학기술의 혁신과 정보 및 인력의 개발을 통하여 국민경제의 발전에 노력하여야 한다.

②국가는 국가표준제도를 확립한다.

③대통령은 제1항의 목적을 달성하기 위하여 필요한 자문기구를 둘 수 있다.

제10장 헌법개정

제128조 ①헌법개정은 국회재적의원 과반수 또는 대통령의 발의로 제안된다.

②대통령의 임기연장 또는 중임변경을 위한 헌법개정은 그 헌법개정 제안 당시의 대통령에 대하여는 효력이 없다.

제129조 제안된 헌법개정안은 대통령이 20일 이상의 기간 이를 공고하여야 한다.

제130조 ①국회는 헌법개정안이 공고된 날로부터 60일 이내에 의결하여야 하며, 국회의 의결은 재적의원 3분의 2 이상의 찬성을 얻어야 한다.

②헌법개정안은 국회가 의결한 후 30일 이내에 국민투표에 붙여 국회의원선거권자 과반수의 투표와 투표자 과반수의 찬성을 얻어야 한다.

③헌법개정안이 제2항의 찬성을 얻은 때에는 헌법개정은 확정되며, 대통령은 즉시 이를 공포하여야 한다.

　　부칙 ＜제10호, 1987. 10. 29.＞

제1조 이 헌법은 1988년 2월 25일부터 시행한다. 다만, 이 헌법을 시행하기 위하여 필요한 법률의 제정·개정과 이 헌법에 의한 대통령 및 국회의원의 선거 기타 이 헌법시행에 관한 준비는 이 헌법시행 전에 할 수 있다.

제2조 ①이 헌법에 의한 최초의 대통령선거는 이 헌법시행일 40일 전까지 실시한다.

②이 헌법에 의한 최초의 대통령의 임기는 이 헌법시행일로부터 개시한다.

제3조 ①이 헌법에 의한 최초의 국회의원선거는 이 헌법공포일로부터 6월 이내에 실시하며, 이 헌법에 의하여 선출된 최초의 국회의원의 임기는 국회의원선거후 이 헌법에 의한 국회의 최초의 집회일로부터 개시한다.

②이 헌법공포 당시의 국회의원의 임기는 제1항에 의한 국회의 최초의 집회일 전일까지로 한다.

제4조 ①이 헌법시행 당시의 공무원과 정부가 임명한 기업체의 임원은 이 헌법에 의하여 임명된 것으로 본다. 다만, 이 헌법에 의하여 선임방법이나 임명권자가 변경된 공무원과 대법원장 및 감사원장은 이 헌법에 의하여 후임자가 선임될 때까지 그 직무를 행하며, 이 경우 전임자인 공무원의 임기는 후임자가 선임되는 전일까지로 한다.

②이 헌법시행 당시의 대법원장과 대법원판사가 아닌 법관은 제1항 단서의 규정에 불구하고 이 헌법에 의하여 임명된 것으로 본다.

③이 헌법 중 공무원의 임기 또는 중임제한에 관한 규정은 이 헌법에 의하여 그 공무원이 최초로 선출 또는 임명된 때로부터 적용한다.

제5조 이 헌법시행 당시의 법령과 조약은 이 헌법에 위배되지 아니하는 한 그 효력을 지속한다.

제6조 이 헌법시행 당시에 이 헌법에 의하여 새로 설치될 기관의 권한에 속하는 직무를 행하고 있는 기관은 이 헌법에 의하여 새로운 기관이 설치될 때까지 존속하며 그 직무를 행한다.

찾아보기

저자 약력

이효원

서울대학교 법과대학(학사, 석사, 박사)
서울중앙지방검찰청 등 검사(1994~2007)
독일 베를린자유대학 연수
독일 연방헌법재판소 연수
서울대학교 법학전문대학원 교수

주요 저서

일생에 한번은 헌법을 읽어라(2024)
헌법재판강의(2022)
우리에게는 헌법이 있다(2020)
평화와 법(2018)
통일법의 이해(2018)
통일헌법의 이해(2016)
판례로 보는 남북한관계(2012)

제2판
대한민국 헌법강의

초판발행	2024년 1월 30일
제2판발행	2025년 1월 7일
지은이	이효원
펴낸이	안종만·안상준
편 집	윤혜경
기획/마케팅	조성호
표지디자인	이은지
제 작	고철민·김원표
펴낸곳	(주) **박영사**
	서울특별시 금천구 가산디지털2로 53, 210호(가산동, 한라시그마밸리)
	등록 1959. 3. 11. 제300-1959-1호(倫)
전 화	02)733-6771
f a x	02)736-4818
e-mail	pys@pybook.co.kr
homepage	www.pybook.co.kr
ISBN	979-11-303-4838-4 93360

copyright©이효원, 2025, Printed in Korea

정 가   56,000원